Die Abgrenzungen von Märkten und die kartellrechtliche Unzulässigkeit multilateraler Interbankenentgelte in offenen Kreditkartensystemen

Saarbrücker Studien
zum Privat- und Wirtschaftsrecht

Herausgegeben von Hannes Ludyga,
Michael Martinek (geschäftsführender Herausgeber),
Helmut Rüßmann und Markus Würdinger

Band 99

PETER LANG

Falko Maurer

Die Abgrenzungen von Märkten und die kartellrechtliche Unzulässigkeit multilateraler Interbankenentgelte in offenen Kreditkartensystemen

PETER LANG

Bibliografische Information der Deutschen Nationalbibliothek
Die Deutsche Nationalbibliothek verzeichnet diese Publikation in der Deutschen Nationalbibliografie; detaillierte bibliografische Daten sind im Internet über http://dnb.d-nb.de abrufbar.

Zugl.: Saarbrücken, Univ., Diss., 2018

D 291
ISSN 1433-8866
ISBN 978-3-631-79320-6 (Print)
E-ISBN 978-3-631-79756-3 (E-PDF)
E-ISBN 978-3-631-79757-0 (EPUB)
E-ISBN 978-3-631-79758-7 (MOBI)
DOI 10.3726/b15691

Peter Lang – Berlin · Bern · Bruxelles · New York · Oxford · Warszawa · Wien

Diese Publikation wurde begutachtet.

www.peterlang.com

- Meinen Eltern -

Vorwort

Die vorliegende Arbeit wurde im Sommersemester 2018 von der Abteilung Rechtswissenschaft der Rechts- und Wirtschaftswissenschaftlichen Fakultät der Universität des Saarlandes als Dissertation angenommen. Die Rechtsprechung, Behördenentscheidungen und Literatur befinden sich auf dem Stand von Dezember 2018; entsprechendes gilt für die angegebenen Internetadressen.

Mein ganz besonders herzlicher Dank gilt zunächst Herrn Prof. Dr. Dr. Dr. h.c. mult. Michael Martinek, M.C.J. (New York Univ.) für seine stets verständnisvolle und freundliche Förderung. Sowohl in Bezug auf die Themenauswahl als auch hinsichtlich der inhaltlichen Ausgestaltung wurde mir umfassende Freiheit gewährt. Die Arbeit an seinem Lehrstuhl war von wissenschaftlicher Unabhängigkeit im besten Sinne geprägt; eine Atmosphäre, die ich jedem Doktoranden wünsche.

Mit besonderem Dank möchte ich überdies Herrn Prof. Dr. Dr. h.c. mult. Helmut Rüßmann für die Erstellung des Zweitgutachtens bedenken. Ferner gilt mein Dank Herrn Prof. Dr. Roland Michael Beckmann. Die Beschäftigung an den Lehrstühlen von Herrn Prof. Dr. Dr. Dr. h.c. mult. Michael Martinek und Herrn Prof. Dr. Roland Michael Beckmann schaffte ein professionelles, angenehmes und insbesondere motivierendes Umfeld.

Weiterer Dank gilt meiner Familie, meinen Freunden und meinen Kollegen, die mich in den Zeiten dieser Arbeit stets gefördert und unterstützt haben. Diese Arbeit möchte ich meinen Eltern widmen; ohne sie wäre mir die Fertigstellung dieser Arbeit nicht möglich gewesen.

Köln, im Januar 2019
Falko Maurer

Vorwort der Reihenherausgeber

Die Schriftenreihe „Saarbrücker Studien zum Privat- und Wirtschaftsrecht" bildet in erster Linie ein Forum für rechtswissenschaftliche Doktorarbeiten der Universität des Saarlandes auf zwei juristischen Schwerpunktgebieten: Zum einen sollen Dissertationen im klassischen Privatrecht, vor allem im Bürgerlichen Vermögensrecht der ersten drei Bücher des BGB und ihrer Nebengesetze vorgestellt werden. Zum anderen findet das Wirtschaftsrecht im Sinne des Wirtschaftsprivatrechts besondere Berücksichtigung, womit namentlich die Gebiete des Handelsrechts einschließlich des Bilanzrechts, des Personen- und Kapitalgesellschaftsrechts einschließlich des Konzernrechts, des Gewerblichen Rechtsschutzes sowie des Wettbewerbs- und Kartellrechts bezeichnet sind. Es versteht sich, dass nicht nur rechtsdogmatische Studien, sondern auch rechtstatsächlich, rechtspolitisch oder interdisziplinär angelegte Arbeiten in die Schriftenreihe Aufnahme finden, denn die Rechtswissenschaftliche Fakultät der Universität des Saarlandes regt traditionell Studenten und Hochschullehrer in besonderer Weise zur fachübergreifender Lehre und Forschung an. Die Schriftenreihe steht aber nicht nur sehr guten und ausgezeichneten Dissertationen, sondern auch anderen „Studien" zu privat- und wirtschaftsrechtlichen Themen offen, bis hin zu Materialien und Skripten des akademischen Unterrichts. Die Schriftenreihe wurde im Jahre 1996 von den Saarbrücker Universitätsprofessoren Johann Paul Bauer, Michael Martinek und Helmut Rüßmann gegründet. Im Jahre 2018 ist Prof. Bauer aus dem Herausgeberkreis ausgeschieden, während Professor Ludyga und Professor Würdinger hinzugekommen sind. Prof. Martinek ist seit Beginn der Schriftenreihe als geschäftsführender Herausgeber tätig. Die nunmehr vier Herausgeber, die zugleich stellvertretend für ihre anderen Saarbrücker Fakultätskollegen des Privat- und Wirtschaftsrechts handeln, verbinden mit den „Saarbrücker Studien zum Privat- und Wirtschaftsrecht" den Wunsch, dass die hier veröffentlichten Arbeiten die verdiente Resonanz in der breiteren juristischen Fachöffentlichkeit finden.

Abstract

Open credit card schemes are linked to a plethora of legal issues. The first part of the thesis describes in detail the steps and arguments relevant for the market definition. The second part of the thesis focuses on multilateral interchange fees in open credit card systems.

Inhaltsübersicht

Abkürzungsverzeichnis ... 45

Einführung ... 53

Abschnitt 1. Sachliche Marktabgrenzung in der Kreditkartenbranche ... 57

Titel 1. Grundlagen ... 58

Untertitel 1. Das vertragliche Beziehungsgeflecht im Kreditkartengeschäft ... 58

Kapitel 1. Begriffsklärung ... 58

Kapitel 2. Das Dreiecksverhältnis als Grundkonstellation des Kreditkartengeschäfts ... 59

Kapitel 3. Der Aufbau eines Vier-Parteien-Systems ... 69

Kapitel 4. Der Ablauf einer Zahlungstransaktion mittels Kreditkarte in einem Vier-Parteien-Kreditkartensystem ... 73

Kapitel 5. Zusammenfassung ... 75

Untertitel 2. Grundlagen: Die sachliche Marktabgrenzung ... 76

Titel 2. Existenz eines einheitlichen Marktes, der sämtliche innerhalb eines Kreditkartensystems erbrachten Leistungen umfasst? ... 79

Untertitel 1. Die Anbieter- und Nachfragestruktur ... 80

Untertitel 2. Die Produktmerkmale ... 80

Untertitel 3. Zwischenergebnis ... 81

Titel 3. Die nachgelagerte Ebene ... 82

Untertitel 1. Existenz eines einheitlichen Marktes in Bezug auf den nachgelagerten Bereich? ... 82

Kapitel 1. Die Produktmerkmale ... 82

Kapitel 2. Die Anbieterstruktur ... 85

Kapitel 3. Die Entgeltstrukturen ... 85

Kapitel 4. (Vorläufiges) Zwischenergebnis ... 86

Kapitel 5. Ergebniskorrektur aufgrund der zweiseitigen Marktstruktur? ... 86
Kapitel 6. (Zwischen-)Ergebnis ... 93
Untertitel 2. Präzisierung: Die Processing-Dienstleistungen ... 93
Kapitel 1. Begriffsklärung ... 94
Kapitel 2. Zur Frage der Marktzugehörigkeit von Processing-Dienstleistungen ... 95
Kapitel 3. Zwischenergebnis ... 101
Untertitel 3. Der Issuing-Bereich ... 101
Kapitel 1. Funktionsspezifische Abgrenzung ... 101
Kapitel 2. Marktabgrenzung in Bezug auf den Bereich des PoS-Einsatzes ... 152
Kapitel 3. Marktabgrenzung in Bezug auf den Bereich des Einsatzes der Kreditkarte zur Geldabhebung ... 222
Kapitel 4. Kreditgewährung („Echte“ Kreditfunktion) ... 239
Kapitel 5. Zusatzleistungen ... 239
Kapitel 6. Ergebnis hinsichtlich des Issuing-Bereichs ... 240
Untertitel 4. Der Acquiring-Bereich ... 241
Kapitel 1. Einleitende Erwägungen: Die maßgebliche Marktgegenseite ... 241
Kapitel 2. Funktionsspezifische Abgrenzung ... 245
Kapitel 3. Auswirkungen der Absatzmarktbezogenheit von Kreditkarten auf die Marktabgrenzung: Eine absatzbereichsorientierte Abgrenzung hinsichtlich des Acquiring? ... 245
Kapitel 4. „Zahlungsmittel“ ... 253
Kapitel 5. Ergebnis hinsichtlich des Acquiring-Bereichs ... 281
Untertitel 5. Ergebnis und Zusammenfassung hinsichtlich der nachgelagerten Ebene ... 283

Titel 4. Die vorgelagerte Ebene ... 286
Untertitel 1. Tätigkeitsspektrum einer Kreditkartenorganisation ... 286
Untertitel 2. Vergabe von Issuing-Lizenzen versus Vergabe von Acquiring-Lizenzen ... 287
Untertitel 3. Zwischenergebnis ... 288

Titel 5. Die intermediäre Ebene: Netzbetriebs- und Processing-Dienstleistungen 289
Untertitel 1. Netzbetriebs- und Processing-Dienstleistungen als Bestandteile eines einheitlichen Marktes? 289
Kapitel 1. Nachfragesubstituierbarkeit 289
Kapitel 2. Angebotssubstituierbarkeit: Die Umstellungsflexibilität der Anbieter 292
Kapitel 3. Zwischenergebnis 292
Untertitel 2. Netzbetriebs-Dienstleistungen 293
Kapitel 1. Zugehörigkeit der Terminalbereitstellung zum sachlich relevanten Netzbetriebs-Markt 293
Kapitel 2. Netzbetriebs-Dienstleistungen bezüglich Debitkarten als Bestandteil des sachlich relevanten Netzbetriebs-Marktes 293
Kapitel 3. (Zwischen-)Ergebnis 294
Untertitel 3. Processing-Bereich 295
Untertitel 4. Zwischenergebnis zu Netzbetriebs- und Processing-Dienstleistungen 297
Titel 6. Ergebnis der sachlichen Marktabgrenzung 297

Abschnitt 2. Kartellrechtliche (Un-)Zulässigkeit von multilateralen Interbankenentgelten in Kreditkartensystemen 309

Titel 1. Interbankenentgelte: Begriff und Arten 311
Untertitel 1. Begriffsklärung 311
Untertitel 2. Die verschiedenen Arten von Interbankenentgelten 313
Kapitel 1. Unterscheidung nach der Art der Festsetzung der Interbankenentgelte 313
Kapitel 2. Weitere Differenzierungen hinsichtlich (multilateraler) Interbankenentgelte 316
Kapitel 3. Das Verhältnis der unterschiedlichen IC Fee-Arten zueinander 317
Kapitel 4. Zusammenfassung 319

Titel 2. Überblick: Die bisherige Regulierungspraxis sowie sonstige Maßnahmen bezüglich multilateraler Interbankenentgelte ... 320
Untertitel 1. Kartellrechtliche Verfahren auf europäischer Ebene ... 321
Kapitel 1. Die Visa International II-Entscheidung ... 321
Kapitel 2. Das MasterCard-Verfahren ... 325
Kapitel 3. Die Einleitung des Visa-Verfahrens im Jahre 2008 ... 330
Untertitel 2. Einzelstaatliche Verfahren ... 332
Kapitel 1. Australien ... 332
Kapitel 2. Großbritannien ... 335
Kapitel 3. Schweiz ... 338
Untertitel 3. Die Sektorenuntersuchung des Retail-Bankgeschäfts – Abschlussbericht der Europäischen Kommission vom 31. Januar 2007 ... 343
Untertitel 4. Die Verordnung (EU) 2015/751 vom 29. April 2015 über Interbankenentgelte für kartengebundene Zahlungsvorgänge ... 347
Untertitel 5. Zusammenfassung ... 350

Titel 3. Die Tatbestandsvoraussetzungen des Art. 101 Abs. 1 AEUV ... 352
Untertitel 1. Verhaltensabstimmung im Sinne von Art. 101 Abs. 1 AEUV ... 353
Kapitel 1. Die intraregionalen MIF in den Kreditkartensystemen von MasterCard und Visa ... 355
Kapitel 2. Die interregionalen MIF ... 361
Kapitel 3. Die inländischen MIF ... 361
Kapitel 4. Gemeinsame Festlegung der multilateralen Interbankenentgelte durch die Kreditkartenorganisationen Visa und MasterCard? ... 362
Kapitel 5. Zusammenfassung ... 363
Untertitel 2. Vorliegen einer Wettbewerbsbeschränkung ... 364
Kapitel 1. Der Acquiring-Bereich ... 367
Kapitel 2. Der Issuing-Bereich ... 390
Kapitel 3. Hinreichender Einfluss der Marktkräfte? ... 397
Kapitel 4. Zwischenergebnis ... 423
Untertitel 3. Teleologische Reduktion des Tatbestandes ... 423

Kapitel 1. Prüfungsmaßstab: Systemnotwendige Nebenabreden in der bisherigen Regulierungspraxis ... 424
Kapitel 2. Die seitens der Kommission betrachteten „Referenz"-Systeme ... 428
Kapitel 3. Die HACR und die Möglichkeit einer einseitigen Kostenauferlegung ... 448
Kapitel 4. Das Todesspiralenargument ... 452
Kapitel 5. Möglichkeit einer isolierten Aufhebung der MIF ... 458
Kapitel 6. Zwischenergebnis ... 459
Untertitel 4. Spürbarkeit der Wettbewerbsbeschränkung ... 460
Untertitel 5. Zwischenstaatlichkeitsklausel ... 462
Kapitel 1. Die intraregionalen MIF ... 463
Kapitel 2. Die interregionalen MIF ... 464
Kapitel 3. Die inländischen MIF ... 464
Kapitel 4. Zwischenergebnis ... 465
Untertitel 6. Ergebnis zu Art. 101 Abs. 1 AEUV ... 465

Titel 4. Die Freistellungsvoraussetzungen (Art. 101 Abs. 3 AEUV) ... 477
Untertitel 1. Effizienzgewinne ... 478
Kapitel 1. Theorie 1: Die Joint Production-Sichtweise ... 481
Kapitel 2. Theorie 2: Die MIF als (transaktionsvolumenabhängige) Entgelte ... 484
Kapitel 3. Theorie 3: Die netzwerkorientierte Sichtweise ... 487
Kapitel 4. Vorliegen sonstiger Effizienzgewinne ... 510
Kapitel 5. Zwischenergebnis ... 513
Untertitel 2. Angemessene Beteiligung der Verbraucher ... 517
Kapitel 1. Die Karteninhaber und die Vertragsunternehmen ... 520
Kapitel 2. Die Abnehmer der Vertragsunternehmen im Absatzbereich ... 523
Kapitel 3. Zwischenergebnis ... 527
Untertitel 3. Unerlässlichkeit der Wettbewerbsbeschränkung ... 528
Kapitel 1. Einführung einer MIF von Null ... 530
Kapitel 2. Aufrechterhaltung der MIF unter Abschaffung der Ausgestaltung als Fallback Fee ... 531

Kapitel 3. Abschaffung der MIF und Durchführung bilateraler Verhandlungen ... 531
Kapitel 4. Einseitige Festlegung der Gebühren durch die Issuer ... 533
Kapitel 5. Veränderung der Gebührenstruktur im vorgelagerten Bereich ... 534
Kapitel 6. Einschaltung eines „Interchange-Händlers“ ... 536
Kapitel 7. Erhebung (zusätzlicher) Gebühren von den Karteninhabern ... 538
Kapitel 8. Zwischenergebnis ... 543
Untertitel 4. Keine Eröffnung einer Möglichkeit zur Ausschaltung des Wettbewerbs für einen wesentlichen Teil der betreffenden Waren ... 544
Kapitel 1. Der nachgelagerte Bereich ... 545
Kapitel 2. Der Interchange-Bereich ... 546
Kapitel 3. Der vorgelagerte Bereich ... 547
Kapitel 4. Zwischenergebnis ... 547
Untertitel 5. Ergebnis zu Art. 101 Abs. 3 AEUV ... 547
Titel 5. Ergebnis: Die kartellrechtliche Unzulässigkeit von multilateralen Interbankenentgelten ... 560

Abschnitt 3. Gesamtergebnis und Fazit ... 585

Literaturverzeichnis ... 609

Inhaltsverzeichnis

Abkürzungsverzeichnis ... 45

Einführung ... 53

Abschnitt 1. Sachliche Marktabgrenzung in der Kreditkartenbranche ... 57

Titel 1. Grundlagen ... 58

Untertitel 1. Das vertragliche Beziehungsgeflecht im Kreditkartengeschäft ... 58

Kapitel 1. Begriffsklärung ... 58

Kapitel 2. Das Dreiecksverhältnis als Grundkonstellation des Kreditkartengeschäfts ... 59

Unterkapitel 1. Überblick: Die Vertragsbeziehungen im Kreditkartengeschäft ... 60

Unterkapitel 2. Das Deckungsverhältnis ... 61

Unterkapitel 3. Das Vollzugsverhältnis ... 64

Unterkapitel 4. Das Valutaverhältnis ... 67

Kapitel 3. Der Aufbau eines Vier-Parteien-Systems ... 69

Kapitel 4. Der Ablauf einer Zahlungstransaktion mittels Kreditkarte in einem Vier-Parteien-Kreditkartensystem ... 73

Kapitel 5. Zusammenfassung ... 75

Untertitel 2. Grundlagen: Die sachliche Marktabgrenzung ... 76

Titel 2. Existenz eines einheitlichen Marktes, der sämtliche innerhalb eines Kreditkartensystems erbrachten Leistungen umfasst? ... 79

Untertitel 1. Die Anbieter- und Nachfragestruktur ... 80

Untertitel 2. Die Produktmerkmale ... 80

Untertitel 3. Zwischenergebnis ... 81

Titel 3. Die nachgelagerte Ebene ... 82

Untertitel 1. Existenz eines einheitlichen Marktes in Bezug auf den nachgelagerten Bereich? ... 82

Kapitel 1. Die Produktmerkmale ... 82
Kapitel 2. Die Anbieterstruktur ... 85
Kapitel 3. Die Entgeltstrukturen ... 85
Kapitel 4. (Vorläufiges) Zwischenergebnis ... 86
Kapitel 5. Ergebniskorrektur aufgrund der zweiseitigen Marktstruktur? ... 86
Unterkapitel 1. Die Ökonomie von Zahlungskartensystemen: Das Wesen zweiseitiger Märkte ... 87
§ 1. Die „Zwei Seiten": Existenz von unterschiedlichen Nutzer- bzw. Teilnehmergruppen ... 88
§ 2. Interaktionen, Nachfrageinterdependenzen und Externalitäten ... 88
I. Unerlässlichkeit von Issuing und Acquiring ... 89
II. Netzwerkeffekte ... 90
§ 3. Existenz eines Intermediärs ... 91
Unterkapitel 2. Bedeutung der Theorie der zweiseitigen Märkte im Rahmen der Marktabgrenzung ... 91
Unterkapitel 3. Zwischenergebnis ... 92
Kapitel 6. (Zwischen-)Ergebnis ... 93
Untertitel 2. Präzisierung: Die Processing-Dienstleistungen ... 93
Kapitel 1. Begriffsklärung ... 94
Kapitel 2. Zur Frage der Marktzugehörigkeit von Processing-Dienstleistungen ... 95
Unterkapitel 1. Differenzierung nach der Art des Processing: Issuing-Processing versus Acquiring-Processing ... 95
§ 1. Leistungsmerkmale ... 95
§ 2. Anbieter- und Nachfragestruktur ... 98
§ 3. (Vorläufiges) Zwischenergebnis ... 98
§ 4. Ergebniskorrektur aufgrund der zweiseitigen Marktstruktur? ... 99
§ 5. Zwischenergebnis ... 99
Unterkapitel 2. Processing-Dienstleistungen als Bestandteil des Issuing- bzw. Acquiring-Bereichs ... 100

Kapitel 3. Zwischenergebnis 101
Untertitel 3. Der Issuing-Bereich 101
Kapitel 1. Funktionsspezifische Abgrenzung 101
Unterkapitel 1. Überblick: Die Funktionen einer Kreditkarte 101
§ 1. Die Kreditkarte als Universalzahlungsmittel und die Bargeldersatzfunktion 102
§ 2. Die Bargeldservice- bzw. Geldabhebungsfunktion 103
§ 3. Kredit- bzw. Stundungsfunktion 104
I. Charge cards 108
II. Credit cards 109
§ 4. Sonstige Funktionen bzw. Leistungen 110
§ 5. Zusammenfassung 112
Unterkapitel 2. Grundlegende Erwägungen: Zulässigkeit einer funktionsspezifischen Abgrenzung im Allgemeinen? 112
§ 1. Erste Erwägungen zu den Besonderheiten von Kreditkarten sowie der Bedeutung der Kreditkarten-Funktionen im Rahmen der Marktabgrenzung 113
§ 2. Konstellationen, denen vergleichbare bzw. zumindest ähnliche Problemstellungen zugrunde liegen 116
I. „Dual-use"-Produkte 116
II. Produktkopplungen 117
§ 3. Zwischenergebnis 123
§ 4. Auswirkungen dieser Erkenntnisse 124
Unterkapitel 3. Schritt 1: Die Kreditkarte als einheitliches Produkt? 126
§ 1. Die Zusatzleistungen 126
§ 2. Stundungs- und Kreditfunktion 127
I. Die Stundungsfunktion 127
II. Die Kreditfunktion 128
§ 3. Die Geldabhebungsfunktion 128
I. Tendenzen in der Entscheidungspraxis 129

II. Zuwider der Argumentation, dass eine Kreditkarte regelmäßig eine Geldabhebungsfunktion aufweist und aus diesem Grunde ein einheitliches Produkt gegeben sei 130
III. Anbieter- und Nachfragestruktur 135
IV. Die Preisstrukturen 136
V. Implementierung von Verbesserungen 139
VI. Vermarktung der Kreditkarten 139
VII. Die Kreditkarte als Zahlungskarte 139
VIII. Zwischenergebnis 140
§ 4. Zwischenergebnis 141
Unterkapitel 4. Schritt 2: Substituierbarkeit („im engeren Sinne“) 141
§ 1. Substitutionsbeziehungen hinsichtlich der Kreditfunktion 141
§ 2. Substitutionsbeziehungen hinsichtlich der Assistance-Leistungen 141
§ 3. Substituierbarkeit von Geldabhebungsfunktion und Zahlungsfunktion der Kreditkarte? 141
I. Nachfragesubstituierbarkeit 142
1. Zahlung mittels Bargeld versus Zahlung via Kreditkarte 142
2. Das Konzept der (Kreuz-)Preiselastizität 145
3. Zwischenergebnis 149
II. Angebotssubstituierbarkeit: Die Umstellungsflexibilität der Anbieter 149
§ 4. Zwischenergebnis 151
Unterkapitel 5. Ergebnis 151
Kapitel 2. Marktabgrenzung in Bezug auf den Bereich des PoS-Einsatzes 152
Unterkapitel 1. (Weitere) Auswirkungen der Absatzbereichsbezogenheit von Kreditkarten auf die Marktabgrenzung: Eine einsatzbereichsorientierte Abgrenzung innerhalb des Issuing-PoS-Bereichs? 152
§ 1. Einleitende Erwägungen 152
§ 2. Ein absatzbereichsbezogener Ansatz 154

§ 3. (Zwischen-)Fazit 155
§ 4. Stellungnahme hinsichtlich der Sichtweise Oechslers 156
§ 5. Eigene Beurteilung und weitere Erwägungen zur Bedeutung der Absatzmarktbezogenheit 158
§ 6. Zwischenergebnis 161
Unterkapitel 2. „Zahlungsmittel“ 161
§ 1. Zahlung mittels der verschiedenen „Kreditkartenarten“ 162
I. Firmenkreditkarten versus Verbraucherkreditkarten 162
1. Einleitende Anmerkungen 162
2. Nachfragesubstituierbarkeit 163
a) Retail Banking und Corporate Banking 163
b) Der Einsatzzweck beider Kartentypen 163
c) Die Nachfragegruppen 164
d) Die Ausgestaltung des Kartenangebots durch die Issuer 165
e) Die Preise 166
f) Zwischenergebnis 167
3. Angebotssubstituierbarkeit: Die Umstellungsflexibilität der Anbieter 167
4. Zwischenergebnis 168
II. Charge cards versus credit cards 168
III. Co-branded cards 170
1. Einleitung 170
a) Allgemeine Begriffsklärung 170
b) Co-Branding in der Kreditkartenbranche 171
aa) Co-Branding mit Nichtbanken 171
bb) Co-Branding mit direkten Wettbewerbern 174
cc) Co-Branding mit indirekten Wettbewerbern 174
2. Marktabgrenzung 175
3. Zwischenergebnis 176
IV. Luxuskarten 177
1. Einleitende Erwägungen 177

2. Methodischer Ansatz: Die Behandlung von Luxusgütern im Kartellrecht ... 178
3. Die Indizwirkung des Preises ... 179
4. Eigene Würdigung und weiterführende Erwägungen ... 182
5. Zwischenergebnis ... 184
V. Prepaid-Kreditkarten ... 184
VI. (Zwischen-)Ergebnis ... 186
§ 2. Sonstige „Zahlungsmittel" ... 186
I. Bargeld ... 186
II. Schecks ... 187
III. Überweisungen ... 189
IV. (Reine) Bankkarten ... 190
V. Guthabenkarten ... 190
VI. (Händler-)Kundenkarten ... 193
VII. Kundenkreditkarten ... 194
1. Begriff ... 194
a) Typ I ... 194
b) Typ II ... 195
2. Zugehörigkeit zu einem einheitlichen Markt? ... 196
a) Einführende Erwägungen: Historischer Kontext und Vertriebsstruktur von Kundenkreditkarten ... 196
b) Der Einsatzbereich ... 200
c) Kostenstrukturen ... 201
d) Besitz beider Kartenarten ... 201
3. (Zwischen-)Ergebnis ... 201
VIII. Debitkarten ... 202
1. Nachfragesubstituierbarkeit ... 202
a) Die Zahlungsfunktion ... 203
b) Die Kostenstrukturen ... 204
c) Die Kreuzpreiselastizität: Der SSNIP-Test ... 206

d) Die Beziehung zwischen Debitkarte und Kontoverbindung ... 208
e) Der Aufbau sowie die Organisation von Debitkartensystemen ... 209
f) Die (System-)Marken ... 210
g) Der Einsatzbereich ... 211
h) Die Stundungsfunktion ... 215
i) Das Innehaben beider von Debitkarten und Kreditkarten ... 216
j) Zwischenergebnis ... 217
2. Angebotssubstituierbarkeit: Die Umstellungsflexibilität der Anbieter ... 217
3. (Zwischen-)Ergebnis ... 218
IX. Zwischenergebnis: „Sonstige Zahlungsmittel“ ... 219
§ 3. Zwischenergebnis: „Zahlungsmittel“ ... 220
Unterkapitel 3. Ergebnis in Bezug auf den Bereich des Einsatzes der Kreditkarte als Zahlungsmittel ... 220
1. Absatzmarktbezogenheit ... 220
2. Die verschiedenen „Kreditkartenarten“ ... 220
3. Sonstige „Zahlungsmittel“ ... 221
Kapitel 3. Marktabgrenzung in Bezug auf den Bereich des Einsatzes der Kreditkarte zur Geldabhebung ... 222
Unterkapitel 1. Abhebung am Schalter versus Abhebung am Geldautomaten ... 222
Unterkapitel 2. Nähere Betrachtung des Bargeldbezugs am Automaten ... 224
§ 1. Differenzierung zwischen Abhebungen an institutseigenen und institutsfremden Automaten ... 224
§ 2. Differenzierung zwischen Abhebungen im Inland und im Ausland? ... 227
§ 3. Zwischenergebnis ... 227
§ 4. Bargeldbezugsmöglichkeiten mittels der verschiedenen „Kreditkartenarten“ ... 227

I. Firmen- vs. Verbraucherkreditkarten 228

II. Weitere Abgrenzung bezüglich Abhebungen mittels Verbraucherkarten 228

1. Einheitlicher Markt hinsichtlich Abhebungen via charge cards, credit cards, co-branded cards und Luxuskarten? 228

2. Bargeldabhebungen mittels Prepaid-Kreditkarten ... 229

III. Zwischenergebnis 229

§ 5. Sonstige „Bargeldbezugsmöglichkeiten“ 230

I. Auszahlungen am Point of Sale 230

II. Zusendung von Bargeld via Post 230

III. Schecks 231

IV. Überweisungen 231

V. Kundenkarten und Kundenkreditkarten 231

VI. Guthabenkarten 231

VII. Debitkarten und Bankkarten 231

1. Nachfragesubstituierbarkeit 232

a) Der Einsatzbereich 232

b) Die Grundlagen des Bargeldbezugs am Automaten und die Entgeltstrukturen 233

c) Die Stundungsfunktion 234

2. Angebotssubstituierbarkeit: Die Umstellungsflexibilität der Anbieter 235

3. (Zwischen-)Ergebnis 235

VIII. Zwischenergebnis: Sonstige „Bargeldbezugsmöglichkeiten“ 235

§ 6. Zwischenergebnis 235

Unterkapitel 3. Nähere Betrachtung des Bargeldbezugs am Bankschalter 236

§ 1. Differenzierung zwischen Abhebungen an institutseigenen und institutsfremden Schalter 236

§ 2. Differenzierung zwischen Kreditkartenabhebungen an institutseigenen Schaltern im Inland und im Ausland? 236

§ 3. Bargeldbezugsmöglichkeiten mittels der verschiedenen „Kreditkartenarten“ 237
§ 4. Sonstige „Bargeldbezugsmöglichkeiten“ 237
§ 5. Zwischenergebnis 237
Unterkapitel 4. Ergebnis in Bezug auf den Bereich des Einsatzes der Kreditkarte zur Geldabhebung 238
Kapitel 4. Kreditgewährung („Echte“ Kreditfunktion) 239
Kapitel 5. Zusatzleistungen 239
Kapitel 6. Ergebnis hinsichtlich des Issuing-Bereichs 240
1. Funktionsspezifische Marktabgrenzung 240
2. Der Kreditkarten-Emissions-Zahlungsfunktions-Markt 240
a) Die Absatzmarktbezogenheit 240
b) Die verschiedenen „Kreditkartenarten“ 240
c) Sonstige „Zahlungsmittel“ 240
3. Die Kreditkarten-Emissions-Geldabhebungsfunktions-Märkte 241
4. Kreditgewährung („Echte“ Kreditfunktion) 241
Untertitel 4. Der Acquiring-Bereich 241
Kapitel 1. Einleitende Erwägungen: Die maßgebliche Marktgegenseite 241
Kapitel 2. Funktionsspezifische Abgrenzung 245
Kapitel 3. Auswirkungen der Absatzmarktbezogenheit von Kreditkarten auf die Marktabgrenzung: Eine absatzbereichsorientierte Abgrenzung hinsichtlich des Acquiring? 245
Unterkapitel 1. Einleitende Erwägungen 246
Unterkapitel 2. Abstrakte Betrachtung: Kartellrechtliche Zulässigkeit einer „Zusammenfassung“ verschiedener Produkte 248
Unterkapitel 3. Konkrete Betrachtung: Absatzbereichsorientierte Abgrenzung in Bezug auf Acquiring-Dienstleistungen? 250
§ 1. Nachfrageseitige Substituierbarkeit 251

§ 2. Angebotsseitige Substituierbarkeit ... 253
Unterkapitel 4. Zwischenergebnis ... 253
Kapitel 4. „Zahlungsmittel“ ... 253
Unterkapitel 1. Die verschiedenen „Kreditkartenarten“ ... 253
Unterkapitel 2. „Card-not-present“-Transaktionen ... 254
§ 1. Situation im Falle der Existenz einer akquisitionsvertraglichen Regelung ... 255
§ 2. Situation im Falle des Fehlens einer akquisitionsvertraglichen Regelung ... 256
I. E-Commerce ... 256
II. Mail- und Telefonorder-Verfahren ... 257
§ 3. Zwischenergebnis ... 259
Unterkapitel 3. Zwischenergebnis ... 259
Unterkapitel 4. Sonstige „Zahlungsmittel“ ... 259
§ 1. Bargeld ... 259
I. Nachfragesubstituierbarkeit ... 259
1. Die Kostenstrukturen sowie Sicherheitsaspekte ... 259
2. Die Höhe der getätigten Umsätze ... 260
3. Das Konzept der (Kreuz-)Preiselastizität ... 260
4. Ergebnis von Händlerbefragungen ... 260
5. Zwischenergebnis ... 261
II. Angebotssubstituierbarkeit: Die Umstellungsflexibilität der Anbieter ... 261
III. Zwischenergebnis ... 262
§ 2. Schecks ... 262
§ 3. Überweisungen ... 264
§ 4. (Reine) Bankkarten und Kundenkarten ... 265
§ 5. Wertkarten ... 265
§ 6. Kundenkreditkarten ... 265
I. Zur Anbieterstruktur ... 266
II. Zahlungsfunktion, Einsatzbereich und Anzahl der Karteninhaber ... 267
III. Das Konzept der (Kreuz-)Preiselastizität ... 268

IV. Akzeptanz beider Kartenarten 269
V. Zwischenergebnis 270
§ 7. Debitkarten 270
I. Nachfragesubstituierbarkeit 270
1. Struktur der Zahlungskartensysteme 270
2. Einsatzbereich 270
3. Auswirkungen der Stundungsfunktion bei Kreditkarten 272
4. Die „Zahlungsgarantie“ 272
5. Höhe der getätigten Umsätze 272
6. Die Kostenstrukturen 273
a) Die Höhe der Händlergebühren 273
aa) Kreditkarten 273
bb) Debitkarten 274
cc) Zwischenergebnis 274
b) Die Ausgestaltung der MSC 276
c) Zwischenergebnis 277
7. Das Konzept der (Kreuz-)Preiselastizität 277
8. Akzeptanz beider Kartenarten 278
9. Zwischenergebnis 279
II. Angebotssubstituierbarkeit: Die Umstellungsflexibilität der Anbieter 279
III. Zwischenergebnis 280
§ 8. Zwischenergebnis 281
Unterkapitel 5. Zwischenergebnis 281
Kapitel 5. Ergebnis hinsichtlich des Acquiring-Bereichs 281
1. Vertragsunternehmen als Marktgegenseite 282
2. Funktionsspezifische Marktabgrenzung 282
3. Einsatzbereichsspezifische Marktabgrenzung 282
4. Die verschiedenen Kreditkartenarten 282
5. „Card-not-present“-Transaktionen 283
6. Sonstige „Zahlungsmittel“ 283

Untertitel 5. Ergebnis und Zusammenfassung hinsichtlich der nachgelagerten Ebene ... 283
1. Kein einheitlicher Markt in Bezug auf den nachgelagerten Bereich ... 283
2. Processing-Dienstleistungen als Bestandteil des Emissions- und/oder Akquisitions-Bereichs ... 283
3. Der Issuing-Bereich ... 283
a) Funktionsspezifische Marktabgrenzung ... 283
b) Einsatz der Kreditkarte als Zahlungsmittel ... 284
aa) Absatzmarktbezogenheit ... 284
bb) Die verschiedenen „Kreditkartenarten“ ... 284
cc) Sonstige „Zahlungsmittel“ ... 284
c) Einsatz der Kreditkarte zur Geldabhebung ... 284
d) Kreditfunktion ... 285
e) Zusatzleistungen ... 285
4. Acquiring-Bereich ... 285
a) Vertragsunternehmen als Marktgegenseite ... 285
b) Funktionsspezifische Marktabgrenzung ... 285
c) Einsatzbereichsspezifische Marktabgrenzung ... 285
d) Die verschiedenen Kreditkartenarten ... 286
e) „Card-not-present“-Transaktionen ... 286
f) Sonstige „Zahlungsmittel“ ... 286
Titel 4. Die vorgelagerte Ebene ... 286
Untertitel 1. Tätigkeitsspektrum einer Kreditkartenorganisation ... 286
Untertitel 2. Vergabe von Issuing-Lizenzen versus Vergabe von Acquiring-Lizenzen ... 287
Untertitel 3. Zwischenergebnis ... 288
Titel 5. Die intermediäre Ebene: Netzbetriebs- und Processing-Dienstleistungen ... 289
Untertitel 1. Netzbetriebs- und Processing-Dienstleistungen als Bestandteile eines einheitlichen Marktes? ... 289
Kapitel 1. Nachfragesubstituierbarkeit ... 289

Kapitel 2. Angebotssubstituierbarkeit: Die Umstellungsflexibilität der Anbieter 292
Kapitel 3. Zwischenergebnis 292
Untertitel 2. Netzbetriebs-Dienstleistungen 293
Kapitel 1. Zugehörigkeit der Terminalbereitstellung zum sachlich relevanten Netzbetriebs-Markt 293
Kapitel 2. Netzbetriebs-Dienstleistungen bezüglich Debitkarten als Bestandteil des sachlich relevanten Netzbetriebs-Marktes 293
Kapitel 3. (Zwischen-)Ergebnis 294
Untertitel 3. Processing-Bereich 295
Untertitel 4. Zwischenergebnis zu Netzbetriebs- und Processing-Dienstleistungen 297

Titel 6. Ergebnis der sachlichen Marktabgrenzung 297
A. Die Grundlagen des Kreditkartengeschäfts 298
B. Kein einheitlicher Markt hinsichtlich sämtlicher, innerhalb eines Zahlungssystems erbrachter Leistungen 299
C. Die nachgelagerte Ebene 299
I. Kein einheitlicher Markt in Bezug auf den nachgelagerten Bereich 299
II. Processing-Dienstleistungen als Bestandteil des Emissions- und/oder Akquisitions-Bereichs 300
III. Der Issuing-Bereich 301
1. Funktionsspezifische Marktabgrenzung 301
2. Der Kreditkarten-Emissions-Zahlungsfunktions-Markt 302
a) Die Absatzbereichsbezogenheit 302
b) Die verschiedenen „Kreditkartenarten“ 303
c) Sonstige „Zahlungsmittel“ 303
3. Der Kreditkarten-Emissions-Geldabhebungsfunktions-Markt 304
a) Abhebungen am Automaten 304
b) Abhebungen am Schalter 304

IV. Der Acquiring-Bereich ... 304
1. Die Vertragsunternehmen als maßgebliche Marktgegenseite ... 305
2. Funktionsspezifische Marktabgrenzung ... 305
3. Einsatzbereichsspezifische Marktabgrenzung ... 305
4. Die verschiedenen Kreditkartenarten ... 305
5. „Card-not-present"-Transaktionen ... 305
6. Sonstige „Zahlungsmittel" ... 306
D. Die vorgelagerte Ebene ... 306
E. Die Netzbetriebs- und Processing-Dienstleistungen ... 306
I. Die Netzbetriebs-Dienstleistungen ... 306
II. Der Processing-Bereich ... 307

Abschnitt 2. Kartellrechtliche (Un-)Zulässigkeit von multilateralen Interbankenentgelten in Kreditkartensystemen ... 309

Titel 1. Interbankenentgelte: Begriff und Arten ... 311
Untertitel 1. Begriffsklärung ... 311
Untertitel 2. Die verschiedenen Arten von Interbankenentgelten ... 313
Kapitel 1. Unterscheidung nach der Art der Festsetzung der Interbankenentgelte ... 313
Unterkapitel 1. Multilaterale Festsetzung ... 313
Unterkapitel 2. Bilaterale Festsetzung ... 316
Unterkapitel 3. Unilaterale Festsetzung ... 316
Kapitel 2. Weitere Differenzierungen hinsichtlich (multilateraler) Interbankenentgelte ... 316
Kapitel 3. Das Verhältnis der unterschiedlichen IC Fee-Arten zueinander ... 317
Kapitel 4. Zusammenfassung ... 319
1. Die verschiedenen Arten von Interbankenentgelten ... 319
2. Das Verhältnis der verschiedenen Arten der Interbankenentgelte ... 319

Titel 2. Überblick: Die bisherige Regulierungspraxis sowie sonstige Maßnahmen bezüglich multilateraler Interbankenentgelte 320
Untertitel 1. Kartellrechtliche Verfahren auf europäischer Ebene 321
Kapitel 1. Die Visa International II-Entscheidung 321
Kapitel 2. Das MasterCard-Verfahren 325
Kapitel 3. Die Einleitung des Visa-Verfahrens im Jahre 2008 330
Untertitel 2. Einzelstaatliche Verfahren 332
Kapitel 1. Australien 332
Kapitel 2. Großbritannien 335
Unterkapitel 1. Die Entscheidung des Office of Fair Trading vom 06. September 2005 335
Unterkapitel 2. Die Entscheidung des Competition Appeal Tribunal vom 10. Juli 2006 337
Kapitel 3. Schweiz 338
Unterkapitel 1. Die Verfügung der Schweizerischen Wettbewerbskommission vom 05. Dezember 2005 und die EVR I 338
Unterkapitel 2. Die Verfügung der Schweizerischen Wettbewerbskommission vom 25. Januar 2010 und die EVR II 341
Unterkapitel 3. Die Verfügung der Schweizerischen Wettbewerbskommission vom 01. Dezember 2014 und die EVR III 342
Untertitel 3. Die Sektorenuntersuchung des Retail-Bankgeschäfts – Abschlussbericht der Europäischen Kommission vom 31. Januar 2007 343
Untertitel 4. Die Verordnung (EU) 2015/751 vom 29. April 2015 über Interbankenentgelte für kartengebundene Zahlungsvorgänge 347
Untertitel 5. Zusammenfassung 350
1. Verhaltensabstimmung 350
2. Wettbewerbsbeschränkung 351
3. Freistellung 351

Titel 3. Die Tatbestandsvoraussetzungen des Art. 101 Abs. 1 AEUV 352
Untertitel 1. Verhaltensabstimmung im Sinne von Art. 101 Abs. 1 AEUV 353
Kapitel 1. Die intraregionalen MIF in den Kreditkartensystemen von MasterCard und Visa 355
Unterkapitel 1. Die intraregionalen MIF im Kreditkartensystem von MasterCard 355
Unterkapitel 2. Die intraregionalen MIF im Kreditkartensystem von Visa 360
Kapitel 2. Die interregionalen MIF 361
Kapitel 3. Die inländischen MIF 361
Kapitel 4. Gemeinsame Festlegung der multilateralen Interbankenentgelte durch die Kreditkartenorganisationen Visa und MasterCard? 362
Kapitel 5. Zusammenfassung 363
1. Die intraregionalen MIF 363
2. Die interregionalen MIF 364
3. Die inländischen MIF 364
4. Keine systemübergreifende Verhaltensabstimmung 364
Untertitel 2. Vorliegen einer Wettbewerbsbeschränkung 364
Kapitel 1. Der Acquiring-Bereich 367
Unterkapitel 1. Bewirken einer Wettbewerbsbeschränkung 368
§ 1. Die quantitativen Untersuchungen der Kommission 368
I. Die erste quantitative Analyse: Beeinflussung der MSC durch die MIF 368
II. Die zweite quantitative Analyse: Vergleich der Höhe der Händlergebühren bei großen und kleinen Händlern 370
III. Zwischenergebnis und Bewertung der Ergebnisse der Untersuchungen 372
§ 2. Die Ausgestaltung der MIF als Fallback Fee 373
§ 3. Die MIF als Referenzwert 377
I. Auswirkungen auf die Festlegungen sonstiger MIF-Sätze 377

II. Auswirkungen hinsichtlich der Vereinbarung bilateraler Interbankenentgelte ... 378
III. Zwischenergebnis ... 379
§ 4. Die Auswirkungen der Hierarchieebenen der diversen Interbankenentgeltsätze auf das grenzüberschreitende Acquiring ... 379
I. Festlegung der DMIF unterhalb des Niveaus der intraregionalen MIF ... 380
II. Festlegung der DMIF oberhalb des Niveaus der intraregionalen MIF ... 381
III. Die strukturellen Verflechtungen ... 383
IV. Zwischenergebnis ... 386
§ 5. Zwischenergebnis ... 386
Unterkapitel 2. Bezwecken einer Wettbewerbsbeschränkung ... 387
Unterkapitel 3. Zwischenergebnis ... 389
Kapitel 2. Der Issuing-Bereich ... 390
Unterkapitel 1. Bewirken einer Wettbewerbsbeschränkung ... 390
§ 1. Die multilateralen Interbankenentgelte als Einnahmequelle der Issuer ... 391
§ 2. Beeinflussung der Jahresgebühren durch die multilateralen Interbankenentgelte ... 392
§ 3. Beeinflussung der Ausgestaltung der Anreizsysteme sowie des Emissionsverhaltens durch die multilateralen Interbankenentgelte ... 394
Unterkapitel 2. Bezwecken einer Wettbewerbsbeschränkung ... 396
Unterkapitel 3. Zwischenergebnis ... 396
Kapitel 3. Hinreichender Einfluss der Marktkräfte? ... 397
Unterkapitel 1. Der nachgelagerte Bereich ... 397
§ 1. Issuer und Acquirer ... 398
I. Die MIF als Einnahmeposten der Emittenten ... 398
II. Die Sicht der Acquirer ... 399
§ 2. Gegendruck der Vertragsunternehmen? ... 403

I. (Teilweise) Ausschaltung der Möglichkeit von Preisverhandlungen 403
II. (Möglichkeit zur) Erhebung von Preisaufschlägen? 407
III. Zwischenergebnis 410
§ 3. Gegendruck der Karteninhaber? 410
§ 4. Zwischenergebnis 410
Unterkapitel 2. Der vorgelagerte Bereich 411
§ 1. Die Auswirkungen der MIF auf das Verhältnis zwischen den Kreditkartensystemen von Visa und MasterCard 411
I. Die MIF als Wettbewerbsfaktor auf der vorgelagerten Ebene 411
II. Die Entwicklung der Höhe der intraregionalen MIF 413
III. Die strukturellen Verflechtungen zwischen Visa und MasterCard 415
§ 2. Drei-Parteien-Systeme als disziplinierende Kraft? 417
§ 3. Die Auswirkungen der MIF auf das Verhältnis zwischen Vier-Parteien-Systemen und Drei-Parteien-Systeme 418
§ 4. Zwischenergebnis 421
Unterkapitel 3. Zwischenergebnis 421
1. Der nachgelagerte Bereich 422
2. Der vorgelagerte Bereich 422
Kapitel 4. Zwischenergebnis 423
Untertitel 3. Teleologische Reduktion des Tatbestandes 423
Kapitel 1. Prüfungsmaßstab: Systemnotwendige Nebenabreden in der bisherigen Regulierungspraxis 424
Kapitel 2. Die seitens der Kommission betrachteten „Referenz“-Systeme 428
Unterkapitel 1. Die Referenzsysteme 429
§ 1. Das Dankort-System (Dänemark) 429
§ 2. Das Pankkikortti-System (Finnland) 430
§ 3. Das Bancomat-System (Luxemburg) 431
§ 4. Das PIN-System (Niederlande) 431
§ 5. Das BankAxept-System (Norwegen) 432

Unterkapitel 2. Die Schlussfolgerungen der Kommission 433
Unterkapitel 3. Überprüfung der Schlussfolgerungen der Kommission: Vergleichbarkeit der Referenzsysteme? 433
§ 1. Die spezifischen Besonderheiten der einzelnen Referenzsysteme 434
I. Zur Vergleichbarkeit des Dankort-Systems 434
II. Zur Vergleichbarkeit des Pankkikortti Systems 435
III. Zur Vergleichbarkeit des Bancomat-Systems 437
IV. Zur Vergleichbarkeit des PIN-Systems 437
V. Zur Vergleichbarkeit des BAX-Systems 440
VI. Zwischenergebnis 441
§ 2. Der Betrieb der Referenzsysteme unter Geltung einer Zero-MIF 441
§ 3. Die Systemstruktur der Referenzsysteme: Offene oder geschlossene Systeme? 443
§ 4. Die Referenzsysteme als nationale Systeme 444
§ 5. Die Referenzsysteme als Debitkartensysteme 446
Unterkapitel 4. Zwischenergebnis 448
Kapitel 3. Die HACR und die Möglichkeit einer einseitigen Kostenauferlegung 448
Kapitel 4. Das Todesspiralenargument 452
Unterkapitel 1. Die Äußerungen der Kreditkartenorganisationen 452
Unterkapitel 2. Nähere Überprüfung des Todesspiralenarguments 453
§ 1. These 1: Keine hinreichenden Einnahmen der Issuer 454
§ 2. These 2: Die Nachfrage im Emissionsbereich würde auf ein unzureichendes Niveau absinken 455
§ 3. These 3: Die Issuer würden das System verlassen 457
Unterkapitel 3. Zwischenergebnis 458
Kapitel 5. Möglichkeit einer isolierten Aufhebung der MIF 458
Kapitel 6. Zwischenergebnis 459
1. Die Existenz der Referenzsysteme 459
2. Kein Erfordernis einer MIF aufgrund der HACR 460
3. Das Todesspiralenargument 460

4. (Tatsächliche) Möglichkeit einer isolierten Aufhebung der MIF-Bestimmungen 460
Untertitel 4. Spürbarkeit der Wettbewerbsbeschränkung 460
Untertitel 5. Zwischenstaatlichkeitsklausel 462
Kapitel 1. Die intraregionalen MIF 463
Kapitel 2. Die interregionalen MIF 464
Kapitel 3. Die inländischen MIF 464
Kapitel 4. Zwischenergebnis 465
Untertitel 6. Ergebnis zu Art. 101 Abs. 1 AEUV 465
I. Vorliegen einer Verhaltensabstimmung 465
II. Vorliegen einer Wettbewerbsbeschränkung 466
1. Der Acquiring-Bereich 467
2. Der Issuing-Bereich 469
3. Kein hinreichender Wettbewerbsdruck 469
III. Keine teleologische Reduktion des Tatbestandes 475
IV. Spürbarkeit der Wettbewerbsbeschränkung 477
V. Zwischenstaatlichkeitsklausel 477
Titel 4. Die Freistellungsvoraussetzungen (Art. 101 Abs. 3 AEUV) 477
Untertitel 1. Effizienzgewinne 478
Kapitel 1. Theorie 1: Die Joint Production-Sichtweise 481
Kapitel 2. Theorie 2: Die MIF als (transaktionsvolumenabhängige) Entgelte 484
Kapitel 3. Theorie 3: Die netzwerkorientierte Sichtweise 487
Unterkapitel 1. Ungleichgewicht der Nachfrage der Karteninhaber und der Nachfrage der Händler 491
§ 1. Das sog. „Henne-und-Ei-Problem“ 491
§ 2. Das Todesspiralen-Argument 493
§ 3. Optimierung des System-Outputs 494
§ 4. Zwischenergebnis 496
Unterkapitel 2. Ungleichgewicht der Kosten 496
§ 1. Die Issuer als Träger der höchsten Kostenbelastung 497
§ 2. Issuing-Dienstleistungen als Leistungen zu Gunsten der Vertragsunternehmen? 499

§ 3. Vorteil einer Kostenzuteilung? ... 499
§ 4. Die MIF beeinflussen die Preisstruktur, nicht hingegen das Preisniveau ... 500
I. Verhältnis MIF – MSC ... 501
II. Verhältnis MIF – Karteninhabergebühren ... 502
§ 5. Zwischenergebnis ... 505
Unterkapitel 3. Die (weiteren) behaupteten (Folge-)Vorteile der Optimierung des System-Outputs ... 506
§ 1. Zahlungsgarantie, zinsfreie Finanzierungszeit und Verbesserung der Sicherheit ... 506
§ 2. Umsatzzuwachs bei den Händlern und Verbesserung von deren Cashflow ... 507
§ 4. Die Zuverlässigkeit des Systems ... 507
§ 5. Zunahme von Innovationen ... 508
§ 6. Kostenersparnisse aufgrund von Skalenerträgen ... 509
§ 7. Zwischenergebnis ... 510
Unterkapitel 4. Zwischenergebnis ... 510
Kapitel 4. Vorliegen sonstiger Effizienzgewinne ... 510
Unterkapitel 1. Vorteile gegenüber einer bilateralen Festsetzung ... 510
Unterkapitel 2. Der sog. „Krieg gegen Bargeld" („War on Cash") ... 512
Unterkapitel 3. Zwischenergebnis ... 513
Kapitel 5. Zwischenergebnis ... 513
1. Die Joint Production-Sichtweise ... 514
2. Die dienstleistungsorientierte Sichtweise ... 514
3. Die netzwerkorientierte Sichtweise ... 515
4. Sonstige Effizienzgewinne ... 517
Untertitel 2. Angemessene Beteiligung der Verbraucher ... 517
Kapitel 1. Die Karteninhaber und die Vertragsunternehmen ... 520
Kapitel 2. Die Abnehmer der Vertragsunternehmen im Absatzbereich ... 523
Kapitel 3. Zwischenergebnis ... 527
1. Die Vertragsunternehmen ... 527
2. Die Karteninhaber ... 528

3. Die Abnehmer der Vertragsunternehmen im Absatzbereich ... 528
Untertitel 3. Unerlässlichkeit der Wettbewerbsbeschränkung ... 528
Kapitel 1. Einführung einer MIF von Null ... 530
Kapitel 2. Aufrechterhaltung der MIF unter Abschaffung der Ausgestaltung als Fallback Fee ... 531
Kapitel 3. Abschaffung der MIF und Durchführung bilateraler Verhandlungen ... 531
Kapitel 4. Einseitige Festlegung der Gebühren durch die Issuer ... 533
Kapitel 5. Veränderung der Gebührenstruktur im vorgelagerten Bereich ... 534
Kapitel 6. Einschaltung eines „Interchange-Händlers“ ... 536
Kapitel 7. Erhebung (zusätzlicher) Gebühren von den Karteninhabern ... 538
Kapitel 8. Zwischenergebnis ... 543
Untertitel 4. Keine Eröffnung einer Möglichkeit zur Ausschaltung des Wettbewerbs für einen wesentlichen Teil der betreffenden Waren ... 544
Kapitel 1. Der nachgelagerte Bereich ... 545
Unterkapitel 1. Der Acquiring-Bereich ... 545
Unterkapitel 2. Der Issuing-Bereich ... 546
Unterkapitel 3. Zwischenergebnis ... 546
Kapitel 2. Der Interchange-Bereich ... 546
Kapitel 3. Der vorgelagerte Bereich ... 547
Kapitel 4. Zwischenergebnis ... 547
Untertitel 5. Ergebnis zu Art. 101 Abs. 3 AEUV ... 547
I. Effizienzgewinne ... 548
1. Theorie 1: Die Joint Production-Sichtweise ... 548
2. Theorie 2: Die MIF als (transaktionsvolumenabhängige) Entgelte ... 549
3. Theorie 3: Die netzwerkorientierte Sichtweise ... 550
4. Vorliegen sonstiger Effizienzgewinne ... 554
II. Angemessene Beteiligung der Verbraucher ... 555
III. Unerlässlichkeit der Wettbewerbsbeschränkung ... 557

IV. Keine Eröffnung einer Möglichkeit zur Ausschaltung des Wettbewerbs für einen wesentlichen Teil der betreffenden Waren 559

Titel 5. Ergebnis: Die kartellrechtliche Unzulässigkeit von multilateralen Interbankenentgelten 560

A. Interbankenentgelte: Begriff und Arten 560

B. Die bisherige Regulierungspraxis sowie sonstige Maßnahmen bezüglich multilateraler Interbankenentgelte 560

C. Die Tatbestandsvoraussetzungen des Art. 101 Abs. 1 AEUV 562

I. Vorliegen einer Verhaltensabstimmung 562

II. Vorliegen einer Wettbewerbsbeschränkung 564

1. Der Acquiring-Bereich 564

2. Der Issuing-Bereich 566

3. Kein hinreichender Gegendruck 567

III. Keine teleologische Reduktion des Tatbestandes 569

IV. Spürbarkeit der Wettbewerbsbeschränkung 570

V. Zwischenstaatlichkeitsklausel 571

D. Die Freistellungsvoraussetzungen des Art. 101 Abs. 3 AEUV 571

I. Effizienzgewinne 571

1. Theorie 1: Die Joint Production-Sichtweise 572

2. Theorie 2: Die MIF als (transaktionsvolumenabhängige) Entgelte 573

3. Theorie 3: Die netzwerkorientierte Sichtweise 574

4. Vorliegen sonstiger Effizienzgewinne 577

II. Angemessene Beteiligung der Verbraucher 578

1. Die Karteninhaber und die Vertragsunternehmen 578

2. Die Abnehmer der Vertragsunternehmen im Absatzbereich 580

III. Unerlässlichkeit der Wettbewerbsbeschränkung 581

1. Einführung einer MIF von Null 581

2. Aufrechterhaltung der MIF unter Abschaffung der Ausgestaltung als Fallback Fee 581

3. Abschaffung der MIF und Durchführung bilateraler Verhandlungen 581

4. Einseitige Festlegung der Gebühren durch die Issuer 581
5. Veränderung der Gebührenstruktur im vorgelagerten Bereich 582
6. Einschaltung eines „Interchange-Händlers“ 582
7. Erhebung (zusätzlicher) Gebühren von den Karteninhabern 582
8. Rückschlüsse betreffend die derzeitige Methodik zur Regulierung der Höhe der MIF 583
IV. Keine Eröffnung einer Möglichkeit zur Ausschaltung des Wettbewerbs für einen wesentlichen Teil der betreffenden Waren 583

Abschnitt 3. Gesamtergebnis und Fazit 585

Fazit zu Abschnitt 1: Die sachliche Marktabgrenzung 585
A. Die einzelnen Märkte 585
B. Ergebnisse und Konkretisierung der Märkte 585
I. Kein einheitlicher Markt hinsichtlich sämtlicher, innerhalb eines Zahlungssystems erbrachter Leistungen 585
II. Die nachgelagerte Ebene 586
1. Kein einheitlicher Markt in Bezug auf den nachgelagerten Bereich 586
2. Processing-Dienstleistungen als Bestandteil des Emissions- und/oder Acquiring-Bereichs 586
3. Der Issuing-Bereich 586
a) Funktionsspezifische Marktabgrenzung 586
b) Der Verbraucher-Kreditkarten-Emissions-Zahlungsfunktions-Markt 587
aa) Die Absatzbereichsbezogenheit 587
bb) Einsatzbereichsspezifische Marktabgrenzung 587
cc) Die verschiedenen „Kreditkartenarten“ 587
dd) Sonstige „Zahlungsmittel“ 588
c) Der Verbraucher-Kreditkarten-Emissions-Geldabhebungsfunktions-Markt 588

aa) Abhebungen am Automaten 588
bb) Abhebungen am Schalter 588
4. Der Acquiring-Bereich 588
a) Die Vertragsunternehmen als maßgebliche Marktgegenseite 589
b) Funktionsspezifische Marktabgrenzung 589
c) Einsatzbereichsspezifische Marktabgrenzung 589
d) Die verschiedenen Kreditkartenarten 589
e) Sonstige „Zahlungsmittel“ 589
III. Die vorgelagerte Ebene 589
IV. Die intermediäre Ebene 590
1. Die Netzbetriebs-Dienstleistungen 590
2. Der Processing-Bereich 590
Fazit zu Abschnitt 2: Die kartellrechtliche Unzulässigkeit von multilateralen Interbankenentgelten 590
A. Interbankenentgelte: Begriff und Arten 592
B. Die Tatbestandsvoraussetzungen des Art. 101 Abs. 1 AEUV 592
I. Vorliegen einer Verhaltensabstimmung 593
II. Vorliegen einer Wettbewerbsbeschränkung 593
1. Der Acquiring-Bereich 593
2. Der Issuing-Bereich 595
3. Kein hinreichender Gegendruck 596
III. Keine teleologische Reduktion des Tatbestandes 598
IV. Spürbarkeit der Wettbewerbsbeschränkung 598
V. Zwischenstaatlichkeitsklausel 598
C. Die Freistellungsvoraussetzungen des Art. 101 Abs. 3 AEUV 599
I. Effizienzgewinne 599
1. Theorie 1: Die Joint Production-Sichtweise 599
2. Theorie 2: Die MIF als (transaktionsvolumenabhängige) Entgelte 600
3. Theorie 3: Die netzwerkorientierte Sichtweise 600
4. Vorliegen sonstiger Effizienzgewinne 603

II. Angemessene Beteiligung der Verbraucher ... 603
1. Die Vertragsunternehmen und die Karteninhaber 604
2. Die Abnehmer der Vertragsunternehmen im Absatzbereich ... 605
III. Unerlässlichkeit der Wettbewerbsbeschränkung ... 606
IV. Keine Eröffnung einer Möglichkeit zur Ausschaltung des Wettbewerbs für einen wesentlichen Teil der betreffenden Waren ... 607

Literaturverzeichnis ... 609

Abkürzungsverzeichnis

a.A.	andere(r) Auffassung
a.a.O.	am angegebenen Ort
Abb.	Abbildung(en)
abl.	ablehnend
ABl.	Amtsblatt
Abs.	Absatz/Absätze
Acq	Acquirer(n/s)
ActDMIF	tatsächliche(s) durchschnittliche(s) inländische(s) multilaterale(s) Interbankenentgelt(e)
ADAC	Allgemeiner Deutscher Automobil-Club e.V.
a.E.	am Ende
a.F.	alte Fassung
AEUV	Vertrag über die Arbeitsweise der Europäischen Union
AG	Aktiengesellschaft/Amtsgericht
AGB	Allgemeine Geschäftsbedingungen
AGBG	Gesetz zur Regelung des Rechts der Allgemeinen Geschäftsbedingungen
a.M.	andere(r) Meinung
AmEx	American Express
Anh.	Anhang
Anm.	Anmerkung
Ans.	Ansicht
Antitrust L.J.	Antitrust Law Journal (Zeitschrift)
Art.	Artikel(n/s)
Aufl.	Auflage(n)
ATM	Automated Teller Machine/Geldautomat
B+S	B+S Card Service GmbH
B2B	Business-to-Business
B2C	Business-to-Consumer
BankR	Bankrecht
BankRHdb.	Bankrechts-Handbuch
BAX	BankAxept (norwegisches Zahlungskartensystem)
BB	Betriebs-Berater (Zeitschrift)
BBk	Deutsche Bundesbank
Bd.	Band

Bearb.	Bearbeiter/in
BeckRS	Beck online Rechtsprechung
Beil.	Beilage
BGB	Bürgerliches Gesetzbuch
BGH	Bundesgerichtshof
BGHZ	Entscheidungen des Bundesgerichtshofs in Zivilsachen (amtliche Sammlung)
BIS	Bank for International Settlements
BKartA	Bundeskartellamt
BKR	Zeitschrift für Bank- und Kapitalmarktrecht
BMJV	Bundesministerium der Justiz und für Verbraucherschutz
BMW	Bayerische Motoren Werke Aktiengesellschaft
BT	Bundestag
BT-Drucks.	Bundestags-Drucksache
BoF	Bank of Finland
BRD	Bundesrepublik Deutschland
BR-Drucks.	Bundesrats-Drucksache
BVGer	Bundesverwaltungsgericht (Schweiz)
bzgl.	bezüglich
bzw.	beziehungsweise
ca.	circa
CAT	Competition Appeal Tribunal (UK)
CB	Cartes Bancaires
CEPR	Centre for Economic Policy Research
CHF	Schweizer Franken
Colum. Bus. L. Rev.	Columbia Business Law Review (Zeitschrift)
CPMI	Committee on Payments and Market Infrastructures
CPSS	Committee on Payment and Settlement Systems
CR	Computer und Recht (Zeitschrift)
Destatis	Statistisches Bundesamt
d.h.	das heißt
Diss.	Dissertation
DG COMP	Directorate-General for Competition/ Generaldirektion Wettbewerb
DK	Die Deutsche Kreditwirtschaft
DM	Deutsche Mark
DMIF	Domestic Multilateral Interchange Fee(s)/Inländische multilaterale Interbankenentgelte/MIF für Inlandstransaktionen

EAPS	Euro Alliance of Payment Schemes
EC	Electronic Cash
ECLR	European Competition Law Review (Zeitschrift)
ECN	European Competition Network (Netzwerk der europäischen Wettbewerbsbehörden)
E-Commerce	Electronic Commerce
Econ. Rev.	Economic Review
Ed.	Edition (Band)
EEA	European Economic Area
EG	Europäische Gemeinschaft(en)
EGV	Vertrag zur Gründung der Europäischen Gemeinschaft
Einf.	Einführung
Einl.	Einleitung
EL	Ergänzungslieferung
ELV	Elektronisches Lastschriftverfahrens
EMV	Europay International, MasterCard und VISA (Spezifikation für bestimmte, mit einem Prozessorchip ausgestattete Zahlungskarten und die zugehörigen Chipkartengeräte)
endg.	endgültig
engl.	englisch(e/en)
EP	Europäisches Parlament
EPC	European Payments Council
Erw.	Erwägungsgrund/Erwägungsgründe
et al.	et alii/et aliae/et alia (und andere)
etc.	et cetera
EU	Europäische Union
EuG	(Europäisches) Gericht Erster Instanz
EuGH	Gerichtshof der Europäischen Union (ehemals: Gerichtshof der Europäischen Gemeinschaften)
Europ. WettbewR	Europäisches WettbewR
EU-SILC	European Union Statistics on Income and Living Conditions
EUV	Vertrag über die Europäische Union
EuZW	Europäische Zeitschrift für Wirtschaftsrecht
e.V.	eingetragener Verein
EVR	einvernehmliche Regelung

EWG-Vertrag	Vertrag zur Gründung der Europäischen Wirtschaftsgemeinschaft
EWR	Europäischer Wirtschaftsraum
EZB	Europäische Zentralbank
FAQ	frequently asked questions
FEDS	Finance and Economics Discussion Series
FEFC	Far Eastern Freight Conference
fin.	final
Fn.	Fußnote(n)
FS	Festschrift
GA	Geldautomat(en)
GAA	Geldautomatenabhebung(en)
GAO	Government Accountability Office (Untersuchungsorgan des Kongresses der Vereinigten Staaten)
GBP	Great Britain Pound/Britisches Pfund
GbR	Gesellschaft bürgerlichen Rechts
GmbH	Gesellschaft mit beschränkter Haftung
GRUR	Gewerblicher Rechtsschutz und Urheberrecht
GRUR-Prax	Gewerblicher Rechtsschutz und Urheberrecht, Rechtssprechungsreport (Zeitschrift)
GVO	Gruppenfreistellungsverordnung
GWB	Gesetz gegen Wettbewerbsbeschränkungen
GWR	Gesellschafts- und Wirtschaftsrecht (Zeitschrift)
HACR	Honour All Cards Rule
HandelsR	Handelsrecht
HBM	Harvard Business Manager (Zeitschrift)
Hdb.	Handbuch
HDE	Handelsverband Deutschland
Hervorh. d. Verf.	Hervorhebung durch den Verfasser
HEV	Höchstentgeltvereinbarung
h.M.	herrschende(n/r) Meinung
Hrsg.	Herausgeber
IATA	Air Transport Association (Internationale Flugtransport Vereinigung)
ICLE	International Center for Law & Economics
i.d.R.	in der Regel
i.e.	id est (das heißt)
i.H.v.	in Höhe von
Inc.	Incorporated

insbes.	Insbesondere
Int'l J. Ind. Organ.	International Journal of Industrial Organization
Int'l J. Cent. Bank	International Journal of Central Banking
i.R.d.	im Rahmen der/des
i.R.v.	im Rahmen von
i.S.d.	im Sinne der/des
i.S.v.	im Sinne von
Iss.	Issue (Ausgabe/Heft)
JA	Juristische Arbeitsblätter (Zeitschrift)
JBF	Journal of Banking & Finance
JBNST	Jahrbücher für Nationalökonomie und Statistik (Zeitschrift)
J. Econ. Perspect.	Journal of Economic Perspectives
J. Econ. Surveys	Journal of Economic Surveys
JEEA	Journal of the European Economic Association
J. Ind. Econ.	The Journal of Industrial Economics
J. Law Econ.	Journal of Law and Economics
J. Marketing	Journal of Marketing
J. Marketing Res.	Journal of Marketing Research
J. Paym Strat & Syst	Journal of Payments Strategy & Systems
jurisPK	juris PraxisKommentar
jurisPR-BKR	juris PraxisReport Bank- und Kapitalmarktrecht
Kap.	Kapitel
KartellR	Kartellrecht
KG	Kammergericht Berlin
KG	Bundesgesetz über Kartelle und andere Wettbewerbsbeschränkungen (Schweiz)
KKU	Kreditkartenunternehmen(s) (geschlossenes System)
KKO	Kreditkartenorganisation(en) (offenes System)
krit.	kritisch
KU	Kartenunternehmen(s)
K&R	Kommunikation und Recht (Zeitschrift)
KOM	Europäische Kommission
LG	Landgericht
lit.	littera (Buchstabe)
Ltd.	Limited
MAH	Münchner Anwaltshandbuch
MC	MasterCard
MDR	Monatsschrift für Deutsches Recht (Zeitschrift)
MIF	multilaterale(s) Interbankenentgelt(e)

Mio.	Million(en)
MIT	Merchant Indifference Test
MMR	Multimedia und Recht (Zeitschrift)
Mrd.	Milliarde(n)
MSC	Merchant Service Charge
MüKo	Münchener Kommentar
m.w.N.	mit weiteren Nachweisen
NAWIR	No-Acquiring-without-Issuing-Rule
NDR	Non Discrimination Rule
NECG	Network Economics Consulting Group Pty Ltd.
n.F.	neue Fassung
NJW	Neue Juristische Wochenschrift (Zeitschrift)
NJW-RR	NJW-Rechtsprechungsreport Zivilrecht (Zeitschrift)
NMa	Nederlandse Mededingingsautoriteit (Niederländische Wettbewerbsbehörde)
N.N.	Nomen Nominandum
No.	Number
Nr.	Nummer(n)
NSR	No-Surcharge Rule
NZM	Neue Zeitschrift für Miet- und Wohnungsrecht
NZV	Neue Zeitschrift für Verkehrsrecht
OFT	Office of Fair Trading, United Kingdom
OLG	Oberlandesgericht
Payment Card Econ. Rev.	The Payment Card Economics Review
PBS	Payment Business Systems
PIN	Persönliche Identifikationsnummer/Personal Identification Number
PK	Praxiskommentar
PoS	Point of Sale
PoZ	Point of Sale ohne Zahlungsgarantie
PWP	Perspektiven der Wirtschaftspolitik (Zeitschrift)
RabattG	Gesetz über Preisnachlässe (Rabattgesetz)
RAND	Reasonable and Non Discriminatory
RAND J. Econ.	RAND Journal of Economics
RBA	Reserve Bank of Australia
RegE	Regierungsentwurf
RegTP	Regulierungsbehörde für Telekommunikation und Post
REKO/WEF	Rekurskommission für Wettbewerbsfragen (Schweiz)

RL	Richtlinie(n)
Rn.	Randnummer(n)
RPW	Recht und Politik des Wettbewerbs (Zeitschrift)
Rs.	Rechtssache(n)
Rspr.	Rechtsprechung
Rev. Netw. Econ.	Review of Network Economics (Zeitschrift)
s.	siehe
S.	Satz/Seite(n)
SA	Société anonyme
ScheckG	Scheckgesetz
SEPA	Single Euro Payments Area/Einheitlicher Euro-Zahlungsverkehrsraum
Serdica Math. J.	Serdica Mathematical Journal
Slg.	Sammlung
SMS	Short Message Service
sog.	sogenannt(e/en/er/es)
SSNIP	small but significant non-transitory increase of price
SSRN	Social Science Research Network
st. Rspr.	ständige(n/r) Rechtsprechung
SVR	Straßenverkehrsrecht (Zeitschrift)
Telekurs Multipay	Telekurs Multipay AG
TKG	Telekommunikationsgesetz
u.	Und
u.a.	und andere
UBS	UBS AG
UK	United Kingdom/Vereinigtes Königreich
Univ.	Universität
Urt.	Urteil
US	United States
USA	United States of America/Vereinigte Staaten von Amerika
usw.	und so weiter
u.U.	unter Umständen
UWG	Gesetz gegen den unlauteren Wettbewerb
v.	von/vom
verb.	Verbundene(n/r)
Verf.	Verfasser
VEZ	Verband Elektronischer Zahlungsverkehr
VGA	Vereinbarung für das deutsche ec-Geldautomatensystem

vgl.	vergleiche
VO	Verordnung
Vol.	Volume (Band)
Vorbem.	Vorbemerkung
VU	Vertragsunternehmen(s)
VuR	Verbraucher und Recht (Zeitschrift)
VzD	Vertrag zugunsten Dritter
WEKO	(Schweizerische) Wettbewerbskommission
WettbewR	Wettbewerbsrecht
WiSt	Wirtschaftswissenschaftliche Studien (Zeitschrift)
WM	Wertpapier-Mitteilungen (Zeitschrift)
WMP	Windows Media Player
WRP	Wettbewerb in Recht und Praxis (Zeitschrift)
WuB	Entscheidungssammlung zum Wirtschafts- und Bankrecht (Zeitschrift)
WuW	Wirtschaft und Wettbewerb (Zeitschrift)
WuW/E	WuW-Entscheidungssammlung zum Kartellrecht (Zeitschrift)
WuW/E DE-V	Wirtschaft und Wettbewerb – Entscheidungssammlung – Deutschland Verwaltung
Yale J. on Reg.	Yale Journal on Regulation
YARS	Yearbook of Antitrust and Regulatory Studies
z.B.	zum Beispiel
ZBB	Zeitschrift für Bankrecht und Bankwirtschaft
ZDUG	Gesetz zur Umsetzung der Zweiten Zahlungsdiensterichtlinie/Zahlungsdiensterichtlinie-umsetzungsgesetz
zfbf	Zeitschrift für betriebswirtschaftliche Forschung
ZfK	Zeitschrift für das gesamte Kreditwesen
ZgS	Zeitschrift für die gesamte Staatswissenschaft
ZHR	Zeitschrift für das gesamte Handelsrecht und Wirtschaftsrecht
Ziff.	Ziffer(n)
ZIP	Zeitschrift für Wirtschaftsrecht und Insolvenzpraxis
ZKA	Zentraler Kreditausschuss
zugl.	zugleich
ZWeR	Zeitschrift für Wettbewerbsrecht
zzgl.	zuzüglich

Einführung

Das Kreditkartengeschäft hat aufgrund der Bargeldersatzfunktion der Kreditkarte in den letzten Jahrzehnten eine wirtschaftlich herausragende Stellung als Zahlungsmittel erlangt. Die Kreditkarte revolutionierte das Zahlungsverfahren und ist in der heutigen Zeit kaum noch aus der Welt des modernen Zahlungsverkehrs wegzudenken. Das Kreditkartengeschäft geht mit einer Vielzahl rechtlicher Fragestellungen einher und bedingt eine Fülle von kartellrechtlichen Problemen. Wie andere Gebilde der privatrechtsautonomen Schöpfung, der gesetzlich nicht en détail geregelten Innominatverträge, unterliegt das Kreditkartengeschäft den Vorgaben und den Anforderungen des Wettbewerbsrechts. Die Entwicklung wie auch die Ausgestaltung von Kreditkartensystemen und die Assimilation der Systeme an die sich ändernden Gegebenheiten des Alltags bilden einen nimmer währenden Prozess. Eine kontinuierliche Evolution. Der stete Wandel eines beinahe allgegenwärtigen Systems. Metamorphose des Bekannten hin zur Spezifikation. Drei oder vier Parteien? Gleichsam mehr als dies! Ein System im permanenten Fluss der Zeit.

Die Strukturen assimilierten sich und in der Gegenwart steht ein Konstrukt, das sich von den Ursprüngen des eigenen Seins weit entfernt hat. Seit langer Zeit existiert nicht mehr bloß *das* Drei-Parteien-Kreditkartensystem. Die Branche hat sich gewandelt, verändert und ist gewachsen. Nicht nur die Umsätze und die Emissionszahlen sind gestiegen. Ein einzelnes Kreditkartensystem besteht zumeist längst nicht mehr aus drei oder vier Parteien. Die Spezialisierung gewann und gewinnt auch hier unablässig an Relevanz. Die allgemein in der wirtschaftlichen Welt zu verzeichnende Tendenz hin zum Outsourcing interner Vorgänge, dem Bestreben Kosten einzusparen, mitunter auch der Externalisierung von Kosten sowie die Inanspruchnahme der Leistungen von Drittanbietern akzentuierten sich in einer Zunahme der Anzahl der Akteure. Zurzeit agieren ohne Weiteres mehr als sieben Teilnehmer – wohlgemerkt im Zuge eines einzelnen Zahlungsvorgangs. Der Begriff des Teilnehmers ist insofern rein funktional zu verstehen. Jede einzelne dieser Teilnehmerpositionen und -funktionen kann freilich von einer Vielzahl von Markt- bzw. Marktsegmentteilnehmern besetzt werden; es bestehen mannigfaltige Ausgestaltungsimponderabilien – letztlich offenbart sich eine schier grenzenlose Anzahl an möglichen Varianten.[1] Jene Zunahme der Anzahl an beteiligten Unternehmen und der anzutreffende Konzentrationsgrad bieten ein verstärktes Potential zur Zusammenarbeit. In Anbetracht dessen verwundert es kaum, dass einige

---

1 Diese Komplexität spiegelt sich mitunter auch in der Gliederungsstruktur dieser Arbeit wider. Aufgrund der tiefschichtigen Ausgestaltung eines Kreditkartensystems (und insbesondere der daraus resultierenden „Tiefe" der Ausführungen in Abschnitt 1) wird in dieser Arbeit in Anlehnung an die Gliederungsstruktur des BGB grundsätzlich wie folgt gegliedert: Abschnitt - Titel - Untertitel - Kapitel - Unterkapitel - § - I. - 1. - a) - aa).

der in den Kreditkartensystemen anzutreffenden Bestimmungen verstärkt in den Fokus der Wettbewerbshüter gerückt sind.

Diesen kartellrechtlichen Bedenken widmet sich die vorliegende Arbeit. Der Fokus liegt auf den Vier-Parteien-Systemen. Oftmals werden zwar Drei-Parteien-Systeme in den Mittelpunkt der – und zwar auch der kartellrechtlichen – Betrachtung gestellt. Diese Systeme mögen zwar den Grundstein zum Verständnis von (Kredit-)Kartensystemen legen. Dennoch entspricht eine solche – mitunter wohl auch historisch bedingte – Herangehensweise nicht mehr den vorherrschend in der Praxis anzutreffenden Verhältnissen. Dies gilt insbesondere in Anbetracht der außerordentlichen Expansion der Vier-Parteien-Kreditkarten-Systeme sowohl in Bezug auf die Emissionszahlen als auch im Hinblick auf die Transaktionsvolumina, sofern man diese im Verhältnis zu jenen der Drei-Parteien-Systeme besieht. So handelt es sich bei mehr als 90 % der im EWR emittierten Kreditkarten um solche der Vier-Parteien-Systeme von Visa und MasterCard.

Die vorliegende Ausarbeitung ist in zwei (Haupt-)Abschnitte untergliedert: Während im Rahmen des ersten Abschnitts eine umfassende sachliche Marktabgrenzung erfolgt, hat der zweite Abschnitt die in den offenen Kreditkartensystemen besonders bedeutsamen (multilateralen) Interbankenentgelte zum Gegenstand. Innerhalb beider Abschnitte wird bewusst auf eine in erster Linie deskriptive Schilderung und bloße Darstellung des aktuellen Status quo verzichtet. Vielmehr erfolgt eine Untersuchung der jeweiligen Sichtweisen und Argumente anhand der konkreten kartellrechtlichen Prüfungspunkte – gerade dies fehlt gegenwärtig.

Der erste Abschnitt ist einerseits als eigenständiger Bestandteil der vorliegenden Arbeit zu verstehen. Er enthält eine umfassende sachliche Marktabgrenzung. Die Kreditkartenbranche ist eine solche, die aufgrund ihrer organischen Struktur durch inhärente wechselseitige Impulse, durch Netzeffekte und den steten Wandel der Strukturen determiniert wird. Wenn eine umfassende Marktabgrenzung bereits in anderen Wirtschaftszweigen den Zugang zu einer kartellrechtlichen Auseinandersetzung liefert, so ist die Bedeutung der Bestimmung des sachlich relevanten Marktes gerade im vorliegenden Kontext aufgrund der innerhalb eines offenen Kreditkartensystems anzutreffenden Wechselwirkungen der einzelnen (Teil-)Bereiche und der hiermit einhergehenden Besonderheiten um ein Vielfaches größer. Die Marktabgrenzung bildet den Grundstein, die Basis und das Fundament für eine kartellrechtliche Überprüfung der Interbankenentgeltregelungen (wie auch sonstiger Regelungen) in der Kreditkartenbranche, bezüglich derer die Gesamtzusammenhänge, die Wirkungsmechanismen und die Vielzahl an Interessenströmungen innerhalb eines einzelnen Systems wie auch innerhalb der gesamten Branche zur Diskussion stehen.[2] Insofern gehen die Erkenntnisse des Abschnitts zur Marktabgrenzung über die kartellrechtliche Problematik der (multilateralen) Interbankenentgelte hinaus. Dieser Abschnitt steht keineswegs im

In der vorliegenden Arbeit wird aus Gründen der besseren Lesbarkeit grundsätzlich die männliche Form verwendet; sie bezieht sich auf Personen jedweden Geschlechts.

2 Mit Blick auf den zweiten Abschnitt ist weniger das Ergebnis des ersten Abschnitts von Bedeutung, sondern vielmehr das Verständnis der Wirkungszusammenhänge

Schatten des zweiten Abschnitts; er erhebt bereits aus sich heraus den Anspruch, hinsichtlich weiterer kartellrechtlicher Fragestellungen in Bezug auf Kreditkartensysteme zu Rate gezogen und deren Untersuchung zugrunde gelegt zu werden.

Sowohl der vorgelagerte Bereich als auch der nachgelagerte Bereich, aber auch die Dienstleistungen weiterer Leistungserbringer werden untersucht. Einleitend werden das vertragliche Beziehungsgeflecht sowie der Ablauf einer Zahlungstransaktion mittels Kreditkarte dargestellt. Hinsichtlich des nachgelagerten Bereichs werden der Issuing- und der Acquiring-Bereich untersucht, und zwar insbesondere die beiden Hauptfunktionen von Kreditkarten (die Zahlungsfunktion und die Bargeldersatzfunktion). Des Weiteren wird der Frage nachgegangen, inwiefern Kreditkarten und sonstige Zahlungsmittel als substituierbar angesehen werden können. Abschließend werden der vorgelagerte Bereich wie auch die Netzbetriebs- und Processing-Dienstleistungen erörtert.

Im Zuge des zweiten Abschnitts werden die (multilateralen) Interbankenentgeltregelungen in den offenen Kreditkartensystemen am Maßstab des Kartellverbots des Art. 101 AEUV geprüft. Gemäß den Schätzungen der Europäischen Kommission belief sich das Gesamtaufkommen an Interbankenentgelten bei Zahlungskartentransaktionen in Europa im Jahre 2014 auf einen Betrag von mehr als neun Milliarden Euro.[3] Die diesbezüglichen rechtswissenschaftlichen Publikationen lassen

---

der einzelnen Ebenen innerhalb eines Kreditkartensystems, das der sachlichen Marktabgrenzung zugrunde liegt.

3 Vgl. Rat der EU, Pressemitteilung v. 20.04.2015, 185/15 – Wirtschaft und Finanzen, abrufbar unter: http://www.consilium.europa.eu/de/press/press-releases/2015/04/20-capping-fees-card-based-payments/; HDE, Stellungnahme v. 12.02.2014, Position zum Verordnungsentwurf, abrufbar unter: http://www.einzelhandel.de/index.php/ zahlungssysteme/item/123669-position-zum-verordnungsentwurf-zur-regulierung-der-entgelte-im-kartenzahlungsverkehr. Die Statistiken der EZB für die letzten Jahre belegen einen konstanten Anstieg der Anzahl der Zahlungskartentransaktionen in der EU: So belief sich die Anzahl der in der EU in Umlauf befindlichen Zahlungskarten im Jahre 2015 auf 781 Millionen; in diesem Jahr erfolgten 53 Milliarden Zahlungskartentransaktionen mit einem Gesamtwert von 2,6 Billionen Euro, siehe EZB, Pressemitteilung v. 26.09.2016, Zahlungsverkehrsstatistik für das Berichtsjahr 2015, online abrufbar unter: https://www.bundesbank.de/resource/blob/679046/ad7a177e7e694b1e7a766658adb869f9/mL/2016-09-26-zahlungsverkehr-379730-download.pdf. Die Anzahl der in der EU in Umlauf befindlichen Zahlungskarten erhöhte sich im Folgejahr 2016 und belief sich auf 804 Millionen; in diesem Jahr erfolgten 59,6 Milliarden Zahlungskartentransaktionen mit einem Gesamtwert von 2,9 Billionen Euro, siehe EZB, Pressemitteilung v. 15.09.2017, Zahlungsverkehrsstatistik für das Berichtsjahr 2016, online abrufbar unter: https://www.bundesbank.de/resource/blob/679486/2dbdccede50d557d7aeb15f85230cab1/mL/2017-09-15-zahlungsverkehr-408862-download.pdf. Im Jahr 2017 stiegen diese Zahlen abermals an: Die Anzahl der in der EU in Umlauf befindlichen Zahlungskarten erhöhte sich in diesem Jahr um 2 % und betrug 812 Millionen (dies entspricht 1,6 Zahlungskarten je EU-Bürger); es erfolgten 69,2 Milliarden Zahlungskartentransaktionen mit einem Gesamtwert von 3,1 Billionen Euro, siehe EZB, Pressemitteilung v. 14.09.2018, Zahlungsverkehrsstatistik für das Berichtsjahr 2017, online abrufbar unter: https://www.

nichtsdestotrotz oftmals an Tiefgang vermissen; allenfalls ansatzweise werden die Auswirkungen multilateraler Interbankenentgelte im Gesamtsystem dargestellt und erörtert. Das Bedürfnis nach einer umfassenden kartellrechtlichen Überprüfung der (multilateralen) Interbankenentgelte ist auch keineswegs durch die jüngst in Kraft getretene Verordnung über Interbankenentgelte für kartengebundene Zahlungsvorgänge vom 29. April 2015[4] entfallen respektive obsolet geworden. Wenngleich diese Verordnung in den Mitgliedstaaten unmittelbare Geltung beansprucht, so handelt es sich doch zum einen um eine von politischen Motiven geprägte Rechtssetzung und zum anderen „lediglich" um europäisches Sekundärrecht. Auch nach Inkrafttreten der Verordnung bleiben freilich die primärrechtlichen Wettbewerbsregelungen des AEUV von ausschlaggebendem Gewicht.

Nach einer Darstellung des Begriffs und der verschiedenen Arten von Interbankenentgelten sowie einem kursorischen Überblick über die derzeitige Regulierungspraxis werden jene Entgelte in diesem zweiten Abschnitt anhand der Voraussetzungen des Art. 101 AEUV geprüft. Im Rahmen der Prüfung, ob eine Wettbewerbsbeschränkung gegeben ist, werden die Auswirkungen der (multilateralen) Interbankenentgelte auf die einzelnen Bereiche eines offenen Kreditkartensystems einer eingehenden Betrachtung zugeführt. Einen weiteren Schwerpunkt bildet die Prüfung der Freistellungsvoraussetzungen des Art. 101 Abs. 3 AEUV; unter anderem erfolgt in diesem Kontext eine dezidierte Auseinandersetzung mit den (wirtschaftswissenschaftlichen) Erklärungsmodellen zum Zweck und der Funktionsweise der multilateralen Interbankenentgelte.

Abschließend werden die einzelnen Ergebnisse dieser Arbeit zusammengefasst, das Fazit der Arbeit dargestellt und die bisherige Regulierungspraxis nochmals abschließend im Lichte dieser Erkenntnisse gewürdigt.

---

bundesbank.de/resource/blob/759704/e78ff297d47684043fdfe48d48a418d8/mL/2018-09-14-zahlungsverkehrsstatistik-download.pdf.

4 VO (EU) 2015/751 des Europäischen Parlaments und des Rates vom 29. April 2015 über Interbankenentgelte für kartengebundene Zahlungsvorgänge Abl. EU v. 19.05.2015, L 123/1; Art. 4 der Verordnung, im Wege dessen eine Höchstgrenze der Interbankenentgelte für Transaktionen mit Verbraucher-Kreditkarten statuiert wurde, gilt gemäß Art. 18 Abs. 2 der Verordnung seit dem 09. Dezember 2015.

Abschnitt 1. Sachliche Marktabgrenzung in der Kreditkartenbranche

Die Abgrenzung des relevanten Marktes ist von entscheidender Bedeutung für jedwede kartellrechtliche Beurteilung; erst sie ermöglicht eine Beurteilung der Wettbewerbsverhältnisse.

Im Wege der Marktabgrenzung wird der Bereich ermittelt, in dem sich Wettbewerber gegenüberstehen.[5] Bei Wettbewerbern handelt es sich um diejenigen Unternehmen, die im Stande sind, den Beteiligten im Wege des Wettbewerbsdrucks Grenzen aufzuerlegen und sie zu marktkonformem Verhalten zu veranlassen.[6] Die Marktabgrenzung dient der Bestimmung des Angebotsspektrums, welches der Marktgegenseite tatsächlich als Alternative zur Verfügung steht, und gleichsam des auf die Marktteilnehmer wirkenden Wettbewerbsdrucks.[7]

In Anbetracht der Vielzahl unterschiedlicher vertraglicher Beziehungen, die in der Kreditkartenbranche zu verzeichnen sind, stellt sich die Frage, welche Märkte einer kartellrechtlichen Überprüfung des Kreditkartengeschäfts zugrunde zu legen sind.[8] Es bestehen – prima facie – mannigfaltige Möglichkeiten den relevanten Markt bzw. die Märkte in sachlicher Hinsicht abzugrenzen.

Gleichwohl ist in der juristischen Literatur bislang keine umfassende Marktabgrenzung bezüglich der Kreditkartenbereiche zu erkennen; auch in den betreffenden Entscheidungen wurde insofern vielfach von einer differenzierteren Beurteilung abgesehen.

---

5 Vgl. KOM, Bekanntmachung über die Definition des relevanten Marktes im Sinne des Wettbewerbsrechts der Gemeinschaft, ABl. EG v. 09.12.1997, C 372/5, S. 5, Rn. 2; vgl. ferner *Füller*, in: MüKo, EU-WettbewR, 2. Aufl., 2015, Einl., Rn. 1033 ff.

6 Vgl. KOM, Bekanntmachung über die Definition des relevanten Marktes im Sinne des Wettbewerbsrechts der Gemeinschaft, ABl. EG v. 09.12.1997, C 372/5, S. 5, Rn. 2; vgl. auch EuGH, Urteil v. 09.11.1983, Rs. C-322/81 – Michelin, Slg. 1983, 3461, 3504 f., Rn. 37; EuG, Urteil v. 17.12.2003, Rs. T-219/99 – British Airways, Slg. 2003, II-5917, 2951 f., Rn. 91.

7 Vgl. KOM, Bekanntmachung über die Definition des relevanten Marktes im Sinne des Wettbewerbsrechts der Gemeinschaft, ABl. EG v. 09.12.1997, C 372/5, S. 6, Rn. 13.

8 Mit Blick auf Abschnitt 2 dieser Arbeit, der die Überprüfung der kartellrechtlichen Zulässigkeit der multilateralen Interbankenentgelte zum Gegenstand hat und in Anbetracht des Aspekts, dass derartige Entgelte nur in Vier-Parteien-Systemen anzutreffen sind, fokussiert sich die nachfolgende Marktabgrenzung insbesondere auf Vier-Parteien-Systeme. Ferner sei angemerkt, dass eine Vielzahl der nachfolgend angesprochenen Akteure nur innerhalb von Vier-Parteien-Systemen tätig werden; in Drei-Parteien-Systemen nehmen die Kreditkartenunternehmen viele dieser Tätigkeiten – sofern diese erforderlich sind – selbst wahr.

Insbesondere eine erschöpfende Abgrenzung der bedeutsamsten Märkte, die innerhalb eines Kreditkartensystems vorzufinden sind, erscheint geeignet, das Verständnis um das Beziehungsgeflecht solcher Systeme zu verbessern wie auch die Wechselwirkungen zwischen den einzelnen Bereichen bzw. Märkten näher zu beleuchten. Insbesondere bezüglich der sachlichen Abgrenzung erscheint eine Betrachtung des Gesamtsystems auch erforderlich, um die Komplexität des Zusammenspiels sämtlicher Akteure näher in Augenschein nehmen, die Substitutionsbeziehungen in sich stimmig erfassen und potentiellen Trugschlüssen einer isolierten wie auch punktuellen Betrachtung von vornherein entgegentreten zu können. Eine allseitige Marktabgrenzung in sachlicher Hinsicht ermöglicht eine tiefgehende Exegese der nachfrage- und angebotsseitigen Substituierbarkeiten und erscheint aus rechtswissenschaftlicher Sicht von beträchtlichem Interesse.

Titel 1. Grundlagen

Vor der konkreten Abgrenzung des sachlich relevanten Marktes bietet es sich an, sich die Grundlagen der Kreditkartenbranche wie auch der sachlichen Marktabgrenzung zu vergegenwärtigen.

Untertitel 1. Das vertragliche Beziehungsgeflecht im Kreditkartengeschäft

Zumal der Kartellverbotstatbestand i.S.d. Art. 101 Abs. 1 AEUV (wie auch des § 1 GWB) das Vorliegen einer Vereinbarung zwischen Unternehmen bzw. einer sonstigen Absprache zwischen Unternehmen voraussetzt, bietet es sich an, zunächst dieses vertragliche Geflecht näher zu erläutern. Insbesondere auch bei der Frage, ob es sich um ein vertikales oder horizontales Verhältnis bzw. eine dementsprechende Wettbewerbsbeschränkung handelt, ist bei der kartellrechtlichen Bewertung vor allem an die einzelnen vertraglichen Beziehungen innerhalb der Vertragsnetze anzuknüpfen.[9] Ferner liefert das Verständnis des vertraglichen Beziehungsgeflechts den Grundstein einer an den Umständen des Einzelfalles und den Besonderheiten der Kreditkartenbranche orientierten Marktabgrenzung.

Kapitel 1. Begriffsklärung

Grundsätzlich versteht man unter Kreditkarten (im weiteren Sinne) alle Bezahlkarten, bei denen der Zeitpunkt des Bezugs der Leistung und die Deckungszahlung des Karteninhabers zeitlich auseinanderfallen, wobei dem Karteninhaber die Möglichkeit eingeräumt ist, die ausstehenden Beträge entweder am Ende der

9 Vgl. in diesem Kontext auch *Horn*, Kartellrechtliche Aspekte des Kreditkartengeschäfts, ZHR 157 (1993), 324, 328.

Rechnungsperiode oder in Gestalt von (verzinslichen) Raten an den Emittenten zu entrichten.[10] Kreditkarten werden daher auch als sog. pay-later-Karten bezeichnet.

Es lässt sich zwischen Kundenkreditkarten (Spezialkreditkarten), die regelmäßig seitens eines Unternehmens der Absatzwirtschaft emittiert werden und seitens eines Kreditkartenunternehmens bzw. Zahlungsdienstleisters herausgegebenen Universalkreditkarten differenzieren.[11] Im Rahmen dieser Arbeit wird der Begriff der Kreditkarte synonym für denjenigen der Universalkreditkarte verwendet, sodass unter der Bezeichnung „Kreditkarte" im Folgenden nur eine Karte im letztgenannten Sinne zu verstehen ist, sofern nicht ausdrücklich der Begriff der Kundenkreditkarte verwendet wird.

Kapitel 2. Das Dreiecksverhältnis als Grundkonstellation des Kreditkartengeschäfts

Die erwähnte Definition einer Kreditkarte zielt auf den zentralen Einsatzbereich einer solchen Karte ab, und zwar auf deren Einsatz an der Ladentheke, dem sog. Point of Sale (PoS), an welchem die Karte als Zahlungsmittel zum Einsatz gelangt. Wenngleich es für den Karteninhaber nicht – jedenfalls nicht prima facie – ersichtlich ist, finden sich im Hintergrund der Zahlungsfunktion respektive des konkreten Einsatzes am PoS diverse vertragliche Beziehungen.

---

10 Vgl. *Schindler*, Eingriffe von Wettbewerbsbehörden in Vierparteien-Systeme, 2007, S. 13; *Hammann*, Die Universalkreditkarte, 1991, S. 22; *Chakravorti*, Theory of Credit Card Networks, Rev. Netw. Econ., 2003, Vol. 2, Iss. 2, 50, Fn. 3; KOM, Arbeitsdokument v. 31.01.2007, Untersuchung des Retail-Bankgeschäfts (Abschlussbericht), COM(2007) 33 final, SEC(2007) 106, S. 173; vgl. auch *Giger*, Kreditkartensysteme, 1985, S. 61 f.; *Weisensee*, Das Bankkreditkartengeschäft, 1978, S. 12. Unter einer „Kreditkarte" ist gemäß Art. 2 Abs. 34 der Verordnung über Interbankenentgelte (VO (EU) 2015/751) eine Zahlungsinstrumentenart zu verstehen, die es dem Zahler ermöglicht, Kreditkartentransaktionen zu veranlassen (Abl. EU v. 19.05.2015, L 123/1, S. 9). Nach Art. 2 Abs. 5 der Verordnung über Interbankenentgelte (VO (EU) 2015/751) bezeichnet der Begriff „Kreditkartentransaktion" einen kartengebundenen Zahlungsvorgang, bei dem der Betrag der Transaktion gemäß einer vorab vereinbarten zu verzinsenden oder zinsfreien Kreditfazilität an einem vorab vereinbarten bestimmten Kalendertag vollständig oder teilweise beim Zahler abgebucht wird (Abl. EU v. 19.05.2015, L 123/1, S. 8).

11 Vgl. *Hammann*, Die Universalkreditkarte, 1991, S. 22; *Custodis*, Das Kreditkartenverfahren, 1970, S. 3 ff.; vgl. auch *Pütthoff*, Die Kreditkarte, 1974, S. 3 ff.; *Keller*, Kreditkarten, 1981, S. 21 ff.; *Eckert*, Zivilrechtliche Fragen des Kreditkartengeschäfts, WM 1987, 161; *Merkel*, Regelung des Kreditkartengeschäfts in den USA, WM 1990, 253; *Stauder/Weisensee*, Kreditkartengeschäft, 1970, S. 14 ff.; vgl. ferner *Gottwald*, Kreditkarten – Implementierung durch Nichtbanken, 1995.

Unterkapitel 1. Überblick: Die Vertragsbeziehungen im Kreditkartengeschäft

Die Vertragsbeziehungen im Kreditkartengeschäft sind netzwerkartig ausgestaltet. Grundsätzlich bildet ein Dreiecksverhältnis zwischen Kreditkartenunternehmen (KKU, Kreditkartengesellschaft, Kreditkartenherausgeber, Kreditkartenausgeber, Kreditkartenemittent, Systemkopf),[12] Vertragsunternehmen (VU, Zahlungsempfänger,[13] Anschlussunternehmen, Akzeptanzstellen, Händler bzw. Dienstleister) und Karteninhaber (Karteninhaber, Kartenhalter, Zahler,[14] Konsument, Kunde) das Grundschema des Kreditkartengeschäfts.[15]

Im Grundschema handelt es sich um eine dreiteilige Gliederung des Systems. In einem Drei-Parteien-System bestehen zwischen den Beteiligten bilaterale vertragliche Beziehungen.[16] Das Kreditkartenunternehmen verpflichtet sich sowohl

---

12 Gemäß Art. 2 Abs. 2 der Verordnung über Interbankenentgelte (VO (EU) 2015/751) versteht man unter einem „Emittent" einen Zahlungsdienstleister, der eine vertragliche Vereinbarung schließt, um einem Zahler ein Zahlungsinstrument zur Veranlassung und Verarbeitung der kartengebundenen Zahlungsvorgänge des Zahlers zur Verfügung zu stellen (Abl. EU v. 19.05.2015, L 123/1, S. 8).

13 Nach Art. 2 Abs. 13 der Verordnung über Interbankenentgelte (VO (EU) 2015/751) handelt es sich bei einem „Zahlungsempfänger" um eine natürliche oder juristische Person, die den bei einem Zahlungsvorgang transferierten Geldbetrag als Empfänger erhalten soll (Abl. EU v. 19.05.2015, L 123/1, S. 9).

14 Unter einem „Zahler" versteht man gemäß Art. 2 Abs. 14 der Verordnung über Interbankenentgelte (VO (EU) 2015/751) eine natürliche oder juristische Person, die Inhaber eines Zahlungskontos ist und die einen Zahlungsauftrag von diesem Zahlungskonto gestattet oder – falls kein Zahlungskonto vorhanden ist – eine natürliche oder juristische Person, die den Auftrag für einen Zahlungsvorgang erteilt (Abl. EU v. 19.05.2015, L 123/1, S. 9).

15 Vgl. *Hönn*, Kartellrechtliche Probleme moderner Zahlungssysteme, ZBB 1991, 6, 7; *Junker*, Rechtsbeziehungen im Kreditkartengeschäft, DStR 1994, 1461, 1461 f.; *Rotter/Placzek*, BankR, 2009, S. 41, Rn. 2; *Martinek*, in: Staudinger, § 676 h BGB, 2006, Rn. 12; vgl. auch *Horn*, Kartellrechtliche Aspekte des Kreditkartengeschäfts, ZHR 157 (1993), 324, 333 a.E. f.; *Custodis*, Das Kreditkartenverfahren, 1970, S. 4; *Hammann*, Die Universalkreditkarte, 1991, S. 30; *Weber*, Zahlungsverfahren im Internet, 2002, S. 77 f. *Zahrte*, in: Fandrich/Karper, MAH Bank- und Kapitalmarktrecht, 2. Aufl., 2018, § 5, Rn. 418.

16 Unter einem Drei-Parteien-Kartenzahlverfahren versteht man gemäß Art. 2 Abs. 18 der Verordnung über Interbankenentgelte (VO (EU) 2015/751) ein Kartenzahlverfahren, bei dem das Kartenzahlverfahren selbst Annahme- und Abrechnungs- sowie Kartenausgabedienste erbringt und kartengebundene Zahlungsvorgänge von dem Zahlungskonto eines Zahlers auf das Zahlungskonto eines Zahlungsempfängers vornimmt (Abl. EU v. 19.05.2015, L 123/1, S. 9). Vgl. auch noch KOM, Arbeitsdokument v. 31.01.2007, Untersuchung des Retail-Bankgeschäfts (Abschlussbericht), COM(2007) 33 final, SEC(2007) 106, S. 173, abrufbar unter: http://ec.europa.eu/competition/sectors/financial_services/inquiries/sec_2007_106.pdf.

gegenüber dem Karteninhaber (Deckungsverhältnis) als auch gegenüber dem Vertragsunternehmen (Vollzugsverhältnis) zur Erfüllung von Verbindlichkeiten des Karteninhabers aus dem zwischen Karteninhaber und Vertragsunternehmen bestehenden Valutaverhältnis.[17] Insoweit lässt sich auch von Zahlendem (Karteninhabers), Zahlungsempfänger (VU) und Zahlstelle (KKU) sprechen.

Die Zahlstelle kann sich zwar weiter aufgliedern. Es kann insbesondere ein mit dem Kreditkartenunternehmen nicht identischer Emittent und/oder Acquirer in Erscheinung treten; auch zwischen den Issuern und den Acquirern muss keine Personenidentität bestehen. Sowohl in Drei- wie auch in Mehr-Parteien-Systemen kann jedoch zwischen drei grundlegenden vertraglichen Beziehungen unterschieden werden, deren Kenntnis für das Verständnis um das Rechte- und Pflichtengefüge der Parteien wie auch die Geschehensabläufe im Falle des Einsatzes einer Kreditkarte als Zahlungsmittel am Point of Sale von entscheidender Bedeutung ist.

Unterkapitel 2. Das Deckungsverhältnis

Im Rahmen des Deckungsverhältnisses stehen sich Karteninhaber und Kreditkartenunternehmen gegenüber.[18] Zwischen Karteninhaber (Zahlendem) und Kreditkartenunternehmen (Zahlstelle) besteht ein Emissionsvertrag, oftmals auch Kreditkartenvertrag genannt.[19] Im Wege des Emissionsvertrages – in Kombination mit dem zwischen Kreditkartenunternehmen und Vertragsunternehmen abgeschlossenen Akquisitionsvertrag – wird dem Karteninhaber die Berechtigung eingeräumt, bargeldlos am Point of Sale zu zahlen und als Gegenleistung verpflichtet er sich – unter anderem – zur Entrichtung einer zumeist umsatzunabhängigen Jahresgebühr.[20] Die jeweilige Kreditkarte ist grundsätzlich bei allen

---

17 Vgl. *Koch*, in: Fischer/Klanten, Bankrecht, 4. Aufl., 2010, Rn. 10.282.

18 Vgl. *Horn*, Kartellrechtliche Aspekte des Kreditkartengeschäfts, ZHR 157 (1993), 324, 326; *Blaurock*, in: Derleder/Knops/Bamberger, Hdb. BankR, 3. Aufl., 2017, § 49, Rn. 10; *Hadding*, Zahlung mittels Universalkreditkarte, in: FS Pleyer, 1986, 17, S. 20; *Etzkorn*, Allgemeine Geschäftsbedingungen Kreditkarten, WM 1991, 1901, 1901 f.; *Taupitz*, Haftung bei Kreditkartenmißbrauch, 1995, S. 54 f.; *Meder*, Unwiderruflichkeit der Zahlungsanweisung des Kreditkarteninhabers, NJW 1993, 3245, 3245; vgl. zu diesem Verhältnis auch *Hammann*, Die Universalkreditkarte, 1991, S. 33 ff.; *Custodis*, Das Kreditkartenverfahren, 1970, S. 38 ff.

19 Vgl. *Werner*, in: Kümpel/Wittig, Bank- und Kapitalmarktrecht, 4. Aufl., 2011, Rn. 7.1014; *Weber*, Zahlungsverfahren im Internet, 2002, S. 54.

20 Vgl. *Oechsler*, Missbrauch abgeleiteter Nachfragemacht, ZHR 156 (1992), 330, 333; *Martinek*, in: Schimansky/Bunte/Lwowski, BankRHdb., Bd. I, 4. Aufl., 2011, § 67, Rn. 3; *Custodis*, Das Kreditkartenverfahren, 1970, S. 3; *Rotter/Placzek*, BankR, 2009, S. 42, Rn. 7; *Einsele*, Bank- und Kapitalmarktrecht, 4. Aufl., 2018, § 6, Rn. 234; *Fandrich*, in: v. Westphalen, Vertragsrecht und AGB-Klauselwerke, 41. EL, 2018, Kreditkartenvertrag, Rn. 28; *Bunte*, Sektorenuntersuchung (Bezahlkartensysteme), WM 2007, 2041, 2041; *Weller*, Das Kreditkartenverfahren, 1986, S. 45 ff.; vgl. auch noch KOM, Entscheidung v. 03.10.2007, COMP/37.860 – Morgan Stanley/Visa, Rn. 45; KOM,

systemangeschlossenen Vertragsunternehmen einsetzbar, die das Logo des Systems tragen.[21] Das Kreditkartenunternehmen verpflichtet sich gegenüber dem Karteninhaber zur Erfüllungsübernahme (§ 329 BGB).[22] Oftmals ist der Karteninhaber zudem zur Abhebung von Bargeld am Schalter oder am Geldautomaten berechtigt. Während der Laufzeit des Vertrages verpflichtet sich der Emittent zur Führung eines (Kreditkarten-)Kontos.[23]

Die seitens des Karteninhabers zu entrichtenden Jahresgebühren variieren in ihrer Höhe teils erheblich. Seit längerer Zeit finden sich mitunter auch Angebote, nach denen Kreditkarten kostenlos an die Karteninhaber emittiert werden (sog. Gratiskreditkarten).[24] In der Regel ist der Karteninhaber im Falle des Einsatzes der Karte als Zahlungsmittel nicht zu einer darüber hinausgehenden Entgeltzahlung, also nicht zur Entrichtung eines Preisaufschlages am PoS verpflichtet.[25] In einigen Mitgliedstaaten der EU wird dem Karteninhaber allerdings ein zusätzliches

---

Entscheidung v. 08.12.2010, COMP/39.398 – Visa MIF, Rn. 14; KOM, Entscheidung v. 17.10.2007, COMP/D1/38606 – Groupement des cartes bancaires (CB), Rn. 165 u. Rn. 185; KOM, Entscheidung v. 09.08.2001, COMP/D1/29.373 – Visa International I – Surcharging, ABl. EG v. 10.11.2001, L 293/24, S. 28, Rn. 21; WEKO, Verfügung v. 05.12.2005, RPW 2006/1, 65, S. 70, Rn. 17; vgl. ferner KOM, Arbeitsdokument v. 31.01.2007, Untersuchung des Retail-Bankgeschäfts (Abschlussbericht), COM(2007) 33 final, SEC(2007) 106, S. 97 f., abrufbar unter: http://ec.europa.eu/competition/sectors/financial_services/inquiries/sec_2007_106.pdf sowie KOM, Interim Report I (Payment cards) v. 12.04.2006, Untersuchung des Retail-Bankgeschäfts (Zwischenbericht), Annex 5, S. 3 ff. u. S. 12 ff., abrufbar unter: http://ec.europa.eu/competition/sectors/financial_services/inquiries/interim_report_1.pdf.

21 Vgl. *Weisensee*, Das Bankkreditkartengeschäft, 1978, S. 30.

22 Vgl. *Custodis*, Das Kreditkartenverfahren, 1970, S. 42 ff.; *Koch*, in: Fischer/Klanten, Bankrecht, 4. Aufl., 2010, Rn. 10.283.

23 Vgl. *Reinfeld*, Rechtsfragen des Interchange-Kreditkartensystems, WM 1994, 1505, 1506; *Weber*, Zahlungsverfahren im Internet, 2002, S. 85. Das (Kreditkarten-)Konto wird seitens des Emittenten geführt. Es dient der Erstellung der Kreditkartenabrechnung. Auf diesem Konto werden die via Kreditkarte getätigten Umsätze vermerkt, die von dem Karteninhaber nach Abschluss der Rechnungsperiode zu begleichen sind.

24 Vgl. *Horn*, Kartellrechtliche Aspekte des Kreditkartengeschäfts, ZHR 157 (1993), 324, 327; *Martinek*, in: Schimansky/Bunte/Lwowski, BankRHdb., Bd. I, 4. Aufl., 2011, § 67, Rn. 3 und Rn. 8. Vgl. insofern etwa auch die online unter https://www.barclaycard.de/content/dam/barclaycard-de/dokumente/preisverzeichnis-barclaycard-for-students-kreditkarten.pdf verfügbaren Informationen zur „Barclaycard for Students", die im ersten Jahr für Neukunden kostenlos ist und für die in den Folgejahren eine Jahresgebühr von 12 Euro anfällt.

25 Vgl. *Hammann*, Die Universalkreditkarte, 1991, S. 35; vgl. ferner *Oechsler*, Missbrauch abgeleiteter Nachfragemacht, ZHR 156 (1992), 330, 333 (zur wettbewerbsrechtlichen Bedeutung dieses Aspekts).

Transaktionsentgelt (z.B. Entgelte für den Auslandseinsatz der Karte und/oder für Bargeldabhebungen) oder ein einmaliger Ausstellungspreis in Rechnung gestellt.[26]

Der Karteninhaber ist grundsätzlich verpflichtet, dem Kreditkartenunternehmen am Ende der vertraglich bestimmten Rechnungsperiode den vollständigen verauslagten Betrag und dessen Aufwendungen zu erstatten.[27] Das Kreditkartenunternehmen zieht den ausstehenden Betrag in der Regel mittels Lastschrift vom (Referenz-)Kontos[28] des Karteninhabers ein.[29] Daneben steht es dem Karteninhaber regelmäßig frei, den Rechnungsbetrag via Überweisung zu tilgen.[30]

Oftmals wird dem Karteninhaber seitens der Zahlstelle eine Option zur Inanspruchnahme eines Kredits (sog. Kreditoption) eingeräumt, wodurch er in die Lage versetzt wird, die i.d.R. monatlich bestehende Erstattungspflicht hinauszuzögern.[31] Im Falle der Inanspruchnahme dieser Option kommt zwischen Karteninhaber und Zahlstelle ein Darlehensvertrag zustande.[32] Dieser zusätzlich in Anspruch genommene Kredit, welcher nach dem Ablauf der (üblicherweise zinslosen[33]) Rechnungsperiode seitens des Kreditkartenunternehmens gewährt wird, geht grundsätzlich mit einer Verzinsungspflicht des Karteninhabers einher.[34] Es handelt sich in der Regel um einen sog. revolvierenden Kredit, der nach (teilweiser) Tilgung abermals in Anspruch genommen werden kann.[35]

---

26 Vgl. *Bunte*, Sektorenuntersuchung (Bezahlkartensysteme), WM 2007, 2041, 2041; vgl. ferner *Krüger*, Sittenwidrigkeit von Bankentgelten?, NZI 2010, 1, 4.

27 Vgl. *Hammann*, Die Universalkreditkarte, 1991, S. 27, S. 30 u. S. 35; *Custodis*, Das Kreditkartenverfahren, 1970, S. 16 u. S. 53.

28 Hierbei handelt es sich um das Konto, von welchem die mittels (Kredit-)Karte getätigten Umsätze am Ende der Rechnungsperiode seitens des Emittenten abgebucht werden; das kontoführende Institut dieses (Referenz-)Kontos ist nicht zwangsläufig mit dem Kartenemittenten identisch. Regelmäßig handelt es sich um das Girokonto des Karteninhabers.

29 Vgl. *Hadding*, Zahlung mittels Universalkreditkarte, in: FS Pleyer, 1986, 17, 17; *Werner*, in: *Kümpel/Wittig*, Bank- und Kapitalmarktrecht, 4. Aufl., 2011, Rn. 7.1004; *Hammann*, Die Universalkreditkarte, 1991, S. 27 u. 35; *Weber*, Zahlungsverfahren im Internet, 2002, S. 83; WEKO, Verfügung v. 18.11.2002, RPW 2003/1, 106, 121 f., Rn. 89.

30 Vgl. hierzu etwa *Hammann*, Die Universalkreditkarte, 1991, S. 28, Fn. 25; *Weber*, Zahlungsverfahren im Internet, 2002, S. 83.

31 Vgl. *Giger*, Kreditkartensysteme, 1985, S. 87 f.; *Stauder/Weisensee*, Kreditkartengeschäft, 1970, S. 17; *Weisensee*, Das Bankkreditkartengeschäft, 1978, S. 14; *Weisensee*, Die Kreditkarte, 1970, S. 202 f.; vgl. ferner *Hammann*, Die Universalkreditkarte, 1991, S. 29.

32 Vgl. auch noch BT-Drucks. 11/5462, S. 18 ff.

33 Vgl. etwa *Stauder/Weisensee*, Kreditkartengeschäft, 1970, S. 17.

34 Vgl. auch *Giger*, Kreditkartensysteme, 1985, S. 87 f.

35 Vgl. *Giger*, Kreditkartensysteme, 1985, S. 88; *Martinek*, in: Schimansky/Bunte/Lwowski, BankRHdb., Bd. I, 4. Aufl., 2011, § 67, Rn. 49.

Unterkapitel 3. Das Vollzugsverhältnis

Im sog. Vollzugsverhältnis besteht eine vertragliche Beziehung zwischen Kreditkartenunternehmen und Vertragsunternehmen.[36] Das Vertragsunternehmen wird in diesem Verhältnis durch den Abschluss eines Akquisitionsvertrages (Akzeptanzvertrag, Händlervertrag, Teilnehmervertrag, Servicevertrag) zur Annahme der Kreditkarte des jeweiligen Systems als bargeldloses Zahlungsmittel berechtigt.[37] Zudem verpflichtet sich das Kreditkartenunternehmen gegenüber dem Vertragsunternehmen zur Zahlung des seitens des Karteninhabers geschuldeten Betrages.[38] Bei der Zahlungszusage des Kreditkartenunternehmens in diesem Verhältnis handelt es sich um ein abstraktes Schuldversprechen.[39]

---

36 Vgl. hierzu auch *Horn*, Kartellrechtliche Aspekte des Kreditkartengeschäfts, ZHR 157 (1993), 324, 326; *Blaurock*, in: Derleder/Knops/Bamberger, Hdb. BankR, 3. Aufl., 2017, § 49, Rn. 10; *Hadding*, Zahlung mittels Universalkreditkarte, in: FS Pleyer, 1986, 17, 20; *Weber*, Zahlungsverfahren im Internet, 2002, S. 78; vgl. zu diesem Verhältnis auch *Hammann*, Die Universalkreditkarte, 1991, S. 30 u. S. 36 ff.; *Custodis*, Das Kreditkartenverfahren, 1970, S. 74 ff.; *Etzkorn*, Allgemeine Geschäftsbedingungen Kreditkarten, WM 1991, 1901, 1902 f.

37 Vgl. *Oechsler*, Missbrauch abgeleiteter Nachfragemacht, ZHR 156 (1992), 330, 333; *Martinek*, in: Schimansky/Bunte/Lwowski, BankRHdb., Bd. I, 4. Aufl., 2011, § 67, Rn. 4; *Rotter/Placzek*, BankR, 2009, S. 42, Rn. 9; KOM, Beschluss v. 08.12.2010, COMP/39.398 – Visa MIF, Rn. 14; KOM, Entscheidung v. 09.08.2001, COMP/D1/29.373 – Visa International I – Surcharging, ABl. EG v. 10.11.2001, L 293/24, S. 28, Rn. 21; *Weber*, Zahlungsverfahren im Internet, 2002, S. 90 ff.; *Adams*, Nichtigkeit von Preisaufschlagsverboten, ZIP 1990, 632, 632; *Bröcker*, Funktion und Begründung des abstrakten Schuldversprechens, WM 1995, 468, 475; *Meder*, Kreditkartenmißbrauch, ZBB 2000, 89, 90.

38 Vgl. *Einsele*, Bank- und Kapitalmarktrecht, 4. Aufl., 2018, § 6, Rn. 233; *Custodis*, Das Kreditkartenverfahren, 1970, S. 4; vgl. auch WEKO, Verfügung v. 18.11.2002, RPW 2003/1, 106, 122, Rn. 95.

39 Vgl. BGH, WM 2002, 1120, 1121 f.; BGH, WM 2004, 426, 428; BGH, WM 2004, 1031, 1032; BGH, WM 2004, 1130, 1131; BGH, ZIP 2005, 1406, 1408; ausführlich dazu: *Hammann*, Die Universalkreditkarte, 1991, S. 40 ff.; vgl. auch noch *Fuchs* in: Ulmer/Brandner/Hensen, AGB-Recht, 12. Aufl., 2016, (29) Kreditkarten-AGB, Rn. 1; *Gehrlein*, in: BeckOK-BGB, 48. Ed., 2018, § 783, Rn. 23; *Jungmann*, Verteilung des Missbrauchsrisikos beim Einsatz von Kreditkarten, WM 2005, 1351; *Sprau*, in: Palandt, 78. Aufl., 2019, § 675f, Rn. 57; *Schnauder*, Risikozuordnung bei unbefugter Kreditkartenzahlung, NJW 2003, 849, 849; *Körber*, Risikoverteilung bei der Kreditkartenzahlung, WM 2004, 563 ff.; *Heermann*, Vertragsverhältnis zwischen Kreditkartenunternehmen und Vertragsunternehmen, JZ 2002, 1170 ff.; *Weber*, Recht des Zahlungsverkehrs, 4. Aufl., 2004, S. 287; *Wilhelmi*, Erman, BGB, Bd. II, 15. Aufl., 2017, § 781, Rn. 6d; *Zahrte*, in: Fandrich/Karper, MAH Bank- und Kapitalmarktrecht, 2. Aufl., 2018, § 5, Rn. 480; vgl. ferner *Bitter*, Verteilung des Missbrauchsrisikos im Telefon- und Mailorderverfahren, WuB I D 5 a. – 2.02; *Bitter*, Verteilung des Missbrauchsrisikos im Telefon- und Mailorderverfahren, WuB I D 5 a. – 1.04.

Das Vertragsunternehmen ist verpflichtet, dem Kreditkartenunternehmen ein Entgelt (sog. Händlerentgelt, Disagio, Merchant Service Charge (MSC), Merchant Service Fee, Händlerkommission[40]) zu zahlen.[41] Dieses Disagio wird i.d.R. seitens des Kreditkartenunternehmens – im Rahmen der Tilgung der Verbindlichkeit des Karteninhabers – gegenüber dem Vertragsunternehmen einbehalten.[42]

Regelmäßig handelt es sich bei dem Disagio um ein prozentuales, umsatzabhängiges Entgelt;[43] es kann sich jedoch auch um einen festen Betrag oder aber um ein Entgelt handeln, welches sich sowohl aus einem fixen Teil als auch aus einem prozentualen Anteil des (Transaktions-)Umsatzes zusammensetzt.[44] Die Disagiosätze variieren teils erheblich und liegen regelmäßig zwischen 2,5 % und

---

40 In diesem Sinne etwa WEKO, Verfügung v. 05.12.2005, RPW 2006/1, 65, S. 77, Rn. 77 sowie S. 78, Rn. 96.

41 Vgl. KOM, Arbeitsdokument v. 31.01.2007, Untersuchung des Retail-Bankgeschäfts (Abschlussbericht), COM(2007) 33 final, SEC(2007) 106, S. 102, abrufbar unter: http://ec.europa.eu/competition/sectors/financial_services/inquiries/sec_2007_106.pdf; KOM, Interim Report I (Payment cards) v. 12.04.2006, Untersuchung des Retail-Bankgeschäfts (Zwischenbericht), Annex 5, S. 2 f. u. S. 6 ff., online abrufbar unter: http://ec.europa.eu/competition/sectors/financial_services/inquiries/interim_report_1.pdf. Nach Art. 2 Abs. 12 der Verordnung über Interbankenentgelte (VO (EU) 2015/751) ist das „Händlerentgelt" das Entgelt, das der Zahlungsempfänger dem Acquirer in Bezug auf kartengebundene Zahlungsvorgänge zahlt (Abl. EU v. 19.05.2015, L 123/1, S. 9). Gemäß Art. 2 Abs. 13 der Verordnung über Interbankenentgelte (VO (EU) 2015/751) handelt es sich bei einem „Zahlungsempfänger" um eine natürliche oder juristische Person, die den bei einem Zahlungsvorgang transferierten Geldbetrag als Empfänger erhalten soll (Abl. EU v. 19.05.2015, L 123/1, S. 9). In der US-amerikanischen Literatur ist insofern teils auch von „discount fee" (DF) oder „merchant discount rate" die Rede.

42 Vgl. *Hadding*, in: MüKo-HGB, Bd. 6, 3. Aufl., 2014, Rn. G 1; *Oechsler*, Missbrauch abgeleiteter Nachfragemacht, ZHR 156 (1992), 330, 333; *Werner*, in: Kümpel/Wittig, Bank- und Kapitalmarktrecht, 4. Aufl., 2011, Rn. 7.1001; *Hammann*, Die Universalkreditkarte, 1991, S. 27 u. 38 f.; *Custodis*, Das Kreditkartenverfahren, 1970, S. 15 u. S. 118 ff.; *Freitag*, Rückabwicklung von Kreditkartengeschäften, WM 2000, 2185, 2189; *Hammann*, Die Universalkreditkarte, 1991, S. 39, *Föhlisch/Stariradeff*, Zahlungsmittel im Internet, NJW 2016, 353, 357; *Fandrich*, in: v. Westphalen, Vertragsrecht und AGB-Klauselwerke, 41. EL, 2018, Kreditkartenvertrag, Rn. 70; *Weller*, Kreditkartenverfahren, 1986, S. 121; *Zahrte*, in: Fandrich/Karper, MAH Bank- und Kapitalmarktrecht, 2. Aufl., 2018, § 5, Rn. 478; *Beck*, Einwendungen bei eurocheque und Kreditkarte, 1967, S. 79 u. S. 82.

43 Vgl. KOM, Entscheidung v. 03.10.2007, COMP/37.860 – Morgan Stanley/Visa, Rn. 45; KOM, Entscheidung v. 08.12.2010, COMP/39.398 – Visa MIF, Rn. 14; WEKO, Verfügung v. 18.11.2002, RPW 2003/1, 106, 120, Rn. 78; *Weber*, Zahlungsverfahren im Internet, 2002, S. 92; *Custodis*, Das Kreditkartenverfahren, 1970, S. 119; *Eckert*, Zivilrechtliche Fragen des Kreditkartengeschäfts, WM 1987, 161, 164; vgl. auch *Adams*, Nichtigkeit von Preisaufschlagsverboten, ZIP 1990, 632, 632, Fn. 4, der insofern von einem „Werttarif" spricht.

44 Vgl. auch *Bolt/Chakravorti*, Digitization of Retail Payments, 2010, 4.

6 % des Transaktionswertes.[45] Hinsichtlich welcher seitens des Kreditkartenunternehmens erbrachter Leistungen sich die MSC als Gegenleistung darstellt bzw. welcher Zweck dem Disagio konkret zukommt, wird einstweilen nicht einheitlich beantwortet. Einige sehen die Händlergebühr als eine Gebühr zum Schutz gegen Missbrauch an.[46] Oftmals wird das Disagio auch als Vergütung für die Zuführung neuer Kunden mit dem Bedürfnis nach bargeldlosen Zahlungsmöglichkeiten und für die Vorteile, die sich aus dem Anschluss an das Zahlungskartensystem ergeben, erachtet.[47] Ferner mag man es in gewissem Umfang auch als Gegenleistung für die gewährte „Zahlungsgarantie" begreifen. Neben die Pflicht zur Entrichtung des Disagios kann auch eine Verpflichtung zur Entrichtung einer Aufnahmegebühr[48] oder sonstiger Gebühren treten.

Daneben existieren auf Seiten des Vertragsunternehmens diverse Pflichten nicht finanzieller Art. So ist ein Vertragsunternehmen nicht bloß zur Annahme der Karten des Kreditkartenunternehmens berechtigt, sondern gleichsam grundsätzlich zu einer entsprechenden Akzeptanz der Karten des jeweiligen Systems verpflichtet.[49] In diesem Kontext sei angemerkt, dass das Recht zur bargeldlosen Zahlung nicht lediglich aus dem Emissionsvertrag folgt; das Rechtsverhältnis zwischen Kreditkartenunternehmen und Vertragsunternehmen ist als Vertrag zugunsten Dritter (VzD, § 328 BGB) ausgestaltet.[50] Der Karteninhaber hat somit einen eigenen

45 Vgl. auch *Martinek*, in: Schimansky/Bunte/Lwowski, BankRHdb., Bd. I, 4. Aufl., 2011, § 67, Rn. 4; *Taupitz*, Haftung bei Kreditkartenmißbrauch, 1995, S. 8 f.; *Martinek*, Moderne Vertragstypen, Bd. III, 1993, S. 64 u. S. 95; *Salje*, Wettbewerbsprobleme im Kreditkartengeschäft, WRP 1990, 807, 809.

46 Vgl. auch noch *Taupitz*, Haftung bei Kreditkartenmißbrauch, 1995, S. 8 f.

47 Vgl. *Werner*, in: Kümpel/Wittig, Bank- und Kapitalmarktrecht, 4. Aufl., 2011, Rn. 7.1001; *Martinek*, in: Schimansky/Bunte/Lwowski, BankRHdb., Bd. I, 4. Aufl., 2011, § 67, Rn. 58; *Hammann*, Die Universalkreditkarte, 1991, S. 39; vgl. ferner *Weber*, Zahlungsverfahren im Internet, 2002, S. 92.

48 Vgl. *Custodis*, Das Kreditkartenverfahren, 1970, S. 129.

49 Vgl. *Weber*, Zahlungsverfahren im Internet, 2002, S. 90 f.; *Custodis*, Das Kreditkartenverfahren, 1970, S. 3; WEKO, Verfügung v. 18.11.2002, RPW 2003/1, 106, 121, Rn. 86.

50 Vgl. *Böttger*, Kreditkartenverfahren, 1979, S. 36; *Custodis*, Das Kreditkartenverfahren, 1970, S. 21, S. 33 und S. 36; *Eckert*, Zivilrechtliche Fragen des Kreditkartengeschäfts, WM 1987, 161, 164; *Einsele*, Bank- und Kapitalmarktrecht, 4. Aufl., 2018, § 6, Rn. 234 u. 246; *Hadding*, Zahlung mittels Universalkreditkarte, in: FS Pleyer, 1986, 17, 24; *Hammann*, Die Universalkreditkarte, 1991, S. 31 f., 36 u. 38; *Horn*, Kartellrechtliche Aspekte des Kreditkartengeschäfts, ZHR 157 (1993), 324, 335 a.E. f.; *Janoschek*, in: BeckOK-BGB, 48. Ed., 2018, § 328, Rn. 37; *Langenbucher*, Effiziente Risikoallokation bei Kreditkartensystemen, 2002, S. 28; *Martinek*, in: Schimansky/Bunte/Lwowski, BankRHdb., Bd. I, 4. Aufl., 2011, § 67, Rn. 71; *Meder*, Unwiderruflichkeit der Zahlungsanweisung des Kreditkarteninhabers, NJW 1993, 3245, 3247; *Ranft*, Kreditkartenmißbrauch, JuS 1988, 673, 676 f.; *Reinfeld*, Rechtsfragen des Interchange-Kreditkartensystems, WM 1994, 1505, 1506 ff.; *Sprau*, in: Palandt, 78. Aufl., 2019, § 675f, Rn. 53; *Weber*, Recht des Zahlungsverkehrs, 4. Aufl., 2004, S. 288; *Zahrnt*, Die

Anspruch aus dem zwischen dem Vertragsunternehmen und dem Kreditkartenunternehmen geschlossenen Akquisitionsvertrag auf Annahme der Kreditkarte.[51] Das Vertragsunternehmen kann den Abschluss eines Vertrages mit dem Karteninhaber daher nicht auf Grund des Umstandes ablehnen, dass dieser die Zahlung mittels Kreditkarte begehrt.[52] Im Übrigen besteht jedoch kein Kontrahierungszwang des Vertragsunternehmens im Valutaverhältnis; weitere Einschränkungen der Vertragsfreiheit des Vertragsunternehmens gehen mit der Annahmepflicht also nicht einher.[53]

Unterkapitel 4. Das Valutaverhältnis

Als Valutaverhältnis bezeichnet man das Verhältnis zwischen Karteninhaber und Vertragsunternehmen.[54] In diesem Verhältnis besteht i.d.R. ein Kauf-, Dienst- oder Werkvertrag zwischen den Parteien, im Zuge dessen sich der Karteninhaber gegenüber dem Vertragsunternehmen regelmäßig zur Zahlung einer Geldleistung verpflichtet.[55]

Dem Karteninhaber wird im Wege des Abschlusses eines Eimissionsvertrages die Berechtigung eingeräumt, die grundsätzlich in bar und sofort geschuldete

Kreditkarte, NJW 1972, 1077, 1080; *Fandrich*, in: v. Westphalen, Vertragsrecht und AGB-Klauselwerke, 41. EL, 2018, Kreditkartenvertrag, Rn. 65; *Zahrte*, in: Fandrich/Karper, MAH Bank- und Kapitalmarktrecht, 2. Aufl., 2018, § 5, Rn. 478; AG Neuss, WM 1990, 433; LG Düsseldorf, NJW 1991, 310, 311.

51 Vgl. *Horn*, Kartellrechtliche Aspekte des Kreditkartengeschäfts, ZHR 157 (1993), 324, 335; vgl. zur Annahmepflicht des Vertragsunternehmens auch: *Eckert*, Zivilrechtliche Fragen des Kreditkartengeschäfts, WM 1987, 161, 167; *Junker*, Rechtsbeziehungen im Kreditkartengeschäft, DStR 1994, 1461, 1466.

52 Vgl. etwa *Hammann*, Die Universalkreditkarte, 1991, S. 31.

53 Vgl. *Hadding*, Zahlung mittels Universalkreditkarte, in: FS Pleyer, 1986, 17, 24; *Custodis*, Das Kreditkartenverfahren, 1970, S. 21 u. S. 33; *Avancini*, Kreditkartengeschäft, ZfRV 1969, 121, 128; *Zahrnt*, Die Kreditkarte, NJW 1972, 1077, 1080; *Hammann*, Die Universalkreditkarte, 1991, S. 31; *Böttger*, Kreditkartenverfahren, 1979, S. 36; *Eckert*, Zivilrechtliche Fragen des Kreditkartengeschäfts, WM 1987, 161, 164.

54 Vgl. *Horn*, Kartellrechtliche Aspekte des Kreditkartengeschäfts, ZHR 157 (1993), 324, 326; *Blaurock*, in: Derleder/Knops/Bamberger, Hdb. BankR, 3. Aufl., 2017, § 49, Rn. 10; *Hadding*, Zahlung mittels Universalkreditkarte, in: FS Pleyer, 1986, 17, 19; *Hammann*, Die Universalkreditkarte, 1991, S. 29 ff.; *Junker*, Rechtsbeziehungen im Kreditkartengeschäft, DStR 1994, 1461, 1466; *Custodis*, Das Kreditkartenverfahren, 1970, S. 20 ff.; vgl. ferner *Einsele*, Bank- und Kapitalmarktrecht, 4. Aufl., 2018, § 6, Rn. 236.

55 Vgl. *Hammann*, Die Universalkreditkarte, 1991, S. 29 f.; *Hofmann*, Zahlungsverpflichtung des Kartenemittenten, BKR 2003, 321, 322 f.; *Custodis*, Das Kreditkartenverfahren, 1970, S. 20. Vgl. ferner *Hadding*, Zahlung mittels Universalkreditkarte, in: FS Pleyer, 1986, 17, 19.

Zahlung bei den systemangehörigen Vertragsunternehmen unbar zu leisten.[56] Dies stellt eine Abweichung zur Regelung des § 271 Abs. 1 BGB dar. Bei dem Einsatz der Kreditkarte – unter einer gegebenenfalls zusätzlich erforderlichen Autorisierung, wie etwa der Unterschrift des Karteninhabers auf dem Kreditkartenbeleg, dem sog. Slip, respektive einer PIN-Eingabe am Terminal[57] – handelt es sich um eine Leistung erfüllungshalber (§ 364 Abs. 2 BGB analog[58]); es entsteht ein Anspruch des Vertragsunternehmens gegen das Kreditkartenunternehmen, der neben die Zahlungsverpflichtung des Karteninhabers aus dem Valutaverhältnis tritt.[59] Der Anspruch des Vertragsunternehmens gegen den Karteninhaber wird gestundet.[60]

---

56 Vgl. *Hadding*, Zahlung mittels Universalkreditkarte, in: FS Pleyer, 1986, 17, 19 a.E. f.; *Hammann*, Die Universalkreditkarte, 1991, S. 27 f.; *Custodis*, Das Kreditkartenverfahren, 1970, S. 21.

57 Vgl. auch noch zur Authentifizierung via PIN: *Weber*, Zahlungsverfahren im Internet, 2002, S. 14. Vgl. ferner aus Gutachtersicht zur Errechenbarkeit und zum Risiko des Erratens der PIN: *Lochter/Schindler*, Missbrauch von PIN-gestützten Transaktionen, MMR 2006, 292, 293.

58 Zumal die hinzutretende Verbindlichkeit nicht seitens des Karteninhabers als Schuldner, sondern seitens eines Dritten (des Kartenemittenten) begründet wird, ist § 364 Abs. 2 BGB lediglich analog anzuwenden, vgl. *Martinek*, Moderne Vertragstypen, Bd. III, 1993, S. 108; *Martinek*, in: Schimansky/Bunte/Lwowski, BankRHdb., Bd. I, 4. Aufl., 2011, § 67, Rn. 71; *Buck-Heeb*, Erman, BGB, Bd. I, 15. Aufl., 2017, § 364, Rn. 10; *Fandrich*, in: v. Westphalen, Vertragsrecht und AGB-Klauselwerke, 41. EL, 2018, Kreditkartenvertrag, Rn. 76 f; *Sprau*, in: Palandt, 78. Aufl., 2019, § 675f, Rn. 51.

59 Vgl. LG Düsseldorf, NJW-RR 1991, 310, 311; *Etzkorn*, Allgemeine Geschäftsbedingungen Kreditkarten, WM 1991, 1901, 1902; *Kerwer*, in: jurisPK-BGB, Bd. 2, 8. Aufl., 2016, § 364, Rn. 10; *Freitag*, Rückabwicklung von Kreditkartengeschäften, WM 2000, 2185; *Häde*, Zahlung mittels Kredit- und Scheckkarten, ZBB 1993, 33, S. 38 u. S. 41; *Hopt*, in: Baumbach/Hopt, HGB, 38. Aufl., 2018, Bankgeschäfte, Rn. F/66; *Martinek*, in: Schimansky/Bunte/Lwowski, BankRHdb., Bd. I, 4. Aufl., 2011, § 67, Rn. 71; *Martinek*, Moderne Vertragstypen, Bd. III, 1993, S. 108; *Reinfeld*, Rechtsfragen des Interchange-Kreditkartensystems, WM 1994, 1505, 1506; *Zahrnt*, Die Kreditkarte, NJW 1972, 1077, 1080; *Meder*, Unwiderruflichkeit der Zahlungsanweisung des Kreditkarteninhabers, NJW 1993, 3245, 3246; *Olzen*, in: Staudinger, BGB, 2016, § 364, Rn. 39; *Weller*, Kreditkartenverfahren, 1986, S. 108 f.; *Hadding*, Zahlung mittels Universalkreditkarte, in: FS Pleyer, 1986, 17, 24; *Böttger*, Kreditkartenverfahren, 1979, S. 36; *Pütthoff*, Die Kreditkarte, 1974, S. 138; *Custodis*, Das Kreditkartenverfahren, 1970, S. 113; *Weber*, Zahlungsverfahren im Internet, 2002, S. 104; vgl. auch *Weisensee*, Das Bankkreditkartengeschäft, 1978, S. 12.

60 Vgl. LG Düsseldorf, WM 1991, 1027, 1029; *Etzkorn*, Allgemeine Geschäftsbedingungen Kreditkarten, WM 1991, 1901, 1902; *Hadding*, Zahlung mittels Universalkreditkarte, in: FS Pleyer, 1986, 17, 24; *Hönn*, Kartellrechtliche Probleme moderner Zahlungssysteme, ZBB 1991, 6, 7; *Martinek*, Moderne Vertragstypen, Bd. III, 1993, S. 76, S. 108 u. S. 116; *Hadding*, in: MüKo-HGB, Bd. 6, 3. Aufl., 2014, Rn. G 57; *Fandrich*, in: v. Westphalen, Vertragsrecht und AGB-Klauselwerke, 41. EL, 2018, Kreditkartenvertrag, Rn. 76.

Durch die Zahlung seitens des Kreditkartenunternehmens, erlischt zugleich der zunächst fortbestehende Anspruch des Vertragsunternehmens gegen den Karteninhaber aus dem Valutaverhältnis.[61]

Eine Kreditkarte lässt sich mithin als Ausweis verstehen, dessen Vorlage dazu führt, dass dem Inhaber die seinerseits begehrten Leistungen seitens eines Händlers ohne sogleich erfolgende Barzahlung ausgehändigt bzw. gewährt werden.[62]

Kapitel 3. Der Aufbau eines Vier-Parteien-Systems

Die bislang aufgezeigten Vertragsbeziehungen entlang des Dreiecks korrelieren den Vertragsbeziehungen innerhalb eines Drei-Parteien-Systems.

Vergegenwärtigt man sich, dass das Kreditkartenunternehmen im Falle einer Drei-Personen-Konstellation einerseits Partei des Emissionsvertrages und andererseits zugleich Partei des Akquisitionsvertrages ist, so wird deutlich, dass das Kreditkartenunternehmen „multifunktional" sowohl als Emittent als auch als Acquirer tätig wird.[63] In einer solchen Dreiecksbeziehung leistet das Kreditkartenunternehmen demgemäß nicht linear, sondern es erbringt zwei Leistungen.[64] Es besteht aber weder eine rechtliche noch eine tatsächliche Notwendigkeit, dass Emission und Akquisition durch ein- und dasselbe Unternehmen erfolgen.[65] Das Kreditkartenunternehmen kann eine oder auch beide Tätigkeiten auf ein anderes oder mehrere andere Unternehmen übertragen.[66]

---

61 Vgl. *Hammann*, Die Universalkreditkarte, 1991, S. 32; vgl. auch *Custodis*, Das Kreditkartenverfahren, 1970, S. 44.

62 Vgl. *Blaurock*, in: Derleder/Knops/Bamberger, Hdb. BankR, 3. Aufl., 2017, § 49, Rn. 4; *Eckert*, Zivilrechtliche Fragen des Kreditkartengeschäfts, WM 1987, 161; *Feldbausch*, Hdb. Bankpraxis, 2. Aufl., 1972, S. 259; *Custodis*, Das Kreditkartenverfahren, 1970, S. 3; *Schönle*, Bankrecht, 2. Aufl., 1976, § 29 I. a); *Weisensee*, Das Bankkreditkartengeschäft, 1978, S. 3 f.

63 Vgl. *Blaurock*, in: Derleder/Knops/Bamberger, Hdb. BankR, 3. Aufl., 2017, § 49, Rn. 10; *Horn*, Kartellrechtliche Aspekte des Kreditkartengeschäfts, ZHR 157 (1993), 324, 327; *Ahlborn/Chang/Evans*, Problem of Interchange Fee Analysis, Payment Card Econ. Rev., 2003, Vol. 1, 123, 127; WEKO, Verfügung v. 05.12.2005, RPW 2006/1, 65, S. 70, Rn. 20; vgl. ferner KOM, Entscheidung v. 19.12.2007 in den Sachen COMP/34.579 – MasterCard, COMP/36.518 – EuroCommerce u. COMP/38.580 – Commercial Cards, Rn. 558, Fn. 647; KOM, Grünbuch v. 11.01.2012, Ein integrierter europäischer Markt für Karten-, Internet- und mobile Zahlungen, COM(2011) 941 final, S. 28, abrufbar unter: http://eur-lex.europa.eu/legal-content/DE/TXT/PDF/?uri=CELEX:52011DC0941&from=EN.

64 Vgl. *Horn*, Kartellrechtliche Aspekte des Kreditkartengeschäfts, ZHR 157 (1993), 324, 334.

65 Vgl. auch *Horn*, Kartellrechtliche Aspekte des Kreditkartengeschäfts, ZHR 157 (1993), 324, 327.

66 Vgl. *Blaurock*, in: Derleder/Knops/Bamberger, Hdb. BankR, 3. Aufl., 2017, § 49, Rn. 10; KOM, Entscheidung v. 09.08.2001, COMP/D1/29.373 – Visa International I – Surcharging, ABl. EG v. 10.11.2001, L 293/24, S. 28, Rn. 22, vgl. auch *Horn*, Kartellrechtliche

In der Praxis deutlich weiter verbreitet als die Drei-Parteien-Systeme sind die sog. Vier-Parteien-Systeme.[67] Insbesondere die in Europa marktstarken Kreditkartensysteme von MasterCard und Visa sind als Vier-Parteien-Systeme ausgestaltet.[68] Wie dieser Ausdruck bereits vermuten lässt, partizipiert an einem solchen System mindestens ein weiterer Akteur; der bzw. die hinzutretende(n) Akteure übernehmen einen Teil derjenigen Aufgaben, die in einem Drei-Parteien-System dem Kreditkartenunternehmen zugewiesen sind.[69]

Aspekte des Kreditkartengeschäfts, ZHR 157 (1993), 324, 328; vgl. ferner *Werner*, in: Kümpel/Wittig, Bank- und Kapitalmarktrecht, 4. Aufl., 2011, Rn. 7.1005; *Etzkorn*, Allgemeine Geschäftsbedingungen Kreditkarten, WM 1991, 1901, 1901 f.; *Weber*, Zahlungsverfahren im Internet, 2002, S. 79.

67 Ein „Vier-Parteien-Kartenzahlverfahren" ist nach Art. 2 Abs. 17 der Verordnung über Interbankenentgelte (VO (EU) 2015/751) ein Kartenzahlverfahren, bei dem vom Zahlungskonto eines Zahlers kartengebundene Zahlungsvorgänge auf das Zahlungskonto eines Zahlungsempfängers geleistet werden, unter Zwischenschaltung des Kartenzahlverfahrens, eines Emittenten (auf der Seite des Zahlers) und eines Acquirers (auf der Seite des Zahlungsempfängers), Abl. EU v. 19.05.2015, L 123/1, S. 9. Vgl. ferner den Erwägungsgrund 28 der letztgenannten Verordnung. Vgl. auch noch Böttger, Kreditkartenverfahren, 1979, S. 3; *Weller*, Kreditkartenverfahren, 1986, S. 22; *Blaurock*, in: Derleder/Knops/Bamberger, Hdb. BankR, 3. Aufl., 2017, § 49, Rn. 6; *Bunte*, Sektorenuntersuchung (Bezahlkartensysteme), WM 2007, 2041, 2041; *Martinek*, in: Schimansky/Bunte/Lwowski, BankRHdb., Bd. I, 4. Aufl., 2011, § 67, Rn. 2 a.E. und Rn. 5; *Rünz/Böttger*, Kreditkartenverfahren, 1979, S. 6; vgl. auch *Einsele*, Bank- und Kapitalmarktrecht, 4. Aufl., 2018, § 6, Rn. 235; *Baxter*, Legal Interchange of Transactional Paper, J. Law Econ. 1983, Vol. 26, No. 3, 541, 541 f.; *Börestam/Schmiedel*, Interchange Fees, 2011, S. 10 f.; *Fandrich*, in: v. Westphalen, Vertragsrecht und AGB-Klauselwerke, 41. EL, 2018, Kreditkartenvertrag, Rn. 4.

68 Vgl. auch *Rotter/Placzek*, BankR, 2009, S. 41, Rn. 2; *Jungmann*, Verteilung des Missbrauchsrisikos beim Einsatz von Kreditkarten, WM 2005, 1351, 1352 f.; *Blaurock*, in: Derleder/Knops/Bamberger, Hdb. BankR, 3. Aufl., 2017, § 49, Rn. 5; vgl. auch KOM, Entscheidung v. 03.10.2007, COMP/37.860 – Morgan Stanley/Visa, WuW/E EU-V 1307, 1309 = WuW 10/2008, 1135, 1137, Rn. 39; KOM, Entscheidung v. 09.08.2001, COMP/D1/29.373 – Visa International I – Surcharging, ABl. EG v. 10.11.2001, L 293/24, S. 28, Rn. 20; KOM, Arbeitsdokument v. 31.01.2007, Untersuchung des Retail-Bankgeschäfts (Abschlussbericht), COM(2007) 33 final, SEC(2007) 106, S. 172, abrufbar unter: http://ec.europa.eu/competition/sectors/financial_services/inquiries/sec_2007_106.pdf; vgl. ferner zur „Kreditkarten-System-Landschaft" in der Schweiz: WEKO, Verfügung v. 05.12.2005, RPW 2006/1, 65, S. 70, Rn. 16. Ein Überblick über die anfänglichen Entwicklungen von Drei- Parteien-Systemen hin zu Vier-Parteien-Systemen und insbesondere auch zur Gründung bankeigener Kartensysteme, aus denen letzten Endes die Kreditkartensysteme von Visa und MasterCard hervorgingen, findet sich bei *Custodis*, Das Kreditkartenverfahren, 1970, S. 5 ff. sowie *Berry*, Debit Card versus Credit Card, 1979, S. 10 f.

69 Vgl. in diesem Kontext auch noch *Tirole*, Payment Card Regulation, CPI, 2011, Vol. 7, No. 1, 137, 139 (Abbildung 1) sowie KOM, Competion policy brief, 2015,

Der Emissionsvertrag wird in der Regel durch einen sog. Issuer abgeschlossen.[70] Bei dem Issuer handelt es sich um einen Zahlungsdienstleister,[71] der dem Verbraucher die Kreditkarte ausstellt.[72] Solche Issuing-Unternehmen erbringen die zur Nutzung der Karte erforderlichen Leistungen gegenüber den Karteninhabern.

In der Regel wird ferner ein Acquirer (teils auch Akquisiteur bzw. Händlerbank genannt) zur Akquisition von Vertragsunternehmen eingeschaltet,[73] der die Händler als Teilnehmer des Kreditkartensystems anwirbt.[74] Im Falle des Abschlusses des Akquisitionsvertrages besteht die Disagioverpflichtung der Händler nicht gegenüber dem Kreditkartenunternehmen bzw. der Kreditkartenorganisation, sondern gegenüber dem akquirierenden Unternehmen.[75] In diesem Fall trifft nicht das Kreditkartenunternehmen, sondern das Acquiring-Unternehmen die

---

Iss. 2015-3, S. 2, online abrufbar unter: http://ec.europa.eu/competition/publications/cpb/2015/003_en.pdf.

70 Vgl. auch *Blaurock*, in: Derleder/Knops/Bamberger, Hdb. BankR, 3. Aufl., 2017, § 49, Rn. 5; *Martinek*, in: Staudinger, § 676 h BGB, 2006, Rn. 15; vgl. noch *Reinfeld*, Rechtsfragen des Interchange-Kreditkartensystems, WM 1994, 1505; *Einsele*, Bank- und Kapitalmarktrecht, 4. Aufl., 2018, § 6, Rn. 236 ff.

71 Vgl. auch *Blaurock*, in: Derleder/Knops/Bamberger, Hdb. BankR, 3. Aufl., 2017, § 49, Rn. 5.

72 Vgl. *Bunte*, Sektorenuntersuchung (Bezahlkartensysteme), WM 2007, 2041, 2041; KOM, Entscheidung v. 03.10.2007, COMP/37.860 – Morgan Stanley/Visa, WuW/E EU-V 1307, 1309 = WuW 10/2008, 1135, 1137, Rn. 39; KOM, Arbeitsdokument v. 31.01.2007, Untersuchung des Retail-Bankgeschäfts (Abschlussbericht), COM(2007) 33 final, SEC(2007) 106, S. 171, online abrufbar unter: http://ec.europa.eu/competition/sectors/financial_services/inquiries/sec_2007_106.pdf; vgl. auch WEKO, Verfügung v. 05.12.2005, RPW 2006/1, 65, S. 70, Rn. 17.

73 Vgl. *Rotter/Placzek*, BankR, 2009, S. 42, Rn. 9; *Jungmann*, Verteilung des Missbrauchsrisikos beim Einsatz von Kreditkarten, WM 2005, 1351, 1353; *Bunte*, Sektorenuntersuchung (Bezahlkartensysteme), WM 2007, 2041, 2041. Für die Zwecke der Verordnung über Interbankenentgelte (VO (EU) 2015/751) bezeichnet der Ausdruck „Acquirer" gemäß deren Art. 2 Abs. 1 einen Zahlungsdienstleister, der mit einem Zahlungsempfänger eine vertragliche Vereinbarung über die Annahme und die Verarbeitung kartengebundener Zahlungsvorgänge schließt, was den Transfer von Geldbeträgen zum Zahlungsempfänger bewirkt (Abl. EU v. 19.05.2015, L 123/1, S. 8).

74 Vgl. KOM, Entscheidung v. 03.10.2007, COMP/37.860 – Morgan Stanley/Visa, WuW/E EU-V 1307, 1309 = WuW 10/2008, 1135, 1137, Rn. 39; KOM, Arbeitsdokument v. 31.01.2007, Untersuchung des Retail-Bankgeschäfts (Abschlussbericht), COM(2007) 33 final, SEC(2007) 106, S. 171, abrufbar unter: http://ec.europa.eu/competition/sectors/financial_services/inquiries/sec_2007_106.pdf; *Martinek*, in: Staudinger, § 676 h BGB, 2006, Rn. 13; *Blaurock*, in: Derleder/Knops/Bamberger, Hdb. BankR, 3. Aufl., 2017, § 49, Rn. 5; *Bunte*, Sektorenuntersuchung (Bezahlkartensysteme), WM 2007, 2041, 2041; vgl. auch WEKO, Verfügung v. 05.12.2005, RPW 2006/1, 65, S. 70, Rn. 17.

75 Vgl. KOM, Arbeitsdokument v. 31.01.2007, Untersuchung des Retail-Bankgeschäfts (Abschlussbericht), COM(2007) 33 final, SEC(2007) 106, S. 85 u. S. 102; *Taradantchik*, Wettbewerbsrechtliche Aspekte kartengesteuerter Zahlungssysteme, 2005, S. 36.

Zahlungsverpflichtung gegenüber dem Vertragsunternehmen.[76] Das akquirierende Unternehmen ist gegenüber dem Vertragsunternehmen nicht zur Erstattung des gesamten seitens des Karteninhabers geschuldeten Betrages, sondern nur zur Zahlung des Rechnungsbetrages abzüglich des Disagios verpflichtet.[77]

In der Bundesrepublik Deutschland erfolgt die Akquisition von Vertragsunternehmen zu einem Großteil durch die Concardis GmbH[78], Elavon (vormals Citigroup Acquiring) und die B+S Card Service GmbH.[79] Die genannten drei Unternehmen sind in der Bundesrepublik die führenden Acquirer und sowohl für das Visa- als auch das MasterCard-Zahlungskartennetz tätig.[80]

Diesen (externen) Issuing- bzw. Acquiring-Unternehmen werden seitens der Kreditkartenorganisationen Lizenzen zur Wahrnehmung der Emissions- bzw. der Akquisitionstätigkeit eingeräumt.[81] Der Lizenzerwerb ist grundsätzlich einem jeden Unternehmen möglich, welches die Anforderungen des jeweiligen Kreditkartensystems erfüllt. Man spricht in Anbetracht dessen bei Vier-Parteien-Systemen auch von sog. offenen (Zahlungskarten-)Systemen.[82] Während also sowohl das Acquiring als auch das Issuing in einem Drei-Parteien-System (ausschließlich)

76 Vgl. auch KOM, Entscheidung v. 17.10.2007, COMP/D1/38606 – Groupement des cartes bancaires (CB), Rn. 166; *Taradantchik*, Wettbewerbsrechtliche Aspekte kartengesteuerter Zahlungssysteme, 2005, S. 10 u. 61; KOM, Entscheidung v. 24.07.2002, COMP/29.373 – Visa International II – Multilateral Interchange Fee, ABl. EG v. 22.11.2002 L 318/17, S. 20, Rn. 21, Fn. 16; WEKO, Verfügung v. 05.12.2005, RPW 2006/1, 65, S. 86, Rn. 170.

77 Vgl. *Werner*, in: Kümpel/Wittig, Bank- und Kapitalmarktrecht, 4. Aufl., 2011, Rn. 7.1032 ff.

78 Bis zum Jahre 2003 handelte es sich bei der EURO Kartensysteme GmbH um den einzigen Acquirer von MasterCard in der Bundesrepublik Deutschland (vgl. KOM, Entscheidung v. 19.12.2007 in den Sachen COMP/34.579 – MasterCard, COMP/36.518 – EuroCommerce u. COMP/38.580 – Commercial Cards, Rn. 329, Fn. 379). Das Akquisitionsgeschäft dieser Gesellschaft wurde im Jahre 2003 abgespalten und auf die heutige ConCardis GmbH übertragen, vgl. hierzu auch die online unter https://eurokartensysteme.de/ueber-uns/historie.html verfügbaren Informationen.

79 Vgl. KOM, Entscheidung v. 19.12.2007 in den Sachen COMP/34.579 – MasterCard, COMP/36.518 – EuroCommerce u. COMP/38.580 – Commercial Cards, Rn. 329, Fn. 379; vgl. ferner *Einsele*, Bank- und Kapitalmarktrecht, 4. Aufl., 2018, § 6, Rn. 235 ff.

80 Vgl. KOM, Entscheidung v. 19.12.2007 in den Sachen COMP/34.579 – MasterCard, COMP/36.518 – EuroCommerce u. COMP/38.580 – Commercial Cards, Rn. 329, Fn. 379.

81 Vgl. etwa *Zahrte*, in: Fandrich/Karper, MAH Bank- und Kapitalmarktrecht, 2. Aufl., 2018, § 5, Rn. 418. Einige Issuer agieren zwar zugleich als Acquirer. Dies entspricht jedoch nicht dem Regelfall.

82 KOM, Grünbuch v. 11.01.2012, Ein integrierter europäischer Markt für Karten-, Internet- und mobile Zahlungen, COM(2011) 941 final, S. 28, abrufbar unter: http://eur-lex.europa.eu/legal-content/DE/TXT/PDF/?uri=CELEX:52011DC0941&from=EN.

von *einem* Unternehmen durchgeführt werden, werden diese Tätigkeiten in einem (konzeptionell) auf Viergliedrigkeit angelegten System seitens der Acquirer und Issuer wahrgenommen. In diesem Fall liegen die Organisation des Kreditkartensystems, die Tätigkeit der Akquisition und des Issuing nicht in derselben Hand.[83] Unmittelbar sind an der jeweiligen Kartentransaktion in den offenen Systemen die Emittenten, die Acquirer, die Karteninhaber und die Vertragsunternehmen beteiligt.[84] Die Kreditkartenorganisation ist an den Vorgängen innerhalb des Systems mittelbar als „Systemkopf" beteiligt. Mit der Auslagerung der Tätigkeiten auf die Issuer und Acquirer geht freilich eine Abnahme des Grades an vertikaler Integration innerhalb des Systems einher.[85]

Hinsichtlich des dargestellten vertraglichen Rechte- und Pflichtengefüges in einem Drei-Parteien-System ergeben sich grundsätzlich keine Änderungen.[86] Um gleichwohl den sonstigen – insbesondere organisatorischen und strukturellen – Unterschieden im Rahmen der folgenden Darstellung Rechnung zu tragen, soll der Begriff des Kreditkarten*unternehmens* (KKU) nur in Bezug auf Drei-Parteien-Systeme Verwendung finden; im Kontext der offenen Systeme wird hingegen zur Bezeichnung des „Systemkopfes" von einer Kreditkarten*organisation* (KKO) gesprochen.

Kapitel 4. Der Ablauf einer Zahlungstransaktion mittels Kreditkarte in einem Vier-Parteien-Kreditkartensystem

Zum besseren Verständnis des Kreditkartengeschäfts wird im Folgenden der Ablauf einer bargeldlosen Zahlung mittels Kreditkarte in einem offenen Kreditkartensystem dargestellt:[87]

---

83 Vgl. *Horn*, Kartellrechtliche Aspekte des Kreditkartengeschäfts, ZHR 157 (1993), 324, 328.

84 Vgl. dazu etwa BartA, Beschluss v. 08.06.2006, B 4 – 29/06, Rn. 66; KOM, Entscheidung v. 09.08.2001, COMP/D1/29.373 – Visa International I – Surcharging, ABl. EG v. 10.11.2001, L 293/24, S. 28, Rn. 20; WEKO, Verfügung v. 05.12.2005, RPW 2006/1, 65, S. 70, Rn. 17.

85 Vgl. hierzu auch KOM, Report on the retail banking sector inquiry, 31. 1. 2007, SEC(2007) 106 final, S. 91 f.

86 Vgl. *Weber*, Zahlungsverfahren im Internet, 2002, S. 79; *Taupitz*, Haftung bei Kreditkartenmißbrauch, 1995, S. 10.

87 Vgl. insofern auch KOM, Interim Report I (Payment cards) v. 12.04.2006, Untersuchung des Retail-Bankgeschäfts (Zwischenbericht), S. 3; KOM, Bekanntmachung, COMP/D1/29.373 – Visa International I, ABl. EG v. 14.10.2000, C 293/18, S. 19, Rn. 12; *Gale/Gerritsen*, Credit Card Interchange Fees, 2011, S. 2 f.; *Huch*, Grundlagen des EU-Kartengeschäfts, 2015, S. 28 ff. Vgl. zum technischen Ablauf einer Kreditkartenzahlung auch noch *Fandrich*, in: v. Westphalen, Vertragsrecht und AGB-Klauselwerke, 41. EL, 2018, Kreditkartenvertrag, Rn. 7 ff.

Als Grundvoraussetzung einer Kreditkartentransaktion am Point of Sale bedarf es des Abschlusses eines Emissionsvertrages zwischen dem Issuer und dem Karteninhaber sowie des Abschlusses eines Akquisitionsvertrages zwischen dem Acquirer und dem Vertragsunternehmen. Setzt der Karteninhaber seine Kreditkarte bei dem Vertragsunternehmen zur bargeldlosen Zahlung ein, erfragt sich der Händler eine Autorisierung über den Acquirer.[88] Diese Anfrage wird vermittels des Kartenlesegeräts des Vertragsunternehmens am PoS eingeleitet und einschließlich der Transaktionsdaten an den Acquirer des Vertragsunternehmens weitergeleitet.[89] Diese Weiterleitung an den Acquirer erfolgt über das elektronische Netzwerk eines Netzbetreibers.[90] Der Acquirer nimmt daraufhin eine Zuordnung der Karte zu dem jeweiligen Zahlungssystem vor und leitet die Anfrage an den betreffenden Issuer weiter.[91] Seitens des Issuers wird das (Kredit-)Kartenkonto[92] des Karteninhabers hinsichtlich Deckung und vorhandenem Limit geprüft;[93] mit dieser Überprüfung gehen gegebenenfalls weitere Maßnahmen, wie etwa Maßnahmen zur Missbrauchs- und Betrugsvorbeugung einher.[94]

Die Beantwortung der Autorisierungsanfrage erfolgt auf umgekehrtem Wege und wird an das Vertragsunternehmen übermittelt.[95] Im Falle einer positiven Autorisierung wird dem Vertragsunternehmen die Zurverfügungstellung des Transaktionsbetrages „garantiert" und er kann dem Karteninhaber die Ware übergeben bzw. seine Leistung erbringen.[96] Der Rechnungsbetrag wird von dem Acquirer

---

88 Vgl. BKartA, Beschluss v. 08.06.2006, B 4 – 29/06, Rn. 52; vgl. auch *Hammann*, Die Universalkreditkarte, 1991, S. 27.

89 Vgl. BKartA, Beschluss v. 08.06.2006, B 4 – 29/06, Rn. 52; vgl. auch *Werner*, in: Kümpel/Wittig, Bank- und Kapitalmarktrecht, 4. Aufl., 2011, Rn. 7.991 f.; *Custodis*, Das Kreditkartenverfahren, 1970, S. 14 ff.; vgl. ferner KOM, Interim Report I (Payment cards) v. 12.04.2006, Untersuchung des Retail-Bankgeschäfts (Zwischenbericht), S. 3.

90 Vgl. BKartA, Beschluss v. 08.06.2006, B 4 – 29/06, Rn. 52. Sofern ein Terminal- oder Payment Service Provider eingeschaltet wurde, nimmt dieser die (Abwicklungs-) Daten der getätigten Transaktion vor Ort per Terminal respektive im Falle eines im Internet geschlossenen Vertrages und dort per Kreditkarte abgerechneten Geschäfts via virtuellem Terminal entgegen und leitet die Daten an den Acquirer weiter.

91 Vgl. BKartA, Beschluss v. 08.06.2006, B 4 – 29/06, Rn. 52.

92 Bei einem (Kredit-)Kartenkonto handelt es sich um ein seitens des Emittenten geführtes Konto, in das die mittels der Karte getätigten Umsätze des Karteninhabers zu Verrechnungszwecken eingestellt werden.

93 Vgl. *Werner*, in: Kümpel/Wittig, Bank- und Kapitalmarktrecht, 4. Aufl., 2011, Rn. 7.991 f.

94 Vgl. BKartA, Beschluss v. 08.06.2006, B 4 – 29/06, Rn. 52.

95 Vgl. BKartA, Beschluss v. 08.06.2006, B 4 – 29/06, Rn. 52.

96 Vgl. BKartA, Beschluss v. 08.06.2006, B 4 – 29/06, Rn. 52. Das Vertragsunternehmen ist i.d.R. (nach den dem Akquisitionsvertrag zugrundeliegenden AGB) ab einem bestimmten Betrag (sog. Rückfragelimit) dazu verpflichtet, eine Bestätigung der Transaktion einzuholen. Im Falle einer nicht autorisierten Limitüberschreitung besteht letztlich keine Zahlungsverpflichtung des Kreditkartenunternehmens, vgl.

an das Vertragsunternehmen gezahlt bzw. dessen Konto gutgeschrieben, wobei bereits das seitens des Händlers an den Acquirer zu entrichtende Disagio einbehalten wird.[97]

Der Acquirer reicht seine Forderung[98] bei dem Issuer in Höhe des gesamten Rechnungsbetrages abzüglich des dem Issuer gebührenden Interbankenentgelts zur Begleichung ein und dem Akquirer wird der Betrag (unter Einbehaltung des Interbankenentgeltes) seitens des Emittenten erstattet.[99] Insoweit wird deutlich, dass das Disagio abzüglich des Interbankenentgelts dem Akquirer gebührt, während dem Issuer das Interbankenentgelt zufließt. Am Ende der Rechnungsperiode wird das Referenzkonto des Karteninhabers mit den Kartentransaktionsumsätzen belastet (bzw. der Karteninhaber macht von einer etwaigen Kreditoption Gebrauch und zahlt dem Emittenten die ausstehenden Beträgen (zzgl. Zinsen) zurück).

Kapitel 5. Zusammenfassung

Eine Kreditkarte ist eine Zahlungskarte, bei welcher der Bezug der Leistung am PoS sowie die Deckungszahlung durch den Karteninhaber zeitlich auseinanderfallen.

Werner, in: Kümpel/Wittig, Bank- und Kapitalmarktrecht, 4. Aufl., 2011, Rn. 7.991 f.; vgl. dazu auch *Custodis*, Das Kreditkartenverfahren, 1970, S. 36; *Martinek*, in: Schimansky/Bunte/Lwowski, BankRHdb., Bd. I, 4. Aufl., 2011, § 67, Rn. 75 ff. Zur Möglichkeit der (wirksamen) Begrenzung der Zahlungsgarantie durch AGB sowie zu den Voraussetzungen des Zahlungsanspruchs des Vertragsunternehmens: *Taupitz*, Haftung bei Kreditkartenmißbrauch, 1995, S. 187 ff.; *Taupitz*, Kreditkartenmißbrauch, NJW 1996, 217, 221 f.; OLG Frankfurt NJW-RR 1991, 1465, 1467; LG Düsseldorf, WM 1984, 990, 992; LG Düsseldorf, NJW 1984, 2475, 2476; OLG Frankfurt, WM 1992, 1475, 1476.

97 Insofern besteht zwischen einem Drei-Parteien-System und einem Vier-Parteien-System lediglich der Unterschied, dass an Stelle des Kreditkartenunternehmens ein Acquirer agiert, vgl. im Übrigen auch obige Ausführungen unter Abschnitt 1, Titel 1, Untertitel 1, Kapitel 2, Unterkapitel 3.

98 Vorliegende Darstellung wurde vereinfacht. In der Regel werden gleichzeitig die Daten mehrerer Transaktionen gebündelt übermittelt und beglichen, KOM, Interim Report I (Payment cards) v. 12.04.2006, Untersuchung des Retail-Bankgeschäfts (Zwischenbericht), S. 3.

99 Vgl. auch noch KOM, Entscheidung v. 24.07.2002, COMP/29.373 – Visa International II – Multilateral Interchange Fee, ABl. EG v. 22.11.2002, L 318/17, S. 19, Rn. 10; WEKO, Verfügung v. 05.12.2005, RPW 2006/1, 65, S. 67, Rn. 1 sowie S. 70, Rn. 19; KOM, Beschluss v. 08.12.2010, COMP/39.398 – Visa MIF, Rn. 20; EuGH, Entscheidung v. 11.09.2014, Rs. C-382/12 P – MasterCard, Rn. 11; KOM, Entscheidung v. 19.12.2007 in den Sachen COMP/34.579 – MasterCard, COMP/36.518 – EuroCommerce u. COMP/38.580 – Commercial Cards, S. 8 (engl. Fassung: Glossar unter der Begriffserklärung „Interchange fee" (dies entspricht der Erklärung auf S. 10 der deutschen Fassung)); KOM, Arbeitsdokument v. 31.01.2007, Untersuchung des Retail-Bankgeschäfts (Abschlussbericht), COM(2007) 33 final, SEC(2007) 106, S. 85.

Dem Karteninhaber wird ermöglicht, die ausstehenden Beträge am Ende der Rechnungsperiode oder in Gestalt von (verzinslichen) Raten zu entrichten.

In einem (geschlossenen) Drei-Parteien-Systems agiert ein Kreditkartenunternehmen „multifunktional" sowohl als Emittent als auch als Acquirer. In (offenen) Vier-Parteien-Systemen sind diese Tätigkeiten auf externe – nicht mit der Kreditkartenorganisation identische – Issuer und Acquirer übertragen.

Die emittierende Bank hat in einem offenen System sowohl eine Vertragsbeziehung zu einer Kreditkartenorganisation (Vergabe der Lizenz zur Kartenemission) als auch zu dem Karteninhaber (Emissionsvertrag). Der Acquirer unterhält einerseits eine Vertragsbeziehung zu einer Kreditkartenorganisation (Vergabe der Lizenz zur Akquisition von Vertragsunternehmen) und andererseits zu einem bzw. mehreren Vertragsunternehmen (Acquiringvertrag).

Untertitel 2. Grundlagen: Die sachliche Marktabgrenzung

Im deutschen und europäischen Kartellrecht erfolgt die Bestimmung des sachlich relevanten Marktes in erster Linie anhand des Bedarfsmarktkonzepts; hiernach ist der sachlich relevante Markt nach der funktionellen Austauschbarkeit der Produkte aus der Sicht der Marktgegenseite zu bestimmen.[100] Als Maßstab ist die Sicht eines verständigen Durchschnittsabnehmers zugrunde zu legen.[101] Die Produkte werden auf ihre wirtschaftliche Gleichwertigkeit unter Zugrundelegung der

100 Vgl. KOM, Entscheidung v. 02.10.1991, IV/M.053 – Aérospatiale-Alenia/de Havilland, ABl. EG v. 05.12.1991, L 334/42, S. 44, Rn. 10; BGH, Urteil v. 19.03.1996, KZR 1/95 – Pay-TV-Durchleitung, WuW/E BGH 3058, 3062 = WUW 09/1996, 728, 732; *Immenga/Körber*, in: Immenga/Mestmäcker, Wettbewerbsrecht, Bd. 1 EG/2, 5. Aufl., 2014, Art. 2 FKVO, Rn. 34; *Mestmäcker/Schweitzer*, Europ. WettbewR, 3. Aufl., 2014, § 11, Rn. 87; *Neveling*, Die sachliche Marktabgrenzung, 2003, S. 59; *Witt*, Käuferschichtbezogene Abgrenzung des relevanten Marktes, WRP 1990, 149 ff.; vgl. auch *Füller*, in: MüKo, EU-WettbewR, 2. Aufl., 2015, Einl., Rn. 1663 ff. Das Bedarfsmarktkonzept wird grundsätzlich im Falle der Anwendung verschiedener kartellrechtlicher Normen gleich verstanden, wobei sich allerdings aus Gründen der Schutzzweckadäquanz des jeweiligen Tatbestandes Unterschiede ergeben können, vgl. dazu etwa *Neveling*, Die sachliche Marktabgrenzung, 2003, S. 61; vgl. auch KOM, Bekanntmachung über die Definition des relevanten Marktes im Sinne des Wettbewerbsrechts der Gemeinschaft, ABl. EG v. 09.12.1997, C 372/5, S. 6, Rn. 12; *Immenga/Körber*, in: Immenga/Mestmäcker, Wettbewerbsrecht, Bd. 1 EG/2, 5. Aufl., 2014, Art. 2 FKVO, Rn. 22 f. Vgl. ferner zum Erfordernis einer Marktabgrenzung im Rahmen des Art. 101 AEUV: *Hahne*, Das Erfordernis der Marktabgrenzung, 2016, S. 196 ff.

101 Vgl. BKartA, Beschluss v. 08.06.2006, B 4 – 29/06, WuW/E DE-V 1313, 1314 = WuW 2/2007, 185, 186, Rn. 59; *Immenga/Körber*, in: Immenga/Mestmäcker, Wettbewerbsrecht, Bd. 1 EG/2, Art. 2 FKVO, Rn. 41; vgl. auch *Theege*, Marktabgrenzung, 1992, S. 71.

(verobjektivierten) Anschauungen der Marktgegenseite untersucht.[102] Die Bestimmung des relevanten Marktes wird sowohl durch objektive als auch subjektive Aspekte beeinflusst, wobei die tatsächlichen Gewohnheiten wie auch die Präferenzen der Verbraucher miteinbezogen werden.[103]

Der sachlich relevante Markt umfasst sämtliche Produkte, die seitens der Marktgegenseite bezüglich ihrer Eigenschaften, ihrer Preise wie auch ihres Verwendungszwecks als substituierbar erachtet werden.[104] Produkte, die in funktioneller Hinsicht als substituierbar angesehen werden, sind (grundsätzlich) als marktgleichwertig und als Bestandteil desselben sachlich relevanten Marktes anzusehen.[105] Die genannten Kriterien sind nicht abschließend.[106] Es ist stets einzelfallbezogen danach zu fragen, ob die Nachfrager auf ein anderes, ihrerseits als gleichwertig erachtetes Produkt umsteigen können und sich die in Rede stehenden Produkte nach der Verkehrsauffassung zur Befriedigung des gleichen Bedarfs eignen.[107] Im Vordergrund steht insoweit die wirtschaftliche Entsprechung und nicht etwa eine physikalisch-technische.[108]

---

102 Vgl. *Immenga/Körber*, in: Immenga/Mestmäcker, Wettbewerbsrecht, Bd. 1 EG/2, 5. Aufl., 2014, Art. 2 FKVO, Rn. 42.

103 Vgl. *Immenga/Körber*, in: Immenga/Mestmäcker, Wettbewerbsrecht, Bd. 1 EG/2, 5. Aufl., 2014, Art. 2 FKVO, Rn. 42.

104 Vgl. KOM, Bekanntmachung über die Definition des relevanten Marktes im Sinne des Wettbewerbsrechts der Gemeinschaft, ABl. EG v. 09.12.1997, C 372/5, S. 6, Rn. 7 u. S. 10, Rn. 36; vgl. auch EuGH, Urteil v. 13.02.1979, Rs. C-85/76 – Hoffmann-La Roche, Slg. 1979, 461, 516 f., Rn. 28; EuG, Urteil v. 17.12.2003, Rs. T-219/99 – British Airways, Slg. 2003, II-5917, 2951 f., Rn. 91; EuGH, Urteil v. 09.11.1983, Rs. C-322/81 – Michelin, Slg. 1983, 3461, 3504 f., Rn. 37; BGH, Urteil v. 19.03.1996, KZR 1/95 – Pay-TV-Durchleitung, WuW/E BGH 3058, 3062 = WUW 09/1996, 728, 732; OLG Düsseldorf, Beschluss v. 13.08.2003 – VI-Kart 52/01 (V), WuW/E DE-R 1149–1158, Rn. 31; KOM, Leitlinien für vertikale Beschränkungen, Abl. EU v. 19.05.2010, C 130/1, S. 20, Rn. 89; KOM, Entscheidung v. 17.10.2007, COMP/D1/38606 – Groupement des cartes bancaires (CB), Rn. 182; BKartA, Beschluss v. 08.06.2006, B 4 – 29/06, WuW/E DE-V 1313, 1314 = WuW 2/2007, 185, 186, Rn. 59; *Immenga/Körber*, in: Immenga/Mestmäcker, Wettbewerbsrecht, Bd. 1 EG/2, 5. Aufl., 2014, Art. 2 FKVO, Rn. 34; *Lettl*, Kartellrecht, 4. Aufl., 2017, § 1, Rn. 26; *Neveling*, Die sachliche Marktabgrenzung, 2003, S. 59; *Säcker*, Abschied vom Bedarfsmarktkonzept, ZWeR 2004, 1 ff.; *Bergmann/Fiedler*, in: Loewenheim/Meessen/Riesenkampff, 3. Aufl., 2016, Art. 102 AEUV, Rn. 38; *Altemöller*, in: PK KartellR, Art. 82, Rn. 21.

105 Vgl. BKartA, Beschluss v. 08.06.2006, B 4 – 29/06, WuW/E DE-V 1313, 1314 = WuW 2/2007, 185, 186, Rn. 59; BGH, Urteil v. 19.03.1996, KZR 1/95 – Pay-TV-Durchleitung, WuW/E BGH 3058, 3062 = WUW 09/1996, 728, 732.

106 Vgl. *Neveling*, Die sachliche Marktabgrenzung, 2003, S. 60.

107 Vgl. BKartA, Beschluss v. 08.06.2006, B 4 – 29/06, WuW/E DE-V 1313, 1314 = WuW 2/2007, 185, 186, Rn. 59; *Neveling*, Die sachliche Marktabgrenzung, 2003, S. 58.

108 Vgl. *Neveling*, Die sachliche Marktabgrenzung, 2003, S. 59.

Überdies besteht grundsätzlich auch die Möglichkeit, bei der Bestimmung des sachlich relevanten Marktes die Sicht der Anbieter und die angebotsseitige Substituierbarkeit zu berücksichtigen. Die Angebotssubstituierbarkeit wird auch als Angebotsumstellungsflexibilität[109] bzw. als Produktionsumstellungs-flexibilität bezeichnet.[110] Die funktionelle Substituierbarkeit des Angebots ist (insbesondere) dann ergänzend heranzuziehen, sofern sie sich ähnlich disziplinierend wie die Nachfragesubstituierbarkeit auf die beteiligten Unternehmen auswirkt.[111] Ein solches Ausmaß disziplinierender Wirkungen der Angebotssubstituierbarkeit ist gegeben, sofern es den Anbietern möglich ist, auf geringfügige, dauerhafte Änderungen der relativen Preise durch kurzfristige Umstellung ihres Angebots zu reagieren, ohne signifikanten Risiken oder Zusatzkosten ausgesetzt zu sein.[112] Eine Berücksichtigung der Angebotssubstituierbarkeit zur Bestimmung des sachlich relevanten Marktes scheidet hingegen aus, sofern für eine Umstellung eine beträchtliche Assimilation der Unternehmensstruktur und/oder der Aktiva des Unternehmens von Nöten ist oder weitere Investitionen oder zeitliche Verzögerungen nennenswerten Ausmaßes erforderlich werden.[113] Umstellungen, die mit erheblichen Erschwernissen (insbesondere hohen Kosten und längeren Vorlaufzeiten) für die Anbieter einhergehen, sind nicht im Rahmen der Marktabgrenzung zu berücksichtigen.[114] Das Vorliegen eines einheitlichen Produktmarktes kann

---

109 Vgl. KOM, Bekanntmachung über die Definition des relevanten Marktes im Sinne des Wettbewerbsrechts der Gemeinschaft, 971C 372/03, ABl. EG v. 09.12.1997, C 372/5, S. 7, Rn. 20; BGHZ 176, 1, 9 f., Rn. 23.

110 Vgl. BKartA, Beschluss v. 08.06.2006, B 4 – 29/06, WuW/E DE-V 1313, 1314 = WuW 2/2007, 185, 186, Rn. 60; vgl. auch *Troyer*, Die sachliche und räumliche Marktabgrenzung, 2007, S. 22; *Füller*, in: MüKo, EU-WettbewR, 2. Aufl., 2015, Einl., Rn. 1063 ff.

111 Vgl. Bekanntmachung der Kommission über die Definition des relevanten Marktes im Sinne des Wettbewerbsrechts der Gemeinschaft, 971C 372/03, ABl. EG v. 09.12.1997, C 372/5, S. 7, Rn. 20; BGHZ 176, 1, 9 f., Rn. 23.

112 Vgl. KOM, Bekanntmachung über die Definition des relevanten Marktes im Sinne des Wettbewerbsrechts der Gemeinschaft, ABl. EG v. 09.12.1997, C 372/5, S. 7, Rn. 20; EuG, Urteil v. 30.03.2000, Rs. T-65/96 – Kirsh Glass, Slg. 2000, II-1911, Rn. 68; KOM, Entscheidung v. 30.09.1992, IV/M.214 – Du Pont/ICI, ABl. EG v. 13.01.1993, L 7/13, S. 17, Rn. 23; KOM, Entscheidung v. 30.10.2001, COMP/M.2416 – Tetra Laval/ Sidel, ABl. EG v. 13.02.2004, L 43/13, S. 42 f., Rn. 155 ff.; vgl. auch *Immenga/Körber*, in: Immenga/Mestmäcker, Wettbewerbsrecht, Bd. 1 EG/2, 5. Aufl., 2014, Art. 2 FKVO, Rn. 24.

113 Vgl. KOM, Bekanntmachung über die Definition des relevanten Marktes im Sinne des Wettbewerbsrechts der Gemeinschaft, ABl. EG v. 09.12.1997, C 372/5, S. 8, Rn. 23; *Füller*, in: MüKo, EU-WettbewR, 2. Aufl., 2015, Einl., Rn. 1064; BGHZ 176, 1, 9, Rn. 21.

114 Vgl. KOM, Bekanntmachung über die Definition des relevanten Marktes im Sinne des Wettbewerbsrechts der Gemeinschaft, ABl. EG v. 09.12.1997, C 372/5, S. 8, Rn. 23 f.

demnach selbst dann anzunehmen sein, sofern unterschiedliche Produkte aus Sicht der Nachfrager an sich keinen hinreichenden Grad an Substituierbarkeit aufweisen.[115]

Ein einheitlicher (sachlich relevanter) Markt ist demzufolge anzunehmen, sofern hinsichtlich der in Rede stehenden Produkte von einer nachfrage- und/oder einer angebotsseitigen Substituierbarkeit auszugehen ist.

Titel 2. Existenz eines einheitlichen Marktes, der sämtliche innerhalb eines Kreditkartensystems erbrachten Leistungen umfasst?

Wendet man sich der sachlichen Marktabgrenzung in der Kreditkartenbranche zu, steht zunächst in Rede, ob ein einheitlicher Markt existiert, der alle innerhalb eines Kreditkartensystems erbrachten Dienstleistungen umfasst; in diesem Falle würden die seitens der Issuer, der Acquirer und der Kartenorganisationen erbrachten Leistungen einem einheitlichen Markt angehören.

Zu Gunsten der Existenz eines solchen (Einheits-)Marktes hatte sich etwa MasterCard während des MasterCard-Verfahrens ausgesprochen und proklamiert, es existiere eine einheitliche, einem einzigen Markt zuzuordnende Kartenleistung. Diese Leistung wurde seitens MasterCard als „MasterCard-Zahlungsdienstleistung" bezeichnet; hierbei handele es sich um eine „Zusammenarbeit ermöglichende Dienstleistung" bzw. „Nachfragenabstimmungsdienstleistung".[116] MasterCard legte insoweit das Verständnis an den Tag, dass Karteninhaber wie auch Händler in ihrer Kumulation eine „gemeinsame Nachfrage" darstellen würden.[117] Diese „gemeinsame Nachfrage" sei in einer „strikte[n] Komplementarität" zwischen der Nachfrage der Karteninhaber und der Händler zu sehen.[118] Nach Auffassung von MasterCard stellen insofern MasterCard, die Issuer und die Acquirer gemeinsam den Karteninhabern und den Vertragsunternehmen ein einheitliches Zahlungskartenprodukt zur Verfügung.[119]

---

115 Vgl. KOM, Bekanntmachung über die Definition des relevanten Marktes im Sinne des Wettbewerbsrechts der Gemeinschaft, ABl. EG v. 09.12.1997, C 372/5, S. 7 a.E. f., Rn. 21 f.

116 Vgl. zu dieser Auffassung von MasterCard: KOM, Entscheidung v. 19.12.2007 in den Sachen COMP/34.579 – MasterCard, COMP/36.518 – EuroCommerce u. COMP/38.580 – Commercial Cards, Rn. 251.

117 Vgl. KOM, Entscheidung v. 19.12.2007 in den Sachen COMP/34.579 – MasterCard, COMP/36.518 – EuroCommerce u. COMP/38.580 – Commercial Cards, Rn. 252.

118 Vgl. KOM, Entscheidung v. 19.12.2007 in den Sachen COMP/34.579 – MasterCard, COMP/36.518 – EuroCommerce u. COMP/38.580 – Commercial Cards, Rn. 252.

119 Vgl. KOM, Entscheidung v. 19.12.2007 in den Sachen COMP/34.579 – MasterCard, COMP/36.518 – EuroCommerce u. COMP/38.580 – Commercial Cards, Rn. 251; vgl. auch noch KOM, Entscheidung v. 24.07.2002, COMP/29.373 – Visa International II – Multilateral Interchange Fee, ABl. EG v. 22.11.2002, L 318/17, S. 19, Rn. 14

Ob dieser Sichtweise, die von einem einheitlichen „Gesamt-Systemprodukt" ausgeht, allerdings gefolgt werden kann, ist – unter Zugrundelegung des Bedarfsmarktkonzeptes – anhand der Produktmerkmale, wie auch der Anbieter- und Nachfragestruktur zu beurteilen:

Untertitel 1. Die Anbieter- und Nachfragestruktur

Emittierende und akquirierende Unternehmen stehen den Karteninhabern und den Vertragsunternehmen einerseits als Anbieter gegenüber; andererseits sind sie die Abnehmer der Systemleistungen der Kreditkartenorganisationen. Dementsprechend handelt es sich bei den Issuern wie auch den Acquirern um Unternehmen, die auf (mindestens) zwei unterschiedlichen Marktebenen agieren.

Die Existenz derart spezialisierter Unternehmen auf der Anbieterseite indiziert grundsätzlich das Vorliegen getrennter Produkte.[120] Dem kann auch nicht entgegengehalten werden, dass die Kreditkartenunternehmen in Drei-Parteien-Systemen zugleich in den Bereichen der Emission und Akquisition tätig werden. Dass ein Unternehmen verschiedene Produkte anbietet, führt nicht ohne Weiteres dazu, dass alle seitens dieses Unternehmens vertriebenen Produkte einem einheitlichen Markt angehören.

Untertitel 2. Die Produktmerkmale

Es bedarf eines Vergleichs der Leistungen, die seitens der Issuer, der Acquirer und der Kartenorganisationen erbrachten werden.

Die Systemköpfe von Zahlungssystemen erbringen spezifische Leistungen gegenüber ihren Mitgliedern bzw. den systemangehörigen Unternehmen. Die Kreditkartenorganisationen vergeben insbesondere Lizenzen an die Issuer respektive die Acquirer[121] und versetzen diese Unternehmen hierdurch in die Lage, ihrerseits im Rahmen des jeweiligen Kreditkartensystems Leistungen gegenüber den Karteninhabern respektive den Vertragsunternehmen zu erbringen.

Die Issuer emittieren die Kreditkarten an die Karteninhaber und verhelfen Letzteren dazu, die Funktionen der Karte zu nutzen. Die Acquirer ermöglichen hingegen den Vertragsunternehmen die Annahme einer, einem bestimmten Zahlungskartensystem zugehörigen Kreditkarte am PoS.

Einem Karteninhaber wie auch einem Vertragsunternehmen wäre nicht damit gedient, wenn ihm etwa die Lizenz zur Ausgabe einer Kreditkarte oder die Tätigkeit

---

u. S. 27, Rn. 61; EuG, Entscheidung v. 24.05.2012, Rs. T-111/08 – MasterCard, Rn. 209; WEKO, Verfügung v. 05.12.2005, RPW 2006/1, 65, S. 107, Rn. 342.

120 Vgl. hierzu EuG, Urteil v. 12.12.1991, Rs. T-30/89 – Hilti, Slg. 1991, II-1439, II-1473, Rn. 67; EuGH, Urteil v. 14.11.1996, Rs. C-333/94 – Tetra Pak, Slg. 1996, I-5951, I-6010 f., Rn. 36; KOM, Leitlinien für vertikale Beschränkungen, Abl. EU v. 19.05.2010, C 130/1, S. 43, Rn. 215.

121 Vgl. BKartA, Beschluss v. 08.06.2006, B 4 – 29/06, Rn. 51.

im Acquiring-Bereich eingeräumt werden würde. Die Zurverfügungstellung einer Lizenz würde weder dem Karteninhaber eine Zahlung am PoS noch würde eine Lizenz dem Händler die Akzeptanz der Karten des jeweiligen Systems ermöglichen. Eine Substituierbarkeit des Innehabens einer Karte durch die Einräumung einer Issuing-Lizenz ist aus Sicht des Karteninhabers nicht gegeben. Auch aus der Sicht eines Acquirers erscheint eine Acquiring-Lizenz nicht als marktgleichwertiger Ersatz der Acquiring-Dienstleistungen.

Während die Leistungen der Kreditkartenorganisationen als Vorbereitungsmaßnahmen und Voraussetzung hinsichtlich der Emissions- wie auch der Akquisitionstätigkeit erscheinen, sind es die Issuer und Acquirer, die den Karteninhabern und den Vertragsunternehmen, also den Endnutzern, den Zugang zu den nachfolgenden, mit einer Kreditkarte einhergehenden Leistungen ermöglichen. Die Kreditkartenorganisationen verfügen in offenen Systemen über keinerlei (unmittelbare) Kontakte zu den Endnutzern, obwohl dies – wie an den Strukturen und der Organisation der geschlossenen Systeme ersehen werden kann – durchaus möglich wäre.

Das aufgezeigte „Stufenverhältnis“ spiegelt die Existenz einer vorgelagerten und einer nachgelagerten Ebene innerhalb eines Zahlungskartensystems wider. Die Emission einer Zahlungskarte und die Akquisition von Vertragsunternehmen wie auch die jeweils mit diesen Tätigkeiten einhergehenden Leistungen einerseits und die seitens der Kreditkartenorganisationen erbrachten Leistungen andererseits stellen keine substituierbaren, sondern vielmehr vor- und nachgeschaltete Leistungen mit andersgearteten Merkmalen dar.

Untertitel 3. Zwischenergebnis

Es ist kein (Einheits-)Markt gegeben, der alle innerhalb eines Kreditkartensystems erbrachten Dienstleistungen umfasst. Es existiert kein einheitliches „Gesamt-Systemprodukt“. In Einklang mit der Entscheidungspraxis der Kommission[122] lässt sich der „Bereich des Kreditkartengeschäfts“ (unter anderem) in eine vor- und eine nachgelagerte Marktebene untergliedern.

---

122 Vgl. KOM, Entscheidung v. 09.08.2001, COMP/D1/29.373 – Visa International I – Surcharging, ABl. EG v. 10.11.2001, L 293/24, 30, Rn. 34; KOM, Entscheidung v. 24.07.2002, COMP/29.373 – Visa International II – Multilateral Interchange Fee, ABl. EG v. 22.11.2002, L 318/17, 25, Rn. 43; KOM, Entscheidung v. 08.12.2010, COMP/39.398 – Visa MIF, Rn. 12; KOM, Entscheidung v. 19.12.2007 in den Sachen COMP/34.579 – MasterCard, COMP/36.518 – EuroCommerce u. COMP/38.580 – Commercial Cards, Rn. 278; KOM, Entscheidung v. 17.10.2007, COMP/D1/38606 – Groupement des cartes bancaires (CB), Rn. 164 ff.; KOM, Entscheidung v. 03.10.2007, COMP/37.860 – Morgan Stanley/Visa, WuW/E EU-V 1307, 1309 = WuW 10/2008, 1135, 1137, Rn. 41.

Die unterschiedlichen Zahlungssysteme stehen sich auf einer vorgelagerten System- respektive (Karten-)Netzebene als Wettbewerber gegenüber.[123] Die emittierenden bzw. akquirierenden Unternehmen agieren auf einer nachgelagerten Ebene und erbringen dort kartenbezogene Leistungen.[124]

Titel 3. Die nachgelagerte Ebene

Die Feststellung, dass nicht alle innerhalb eines Kreditkartensystems erbrachten Leistungen einem einheitlichen Markt angehören, bildet freilich erst den Ausgangspunkt einer genaueren Untersuchung des nachgelagerten Bereichs.

Untertitel 1. Existenz eines einheitlichen Marktes in Bezug auf den nachgelagerten Bereich?

Auch wenn kein einheitliches „Gesamt-Systemprodukt" vorliegt, stellt sich des Weiteren die Frage, ob sich Issuer und Acquirer im nachgelagerten Bereich auf einem einheitlichen Markt als Wettbewerber gegenüberstehen.[125] Dies wäre der Fall, sofern die seitens der Acquirer und der Issuer erbrachten Leistungen bzw. angebotenen Produkte von der Marktgegenseite als substituierbar angesehen werden.

Kapitel 1. Die Produktmerkmale

Es fragt sich, ob Issuing- und Acquiring-Dienstleistungen seitens der Marktgegenseite als substituierbar angesehen werden. Insofern bestehen zwei unterschiedliche

---

123 Ähnlich KOM, Entscheidung v. 09.08.2001, COMP/D1/29.373 – Visa International I – Surcharging, ABl. EG v. 10.11.2001, L 293/24, 30 f., Rn. 34; Kommission, Entscheidung v. 24.07.2002, COMP/29.373 – Visa International II – Multilateral Interchange Fee, ABl. EG v. 22.11.2002, L 318/17, 25, Rn. 43; KOM, Entscheidung v. 03.10.2007, COMP/37.860 – Morgan Stanley/Visa, WuW/E EU-V 1307, 1309 = WuW 10/2008, 1135, 1137, Rn. 40; KOM, Entscheidung v. 08.12.2010, COMP/39.398 – Visa MIF, Rn. 12; KOM, Entscheidung v. 17.10.2007, COMP/D1/38606 – Groupement des cartes bancaires (CB), Rn. 167.

124 Vgl. KOM, Entscheidung v. 09.08.2001, COMP/D1/29.373 – Visa International I – Surcharging, ABl. EG v. 10.11.2001, L 293/24, 30 f., Rn. 34; Kommission, Entscheidung v. 24.07.2002, COMP/29.373 – Visa International II – Multilateral Interchange Fee, ABl. EG v. 22.11.2002, L 318/17, 25, Rn. 43; vgl. auch KOM, Entscheidung v. 08.12.2010, COMP/39.398 – Visa MIF, Rn. 12.

125 MasterCard ging insofern von einem einheitlichen Markt aus, vgl. hierzu KOM, Entscheidung v. 19.12.2007 in den Sachen COMP/34.579 – MasterCard, COMP/36.518 – EuroCommerce u. COMP/38.580 – Commercial Cards, Rn. 253. Eine entsprechende Auffassung wurde etwa auch seitens der Beschwerdeführerin in einem kartellrechtlichen Verfahren in der Schweiz vertreten, vgl. REKO/WEF, Beschwerdeentscheid v. 09.06.2005, RPW 2005/3, 530, 559, Erw. 7.3.

Nachfragegruppen: Hinsichtlich der Acquiring-Dienstleistungen bilden die Vertragsunternehmen die Marktgegenseite der Acquirer und bezüglich der Issuing-Dienstleitungen agieren die Karteninhaber als Marktgegenseite der Issuer.[126]

Zur Stützung der These eines einheitlichen nachgelagerten Marktes ließe sich ins Feld führen, dass die Führung eines Kreditkartenkontos für die Karteninhaber und die Führung eines Vertragsunternehmenskontos im Wesentlichen ein ähnliches Tätigkeitsspektrum aufweisen. Dagegen spricht indes, dass es sich bei dem Kreditkartenkonto der Karteninhaber um ein debitorisches (Soll-)Konto handelt; das seitens der Acquirer geführte (Händler-)Konto, das im Zusammenhang mit Akzeptanz von Kreditkarten geführt wird, weist hingegen die Forderungen der Vertragsunternehmen aus.

Im Übrigen beschränken sich die Tätigkeiten von Acquirern und Issuern nicht auf die bloße Führung von Konten. Die Acquirer stellen gemeinhin den Zugang der Händler zum Kreditkartenzahlungsverkehr her.[127] Sie sind für die Akquisition von Vertragsunternehmen zuständig und schließen mit diesen die Akzeptanzverträge ab.[128] Die Acquirer betreuen das Händler-Konto, rechnen die Zahlungstransaktionen für die Händler mit den Issuern ab (sog. Vertragsunternehmensabrechnung), d.h. sie leiten die Transaktionsdaten (gebündelt) an den Emittenten weiter, nehmen die Gelder von den Issuern entgegen und übermitteln diese an das Vertragsunternehmen.[129] Die Acquirer kümmern sich ferner um den Anschluss des Händlers an das Zahlungsnetz, und zwar vermittelt über einen Netzbetreiber.[130] Teils stellen die Acquirer den Händlern auch die für die Akzeptanz von Kreditkarten benötigten, technischen Apparaturen (Kartenterminal, Kartenlesegeräte) – regelmäßig gegen ein zusätzlich zu entrichtendes Entgelt – zur

126 Vgl. auch noch KOM, Entscheidung v. 09.08.2001, COMP/29.373 – Visa International I – Surcharging, ABl. EG v. 10.11.2001, L 293/24, 31, Rn. 36, Fn. 28; KOM, Entscheidung v. 24.07.2002, COMP/29.373 – Visa International II – Multilateral Interchange Fee, ABl. EG v. 22.11.2002, L 318/17, 25, Rn. 46, Fn. 28; KOM, Entscheidung v. 08.12.2010, COMP/39.398 – Visa MIF, Rn. 14.

127 Vgl. WEKO, Verfügung v. 05.12.2005, RPW 2006/1, 65, S. 86, Rn. 169; WEKO, Verfügung v. 18.11.2002, RPW 2003/1, 106, 118 a.E. f., Rn. 72.

128 Vgl. KOM, Entscheidung v. 03.10.2007, COMP/37.860 – Morgan Stanley/Visa, Rn. 44; näher hierzu bereits oben unter Titel 1, Untertitel 2, Kapitel 2, Unterkapitel 4 sowie Titel 1, Untertitel 2, Kapitel 3.

129 Vgl. BKartA, Beschluss v. 08.06.2006, B 4 – 29/06, Rn. 51; KOM, Entscheidung v. 17.10.2007, COMP/D1/38606 – Groupement des cartes bancaires (CB), Rn. 166 u. 185; KOM, Entscheidung v. 03.10.2007, COMP/37.860 – Morgan Stanley/Visa, Rn. 44; vgl. auch *Weber*, Zahlungsverfahren im Internet, 2002, S. 79; KOM, Entscheidung v. 24.07.2002, COMP/29.373 – Visa International II – Multilateral Interchange Fee, ABl. EG v. 22.11.2002, L 318/17, 25, Rn. 45.

130 Vgl. *Taradantchik*, Wettbewerbsrechtliche Aspekte kartengesteuerter Zahlungssysteme, 2005, S. 36.

Verfügung.[131] Durch das Acquiringgeschäft wird somit die Infrastruktur für die Akzeptanzstellenversorgung des betreffenden Systems und damit die Einsatzmöglichkeit am PoS geschaffen.

Seitens der Issuer erfolgt hingegen die Ausgabe der Kreditkarten; sie stellen den Karteninhabern die zur Kartennutzung erforderlichen Dienstleistungen zur Verfügung.[132] Den Issuern obliegen insbesondere die Abrechnung der am PoS vorgenommenen Zahlungstransaktionen und die Zusendung der Abrechnungen an die Karteninhaber.[133] Ihrem Aufgabenbereich gehören die Einrichtung und die Belastung der Konten der Karteninhaber im Falle des Einsatzes der Karte an.[134] Sie berechnen die anfallenden Transaktionskosten und führen die Zahlungsbeträge (abzüglich der Interbankenentgelte) an die Acquirer ab. Im Übrigen gewährt der Issuer dem Karteninhaber auch Unterstützung im sonstigen Zusammenhang mit der Verwendung der Karte, wie etwa im Falle des Verlusts der Karte.[135] Die emittierende Tätigkeit führt damit zum Aufbau der notwendigen Karteninfrastruktur und gewährleistet gleichsam die Versorgung des Gesamtsystems mit einer hinreichenden Anzahl an Zahlungskarten.

In Anbetracht dieser Unterschiede könnte ein Händler keine Zahlungskarten annehmen, wenn ihm gegenüber lediglich Issuing-Dienstleistungen erbracht werden würden. Auch wenn ein Vertragsunternehmen durchaus selbst eine (Firmen-) Karte beantragen kann, so kann eine etwaig an diese Unternehmen emittierte Karte erst dann als Zahlungsmittel eingesetzt werden, sofern ein Emissionsvertrag mit einem Issuer zustande gekommen ist; mithin wird dem Vertragsunternehmen allein durch den Abschluss eines Akzeptanzvertrages nicht die Berechtigung zum Einsatz der Karte zuteil. Die Erbringung einer der genannten Dienstleistungsarten beinhaltet nicht zugleich die Bereitstellung der anderen und wird auch seitens beider Kundengruppen weder erwartet noch nachgefragt.[136]

---

131 Vgl. KOM, Entscheidung v. 03.10.2007, COMP/37.860 – Morgan Stanley/Visa, Rn. 44; KOM, Entscheidung v. 17.10.2007, COMP/D1/38606 – Groupement des cartes bancaires (CB), Rn. 185.

132 Vgl. KOM, Entscheidung v. 03.10.2007, COMP/37.860 – Morgan Stanley/Visa, Rn. 44; vgl. ferner KOM, Entscheidung v. 17.10.2007, COMP/D1/38606 – Groupement des cartes bancaires (CB), Rn. 185.

133 Vgl. auch KOM, Entscheidung v. 17.10.2007, COMP/D1/38606 – Groupement des cartes bancaires (CB), Rn. 165; KOM, Entscheidung v. 17.10.2007, COMP/D1/38606 – Groupement des cartes bancaires (CB), Rn. 185.

134 Vgl. BKartA, Beschluss v. 08.06.2006, B 4 – 29/06, Rn. 51; KOM, Entscheidung v. 17.10.2007, COMP/D1/38606 – Groupement des cartes bancaires (CB), Rn. 185.

135 Vgl. KOM, Entscheidung v. 17.10.2007, COMP/D1/38606 – Groupement des cartes bancaires (CB), Rn. 165.

136 Ähnlich KOM, Entscheidung v. 17.10.2007, COMP/D1/38606 – Groupement des cartes bancaires (CB), Rn. 184.

Kapitel 2. Die Anbieterstruktur

In Vier-Parteien-Systemen sind die Issuer regelmäßig nicht mit den Acquirern identisch, auch wenn dies (nach den Regularien der Kreditkartenorganisationen) zulässig sein mag. Heutzutage sind Acquirer i.d.R. auf das Akquisitionsgeschäft spezialisierte Unternehmen,[137] deren Anteilseigner zwar oftmals wiederum Kreditinstitute sind.[138] Im Regelfall sind aber die Acquiring-Unternehmen – anders als die Issuer – selbst keine Kreditinstitute.[139] Mitunter auch dies spricht gegen eine einheitliche Anbieterstruktur.[140] Vielfach handelt es sich bei den Acquirern um Tochtergesellschaften eines Emittenten oder aber um konzernzugehörige Unternehmen. So wurden die Akquisitionstätigkeiten in der Vergangenheit oftmals auf juristisch verselbständigte Unternehmen (die unter anderer Firma betrieben werden) ausgelagert, jedenfalls aber unternehmsintern einer anderen Abteilung zugewiesen, was bereits ein andersgelagertes Spektrum der mit beiden Tätigkeiten einhergehenden Anforderungen wie auch Aufgaben intendiert. Ferner bedarf es unterschiedlicher Lizenzen, um als Emittent und/oder als Acquirer tätig werden zu können.

Kapitel 3. Die Entgeltstrukturen

Ferner sind die von den Karteninhabern respektive Vertragsunternehmen zu entrichtenden Preise bzw. Entgelte unterschiedlich ausgestaltet. Während die Vertragsunternehmen regelmäßig eine umsatzabhängig berechnete MSC an die Acquirer zahlen, entrichten die Karteninhaber einmal jährlich eine Jahresgebühr an die Emittenten.[141] Diese Gebühren unterscheiden sich in Anbetracht der Transaktionsvolumenabhängigkeit der MSC auf der einen sowie der turnusmäßigen, volumenunabhängigen Auferlegung der Karteninhabergebühren sowohl in ihrer Struktur als auch in ihrer Höhe. Insoweit zeigt sich, dass unterschiedliche Vorstellungen hinsichtlich der Wertigkeit der seitens der Issuer und der Acquirer erbrachten Dienstleistungen bestehen, was zugleich gegen eine Austauschbarkeit beider Leistungsarten spricht.

---

137 Vgl. *Blaurock*, in: Derleder/Knops/Bamberger, Hdb. BankR, 3. Aufl., 2017, § 49, Rn. 5; *Lepschies*, E-Commerce und Hackerschutz, 1999, S. 89; *Weber*, Zahlungsverfahren im Internet, 2002, S. 79.

138 Vgl. etwa KOM, Entscheidung v. 24.07.2002, COMP/29.373 – Visa International II – Multilateral Interchange Fee, ABl. EG v. 22.11.2002, L 318/17, 25, Rn. 45.

139 Vgl. BKartA, Beschluss v. 08.06.2006, B 4 – 29/06, Rn. 65.

140 Ähnlich (jedoch in etwas anders geartetem Kontext) BKartA, Beschluss v. 08.06.2006, B 4 – 29/06, Rn. 65.

141 Darauf ebenfalls im einschlägigen Kontext hinweisend: KOM, Entscheidung v. 03.10.2007, COMP/37.860 – Morgan Stanley/Visa, Rn. 45; KOM, Entscheidung v. 08.12.2010, COMP/39.398 – Visa MIF, Rn. 14; KOM, Entscheidung v. 17.10.2007, COMP/D1/38606 – Groupement des cartes bancaires (CB), Rn. 185.

Kapitel 4. (Vorläufiges) Zwischenergebnis

In Einklang mit der Auffassung der Kommission ist davon auszugehen, dass hinsichtlich der Emission auf der einen und der Akquisition auf der anderen Seite unterschiedliche Produkte vorliegen, die voneinander getrennten Märkten zuzuordnen sind.[142]

Issuing- und Acquiring-Dienstleistungen sind klar voneinander unterscheidbar im Hinblick auf ihre Anbieter- und Nachfragestruktur, ihre Eigenschaften und die erhobenen Entgelte.[143] Issuing und Acquiring umfassen nicht die Bereitstellung gleicher Dienstleistungen, sondern ergänzen sich gegenseitig im nachgelagerten Bereich.[144] Im Wege des Acquiring wird die Vertragsunternehmensinfrastruktur geschaffen; durch die Emission der Karten seitens der Issuer wird hingegen die Karteninfrastruktur aufgebaut.[145]

Kapitel 5. Ergebniskorrektur aufgrund der zweiseitigen Marktstruktur?

Vereinzelt – dem bislang gefundenen (Zwischen-)Ergebnis diametral gegenüberstehend und obgleich der soeben aufgezeigten unterschiedlichen Anbieter- und Nachfragestrukturen wie auch der andersartigen Produkteigenschaften – wird teilweise vertreten, dass die Bereiche des Issuing und des Acquiring einem einheitlichen Markt zugehörig seien.[146]

Zur Begründung dieser Auffassung wird darauf verwiesen, dass es sich wegen der positiven Externalitäten zwischen den Tätigkeiten der Emission und der Akquisition nicht bloß um verschiedene, sondern sich gegenseitig beeinflussende Märkte handele und in Anbetracht der Existenz eines zweiseitigen Marktes von einem einheitlichen – sowohl Issuing als auch Acquiring umfassenden – Markt auszugehen sei.[147] Seitens der Angehörigen der jeweiligen Marktgegenseite werde

---

142 Vgl. KOM, Entscheidung v. 03.12.2008, COMP/M.5384 – BNP Paribas/Fortis, Rn. 14; KOM, Entscheidung v. 03.10.2007, COMP/37.860 – Morgan Stanley/Visa, Rn. 43; KOM, Entscheidung v. 02.06.2005, COMP/M.3740 – Barclays/FöreningsSparbanken/JV, Rn. 12; KOM, Entscheidung v. 08.11.2001, COMP/M.2567 – Nordbanken/Postgirot, Rn. 6 u. Rn. 15 ff.

143 Vgl. KOM, Entscheidung v. 17.10.2007, COMP/D1/38606 – Groupement des cartes bancaires (CB), Rn. 185.

144 Vgl. auch KOM, Entscheidung v. 08.12.2010, COMP/39.398 – Visa MIF, Rn. 14.

145 Es sind im Übrigen auch keine Dienstleistungen ersichtlich, die unterschiedslos sowohl den Karteninhabern als auch den Vertragsunternehmen angeboten werden, vgl. KOM, Entscheidung v. 17.10.2007, COMP/D1/38606 – Groupement des cartes bancaires (CB), Rn. 183.

146 In diesem Sinne etwa Groupement des Cartes Bancaires, vgl. KOM, Entscheidung v. 17.10.2007, COMP/D1/38606 – Groupement des cartes bancaires (CB), Rn. 178.

147 In diesem Sinne die Auffassung des Groupement des Cartes Bancaires in KOM, Entscheidung v. 17.10.2007, COMP/D1/38606 – Groupement des cartes bancaires (CB), Rn. 178; seitens des Groupement wurde nicht näher konkretisiert, ob ein

nicht lediglich auf die Leistungen des eigenen Vertragspartners abgestellt; die Issuer und Acquirer würden vielmehr als Einheit auftreten und angesehen.[148] Eine Auffassung, die freilich einer näheren Überprüfung bedarf:

Unterkapitel 1. Die Ökonomie von Zahlungskartensystemen: Das Wesen zweiseitiger Märkte

Die angesprochene Auffassung fußt argumentativ auf der Theorie zweiseitiger Märkte wie auch den Netzwerkexternalitäten.[149] Ihr Ansatzpunkt lässt sich nur gebührend berücksichtigen, sofern man sich die Ökonomie von Zahlungskartensystemen vor Augen führt.

Die Theorie zweiseitiger Märkte lässt sich auf die (wirtschaftswissenschaftlichen) Theorien direkter und indirekter Netzeffekte zurückführen; sie entsprang diesen als eigenständige Theorie.[150] Zwar finden sich diverse Definitionen des

---

solcher aus Emission und Akquisition bestehender Markt neben einem Markt für Zahlungssysteme existieren oder ob es sich bei diesen Aktivitäten lediglich um einen Bestandteil eines noch umfassenderen und weitreichenderen Zahlungssystemmarktes handeln soll.

148 Vgl. insoweit die Sichtweise des Groupement des Cartes Bancaires in: KOM, Entscheidung v. 17.10.2007, COMP/D1/38606 – Groupement des cartes bancaires (CB), Rn. 178.

149 Typische zweiseitige Märkte sind beispielsweise in den Wirtschaftsbereichen Börse, Messe, Medien (z.B. Zeitschriften und Zeitungen) sowie Software gegeben. Vgl. auch *Peitz*, Marktplätze und indirekte Netzeffekte, PWP 2006, Vol. 7, Iss. 3, 317, 318 f.; *Dewenter*, Konzept der zweiseitigen Märkte, 2006; *Dewenter/Haucap*, Wettbewerb auf Medienmärkten, 2008; *Dewenter/Kaiser*, Horizontale Fusionen auf zweiseitigen Märkten, PWP 2006, Vol. 7, Iss. 3, 335 ff.; *Blaschczok*, Kartellrecht in zweiseitigen Wirtschaftszweigen, 2015, S. 43 ff.; vgl. ferner *Evans/Schmalensee*, Antitrust Analysis of Multi-Sided Platform Businesses, 2012, 4 ff.; *Evans/Schmalensee*, Industrial Organization of Markets with Two-Sided Platforms, 2005; *Rysman*, The Economics of Two-Sided Markets, J. Econ. Perspect., 2009, Vol. 23, Number 3, 125 ff.; *Ruddigkeit*, Die kartellrechtliche Beurteilung der Kopplungsgeschäfte, S. 11 ff.

150 Vgl. auch *Baxter*, Legal Interchange of Transactional Paper, J. Law Econ. 1983, Vol. 26, No. 3, 541, 543 ff.; vgl. ferner *Ahlborn/Chang/Evans*, Problem of Interchange Fee Analysis, Payment Card Econ. Rev., 2003, Vol. 1, 123, 128 f.; *Rochet/Tirole*, Cooperation among competitors, RAND J. Econ. 2002, Vol. 33, No. 4, 549 ff.; *Rochet/Tirole*, Two-Sided Markets, RAND J. Econ. 2006, Vol. 37, No. 3, 645 ff.; *Gale/Gerritsen*, Credit Card Interchange Fees, 2011, 3 f.; *Caillaud/Jullien*, Chicken & Egg, RAND J. Econ., 2003, Vol. 37, 309 ff.; *Rochet/Tirole*, Platform Competition in Two-Sided Markets, JEEA, 2003, Vol. 1, 990; *Rochet/Tirole*, Two-Sided Markets: An Overview, 2004; *Roson*, Two-sided markets, Rev. Netw. Econ., 2005, Vol. 4, Iss. 2, 142; vgl. ferner *Hüschelrath/Kehder*, Wettbewerbspolitik in zweiseitigen Märkten, WiSt 39 (2010), 384, 384.

zweiseitigen Marktes; gleichwohl sind den meisten der anzutreffenden Definitionen drei charakteristische Merkmale gemein.[151]

§ 1. Die „Zwei Seiten“: Existenz von unterschiedlichen Nutzer- bzw. Teilnehmergruppen

Zunächst finden sich in einem zweiseitigen Markt – dem Terminus entsprechend – zwei (bzw. mehrere) Seiten von Nutzer- bzw. Teilnehmergruppen, die verschiedenartige Präferenzen haben.[152] In Bezug auf Kartenzahlungssysteme lassen sich hinsichtlich der nachgelagerten Ebene einerseits die Karteninhaber und andererseits die Vertragsunternehmen als unterschiedliche, aber gleichwohl miteinander – auf den Absatzmärkten – in Verbindung stehende Nachfragegruppen erkennen; Issuer und Acquirer sind die korrespondierenden Anbietergruppen.[153] Im Absatzbereich stehen sich die Karteninhaber und die Vertragsunternehmen als Vertragspartner gegenüber; beide Gruppen verfolgen insofern ihre eigenen Interessen, die nicht mit denjenigen Interessen der jeweils anderen Gruppe identisch sind.

§ 2. Interaktionen, Nachfrageinterdependenzen und Externalitäten

Überdies lassen sich in zweiseitigen Märkten zwischen den (nicht identischen) Nachfragegruppen Interaktionen ausmachen.[154] Die Größe der einen Nutzergruppe wirkt sich auf den Nutzen der Plattform[155] für die andere Gruppe aus, und vice versa.[156] Bei Kreditkarten handelt es sich – jedenfalls hinsichtlich des Einsatzbereiches am PoS – um ein Zahlungsmittel, dessen Einsatzbereich und gleichsam

---

151 Grundlegend *Evans*, Antitrust Economics of Multi-Sided Platform Markets, Yale J. on Reg., 2003, Vol. 20, 325; *Evans*, Empirical Aspects of Multi-sided Platform Industries, Rev. Netw. Econ., 2003, Vol. 2, Iss. 3, 191; *Evans*, Antitrust Economics of Two-Sided Markets, 2002; vgl. auch *Hüschelrath/Kehder*, Wettbewerbspolitik in zweiseitigen Märkten, WiSt 39 (2010), 384, 384.; vgl. ferner BKartA, Beschluss v. 29.08.2008 – B 6-52/08, BeckRS 2009, 04952, Ziff. 6.2 – Intermedia/Health & Beauty.

152 Vgl. BKartA, Beschluss der 6. Beschlußabteilung v. 29.08.2008 – B 6-52/08, BeckRS 2009, 04952, Ziff. 6.2; WEKO, Schlussbericht v. 06.06.2006, RPW 2006/4, 420, 423 f., Rn. 26; *Hüschelrath/Kehder*, Wettbewerbspolitik in zweiseitigen Märkten, WiSt 39 (2010), 384, 384.

153 Vgl. auch *Muris*, Payment Card Regulation, Colum. Bus. L. Rev., 2005, No. 3, 515, 516.

154 Vgl. auch WEKO, Verfügung v. 05.12.2005, RPW 2006/1, 65, S. 85, Rn. 162; WEKO, Schlussbericht v. 06.06.2006, RPW 2006/4, 420, 423, Rn. 26.

155 Vgl. auch *Eisenmann/Parker/Van Alstyne*, Die Kunst, Märkte zu verbinden, HBM, 2007, Vol. 29, No. 5, 54, 59: „Eine Plattform ist ein Produkt, das verschiedene Kundengruppen zusammenführt“.

156 Vgl. WEKO, Verfügung v. 05.12.2005, RPW 2006/1, 65, S. 85, Rn. 162; BKartA, Beschluss v. 29.08.2008 – B 6-52/08, BeckRS 2009, 04952, Ziff. 6.2; vgl. auch *Hüschelrath/Kehder*, Wettbewerbspolitik in zweiseitigen Märkten, WiSt 39 (2010), 384, S. 384.

der Nutzen für den Karteninhaber von den Verhältnissen auf den Absatzmärkten und der Akzeptanz durch die Vertragsunternehmen abhängig sind.

I. Unerlässlichkeit von Issuing und Acquiring

Endkundenbefragungen zeigten, dass eine möglichst umfassende Vertragsunternehmensinfrastruktur aus der Sicht der Karteninhaber das bedeutsamste Kriterium ist, welches diese zum Innehaben einer Kreditkarte bewegt;[157] ein Karteninhaber wird kein Interesse am Besitz einer Karte haben, die von keinem Händler angenommen wird.[158] Umgekehrt besteht zwischen dem Akzeptanz- und dem Emissionsbereich auch ein Zusammenhang dergestalt, dass ohne eine gewisse Anzahl an emittierten Karten kein Anreiz für die Vertragsunternehmen besteht, die Karten des Systems als Zahlungsmittel zu akzeptieren; eine hohe Anzahl von emittierten Karten eines bestimmten Systems sowie die Einsatzbereitschaft der Karteninhaber in Bezug auf diese Karten erhöht die Bedeutsamkeit der Akzeptanzmöglichkeit dieser Karten wiederum für die Händler.[159]

Kartenzahlungssysteme sind dadurch gekennzeichnet, dass zahlungstransaktionsspezifische Interaktionen zwischen den Karteninhabern und den Vertragsunternehmen, mithin eine Zahlung via Kreditkarte am PoS erst durch die Aktivitäten der Issuer und der Acquirer ermöglicht werden.[160] Die Aktivitäten der Emission und des Acquiring sind – sowohl innerhalb eines Drei- als auch eines Vier-Parteien-Systems und damit unabhängig von der Frage, wer diese Aufgaben innerhalb eines Kartenzahlungssystems wahrnimmt – jeweils unerlässlich, um die Funktionsfähigkeit der anderen Tätigkeit sowie des gesamten Kartenzahlungssystems zu gewährleisten.[161]

---

157 Vgl. WEKO, Verfügung v. 05.12.2005, RPW 2006/1, 65, S. 102, Rn. 294; KOM, Entscheidung v. 09.08.2001, COMP/D1/29.373 – Visa International I – Surcharging, ABl. EG v. 10.11.2001, L 293/24, 31, Rn. 36; KOM, Entscheidung v. 17.10.2007, COMP/D1/38606 – Groupement des cartes bancaires (CB), Rn. 180.

158 Vgl. KOM, Entscheidung v. 17.10.2007, COMP/D1/38606 – Groupement des cartes bancaires (CB), Rn. 180; vgl. auch *Zywicki*, Economics of Payment Card Interchange Fees, 2010, S. 5.

159 Vgl. auch KOM, Entscheidung v. 09.08.2001, COMP/D1/29.373 – Visa International I – Surcharging, ABl. EG v. 10.11.2001, L 293/24, 31, Rn. 36; KOM, Entscheidung v. 24.07.2002, COMP/29.373 – Visa International II – Multilateral Interchange Fee, ABl. EG v. 22.11.2002, L 318/17, 25, Rn. 46; KOM, Entscheidung v. 17.10.2007, COMP/D1/38606 – Groupement des cartes bancaires (CB), Rn. 180; EuG, Entscheidung v. 24.05.2012, Rs. T-111/08 – MasterCard, Rn. 176; vgl. ferner REKO/WEF, Beschwerdeentscheid v. 09.06.2005, RPW 2005/3, 530, 559, Erw. 7.3; *McAndrews/Wang*, Economics of Two-Sided Payment Card Markets, 2008, 2.

160 Vgl. ferner zu den verschiedenen Interaktionsbereichen innerhalb eines Kreditkartensystems: WEKO, Verfügung v. 05.12.2005, RPW 2006/1, 65, S. 85, Rn. 162.

161 Vgl. KOM, Entscheidung v. 17.10.2007, COMP/D1/38606 – Groupement des cartes bancaires (CB), Rn. 180.

II. Netzwerkeffekte

Issuing- und Acquiringtätigkeiten entfalten für die jeweils andere Aktivität positive, indirekte externe Netzwerkeffekte.[162] Es lässt sich eine interdependente Nachfrage von Händlern und Karteninhabern beobachten, aufgrund derer eine Wechselseitigkeit der Netzeffekte gegeben ist.[163]

Es handelt sich insofern nicht etwa um direkte, sondern um indirekte Netzeffekte, zumal es für die Karteninhaber nicht unmittelbar erheblich ist, wie viele weitere Karteninhaber ebenfalls Karten des jeweiligen Systems besitzen.[164] Eine Zunahme der Anzahl der systemzugehörigen Karteninhaber führt dazu, dass die Akzeptanz der Karten dieses Systems aus Sicht der Händler an Bedeutsamkeit zunimmt, demgemäß auf der anderen Seite dem System tendenziell mehr Vertragsunternehmen beitreten, wodurch die Anzahl der Akzeptanzstellen und damit letzten Endes die Vorteile des Besitzes einer entsprechenden Karte für die Karteninhaber ansteigen.[165]

Eine Zunahme der Akzeptanzmöglichkeiten der Karte am PoS wirkt sich (auch) positiv auf den Emissionsbereich aus; es handelt sich um sog. positive Netzeffekte.[166]

Zumal der Nutzen einer Zunahme der Karteninhaber im Emissionsbereich nicht unmittelbar den anderen, auf der gleichen Marktseite stehenden Karteninhabern, sondern (zunächst) den im Akquisitionsbereich angesiedelten Vertragsunternehmen zugutekommt, handelt es sich vorliegend nicht um bloß einseitige, sondern um zwei- bzw. beidseitige Netzeffekte.[167] Mit anderen Worten handelt es sich um

---

162 Vgl. *Hüschelrath/Kehder*, Wettbewerbspolitik in zweiseitigen Märkten, WiSt 39 (2010), 384, 385; KOM, Entscheidung v. 17.10.2007, COMP/D1/38606 – Groupement des cartes bancaires (CB), Rn. 180; vgl. hierzu auch WEKO, Verfügung v. 05.12.2005, RPW 2006/1, 65, S. 85, Rn. 162; BKartA, Beschluss v. 29.08.2008 – B 6-52/08, BeckRS 2009, 04952, Rn. 33; REKO/WEF, Beschwerdeentscheid v. 09.06.2005, RPW 2005/3, 530, 559, Erw. 7.3.; vgl. ferner *Economides*, Economics of networks, Int'l J. Ind. Organ., 1996, Vol. 14, 673, 678 ff.

163 Vgl. KOM, Entscheidung v. 24.07.2002, COMP/29.373 – Visa International II – Multilateral Interchange Fee, ABl. EG v. 22.11.2002, L 318/17, 28, Rn. 65; KOM, Entscheidung v. 09.08.2001, COMP/D1/29.373 – Visa International I – Surcharging, ABl. EG v. 10.11.2001, L 293/24, 31, Rn. 36; KOM, Entscheidung v. 17.10.2007, COMP/D1/38606 – Groupement des cartes bancaires (CB), Rn. 181; *Hüschelrath/Kehder*, Wettbewerbspolitik in zweiseitigen Märkten, WiSt 39 (2010), 384,385.

164 Vgl. *Hüschelrath/Kehder*, Wettbewerbspolitik in zweiseitigen Märkten, WiSt 39 (2010), 384, 385; vgl. auch noch BKartA, Beschluss v. 29.08.2008 – B 6-52/08, BeckRS 2009, 04952; vgl. ferner *Borowicz/Scherm*, Standardisierungsstrategien, zfbf 2001, 391, 393; *Fischer*, Kopplungsgeschäfte, 2008, S. 74 ff.

165 Vgl. *Hüschelrath/Kehder*, Wettbewerbspolitik in zweiseitigen Märkten, WiSt 39 (2010), 384, 385; *Evans*, Antitrust Economics of Two-Sided Markets, 2002, S. 34 ff.

166 Vgl. *Hüschelrath/Kehder*, Wettbewerbspolitik in zweiseitigen Märkten, WiSt 39 (2010), 384, 385; vgl. auch *Eisenmann/Parker/Van Alstyne*, Die Kunst, Märkte zu verbinden, HBM, 2007, Vol. 29, No. 5, 54,60.

167 Vgl. *Eisenmann/Parker/Van Alstyne*, Die Kunst, Märkte zu verbinden, HBM, 2007, Vol. 29, No. 5, 54,60.

eine Verknüpfung im Sinne der Existenz einer wechsel- und gegenseitig voneinander abhängigen Nachfrage der Karteninhaber und der Händler.[168]

§ 3. Existenz eines Intermediärs

In zweiseitigen Märkten erfolgt die Internalisierung der anzutreffenden externen Effekte zwischen beiden Nachfragegruppen via eines Mittlers, eines sog. Intermediärs.[169] Im Falle eines Kreditkartensystems sind die Karteninhaber und die Vertragsunternehmen, also die „Marktseiten" durch eine (vermittelnde) Plattform miteinander verbunden. Bei Vorliegen eines geschlossenen Kartensystems wird die Mittlerstellung seitens des Kreditkartenunternehmens eingenommen; in Vier-Parteien-Systemen wird die Verbindung zwischen der Issuing- und der Acquiring-Seite durch die Kreditkartenorganisation vermittelt, wobei die Issuer und Acquirer als weitere zwischengeschaltete Akteure hinzutreten.

Unterkapitel 2. Bedeutung der Theorie der zweiseitigen Märkte im Rahmen der Marktabgrenzung

Auch wenn der Begriff des „zweiseitigen Marktes" im Singular zur Beschreibung der aufgezeigten ökonomischen Wirkungszusammenhänge gebraucht wird, so kann allein hieraus allerdings (noch) nicht auf das Vorliegen eines einheitlichen Marktes geschlossen werden. Ein reines Abstellen auf die insofern gewählte Terminologie vermag keine Auswirkungen auf die kartellrechtliche Bewertung zu entfalten. Freilich sind (wirtschaftswissenschaftliche) Konzepte für die Marktabgrenzung grundsätzlich bedeutsam, etwa wenn sie zum (besseren) Verständnis von Substitutionsbeziehungen, Produktionsumstellungsflexibilität oder auch Sortimentsstrategien beitragen. Dahingehende Aussagen können dem Konzept des zweiseitigen Marktes aber nicht entnommen werden.

Der Begriff des zweiseitigen Marktes beschreibt Wirtschaftsbereiche mit zwei Seiten bzw. Kundengruppen, deren Verhalten sich auf die jeweils andere Nachfragegruppe auswirkt. Das Konzept dient der Beschreibung der Reaktionsverbundenheit zwischen den Preisen wie auch den Angebotsmengen zweier Produkte,

---

168 Vgl. KOM, Entscheidung v. 09.08.2001, COMP/D1/29.373 – Visa International I – Surcharging, ABl. EG v. 10.11.2001, L 293/24, 31, Rn. 36; KOM, Entscheidung v. 24.07.2002, COMP/29.373 – Visa International II – Multilateral Interchange Fee, ABl. EG v. 22.11.2002, L 318/17, 25, Rn. 46; KOM, Entscheidung v. 03.10.2007, COMP/37.860 – Morgan Stanley/Visa, Rn. 44; KOM, Entscheidung v. 08.12.2010, COMP/39.398 – Visa MIF, Rn. 14.

169 Vgl. *Hüschelrath/Kehder*, Wettbewerbspolitik in zweiseitigen Märkten, WiSt 39 (2010), 384, 384; vgl. auch *Eisenmann/Parker/Van Alstyne*, Die Kunst, Märkte zu verbinden, HBM, 2007, Vol. 29, No. 5, S. 54, 60; *Evans*, Antitrust of Multi-Sided Platform Markets, Yale J. on Reg., 2003, Vol. 20, 325, S. 10 f.; *Dewenter*, Konzept der zweiseitigen Märkte, 2006, S. 2 f.; BKartA, Beschluss v. 29.08.2008 – B 6-52/08, BeckRS 2009, 04952, Ziff. 6.2.

die – über eine Plattform vermittelt – unterschiedlichen Nachfragegruppen angeboten werden. Das Konzept zweiseitiger Märkte bzw. das Vorliegen eines zweiseitigen Marktes kennzeichnet den Umstand, dass zwischen zwei Bereichen bzw. Interaktionsebenen ein Zusammenhang in Gestalt von Nachfrageinterdependenzen gegeben ist; eine Aussage, ob und inwiefern diese beiden Bereiche als einheitliche oder getrennte Märkte anzusehen sind, ist mit einer entsprechenden Beurteilung nicht verbunden.

Das Vorliegen eines zweiseitigen Marktes lässt daher nicht ohne Weiteres auf einen einheitlichen Markt schließen.[170] Wie auch sonst, sind vielmehr die Besonderheiten der jeweiligen Tätigkeitsfelder zu berücksichtigen. Diese maßgeblichen Umstände, sprich die Anbieter- und Nachfragestrukturen sowie die unterschiedlich gearteten Eigenschaften wie auch die Preise, wurden bereits an obiger Stelle betrachtet. In Anbetracht der insofern getroffenen Feststellungen ist an dem oben gefundenen (Zwischen-)Ergebnis festzuhalten: Emissions- und Acquiring-Dienstleistungen gehören unterschiedlichen Märkten an. Eine Ergebniskorrektur (allein) wegen des Vorliegens von Nachfrageinterdependenzen respektive des Vorliegens eines zweiseitigen Marktes scheidet aus,[171] wenngleich die Netzeffekte bzw. die Wirkungszusammenhänge im Rahmen einer materiell-rechtlichen Beurteilung der Marktgegebenheiten und Wettbewerbsverhältnisse und mithin im Rahmen der Überprüfung der kartellrechtlichen Zulässigkeit anzutreffender Verhaltensweisen der agierenden Unternehmen Berücksichtigung finden mögen.[172]

Unterkapitel 3. Zwischenergebnis

Kreditkartensysteme weisen eine zweiseitige Struktur auf.[173] Sie sind durch positive, indirekte und gleichsam wechselseitige Netzeffekte gekennzeichnet ist.[174] Diese zweiseitige Marktstruktur führt jedoch nicht dazu, dass Issuing- und

---

170 Ähnlich auch KOM, Entscheidung v. 17.10.2007, COMP/D1/38606 – Groupement des cartes bancaires (CB), Rn. 180; REKO/WEF, Beschwerdeentscheid v. 09.06.2005, RPW 2005/3, 530, 560, Erw. 7.3.

171 Auch das BKartA geht in Bezug auf zweiseitige Märkte bei Vorliegen unterschiedlicher Nachfragegruppen vom Vorliegen zweier sachlich relevanter Märkte aus, vgl. BKartA, Beschluss v. 29.08.2008 – B 6-52/08, WuW 2009, 75 = BeckRS 2009, 04952 (unter 6.); vgl. ferner BKartA, Beschluss v. 08.06.2006, B 4 – 29/06, Rn. 65 (hinsichtlich Issuing-Processing- und Acquiring-Processing-Dienstleistungen).

172 Vgl. in diesem Kontext auch BKartA, Beschluss v. 29.08.2008 – B 6-52/08, WuW 2009, 75 = BeckRS 2009, 04952 (unter 6.).

173 Vgl. KOM, Entscheidung v. 17.10.2007, COMP/D1/38606 – Groupement des cartes bancaires (CB), Rn. 180; vgl. auch WEKO, Verfügung v. 05.12.2005, RPW 2006/1, 65, S. 85, Rn. 162.

174 Vgl. KOM, Entscheidung v. 17.10.2007, COMP/D1/38606 – Groupement des cartes bancaires (CB), Rn. 180; *Hüschelrath/Kehder*, Wettbewerbspolitik in zweiseitigen Märkten, WiSt 39 (2010), 384, 385.

Acquiring-Dienstleistungen als Bestandteile eines einheitlichen sachlich relevanten Marktes anzusehen wären.

Kapitel 6. (Zwischen-)Ergebnis

In Bezug auf die nachgelagerte Ebene kann festgehalten werden, dass Issuing- und Acquiring-Aktivitäten unterschiedlichen, voneinander getrennten sachlich relevanten Märkten angehören.[175] Auf der (nachgelagerten) Ebene besteht zwischen den Issuern Wettbewerb in Bezug auf die Emission von Karten (Issuing) bzw. zwischen den Acquirern hinsichtlich der Akquisition von Händlern als Vertragsunternehmen (Acquiring).[176]

Zwischen diesen beiden – sich gegenseitig ergänzenden – Bereichen bestehen positive, indirekte und gleichsam wechselseitige Netzeffekte. Die zweiseitige Marktstruktur führt jedoch nicht dazu, dass ein einheitlicher, sowohl Issuing- als auch Acquiring-Dienstleistungen umfassender Markt gegeben ist.

Untertitel 2. Präzisierung: Die Processing-Dienstleistungen

Gerade im Falle offener Systeme werden einige Tätigkeiten seitens der Acquirer bzw. der Issuer auf sog. Processing-Unternehmen[177] ausgelagert.[178] Ob

---

175 Vgl. KOM, Entscheidung v. 03.10.2007, COMP/37.860 – Morgan Stanley/Visa, WuW/E EU-V 1307, 1309 = WuW 10/2008, 1135, 1137, Rn. 41; KOM, Entscheidung v. 03.12.2008, COMP/M.5384 – BNP Paribas/Fortis, Rn. 14; KOM, Entscheidung v. 03.10.2007, COMP/37.860 – Morgan Stanley/Visa, Rn. 43; KOM, Entscheidung v. 02.06.2005, COMP/M.3740 – Barclays/FöreningsSparbanken/JV, Rn. 12; KOM, Entscheidung v. 08.11.2001, COMP/M.2567 – Nordbanken/Postgirot, Rn. 6 u. Rn. 15 ff.; KOM, Entscheidung v. 24.07.2002, COMP/29.373 – Visa International II – Multilateral Interchange Fee, ABl. EG v. 22.11.2002 L 318/17, S. 27, Rn. 61 u. S. 28, Rn. 64; EuG, Entscheidung v. 24.05.2012, Rs. T-111/08 – MasterCard, Rn. 168 ff.; REKO/WEF, Beschwerdeentscheid v. 09.06.2005, RPW 2005/3, 530, 560, Erw. 7.3; *Füller*, in: MüKo, EU-WettbewR, 2. Aufl., 2015, Einl., Rn. 1112.

176 Vgl. KOM, Entscheidung v. 09.08.2001, COMP/D1/29.373 – Visa International I – Surcharging, ABl. EG v. 10.11.2001, L 293/24, 30 f., Rn. 34; Kommission, Entscheidung v. 24.07.2002, COMP/29.373 – Visa International II – Multilateral Interchange Fee, ABl. EG v. 22.11.2002, L 318/17, 25, Rn. 43 u. 45; KOM, Entscheidung v. 03.10.2007, COMP/37.860 – Morgan Stanley/Visa, WuW/E EU-V 1307, 1309 = WuW 10/2008, 1135, 1137, Rn. 40; vgl. ferner KOM, Entscheidung v. 03.10.2007, COMP/M.4844 – Fortis/ABN AMRO Assets, Rn. 42; KOM, Entscheidung v. 03.10.2008, COMP/M.5241 – American Express/Fortis/Alpha Card, Rn. 23.

177 Teils werden diese Unternehmen – etwas unpräzise – auch als Service-Unternehmen, Service Provider, Processor, Terminal Service Provider, Payment Service Provider bezeichnet. Vgl. in diesem Kontext auch *Horn*, Kartellrechtliche Aspekte des Kreditkartengeschäfts, ZHR 157 (1993), 324, 328; *Blaurock*, in: Derleder/Knops/Bamberger, Hdb. BankR, 3. Aufl., 2017, § 49, Rn. 5.

178 Vgl. auch BKartA, Beschluss v. 08.06.2006, B 4 – 29/06, Rn. 51; *Jungmann*, in: Langenbucher/Bliesener/Spindler, BankR, 2. Aufl., 2016, Kap. 6, Vorbem. vor §§ 675f ff.,

die Leistungen dieser Unternehmen ihrerseits eigenständigen Märkten oder aber dem Issuing- bzw. Acquiring-Bereich angehören, bedarf einer näheren Betrachtung.

Kapitel 1. Begriffsklärung

Processing-Unternehmen erbringen Dienstleistungen im Zusammenhang mit Kartenzahlungen.[179] Bei den mit den Processing-Unternehmen geschlossenen Verträgen handelt es sich um Dienstleistungs- und Serviceverträge.[180]

Die Processing-Unternehmen übernehmen an Stelle der emittierenden bzw. akquirierenden Unternehmen die technische Abwicklung der Kartenzahlungen.[181] Ihnen obliegen ferner die Prüfung, die Genehmigung und die Organisation des Zahlungsverkehrs.[182] Teils erbringen sie auch Leistungen, die den Bereichen der Verifizierung sowie der Kundenbetreuung zugerechnet werden können;[183] der konkrete Umfang der seitens dieser Unternehmen erbrachten Leistungen hängt freilich von der jeweiligen Vertragsgestaltung ab. Die Tätigkeit dieser Unternehmen wird letzten Endes dadurch ermöglicht, dass es sowohl Issuern als auch Acquirern seitens der Kartenorganisationen freigestellt ist, die Wahrnehmung einiger – der an sich ihnen im Rahmen des Systems zugewiesenen – Funktionen auf andere Unternehmen zu übertragen und auszulagern.[184]

Rn. 6; vgl. ferner KOM, Arbeitsdokument v. 31.01.2007, Untersuchung des Retail-Bankgeschäfts (Abschlussbericht), COM(2007) 33 final, SEC(2007) 106, S. 84 u. S. 94, abrufbar unter: http://ec.europa.eu/competition/sectors/financial_services/inquiries/sec_2007_106.pdf.

179 Vgl. BKartA, Beschluss v. 08.06.2006, B 4 – 29/06, Rn. 55.

180 Vgl. *Blaurock*, in: Derleder/Knops/Bamberger, Hdb. BankR, 3. Aufl., 2017, § 49, Rn. 10; vgl. auch *Koch*, Der Zahlungsverkehr in der Bankpraxis, 2012, S. 286, Fn. 1.

181 Vgl. BKartA, Beschluss v. 08.06.2006, B 4 – 29/06, Rn. 51. Im Falle einer Kreditkartenzahlung bei Einschaltung von Processing-Unternehmen laufen im Wesentlichen die an obiger Stelle unter Abschnitt 1, Titel 1, Untertitel 2, Kapitel 4 geschilderten Hintergrundprozesse ab; wegen des Hinzutretens weiterer Akteure ergeben sich freilich gewisse Modifikationen. Vgl. zum Ablauf einer Kartenzahlung im Falle der Einschaltung solcher Processing-Unternehmen: KOM, Interim Report I (Payment cards) v. 12.04.2006, Untersuchung des Retail-Bankgeschäfts (Zwischenbericht), S. 3.

182 Vgl. BKartA, Beschluss v. 08.06.2006, B 4 – 29/06, Rn. 51.

183 Vgl. BKartA, Beschluss v. 08.06.2006, B 4 – 29/06, Rn. 51.

184 Vgl. BKartA, Beschluss v. 08.06.2006, B 4 – 29/06, Rn. 51; vgl. auch noch KOM, Interim Report I (Payment cards) v. 12.04.2006, Untersuchung des Retail-Bankgeschäfts (Zwischenbericht), S. 3.

Kapitel 2. Zur Frage der Marktzugehörigkeit von Processing-Dienstleistungen

Vorliegend gilt es zu klären, welchem Markt bzw. welchen Märkten die Processing-Leistungen zuzuordnen sind. Insbesondere schiene es denkbar, dass die Processing-Dienstleistungen dem Emissions- und/oder dem Akquisitionsmarkt angehören.

Unterkapitel 1. Differenzierung nach der Art des Processing: Issuing-Processing versus Acquiring-Processing

Bevor dieser Frage nachgegangen werden kann, bietet sich an, zunächst als Vorfrage zu eruieren, ob sämtliche Processing-Dienstleistungen einem einheitlichen (Processing-)Markt angehören. In Bezug auf das Processing kann nämlich wiederum zwischen sog. Issuing-Processing- und Acquiring-Processing-Dienstleistungen differenziert werden.[185]

§ 1. Leistungsmerkmale

In Bezug auf die Leistungsmerkmale des Issuing-Processing auf der einen und des Acquiring-Processing auf der anderen Seite ergeben sich diverse Unterschiede:

Bei den Issuing-Processing-Dienstleistungen handelt es sich um Dienstleistungen, welche in Zusammenhang mit der Emission von Zahlungskarten und gegenüber den bzw. im Auftrag der Issuer erbracht werden.[186] Die Einschaltung eines Issuing-Processing-Unternehmens ändert nichts daran, dass die – seitens der jeweiligen Kreditkartenorganisation – lizensierten Kreditinstitute rechtlich als Emittent der Kreditkarte anzusehen sind.[187] Im Wesentlichen hat das Issuing-Processing die Verarbeitung der Kartentransaktionen beim Issuer zum Gegenstand.[188]

---

185 Vgl. KOM, Arbeitsdokument v. 31.01.2007, Untersuchung des Retail-Bankgeschäfts (Abschlussbericht), COM(2007) 33 final, SEC(2007) 106, S. 84, abrufbar unter: http://ec.europa.eu/competition/sectors/financial_services/inquiries/sec_2007_106.pdf; KOM, Interim Report I (Payment cards) v. 12.04.2006, Untersuchung des Retail-Bankgeschäfts (Zwischenbericht), S. 2; BKartA, Beschluss v. 08.06.2006, B 4 – 29/06, Rn. 51.

186 Vgl. BKartA, Beschluss v. 08.06.2006, B 4 – 29/06, Rn. 55.

187 Vgl. *Jungmann*, in: Langenbucher/Bliesener/Spindler, BankR, 2. Aufl., 2016, Kap. 6, Vorbem. vor §§ 675f ff., Rn. 6; *Fandrich*, in: v. Westphalen, Vertragsrecht und AGB-Klauselwerke, 41. EL, 2018, Kreditkartenvertrag, Rn. 5.

188 Ein Issuing-Processing-Unternehmen untergliedert sich üblicherweise in Front Office, technisches Processing und Back Office, vgl. BKartA, Beschluss v. 08.06.2006, B 4 – 29/06, Rn. 55. Unter Front Office versteht man den Teil des Unternehmens, der hin zu den Kunden ausgerichtet ist und mit direktem Kundenkontakt einhergeht. Der Begriff Back Office beschreibt hingegen den Bereich der Abläufe innerhalb eines Unternehmens, wie etwa die unternehmenseigene Verwaltung und Buchhaltung. Vgl. zum Aufgabenbereich der Issuing-Processing-Unternehmens auch KOM,

Das Tätigkeitsspektrum der Issuing-Processing-Unternehmen richtet sich nach der konkreten vertraglichen Ausgestaltung, wobei vielfach die folgenden Dienstleistungen seitens eines solchen Unternehmens übernommen werden: Ein Issuing-Processor eröffnet und verwaltet das Konto des Karteninhabers im Auftrag des Emittenten, erteilt die Zustimmung zu Kartentransaktionen (Autorisierung) im Namen der ausstellenden Bank und bucht die Kartentransaktionen auf den Konten.[189] Das Unternehmen ist für die Bearbeitung von Anträgen der Karteninhaber, für die Zuleitung von Informationen an die Karteninhaber und für den Sperrservice im Falle des Verlusts der Karte zuständig.[190] Die Überprüfung, ob eine Karte als verloren oder gestohlen gemeldet ist, wird in der Regel vom Issuing-Processor übernommen.[191] Auch die PIN wird seitens des Issuing-Processors erstellt und versandt.[192] Ein Issuing-Processing-Unternehmen betreibt gegebenenfalls ein Callcenter (für verlorene und gestohlene Karten), kümmert sich teils um die Zurverfügungstellung der Kontoauszüge für die Karteninhaber und ist für die Bearbeitung von Rückforderungsansprüchen der Karteninhaber zuständig.[193] Ferner übernehmen die Issuing-Processing-Unternehmen unter anderem Settlement, Maßnahmen zur Betrugserkennung und das Mahnwesen.[194]

Arbeitsdokument v. 31.01.2007, Untersuchung des Retail-Bankgeschäfts (Abschlussbericht), COM(2007) 33 final, SEC(2007) 106, S. 84, abrufbar unter: http://ec.europa.eu/competition/sectors/financial_services/inquiries/ sec_2007_106.pdf; KOM, Interim Report I (Payment cards) v. 12.04.2006, Untersuchung des Retail-Bankgeschäfts (Zwischenbericht), S. 2 f.; BKartA, Beschluss v. 08.06.2006, B 4 – 29/06, Rn. 65; vgl. ferner *Einsele*, Bank- und Kapitalmarktrecht, 4. Aufl., 2018, § 6, Rn. 235 ff.; *Jungmann*, Verteilung des Missbrauchsrisikos beim Einsatz von Kreditkarten, WM 2005, 1351, 1352 f.; *Kümpel/Wittig*, Bank- und Kapitalmarktrecht, 4. Aufl. 2011, Rn. 4.1009.

189 Vgl. KOM, Arbeitsdokument v. 31.01.2007, Untersuchung des Retail-Bankgeschäfts (Abschlussbericht), COM(2007) 33 final, SEC(2007) 106, S. 84, abrufbar unter: http://ec.europa.eu/competition/sectors/financial_services/inquiries/sec_2007_106.pdf; KOM, Interim Report I (Payment cards) v. 12.04.2006, Untersuchung des Retail-Bankgeschäfts (Zwischenbericht), S. 2; BKartA, Beschluss v. 08.06.2006, B 4 – 29/06, Rn. 65; vgl. auch *Jungmann*, in: Langenbucher/Bliesener/Spindler, BankR, 2. Aufl., 2016, Kap. 6, Vorbem. vor §§ 675f ff., Rn. 6.

190 Vgl. BKartA, Beschluss v. 08.06.2006, B 4 – 29/06, Rn. 55 u. Rn. 65.

191 Vgl. KOM, Interim Report I (Payment cards) v. 12.04.2006, Untersuchung des Retail-Bankgeschäfts (Zwischenbericht), S. 3.

192 Vgl. BKartA, Beschluss v. 08.06.2006, B 4 – 29/06, Rn. 55.

193 Vgl. KOM, Arbeitsdokument v. 31.01.2007, Untersuchung des Retail-Bankgeschäfts (Abschlussbericht), COM(2007) 33 final, SEC(2007) 106, S. 84, abrufbar unter: http://ec.europa.eu/competition/sectors/financial_services/inquiries/sec_2007_106.pdf; KOM, Interim Report I (Payment cards) v. 12.04.2006, Untersuchung des Retail-Bankgeschäfts (Zwischenbericht), S. 2.

194 Vgl. KOM, Arbeitsdokument v. 31.01.2007, Untersuchung des Retail-Bankgeschäfts (Abschlussbericht), COM(2007) 33 final, SEC(2007) 106, S. 84, abrufbar unter: http://ec.europa.eu/competition/sectors/financial_services/inquiries/sec_2007_106.pdf; KOM, Interim Report I (Payment cards) v. 12.04.2006, Untersuchung des

Acquiring-Processing-Dienstleistungen sind hingegen Dienstleistungen, die mit der Akzeptanz von Karten in Zusammenhang stehen und den Acquirern offeriert werden.[195] Acquiring-Prozessoren agieren insbesondere im Kontaktbereich zwischen Kartenemittenten und Acquirern;[196] sie übertragen die Daten einer Kartentransaktion vom PoS an den Issuing-Processor, empfangen von diesem die Antwort der Autorisierungsanfrage und übermitteln die Zustimmung bzw. Ablehnung an das Vertragsunternehmen, bei dem die Karte zur Zahlung eingesetzt werden soll.[197] Ein Acquiring-Prozessor eröffnet und verwaltet die Händler-Konten im Auftrag des Acquirers.[198] Die Acquiring-Prozessoren beantworten etwaige Anfragen und Anträge der Vertragsunternehmen und ergreifen Maßnahmen zur Betrugsprävention sowie Betrugserkennung.[199] Des Weiteren berechnen sie Transaktions- und Händlergebühren, übernehmen die Umrechnung von Rechnungsbeträgen in eine Fremdwährung und kümmern sich um Reklamationen, das Clearing, das Settlement wie auch das Mahnwesen.[200]

Retail-Bankgeschäfts (Zwischenbericht), S. 2; BKartA, Beschluss v. 08.06.2006, B 4 – 29/06, Rn. 55 u. Rn. 65.

195 Vgl. BKartA, Beschluss v. 08.06.2006, B 4 – 29/06, Rn. 55; vgl. auch noch *Horn*, Kartellrechtliche Aspekte des Kreditkartengeschäfts, ZHR 157 (1993), 324, 328; *Blaurock*, in: Derleder/Knops/Bamberger, Hdb. BankR, 3. Aufl., 2017, § 49, Rn. 5; WEKO, Verfügung v. 05.12.2005, RPW 2006/1, 65, S. 70, Rn. 17.

196 Vgl. auch BKartA, Tätigkeitsbericht 2005/2006 (Kurzfassung), S. 36.

197 Vgl. KOM, Arbeitsdokument v. 31.01.2007, Untersuchung des Retail-Bankgeschäfts (Abschlussbericht), COM(2007) 33 final, SEC(2007) 106, S. 84, abrufbar unter: http://ec.europa.eu/competition/sectors/financial_services/inquiries/sec_2007_106.pdf; KOM, Interim Report I (Payment cards) v. 12.04.2006, Untersuchung des Retail-Bankgeschäfts (Zwischenbericht), S. 2; BKartA, Beschluss v. 08.06.2006, B 4 – 29/06, Rn. 65; vgl. auch WEKO, Verfügung v. 05.12.2005, RPW 2006/1, 65, S. 70, Rn. 17; BKartA, Beschluss v. 08.06.2006, B 4 – 29/06, Rn. 65. Diese Weiterleitungen erfolgen regelmäßig über ein Datenübertragungsnetzwerk und einen sog. switch („Verteiler" bzw. „Verbindungsknoten"), vgl. hierzu KOM, Interim Report I (Payment cards) v. 12.04.2006, Untersuchung des Retail-Bankgeschäfts (Zwischenbericht), S. 3.

198 Auch hinsichtlich des Acquiring-Processing lässt sich zwischen Front Office, technischem Processing und Back Office differenzieren, vgl. BKartA, Beschluss v. 08.06.2006, B 4 – 29/06, Rn. 55. Vgl. ferner KOM, Arbeitsdokument v. 31.01.2007, Untersuchung des Retail-Bankgeschäfts (Abschlussbericht), COM(2007) 33 final, SEC(2007) 106, S. 84, abrufbar unter: http://ec.europa.eu/competition/sectors/financial_services/inquiries/sec_2007_106.pdf; KOM, Interim Report I (Payment cards) v. 12.04.2006, Untersuchung des Retail-Bankgeschäfts (Zwischenbericht), S. 2.

199 Vgl. BKartA, Beschluss v. 08.06.2006, B 4 – 29/06, Rn. 55 u. 65.

200 Vgl. KOM, Arbeitsdokument v. 31.01.2007, Untersuchung des Retail-Bankgeschäfts (Abschlussbericht), COM(2007) 33 final, SEC(2007) 106, S. 84, abrufbar unter: http://ec.europa.eu/competition/sectors/financial_services/inquiries/sec_2007_106.pdf; BKartA, Beschluss v. 08.06.2006, B 4 – 29/06, Rn. 55 u. 65; *Dulleck/Friederiszick*, Die Großen Zwei, JBNST, 2004, 445, 447 f.

Bereits diese Unterschiede sprechen gegen die Existenz eines sowohl Issuing- als auch Acquiring-Processing-Dienstleistungen umfassenden Marktes.

§ 2. Anbieter- und Nachfragestruktur

Betrachtet man die tatsächliche Anbieterlandschaft im Bereich der Processing-Dienstleistungen zeigt sich, dass die Mehrheit der Anbieter entweder ausschließlich im Bereich des Issuing-Processing oder im Bereich des Acquiring-Processing agiert.[201] Zwar mag man argumentieren, dass beide Processing-Arten teils auch seitens eines Unternehmens offeriert werden. In diesen Fällen ist es jedoch üblich, dass die Issuing-Processing- und die Acquiring-Processing-Dienstleistungen von verschiedenen Unternehmensbereichen angeboten bzw. erbracht werden.[202] Eine entsprechende Aufteilung der Wahrnehmung von Acquiring-Processing-Dienstleistungen auf der einen und Issuing-Processing-Dienstleistungen auf der anderen Seite lässt auf die Existenz getrennte Märkte schließen.[203] Zugleich indiziert dies eine fehlende Angebotsumstellungsflexibilität der Processing-Unternehmen.[204]

Auf der Nachfrageseite werden regelmäßig Nichtbankunternehmen als Kreditkarten-Acquirer tätig (z.B. Concardis, Lufthansa AirPlus).[205] Issuer und damit die Nachfrager der Issuing-Processing-Leistungen sind hingegen Kreditinstitute.[206] Selbst jene Banken, die sowohl am Emissionsgeschäft teilnehmen als auch Acquiringtätigkeiten wahrnehmen, beauftragen regelmäßig unterschiedliche Processing-Unternehmen mit der Erbringung von Acquiring-Processing- und Issuing-Processing-Dienstleistungen.[207] Diese Unterschiede in der Nachfragestruktur weisen ebenfalls auf das Vorliegen getrennter Märkte hin.[208]

§ 3. (Vorläufiges) Zwischenergebnis

Issuing-Processing- und Acquiring-Processing-Dienstleistungen gehören demnach (an sich) gesonderten sachlich relevanten Märkten an.[209]

201 Vgl. BKartA, Beschluss v. 08.06.2006, B 4 – 29/06, Rn. 65.
202 Ähnlich BKartA, Beschluss v. 08.06.2006, B 4 – 29/06, Rn. 65.
203 Vgl. auch BKartA, Beschluss v. 08.06.2006, B 4 – 29/06, Rn. 65.
204 Vgl. BKartA, Beschluss v. 08.06.2006, B 4 – 29/06, Rn. 65.
205 Vgl. BKartA, Beschluss v. 08.06.2006, B 4 – 29/06, Rn. 65.
206 Vgl. BKartA, Beschluss v. 08.06.2006, B 4 – 29/06, Rn. 65.
207 Vgl. BKartA, Beschluss v. 08.06.2006, B 4 – 29/06, Rn. 65.
208 Vgl. auch BKartA, Beschluss v. 08.06.2006, B 4 – 29/06, Rn. 65.
209 Von einer entsprechenden Existenz unterschiedlicher Märkte gehen auch die meisten Marktteilnehmer aus, vgl. dazu BKartA, Beschluss v. 08.06.2006, B 4 – 29/06, Rn. 67.

§ 4. Ergebniskorrektur aufgrund der zweiseitigen Marktstruktur?

In diesem Kontext kommt ebenfalls eine Ergebniskorrektur aufgrund der Besonderheiten eines Kreditkartensystems in Betracht. Hinsichtlich der Processing-Dienstleistung ist – wie auch im Hinblick auf den Bereich des Issuing und des Acquiring[210] – ebenfalls die Struktur eines zweiseitigen Marktes gegeben. Es bestehen Interdependenzen zwischen Issuing-Processing- und Acquiring-Processing-Dienstleitungen. Die Charakteristik des Issuing und des Acquiring setzt sich hinsichtlich der Processing-Dienstleistungen fort. Ein Rückgang der Nachfrage nach den Issuing-Dienstleistungen wäre aufgrund der Marktstruktur mit einer Abnahme der Nachfrage nach Issuing-Processing-Dienstleistungen verbunden.[211] Im umgekehrten Fall ist von entsprechenden Auswirkungen auszugehen. Wie bereits dargelegt wurde, rechtfertigt eine zweiseitige Marktstruktur mit vorhandenen Interdependenzen für sich besehen jedoch nicht die Annahme eines einheitlichen Marktes und demnach auch keine Ergebniskorrektur.[212] Gründe aufgrund derer dies vorliegend anders sein sollte, sind nicht ersichtlich.

§ 5. Zwischenergebnis

Issuing-Processing- und Acquiring-Processing-Dienstleistungen gehören keinem einheitlichen Markt an.[213]

Die Leistungsmerkmale von Issuing-Processing- und Acquiring-Processing-Dienstleistungen unterscheiden sich beträchtlich. Während Issuing-Processing die Verarbeitung der Kartentransaktionen beim Issuer zum Gegenstand haben, handelt es sich bei den Acquiring-Processing-Dienstleistungen um Leistungen, die mit der Akzeptanz von Karten in Zusammenhang stehen und den Acquirern offeriert werden. Issuing-Processing- Dienstleistungen werden gegenüber den Issuern und Acquiring-Processing-Dienstleistungen gegenüber den Acquirern erbracht; es existieren unterschiedliche Nachfragegruppen. Die Mehrheit der Processing-Anbieter wird entweder ausschließlich im Bereich des Issuing-Processing oder im Bereich des Acquiring-Processing tätig; eine angebotsseitige Substituierbarkeit ist nicht gegeben.

Zwischen Issuing-Processing- und Acquiring-Processing-Dienstleistungen bestehen Interdependenzen. Die Existenz dieser Wechselwirkungen bzw. die

210 Vgl. hierzu bereits oben unter Abschnitt 1, Titel 1, Untertitel 1, Kapitel 5 (dort auch allgemein zur Theorie zweiseitiger Märkte).

211 Vgl. dazu auch BKartA, Beschluss v. 08.06.2006, B 4 – 29/06, WuW/E DE-V 1313, 1315 = WuW 2/2007, 185, 187, Rn. 62.

212 Vgl. dazu oben unter Abschnitt 1, Titel 3, Untertitel 1, Kapitel 6, Unterkapitel 2.

213 Das BKartA ließ in der Entscheidung vom 08. Juni 2006 (B 4 – 29/06, WuW/E DE-V 1313, 1315 = WuW 2/2007, 185, 187, Rn. 68) – mangels Erheblichkeit im konkreten Fall – offen, ob eine Trennung zwischen Issuing-Processing- und Acquiring-Processing-Dienstleistungen angebracht ist.

Theorie zweiseitiger Märkte vermag die Annahme eines einheitlichen – sowohl Issuing-Processing- als auch Acquiring-Processing-Dienstleitungen umfassenden – Processing-Marktes nicht zu rechtfertigen.

Unterkapitel 2. Processing-Dienstleistungen als Bestandteil des Issuing- bzw. Acquiring-Bereichs

Des Weiteren gilt der Frage nachzugehen, ob Processing-Dienstleistungen dem Emissions- und/oder dem Akquisitionsbereich angehören. So mag jedenfalls der Namenszusatz „Issuing“ bzw. „Acquiring“ nahelegen, dass Issuing und Issuing-Processing einerseits sowie Acquiring und Acquiring-Processing andererseits jeweils einem gemeinsamen Markt angehören.

Indes kennzeichnet dieser Namenszusatz nur eine Zuordnung zum jeweiligen Vertragspartner des Processing-Unternehmens. Eine kartellrechtliche Wertung ist hiermit nicht verbunden. Auch wenn die Acquirer respektive Issuer teils selbst noch Aufgaben bzw. Funktionen der Processing-Unternehmen wahrnehmen, zeigt die Entwicklung sowie die Herausbildung spezialisierter Unternehmen einerseits für Issuing- und andererseits für Acquiring-Processing-Dienstleistungen, dass eine gesonderte Nachfrage nach den betreffenden Processing-Dienstleistungen besteht. Die Existenz von Unternehmen, die auf die Produktion bzw. den Verkauf eines der beiden Produkte spezialisiert sind, indiziert grundsätzlich das Vorliegen getrennter Produkte.[214]

Die Acquirer räumen den Händlern den Zugang zum Kreditkartenzahlungsverkehr ein und die Issuer versetzen die Karteninhaber in die Lage, die Kreditkarte am PoS bei den Vertragsunternehmen als Zahlungsmittel einzusetzen. Die Processing-Dienstleistungen werden seitens der Processing-Unternehmen, also seitens mittelbar an dem Kartenzahlungssystem beteiligter Unternehmen, zugunsten und im Auftrag der unmittelbar beteiligten Issuer und Acquirer erbracht.[215] Bei den Processing-Dienstleistungen handelt es sich um Unterstützungsleistungen, die der Effizienzsteigerung der unmittelbar beteiligten Akteure dienen.[216] Im Wege der Processing-Dienstleitungen wird weder eine Kartenzahlungsmöglichkeit noch eine Kartenakzeptanzmöglichkeit geschaffen oder eingeräumt.

Mithin gehören die Processing-Dienstleistungen nicht dem Emissions- und/oder dem Akquisitionsmarkt, sondern hiervon getrennten Märkten an.

---

214 Vgl. EuG, Urteil v.12.12.1991, Rs. T-30/89 – Hilti, Slg. 1991, II-1439, II-1473, Rn. 67; EuGH, Urteil v. 14.11.1996, Rs. C-333/94 – Tetra Pak, Slg. 1996, I-5951, I-6010 f., Rn. 36; KOM, Leitlinien für vertikale Beschränkungen, Abl. EU v. 19.05.2010, C 130/1, S. 43, Rn. 215.

215 Vgl. auch BKartA, Beschluss v. 08.06.2006, B 4 – 29/06, Rn. 65.

216 Vgl. BKartA, Beschluss v. 08.06.2006, B 4 – 29/06, Rn. 65.

Kapitel 3. Zwischenergebnis

Kreditkarten-Processing-Dienstleistungen gehören weder dem Emissions- noch dem Akquisitionsbereich an; sie werden gegenüber den Issuern und den Acquirern erbracht und dienen der Effizienzsteigerung letztgenannter Akteure.

Issuing-Processing- und Acquiring-Processing-Dienstleistungen gehören ihrerseits keinem einheitlichen Processing-Markt an. Es besteht ein sachlich relevanter Markt für Issuing-Processing-Dienstleistungen, der von dem sachlich relevanten Markt für Acquiring-Processing-Dienstleistungen zu unterscheiden ist.

Untertitel 3. Der Issuing-Bereich

In einem weiteren Schritt stellt sich hinsichtlich des Issuing-Bereichs die Frage, ob sich dieser aus mehreren Märkten zusammensetzt.

Kapitel 1. Funktionsspezifische Abgrenzung

In der bisherigen kartellrechtlichen Beurteilung von Zahlungs- respektive Kreditkartensystemen wurde die Frage kaum erörtert, ob die diversen Funktionen einer Karte Auswirkungen auf die Bestimmung des sachlich relevanten Marktes entfalten. So wurde bislang – soweit ersichtlich – grundsätzlich davon ausgegangen, dass es sich bei einer Kreditkarte um ein einheitliches Produkt handelt.

Wie bereits ausgeführt, spielen im Rahmen der sachlichen Marktabgrenzung vor allem die Eigenschaften, Preise wie auch Verwendungszwecke der jeweiligen Produkte eine bedeutsame Rolle.[217] Den mit dem Innehaben einer Kreditkarte einhergehenden Funktionen korrespondieren die den Karteninhabern gewährten (Dienst-)Leistungen, die gleichsam die Verwendungsmöglichkeiten der Karte determinieren.

In Anbetracht der Bedeutsamkeit des Kriteriums „Verwendungszweck" und des Aspekts, dass den aufgeführten Funktionen der Kreditkarten unterschiedliche Einsatzfelder entsprechen, mag man – obgleich dies zuweilen (noch) nicht eruiert wurde – zunächst erwägen, eine Marktabgrenzung anhand, entlang und hinsichtlich dieser verschiedenen Funktionen vorzunehmen. Es erschiene jedenfalls denkbar, eine Kreditkarte als ein sich aus mehreren Produkten zusammengesetztes (Produkt-)Bündel zu klassifizieren; die den Kreditkarteninhabern gewährten Leistungen könnten mehreren sachlich relevanten Märkten angehören.

Unterkapitel 1. Überblick: Die Funktionen einer Kreditkarte

Bezüglich des vorliegend in Rede stehenden Problemkreises bietet es sich an, den Blick zunächst – in einem ersten Moment der Übersicht halber – auf einige oftmals mit Kreditkarten verbundene Funktionen bzw. Leistungen zu lenken. So treten in

---

217 Siehe oben unter Abschnitt 1, Titel 1, Untertitel 1.

der Praxis regelmäßig mehrere Leistungen bei Universalkreditkarten zu Tage, für deren Inanspruchnahme neben der Jahresgebühr i.d.R. kein zusätzliches Entgelt seitens der Karteninhaber zu entrichten ist.[218]

Die denkbaren Möglichkeiten der Zusammensetzung des insofern anzutreffenden Leistungsspektrums, welches sich freilich gleichsam als Ausfluss der Vertragsautonomie verstehen lässt, ist – ungeachtet der kartellrechtlichen Zulässigkeit eines entsprechenden Geschäftsgebarens – beinahe grenzenlos. So ist die Berechtigung zur bargeldlosen Zahlung bei den Vertragsunternehmen das wohl bedeutsamste Merkmal einer Kreditkarte. Darüber hinaus wird den Karteninhabern oftmals die Möglichkeit eingeräumt, Geldabhebungen an Geldautomaten zu tätigen. Des Weiteren werden ihnen häufig Versicherungsleistungen sowie gegebenenfalls günstigere Preise, Rabatte bzw. sonstige Vorteile bei der Inanspruchnahme bestimmter Leistungen auf den Absatzmärkten, aber auch weitere Service(dienst-)leistungen zuteil.

§ 1. Die Kreditkarte als Universalzahlungsmittel und die Bargeldersatzfunktion

Die Kreditkarte stellt ein Instrument dar, mittels dessen der Karteninhaber seine Zahlungsverpflichtungen gegenüber einem Händler dadurch „erfüllen“ (erfüllungshalber[219]) kann, dass er die Karte zur Zahlung einsetzt und sein (Kredit-)Kartenkonto belastet wird.[220]

Aufgrund der weltweiten Einsatzmöglichkeiten der Kreditkarte als bargeldloses Zahlungsmittel bei den systemangeschlossenen Händlern handelt es sich um ein Universalzahlungsmittel.[221] Die Einsatzmöglichkeit der Karte als Bargeldersatz am Point of Sale und die Erfüllung der im Valutaverhältnis

---

218 Vgl. auch noch *v. Ussler/v. Morgen*, Aktuelle Rechtsfragen der Kreditkarten-Praxis, 1989, S. 95. Karten mit einem umfassenderen Leistungsspektrum sind indes regelmäßig mit einer höheren Jahresgebührenverpflichtung verbunden.

219 Vgl. *Werner*, in: Kümpel/Wittig, Bank- und Kapitalmarktrecht, 4. Aufl., 2011, Rn. 7.1000; *Gottwald*, in: MüKo-BGB, Bd. 3, 7. Aufl., 2016, § 329, Rn. 15; *Casper*, in: MüKo-BGB, Bd. 5/2, 7. Aufl., 2017, Vorbem. zu §§ 675c – 676c, Rn. 17. Hierzu bereits oben unter Abschnitt 1, Titel 1, Untertitel 1, Kapitel 2, Unterkapitel 4.

220 Vgl. *Werner*, in: Kümpel/Wittig, Bank- und Kapitalmarktrecht, 4. Aufl., 2011, Rn. 7.1000; *Martinek*, in: Schimansky/Bunte/Lwowski, BankRHdb., Bd. I, 4. Aufl., 2011, § 67, Rn. 71; *Hadding*, Zahlung mittels Universalkreditkarte, in: FS Pleyer, 1986, 17, 17 a.E. f.; *Böttger*, Kreditkartenverfahren, 1979, S. 3; *Hadding*, Schutz des Verbrauchers auf dem Gebiet des Konsumentenkredits, 1980, S. 326; *Rotter/Placzek*, BankR, 2009, S. 41, Rn. 4; KOM, Entscheidung v. 09.08.2001, COMP/D1/29.373 – Visa International I – Surcharging, ABl. EG v. 10.11.2001, L 293/24, S. 28, Rn. 20.

221 Vgl. *Blaurock*, in: Derleder/Knops/Bamberger, Hdb. BankR, 3. Aufl., 2017, § 49, Rn. 8; *Werner*, in: Kümpel/Wittig, Bank- und Kapitalmarktrecht, 4. Aufl., 2011, Rn. 7.999; *Hammann*, Die Universalkreditkarte, 1991, S. 22 a.E. f.; *Hadding*, Zahlung mittels Universalkreditkarte, in: FS Pleyer, 1986, 17, 17; *Stauder/Weisensee*, Kreditkartengeschäft, 1970, S. 16; vgl. auch KOM, Entscheidung v. 03.12.2008,

begründeten Zahlungsverpflichtung des Karteninhabers bildet den „typischen Zweck" eines Emissionsvertrages.[222] Man spricht insofern von der Bargeldersatzfunktion der Kreditkarte, die das wohl bedeutsamste Charakteristikum einer Kreditkarte darstellt.[223]

§ 2. Die Bargeldservice- bzw. Geldabhebungsfunktion

Während die Kreditkarte in ihren Anfangszeiten zumeist nur zur Zahlung am PoS eingesetzt werden konnte, wurde sie im Laufe der Zeit häufig mit einer Geldabhebungsfunktion versehen.[224]

Der Karteninhaber einer mit einer solchen Funktion ausgestatteten Karte ist berechtigt, an den Schaltern bzw. Geldautomaten Bargeld unter Verwendung seiner Kreditkarte abzuheben (sog. Bargeld-Service bzw. Cash Advance).[225] Eine Nutzung der Geldabhebungsfunktion am Schalter setzt regelmäßig eine Autorisierung im Wege der Unterschrift voraus; im Falle der Abhebung am Geldautomaten ist die Eingabe der dem Karteninhaber seitens des Emittenten zugewiesenen PIN erforderlich.[226]

COMP/M.5384 – BNP Paribas/Fortis, Rn. 22; WEKO, Verfügung v. 18.11.2002, RPW 2003/1, 106, 121, Rn. 86 f.; vgl. ferner BGHZ 137, 27 ff.

222 Vgl. *Werner*, in: Kümpel/Wittig, Bank- und Kapitalmarktrecht, 4. Aufl., 2011, Rn. 7.1003; vgl. auch *Fuchs*, in: Ulmer/Brandner/Hensen, AGB-Recht, 12. Aufl., 2016, (29) Kreditkarten-AGB, Rn. 1.

223 Vgl. auch *Blaurock*, in: Derleder/Knops/Bamberger, Hdb. BankR, 3. Aufl., 2017, § 49, Rn. 8; BGHZ 150, 286, 292; BGHZ 157, 256, 262 f.; OLG Schleswig, WM 1991, 453; OLG München, WM 1991, 453; OLG München, WM 1999, 2357; *Martinek*, Vom Forderungskauf zum abstrakten Schuldversprechen, in: FS Hadding, 2004, S. 967, 976; *Bröcker*, Funktion und Begründung des abstrakten Schuldversprechens, WM 1995, 468; *Weber*, Zahlungsverfahren im Internet, 2002, S. 77.

224 Vgl. *v. Ussler/v. Morgen*, Aktuelle Rechtsfragen der Kreditkarten-Praxis, 1989, S. 96; *Weisensee*, Das Bankkreditkartengeschäft, 1978, S. 16; *Dorner*, Kreditkartengeschäft, 1991, S. 25. Vgl. ferner *Fuchs*, in: Ulmer/Brandner/Hensen, AGB-Recht, 12. Aufl., 2016, (29) Kreditkarten-AGB, Rn. 5, der Geldabhebungsfunktion als „Sonderleistung" des Emittenten ansieht.

225 Vgl. *Werner*, in: Kümpel/Wittig, Bank- und Kapitalmarktrecht, 4. Aufl., 2011, Rn. 7.1002; *v. Ussler/v. Morgen*, Aktuelle Rechtsfragen der Kreditkarten-Praxis, 1989, S. 96; vgl. hierzu auch noch *Rotter/Placzek*, BankR, 2009, S. 41, Rn. 4 und S. 42, Rn. 11; *Stauder/Weisensee*, Kreditkartengeschäft, 1970, S. 18 f.; *Weisensee*, Das Bankkreditkartengeschäft, 1978, S. 16; KOM, Entscheidung v. 03.12.2008, COMP/M.5384 – BNP Paribas/Fortis, Rn. 20; KOM, Entscheidung v. 03.10.2007, COMP/37.860 – Morgan Stanley/Visa, WuW/E EU-V 1307, 1309 = WuW 10/2008, 1135, 1137, Rn. 39; KOM, Entscheidung v. 09.08.2001, COMP/D1/29.373 – Visa International I – Surcharging, ABl. EG v. 10.11.2001, L 293/24, S. 28, Rn. 20.

226 Vgl. *Werner*, in: Kümpel/Wittig, Bank- und Kapitalmarktrecht, 4. Aufl., 2011, Rn. 7.1002; vgl. auch noch OLG Frankfurt, WM 2002, 2101, 2102.

§ 3. Kredit- bzw. Stundungsfunktion

Überdies wird der Kreditkarte – ausweislich ihres Namens – eine „Kreditfunktion" attestiert.[227] Bei der Verwendung einer solchen Terminologie ist allerdings Vorsicht geboten. Diesbezüglich gilt es zwischen den diversen Phasen des Karteneinsatzes, den einzelnen Akteuren sowie der Abwicklung des jeweiligen Vorgangs zu differenzieren. Mit Blick auf den Einsatz am PoS lassen sich diese Phasen wie folgt einteilen:

Als erste Phase lässt sich der Zeitraum zwischen dem Einsatz der Karte durch den Karteninhaber am PoS bis hin zur Überweisung der Umsatzbeträge –abzüglich des Disagios[228] – auf das Konto des Vertragsunternehmens durch den Acquirer ausmachen. Der Begriff des Kredites lässt sich bei Zugrundelegung eines weiten Verständnisses zwar durchaus dahingehend verstehen, dass dem Karteninhaber durch die monatliche Abrechnung ein Kredit in dem Sinne gewährt wird, dass das am Valutaverhältnis beteiligte Unternehmen (also das Vertragsunternehmen) eine Leistung erbringt, ohne zugleich die Gegenleistung zu erhalten.[229] Das Vertragsunternehmen leistet und verzichtet auf die sofortige Begleichung der Schuld des Karteninhabers in Bar, was als „Kredit" des Vertragsunternehmens an seinen mittels Kreditkarte zahlenden Kunden aufgefasst werden mag.[230] Indes handelt es sich insofern lediglich um eine Stundung des aus dem Valutaverhältnis resultierenden Zahlungsanspruchs des Vertragsunternehmens;[231] ein eigenständiger

227 Vgl. OLG Karlsruhe, WM 1991, 184, 187; vgl. auch *Werner*, in: Kümpel/Wittig, Bank- und Kapitalmarktrecht, 4. Aufl., 2011, Rn. 7.1007; *Giger*, Kreditkartensysteme, 1985, S. 87 f.; vgl. auch WEKO, Verfügung v. 05.12.2005, RPW 2006/1, 65, S. 69, Rn. 14.

228 Hierzu bereits oben unter Abschnitt 1, Titel 1, Untertitel 2, Kapitel 2, Unterkapitel 4.

229 Vgl. OLG Karlsruhe, WM 1991, 184, 187; *Einsele*, Bank- und Kapitalmarktrecht, 4. Aufl., 2018, § 6, Rn. 231 u. Rn. 234; *Blaurock*, in: Derleder/Knops/Bamberger, Hdb. BankR, 3. Aufl., 2017, § 49, Rn. 4 u. Rn. 8, *Weisensee*, Das Bankkreditkartengeschäft, 1978, S. 13; *Stauder/Weisensee*, Kreditkartengeschäft, 1970, S. 16.

230 Vgl. BGHSt 33, 244 ff.; vgl. ferner *Werner*, in: Kümpel/Wittig, Bank- und Kapitalmarktrecht, 4. Aufl., 2011, Rn. 7.1007; *Hadding*, Zahlung mittels Universalkreditkarte, in: FS Pleyer, 1986, 17, 18; vgl. auch *Hammann*, Die Universalkreditkarte, 1991, S. 35; *Custodis*, Das Kreditkartenverfahren, 1970, S. 77 a.E. f.

231 Vgl. LG Düsseldorf, WM 1991, 1027, 1029; *Etzkorn*, Allgemeine Geschäftsbedingungen Kreditkarten, WM 1991, 1901, 1902; *Hadding*, Zahlung mittels Universalkreditkarte, in: FS Pleyer, 1986, 17, 24; *Hönn*, Kartellrechtliche Probleme moderner Zahlungssysteme, ZBB 1991, 6, 7; *Hopt*, in: Baumbach/Hopt, HGB, 38. Aufl., 2018, Bankgeschäfte, Rn. F/32; *Martinek*, in: Schimansky/Bunte/Lwowski, BankRHdb., Bd. I, 4. Aufl., 2011, § 67, Rn. 49; *Martinek*, Moderne Vertragstypen, Bd. III, 1993, S. 76, S. 108 u. S. 116; *Zahrte*, in: Fandrich/Karper, MAH Bank- und Kapitalmarktrecht, 2. Aufl., 2018, § 5, Rn. 416; vgl. ferner *Buck-Heeb*, Erman, BGB, 14. Aufl., 2014, § 364, Rn. 11.

Darlehensvertrag zwischen dem Karteninhaber und dem Vertragsunternehmen kommt insofern nicht zustande.[232]

Als zeitlich hiervon abgetrennt, kann der Zeitraum zwischen der Überweisung des Umsatzes auf das Konto des Vertragsunternehmens durch den Acquirer und dem Zeitpunkt, zu dem der Issuer dem Acquirer die Transaktionssumme überweist, klassifiziert werden (Phase 2). Insofern wird unter anderem davon gesprochen, dass die Zahlung des Emittenten an das Vertragsunternehmen als „Kreditgewährung" anzusehen sei.[233] Vergegenwärtigt man sich allerdings, dass innerhalb eines Vier-Parteien-Systems keine direkte Zahlung des Emittenten an das Vertragsunternehmen, sondern vielmehr eine Zahlung des Acquirers an das Vertragsunternehmen erfolgt (Phase 1) und die Zahlung des Karteninhabers an den Emittenten nicht zeitgleich mit der Zahlung des Emittenten an den Acquirer gelagert ist, offenbart sich, dass die vielfach gewählte Ausdrucksform einer „Kreditgewährung" des Issuers an das Vertragsunternehmen einer „vereinfachten" Darstellung der meisten tatsächlich anzutreffenden Fälle entspringt. Die Gewährung eines Darlehens des Emittenten gegenüber dem Vertragsunternehmen erscheint nämlich allenfalls bei Vorliegen eines Drei-Parteien-Systems denkbar; nur in diesem Falle existiert eine direkte vertragliche Beziehung zwischen Vertragsunternehmen und Emittent. Freilich ist es insofern leicht missverständlich das Kreditkartenunternehmen als Emittenten zu bezeichnen, da dieses innerhalb eines Drei-Parteien-Systems lediglich gegenüber dem Karteninhaber die Funktion eines Emittenten einnimmt, hingegen im Verhältnis zum Vertragsunternehmen aufgrund des mit diesem abgeschlossenen Akquisitionsvertrages stets als Acquirer fungiert, agiert und auftritt.[234] Im Rahmen eines Vier-Parteien-Systems zahlt hingegen regelmäßig der Acquirer an das Vertragsunternehmen ohne zugleich einen Zahlungseingang des Issuers verzeichnen zu können. Dies mag man prima facie als Kreditgewährung des Acquirers gegenüber dem Issuer ansehen, was allerdings bereits vor dem Hintergrund sehr zweifelhaft erscheint, dass Issuer und Acquirer innerhalb eines Vier-Parteien-Systems nicht in unmittelbaren vertraglichen Kontakt zueinanderstehen, es mithin einer darlehensvertraglichen Abrede zwischen diesen beiden Zahlungssystemteilnehmern ermangelt.

---

232 Sofern für die Stundung des Aufwendungsersatzes ausnahmsweise seitens des Kartenemittenten Zinsen erhoben werden, die Stundung also entgeltlich erfolgt, kommt zwar eine Anwendung der §§ 506 Abs. 1, Abs. 4 Satz 1, 491 Abs. 2 Nr. 1 BGB in Betracht, vgl. *Buck-Heeb*, Erman, BGB, Bd. I, 15. Aufl., 2017, § 364, Rn. 11; *Hadding*, in: MüKo-HGB, Bd. 6, 3. Aufl., 2014, Rn. G 57. Dies ist allerdings äußerst selten; üblicherweise wird in diesen Fällen sogleich ein Darlehensvertrag über einen Überziehungskredit abgeschlossen.

233 Vgl. *Stauder/Weisensee*, Das Kreditkartengeschäft, 1970, S. 16 ff.; *Weisensee*, Die Kreditkarte, 1970, S. 25 ff.; *Rünz/Böttger*, Kreditkartenverfahren, 1979, S. 7; *Hadding*, Schutz des Verbrauchers auf dem Gebiet des Konsumentenkredits, 1980, S. 50 u. S. 326.

234 Hierzu bereits ausführlich oben unten Abschnitt 1, Titel 1, Untertitel 2, Kapitel 2.

Der Zeitraum bis zur Begleichung des Soll-Saldos durch den Karteninhaber gegenüber dem Issuer lässt sich als dritte Phase begreifen.[235] Sofern im Zusammenhang mit Kreditkarten von einer Stundungs- respektive Kreditfunktion gesprochen wird, so zielen diese beiden Bezeichnungen auf diese dritte Phase ab. Mit Blick auf die hier erwogene funktionsspezifische Marktabgrenzung hinsichtlich des Emissionsbereichs erscheint ohnehin nur diese dritte Phase von Interesse, zumal nur diese das emissionsvertragliche Verhältnis zwischen Karteninhaber und Issuer betrifft. Bezüglich jener letztgenannten Phase erscheint es geboten, zwischen der (gebührenfreien) Finanzierungszeit (bzw. [zinsfreien] Abrechnungsperiode)[236] und einem darüber hinausgehenden weiteren (regelmäßig zinspflichtigen) „Zahlungsaufschub" zu unterscheiden.

Wegen der monatlichen Abrechnung der Kreditkartenumsätze[237] kommt der Karteninhaber zwar in den Genuss eines Zinsvorteiles für den Zeitraum zwischen dem Einsatz der Karte beim Vertragsunternehmen und der Belastung seines (Referenz-)Kontos durch den Kreditkartenemittenten.[238] Der Emittent zahlt bereits an das Vertragsunternehmen, ohne dass der Karteninhaber zuvor an den Issuer geleistet hat, weshalb sich prima facie von einer „Kreditgewährung" seitens des Kreditkartenemittenten an den Karteninhaber sprechen ließe.[239] Insoweit ist indes zu beachten, dass dieser (zinslose) Zahlungsaufschub mittels einer periodischen Abrechnung lediglich aus technischen Gründen erfolgt und der Vereinfachung der Kreditkartenabrechnung dient.[240] Eine dahingehende Verpflichtung seitens des

---

235 Es sei darauf hingewiesen, dass diese Phase den gesamten Zeitraum vom Einsatz der Karte am PoS bis hin zur Tilgung des Soll-Saldos umfasst und dementsprechend in zeitlicher Hinsicht Überschneidungen zu den ersten beiden Phasen aufweist, weshalb es sich nicht um eine nahtlos abtrennbare Phase handelt.

236 Vgl. hierzu insbesondere KOM, Arbeitsdokument v. 31.01.2007, Untersuchung des Retail-Bankgeschäfts (Abschlussbericht), COM(2007) 33 final, SEC(2007) 106, S. 129 ff., abrufbar unter: http://ec.europa.eu/competition/sectors/financial_services/inquiries/sec_2007_106.pdf; vgl. auch KOM, Entscheidung v. 24.7.2002, COMP/29.373 – Visa International II – Multilateral Interchange Fee, ABl. EG v. 22.11.2002 L 318/17, S. 20, Rn. 21

237 Üblicherweise beläuft sich die zinsfreie Periode auf den Zeitraum eines Monats. Teils werden auch ca. zweimonatige Perioden angeboten (so etwa bei BarclayCard mit zinsfreiem Zeitraum von bis zu 59 Tagen, vgl. hierzu die unter https://www.barclaycard.de/kreditkarten/uebersicht abrufbaren Informationen). Vgl. auch noch KOM, Arbeitsdokument v. 31.01.2007, Untersuchung des Retail-Bankgeschäfts (Abschlussbericht), COM(2007) 33 final, SEC(2007) 106, S. 130 ff., abrufbar unter: http://ec.europa.eu/competition/sectors/financial_services/inquiries/ sec_2007_106. pdf.

238 Vgl. *Werner*, in: Kümpel/Wittig, Bank- und Kapitalmarktrecht, 4. Aufl., 2011, Rn. 7.996.

239 Vgl. *Hadding*, Zahlung mittels Universalkreditkarte, in: FS Pleyer, 1986, 17, 18; vgl. auch *Hammann*, Die Universalkreditkarte, 1991, S. 28; *Giger*, Kreditkartensysteme, 1985, S. 87.

240 Vgl. *Schürnbrand*, in: MüKo-BGB, Bd. 3a, 7. Aufl., 2017, § 506, Rn. 16; *Werner*, in: Kümpel/Wittig, Bank- und Kapitalmarktrecht, 4. Aufl., 2011, Rn. 7.1008; *Hammann*, Die

Emittenten kann – anders als im Falle des Abschlusses eines (zusätzlichen) Darlehensvertrages – nicht angenommen werden.[241] Zu Recht geht die h.M. aus diesem Grunde davon aus, dass es sich bei der monatlichen Abrechnungsweise lediglich um eine Stundung handelt.[242] Die damit einhergehende Prokrastination lässt sich nicht als Darlehensgewährung i.S.d. §§ 488 ff. BGB qualifizieren.[243]

Die hiervon zu unterscheidende Vereinbarung einer darüber hinausgehenden Kreditgewährung ist allerdings der Vertragsautonomie der Vertragsparteien überlassen. So können die Parteien die Erstattungspflicht des Karteninhabers am Ende der zinsfreien Periode retardieren und die Kreditkarte gegen die Gewährung von Zinsen durch den Karteninhaber an den Kartenherausgeber mit einer (echten) Kreditfunktion ausstatten.[244] Kreditkarten, die mit einer solchen Kreditfunktion ausgestattet sind, werden als echte Kreditkarten bezeichnet. Dem Kreditkartenbegriff unterfallen allerdings auch (unechte) Kreditkarten, die keine Kreditfunktion in diesem Sinne aufweisen. Insofern lässt sich eine Dichotomie des Begriffs „Kreditkarte“ ausmachen:[245]

Universalkreditkarte, 1991, S. 28 a.E. f. u. 37; *Hadding*, Zahlung mittels Universalkreditkarte, in: FS Pleyer, 1986, 17, 27.

241 Vgl. *Hadding*, Zahlung mittels Universalkreditkarte, in: FS Pleyer, 1986, 17, 18; *Werner*, in: Kümpel/Wittig, Bank- und Kapitalmarktrecht, 4. Aufl., 2011, Rn. 7.1008.

242 Vgl. *Werner*, in: Kümpel/Wittig, Bank- und Kapitalmarktrecht, 4. Aufl., 2011, Rn. 7.1000; LG Düsseldorf, WM 1991, 1027, 1029; *Fandrich*, in: v. Westphalen, Vertragsrecht und AGB-Klauselwerke, 41. EL, 2018, Kreditkartenvertrag, Rn. 76; *Hadding*, Zahlung mittels Universalkreditkarte, in: FS Pleyer, 1986, 17, 24; *Custodis*, Das Kreditkartenverfahren, 1970, S. 61 ff.; vgl. auch *Hammann*, Die Universalkreditkarte, 1991, S. 29, der aufgrund dieser rechtlichen Einordnung den Begriff „Zahlungskarte“ als zutreffender erachtet.

243 Vgl. *Werner*, in: Kümpel/Wittig, Bank- und Kapitalmarktrecht, 4. Aufl., 2011, Rn. 4.1013; *Blaurock*, in: Derleder/Knops/Bamberger, Hdb. BankR, 3. Aufl., 2017, § 49, Rn. 8; vgl. ferner *Weber*, Zahlungsverfahren im Internet, 2002, S. 57 m.w.N. (zur (Nicht-)Anwendbarkeit der §§ 358 f. BGB).

244 Vgl. *Hammann*, Die Universalkreditkarte, 1991, S. 29; WEKO, Verfügung v. 18.11.2002, RPW 2003/1, 106, 122, Rn. 90; *Berry*, Debit Card versus Credit Card, 1979, S. 5.

245 Teils wird der Begriff der Kreditkarte sehr weit gefasst in dem Sinne, dass alle Karten, die das Logo eines Kreditkartenunternehmens bzw. einer Kreditkartenorganisation tragen, als Kreditkarten bezeichnet werden. Teils werden gar Debitkarten unter den Begriff der Kreditkarten gefasst. Dies entspricht indes nicht der gängigen Einordnung in der juristischen Literatur und auch nicht der Darstellungsweise der Kommission in der Sektorenuntersuchung. Letztgenannte Untersuchung betraf generell Zahlungskarten. Im – ausschließlich in englischer Sprache verfügbaren – Arbeitsdokument der Europäischen Kommission wurde ausgeführt, dass der dort verwendete Begriff der „credit cards“ sowohl charge cards als auch credit cards im eigentlichen Sinne umfasse, vgl. KOM, Arbeitsdokument v. 31.01.2007, Untersuchung des Retail-Bankgeschäfts (Abschlussbericht), COM(2007) 33 final, SEC(2007) 106, S. 173, abrufbar unter: http://ec.europa.eu/competition/sectors/financial_services/inquiries/sec_2007_106.pdf. Vgl. auch VO (EU) 2015/751 des Europäischen

I. Charge cards

Bei der in Deutschland am stärksten verbreiteten[246] Art der Kreditkarte muss der auf dem Kartenkonto ausgewiesene Soll-Saldo am Ende der Rechnungsperiode seitens des Karteninhabers beglichen werden, wobei ihm nicht die Möglichkeit eingeräumt ist, den einst mit der Karte bei dem Vertragsunternehmen umgesetzten und nun (dem Emittenten) zu erstattenden Betrag in Raten zurückzuzahlen.[247] Solche Karten bezeichnet man wegen der fehlenden Kreditoption auch als unechte Kreditkarten; ferner sind insofern die Bezeichnungen charge cards, deferred debit cards, delayed debit cards oder fixed payment cards geläufig.[248] Diese Karten verfügen über eine Stundungs-, nicht aber zugleich über eine Kreditfunktion.[249]/

Parlaments und des Rates vom 29. April 2015 über Interbankenentgelte für kartengebundene Zahlungsvorgänge, Abl. EU v. 19.05.2015, L 123/1, S. 3, Erw. 17. Vgl. zum entsprechenden deutschen Sprachgebrauch auch die Informationen des Bundesverbandes deutscher Banken, online abrufbar unter: https://bankenverband.de/fachthemen/retail-banking-und-banktechnologie/kartenarten/. Vgl. ferner hinsichtlich des belgischen Sprachgebrauchs noch KOM, Entscheidung v. 03.12.2008, COMP/M.5384 – BNP Paribas/Fortis, Rn. 19, Fn. 12; auch dort werden sowohl credit cards als auch charge cards von dem Begriff „credit cards“ als erfasst angesehen. Dieses Begriffsverständnis der „Kreditkarte“ wird der weiteren Darstellung zugrunde gelegt.

246 Vgl. hierzu *BBk*, Zahlungsverkehrsstatistiken 2013 bis 2017, Tabelle 5, abrufbar unter: https://www.bundesbank.de/resource/blob/603736/44ae219267e7017db28c36aa7c8296db/mL/zvs-daten-data.pdf; *BBk*, Zahlungsverkehrsstatistiken 2007 bis 2013, Tabelle 5, online abrufbar unter: https://www.bundesbank.de/resource/blob/615858/59b0cb5ddcbe68a5c5942835ce1b6f35/mL/zahlungsverkehrs-und-wertpapierabwicklungsstatistiken-2007-13-data.pdf; vgl. ferner Schur/Schur, Kreditkartenzahlungen, JA 2017, 739, 740.

247 *C. Bock*, in: Boos/Fischer/Schulte-Mattler, KWG, Bd. 1, 5. Aufl., 2016, § 21, Rn. 34.

248 Vgl. *Schindler*, Eingriffe von Wettbewerbsbehörden in Vierparteien-Systeme, 2007, S. 14; *Huch*, Transformation des europäischen Kartengeschäfts, 2013, S. 85 f.; KOM, Entscheidung v. 03.12.2008, COMP/M.5384 – BNP Paribas/Fortis, Rn. 19; KOM, Entscheidung v. 03.10.2007, COMP/37.860 – Morgan Stanley/Visa, Rn. 53; KOM, Entscheidung v. 18.10.2005, COMP/M.3894 – Unicredito/HVB, Rn. 13; *Leinonen*, Debit card interchange fees, 2011, 7; *Weber*, Zahlungsverfahren im Internet, 2002, S. 83; *Maurer*, Ökonomie der Zahlungskartensysteme, 2009, 4; vgl. auch *BBk*, Zahlungsverkehrsstatistiken 2013 bis 2017, Tabelle 5, Fn. 1, abrufbar unter: https://www.bundesbank.de/resource/blob/603736/44ae219267e7017db28c36aa7c8296db/mL/zvs-daten-data.pdf; *BBk*, Zahlungsverkehrsstatistiken 2007 bis 2013, Tabelle 5, Fn. 3, online abrufbar unter: https://www.bundesbank.de/resource/blob/615858/59b0cb5ddcbe68a5c5942835ce1b6f35/mL/zahlungsverkehrs-und-wertpapierabwicklungsstatistiken-2007-13-data.pdf.

249 Bei der Stundungsfunktion handelt es ich um das maßgebliche Abgrenzungskriterium von Kredit- und Debitkarten; bei letzteren wird das Konto des Karteninhabers nicht erst am Ende einer bestimmten zeitlich bemessenen Periode, sondern taggenau belastet.

Dem Karteninhaber wird seitens des Emittenten ein persönliches, seinen Vermögensverhältnissen entsprechendes periodisches (Transaktions-)Limit eingeräumt. Die Belastungen werden am Ende des Abrechnungszeitraums mittels Lastschrift vom (Referenz-)Konto des Karteninhabers eingezogen.[250] Der Karteninhaber erhält eine Abrechnung zum Ablauf einer bestimmten Rechnungsperiode (i.d.R. monatlich).[251] Für diesen Zeitraum werden (regelmäßig) keine Zinsen erhoben, wodurch dem Karteninhaber ein zinsloser Aufschub der Zahlung gewährt wird.

In Anbetracht des im Vergleich zur echten Kreditkarte geringeren Verlustrisikos der ausgebenden Kreditinstitute, welches sich aus dem Erfordernis der Begleichung ausstehender Beträge zu einem fixen Zeitpunkt ergibt und dem Issuer daher auf gewisse Weise eine ständige Kontrolle der Bonität des Karteninhabers ermöglicht, ist die charge card regelmäßig mit einem höheren oder gar unbegrenzten Ausgabelimit versehen.

II. Credit cards

Bei der credit card handelt es sich um die „klassische Form" der Kreditkarte; sie wird daher auch teils als klassische oder echte Kreditkarte bezeichnet.[252] Eine solche Kreditkarte weist im Wesentlichen die gleichen Charakteristika wie eine charge card auf. Der Karteninhaber kann die Karte bis zum eingeräumten Limit belasten und erhält am Ende der Rechnungsperiode eine Abrechnung.[253] In

---

250 Vgl. KOM, Entscheidung v. 03.12.2008, COMP/M.5384 – BNP Paribas/Fortis, Rn. 19.

251 Abrechnungstermin ist i.d.R. der 15. oder der letzte Tag eines Monats.

252 Vgl. auch *BBk*, Zahlungsverkehrsstatistiken 2013 bis 2017, Tabelle 5, Fn. 2, abrufbar unter: https://www.bundesbank.de/resource/blob/603736/44ae219267e7017db28c36aa7c8296db/mL/zvs-daten-data.pdf; BBk, Zahlungsverkehrsstatistiken 2007 bis 2013, Tabelle 5, Fn. 4, online abrufbar unter: https://www.bundesbank.de/resource/blob/615858/59b0cb5ddcbe68a5c5942835ce1b6f35/mL/zahlungsverkehrs-und-wertpapierabwicklungsstatistiken-2007-13-data.pdf.

253 Bei einigen echten Kreditkarten werden die Zinsen allerdings bereits ab dem Transaktionsdatum und damit schon in der Zeit vor Ablauf der Rechnungsperiode fällig, vgl. KOM, Entscheidung v. 03.12.2008, COMP/M.5384 – BNP Paribas/Fortis, Rn. 19. In solchen Fällen ist der Karteninhaber i.d.R. allerdings nur dann zur Zinszahlung (einschließlich der im Zeitraum zwischen Transaktionsdatum und Rechnungsperiode anfallenden Zinsen) verpflichtet, sofern er am Ende des Monates von der Kreditoption Gebrauch macht. Mit anderen Worten ausgedrückt werden auch bei solchen Karten weder ab Transaktionsdatum noch ab Ablauf der Rechnungsperiode Zinsen erhoben, sofern der Karteninhaber am Ende der Rechnungsperiode den gesamten ausstehenden Betrag zahlt. Teils beginnt die Verzinsungspflicht bereits ab dem Tag des Transaktionszeitpunkts, d.h. die Verzinsungspflicht besteht (bei solchen Angeboten) auch für den Zeitraum zwischen dem Tag des Einsatzes der Karte als Zahlungsmittel am PoS und dem Ablauf der Rechnungsperiode sofern die ausstehende Summe nicht am Ende der Rechnungsperiode beglichen und die zusätzliche Kreditoption in Anspruch genommen wird. Vgl. auch KOM, Entscheidung v. 03.12.2008, COMP/M.5384 – BNP Paribas/Fortis, Rn. 19.

Abgrenzung zur charge card wird dem Karteninhaber jedoch bei echten Kreditkarten die Möglichkeit eröffnet, den Rechnungsbetrag in beliebigen Raten zurückzuzahlen und insoweit einen zusätzlichen Darlehensvertrag abzuschließen.[254] Das in Anspruch genommene zusätzliche Darlehen ist als revolving credit bzw. revolvierender Kredit ausgestaltet.[255] Daher werden diese Karten teils auch als Kreditkarten mit „Kreditoption“ oder als revolvierende Kreditkarten bzw. revolving credit cards bezeichnet.[256]

Bei dieser Kartenart wird dem Karteninhaber also – wie im Falle der charge card – ein monatliches Limit, jedoch darüber hinaus eine Option auf den Abschluss eines (zusätzlichen) Darlehensvertrages zur Begleichung des Rechnungsbetrages nach Ablauf der Abrechnungsperiode eingeräumt. In diesem Fall kommt ein zusätzlicher Darlehensvertrag zustande, welcher im Falle einer Anwendbarkeit deutschen Rechts grundsätzlich den Vorgaben der §§ 488 ff. BGB unterliegt. Die am Ende der Rechnungsperiode verbleibende Summe ist (i.d.R.) zu verzinsen. Ein solches Darlehen zeichnet sich im Hinblick auf den Zeitpunkt der Rückzahlungsfälligkeit durch besondere Flexibilität aus, ist jedoch im Vergleich zu einem üblichen Dispositionsdarlehen deutlich kostenintensiver. Der effektive Jahreszinssatz eines solchen revolving credits liegt oftmals über 12 % per annum.[257]

§ 4. Sonstige Funktionen bzw. Leistungen

Den Kreditkarteninhabern wird – je nach gewähltem Kartentyp – vielfach eine Reihe weiterer Zusatz- bzw. Sonderleistungen zur Verfügung gestellt. So ist die Kreditkartenbranche seit jeher dafür bekannt, das Leistungsspektrum der

---

254 Vgl. KOM, Entscheidung v. 03.12.2008, COMP/M.5384 – BNP Paribas/Fortis, Rn. 19; *Bock*, in: Boos/Fischer/Schulte-Mattler, KWG, Bd. 1, 5. Aufl., 2016, § 21, Rn. 34; insoweit missverständlich: KOM, Entscheidung v. 03.10.2007, COMP/37.860 – Morgan Stanley/Visa, Rn. 53, Fn. 58; vgl. ferner *BBk*, Zahlungsverkehrsstatistiken 2007 bis 2013, Tabelle 5, Fn. 4, abrufbar unter: https://www.bundesbank.de/resource/blob/615858/59b0cb5ddcbe68a5c5942835ce1b6f35/mL/zahlungsverkehrs-und-wertpapierabwicklungsstatistiken-2007-13-data.pdf; WEKO, Verfügung v. 05.12.2005, RPW 2006/1, 65, S. 69, Rn. 14; *Metz*, Rechtsfragen der Kreditkartenpraxis, NJW 1991, 2804, 2811; *Weber*, Zahlungsverfahren im Internet, 2002, S. 83.

255 Vgl. *Giger*, Kreditkartensysteme, 1985, S. 88. Echte Kreditkarten sind vor allem in anglo-amerikanischen Staaten gebräuchlich, was mitunter auch damit zusammenhängt, dass in diesen Staaten der Überziehungskredit weniger weit verbreitet ist und die Kreditfunktion von Kreditkarten insofern als (partielle) Alternative fungiert, vgl. auch *Socher/Hanke*, Finanzkrise, NJW 2010, 495, 496.

256 Vgl. KOM, Entscheidung v. 03.12.2008, COMP/M.5384 – BNP Paribas/Fortis, Rn. 19.

257 Vgl. auch *Giger*, Kreditkartensysteme, 1985, S. 87 f. Teils wird seitens des Emittenten – ungeachtet der Gebührenverpflichtung – im Falle der Ratenzahlung monatlich ein Mindestbeitrag erhoben; dieser Mindestbetrag liegt der Höhe nach in der Regel bei ca. 2 % bis 3 % des Saldos und/oder pauschal bei 15 bis 25 Euro. Vgl. ferner *Reifner*, Deregulierung der Kreditkartenkredite, VuR 2009, 170 ff.

Karten in die Breite auszudehnen.[258] Das Angebot respektive die Bereitstellung sog. Assistance-Leistungen soll die Attraktivität von Kreditkarten sowie insbesondere die Einsatzfreude der Karteninhaber steigern und das Vorkommen inaktiver Karten minimieren.[259] Zumeist handelt es sich bei diesen Kreditkarten-(Sonder- bzw. Zusatz-)leistungen um Angebote der Kreditkartenemittenten oder von deren Kooperationspartnern. In den „Genuss" solcher zusätzlichen Leistungen bzw. Assistance-Leistungen gelangt der Karteninhaber häufig nur, sofern er die Karte am PoS als Zahlungsmittel einsetzt. Das Spektrum an Sonderleistungen ist nahezu grenzenlos und unterliegt – innerhalb der gesetzlichen Grenzen der Vertragsautonomie – dem Belieben der Vertragsparteien. Oftmals handelt es sich bei diesen Zusatzleistungen um Versicherungsleistungen (z.B. Auslandskrankenversicherungen, Reiserücktritts-versicherungen, Verkehrsunfallversicherungen, Haftpflichtversicherungen, Rechtsschutz für Mietwagen, Versicherungsschutz bei Flugverspätungen). Üblich ist es ferner, dass der Karteninhaber im Falle der Zahlung mittels Kreditkarte an Bonus-Punkte-Programmen (z.B. Bonus-Meilen, Tankgutscheine) teilnimmt und/oder bei Inanspruchnahme bestimmter Leistungen Preisnachlässe im Absatzbereich erhält.[260] Teils werden dem Karteninhaber auch (kostenlose oder ermäßigte) Partnerkarten bzw. Zusatzkarten (z.B. für Verwandte) offeriert,[261] Zahlungsmöglichkeiten via Mail- bzw. Telefon-Order eingeräumt, bargeldloses Parken ermöglicht, ein Reservierungsservice bei der Buchung von Hotelzimmern, Konzertkarten oder Sportveranstaltungstickets angeboten und/oder (kostenlose) Informationsmagazine zugesendet. Auch das Angebot eines besonderen Services bei Verlust oder Diebstahl der Karte (Versand kostenloser Ersatzkarten ins In- und Ausland, etc.) ist regelmäßig im Kartenpaket enthalten. Zuweilen kann die Kreditkarte auch bei Autovermietungen zum kautionslosen Anmieten von Fahrzeugen verwendet werden.[262]

Einige der aufgeführten Zusatz- bzw. Sonder-Leistungen sind für den Karteninhaber allerdings nur gegen Entrichtung eines Aufpreises erhältlich, was auch vom Leistungsspektrum der jeweiligen Kreditkartenart und dem daraus resultierenden

---

258 Vgl. auch *Giger*, Kreditkartensysteme, 1985, S. 90; vgl. ferner *Kienholz*, Die Zahlung mit Kreditkarte, 2000, S. 7 ff.; *Salje*, Wettbewerbsprobleme im Kreditkartengeschäft, WRP 1990, 807, 811.

259 Vgl. in diesem Kontext auch *Blaurock*, in: Derleder/Knops/Bamberger, Hdb. BankR, 3. Aufl., 2017, § 49, Rn. 1; *Rochet*, Competing Payment Systems, 2007, 15.

260 Vgl. auch WEKO, Verfügung v. 18.11.2002, RPW 2003/1, 106, 122, Rn. 91. Vgl. ferner *v. Ussler/v. Morgen*, Aktuelle Rechtsfragen der Kreditkarten-Praxis, 1989, S. 100 ff.

261 Vgl. hierzu auch *Langenbucher*, Zusatzkreditkarten, NJW 2004, 3522 ff.; *Koch*, in: Fischer/Klanten, Bankrecht, 4. Aufl., 2010, Rn. 10.298 ff.

262 Im Falle der Anmietung eines Fahrzeugs und Begleichung des Mietzinses via Kreditkarte wird üblicherweise als Sicherheitsleistung des Karteninhabers ein – je nach Fahrzeug – bemessener Kautionsbetrag auf der Karte reserviert, vgl. hierzu etwa auch *Franzen*, Ersatzwagentarife, NZV 2015, 57, 58; *Neidhardt/Kremer*, Kalkulationsansatz für Mietpreise, NZV 2005, 171, 175.

Karteninhaberstatus abhängt. So erhält der Karteninhaber i.d.R. etwa spätestens ab einem Gold-Kartenstatus ein Versicherungspaket.

§ 5. Zusammenfassung

1. Bei einer Kreditkarte handelt es sich um ein Universalzahlungsmittel, das mit einer Bargeldersatzfunktion ausgestattet ist. Im Laufe der Zeit wurden Kreditkarten darüber hinaus mit einer Bargeldservice-Funktion ausgestattet.
2. Sofern der Karteninhaber die Karte am PoS als Zahlungsmittel einsetzt oder diese zur Bargeldbeschaffung nutzt, sind die getätigten Umsätze erst am Ende einer vertraglich festgelegten Rechnungsperiode zu begleichen (sog. Stundungsfunktion). Von dieser Stundungsfunktion ist die Möglichkeit, am Ende der Rechnungsperiode einen Kredit bei dem Kartenemittenten in Anspruch zu nehmen und die Rückstände ratenweise zu tilgen, strikt zu trennen (sog. Kreditfunktion bzw. -option).
   Wenn die Kreditkarte über eine (echte) Kreditfunktion verfügt, spricht man von credit cards bzw. echten Kreditkarten; im Falle der Inanspruchnahme der Kreditoption sind seitens des Karteninhabers regelmäßig Zinsen zu entrichten. Kreditkarten, die zwar mit einer Stundungs-, allerdings nicht mit einer Kreditoption ausgestattet sind, bezeichnet man als charge cards bzw. unechte Kreditkarten.
3. Überdies wird den Kreditkarteninhabern – je nach gewähltem Kartentyp – vielfach eine Reihe weiterer Zusatz- bzw. Sonderleistungen zur Verfügung gestellt. Üblicherweise kommen dem Karteninhaber diese Zusatzleistungen nur zugute, sofern er die Karte am PoS als Zahlungsmittel verwendet.

Unterkapitel 2. Grundlegende Erwägungen: Zulässigkeit einer funktionsspezifischen Abgrenzung im Allgemeinen?

Prima facie scheint jedenfalls denkbar, die Definition des sachlich relevanten Marktes entlang dieser Funktionen auszurichten und beispielsweise einen eigenständigen sachlich relevanten Markt für den Bereich des Einsatzes von Kreditkarten am PoS anzunehmen.[263]

Wie bereits dargelegt, ist nach dem Bedarfsmarktkonzept zur Bestimmung des sachlich relevanten (Angebots-)Marktes danach zu fragen, ob die Produkte aus Sicht eines durchschnittlichen verständigen Nachfragers substituierbar sind. Unter

263 Auch im Rahmen der obigen Darstellung zum Issuing und Acquiring stand der Karteneinsatz am PoS im Fokus der Betrachtung, zumal eine Acquiringtätigkeit ausschließlich im Falle des Einsatzes der Karte als Zahlungsmittel stattfindet; die Vertragsunternehmen und die Acquirer sind im Bereich des Einsatzes der Karte zur Geldabhebung nicht beteiligt.

dem Blickwinkel des Bedarfsmarktkonzeptes steht insofern zunächst jedenfalls außer Frage, dass einem Karteninhaber bzw. einer Person, die einen Kreditkartenantrag ausfüllt, die verschiedenen Funktionen einer Kreditkarte bekannt sind.

§ 1. Erste Erwägungen zu den Besonderheiten von Kreditkarten sowie der Bedeutung der Kreditkarten-Funktionen im Rahmen der Marktabgrenzung

Bei dem wirtschaftlichen Verwendungszweck wie auch den mit diesem eng verbundenen Eigenschaften der Waren bzw. Dienstleistungen handelt es sich um bedeutsame Kriterien im Rahmen der Marktabgrenzung.[264] Dem Gesichtspunkt „Preis" kommt hingegen regelmäßig nur eine untergeordnete Rolle zu.[265]

Gerade die Funktionen einer Kreditkarte nehmen im vorliegenden Zusammenhang a priori eine besondere Rolle im Rahmen der Marktabgrenzung ein, zumal gerade diese in erster Linie die Verwendungsmöglichkeiten von Kreditkarten, mithin gleichsam deren Verwendungszweck und letzten Endes auch deren Eigenschaften determinieren. Die Emission der Karte führt nicht wie im Falle sonstiger, in anderen Märkten anzutreffender Leistungen zu einer Vollendung der Leistungsgewährung, sondern stellt vielmehr erst den Anfang bzw. den Ausgangspunkt der Leistungsgewährung dar. Kreditkarten werden nicht ihrer selbst willen erworben, sondern sollen dem Karteninhaber den Zugriff auf die Funktionen der Karte gestatten.

Das Innehaben der Kreditkarte berechtigt den Karteninhaber zum Einsatz der Karte innerhalb der Funktionsbereiche, die der konkreten Karte gemäß dem jeweiligen Emissionsvertrag anheimgestellt wurden. Die Karte verkörpert nicht das Geld; sie dient vielmehr als Ausweis der Berechtigung zur Nutzung der Kartenleistungen. Durch Vorlage der Karte weist sich der Karteninhaber als berechtigter Inhaber aus, wenn auch gegebenenfalls weitere Verifizierungen (z.B. PIN-Eingabe, Unterschrift) erforderlich sein mögen. Aus Sicht eines Karteninhabers stellt sich die Kreditkarte wie ein „Schlüssel" dar, mittels dessen der Zugang zur jeweiligen Leistung eröffnet wird.[266] Ohne ihre Funktionen würde die Karte lediglich als solche, als ein „Stück Plastik", mithin als „leere Hülle" verbleiben. Mitunter auch dies zeigt, dass es den Karteninhabern gerade nicht um den Besitz der Karte als solchen, sondern vielmehr um das Recht geht, die ihr „innewohnenden" Funktionen und

---

264 Vgl. auch EuGH, Urteil v. 13.02.1979, Rs. C-85/76 – Hoffmann-La Roche, Slg. 1979, 461, 516 f., Rn. 28; EuG, Urteil v. 17.12.2003, Rs. T-219/99 – British Airways, Slg. 2003, II-5917, 2951 f., Rn. 91; EuGH, Urteil v. 09.11.1983, Rs. C-322/81 – Michelin, Slg. 1983, 3461, 3504 f., Rn. 37; BGH, Urteil v. 19.03.1996, KZR 1/95 – Pay-TV-Durchleitung, WuW/E BGH 3058, 3062 = WUW 09/1996, 728, 732.

265 Vgl. KG, Beschluss v. 28. 8. 1979, Kart 4/79, WuW/E OLG 2182, 2183; OLG Düsseldorf, Beschluss v. 07.05.2008, Kart 13/07, BeckRS 2009, 86056, II. 1. b. bb.

266 Vgl. auch aus strafrechtlicher Sicht: RGSt 40, 94, 98; BGHSt 35, 152, 158 ff.; *Fest*, Bankrecht im Besonderen Teil des StGB, JuS 2009, 798, 799 f.

Leistungen zu nutzen. Die Kreditkarte als solche stellt nicht selbst die gewährte Leistung dar. Ein Karteninhaber besitzt eine Kreditkarte keineswegs, um sie zu besitzen, sondern um sie einzusetzen. Aus der Sicht des Karteninhabers ist der Einsatz der Kreditkarte ungleich bedeutsamer als das bloße Innehaben einer solchen.

Wenn nun aber die mit der Karte verbundenen Funktionen deren Einsatzbereich determinieren, die Funktionen der Karte deren Wert für den Karteninhaber beeinflussen und der Einsatz der Karte aus Sicht des Karteninhabers im Vordergrund steht, so erscheint es nicht etwa von vornherein ausgeschlossen, sondern vielmehr naheliegend, zur Bestimmung des sachlichen relevanten Marktes nicht etwa (bloß) an die Emission als solche und die Kreditkarte als Ganzes anzuknüpfen, sondern den Fokus in diesem Kontext auf den Einsatz zu lenken, die Marktabgrenzung an den Funktionen der Karte auszurichten und eine funktionsspezifische Abgrenzung zu erwägen.

Vorliegend soll keineswegs in Abrede gestellt werden, dass die Emission und die Funktionen einer Karte in wechselseitiger Beziehung zueinander stehen. Insofern soll an dieser Stelle nicht etwa die Auffassung zu Tage treten, dass sich die Bereiche der Emission und des Einsatzes vollkommen voneinander trennen ließen. So werden etwa Marketing-Bemühungen, die darauf ausgerichtet sind, die Karteninhaber zum Einsatz ihrer Karte zu bewegen, auch potentielle Karteninhaber (erst) dazu veranlassen, eine Karte zu beantragen und an den Vorteilen einer Kreditkarte zu partizipieren. In diesem Kontext gilt es zu beachten, dass auf der Nachfrageseite mehrere Arten von Nachfragern existieren. So sind Inhaber inaktiver Karten, Inhaber aktiver Karten und Personen, die (noch) nicht im Besitz einer Karte sind, anzutreffen. Aus der Sicht der Emittenten sollen Personen, die noch nicht über eine Kreditkarte (des jeweiligen Emittenten bzw. Systems) verfügen, dazu bewogen werden, Karten zu beantragen und an dem System teilzunehmen, Karteninhaber inaktiver Karten ihre Karten als Zahlungsmittel einsetzen und Inhaber aktiver Karten ihre Karten häufiger verwenden sowie höhere Umsätze tätigen.

Die Bedeutung der einzelnen Funktionen einer Kreditkarte im vorliegenden Kontext tritt offen zu Tage, sofern man sich den Zweck der Marktabgrenzung vor Augen führt. Die Abgrenzung des (sachlich) relevanten Marktes dient der Bestimmung der vorzufindenden Wettbewerbs- und Machtverhältnisse; insbesondere bildet der konkrete relevante Markt auch den Ausgangspunkt für die Berechnung der Marktanteile. Aus dieser Perspektive erscheinen indes hohe Emissionszahlen wenig repräsentativ, zumal inaktive Karten in diesem Falle zu Fehlbewertungen führen könn(t)en. Bloß weil die Karten eines bestimmten Emittenten respektive Kartensystems oftmals ausgegeben wurden, bedeutet dies nicht, dass mit den entsprechenden Karten Transaktionen von nennenswertem Umfang getätigt werden. Von der Anzahl der emittierten Karten kann weder auf die Häufigkeit des Einsatzes dieser Karten noch auf das mittels dieser Karten getätigte Transaktionsvolumen geschlossen werden.[267] Die Emissionszahlen sind keineswegs mit den

267 Vgl. in diesem Kontext auch noch *Rochet/Tirole*, An Economic Analysis of the Determination of Interchange Fees, Rev. Netw. Econ., 2003, Vol. 2, Iss. 2, 69, 72.

Einsatz- respektive Transaktionsumsatzzahlen identisch. Eine Ausrichtung der Marktabgrenzung an den einzelnen Funktionen schiene in Anbetracht dessen geeignet, zu einer genaueren Bestimmung der Marktverhältnisse beizutragen.

Karteneinsatz und Kartenemission sind demnach zwar miteinander verwoben, aber keineswegs identisch. Das Leistungsspektrum einer Karte determiniert zwar die Auswahlentscheidung eines (potentiellen) Karteninhabers und insoweit wiederum die Frage, welche Karte im konkreten Fall emittiert wird. Dem lässt sich aber kein (aussagekräftiges) Argument entnehmen, welches gegen eine Marktabgrenzung entlang der Funktionen, die der Karte und dementsprechend auch dem Karteninhaber anheimgestellt werden, sprechen würde.

Zwar mag sich im Übrigen ein gewisser Argwohn gegen eine funktionsspezifische Marktabgrenzung daraus ergeben, dass eine Kreditkarte als ein einheitlicher Gegenstand, eben das genannte „Stück Plastik“ aufgefasst werden kann. Aus diesem Blickwinkel heraus ließe sich gegen eine funktionsspezifische „Aufspaltung des Marktes“ einwenden, es handele sich bei einer Kreditkarte um einen einzelnen körperlichen Gegenstand. Gegen eine funktionsspezifische Abgrenzung mag man anführen, dass die Funktionen der Karte in der Karte selbst und damit in einer einzelnen Sache „verkörpert“ seien. Im Anschluss hieran ließe sich argumentieren, dass ein Gegenstand stets eine geschlossene, nicht aufspaltbare Einheit und folglich ein einheitliches Produkt bilde.

Indes muss berücksichtigt werden, dass vorliegend die Abgrenzung von Produktmärkten in Rede steht. Produkte im kartellrechtlichen Sinne sind sowohl Waren als auch Dienstleistungen.[268] Damit kann schwerlich vom Vorliegen eines (körperlichen) Gegenstandes auf einen einheitlichen Produktmarkt geschlossen werden. Die Besonderheit einer Kreditkarte ist darin zu erblicken, dass mehrere Funktionen an eine Karte und damit an eine Sache geknüpft werden, wodurch eine Multifunktionalität der Karte entsteht. Den einzelnen Funktionen der Kreditkarte entsprechen verschiedenartige Dienstleistungen.

Überdies ist zu berücksichtigen, dass die Leistungen zwar regelmäßig, aber nicht zwangsläufig die Vorlage der Karte voraussetzen. Etwa im Falle des Einsatzes der Karte als Zahlungsmittel im Internet genügt oftmals bereits die Eingabe der Kartennummer (gegebenenfalls zzgl. einer weiteren Verifizierung[269]). Dass die Funktionen nicht per se und ausschließlich mit der Karte und damit einem körperlichen Gegenstand verbunden sind, offenbart sich mitunter auch in den jüngeren Entwicklungen. So werden derzeit etwa die Zahlung via Fingerabdruck und mittels Smartphone oder sonstiger mobiler Endgeräte diskutiert, bereits in der Praxis erprobt bzw. befinden sich in der Implementierungsphase.[270] Es zeigt sich mithin,

---

268 Vgl. *Emmerich*, in: Immenga/Mestmäcker, Wettbewerbsrecht, Bd. 1 EG/1, 5. Aufl., 2012, Art. 101 Abs. 1 AEUV, Rn. 159 ff.

269 Insbesondere im E-Commerce kommt etwa eine „3-D secure“-Sicherheitssoftware (z.B. „Mastercard SecureCode“ oder „Verified by Visa“) zum Einsatz.

270 Vgl. auch VO (EU) 2015/751 des Europäischen Parlaments und des Rates vom 29. April 2015 über Interbankenentgelte für kartengebundene Zahlungsvorgänge,

dass die Karte zwar grundsätzlich als Ausweis einer Berechtigung des Karteninhabers dient, der Berechtigte indes seine Stellung und Legitimation auch auf anderem Wege nachweisen kann.

Ein Rückschluss vom Vorliegen eines körperlichen Gegenstandes auf ein Produkt vermag demnach nicht zu überzeugen. Einer reinen Betrachtung der physischen Gegebenheiten respektive einer rein begrifflichen Herangehensweise kommt im Rahmen der Marktabgrenzung keine ausschlaggebende Bedeutung zu und kann insoweit auch nicht gegen die Annahme unterschiedlicher Produktmärkte ins Feld geführt werden.

§ 2. Konstellationen, denen vergleichbare bzw. zumindest ähnliche Problemstellungen zugrunde liegen

Wie bereits eingangs erwähnt, wurde die Möglichkeit einer funktionsspezifischen Marktabgrenzung hinsichtlich Kreditkarten bislang in Rechtsprechung und Literatur nicht erörtert. Gleichwohl könn(t)en sich andersgearteten, wohlgleich aber in gewisser Hinsicht ähnlichen Konstellationen und deren bisheriger kartellrechtlicher Beurteilung Tendenzen und Maßstäbe zur Bewertung (der Zulässigkeit) einer funktionsspezifischen Abgrenzung entnehmen lassen.

I. „Dual-use"-Produkte

Die Verwendungsmöglichkeiten eines Gegenstandes vermögen die Abgrenzung des sachlich relevanten Marktes in bedeutsamer Weise zu determinieren, was bereits anhand der kartellrechtlichen Marktabgrenzung im Falle sog. „dual-use"-Produkte (Güter mit doppeltem Verwendungszweck) erkennbar wird.

Seitens des EuGH ist anerkannt, dass ein Erzeugnis, sofern es verschiedenartig eingesetzt werden kann und diese unterschiedlichen Verwendungen gleichsam verschiedenen Bedürfnissen entsprechen, gesonderten Märkten zugehörig sein kann.[271]

So wurde etwa in der Rechtssache Marconi/Finmeccanica bezüglich Satellitenbodenstationen eine Bildung unterschiedlicher (Teil-)Märkte angenommen, zumal diese zum einen zivil, zum anderen aber auch militärisch verwendet werden können.[272] Ein Gegenstand mit gleichen Eigenschaften kann mithin grundsätzlich zwei

---

Abl. EU v. 19.05.2015, L 123/1, S. 6, Erw. 6; KOM, Grünbuch v. 11.01.2012, Ein integrierter europäischer Markt für Karten-, Internet- und mobile Zahlungen, COM(2011) 941 final, S. 5 ff., abrufbar unter: http://eur-lex.europa.eu/legal-content/DE/TXT/PDF/?uri=CELEX: 52011DC0941&from=EN. Vgl. ferner allgemein zur Digitalisierung in der Finanzbranche: *Müller*, Digitalisierung, AG 2015, R365, R365 f.

271 Vgl. etwa EuGH, Urteil v. 13.02.1979, Rs. C-85/76 – Hoffmann-La Roche, Slg. 1979, 461, 516 f., Rn. 28; vgl. auch *Hübschle*, in: Lange, Hdb. KartellR, 2. Aufl., 2006, KaS. 7, Rn. 858.

272 Vgl. KOM, Entscheidung v. 05.09.1994, IV/M.496 – Rechtssache Marconi/Finmeccanica, Rn. 28, online abrufbar unter: http://ec.europa.eu/competition/mergers/cases/

verschiedenen Märkten angehören, sofern die Verwendungsmöglichkeit und die Einsatzabsicht unterschiedlicher Abnehmergruppen eine andere ist.

In Anbetracht dessen lässt sich bereits aus Gründen der Wertungskongruenz argumentieren, dass es nicht generell ausgeschlossen erscheint, einen Gegenstand, dem mehrere Funktionen innewohnen bzw. anheimgestellt wurden, bzw. die an diesen Gegenstand geknüpften Funktionen, denen ihrerseits entsprechende Leistungen entsprechen, ebenfalls verschiedenen Märkten zuzuordnen.

Freilich mag dieser Vergleich wegen der andersgearteten Umstände des Einzelfalles zwar nicht vollends mit der vorliegend in Rede stehenden Problematik identisch sein. Eine Inaugenscheinnahme solcher „dual-use"-Produkte und deren kartellrechtlicher Bewertung offenbart aber jedenfalls, dass es dem Kartellrecht keineswegs (gänzlich) fremd ist, dass ein- und derselbe Gegenstand unterschiedlichen Märkten angehören kann.

II. Produktkopplungen

Wie im Falle der „dual-use"-Produkte folgt auch in Koppelungskonstellationen eine unterschiedliche Nutzung des Produktes aus verschiedenartigen Anforderungen der Nachfrageseite. In Anbetracht dessen steht in Rede, ob und inwiefern sich dem Umgang mit Produktkoppelungen Anhaltspunkte bezüglich des vorliegenden Problemkreises entnehmen lassen.

Die kartellrechtliche Problematik der Produktkoppelungen betrifft Fallgestaltungen, in denen Nachfrager, die ein Produkt (Kopplungsprodukt) käuflich erwerben, zugleich ein vom Anbieter vorgegebenes weiteres Produkt (gekoppeltes Produkt) kaufen müssen; das gekoppelte Produkt wird hierbei seitens des Anbieters selbst oder seitens eines von diesem bezeichneten Unternehmens angeboten.[273] In diesen Konstellationen steht die kartellrechtliche Zulässigkeit des gemeinsamen

---

decisions/m496_en.pdf; KOM, Entscheidung v. 25.02.1991, V/M.001 – Aérospatiale/MBB, Rn. 9, online abrufbar unter: http://ec.europa.eu/competition/mergers/ cases/decisions/m17_en.pdf.

273 Vgl. KOM, Leitlinien für vertikale Beschränkungen, Abl. EU v. 19.05.2010, C 130/1, S. 43, Rn. 214; vgl. auch KOM, Erläuterungen zu den Prioritäten der Kommission bei der Anwendung von Artikel 82 des EG-Vertrags auf Fälle von Behinderungsmissbrauch durch marktbeherrschende Unternehmen, Abl. EU v. 24.02.2009, C 45/7, S. 15 f., Rn. 47 ff.; KOM, Arbeitsdokument v. 13.11.2007, Begleitdokument zur Empfehlung der Kommission über relevante Produkt- und Dienstmärkte des elektronischen Kommunikationssektors, die aufgrund der Richtlinie 2002/21/EG des Europäischen Parlaments und des Rates über einen gemeinsamen Rechtsrahmen für elektronische Kommunikationsnetze und -dienste für eine Vorabregulierung in Betracht kommen, C(2007) 5406, SEC(2007) 1483/2, S. 15, Fn. 19, abrufbar unter: https://ec.europa.eu/digital-agenda/sites/digital-agenda/files/sec_2007_1483_2_0.pdf. In Fällen, in denen ausschließlich das Bündel, aber nicht die einzelnen Komponenten verfügbar sind, spricht man von reinen Bündelungen bzw. Kopplungen. Von einer gemischten Bündelung ist hingegen auszugehen, sofern sowohl das Bündel als auch die

Verkaufs zweier Produkt in Rede. Produktkoppelungen können der Regelung des Art. 101 Abs. 1 lit. e AEUV und/oder dem Regelbeispiel des Art. 102 S. 2 lit. d AEUV unterfallen.[274] Eine Koppelungsbindung in diesem Sinne kann freilich nur vorliegen, sofern es sich bei dem Kopplungsprodukt und dem gekoppelten Produkt um getrennte Produkte handelt. Dies wiederum hängt von der Verbrauchernachfrage ab.[275] Zwei voneinander gesonderte Produkte liegen vor, wenn eine hinreichend beträchtliche Zahl an Nachfragern in Ermangelung der Kopplung im Falle des Erwerbs des Kopplungsproduktes davon absehen würde, auch das gekoppelte Produkt (bei diesem Anbieter) zu kaufen und das Kopplungsprodukt sowie das gekoppelte Produkt voneinander unabhängig hergestellt werden können.[276] Für das Vorliegen gesonderter Produkte spricht ferner, wenn eine größere Anzahl von Kunden das Kopplungsprodukt von einem anderen Anbieter als das gekoppelte Produkte erwerben würde, sofern die Produkte nicht gekoppelt wären, die Nachfrager insofern also eine Wahl hätten.[277] In diesem Falle kann auf das Vorliegen einer unabhängigen Nachfrage nach den Einzelteilen des Bündels geschlossen werden. Sind Unternehmen anzutreffen, die auf die Produktion bzw. den Verkauf eines der beiden Produkte spezialisiert sind, wird auch dies – jedenfalls als indirekter – Beweis für das Vorliegen getrennter Produkte eingestuft.[278] Als indirekter

---

Komponenten auf dem Markt erhältlich sind (und das Bündel mit einem Abschlag auf die Summe der Preise der Komponenten verkauft wird).

274 Aus lauterkeitsrechtlicher Sicht etwa *Wagner/Ruess*, Koppelungsangebote, WRP 2005, 24 ff.

275 Vgl. KOM, Leitlinien für vertikale Beschränkungen, Abl. EU v. 19.05.2010, C 130/1, S. 43, Rn. 215; KOM, Arbeitsdokument v. 13.11.2007, Begleitdokument zur Empfehlung der Kommission über relevante Produkt- und Dienstmärkte des elektronischen Kommunikationssektors, die aufgrund der Richtlinie 2002/21/EG des Europäischen Parlaments und des Rates über einen gemeinsamen Rechtsrahmen für elektronische Kommunikationsnetze und -dienste für eine Vorabregulierung in Betracht kommen, C(2007) 5406, SEC(2007) 1483/2, S. 15, abrufbar unter: https://ec.europa.eu/digital-agenda/sites/digital-agenda/files/sec_2007_1483_2_0.pdf.

276 Vgl. KOM, Leitlinien für vertikale Beschränkungen, Abl. EU v. 19.05.2010, C 130/1, S. 43, Rn. 215.

277 Vgl. KOM, Leitlinien für vertikale Beschränkungen, Abl. EU v. 19.05.2010, C 130/1, S. 43, Rn. 215; vgl. auch KOM, Arbeitsdokument v. 13.11.2007, Begleitdokument zur Empfehlung der Kommission über relevante Produkt- und Dienstmärkte des elektronischen Kommunikationssektors, die aufgrund der Richtlinie 2002/21/EG des Europäischen Parlaments und des Rates über einen gemeinsamen Rechtsrahmen für elektronische Kommunikationsnetze und -dienste für eine Vorabregulierung in Betracht kommen, C(2007) 5406, SEC(2007) 1483/2, S. 15, abrufbar unter: https://ec.europa.eu/digital-agenda/sites/digital-agenda/files/sec_2007_1483_2_0.pdf.

278 Vgl. EuG, Urteil v.12.12.1991, Rs. T-30/89 – Hilti, Slg. 1991, II-1439, II-1473, Rn. 67; EuGH, Urteil v. 14.11.1996, Rs. C-333/94 – Tetra Pak, Slg. 1996, I-5951, I-6010 f., Rn. 36; KOM, Leitlinien für vertikale Beschränkungen, Abl. EU v. 19.05.2010, C 130/1, S. 43, Rn. 215.

Beweis wird es ferner angesehen, wenn es Unternehmen, die über keine oder nur ein geringes Maß an Marktmacht verfügen, nicht möglich wäre, die in Rede stehenden Produkte zu koppeln.[279]

Obgleich die Einzelleistungen bei Koppelungen den Nachfragern als Einheit angeboten werden, gehören sie oftmals verschiedenen Märkten an. Der bisherigen Entscheidungspraxis lässt sich entnehmen, dass die Frage nach der Existenz unterschiedlicher Märkte und die Frage nach dem Vorliegen getrennter Produkte in Zusammenhang stehen:

So verweist die Kommission unter anderem hinsichtlich des Vorliegens getrennter Produkte in ihren Leitlinien für vertikale Beschränkungen beispielhaft auf den Verkauf von Schuhen mit Schnürsenkeln.[280] Diesbezüglich führt die Kommission aus, dass es in Anbetracht des Umstands, dass Kunden Schuhe mit Schnürsenkeln kaufen wollten, es jedoch den Händlern unmöglich sei, neue Schuhe mit Schnürsenkeln ihrer Wahl zu versehen, für Schuhhersteller zum Handelsbrauch geworden sei, Schuhe mit Senkeln zu liefern und der Verkauf von Schuhen mit den dazugehörigen Schnürsenkeln aus diesem Grunde nicht als Kopplungsgeschäft zu qualifizieren sei.[281]

In der Rechtssache Compagnie générale maritime knüpfte das Gericht erster Instanz an dieses Beispiel an.[282] Das EuG hatte die Frage zu klären, ob und inwiefern es sich bei Landtransportdiensten und Seetransportdiensten um getrennte Dienste handelt. Unter Bezugnahme auf das genannte Beispiel der Kommission verwies der EuG zunächst darauf, dass Schnürsenkel zwar seitens der Abnehmer von Schuhen getrennt gekauft werden würden, Schuhe hingegen nicht ohne ihre Schnürsenkel verkauft oder gebraucht werden könnten und Schnürsenkel sowie Schuhe daher als ein einheitliches Produkt anzusehen seien.[283] Diesen Aspekt wertete das EuG als maßgeblichen Unterschied zwischen der ihm vorliegenden Rechtssache und der letztgenannten, seitens der Kommission beispielhaft angeführten Konstellation.[284] Das EuG stufte die seitens der Mitglieder der Far Eastern Freight Conference (FEFC) angebotenen Landtransportdienste als ihre Seetransportdienste ergänzende, von diesen aber zu trennende Dienste ein, da „[...] die See- und die

279 Vgl. KOM, Leitlinien für vertikale Beschränkungen, Abl. EU v. 19.05.2010, C 130/1, S. 43, Rn. 215.

280 Vgl. KOM, Leitlinien für vertikale Beschränkungen, Abl. EU v. 19.05.2010, C 130/1, S. 44, Rn. 215; vgl. auch Karteninhaberrchhoff, in: Wiedemann, Hdb. des Kartellrechts, 2. Aufl., 2008, § 12, Rn. 4.

281 Vgl. KOM, Leitlinien für vertikale Beschränkungen, Abl. EU v. 19.05.2010, C 130/1, S. 44, Rn. 215 a.E.

282 Vgl. EuG, Urteil v. 28.02.2002, Rs. T-86/95 – Compagnie générale maritime, Slg. 2002, II-1022, II-1067, Rn. 261.

283 Vgl. EuG, Urteil v. 28.02.2002, Rs. T-86/95 – Compagnie générale maritime, Slg. 2002, II-1022, II-1067, Rn. 261.

284 Zum Sachverhalt: EuG, Urteil v. 28.02.2002, Rs. T-86/95 – Compagnie générale maritime, Slg. 2002, II-1022, II-1030 ff., Rn. 16 ff.

Landtransportdienste bei und von verschiedenen Wirtschaftsteilnehmern getrennt gekauft und verkauft werden [...]“[285] und „[...] die Verlader den Hafenvor- und -nachlauf der Frachtgüter auch selbst durchführen [...]“[286] konnten. Der relevante Markt sei daher – „[...] selbst dann, wenn [die Landtransportdienste des Hafenvor- und -nachlaufs der Frachtgüter] in Verbindung mit einem Seetransportdienst im Rahmen einer multimodalen Beförderung verkauft werden [...]“[287] – „[...] nicht der Markt für Seetransportdienste, sondern der Markt für die von den FEFC-Mitglieder im Rahmen einer multimodalen Beförderung erbrachten Landtransportdienste.“[288] Mithin erachtete der EuG beide Leistungen als unterschiedlichen Märkten angehörige Produkte;[289] beide Märkte seien zwar zusammenhängend, aber dennoch als voneinander getrennt anzusehen.[290]

Die Bezugnahme des EuG auf das seitens der Kommission im Kontext mit Kopplungsbindungen angeführte Beispiel der Schnürsenkel offenbart – mit Blick auf die vorliegend in Rede stehende Frage des Vorliegens eines einheitlichen Produktes – jedenfalls die existenten Parallelen zwischen der Bestimmung des sachlich relevanten Marktes einerseits und dem Vorliegen eines Kopplungsgeschäfts andererseits.

Diesen Zusammenhang verdeutlichen ferner die Ausführungen des EuG wie auch der Kommission in der Rechtssache Microsoft hinsichtlich der Frage des Vorliegens einer Produktkoppelung des Microsoft Betriebssystems Windows und des Medienabspielprogrammes Windows Media Player (WMP).[291] Die Kommission erachtete ein Medienabspielprogramm (mit Datenstrom-Kapazitäten) als ein sich von einem Betriebssystem unterscheidendes Produkt. Mithin sah die Kommission

---

285 Vgl. EuG, Urteil v. 28.02.2002, Rs. T-86/95 – Compagnie générale maritime, Slg. 2002, II-1022, II-1067, Rn. 261.

286 Vgl. EuG, Urteil v. 28.02.2002, Rs. T-86/95 – Compagnie générale maritime, Slg. 2002, II-1022, II-1067, Rn. 261.

287 Vgl. EuG, Urteil v. 28.02.2002, Rs. T-86/95 – Compagnie générale maritime, Slg. 2002, II-1022, II-1067, Rn. 261.

288 So im Rahmen der Prüfung eines Kopplungsgeschäfts: EuG, Urteil v. 28.02.2002, Rs. T-86/95 – Compagnie générale maritime, Slg. 2002, II-1022, II-1067, Rn. 261. Vgl. auch die entsprechenden Ausführungen im Kontext der Abgrenzung des sachlich relevanten Marktes: EuG, Urteil v. 28.02.2002, Rs. T-86/95 – Compagnie générale maritime, Slg. 2002, II-1022, II-1043 ff., Rn. 117 ff.

289 Vgl. EuG, Urteil v. 28.02.2002, Rs. T-86/95 – Compagnie générale maritime, Slg. 2002, II-1022, II-1067, Rn. 261 sowie bzgl. der Abgrenzung des sachlich relevanten Marktes II-1043 ff., Rn. 117 ff. (insb. II-1045 ff., Rn. 122 ff.).

290 Vgl. EuG, Urteil v. 28.02.2002, Rs. T-86/95 – Compagnie générale maritime, Slg. 2002, II-1022, II-1046, Rn. 124; vgl. ferner EuGH, Urt. v. 03.10.1985, Rs. 311/84 – CBEM/CLT u. IPB, Slg. 1985, 3261, 3278, Rn. 26.

291 Vgl. insbesondere KOM, Entscheidung v. 24.03.2004, COMP/C-3/37.792 – Microsoft, Rn. 802, abrufbar unter: http://ec.europa.eu/competition/antitrust/cases/dec_docs/37792/37792_4177_1.pdf.

einen eigenständigen, von den Märkten für Betriebssysteme getrennten Markt für Medienabspielgeräte mit Datenstrom-Kapazitäten,[292] welcher den WMP umfasst, als gegeben an, obgleich es in der Praxis durchaus üblich und an der Tagesordnung war, dass Betriebssysteme mitsamt eines entsprechenden Medienabspielprogrammes angeboten, vertrieben und verkauft wurden.[293] Ausführungen hierzu erfolgten seitens der Kommission sowohl im Rahmen der Marktabgrenzung[294] als auch im Kontext der Frage nach dem Vorliegen einer Produktkoppelung.[295]

Diese Auffassung der Kommission wurde seitens des EuG bestätigt.[296] Ohne eine voneinander unabhängige Nachfrage nach dem in Rede stehenden (potentiellen) gekoppelten Produkt ermangele es an einer Unterscheidbarkeit der Produkte, mithin seien keine getrennten Produkte gegeben.[297] Sofern ein Gericht feststelle, dass entweder keine merkliche getrennte Nachfrage für das gekoppelte Produkt existiere oder aber keine überzeugenden unmittelbaren Beweise für eine getrennte Nachfrage vorhanden seien, seien Kopplungsprodukt und gekoppeltes Produkt als einheitliches Produkt einzustufen.[298] Im Falle der Existenz einer getrennten Verbrauchernachfrage seien hingegen getrennte Märkte hinsichtlich der in Rede stehenden Produkte anzunehmen.[299]

---

292 Vgl. hinsichtlich des Markt für Medienabspielprogramme (mit Datenstrom-Kapazitäten): KOM, Entscheidung v. 24.03.2004, COMP/C-3/37.792 – Microsoft, Rn. 402 ff., abrufbar unter: http://ec.europa.eu/competition/antitrust/cases/dec_docs/37792/37792_4177_1.pdf.

293 In diesem Sinne das Vorbringen von Microsoft betreffend die Marktabgrenzung, vgl. KOM, Entscheidung v. 24.03.2004, COMP/C-3/37.792 – Microsoft, Rn. 404, abrufbar unter: http://ec.europa.eu/competition/antitrust/cases/dec_docs/37792/37792_4177_1.pdf.

294 Vgl. KOM, Entscheidung v. 24.03.2004, COMP/C-3/37.792 – Microsoft, Rn. 404 ff., abrufbar unter: http://ec.europa.eu/competition/antitrust/cases/dec_docs/37792/37792_4177_1.pdf.

295 Vgl. KOM, Entscheidung v. 24.03.2004, COMP/C-3/37.792 – Microsoft, Rn. 800 ff., abrufbar unter: http://ec.europa.eu/competition/antitrust/cases/dec_docs/37792/37792_4177_1.pdf.

296 Vgl. EuG, Entscheidung v. 17.09.2007, Rs. T-201/04 – Microsoft, Slg. 2007 II-3601, Rn. 872 sowie Rn. 933 und Rn. 944. Zur Frage der Marktabgrenzung erfolgten seitens des EuG keine Ausführungen; die Sichtweise der Kommission wurde den weiteren Ausführungen des EuG zugrunde gelegt.

297 Vgl. KOM, Entscheidung v. 24.03.2004, COMP/C-3/37.792 – Microsoft, Rn. 803, abrufbar unter: http://ec.europa.eu/competition/antitrust/cases/dec_docs/37792/37792_4177_1.pdf.

298 Vgl. KOM, Entscheidung v. 24.03.2004, COMP/C-3/37.792 – Microsoft, Rn. 804, Fn. 927, abrufbar unter: http://ec.europa.eu/competition/antitrust/cases/dec_docs/37792/37792_4177_1.pdf.

299 Vgl. KOM, Entscheidung v. 24.03.2004, COMP/C-3/37.792 – Microsoft, Rn. 804, abrufbar unter: http://ec.europa.eu/competition/antitrust/cases/dec_docs/37792/37792_4177_1.pdf.; vgl. auch KOM, Arbeitsdokument v. 13.11.2007, Begleitdokument zur Empfehlung der Kommission über relevante Produkt- und

Eine entsprechende Auffassung hatte die Kommission auch bereits in ihrer Entscheidung in der Rechtssache AOL/Time Warner[300] vertreten und den Standpunkt eingenommen, dass für die Lieferung von Player-Software aufgrund der damit verbundenen spezifischen Nachfragestruktur ein sachlich relevanter Markt gegeben sei.[301]

Sofern es sich bei dem gekoppelten Produkt um einen nicht (zwingend) erforderlichen, wenn auch nützlichen Zusatz, mithin um eine bloße Ergänzung des Koppelungsproduktes handelt, und insofern eine gesonderte Nachfrage existiert, intendiert dies das Vorliegen getrennter Produkte. Eine solche Sichtweise entspricht der ständigen Rechtsprechung der europäischen Gerichte. Bereits in den Rechtssachen Tetra Pak II und Hilti gingen das EuG und der EuGH davon aus, dass das Vorhandensein unabhängiger Anbieter die Existenz einer getrennten Verbrauchernachfrage und gleichsam das Vorliegen gesonderter Produktmärkte indiziere.[302] Aus der Sicht der Nachfrager sind die einzelnen Dienste innerhalb des Bündels dem gleichen Markt zugehörig, wenn keine unabhängige Nachfrage nach den Einzelteilen des Bündels existiert.[303]

Sämtlichen letztgenannten Entscheidungen lässt sich entnehmen, dass es sich bei der Frage, ob getrennte Produkte vorliegen, und der Frage, ob getrennte Produktmärkte gegeben sind, um Aspekte handelt, die zwar in Anbetracht ihres verschiedenartigen Prüfungsstandorts nicht identisch, aber dennoch miteinander verwoben sind und sich in gewisser Hinsicht wie zwei Seiten ein- und derselben Medaille darstellen. So ist dem Grundsatz nach sowohl im Rahmen der

---

Dienstmärkte des elektronischen Kommunikationssektors, die aufgrund der Richtlinie 2002/21/EG des Europäischen Parlaments und des Rates über einen gemeinsamen Rechtsrahmen für elektronische Kommunikationsnetze und -dienste für eine Vorabregulierung in Betracht kommen, C(2007) 5406, SEC(2007) 1483/2, S. 15, abrufbar unter: https://ec.europa.eu/digital-agenda/sites/digital-agenda/files/sec_2007_1483_2_0.pdf.

300 Vgl. KOM, Entscheidung v. 11.10.2000, COMP/M.1845 – AOL/Time Warner, ABl. EG v. 09.10.2001, L 268/28, S. 31 ff., Rn. 17 ff. (Musik im Internet (Schmalband-Inhalte)) u. S. 33 f., Rn. 28 ff. (Musikabspielsysteme (Player-Software)).

301 Vgl. KOM, Entscheidung v. 11.10.2000, COMP/M.1845 – AOL/Time Warner, ABl. EG v. 09.10.2001, L 268/28, S. 33, Rn. 31.

302 Vgl. EuG, Urteil v.12.12.1991, Rs. T-30/89 – Hilti, Slg. 1991, II-1439, II-1473, Rn. 67; EuGH, Urteil v. 14.11.1996, Rs. C-333/94 – Tetra Pak, Slg. 1996, I-5951, I-6010 f., Rn. 36.

303 Vgl.auch KOM, Arbeitsdokument v. 13.11.2007, Begleitdokument zur Empfehlung der Kommission über relevante Produkt- und Dienstmärkte des elektronischen Kommunikationssektors, die aufgrund der Richtlinie 2002/21/EG des Europäischen Parlaments und des Rates über einen gemeinsamen Rechtsrahmen für elektronische Kommunikationsnetze und -dienste für eine Vorabregulierung in Betracht kommen, C(2007) 5406, SEC(2007) 1483/2, S. 15, abrufbar unter: https://ec.europa.eu/digital-agenda/sites/digital-agenda/files/sec_2007_1483_2_0.pdf.

Marktabgrenzung unter dem Blickwinkel des Bedarfsmarktkonzeptes als auch hinsichtlich der Frage, ob getrennte Produkte vorliegen, auf die Sicht der Marktgegenseite respektive im Falle des Vorliegens eines Angebotsmarktes auf die Nachfragesicht abzustellen. Es erscheint dementsprechend schwerlich denkbar von einem einheitlichen Markt, gleichsam aber dennoch von getrennten Produkten auszugehen.

Dem steht auch nicht entgegen, dass zwei Produkte durchaus im Laufe der Zeit aufgrund eines Handelsgebrauchs zu einem einheitlichen Produkt „verschmelzen" können, zumal sich ein Handelsgebrauch regelmäßig aus den wiederkehrenden und gleichförmigen Verhaltensweisen der Anbieter ergibt und das Geschäftsgebaren der Anbieter sich vielfach als Reaktion auf die Nachfrage darstellt. Die Sicht der Kunden wird durch das tatsächlich anzutreffende Handelsgebaren der Anbieter beeinflusst und mitunter gar zu einem Großteil reflektiert, zumal letztgenannte Marktteilnehmer ihr Angebotsspektrum vor allem an den Wünschen und Bedürfnissen ihrer Kunden und die Kunden auf der anderen Seite ihre Kaufentscheidung an den tatsächlich verfügbaren, seitens der Anbieter offerierten Produkten ausrichten. Dementsprechend spiegelt sich die Verbrauchernachfrage regelmäßig in der Existenz eines bestimmten Geschäftsusus bzw. Handelsgebrauchs wider.

Folglich sind die Kriterien, die im Rahmen der Marktabgrenzung zugrunde zu legen und von entscheidender Bedeutung sind, ebenfalls bei der – im Rahmen der Prüfung des Koppelungstatbestandes zu klärenden – Frage nach der Existenz getrennter Produkte von Relevanz. Insbesondere ist die Sichtweise der Nachfrager in beiden Fällen gleichermaßen von entscheidender Bedeutung. Sowohl bei Produktkoppelungen als auch bei einer Kreditkarte handelt es um Zusammensetzungen mehrerer Leistungskomponenten. Betrachtet man insofern die Parallelen zu Koppelungskonstellationen, zeigt sich, dass eine funktionsspezifische Abgrenzung hinsichtlich Kreditkarten sowie die Annahme getrennter Märkte bezüglich der einzelnen Leistungen möglich erscheinen.

§ 3. Zwischenergebnis

Die Sicht des Karteninhabers wird vordergründig durch die Einsatz- und Verwendungsmöglichkeiten einer Kreditkarte beeinflusst. Obgleich eine Kreditkarte in ihrer Erscheinungsform besondere Eigenheiten aufweist, die vollwertiger Vergleichskonstellationen entbehren, können jedenfalls der kartellrechtlichen Beurteilung von „Dual-use"-Produkten und von Produktkopplungen Wertungen entnommen werden, die im vorliegenden Kontext bedeutsam erscheinen.

1. Zum einen kann – wie sich anhand sog. „Dual-use"-Produkten offenbart – ein Gegenstand mit gleichen Eigenschaften grundsätzlich zwei gesonderten Märkten angehören, sofern die Verwendungsmöglichkeit bzw. die Einsatzabsicht unterschiedlicher Abnehmergruppen eine andere ist. Wenn demnach bereits ein (körperlicher) Gegenstand aufgrund des Vorliegens andersartiger Parameter (etwa der Verwendung) unterschiedlichen Märkten angehören kann, dann können auch mehrere Dienstleistungen, deren Inanspruchnahme an das

Innehaben eines körperlichen Gegenstandes „geknüpft“ werden, gesonderten Märkten zugehörig sein.

2. Zum anderen zeigt sich anhand der kartellrechtlichen Beurteilung von Produktkoppelungen, dass die Existenz einer getrennten, zwei Gegenstände betreffenden Verbrauchernachfrage gegen das Vorliegen eines einheitlichen Produktes und für das Vorliegen gesonderter Produktmärkte spricht; das Vorhandensein unabhängiger Anbieter indiziert die Existenz einer getrennten Verbrauchernachfrage. Zur Beurteilung des Vorliegens getrennter Produkte auf der einen und zur Abgrenzung des sachlich relevanten Marktes auf der anderen Seite sind im Wesentlichen die gleichen Beurteilungskriterien zugrunde zu legen sind. Ohne das Vorliegen getrennter Produkte, die gemeinsam vertrieben werden, stellt sich nicht die Frage einer (unzulässigen) Produktkoppelung; der Begriff des Koppelungsangebots setzt seinerseits gerade voraus, dass mehrere Produkte zusammen als Einheit angeboten werden. Ob denn aber gesonderte Produkte vorliegen, richtet sich maßgeblich nach der Nachfrage der Verbraucher. Nach dem Bedarfsmarktkonzept ist ebenfalls auf die Sicht der Marktgegenseite und insofern bei Vorliegen eines Angebotsmarktes auf die Sicht dieser Nachfrager respektive Verbraucher abzustellen. In beiden Fällen kommt der Verbrauchernachfrage mithin eine maßgebliche Bedeutung zu.

§ 4. Auswirkungen dieser Erkenntnisse

Eine Kreditkarte wird (aus Sicht eines Karteninhabers) nicht ihrer selbst willen erworben. Sie dient in erster Linie dem Zweck, die Funktionen der Karte zu einem dem Abschluss des Emissionsvertrages nachgelagerten Zeitpunkt in Anspruch zu nehmen. Eine Kreditkarte bildet ein „Vehikel“, das dem Karteninhaber den Zugang zu Funktionen verschafft, die in erster Linie an die Innehabung der Karte gebunden sind.

Würde man allerdings sogleich die Frage nach der Substituierbarkeit der verschiedenen Funktionen im Zentrum der Betrachtung verorten, so könnte dies unter Umständen den Besonderheiten einer Kreditkarte nicht hinreichend gerecht werden. Denklogisch setzt die Frage, ob zwei Produkte substituierbar sind, voraus, dass getrennte Produkte vorliegen. Vergegenwärtigt man sich, dass einer Kreditkarte verschiedene Funktionen anheimgestellt und diese regelmäßig mit einer solchen Karte verbunden sind, erscheint es zunächst denkbar, dass die Karteninhaber eine Kreditkarte in der Gänze ihres Funktionsspektrums als vollwertiges einheitliches untrennbares Produkt ansehen. Sofern es sich aus Sicht der Marktgegenseite um ein einheitliches Produkt handeln würde, wäre die Frage nach der Substituierbarkeit der einzelnen Leistungen bedeutungslos. Nur sofern kein einheitliches Produkt „Kreditkarte“ gegeben ist, kann in einem weiteren Schritt danach gefragt werden, ob die dem Karteninhaber zur Verfügung gestellten Leistungen (in einem engeren Sinne) substituierbar sind und einem einheitlichen sachlich relevanten Markt angehören.

Keineswegs soll im Wege dieser Vorgehensweise dem Bedarfsmarktkonzept eine Absage erteilt, sondern vielmehr aus der Perspektive dieses Konzepts eine weitere Prüfungsebene „(vor-)geschaltet" werden, um den Besonderheiten von Kreditkarten hinreichend Rechnung zu tragen. Freilich handelt es sich um verwandte Aspekte. Eine entsprechende Assimilation des Bedarfsmarktkonzeptes an die Gegebenheiten des Einzelfalles ist keineswegs unüblich. Eine zweistufige Vorgehensweise steht mit der Prüfungsweise im Falle von Produktkoppelungen in Einklang. So erfolgt insbesondere im Falle gebündelter Angebote eine Modifikation des Bedarfsmarktkonzeptes, die dadurch bedingt ist, dass verschiedene Nachfragegruppen ein unterschiedliches Leistungsbündel (Produkt zuzüglich Dienstleistung oder verschiedene Dienstleistungen) nachfragen und die Austauschbarkeit derart gebündelter Angebote teils auch daran scheitert, dass nur einige Anbieter das komplette Leistungsbündel anbieten. Auch zur Klärung der Frage, ob es sich bei einem Medienabspielprogramm (mit Datenstrom-Kapazitäten) um ein sich von einem Betriebssystem unterscheidendes Produkt handelt, wählte die Kommission einen zweistufigen Aufbau; so prüfte sie zunächst, ob ein Media Player ein sich von einem Betriebssystem unterscheidendes Produkt darstellt und erst im Anschluss daran, ob und inwiefern eine hinreichende Substituierbarkeit anzunehmen ist.[304]

In Bezug auf gänzlich andersgeartete Produkte mag eine funktionsspezifische Marktabgrenzung zwar von vornherein nicht in Betracht kommen oder gar aus Gründen der Evidenz des Nichtvorliegens eines einheitlichen Produktes ausscheiden. Bezüglich Kreditkarten bildet dieser Schritt hinsichtlich einer potentiell gebotenen funktionsspezifischen Marktabgrenzung hingegen die Basis, um einen ersten Zugang zur Bestimmung des sachlich relevanten Marktes zu legen, denn gerade in Bezug auf Kreditkarten kommt es prima facie zwar durchaus in Betracht – mit der bislang herrschenden Meinung – eine Kreditkarte (in ihrer Gänze) als einheitliches Produkt anzusehen. Indes liegt dieser Sichtweise – wenn dies seitens der Anhänger der vorherrschenden Meinung gegebenenfalls auch als evident erachtet und aus diesem Grunde hierauf nicht eingegangen werden mag – immanent zugrunde, dass insbesondere die Möglichkeit der Abhebung von Bargeld am Geldautomaten sowie die Nutzung einer Kreditkarte am Point of Sale untrennbar mit einer Kreditkarte verbunden sind und eine unauflösbare Einheit bilden.

Im Folgenden soll – unter Zugrundelegung der bisherigen Erkenntnisse – in einem ersten Schritt der Frage nachgegangen werden, ob und inwieweit eine Kreditkarte bzw. ihre Leistungen aus kartellrechtlicher Warte heraus als Einheit anzusehen sind, und – verneinendenfalls – sodann in einem weiteren Schritt geklärt werden, ob diese Leistungen aus der Sicht der Marktgegenseite als (im engeren Sinne) substituierbar anzusehen sind.

304 Vgl. KOM, Entscheidung v. 24.03.2004, COMP/C-3/37.792 – Microsoft, Rn. 402 ff., abrufbar unter: http://ec.europa.eu/competition/antitrust/cases/dec_docs/37792/37792_4177_1.pdf.

Unterkapitel 3. Schritt 1: Die Kreditkarte als einheitliches Produkt?

In Anbetracht des aufgeführten Leistungsspektrums von Kreditkarten ist zunächst zu prüfen, ob und inwiefern es sich bei einer Kreditkarte um ein (einheitliches) Produkt handelt. Man mag erwägen, die Kreditkarte in ihrer Gänze bzw. sämtliche mit ihr verbundenen Leistungen als untrennbares und einheitliches Leistungsbündel anzusehen. Wenn dem so wäre, dann wäre die vorliegend hinsichtlich Kreditkarten in Rede stehende funktionsspezifische Marktabgrenzung von vornherein ausgeschlossen; die Frage nach einer etwaigen Substituierbarkeit der einzelnen Leistungen würde sich nicht stellen. Andererseits mag man postulieren, dass die Einordnung der Karte als Kreditkarte (unter Umständen) nicht das Vorhandensein sämtlicher an obiger Stelle aufgeführter Funktionen voraussetzt, und – wenn nicht alle Funktionen eine Einheit bilden – doch jedenfalls die wesensprägenden Eigenschaften ein nicht voneinander abtrennbares Leistungsbündel bilden, das aus Sicht der Karteninhaber als geschlossene Einheit erscheint. So könnte eine Kreditkarte insoweit als einheitliches „Produkt" anzusehen sein, als sie durch ihre charakteristischen Funktionen als auch Leistungen geprägt wird und in ihrer Begriffsbestimmung gerade vom Vorhandensein dieser Funktionen abhängt. Insofern gilt es im Folgenden die Besonderheiten von Kreditkarten genauer zu beleuchten, die Eigenheiten von Kreditkarten näher in das Zentrum der Betrachtung zu rücken und eine konkretere Bewertung vorzunehmen.

§ 1. Die Zusatzleistungen

Insbesondere bei den Zusatzleistungen, die den Karteninhabern regelmäßig im Falle des Einsatzes der Karte am PoS eingeräumt werden, stellt sich insofern die Frage, ob diese untrennbar mit einer Kreditkarte verbunden und als Bestandteil eines (einheitlichen) Produktes „Kreditkarte" anzusehen sind.

Diesbezüglich gilt es zunächst zu beachten, dass die jeweiligen Emittenten bestimmen, mit welchen Zusatzleistungen eine Kreditkarte ausgestattet wird; die Zusatzleistungen variieren von Emittent zu Emittent teils beträchtlich. Der Umstand, dass nicht alle Kreditkarten dasselbe Spektrum an Assistance-Leistungen aufweisen, bildet ein erstes Anzeichen dafür, dass diese Leistungen nicht charakteristisch für Kreditkarten sind.

Freilich mögen die Zusatzfunktionen zwar mitunter auch bei der Auswahlentscheidung des Karteninhabers, welche und wessen Karte er beantragt, von Bedeutung sein. Allerdings beantragt ein Karteninhaber die Ausgabe einer Kreditkarte nicht primär aus dem Grund, solche Zusatzleistungen zu erhalten. Ein Karteninhaber wird Assistance-Leistungen zwar tendenziell begrüßen, jedoch nicht gerade wegen der Gewährung dieser Leistungen das Innehaben einer Kreditkarte, sondern vielmehr in erster Linie ein Mittel zur Zahlung am PoS begehren. Ein Karteninhaber, der etwa nur bestimmte Versicherungsleistungen begehrt, wird eine Kreditkarte nicht bloß aus diesem Grunde sein Eigen nennen wollen, sondern eine (isolierte) Versicherung abschließen. Auch die Teilnahme an Bonusprogrammen setzt nicht zwingend den Besitz einer Kreditkarte voraus, wie bereits aus der Existenz von (reinen) Payback-Karten geschlossen werden kann. Nicht bloß diese beispielhaft aufgeführten, sondern auch die sonstigen Zusatzleistungen werden seitens eigenständiger Anbieter unabhängig von Kreditkarten als Produkte angeboten. Wie bereits dargelegt, indiziert die Existenz solcher spezialisierter Anbieter das Vorliegen getrennter Produkte (und auch getrennter Märkte).[305]

Oftmals kommt der Karteninhaber überdies nur in den Genuss der Zusatzleistungen, sofern er die Karte zur Zahlung einsetzt. Bei den seitens der emittierenden Unternehmen gewährten Zusatzleistungen handelt es sich insofern um einen Annex zur Zahlungsfunktion einer Kreditkarte. Aber auch wenn die Inanspruchnahme der Assistance-Leistungen nicht vom Innehaben einer Kreditkarte abhängt, so prägen diese variierenden Funktionen aus der Sicht eines Karteninhabers jedenfalls nicht die Zugehörigkeit der betreffenden Karte zu einer bestimmten Art von Karten.

Die Assistance-Leistungen sind nicht untrennbar mit einer Kreditkarte verbunden; ob eine Karte mit diesen Leistungen versehen ist, hat keine Auswirkungen auf die Frage, ob es sich bei der jeweils in Rede stehenden Karte um eine Kreditkarte handelt.

§ 2. Stundungs- und Kreditfunktion

Des Weiteren mag man sich fragen, ob es sich bei der Stundungs- und/oder der Kreditfunktion um wesensprägende Elemente einer Kreditkarte handelt und, ob diese Bestandteile eines (einheitlichen) Produktes „Kreditkarte" sind. Strikt zu differenzieren gilt es insofern zwischen der Stundungs- und der Kreditfunktion.

I. Die Stundungsfunktion

Die Stundungsfunktion ist ein wesensprägendes Merkmal einer Kreditkarte. Eine Karte, bei der die Umsätze sogleich vom jeweiligen Referenzkonto des Karteninhabers abgebucht werden, also ohne eine zum Ende der Rechnungsperiode erfolgende Abrechnung, unterfallen dem Begriff der Debitkarte.[306] Eine Karte ohne

---

305 Vgl. EuG, Urteil v.12.12.1991, Rs. T-30/89 – Hilti, Slg. 1991, II-1439, II-1473, Rn. 67; EuGH, Urteil v. 14.11.1996, Rs. C-333/94 – Tetra Pak, Slg. 1996, I-5951, I-6010 f., Rn. 36; KOM, Leitlinien für vertikale Beschränkungen, Abl. EU v. 19.05.2010, C 130/1, S. 43, Rn. 215.

306 Eine „Debitkarte" ist nach Art. 2 Abs. 33 der Verordnung über Interbankenentgelte (VO (EU) 2015/751) eine Zahlungsinstrumentenart, die es dem Zahler ermöglicht, Debitkartentransaktionen zu veranlassen, mit Ausnahme von Zahlungsvorgängen mit Guthabenkarten (Abl. EU v. 19.05.2015, L 123/1, S. 9). Nach Art. 2 Abs. 4 der Verordnung über Interbankenentgelte (VO (EU) 2015/751) handelt es sich bei einer „Debitkartentransaktion" um einen kartengebundenen Zahlungsvorgang, einschließlich kartengebundener Zahlungsvorgänge mit Guthabenkarten, der keine Kreditkartentransaktion ist (Abl. EU v. 19.05.2015, L 123/1, S. 8). Der Begriff der Debitkarte wird insofern negativ definiert. Nach Art. 2 Abs. 5 der Verordnung über Interbankenentgelte (VO (EU) 2015/751) bezeichnet der Begriff „Kreditkartentransaktion"

Stundungsfunktion ist demgemäß keine Kreditkarte, sondern vielmehr eine Debitkarte.[307] Bereits aus diesem Grunde erscheint es kaum möglich, die Stundungsfunktion als eine nicht wesensprägende Eigenschaft einer Kreditkarte zu klassifizieren. Die Stundungsfunktion stellt eine („Neben"-)Leistung im Falle des Einsatzes der Karte am PoS sowie als Geldabhebungsmittel dar. Sie kann nicht abgewählt werden, dient technischen Zwecken und bildet jedenfalls insofern ein wesensprägendes Merkmal einer Kreditkarte, als in dieser Funktion einer der bedeutsamsten Unterschiede zwischen einer Kreditkarte und Debitkarte zu sehen ist. Die Einordnung einer Karte als Kreditkarte setzt demnach voraus, dass die Karte über eine Stundungsfunktion verfügt. Es handelt sich um eine elementare Kreditkarten-Funktion, die sowohl definitionsgemäß als auch aus Sicht der Karteninhaber Bestandteil des Emissionsmarktes ist.

II. Die Kreditfunktion

Die Kreditfunktion respektive Kreditoption ist im Falle ihrer Inanspruchnahme mit einer weiteren, über die Stundung hinausgehenden Leistungsgewährung an den Karteninhaber verbunden. Zunächst ist zu berücksichtigen, dass ein Karteninhaber einen separaten Kredit aufnimmt, um den am Ende der jeweiligen Rechnungsperiode auf seinem Kreditkartenkonto verzeichneten Soll-Saldo am Ende der Rechnungsperiode auszugleichen; hinsichtlich Darlehen existieren jedenfalls diverse Angebote, die nicht an eine Kreditkarte „gekoppelt" sind. Dies indiziert grundsätzlich eine von den sonstigen Kreditkartenleistungen unabhängige Nachfrage nach Krediten. Wie bereits dargelegt wurde, existieren zwei grundlegend andersartig ausgestaltete Kreditkartenarten. Bereits die Existenz dieser beiden Kartenarten, die unstreitig gleichermaßen als Kreditkarte erachtet werden, spricht jedenfalls dafür, dass es sich bei der Kreditfunktion nicht um einen untrennbaren Bestandteil eines etwaigen Einheitsproduktes Kreditkarte handelt. Dementsprechend handelt es sich bei der Kreditfunktion von Kreditkarten bzw. der mit dieser Funktion korrespondierenden Leistung um eine von den sonstigen Kreditkartenleistungen getrennte Leistung.

§ 3. Die Geldabhebungsfunktion

Es verbleibt die Frage, ob es sich bei der Geldabhebungsfunktion um eine wesensprägende Eigenschaft einer Kreditkarte handelt und inwiefern Geldabhebungsfunktion und Zahlungsfunktion einer Kreditkarte respektive die mit diesen

---

einen kartengebundenen Zahlungsvorgang, bei dem der Betrag der Transaktion gemäß einer vorab vereinbarten zu verzinsenden oder zinsfreien Kreditfazilität an einem vorab vereinbarten bestimmten Kalendertag vollständig oder teilweise beim Zahler abgebucht wird (Abl. EU v. 19.05.2015, L 123/1, S. 8).

307 Vgl. in diesem Kontext auch noch *Leinonen*, Transparent price competition, J. Paym Strat & Syst, 2010, Vol. 4, No. 2, 102, 103.

korrespondierenden Leistungen getrennte Produkte darstellen. Insofern steht in Rede, ob zwischen den Einsatzbereichen von Kreditkarten eine Grenzziehung zwischen dem Einsatz der Karte zur Geldabhebung und zur Zahlung am PoS zu erfolgen hat. Diese Fragestellung steht in engem Zusammenhang mit der Frage, ob eine (Kredit-)Karte ohne Geldabhebungsfunktion (noch) als Kreditkarte anzusehen ist.

I. Tendenzen in der Entscheidungspraxis

Die bisherigen Ausführungen in der Rechtsprechung intendieren – wenngleich dies auch nicht ausdrücklich angesprochen werden mag –, dass eine Trennung zwischen dem Einsatz am PoS und der Geldabhebung erfolgen kann.

In der Entscheidungspraxis lassen sich jedenfalls Indizien ausmachen, die dafür sprechen, dass es sich bei der Geldabhebungsfunktion um eine eigenständige (Dienst-)Leistung handelt.

Die für ein Zusammenschlussvorhaben von Gesellschaften für Kartenzahlsysteme zuständige Beschlussabteilung des Bundeskartellamtes hat etwa im Jahre 2006 explizit ausgeführt, dass „Serviceleistungen für die Bargeldabhebungen an Geldautomaten (die ebenfalls per Karte erfolgen) (...) als eigenständige Dienstleistung anzusehen“ seien.[308] Dies wurde unter anderem damit begründet, dass ein solcher Karteneinsatz keine Zahlung mittels Karte (beim Händler) darstellt.[309] Mithin erfolgte eine Grenzziehung zwischen beiden Funktionsbereichen ähnlich der hier angesprochenen funktionsspezifischen Abgrenzung.

Der BGH führte – wenngleich auch in rein zivilrechtlichem Kontext – aus, dass in der Zurverfügungstellung von Geldautomaten eine dem Karteninhaber gewährte Zusatzleistung bzw. eine zusätzliche Sonderleistung zu erblicken sei, die den typischen Zweck des Emissionsvertrages, der in der Erfüllung der Verbindlichkeiten aus dem Valutaverhältnis durch den Emittenten zu sehen sei, übersteige.[310] In Anbetracht dessen wurden bislang AGB-Klauseln der Emittenten als zulässig erachtet, durch welche den Karteninhabern ein bestimmtes Entgelt für Geldabhebungen mittels Kreditkarten in Rechnung gestellt wird.[311]

---

308 Vgl. auch BKartA, Beschluss v. 08.06.2006, B 4 – 29/06, Rn. 57.

309 Vgl. auch BKartA, Beschluss v. 08.06.2006, B 4 – 29/06, Rn. 57.

310 Vgl. BGHZ 133, 10, 17 (Inanspruchnahme von Geldautomaten bei privaten Girokonten); BGHZ 137, 27, 30 (zur Bepreisung der Geldabhebung am Automaten im Ausland bei Kreditkarten); *Werner*, in: Kümpel/Wittig, Bank- und Kapitalmarktrecht, 4. Aufl., 2011, Rn. 7.1003.

311 Vgl. BGHZ 133, 10, 17 (Inanspruchnahme von Geldautomaten bei privaten Girokonten); BGHZ 137, 27, 30 (zur Bepreisung der Geldabhebung am Automaten im Ausland bei Kreditkarten); AG Frankfurt, WM 1996, 1177 (Bargeldauszahlungsgebühren bei Kreditkarten); *Göbel*, WuB I D 5 a Kreditkarte 1.97, S. 21, 22; vgl. auch *Werner*, in: Kümpel/Wittig, Bank- und Kapitalmarktrecht, 4. Aufl., 2011, Rn. 7.1003; vgl. ferner OLG Hamburg, 1996-05-15, 5 U 246/95.

Es zeigt sich mithin, dass die Zahlungsfunktion und die Geldabhebungsfunktion separat und isoliert voneinander betrachtet sowie bewertet wurden und werden können.

II. Zuwider der Argumentation, dass eine Kreditkarte regelmäßig eine Geldabhebungsfunktion aufweist und aus diesem Grunde ein einheitliches Produkt gegeben sei

Legt man eine historische Betrachtungsweise zugrunde,[312] so dienten Kreditkarten ausschließlich als Zahlungsmittel am Point of Sale; erst deutlich später kam die Geldabhebungsfunktion hinzu.[313] Dies spricht zunächst dafür, dass eine Kreditkarte ohne Geldabhebungsfunktion ihren Charakter als Kreditkarte nicht einbüßen würde, wie auch dafür, dass die Einsatzmöglichkeit der Karte als Zahlungsmittel am PoS auf der einen und die Möglichkeit, Geldabhebungen zu tätigen, auf der anderen Seite zwei unterschiedliche Dienstleistungen darstellen.

Nichtsdestotrotz mag man diesem Argument entgegenhalten, dass beide Leistungen auf einem Gegenstand, nämlich der Karte als Verkörperung der Berechtigung miteinander verbunden und kaum Kreditkarten aufzufinden sind, bei denen eine derartige Geldabhebungsfunktion heutzutage noch fehlt. Freilich können bei Vorliegen einer sich konstant sowie rasch entwickelnden Wirtschaftsbranche anfangs als getrennt erscheinende Produkte zu einem späteren Zeitpunkt als einheitliches Produkt zu klassifizieren sein.[314] Aus Sicht der Karteninhaber geht mit der Zurverfügungstellung einer Abhebungsmöglichkeit jedenfalls ein Mehrwert der Kreditkarte einher. Es handelt sich insofern zweifelsohne um eine Weiterentwicklung, die gleichsam seitens vieler Karteninhaber als Verbesserung der Karte verstanden werden mag.

In Anbetracht dessen lässt sich der Standpunkt einnehmen, die Einbeziehung der Geldabhebungsfunktion sei als „normaler Schritt" in der (Weiter-)Entwicklung von Kreditkarten zu werten. Eine solche Sichtweise mag mitunter auch eine gewisse Bestätigung darin finden, dass beinahe sämtliche Kartenemittenten Kreditkarten mit einer solchen Funktionalität ausstatten. Ferner mag man – in Fortführung dieses Gedankenganges – argumentieren, dass von einer Kreditkarte heutzutage erwartet wird, dass diese sowohl über eine Zahlungs- als auch eine Geldabhebungsfunktion verfügt. Auch mag argumentiert werden, die Geldabhebungsfunktion stelle – aus heutiger Sicht – bereits seit langem ein Merkmal

---

312 Vgl. insofern auch EuG, Urteil v. 28.02.2002, Rs. T-86/95 – Compagnie générale maritime, Slg. 2002, II-1022, II-1046, Rn. 124.

313 Teils keimte in letzter Zeit die Diskussion in den USA auf, wieder zurück zu diesem „Ursprungsstatus" zurück zu kehren.

314 Vgl. etwa EuG, Entscheidung v. 17.09.2007, Rs. T-201/04 – Microsoft, Slg. 2007, II-3601, Rn. 913 (allerdings bezüglich des Wirtschaftszweiges der Informations- und Kommunikationstechnologien).

von Kreditkarten dar. Im Übrigen schiene es denkbar, die Auffassung zu vertreten, dass Geldabhebungs- und Zahlungsfunktion im Falle von Kreditkarten im Laufe der Zeit eine „enge Verbindung" eingegangen seien, es sich um eine Hinzufügung handele, die dem technologischen Fortschritt geschuldet (gewesen) sei und dies daher heutzutage einem Handelsbrauch entspreche. Hieraus ließe sich weiter folgern, dass die Geldabhebungsfunktion eine „natürliche Funktion" von Kreditkarten darstellt und eine Einordnung der Geldabhebungsfunktion bzw. der mit dieser korrespondierenden (Dienst-)Leistung als gesondertes Produkt aus diesem Grunde verwehrt sei.

Allein der Umstand, dass Kunden erwarten (mögen), in der Lage zu sein, mit ihrer Kreditkarte Geld abheben zu können, bildet als solcher indes keinen Grund dafür, dass eine Kreditkarte (stets) eine Geldabhebungsfunktion aufweisen müsste oder verschiedene Produkte zu einem einheitlichen Produkt werden.[315] Eine dahingehende Notwendigkeit ist jedenfalls nicht ersichtlich; dies zeigt sich bereits, wenn man sich die angesprochenen Ursprünge der Kreditkarte vor Augen führt. Seinerzeit bestand keine technische Notwendigkeit Kreditkarten mit einer Geldabhebungsfunktion auszustatten. Allein der Umstand, dass ein Produkt in ein anderes Produkt integriert wird, hat jedenfalls nicht (zwangsläufig) zur Folge hat, dass etwa kein Kopplungsverkauf zweier gesonderter Produkte anzunehmen ist. Auch die Schaffung eines etwaigen Mehrwerts bedingt nicht notwendigerweise eine Zuordnung beider Funktionen zu ein- und demselben Markt. Ihrem Wesen nach sind die Zahlungsfunktion und die Geldabhebungsfunktion jedenfalls nicht untrennbar miteinander verknüpft und mithin auch keine untrennbaren Produkte. Zwar mögen Geldabhebungs- und Zahlungsfunktion eine Verbindung aufweisen, da sie auf ein- und derselben Karte angebracht sind. Hieraus kann allerdings nicht gefolgert werden, dass beide Funktionen bei der Anwendung der Wettbewerbsregeln nicht in technischer, wirtschaftlicher oder auch geschäftspolitischer Hinsicht voneinander getrennt werden können.

Die Frage, ob und welche Leistungen einem Kreditkarteninhaber gewährt werden, steht grundsätzlich im freien Belieben der Issuer. Letztgenannte Systemteilnehmer verfügen über umfassende Gestaltungsfreiheiten, die sich gleichsam in der Fülle unterschiedlich gearteter Kreditkartenpakete offenbaren. Zumal die Issuer und mittelbar auch die Karteninhaber durch ihre Nachfrage das Angebots- und Leistungsspektrum von Kreditkarten bestimmen, lässt sich keineswegs von einer untrennbaren Einheit sämtlicher, einer Kreditkarte anheimgestellter Leistungen sprechen. Eine Kreditkarte setzt sich aus einem Geflecht mehrerer Leistungen zusammen, deren Kombinationsmöglichkeiten grundsätzlich der Schöpfungs- und Gestaltungsfreiheit des Emittenten unterliegen und durch diesen zu einer Einheit geformt werden.[316] Dies zeigt, dass

---

315 Vgl. insofern auch EuG, Entscheidung v. 17.09.2007, Rs. T-201/04 – Microsoft, Slg. 2007, II-3601, Rn. 922.

316 Vgl. auch BGHZ 137, 27, 30.

eine einheitliche (Basis-)Ausstattung von Kreditkarten nicht „vorgegeben“ ist.[317]

Dem Karteninhaber steht es in der Regel frei, die Geldabhebungsfunktion „auszuschalten“. So haben Karteninhaber beispielsweise die Möglichkeit, die Nutzung der Geldabhebungsfunktion etwa dadurch zu beschränken oder gar auszuschließen, dass sie mit dem Emittenten vereinbaren, dass nur ein geringes oder überhaupt kein Bargeld am Automaten abgehoben werden kann. Mithin vermag es der Karteninhaber aus einer Kreditkarte mit Geldabhebungsfunktion eine Kreditkarte mit inaktiver Abhebungsfunktion zu „formen“. Rein technisch betrachtet sind derartige Limitbegrenzungen, die auf den Bereich des Einsatzes als Abhebungsmittel beschränkt werden, ohne Weiteres möglich. Auch wird durch eine auf diese Weise ausgestaltete „Deaktivierung“ der Abhebungsfunktion die Zahlungsfunktion der Karte in keinster Weise beeinträchtigt oder gar in Mitleidenschaft gezogen.

Das Vorhandensein unabhängiger, auf die Herstellung eines gekoppelten Produkts spezialisierter Unternehmen ist zwar als Indiz für das Vorliegen getrennter Verbrauchernachfrage und damit für die Existenz gesonderter Produkte zu werten.[318] Auch wenn keine Unternehmen ersichtlich sind, die auf den Vertrieb von Kreditkarten ohne Abhebungsfunktion spezialisiert sind, kann hieraus allerdings nicht geschlossen werden, dass eine funktionsspezifische Abgrenzung zwischen Abhebungs- und Zahlungsfunktion verwehrt wäre.

Diese Entscheidungspraxis entstammt den oben angesprochenen Koppelungskonstellationen.[319] Letztgenannte Konstellationen umfassen nicht bloß sog. gemischte Bündelungen, bei denen sowohl das Bündel als auch die einzelnen Komponenten auf dem Markt erhältlich sind und das Bündel mit einem Abschlag auf die Summe der Preise der Komponenten verkauft wird, sondern auch Fälle, in denen nur das Bündel und nicht die Komponenten verfügbar sind.[320] Auch in letztgennannten Fällen, die als reine Kopplungen bezeichnet werden, ist es nicht ausgeschlossen, dass die einzelnen Leistungskomponenten als getrennte Produkte anzusehen sind (bzw. unterschiedlichen Märkten angehören). Die Existenz spezialisierter Anbieter im obigen Sinne ist eines unter mehreren Indizien, mithin

---

317 Vgl. auch *Fuchs*, in: Ulmer/Brandner/Hensen, AGB-Recht, 12. Aufl., 2016, (29) Kreditkarten-AGB, Rn. 5, der Geldabhebungsfunktion als „Sonderleistung“ des Emittenten ansieht.

318 Vgl. EuG, Urteil v.12.12.1991, Rs. T-30/89 – Hilti, Slg. 1991, II-1439, II-1473, Rn. 67; EuGH, Urteil v. 14.11.1996, Rs. C-333/94 – Tetra Pak, Slg. 1996, I-5951, I-6010 f., Rn. 36; KOM, Entscheidung v. 24.03.2004, COMP/C-3/37.792 – Microsoft, Rn. 802, abrufbar unter: http://ec.europa.eu/competition/antitrust/cases/dec_docs/37792/37792_4177_1.pdf; vgl. hierzu auch EuG, Entscheidung v. 17.09.2007, Rs. T-201/04 – Microsoft, Slg. 2007, II-3601, Rn. 873 u. Rn. 901.

319 Vgl. oben unter Abschnitt 1, Titel 3, Untertitel 3, Kapitel 1, Unterkapitel 2, § 2.,II.

320 KOM, Erläuterungen zu den Prioritäten der Kommission bei der Anwendung von Artikel 82 des EG-Vertrags auf Fälle von Behinderungsmissbrauch durch marktbeherrschende Unternehmen, Abl. EU v. 24.02.2009, C 45/7, S. 15, Rn. 48.

nicht das einzige in Betracht kommende Anzeichen für das Vorliegen unterschiedlicher Produkte. Im Übrigen ist es durchaus branchenüblich, dass Kreditinstitute, die Kreditkarten emittieren, mehrere Kartenarten anbieten, sich mithin nicht bloß auf die Emission einer einzigen Kartenart konzentrieren bzw. spezialisieren. So finden sich in den seltensten Fällen Unternehmen, die ausschließlich Kreditkarten emittieren.

Des Weiteren lässt sich – sofern man nicht auf bloß auf die Anbieter als solche, sondern auf die unterschiedlichen Kartenarten abstellt – erkennen, dass in der Branche durchaus Karten anzutreffen sind, die lediglich über eine Geldabhebungsfunktion verfügen; man spricht insofern von (reinen) Bankkarten. Zudem existieren Kundenkreditkarten, die bloß über eine Zahlungsfunktion, nicht hingegen über eine Geldabhebungsfunktion verfügen.

Es mag zwar zutreffen, dass einige Kunden den Wunsch hegen, eine Kreditkarte mit Abhebungsfunktion zu erwerben. Gleichwohl kann dieses Bedürfnis auch in anderer Weise befriedigt werden, was bereits die Existenz reiner Bankkarten belegt. Auch die Tatsache, dass mit einer Geldabhebungsfunktion ausgestattete Karten ohne Zahlungsfunktion separat angeboten werden, kann als ein Hinweis auf eine getrennte Verbrauchernachfrage angesehen werden.[321] (Reine) Bankkarten, die nur über eine Geldabhebungsfunktion, hingegen nicht über eine Zahlungsfunktion verfügen, bilden prima facie jedenfalls eine Alternative für die Kunden, die keine Zahlungsfunktion nutzen wollen. Ferner gilt es zu bedenken, dass Karteninhaber ihre Karte – selbst wenn diese über eine solche Funktion verfügt – oftmals nicht zur Geldabhebung einsetzen. So setzen viele Kreditkarteninhaber ihre Kreditkarte beinahe ausschließlich am PoS ein. Bei diesen Karteninhabern ermangelt es am Wunsch respektive Bedarf hinsichtlich der Geldabhebungsfunktion von Kreditkarten. In Anbetracht dessen und aufgrund der Existenz von Karten, die ausschließlich über eine Geldabhebungsfunktion verfügen, lässt sich eine getrennte Nachfrage ausmachen.

Einer Argumentation, wonach aus dem Umstand, dass Kreditkarten regelmäßig über eine Abhebungsfunktion verfügen, darauf geschlossen werden könnte, dass die Geldabhebungsfunktion als integraler Bestandteil einer Kreditkarte anzusehen sei, stehen – neben den bereits angesprochenen Bedenken – auch noch weitere Erwägungen entgegen.

Es mag zwar durchaus zutreffend sein, dass eine etwaig bestehende Handelspraxis in der Verbrauchernachfrage ihre Entsprechung findet.[322] Auch sollte ein

---

321 Vgl. die entsprechende Argumentation der Kommission in KOM, Entscheidung v. 24.03.2004, COMP/C-3/37.792 – Microsoft, Rn. 804, abrufbar unter: http://ec.europa.eu/competition/antitrust/cases/dec_docs/37792/37792_4177_1.pdf.

322 In diesem Sinne etwa Microsoft, vgl. EuG, Entscheidung v. 17.09.2007, Rs. T-201/04 – Microsoft, Slg. 2007, II-3601, Rn. 890; vgl. ferner KOM, Arbeitsdokument v. 13.11.2007, Begleitdokument zur Empfehlung der Kommission über relevante Produkt- und Dienstmärkte des elektronischen Kommunikationssektors, die aufgrund der Richtlinie 2002/21/EG des Europäischen Parlaments und des Rates über einen gemeinsamen Rechtsrahmen für elektronische Kommunikationsnetze und -dienste für

Produkt freilich in erster Linie anhand der Verbrauchererwartungen definiert werden.[323] Diesen allgemeinen Befunden kann indes keine Aussage konkret in Bezug auf die Geldabhebungs- und Zahlungsfunktion von Kreditkarten entnommen werden. Beobachtungen tatsächlicher Natur sind – mitunter auch in Anbetracht der starken Marktstellung von Visa und MasterCard – mit Vorsicht zu genießen. Es entspricht jedenfalls ständiger Rechtsprechung, dass eine Berufung auf eine etwaige Handelspraxis innerhalb einer bestimmten Branche ausgeschlossen ist, sofern die Wettbewerbsverhältnisse auf dem in Rede stehenden Markt bereits gestört sind.[324]

Eine Bezugnahme auf etwaige Machtstellungen mag zwar im Rahmen der Marktabgrenzung Bedenken ausgesetzt sein, zumal sich die Marktanteile erst korrekt berechnen lassen, nachdem der relevante Markt bestimmt wurde. Indes können derartige Aspekte auch nicht vollends außen vor bleiben. Man denke etwa an die Probleme im Kontext des SSNIP-Testes zur Bestimmung der Kreuzpreiselastizität, welches ein Hilfskonzept neben dem Bedarfsmarktkonzept darstellt.[325] Unter dem Begriff der Cellophane Fallacy ist in diesem Kontext bekannt, dass Marktanteilswerte und die Frage, ob ein beherrschendes Unternehmen vorliegt, auch bereits im Rahmen der Abgrenzung des sachlich relevanten Marktes Berücksichtigung finden können.[326] Im Übrigen mag sich zwar erst nach der Marktabgrenzung konkret bestimmen lassen, inwiefern ein Unternehmen beherrschend ist; gleichwohl sind die vorliegend in Augenschein genommenen Unternehmen MasterCard

---

eine Vorabregulierung in Betracht kommen, C(2007) 5406, SEC(2007) 1483/2, S. 16, online abrufbar unter: https://ec.europa.eu/digital-agenda/sites/digital-agenda/files/sec_2007_1483_2_0.pdf.

323 Vgl. EuG, Entscheidung v. 17.09.2007, Rs. T-201/04 – Microsoft, Slg. 2007, II-3601, Rn. 890.

324 Vgl. EuG, Entscheidung v. 17.09.2007, Rs. T-201/04 – Microsoft, Slg. 2007, II-3601, Rn. 910.

325 Vgl. KOM, Bekanntmachung über die Definition des relevanten Marktes im Sinne des Wettbewerbsrechts der Gemeinschaft, ABl. EG v. 09.12.1997, C 372/5, S. 7, Rn. 15 ff.; KOM, Entscheidung v. 16.01.1996, COMP/M.623 – Kimberley-Clark/Scott, Rn. 174 ff.; KOM, Entscheidung v. 24.04.1996, COMP/M.619 – Gencor/Lonrho, Rn. 56 ff.; KOM, Entscheidung v. 09.03.1999, COMP/M.1313 – Danish Crown/Vestjyske Slagterier, Rn. 29; KOM, Entscheidung v. 30.10.2001, COMP/M.2416 – Tetra Laval/Sidel, Rn. 162; KOM, Entscheidung v. 09.06.2004, COMP/M.3397 – Owens-Illinois/BSN Glasspack, Rn. 13.

326 Vgl. *Immenga/Körber*, in: Immenga/Mestmäcker, Wettbewerbsrecht, Bd. 1 EG/2, 5. Aufl., 2014, Art. 2 FKVO, Rn. 52; KOM, Bekanntmachung über die Definition des relevanten Marktes im Sinne des Wettbewerbsrechts der Gemeinschaft, ABl. EG v. 09.12.1997, C 372/5, S. 7, Rn. 19; vgl. ferner *Ewald*, Paradigmenwechsel bei der Abgrenzung relevanter Märkte?, ZWeR 2004, 512, 525 ff.; *Kokkoris*, Concept of Market Definition, ECLR 2005, Vol. 26, Iss. 4, 209, 212; *Wingerter*, Abgrenzung des relevanten Marktes, 2016, S. 43 f.

und Visa selbst im Falle der denkbar weitesten Marktabgrenzung die mit Abstand marktanteilsstärksten Unternehmen der vorliegend betrachteten Branche.

In Anbetracht dessen ist es nicht überzeugend, von einem Handelsbrauch oder einer Handelspraxis in einem Wirtschaftszweig zu sprechen, der zu etwa 90 % von MasterCard und Visa kontrolliert wird. Freilich handelt es sich bei Visa und MasterCard zwar um zwei unterschiedliche Kreditkartenorganisationen. Gleichwohl bestehen zwischen diesen beiden Systemen strukturelle Verflechtungen. Insbesondere werden Emittenten, die etwa MasterCard-Kreditkarten emittieren auch als Emittenten von Visa-Kreditkarten tätig, und vice versa.[327] Oftmals sind die Emittenten zugleich Mitglieder beider Kartenorganisationen, denen teils Mitbestimmungsrechte innerhalb der Zahlungssysteme zukommen, was mitunter einer der Gründe sein mag, dass sich die Leistungen von Visa- und MasterCard-Kreditkarten weitgehend ähneln. Dies mag mitunter – neben den beträchtlichen Marktanteilszahlen von Visa und MasterCard – indizieren, dass der Wettbewerb im Kreditkartengeschäft hinsichtlich einiger Wettbewerbsparameter bereits beeinträchtigt ist und aus diesem Grunde aus dem tatsächlichen Geschäftsgebaren nur bedingt Rückschlüsse auf die Frage möglich sind, ob die Geldabhebungs- und die Zahlungsfunktion bei Kreditkarten ein- und demselben Markt oder aber getrennten Märkten zuzuordnen sind.

Einer Berücksichtigung dieser Umstände lässt sich im Übrigen auch nicht entgegenhalten, dass auch die Kreditkarten von American Express und Diners Club über eine Geldabhebungsfunktion verfügen. Diese Kartenorganisationen verfügen nur über verhältnismäßig geringe Marktanteile. Es steht insofern zu erwarten, dass sie nicht vom Usus in der Branche abweichen würden, zumal sich gerade diese Kartenorganisationen als Herausgeber von Kreditkarten der gehobenen Klasse verstehen, die es ihren Kunden nur schwerlich vermitteln könnten, dass ihre Karten einen geringeren Leistungsumfang aufweisen als diejenigen von Visa und MasterCard.

Es kann vorliegend folglich – jedenfalls nicht zwingend – aus den tatsächlichen Gepflogenheiten darauf geschlossen werden, dass eine Geldabhebungsfunktion ein wesensprägendes und notwendiges Charakteristikum einer Kreditkarte ist. Solche tatsächlichen Beobachtungen stehen nicht einer funktionsspezifischen Marktabgrenzung im hier in Erwägung gezogenen Sinne entgegen.

III. Anbieter- und Nachfragestruktur

Im Falle des Einsatzes der Karte am PoS auf der einen und des Einsatzes als Geldabhebungsinstrument auf der anderen Seite agieren nicht die gleichen Parteien.

---

327 Vgl. WEKO, Verfügung v. 05.12.2005, RPW 2006/1, 65, S. 104, Rn. 310 ff.; WEKO, Schlussbericht v. 27.04.2009, RPW 2009/2, 122, 137, Rn. 135; KOM, Entscheidung v. 24.07.2002, COMP/29.373 – Visa International II – Multilateral Interchange Fee, ABl. EG v. 22.11.2002, L 318/17, S. 30, Rn. 80.

Sofern der Karteninhaber die Karte zur Zahlung am PoS einsetzt, sind bei Vorliegen eines Vier-Parteien-Systems mindestens der Emittent, der Acquirer, der Karteninhaber und das Vertragsunternehmen an dem Zahlungsvorgang beteiligt; insofern sei auf obige Ausführungen[328] verwiesen.

Wird die Karte hingegen zur Abhebung von Bargeld eingesetzt, so sind nur zwei respektive drei Parteien, an diesem Vorgang beteiligt. Sofern der Karteninhaber die Karte am Schalter oder an einem institutseigenen Automaten einsetzt, nehmen an diesem Vorgang nur das kartenemittierende Unternehmen und der Karteninhaber teil. Setzt der Karteninhaber die Karte hingegen zur Geldabhebung an institutsfremden Automaten zur Geldabhebung ein, so ist des Weiteren auch das Kreditinstitut, dem der Automat zuzurechnen ist, beteiligt. Die Acquirer sowie die Vertragsunternehmen sind nicht an Geldabhebungsvorgängen beteiligt.

Mithin unterscheiden sich im Falle des Einsatzes am PoS oder zur Geldabhebung die Akteure, was intendiert, dass es sich bei beiden Funktionen respektive den mit diesen korrespondierenden Leistungen um getrennte Produkte handelt. Der Indizcharakter dieses Aspekts ist indes freilich nur von geringer Bedeutung, zumal in sämtlichen Fällen jedenfalls der Emittent als Vertragspartner des Karteninhabers diesem gegenüber zur Leistungserbringung verpflichtet ist und hinsichtlich des Emissionsbereichs in erster Linie auf den Karteninhaber abzustellen ist; die weiteren Akteure, seien es nun Acquirer, Vertragsunternehmen oder fremde Emittenten, stellen aus Sicht des Karteninhabers nur „Nebenakteure“ dar, die ihm gegenüber – soweit es den Karteneinsatz anbelangt – allenfalls als Hilfspersonen seines Emittenten erscheinen.

IV. Die Preisstrukturen

Im Übrigen mögen sich aber auch die andersgearteten Kostenstrukturen in den Bereichen des PoS-Einsatzes und des Einsatzes zur Geldabhebung für das Vorliegen getrennter Produkte anführen lassen.

Im Rahmen der gesetzlichen Grenzen und in Anbetracht der geltenden Vertragsautonomie verfügen die Emittenten über die Freiheit, die Höhe der ihrerseits von den Karteinhabern erhobenen Entgelte festzulegen.[329] Es steht ihnen insoweit grundsätzlich frei, für die ihrerseits angebotenen Leistungen pauschale Gebühren oder Einzelpreise zu erheben oder beide Alternativen zu kombinieren.[330]

Den Issuern steht es frei, die Inanspruchnahme unterschiedlicher Funktionen andersartig zu bepreisen und bestimmte Nutzungsarten als durch die Jahresgebühr beglichen zu behandeln, andere hingegen nur im Falle zusätzlicher Entgeltentrichtungen zu gewähren.[331]

---

328 Vgl. insbesondere oben unter Abschnitt 2, Titel 1, Untertitel 2, Kapitel 3 u. Kapitel 4.
329 Vgl. auch BGHZ 137, 27, 30.
330 Vgl. auch BGHZ 137, 27, 30.
331 Vgl. auch BGHZ 137, 27, 30.

Jeder Karteninhaber entrichtet (grundsätzlich) eine Jahresgebühr an den Kartenemittenten, und dies ungeachtet der Frage, ob und wie er die Karte im Folgenden einsetzt. Regelmäßig ist der Karteninhaber allenfalls im Falle des Einsatzes an fremden Geldabhebungsautomaten und/oder bei Abhebungen im Ausland zur Zahlung weiterer Gebühren verpflichtet. Im Falle des Einsatzes der Karte am PoS zeigt sich ein etwas anderes Bild. Im Falle des Einsatzes am PoS sowie zur Geldabhebung (am Schalter und institutseigenen Automaten) fallen grundsätzlich keine weiteren Gebühren respektive Kosten für den Karteninhaber an. Auf den ersten Blick trägt der die Karte zur Zahlung am PoS einsetzende Karteninhaber also (selbst) keine weiteren Kosten. Indes muss allerdings auch besehen werden, dass im Falle des Einsatzes der Karte am PoS seitens der Vertragsunternehmen ein Disagio an die Acquirer gezahlt wird, welche wiederum ihrerseits Interbankenentgelte[332] an die Emittenten entrichten. Zumal die Vertragsunternehmen bislang davon abgesehen

332 Bei Interchange Fees (IC Fee), auch Interchangegebühren oder Interbankenentgelte genannt, handelt es sich um Entgelte, welche innerhalb eines Vier-Parteien-Systems – regelmäßig – seitens eines akquirierenden Unternehmens an einen Emittenten zu entrichten sind; vgl. KOM, Entscheidung v. 24.07.2002, COMP/29.373 – Visa International II – Multilateral Interchange Fee, ABl. EG v. 22.11.2002, L 318/17, S. 19, Rn. 10; WEKO, Verfügung v. 05.12.2005, RPW 2006/1, 65, S. 67, Rn. 1 sowie S. 70, Rn. 19; KOM, Beschluss v. 08.12.2010, COMP/39.398 – Visa MIF, Rn. 20; EuGH, Entscheidung v. 11.09.2014, Rs. C-382/12 P – MasterCard, Rn. 11; KOM, Entscheidung v. 19.12.2007 in den Sachen COMP/34.579 – MasterCard, COMP/36.518 – EuroCommerce u. COMP/38.580 – Commercial Cards, S. 8 (engl. Fassung; Glossar unter der Begriffserklärung „Interchange fee" (dies entspricht der Erklärung auf S. 10 der deutschen Fassung)); KOM, Arbeitsdokument v. 31.01.2007, Untersuchung des Retail-Bankgeschäfts (Abschlussbericht), COM(2007) 33 final, SEC(2007) 106, S. 85, abrufbar unter: http:// ec.europa.eu/competition/sectors/financial_services/inquiries/sec_2007_106.pdf; KOM, Grünbuch v. 11.01.2012, Ein integrierter europäischer Markt für Karten-, Internet- und mobile Zahlungen, COM(2011) 941 final, S. 8, abrufbar unter: http://eur-lex.europa.eu/legal-content/DE/TXT/PDF/?uri=CELEX:52011DC0941&from=EN; vgl. auch noch *Bunte*, Sektorenuntersuchung (Bezahlkartensysteme), WM 2007, 2041, 2044; *Abele/Berger/Schäfer*, Kartenzahlungen im Euro-Zahlungsraum, S. 49. Nach Art. 2 Abs. 10 der Verordnung über Interbankenentgelte (VO (EU) 2015/751) handelt es sich bei einem „Interbankenentgelt" um das Entgelt, das bei einem kartengebundenen Zahlungsvorgang für jede direkte oder indirekte (d.h. über einen Dritten vorgenommene) Transaktion zwischen dem Emittenten und dem Acquirer gezahlt wird; die Nettovergütung oder andere vereinbarte Vergütungen sind Bestandteil des Interbankenentgelts (Abl. EU v. 19.05.2015, L 123/1, S. 8). Nach Art. 2 Abs. 11 der Verordnung über Interbankenentgelte (VO (EU) 2015/751) ist unter einer „Nettovergütung" die Gesamtnettosumme der Zahlungen, Rabatte und Anreize zu verstehen, die ein Emittent vom Kartenzahlverfahren, dem Acquirer oder einer zwischengeschalteten Stelle in Bezug auf einen kartengebundenen Zahlungsvorgang oder damit verbundene Tätigkeiten erhält (Abl. EU v. 19.05.2015, L 123/1, S. 8).

haben Preisaufschläge auf Kartenzahlungen zu erheben, kann davon ausgegangen werden, dass die durch die MSC (und damit auch die Interbankenentgelte) entstehenden Kosten externalisiert werden und auf alle oder ausgewählte Produkte umgelegt werden, sodass die Abnehmer auf den Absatzmärkten (und damit neben den Barzahlern auch die Kartenzahler, die solche Produkte erwerben) diese Mehrkosten tragen.[333] Die Karteninhaber (aber auch die Barzahler) tragen in diesem Falle jedenfalls mittelbar die Kosten des Kreditkarteneinsatzes am PoS. Aus Sicht der Emittenten erhalten diese aufgrund der Interbankenentgelte ein zusätzliches transaktionsabhängiges Entgelt, welches es nicht geboten erscheinen lässt, den Karteninhabern zusätzliche Gebühren im Falle des Einsatzes am PoS aufzuerlegen. Ohne hierauf an dieser Stelle näher eingehen zu wollen, tritt dies indes regelmäßig aus der (vorliegend maßgeblichen) Sicht des Karteninhabers nicht als deren eigene und zusätzliche Zahlungsbelastung zu Tage. Mithin ist die Zahlung mittels Kreditkarte – jedenfalls aus Sicht des Karteninhabers – nicht mit über die Jahresgebühr hinausgehenden Kosten verbunden.

Aus Sicht der Karteninhaber ist jedenfalls der Einsatz der Karte als Zahlungsmittel am PoS stets „kostenlos", sofern man die bereits vor dem Zahlungsvorgang entrichtete Jahresgebühr außer Acht lässt. Die Emittenten erzielen durch die Interbankenentgelte zusätzliche Einnahmen, sofern die Karte am PoS eingesetzt wird. Diese Einnahmen können unter anderem dazu genutzt werden, die auf Seiten der Issuer anfallenden Bearbeitungskosten für den Einsatz der Karte als Zahlungsinstrument zu decken.

Diese andersartige Kostenbelastung des Karteninhabers spricht dafür, dass es sich bei den, einerseits der Geldabhebungs- sowie andererseits der Zahlungsfunktion entsprechenden Leistungen um getrennte Produkte handelt.

Zwar handelt es sich bei den Kosten der Karteninhaber gleichsam um die Einnahmen der Issuer. Aus Sicht der Issuer stellen die Einsätze am PoS auf der einen und die Einsätze der Karte zur Geldabhebung allerdings verschiedene Einnahmequellen dar; die Einnahmen aus beiden Bereichen sind nicht deckungsgleich und auch die Kosten auf Seiten des Issuers, die mit dem Einsatz der Karte durch den Karteninhaber entweder am PoS oder zur Geldabhebung einhergehen, unterscheiden sich. Während mit der Geldabhebungsfunktion die Notwendigkeit einhergeht über eine Geldautomateninfrastruktur zu verfügen, bedarf es hinsichtlich der Zahlungsfunktion insbesondere einer Vertragsunternehmensinfrastruktur sowie solcher Maßnahmen, welche die Bereitschaft des Karteninhabers, die Karte am PoS als Zahlungsmittel einzusetzen, erhöhen. Hinzu treten Kosten, die mit der

333 Vgl. KOM, Entscheidung v. 24.07.2002, COMP/29.373 – Visa International II – Multilateral Interchange Fee, ABl. EG v. 22.11.2002, L 318/17, S. 33, Rn. 97; KOM, Entscheidung v. 19.12.2007 in den Sachen COMP/34.579 – MasterCard, COMP/36.518 – EuroCommerce u. COMP/38.580 – Commercial Cards, Rn. 505; vgl. ferner KOM, Entscheidung v. 03.02.1999, COMP IV/M.1221 – Rewe/Meinl, ABl. EG v. 23.10.1999, L 274/1, S. 8, Rn. 71.

Transaktionsverarbeitung einhergehen; jedenfalls im Falle des Einsatzes der Karte am PoS werden insofern regelmäßig Processing-Unternehmen eingeschaltet,[334] die Einnahmen erzielen wollen und dies aus unternehmerischer Sicht auch müssen. Issuing-Processing-Unternehmen partizipieren wiederum an den Einkünften aus dem Issuing-Bereich.

Diese – freilich nur fragmentarisch angesprochenen – Unterschiede in den Einnahmenstrukturen der Issuer aus dem Kreditkartengeschäft deuten ebenfalls auf das Vorliegen unterschiedlicher Produkte hin.

V. Implementierung von Verbesserungen

Zudem können beide Bereiche seitens der Emittenten unabhängig voneinander weiterentwickelt werden. So unterscheiden sich etwa die Sicherheitsvorkehrungen am PoS von denjenigen am Geldautomaten. Auch die technische Soft- wie auch Hardware, die in beiden Bereichen verwendet wird, ist eine andere. Überdies sind – wie bereits angesprochen – auch die den Karteninhaber gewährten Assistance-Leistungen regelmäßig an den Einsatz der Karte im PoS-Bereich „gekoppelt", stehen aber mit der Geldabhebungsfunktion in keinerlei Beziehung. Dass der Bereich des PoS-Einsatzes unabhängig vom Bereich der Geldabhebungsfunktion „fortentwickelt" werden kann, spricht gleichsam dafür, dass es sich bei beiden Funktionen nicht um einen Bestandteil ein- und desselben Produktes handelt.

VI. Vermarktung der Kreditkarten

In der Eigenwerbung der Organisationen wird in erster Linie betont, dass es sich bei den Kreditkarten um ein universales Mittel zur bargeldlosen Zahlung handelt.[335] Die Geldabhebungsfunktion wird hingegen – wie etwa auch die weiteren Zusatzleistungen – bloß beiläufig beworben; letztgenannte Assistance-Leistungen wurden bereits an obiger Stelle als getrennte Produkte erachtet. Mithin auch diese Vermarktungsgesichtspunkte legen es nahe, dass die Geldabhebungsfunktion keinen integralen, wesensprägenden und notwendigen Bestandteil einer Kreditkarte darstellt.

VII. Die Kreditkarte als Zahlungskarte

Die Kreditkarte gehört den Zahlungskarten an. Sie ist aus der Sicht der Karteninhaber zuvörderst ein weltweit einsetzbares Zahlungsmittel; insofern spiegelt sich die Werbung der Kartenorganisationen in der Sicht der Karteninhaber wider.[336]

Dass die Kreditkarte regelmäßig auch mit einer Abhebungsfunktion versehen ist, offenbart nicht, ob auch diese Abhebungsfunktion seitens des Karteninhabers

334 Hierzu bereits oben unter Titel 3, Untertitel 2.
335 Hierauf (in anderem Kontext) ebenfalls verweisend: BGHZ 137, 27, 32.
336 Vgl. auch noch BGHZ 137, 27, 32.

als ein prägendes und charakteristisches Merkmal einer Kreditkarte erachtet wird. So wird auch eine reine Zahlungskarte mit weltweiter Akzeptanz, die darüber hinaus mit einer Stundungsfunktion versehen ist, nicht zwangsläufig seitens des Karteninhabers nicht mehr als Kreditkarte eingestuft werden.

Insbesondere ist insoweit auch nicht auf den reinen Durchschnittsverbraucher, sondern vielmehr auf einen verständigen Durchschnittsverbraucher abzustellen. Ein solcher Verbraucher würde zwar eine Abhebungsfunktion grundsätzlich begrüßen; hieraus kann jedoch nicht darauf geschlossen werden, dass er diese Funktion auch als wesensprägende Eigenschaft einer Kreditkarte einstuft.

In diesem Kontext mag eine Vergleichsbetrachtung mit Debitkarten weiterhelfen. Zwischen Kreditkarten und Debitkarten lassen sich – neben der fehlenden Stundungsfunktion bei Debitkarten – bedeutsame Unterschiede erkennen. Während Debitkarten – historisch besehen – in erster Linie dem Bargeldbezug dienende Karten sind, die dem Karteninhaber den Zugriff auf das dahinter stehende, bei dem Emittenten geführte (Giro-)Konto ermöglichen, sind Kreditkarten in erster Linie durch ihren Einsatz am PoS geprägt.

Dies erklärt sich mitunter daraus, dass Debitkarten regelmäßig einem (Giro-)Kontoinhaber als (Zusatz-)Leistung zur Verfügung gestellt werden, um diesem Abhebungen ungeachtet der Schalteröffnungszeiten zu ermöglichen (wie auch den Zugang zu weiteren Leistungen, etwa Bezug von Kontoauszügen einzuräumen). Eine Debitkarte dient aus Sicht des Kunden im Wesentlichen dem zugehörigen Konto. Eine Kreditkarte wird hingegen überwiegend aufgrund ihres Universalzahlungscharakters beantragt; ihr Nutzen soll im Wesentlichen im Wege ihres Einsatzes am PoS realisiert werden.

Dies legt es nahe – wenn auch bei Debitkarten gegebenenfalls insoweit eine andere Sicht Platz greifen mag –, dass die Abhebungsfunktion bei Kreditkarten keine prägende unverzichtbare Eigenschaft einer Kreditkarte darstellt.[337]

VIII. Zwischenergebnis

Bei der Geldabhebungsfunktion und der Zahlungsfunktion einer Kreditkarte bzw. den mit diesen korrespondierenden Dienstleistungen handelt es sich um getrennte Produkte. Die Geldabhebungsfunktion stellt insbesondere keine wesensprägende Eigenschaft einer Kreditkarte dar.

---

337 So werden Kreditkarten auch in der wirtschaftswissenschaftlichen Literatur als Zahlungsinstrumente bezeichnet, die dem Karteninhaber die Möglichkeit des Erwerbs von Waren und/oder Dienstleistungen von einem Händler einräumen, ohne dass insoweit die Geldabhebungsmöglichkeit in Bezug genommen wird, vgl. etwa *Wright*, One-Sided Logic in Two-Sided Markets, Rev. Netw. Econ., Vol. 3, Iss. 1, 2004, 44, 51.

§ 4. Zwischenergebnis

Die Stundungsfunktion ist untrennbar sowohl mit dem Bereich des Einsatzes der Karte als Geldabhebungsinstrument als auch zur Zahlungsfunktion der Kreditkarte verbunden.

Bei den Assistance-Leistungen, der Kreditfunktion bzw. -option und der Geldabhebungsfunktion handelt es sich nicht um wesensprägende Funktionen respektive Leistungen einer Kreditkarte. Sie stellen gegenüber der Zahlungsfunktion von Kreditkarten gesonderte Produkte dar. Diese Funktionen und die Zahlungsfunktion bzw. die mit diesen korrespondierenden Leistungen gehören folglich nur einem einheitlichen sachlichen relevanten Emissionsmarkt an, sofern diese Leistungen aus Sicht der Karteninhaber hinreichend substituierbar erscheinen.

Unterkapitel 4. Schritt 2: Substituierbarkeit („im engeren Sinne“)

Während bislang der Frage der Zusammengehörigkeit bzw. Abtrennbarkeit der einzelnen Funktionen nachgegangen wurde, ist offen geblieben, ob und inwiefern die verbleibenden Funktionen bzw. die mit diesen korrespondierenden Leistungen aus der Sicht eines verständigen durchschnittlichen Karteninhabers als austauschbar im Sinne des Bedarfsmarktkonzepts erscheinen.

§ 1. Substitutionsbeziehungen hinsichtlich der Kreditfunktion

Bezüglich der Kreditfunktion mag man zwar prima facie Substitutionsbeziehungen zur Zahlungs- bzw. Stundungsfunktion von Kreditkarten in Erwägung ziehen. In Anbetracht der bereits oben erfolgten Ausführungen zu den Unterschieden und insbesondere wegen der unterschiedlichen Kostenbelastung des Karteninhabers in Bezug auf beide Funktionen ist eine hinreichende Substituierbarkeit im Sinne des Bedarfsmarktkonzepts jedoch zu verneinen.[338] Auch eine Substituierbarkeit der Kreditfunktion mit den anderen Kreditkartenfunktionen scheidet aus.

§ 2. Substitutionsbeziehungen hinsichtlich der Assistance-Leistungen

Substitutionsbeziehungen der Assistance-Leistungen zu den sonstigen genannten Funktionen von Kreditkarten sind nicht ersichtlich.[339]

§ 3. Substituierbarkeit von Geldabhebungsfunktion und Zahlungsfunktion der Kreditkarte?

Es fragt sich, ob die Geldabhebungsfunktion und die Zahlungsfunktion der Kreditkarte

---

338 Vgl. oben unter Abschnitt 1, Titel 3, Untertitel 3, Kapitel 1, Unterkapitel 3, § 2.

339 Vgl. auch noch KOM, Entscheidung v. 03.12.2008, COMP/M.5384 – BNP Paribas/ Fortis, Rn. 32.

substituierbar sind. Gegen eine entsprechende Substituierbarkeit sprechen insofern zunächst obige Ausführungen und Erwägungen zur Frage, ob es sich bei beiden Funktionen um getrennte Produkte oder Bestandteile eines einheitlichen Produktes handelt; die Frage nach der Substituierbarkeit steht jedenfalls in engem Zusammenhang mit der Frage nach dem Vorliegen getrennter Produkte. Gleichwohl erscheinen hinsichtlich der Frage der Substituierbarkeit beider Funktionen respektive der mit diesen korrespondierenden Leistungen weitere Überlegungen angebracht:

I. Nachfragesubstituierbarkeit

Zunächst erscheint fraglich, ob eine nachfrageseitige Substituierbarkeit gegeben ist.

1. Zahlung mittels Bargeld versus Zahlung via Kreditkarte

Die bedeutsamste Funktion einer Kreditkarte liegt in Bezug auf den Bereich des PoS-Einsatzes in deren Bargeldersatzfunktion.[340] Während eine Kreditkarte eine bargeldlose Zahlung am PoS ermöglicht, die über das Kreditkartenkonto des Karteninhabers abgewickelt wird, verschafft sich der Karteninhaber im Falle der Geldabhebung Bargeld zur späteren Zahlung im Geschäft. Damit entspricht die Frage nach der Substituierbarkeit von Geldabhebungs- und Zahlungsfunktion in beträchtlichem Maße der Frage nach der Substituierbarkeit des Einsatzes der Kreditkartenzahlung und der Bargeldzahlung am PoS.

Bei der Barzahlung handelt es sich um ein gesetzliches Zahlungsmittel und grundsätzlich um die einzige erfüllungstaugliche Zahlungsart.[341] Die Möglichkeit des Einsatzes bargeldloser Zahlungsmittel bedarf hingegen einer entsprechenden Vereinbarung zwischen den Parteien; diese Zahlungsart muss andernfalls nicht seitens des Händlers akzeptiert werden.[342] Es besteht keine Verpflichtung des Händlers gegenüber seinen Kunden auf dem Absatzmarkt zur Akzeptanz eines bargeldlosen Zahlungsmittels (sofern er keinen (Kreditkarten-)Akzeptanzvertrag abgeschlossen hat[343]). Ohne eine solche Akzeptanz von Kreditkarten seitens der

340 Dazu bereits oben unter Abschnitt 1, Titel 3, Untertitel 3, Kapitel 1, Unterkapitel 2, § 1.

341 Vgl. auch KOM, Entscheidung v. 09.08.2001, COMP/D1/29.373 – Visa International I – Surcharging, ABl. EG v. 10.11.2001, L 293/24, 31, Rn. 38; KOM, Entscheidung v. 19.12.2007 in den Sachen COMP/34.579 – MasterCard, COMP/36.518 – EuroCommerce u. COMP/38.580 – Commercial Cards, Rn. 308.

342 Auf den Umstand, dass ein Händler gem. Art. 11 der Verordnung (EG) Nr. 974/98 des Rates vom 03. Mai 1998 über die Einführung des Euro (ABl. EU v. 11.05. 98, L 139/1, S. 5) nicht zur Annahme von mehr als fünfzig Münzen bei einer einzelnen Zahlung verpflichtet ist, kommt es vorliegend nicht an. Die Auszahlung eines Bargeldbetrages an den Karteninhaber erfolgt grundsätzlich in Scheingeld und eine Zahlung mit mehr als fünfzig Münzen ist nicht derart häufig, dass dies im vorliegenden Kontext einer Berücksichtigung bedürfte.

343 Vgl. *Horn*, Kartellrechtliche Aspekte des Kreditkartengeschäfts, ZHR 157 (1993), 324, 335; vgl. zur Annahmepflicht des Vertragsunternehmens auch: *Eckert*, Zivilrechtliche

Händler scheidet mithin von vornherein aus, dass die Bargeldzahlung durch die Kreditkartenzahlung substituiert wird.

Überdies kann eine Kreditkarte als solche – anders als ein im Geldbeutel vorhandener Bargeldbestand – nicht „verbraucht" werden; eine Kreditkarte ist jederzeit einsetzbar, sofern der Karteninhaber sich im Einklang mit den Vereinbarungen, die zwischen ihm und dem Emittenten getroffen wurden, verhält und insbesondere über eine ausreichende Deckung auf seinem Konto verfügt.[344] Auf dieser Linie liegt auch die Erwägung, dass ein Karteninhaber aus Gründen der Bequemlichkeit tendenziell geneigt sein wird, die Kreditkarte und nicht Bargeld zur Zahlung einzusetzen, sofern eine Kreditkarteneinsatzmöglichkeit seitens des jeweiligen Händlers angeboten wird.[345]

Der Transport (einer größeren Summe) von Bargeld birgt ferner Sicherheitsrisiken in sich.[346] Eine Kreditkarte verfügt hingegen über Sicherheitsmerkmale (z.B. Identifikationsnummern [PIN], Pflicht der Vertragsunternehmen zur Überprüfung der Identität des Karteninhabers), die eine gesteigerte Sicherheit bei Verlust oder Diebstahl gewährleisten.[347] Dementsprechend erscheinen Kreditkarten

---

Fragen des Kreditkartengeschäfts, WM 1987, 161, 167; *Junker*, Rechtsbeziehungen im Kreditkartengeschäft, DStR 1994, 1461, 1466.

344 Ähnlich KOM, Entscheidung v. 09.08.2001, COMP/D1/29.373 – Visa International I – Surcharging, ABl. EG v. 10.11.2001, L 293/24, 31, Rn. 38; KOM, Entscheidung v. 24.07.2002, COMP/29.373 – Visa International II – Multilateral Interchange Fee, ABl. EG v. 22.11.2002, L 318/17, 25, Rn. 49.

345 Der Faktor „Bequemlichkeit" wird freilich im gesamten Bereich des Retail-Bankings immer bedeutsamer, vgl. etwa die Studie „Digitale Revolution im Retail Bankung" von Visa Europe und Roland Berger aus dem Jahre 2015, online abrufbar unter: http://www.mynewsdesk.com/de/visa/documents/studie-digitale-revolution-im-retail-bankung-von-visa-europe-und-roland-berger-43377. Vgl. hierzu etwa auch *Zachariae*, Bank- und Kreditkarte sicher und bequem, 2014; *Müller*, Online-Bezahldienste, AG 2017, R72.

346 Ähnlich KOM, Entscheidung v. 09.08.2001, COMP/D1/29.373 – Visa International I – Surcharging, ABl. EG v. 10.11.2001, L 293/24, 31, Rn. 38; KOM, Entscheidung v. 24.07.2002, COMP/29.373 – Visa International II – Multilateral Interchange Fee, ABl. EG v. 22.11.2002, L 318/17, 25, Rn. 49; KOM, Entscheidung v. 03.10.2007, COMP/37.860 – Morgan Stanley/Visa, Rn. 49. Vgl. in diesem Kontext auch noch *BBk*, Wie kommt das Bargeld ins Portmonee?, 2010, S. 41 f. (insbesondere Abbildung 23), online abrufbar unter: https://www.bundesbank.de/resource/blob/599954/9ffea3fe09501c92e1ae1a9284a8a5a0/mL/wie-kommt-das-bargeld-ins-portmonee-data.pdf. Vgl. ferner zu den Kosten der Banken, die mit dem Umgang mit Bargeld einhergehen: REKO/WEF, Beschwerdeentscheid v. 09.06.2005, RPW 2005/3, 530, 560, Erw. 7.4.2.

347 Vgl. *Stauder/Weisensee*, Kreditkartengeschäft, 1970, S. 19; KOM, Entscheidung v. 17.10.2007, COMP/D1/38606 – Groupement des cartes bancaires (CB), Rn. 173. Vgl. in diesem Kontext auch noch *Bradford*, Puzzle of Payments Security, 2015.

insbesondere für hochpreisige Einkäufe besser geeignet.[348] Zudem sind Bargeldzahlungen in Anbetracht der Verlustrisiken im Falle der Bargeldversendung nur schwerlich im Fernzahlungsverkehr einsetzbar.[349]

Auch der Aspekt, dass die Abrechnungen dem Karteninhaber bei Kartenzahlungen elektronisch übermittelt werden, ist für diesen von Vorteil.[350] Der Karteninhaber kann sich im Wege der Durchsicht der Rechnungsaufstellung einen besseren, wenn auch nachträglichen Überblick über die in einem bestimmten Zeitraum getätigten Ausgaben verschaffen. Zahlt er hingegen bar, so wird er einen solchen Überblick nur erlangen können, sofern er – deutlich arbeitsintensiver – die einzelnen Quittungen sammelt und in eine selbst erstellte Zahlungsübersicht einträgt. Ein weiterer Vorteil der Zahlung via Kreditkarte ist ferner in dem Umstand zu erblicken, dass ein Kartenzahler eine erfolgte Zahlung und dementsprechend die Erfüllung von Geldverbindlichkeiten leichter unter Beweis stellen kann.

Im Übrigen erscheint die Verwendung von Bargeld aus Sicht der Kunden in Absatzbereichen kostenlos; Bargeld wird über die Gewinne aus der Geldschöpfung finanziert.[351] Im Gegensatz hierzu sind die Karteninhaber gegenüber den Issuern grundsätzlich zur Entrichtung von Jahresgebühren sowie gegebenenfalls weiterer Gebühren verpflichtet.[352] Mithin ergeben sich unterschiedliche Kostenstrukturen in Bezug auf Bargeld und Kreditkarten.

Aus den genannten Gründen erscheinen hinreichende Substitutionsbewegungen zwischen beiden Zahlungsmitteln als unwahrscheinlich;[353] eine (bloß) begrenzte Austauschbarkeit rechtfertigt nicht die Annahme eines einheitlichen Marktes.[354] Wenn demnach Barzahlung und Kartenzahlung nicht als substituierbar

---

348 Ähnlich KOM, Entscheidung v. 03.10.2007, COMP/37.860 – Morgan Stanley/Visa, Rn. 49; KOM, Entscheidung v. 19.12.2007 in den Sachen COMP/34.579 – MasterCard, COMP/36.518 – EuroCommerce u. COMP/38.580 – Commercial Cards, Rn. 310.

349 Vgl. KOM, Entscheidung v. 17.10.2007, COMP/D1/38606 – Groupement des cartes bancaires (CB), Rn. 173.

350 Vgl. hierzu auch KOM, Entscheidung v. 17.10.2007, COMP/D1/38606 – Groupement des cartes bancaires (CB), Rn. 173.

351 Vgl. hierzu auch KOM, Entscheidung v. 19.12.2007 in den Sachen COMP/34.579 – MasterCard, COMP/36.518 – EuroCommerce u. COMP/38.580 – Commercial Cards, Rn. 308 f.

352 Vgl. in diesem Kontext auch obige Ausführungen unter Abschnitt 1, Titel 1, Untertitel 2, Kapitel 2, Unterkapitel 3.

353 So auch KOM, Entscheidung v. 09.08.2001, COMP/D1/29.373 – Visa International I – Surcharging, ABl. EG v. 10.11.2001, L 293/24, 31, Rn. 38.

354 Vgl. EuGH, Urteil v. 14.02.1978, Rs. 27/76 – United-Brands, Slg. 1978, 207, 282 f., Rn. 22 ff.; EuGH, Urteil v. 09.11.1983, Rs. 322/81 – Michelin, Slg. 1983, 3461, 3508, Rn. 48; EuG, Urteil v. 12.12.1991, Rs. T-30/89 – Hilti, Slg. 1991, II-1441, II-1472, Rn. 64 und II-1474, Rn. 71 (bestätigt durch EuGH, Urteil v. 02.03.1994, Rs. C-53/92 P – Hilti, Slg. 1994, I-693, I-706, Rn. 35); vgl. auch KOM, Entscheidung v. 09.03.1999, COMP/M.1313 – Danish Crown/Vestjyske Slagterier, Rn. 23, online abrufbar unter: http://ec.europa.eu/competition/mergers/cases/decisions/

anzusehen sind,[355] so können grundsätzlich auch der Einsatz einer Kreditkarte am PoS auf der einen und die Geldabhebungsfunktion auf der anderen Seite weder als substituierbar erachtet noch einem einheitlichen Markt zugeordnet werden.

2. Das Konzept der (Kreuz-)Preiselastizität

Weitere Erkenntnisse könnte das Konzept der (Kreuz-)Preiselastizität[356] (teils auch „Preiskreuzelastizität" genannt)[357] liefern, welches im Rahmen der Marktabgrenzung oftmals als Hilfsmittel zur Bemessung der Nachfragesubstituierbarkeit herangezogen wird.[358] Im Rahmen der Kreuzpreiselastizität wird geprüft, ob und inwieweit im Falle einer geringfügigen Preiserhöhung eine Reaktion der Abnehmer in Form eines Ausweichens auf andere Produkte zu verzeichnen ist.[359] Je eher im Falle der Preisänderung eines Produktes ein Ausweichen der Nachfrager auf ein anderes Produkt festzustellen ist, mithin je größer der Elastizitätsgrad der Produkte angesiedelt ist, desto höher ist die Wahrscheinlichkeit, dass die Produkte seitens der Nachfrager als substituierbar angesehen werden bzw. einem einheitlichen Markt angehören.[360] Sofern im Falle einer solchen Erhöhung der relativen

---

M1313_19990309_600_787541_DE.pdf; vgl. ferner KOM, Entscheidung v. 19.07.1991, Rs. IV/M068 – Tetra Pak/Alfa-Laval, Abl. EG v. 22.10.1991, L 290/35, S. 37 f.

355 So auch KOM, Entscheidung v. 19.12.2007 in den Sachen COMP/34.579 – MasterCard, COMP/36.518 – EuroCommerce u. COMP/38.580 – Commercial Cards, Rn. 308; KOM, Entscheidung v. 08.12.2010, COMP/39.398 – Visa MIF, Rn. 15 f.; KOM, Entscheidung v. 17.10.2007, COMP/D1/38606 – Groupement des cartes bancaires (CB), Rn. 173.

356 Lesenswert: *Neveling*, Die sachliche Marktabgrenzung, 2003, S. 54 ff.

357 Vgl. KOM, Bekanntmachung über die Definition des relevanten Marktes im Sinne des Wettbewerbsrechts der Gemeinschaft, ABl. EG v. 09.12.1997, C 372/5, S. 10, Rn. 39.

358 Vgl. KOM, Bekanntmachung über die Definition des relevanten Marktes im Sinne des Wettbewerbsrechts der Gemeinschaft, ABl. EG v. 09.12.1997, C 372/5, S. 7, Rn. 15 ff.; KOM, Entscheidung v. 16.01.1996, COMP/M.623 – Kimberley-Clark/Scott, Rn. 174 ff.; KOM, Entscheidung v. 24.04.1996, COMP/M.619 – Gencor/Lonrho, Rn. 56 ff.; KOM, Entscheidung v. 09.03.1999, COMP/M.1313 – Danish Crown/Vestjyske Slagterier, Rn. 29; KOM, Entscheidung v. 30.10.2001, COMP/M.2416 – Tetra Laval/Sidel, Rn. 162; KOM, Entscheidung v. 09.06.2004, COMP/M.3397 – Owens-Illinois/BSN Glasspack, Rn. 13.

359 Vgl. Vgl. EuGH, Urteil v. 14.02.1978, Rs. 27/76 – United-Brands, Slg. 1978, 207, 282, Rn. 23/33; EuG, Urteil v. 12.12.1991, Rs. T-30/89 – Hilti, Slg. 1991, II-1441, II-1475, Rn. 74 ff.; *Bergmann/Fiedler*, in: Loewenheim/Meessen/Riesenkampff, 3. Aufl., 2016, Art. 102 AEUV, Rn. 41.

360 Vgl. KOM, Entscheidung v. 19.07.1991, COMP/M.68 – Tetra Pak/Alfa-Laval, IV B.2.1; KOM, Entscheidung v. 09.03.1999, COMP/M.1313 – Danish Crown/Vestjyske Slagterier, Rn. 29; *Immenga/Körber*, in: Immenga/Mestmäcker, Wettbewerbsrecht, Bd. 1 EG/2, 5. Aufl., 2014, Art. 2 FKVO, Rn. 50.

Preise ein Ausweichen der Abnehmer auf andere Produkte zu verzeichnen ist und die Preiserhöhung ein Ausmaß einnimmt, bei welchem die Preiserhöhung wegen der mit dieser einhergehenden Absatzrückgange („critical loss") nicht (mehr) profitabel ist, spricht dies dafür, dass die in Rede stehenden Produkte Bestandteile eines einheitlichen Marktes sind.[361]

Zur empirischen Überprüfung der Kreuzpreiselastizität und mithin der Nachfragesubstituierbarkeit wird vor allem der sog. SSNIP-Test (teils auch als „Preisheraufsetzungstest" oder „Hypothetical Monopolist Test" bezeichnet) herangezogen, im Zuge dessen eruiert wird, ob die Nachfrager im Falle einer geringen, nicht vollends unbedeutenden und dauerhaften Preiserhöhung (von 5 % bis 10 %) hinsichtlich der betreffenden Produkte auf andere Produkte ausweichen (würden).[362]

Insofern ermangelt es allerdings nicht nur an empirischen Untersuchungen. Der SSNIP-Test erscheint vorliegend bereits in Anbetracht weiterer Aspekte nicht geeignet, um die Frage des Vorliegens eines einheitlichen Marktes von Zahlungs- und Abhebungsfunktion verlässlich zu beantworten. Die Anwendung des SSNIP-Tests sieht sich bereits in Anbetracht der zweiseitigen Marktstruktur Bedenken ausgesetzt.[363] So ist zunächst unklar, welche Gebührenarten (die Kartengebühren,

---

361 Vgl. KOM, Bekanntmachung über die Definition des relevanten Marktes im Sinne des Wettbewerbsrechts der Gemeinschaft, ABl. EG v. 09.12.1997, C 372/5, S. 7, Rn. 17; vgl. auch *Bulst*, in: Langen/Bunte, Bd. 2, 13. Aufl., 2018, Art. 102, Rn. 39; *Immenga/Körber*, in: Immenga/Mestmäcker, Wettbewerbsrecht, Bd. 1 EG/2, 5. Aufl., 2014, Art. 2 FKVO, Rn. 51.

362 Vgl. KOM, Bekanntmachung über die Definition des relevanten Marktes im Sinne des Wettbewerbsrechts der Gemeinschaft, ABl. EG v. 09.12.1997, C 372/5, S. 7, Rn. 15 ff.; EuG, Urteil v. 12.12.1991, Rs. T-30/89 – Hilti, Slg. 1991, II-1441, II-1470, Rn. 56; KOM, Entscheidung v. 02.09.2003, COMP/M.3083 – GE/Instrumentarium, Rn. 61, online abrufbar unter: http://ec.europa.eu/competition/mergers/cases/decisions/m3083_en.pdf; KOM, Entscheidung v. 09.03.1999, COMP/M.1313 – Danish Crown/Vestjyske Slagterier, Rn. 26, online abrufbar unter: http://ec.europa.eu/competition/mergers/cases/decisions/M1313_19990309_600_787541_DE.pdf; BGHZ 176, 1, 7, Rn. 18; *Mestmäcker/Schweitzer*, Europ. WettbewR, 3. Aufl., 2014, § 11, Rn. 87 ff. u. § 17, Rn. 7ff.; *Füller*, in: MüKo, EU-WettbewR, 2. Aufl., 2015, Einl., Rn. 1049 ff.; *Immenga/Körber*, in: Immenga/Mestmäcker, Wettbewerbsrecht, Bd. 1 EG/2, 5. Aufl., 2014, Art. 2 FKVO, Rn. 51; *Ewald*, Paradigmenwechsel bei der Abgrenzung relevanter Märkte?, ZWeR 2004, 512, 525 ff.; *Emch/Thompson*, Market Definition and Market, Rev. Netw. Econ., 2006, Vol. 5, Iss. 1, 45, 52 ff.; vgl. ferner WEKO, Verfügung v. 05.12.2005, RPW 2006/1, 65, S. 89, Rn. 186 u. S. 93, Rn. 217 f.; KOM, Entscheidung v. 03.10.2007, COMP/37.860 – Morgan Stanley/Visa, Rn. 53, Fn. 59.

363 Vgl. *Bergmann/Fiedler*, in: Loewenheim/Meessen/Riesenkampff, 3. Aufl., 2016, Art. 102 AEUV, Rn. 49; vgl. ferner zu den Problemen des SSNIP-Tests in zweiseitigen Wirtschaftszweigen: *Blaschczok*, Kartellrecht in zweiseitigen Wirtschaftszweigen, 2015, S. 70 ff.

die Händlergebühren oder beide Gebührenarten) im vorliegenden Kontext zu berücksichtigen sind.[364]

Eines der grundlegenden Probleme im Kontext des SSNIP-Testes ist im Übrigen unter der Bezeichnung „cellophane fallacy" bzw. „Zellophan-Trugschluss" bekannt.[365] So versagt dieser Test, sofern der als Ausgangspunkt des SSNIP-Testes zu wählende Startpreis seiner Höhe nach bereits über dem Wettbewerbspreis angesiedelt ist, weil das in Augenschein genommene Unternehmen schon unabhängig vom Markt handeln kann.[366] Die Problematik des Testes liegt mitunter darin begründet, dass das Preisniveau im Falle – etwa wegen der beherrschenden Stellung eines Unternehmens – bereits beeinträchtigter Wettbewerbsverhältnisse erheblich über den bei ungestörtem Wettbewerb zu verzeichnenden Preisen liegen und deshalb jedwede Preiserhöhung (sei es auch nur eine solche minimalen Ausmaßes) zur Folge haben kann, dass die Nachfrager auf das in Rede stehende gänzlich verzichten würden.[367] In einem solchen Fall kann der SSNIP-Test einen beträchtlichen Substitutionsgrad vorspiegeln und Produkte als vermeintliche Substitute ausweisen; dies kann eine deutlich zu weite Abgrenzung des Marktes zur Folge haben.[368] In letzter Konsequenz würde der SSNIP-Test in solchen Fällen dazu führen, dass geringere Marktanteile eines (beherrschenden) Unternehmens anzunehmen wären, was diesem – etwa mit Blick auf die Regelung des Art. 102 AEUV – zum Vorteil gereichen würde.[369]

---

364 Vgl. auch *Tosza*, Payment Card Systems, YARS, 2009, Vol. 2, No. 2, 125, 135 f.

365 Vgl. *Immenga/Körber*, in: Immenga/Mestmäcker, Wettbewerbsrecht, Bd. 1 EG/2, 5. Aufl., 2014, Art. 2 FKVO, Rn. 52; vgl. ferner *Ewald*, Paradigmenwechsel bei der Abgrenzung relevanter Märkte?, ZWeR 2004, 512, 525; *Kokkoris*, Concept of Market Definition, ECLR 2005, Vol. 26, Iss. 4, 209, 212; *Mestmäcker/Schweitzer*, Europ. WettbewR, 3. Aufl., 2014, § 17, Rn. 9 f.; *Füller*, in: MüKo, EU-WettbewR, 2. Aufl., 2015, Einl., Rn. 1051.

366 Vgl. *Immenga/Körber*, in: Immenga/Mestmäcker, Wettbewerbsrecht, Bd. 1 EG/2, 5. Aufl., 2014, Art. 2 FKVO, Rn. 52; vgl. auch noch *Ewald*, Paradigmenwechsel bei der Abgrenzung relevanter Märkte?, ZWeR 2004, 512, 526; *Wingerter*, Abgrenzung des relevanten Marktes, 2016, S. 43 f.

367 Vgl. BGHZ 176, 1, 8, Rn. 19; *Bulst*, in: Langen/Bunte, Bd. 2, 13. Aufl., 2018, Art. 102, Rn. 39.

368 Vgl. KOM, Bekanntmachung über die Definition des relevanten Marktes im Sinne des Wettbewerbsrechts der Gemeinschaft, ABl. EG v. 09.12.1997, C 372/5, S. 7, Rn. 19; vgl. auch *Ewald*, Paradigmenwechsel bei der Abgrenzung relevanter Märkte?, ZWeR 2004, 512, 525 ff.; *Bulst*, in: Langen/Bunte, Bd. 2, 13. Aufl., 2018, Art. 102, Rn. 39; *Whish/Bailey*, Competition Law, 9. Aufl., 2018, S. 31; vgl. ferner hinsichtlich der Kreditkartenbranche KOM, Entscheidung v. 19.12.2007 in den Sachen COMP/34.579 – MasterCard, COMP/36.518 – EuroCommerce u. COMP/38.580 – Commercial Cards, Rn. 286.

369 In Anbetracht dieser Problematik wird dem SSNIP-Test insbesondere im Rahmen des Art. 102 AEUV weitgehend seine Eignung im Hinblick auf die Marktabgrenzung abgesprochen. Vgl. *Bulst*, in: Langen/Bunte, Bd. 2, 13. Aufl., 2018, Art. 102, Rn. 39 f.;

Im vorliegenden Kontext erscheint insofern bereits die – an obiger Stelle angesprochene – Marktstärke von Visa und MasterCard problematisch.[370] Ferner ist es den Vertragsunternehmen aufgrund der in den Akquisitionsverträgen enthaltenen Preisaufschlagsverbote oftmals verboten, von Kartenzahlern Preisaufschläge für den Einsatz am PoS zu verlangen; selbst wenn keine derartigen Verbote existieren, verzichten die Vertragsunternehmen in der Regel auf solche Aufschläge, zumal der Kartenakzeptanz umsatzsteigernde Wirkung auf den Absatzmärkten zugeschrieben wird.

Des Weiteren gilt es auch zu bedenken, dass die Jahresgebühr wie ein Mischpreis wirkt, die aus der Sicht der Issuer (zumindest teils) eine Erhebung weiterer Gebühren für den konkreten Einsatz am PoS bzw. zur Geldabhebung entbehrlich macht und insofern geringfügige Erhöhungen etwa der Abhebungsgebühren gegebenenfalls wieder durch die im Wege der Jahresgebühren erzielten Einnahmen kompensiert werden (können). Die Emittenten haben prima facie auch keinerlei Veranlassung transaktionsabhängige Entgelte unmittelbar von den Karteninhabern einzufordern, zumal ein Teil des seitens der Vertragsunternehmen an die Acquirer entrichteten Disagios an die Issuer in Gestalt der Interbankenentgelte abgeführt respektive weitergeleitet wird. Die Issuer erzielen mithin Einkünfte im Falle des Einsatzes der Karte als Zahlungsmittel, weshalb es aus Sicht der Issuer nicht notwendig erscheint, weitere zusätzliche Entgelte von den Karteninhabern für den Einsatz der Kreditkarte als Zahlungsmittel am PoS einzufordern.[371]

Das Zusammenspiel der verschiedenen Akteure im Kreditkartengeschäft, der Anzahl unterschiedlicher Gebührenarten wie auch die Erhebung von Interbankenentgelten erhöhen die Schwierigkeiten bei der Beurteilung der Frage, ob das Preisniveau bereits über dem Wettbewerbspreis angesiedelt ist. Die Absatzmarktbezogenheit der Kreditkarte im Bereich des PoS-Einsatzes sowie die beträchtliche Anzahl an Personen, die an einem einzigen Zahlungsvorgang via Kreditkarte teilnehmen, erhöhen ebenfalls die Komplexität des Kreditkartengeschäfts und zeitigen Auswirkungen, die allesamt geeignet erscheinen, die Preispolitik der Emittenten zu beeinflussen. Diese Umstände erhöhen die Gefahr bzw. das Risiko, dass das tatsächliche Preisniveau in der Kreditkartenbranche bereits über dem Preisniveau

vgl. ferner BGHZ 176, 1, 7 f., Rn. 18 f.; *Zimmer/Werner*, Marktabgrenzung, JZ 2008, 901, 902 f.

370 Vgl. oben unter Abschnitt 1, Titel 3, Untertitel 3, Kapitel 1, Unterkapitel 4, § 3, I.

371 Die Existenz der multilateralen Interbankenentgelte steigert im Übrigen auch die Gefahren eines „Zellophan-Trugschlusses“ in der Kreditkartenbranche, vgl. auch KOM, Entscheidung v. 19.12.2007 in den Sachen COMP/34.579 – MasterCard, COMP/36.518 – EuroCommerce u. COMP/38.580 – Commercial Cards, Rn. 287. Auf die Interbankenentgelte wird noch in Abschnitt 4 näher eingegangen; nähere Ausführungen hinsichtlich der unterschiedlichen Festsetzungsarten dieser Entgelte seien daher wie auch in Anbetracht des Aspekts, dass die Bedenken bezüglich eines SSNIP-Testes bereits hinreichend dargelegt wurden, einer späteren Erörterung vorbehalten.

liegt, welches sich bei wirksamem Wettbewerb ergeben würde, was gleichwohl Unsicherheiten bei der Festlegung des Startpreises des SSNIP-Testes in sich birgt[372] und die Bedenken hinsichtlich der (Un-)Zuverlässigkeit dieses Testes schürt. Eine Analyse der Kreuzpreiselastizität wird im Übrigen zur Bestimmung des relevanten Marktes jedenfalls als ungeeignet angesehen, sofern die Entscheidung der Marktgegenseite – wie hier – durch eine Vielzahl anderer Faktoren beeinflusst wird.[373] Neben den erwähnten Imponderabilien gilt es im vorliegenden Kontext nämlich auch zu berücksichtigen, dass aus der Sicht des Karteninhabers nicht bloß die Gebührenhöhe maßgeblich ist, sondern insbesondere der Wert der Karte durch den Einsatzbereich der jeweiligen Karte und dieser wiederum jeweils hinsichtlich der Geldabhebungsmöglichkeit als auch der Verwendung als Zahlungsmittel eine bedeutsame, wenn nicht gar herausragende Bedeutung einnimmt.

Mithin ergeben sich vielfältige, teils tiefgreifende Bedenken, die gegen die Geeignetheit wie auch Verlässlichkeit des SSNIP-Testes im vorliegenden Kontext sprechen.

3. Zwischenergebnis

Insbesondere die fehlende nachfrageseitige Substituierbarkeit einer Bargeldzahlung auf der einen und einer Kreditkartenzahlung auf der anderen Seite spricht gegen eine nachfrageseitige Substituierbarkeit der Zahlungsfunktion und der Geldabhebungsfunktion.

II. Angebotssubstituierbarkeit: Die Umstellungsflexibilität der Anbieter

Wenngleich Ausgangspunkt der Marktabgrenzung grundsätzlich das Bedarfsmarktkonzept auf Basis der Nachfragesubstituierbarkeit ist,[374] kann auch der Angebotssubstituierbarkeit (Produktumstellungsflexibilität) eine Bedeutung bei der Marktabgrenzung zukommen.[375] Von einer Substituierbarkeit auf der Angebotsseite ist auszugehen, wenn es den Anbietern[376] als Reaktion auf geringfügige,

---

372 Vgl. hierzu auch noch Immenga/Körber, in: Immenga/Mestmäcker, Wettbewerbsrecht, Bd. 1 EG/2, 5. Aufl., 2014, Art. 2 FKVO, Rn. 52.

373 Vgl. EuG, Urteil v. 12.12.1991, Rs. T-30/89 – Hilti, Slg. 1991, II-1441, II-1474 ff., Rn. 72 ff.; vgl. ferner *Bergmann/Fiedler*, in: Loewenheim/Meessen/Riesenkampff, 3. Aufl., 2016, Art. 102 AEUV, Rn. 44 ff.

374 Vgl. obige Ausführungen unter Abschnitt 1, Titel 1, Untertitel 1.

375 Vgl. KOM, Bekanntmachung über die Definition des relevanten Marktes im Sinne des Wettbewerbsrechts der Gemeinschaft, ABl. EG v. 09.12.1997, C 372/5, S. 7 f., Rn. 20 ff.

376 Während im Rahmen des Konzeptes der Kreuzpreiselastizität auf die Reaktion *der Nachfrager* bzw. *Abnehmer* abgestellt wird, steht bei der Beurteilung der Angebotssubstituierbarkeit das Verhalten bzw. die Reaktion *der Anbieter* in Rede.

jedoch dauerhafte Preisveränderungen der relevanten Produkte möglich ist, ihr Angebot in relativ kurzer Zeit umzustellen, ohne merklichen Zusatzkosten respektive Risiken ausgesetzt zu sein.[377] Eine Angebotssubstituierbarkeit ist demnach bei der Bestimmung des relevanten Marktes nicht zu berücksichtigen, „wenn sie erhebliche Anpassungen bei den vorhandenen Sachanlagen und immateriellen Aktiva, zusätzliche Investitionen, strategische Entscheidungen oder zeitliche Verzögerungen mit sich brächte."[378]

Für Anbieter von (reinen) Bankkarten, die keinem Kreditkartensystem angehören bzw. nicht selbst als Kreditkartenunternehmen agieren, wäre es bereits in Ermangelung einer Systeminfrastruktur (insbesondere der Vertragsunternehmensinfrastruktur) und in Anbetracht der im Kreditkarten-PoS-Bereich zu verzeichnenden zweiseitigen (Markt-)Struktur bzw. der vorhandenen Netzwerkeffekte[379] kaum möglich in absehbarer Zeit eine Zahlungsfunktion anzubieten.[380] Zwischen den Issuing- und Acquiring-Aktivitäten bestehen – wie bereits dargelegt wurde – positive externe Effekte für die jeweils andere Tätigkeit. Weder Karteninhaber noch Vertragsunternehmen wären – jedenfalls hinsichtlich der Einsatzmöglichkeiten am PoS – an der Teilnahme an einem solchen System interessiert, sofern ihre jeweilige Gegenseite auf den Absatzmärkten nicht in hinreichender Anzahl an diesem System teilnimmt.[381] In Anbetracht dieser wechselseitigen Beziehung müsste ein neuer Anbieter von Anfang an über eine gewisse Anzahl an Karteninhabern wie auch Vertragsunternehmen verfügen. In Anbetracht dieser Netzwerkeffekte existieren beträchtliche Markteintrittsschranken für Newcomer; die Netzwerkeffekte, die die Kreditkarten-Märkte charakterisieren, wandeln sich in Eintrittsbarrieren für neue Marktteilnehmer um. Zudem sind Skaleneffekte und Diversifikationsvorteile zu verzeichnen (economies of scale and scope). Ferner müssten – sofern der Betrieb eines Vier-Parteien-Systems angestrebt wird – auch (weitere) Issuer und Acquirer gewonnen werden.

---

377 Vgl. KOM, Bekanntmachung über die Definition des relevanten Marktes im Sinne des Wettbewerbsrechts der Gemeinschaft, ABl. EG v. 09.12.1997, C 372/5, S. 7, Rn. 20; vgl. auch *Rinne*, in: Liebscher/Flohr/Petsche, Handbuch der EU-Gruppenfreistellungsverordnungen, 2. Aufl., 2012, § 17, Rn. 12; *Körber*, in: Immenga/Mestmäcker, EU-Wettbewerbsrecht, 5. Aufl., 2012, Art. 2 FKVO, Rn. 24.

378 Vgl. KOM, Bekanntmachung über die Definition des relevanten Marktes im Sinne des Wettbewerbsrechts der Gemeinschaft, ABl. EG v. 09.12.1997, C 372/5, S. 8, Rn. 23; vgl. auch *Rinne*, in: Liebscher/Flohr/Petsche, Handbuch der EU-Gruppenfreistellungsverordnungen, 2. Aufl., 2012, § 17, Rn. 15.

379 Zu der Ökonomie von Zahlungskartensystemen bereits oben unter Abschnitt 1, Titel 3, Untertitel 1, Kapitel 5, Unterkapitel 1; vgl. zudem KOM, Entscheidung v. 17.10.2007, COMP/D1/38606 – Groupement des cartes bancaires (CB), Rn. 180.

380 Vgl. zu den Chancen und Erfolgsaussichten eines Marktzutritts bei Vorliegen eines zweiseitigen Marktes auch noch BKartA, Beschluss v. 29.08.2008 – B 6-52/08, BeckRS 2009, 04952.

381 Vgl. KOM, Entscheidung v. 17.10.2007, COMP/D1/38606 – Groupement des cartes bancaires (CB), Rn. 180.

Allenfalls könnten solche Emittenten einem bereits etablierten Kartensystem beitreten und aufgrund dessen Systemverbreitung ein Zahlungsinstrument mit universalem Charakter implementieren. Auch ein solcher Systembeitritt ist indes mit Kosten verbunden; bereits die Netzwerksbeitrittsgebühren belaufen sich regelmäßig auf einen fünf- bis sechsstelligen Betrag.[382] Daneben fallen weitere Gebühren (z.B. laufende Mitgliedsgebühren) an. Zudem erfordert der Beitritt eine gewisse Zeit bis der Emittent seitens der Kreditkartenorganisation auf seine Eignung hin geprüft wurde. Hinzu treten etwaige weitere Kosten, um die Mitgliedschaftsbedingungen der Organisation zu erfüllen, die technischen Abläufe der Transaktionsbearbeitung zu gewährleisten, entsprechende Schulungen des beratenden Personals vorzunehmen und/oder Marketingmaßnahmen zu initialisieren.

Ein neuer Anbieter müsste demnach beträchtliche Kosten für die Entwicklung, Innovation, die Implementierung und das Marketing aufbringen. Sämtliche der genannten Faktoren gleichzeitig zu erfüllen, erscheint für einen neuen Marktteilnehmer nicht in absehbarer Zeit und jedenfalls auch nicht ohne Inkaufnahme zusätzlicher Kosten bzw. Risiken realisierbar. Ein Emittent von nur zur Bargeldabhebung einsetzbaren Karten kann diese Karten mithin nicht ohne erhebliche Investitionen innerhalb eines kurzfristigen Zeitraums mit einer Zahlungsfunktion versehen. Von einer angebotsseitigen Substituierbarkeit ist demnach ebenfalls nicht auszugehen.

§ 4. Zwischenergebnis

Es bestehen einerseits ein Kreditkarten-Emissions-Geldabhebungsfunktions-Markt und andererseits ein Kreditkarten-Emissions-Zahlungsfunktions-Markt.

Eine Substituierbarkeit der Assistance-Leistungen sowie der Kreditfunktion mit den sonstigen Funktionen von Kreditkarten ist nicht gegeben. Diese Leistungen sind weder Bestandteil des Kreditkarten-Emissions-Geldabhebungsfunktions-Marktes noch des Kreditkarten-Emissions-Zahlungsfunktions-Marktes.

Unterkapitel 5. Ergebnis

Es besteht kein einheitlicher, alle Funktionen von Kreditkarten umfassender Emissionsmarkt. Hinsichtlich des Emissionsbereiches hat eine funktionsspezifische Marktabgrenzung entlang der Funktionen der Kreditkarte bzw. den mit diesen korrespondierenden Dienstleistungen zu erfolgen; die Funktionen der Kreditkarte determinieren die Abgrenzung des sachlich relevanten Marktes.

1. Es existiert einerseits ein Emissionsmarkt für die Geldabhebungsfunktion (Kreditkarten-Emissions-Geldabhebungsfunktions-Markt) und andererseits ein Markt

---

382 Vgl. KOM, Arbeitsdokument v. 31.01.2007, Untersuchung des Retail-Bankgeschäfts (Abschlussbericht), COM(2007) 33 final, SEC(2007) 106, S. 137 f., abrufbar unter: http://ec.europa.eu/competition/sectors/financial_services/inquiries/sec_2007_106.pdf.

für die Zahlungsfunktion von Kreditkarten (Kreditkarten-Emissions-Zahlungsfunktions-Markt).
2. Die Stundungsfunktion einerseits Bestandteil des Marktes der Geldabhebungsfunktion sowie andererseits des Marktes der Zahlungsfunktion von Kreditkarten.
3. Die Assistance-Leistungen, die den Karteninhabern gewährt werden, stellen abtrennbare Leistungen dar, die keinem Kreditkarten-Emissionsmarkt angehören; gleiches gilt für die Kreditfunktion bzw. -option von Kreditkarten.

Kapitel 2. Marktabgrenzung in Bezug auf den Bereich des PoS-Einsatzes

In einem weiteren Schritt gilt es zu eruieren, welche Emissions-Märkte in Bezug auf den Einsatz der Karte als Zahlungsmittel am Point of Sale angesiedelt sind.

Unterkapitel 1. (Weitere) Auswirkungen der Absatzbereichsbezogenheit von Kreditkarten auf die Marktabgrenzung: Eine einsatzbereichsorientierte Abgrenzung innerhalb des Issuing-PoS-Bereichs?

Zunächst stellt sich insofern die Frage, ob und inwieweit die Absatzbereichsbezogenheit von Kreditkarten (weitere) Auswirkungen auf die Marktabgrenzung hat bzw. inwiefern sie diese determiniert. Die Absatzbereichsbezogenheit, die auf die im Valutaverhältnis zwischen Karteninhaber und Vertragsunternehmen bestehende Beziehung und die Eigenschaft der Kreditkarte als Zahlungsmittel zurück zu führen ist, beeinflusst aus der Sicht der Karteninhaber jedenfalls die Charakteristik einer Kreditkarte.[383] Hieran anknüpfend mag man im Issuing-PoS-Bereich die Abgrenzung des relevanten Marktes an (bestimmten) Absatzbereichen ausrichten, mithin eine weitere „Abschichtung" im Rahmen der Marktabgrenzung bezüglich Kreditkarten in Form einer einsatz- bzw. absatzbereichsspezifischen Abgrenzung postulieren.

§ 1. Einleitende Erwägungen

Im Valutaverhältnis stehen sich die Vertragsunternehmen und die Karteninhaber als Vertragsparteien gegenüber. Die Karteninhaber setzen in diesem Verhältnis ihre Karte als Zahlungsmittel ein, um ein bestimmtes Produkt auf dem jeweils in Rede stehenden Absatzmarkt[384] zu erwerben. Gleichzeitig stehen die Karteninhaber mit

383 Vgl hierzu auch oben unter Abschnitt 1, Titel 3, Untertitel 3, Kapitel 2, Unterkapitel 1.
384 Der Begriff des Absatzmarktes wird vielfach ungenau im voliegenden Kontext genutzt. Genau besehen existiert kein einheitlicher Absatzmarkt; es gibt vielmehr diverse, voneinander zu unterscheidende relevante Absatzmärkte. *Horn* bezeichnet den Absatzmarkt gar als „grenzenlos" (vgl. *Horn*, Kartellrechtliche Aspekte des

den Issuern im Deckungsverhältnis in Kontakt.[385] Hinsichtlich des Einsatzes einer Kreditkarte am PoS offenbart sich in Anbetracht dessen die Besonderheit der Absatzmarktbezogenheit bzw. Absatzbereichsbezogenheit von Kreditkarten:

Kreditkarten wie auch sonstige Zahlungsmittel weisen insofern die Besonderheit auf, dass sie aus Sicht der Abnehmer regelmäßig nicht ihrer selbst willen beantragt werden. Sie sollen in erster Linie zum Erwerb anderer Produkte auf den Absatzmärkten eingesetzt werden sollen.

Ein Nachfrager, der in einem Absatzbereich ein Produkt erwerben möchte, wird sich zunächst überlegen, von welchen Unternehmen dieses angeboten wird und in welchem der zur Auswahl stehenden Geschäfte er einzukaufen gedenkt. Erst nach diesen Vorüberlegungen kann er – in einem weiteren gedanklichen Schritt – abschätzen, ob seine Kreditkarte (bzw. ein anderes, in seinem Gewahrsam befindliches Zahlungsmittel) zur Zahlung des begehrten Produktes eingesetzt werden kann. Ein Kunde und mithin auch ein Karteninhaber wird sich also nicht bloß fragen, ob er ein Produkt erwerben möchte, sondern konkretere Überlegungen anstellen müssen, um zu eruieren, ob er zuvor noch Geld abheben muss.[386]

Ungeachtet des Charakters einer Kreditkarte als Universalzahlungsmittel kann eine Kreditkarte nicht stets als Zahlungsmittel eingesetzt werden. Diese Möglichkeit wird dem Karteninhaber vielmehr erst dadurch eröffnet, dass der jeweilige Händler zur Akzeptanz dieser Zahlungsart bereit ist und – unmittelbar oder mittelbar – eine akquisitionsvertragliche Beziehung zu einer Kreditkartenorganisation unterhält. Hinsichtlich des Bereiches des Einsatzes einer Kreditkarte am PoS ist das Vertragsunternehmen zwar nicht der Anbieter der Kreditkarte, aber nur durch dessen Akzeptanz der Karte als Zahlungsmittel entsteht letzten Endes der Nutzen der Karte für den Karteninhaber. Über die Frage, ob und inwiefern die Karte im konkreten Fall auf dem konkreten Absatzmarkt zur Zahlung akzeptiert wird,

---

Kreditkartengeschäfts, ZHR 157 (1993), 324, 329). Sofern nachstehend von einem Absatz*markt* die Rede ist, bezieht sich dies auf einen im Valutaverhältnis anzutreffenden Produktmarkt; der Begriff Absatz*bereich* bezeichnet hingegen eine Zusammenfassung mehrerer solcher Absatzmärkte.

385 Vgl. hierzu bereits oben unter Abschnitt 1, Titel 1, Untertitel 1, Kapitel 2, Unterkapitel 2.

386 Dieser typische Gedankengang eines Karteninhabers sei an folgendem Beispiel verdeutlicht: Ein Karteninhabers möchte Brot käuflich erwerben. Bort kann unter anderem in Bäckereien, am Kiosk, im Supermarkt und an Tankstellen erworben werden. Kreditkarten werden allerdings derzeit in Bäckereien, am Kiosk wie auch im Supermarkt (üblicherweise) nicht als Zahlungsmittel akzeptiert. Allenfalls an der Tankstelle könnte der Karteninhaber seine Brötchen mit Kreditkarte „bezahlen“. Auf den Umstand, dass (etwa an Tankstellen) teils Mindestumsätze erforderlich sind, um Kreditkarten als Zahlungsmittel einzusetzen, soll an dieser Stelle nicht näher eingegangen werden (vgl. hierzu etwa auch *Koboldt/Maldoom/Salsas*, Merchant constraints on interchange fees, 2011, 2 f.).

entscheidet der jeweilige Händler, also gerade nicht (allein) der Vertragspartner des Karteninhabers im Deckungsverhältnis.

Aus diesem Umstand resultieren wiederum gewisse Unwägbarkeiten aus Sicht des Karteninhabers. Der Karteninhaber kann sich zwar sicher sein, dass ein Händler, sofern es sich bei diesem um ein Vertragsunternehmen des jeweiligen Kreditkartensystems handelt, seine Kreditkarte als Zahlungsmittel akzeptieren wird. Diese „(Vor-)Bedingung", sprich die Existenz einer Verbindung zwischen Händler und Kreditkartensystem, gegebenenfalls „vermittelt" über einen Acquirer, muss sich der Karteninhaber vor seinem Einkauf – zumindest gedanklich – vergegenwärtigen. Der Akzeptanz seines Zahlungsmittels kann sich der Karteninhaber etwa anhand eines vorhandenen Akzeptanzlogos der Kartenorganisation am Ladengeschäft vergewissern. In der Regel wird sich ein Karteninhaber aber bereits zu einem früheren, vor seinem Einkauf gelegenen Zeitpunkt fragen, ob er die in seinem Besitz befindliche Kreditkarte in einem bestimmten Geschäft zum Erwerb eines konkreten Produktes einsetzen kann. Mithin ist sich der Karteninhaber durchaus des Absatzbereichsbezugs des Zahlungsmittels „Kreditkarte" bewusst, was gleichsam für eine Berücksichtigungsfähigkeit dieses Aspekts im Rahmen der Marktabgrenzung spricht. Unter diesem Blickwinkel kann eine Kreditkarte hinsichtlich der PoS-Zahlungsfunktion als absatzbereichsakzessorisch angesehen werden.

Wenn sich denn aber der Karteninhaber vor dem Karteneinsatz diese Absatzmarktbezogenheit vor Augen führt, der Einsatzbereich einer Kreditkarte deren Verwendungsmöglichkeiten bestimmt und die Abgrenzung des sachlichen relevanten Marktes maßgeblich durch die Eigenschaften wie auch Verwendungsmöglichkeiten eines Produktes determiniert werden, so erscheint eine Einbeziehung der Absatzbereichsbezogenheit bei der Beurteilung der Substituierbarkeit aus Sicht der Marktgegenseite nicht a priori ausgeschlossen und diskussionsbedürftig.

§ 2. Ein absatzbereichsbezogener Ansatz

In der Literatur wie auch in (behördlichen und gerichtlichen) Entscheidungen wurde dem Umstand der geschilderten Absatzbereichsbezogenheit von Kreditkarten im Rahmen der Marktabgrenzung – soweit ersichtlich – nur seitens Oechsler eine besondere, die Marktabgrenzung in bedeutsamem Maße prägende Bedeutung attestiert; die Absatzmarktbezogenheit führt seiner Auffassung zufolge dazu, dass (innerhalb des PoS-Einsatzbereichs) eine Differenzierung anhand unterschiedlicher Absatzbereiche zu erfolgen hat.

Davon ausgehend, dass die Austauschbarkeit verschiedener Produkte vorausgesetzt ist, dass diese dasselbe Funktionsspektrum aufweisen und abdecken, geht Oechsler davon aus, dass „[d]er einzelne Absatzmarkt [...] aus Sicht der Karteninhaber die kleinste denkbare Einheit dar[stellt], in der ein Zahlungsmittel verwendet werden kann".[387] Substitutionsbewegungen zwischen Kreditkarten

387 *Oechsler*, Wettbewerb im Kreditkartengeschäft, 1992, S. 191 ff.

einerseits und einzelnen Zahlungsmitteln andererseits seien jedenfalls in Bezug auf bestimmte Absatzbereiche von Kreditkarten erkennbar, in denen die in Blick genommenen Zahlungsmittel gleichermaßen eingesetzt werden könnten.[388] Für den Markterfolg eines Universalzahlungsmittels könne es nicht darauf ankommen, dass auf jedwedem in Betracht kommenden Absatzbereich weltweit eine Verwendungsmöglichkeit bestehe, da ansonsten Substitutionsbeziehungen etwa zwischen Kundenkreditkarten und Universalkreditkarten ausgeschlossen seien.[389]

Oechsler stellte sich aufgrund dieser Erwägungen auf den Standpunkt, dass „[d]ie Gesamtheit der Absatzmärkte, deretwegen die Nachfrager ein eigenes Zahlungsmittel erwerben, [...] eine sachlich abgrenzbare Gruppe [bildet und mit] dieser abgrenzbaren Gruppe ein eigener Markt für Zahlungsmittel [korrespondiert], die in dieser Gruppe eingesetzt werden können".[390] Im Konkreten sieht er unter anderem einen eigenen Markt für im inländischen Massengeschäft einsetzbare Zahlungsmittel, einen – aus damaliger Sicht zukünftig – entstehenden Markt für PoS-taugliche Zahlungsmittel, einen Markt für Zahlungsmittel, die im Nahreisebereich eingesetzt werden, sowie einen hiervon zu trennenden Markt für solche Zahlungsmittel, die im Fernreisebereich verwendet werden können, als gegeben an.[391]

§ 3. (Zwischen-)Fazit

Die Absatzbereichsbezogenheit von Kreditkarten mag es nahelegen, einem jeden auf dem Absatzmarkt anzutreffenden Produktmarkt oder aber mehreren derartigen Produktmärkten, die seitens der Nachfrager als einem einheitlichen Absatzbereich angehörig angesehen werden, einen eigenen (Karten-)Emissionsmarkt zuzuordnen. Mit anderen Worten scheint es denkbar, von einer Kongruenz zwischen dem jeweiligen (Produkt-)Absatzmarkt bzw. -bereich und dem jeweils anzunehmenden sachlich relevanten Kreditkartenemissionsmarkt auszugehen. Unter Zugrundelegung einer solchen Sichtweise erscheint der Umfang des PoS-Emissionsmarktes in gewisser Weise als Abbild des Umfangs des Absatzbereichs im Valutaverhältnis und wird durch die Grenzen des letztgenannten Bereiches determiniert. Nach diesem Verständnis lassen sich die Emissionsmärkte als akzessorische, den Absatzmärkten respektive Absatzbereichen korrelierende Märkte begreifen.

Dies würde dazu führen, dass etwa ein „Einsatzbereich A" mit einem „Kartenemissionsmarkt A", ein „Einsatzbereich B" mit einem „Kartenemissionsmarkt B" und ein „Einsatzbereich C" mit einem „Kartenemissionsmarkt C" (usw.) korrespondieren würden. Es wäre mithin – obgleich des jeweiligen Einsatzes einer Kreditkarte am PoS – von unterschiedlichen Märkten für jeden abgrenzbaren Karteneinsatzbereich innerhalb des PoS-Bereiches auszugehen, die als „einsatzbereichsäquivalente

388 *Oechsler*, Wettbewerb im Kreditkartengeschäft, 1992, S. 187 ff. (insbesondere S. 191).
389 *Oechsler*, Wettbewerb im Kreditkartengeschäft, 1992, S. 191 a.E. f.
390 *Oechsler*, Wettbewerb im Kreditkartengeschäft, 1992, S. 186 ff., S. 192.
391 Vgl. hierzu *Oechsler*, Wettbewerb im Kreditkartengeschäft, 1992, S. 192 ff.

Emissionsmärkte" klassifiziert werden könnten. Mit anderen Worten wären letzten Endes getrennte Märkte etwa hinsichtlich der Kreditkarte in Bezug auf den Einsatzbereich A und der*selben* (!) Kreditkarte hinsichtlich des Einsatzbereichs B gegeben; dem PoS-Einsatzbereich würde – unter Zugrundelegung einer solchen Sichtweise – also kein einheitlicher Markt entsprechen. Der „Kreditkarten-Emissions-Zahlungsfunktions-Markt" würde sich vielmehr aus diversen (Teil-)Märkten zusammensetzen.

Ob dieser Auffassung jedoch tatsächlich gefolgt werden kann, bedarf im Folgenden einer näheren Überprüfung:

§ 4. Stellungnahme hinsichtlich der Sichtweise Oechslers

Die Sichtweise Oechslers erscheint insofern bedenklich, als Oechsler annimmt, dass jeder Absatzbereich, in dem die Kunden auf den Absatzmärkten ein eigenes Zahlungsmittel erwerben, mit einem Kreditkartenemissionsmarkt korrespondiert.

Es mag zwar zutreffend sein, dass Kunden, die beispielsweise eine Kundenkreditkarte eines Unternehmens erwerben, die nur bei diesem Unternehmen als Zahlungsmittel eingesetzt werden kann, die Möglichkeit haben, ihre im Valutaverhältnis gegenüber diesem Unternehmen bestehende Verbindlichkeit, sofern dieses auch Kreditkarten als Zahlungsmittel annimmt, zumindest mit Bargeld, der Kundenkreditkarte und der akzeptierten Kreditkarte zu begleichen. Unter isolierter Betrachtung des PoS-Bereichs dieses Unternehmens stehen alle einsetzbaren Zahlungsmittel zueinander im Verhältnis der „Konkurrenz". Es werden sich gewisse Substitutionsbeziehungen zwischen diesen Zahlungsmitteln beobachten lassen, zumal alle seitens des jeweiligen Händlers akzeptierten Zahlungsmittel tauglich sind, die Verbindlichkeiten des Karteninhabers auf dem jeweiligen Absatzmarkt bzw. im jeweiligen Absatzbereich zu begleichen. In Anbetracht dessen wird der Karteninhaber unter den ihm zur Verfügung stehenden Zahlungsmitteln eines auswählen und sich damit zugleich gegen den Einsatz der anderen entscheiden.

Gleichwohl gilt es im vorliegenden Kontext zu bedenken, dass realiter eine Vielzahl unterschiedlicher Zahlungsmittel existiert. Wenn nun obiges Beispiel um ein weiteres Zahlungsmittel ergänzt wird, beispielsweise um eine Debitkarte (einer bestimmten Marke), diese Debitkarte allerdings – wie gewöhnlich – auch über den Bereich des jeweiligen Unternehmens hinaus zur Zahlung am PoS verwendet werden kann, so stellt sich die Frage, wie in diesem Falle – unter Zugrundelegung der Sichtweise Oechslers – der maßgebliche Absatzbereich und damit der diesem entsprechende Emissionsmarkt zu definieren ist. So überschneiden sich der Einsatzbereich von Bargeld, Kreditkarten, Kundenkreditkarten und Debitkarten im Absatzbereich dieses Unternehmens; darüber hinausgehend kann die Kundenkreditkarte dieses Unternehmens (grundsätzlich) nicht zur Zahlung in den Geschäften eines anderen Unternehmens verwendet werden. Wollte man nun einen Markt nur für den Absatzbereich dieses Unternehmens annehmen, so würde dieses Unternehmen letztlich im Wege der Implementierung seiner eigenen Kundenkreditkarte einen neuen Markt „erschaffen" bzw. die Grenzen des Marktes neu ausrichten.

Dies wäre nach den Ausführungen Oechslers jedenfalls anzunehmen, zumal die Kunden respektive Nachfrager ein eigenes Zahlungsmittel in Bezug auf diejenigen Produkte erwerben, die seitens dieses Unternehmens vertrieben werden. In letzter Konsequenz liefe damit die angesprochene Sichtweise darauf hinaus, denjenigen Bereich, in welchem alle Zahlungsmittel eingesetzt werden können, als „kleinsten gemeinsamen Nenner" der Marktabgrenzung zugrunde zu legen und jedenfalls insofern einen einheitlichen Markt anzunehmen. Der Kreditkartenemissionsmarkt wäre demnach nach Maßgabe der Einsatzbereiche anderer Zahlungsmittel zu definieren. Letzten Endes würde damit der Umfang des Einsatzbereichs von Zahlungsmitteln, bei denen es sich nicht um Kreditkarten handelt, darüber bestimmen, welche Grenzen der „Kreditkarten-Emissions-Zahlungsfunktions-Markt" aufweist.

Die ausufernde Komplexität einer möglichen Definition der Grenzen des anzunehmenden Marktes liegt deutlich auf der Hand, wenn man in Ergänzung des genannten Beispiels weitere Zahlungsmittel „hinzufügt" und die Konsequenzen dieser Sichtweise näher in Augenschein nimmt. Auch wenn es zutreffend sein mag, dass Substitutionsbeziehungen auch über die Grenzen eines Marktes hinaus gegeben sein können, wäre nach der Sichtweise Oechslers von der Existenz einer beinahe unbegrenzten Anzahl von (Teil-)Märkten auszugehen, die sich vielfach überschneiden würden. Je nachdem wie viele Zahlungsmittel in die Betrachtung einbezogen werden, würden (Teil-)Märkte existieren, deren Grenzen kaum noch zu überblicken wären; dies entspricht indes nicht der Sichtweise eines verständigen Durchschnittsnachfragers. Letzten Endes ist es aber gerade dessen Sichtweise, auf die nach dem Bedarfsmarktkonzept zur Beurteilung des (nachfrageseitigen) Substituierbarkeitsgrades abzustellen ist.

Überdies ist die Frage nach der Substituierbarkeit von Produkten eine solche, die durch die Wechselseitigkeit und Beziehung zwischen unterschiedlichen Produkten geprägt wird. Vorliegend geht es um die Abgrenzung eines relevanten Marktes, dem (auch) die PoS-Funktion der Kreditkarte angehört. Wollte man auf den „kleinsten gemeinsamen Nenner" bzw. den „Schnittmengen-Einsatzbereich" sämtlicher in Betracht kommender Zahlungsmittel abstellen, so würde man zugleich den Aspekt, dass es sich bei Kreditkarten um Universalzahlungsmittel handelt, vollends außer Acht lassen. Die Universalfunktion, also eine aus Sicht der Kreditkarteninhaber überaus bedeutsame Funktion einer Kreditkarte, würde dann von vornherein als irrelevant für die Marktabgrenzung eingestuft werden. Dies spricht ebenfalls dagegen, den relevanten Markt bloß einseitig aus Sicht der Inhaber der anderen Zahlungsmittel abzugrenzen. Die aufgezeigte Wechselseitigkeit bedingt nämlich, dass im Rahmen der Marktabgrenzung auch die Perspektive der Inhaber einer Kreditkarte Berücksichtigung finden muss.

Im Übrigen ist eine etwaige Existenz von Substitutionsbeziehungen zwischen Produkten zwar ein erstes Anzeichen dafür, dass gegebenenfalls ein einheitlicher Markt gegeben ist. Allerdings muss es sich insofern nicht bloß um ein irgendwie geartetes, sondern vielmehr ein aus der Sicht der Marktgegenseite vollwertiges und damit aus der Warte des Bedarfsmarktkonzeptes hinreichendes Maß an

Substituierbarkeit handeln, sofern eine Marktgleichwertigkeit und dementsprechend das Vorliegen eines einheitlichen Marktes angenommen werden sollen.[392]

Eine Betrachtung, im Rahmen derer allein darauf abgestellt wird, ob seitens der Kunden ein eigenes Zahlungsmittel für einen bestimmten Absatzbereich nachgefragt wird, würde dem Aspekt der Absatzmarktbezogenheit absoluten Vorrang gegenüber allen sonstigen Charakteristika der Zahlungsmittel einräumen. Eine derart verabsolutierte wie auch isolierte Sichtweise, welche – bei der Bestimmung des sachlich relevanten Marktes – nicht den sonstigen Eigenschaften der unterschiedlichen Zahlungsmittel hinreichend Rechnung trägt bzw. diese von vornherein als unbeachtlich ansieht, vermag kaum den Besonderheiten des Einzelfalles gerecht zu werden. Eine Definition des Kreditkartenemissionsmarktes *allein* aus der Perspektive (der Inhaber) anderer Zahlungsmittel vermag mithin nicht zu überzeugen und ist abzulehnen.

§ 5. Eigene Beurteilung und weitere Erwägungen zur Bedeutung der Absatzmarktbezogenheit

Auch wenn man nicht der seitens Oechsler postulierten Auffassung zu folgen gedenkt, mithin eine Ausrichtung der Abgrenzung des Emissionsmarktes nicht (nur) an dem Einsatzbereich anderer Zahlungsmittel vorzunehmen gewillt ist, erscheint gleichwohl denkbar, von einem (andersgearteten) einsatzbereichsorientierten Ansatz auszugehen; gegebenenfalls mag man etwa eine, an den – im Valutaverhältnis anzutreffenden – Branchen orientierten Ansatz in Betracht ziehen.[393]

Die Annahme unterschiedlicher Märkte erscheint allenfalls gerechtfertigt, sofern der Kreditkarten-Emissions-Zahlungsfunktions-Markt einer weiteren Aufspaltung entlang verschiedenartiger Absatzbereiche zugänglich ist, mithin der Emissionsbereich aus Sicht der Karteninhaber nicht als Einheit angesehen wird. Insofern gilt es insbesondere die Nachfrager- und Anbieterstruktur sowie die Produkteigenschaften zu betrachten:

Auf der Nachfragerseite sind – unabhängig davon, in welchem Absatzbereich die Kreditkarte konkret zum Einsatz gelangt – stets die Karteninhaber anzutreffen. Gleichwohl existieren Karteninhaber, die ihre Kreditkarte (zumeist) nur in einem bestimmten Absatzbereich oder in mehreren Absatzbereichen einsetzen, in anderen Absatzbereichen hingegen auf ein anderes Zahlungsmittel zurückgreifen. Anknüpfend an die kartellrechtliche Praxis, im Falle des Vorliegens

---

392 Vgl. EuGH, Urteil v. 14.02.1978, Rs. 27/76 – United-Brands, Slg. 1978, 207, 282 f., Rn. 22 ff.; EuGH, Urteil v. 09.11.1983, Rs. 322/81 – Michelin, Slg. 1983, 3461, 3508, Rn. 48; EuG, Urteil v. 12.12.1991, Rs. T-30/89 – Hilti, Slg. 1991, II-1441, II-1472, Rn. 64 und II-1474, Rn. 71 (bestätigt durch EuGH, Urteil v. 02.03.1994, Rs. C-53/92 P – Hilti, Slg. 1994, I-693, I-706, Rn. 35).

393 Vgl. zur Verdeutlichung auch das oben unter Abschnitt 1, Titel 3, Untertitel 1, § 1 angeführte Beispiel zu den Verkaufsorten von Brot.

heterogener (Nachfrage-)Gruppen gegebenenfalls von selbstständigen (Teil-) Märkten auszugehen, ließe sich vorliegend – bei Betrachtung der Nachfragerseite – eine entsprechende (Teil-)Marktbildung in Betracht ziehen.[394] Indes ist eine solche „Aufspaltung" des Marktes nur in solchen Fällen angebracht, in denen die unterschiedlichen Nachfragegruppen hinreichend groß sind und ihnen gegenüber seitens der Anbieter über einen längeren Zeitraum eine Preisdifferenzierung (oder eine sonstige absatzstrategische Differenzierung) durchgeführt werden kann.[395]

Betrachtet man die Anbieterseite, dann sind es die Issuer, die den Karteninhabern den Kreditkarteneinsatz am PoS einräumen, indem sie an diese die Kreditkarten ausgeben, mit der Kreditkartenorganisation in Verbindung stehen, die Kreditkartenorganisation mit den Acquirern eine vertragliche Beziehung unterhalten und letztgenannte Acquirer ihrerseits Vertragsunternehmen anwerben und die Vertragsunternehmensinfrastruktur aufbauen. Bei den Vertragsunternehmen handelt es sich hinsichtlich der im Zuge des Emissionsvertrages gewährten Kreditkartenleistungen gerade nicht um die Marktgegenseite der Karteninhaber.

Eine differenzierte Behandlung der Karteninhaber wird sich seitens deren Marktgegenseite, sprich der Issuer, nicht mit Erfolg durchsetzen lassen. Als Indiz gegen eine solche Möglichkeit spricht bereits der Umstand, dass die Issuer rein faktisch keine unterschiedlichen Absatzstrategien gegenüber den Karteninhabern an den Tag legen. Im Übrigen ist auch nicht ersichtlich, dass die auf den Absatzmärkten tätigen Vertragsunternehmen die Karteninhaber etwa je nach Absatzbereich oder Branche (nicht nach Zahlungsmittel!) differenziert behandeln. Insbesondere werden den Karteninhabern weder seitens der Issuer noch seitens der Vertragsunternehmen je nach Brancheneinsatzbereich unterschiedliche Gebühren bzw. Preisaufschläge auferlegt. Mithin bilden die Karteninhaber in Bezug auf die Einsatzmöglichkeit der Kreditkarte am PoS eine einheitliche Gruppe. Eine Differenzierung nach unterschiedlichen Nachfragegruppen kommt nicht in Betracht, was bereits gegen die Annahme getrennter Märkte respektive eine (Teil-)Marktbildung spricht.

Die Leistung, die durch den Vertragspartner des Karteninhabers, also den Issuer, gewährt wird, zielt von vornherein (lediglich) darauf ab, dem Karteninhaber die Möglichkeit zu eröffnen, die Kreditkarte bei den systemangeschlossenen Händlern als Zahlungsmittel einzusetzen. Nicht etwa „garantiert" der Emittent den Einsatz

---

394 Vgl. KOM, Bekanntmachung über die Definition des relevanten Marktes im Sinne des Wettbewerbsrechts der Gemeinschaft, ABl. EG v. 09.12.1997, C 372/5, S. 11, Rn. 43; *Neveling*, Die sachliche Marktabgrenzung, 2003, S. 185 ff.; *Immenga/Körber*, in: Immenga/Mestmäcker, Wettbewerbsrecht, Bd. 1 EG/2, 5. Aufl., 2014, Art. 2 FKVO, Rn. 68.

395 Vgl. KOM, Bekanntmachung über die Definition des relevanten Marktes im Sinne des Wettbewerbsrechts der Gemeinschaft, ABl. EG v. 09.12.1997, C 372/5, S. 11, Rn. 43; *Immenga/Körber*, in: Immenga/Mestmäcker, Wettbewerbsrecht, Bd. 1 EG/2, 5. Aufl., 2014, Art. 2 FKVO, Rn. 70.

der Karte in jedem nur erdenklichen Ladengeschäft. Eine solche Akzeptanz könnte der Issuer selbst auch gar nicht gewährleisten, da er keinen (unmittelbaren) Einfluss hierauf hat. Nur die im Wege eines Akzeptanzvertrages gebundenen Händler, also die Vertragsunternehmen, die dem jeweiligen Kartensystem angehören, sind zur Annahme der Kreditkarte des Karteninhabers verpflichtet. Der Issuer als Vertragspartner des Karteninhabers im Deckungsverhältnis hat keinen Einfluss auf den konkreten Einsatzbereich der Karte; erst die Entscheidung des jeweiligen Händlers zu Gunsten einer Kartenakzeptanz eröffnet dem Karteninhaber die Möglichkeit zum Einsatz der Karte als Zahlungsmittel.

Bei genauerer Betrachtung zeigt sich also, dass die PoS-Funktion der Karte, die dem Karteninhaber seitens des Issuers als Leistung offeriert und bei Abschluss des Emissionsvertrages gewährt wird, ihrem Umfang nach auf die Händler beschränkt ist, die dem jeweiligen Kartensystem angehören. Genau diese Leistung nun aber unterschiedlichen Märkten zuzuordnen, entbehrt jedweder Grundlage. Auch der Karteninhaber weiß um die Begrenzung der Einsatzmöglichkeiten seiner Karte; ein durchschnittlicher, vernünftiger Karteninhaber würde nicht auf den Gedanken kommen, dass ihm seitens des Kartenemittenten auch die Möglichkeit eingeräumt wird, bei einem Händler, der keine Kreditkarte zur Zahlung akzeptiert, mit Kreditkarte zahlen zu können. Eine Leistung im Sinne der Möglichkeit eines Einsatzes der Karte als Zahlungsmittel bei einem Händler, der keine Kreditkarten als Zahlungsmittel akzeptiert, war zu keiner Zeit Bestandteil des Leistungsumfangs der Karte. Der jeweilige Karteninhaber hat bei Erlangung der Karte von vornherein keinen Anspruch auf Akzeptanz seiner Karte durch einen nicht dem jeweiligen Kreditkartensystem angeschlossenen Händler.[396]

In Anknüpfung an diese Erwägungen zeigt sich gleichsam, dass die Kreditkarte ungeachtet der Frage, in welchem Absatzbereich sie eingesetzt wird, stets den gleichen Leistungsumfang hat. Der Karteninhaber muss sich insbesondere nicht im Zeitpunkt der Emission für bestimmte Absatzbereiche entscheiden; er erhält stets die Möglichkeit, bei allen dem jeweiligen Kreditkartensystem angeschlossenen Vertragsunternehmen via Kreditkarte bargeldlos zu zahlen.

Ob und in welchem Absatzbereich der Karteninhaber seine Kreditkarte zu einem späteren Zeitpunkt einsetzt, steht in seinem Belieben. Auch wenn die Karte bei unterschiedlichen, in verschiedenen Absatzbereichen tätigen Vertragsunternehmen verwendet wird, hat dies keinen Einfluss auf das ihr grundsätzlich seitens des Issuers anheimgestellte Leistungsspektrum; sie kann stets in gleicher Weise als Zahlungsmittel (bei den systemangeschlossenen Vertragsunternehmen) genutzt werden. Auch ergeben sich zwischen den einzelnen Absatzbereichen hinsichtlich der Entgeltstrukturen keine Unterschiede für den Karteninhaber. Ferner werden

396 Freilich kann auch dieser Händler, sofern er die Bedingungen des jeweiligen Kreditkartensystems erfüllt, ein Vertragsunternehmen werden. Ein Anspruch des Karteninhabers darauf, dass er vor diesem Moment bei diesem Händler via seiner Kreditkarte bezahlen kann, besteht allerdings nicht.

Kreditkarten in Bezug auf ihre PoS-Einsatzmöglichkeiten einheitlich beworben. In Bezug auf die Zahlungsmittelfunktion werden zumeist auch gerade der Charakter der Kreditkarte als Universalzahlungsmittel und die Weitläufigkeit ihres Einsatzbereichs herausgestellt. Spiegelbildlich zu dieser Eigendarstellung wird den Karteninhabern gleichsam suggeriert, dass es sich – jedenfalls in Bezug auf den PoS-Bereich – um eine einheitliche, in sich geschlossene Leistung handelt, die ihnen zur Verfügung gestellt wird.

Aus Sicht eines Karteninhabers würde eine (Universal-)Kreditkarte auch eines bedeutsamen, untrennbar mit der Zahlungsfunktion verknüpften Wesenszuges verlustig gehen, sofern sie nur (noch) in einem bestimmten Absatzbereich als Zahlungsmittel eingesetzt werden könnte. Gerade der Umstand, dass Kreditkarten dem Inhaber eine weltweite Akzeptanzmöglichkeit eröffnen, ist aus Sicht der Karteninhaber einer der bedeutsamsten Beweggründe eine Kreditkarte zu beantragen bzw. innezuhaben. Selbst aus der Sicht eines verständigen Karteninhabers wäre kaum nachvollziehbar, weshalb ein- und dieselbe Leistung, die durch ein- und denselben Emittenten gewährt wird und in unterschiedlichen Absatzbereichen eingesetzt werden kann und wird, unterschiedlichen Märkten angehören soll. Im Falle einer absatzbereichsorientierten Abgrenzung bezüglich jedes einzelnen Absatzbereiches einen eigenständigen Markt anzunehmen, und dies selbst dann, wenn die eingesetzte Kreditkarte demselben System angehört und/oder von demselben Issuer ausgegeben wurde, vermag mithin nicht überzeugen. Eine absatzbereichsorientierte Marktabgrenzung kommt demnach nicht in Betracht.

§ 6. Zwischenergebnis

Obgleich der Absatzmarktbezogenheit von Kreditkarten ist eine absatzbereichs- bzw. einsatzbereichsspezifische Ausrichtung der Marktabgrenzung des Zahlungsfunktions-Marktes im Issuing-Bereich abzulehnen. Die Einsatzmöglichkeit einer Kreditkarte in verschiedenen Absatzbereichen bzw. Branchen mag zwar einem jeden Karteneinsatz am PoS zugrunde liegen. Aus Sicht der maßgeblichen Marktgegenseite, der Karteninhaber, handelt es sich jedoch bei der Zahlungsmittelfunktion der Kreditkarte bzw. den mit dieser korrespondierenden, seitens der Issuer gegenüber den Karteninhabern erbrachten Leistungen – ungeachtet der Frage, in welcher Branche die Karte jeweils eingesetzt wird – um eine einheitliche (Dienst-)Leistung.

Unterkapitel 2. „Zahlungsmittel"

Des Weiteren gilt es zu klären, ob und inwiefern Substitutionsbeziehungen zwischen den verschiedenen Kreditkartenarten existieren (hierzu unter § 1) und welche anderen „Zahlungsmittel"[397] dem sachlich relevanten Markt zuzurechnen sind (hierzu unter § 2).

---

397 Der Begriff „Zahlungsmittel" ist mit Anführungsstrichen versehen, weil im Folgenden unter anderem auch auf Kartenarten eingegangen wird, die über

§ 1. Zahlung mittels der verschiedenen „Kreditkartenarten"

In einem ersten Schritt steht zunächst im Fokus der Betrachtung, ob die verschiedenen „Kreditkartenarten" (im weiteren Sinne) einem einheitlichen Kreditkarten-Emissions-Markt angehören oder aber insofern Differenzierungen geboten sind. Obgleich der Begriff der Kreditkarte oftmals unterscheidungslos gebraucht wird, zeigt sich bei näherer Betrachtung, dass eine Vielzahl von Kartenarten dem (Ober-) Begriff „Kreditkarte" unterfallen, die – zumindest in Nuancen – gewisse Unterschiede aufweisen:

I. Firmenkreditkarten versus Verbraucherkreditkarten

Kreditkarten werden sowohl an Privatpersonen als auch an Unternehmen ausgegeben; entsprechend dieser unterschiedlichen Nachfragegruppen könnten gesonderte Märkte anzunehmen sein.[398] Eine „Aufspaltung" des Kreditkarten-Emissionsmarktes hinsichtlich Verbraucher- und Firmenkarten wurde auch seitens der Kommission bereits in mehreren Entscheidungen erwogen; eine Entscheidung ließ sie jedoch dahinstehen.[399]

1. Einleitende Anmerkungen

Wie bereits an obiger Stelle angesprochen wurde, können selbst nahezu identische Produkte gesonderten Märkten angehören, sofern die Produkte an verschiedene

---

keine Zahlungsfunktion verfügen und demnach nicht als Zahlungsmittel anzusehen sind.

398 Vgl. auch noch KOM, Bekanntmachung über die Definition des relevanten Marktes im Sinne des Wettbewerbsrechts der Gemeinschaft, ABl. EG v. 09.12.1997, C 372/5, S. 11, Rn. 43; *Neveling*, Die sachliche Marktabgrenzung, 2003, S. 185 ff.; *Immenga/Körber*, in: Immenga/Mestmäcker, Wettbewerbsrecht, Bd. 1 EG/2, 5. Aufl., 2014, Art. 2 FKVO, Rn. 68; *Emmerich*, in: Immenga/Mestmäcker, Wettbewerbsrecht, Bd. 1 EG/1, 5. Aufl., 2012, Art. 101 Abs. 1 AEUV, Rn. 160.

399 Vgl. KOM, Entscheidung v. 3.10.2007, COMP/M.4844 – Fortis/ABN AMRO Assets, Rn. 48 u. 53 f.; KOM, Entscheidung v. 03.12.2008, COMP/M.5384 – BNP Paribas/Fortis, Rn. 17 u. Rn. 38 f.; vgl. auch KOM, Entscheidung v. 8.11.2001, COMP/M.2567 – Nordbanken/Postgirot, Rn. 16 (zugleich unter Hinweis auf die Voruntersuchung zu COMP/M.2380 – FöreningsSparbanken/SEB (die Zusammenschlussanmeldung in letztgenannter Sache wurde zurückgenommen, siehe ABl. EG v. 28.9.2001 C 273/4, S. 4 a.E.)); vgl. ferner KOM, Entscheidung v. 18.10.2005, COMP/M.3894 – Unicredito/HVB, Rn. 19 ff. Nach Art. 2 Abs. 6 der Verordnung über Interbankenentgelte (VO (EU) 2015/751) ist eine „Firmenkarte" jedes kartengebundene Zahlungsinstrument, das an Unternehmen oder öffentliche Stellen oder selbständige natürliche Personen ausgegeben wird und dessen Nutzung auf geschäftliche bzw. dienstliche Ausgaben beschränkt ist, wobei die mit einer solchen Karte vorgenommenen Zahlungen direkt von dem Konto des Unternehmens oder der öffentlichen Stelle oder der selbständigen natürlichen Person abgebucht werden (Abl. EU v. 19.05.2015, L 123/1, S. 8).

Abnehmergruppen verkauft und/oder unterschiedlichen Verwendungszwecken zugeführt werden sollen; hinsichtlich der Einzelheiten sei an dieser Stelle auf obige Ausführungen verwiesen.[400]

2. Nachfragesubstituierbarkeit

Zunächst soll insofern erörtert werden, ob es sich aus Sicht der Nachfrager um unterschiedliche Produktmärkte handelt:

a) Retail Banking und Corporate Banking

Die Emission von Kreditkarten an Privatpersonen gehört dem Bereich des Retail Banking (Privatkundengeschäft) an.[401] Retail Banking umfasst im Allgemeinen alle Bankdienstleistungen für Privatpersonen; allenfalls die Erbringung solcher Leistungen gegenüber sehr kleinen Unternehmen lässt sich diesem Bereich ebenfalls zuordnen.[402] Hiervon zu trennen ist der Bereich des Corporate Banking, der im Allgemeinen die Erbringung von Bankdienstleistungen gegenüber gewerblichen Kunden umfasst.[403] Bereits diese Differenzierung in Bezug auf Bankdienstleistungen legt es nahe, eine entsprechende Unterscheidung auch hinsichtlich Kreditkarten anzunehmen.

b) Der Einsatzzweck beider Kartentypen

Während Verbraucherkreditkarten an Privatpersonen für den persönlichen Gebrauch ausgegeben werden, werden Firmenkreditkarten ausschließlich zu geschäftlichen Einsatzzwecken ausgestellt.[404] Privatpersonen haben – ein

---

400 Vgl. oben unter Abschnitt 1, Titel 3, Untertitel 3, Kapitel 1, Unterkapitel 2, § 2, I.

401 Vgl. auch noch KOM, Entscheidung v. 03.12.2008, COMP/M.5384 – BNP Paribas/Fortis, Rn. 26. In dieser Sache ließ die Kommission dahinstehen, ob *Debit*karten einem eigenen sachlich relevanten Markt zuzuordnen oder Teil eines umfassenderen Retailbanking-Marktes sind.

402 Vgl. zur Definition des Retail-Banking: KOM, Entscheidung v. 3.10.2007, COMP/M.4844 – Fortis/ABN AMRO Assets, Rn. 12; KOM, Entscheidung v. 03.12.2008, COMP/M.5384 – BNP Paribas/Fortis, Rn. 9 u. Rn. 12. Eine weitere Grenzziehung zwischen KMU (also kleinen und mittleren Unternehmen) und Großunternehmen ist in Ermangelung genauer Abgrenzungskriterien mit Problemen behaftet, vgl. KOM, Entscheidung v. 03.12.2008, COMP/M.5384 – BNP Paribas/Fortis, Rn. 11.

403 Vgl. KOM, Entscheidung v. 3.10.2007, COMP/M.4844 – Fortis/ABN AMRO Assets, Rn. 12; KOM, Entscheidung v. 03.12.2008, COMP/M.5384 – BNP Paribas/Fortis, Rn. 12; vgl. auch KOM, Entscheidung v. 18.10.2005, COMP/M.3894 – Unicredito/HVB, Rn. 18 ff.; vgl. ferner *Füller*, in: MüKo, EU-WettbewR, 2. Aufl., 2015, Einl., Rn. 1111.

404 Vgl. KOM, Entscheidung v. 03.12.2008, COMP/M.5384 – BNP Paribas/Fortis, Rn. 21; vgl. ferner KOM, Entscheidung v. 19.12.2007 in den Sachen COMP/34.579 – MasterCard, COMP/36.518 – EuroCommerce u. COMP/38.580 – Commercial Cards (Glossar unter der Begriffserklärung „Payment Cards“ [unter den Unterpunkten

vertragsgemäßes Verhalten vorausgesetzt – nicht die Möglichkeit, in den Besitz dieser Kartenart (zu privaten Zwecken) zu gelangen.[405] Dies intendiert, dass beide Kartenarten unterschiedlichen Märkten angehören.

c) Die Nachfragegruppen

Als Nachfrager von Kreditkarten treten verschiedene Kundengruppen auf, und zwar einerseits Privatpersonen, andererseits Unternehmen. Diese beiden Nachfragegruppen haben regelmäßig andere Bedürfnisse und Anforderungen hinsichtlich Kreditkarten. Die unterschiedliche Bedarfssituation schlägt sich zugleich in einem andersgearteten Nutzerverhalten wieder.

Aus der Perspektive eines Unternehmens bzw. Geschäftskunden steht eine unternehmensbezogene und vor allem gewinnorientierte Sichtweise im Vordergrund: Der Einsatz von Kreditkarten am PoS dient insbesondere einer vereinfachten Kontrolle sowie detaillierteren Dokumentation der Ausgaben. Die Transparenz der Unternehmensausgaben wird erhöht respektive gewährleistet. Der Kreditkarteneinsatz steigert die Effizienz des Liquiditäts-Managements eines Unternehmens. Insbesondere mittlere und größere Unternehmen haben ein gesteigertes Interesse an einer Gesamtaufstellung der mittels sämtlicher Unternehmenskarten generierten Umsätze. Ferner wird die Zahlung und Abrechnung von Unternehmensausgaben (etwa Kosten einer Dienstreise oder der Kundenakquisition) vereinfacht sowie die Bearbeitung von solchen, üblicherweise in einem Unternehmen anfallenden Vorgängen beschleunigt.[406] Aufwendige Rechnungsabwicklungen von Einzeltransaktionen können zusammengefasst und in einem Vorgang bearbeitet werden, zumal die mittels der Karte(n) getätigten Transaktionsumsätze an einen einzigen „Gläubiger“, den Issuer, zu entrichten sind. Mitunter auch durch die hiermit einhergehenden Vereinfachungen können wiederum Personalkosten und damit Geschäftsausgaben reduziert werden. Die gesteigerte Transparenz der Ausgaben zeigt zudem auf, bei welchen Vertragsunternehmen oftmals Karteneinsätze zu verzeichnen sind; der Überblick über diese Daten kann dem Unternehmen

„Consumer Credit and Charge Cards“ und „Commercial Credit and Charge Cards“]); KOM, Entscheidung v. 24.07.2002, COMP/29.373 – Visa International II – Multilateral Interchange Fee, ABl. EG v. 22.11.2002 L 318/17, S. 20, Rn. 16, Fn. 12. Vgl. auch noch VO (EU) 2015/751 des Europäischen Parlaments und des Rates vom 29. April 2015 über Interbankenentgelte für kartengebundene Zahlungsvorgänge, Abl. EU v. 19.05.2015, L 123/1, S. 7, Erw. 38; vgl. ferner *Fandrich*, in: v. Westphalen, Vertragsrecht und AGB-Klauselwerke, 41. EL, 2018, Kreditkartenvertrag, Rn. 50; *Otting*, Mietwagen, Kreditkarte und Internet, SVR 2009, 290, 291.

405 Bei Corporate Cards besteht allerdings die Möglichkeit, dass dem jeweiligen Mitarbeiter (neben der Firmenkreditkarte) eine weitere Karte zur Nutzung zu privaten Zwecken zur Verfügung gestellt wird, vgl. *Fandrich*, in: v. Westphalen, Vertragsrecht und AGB-Klauselwerke, 41. EL, 2018, Kreditkartenvertrag, Rn. 50.

406 Vgl. auch *Burkard/Lambrecht*, Haftung bei Firmenkreditkarten, NZI 2011, 96, 96.

die Möglichkeit eröffnen, mit dem betreffenden Vertragsunternehmen über Konditionen zu verhandeln oder solche Verhandlungen zumindest – etwa durch die Möglichkeit der Vorlage entsprechender Nachweise – erleichtern. Des Weiteren verfügen Geschäftskreditkarten regelmäßig über einen höheren Verfügungsrahmen als Verbraucherkarten. Den Unternehmen wird es ermöglicht, die Ausgabenlimits ihrer Mitarbeiter frei zu bestimmen. Zudem müssen an Firmenmitarbeiter keine größeren Bargeldbeträge ausgehändigt werden, was mitunter auch etwaige Betrugsrisiken senkt.

Privatpersonen sehen Kreditkarten hingegen als ein Zahlungsmittel an, auf welches am PoS oftmals primär aus Gründen der Bequemlichkeit zurückgegriffen wird; eine Vereinfachung etwaiger Geschäftsvorgänge spielt keine Rolle. Die seitens Privatpersonen getätigten Transaktionen erfolgen zu eigenen Zwecken; die auf den Absatzmärkten via Kreditkarte „bezahlten“ Produkte werden dem Eigengebrauch zugeführt. Während Unternehmensmitarbeiter an die Vorgaben der Unternehmensleistung gebunden sind, werden Kreditkarten von Privatperson nach eigenem Ermessen als Zahlungsmittel genutzt. Im Unterschied zu Unternehmen wird eine Privatperson – abgesehen etwa von Familienkarten bzw. Partnerkarten – regelmäßig auch kein Interesse am Innehaben mehrerer Kreditkarten ein- und desselben Systems haben.

d) Die Ausgestaltung des Kartenangebots durch die Issuer

Den aufgezeigten Anforderungsprofilen entsprechend werden wiederum die Kreditkarten seitens der Emittenten ausgestaltet. Aus der Sicht der Issuer erscheint die Emission von Geschäftskarten in Anbetracht der potentiell seitens der Geschäftskunden zu erwartenden, via Kreditkarte getätigten höheren Umsätze lukrativer als die Ausgabe von Verbraucherkarten. Aus Sicht der Issuer sind Firmenkarten zudem mit geringeren Ausfallrisiken behaftet. Issuer bieten mitunter auch aus diesem Grunde teils „maßgeschneiderte“ bzw. individuell auf die Bedürfnisse des jeweiligen Geschäftskunden abgestimmte Firmenkarten an. Oftmals offerieren die Emittenten bei solchen corporate cards auch eine spezifisch auf das jeweilige Unternehmen angepasste Berichterstattung bezüglich der mittels der Firmenkreditkarte(n) getätigten Ausgaben an.

Die Marketingmaßnahmen im Hinblick auf Firmenkreditkarten sind speziell auf Firmenkunden ausgerichtet.[407] Dies intendiert, dass die Issuer Geschäftskunden in Bezug auf die Emission von Kreditkarten als eine spezifische, von Privatpersonen abgrenzbare Kundengruppe ansehen.

---

407 Vgl. etwa die online unter https://www.postbank.de/firmenkunden/fk_neu_kartengeschaeft.html sowie https://www.dinersclub.de/fileadmin/media/Kartenauftraege/Formulare_AT_und_DE/Produktblaetter_UA_DG/DC_ATDE_Produktblatt_Travel_Account_062017.pdf verfügbaren Informationen.

Im Übrigen sind die Vertragspartner im Falle eines Vertragsschlusses zwischen Unternehmen, geringeren gesetzlichen Restriktionen unterworfen; Verbraucherschutzerwägungen treten gänzlich hinter die Vertragsautonomie der Parteien zurück.[408]

e) Die Preise

Wenngleich dies eine Frage des Einzelfalles ist, unterscheiden sich die Gebührenstrukturen betreffend Firmenkarten und Verbraucherkarten, wobei die Jahresgebühren von corporate cards regelmäßig geringer sind als diejenigen von Verbraucherkarten;[409] dies gilt (üblicherweise) auch hinsichtlich der Angebote betreffend der Kreditkarten der offenen Kreditkartensysteme Visa und MasterCard, sofern die Preise *eines* bestimmten Issuers in den Blick genommen werden.[410]

---

408 Zum Beispiel kann nach § 675 e Abs. 4 BGB von § 675d Abs. 1 Satz 1, Abs. 2 bis Abs. 4 BGB, § 675f Abs. 4 S. 2 BGB, §§ 675g BGB, 675h BGB, 675j Abs. 2 BGB und § 675p BGB sowie §§ 675v BGB bis 676 BGB abgewichen werden, sofern es sich bei dem Zahlungsdienstnutzer nicht um einen Verbraucher handelt. Vgl. auch Erwägungsgrund 20 der Zahlungsdiensterichtlinie (RL 2007/64/EG v. 13.11.2007, Abl. EU v. 05.12.2007, L 319/2, S. 4); dort wird ausgeführt, dass es Unternehmen und Organisationen (grundsätzlich) freistehen sollte, abweichende Vereinbarungen zu treffen; vgl. ferner Art. 30 Abs. 1, Art. 51 sowie Art. 71 der Zahlungsdiensterichtlinie.

409 Auf die konkreten Unterscheide in den Beträgen soll an dieser Stelle nicht näher eingegangen werden; dies bedürfte umfangreicher empirischer Untersuchungen. Es sei in diesem Kontext angemerkt, dass die Höhe der konkret anfallenden Jahresgebühren für Firmenkarten oftmals von der Anzahl der Mitarbeiter des Unternehmens, die eine Firmenkreditkarte erhalten sollen, bzw. der Anzahl der an das jeweilige Unternehmen emittierten Firmenkarten abhängt. Vgl. hierzu etwa die Angaben in der Rahmenvereinbarung von Diners Club betreffend Corporate Cards (Ziffer 5 und Ziffer 6), online abrufbar unter https://www.dinersclub.de/fileadmin/media/Kartenauftraege/Deutschland/Firmenkunden/DC_DE_Auftrag_Rahmenvereinbarung_CorporateCard_112018.pdf abrufbaren Information zu einer Corporate Card von Diners Club.

410 In diesem Kontext sei angemerkt, dass ein Vergleich zwischen den Preisen *verschiedener* Issuer von Visa und MasterCard nur bedingt aussagekräftig erscheint, da es sich um offene Kreditkartensysteme handelt und es den diesen Systemen jeweils zugehörigen Issuern freisteht, die Höhe der Kartengebühren festzulegen. Die Gebührenhöhe von Karten, die ein- und demselben Kartensystem zuzurechnen sind, kann in Anbetracht dessen von Issuer zu Issuer beträchtliche preisliche Differenzen aufweisen. Die Höhe der Kartengebühr einer Karte eines dieser beiden Systeme kann daher nicht – wie etwa im Falle von Diners Club – „einheitlich" ermittelt werden. Daher wäre etwa ein Vergleich zwischen den Jahresgebühren unterschiedlicher Emittenten, die Kreditkarten von MasterCard ausgeben – wie beispielsweise der Vergleich der Jahresgebühr für eine Verbraucherkarte eines Emittenten mit den Gebühren für eine Firmenkarte eines anderen Emittenten – nur bedingt aussagekräftig.

Diese verschiedenartigen Preisstrukturen indizieren jedenfalls das Vorliegen einer differenzierten Absatzstrategie, die sich dauerhaft aufrechterhalten lässt.

f) Zwischenergebnis

Mithin lässt sich feststellen, dass aus der Sicht eines verständigen Verbrauchers, keine funktionelle Austauschbarkeit zwischen den einerseits speziell auf Geschäftskunden und andererseits auf Privatkunden zugeschnittenen Angeboten existiert; es liegt keine nachfrageseitige Substituierbarkeit zwischen Firmen- und Verbraucherkreditkarten vor.[411]

3. Angebotssubstituierbarkeit: Die Umstellungsflexibilität der Anbieter

Allerdings gilt es des Weiteren zu thematisieren, inwiefern eine angebotsseitige Substituierbarkeit gegeben ist und aus diesem Grunde dennoch das Vorliegen eines einheitlichen Marktes in Betracht kommt.[412] Die Kommission ließ die Frage einer etwaigen Angebotsumstellungsflexibilität der Issuer und damit die Frage, ob von einem einheitlichen, sowohl Geschäfts- als auch Verbraucherkarten umfassenden Markt auszugehen ist, bislang dahinstehen.[413]

Zu Gunsten einer Umstellungsflexibilität lässt sich zunächst anführen, dass auf der Anbieterseite – ungeachtet der Frage, ob es sich um Verbraucher- oder Geschäftskarten handelt – jedenfalls kartenausgebende Unternehmen agieren und beide „Kreditkartenarten" die essentiellen Charakteristika einer Kreditkarte[414] aufweisen. Für das Vorliegen einer Angebotsumstellungsflexibilität mag mitunter auch sprechen, dass beiden Nachfragegruppen die Vertragsunternehmensinfrastruktur des jeweiligen Systems zugutekommt. Mithin würden die im Kreditkartenbereich zu verzeichnenden Externalitäten wie auch Netzeffekte nicht der Angebotsumstellung im Wege stehen.

Auf der anderen Seite ist jedoch zu bedenken, dass – wie bereits erwähnt wurde – Geschäftskarten seitens der Emittenten eigenständig beworben und im Falle des

---

411 In diesem Sinne auch KOM, Entscheidung v. 03.12.2008, COMP/M.5384 – BNP Paribas/Fortis, Rn. 38. In dieser Entscheidung hat die Kommission die Frage allerdings letzten Endes mangels Entscheidungserheblichkeit dahinstehen lassen.

412 Vgl. hierzu KOM, Bekanntmachung über die Definition des relevanten Marktes im Sinne des Wettbewerbsrechts der Gemeinschaft, ABl. EG v. 09.12.1997, C 372/5, S. 7 f., Rn. 20 ff.

413 Vgl. etwa KOM, Entscheidung v. 03.12.2008, COMP/M.5384 – BNP Paribas/Fortis, Rn. 38 f.; vgl. auch noch KOM, Entscheidung v. 24.07.2002, COMP/29.373 – Visa International II – Multilateral Interchange Fee, ABl. EG v. 22.11.2002 L 318/17, S. 20, Rn. 16, Fn. 12.

414 Vgl. zu den Funktionen einer Kreditkarte obige Ausführungen unter Abschnitt 1, Titel 3, Untertitel 3, Kapitel 1, Unterkapitel 1.

Einstiegs in die Firmenkartenemission gesonderte Marketingbemühungen erforderlich werden. Dies indiziert mitunter auch die Tatsache, dass ein Großteil der Finanzinstitute, die im Bereich der Kartenemission tätig werden, zuvörderst bzw. gar ausschließlich auf das Privatkundengeschäft ausgerichtet sind. Ferner erhöht sich die Komplexität der Transaktionsverarbeitung bei Geschäftskarten. Geschäftskunden erwarten von ihrem Leistungspartner ein gewisses Maß an „Standing" wie auch ein bestimmtes Image – ein negativer Imagetransfer soll vermieden werden. Der Aufbau derartiger vertrauensfördernder Aspekte bedarf ebenfalls einer gewissen Zeit. Auch bedarf es einer entsprechenden Schulung des Personals, zumal die Anforderungen von Unternehmen an den Karteneinsatz nicht mit denjenigen von Privatpersonen identisch sind. Ohne eine Assimilation strategischer Entscheidungen, zeitliche Verzögerungen und die Inkaufnahme zusätzlicher Investitionen ist es Privatkartenemittenten nicht möglich, ihr Angebot umzustellen bzw. zu erweitern. Insbesondere erscheint es fernliegend, dass die Implementierung einer Geschäftskreditkarte ohne nennenswertes Investitionsvolumen in einem kurzen Zeitraum durchführbar wäre. Eine angebotsseitige Substituierbarkeit ist demnach zu verneinen.

4. Zwischenergebnis

Hinsichtlich des Emissions-PoS-Bereiches ist davon auszugehen, dass ein eigenständiger Markt für Verbraucher(kredit-)karten existiert; von diesem strikt zu trennen ist der PoS-Markt für Geschäftskarten, der aus der folgenden Darstellung ausgeklammert wird.[415]

II. Charge cards versus credit cards

Wie bereits an obiger Stelle ausgeführt wurde,[416] ist der grundlegende Unterschied zwischen credit cards und charge cards darin zu erblicken, dass erstgenannte Karten im Unterschied zu Letztgenannten, über eine (echte) Kreditfunktion verfügen, die es dem Karteninhaber ermöglicht, hinsichtlich der grundsätzlich am Ende der Rechnungsperiode an den Emittenten zu entrichtenden Rechnungsbeträge einen revolvierenden Kredit in Anspruch zu nehmen. In Anbetracht dieses Unterschieds mag man die Frage aufwerfen, ob diese beiden Kartentypen demselben Markt zugehörig sind.

---

415 Geschäftskarten weisen besondere Merkmale auf, die in dieser Arbeit nicht in umfassender Weise kartellrechtlich gewürdigt werden sollen, aber auch nicht können. Selbst die Kommission hat Geschäftskarten bislang nicht zum Gegenstand eines kartellrechtlichen Verfahrens gemacht. Auch hat sie diese Karten in ihrer Sektorenuntersuchung nicht näher beleuchtet. Bislang ermangelt es insofern an empirischen Feststellungen wie auch Befragungen branchenangehöriger Unternehmen.

416 Vgl. oben unter Abschnitt 1, Titel 3, Untertitel 3, Kapitel 1, Unterkapitel 3, § 2.

Für die Existenz eines einheitlichen Marktes spricht jedenfalls zunächst der Umstand, dass sowohl credit cards als auch charge cards seitens der Karteninhaber umgangssprachlich gleichermaßen als Kreditkarten bezeichnet werden.[417] Im Übrigen ist auch in der wirtschaftswissenschaftlichen und juristischen Literatur eine Differenzierung selten anzutreffen.

Beide Kreditkartenarten unterscheiden sich lediglich hinsichtlich dieser Kreditfunktion. In Bezug auf den Bereich des PoS sind sie im Übrigen hinsichtlich ihres Funktionsumfanges und ihrer Eigenschaften deckungsgleich. Insbesondere nehmen Vertragsunternehmen, die credit cards akzeptieren, auch charge cards an und vice versa. Der Einsatzbereich der Kreditkarte wird durch die Kreditfunktion also nicht beeinflusst.

Credit cards mögen zwar mit einer Kreditoption versehen sein; ob der Karteninhaber von dieser jedoch Gebrauch macht, hängt von einer weiteren Entscheidung des Karteninhabers ab. Mithin verfügen credit cards zwar über die Kreditfunktion, der Karteninhaber kann aber eigenverantwortlich selbst entscheiden, ob er bloß den einer charge card entsprechenden Funktionsumfang der credit card nutzt. In Anknüpfung hieran ließe sich zwar argumentieren, dass credit cards als Substitut für charge cards, hingegen charge cards kein Substitut für credit cards seien. Hiergegen spricht allerdings, dass die Kreditfunktion von vornherein kein Bestandteil des Issuing-PoS-Marktes ist. Es wäre geradezu widersinnig, die Kreditfunktion nicht als Bestandteil des PoS-„Marktes" und die mit ihr korrespondierende Leistung als Bestandteil eines separaten Marktes anzusehen, gleichsam aber hinsichtlich credit cards und charge cards vom Vorliegen unterschiedlicher Märkte auszugehen, obgleich der einzige Unterschied beider Kartenarten in dieser Kreditfunktion von echten Kreditkarten liegt. Nach oben Gesagtem beschreibt der Begriff „credit card" ein aus der „PoS-Einsatz-Funktion" und der „Kreditfunktion" zusammengesetztes Leistungsbündel. Im Sinne der Kongruenz der Wertungen wäre es insofern kaum zu rechtfertigen, trotz dieser Erkenntnisse credit cards und charge cards als unterschiedliche Produkte anzusehen. Allein der Umstand, dass echte Kreditkarten nicht bloß über eine Stundungs-, sondern zudem über eine (echte) Kreditfunktion verfügen, rechtfertigt nicht die Annahme gesonderter Märkte.

Der Annahme eines einheitlichen Marktes steht nicht entgegen, dass die Jahresgebühren von credit cards gegebenenfalls geringfügig höher sind, da geringfügige Preisunterschiede nur begrenzt geeignet sind, die Annahme getrennter Märkte zu rechtfertigen. Die mangelnde Aussagekraft dieser geringfügigen Unterschiede

417 Vgl. in diesem Kontext auch die diesbezüglichen Ausführungen der Kommission im Hinblick auf das Begriffsverständnis in Belgien in: KOM, Entscheidung v. 03.12.2008, COMP/M.5384 – BNP Paribas/Fortis, Rn. 19: „Colloquially, both charge and credit cards are referred to in Belgium as‚credit cards´ as they share similar properties on the retailer side and offer payment facilities on the same international payment networks such as Visa, Mastercard, American Express and Diner's Club".

folgt im Übrigen auch daraus, dass es sich bei der Jahresgebühr um einen Mischpreis handelt.

Charge cards und credit cards werden ferner seitens derselben Unternehmen emittiert, was bereits eine Umstellungsflexibilität der Anbieter intendiert.[418] Zumal beide Kartentypen im Wesentlichen über die gleichen Leistungsmerkmale verfügen, wird es den Emittenten von charge cards ohne nennenswerte Kosten wie auch in einem überschaubaren Zeitraum möglich sein, diese Karten um eine (echte) Kreditfunktion zu ergänzen und auf diese Weise echte Kreditkarten ihrer Angebotspalette hinzuzufügen; dies gilt freilich auch umgekehrt. Folglich ist von einer angebotsseitigen Substituierbarkeit auszugehen.

Mithin ist ein einheitlicher Markt gegeben, der sowohl credit als auch charge cards umfasst.[419]

III. Co-branded cards

An dieser Stelle sei zudem auf die – in der Praxis weit verbreiteten – co-branded Kreditkarten eingegangen wie auch auf die Frage, ob diese dem sachlich relevanten Markt angehören.

1. Einleitung

Bevor diesen Fragen nachgegangen werden soll, erscheint es angebracht, zunächst zu erklären, was allgemein unter Co-Branding zu verstehen ist und den Begriff co-branded cards näher zu erläutern.

a) Allgemeine Begriffsklärung

Co-Branding ist nicht bloß im Bereich der Kreditkarten anzutreffen – wenn auch die Kreditkartenbranche ein vielfach im Kontext der Erörterung von Co-Branding in Bezug genommenes Beispiel sein mag.

Unter Co-Branding versteht man gemeinhin eine, auf einen längeren Zeitraum angelegte, gemeinsame Entwicklung und Gestaltung sowie einen kooperativen Vertrieb eines Produktes durch mindestens zwei Unternehmen, wobei das Produkt mit den eigenständig bleibenden Marken der Partner ausgestattet und die Beteiligung sowie Zusammenarbeit der – eine gemeinsame Strategie verfolgenden – Partnerunternehmen an dem einheitlichen, physisch fest verbundenen Gemeinschaftsprodukt eindeutig nach außen und damit für Dritte entsprechend

---

418 Vgl. in diesem Kontext etwa auch die Ausführungen der Kommission in ihrer Entscheidung v. 03.12.2008, COMP/M.5384 – BNP Paribas/Fortis, Rn. 23; bei diesem Zusammenschlussvorhaben waren die Beteiligten sowohl als Emittenten von credit cards als auch von charge cards tätig.

419 Offen gelassen in KOM, Entscheidung v. 08.12.2010, COMP/39.398 – Visa MIF, Rn. 15 f.

wahrnehmbar kenntlich gemacht wird.[420] Co-Branding ist demgemäß durch kooperative und markenpolitische Elemente gekennzeichnet;[421] es handelt sich um eine Markenpartnerschaft.[422]

b) Co-Branding in der Kreditkartenbranche

Co-Branding in der Kreditkartenbranche ist auf die Implementierung einer gemeinsamen Zahlungskarte gerichtet. Co-branded Kreditkarten sind Kreditkarten, die seitens mindestens zwei Unternehmen gemeinsam vertrieben werden.[423] Hinsichtlich Kreditkarten lassen sich drei unterschiedliche Arten des Co-Branding ausmachen.[424]

aa) Co-Branding mit Nichtbanken

Unter Co-Branding mit Nichtbanken versteht man eine Kooperation zwischen einem Issuer und einem Partnerunternehmen aus der Absatzwirtschaft.[425] Diese Art des Co-Branding umfasst die Verbindung einer Bezahlkarte mit dem Logo eines Nichtkreditinstituts (z.B. ADAC[426]); durch das Anbringen des Logos des Partners (wie auch des jeweiligen Kartensystems) tritt eindeutig und offenkundig zu Tage, welche Unternehmen an der Kooperation beteiligt sind.[427]

---

420 Vgl. *Baumgarth*, Wirkungen des Co-Brandings, 2003, S. 25 und S. 29 f.; *Huber*, Co-Branding, 2005, S. 22; vgl. ferner *Hüttermann*, Chancen und Risiken des Co-Branding, 1992, S. 19 ff.; *Klein*, Co-Branding als Strategieoption, 2005, S. 25 u. S. 29.

421 Vgl. auch *Klein*, Co-Branding als Strategieoption, 2005, S. 29.

422 Teils wird Co-Branding auch als Co-Badging bezeichnet, vgl. etwa KOM, Beschluss v. 08.12.2010, COMP/39.398 – Visa MIF, Rn. 34, Fn. 10.

423 Vgl. *Hadding*, in: MüKo-HGB, Bd. 6, 3. Aufl., 2014, Rn. G 3; *Maurer*, Ökonomie der Zahlungskartensysteme, 2009, 5.

424 Vgl. hierzu auch *v. Ussler/v. Morgen*, Kreditkarten-Praxis, 1989, S. 120 ff.; *Bunte*, Sektorenuntersuchung (Bezahlkartensysteme), WM 2007, 2041, 2043.

425 Vgl. *Schmidt*, Kartengeschäft, 1995, S. 28 (Anh. 17). Diese Art des Co-Branding (mit Nichtbanken) entspricht der engen Begriffsdefinition des Co-Branding in der neuen Verordnung über Interbankenentgelte. Unter „Co-branding" versteht man nach deren Art. 2 Abs. 32 das Aufnehmen von mindestens einer Zahlungsmarke und mindestens einer Nicht-Zahlungsmarke auf dasselbe kartengebundene Zahlungsinstrument (Abl. EU v. 19.05.2015, L 123/1, S. 9). Das Aufnehmen von zwei oder mehr Zahlungsmarken oder Zahlungsanwendungen auf dasselbe kartengebundene Zahlungsinstrument wird hingegen gemäß Art. 2 Abs. 31 als „Co-badging" bezeichnet (Abl. EU v. 19.05.2015, L 123/1, S. 9). Für die Zwecke dieser Arbeit wird gleichwohl die oben angeführte weite Begriffsdefinition verwendet.

426 Vgl. hierzu die online unter http://www.adac.de/produkte/finanzdienste/kreditkarten/ abrufbaren Informationen.

427 Vgl. *Hüttermann*, Chancen und Risiken des Co-Branding, 1992, S. 20 u. S. 76. Gemäß den Regelungen von Visa und MasterCard können ca. 60 bis 80 % der Vorderseite der Kreditkarte individuell partnerschaftlich gestaltet werden.

Solche co-branded Kreditkarten sind vollwertige Kreditkarten. Der Karteninhaber einer solchen Karte kommt insbesondere in den Genuss eines Universalzahlungsmittels; die Karte kann bei sämtlichen systemangeschlossenen Vertragsunternehmen zur Zahlung eingesetzt werden.[428] Das Spektrum der gewährten Zusatzleistungen richtet sich in erster Linie nach den Vorgaben des Co-Branding-Partners bzw. nach dessen Angebot, wobei i.d.R. das gleiche Leistungspaket wie bei „normalen“ Kreditkarten[429] angeboten wird, aber darüber hinaus ein besonderes (in der Regel zielgruppenspezifisches) Zusatzleistungsangebot des Nichtbankpartners in der Palette der angebotenen Sonderleistungen Platz greift.

Insbesondere diejenigen Issuer, die den offenen Kartensystemen angeschlossen sind, vertreiben vielfach co-branded cards in Kooperation mit Nichtbankunternehmen. An der Co-Branding-Vereinbarung sind nur die Issuer und die Nichtbankunternehmen beteiligt; die Kreditkartenorganisationen (Visa, MasterCard) sind nicht Vertragspartner dieser Vereinbarungen. Soweit ersichtlich verfolgt Diners Club grundsätzlich keinerlei Co-Branding-Strategien. Auch AmEx hatte anfangs keine Co-Branding-Strategien verfolgt; seit einigen Jahren finden sich in Kooperation mit ausgewählten Nichtbankpartnern (wie etwa in der Bundesrepublik Deutschland: BMW, Mini, Payback) vertriebene co-branded cards.[430]

Im Falle des Co-Branding mit Nichtbanken übernimmt der Finanzdienstleiter die Emission der Karte, die Kontoführung wie auch die Zurverfügungstellung der mit dem Kreditkartengeschäft verbundenen Zahlungsdienstleistungen und insofern insbesondere die Abwicklung der Zahlungstransaktionen; der Nichtbankpartner[431] ist hauptsächlich im Bereich des Vertriebs der Karte tätig und kümmert sich um das Marketing.[432] Unter den Co-Branding-Parteien werden nicht bloß die Aufgaben, sondern auch die mit der Ausgabe der Karte verbundenen Kosten (z.B. die Kosten für die Transaktionsabwicklung, die Vorfinanzierungskosten und die im Falle der Zahlungsunfähigkeit des Karteninhabers entstehenden Kosten) wie auch

428 Vgl. *Schmidt*, Kartengeschäft, 1995, S. 28 (Anh. 17).

429 Als „normale“ Kreditkarten werden im vorliegenden Kontext sowohl charge als auch credit cards bezeichnet, die nicht im Wege des Co-Branding mit Nichtbanken vertrieben werden.

430 Vgl. hierzu die online unter https://www.americanexpress.com/de/content/alle-kreditkarten/ abrufbaren Informationen.

431 Es kann sich auch um mehrere Nichtbankpartner handeln.

432 Vgl. zu dieser Aufteilung der Aufgaben: *Bunte*, Sektorenuntersuchung (Bezahlkartensysteme), WM 2007, 2041, 2043; *Hüttermann*, Chancen und Risiken des Co-Branding, 1992, S. 20 u. S. 77; vgl. ferner WEKO, Verfügung v. 05.12.2005, RPW 2006/1, 65, S. 100, Rn. 279; *Schmidt*, Kartengeschäft, 1995, S. 28 (Anh. 17). Bei dem Vertrieb der Karte handelt es sich nicht um eine Kartenausgabe, vgl. hierzu noch VO (EU) 2015/751 des Europäischen Parlaments und des Rates vom 29. April 2015 über Interbankenentgelte für kartengebundene Zahlungsvorgänge, Abl. EU v. 19.05.2015, L 123/1, S. 5, Erw. 29.

die erzielten Einkünfte (insbesondere Einnahmen aus den Jahresgebühren und den Interbankenentgelten) aufgeteilt.[433]

Auch wenn der Nichtbankpartner (wie auch der Bankpartner) im Vertrieb tätig ist und seinen Kunden auf dem jeweiligen Absatzmarkt, die co-branded Karte „anbietet“, schließt er selbst nicht den Emissionsvertrag ab.[434] Der Nichtbankpartner übermittelt vielmehr den Kartenantrag an den Bankpartner, der eine Bonitätsprüfung vornimmt und dem insofern das „letzte Wort“ in Bezug auf den Abschluss des Emissionsvertrages gebührt, zumal der Finanzdienstleister in der Regel[435] die (wesentlichen) Risiken der Kartenemission trägt.[436] Der Bankpartner ist der alleinige Emittent der Karte.[437]

Aus dem geschilderten Verfahren des Vertragsschlusses ergibt sich für das Partnerunternehmen die Gefahr einen eigenen Kunden für die Kartennutzung geworben zu haben, diesen jedoch im Übrigen der Entscheidungsfreiheit des Kreditinstituts auszusetzen und dadurch im Falle der Ablehnung der Kreditinstituts einen u.U. wichtigen Kunden zu verlieren.[438] Zudem kann hierdurch das öffentliche Vertrauen in beide beteiligten Partner in Frage gestellt werden, zumal das Nichtbankunternehmen in der Regel den Kunden umwirbt, der Bankpartner jedoch den vom Partnerunternehmen initiierten Kartenantrag des Kunden ablehnen kann.[439]

---

433 Vgl. hierzu etwa *Hüttermann*, Chancen und Risiken des Co-Branding, 1992, S. 77; vgl. auch KOM, Entscheidung v. 03.12.2008, COMP/M.5384 – BNP Paribas/Fortis, Rn. 31.

434 Vgl. *Hüttermann*, Chancen und Risiken des Co-Branding, 1992, S. 66; vgl. auch VO (EU) 2015/751 des Europäischen Parlaments und des Rates vom 29. April 2015 über Interbankenentgelte für kartengebundene Zahlungsvorgänge, Abl. EU v. 19.05.2015, L 123/1, S. 5, Erw. 29.

435 Wie die Risiken und die Erträge unter den Co-Branding-Partnern verteilt werden, unterliegt deren Vertragsgestaltung; insofern existieren vielfältige Modelle. So können die Nichtbankpartner etwa an den Jahresgebühren und/oder transaktionsumsatzabhängig an den Erträgen des Issuers beteiligt werden. Teils „verzichten“ die Nichtbankunternehmen auch ganz oder teilweise auf eine Gewinnbeteiligung, um ihren Kunden auf den Absatzmärkten eine Kreditkarte ohne oder mit möglichst geringen Jahresgebühren anbieten zu können. Vgl. im Übrigen auch noch *Hüttermann*, Chancen und Risiken des Co-Branding, 1992, S. 77.

436 Vgl. *Hüttermann*, Chancen und Risiken des Co-Branding, 1992, S. 66.

437 In diesem Kontext sei angemerkt, dass häufig unzutreffend bzw. missverständlich davon gesprochen wird, dass die Co-Branding-Partner die Karte gemeinsam emittieren, vgl. etwa *Hüttermann*, Chancen und Risiken des Co-Branding, 1992, S. 20 sowie *Langenbucher*, Effiziente Risikoallokation bei Kreditkartensystemen, 2002, S. 22. Den vertraglichen Regelungen lässt sich stets entnehmen, dass der Emissionsvertrag mit dem Bankpartner zustande kommt; entsprechende Hinweise finden sich auch in den seitens der Nichtbankpartner zur Verfügung gestellten Informationen.

438 Vgl. *Hüttermann*, Chancen und Risiken des Co-Branding, 1992, S. 66.

439 Vgl. *Hüttermann*, Chancen und Risiken des Co-Branding, 1992, S. 66.

Co-Branding geht, wie andere Markenkooperationen, mit dem Risiko eines negativen Imagetransfers einher.[440]

Diesen Risiken stehen freilich auch Vorteile gegenüber:[441] Aus Sicht des Nichtbankpartners kann im Wege des Co-Branding insbesondere eine Karte implementiert werden, die eine hohe Akzeptanzrate aufweist. Gleichsam kann die Kundenbindung wie auch die Beziehung zum Kunden verbessert und das potentielle Risiko, das mit der Ausgabe einer eigenen Kundenkreditkarte verbunden ist, verringert werden. Ferner dient eine co-branded card als Marketinginstrument; es besteht die Möglichkeit eines positiven Imagetransfers. Aus Sicht des Bankpartners erleichtert ein Co-Branding den Zugang zu den Kunden des Nichtbankunternehmens; der Abschluss des Emissionsvertrages bildet aus sich des Bankpartner vielfach zugleich den Ausgangspunkt für sich anschließende cross-selling-Maßnahmen.[442]

bb) Co-Branding mit direkten Wettbewerbern

Von Co-Branding mit direkten Wettbewerbern spricht man, wenn die Markenzeichen von konkurrierenden Bezahlkartensystemen auf einer Karte abgebildet sind.[443] Diese Form des Co-Branding ist – wirtschaftlich betrachtet – lediglich von geringer praktischer Bedeutung, zumal die Bedingungen von den Marktführern Visa und Mastercard den systemzugehörigen Issuern solche Kooperationen verbieten.[444]

cc) Co-Branding mit indirekten Wettbewerbern

Das Co-Branding mit indirekten Wettbewerbern ist in der Regel dadurch gekennzeichnet, dass das Logo eines nationalen und eines internationalen Systems auf der Karte angebracht sind.[445] Bei dieser Form des Co-Branding erfolgt die Abwicklung

---

440 Insbesondere die Gefahr eines negativen Imagetransfers kann durch die Auswahl eines geeigneten Co-Branding-Partners minimiert werden; der Implementierung einer co-branded card gehen daher in der Regel langwierige Marktforschungen voraus. Vgl. in diesem Kontext auch noch *Huber*, Co-Branding, 2005, S. 22.

441 Vgl. zu diesen Vorteilen: *Hüttermann*, Chancen und Risiken des Co-Branding, 1992, S. 77.

442 Vgl. *Hüttermann*, Chancen und Risiken des Co-Branding, 1992, S. 77 f.

443 Vgl. *Bunte*, Sektorenuntersuchung (Bezahlkartensysteme), WM 2007, 2041, 2043.

444 Vgl. *Bunte*, Sektorenuntersuchung (Bezahlkartensysteme), WM 2007, 2041, 2043. Co-Branding erleichtert potentiellen Wettbewerbern den Marktzutritt und das Erlangen von Marktanteilen (vgl. KOM, Report on the retail banking sector inquiry, 31. 1. 2007, SEC(2007) 106 final, S. 95). Die angesprochenen Regelungen der Marktführer Visa und Mastercard erhöhen die Marktzutrittsschranken potentieller Wettbewerber, tragen zu deren Abschreckung bei und könnten als kartellrechtswidrig zu klassifizieren sein, vgl. in diesem Kontext etwa KOM, Beschluss v. 08.12.2010, COMP/39.398 – Visa MIF, Rn. 40.

445 Vgl. *Bunte*, Sektorenuntersuchung (Bezahlkartensysteme), WM 2007, 2041, 2043.

des Zahlungsverkehrs bei der Inlandszahlung nach dem nationalen System und bei der Auslandszahlung nach dem internationalen System.[446]

Eine solche Kooperation zwischen nationalen und internationalen Systemen ist allerdings in der Kreditkartenbranche sehr selten anzutreffen.[447] Insbesondere bei den (in Europa am weitesten verbreiteten Kreditkartensystemen) Visa, MasterCard, American Express und Diners Club handelt es sich um internationale Systeme. In Anbetracht dessen kommt – jedenfalls zwischen diesen Kreditkartenorganisationen bzw. Kreditkartenunternehmen – ein Co-Branding mit indirekten Wettbewerbern nicht in Betracht; wegen des direkten Wettbewerbsverhältnisses zwischen den genannten Systemen läge im Fall eines Co-Branding in diesem Verhältnis nämlich ein Fall des Co-Branding mit direkten Wettbewerbern vor.[448]

2. Marktabgrenzung

In Anbetracht der praktisch herausgehobenen Bedeutung des Co-Branding mit Nichtbankpartnern soll die Frage nach dem Vorliegen einer Zugehörigkeit von co-branded cards im Folgenden ausschließlich auf diesen Bereich konzentriert werden.

Für eine Zugehörigkeit dieser Art von co-branded Kreditkarten zum vorliegend in Rede stehenden Emissions-PoS-Kreditkartenmarkt spricht zunächst, dass diese Karten im Wesentlichen den gleichen Funktionsumfang wie eine „normale“ Kreditkarten aufweisen.[449] Co-branded Kreditkarten verfügen über eine Universalzahlungs- wie auch eine Bargeldersatzfunktion. Zudem kommen die Karteninhaber ebenfalls in den Genuss einer Stundungsfunktion. Ob einer co-branded card eine Kreditfunktion anheimgestellt wird, steht im Belieben der Kooperationspartner, und insofern insbesondere des Bankpartners. Wie im Falle „normaler“ Kreditkarten werden dem Karteninhaber ferner Zusatzleistungen im Falle des Einsatzes der Karte am PoS gewährt.

Wenngleich co-branded cards dem Karteninhaber regelmäßig den Zugang zu weiteren Leistungen des Nichtbankpartners ermöglichen, vermag dies nicht die Annahme getrennter Märkte zu rechtfertigen. Zusatzleistungen sind – wie bereits an obiger Stelle ausgeführt wurde[450] – kein Bestandteil des PoS-Issuing-Marktes. Selbst wenn den Karteninhabern teils ein erweitertes Zusatzleistungsangebot zuteilwird, erscheinen co-branded Kreditkarten aus Sicht der Karteninhaber als

---

446 Vgl. *Bunte*, Sektorenuntersuchung (Bezahlkartensysteme), WM 2007, 2041, 2043.

447 Diese Art des Co-Branding ist hingegen in der Debitkartenbranche weit verbreitet.

448 Vgl. Co-Branding mit indirekten Wettbewerbern ist hingegen im Bereich der Debitkarten zu verzeichnen; so besteht etwa seit langem eine solche Kooperation zwischen dem deutschen EC- bzw. Girocard-System und dem internationalen Debitkartensystem maestro.

449 Vgl. *Langenbucher*, Effiziente Risikoallokation bei Kreditkartensystemen, 2002, S. 22.

450 Vgl. oben unter Abschnitt 1, Titel 3, Untertitel 3, Kapitel 1, Unterkapitel 3, § 1 und Unterkapitel 4, § 2.

vollwertiges Substitut einer „normaler" Kreditkarte, zumal auch mit der Innehabung einer co-branded card die charakteristischen Leistungen einer Kreditkarte einhergehen.

Des Weiteren lassen sich in Bezug auf die Anbieter- und Nachfragestrukturen keine bedeutsamen Unterschiede zwischen „normalen" Kreditkarten und co-branded cards erkennen. Als Nachfrager agieren stets Karteninhaber; voneinander abgrenzbare Nachfragegruppen lassen sich insofern nicht erkennen. Auf der Anbieterseite birgt die Beteiligung eines Kooperationspartners ebenfalls keine maßgeblichen Besonderheiten in sich, zumal der Emissionsvertrag stets mit dem Bankpartner und nicht etwa mit dem Nichtbankpartner zustande kommt.

Diejenigen Leistungen, die als charakteristische Kreditkartenfunktionen einzustufen sind, werden seitens des Issuers erbracht. Demgegenüber erscheinen die Leistungen, die seitens des Nichtbankpartners – zusätzlich zu den oftmals mit einer Kreditkarte verbundenen Sonderleistungen – gewährt werden, aus Sicht der Nachfrager als bloßer Annex.

3. Zwischenergebnis

Co-Branding in der Kreditkartenbranche ist auf die Implementierung einer gemeinsamen Zahlungskarte gerichtet. Co-branded Kreditkarten sind Kreditkarten, die seitens mindestens zwei Unternehmen gemeinsam vertrieben werden.

Hinsichtlich Kreditkarten lassen sich drei unterschiedliche Arten des Co-Branding erkennen: Unter Co-Branding mit Nichtbanken versteht man eine Kooperation zwischen einem Issuer und einem Partnerunternehmen aus der Absatzwirtschaft. Von Co-Branding mit direkten Wettbewerbern spricht man, wenn das Logo von konkurrierenden Bezahlkartensystemen auf einer Karte abgebildet ist. Das Co-Branding mit indirekten Wettbewerbern ist in der Regel dadurch gekennzeichnet, dass das Logo eines nationalen und eines internationalen Systems auf der Karte verzeichnet sind.[451]

Co-branded cards, die in Kooperation von Bankunternehmen und Nichtbankunternehmen vertrieben werden (sog. Co-Branding mit Nichtbanken), und „normale" Kreditkarten gehören einem einheitlichen sachlich relevanten Markt an.[452] Allein der Umstand, dass co-branded cards tendenziell über ein erweitertes „Zusatzleistungspaket" verfügen, rechtfertigt nicht die Annahme gesonderter Märkte.

451 Von einer Marktabgrenzung hinsichtlich derjenigen Kreditkarten, die im Wege des Co-Branding mit indirekten Wettbewerbern oder des Co-Branding mit direkten Wettbewerbern vertrieben werden, wurde abgesehen.

452 Diese Auffassung vertrat auch Fortis in der Rechtssache Fortis/ABN AMRO, vgl. KOM, Entscheidung v. 3.10.2007, COMP/M.4844 – Fortis/ABN AMRO Assets, Rn. 51.

IV. Luxuskarten

Kreditkarten, denen gemeinhin seitens der Nachfrager ein gewisses Luxusimage zugeschrieben wird bzw. deren Innehaben mit einem Prestigewert behaftet ist (im Folgenden: Luxuskarten), könnten – u.a. aufgrund ihres Images – einem eigenständigen Markt angehören.

1. Einleitende Erwägungen

Einst sah man das Innehaben einer Kreditkarte – gleichgültig welchen Typs und welcher Marke – als Indikator hinsichtlich der Vermögenssituation ihres Inhabers an. Eine solche Assoziation mag sich unter anderem daraus ergeben haben, dass Kreditkartenemittenten in Anbetracht der mit der Stundung wie auch der gegebenenfalls – bei credit cards – hinzutretenden Kreditfunktion[453] verbundenen Ausfallrisiken besonders gründlich die Kreditwürdigkeit und finanzielle Situation eines Kreditkartenantragstellers prüfen. Erst im Falle eines positiven Befundes hinsichtlich der Bonität des Karteninhabers wird eine Kreditkarte an diesen ausgegeben. Daher spiegelt(e) eine Kreditkarte grundsätzlich die wirtschaftlichen Verhältnisse und Bonität ihres Inhabers wider.[454] Auch wurden Kreditkarten insbesondere in den Anfangszeiten ausschließlich an finanzstarke bzw. bedeutende Kunden emittiert.[455] Zudem indizierte auch die Tatsache, dass eine Person (noch) eine Kreditkarte innehatte, dass die Karte ordnungsgemäß verwendet wurde.[456] Da nicht jeder Bürger über eine Kreditkarte verfügte, haftete bereits der Besitz dieser Karten eine Exklusivität an. In Anbetracht dieser Umstände war bereits das Innehaben irgendeiner Kreditkarte mit einem gewissen Prestige versehen.[457]

Im Laufe der Zeit hat sich zwar nichts daran geändert, dass seitens der Emittenten Bonitätsprüfungen erfolgen. Allerdings sind Kreditkarten heute deutlich weiter verbreitet als in früheren Zeiten. In Anbetracht der gesteigerten Verbreitung von Kreditkarten ist es jedenfalls heutzutage keine (prestigeträchtige) Besonderheit mehr, im Besitz einer Kreditkarte zu sein und diese als Zahlungsmittel

---

453 Vgl. hierzu bereits oben unter Abschnitt 1, Titel 3, Untertitel 3, Kapitel 1, Unterkapitel 3, § 2 und Abschnitt 1, Titel 3, Untertitel 3, Kapitel 2, Unterkapitel 2, § 1, II.

454 Vgl. dazu *Giger*, Kreditkartensysteme, 1985, S. 88 u. S. 112 ff.; *Custodis*, Das Kreditkartenverfahren, 1970, S. 38 f.; vgl. ferner *NECG*, Economic analysis of Visa's Honour All Cards rule, S. 18; *Klee*, How people pay, Journal of Monetary Economics, 2008, 526, 528.

455 Vgl. *Stauder/Weisensee*, Kreditkartengeschäft, 1970, S. 19; vgl. auch *Weisensee*, Das Bankkreditkartengeschäft, 1978, S. 5. In gewisser Hinsicht lässt sich dies auch im Falle des Interneteinsatzes einer Kreditkarte beobachten, zumal einige Internethändler die Kreditkarte erst als Zahlungsmittel akzeptieren, wenn der Kunde sich als „vertrauenswürdig" erwiesen hat.

456 In diesem Sinne auch *Giger*, Kreditkartensysteme, 1985, S. 88.

457 Vgl. *Giger*, Kreditkartensysteme, 1985, S. 88; vgl. auch *Weisensee*, Das Bankkreditkartengeschäft, 1978, S. 5.

einzusetzen. Auch findet sich in der heutigen Zeit eine ausdifferenziertere Bandbreite an Kreditkartenangeboten. Einige Angebote richten sich bereits von vornherein an „Geringverdiener“ (z.B. Studenten). Dies schlägt sich insbesondere auch in der Gebührenhöhe der Karten nieder. So finden sich vielfältige Kreditkarten-Angebote mit kostenloser Jahresgebühr. Gerade diese Kreditkarten stehen weiten Teilen der Bevölkerung zur Verfügung, zumal deren Inhaberschaft nicht mit nennenswerten Kosten verbunden ist. Dementsprechend lässt sich nicht mehr – bzw. jedenfalls nicht mehr in gleichem Maße wie früher – davon sprechen, dass jede beliebige Kreditkarte mit einem Image von Luxus und Prestige versehen ist.

In Anknüpfung an die einstige Exklusivität wie auch das Luxusimage sämtlicher Kreditkarten wurden aber auch einige Kartenangebote zielgerichtet auf „betuchtere“ Kunden zugeschnitten. Dies zeigt sich mitunter auch anhand der Höhe der Jahresgebühren dieser Karten. Der Preis, den ein Karteninhaber an den Emittenten für die Inhaberschaft und Nutzungsmöglichkeit einer Kreditkarte entrichten muss, bildet einen Indikator für die Exklusivität der jeweiligen Karte. Einige Kreditkarten werden erst an den Karteninhaber ausgegeben, sofern dieser zusätzlich zur Jahresgebühr eine einmalige „Aufnahmegebühr“ an den Emittenten entrichtet hat. Teils wird zudem die bloße Möglichkeit in den Besitz einer bestimmten Karte zu gelangen, von einer gutsituierten Vermögenssituation des Karteninhabers und/oder dessen in der Vergangenheit bereits generierten Kartenumsatzvolumina abhängig gemacht. Aufgrund dieser Anforderungen ist es nicht einem jeden Bürger möglich, in den Besitz einer solchen Karten zu gelangen. Das Innehaben dieser Kreditkarten bleibt einem bestimmten Kundenkreis vorbehalten. Diese Exklusivität bewirkt zugleich, dass das Innehaben bestimmter Kreditkarten mit einem besonderen Renommee für den jeweiligen Karteninhaber einhergeht, wodurch gleichsam ein Luxusimage geschaffen bzw. aufrechterhalten wird und insofern von Luxuskarten gesprochen werden kann. Diese Entwicklungen könnten es rechtfertigen, bestimmte „Typen“ von Kreditkarten einem gesonderten Luxuskreditkarten-Markt zuzurechnen.

2. Methodischer Ansatz: Die Behandlung von Luxusgütern im Kartellrecht

Im Rahmen des Bedarfsmarktkonzeptes ist – wie bereits an obiger Stelle ausgeführt wurde[458] – in erster Linie auf den Verwendungszweck sowie die Eigenschaften der in Rede stehenden Produkte abzustellen; Preise bzw. Preisunterschiede treten in der Regel hinter diesen Faktoren zurück.[459] Insbesondere in Fällen, in denen jedoch mit dem Innehaben eines bestimmten Gegenstandes ein besonderes Prestige einhergeht bzw. diesem ein Luxusimage zugeschrieben wird, können

458 Vgl. oben unter Abschnitt 1, Titel 1, Untertitel 2.

459 Vgl. OLG Düsseldorf, Beschluss v. 21.10.2009 – VI-Kart 14/08 (V) – ASSA ABLOY/Simons Voss, WuW/E DE-R 2885, 2887 = WuW 05/2010, 535, 537, Rn. 46.

unterschiedliche Preise – selbst im Falle des Vorliegens gleicher Produktmerkmale und/oder des gleichen Verwendungszwecks – das Vorliegen gesonderter Märkte indizieren.[460] Erhebliche Preisunterschiede können dazu führen, dass Produkte – unter der Zugrundelegung der Sichtweise der Nachfrager – unterschiedlichen Märkten zuzuordnen sind.[461]

Insofern hat die Kommission etwa in den Rechtssachen Yves Saint Laurent Parfums sowie Parfums Givenchy die Auffassung vertreten, dass es aus Sicht der Verbraucher nicht möglich sei, Luxuskosmetika mittels ähnlicher Produkte auszutauschen; sie stufte in den genannten Rechtssachen daher (nur) einen Markt für Luxuskosmetika als relevant ein.[462] Entsprechend sah die Kommission in der Rechtssache Charles Jourdan einen eigenständigen Markt für Schuhe mittlerer und gehobener Qualität als gegeben an.[463] Des Weiteren hat das Bundeskartellamt in der Rechtssache Richemont hinsichtlich Uhren drei separate (Teil-)Märkte angenommen, und zwar einen selbständigen (Teil-)Markt für Uhren mit Einzelhandelspreis unter 3.000 DM, einen (Teil-)Markt für hochpreisige Uhren mit Einzelhandelspreis über 3.000 DM und einen Teilmarkt für Luxusuhren mit Einzelhandelspreis über 10.000 DM.[464]

3. Die Indizwirkung des Preises

Hinsichtlich Luxusprodukten sind im Rahmen der Marktabgrenzung sowie der Bewertung der Substitutionsbeziehungen nicht bloß ein etwaiger Luxuscharakter, sondern auch die Preisunterschiede und die Entgeltstrukturen zu berücksichtigen.

---

460 Vgl. EuGH, Urteil v. 21.02.1984, Rs. 86/82 – Hasselblad, Slg. 1984, 883, 902, Rn. 21; OLG Düsseldorf, Beschluss v. 26.02.2009, VI-Kart 7/07 (V) – Douglas/HELA, Rn. 28; OLG Düsseldorf, Beschluss v. 21.10.2009 – VI-Kart 14/08 (V) – ASSA ABLOY/Simons Voss, WuW/E DE-R 2885, 2887 = WuW 05/2010, 535, 537, Rn. 46; BKartA, Beschluss v. 08.03.2007, B 9 – 520/06, WuW/E DE-V 1376, 1380, Rn. 29; BKartA, Beschluss v. 01.12.2000, B 4 – 107/00, Rn. 15.

461 Vgl. OLG Düsseldorf, Beschluss v. 26.02.2009 – VI-Kart 7/07 (V), Douglas/HELA, Rn. 28; vgl. auch BKartA, Beschluss v. 29.06.1981, B 8-159/80, WuW/E BKartA 1897; BKartA, Beschluss v. 01.12.2000, B 4 – 107/00 – Richemont/LMV, WuW/E DE-V 385 = WuW 04/2001, 391, Rn. 15.

462 Vgl. KOM, Entscheidung v. 16.12.1991, IV/33.242 – Yves Saint Laurent Parfums, Abl. EG v. 18.01.1992, L 12/24, S. 31; KOM, Entscheidung v. 24.07.1992, IV/33.542 – Givenchy, Abl. EG v. 19.08.1992, L 236/11, S. 18; BKartA, Beschluss v. 08.03.2007, B9 – 520/06, WuW/E DE-V 1376, Rn. 29 ff. (insbesondere Rn. 36 u. Rn. 48); BKartA, Beschluss v. 29.06.1981, B 8-159/80, WuW/E BKartA 1897; OLG München, Urteil v. 06.12.2001, U (K) 3338/01, Rn. 18; OLG Nürnberg, WRP 2011, 117, 117 a.E. f.

463 Vgl. KOM, Entscheidung v. 02.12.1988, IV/31.697 – Charles Jourdan, Abl. EG v. 07.02.1989, L 35/31, S. 33, Rn. 5.

464 Vgl. BKartA, Beschluss v. 01.12.2000, B 4 – 107/00 – Richemont/LMV, WuW/E DE-V 385 = WuW 04/2001, 391, Rn. 17.

In diesem Kontext sei auch darauf hingewiesen, dass Endkundenbefragungen gezeigt haben, dass gerade der Preis aus Sicht der Nachfrager bei der Auswahl einer Kreditkarte – nach der weltweiten Einsatzmöglichkeit – das (zweit-)bedeutsamste Kriterium darstellt.[465]

Zumal sämtliche Kreditkarten gleichermaßen als Zahlungsmittel am PoS eingesetzt werden können und die Eigenschaften wie auch Verwendungsmöglichkeiten dieser Karten gleich sind, wird man im vorliegenden Kontext allerdings erst im Falle des Vorliegens einer bedeutsamen Preisdifferenz die Annahme getrennter Märkte als gerechtfertigt ansehen können. Welches Ausmaß diese Preisdifferenz im vorliegenden Fall konkret einnehmen muss, um letztlich von abgrenzbaren Märkten auszugehen, lässt sich nicht generell bestimmen. Wegen der funktionellen Austauschbarkeit bezüglich der Eigenschaften wie auch der Verwendungszwecke bedarf es jedenfalls einer gewichtigen, substantiellen wie auch merklichen Preisdifferenz.[466] In Anbetracht dessen gilt es vorliegend, die Entgelte einzelner Kreditkartenangebote näher in den Blick zu nehmen:

Das wohl bekannteste Beispiel für eine Kreditkarte mit einem besonderen Luxusimage ist die sog. „schwarze American Express Kreditkarte" (auch als Centurion Card oder Titanium Karte bezeichnet).[467] Diese Karte wird ausschließlich auf Empfehlung oder Einladung ausgegeben, was regelmäßig voraussetzt, dass der Karteninhaber bereits im Besitz einer Kreditkarte von AmEx war und mit dieser einen sechsstelligen Jahresumsatz tätigte. Die American Express Platinum erfordert die Entrichtung einer Jahresgebühr in Höhe von 600 Euro.[468] Die Jahresgebühr der Gold Card von AmEx beträgt 140 Euro, wobei das erste Jahr beitragsfrei ist. Die Jahresgebühr der klassischen American Express Card (ohne Gold- oder Platinstatus) beläuft sich auf 55 Euro, wobei die Karte im ersten Jahr sowie ab einem Jahresumsatz von 4.000 Euro beitragsfrei ist und eine Zusatzkarte kostenlos gewährt wird.[469] Bei der sog. Blue Card von AmEx Karte beträgt die monatliche Gebühr 4 Euro (mithin 48 Euro pro Jahr); auch hier ist das erste Jahr kostenlos und eine

---

465 Vgl. hierzu auch WEKO, Verfügung v. 05.12.2005, RPW 2006/1, 65, S. 102, Rn. 294.

466 Vgl. in diesem Kontext insbesondere auch BKartA, Beschluss v. 01.12.2000, B 4 – 107/00, Rn. 15.

467 Vgl. zu dieser Kreditkarte etwa die Angaben im Cardmember Agreement der American Express National Bank bezüglich der Centurion Card, online abrufbar unter https://www.americanexpress.com/content/dam/amex/us/staticassets/pdf/cardmember-agreements/centurion/Centurion_Card_09-30-2018.pdf. Nach der in diesem Cardmember Agreement enthaltenen Gebührentabelle beläuft sich die Aufnahmegebühr auf 7.500 USD und die Jahresgebühr auf 2.500 USD.

468 Vgl. hierzu die Angaben unter: https://www.americanexpress.com/de/content/platinum-card/.

469 Vgl. die Angaben unter: https://www.americanexpress.com/de/content/american-express-card/.

Zusatzkarte ist ebenfalls inklusive.[470] Zudem ist diese Karte ab einem Jahresumsatz von 3.500 Euro beitragsfrei.[471]

Die Mitgliedschaftsgebühr für Diners Club Classic Card-Privatkarte liegt derzeit bei ca. 70 Euro bis ca. 115 Euro.[472] Auch werden die Karteninhaber einer Diners Club-Kreditkarte als Clubmitglieder und die Jahresgebühr als Mitgliedschaftsgebühr bzw. Jahresbeitrag bezeichnet, was wiederum die Exklusivität des Besitzes einer solchen Karte hervorheben und damit zugleich zum gehobenen Image dieser Karte beitragen soll.[473] Ferner unterstreicht Diners Club regelmäßig, dass es sich um das älteste und damit erfahrenste Kreditkartenunternehmen der Welt handelt.[474]

Zumal Visa- und MasterCard-Kreditkarten nicht unmittelbar von der jeweiligen Kreditkartenorganisation, sondern von diversen Issuern ausgegeben werden, variieren die Kreditkartenangebote dieser Marken – in Anbetracht der Geschäftsmodelle der Kartenorganisationen – von Emittent zu Emittent teils beträchtlich. Der jeweilige Emittent kann sowohl die Gebührenhöhe als auch den Funktionsumfang der jeweiligen Karte frei bestimmen. Die Jahresgebühren der („normalen") Kreditkarten von Visa wie auch von MasterCard liegen in der Regel in einem Bereich zwischen 0 Euro und 200 Euro.[475] Allerdings existieren auch der „schwarzen Kreditkarte von AmEx" entsprechende Kartenangebote von Visa und MasterCard. Die Höhe der Jahresgebühren solcher Karten weicht in beträchtlichem Maße von der erwähnten Gebührenspanne der („normalen") Kreditkarten ab. In diesem Kontext sei etwa auf die VISA Infinite Kreditkarte[476] hingewiesen.[477] Auch diese Karte wird grundsätzlich nur an Karteninhaber ausgegeben, die bereits mit einer anderen

470 Vgl. die Angaben unter: https://www.americanexpress.com/de/content/blue-card/.

471 Vgl. die Angaben unter: https://www.americanexpress.com/de/content/blue-card/.

472 Vgl. die Angaben unter: https://www.dinersclub.de/karten/privatkarten/classic-card.html. Die Gebühr beträgt pro Monat 5,84 Euro, zuzüglich 2,92 Euro pro Monat für eine Zusatz Card sowie 70 Cent pro Monat mit Foto.

473 Vgl. hierzu etwa die online unter https://www.dinersclub.de/ueber-uns/unternehmen/philosophie.html abrufbaren Informationen.

474 Vgl. http://www.dinersclub.de/card.

475 Die Entrichtung einer (einmaligen) Aufnahmegebühr ist grundsätzlich weder bei Visa noch bei MasterCard erforderlich.

476 Vgl. hierzu die online unter https://www.hypovereinsbank.de/hvb/private-banking/konto-und-kreditkarte/visa-infinite-card abrufbaren Informationen.

477 Die VISA Infinite Kreditkarte steht noch nicht in allen Ländern der Welt zur Verfügung. In Deutschland wird diese Karte aber bereits ausgegeben (etwa seitens der HypoVereinsbank (vgl. https://www.hypovereinsbank.de/hvb/private-banking/konto-und-kreditkarte/visa-infinite-card)). Die VISA Infinite der kasachischen Eurasian Bank besteht aus Massivgold und ist zudem mit einem 0,02 Gramm schweren Diamanten besetzt. Vgl. hierzu etwa die online unter http://www.handelsblatt.com/finanzen/anlagestrategie/trends/luxus-kreditkarten-einige-der-goldenen-kreditkarten-bestehen-tatsaechlich-aus-gold/12211528-2.html abrufbaren Informationen.

Visa-Karte einen sechsstelligen Jahreskartenumsatz generiert haben; zudem ist auch diese Karte nur auf Einladung erhältlich. Ähnliches gilt hinsichtlich der MasterCard World Elite Kreditkarte (vormals als MasterCard World Signia Kreditkarte bezeichnet).[478]

4. Eigene Würdigung und weiterführende Erwägungen

Bei näherer Betrachtung zeigt sich, dass es nicht *das eine* Kreditkartenangebot einer bestimmten Kreditkartenmarke gibt. Die unterschiedlichen Typen von Kreditkarten unterscheiden sich jedenfalls nicht hinsichtlich ihrer Zahlungsfunktion; sämtliche Karten – seien sie kostenlos (sog. Gratiskreditkarten) oder von der Zahlung einer Jahresgebühr abhängig – können grundsätzlich bei allen systemangeschlossenen Vertragsunternehmen gleichermaßen als Zahlungsmittel eingesetzt werden.

In diesem Kontext darf auch nicht unbesehen bleiben, dass es sich um Jahresgebühren handelt. Eine Jahresgebühr von 100 Euro entspricht einer täglichen Nutzungsgebühr von ca. 0,274 Euro. Eine solche Preisdifferenz nicht signifikanten Ausmaßes erscheint nicht hinreichend, um zwingend auf das Vorliegen getrennter Märkte zu schließen. Eine isolierte Betrachtung der Höhe der Jahresgebühren lässt überdies aber auch – mitunter wegen der anzutreffenden Variationsbreite der Gebührenhöhen – im Rahmen der Marktabgrenzung keine zwingenden Rückschlusse zu.

Entsprechend obiger Ausführungen kann ein Luxusimage die Annahme eines gesonderten Marktes rechtfertigen, sofern Anhaltspunkte tatsächlicher Art und insofern insbesondere die anzutreffenden Preise eine entsprechende Marktabgrenzung als geboten erscheinen lassen. Die Preise bzw. Preisunterschiede treten im Rahmen der Marktabgrenzung in der Regel hinter die Faktoren „Verwendungszweck“ und „Eigenschaften“ zurück. Dass dem Faktor „Preis“ bei in Rede stehenden Luxusgütern eine bedeutsamere Rolle bei der Abgrenzung des Marktes zukommt, beruht letzten Endes auf dem Umstand, dass ein verhältnismäßig hoher Preis zum einen Rückschlüsse darauf ermöglicht, wie die Kunden die Wertigkeit der erhaltenen Gegenleistung einschätzen. Zum anderen kann die Festsetzung eines hohen Preises durch den Anbieter in gewisser Weise als Selektionsmethode genutzt werden, um nur bestimmten Personen, und zwar insofern den tendenziell besserverdienenden Bevölkerungsgruppen, das Produkt zugänglich zu machen. Wenngleich der Preis eines Produktes grundsätzlich dessen Exklusivität wie auch Luxusimage indizieren mag, sind daneben weitere Faktoren zu berücksichtigen, die zur Imagebildung beitragen. Die Anforderungen an das Karteninhaberprofil und die weiteren Voraussetzungen, welche die Karteninhaber erfüllen müssen, um in den Besitz bestimmter Kartenarten zu gelangen, leisten ebenfalls einen Beitrag

---

478 Vgl. hierzu auch die online unter https://www.mastercard.co.uk/en-gb/consumers/find-card-products/credit-cards/world-elite.html abrufbaren Informationen.

zur Bildung eines Luxusimages. Insbesondere die aufgezeigten Umsatzwerte, die erreicht werden müssen, können zu einer Selektion und Beschränkung der Erhältlichkeit eines Produktes führen. In Anbetracht dessen bedarf es der Berücksichtigung dieser weiteren Kriterien im vorliegenden Kontext.

Bei den sog. „schwarzen Kreditkarten“ (AmEx Centurion, VISA Infinite, MasterCard World Elite) liegen nicht nur die Jahresgebühren deutlich über den geschilderten Durchschnittswerten. Diese Karten werden grundsätzlich erst im Falle der Entrichtung einer Aufnahmegebühr ausgegeben. Bereits diese Gebührenwerte schließen regelmäßig einen Bezug dieser Karten durch einen „Durchschnittsverdiener“ aus. Zudem bedarf es bei den genannten Karten eines – zumindest einmal – getätigten Kartenumsatzes in sechsstelliger Höhe; dieser Umsatz muss mit einer systemzugehörigen Karte getätigt worden sein. Setzt man diesen Wert in Relation zum Durchschnittseinkommen der Bevölkerung tritt deutlich zu Tage, dass ein solcher Jahresumsatz nicht seitens der „breiten Masse“ generiert werden kann. Den Angaben des Statistischen Bundesamtes zufolge belief sich das durchschnittliche Bruttoeinkommen eines deutschen Haushalts im Jahre 2014 auf 44.936 Euro sowie im Jahre 2016 auf 48.131 Euro; dem entsprach im Jahre 2014 durchschnittlich ein verfügbares Einkommen pro Haushalt von 32.445 Euro und im Jahre 2016 von 34.461 Euro.[479] Das durchschnittliche Personenbruttoeinkommen lag im Jahre 2014 bei 25.253 Euro und im Jahre 2016 bei 26.359 Euro.[480]

Selbst wenn man berücksichtigt, dass einige Personen sich bereits einen Vermögensstamm aufgebaut haben, zeigen diese Durchschnittswerte gleichwohl, dass es der Mehrheit der Bevölkerung kaum möglich sein wird, die „Jahresumsatzschwellenwerte“ zu erreichen. In diesem Kontext muss auch bedacht werden, dass Kreditkarten nicht in jedem Falle als Zahlungsmittel eingesetzt werden (können)[481]

---

479 Vgl. *Destatis*, Einkommen und Lebensbedingungen 2014, Fachserie 15, Reihe 3 (2016/2017), S. 17, online abrufbar unter: https://www.destatis.de/DE/Publikationen/Thematisch/EinkommenKonsumLebensbedingungen/LebeninEuropa/EinkommenLebensbedingungen2150300147004.pdf?__blob=publicationFile; *Destatis*, Einkommen und Lebensbedingungen 2016, Fachserie 15, Reihe 3 (2018), S. 19, online abrufbar unter: https://www.destatis.de/DE/Publikationen/Thematisch/EinkommenKonsumLebensbedingungen/LebeninEuropa/EinkommenLebensbedingungen2150300167004.pdf?__blob=publicationFile.

480 Vgl. *Destatis*, Einkommen und Lebensbedingungen 2014, Fachserie 15, Reihe 3 (2016/2017), S. 19, online abrufbar unter: https://www.destatis.de/DE/Publikationen/Thematisch/EinkommenKonsumLebensbedingungen/LebeninEuropa/EinkommenLebensbedingungen2150300147004.pdf?__blob=publicationFile; *Destatis*, Einkommen und Lebensbedingungen 2016, Fachserie 15, Reihe 3 (2018), S. 22, online abrufbar unter: https://www.destatis.de/DE/Publikationen/Thematisch/EinkommenKonsumLebensbedingungen/LebeninEuropa/EinkommenLebensbedingungen2150300167004.pdf?__blob=publicationFile.

481 Insbesondere im Lebensmitteleinzelhandel und somit beim Erwerb von Gütern des täglichen Bedarfs bildet eine Kreditkartenakzeptanz (noch) die Ausnahme.

und in Anbetracht dessen auch nur ein Bruchteil des verfügbaren Einkommens zur Generierung eines Kartenumsatzes eingesetzt wird bzw. werden kann. Die Voraussetzung eines Kartenumsatzes im sechsstelligen Bereich wirkt sich dementsprechend dahingehend aus, dass die genannten Karten von der Mehrheit der Bevölkerung nicht genutzt werden (können). Abgesichert und erhöht wird diese Zugangsschranke ferner durch den Umstand, dass die „schwarzen Kreditkarten" – selbst wenn die genannte Jahresumsatzschwelle überschritten wird – nur auf „Einladung" erhältlich sind; auf diesem Wege wird dem Emittenten eine weitere Selektion des Karteninhaberkreises ermöglicht.

Diese Erwägungen offenbaren, dass die „schwarzen Karten" nicht bloß der Gebührenhöhe nach über der durchschnittlichen Jahresgebühr liegen, sondern der Kartenbesitz wegen der weiteren Voraussetzungen einen Exklusivitätsgrad erreicht, der nicht mit dem Image des Innehabens anderer Kreditkarten vergleichbar ist. Wegen der aufgezeigten Unterschiede erscheinen die genannten Karten nicht durch die für jedermann erhältlichen Karten substituierbar. Es handelt sich um Luxuskarten, die einem gesonderten Markt angehören.

5. Zwischenergebnis

Es ist von der Existenz eines eigenständigen PoS-Marktes für Luxuskarten auszugehen; diesem Markt gehören nur die sog. „schwarzen Kreditkarten" (AmEx Centurion, VISA Infinite, MasterCard World Elite) an. Die weiteren Kreditkartenarten gehören einem hiervon gesonderten Kreditkarten-Emissions-Zahlungsfunktions-Markt an.[482]

V. Prepaid-Kreditkarten

Als Trend aus den USA hat in jüngerer Zeit auch die Anzahl sog. Prepaid-Kreditkarten in Europa zugenommen. Solche Prepaid-Kreditkarten werden oftmals auch als Kreditkarten auf Guthabenbasis bezeichnet und funktionieren auf der Grundlage eines Referenzkontos, auf das der Karteninhaber Geldbeträge einzahlen muss, bevor er die Karte zur Zahlung am PoS einsetzen kann.[483] Solche

482 Eine solche Marktabgrenzung hinsichtlich Kreditkarten wird bislang – soweit ersichtlich – weder seitens staatlicher Stellen noch in der Literatur vertreten. Zumal in Anbetracht dessen keine empirischen Erhebungen bezüglich des Marktes für Luxuskreditkarten aufzufinden sind und diese einen Ausnahmestatus einnehmen, soll im Rahmen der weiteren Erörterung nicht näher auf diese Karten eingegangen werden.

483 Vgl. zu Prepaid-Kreditkarten auch die online verfügbaren Informationen unter: https://www.visa.de/bezahlen-mit-visa/produkte.html; https://www.mastercard.de/de-de/privatkunden/produkte-features/produkte/mastercard-prepaid.html; https://www.americanexpress.com/us/content/prepaid/american-express-prepaid-card/home.html. Teils wird insofern auch von aufladbaren Kreditkarten gesprochen, vgl. etwa https://www.sparkasse.de/unsere-loesungen/privatkunden/karten/aufladbare-kreditkarte.html.

Prepaid-Kreditkarten können grundsätzlich bei allen, dem jeweiligen Kreditkartensystem angeschlossenen Vertragsunternehmen zur Zahlung eingesetzt werden.

Im Unterschied zu „normalen" Kreditkarten[484] erschöpfen sich die Kosten einer Prepaid-Kreditkarte nicht in der Entrichtung einer Jahresgebühr. Prepaid-Kreditkarten sind oftmals mit zusätzlichen, nicht auf den ersten Blick erkennbaren Kosten verbunden. Teils werden sogar Einzahlungsgebühren erhoben, obwohl und zumal Einzahlungen gerade notwendige Voraussetzung der späteren Kartennutzungsmöglichkeit sind. Auch die Erhebung von Gebühren für den konkreten Einsatz der Prepaid-Kreditkarte ist – anders als bei „normalen" Kreditkarten[485] – keineswegs unüblich. Zudem erhält der Karteninhaber auf die vorausbezahlten Beträge – wenn überhaupt – deutlich geringere Guthabenzinsen (i.d.R. maximal 1 %) im Vergleich zu den Zinssätzen, die im Falle eines Haben-Saldos auf einem normalen Bankkonto gewährt werden.

Reguläre Kreditkarten bergen ein Bonitätsrisiko für den Emittenten in sich, welches bei Prepaid-Kreditkarten nicht vorhanden ist. In Anbetracht dieses nicht vorhandenen „Vorausleistungsrisikos" besteht aus Sicht der Emittenten solcher Karten keine Veranlassung zu etwaigen vorherigen Bonitätsprüfungen und so werben die Emittenten von Prepaid-Karten oftmals auch gerade damit, dass die Karte ohne Schufa-Auskunft oder ähnliche Risikokalkulationsmechanismen erworben werden können und daher für jedermann verfügbar sind.[486] Eine Kreditkarte – und insbesondere das einer solchen Karte aus Sicht des Kunden anhaftende Image eines Karteninhabers als solventem Kunden des Kreditinstituts, der die Bonitätsprüfung „gemeistert" hat – lässt sich mit solchen, an jedermann ausgegebenen Wertkarten nur schwerlich vergleichen.[487]

In Anbetracht des Aspekts, dass schon vor der Zahlung am PoS ein Guthaben auf das Kreditkartenkonto eingezahlt werden muss, handelt sich bei solchen Karten nicht um Kreditkarten im herkömmlichen Sinne.[488] Sie stellen insbesondere aufgrund der Vorfinanzierung des späteren Einsatzes kein hinreichendes Substitut von Kreditkarten dar. Eine Einbeziehung solcher Karten in den sachlich relevanten Markt scheidet mithin aus.

---

484 Unter „normalen" Kreditkarten sind im vorliegenden Kontext sowohl charge cards als auch credit cards zu verstehen.

485 Der konkrete Einsatz von „normalen" Kreditkarten zur Zahlung am Point of Sale ist grundsätzlich gebührenfrei; es fallen nur Jahresgebühren an. Vgl. hierzu auch obige Ausführungen unter Abschnitt 1, Titel 1, Untertitel 1, Kapitel 2, Unterkapitel 2.

486 Vgl. auch noch *Fandrich*, in: v. Westphalen, Vertragsrecht und AGB-Klauselwerke, 41. EL, 2018, Kreditkartenvertrag, Rn. 12 a.E.

487 Predpaid-Kreditkarten lassen sich in der Regel auch aufgrund äußerer Merkmale von „normalen" Kreditkarten unterscheiden. Während die Kartendaten auf „normalen" Kreditkarten hochgeprägt sind, ist eine solche Hochprägung bei Prepaid-Kreditkarten zumeist nicht gegeben.

488 Vgl. auch noch *Merkel*, Regelung des Kreditkartengeschäfts in den USA, WM 1990, 253, 257.

VI. (Zwischen-)Ergebnis

Es ist von einem eigenständigen Markt für Verbraucher(kredit-)karten (Verbraucher-Kreditkarten-Emissions-Zahlungsfunktions-Markt) auszugehen; von diesem strikt zu trennen ist der Markt für Geschäftskarten.[489]

Credit cards und charge cards wie auch co-branded cards, die im Wege des Co-Branding mit Nichtbanken vertrieben werden, gehören ebenfalls diesem sachlich relevanten Markt an.[490] Bezüglich Luxuskarten ist hingegen von der Existenz eines eigenständigen PoS-Marktes auszugehen; diesem Markt gehören nur die sog. „schwarzen Kreditkarten" an.[491] Prepaid-Karten sind ebenfalls nicht Bestandteil des Verbraucher-Kreditkarten-Emissions-Zahlungsfunktions-Marktes.

§ 2. Sonstige „Zahlungsmittel"

Auf dem Verbraucher-Kreditkarten-Emissions-Zahlungsfunktions-Markt erfolgt die Emission der Kreditkarten durch die Kreditkartenunternehmen bzw. die Issuer. Indes werden nicht nur Kreditkarten, sondern auch andere Zahlungsmittel emittiert und an Kunden ausgegeben, sodass es denkbar erscheint, dass Kreditkartenemittenten mit den Emittenten anderer Zahlungsmittel auf einem einheitlichen Markt in Konkurrenz stehen. Nicht von der Hand zu weisen ist jedenfalls, dass sowohl die Karteninhaber als auch die Vertragsunternehmen grundsätzlich in ihrer Entscheidung frei sind, auf andere Zahlungsarten umzusteigen bzw. mehrere Zahlungsmittel innezuhaben.[492] Insoweit wird man durchaus ein Risikopotential für die Kreditkartensysteme dahingehend anerkennen müssen, dass sich die Attraktivität anderer Zahlungsarten durchaus auf die mit Kreditkarten getätigten Umsätze wie auch auf die mit Kreditkarten vorgenommenen Transaktionsvorgänge und die Emissionszahlen negativ auswirken kann. In Anbetracht dessen ist des Weiteren zu untersuchen, ob und welche sonstigen Zahlungsmittel bzw. welche der mit diesen zusammenhängenden Dienstleistungen als Bestandteil des sachlich relevanten Marktes anzusehen sind.

I. Bargeld

Bereits obige Ausführungen[493] haben gezeigt, dass die Annahme eines einheitlichen Marktes in Bezug auf die Zahlungsfunktion einer Kreditkarte und Bargeld

489 Eine nähere Abgrenzung des PoS-Marktes für Geschäftskarten erfolgt nicht im Rahmen dieser Arbeit.

490 Eine nähere Marktabgrenzung hinsichtlich derjenigen Kreditkarten, die im Wege des Co-Branding mit indirekten Wettbewerbern oder des Co-Branding mit direkten Wettbewerbern vertrieben werden, ist nicht Gegenstand dieser Arbeit.

491 Auf den PoS-Markt für Luxuskarten wird in dieser Arbeit nicht näher eingegangen.

492 Vgl. auch *Horn*, Kartellrechtliche Aspekte des Kreditkartengeschäfts, ZHR 157 (1993), 324, 344.

493 Vgl. oben unter Abschnitt 1, Titel 3, Untertitel 3, Kapitel 1, Unterkapitel 5, § 3, I., 1.

nicht gerechtfertigt ist.[494] Insbesondere in Anbetracht der Aspekte, dass es sich bei Bargeld um ein gesetzliches Zahlungsmittel handelt, die Kreditkarte hingegen des Abschlusses eines Akquisitionsvertrages wie auch eines Emissionsvertrages bedarf, um als Zahlungsmittel eingesetzt werden zu können, und die Karteninhaber eine Jahresgebühr zu entrichten haben, erscheinen Bargeld und Kreditkarten nicht hinreichend substituierbar.[495]

II. Schecks

Des Weiteren stellt sich in Bezug auf den Issuing-PoS-Bereich die Frage, ob und inwiefern Schecks und (Verbraucher-)Kreditkarten seitens der Karteninhaber als Substitute angesehen werden.

Die kartenemittierenden Institute generieren aufgrund automatischer Verarbeitungen von Kartenzahlungen und des damit einhergehenden sinkenden Bedarfs an Personal im Vergleich zu Scheckemittenten bedeutsame Kosteneinsparungen.[496] Die auf Seiten der Banken und mit der Bearbeitung von Scheckzahlungen verbundenen Kosten (Druckkosten, Transport des Schecks, Erfordernis der Datenübertragung, Bezahlung des Schalterpersonals) liegen deutlich über den Kosten, die für die Zahlungskartenverarbeitung anfallen.[497] Ob und inwiefern diese Kosten an die Nutzer im Wege von Gebühren weitergegeben werden, hängt vielfach von länderspezifischen Besonderheiten ab. In der Bundesrepublik Deutschland ist die Scheckausgabe in der Regel mit keinen Gebühren verbunden.[498] In einigen anderen Ländern Europas (z.B. Frankreich) dürfen die Banken die anfallenden Kosten hingegen wegen eines gesetzlichen Verbots der Erhebung von Scheckausgabegebühren nicht an die direkten Nutzer weitergeben.[499] Im Falle von Kreditkarten entrichten die Karteninhaber hingegen eine Jahresgebühr an die Emittenten (und die Vertragsunternehmen die Händlergebühren an die Acquirer, wobei ein Teil der

494 Vgl. auch KOM, Entscheidung v. 08.12.2010, COMP/39.398 – Visa MIF, Rn. 15 f.; KOM, Entscheidung v. 17.10.2007, COMP/D1/38606 – Groupement des cartes bancaires (CB), Rn. 173.

495 Vgl. auch noch *Kleine/Krautbauer/Weller*, Cost of Cash, 2013, 69, die zu Recht auch auf die mit einer Barzahlung verbundene Anonymität hinweisen.

496 Vgl. KOM, Entscheidung v. 17.10.2007, COMP/D1/38606 – Groupement des cartes bancaires (CB), Rn. 173.

497 Vgl. KOM, Entscheidung v. 17.10.2007, COMP/D1/38606 – Groupement des cartes bancaires (CB), Rn. 173.

498 Vgl. auch KOM, Entscheidung v. 19.12.2007 in den Sachen COMP/34.579 – MasterCard, COMP/36.518 – EuroCommerce u. COMP/38.580 – Commercial Cards, Rn. 288.

499 Vgl. KOM, Entscheidung v. 09.08.2001, COMP/D1/29.373 – Visa International I – Surcharging, ABl. EG v. 10.11.2001, L 293/24, 31, Rn. 39; KOM, Entscheidung v. 24.07.2002, COMP/29.373 – Visa International II – Multilateral Interchange Fee, ABl. EG v. 22.11.2002 L 318/17, 26, Rn. 50; KOM, Entscheidung v. 17.10.2007, COMP/D1/38606 – Groupement des cartes bancaires (CB), Rn. 173.

MSC in Gestalt der Interchange Fees wiederum an die Emittenten weitergeleitet wird).[500] Diese unterschiedlichen Kosten- bzw. Gebührenstrukturen sprechen bereits gegen eine hinreichende Substituierbarkeit.[501] Des Weiteren ist der Einsatz eines Schecks weder mit einer Stundungs- noch mit einer Kreditfunktion verbunden; es bedarf eines Guthabens (bzw. eines Überziehungslimits) auf dem Konto des Scheckausstellers.[502]

Scheckzahlungen finden zudem üblicherweise im Fernzahlungsverkehr Verwendung.[503] Schecks eignen sich hingegen nicht als Zahlungsmittel vor Ort, also im Laden des Händlers, zumal sie regelmäßig ausschließlich in Verbindung mit der Vorlage eines Ausweises eingesetzt werden können und die Zeit des Ausfüllens eines Schecks zeitintensiver ist.[504] Der Zahlungskarteneinsatz im Bereich der Fernzahlungen hat in den letzten Jahren deutlich zugenommen;[505] Kreditkarten werden – im Gegensatz zu Schecks – gleichermaßen im Präsenzgeschäft am PoS als auch im Fernzahlungsgeschäft verwendet. In Bezug auf Zahlungen im Präsenzgeschäft erscheinen Schecks mithin nicht hinreichend substituierbar.

Im Übrigen sprechen auch die historischen Entwicklungen gegen eine Substituierbarkeit: Die Nutzung von Bankschecks hat – insbesondere seit dem Ende der Euroscheckgarantie zum 31. Dezember 2001[506] – stetig abgenommen.[507] Ein

500 Vgl. KOM, Entscheidung v. 17.10.2007, COMP/D1/38606 – Groupement des cartes bancaires (CB), Rn. 173; vgl. auch oben unter Abschnitt 1, Titel 1, Untertitel 1, Kapitel 4.

501 Vgl. zu den Kostenunterschieden auch noch KOM, Entscheidung v. 19.12.2007 in den Sachen COMP/34.579 – MasterCard, COMP/36.518 – EuroCommerce u. COMP/38.580 – Commercial Cards, Rn. 313.

502 Vgl. WEKO, Verfügung v. 18.11.2002, RPW 2003/1, 106, 130, Rn. 135.

503 Vgl. KOM, Entscheidung v. 09.08.2001, COMP/D1/29.373 – Visa International I – Surcharging, ABl. EG v. 10.11.2001, L 293/24, 31, Rn. 39; KOM, Entscheidung v. 24.07.2002, COMP/29.373 – Visa International II – Multilateral Interchange Fee, ABl. EG v. 22.11.2002 L 318/17, 26, Rn. 50. Vgl. auch noch KOM, Entscheidung v. 8.11.2001, COMP/M.2567 – Nordbanken/Postgirot, Rn. 22.

504 Vgl. auch KOM, Entscheidung v. 09.08.2001, COMP/D1/29.373 – Visa International I – Surcharging, ABl. EG v. 10.11.2001, L 293/24, 31, Rn. 39; KOM, Entscheidung v. 24.07.2002, COMP/29.373 – Visa International II – Multilateral Interchange Fee, ABl. EG v. 22.11.2002 L 318/17, 26, Rn. 50.

505 Bei Fernzahlungen mit Kreditkarten handelt es sich in der Regel um sog. „card-not-present"-Transaktionen, also Transaktionen bei denen Händler und Kunde sich nicht am gleichen Ort befinden (E-Commerce sowie Mail- und Telefonorder).

506 Vgl. auch *Rotter/Placzek*, BankR, 2009, § 8, Rn. 17.

507 Entsprechende Entwicklungen lassen sich in der EU, aber auch in Nicht-EU-Staaten (wie z.B. der Schweiz, vgl. WEKO, Verfügung v. 18.11.2002, RPW 2003/1, 106, 129, Rn. 134) beobachten. Vgl. in diesem Kontext auch noch BIS, Retail Payments in selected countries, 1999, S. 14 und S. 25 ff.; *Wiegand*, Probleme des Zahlungsverkehrs, 2000, S. 145.

Händler sieht sich im Falle der Annahme eines Schecks diversen Betrugsrisiken ausgesetzt und trägt das Insolvenzrisiko des Kunden.[508] In Anbetracht des Aspekts, dass Händler im Falle der Annahme eines Schecks über keine Zahlungsgarantie verfügen, finden Schecks heutzutage üblicherweise nur noch im unternehmerischen Verkehr (und in der Regel auch nur im Falle des Bestehens eines hinreichenden Vertrauens zwischen den Geschäftspartnern) Verwendung.[509] An Privatpersonen werden Schecks allenfalls in Ausnahmefällen ausgegeben; vielfach wird die Scheckausgabe von vornherein seitens der Banken versagt und der Kunde auf andere Zahlungsmittel verwiesen. Wie bereits oben dargelegt wurde, ist in Bezug auf Kreditkarten zwischen dem Issuing-PoS-Markt für Verbraucherkarten und demjenigen für Firmenkarten zu differenzieren.[510] Insofern erschiene es allenfalls denkbar, wenngleich in Anbetracht der bisherigen Ausführungen schwerlich zu rechtfertigen, dass Schecks ein Substitut für Firmenkarten darstellen.[511] Dies kann an dieser Stelle jedoch dahinstehen, zumal die vorliegende Untersuchung auf Verbraucherkarten beschränkt wurde. Eine nachfrageseitige Substituierbarkeit von (Verbraucher-)Kreditkarten und Schecks (in nennenswertem Ausmaß) kommt nicht in Betracht, weil eine Verwendung von Schecks durch Privatpersonen kaum noch erfolgt.

Scheckzahlungen können demnach nicht in den sachlich relevanten Markt miteinbezogen werden.[512]

III. Überweisungen

Überweisungen eignen sich – im Gegensatz zu Kreditkarten – nicht zum Einsatz am PoS vor Ort.[513] Ferner kann eine Überweisung nur getätigt werden, sofern der

---

508 Vgl. auch KOM, Entscheidung v. 03.10.2007, COMP/37.860 – Morgan Stanley/Visa, Rn. 49; KOM, Entscheidung v. 19.12.2007 in den Sachen COMP/34.579 – MasterCard, COMP/36.518 – EuroCommerce u. COMP/38.580 – Commercial Cards, Rn. 310, Fn. 351.

509 Auf diesen Aspekt ebenfalls hinweisend KOM, Entscheidung v. 19.12.2007 in den Sachen COMP/34.579 – MasterCard, COMP/36.518 – EuroCommerce u. COMP/38.580 – Commercial Cards, Rn. 310.

510 Vgl. hierzu oben unter Abschnitt 1, Titel 3, Untertitel 3, Kapitel 2, Unterkapitel 2, § 1,I.

511 Vgl. KOM, Entscheidung v. 19.12.2007 in den Sachen COMP/34.579 – MasterCard, COMP/36.518 – EuroCommerce u. COMP/38.580 – Commercial Cards, Rn. 310: „[...] ist eine etwaige Austauschbarkeit von Schecks und Zahlungskarten von vornherein auf gewerbliche Käufe begrenzt".

512 Vgl. KOM, Entscheidung v. 17.10.2007, COMP/D1/38606 – Groupement des cartes bancaires (CB), Rn. 173; KOM, Entscheidung v. 19.12.2007 in den Sachen COMP/34.579 – MasterCard, COMP/36.518 – EuroCommerce u. COMP/38.580 – Commercial Cards, Rn. 315.

513 Vgl. auch KOM, Entscheidung v. 09.08.2001, COMP/D1/29.373 – Visa International I – Surcharging, ABl. EG v. 10.11.2001, L 293/24, 32, Rn. 40; KOM, Entscheidung

Verfügungsrahmen des Überweisenden noch nicht ausgeschöpft ist; mit einer Stundungs- oder gar Kreditfunktion geht eine Überweisung nicht einher. Bereits in Anbetracht dieser Umstände können Überweisungen nicht als vollwertiges Substitut einer Kreditkarte(nzahlung) angesehen werden.[514]

IV. (Reine) Bankkarten

Bei der – heute recht selten anzutreffenden – (reinen) Bankkarte[515] handelt es sich um eine Karte, durch welche einem Bankkunden der Zugang zu seinem Bankkonto ermöglicht bzw. zumindest erleichtert wird, die jedoch nicht zur Zahlung am PoS verwendet kann.[516] Es handelt sich bei diesen Karten also nicht um ein bargeldloses Zahlungsmittel. Sie werden aus diesem Grunde jedenfalls im Hinblick auf den PoS-Einsatzbereich seitens der Karteninhaber nicht als Substitut einer Kreditkarte angesehen.

V. Guthabenkarten

Unter Guthabenkarten (teils auch als Geldkarten oder Wertkarten bezeichnet) sind Bezahlkarten zu verstehen, die dadurch gekennzeichnet sind, dass auf einem integrierten Speicherchip Werteinheiten (sog. credits) bis zu einem bestimmten Aufladehöchstbetrag gespeichert werden.[517]

---

v. 24.07.2002, COMP/29.373 – Visa International II – Multilateral Interchange Fee, ABl. EG v. 22.11.2002, L 318/17, 25, Rn. 47; KOM, Entscheidung v. 17.10.2007, COMP/D1/38606 – Groupement des cartes bancaires (CB), Rn. 173.

514 So auch KOM, Entscheidung v. 19.12.2007 in den Sachen COMP/34.579 – MasterCard, COMP/36.518 – EuroCommerce u. COMP/38.580 – Commercial Cards, Rn. 314.

515 Diese Kartenart ist – historisch betrachtet – der Vorreiter der heute anzutreffenden Debitkarten. Teils werden diese Karten auch als (Bank-)Kundenkarten bezeichnet. Die (reinen) Bankkarten wurden im Laufe der Zeit oftmals mit einem (nationalen und/oder internationalen) Debitkartenlogo versehen. In den USA werden solche reinen Bankkarten, die sich zur Geldabhebung mittels PIN-Eingabe am Gelautomaten eignen, auch als ATM-Cards bezeichnet.

516 Vgl. auch KOM, Entscheidung v. 19.12.2007 in den Sachen COMP/34.579 – MasterCard, COMP/36.518 – EuroCommerce u. COMP/38.580 – Commercial Cards (Glossar unter der Erklärung des Begriffs „Store Card", unter Abgrenzung zu den „Bank Cards"). Vgl. auch *Berry*, Debit Card versus Credit Card, 1979, S. 13.

517 Vgl. *Blaurock*, in: Derleder/Knops/Bamberger, Hdb. BankR, 3. Aufl., 2017, § 49, Rn. 7; *Schindler*, Eingriffe von Wettbewerbsbehörden in Vierparteien-Systeme, 2007, S. 13; *Escher*, Bankrechtsfragen des elektronischen Geldes, WM 1997, 1173, 1179 f.; *Giger*, Kreditkartensysteme, 1985, S. 60; *Klanten*, Zahlung mit Euro, NJW 1998, 3152, 3154; *Kümpel*, Rechtliche Aspekte der neuen GeldKarte, WM 1997, 1037; *Pfeiffer*, Geldkarte, NJW 1997, 1036; Weber, Zahlungsverfahren im Internet, 2002, S. 37 ff. u. S. 221 ff.; WEKO, Verfügung v. 05.12.2005, RPW 2006/1, 65, S. 70, Rn. 15. Zu den Vertragsbeziehungen der Beteiligten des Systems „GeldKarte": *Hofmann*, Die

Es existieren zwei unterschiedliche Arten solcher Wertkarten, und zwar kontogebundene Karten, die eine Beziehung zu einem Bankkonto aufweisen,[518] und kontoungebundene Karten;[519] letztere werden teils auch als „weiße Karten“ bzw. „WhiteCards“ bezeichnet.[520] Beiden vorgenannten Formen der Wertkarten ist gemein, dass sie auf einem guthabenbasierten System beruhen.[521] Es bedarf zunächst einer „Aufladung der Karte“ bevor diese zur Zahlung eingesetzt werden kann; der Karteninhaber muss dem Emittenten im Vorfeld des Karteneinsatzes am PoS also das Guthaben zur Verfügung stellen. In Anbetracht dieses Erfordernisses werden Wertkarten teils auch als „prepaid cards“ bezeichnet.[522] Das Erfordernis einer solchen Vorausfinanzierung stellt einen beträchtlichen Unterschied zu Kreditkarten dar; in struktureller Hinsicht erscheint dies schwerlich mit der Stundungsfunktion (bzw. der zusätzlichen Kreditoption) einer Kreditkarte, die teils auch als sog. pay-later-Karte bezeichnet wird, vergleichbar.[523]

Guthabenkarten bieten – aus Sicht des Karteninhabers – nicht die gleiche Gewähr an Sicherheit wie Kreditkarten, zumal die Geldeinheiten unmittelbar auf

---

Geldkarte, 2001, S. 19 ff. Bei einer „Guthabenkarte“ handelt es sich nach Art. 2 Abs. 35 der Verordnung über Interbankenentgelte (VO (EU) 2015/751, Abl. EU v. 19.05.2015, L 123/1, S. 9) um eine Zahlungsinstrumentenart, auf der E-Geld im Sinne von Art. 2 Nr. 2 der Richtlinie 2009/110/EG gespeichert ist. Das Geldkartengeschäft war einst auch in § 1 Abs. 1 S. 2 Nr. 11 KWG (Fassung der Bekanntmachung vom 09. September 1998, BGBl. I S. 2776, zuletzt geändert durch Art. 3 des Gesetzes zur Änderung insolvenzrechtlicher und kreditwesenrechtlicher Vorschriften vom 08. Dezember 1999, BGBl. I S. 2384) legaldefiniert; hiernach handelte es sich bei Geldkarten um vorausbezahlte Karten zu Zahlungszwecken; vgl. ferner BT-Drucks. 13/7142, S. 63 f. Vgl. des weiteren *Weber*, Zahlungsverfahren im Internet, 2002, S. 37 sowie S. 38 a.E. f. und S. 43 ff. (unter Nennung weiterer in Europa anzutreffender Wertkartensysteme).

518 Üblicherweise sind Debitkarten mit einer Wertkartenfunktion ausgestattet; hierdurch wird es dem Karteninhaber ermöglicht, die Karte auch als Zahlungsmittel in Absatzmärkten zu nutzen, in denen typischerweise keine Debit- oder Kreditkarten akzeptiert werden oder in Bereichen, in denen der Zahlungsvorgang mittels Karte automatisiert wurde (z.B. Parkscheinautomaten), vgl. KOM, Entscheidung v. 03.12.2008, COMP/M.5384 – BNP Paribas/Fortis, Rn. 24; *Zahrte*, in: Fandrich/Karper, MAH Bank- und Kapitalmarktrecht, 2. Aufl., 2018, § 5, Rn. 498.

519 Vgl. *Zahrte*, in: Fandrich/Karper, MAH Bank- und Kapitalmarktrecht, 2. Aufl., 2018, § 5, Rn. 502.

520 Vgl. auch die online unter https://www.geldkarte.de/privatkunden/aufladen/ abrufbaren Informationen.

521 Vgl. *Weber*, Zahlungsverfahren im Internet, 2002, S. 37.

522 Vgl. etwa WEKO, Verfügung v. 18.11.2002, RPW 2003/1, 106, 128, Rn. 126.

523 Vgl. auch noch *Weber*, Zahlungsverfahren im Internet, 2002, S. 37 u. S. 221; WEKO, Verfügung v. 18.11.2002, RPW 2003/1, 106, 128 f., Rn. 130; vgl. in diesem Kontext auch noch *Merkel*, Regelung des Kreditkartengeschäfts in den USA, WM 1990, 253, 257.

dem Chip der Karte[524] gespeichert sind, also die Karte nicht lediglich einen mittelbaren Zugang zum Geld bietet, sondern das Geld unmittelbar verkörpert.[525] Teils wird daher auch davon gesprochen, dass sich das Geld in einem „elektronischen Geldbeutel“ befinde.[526] Eine Guthabenkarte ist nicht durch besondere Sicherheitsmechanismen gegen Verlust und Betrug geschützt.[527]

Bei Geldkarten handelt es sich um ein Kleinbetragsinstrument im Sinne von § 675i BGB:[528] Geldkartennutzer sind in Anbetracht der Begrenzung durch den Auflademaximalbetrag (i.d.R. maximal 200 Euro) in ihrem Aktionsradius deutlich stärker als Kreditkartennutzer eingeschränkt.[529] Gerade aus diesem Grund werden Geldkarten zumeist lediglich zum Erwerb geringerwertiger Güter bzw. von „Kleinbetragsgütern“ eingesetzt. Bei Kreditkarten existieren (teils) zwar auch Zahlungsbegrenzungen, allerdings sind diese Grenzen auf deutlich höherem Niveau als der Ladebetrag bei Wertkarten angesiedelt.[530] Zudem hängt diese Grenze bei Kreditkarten von der Bonität des jeweiligen Karteninhabers ab und ist nicht wie

524 Der Umfang der gespeicherten Daten kann online unter https://www.geldkarte.de/presse/services/sicherheit ersehen werden.

525 Bei Prepaid-Kreditkarten sind die Geldeinheiten hingegen nicht unmittelbar auf dem Chip der Karte gespeichert, vgl. auch oben unter Abschnitt 1, Titel 3, Untertitel 3, Kapitel 2, Unterkapitel 2, § 1, V.

526 So etwa die Bezeichnung der EURO Kartensysteme GmbH in den unter https://www.geldkarte.de/faqs/ abrufbaren FAQ`s zur GeldKarte.

527 Vgl. *Karper*, in: Fandrich/Karper, MAH Bank- und Kapitalmarktrecht, 2012, § 4, Rn. 385; *Reymann*, Recht der Zahlungsdienste, DStR 2011, 1959, 1961; *Zahrte*, in: Fandrich/Karper, MAH Bank- und Kapitalmarktrecht, 2. Aufl., 2018, § 5, Rn. 505. Die PIN wird lediglich zur Aufladung der Karte benötigt. Der Zahler trägt das Risiko der missbräuchlichen Verwendung (§ 675i Absatz 3 BGB).

528 Vgl. hierzu auch *Bunte*, AGB-Banken, 4. Aufl., 2015, SB girocard Nr. 2 GeldKarte, Rn. 136 ff.; *Zahrte*, in: Fandrich/Karper, MAH Bank- und Kapitalmarktrecht, 2. Aufl., 2018, § 5, Rn. 504.

529 Der Aufladehöchstbetrag der deutschen GeldKarte beträgt 200 Euro, vgl. insofern die online unter https://www.geldkarte.de/privatkunden/aufladen/ladewege/ abrufbaren Informationen; vgl. auch *BIS*, Survey of developments in electronic money, 2004, S. 65. Der Chip einer GeldKarte ist durchschnittlich jedoch nur mit circa 28 Euro geladen, vgl. hierzu die unter https://www.geldkarte.de/presse/services/sicherheit abrufbaren Angaben. In der Schweiz beläuft sich der Aufladehöchstbetrag auf 300 CHF, vgl. WEKO, Verfügung v. 18.11.2002, RPW 2003/1, 106, 129, Rn. 131. Vgl. ferner zu den verschiedenen Arten elektronischer Zahlungssysteme: *Blaurock*, Zahlungsverkehr im Internet, 2002, 155, 158 ff.; *Blaurock/Münch*, Elektronisches Geld und Stored Value Cards, K&R 2000, 91, 98 ff.

530 Der durchschnittliche Wert einer (Zahlungs-)Kartenzahlung in der EU belief sich im Jahre 2017 auf 44 Euro, vgl. EZB, Pressemitteilung v. 14.09.2018, Zahlungsverkehrsstatistik für das Berichtsjahr 2017, online abrufbar unter: https://www.bundesbank.de/resource/blob/759704/e78ff297d47684043fdfe48d48a418d8/mL/2018-09-14-zahlungsverkehrsstatistik-download.pdf.

im Falle der Wertkarten unterscheidungslos für sämtliche Karteninhaber auf einen pauschalen Betrag festgelegt.[531] Überdies können Wertkarten – anders als Kreditkarten – oftmals nur im Inland eingesetzt werden.[532]

Mithin stellen Wertkarten aus Sicht des Karteninhabers kein hinreichendes Substitut für die Zahlung mittels Kreditkarte am PoS dar; diese Karten gehören demnach nicht dem Verbraucher-Kreditkarten-Emissions-Zahlungsfunktions-Markt an.

VI. (Händler-)Kundenkarten

Unter Kundenkarten sind normale Kunden(treue)karten (teils auch Händlerkarten genannt) zu verstehen.[533] Es handelt sich um von der Absatzwirtschaft zum Zwecke der Kundenbindung, der Absatzförderung und der Marktforschungsanalyse ausgegebene Karten, durch welche dem Kunden regelmäßig im Falle eines Einkaufs bei dem jeweiligen Emittenten Bonusleistungen zuteilwerden, hingegen jedoch nicht die Möglichkeit zur bargeldlosen Zahlung eingeräumt wird.[534] Die nähere Ausgestaltung des Leistungsspektrums dieser Karten wird seitens des Emittenten bestimmt; es existieren mannigfaltige Arten von Kundenkarten, die mit unterschiedlichen Funktionen und heterogenen Eigenschaften ausgestattet sind. Zumal Kundenkarten – im Unterschied zu Universalkreditkarten – mit keiner Zahlungsfunktion versehen sind, weichen sie in ihrer Charakteristik von Kreditkarten in einem solchen Maß ab, dass eine Substituierbarkeit beider Zahlungsarten aus Sicht der Karteninhaber von vornherein nicht gegeben ist. Eine Zugehörigkeit dieser Karten zum vorliegend sachlich relevanten Markt, dem Verbraucher-Kreditkarten-Emissions-Zahlungsfunktions-Markt, ist demnach nicht gegeben.

---

531 Vgl. auch *Huch*, Transformation des europäischen Kartengeschäfts, 2013, S. 44.

532 Vgl. hierzu auch § 675i Absatz 1 Satz 3 BGB. Vgl. ferner WEKO, Verfügung v. 18.11.2002, RPW 2003/1, 106, 128, Rn. 129.

533 Vgl. *Wittbrodt*, Kunden binden mit Kundenkarten, 1995, S. 20 ff.; *Mohme*, Kundenkarten im Einzelhandel, 1993, S. 21 f.; vgl. ferner *Markhoff*, Einsatz von Kundenkarten, 1991; *Helm/Ludl*, Kundenbindung im Handel durch Kundenkarten, in: FS Greipl, 2004, S. 61 ff.; *Sandom*, Die Kreditkarte im Einzelhandel, 1969, 17 ff.

534 Vgl. *Martinek*, in: Staudinger, § 676 h BGB, 2006, Rn. 9 f. Es sei darauf hingewiesen, dass der Begriff „Kundenkarte" seitens der Kommission teils anders definiert wird; nach der in der Entscheidung der Kommission v. 19.12.2007 in den Sachen COMP/34.579 – MasterCard, COMP/36.518 – EuroCommerce u. COMP/38.580 – Commercial Cards gewählten Definition handelt es sich bei Kundenkarten bzw. Store Cards um Kundenkarten, die von einer „bankfremden Einrichtung" ausgegeben werden und in bestimmten Geschäften zur Zahlung eingesetzt werden können, also *mit* einer Zahlungsfunktion versehen sind (Glossar unter der Begriffserklärung „Store Card"). Obgleich dieser Definition der Kommission wird im Rahmen dieser Arbeit zwischen (reinen) Kundenkarten (ohne Zahlungsfunktion) und Kundenkreditkarten (mit Zahlungsfunktion) differenziert.

VII. Kundenkreditkarten

Des Weiteren stellt sich die Frage, ob Kundenkreditkarten dem Verbraucher-Kreditkarten-Emissions-Zahlungsfunktions-Markt angehören.

1. Begriff

Unter Kundenkreditkarten[535] versteht man Bezahlkarten, die dem Karteninhaber – wie (Händler-)Kundenkarten – den Zugang zu „Bonus"- bzw. Sonderleistungen gewähren, jedoch überdies – unter Gewährung eines Zahlungsaufschubs – mit einer Zahlungsfunktion ausgestattet sind.[536] Kundenkreditkarten werden auch als „Handelskundenkarten mit Zahlungsfunktion"[537] oder „Kreditkarten des Einzelhandels"[538] bezeichnet.

Um dem Erfordernis einer Einzelfallbetrachtung im vorliegenden Kontext gerecht werden zu können, erscheint in Bezug auf Kundenkreditkarten allerdings zunächst eine Differenzierung angebracht; es lassen sich nämlich zwei verschiedenartige Typen von Kundenkreditkarten unterscheiden:[539]

a) Typ I

Einige Kundenkreditkarten (hier Typ I genannt) können ausschließlich bei einem Unternehmen der Absatzwirtschaft eingesetzt werden; sie verfügen über eine

---

535 Vgl. zunächst *Schöchle*, Kartengebundene Zahlungssysteme, 1995, S. 72 ff.; *Braatz/Brinker/Friedrich*, Zahlungsverkehr mit Karten, 1999, S. 255; *Taupitz*, Haftung bei Kreditkartenmißbrauch, 1995, S. 309 ff.

536 Vgl. *Schindler*, Eingriffe von Wettbewerbsbehörden in Vierparteien-Systeme, 2007, S. 13; vgl. auch *Dorner*, Kreditkartengeschäft, 1991, S. 29 ff.; *Hammann*, Die Universalkreditkarte, 1991, S. 22; *Junker*, Rechtsbeziehungen im Kreditkartengeschäft, DStR 1994, 1461, 1461; *Fandrich*, in: v. Westphalen, Vertragsrecht und AGB-Klauselwerke, 41. EL, 2018, Kreditkartenvertrag, Rn. 78; vgl. ferner WEKO, Verfügung v. 05.12.2005, RPW 2006/1, 65, S. 70, Rn. 15; *Hoch*, Kundenkreditkarte, 1989. In diesem Kontext sei nochmals darauf hingewiesen, dass unter dem Begriff der „Kreditkarte" im Rahmen dieser Arbeit nur die oben unter Abschnitt 1, Titel 3, Untertitel 3, Kapitel 2, Unterkapitel 2, § 1 dargestellten Kartenarten zu verstehen sind.

537 Vgl. *BBk*, Zahlungsverkehrsstatistiken 2007 bis 2013, Tabelle 5, https://www.bundesbank.de/resource/blob/615858/59b0cb5ddcbe68a5c5942835ce1b6f35/mL/zahlungsverkehrs-und-wertpapierabwicklungsstatistiken-2007-13-data.pdf.

538 Vgl. *Merkel*, Recht der Kreditkarte, 1. Aufl., 1990, S. 32 ff.

539 Vgl. noch *Custodis*, Das Kreditkartenverfahren, 1970, S. 3 f.; *Stauder/Weisensee*, Kreditkartengeschäft, 1970, S. 14 ff.; *Pütthoff*, Die Kreditkarte, 1974, S. 3 ff.; *Keller*, Kreditkarten, 1981, S. 21 ff.; *Eckert*, Zivilrechtliche Fragen des Kreditkartengeschäfts, WM 1987, 161 ff.; *Merkel*, Regelung des Kreditkartengeschäfts in den USA, WM 1990, 253 ff. Im Folgenden handelt es sich um keine abschließende Darstellung der verschiedenen Typen von Kundenkreditkarten. Es werden nur zwei Typen dargestellt, die für die vorliegende Arbeit von Relevanz erscheinen.

(Nichtuniversal-)Kreditkartenfunktion (also eine Zahlungsfunktion) und gewähren dem Karteninhaber darüber hinaus regelmäßig einen Zugang zu Bonusleistungen. Im Falle dieser Kundenkreditkarten besteht in der Regel eine Zwei-Personen-Beziehung,[540] wobei Personenidentität zwischen dem emittierenden Unternehmen und dem im Absatzbereich tätigen Unternehmen, das die Karte als Zahlungsmittel annimmt, besteht.[541] Anders als (Universal-)Kreditkarten können Kundenkreditkarten des Typs I nur bei dem emittierenden Unternehmen eingesetzt werden.[542]

Bei dem der Emission der Kundenkreditkarte zugrundeliegenden Vertrag handelt es sich insofern um einen gemischttypischen Vertrag. Er setzt sich aus geschäftsbesorgungsvertraglichen Elementen mit dienstvertraglichem Charakter gem. §§ 675 Abs. 1, 611 BGB sowie Elementen eines Darlehenseröffnungsvertrags zusammen; hinsichtlich der Darlehensinanspruchnahme fungieren wiederum einzelne, im Bedarfsfall abgeschlossene Darlehensverträge als Ausfüllungsgeschäfte.[543] Im Falle des Einsatzes dieser Karten durch den Karteninhaber entsteht also – anders als bei Universalkreditkarten – kein Aufwendungsersatzanspruch des Emittenten gegen den Kartennutzer. Es handelt sich um ein (echtes) Darlehen i.S.d. §§ 488 ff. BGB.

b) Typ II

Ferner existiert eine weitere Art von Kundenkreditkarten (hier Typ II genannt). Wie Kundenkreditkarten des Typs I werden diese Karten mit einer Zahlungsfunktion und mit Bonusfunktionen für den Fall des Einsatzes der Karte bei den angeschlossenen Händlern versehen.[544]

Diese Karten können – im Gegensatz zu den Kundenkreditkarten des Typs I – nicht bloß bei dem emittierenden Unternehmen, sondern bei mehreren Unternehmen der Absatzwirtschaft eingesetzt werden.[545] Sie fungieren als „beschränktes

540 Vgl. *Martinek*, in: Schimansky/Bunte/Lwowski, BankRHdb., Bd. I, 4. Aufl., 2011, § 67, Rn. 1; *Einsele*, Bank- und Kapitalmarktrecht, 4. Aufl., 2018, § 6 Rn. 231; *Stauder/Weisensee*, Kreditkartengeschäft, 1970, S. 2.

541 Vgl. *Weisensee*, Das Bankkreditkartengeschäft, 1978, S. 17.

542 Vgl. *Martinek*, in: Schimansky/Bunte/Lwowski, BankRHdb., Bd. I, 4. Aufl., 2011, § 67, Rn. 1 a.E.; *Martinek*, in: Staudinger, § 676 h BGB, 2006, Rn. 9; *Einsele*, Bank- und Kapitalmarktrecht, 4. Aufl., 2018, § 6, Rn. 231; *Taupitz*, NJW 1996, 217, 217, Fn. 1, *Hammann*, Die Universalkreditkarte, 1991, S. 22; *Custodis*, Das Kreditkartenverfahren, 1970, S. 3; vgl. auch *Weisensee*, Das Bankkreditkartengeschäft, 1978, S. 4; *Carlton/Frankel*, Antitrust Economics of Credit Card Networks, Antitrust Law Journal 1995, Vol. 63, Iss. 3, 643, 645 f.; KOM, Entscheidung v. 03.12.2008, COMP/M.5384 – BNP Paribas/Fortis, Rn. 19 u. Rn. 28; vgl. überdies KOM, Entscheidung v. 17.10.2007, COMP/D1/38606 – Groupement des cartes bancaires (CB), Rn. 24 u. Rn. 174.

543 Vgl. *Martinek*, in: Staudinger, § 676 h BGB, 2006, Rn. 9 a.E.

544 Näheres hierzu bei *Weisensee*, Das Bankkreditkartengeschäft, 1978, S. 7 ff.; *Stauder/Weisensee*, Kreditkartengeschäft, 1970, S. 14 ff.; vgl. in diesem Kontext auch noch *Custodis*, Das Kreditkartenverfahren, 1970, S. 4.

545 Vgl. *Weisensee*, Das Bankkreditkartengeschäft, 1978, S. 7.

Zahlungsmittel" bei den dem jeweiligen „Kundenkreditkartensystem" angeschlossenen Unternehmen. Diese – im Vergleich zu den Kundenkreditkarten des Typs I – erweiterte Einsatzmöglichkeit der Karten wird im Wege von Interchange-Vereinbarungen gesichert, im Rahmen derer zwischen den kartenakzeptierenden Unternehmen die gegenseitige Anerkennung sowie das Clearing der Karten geregelt werden.[546]

Sofern der Herausgeber zugleich auf dem jeweiligen Waren- bzw. Dienstleistungssektor der angeschlossenen Vertragsunternehmen, also auf Produktabsatzmärkten tätig ist, liegt bei einer Zahlung beim emittierenden Unternehmen ein Zwei-Parteien-Verhältnis vor.[547] Im Falle der Zahlung bei sonstigen, dem Kundenkreditkartensystem angeschlossenen Händlern ist hingegen ein Drei-Personen-Verhältnis gegeben.[548]

2. Zugehörigkeit zu einem einheitlichen Markt?

Denkbar erscheint, dass Kundenkreditkarten (sowohl des Typs I als auch des Typs II) dem Verbraucher-Kreditkarten-Emissions-Zahlungsfunktions-Markt angehören.

a) Einführende Erwägungen: Historischer Kontext und Vertriebsstruktur von Kundenkreditkarten

Bereits die Entwicklungen in der Vergangenheit legen nahe, dass es sich bei Kundenkreditkarten und (Universal-)Kreditkarten bzw. den im Kontext der Akzeptanz dieser Zahlungsmittel erbrachten Leistungen nicht um vollwertige Substitute handelt.

In den Anfangszeiten stießen Universalkreditkarten auf Widerstand und Ablehnung bei den Händlern der Absatzwirtschaft; die Händler waren bestrebt, ihre unternehmenseigenen Karten beizubehalten, obgleich die Akzeptanz von (Universal-)Kreditkarten regelmäßig mit geringeren Kosten als die Emission von eigenen Kundenkreditkarten verbunden war.[549] Insbesondere in den 80er Jahren des letzten Jahrhunderts standen unter anderem auch die deutschen Händler den (Universal-) Kreditkarten – mitunter wegen der, mit deren Akzeptanz einhergehenden Verpflichtung zur Entrichtung umsatzabhängiger Händlergebühren – äußerst kritisch gegenüber; aus damaliger Händlersicht schien die Akzeptanz von Kundenkreditkarten als geeignetes „Abwehrmittel" gegen Bankkreditkarten.[550]

---

546 Vgl. *Stauder/Weisensee*, Kreditkartengeschäft, 1970, S. 23.

547 Vgl. *Weisensee*, Das Bankkreditkartengeschäft, 1978, S. 9.

548 Vgl. *Weisensee*, Das Bankkreditkartengeschäft, 1978, S. 7 ff.

549 Vgl. *Weisensee*, Das Bankkreditkartengeschäft, 1978, S. 20.

550 Exemplarisch sei insofern auf die Planungen zur Implementierung einer Deutschen Kreditkarte (DKK) verwiesen. Diese Karte sollte in Kooperation des Hauptverbandes des Deutschen Einzelhandels (HDE) und des Deutsche Hotel- und Gaststättenverbandes (DEHOGA) gemeinsam gegen Ende des Jahres 1988 ausgegeben werden, um

Aus heutiger Perspektive zeigt sich jedoch, dass diese Abwehrversuche im Wesentlichen scheiterten, zumal die Emissionszahlen von Kundenkreditkarten in den letzten Jahren deutlich abnahmen, wohingegen die Emissionszahlen der Bankkreditkarten beträchtlich zunahmen und Kundenkreditkarten seit einigen Jahren regelmäßig nur noch seitens größerer Händler ausgegeben werden.[551] Ein Grund für letztgenannten Umstand ist insbesondere darin zu sehen, dass die Ausgabe einer Kundenkreditkarte (insbesondere einer solchen des Typs I) – aus dem Gesichtspunkt unternehmerischer Vernunft heraus besehen – erst ab einem generierten Umsatz im sechsstelligen Bereich sinnvoll erscheint.[552] In Anbetracht der beträchtlichen Kosten, die mit der Ausgabe eigener Kundenkreditkarten verbunden sind, gingen die kleineren und mittleren Händler im Laufe der Zeit dazu über, Bankkreditkarten zu akzeptieren.[553] Dieser Trend wurde insbesondere durch den Wettbewerb der akquirierenden Unternehmen um die Gunst der Vertragsunternehmen bestärkt.[554] Der Wettbewerbsdruck führte zu relativ niedrigen Händlergebühren, was zugleich die Bereitschaft der (kleineren wie auch mittleren) Händler zur Akzeptanz von Bankkreditkarten stärkte.[555]

Vor diesem Hintergrund erklärt sich mitunter auch, weshalb es zur Implementierung von Kundenkreditkarten des Typs II kam. Insbesondere bei den Kundenkreditkarten dieses Typs II wird oftmals ein auf dem Absatzmarkt tätiges Unternehmen bzw. ein auf die Kartenemission spezialisiertes Dienstleistungsunternehmen distributiv – als Kartenherausgeber – tätig.[556] Aus wirtschaftlicher Sicht stehen im Hintergrund dieser Vertriebsorganisation die bereits angesprochenen,

---

sich der Disagioforderungen zu erwehren, die mit der Akzeptanz einer (Universal-) Kreditkarte einhergingen. Diese Karte sollte bei 10.000 Händlern eingesetzt werden können. Vgl. ferner OLG München, NJW-RR 1988, 812 (zur Irreführung durch Verwendung des Wortes „Deutsche" bei Einführung einer „Deutschen Kreditkarte").

551 Während sich die Anzahl der in Deutschland emittierten Kundenkreditkarten im Jahre 2007 noch auf etwa 12,6 Mio. belief, waren im Jahre 2013 „lediglich" noch 9,5 Mio. ausgegebene Kundenkreditkarten zu verzeichnen, vgl. *BBk*, Zahlungsverkehrsstatistiken 2007 bis 2013, Tabelle 5, abrufbar unter https://www.bundesbank.de/resource/blob/615858/59b0cb5ddcbe68a5c5942835ce1b6f35/mL/zahlungsverkehrs-und-wertpapierabwicklungsstatistiken-2007-13-data.pdf; vgl. ferner *BBk*, Monatsbericht Dezember 2005, 29, 30, abrufbar unter: https://www.bundesbank.de/resource/blob/692410/faf9ac5bf7eb61b4fe805a4367126ab4/mL/2005-12-monatsbericht-data.pdf.

552 Vgl. *Weisensee*, Das Bankkreditkartengeschäft, 1978, S. 20 a.E. f.; vgl. ferner *Zywicki*, Economics of Payment Card Interchange Fees, 2010, S. 6.

553 Vgl. *Weisensee*, Das Bankkreditkartengeschäft, 1978, S. 19.

554 Vgl. *Weisensee*, Das Bankkreditkartengeschäft, 1978, S. 19.

555 Vgl. hierzu *Weisensee*, Das Bankkreditkartengeschäft, 1978, S. 19.

556 Vgl. *Weisensee*, Das Bankkreditkartengeschäft, 1978, S. 7 u. S. 30; vgl. ferner *Taupitz*, NJW 1995, 217, 218 a.E.

mit der Emission einer Kundenkreditkarte verbundenen hohen Kosten.[557] Diese Kosten lassen die Emission einer Kundenkreditkarte insbesondere für kleinere und mittlere Unternehmen der Absatzwirtschaft unrentabel erscheinen. Wenn hingegen etwa ein Großunternehmen eine Kundenkreditkarte (zugleich) für mehrere andere Unternehmen herausgibt, dann wird auf diese Weise die wirtschaftliche Rentabilität für alle beteiligten Unternehmen – aufgrund der Ausnutzung der economies of scale – erhöht bzw. hergestellt.[558] Die Akzeptanz von Kreditkarten, die auf einem derartigen System beruhen, erscheint aus der Sicht kleinerer (und mittlerer) Händler als kostengünstige Alternative im Verhältnis zur Emission einer unternehmenseigenen Kundenkreditkarte des Typs I.[559] Die Emission von Karten des Typs II übernehmen oftmals die jeweiligen Fachverbände oder Unternehmen des Finanzdienstleistungssektors, bei denen es sich um Tochterunternehmen der teilnehmenden Unternehmen bzw. Geschäftsbanken handelt.[560] Vereinzelt werden solche Karten auch durch Universalkreditkartenunternehmen bzw. Kreditkarten-Issuer emittiert.[561]

557 Vgl. dazu *Weisensee*, Das Bankkreditkartengeschäft, 1978, S. 5 ff.; *Stauder/Weisensee*, Kreditkartengeschäft, 1970, S. 14 f.

558 Sofern ein auf den Absatzmärkten umsatzstarkes Unternehmen als Emittent in Erscheinung tritt, gliedert es in der Regel seine Kreditabteilung aus dem eigenen internen Betriebsablauf aus, vgl. *Weisensee*, Das Bankkreditkartengeschäft, 1978, S. 7; *Stauder/Weisensee*, Kreditkartengeschäft, 1970, S. 15 f.

559 Vgl. *Weisensee*, Das Bankkreditkartengeschäft, 1978, S. 30. Vor diesem Hintergrund lässt sich auch die Sichtweise von MasterCard verstehen, wonach Kundenkreditkarten als dem sachlich relevanten Markt zugehörig anzusehen seien. Seitens MasterCard wurde zur Begründung ausgeführt, dass Kundenkreditkarten als (hinreichendes) Substitut zu erachten seien, weil zahlreiche Händler ihre Kunden(kredit) karten durch (co-branded) MasterCard-Kreditkarten ersetzt hätten. Seitens MasterCard wurde überdies angemerkt, dass sich anhand (fiktiver) Studien zu den Kosten, die mit der Emission von Kundenkreditkarten (insbesondere mit der Kartenausgabe und der Transaktionsverarbeitung verbundene Kosten), abschätzen lasse, welche Disagiosätze die Händler zu entrichten bereit seien, um MasterCard-Kreditkarten zu akzeptieren. Vgl. hierzu KOM, Entscheidung v. 19.12.2007 in den Sachen COMP/34.579 – MasterCard, COMP/36.518 – EuroCommerce u. COMP/38.580 – Commercial Cards, Rn. 172 (insbesondere Fn. 203).

560 Vgl. *Stauder/Weisensee*, Kreditkartengeschäft, 1970, S. 16. Kundenkreditkarten des Typs II werden teils auch kooperativ seitens der in einem Einkaufszentrum ansässigen Händler vertrieben; in diesen Fällen fungiert unter Umständen die Kreditabteilung des Einkaufszentrums als Herausgeber der Kundenkreditkarten, vgl. auch hierzu *Stauder/Weisensee*, Kreditkartengeschäft, 1970,S. 16.

561 Vgl. *Stauder/Weisensee*, Kreditkartengeschäft, 1970, S. 16; vgl. auch *Weisensee*, Das Bankkreditkartengeschäft, 1978, S. 30: Die Spezialgesellschaften „übernehmen [...] für jeden Vertragsunternehmer gewissermaßen die Führung einer Kreditabteilung mit Kreditkarten“. Soweit ersichtlich werden Kundenkreditkarten des Typs II allenfalls in besonderen Ausnahmefällen seitens Universalkreditkartenunternehmen bzw. Kreditkarten-Issuern ausgegeben, zumal die seitens des Unternehmens der

In Anbetracht des letztgenannten Aspekts ließe sich im vorliegenden Kontext argumentieren, dass jedenfalls Kundenkreditkarten des Typs II dem Verbraucher-Kreditkarten-Emissions-Zahlungsfunktions-Markt angehören, zumal die Vertriebsstrukturen bei diesen Kundenkreditkarten teilweise ähnlich derjenigen von Universalkreditkarten ausgestaltet, im Hintergrund teils die gleichen Unternehmen tätig werden und demnach Entsprechungen in den Anbieterstrukturen gegeben sind. Eine solche Sichtweise vermag indes nicht zu überzeugen. Der Emittent einer Kundenkreditkarte (des Typs II) tritt in der weit überwiegenden Anzahl der Fälle nicht nach außen als Kartenherausgeber auf und ermöglicht auf diese Weise dem Händler bzw. den angeschlossenen Händlern die Implementierung einer individuell gestalteten Karte.[562] Das Kundenkreditkartengeschäft wird also (nach außen) unter dem Namen des Händlers geführt.[563] Ein Karteninhaber kann insofern bezüglich der Vertriebsstrukturen keinen Unterschied zum Vorliegen einer normalen Kundenkreditkarte erkennen.[564] Im Übrigen werden Kundenkreditkarten des Typs II – selbst wenn sie seitens eines Kreditkartenunternehmens oder eines Issuers emittiert werden – nicht mit dem Logo der Universalzahlungssystems versehen; Kundenkreditkarten des Typs II sind nicht bei sämtlichen Vertragsunternehmen des (Universal-)Kreditkartensystems einsetzbar. Zumal im Rahmen der Marktabgrenzung auf einen verständigen, durchschnittlich informierten Angehörigen der Marktgegenseite abzustellen ist und den Kundenkreditkarteninhabern kein Einblick in diese Vertriebsstrukturen gewährt wird, kann – jedenfalls im vorliegenden Kontext – nicht maßgeblich darauf abgestellt werden, ob die Emission der Karten seitens des Unternehmens der Absatzwirtschaft in Eigenregie (so in der Regel bei Typ I) oder unter Einschaltung eines Dritten (so regelmäßig bei Typ II) erfolgt. Im Vordergrund der Anschauung des Karteninhabers steht vielmehr der Einsatzbereich der betreffenden Kundenkreditkarte, also die Frage, ob die Karte entweder bei einem Unternehmen (Kundenkreditkarte des Typs I) oder aber bei mehreren Unternehmen (Kundenkreditkarte des Typs II) genutzt werden kann. Der konkreten Ausgestaltung der hinter Kundenkreditkarten stehenden Vertriebsorganisation kommt insofern eine hinter den Einsatzbereich zurücktretende, wenn nicht gar schon irrelevante Bedeutung zu.

Absatzwirtschaft in diesem Falle zu zahlenden Provisionen regelmäßig höher als die Gebühren sind, die an die Acquirer eines Universalkreditkartensystems zu entrichten sind. Sofern eine individuelle Gestaltung der visuellen Optik der Zahlungskarte gewünscht wird, treffen die Nichtbankunternehmen regelmäßig Co-Branding-Vereinbarungen.

562 Vgl. *Weisensee*, Das Bankkreditkartengeschäft, 1978, S. 30.

563 Vgl. auch *Weisensee*, Das Bankkreditkartengeschäft, 1978, S. 20.

564 Vgl. *Weisensee*, Das Bankkreditkartengeschäft, 1978, S. 30 f.

b) Der Einsatzbereich

Kundenkreditkarten können zwar – ebenso wie Bankkreditkarten – am PoS als Zahlungsmittel eingesetzt werden. Indes sind sie in ihrem Einsatzbereich insoweit eingeschränkt, als ihr Einsatz nur bei einer begrenzten Anzahl an Unternehmen der Absatzwirtschaft möglich ist. Universalkreditkarten lassen sich im Gegensatz zu Kundenkreditkarten als „Multi-Purpose-Karten“ einordnen, die seitens einer Vielzahl von Personen bei einer (beinahe) grenzenlosen Anzahl von Händlern als Zahlungsmittel genutzt werden können.[565] Allenfalls bei Kundenkreditkarten des Typs II handelt es sich nicht lediglich um „Single-Purpose-Karten“; sie können nicht bloß bei einem Händler, sondern auch in den Geschäften der am jeweiligen Kundenkreditkarten-Netzwerk teilnehmenden Händler eingesetzt werden.

Die Anzahl der Akzeptanzstellen von solchen Kundenkreditkarten bleibt jedoch deutlich hinter der Anzahl der Vertragsunternehmen zurück, die Universalkreditkarten akzeptieren.[566] Weltweit finden sich etwa 43 Millionen MasterCard-Akzeptanzstellen, an denen MasterCard-Kreditkarten zur Zahlung eingesetzt werden können.[567] Eine Visa-Kreditkarte kann weltweit in mehr als 200 Staaten und in circa 44 Millionen Akzeptanzstellen eingesetzt werden.[568] Auch die Kreditkarten von American Express und von Diners Club können jeweils weltweit bei mehreren Millionen Akzeptanzstellen als Zahlungsmittel am PoS verwendet werden.[569] Ein derart weit ausgeprägter Einsatzbereich einer Universalkreditkarte kann schwerlich mit dem Einsatzbereich einer Kundenkreditkarte (auch einer solchen des Typs II) als vergleichbar angesehen werden.[570] Zumeist sind die Akzeptanzpartner einer Kundenkreditkarte auch lokal auf einen bestimmten Bereich beschränkt;

565 Vgl. *Schindler*, Eingriffe von Wettbewerbsbehörden in Vierparteien-Systeme, 2007, S. 13.

566 Vgl. auch die ähnliche Argumentation der Kommission in ihrer Entscheidung v. 17.10.2007, COMP/D1/38606 – Groupement des cartes bancaires (CB), Rn. 174.

567 Vgl. hierzu die online unter https://www.mastercard.ch/de-ch/privatkunden/produkte/kreditkarten/standard.html abrufbaren Informationen.

568 Vgl. hierzu etwa die Angaben von Barclaycard v. 27.02.2018, online abrufbar unter: https://www2.barclaycard.de/magazin/shopping-bezahlen/weltweit-akzeptiert-die-kreditkarte-gehoert-ins-reisegepaeck/; vgl. ferner Visa, Mitteilung v. 30.05.2017, online abrufbar unter: https://www.visa.de/uber-visa/presse-und-news/visa-setzt-wachstumskurs-in-deutschland-fort-1991302?returnUrl=/uber-visa/presse-und-news/listing?search=akzeptanzstellen.

569 Etwa Diners Club verfügt weltweit über mehr als 29 Millionen Akzeptanzstellen, vgl. https://www.dinersclub.de/karten/firmenkarten/corporate-card.html. Vgl. auch WEKO, Verfügung v. 05.12.2005, RPW 2006/1, 65, S. 103, Rn. 305.

570 Im Falle einer Kundenkreditkarte des Typs II ist die Anzahl der Vertragsunternehmen von vornherein auf eine – wenn man es so nennen mag – „kritische Masse“ begrenzt. Insbesondere der seitens der Händler angestrebte Zweck einer Kundenbindung würde unterminiert werden, sofern alle auf den Absatzmärkten konkurrierenden Händler an dem Kundenkreditkartensystem teilnehmen könnten.

ferner ist ein Auslandseinsatz von Kundenkreditkarten regelmäßig nicht möglich.[571]

Gerade die weltweite Akzeptanzmöglichkeit wird indes bei der Auswahl eines Zahlungsmittels aus Sicht eines Konsumenten als besonders bedeutsam erachtet.[572] Bereits aus diesem Grunde erscheinen die aufgezeigten Unterschiede in den Einsatzbereichen von Bankkreditkarten auf der einen und Kundenkreditkarten auf der anderen Seite aus Sicht der Karteninhaber von derart essentieller Bedeutung, dass sie Kundenkreditkarten nicht als vollwertiges Substitut einer Bankkreditkarte ansehen.

c) Kostenstrukturen

Ferner offenbaren sich Differenzen in der Kostenbelastung der Karteninhaber, die gegen eine Marktzugehörigkeit von Kundenkreditkarten sprechen. Während Bankkreditkarten regelmäßig mit der Verpflichtung zur Zahlung einer Jahresgebühr einhergehen, sind Kundenkreditkarten für den Karteninhaber üblicherweise – aufgrund ihrer Eigenschaft als Kundenbindungsinstrument – kostenlos erhältlich.

d) Besitz beider Kartenarten

Dass die Nachfrager auf den Absatzmärkten sich nicht mit dem Innehaben von Kundenkreditkarten begnügen, die ihnen kostenlos zur Verfügung gestellt werden, und vielfach (auch) eine „normale" Kreditkarte ihr Eigen nennen, intendiert ebenfalls, dass Kundenkreditkarten und Bankkreditkarten seitens der Karteninhaber nicht als vollwertige Substitute angesehen werden.

3. (Zwischen-)Ergebnis

„Normale" (Universal-)Kreditkarten und Kundenkreditkarten – gleich, ob es sich bei Letzteren um solche des Typs I oder des Typs II handelt – werden seitens der Karteninhaber nicht als hinreichend substituierbar angesehen; sie gehören nicht dem Verbraucher-Kreditkarten-Emissions-Zahlungsfunktions-Markt an. Selbst Kundenkreditkarten des Typs II, die anders als Kundenkreditkarten des Typs I, bei mehr als einem Unternehmen der Absatzwirtschaft als Zahlungsmittel eingesetzt werden können, bleiben in ihrem Einsatzbereich deutlich hinter dem weltweiten Einsatzbereich von (Universal-)Kreditkarten zurück.

---

571 Insbesondere um dem Kunden eine weltweite Akzeptanz der Unternehmenskarten zu ermöglichen, treffen die Unternehmen der Absatzwirtschaft Co-Branding-Vereinbarungen; in diesem Falle handelt es sich allerdings nicht um Kundenkreditkarten.

572 Vgl. WEKO, Verfügung v. 05.12.2005, RPW 2006/1, 65, S. 92, Rn. 211 unter Berufung auf Studien zweier Emittenten (UBS AG sowie Viseca Card Services SA).

VIII. Debitkarten

Unter Debitkarten sind Zahlungskarten zu verstehen, bei denen die getätigten Transaktionsumsätze nicht erst am Ende einer bestimmten Rechnungsperiode, sondern sofort und taggenau (zinswirksam) auf dem Konto des Karteninhabers verrechnet werden;[573] sie werden teils auch als direct debit cards oder immediate debit cards bezeichnet.[574] Das Guthaben des Karteninhabers auf dem Konto, das bei dem emittierenden Institut geführt wird, stellt insofern die Deckungsgrundlage für die via Debitkarte getätigten Transaktionen dar.[575]

Debitkarten gingen – historisch betrachtet – aus den reinen Bankkarten hervor und ermöglichen dem Karteninhaber in erster Linie den Zugang zu einem Bankkonto;[576] mittels einer Debitkarte können heutzutage unter anderem Bargeld am Geldautomaten bzw. am Schalter abgehoben und Zahlungen am PoS bei den dem jeweiligen Debitkartensystem angeschlossenen Händlern getätigt werden.[577]

Vorliegend stellt sich insofern die Frage, inwieweit sich hinsichtlich des Einsatzes als Zahlungsmittel ein gemeinsamer Markt für Debit- und Kreditkarten annehmen lässt; diese Frage wurde bislang schon häufiger seitens der Wettbewerbsbehörden angedacht, allerdings im Ergebnis zumeist dahinstehen gelassen.[578]

1. Nachfragesubstituierbarkeit

Fraglich erscheint insofern zunächst, ob eine hinreichende nachfrageseitige Substituierbarkeit hinsichtlich Debit- und Kreditkarten angenommen werden kann.

---

573 Vgl. *Giger*, Kreditkartensysteme, 1985, S. 60; KOM, Entscheidung v. 03.12.2008, COMP/M.5384 – BNP Paribas/Fortis, Rn. 19; vgl. auch BKartA, Beschluss v. 08.06.2006, B 4 – 29/06, Rn. 53; vgl. ferner OGH Wien, Beschluss v. 12.09.2007 – 16 Ok 4/07, BeckRS 2009, 07985; *Gößmann*, ec-Karten-Nutzung, WM 1998, 1264 ff.; *Berry*, Debit Card versus Credit Card, 1979, S. 12; *Sprau*, in: Palandt, 78. Aufl., 2019, § 675f, Rn. 58.

574 Vgl. KOM, Entscheidung v. 24.07.2002, COMP/29.373 – Visa International II – Multilateral Interchange Fee, ABl. EG v. 22.11.2002, L 318/17, S. 20, Rn. 17, Fn. 13; KOM, Entscheidung v. 3.10.2007, COMP/M.4844 – Fortis/ABN AMRO Assets, Rn. 55, Fn. 15. Auch der Begriff „pay now" card ist insofern gebräuchlich, vgl. *Bolt/Chakravorti*, Digitization of Retail Payments, 2010, 4; *Chakravorti*, Externalities in Payment Card Networks, Rev. Netw. Econ., 2010, Vol. 9, Iss. 2, 99, 99.

575 Vgl. *Schindler*, Eingriffe von Wettbewerbsbehörden in Vierparteien-Systeme, 2007, S. 13; vgl. auch WEKO, Verfügung v. 18.11.2002, RPW 2003/1, 106, 127, Rn. 121.

576 Vgl. *Maurer*, Ökonomie der Zahlungskartensysteme, 2009, 5.

577 Vgl. auch *Rotter/Placzek*, BankR, 2009, § 8, Rn. 17 ff.

578 Vgl. KOM, Entscheidung v. 09.08.2001, COMP/D1/29.373 – Visa International I – Surcharging, ABl. EG v. 10.11.2001, L 293/24, 32, Rn. 42; KOM, Entscheidung v. 24.07.2002, COMP/29.373 – Visa International II – Multilateral Interchange Fee, ABl. EG v. 22.11.2002 L 318/17, 26, Rn. 52; KOM, Entscheidung v. 08.12.2010, COMP/39.398 – Visa MIF, Rn. 15 f.; vgl. auch BKartA, Beschluss v. 08.06.2006, B 4 – 29/06, WuW/E DE-V 1313, 1315 = WuW 2/2007, 185, 187, Rn. 68.

a) Die Zahlungsfunktion

Sowohl Kredit- als auch Debitkarten verfügen über eine Zahlungsfunktion. Auch die Zahlung mittels Debitkarte gestaltet sich ähnlich einer Kreditkartenzahlung.[579] Insbesondere bedarf es wie im Falle der Kreditkartenzahlung einer Autorisierung des Zahlungsvorgangs im Wege der PIN-Eingabe[580] oder der Unterschrift[581].[582]

Aus dem Umstand, dass beide Kartenarten als Zahlungsmittel eingesetzt werden können, kann indes nicht ohne Weiteres gefolgert werden, dass ein einheitlicher Markt für Kreditkarten und Debitkarten existiert. Eine bloß begrenzte Austauschbarkeit rechtfertigt nicht die Annahme eines einheitlichen Marktes. Vielmehr bedarf es einer näheren Betrachtung der weiteren Gemeinsamkeiten und Unterschiede.

---

579 Vgl. BKartA, Beschluss v. 08.06.2006, B 4 – 29/06, Rn. 53.

580 Diese Autorisierung erfolgt im Rahmen des sog. PoS-Systems (welches in Deutschland auf der „Vereinbarung über ein institutsübergreifendes System zur bargeldlosen Zahlung an automatisierten Kassen (electronic-cash-System)" der Spitzenverbände der deutschen Kreditwirtschaft basiert); im Falle des Einsatzes von Debitkarten im Wege des PoS-Verfahrens wird eine „Zahlungsgarantie" zugunsten der diese Karten akzeptierenden Händler ausgelöst.

581 Eine Zahlung mittels Debitkarte, bei welcher der Karteninhaber einen vom Händler erstellten Beleg unterschreibt, war Bestandteil der Vorgehensweise bei einer Zahlung im Rahmen des PoZ-Systems. Das PoZ-Verfahren ermöglichte dem Händler lediglich den Einzug der Rechnungsbeträge via Lastschrift; ein irgendwie geartetes Zahlungsversprechen seitens des emittierenden Instituts wurde dem Händler – anders als im Falle des PoS-Verfahrens – nicht zuteil, vgl. *Klanten*, Zahlung mit Euro, NJW 1998, 3152, 3154. Es erfolgte lediglich eine Abfrage einer Sperrdatei; im Wege der Prüfung erfolgt eine Abfrage einer etwaigen Sperrung bzw. eines Verlustes der Karte. Näheres zum PoZ-System etwa bei *Rotter/Placzek*, BankR, 2009, § 8, Rn. 26 ff.; *Martinek*; in: Staudinger, BGB, §§ 657 ff., § 676h, Rn. 90 ff. Die Vereinbarung über das PoZ-System wie auch die zugehörigen Händlerbedingungen wurden zum 31. Dezember 2006 aufgekündigt; das PoZ-System in seiner früheren Form wurde insofern eingestellt (vgl. hierzu auch die Pressemittelung der Deutschen Kreditwirtschaft vom 15.10.2004, online abrufbar unter: https://die-dk.de/themen/pressemitteilungen/kreditwirtschaft-stellt-poz-verfahren-ende-2006-ein-29a659/). Eine Zahlung via Debitkarte, bei der der Karteninhaber den Händlerbeleg unterschreibt, erfolgt heute daher in Regel im Wege des sog. Elektronischen Lastschriftverfahrens (ELV), einem Verfahren bei dem der Karteninhaber dem Händler eine Ermächtigung zum Lastschrifteinzug erteilt; eine Zahlungsgarantie ist mit dem Einsatz der Karte in diesem Fall nicht verbunden, vgl. *Fandrich*, in: v. Westphalen, Vertragsrecht und AGB-Klauselwerke, 41. EL, 2018, Kreditkartenvertrag, Rn. 12. Vgl. ferner BKartA, Beschluss v. 08.06.2006, B 4 – 29/06, Rn. 50.

582 Vgl. auch noch *Borzekowski/Kiser/Ahmed*, Consumers' use of debit cards, 2006, 5.

b) Die Kostenstrukturen

Der Karteninhaber ist (regelmäßig) zur Entrichtung einer Jahresgebühr verpflichtet. Der Sektorenuntersuchung zufolge belief sich die durchschnittliche Kreditkartenjahresgebühr im Jahre 2004 auf EU-Ebene bei Diners Club auf 57 Euro, bei American Express auf 47 Euro und bei MasterCard auf 24 Euro sowie bei Visa auf 23 Euro.[583] In 20 Staaten der EU wurden in diesem Jahr zudem Kartenausgabegebühren erhoben, und insofern (durchschnittlich) bei Visa und Mastercard in Höhe von 14 Euro, bei AmEx in Höhe von 11 Euro und bei Diners Club in Höhe von 5 Euro.[584] Die Untersuchung ergab ferner, dass Kreditkarteninhaber in 19 Ländern der EU keine Transaktionsgebühren zu entrichten hatten; nur in 6 Ländern wurden solche Gebühren erhoben, wobei sich die Gebühren – sofern diese transaktionsvolumenabhängig berechnet wurden – im MasterCard-Netzwerk auf 0,1 % bis 0,7 % und im Visa-Netzwerk auf 0,5 % bis 0,7 % beliefen.[585]

Hinsichtlich Debitkarten zeigt sich hingegen, dass die Gebühren deutlich niedriger angesiedelt sind. Der Sektorenuntersuchung zufolge betrug die Jahresgebühr pro Debitkarte in 20 Ländern der EU im Durchschnitt 10 Euro für die Maestro-Karte von MasterCard und 11 Euro bei der Visamarke Visa Electron.[586] Die durchschnittliche Gebühr pro Karte in den nationalen Systemen betrug der Untersuchung zufolge 9 Euro.[587] Insofern sei allerdings auch darauf hingewiesen, dass es etwa in Deutschland üblich ist, dass eine ec-Karte bzw. Girocard kostenlos an den Kontoinhaber ausgegeben wird und nicht mit der Verpflichtung zur Entrichtung einer Jahresgebühr verbunden ist. Aus der Sektorenuntersuchung geht hervor, dass die Gebühr pro Karte in nationalen Debit-Systemen signifikant niedriger war als in den internationalen Debit-Netzwerken.[588] Die Sektorenuntersuchung ergab ferner, dass in 13 Ländern Gebühren für die Debitkartenausgabe erhoben wurden und die Karteninhaber im Durchschnitt eine Ausgabegebühr von mehr als 6 Euro zahlten.[589] Ferner kann anhand dieser Untersuchung ersehen werden, dass

---

583 Vgl. KOM, Arbeitsdokument v. 31.01.2007, Untersuchung des Retail-Bankgeschäfts (Abschlussbericht), COM(2007) 33 final, SEC(2007) 106, S. 98, abrufbar unter: http://ec.europa.eu/competition/sectors/financial_services/inquiries/sec_2007_106.pdf.

584 Vgl. KOM, Arbeitsdokument v. 31.01.2007, Untersuchung des Retail-Bankgeschäfts (Abschlussbericht), COM(2007) 33 final, SEC(2007) 106, S. 98 f.

585 Vgl. KOM, Arbeitsdokument v. 31.01.2007, Untersuchung des Retail-Bankgeschäfts (Abschlussbericht), COM(2007) 33 final, SEC(2007) 106, S. 99.

586 Vgl. KOM, Arbeitsdokument v. 31.01.2007, Untersuchung des Retail-Bankgeschäfts (Abschlussbericht), COM(2007) 33 final, SEC(2007) 106, S. 99.

587 Vgl. KOM, Arbeitsdokument v. 31.01.2007, Untersuchung des Retail-Bankgeschäfts (Abschlussbericht), COM(2007) 33 final, SEC(2007) 106, S. 99.

588 Vgl. KOM, Arbeitsdokument v. 31.01.2007, Untersuchung des Retail-Bankgeschäfts (Abschlussbericht), COM(2007) 33 final, SEC(2007) 106, S. 99.

589 Vgl. KOM, Arbeitsdokument v. 31.01.2007, Untersuchung des Retail-Bankgeschäfts (Abschlussbericht), COM(2007) 33 final, SEC(2007) 106, S. 99.

Karteninhabern in 17 der 25 einbezogenen Länder nicht für jede Transaktion eine Gebühr in Rechnung gestellt wurde;[590] für die verbleibenden 8 Länder zeigen die Ergebnisse, dass sich die Transaktionsgebühren, sofern diese als Prozentsatz des Transaktionsvolumens erhoben wurden, zwischen 0,1 % und 0,75 % variierten.[591]

Innerhalb der EU ergeben sich mithin je nach Mitgliedstaat andere Gebührenhöhen. In Bezug auf Kreditkarten lässt sich zudem auch innerhalb eines Staates eine starke Heterogenität in der Preispolitik im Issuing-Geschäft ausmachen, zumal die Jahresgebühren (regelmäßig) zwischen 0 Euro und 200 Euro variieren.[592]

In Bezug auf Debitkarten ergeben sich zwischen den Karten der nationalen und der internationalen Systeme deutliche Unterschiede. Legt man die Ergebnisse der Sektorenuntersuchung zugrunde, so zeigt sich, dass sich die Jahresgebühren der internationalen Debitkarten lediglich in etwa auf die Hälfte der Jahresgebühren bei Kreditkarten belaufen. Dies mag man als Indiz für das Vorliegen gesonderter Märkte werten.

Gleichwohl muss berücksichtigt werden, dass in der Sektorenuntersuchung kein gewichteter, sondern lediglich ein einfacher Durchschnitt zugrunde gelegt wurde. Im Falle einer solchen Durchschnittsberechnung können sich Ungenauigkeiten bereits aufgrund gewichtiger Abweichungen der Gebühren in einigen wenigen Ländern ergeben; so lagen die Jahresgebührenwerte bei Kreditkarten in zwei Ländern deutlich über dem EU-Durchschnitt.

Ferner wird die Aussagekraft der Erhebungen in Bezug auf Debitkarten dadurch geschmälert, dass die Emittenten im Wege der Emission solcher Karten Kosteneinsparungen verzeichnen, gegebenenfalls zusätzlich Gebühren für die Kontoführung erhoben werden und insofern Mischkalkulationen Eingang in die Gebührenberechnung finden.[593]

In Anbetracht dieser Imponderabilien erscheint die Indizwirkung des Vergleichs der Gebührenwerte allenfalls von minder gewichtiger Bedeutung, zumal ein nicht hinreichend signifikanter Preisunterscheid – für sich besehen – jedenfalls nicht die Annahme getrennter Märkte rechtfertigt.

---

590 Vgl. KOM, Arbeitsdokument v. 31.01.2007, Untersuchung des Retail-Bankgeschäfts (Abschlussbericht), COM(2007) 33 final, SEC(2007) 106, S. 99.

591 Vgl. KOM, Arbeitsdokument v. 31.01.2007, Untersuchung des Retail-Bankgeschäfts (Abschlussbericht), COM(2007) 33 final, SEC(2007) 106, S. 99 f.

592 Siehe hierzu obige Darstellung unter Abschnitt 1, Titel 3, Untertitel 3, Kapitel 2, Unterkapitel 2, § 1, IV. 3.

593 Angemerkt sei in diesem Kontext noch, dass die WEKO – in Bezug auf die Maestro-Debitkarten – davon ausgegangen ist, dass Kontoprodukte und Debitkarten gesonderten sachlich relevanten Märkten zuzuordnen sind, vgl. WEKO, Schlussbericht v. 04.07.2006, RPW 2006/4, 601, 610 f., Rn. 81. Vgl. im Übrigen auch noch *Krüger/Bütter*, Bankentgelte, WM 2005, 673, 675 f., die Kontoführungsgebühren unter AGB-rechtlichen Gesichtspunkten als bedenklich ansehen.

c) *Die Kreuzpreiselastizität: Der SSNIP-Test*

Zur Bestimmung der Kreuzpreiselastizität ist danach zu fragen, wie die Teilnehmer auf der Marktgegenseite im Falle einer Erhöhung der relativen Preise reagieren würden.[594] Sofern die Nachfrager im Falle einer hypothetischen Preiserhöhung um etwa 5 % bis 10 % auf ein anderes Produkt zurückgreifen würden, indiziert dies, dass beide Produkte einem einheitlichen Markt angehören.[595]

Im Bereich der Zahlungskarten muss insoweit berücksichtigt werden, dass die Karteninhaber grundsätzlich nur mit Jahresgebühren seitens der Emittenten belastet werden; den Erkenntnissen der Sektorenuntersuchung zufolge werden nur selten transaktionsabhängige Gebühren seitens der Kartenemittenten erhoben. Überdies sind die Karteninhaber regelmäßig auch nicht am PoS gegenüber den Händlern zur Entrichtung eines Aufpreises im Falle der Kreditkarten- bzw. Debitkartennutzung verpflichtet. In Anbetracht dessen erscheint der Karteneinsatz als solcher aus der Sicht der Karteninhaber in der Regel kostenneutral.[596]

Bereits die Unwägbarkeiten, die hinsichtlich der (Ausgangs-)Gebührenwerte, welche wiederum das Fundament des SSNIP-Tests darstellen, dargelegt wurden, lassen erwarten, dass ein SSNIP-Test keine aussagekräftigen Ergebnisse zu Tage fördern würde.

Ungeachtet dieser Bedenken bezüglich der Basisdaten, erscheint ein SSNIP-Test im Übrigen aber auch wegen der spezifischen Charakteristika der Zahlungskartenbranche problematisch. Bezüglich der Problematik der sog. „cellophane fallacy" sei auf obige Ausführungen verwiesen.[597] Im Falle bereits beeinträchtigter Wettbewerbsverhältnisse kann der SSNIP-Test einen beträchtlichen Substitutionsgrad vorspiegeln und Produkte als vermeintliche Substitute ausweisen, was eine deutlich zu weite Abgrenzung des Marktes zur Folge haben kann.[598]

Selbst wenn man den SSNIP-Test dennoch anzuwenden gedenkt, so bestehen vorliegend hinreichende Anhaltspunkte dafür, dass der Elastizitätsgrad vorliegend kein Ausmaß annimmt, welches die Annahme eines einheitlichen – sowohl Kreditkarten als auch Debitkarten umfassenden – Marktes rechtfertigen würde. Der SSNIP-Test ist darauf ausgerichtet, etwaige Abwanderungen der Marktgegenseite, also vorliegend der nachfragenden Karteninhaber, zu beurteilen, sofern entsprechende Preiserhöhungen seitens eines „hypothetischen Monopolisten"

---

594 Zum SSNIP-Test bereits oben unter Abschnitt 1, Titel 3, Untertitel 3, Kapitel 1, Unterkapitel 5, § 3, I., 2.

595 KOM, Bekanntmachung über die Definition des relevanten Marktes im Sinne des Wettbewerbsrechts der Gemeinschaft, ABl. EG v. 09.12.1997, C 372/5, S. 7, Rn. 17.

596 Vgl. auch WEKO, Verfügung v. 05.12.2005, RPW 2006/1, 65, S. 87, Rn. 173.

597 Hierzu bereits oben unter Abschnitt 1, Titel 3, Untertitel 3, Kapitel 1, Unterkapitel 5, § 3, I., 2.

598 Vgl. KOM, Bekanntmachung über die Definition des relevanten Marktes im Sinne des Wettbewerbsrechts der Gemeinschaft, ABl. EG v. 09.12.1997, C 372/5, S. 7, Rn. 19; vgl. auch *Bulst*, in: Langen/Bunte, Bd. 2, 13. Aufl., 2018, Art. 102, Rn. 39.

durchgeführt werden; ein solcher Test bezieht sich insofern nicht auf etwaige Preiserhöhungen eines Einzelanbieters, sondern auf solche auf dem Gesamtmarkt.[599] Eine entsprechende Betrachtung der Preisentwicklungen der Kartengebühren hatte die Schweizer Wettbewerbskommission in einer kartellrechtlichen Entscheidung vom 05. Dezember 2005 zugrunde gelegt.[600] Insofern konnte festgestellt werden, dass ein Anstieg der durchschnittlichen Netto-Jahresgebühr (Jahresgebühr nach Abzug eingeräumter Preisnachlässe) pro Kreditkarte im Jahre 2001 um ca. 14 % zu verzeichnen war.[601] Die Gebühren der Issuer von Visa und MasterCard erhöhten sich um 5,3 % und 20,8 %.[602] Der durchschnittliche Wert lag mithin deutlich über den nach dem SSNIP-Test zugrunde zu legenden Erhöhungswerten.[603] Gleichwohl waren keine Profitabilitätsrückgänge, sondern steigende Gewinne zu verzeichnen.[604] Die Emissionszahlen stiegen im Jahre 2001 um 5 % an; dies zog einen Anstieg der Netto-Erträge aus den Jahresgebühren von 19,7 % nach sich.[605] Selbst in den Folgejahren konnten keine hierauf zurück zu führenden Kundenabwanderungen signifikanten Ausmaßes festgestellt werden.[606] Mithin waren die Preissteigerungen für die Issuer profitabel.[607] Dies indiziert, dass Preissteigerungen um 5 % bis 10 % nicht mit signifikanten Abwanderungen der Karteninhaber oder aber Profitabilitätseinbußen der Kreditkartenemittenten einhergehen würden. Diese Untersuchungserkenntnisse sprechen dagegen, dass Kreditkarten hinreichend durch Debitkarten austauschbar sind.[608] Mitunter auch dies belegt, dass die Karteninhaber selbst beträchtliche Preissteigerungen nicht durch einen Wechsel auf andere Zahlungsmittel sanktionieren.

Dafür, dass diese Erkenntnisse gewisse Indizwirkungen auch hinsichtlich anderer Staaten entfalten, spricht bereits, dass der zu beobachtende Preisanstieg deutlich über den nach dem SSNIP-Test zugrunde zu legenden Werten liegt. Die gilt umso mehr, als an sich – unter Einbeziehung der Problematik der „cellophane fallacy“ – zu erwarten gewesen wäre, dass die Karteninhaber bereits im Falle geringer Erhöhungen der Kreditkartengebühren auf das Innehaben der Kreditkarte

599 Vgl. WEKO, Verfügung v. 05.12.2005, RPW 2006/1, 65, S. 93, Rn. 217 f.

600 Vgl. WEKO, Verfügung v. 05.12.2005, RPW 2006/1, 65, S. 93, Rn. 216 ff. Zutreffend verweist die WEKO insofern auch auf die Indizwirkung der Entwicklungen in der Vergangenheit für die Preiselastizität.

601 Vgl. WEKO, Verfügung v. 05.12.2005, RPW 2006/1, 65, S. 93, Rn. 216.

602 Vgl. WEKO, Verfügung v. 05.12.2005, RPW 2006/1, 65, S. 93, Rn. 216.

603 Überdies war im Jahr 2001 auch hinsichtlich weiterer, seitens der Karteninhaber zu entrichtender Gebühren ein Anstieg zu verzeichnen; so stiegen der durchschnittliche Zinsertrag pro Karte um etwa 9 % und die übrigen Gebühren um 14,6 %, vgl. WEKO, Verfügung v. 05.12.2005, RPW 2006/1, 65, S. 93, Rn. 216, Fn. 35.

604 Vgl. WEKO, Verfügung v. 05.12.2005, RPW 2006/1, 65, S. 93, Rn. 216.

605 Vgl. WEKO, Verfügung v. 05.12.2005, RPW 2006/1, 65, S. 93, Rn. 216.

606 Vgl. WEKO, Verfügung v. 05.12.2005, RPW 2006/1, 65, S. 93, Rn. 216.

607 Vgl. WEKO, Verfügung v. 05.12.2005, RPW 2006/1, 65, S. 93, Rn. 218.

608 Vgl. auch WEKO, Verfügung v. 05.12.2005, RPW 2006/1, 65, S. 93, Rn. 218.

verzichtet hätten und an deren Stelle auf andere Zahlungsmittel, wie etwa Debitkarten, umgestiegen wären, sofern beide Kartenarten tatsächlich als substituierbar anzusehen wären.[609]

Wegen der Problematik des SSNIP-Tests wie auch der Erkenntnisse der Schweizer Wettbewerbskommission rechtfertigt dieser Test nicht die Annahme eines einheitlichen, Kreditkarten wie auch Debitkarten umfassenden Marktes. Vielmehr deuten die dargelegten Feststellungen und Erwägungen auf das Vorliegen getrennter Märkte hin.

d) Die Beziehung zwischen Debitkarte und Kontoverbindung

Der Bezug einer Debitkarte setzt die Existenz einer Bankverbindung bei dem Kartenemittenten voraus.[610] Insoweit findet sich oftmals auch die Formulierung „Karte-Konto-Kunde".[611] Beinahe jeder Inhaber eines Girokontos in Deutschland erhält eine Debitkarte; beinahe jeder Bürger (in der BRD mehr als 95 %) besitzt eine solche Karte.[612] Bei Debitkarten stellt die Kontoführung durch das Kreditinstitut die im Vordergrund stehende Leistung dar, die durch die – auf der Basis eines gesondert neben den Girovertrag tretenden Kartenvertrages[613] – ausgegebene Debitkarte flankiert wird.[614] Kontoführende Banken emittieren Debitkarten insbesondere aus

609 Vgl. auch noch *Bulst*, in: Langen/Bunte, Bd. 2, 13. Aufl., 2018, Art. 102, Rn. 39.

610 Vgl. in diesem Kontext etwa auch WEKO, Schlussbericht v. 04.07.2006, RPW 2006/4, 601, 610, Rn. 77.

611 Vgl. etwa *Martinek*, in: Schimansky/Bunte/Lwowski, BankRHdb., Bd. I, 4. Aufl., 2011, § 67, Rn. 5.

612 Vgl. *BBk*, Zahlungsverkehrsstatistiken 2007 bis 2013, Tabelle 5, online abrufbar unter: https://www.bundesbank.de/resource/blob/615858/59b0cb5ddcbe68a5c5942835ce1b6f35/mL/zahlungsverkehrs-und-wertpapierabwicklungsstatistiken-2007-13-data.pdf; *BBk*, Zahlungsverhalten in Deutschland, 2009, S. 42 f., online abrufbar unter: https://www.bundesbank.de/resource/blob/599956/4d15527da87c104926f9ad8c5a53707a/mL/zahlungsverhalten-in-deutschland-2009-data.pdf; *BBk*, Zahlungsverhalten in Deutschland, 2011, S. 27, abrufbar unter: https:// https://www.bundesbank.de/resource/blob/663302/8b1c7f5a6407b21aac71dd41cef8bbd2/mL/zahlungsverhalten-in-deutschland-2011-data.pdf; *BBk*, Zahlungsverhalten in Deutschland, 2014, S. 18 ff., online abrufbar unter: https://www.bundesbank.de/resource/blob/599406/8deaa2563cb837cb33d2d38edef6c4d6/mL/zahlungsverhalten-in-deutschland-2014-data.pdf; *BBk*, Zahlungsverhalten in Deutschland, 2017, S. 16 ff., online abrufbar unter: https://www.bundesbank.de/resource/blob/634056/8e22ddcd69de76ff40078b31119704db/mL/zahlungsverhalten-in-deutschland-2017-data.pdf; vgl. auch *Hammann*, Die Universalkreditkarte, 1991, S. 26; KOM, Entscheidung v. 03.12.2008, COMP/M.5384 – BNP Paribas/Fortis, Rn. 19 u. Rn. 24; WEKO, Verfügung v. 05.12.2005, RPW 2006/1, 65, S. 93, Rn. 215.

613 Vgl. BGH, NJW 2006, 430, 430; vgl. auch noch *Zahrte*, in: Fandrich/Karper, MAH Bank- und Kapitalmarktrecht, 2. Aufl., 2018, § 5, Rn. 327.

614 Vgl. auch *Evans/Mateus*, How Changes in Payment Card Interchange Fees Affect Consumers Fees and Merchant Prices, 2011, 7.

Kosteneffizienzgründen und erzielen durch die Ausgabe solcher Karten Kosteneinsparungen (beispielsweise in Gestalt geringerer Personalkosten).

Kreditkarten müssen hingegen gesondert beantragt werden, sind nicht an die Existenz eines Kontos bei dem Emittenten geknüpft und bedürfen lediglich der Existenz irgendeines (Referenz-)Kontos (zumal ansonsten eine Abwicklung am Ende der Rechnungsperiode nicht möglich wäre).[615] Das Kreditkartenkonto und das Referenzkonto müssen nicht identisch sein und sind es in der Regel auch nicht; das Referenzkonto fungiert insofern als ein Konto, das der Verrechnung der seitens des Kreditkarteninhabers via Kreditkarte getätigten Umsätze und der Ermittlung des sich am Ende der Rechnungsperiode ergebenden Saldos dient. Sofern sich ein Negativ-Saldo ergibt, wird das Referenzkonto des Karteninhabers in dieser Höhe belastet (sofern nicht von einer Kreditoption Gebrauch gemacht wird). Diese Erwägungen sprechen mithin gegen das Vorliegen einer Substituierbarkeit von Debit- und Kreditkarten.

e) Der Aufbau sowie die Organisation von Debitkartensystemen

Aus einem Vergleich der Organisationsstruktur der Debitkartensysteme einerseits und der Kreditkartensysteme andererseits könnten sich bezüglich der vorliegend zu klärenden Frage Erkenntnisse gewinnen lassen. In struktureller Hinsicht lassen sich nationale und internationale Debitkarten-Systeme unterscheiden: Zum einen existieren Debitkarten, die einem nationalen System angehören. So handelt es sich etwa bei der ec-Karte (electronic-cash-Karte)[616] bzw. Girocard[617] um eine nationale Debitkarte; sie gehört dem Debitkartensystem der Deutschen Kreditwirtschaft (DK) bzw. des Zentralen Kreditausschusses (ZKA)[618] an. Auch in anderen Ländern der EU finden sich entsprechende nationale Debitkartensysteme. Bei

---

615 Vgl. KOM, Entscheidung v. 03.12.2008, COMP/M.5384 – BNP Paribas/Fortis, Rn. 24.

616 Vorgänger der electronic-cash-Debitkarte war die eurocheque-Karte, die bis zur Abschaffung des Euroschecks (31.12.2001) nur der Dokumentation der seitens des emittierenden Kreditinstituts gegenüber dem Schecknehmer übernommenen Zahlungsgarantie diente, vgl. auch noch oben unter Abschnitt 1, Titel 3, Untertitel 3, Kapitel 2, Unterkapitel 2, § 2, II.

617 Das neue „Girocard"-Logo ersetzt das bisherige deutsche „electronic cash/ec"-Zeichen. Der Funktionsumfang der Karten ändert sich hierdurch – jedenfalls zunächst – nicht. Die Umstellung auf das neue Logo soll der Verwirklichung des einheitlichen europäischen Zahlungsverkehrsraums (SEPA) dienen und die Akzeptanz der Karten im Ausland fördern. Das deutsche System soll durch das neue Logo für die in anderen Ländern ansässigen Emittenten geöffnet werden und diesen die Emission solcher Karten ermöglichen. Vgl. zum „Girocard"-Logo auch die Informationen unter https://die-dk.de/zahlungsverkehr/kartengestuetzter-zahlungsverkehr/girocard/.

618 Die Deutsche Kreditwirtschaft (DK) ist im August des Jahres 2011 aus dem Zentralen Kreditausschuss (ZKA) hervorgegangen. Es handelt sich um eine Interessenvertretung der kreditwirtschaftlichen Spitzenverbände. Nähere Informationen diesbezüglich sind abrufbar unter https://die-dk.de/ueber-uns/.

den internationalen wie auch den nationalen Debitkartensystemen handelt es sich üblicherweise um Vier-Parteien-Systeme.[619] In struktureller Hinsicht ähnelt demnach jedenfalls die Organisationsstruktur der Debitkartensysteme derjenigen der offenen Kreditkartensysteme.[620] Vielfach werden Debitkarten und Kreditkarten seitens der gleichen Finanzdienstleister emittiert. Diese Ähnlichkeiten mag man als Indizien für das Vorliegen eines gemeinsamen Marktes werten.

f) Die (System-)Marken

Internationale Debitkartensysteme und Kreditkartensysteme verfügen – obgleich dieser Parallelen – über unterschiedliche Markenzeichen. Die Debit- und Kreditkarten verfügen über ein eigenes Akzeptanzstellennetz; es existieren autonome Akzeptanzzeichen. Auch die Angaben der Kartenorganisationen zu den Marktanteilen beziehen sich regelmäßig entweder auf Kredit- oder auf Debitkarten, nicht aber zugleich auf beide Kartenarten. Dies intendiert, dass Kreditkarten und Debitkarten (jedenfalls) seitens Anbieter – entgegen einiger Äußerungen in Kartellverfahren – nicht als einem einheitlichen Markt angehörende Substitute angesehen werden.

Nun mag man zwar einwenden, dass die Vier-Parteien-Kreditkartenorganisationen im Unterschied zu den Drei-Parteien-Kreditkartenunternehmen nur im vorgelagerten Bereich tätig werden und damit jedenfalls nicht als Anbieterseite hinsichtlich des Emissionsmarktes klassifiziert werden können. Indes würde eine solche Argumentation die Gegebenheiten in der Zahlungskartenbranche außer Acht lassen. Rein formal mag diese Betrachtungsweise zwar zutreffen. Dies stünde jedoch in Widerspruch zu den wirtschaftlichen Gesamtzusammenhängen. In diesem Kontext muss besehen werden, dass die Kartenorganisationen (der offenen Systeme) in ihrer Funktion als Systemkopf in gewisser Hinsicht auch im nachgelagerten Bereich mitagieren: Die Kreditkartenorganisationen werben auf der vorgelagerten Ebene um die Gunst der emittierenden (und akquirierenden) Unternehmen. Die auf der vorgelagerten Ebene als Nachfrager agierenden Issuer (und Acquirer) sind ihrerseits zugleich die Anbieter auf der nachgelagerten Ebene. Die Sicht der Issuer (und der Acquirer) hängt daher wiederum nicht nur von ihren eigenen Interessen und Sichtweisen, sondern zumindest gleichermaßen, wenn nicht gar prägend von der Sicht ihrer eigenen Marktgegenseite im nachgelagerten Bereich und demnach der Karteninhaber (bzw. Vertragsunternehmen) ab. Letztlich schlägt demnach die Tätigkeit der Kreditkartenorganisationen auch auf die

---

619 Als Beispiele internationaler Debitkartensysteme erscheinen insbesondere die Systeme von MasterCard (Maestro-Karten) und Visa (V PAY- und Visa Electron-Karten) erwähnenswert. Die Kommission ordnete diese Debitkartensysteme aufgrund ihres – jedenfalls die EU umfassenden – Einsatzbereichs ebenfalls als internationale Systeme ein, vgl. KOM, Entscheidung v. 24.07.2002, COMP/29.373 – Visa International II – Multilateral Interchange Fee, ABl. EG v. 22.11.2002 L 318/17, 26, Rn. 51.

620 Vgl. auch noch WEKO, Verfügung v. 18.11.2002, RPW 2003/1, 106, 126, Rn. 117.

nachgelagerte Ebene durch. Ein Karteninteressent und potentieller Karteninhaber wird sich zunächst die Frage stellen, welches Kartensystem er bevorzugt und seinen Bedürfnissen an eine Zahlungskarte am ehesten gerecht wird, bevor er sich fragt, welche Karte dieses Systems er wählt und welches Unternehmen er sich als Vertragspartner des Emissionsvertrages aussucht. Auch ist zu berücksichtigen, dass die Ausdifferenzierung innerhalb eines Vier-Parteien-Systems dazu geführt hat, dass den Kreditkartenorganisationen innerhalb des Systems wesentliche Aufgaben in den Bereichen Marken- und Imagepflege zugewiesen sind; die Marketing-Darstellungen der Kreditkartenorganisationen entfalten Auswirkungen im Verhältnis zwischen Issuern und Karteninhabern.

Die Unternehmen „spalten" ihre Werbeanstrengungen und -ressourcen auf, und zwar in Richtung Debitkartenmarketing einerseits und Kreditkartenmarketing andererseits. Dies erscheint nur sinnvoll, sofern unterschiedliche Kundengruppen beworben werden, was wiederum als Indiz dafür angesehen werden kann, dass die Bedürfnisse und Erwartungen von potentiellen Debitkarteninhabern nicht mit denjenigen der Inhaber von Kreditkarten übereinstimmen. Die verschiedenartige Vorgehensweise der Systembetreiber folgt daraus, dass bei Debitkarten – vereinfacht ausgedrückt – die Karte dem Konto folgt, wohingegen bei Kreditkarten allenfalls – wenn überhaupt – das Konto der Karte folgt, also unterschiedliche maßgebliche Leistungen im Vordergrund stehen und dies eine unterschiedliche Marketingvorgehensweise der Anbieter bedingt. Wenn verschiedenartig gelagerte Bedürfnisse von Kunden unterschiedliche Marketingstrategien bzw. Vorgehensweisen gegenüber den Kunden erfordern, so spricht gerade dies für die Existenz heterogener Kundengruppen, die auf nicht austauschbare Produkte zurückgreifen. Dies intendiert das Vorliegen gesonderter Märkte.

g) Der Einsatzbereich

Der weltweiten Einsatzmöglichkeit von Kreditkarten kommt aus Sicht der Karteninhaber eine besondere Bedeutung zu.[621] Insbesondere die Absatzbereichsbezogenheit von Zahlungskarten prägt die Wahrnehmung der Karteninhaber.[622]

Während sämtliche Kreditkarten – seien es nun charge oder credit cards – weltweit am PoS bei den dem jeweiligen System angeschlossenen Händlern zur Zahlung eingesetzt werden können, bedarf es hinsichtlich Debitkarten insofern einer differenzierteren Betrachtung. Debitkarten, die mit dem Maestro-Logo oder mit

621 Vgl. auch noch KOM, Entscheidung v. 24.07.2002, COMP/29.373 – Visa International II – Multilateral Interchange Fee, ABl. EG v. 22.11.2002 L 318/17, 26, Rn. 51 f. In dieser Entscheidung erachtete die Kommission eine Unterscheidung zwischen Debit- und Kreditkarten für die Definition des sachlich relevanten Marktes jedoch letzten Endes nicht als erforderlich.

622 Hierzu bereits oben unter Abschnitt 1, Titel 3, Untertitel 3, Kapitel 2, Unterkapitel 1.

einem Visa Electron-Logo[623] versehen sind, können hingegen weltweit eingesetzt werden. Die V PAY-Karten der Visa-Organisation sind hingegen in ihrem Einsatzbereich zuvörderst auf den europäischen Raum begrenzt. Debitkarten nationaler Debitkartensysteme in ihrem Einsatzbereich sind zwar auf Inlandstransaktionen beschränkt.[624] Allerdings werden Debitkarten häufig sowohl mit dem Logo eines nationalen als auch mit dem Logo eines internationalen Debitkarten-Systems versehen, um den Einsatzbereich der Debitkarten zu erweitern. Die Anbringung des Logos eines internationalen Debitkarten-Systems gewährleistet eine Einsatzmöglichkeit von Debitkarten im Ausland bzw. im Bereich grenzüberschreitender Transaktionen. So findet sich etwa auf der SparkassenCard in Deutschland neben dem Girocard-Logo auch das Maestro-Logo. Gemäß der mit dem internationalen System getroffenen Co-Branding-Vereinbarung kommt die Zahlungsfunktion des Maestro-Logos nur im Ausland zum Einsatz; die Maestro-Funktion solcher co-branded Debitkarten kann daher in Deutschland nicht genutzt werden. In anderen Ländern des EWR – insbesondere in solchen, in denen kein eigenes nationales Debitkartennetz besteht – kommen die Maestro-Debitkarten hingegen regelmäßig auch im Inland zum Einsatz.[625] Entsprechende Co-Branding-Vereinbarungen finden sich bei Debitkarten sonstiger Emittenten.

Die Emittenten der nationalen Debitkarten sichern im Wege der Co-Branding-Vereinbarung ab, dass die Zahlungsfunktion des nationalen Systems bei inländischen Transaktionen zum Einsatz gelangt. Nur in Fällen, in denen die internationalen Debitkarten ohne ein solches Co-Branding vertrieben werden, besteht die Möglichkeit, dass die Karten der nationalen und der internationalen Systeme gleichsam zum Einsatz gelangen können und am PoS in Wettbewerb zueinander treten. Selbst in diesem letztgenannten Fällen gilt es jedoch zu berücksichtigen, dass jedenfalls in den Staaten, in denen bereits ein nationales Debitsystem etabliert ist, eine Akzeptanz der Karten des internationalen Systems nur selten gewährleistet ist. So tendieren die Händler dazu, in erster Linie bzw. gar ausschließlich nur stark verbreitete Karten als Zahlungsmittel anzunehmen und vielfach bloß in

623 Visa Electron-Karten sind in der weit überwiegenden Anzahl der Fälle als Debitkarte ausgestaltet. Der Vollständigkeit halber sei jedoch angemerkt, dass Karten mit diesem Logo teils auch als Prepaid-Karten ausgegeben werden. Soweit im Folgenden von einer Visa Electron-Karte gesprochen wird, sind hiermit nur Debitkarten mit diesem Logo gemeint.

624 Vgl. in diesem Kontext auch KOM, Entscheidung v. 09.08.2001, COMP/D1/29.373 – Visa International I – Surcharging, ABl. EG v. 10.11.2001, L 293/24, 32, Rn. 41; BKartA, Beschluss v. 08.06.2006, B 4 – 29/06, Rn. 66; vgl. ferner KOM, Entscheidung v. 03.12.2008, COMP/M.5384 – BNP Paribas/Fortis, Rn. 24 (die Niederlande betreffend) sowie WEKO, Verfügung v. 18.11.2002, RPW 2003/1, 106, 126, Rn. 118 (zur Situation in der Schweiz).

625 Insbesondere in Ländern, in denen sich kein nationales Debitsystem findet, ist in den vergangenen Jahren eine deutliche Zunahme des Einsatzes der Debitkarten der internationalen Systeme zu verzeichnen.

Bezug auf Debitkarten des im jeweiligen Land am stärksten vertretenen nationalen Debitsystems einen Akzeptanzvertrag abzuschließen, hingegen auf die Akzeptanz der Karten des internationalen Systems zu verzichten. Diese Ausführungen offenbaren, dass die Zahlungsfunktion der Debitkarten nationaler Systeme in der weit überwiegenden Anzahl der Fälle nur auf Inlandstransaktionen Anwendung findet und grenzüberschreitende Zahlungen mittels Debitkarten regelmäßig über die Zahlungsfunktion der internationalen Debitkartensysteme abgewickelt werden.

Sofern man die nationalen und internationalen Debitkartensysteme jeweils gesondert betrachtet, spricht einiges dafür, dass bedeutsame Unterschiede des Einsatzbereichs von Debitkarten und Kreditkarten gegeben sind, die der Annahme einer Substituierbarkeit dieser beiden Kartentypen entgegenstehen. Auch die Kommission hatte hinsichtlich der Niederlande angenommen, dass Debit- und Kreditkarten sachlich gesonderten Emissionsmärkten angehörig seien, und diese Auffassung im Wesentlichen darauf gestützt, dass in den Niederlanden keine (rein) nationalen Debitkarten anzutreffen waren und es sich bei der überwiegenden Anzahl der in den Niederlanden emittierten Debitkarten um co-branded Debitkarten handelte.[626]

Selbst wenn man aber die nationale und internationale Zahlungsfunktion von co-branded Debitkarten als einheitliche Kartenfunktion betrachtet, ergeben sich gleichwohl Unterschiede in den Einsatzbereichen zwischen Kredit- und Debitkarten. Zwar finden co-branded Debitkarten im Falle einer solchen Gesamtschau bzw. Einheitsbetrachtung gleichermaßen auf Inlandstransaktionen (abgewickelt über das nationale System) wie auch auf grenzüberschreitende Transaktionen (abgewickelt über das internationale System) Anwendung. Ungeachtet dieser rein räumlichen Ausrichtung der Betrachtung des Einsatzbereichs, ergeben sich allerdings auch Unterschiede in der Vertragsunternehmensinfrastruktur bei Debit- und Kreditkarten. Besonders deutlich wird dies, sofern man die Anzahl der Vertragsunternehmen hinsichtlich der Debit- auf der einen und der Kreditkarten auf der anderen Seite, die einem System zugehören, in Relation zueinander setzt:

Bezüglich der Kreditkarten von MasterCard finden sich weltweit mehr als 43 Millionen MasterCard-Akzeptanzstellen.[627] Dem stehen etwa 13 bis 14 Millionen Akzeptanzstellen in Bezug auf die Maestro-Debitkarten gegenüber.[628] Ferner

---

626 Vgl. KOM, Entscheidung v. 3.10.2007, COMP/M.4844 – Fortis/ABN AMRO Assets, Rn. 55.

627 Vgl. hierzu die online unter https://www.mastercard.ch/de-ch/privatkunden/produkte/kreditkarten/standard.html abrufbaren Informationen.

628 Vgl. hierzu etwa die Angaben zur Sparkassen-Card (Debitkarte) unter https://www.ksk-koeln.de/produkte/girokonten/karten/sparkassencard-ec-karte.aspx. Der dort angegebene Zahlenwert umfasst auch den Einsatz im (deutschen) EC- bzw. Girocard-System (als via Co-Branding „verbundenes" nationales Debitkartensystem), vgl. hierzu auch die online unter https://www.sparkasse.de/unsere-loesungen/privatkunden/karten/sparkassencard.html verfügbaren Informationen, wonach diese Karte in Deutschland bei etwa 770.000 Akzeptanzstellen eingesetzt werden kann.

stehen circa 44 Millionen Akzeptanzstellen für Visa-Kreditkarten (weltweit)[629] in Relation zu ungefähr 8,7 Millionen Akzeptanzstellen für V PAY-Karten (europaweit).[630]

Auch wenn die Anzahl der Akzeptanzstellen für die Debitkarten eines jeden dieser Systeme durchaus beträchtlich ist, verfügen die Kreditkarten über mehr als die dreifache Anzahl an Einsatzstellen und demnach über einen deutlich weitreichenderen Einsatzbereich.[631] Selbst wenn man die Anzahl der Akzeptanzstellen des gegebenenfalls via eines Co-Branding „verbundenen" nationalen Debitkartensystems miteinbezieht, ergibt sich insofern keine nennenswerte Steigerung. So verfügte etwa das (deutsche) EC- bzw. Girocard-System im Jahre 2011 insgesamt „lediglich" über ca. 700.000 PoS-Terminals.[632]

Zudem ergeben sich weitere Unterschiede zwischen den Einsatzbereichen beider Kartenarten. So akzeptieren Händler bestimmter Branche (etwa Hotels, Restaurants) üblicherweise nur Kreditkarten.[633] Debitkarten können oftmals auch nicht für so genannte „card not present"-Transaktionen (z.B. Telefonbestellungen, Versandhandel oder Internetbestellungen) verwendet werden.[634] Dies ist unter anderem darauf zurückzuführen, dass die meisten Online-Händler nur Kredit-, nicht aber auch Debitkarten als Zahlungsmittel akzeptieren. Hintergrund dieser Tatsachenlage ist aus Sicht des Händlers mitunter auch der Aspekt, dass ein Kreditkarteninhaber eine besondere Bonitätsprüfung durchlaufen musste, was beim Debitkarteninhaber nicht notwendigerweise der Fall ist.[635] Aus dieser zusätzlichen

---

629 Vgl. hierzu etwa die Angaben von Barclaycard v. 27.02.2018, online abrufbar unter: https://www2.barclaycard.de/magazin/shopping-bezahlen/weltweit-akzeptiert-die-kreditkarte-gehoert-ins-reisegepaeck/; vgl. ferner Visa, Mitteilung v. 30.05.2017, online abrufbar unter: https://www.visa.de/uber-visa/presse-und-news/visa-setzt-wachstumskurs-in-deutschland-fort-1991302?returnUrl=/uber-visa/presse-und-news/listing?search=akzeptanzstellen.

630 Vgl. insofern die online unter https://www.visa.de/uber-visa/presse-und-news/wettbewerb-im-debitkartenmarkt-v-pay-bringt-weiter-frischen-wind-von-ottmar-bloching-27670?returnUrl=/uber-visa/presse-und-news/listing?type=blog_post abrufbaren Informationen.

631 Dies lässt sich unter anderem darauf zurückführen, dass die Akzeptanz von Debitkarten für Händler regelmäßig kostengünstiger als die Annahme von Kreditkarten ist. Darauf ebenfalls hinweisend: KOM, Entscheidung v. 03.12.2008, COMP/M.5384 – BNP Paribas/Fortis, Rn. 24.

632 Vgl. hierzu etwa die online unter https://www.sparkasse.de/unsere-loesungen/privatkunden/karten/sparkassencard.html abrufbaren Informationen.

633 Ebenfalls hierauf verweisend KOM, Entscheidung v. 03.12.2008, COMP/M.5384 – BNP Paribas/Fortis, Rn. 24.

634 Vgl. KOM, Entscheidung v. 03.12.2008, COMP/M.5384 – BNP Paribas/Fortis, Rn. 24.

635 Dies hängt mitunter auch damit zusammen, dass eine Debitkarte ein Konto des Karteninhabers bei dem Emittenten voraussetzt, was bei Kreditkarten nicht (zwingend) der Fall ist, vgl. auch noch *Klee*, How people pay, Journal of Monetary Economics, 2008, 526, 528.

Hürde zum Erlangen einer Kreditkarte folgt zugleich eine gewisse Exklusivität der Inhaberschaft einer Kreditkarte und ein gesteigertes Maß an Sicherheit für die Händler.

Demgemäß erscheint ein Debitkarteneinsatz aus der Sicht der Karteninhaber nur in eingeschränktem Maße als Alternative zur Zahlung mittels Kreditkarten.[636] Es zeigt sich insoweit, dass sich Debitkarten und Kreditkarten in ihrem Einsatzspektrum am PoS ergänzen, diese aber keineswegs identisch sind.[637]

h) Die Stundungsfunktion

Ein weiterer Unterschied zwischen Kreditkarten und Debitkarten ergibt sich aus dem Verfahren der Verrechnung der am PoS mittels der Karten getätigten Zahlungsvorgänge. Getätigte Transaktionsumsätze werden dem Karteninhaber bei Debitkarten sofort in Rechnung gestellt.[638] Dementsprechend erfolgt keine Vorfinanzierung seitens eines Kreditinstituts bzw. eines Kreditkartenunternehmens.[639] Bei Kreditkarten werden die Beträge hingegen jedenfalls bis zum Ablauf der Rechnungsperiode gestundet;[640] dies geht gleichsam mit Zinsvorteilen für den Karteninhaber einher. In Anbetracht dieses Unterschieds werden Kreditkarten auch als sog. „pay-later-Karten", Debitkarten hingegen als „pay-now-Karten" bezeichnet.

Dass der Stundungsfunktion im vorliegenden Kontext eine (besondere) Bedeutung zukommt, mag man zwar entgegenhalten, dass Debitkarten für den Karteninhaber auch in Ermangelung eines Haben-Saldos nutzbar sind, sofern der Karteninhaber eine (zusätzliche) Überziehungskreditvereinbarung mit seiner Bank getroffen hat.[641] Diese Möglichkeit eines Debitkarteninhabers ist indes nicht mit der vorliegend in Rede stehenden Stundungsfunktion einer Kreditkarte vergleichbar. Es handelt sich vielmehr um ein gesondertes, dem Debitkarteninhaber gewährtes Darlehen.[642] Die Möglichkeit der Inanspruchnahme eines solchen

---

636 Vgl. auch KOM, Entscheidung v. 03.12.2008, COMP/M.5384 – BNP Paribas/Fortis, Rn. 24.

637 Vgl. KOM, Entscheidung v. 03.12.2008, COMP/M.5384 – BNP Paribas/Fortis, Rn. 24.

638 Vgl. KOM, Entscheidung v. 03.12.2008, COMP/M.5384 – BNP Paribas/Fortis, Rn. 19; WEKO, Verfügung v. 05.12.2005, RPW 2006/1, 65, S. 69, Rn. 14.

639 Vgl. *Blaurock*, in: Derleder/Knops/Bamberger, Hdb. BankR, 3. Aufl., 2017, § 49, Rn. 7; vgl. auch KOM, Entscheidung v. 03.10.2007, COMP/37.860 – Morgan Stanley/Visa, Rn. 53, Fn. 58.

640 Vgl. auch KOM, Entscheidung v. 03.10.2007, COMP/37.860 – Morgan Stanley/Visa, Rn. 53, Fn. 58.

641 Vgl. KOM, Entscheidung v. 03.12.2008, COMP/M.5384 – BNP Paribas/Fortis, Rn. 24; vgl. auch WEKO, Verfügung v. 18.11.2002, RPW 2003/1, 106, 127, Rn. 121; vgl. ferner *Hofauer*, Bankentgelte, BKR 2015, 397, 402; *Erne*, in: Claussen/Erne, Bankrecht, 5. Aufl., 2014, § 5, Rn. 49 ff.

642 Bei der Überziehungsmöglichkeit handelt es sich nach § 504 Abs. 1 S. 1 BGB um eine besondere Form des Darlehensvertrags. Siehe hierzu auch BT-Drucks. 16/11643, S. 89, 1. Spalte: „Die Überziehungsmöglichkeit ist ein atypischer Darlehensvertrag,

Überziehungskredites geht insbesondere auch mit einer (Soll-)Zinsverpflichtung des Karteninhabers einher. Ein solcher Kredit weist allenfalls Ähnlichkeiten zu der Inanspruchnahme der Kreditfunktion einer Kreditkarte auf. Die Kreditfunktion bei Kreditkarten ist jedoch deutlich flexibler als der übliche Dispositionskredit. Ferner bleibt das monatliche Überziehungslimit des Karteninhabers einer Debitkarte der Höhe nach regelmäßig hinter demjenigen eines Kreditkarteninhabers zurück. Ferner ist die Kreditfunktion der Kreditkarte ohnehin – entsprechend obiger Ausführungen – nicht als Bestandteil des Issuing-PoS-Marktes anzusehen.[643] Im Übrigen bildet gerade die Stundung bis zum Ende der Rechnungsperiode den maßgeblichen Unterschied zwischen Debit- und Kreditkarten; eine Kreditkarte ohne Stundungsfunktion ist eben gerade keine Kreditkarte, sondern eine Debitkarte.

Dass diesem Unterschied auch in der Praxis eine Bedeutung beigemessen wird, zeigt sich bereits daran, dass – Angaben von Händlern zufolge – insbesondere gegen Ende des Monats eine Zunahme der Kreditkartennutzungen zu verzeichnen ist; dies deutet darauf hin, dass die Karteninhaber, die gegen Ende des Monats typischerweise über eine geringere Liquidität verfügen, von der seitens der Kreditkartenemittenten gewährten Stundung Gebrauch machen.[644] Diese Beobachtungen der Händler lassen darauf schließen, dass die Karteninhaber in Kenntnis dieses Vorteils agieren und ihre Kreditkarten im Bewusstsein der Stundungsfunktion am PoS als Zahlungsmittel einsetzen.

i) Das Innehaben beider von Debitkarten und Kreditkarten

Obgleich der flächendeckenden Verbreitung von Debitkarten besitzen dennoch viele Karteninhaber nicht bloß eine Debitkarte, sondern darüber hinaus ebenfalls eine Kreditkarte.[645] Wenn das Innehaben einer Debitkarte schon ausreichen würde und sich durch eine Kreditkarte keine darüber hinausgehenden Möglichkeiten ergeben würden, wäre kaum zu erklären, warum viele Bürger dennoch – auch – eine Kreditkarte ihr Eigen nennen.[646] Im Wege des Innehabens beider Kartenarten erweitert der Karteninhaber seinen Aktionsradius am PoS und gewährleistet auf

---

weil der Vertrag in der Regel nur einen Rahmen vorgibt. Innerhalb dieses Rahmens steht es in der freien Entscheidung des Darlehensnehmers, das Darlehen oder einen Teil tatsächlich abzurufen und zu nutzen." Vgl. auch noch WEKO, Verfügung v. 18.11.2002, RPW 2003/1, 106, 127, Rn. 121.

643 Vgl. oben unter Abschnitt 1, Titel 3, Untertitel 3, Kapitel 1, Unterkapitel 4, § 1.

644 Vgl. auch WEKO, Verfügung v. 05.12.2005, RPW 2006/1, 65, S. 92, Rn. 208.

645 Vgl. auch BKartA, Beschluss v. 08.06.2006, B 4 – 29/06, WuW/E DE-V 1313, 1316 = WuW 2/2007, 185, 188, Rn. 72.

646 Vgl. in diesem Kontext noch *Hammann*, Die Universalkreditkarte, 1991, S. 26, der zu Beginn der 90er Jahre des letzten Jahrhunderts diesbezüglich noch anmerkte, dass für den durchschnittlichen Konsumenten an sich kein Bedürfnis für eine (zusätzliche) Verfügbarkeit bzw. Verwendung einer Kreditkarte neben der früheren Eurocheque-Karte bestehe.

diesem Wege eine möglichst weitreichende Zahlungsmöglichkeit.[647] Dies spricht gegen eine Substituierbarkeit beider Kartenarten.[648] Dies intendiert einen zusätzlichen Nutzen einer Kreditkarte im Vergleich zu einer Debitkarte in einem solchen Ausmaß, dass eine Bereitschaft der Karteninhaber zur Entrichtung eines zusätzlichen Entgelts in Gestalt einer Kreditkartenjahresgebühr besteht.

j) Zwischenergebnis

Es ist davon auszugehen, dass Kreditkarten und Debitkarten aus Sicht der Karteninhaber nicht hinreichend austauschbar sind; eine nachfrageseitige funktionelle Austauschbarkeit ist mithin zu verneinen.

2. Angebotssubstituierbarkeit: Die Umstellungsflexibilität der Anbieter

Der Aspekt der Produktionsumstellungsflexibilität führt nicht zu einer „Korrektur" des bislang nach dem Bedarfsmarktkonzept gefundenen Ergebnisses und rechtfertigt nicht die Annahme eines einheitlichen Marktes. Die Produktionsumstellungsflexibilität zwischen Kreditkarten und Debitkarten ist beschränkt.

Insbesondere aus der Bindung der Debitkarten an ein seitens des Kartenemittenten geführtes Bankkonto ergeben sich Beschränkungen. Würde etwa eine neue Debitkarte implementiert, so bedürfte es nicht bloß solcher Nachfrager, die Interesse an der Debitkarte hätten. Vielmehr müssten diese Kunden Interesse an der Eröffnung eines neuen Kontos und damit auch Interesse an den sonstigen Kontoleistungen des Emittenten haben. Wenngleich etwa ein Interesse am Innehaben einer neuen Karte aufgebaut werden könnte, so müsste gleichsam die Bereitschaft des Kunden hinsichtlich einer neuen Kontoverbindung angeregt bzw. hervorgerufen werden. Beinahe ein jeder Bürger besitzt bereits eine Debitkarte und ein Bankkonto. Bei dem Kunden einen Anreiz hinsichtlich des Innehabens einer weiteren Kontoverbindung zu erzeugen, wird grundsätzlich mit einigen Hindernissen verbunden sein, insbesondere wenn die bereits vorhandenen Bankverbindungen des (potentiellen) Kunden aus dessen Sicht als hinreichend erscheinen. Erschwert wird diese Situation zudem durch den Umstand, dass gerade in Bezug auf Bankverbindungen nur selten zu beobachten ist, dass Kunden diese ändern. Mithin zeigt sich, dass der Vertrieb einer Debitkarte durch einen bislang nur im Bereich der Kreditkartenemission tätigen Issuer mit gewissen Schwierigkeiten einhergeht, die

647 Ähnlich WEKO, Verfügung v. 05.12.2005, RPW 2006/1, 65, S. 93, Rn. 215.

648 Ebenso hinsichtlich der Schweiz: WEKO, Verfügung v. 05.12.2005, RPW 2006/1, 65, S. 93, Rn. 215; WEKO, Schlussbericht v. 04.07.2006, RPW 2006/4, 601, 611, Rn. 85.; vgl. auch WEKO, Schlussbericht v. 04.07.2006, RPW 2006/4, 601, 610, Rn. 76 „je eingeschränkter die Substituierbarkeit zwischen den Zahlungsmitteln ist, desto eher werden die unterschiedlichen Zahlungsmittel angeschafft".

jedenfalls in absehbarer Zeit und ohne nennenswerten Zeitaufwand eine Produktumstellung kaum denkbar erscheinen lassen.

Aber auch umgekehrt ist eine Angebotsumstellungsflexibilität nicht gegeben. Zwar mögen die Debitkartenanbieter, die bislang keine Kreditkarten emittieren, über die Kundendaten ihrer bisherigen Bankkunden verfügen und insofern einen Zugang zu einem potentiellen Kundenkreis haben. Gleichwohl müssen einem (potentiellen) Kreditkarteninhaber zunächst die Vorteile einer Kreditkarte erläutert und insofern auch Marketingbemühungen initialisiert werden, die wiederum mit Kosten verbunden sind. Ferner bedürfte es eines gewissen Zeitraums, um unternehmensinterne Vorgänge auf die Emission einer Kreditkarte abzustimmen. So müssen insbesondere bei der Ausgabe von Kreditkarten stets die mit der Stundungsfunktion verbundenen Risiken berücksichtigt und eine speziell auf die Kreditkartenemission abgestimmte Bonitätskontrolle eingeführt werden. Insofern wiederum bedürfte es interner Schulungen des Personals, wenn nicht gar der Einstellung neuer Mitarbeiter. Ferner ist der Beitritt zu einem Kreditkartensystem mit Kosten verbunden, die sich nach der Größe des Beitrittswilligen richten.[649] Etwaige Erleichterungen für die Emission von Kreditkarten, die sich aus der (bisherigen) Emission von Debitkarten ergeben mögen, würden mithin auch insofern hinter den Hürden zurücktreten, die mit der Emission einer Kreditkarte verbunden sind. Der Emittent könnte seine bisherige Präsenz im Debitkartengeschäft nicht derart ausschlaggebend nutzen, um ihm einen Vorteil gegenüber einem Newcomer zu verschaffen, der einstweilen weder im Debitkarten- noch im Kreditkartengeschäft tätig ist.

3. (Zwischen-)Ergebnis

In Anbetracht der aufgezeigten Unterschiede ist hinsichtlich Debit- und Kreditkarten weder von einer nachfrageseitigen noch von einer angebotsseitigen Substituierbarkeit auszugehen; Debitkarten können nicht als Teil des sachlich relevanten Verbraucher-Kreditkarten-Emissions-Zahlungsfunktions-Marktes angesehen werden.[650]

Debitkarten und Kreditkarten unterscheiden sich in ihrem Einsatzbereich. Insbesondere ist die Vertragsunternehmensanzahl von Kreditkartensystemen um ein Vielfaches größer. Überdies spricht die Stundungsfunktion von Kreditkarten gegen

---

649 Vgl. KOM, Arbeitsdokument v. 31.01.2007, Untersuchung des Retail-Bankgeschäfts (Abschlussbericht), COM(2007) 33 final, SEC(2007) 106, S. 135; vgl. auch noch KOM, Interim Report I (Payment cards) v. 12.04.2006, Untersuchung des Retail-Bankgeschäfts (Zwischenbericht), Annex 3, abrufbar unter: http://ec.europa.eu/competition/sectors/ financial_services/inquiries/interim_report_1.pdf.

650 Vgl. auch KOM, Entscheidung v. 03.12.2008, COMP/M.5384 – BNP Paribas/Fortis, Rn. 23 ff.; vgl. ferner WEKO, Verfügung v. 05.12.2005, RPW 2006/1, 65, S. 91 ff, Rn. 203 ff.; WEKO, Schlussbericht v. 04.07.2006, RPW 2006/4, 601, 611, Rn. 85; *Rochet*, Interchange Fee Mysteries, 2005, 139, 140.

eine hinreichende Substituierbarkeit von Debitkarten und Kreditkarten. Gegen das Vorliegen eines gemeinsamen Marktes spricht insofern auch, dass viele Karteninhaber nicht bloß eine Debitkarte, sondern darüber hinaus ebenfalls eine Kreditkarte besitzen.

IX. Zwischenergebnis: „Sonstige Zahlungsmittel"

Aus Sicht der Verbraucher sind sonstige „Zahlungsmittel" nicht mit Kreditkarten bzw. mit den hiermit verbundenen (Dienst-)Leistungen substituierbar.

1. Bargeldzahlungen sind nicht Bestandteil dieses Marktes. Bei Bargeld handelt es sich um ein gesetzliches Zahlungsmittel, wohingegen Kreditkarten nur als Zahlungsmittel eingesetzt werden können, sofern das jeweilige Vertragsunternehmen einen Akquisitionsvertrag abgeschlossen hat.
2. Zahlungen mittels Schecks und Überweisungen sind ebenfalls nicht dem sachlich relevanten Markt zugehörig. Insbesondere sind Scheckzahlungen wie auch Überweisungen im Präsenzgeschäft nicht möglich. Es handelt sich um Zahlungsmittel des Fernzahlungsverkehrs; diese sind nicht hinreichend mit dem Universalzahlungsmittel Kreditkarte substituierbar.
3. Zumal (reine) Bankkarten wie auch Kundenkarten nicht zur Zahlung am PoS eingesetzt werden können, sind sie nicht dem Kreditkarten-Emissions-Zahlungsfunktions-Markt zugehörig.
4. Wertkarten stellen aus Sicht des Karteninhabers kein hinreichendes Substitut für die Zahlung mittels Kreditkarte am PoS dar; diese Karten gehören nicht dem sachlich relevanten Markt an.
5. Eine Einbeziehung von sog. Prepaid-Kreditkarten in den sachlich relevanten Markt kommt nicht in Betracht. Diese Karten bedürfen einer vorherigen Einzahlung und erscheinen aus Sicht der Karteninhaber nicht als Substitut von (Universal-)Kreditkarten.
6. Kundenkreditkarten gehören ebenfalls nicht dem sachlich relevanten Markt an. „Normale" (Universal-)Kreditkarten und Kundenkreditkarten – gleich, ob es sich bei Letzteren um solche des Typs I oder des Typs II handelt – werden seitens der Karteninhaber nicht als hinreichend substituierbar angesehen. Kundenkreditkarten sind nur bei bestimmten Unternehmen einsetzbar. Diese Karten stellen kein Universalzahlungsmittel dar.
7. Debitkarten sind nicht als Teil des sachlich relevanten Kreditkarten-Emissions-Zahlungsfunktions-Marktes anzusehen. Kreditkarten weisen eine Stundungsfunktion auf; es handelt sich bei Kreditkarten – im Gegensatz zu Debitkarten – um pay-later-Karten. Zudem besitzen Karteninhaber in der Regel nicht bloß eine Debitkarte, sondern darüber hinaus ebenfalls eine Kreditkarte. Auch dies indiziert, dass Debitkarten und Kreditkarten keine vollwertigen Substitute darstellen. Im Übrigen bestehen auch Unterschiede in den Kostenstrukturen sowie unterschiedliche Einsatzbereiche beider Kartenarten.

§ 3. Zwischenergebnis: „Zahlungsmittel"

Unter Berücksichtigung der verschiedenen Kreditkartenarten und sonstiger „Zahlungsmittel" ist von der Existenz eines Verbraucher-Kreditkarten-Emissions-Zahlungsfunktions-Markt auszugehen.

1. Diesem Markt gehören Verbraucherkreditkarten an, und zwar unabhängig davon, ob es sich um echte Kreditkarten (credit cards) oder unechte Kreditkarten (charge cards) handelt. Geschäftskarten sind nicht Bestandteil dieses Marktes. Eine Einbeziehung von Luxuskarten und Prepaid-Kreditkarten in den sachlich relevanten Markt kommt nicht in Betracht.
2. Sonstige „Zahlungsmittel" sind nicht Bestandteil des Verbraucher-Kreditkarten-Emissions-Zahlungsfunktions-Marktes. Zahlungen mittels Bargeld, Schecks, Überweisungen, Guthabenkarten, Kundekreditkarten und Debitkarten sind nicht hinreichend mit Kreditkartenzahlungen substituierbar. Bankkarten und Kundenkarten können bereits in Ermangelung einer Zahlungsfunktion nicht als Substitute von Kreditkarten angesehen werden.

Unterkapitel 3. Ergebnis in Bezug auf den Bereich des Einsatzes der Kreditkarte als Zahlungsmittel

Es existiert ein Verbraucher-Kreditkarten-Emissions-Zahlungsfunktions-Markt. Im Einzelnen ist insofern von Folgendem auszugehen:

1. Absatzmarktbezogenheit

Obgleich der Absatzmarktbezogenheit von Kreditkarten ist eine absatzbereichsspezifische Ausrichtung der Marktabgrenzung des Zahlungsfunktions-Marktes im Issuing-Bereich abzulehnen. Aus Sicht der maßgeblichen Marktgegenseite, der Karteninhaber, handelt es sich bei der Zahlungsmittelfunktion der Kreditkarte bzw. der mit dieser korrespondierenden, seitens der Issuer gegenüber den Karteninhabern erbrachten Leistungen – ungeachtet der Frage, in welcher Branche die Karte jeweils eingesetzt wird – um eine einheitliche (Dienst-)Leistung.

2. Die verschiedenen „Kreditkartenarten"

a) Es ist von einem eigenständigen Markt für Verbraucher(kredit-)karten auszugehen; von diesem strikt zu trennen ist der Markt für Geschäftskarten.[651]
b) Sowohl credit cards als auch charge cards sind Bestandteile des Verbraucher-Kreditkarten-Emissions-Zahlungsfunktions-Marktes. Die Kreditfunktion von echten Kreditkarten rechtfertigt nicht die Annahme gesonderter Märkte.

651 Via Firmenkreditkarten getätigte Zahlungen am PoS sind von der weiteren Bearbeitung ausgenommen.

c) Co-branded cards und „normale“ Kreditkarten gehören einem einheitlichen sachlich relevanten Markt an. Co-branded Kreditkarten verfügen über die wesentlichen Leistungen einer „normalen“ Kreditkarte. Allein der Umstand, dass co-branded cards tendenziell über ein erweitertes „Zusatzleistungspaket“ verfügen, rechtfertigt nicht die Annahme gesonderter Märkte.
d) Es existiert ein eigenständiger PoS-Markt für Luxuskarten, der (ausschließlich) die sog. „schwarzen Kreditkarten“ (z.B. AmEx Centurion, VISA Infinite, MasterCard World Elite) umfasst.[652] Luxuskarten liegen nicht bloß der Gebührenhöhe nach über der durchschnittlichen Jahresgebühr; auch wegen der weiteren Voraussetzungen, die an den Inhaber einer solchen Karte gestellt werden, erreicht der Kartenbesitz gerade dieser Karten einen Exklusivitätsgrad, der nicht mit dem Image des Innehabens anderer Kreditkarten vergleichbar ist.
e) Prepaid-Karten sind nicht Bestandteil des Verbraucher-Kreditkarten-Emissions-Zahlungsfunktions-Marktes.Sie stellen insbesondere aufgrund der Vorfinanzierung des späteren Einsatzes kein hinreichendes Substitut von Kreditkarten dar.

3. Sonstige „Zahlungsmittel“

Sonstige „Zahlungsmittel“ gehören nicht dem Kreditkarten-Emissions-Zahlungsfunktions-Markt an.

a) Zumal es sich bei Bargeld um ein gesetzliches Zahlungsmittel handelt, die Kreditkarte hingegen des Abschlusses eines Akquisitionsvertrages wie auch eines Emissionsvertrages bedarf, um als Zahlungsmittel eingesetzt werden zu können, und die Karteninhaber eine Jahresgebühr zu entrichten haben, erscheinen Bargeld und Kreditkarten nicht als hinreichend substituierbar.
b) Scheckzahlungen können nicht in den sachlich relevanten Markt miteinbezogen werden. Der Einsatz eines Schecks am PoS weder mit einer Stundungs- noch mit einer Kreditfunktion verbunden; es bedarf eines Guthabens (bzw. eines Überziehungslimits) auf dem Konto des Scheckausstellers. Scheckzahlungen eignen sich auch nicht als Zahlungsmittel vor Ort
c) Überweisungen können nicht als vollwertiges Substitut einer Kreditkarte(nzahlung) angesehen werden. Überweisungen eignen sich – im Gegensatz zu Kreditkarten – nicht zum Einsatz am PoS vor Ort.
d) (Reine) Bankkarten sind ebenfalls nicht Bestandteil des Verbraucher-Kreditkarten-Emissions-Zahlungsfunktions-Marktes. Diese Karte ermöglicht einem Bankkunden den Zugang zu seinem Bankkonto, kann jedoch nicht zur Zahlung am PoS verwendet. Es handelt sich bei diesen Karten also nicht um ein bargeldloses Zahlungsmittel.

652 Der Einsatz einer Luxuskarte am PoS ist von der weiteren Bearbeitung ausgenommen.

e) Guthabenkarten stellen aus Sicht des Karteninhabers kein hinreichendes Substitut für die Zahlung mittels Kreditkarte am PoS dar. Diese Karten bedürfen einer vorherigen Einzahlung und bleiben in ihrem Aktionsradius deutlich hinter Kreditkarten zurück.
f) (Händler-)Kundenkarten gehören nicht dem Verbraucher-Kreditkarten-Emissions-Zahlungsfunktions-Markt an. Sie verfügen bereits über keine Zahlungsfunktion.
g) „Normale“ (Universal-)Kreditkarten und Kundenkreditkarten – gleich, ob es sich bei Letzteren um solche des Typs I oder des Typs II handelt –gehören keinem einheitlichen sachlich relevanten Markt an. Selbst Kundenkreditkarten des Typs II, die anders als Kundenkreditkarten des Typs I, bei mehr als einem Unternehmen der Absatzwirtschaft als Zahlungsmittel eingesetzt werden können, bleiben in ihrem Einsatzbereich deutlich hinter dem weltweiten Einsatzbereich von (Universal-)Kreditkarten zurück.
h) Debitkarten sind nicht Bestandteil des Kreditkarten-Emissions-Zahlungsfunktions-Marktes. Die Stundungsfunktion von Kreditkarten spricht gegen eine hinreichende Substituierbarkeit von Debitkarten und Kreditkarten. Debitkarten und Kreditkarten unterscheiden sich überdies in ihrem Einsatzbereich; insbesondere ist die Vertragsunternehmensanzahl von Kreditkartensystemen um ein Vielfaches größer.

Kapitel 3. Marktabgrenzung in Bezug auf den Bereich des Einsatzes der Kreditkarte zur Geldabhebung

In Anbetracht der Anerkennung eines eigenständigen Marktbereiches hinsichtlich der Geldabhebungsfunktion bzw. der mit dieser korrespondieren (Dienst-)Leistungen,[653] stellt sich des Weiteren die Frage, wie der relevante Markt in sachlicher Hinsicht bezüglich dieses Bereichs im Konkreten zu definieren ist.[654]

Unterkapitel 1. Abhebung am Schalter versus Abhebung am Geldautomaten

In Bezug auf den Einsatz der Kreditkarte zum Bargeldbezug ist zu beachten, dass die Karte an verschiedenen Servicebereichen der Finanzdienstleister zur Abhebung von Bargeld genutzt werden kann. Für den Karteninhaber stellt sich grundsätzlich die Frage, ob er die Karte an einem Geldautomaten verwendet oder am

653 Vgl. hierzu Abschnitt 1, Titel 3, Untertitel 3, Kapitel 1.
654 Vgl. in diesem Kontext auch noch *BBk*, Wie kommt das Bargeld ins Portmonee?, 2010, abrufbar unter: https://www.bundesbank.de/resource/blob/599954/9ffea3fe09501c92e1ae1a9284a8a5a0/mL/wie-kommt-das-bargeld-ins-portmonee-data.pdf.

Bankschalter eine Abhebung tätigt.[655] Hinsichtlich dieser beiden Einsatzbereiche könnten getrennte Märkte anzunehmen sein.

Freilich handelt es sich im Falle einer Bargeldabhebung sowohl am Schalter als auch am Automaten um (Dienst-)Leistungen eines Zahlungsdienstleisters gegenüber dem Karteninhaber. Doch bloß aus dem Umstand, dass dem Karteninhaber in beiden Fällen der Zugang zu Bargeld eingeräumt wird, folgt nicht zwangsläufig, dass beide Leistungen einem einheitlichen Markt angehören.

Vielmehr bedarf es einer näheren Betrachtung der Unterschiede und Gemeinsamkeiten dieser beiden Bargeldbezugsmöglichkeiten: Geldautomaten befinden sich regelmäßig in einem dem Karteninhaber via Karte zugänglichen Bereich. Die Automaten werden entweder in den Eingangsbereichen der Banken aufgestellt, wobei dem Karteninhaber durch die Anbringung von Kartenlesegeräten ein Betreten ermöglicht wird, oder sie finden sich in einem jedermann zugänglichen Außenbereich. Die Aufstellung von Geldausgabeautomaten an diesen Standorten gewährleistet, dass ein Karteninhaber seine Karte jederzeit zum Bargeldbezug nutzen kann.[656] Die Möglichkeit des Einsatzes am Bankschalter wird hingegen in zeitlicher Hinsicht durch die Öffnungszeiten der jeweiligen Bank begrenzt; Abhebungen zu Feierabendzeiten oder am Wochenende sind am Bankschalter nicht möglich.[657] Die zeitliche Begrenzung der Bargeldbezugsmöglichkeit am Schalter erscheint aus Sicht der Karteninhaber als beträchtlicher Unterschied.[658] Zudem ist die Abhebung am Schalter in der Regel mit einem größeren Zeitaufwand für den Karteninhaber verbunden.[659]

Eine Kreditkarte dient dem Karteninhaber als Ausweis seiner Berechtigung zum Bezug von Bargeld. Am Geldautomaten bedarf es insofern stets der Eingabe der Karte wie auch der zugehörigen PIN-Nummer. Nur auf diese Möglichkeit des Nachweises einer Zugangsberechtigung ist der Automat eingestellt; sonstige Möglichkeiten

---

655 Auch wenn teils Abhebungen am Schalter mittels Kreditkarten – mituter auch wegen der Bestrebungen der Banken, ihre Kosten zu senken – nicht mehr möglich sind, so finden sich dennoch einige Banken, die einem Karteninhaber auch Schalterabhebungen gewähren. Vgl. in diesem Kontext auch die Entscheidung des LG Verden (WM 2009, 656), die die Sperrung von Geldautomaten für Inhaber von Kreditkarten fremder Emittenten zum Gegenstand hatte.

656 Vgl. *Boetzkes*, Rechtsprobleme von Geldautomatengebühren, 2001, S. 139.

657 Vgl. auch *Immenga/Körber*, Geldautomatennutzung, BB 1999, Beil. 12, 3, 6 (zur Bareinlösung der früheren Eurocheques).

658 Ähnlich hinsichtlich der Interbankenebene: OLG München, WM 2010, 1598, 1600 (mit Anmerkung: *Lettl*, WuB V A. § 20 GWB 2.10); vgl. auch *Murach*, Zugang zu Geldautomaten, GRUR-Prax 2010, 403, 403.

659 Hierauf ebenfalls (allerdings in anderem Kontext) verweisend: OLG München, WM 2010, 1598, 1600; vgl. auch *Murach*, Zugang zu Geldautomaten, GRUR-Prax 2010, 403, 403; *Hess*, Kontrahierungszwang und Preiskontrolle bei der Geldautomatennutzung?, WM 2010, 1971, 1972; vgl. ferner *Immenga/Körber*, Geldautomatennutzung, BB 1999, Beil. 12, 3, 6 (zur Bareinlösung der früheren Eurocheques).

stehen dem Karteninhaber nicht zur Verfügung. Ein anderes Bild ergibt sich am Bankschalter. Dort tritt der Karteninhaber persönlich mit einem Bankmitarbeiter in Kontakt. Hat der Karteninhaber etwa seine Karte verloren oder seine PIN vergessen, verbleiben ihm grundsätzlich weitere Möglichkeiten, um seine Identität nachzuweisen (wie etwa die Vorlage eines amtlichen Ausweisdokumentes).

Im Übrigen können Abhebungen am Geldautomaten anonymisiert erfolgen; so mag sich eine „psychische Hemmschwelle hinsichtlich des Betretens des Schalterbereichs" ergeben, die eine Abhebung am Geldautomaten aus Sicht des Karteninhabers vorzugswürdig erscheinen lässt.[660]

Wenngleich mithin beide Formen des Bargeldbezugs gewisse Ähnlichkeiten aufweisen, offenbaren sich doch deutliche Unterschiede zwischen diesen beiden Einsatzfeldern, sofern ein Bargeldbezug seitens des Karteninhabers angestrebt wird; aus der Sicht der Kunden stellt eine Schalterabhebung kein funktionales Äquivalent zu einer Geldautomatenverfügung dar.[661] Es existieren ein Kreditkartenemissionsmarkt für Geldabhebungen am Geldautomaten (Kreditkarten-Emissions-Automaten-Geldabhebungsfunktions-Markt) und ein Kreditkartenemissionsmarkt für Geldabhebungen am Bankschalter (Kreditkarten-Emissions-Schalter-Geldabhebungsfunktions-Markt).

Unterkapitel 2. Nähere Betrachtung des Bargeldbezugs am Automaten

In Bezug auf den Bereich der Geldabhebung am Automaten (Kreditkarten-Emissions-Automaten-Geldabhebungsfunktions-Markt) könnten weitere Differenzierungen in Betracht kommen.

§ 1. Differenzierung zwischen Abhebungen an institutseigenen und institutsfremden Automaten

Kreditkarten können grundsätzlich an den Automaten des Kartenemittenten zur Bargeldabhebung eingesetzt werden. Darüber hinaus ist es dem Karteninhaber aber regelmäßig auch möglich, an den Automaten eines Bankinstituts Bargeld zu beziehen, das nicht mit dem emittierenden Institut identisch ist. Hinsichtlich der Möglichkeit der Bargeldabhebung an Automaten könnte insofern eine Differenzierung zwischen Abhebungen an institutseigenen und institutsfremden Automaten geboten sein.[662]

---

660 Vgl. auch *Immenga/Körber*, Geldautomatennutzung, BB 1999, Beil. 12, 3, 6 (zur Bareinlösung der früheren Eurocheques).

661 Ebenso *Boetzkes*, Rechtsprobleme von Geldautomatengebühren, 2001, S. 139 f. (jedoch mit äußerst knapper Begründung).

662 Eine entsprechende Differenzierung hatte auch die WEKO in einer Vorabklärung betreffend die Gebühr für den Bargeldbezug an Bancomaten („ATM Service-Fee", „Standortentschädigung") in Erwägung gezogen, vgl. WEKO, Schlussbericht v. 06.06.2006, RPW 2006/3, 420, 425, Rn. 34 ff.

Gegen die Annahme getrennter Märkte spricht zunächst, dass sowohl an institutseigenen wie auch an institutsfremden Automaten Bargeldabhebungen getätigt werden können und damit im Wesentlichen die gleiche Dienstleistung in Gestalt der Ausgabe von Bargeld seitens des Karteninhabers in Anspruch genommen wird. Ferner lässt sich auch nicht zu Gunsten der Existenz unterschiedlicher Märkte anführen, dass verschiedene Anbieter agieren. Selbst im Falle einer Abhebung an einem fremden Automaten nutzt der Karteninhaber die seitens des Vertragspartners des Kartenvertrages ausgegebene Karte zum Bezug von Bargeld. Aus Sicht des Karteninhabers stellen die fremden Institute lediglich Mittler des Emittenten dar; eine Vertragsbeziehung zwischen dem von dem Emittenten personenverschiedenen Automatenbetreiber und dem Karteninhaber existiert nicht.[663]

Zu Gunsten der Existenz gesonderter Märkte mag man allenfalls anführen, dass für Abhebungen an fremden Geldautomaten grundsätzlich ein Entgelt bzw. höhere Entgelte für Geldautomatenabhebungen verlangt werden und insoweit aus Sicht der Karteninhaber ein Unterschied besteht.[664] Die Gebühren für Abhebungen an fremden Automaten belaufen sich dem Werte nach regelmäßig auf 1 % bis 2 % des Abhebungsbetrages; üblicherweise ist eine Mindestgebühr in Höhe von circa 5 Euro zu entrichten. Abhebungen an institutseigenen Automaten sind hingegen in aller Regel kostenlos.

Eine Differenzierung zwischen institutseigenen und -fremden Instituten allein in Anbetracht unterschiedlicher Entgelterhebungen erscheint indes Bedenken ausgesetzt: Zunächst darf der Kontext einer entsprechenden, den Karteninhaber belastenden Gebühr nicht unbesehen bleiben. Bei dieser Gebühr handelt es sich vielfach bloß um eine „Weiterleitung" desjenigen Entgelts, das seitens der emittierenden Bank an den Betreiber des Geldautomaten als Interbankenentgelt zu entrichten ist. Im Wege der Systemregeln sind die automatenbetreibenden Systemmitglieder grundsätzlich dazu verpflichtet, Bargeldabhebungen mittels systemzugehöriger Karten zu akzeptieren; ferner finden sich insbesondere bei Kreditkarten Systemvorgaben bezüglich der Höhe des seitens des Emittenten an den Automatenbetreiber zu entrichtenden Interbankenentgelts.[665] Zudem sind Abhebungen an institutsfremden Automaten immer öfter gebührenfrei. Interbankenentgelte werden im Falle der Geldabhebung via Kreditkarte oftmals nicht (mehr) an den Karteninhaber

---

663 Vgl. *Maihold*, in: Schimansky/Bunte/Lwowski, BankRHdb., Bd. I, 4. Aufl., 2011, § 54 Rn. 2; *Bieber*, ec-Geldautomatensystem, WM 1987, Beil. 6, 1, 8; *Schneider*, Recht des elektronischen Zahlungsverkehrs, 1982, S. 33 ff.; *Fischer*, Preisvereinbarungen, in: FS Schimansky, 1999, S. 111, 125; a.A. *Boetzkes*, Rechtsprobleme von Geldautomatengebühren, 2001, S. 45 ff., der davon ausgeht, dass der Bankkunde nicht lediglich mit dem Kartenemittenten, sondern auch mit automatenbetreibenden Institut einen eigenständigen Geschäftsbesorgungsvertrag schließt.

664 Vgl. hinsichtlich der AGB-rechtlichen Zulässigkeit der Erhebung von Gebühren für die Bargeldabhebung im Ausland: BGHZ 137, 27,30 ff.

665 Beispielsweise beläuft sich das Interbankenentgelt nach den Regularien von Visa für Geldautomatenverfügungen mit VISA-Karten für die am Visa-System teilnehmenden Banken in Deutschland auf 1,74 Euro. Vgl. auch OLG München, WM 2010,

weitergegeben, sodass eine Abhebung an institutsfremden Automaten nicht mit der Verpflichtung zur Entrichtung einer zusätzlichen (Abhebungs-)Gebühr einhergeht. Insbesondere bei den Direktbanken, die über kein eigenes flächendeckendes Geldautomatennetz verfügen, ist es üblich, dass eine Kreditkartenabhebung nicht gebührenpflichtig ist; die Direktbanken übernehmen diese Kosten bzw. beziehen diese Gebühren als Posten bei Festlegung der Höhe der Jahresgebühren mit ein.[666] Die Annahme der Existenz getrennter Märkte allein aus Gründen einer Gebührenerhebung liefe letztlich darauf hinaus, zwischen einem Markt für kostenlose bzw. gebührenfreie Abhebungen und einem anderen, hiervon zu trennenden Markt für kostenpflichtige Abhebungen zu differenzieren.

Wollte man insofern vom Vorliegen gesonderte Märkte ausgehen, müsste die Höhe der Preise bzw. der Gebühren jedenfalls ein derart signifikantes Ausmaß annehmen, dass es aus Sicht der Karteninhaber als einer funktionellen Austauschbarkeit beider Bargeldbezugsarten entgegenstehend erachtet wird. Grundsätzlich könnte allenfalls in einem solchen Fall allein anhand des Preises hinsichtlich an sich gleichwertiger Leistungen vom Vorliegen gesonderter Märkte ausgegangen werden. Gegen eine solche Beeinflussung der Sicht der Karteninhaber spricht aber, dass die Höhe der Geldabhebungsgebühren von Institut zu Institut variiert. Im Übrigen wird an Geldausgabeautomaten durchschnittlich ein Betrag in Höhe von ca. 215 Euro abgehoben.[667] In Relation zu diesem Betrag erscheint eine Gebühr in Höhe von etwa 5 Euro nur von geringfügiger Bedeutung. Zudem ist es den Karteninhabern regelmäßig ohne Weiteres möglich, einen systemzugehörigen Automaten einer anderen Bank aufzusuchen und sich auf diese Weise einer Kostenauferlegung zu entziehen.[668] Dem kann auch nicht entgegengehalten werden, dass einige Banken und insofern insbesondere die Direktbanken nicht über ein eigenes Automatennetz verfügen. Zum einen erheben diese Banken in der Regel keine Abhebungsgebühren. Zum anderen spricht der Umstand, dass auch solche Banken ihre Kartenprodukte mit Erfolg implementieren konnten, dafür, dass der Fremdbezug seitens der Karteninhaber als Substitut für eine Abhebung bei der eigenen Bank angesehen wird.

Aus Sicht der Karteninhaber stellt sich mithin die Möglichkeit zur Geldabhebung am Automaten – ungeachtet der Frage, ob die Auszahlung an einem verbundzugehörigen oder einem verbundfremden Automaten vorgenommen wird – als

---

1598, 1599; LG Halle, WM 2009, 655, 655 (dazu Anm. *Lettl*, WuB V B. § 4 UWG 1.09); LG Verden, WM 2009, 656, 657.

666 Vgl. auch noch *Kapp/Rauhut*, Sperrung von Geldautomaten für Kreditkarten, WM 2010, 1111, 1112.

667 Vgl. hierzu etwa *BBk*, Wie kommt das Bargeld ins Portmonee?, 2010, S. 6 a.E. f., abrufbar unter: https://www.bundesbank.de/resource/blob/599954/9ffea3fe09501c92e1ae1a9284a8a5a0/mL/wie-kommt-das-bargeld-ins-portmonee-data.pdf.

668 Vgl. auch WEKO, Schlussbericht v. 06.06.2006, RPW 2006/3, 420, 425, Rn. 34.

Bestandteil eines einheitlichen Marktes dar. Eine etwaige Erhebung von Abhebungsgebühren rechtfertigt nicht die Annahme gesonderter Märkte.[669]

§ 2. Differenzierung zwischen Abhebungen im Inland und im Ausland?

Hinsichtlich der Leistungseigenschaften unterscheiden sich Abhebungen im Inland und im Ausland nicht derart, dass von der Existenz getrennter Märkte ausgegangen werden könnte. Allenfalls der Umstand, dass im Falle von Auslandsabhebungen gegebenenfalls weitere Gebühren anfallen, könnte insofern die Annahme getrennter Märkte rechtfertigen. So ist der Karteninhaber bei einigen Kreditkartenangeboten bei Auslandsabhebungen zur Entrichtung von Gebühren verpflichtet, die sich in der Regel auf einen Betrag in Höhe von 2 Euro bis 5 Euro belaufen. Wie bereits bezüglich der Gebühren für Abhebungen an institutsexternen Automaten ausgeführt wurde,[670] erscheint diese Gebührenhöhe indes nicht als hinreichend, um die Annahme gesonderter Märkte zu rechtfertigen. Im Übrigen finden sich gerade in jüngerer Zeit vielfältige Kreditkartenangebote, bei denen Abhebungen im Ausland nicht von der Entrichtung einer zusätzlichen Gebühr abhängig sind. Folglich ist auch insofern hinsichtlich des Bargeldbezugs am Geldautomaten von der Existenz eines einheitlichen Marktes auszugehen, der sowohl Abhebungen im Inland wie auch Abhebungen im Ausland umfasst.

§ 3. Zwischenergebnis

Es ist ein einheitlicher Kreditkarten-Emissions-Automaten-Geldabhebungsfunktions-Markt gegeben, der sowohl Abhebungen an institutseigenen und institutsfremden Automaten als auch Geldautomatenabhebungen im In- und Ausland umfasst.

§ 4. Bargeldbezugsmöglichkeiten mittels der verschiedenen „Kreditkartenarten“

Fraglich erscheint, ob sich Geldautomatenabhebungen mittels unterschiedlicher „Kreditkartenarten“ einem einheitlichen sachlich relevanten Markt zuordnen lassen.

669 Die WEKO ließ die Frage letzten Endes mangels Entscheidungserheblichkeit offen, vgl. WEKO, Schlussbericht v. 06.06.2006, RPW 2006/3, 420, 425, Rn. 38. Gleichwohl bezeichnete sie den „Bezug bei der eigenen Bank (als) ein nahezu perfektes Substitut für den Fremdbezug“, vgl. WEKO, Schlussbericht v. 06.06.2006, RPW 2006/3, 420, 425, Rn. 34 a.E.

670 Vgl. oben unter Abschnitt 1, Titel 3, Untertitel 3, Kapitel 3, Unterkapitel 3, § 1.

I. Firmen- vs. Verbraucherkreditkarten

Obige Ausführungen bezüglich der Abgrenzung zwischen Verbraucherkreditkarten und Firmenkreditkarten hinsichtlich des PoS-Bereiches lassen sich mutatis mutandis auf den Bereich der Geldabhebungen am Automaten übertragen.[671] Die beträchtlichen Unterschiede zwischen den Bedürfnissen von Privat- und Geschäftskunden sprechen auch vorliegend gegen die Existenz eines einheitlichen Marktes. Bereits der Umstand, dass Firmenkarten nur zu geschäftlichen Zwecken ausgegeben werden, spricht insofern gegen die Annahme eines einheitlichen Marktes.

Die Einbindung von Geschäftskarten in den Unternehmensprozess dient vielfach der besseren internen Nachvollziehbarkeit und Zuordnung von Ausgaben; letztgenannter Zweck kann indes nur im Falle eines Einsatzes der Karte als Zahlungsmittel – nicht hingegen im Falle der Bargeldabhebung und einer sich anschließenden Barzahlung – realisiert werden, zumal nur dann eine genaue Zuordnung zwischen der Höhe der Ausgabe und dem unternehmensbezogenen Zweck ersehen werden kann. Des Weiteren erhöht eine Zugriffsmöglichkeit von Mitarbeitern auf die Bargeldbestände etwaige Schadensrisiken. Gerade aufgrund dieser Aspekte ist die Geldabhebungsfunktion von Firmenkarten – im Unterschied zu derjenigen von Verbraucherkarten – vielfach „gesperrt" oder aber auf ein als notwendig erachtetes Minimum begrenzt.[672]

II. Weitere Abgrenzung bezüglich Abhebungen mittels Verbraucherkarten

Bezüglich der Geldautomatenabhebungen mittels Verbraucherkarten schiene es denkbar, dass Abhebungen mittels der unterschiedlichen Verbraucherkreditkartenarten unterschiedlichen Märkten zugehörig sind.

1. Einheitlicher Markt hinsichtlich Abhebungen via charge cards, credit cards, co-branded cards und Luxuskarten?

Hinsichtlich Abhebungen am Geldautomaten ergeben sich keine Unterschiede im Falle des Einsatzes von charge cards, credit cards, co-branded cards und Luxuskarten. Die spezifischen Unterschiede zwischen diesen „Kreditkartenarten" konzentrieren sich auf den Bereich des PoS-Einsatzes: Die insbesondere bei co-branded cards und Luxuskarten gewährten Zusatzleisten setzen grundsätzlich den Einsatz der Karte als Zahlungsmittel voraus. Auch die bei Kreditkarten verfügbare Möglichkeit der Inanspruchnahme der Kreditoption vermag in Bezug auf Bargeldabhebungen am Schalter nicht etwa die Annahme getrennter Märkte für

---

671 Vgl. zunächst obige Ausführungen unter Abschnitt 1, Titel 3, Untertitel 3, Kapitel 2, Unterkapitel 2, § 1, I.

672 Der Geldabhebungs-Markt für Geschäftskarten wird mitunter auch in Anbetracht dieser Aspekte von der weiteren Bearbeitung ausgeklammert.

Automatenabhebungen via charge cards auf der einen und credit cards auf der anderen Seite zu rechtfertigen, zumal am Automaten – grundsätzlich aus Gründen der Missbrauchsvorbeugung – nur ein der Höhe nach begrenzter Bargeldbezug möglich ist, sodass in der weit überwiegenden Anzahl der Fälle allenfalls geringfügige Kreditinanspruchnahmemöglichkeiten in Rede stehen. Im Übrigen kann ohnehin hinsichtlich der Bedeutsamkeit der Kreditoption wie auch der Sonderleistungen sinngemäß auf obige Ausführungen hinsichtlich des PoS Bereiches verwiesen werden; diese beiden (Dienst-)Leistungsarten gehören gesonderten Märkten an,[673] weshalb ihnen auch im Rahmen der Marktabgrenzung im vorliegenden Kontext keine ausschlaggebende Bedeutung beizumessen ist. Sämtliche Abhebungen mittels der genannten Kartenarten gehören einem einheitlichen Markt an.

2. Bargeldabhebungen mittels Prepaid-Kreditkarten

Prepaid-Kreditkarten, die auch als Kreditkarten auf Guthabenbasis bezeichnet werden, können zwar grundsätzlich[674] zur Bargeldabhebung eingesetzt werden. Bei sog. Prepaid-Kreditkarten ist allerdings eine vorherige Einzahlung auf dem Konto von Nöten; erst im Falle eines vorhandenen Guthabens kommt eine Auszahlung in Betracht. Im Falle einer Abhebung mittels charge oder credit cards nutzt der Karteninhaber hingegen die ihm eingeräumte Stundungsfunktion aus; zu einer Begleichung der gegenüber dem Emittenten bestehenden Verbindlichkeit ist der Kreditkarteninhaber erst bei Ablauf der Rechnungsperiode verpflichtet. Zudem werden bei Prepaid-Kreditkarten teils auch Einzahlungsgebühren erhoben; dies stellt einen beträchtlichen Unterschied zu den Entgeltstrukturen „normaler" Kreditkarten dar. Insofern und auch im Übrigen ergeben sich keine nennenswerten Unterschiede zu den Erwägungen hinsichtlich des PoS-Bereiches, die im vorliegenden Kontext sinngemäß gelten.[675] Eine Substituierbarkeit ist mithin auch im vorliegenden Kontext abzulehnen.

III. Zwischenergebnis

Es ist von der Existenz gesonderter Kreditkarten-Emissions-Automaten-Geldabhebungsfunktions-Märkte für Geldabhebungen am Automaten via Verbraucherkreditkarten (Verbraucher-Kreditkarten-Emissions-Automaten-Geldabhebungsfunktions-Markt) auf der einen und mittels Firmenkreditkarten (Firmen-Kreditkarten-Emissions-Automaten-Geldabhebungsfunktions-Markt) auf der anderen Seite auszugehen.[676]

---

673 Siehe diesbezüglich oben unter Abschnitt 1, Titel 3, Untertitel 3, Kapitel 1.

674 Eine Abhebung am Geldautomaten mit Prepaid-Kreditkarten erfordert einen Onlinezugang des Geldautomaten, da es vor einer Abhebung der Prüfung des Guthabens bedarf.

675 Vgl. oben unter Abschnitt 1, Titel 3, Untertitel 3, Kapitel 2, Unterkapitel 2, § 2, VII.

676 Via Firmenkreditkarten getätigte Abhebungen am Geldautomaten sind von der weiteren Bearbeitung ausgenommen.

Geldautomatenabhebungen mittels Verbraucherkreditkarten in Gestalt von charge cards, credit cards, co-branded cards und Luxuskarten sind einem einheitlichen Markt für Abhebungen am Geldautomaten angehörig. Abhebungen mittels Prepaid-Kreditkarten sind hingegen nicht Bestandteil dieses Marktes.

§ 5. Sonstige „Bargeldbezugsmöglichkeiten"

Freilich eröffnen nicht bloß Kreditkarten die Möglichkeit zum Bezug von Bargeld am Geldautomaten. Auch anderweitige „Bargeldbezugsmöglichkeiten"[677] könnten Bestandteil des Verbraucher-Kreditkarten-Emissions-Geldabhebungsfunktions-Marktes sein.

I. Auszahlungen am Point of Sale

Seit einiger Zeit wird den Karteninhabern vielfach auch am PoS eine Bargeldbezugsmöglichkeit eingeräumt. Im Gegensatz zur Abhebung am Automaten sind Abhebungen im Ladengeschäft des Händlers jedoch nur möglich, sofern der Karteninhaber einen Einkauf im betreffenden Ladengeschäft tätigt; regelmäßig bedarf es eines Einkaufswertes von (mindestens) 20 Euro.[678] Ferner wird die Möglichkeit des Bargeldbezugs am PoS durch die Ladenöffnungszeiten begrenzt.[679] Bereits diese beträchtlichen Unterschiede sprechen dagegen, eine Auszahlung am PoS als vollwertiges Substitut für Bargeldabhebungen am Geldautomaten zu klassifizieren.

II. Zusendung von Bargeld via Post

Die Zusendung von Bargeld auf postalischem Wege kann nicht als Substitut einer Abhebung am Automaten klassifiziert werden, zumal dies mit einer signifikanten Verzögerung verbunden ist und mit beträchtlichen Sicherheitsrisiken einhergeht.[680]

---

677 Im Folgenden wird teils auch auf Kartenarten bzw. Zahlungsmittel eingegangen, mittels derer kein Bargeld abgehoben werden kann; um etwaigen Missverständnissen vorzubeugen, wurde der Begriff der Bargeldbezugsmöglichkeiten daher – jedenfalls an dieser Stelle – in Anführungszeichen gesetzt.

678 Vgl. insofern auch OLG München, WM 2010, 1598, 1600 (zur Möglichkeit der Bargeldauszahlung bei REWE); vgl. ferner *Hess*, Kontrahierungszwang und Preiskontrolle bei der Geldautomatennutzung?, WM 2010, 1971, 1973.

679 Vgl. auch OLG München, WM 2010, 1598, 1600. Siehe zu diesem Argument auch oben unter Abschnitt 1, Titel 3, Untertitel 3, Kapitel 3, Unterkapitel 2.

680 Vgl. auch *Immenga/Körber*, Geldautomatennutzung, BB 1999, Beil. 12, 3, 9, Fn. 59.

III. Schecks

Mittels eines Schecks können keine Bargeldabhebungen am Geldautomaten getätigt werden; die Bargeld-Service-Funktion ist bei Schecks nur eingeschränkt gegeben.[681] Eine hinreichende Substituierbarkeit ist zu verneinen.

IV. Überweisungen

Eine Überweisung kommt von vornherein nicht als Substitut in Betracht, weil im Wege einer Überweisung nur der Buchgeldbestand auf einem Konto erhöht werden kann; ein Bargeldbezug geht hiermit nicht unmittelbar einher.

V. Kundenkarten und Kundenkreditkarten

Mittels Kundenkarten wie auch Kundenkreditkarten können grundsätzlich keine Bargeldabhebungen getätigt werden; diese Kartenarten erscheinen daher nicht als Substitute einer Geldabhebung mittels Kreditkarte.

VI. Guthabenkarten

Guthabenkarten können üblicherweise weder am Geldautomaten noch am Bankschalter zur Geldabhebung eingesetzt werden. Selbst wenn in seltenen Ausnahmefällen eine Geldabhebung möglich ist, so bedarf es der vorherigen Aufladung des Speicherchips der Wertkarte. Im Falle einer Abhebung mittels Kreditkarte nutzt der Karteninhaber hingegen die ihm eingeräumte Stundungsfunktion aus; zu einer Begleichung der gegenüber dem Emittenten bestehenden Verbindlichkeit ist er erst bei Ablauf der Rechnungsperiode verpflichtet. Im Übrigen wird die Aufladung von Wertkarten durch einen Aufladehöchstbetrag (von regelmäßig 200 Euro) begrenzt; eine über den Höchstbetrag hinausgehende Abhebung kommt insofern von vornherein nicht in Betracht. In dieser Hinsicht ergeben sich keine Unterschiede zu den Erwägungen hinsichtlich des PoS-Bereiches.[682] Die Abhebung mittels einer Kreditkarte und eine Bargeldbezugsmöglichkeit mittels einer Wertkarte erscheinen demnach aus Sicht eines verständigen Karteninhabers nicht als gleichwertig.

VII. Debitkarten und Bankkarten

Wenngleich Bankkarten nicht am PoS als Zahlungsmittel eingesetzt werden können, finden sich einige Bankkarten, mittels derer eine Bargeldabhebung getätigt werden kann.[683] Bankkarten, die nicht zum Bargeldbezug eingesetzt werden können, sind hingegen von vornherein kein taugliches Substitut für den Bargeldbezug via Kreditkarte. Debitkarten und einen Bargeldbezug ermöglichende Bankkarten

---

681 Vgl. KOM, Entscheidung v. 17.10.2007, COMP/D1/38606 – Groupement des cartes bancaires (CB), Rn. 173.

682 Vgl. oben unter Abschnitt 1, Titel 3, Untertitel 3, Kapitel 2, Unterkapitel 2, § 2, VI.

683 Vgl. auch *Immenga/Körber*, Geldautomatennutzung, BB 1999, Beil. 12, 3, 4, Fn. 17.

könnten vorliegend dem Kreditkarten-Emissions-Geldabhebungsfunktions-Markt zuzurechnen sein.[684]

1. Nachfragesubstituierbarkeit

Fraglich erscheint, ob es sich aus Sicht der Nachfrager um unterschiedliche Produktmärkte handelt:

a) Der Einsatzbereich

Sowohl Debit- wie auch Kreditkarten können zum Bargeldbezug an Automaten eingesetzt werden. Während die Möglichkeit der Abhebung mittels Kreditkarten seitens der Kreditkartenorganisationen in deren Regularien verankert ist, basieren Geldabhebungen mittels Debitkarten in Deutschland auf einer Vereinbarung der Banken, der „Vereinbarung für das deutsche ec-Geldautomatensystem" (VGA).[685] Nach Nr. 3 S. 1 der VGA stellen die angeschlossenen Institute die von ihnen betriebenen ec-Geldautomaten allen Debitkarteninhabern institutsübergreifend und ohne Differenzierung in der zeitlichen Nutzungsmöglichkeit zur Verfügung.[686]

Die Karten einiger nationaler Debitkartensysteme – wie z.B. die Girocard – können europaweit zur Bargeldabhebung genutzt werden.[687] Während die Debitkarten von Visa häufig nur in Europa am Geldautomaten verwendet werden können, sind Maestro-Karten weltweit einsetzbar. Einen Bargeldbezug ermöglichende Bankkarten können nur bei der emittierenden Bank zum Bargeldbezug verwendet werden.

---

684 Obgleich sich die folgenden Ausführungen sowohl auf Debitkarten und als auch auf einen Bargeldbezug ermöglichende Bankkarten beziehen, wird im vorliegenden Kontext – der Einfachheit halber und zumal insofern der Debitkarteneinsatz praktisch bedeutsamer erscheint – nur von Debitkarten gesprochen; soweit sich hinsichtlich beider Kartenarten relevante Unterschiede ergeben, werden diese gesondert kenntlich gemacht.

685 Fassung Januar 2011, abgedruckt in Schimansky/Bunte/Lwowski, BankRHdb., Bd. I, 4. Aufl., 2011, Anh. 4 zu §§ 52-55. Parteien dieser Vereinbarung sind die im ZKA zusammengeschlossenen Spitzenverbände der Kreditwirtschaft (Deutscher Sparkassen- und Giroverband e.V., Bundesverband der Deutschen Volksbanken und Raiffeisenbanken e.V., Bundesverband deutscher Banken e.V., Bundesverband Öffentlicher Banken Deutschlands e.V.). Vgl. auch noch *Steinhaus*, ec-Geldausgabeautomaten-System, 1993.

686 Wie bereits erwähnt wurde, erfolgte jüngst eine Ersetzung des „ec"-Logos durch das „Girocard"-Logo; auch hinsichtlich der Geldabhebungsfunktion der Debitkarten ergeben sich jedoch keine wesentlichen Änderungen.

687 Vgl. auch noch WEKO, Verfügung v. 18.11.2002, RPW 2003/1, 106, 126, Rn. 118 (zur Situation in der Schweiz). Es sei angemerkt, dass die WEKO in diesem Kontext nur auf die Debitkarten von Maestro, nicht aber auf diejenigen von Visa hingewiesen hat, weil den Debitkarten von Visa – jedenfalls zum Zeitpunkt dieser Entscheidung – in der Schweiz nur eine untergeordnete Rolle zukam.

Die Kreditkarten sämtlicher Kreditkartensysteme können hingegen weltweit an Geldautomaten benutzt werden. Diese Unterschiede hinsichtlich des örtlichen Einsatzbereichs stellen insofern ein erstes Indiz für das Vorliegen gesonderter Märkte dar.

b) Die Grundlagen des Bargeldbezugs am Automaten und die Entgeltstrukturen

Hinsichtlich der unterschiedlichen Jahresgebühren von Debit- und Kreditkarten sei zunächst auf die Ausführungen bezüglich des PoS-Bereiches verwiesen.[688] Die Unterschiede der Jahresgebühren rechtfertigen in Ermangelung eines hinreichend signifikanten Preisunterschieds – für sich besehen – nicht die Annahme getrennter Märkte.

Indes könnten unterschiedliche Abhebungsgebühren für das Vorliegen gesonderter Abhebungsmärkte sprechen. Der Bargeldbezug an institutseigenen Automaten mittels Debitkarten ist regelmäßig kostenlos. In Bezug auf die Abhebung an fremden Automaten bedarf es einer Differenzierung. Grundsätzlich sind Geldabhebungen an institutsfremden Automaten mit einer Entgeltbelastung für den Debitkarteninhaber verbunden. Mitte August 2010 haben sich die im Zentralen Kreditausschuss (ZKA) zusammengeschlossenen Bankenverbände auf ein individuelles, direktes Entgelt geeinigt; die entsprechende Entgeltregelung findet sich in Nr. 7 der VGA.[689] Dieses Kundenentgelt ersetzte im Januar des Jahres 2011 das Interbankenentgelt im Falle von Fremdabhebungen mittels einer „Girocard"-Debitkarte.[690]

In Nr. 7 der VGA wird jedoch keine bestimmte Gebührenhöhe festgelegt. Insbesondere ergeben sich Unterschiede je nachdem, ob die Debitkarte an einem verbundzugehörigen oder sonstigen Automaten zur Bargeldabhebung eingesetzt wird. In Deutschland sind insofern insbesondere der Verbund der Sparkassen,

---

688 Vgl. oben unter Abschnitt 1, Titel 3, Untertitel 3, Kapitel 2, Unterkapitel 2, § 2, VIII., 1., a).

689 Vgl. hierzu auch *Hess*, Kontrahierungszwang und Preiskontrolle bei der Geldautomatennutzung?, WM 2010, 1971, 1972.

690 Nr. 7 der früheren VGA (Fassung vom 01.12.2003, abgedruckt in Schimansky/Bunte/Lwowski, Bankrechts-Handbuch, Bd. 1, 3. Aufl. 2007, Anh. 4 zu §§ 52-55) begründete eine Verpflichtung des Kartenemittenten, ein Entgelt für die Geldautomatennutzung an das automatenbetreibende Institut zu entrichten (Interbankenentgelt). Die Höhe dieses seitens der Emittenten zu entrichtenden Entgelts war einst Gegenstand der „Vereinbarung über die Festsetzung einer Höchstgebühr für die Benutzung institutsübergreifender Geldautomaten" (sog. Höchstentgeltvereinbarung (HEV)). Seit der Aufkündigung der HEV durch den Deutschen Sparkassen- und Giroverband e.V. zum 1. März 1997 unterlag die Höhe des jeweils zu entrichtenden Entgelts grundsätzlich der freien Bestimmung der Banken. Vgl. auch noch *Kapp/Rauhut*, Sperrung von Geldautomaten für Kreditkarten, WM 2010, 1111, 1112.

das sog. BankCard-Servicenetz der Volks- und Raiffeisenbanken, die Cash Group (Deutsche Bank, Commerzbank, Postbank, Hypo Vereinsbank) und CashPool (Santander-Bank, TARGO-Bank, Beamtenbank, Sparda-Banken u.a.) von Bedeutung.[691] Im Falle einer Abhebung bei einem der betreffenden verbundangehörigen Kooperationspartner werden dem Karteninhaber grundsätzlich keine bzw. allenfalls geringe Entgeltverpflichtungen auferlegt.[692] Im Falle der Abhebung an verbundfremden Automaten liegen die Gebühren in der Regel zwischen 1,95 Euro[693] und 7 Euro. Bei Debitkarten fallen – sofern sie im Ausland eingesetzt werden können – bei Auslandsabhebungen regelmäßig Gebühren an.

Bei Kreditkarten werden zwar grundsätzlich ähnliche Gebühren erhoben. Indes ist die allgemeine Gebührenbelastung für den Kreditkarteninhaber höher,[694] zumal den Karteninhabern im Falle von Kreditkartenabhebungen auch bei Verbundmitgliedern regelmäßig Abhebungsgebühren auferlegt werden. In Anbetracht des Aspekts, dass die Anzahl verbundzugehöriger Automaten deutlich höher ist als die Anzahl der institutseigenen Automaten, sind seitens der Kreditkarteninhaber in einer Vielzahl der Fälle Abhebungsgebühren zu entrichten. Hinsichtlich Auslandsabhebungen zeigt sich ein anderes Bild: So existieren viele Kreditkartenangebote, bei denen Abhebungen im Ausland nicht mit zusätzlichen Kosten für den Karteninhaber einhergehen.

Die aufgezeigten Unterschiede der Höhe der Abhebungsgebühren lassen sich zwar grundsätzlich gegen die Annahme eines einheitlichen Marktes anführen. Zumal die Gebührenhöhen sowohl bei Debitkarten- wie auch bei Kreditkartenabhebungen seitens der Banken festgesetzt werden und daher eine beträchtliche Bandbreite unterschiedlichster Gebührenhöhen am Markt anzutreffen ist, kommt den aufgezeigten Unterschieden im vorliegenden Kontext jedoch allenfalls eine Indizwirkung minderen Gewichts zu.

c) Die Stundungsfunktion

Ein bedeutsamer Unterschied zwischen Kreditkarten und Debitkarten ergibt sich hinsichtlich des Geldabhebungs-Bereichs aus der Stundungsfunktion von

---

691 Vgl. *BBk*, Wie kommt das Bargeld ins Portmonee?, 2010, S. 34, abrufbar unter: https://www.bundesbank.de/resource/blob/599954/9ffea3fe09501c92e1ae1a9284a8a5a0/mL/wie-kommt-das-bargeld-ins-portmonee-data.pdf; vgl. auch *Hess*, Kontrahierungszwang und Preiskontrolle bei der Geldautomatennutzung?, WM 2010, 1971, 1971.

692 Vgl. hierzu auch noch *Taradantchik*, Wettbewerbsrechtliche Aspekte kartengesteuerter Zahlungssysteme, 2005, S. 39.

693 Auf einen Einheitssatz von 1,95 Euro haben sich die Privatbanken (z.B. Deutsche Bank, Commerzbank, HVB, Postbank) geeinigt. Die Sparkassen und Genossenschaftsbanken haben sich an dieser Einigung nicht beteiligt und verlangen in der Regel höhere Gebühren für Fremdabhebungen.

694 Vgl. auch KOM, Entscheidung v. 03.12.2008, COMP/M.5384 – BNP Paribas/Fortis, Rn. 24; *Immenga/Körber*, Geldautomatennutzung, BB 1999, Beil. 12, 3, 6, Fn. 37.

Kreditkarten. Insofern lassen sich die Ausführungen bezüglich des PoS-Bereichs übertragen.[695] Der in der Stundungsfunktion wurzelnde Unterschied beider Kartenarten spricht auch im vorliegenden Kontext gegen eine Substituierbarkeit von Debit- und Kreditkarten.[696]

2. Angebotssubstituierbarkeit: Die Umstellungsflexibilität der Anbieter

Hinsichtlich der Umstellungsflexibilität der Anbieter lassen sich die Ausführungen zum PoS-Bereich mutatis mutandis auf den Geldabhebungs-Bereich übertragen;[697] eine angebotsseitige Substituierbarkeit ist – vorliegend – demnach abzulehnen.

3. (Zwischen-)Ergebnis

Geldautomatenabhebungen mittels Debitkarten (und via Bankkarten) sind nicht als Teil des sachlich relevanten Kreditkarten-Emissions-Automaten-Geldabhebungsfunktions-Markts anzusehen.[698]

VIII. Zwischenergebnis: Sonstige „Bargeldbezugsmöglichkeiten"

Anderweitige „Bargeldbezugsmöglichkeiten" sind nicht dem Kreditkarten-Emissions-Automaten-Geldabhebungsfunktions-Markt zugehörig.

§ 6. Zwischenergebnis

Betreffend den Bereich des Bargeldbezugs am Geldautomaten ist von einem einheitlichen Kreditkarten-Emissions-Automaten-Geldabhebungsfunktions-Markt auszugehen, der sowohl Abhebungen an institutseigenen und institutsfremden Automaten als auch Geldautomatenabhebungen im In- und im Ausland umfasst. Im Übrigen ist vom Vorliegen folgender Märkte auszugehen:

1. Es bestehen gesonderte Märkte für Geldabhebungen am Automaten via Verbraucherkreditkarten einerseits und mittels Firmenkreditkarten andererseits.
2. In Bezug auf Bargeldabhebungen am Geldautomaten, die mit Verbraucherkarten vorgenommen werden, lässt sich zudem Folgendes festhalten:

---

695 Vgl. hierzu oben unter Abschnitt 1, Titel 3, Untertitel 3, Kapitel 2, Unterkapitel 2, § 2, VIII., 1., f).

696 Ähnlich bezüglich der Interbankenebene: OLG München, WM 2010, 1598, 1600 sowie *Immenga/Körber*, Geldautomatennutzung, BB 1999, Beil. 12, 3, 6; vgl. auch *Hess*, Kontrahierungszwang und Preiskontrolle bei der Geldautomatennutzung?, WM 2010, 1971, 1972; *Murach*, GRUR-Prax 2010, 403, 403; *Gericke*, Geldabhebung mit VISA-Karte, GWR 2010, 483, 483.

697 Vgl. oben unter Abschnitt 1, Titel 3, Untertitel 3, Kapitel 2, Unterkapitel 2, § 2, VIII, 2.

698 Ebenso hinsichtlich des Interbankenbereichs *Immenga/Körber*, Geldautomatennutzung, BB 1999, Beil. 12, 3, 6.

a) Die Geldabhebungsfunktionen von charge cards, credit cards, co-branded cards und Luxuskarten sind einem einheitlichen Markt für Abhebungen am Geldautomaten angehörig.
b) Abhebungen mittels Prepaid-Kreditkarten sind hingegen nicht Bestandteil dieses Verbraucher-Kreditkarten-Emissions-Geldabhebungsfunktions-Marktes.
c) Sonstige „Bargeldbezugsmöglichkeiten" sind diesem Kreditkarten-Emissions-Automaten-Geldabhebungsfunktions-Markt ebenfalls nicht zugehörig.

Unterkapitel 3. Nähere Betrachtung des Bargeldbezugs am Bankschalter

Ferner ist der Bereich des Bargeldbezugs am Bankschalter näher in Augenschein zu nehmen:

§ 1. Differenzierung zwischen Abhebungen an institutseigenen und institutsfremden Schalter

Insbesondere das Bedürfnis der Banken, mögliche Unkostenfaktoren auszuschalten und der Aufwand, der mit der Verifizierung der Identität des Karteninhabers und dessen Berechtigung zur Abhebung einhergeht, führten dazu, dass Abhebungen am Bankschalter für institutsfremde Kunden nur noch selten möglich sind. Zudem sind Abhebungen an fremden Schaltern wegen der erforderlichen Sicherheitsmaßnahmen besonders zeitaufwändig. Vielfach wird der Kunde einer Fremdbank insofern auf den Geldautomaten verwiesen; etwaige Beratungen des Kunden durch die fremde Bank bezüglich des seitens des Emittenten geführten Kontos scheiden ohnehin von vornherein aus. Ferner wird die Hemmschwelle, den Schalter eines fremden Instituts aufzusuchen, um dort Bargeld abzuheben, tendenziell erhöht sein. Aus Sicht eines Karteninhabers ist die Abhebung an einem institutsfremden Schalter daher nicht als Substitut einer Abhebung am Schalter des eigenen Kartenemittenten anzusehen; dementsprechend ist von der Existenz unterschiedlicher Märkte auszugehen.[699]

§ 2. Differenzierung zwischen Kreditkartenabhebungen an institutseigenen Schaltern im Inland und im Ausland?

Kreditkartenabhebungen an institutseigenen Schaltern im Inland und Ausland weisen aus Sicht des Karteninhabers keine relevanten Unterschiede auf. Sofern dem Karteninhaber der Bargeldbezug im Ausland seitens des Emittenten ermöglicht

---

699 In Anbetracht des – rein tatsächlichen – Umstands, dass Abhebungen an institutsfremden Schaltern nur noch äußerst selten möglich sind, wird auf diese im Rahmen der weiteren Bearbeitung nicht eingegangen.

wird, stellt sich der Bargeldbezug im Inland wie auch im Ausland als Bestandteil ein- und derselben Leistung dar.

§ 3. Bargeldbezugsmöglichkeiten mittels der verschiedenen „Kreditkartenarten"

In Bezug auf Schalterabhebungen mittels der verschiedenen Kreditkartenarten gelten obige Ausführungen hinsichtlich des Bereichs des Bargeldbezugs am Geldautomaten sinngemäß: Demnach ist in Bezug auf Abhebungen am institutseigenen Schalter im Hinblick auf Verbraucherkreditkarten einerseits und Firmenkreditkarten andererseits von der Existenz gesonderter Märkte auszugehen. Abhebungen, die mittels Verbraucherkreditkarten am Bankschalter des Kartenemittenten vorgenommen werden, sind – ungeachtet des Einsatzes einer charge card, einer credit card, einer co-branded card oder einer Luxuskarte – einem einheitlichen Markt zuzurechnen. Mittels Prepaid-Kreditkarten getätigte Geldabhebungen sind nicht Bestandteil dieses Verbraucherkreditkarten-Emissions-Schalter-Geldabhebungsfunktions-Marktes.

§ 4. Sonstige „Bargeldbezugsmöglichkeiten"

Anderweitige Bargeldabhebungsmöglichkeiten sind nicht dem sachlich relevanten Markt für Abhebungen mittels Verbraucherkreditkarten an institutseigenen Schaltern zuzurechnen; obige Ausführungen in Bezug auf Abhebungen am Geldautomaten beanspruchen mutatis mutandis auch hinsichtlich des Schalterbereichs entsprechende Geltung.[700]

§ 5. Zwischenergebnis

Hinsichtlich des Bereichs des Bargeldbezugs am Bankschalter ist zwischen einer Vielzahl von Märkten zu unterscheiden:

1. Abhebungen am institutseigenen Bankschalter des Emittenten und Abhebungen mittels Kreditkarten an institutsfremden Schaltern gehören gesonderten Kreditkarten-Emissions-Schalter-Geldabhebungsfunktions-Märkten an.[701]
2. Abhebungen von Bargeld mittels Kreditkarten an institutseigenen Schaltern im Inland wie auch im Ausland sind als Bestandteile ein- und desselben Kreditkarten-Emissions-Schalter-Geldabhebungsfunktions-Marktes anzusehen.
3. Es existiert ein Markt für Abhebungen, die am Schalter des Emittenten mittels Verbraucherkreditkarten getätigt werden; Abhebungen via Firmenkreditkarten an institutseigenen Schaltern sind diesem Markt nicht angehörig.

---

700 Vgl. oben unter Abschnitt 1, Titel 3, Untertitel 3, Kapitel 3, Unterkapitel 3, § 4.

701 Abhebungen mittels Kreditkarten an institutsfremden Schaltern wurden von der weiteren Bearbeitung ausgenommen.

4. Die Geldabhebungsfunktionen von charge cards, credit cards, co-branded cards und Luxuskarten gehören dem Verbraucherkreditkarten-Emissions-Schalter-Geldabhebungsfunktions-Markt für Abhebungen am institutseigenen Schalter an. Geldabhebungen mittels Prepaid-Kreditkarten sind nicht Bestandteil dieses Marktes.
5. Abhebungen an institutseigenen Bankschaltern, die nicht mittels Kreditkarte erfolgen, gehören nicht dem sachlich relevanten Verbraucherkreditkarten-Emissions-Schalter-Geldabhebungsfunktions-Markt an.

Unterkapitel 4. Ergebnis in Bezug auf den Bereich des Einsatzes der Kreditkarte zur Geldabhebung

1. Es existieren ein Kreditkartenemissionsmarkt für Geldabhebungen am Geldautomaten mittels Verbraucherkreditkarten (Kreditkarten-Emissions-Automaten-Geldabhebungsfunktions-Markt) und ein Kreditkartenemissionsmarkt für Geldabhebungen am Bankschalter des Kartenemittenten mittels Verbraucherkreditkarten (Kreditkarten-Emissions-Schalter-Geldabhebungsfunktions-Markt).
2. Es existiert ein Kreditkarten-Emissions-Automaten-Geldabhebungsfunktions-Markt, der mittels Verbraucherkreditkarten (einschließlich charge cards, credit cards, co-branded cards und Luxuskarten) getätigte Abhebungen an institutseigenen und institutsfremden Geldautomaten im In- und im Ausland umfasst. Geldabhebungen mittels Firmenkreditkarten und sonstigen Zahlungsmitteln (die keine Kreditkarten sind) gehören diesem Markt nicht an.
3. Es existiert ein Markt für Abhebungen an institutseigenen Schaltern des Kreditkartenemittentens mittels Verbraucherkreditkarten (einschließlich charge cards, credit cards, co-branded cards und Luxuskarten); dieser Markt umfasst keine Abhebungen an institutsfremden Schaltern[702], Abhebungen via Firmenkreditkarten[703] oder Abhebungen, die mittels Kreditkarte erfolgen.
4. Auch wenn Abhebungen am Automaten und Abhebungen am Schalter keinem einheitlichen Emissions-Automaten-Geldabhebungsfunktions-Markt angehören, lässt sich feststellen, dass die einerseits im Bereich der Abhebungen am Geldautomaten und andererseits im Bereich der Abhebungen am Bankschalter anzutreffenden Märkte dem Umfang nach im Wesentlichen einander entsprechen. In letzter Konsequenz – sofern das Ergebnis der Marktabgrenzung hinsichtlich der Geldabhebungsfunktion isoliert in Blick genommen wird – ergeben sich zwischen dem Einsatzbereich am Schalter und dem Einsatzbereich

702 Abhebungen mittels Kreditkarten an institutsfremden Schaltern wurden von der weiteren Bearbeitung ausgenommen.

703 Abhebungen mittels Firmenkreditkarten wurden von der weiteren Bearbeitung ausgenommen.

am Automaten (lediglich) insofern ergebniswirksame Unterschiede, als davon auszugehen ist, dass Abhebungen an institutseigenen und institutsfremden Automaten einem einheitlichen Markt angehören, hingegen Abhebungen an institutseigenen Schaltern des Kartenemittenten und Abhebungen an institutsfremden Schaltern gesonderten Märkten zuzurechnen sind.

Kapitel 4. Kreditgewährung („Echte" Kreditfunktion)

Entsprechend obiger Ausführungen ist eine Substituierbarkeit zwischen der Kreditfunktion bzw. den mit dieser korrespondierenden Leistungen und den sonstigen Kreditkarten-Funktionen abzulehnen.[704] Die Kommission hat insofern – zutreffend – einen eigenständigen Markt für kartenbasierte Verbraucherkredite angenommen.[705] Zumal eine nähere Untersuchung dieses Marktes für die vorliegende Bearbeitung nicht relevant erscheint, sei hierauf nicht weiter eingegangen. Die Kreditoption gehört weder einem Kreditkarten-Emissions-Geldabhebungsfunktions-Markt noch einem Kreditkarten-Emissions-Zahlungsfunktions-Markt an.[706]

Kapitel 5. Zusatzleistungen

Die den Karteninhabern gewährten Zusatzleistungen sind nicht mit der Zahlungsfunktion und/oder der Geldabhebungsfunktion substituierbar; sie gehören gesonderten Märkten an. In Anbetracht der Mannigfaltigkeit denkbarer Zusatzleistungen, die dem Inhaber einer Kreditkarte zugutekommen, aber auch, weil es sich insofern nicht um eine Frage der Zahlungskartenbranche im engeren Sinne[707] handelt, wird vorliegend von einer Marktabgrenzung in Bezug auf Zusatzleistungen abgesehen.

---

704 Vgl. oben Abschnitt 1, Titel 3, Untertitel 3, Kapitel 1, Unterkapitel 4, § 2 sowie Abschnitt 1, Titel 3, Untertitel 3, Kapitel 1, Unterkapitel 5, § 2.

705 Vgl. KOM, Entscheidung v. 03.12.2008, COMP/M.5384 – BNP Paribas/Fortis, Rn. 57. Ob eine weitere Differenzierung hinsichtlich dieses Marktes anzunehmen ist, wurde seitens der Kommission dahinstehen gelassen.

706 Hierzu bereits oben unter Abschnitt 1, Titel 3, Untertitel 3, Kapitel 2 und Kapitel 3.

707 In Bezug auf etwaige, dem Karteninhaber gewährte Rabatte ist davon auszugehen, dass der Zweck eines Kartenemissionsvertrages von vornherein nicht in der Gewährung von Vergünstigungen, Rabatten, Preisnachlässen, etc. zu sehen ist. Vgl. zu diesem Aspekt (allerdings in anderem Kontext): KOM, Vorschlag für eine Richtlinie des Europäischen Parlaments und des Rates über den Schutz der Verbraucher im Hinblick auf bestimmte Aspekte von Teilzeitnutzungsrechten, langfristigen Urlaubsprodukten sowie des Wiederverkaufs und Tausches derselben vom 7. Juni 2007, KOM (2007) 303, endg., S. 10 (abrufbar unter: http://eur-lex.europa.eu/LexUriServ/LexUriServ.do?uri=COM:2007:0303: FIN:DE:PDF); vgl. auch noch *Franzen*, Neue Regeln zum Time-Sharing, NZM 2011, 217, 219.

Kapitel 6. Ergebnis hinsichtlich des Issuing-Bereichs

1. Funktionsspezifische Marktabgrenzung

Es besteht kein einheitlicher, alle Funktionen von Kreditkarten umfassender Emissionsmarkt. Hinsichtlich des Emissionsbereichs hat eine funktionsspezifische Marktabgrenzung entlang der Funktionen der Kreditkarte zu erfolgen.

a) Die Assistance-Leistungen und die Kreditfunktion bzw. -option von Kreditkarten gehören nicht dem Kreditkarten-Emissionsmarkt an.
b) Bei der Zahlungsfunktion und der Geldabhebungsfunktion von Kreditkarten respektive den diesen entsprechenden Leistungen handelt es sich um getrennte Produkte, die nicht substituierbar sind. Innerhalb des Kreditkarten-Emissionsbereichs gehören sie unterschiedlichen Märkten an; es existiert einerseits ein Emissionsmarkt für die Geldabhebungsfunktion (Kreditkarten-Emissions-Geldabhebungsfunktions-Markt) und andererseits ein Markt für die Zahlungsfunktion von Kreditkarten (Kreditkarten-Emissions-Zahlungsfunktions-Markt).
c) Die Stundungsfunktion ist Bestandteil des Marktes der Geldabhebungsfunktion sowie des Marktes der Zahlungsfunktion von Kreditkarten.

2. Der Kreditkarten-Emissions-Zahlungsfunktions-Markt

a) Die Absatzmarktbezogenheit

Obgleich der Absatzmarktbezogenheit von Kreditkarten ist eine absatzbereichsspezifische Ausrichtung der Marktabgrenzung des Zahlungsfunktions-Marktes im Issuing-Bereich abzulehnen. Aus Sicht der maßgeblichen Marktgegenseite, der Karteninhaber, handelt es sich bei der Zahlungsmittelfunktion der Kreditkarte – ungeachtet der Frage, in welcher Branche die Karte jeweils eingesetzt wird – um eine einheitliche (Dienst-)Leistung.

b) Die verschiedenen „Kreditkartenarten“

Es ist von einem eigenständigen Markt für Verbraucher(kredit-)karten auszugehen; von diesem strikt zu trennen ist der Markt für Geschäftskarten. Der Kreditkarten-Emissions-Zahlungsfunktions-Markt umfasst credit cards (echte Kreditkarten) und charge cards (unechte Kreditkarten), sowie co-branded cards, nicht jedoch sog. Prepaid-Kreditkarten. Bezüglich Luxuskarten ist von der Existenz eines eigenständigen PoS-Marktes auszugehen, dem nur die sog. „schwarzen Kreditkarten“ (AmEx Centurion, VISA Infinite, MasterCard World Elite) angehören.

c) Sonstige „Zahlungsmittel“

Sonstige „Zahlungsmittel“ sind nicht dem Markt für Kreditkartenzahlungen angehörig. Bargeldzahlungen, Scheckzahlungen, Überweisungen, (reine) Bankkarten, Kundenkarten, Wertkarten, Kundenkreditkarten oder Debitkarten sind nicht als Teil des sachlich relevanten Kreditkarten-Emissions-Zahlungsfunktions-Marktes anzusehen.

3. Die Kreditkarten-Emissions-Geldabhebungsfunktions-Märkte

Geldabhebungen an Geldautomaten und an Bankschaltern gehören unterschiedlichen Kreditkartenemissionsmärkten an:

a) Es existiert ein Kreditkarten-Emissions-Automaten-Geldabhebungsfunktions-Markt, der Geldabhebungen mittels Verbraucherkreditkarten an institutseigenen und institutsfremden Automaten im In- und im Ausland umfasst.
b) Ferner besteht ein Kreditkarten-Emissions-Schalter-Geldabhebungsfunktions-Markt, der Geldabhebungen mittels Verbraucherkreditkarten am Bankschalter des Kartenemittenten umfasst; Abhebungen an institutsfremden Schaltern sind nicht Bestandteil dieses Marktes.

4. Kreditgewährung („Echte" Kreditfunktion)

Die Kreditfunktion von echten Kreditkarten (credit cards) und die mit dieser korrespondierenden Leistungen gehören einem eigenständigen Markt für kartenbasierte Verbraucherkredite an. Bei einer echten Kreditkarte handelt es sich um aus der Zahlungsfunktion und der Kreditfunktion zusammengesetztes Leistungsbündel. Die Kreditfunktion von echten Kreditkarten (credit cards) und die mit dieser korrespondierenden Leistungen gehören weder einem Kreditkarten-Emissions-Geldabhebungsfunktions-Markt noch einem Kreditkarten-Emissions-Zahlungsfunktions-Markt an.

Untertitel 4. Der Acquiring-Bereich

Fraglich erscheint, wie der sachlich relevante Markt hinsichtlich des Acquiring-Bereichs zu bestimmen ist.

Kapitel 1. Einleitende Erwägungen: Die maßgebliche Marktgegenseite

Zunächst bedarf es vorliegend einer Klärung, ob hinsichtlich des Acquiring-Bereiches – unter Zugrundelegung des Bedarfsmarktkonzeptes – auf die Sicht der Vertragsunternehmen und/oder auf die Sicht der Karteninhaber abzustellen ist.

Unter Rekurs auf die Theorie zweiseitiger Märkte und unter Verweis auf die anzutreffenden Netzwerkeffekte zwischen Emissions- und Akquisitionsbereich[708] wird vertreten, dass die Marktabgrenzung in Bezug auf den Akquisitionsbereich

708 Hinsichtlich der näheren Einzelheiten sei insofern auf obige Darstellung unter Abschnitt 1, Titel 3, Untertitel 1, Kapitel 5 verwiesen.

rein aus der Sicht der Karteninhaber zu erfolgen habe.[709] Teils wird gar die Auffassung vertreten, dass die Akzeptanzmärkte und Emissionsmärkte miteinander korrespondieren.[710]

Gegen diese Auffassungen lässt sich einwenden, dass die Karteninhaber nicht die Vertragspartner der Akquirer sind, sondern die Vertragsunternehmen.[711] Bei den Vertragsunternehmen handelt es sich um die Abnehmer der Acquiring-Dienstleistungen. Andererseits ist der dargelegten Auffassung zuzugeben, dass es sich bei den Karteninhabern um die Abnehmer der seitens der Vertragsunternehmen im Valutaverhältnis angebotenen Leistungen handelt. In Anbetracht dessen scheint es – jedenfalls prima facie – denkbar, dass die Sicht der Vertragsunternehmen maßgeblich durch die Sichtweise ihrer Kunden auf den Absatzmärkten und dementsprechend durch die Sicht der Karteninhaber geprägt wird.

Auf den ersten Blick sind mit der vorliegenden Konstellation in gewissem Maße jene Fälle vergleichbar, in denen ein Zwischenhändler seine Waren bei einem Großhändler bezieht und diese sodann dem Endkonsumenten offeriert. Im Falle des Vorliegens einer solchen Lieferkette wird die Sicht der Zwischenhändler durch die Auffassung seiner Abnehmer (mit)geprägt.[712]

Die Leistung, die ein Akquirer gegenüber einem Vertragsunternehmen erbringt, wird allerdings nicht inhaltsgleich an den Karteninhaber weitergeleitet. Der Karteninhaber erwirbt im Rahmen des Valutaverhältnisses auf den jeweiligen Absatzmärkten von den Vertragsunternehmen eine Ware oder Dienstleistung; hinsichtlich dieser Waren handelt es sich um eine Beziehung vertikaler Natur zwischen Vertragsunternehmen und Karteninhaber. Soweit es aber um die Akzeptanz einer Kreditkarte als Zahlungsmittel geht, existiert kein eigenständiger Kartenmarkt zwischen Karteninhabern und Vertragsunternehmen, dessen Leistungsgegenstand die Kartenakzeptanz bilden würde. Die gegenüber einem Vertragsunternehmen

709 Eine entsprechende Haltung hatten etwa die Parteien in einem schweizerischen Kartellverfahren eingenommen, vgl. hierzu WEKO, Verfügung v. 05.12.2005, RPW 2006/1, 65, S. 86, Rn. 172.

710 Eine dahingehende Auffassung wird etwa seitens *Oechsler* vertreten, vgl. *Oechsler*, Wettbewerb im Kreditkartengeschäft, 1992, S. 198. Der Vollständigkeit halber sei aber darauf hingewiesen, dass *Oechsler* eine andersartige Abgrenzung hinsichtlich des Kartenemissionsmarktes befürwortet, vgl. *Oechsler*, Wettbewerb im Kreditkartengeschäft, 1992, S. 186 ff.

711 In Drei-Parteien-Systemen sind die Karteninhabers ebenfalls nur die Vertragspartner des Emissionsvertrages, nicht aber auch des Akquisitionsvertrages und demnach nicht am Vollzugsverhältnis beteiligt, vgl. hierzu oben Abschnitt 1, Titel 1, Kapitel 2.

712 Vgl. KG, Beschluss v. 07.11.1985, Kart 6/85, Pillsbury-Sonnen-Bassermann, WuW/E OLG 3759; BKartA, Beschluss v. 19.10.1989, B 2 – 681400 – U – 62/89, Unilever-Braun, WuW/E BKartA 2421, 2423; BKartA, Beschluss v. 15.04.1993, B 5 – 333330 – U – 117/92, Zahnradfabrik Friedrichshafen/Allison, WuW/E BKartA 2521, 2527; BKartA Beschluss v. 12.12.1995, B 3 – 24301 – U – 50/95, Straßenmarkierungsmaterial, WuW/E BKartA 2820, 2821.

seitens eines Acquirers erbrachten Leistungen kommen dem Karteninhabers zwar mittelbar zugute, zumal er aufgrund der akquisitionsvertraglichen Beziehung des Vertragsunternehmens einen Anspruch gegen das Vertragsunternehmen erhält, seine Kreditkarte bei diesem als Zahlungsmittel einzusetzen.[713] Gleichwohl leitet das Vertragsunternehmen nicht die Acquiring-Dienstleistungen an den Karteninhaber weiter. Bezüglich der Acquiring-Dienstleistungen agiert das Vertragsunternehmen also nicht als Zwischenhändler. Die seitens der Karteninhaber in Anspruch genommenen Issuing-Dienstleistungen sind mit den Acquiring-Dienstleistungen weder hinsichtlich ihrer Eigenschaften identisch noch mit diesen substituierbar.[714]

Im Übrigen verbinden die Vertragsunternehmen mit Kreditkarten andere Funktionen als die Karteninhaber. Die Karteninhaber nutzen eine Kreditkarte im PoS-Bereich als Zahlungsmittel hinsichtlich der ihrerseits im Valutaverhältnis erworbenen Produkte. Die Vertragsunternehmen akzeptieren Kreditkarten hingegen, um ihren Absatz in demjenigen Absatzbereich, in dem sie tätig sind, zu steigern; für die Vertragsunternehmen steht die Absatzförderung im Vordergrund. Im Valutaverhältnis agieren die Vertragsunternehmen als Anbieter und die Karteninhaber als Nachfrager. Die Interessen der Vertragsunternehmen und der Karteninhaber sind nicht deckungsgleich; jede Partei wird prinzipiell bestrebt sein, ihren eigenen Nutzen (notfalls auch) zu Lasten des Vertragspartners im Valutaverhältnis auszuweiten.

Ferner richtet sich der Blick der Karteninhaber, sofern man die Zahlungsfunktion der Kreditkarte in Augenschein nimmt, auf den gesamten Einsatzbereich der Kreditkarte. Seitens der Karteninhaber wird eine Kreditkarte als Universalzahlungsmittel angesehen; die Einsatzmöglichkeit der Kreditkarte ist nicht auf einen bestimmten Absatzbereich oder eine bestimmte Branche begrenzt.[715] Für die Vertragsunternehmen, deren Bereitschaft zur Kartenakzeptanz maßgeblich durch den Wunsch der Absatzförderung beeinflusst wird, kann sich der Nutzen der Kartenakzeptanz von vornherein nur auf den eigenen Absatzbereich beziehen. Hinsichtlich solcher Produkte, die seitens des Vertragsunternehmens (wie auch der Konkurrenten der Vertragsunternehmen im jeweiligen Absatzbereich) nicht vertrieben werden, kommt eine absatzfördernde Wirkung nicht in Betracht. Die Vorteile bzw. der Nutzen einer Kreditkarte(nakzeptanz) sind mithin aus Sicht der Vertragsunternehmen von begrenzter Natur.

Wenn aber der Blick der Vertragsunternehmen auf den eigenen Absatzbereich abzielt und die Kreditkartenakzeptanz nur hinsichtlich dieses Bereiches einen

713 Das Rechtsverhältnis zwischen Acquirer und Vertragsunternehmen ist als Vertrag zugunsten Dritter (§ 328 BGB) ausgestaltet. Daher hat der Karteninhaber einen Anspruch gegen das Vertragsunternehmen auf Annahme der Kreditkarte, vgl. oben unter Abschnitt 1, Titel 1, Kapitel 2, Unterkapitel 4.

714 Vgl. hierzu bereits oben unter Abschnitt 1, Titel 3, Untertitel 1.

715 Vgl. auch obige Ausführungen unter Abschnitt 1, Titel 3, Untertitel 3, Kapitel 2, Unterkapitel 1.

Wettbewerbsparameter für die Vertragsunternehmen darstellt, dann können zwar die Grenzen der Emissionsmärkte denjenigen der Akquisitionsmärkte entsprechen, zwingend ist dies jedoch nicht.

Über die Frage, welche Zahlungsmittel ein Händler akzeptiert, entscheidet in erster Linie er selbst. Die Auswahl und Akzeptanz eines bestimmten Zahlungsmittels obliegt der (Letzt-)Entscheidung des jeweiligen Händlers.[716] Mithin handelt es sich bei den Vertragsunternehmen bezüglich der Kartenakzeptanz nicht – wie es etwa bei Zwischenhändlern der Fall ist – um eine produktweiterleitende Zwischenstelle einer seitens des Akquirer angebotenen Leistung, sondern um einen Akteur, der aktiv auf das Geschehen Einfluss nimmt und dem Kunden im Rahmen der Zahlungsabwicklung die Möglichkeit der Nutzung eines (weiteren) Zahlungsmittels einräumt. Bei den Karteninhabern handelt es sich nicht um die Nachfrager von Acquiring-Dienstleistungen. Vielmehr schließen die Händler die Akquisitionsverträge ab und übernehmen die aus diesen Verträgen resultierenden Rechte wie auch Pflichten.[717] In Anbetracht dieser aktiven Rolle der Vertragsunternehmen vermag es nicht zu überzeugen, bei der Bestimmung der Akzeptanzmärkte ausschließlich auf die Sicht der Karteninhaber abzustellen.[718]

Dementsprechend sind die Vertragsunternehmen und nicht etwa die Karteninhaber hinsichtlich des Vollzugsverhältnisses als Marktgegenseite anzusehen.[719] Freilich lässt sich nicht leugnen, dass die Händler ihre eigene Nachfrage bezüglich der Acquiring-Dienstleistungen in Abhängigkeit zu ihren Kunden bestimmen. Seitens der Händler wird die Akzeptanz der Kreditkartenzahlung insbesondere als ein Service gegenüber den Kunden auf den Absatzmärkten angesehen. Durch den Abschluss des Akquisitionsvertrages und die Annahme der Kreditkarte als Zahlungsmittel am PoS verschafft das Vertragsunternehmen dem Karteninhaber einen zusätzlichen Nutzen. Eine Berücksichtigung der Sicht der Karteninhaber bei Bestimmung der Substitutionsbeziehungen erscheint demnach zwar angebracht, um den Besonderheiten der anzutreffenden Wettbewerbskräfte und insbesondere den Netzeffekten hinreichend Rechnung zu tragen.[720] Dies ändert jedoch nichts daran, dass die Vertragsunternehmen die Marktgegenseite der Acquirer sind. Zusammenfassend lässt sich vorliegend also festhalten, dass eine These, wonach zwingend eine inhaltsgleiche Entsprechung zwischen Emission und Akquisition

---

716 Vgl. WEKO, Verfügung v. 05.12.2005, RPW 2006/1, 65, S. 88, Rn. 181.

717 Vgl. WEKO, Verfügung v. 05.12.2005, RPW 2006/1, 65, S. 90 a.E. f., Rn. 193.

718 Ähnlich WEKO, Verfügung v. 05.12.2005, RPW 2006/1, 65, S. 90, Rn. 193.

719 Vgl. WEKO, Verfügung v. 05.12.2005, RPW 2006/1, 65, S. 91, Rn. 193; REKO/WEF, Beschwerdeentscheid v. 09.06.2005, RPW 2005/3, 530, 559, Erw. 7.1.; WEKO, Verfügung v. 18.11.2002, RPW 2003/1, 106, 119, Rn. 73; vgl. auch WEKO, Schlussbericht v. 04.07.2006, RPW 2006/4, 601, 617, Rn. 142; ebenso bzgl. Debitkarten WEKO, Schlussbericht v. 27.04.2009, RPW 2009/2, 122, 133, Rn. 103.

720 Vgl. REKO/WEF, Beschwerdeentscheid v. 09.06.2005, RPW 2005/3, 530, 561, Erw. 7.4.4; vgl. auch noch WEKO, Verfügung v. 18.11.2002, RPW 2003/1, 106, 119, Rn. 74 u. S. 123, Rn. 101.

gegeben ist, in ihrer Pauschalität nicht zu überzeugen vermag. Vielmehr bedarf es einer konkreten Betrachtung der Verhältnisse im Akquisitionsbereich.

Der nachfolgenden Marktabgrenzung hinsichtlich des Acquiring-Bereiches ist insofern zugrunde zu legen, dass es sich bei den Vertragsunternehmen in ihrer Funktion als Nachfrager der Akquisitions(dienst-)leistungen um die nach dem Bedarfsmarktkonzept maßgebliche Marktgegenseite handelt. Die Besonderheiten der Kreditkartenbranche und insbesondere die Verbindung der Karteninhaber und der Vertragsunternehmen im Valutaverhältnis sind gleichwohl insofern zu berücksichtigen, als die Sichtweise der Vertragsunternehmen durch die Sicht der Karteninhaber (mit-)geprägt wird.

Kapitel 2. Funktionsspezifische Abgrenzung

Im Acquiring-Bereich nehmen die Vertragsunternehmen die Dienstleistungen eines Acquirers in Anspruch. Die seitens der Acquirer erbrachten Leistungen eröffnen den Vertragsunternehmen den „Zugang zum Kreditkartenzahlungsverkehr".[721] Die Vertragsunternehmen agieren – anders als die Karteninhaber – ausschließlich im PoS-Bereich; sie erhalten durch die Kartenakzeptanz weder eine Geldabhebungsmöglichkeit noch eine Kreditoption und sie kommen auch nicht in den Genuss sonstiger Zusatzleistungen. Letztgenannte Leistungen werden nur den Karteninhabern gewährt und kommen den Vertragsunternehmen allenfalls mittelbar über die Karteninhaber bzw. die Beeinflussung des Konsumverhaltens der Karteninhaber zugute. Diese Leistungen sind aus Sicht der Vertragsunternehmen – wenn überhaupt – bloß von untergeordneter Bedeutung. Eine funktionsspezifische Abgrenzung – wie sie an obiger Stelle in Bezug auf den Emissionsbereich befürwortet wurde[722] – kommt demnach hinsichtlich des Acquiring-Bereiches von vornherein nicht in Betracht.

Kapitel 3. Auswirkungen der Absatzmarktbezogenheit von Kreditkarten auf die Marktabgrenzung: Eine absatzbereichsorientierte Abgrenzung hinsichtlich des Acquiring?

Wie hinsichtlich des Bereiches der Kartenemission gilt es auch bezüglich des Acquiring der Frage nachzugehen, welche Bedeutung der Absatzbereichsbezogenheit von Kreditkarten[723] im Rahmen der Marktabgrenzung zukommt.

---

721 Vgl. WEKO, Verfügung v. 05.12.2005, RPW 2006/1, 65, S. 86, Rn. 169; WEKO, Verfügung v. 18.11.2002, RPW 2003/1, 106, 118 a.E. f., Rn. 72. Zu den Einzelheiten bereits oben unter Abschnitt 1, Titel 1, Untertitel 2, Kapitel 2, Unterkapitel 4 sowie Abschnitt 1, Titel 1, Untertitel 2 Kapitel 3 und Abschnitt 1, Titel 3, Untertitel 1.

722 Vgl. oben unter Abschnitt 1, Titel 3, Untertitel 3, Kapitel 1.

723 Vgl. diesbezüglich auch obige Ausführungen unter Abschnitt 1, Titel 3, Untertitel 3, Kapitel 1.

Unterkapitel 1. Einleitende Erwägungen

Denkbar erscheint unter dem Blickwinkel einer absatzbereichsspezifischen Abgrenzung zunächst eine an den, auf den Absatzmärkten anzutreffenden Produktmärkten ausgerichtete Definition des sachlich relevanten Marktes. Eine solche Orientierung an der Absatzmarktbezogenheit könnte gegebenenfalls dahingehend erfolgen, dass mit einem jeden im Valutaverhältnis gegebenen Absatzmarkt ein Kartenakquisitionsmarkt korrespondiert.[724] Sofern man im vorliegenden Zusammenhang von einer subalternen Stellung der Akquisitionsmärkte im Verhältnis zu den Absatzmärkten ausgeht und einem solchen Über-/Unterordnungsverhältnis maßgebliche Bedeutung im Rahmen der Marktabgrenzung beimisst, stellt sich die Frage, ob der Einsatzbereich tatsächlich mit dem Umfang eines jeden Absatzmarktes gleichgesetzt werden kann und einem jeden Absatzmarkt ein Akquisitionsmarkt beizuordnen ist.

Stellt sich für ein (potentielles) Vertragsunternehmen die Frage, ob und inwiefern die Akzeptanz einer Kreditkarte aus unternehmerischer Sicht vernünftig erscheint, wird das Unternehmen eine umfassende Kosten-/Nutzenanalyse anstellen. Eine Kartenakzeptanz bzw. der Abschluss eines Akquisitionsvertrages ist für ein Unternehmen insbesondere mit Disagio-Verpflichtungen verbunden; auch die sonstigen Kosten, die mit der Akzeptanz einer Kreditkarte für das Vertragsunternehmen einhergehen, werden insofern Berücksichtigung finden (müssen). Mit der in der Implementierungsphase einer Zahlungsmittelakzeptanz notwendigen Anschaffung von Zahlungsterminals, der Schulung des eigenen Personals wie auch der Umstellung der unternehmensinternen Datenverarbeitung sind ebenfalls Kosten verbunden. In Anbetracht dieser, mit der Akzeptanz von Kreditkarten einhergehenden Kosten, bedarf es eines aus der Kartenakzeptanz resultierenden Nutzens, um die Kartenakzeptanz unter Rentabilitätsgesichtspunkten vernünftig erscheinen zu lassen. Freilich wird insofern vor allem die Prognose einer erwarteten Absatzsteigerung von Bedeutung sein.[725]

Gleichsam wird in diesem Kontext seitens eines potentiellen Vertragsunternehmens mitunter auch eruiert werden, welche Zahlungsmittel seitens etwaiger Wettbewerber akzeptiert werden und insbesondere, ob seitens der Konkurrenten im jeweiligen Absatzbereich eine Kartenakzeptanz erfolgt, mithin den potentiellen Nachfragern bei den Wettbewerbern auf der Ebene des Valutaverhältnisses die Möglichkeit eingeräumt wird, via Kreditkarte zu zahlen.[726] Sollten sämtliche

---

724 Oechsler geht zu Recht davon aus, dass der einzelne, im Valutaverhältnis anzutreffende Absatz- bzw. Produktmarkt insofern die kleinste denkbare Einheit darstellt, vgl. *Oechsler*, Wettbewerb im Kreditkartengeschäft, 1992, S. 191 sowie S. 198.

725 Vgl. zum verfolgten Ziel einer Absatzsteigerung *Langenbucher*, Effiziente Risikoallokation bei Kreditkartensystemen, 2002, S. 43; *Weisensee*, Das Bankkreditkartengeschäft, 1978, S. 1; vgl. auch *Stauder/Weisensee*, Kreditkartengeschäft, 1970, S. 13.

726 Nach Angabe von 64 % der Händler, die im Rahmen einer bezüglich Großbritannien durchgeführten Studie befragt wurde, werden von diesen Zahlungskarten akzeptiert, weil ihre Wettbewerber dies ebenfalls tun, vgl. *Koboldt/Maldoom/Salsas*,

Wettbewerber bereits eine Kreditkarte als Zahlungsmittel akzeptieren, das in Rede stehende Vertragsunternehmen im jeweiligen Absatzbereich das einzige Unternehmen sein, welches den Kunden keine Möglichkeit zur Kartenzahlung einräumt und sich die Nachfrager im maßgeblichen Absatzbereich bzw. der Branche, in dem das Vertragsunternehmen tätig ist, vielfach von der Zahlungsart Kreditkarte Gebrauch machen, so kann davon ausgegangen werden, dass das Unternehmen aufgrund des im Absatzbereich bestehenden Wettbewerbsdrucks auf die Akzeptanz einer Kreditkarte angewiesen ist, um weiterhin konkurrenzfähig zu sein bzw. zu bleiben.

Freilich wird anderen Wettbewerbsfaktoren sowie den Marktanteilsverhältnissen oder aber auch Imageüberlegungen im Rahmen der unternehmerischen Entscheidung, ob eine Kreditkarte als Zahlungsmittel akzeptiert werden soll, eine Bedeutung zukommen. Ohne diese Erwägungen näher zu vertiefen oder auf die Auswirkungen weiterer Randbedingungen einzugehen, wird allerdings deutlich, dass die Bereitschaft eines (potentiellen) Vertragsunternehmens zur Akzeptanz einer Kreditkarte in beachtlichem Maße durch die Wettbewerbsverhältnisse im eigenen Absatzbereich und insofern auch durch das Verhalten der dort agierenden Wettbewerber determiniert wird. Letztlich wird sich das Vertragsunternehmen an der Branchenüblichkeit der Kartenakzeptanz orientieren.[727]

Aus Sicht eines Händler, der es in Erwägung zieht, Kreditkarten als Zahlungsmittel zu akzeptieren, steht in Rede, eine solche Zahlungsmöglichkeit hinsichtlich seines gesamten Sortiments einzuräumen. Eine Selektion bestimmter Artikel, die mit Kreditkarte bezahlt werden können, würde insbesondere Kunden abschrecken, die Waren aus beiden „Warengruppen" käuflich erwerben möchten. Im Falle einer Begrenzung der Zahlung mittels Kreditkarte könnte der Kunde seine Kreditkarte nur hinsichtlich eines ausgewählten Teils der Waren als Zahlungsmittel verwenden; im Übrigen müsste er auf ein anderes Zahlungsmittel zurückgreifen. Würde der Kunde also in einem solchen Falle auf eine Kartenzahlung bestehen, wären zwei Zahlungsvorgänge von Nöten. Würde der Händler die Zahlungsmöglichkeit via Kreditkarte beschränken, würde er den Unmut des Kunden auf sich ziehen. Eine derartige Begrenzung des Einsatzbereichs der Kreditkarte im jeweiligen Geschäftsbereich liefe demnach evident unternehmerischen Vernunftgesichtspunkten zuwider.

Merchant constraints on interchange fees, 2011, 24. Vgl. auch noch KOM, Entscheidung v. 19.12.2007 in den Sachen COMP/34.579 – MasterCard, COMP/36.518 – EuroCommerce u. COMP/38.580 – Commercial Cards, Rn. 295.

727 Exemplarisch lässt sich insoweit auch darauf hinweisen, dass etwa Güter bzw. Produkte, welche an Tankstellen veräußert werden, durchaus auch im Rahmen der gängigen Produktpalette von Einzelhandelsunternehmen liegen. Nichtsdestotrotz variieren die Unterschiede bzw. die Anforderungen im Hinblick auf eine Kartenakzeptanzmöglichkeit zwischen Tankstellen und einem Einzelhandelsunternehmen beträchtlich. Auch in Anbetracht dessen vermag eine rein absatz*markt*spezifische Abgrenzung sowohl der Auffassung der Vertragsunternehmen nicht hinreichend gerecht zu werden.

Mithin ist die Perspektive eines potentiellen Vertragsunternehmens, sofern es um die Frage nach dem „Ob“ der Akzeptanz einer Kreditkarte als Zahlungsmittel geht, wie bei anderen unternehmensbezogenen Entscheidungen auf die Verhältnisse im jeweiligen Absatzbereich bzw. der eigenen Branche sowie sortimentsbezogen ausgerichtet. Aus Sicht der Vertragsunternehmen handelt es sich bei der Annahme von Zahlungskarten um eine Service-Leistung gegenüber den eigenen Kunden im jeweiligen Absatzbereich. Kunden, die eine Kartenzahlung wünschen, berücksichtigen die Zahlungsmöglichkeit via Kreditkarte bei der Auswahl des Händlers. Die Kartenakzeptanz erscheint daher geeignet, das Wohlwollen eines Kunden gegenüber dem Händler zu steigern. Daraus erwächst einem kartenakzeptierenden Händler ein Wettbewerbsvorteil gegenüber denjenigen Konkurrenten des Absatzbereichs, die keine Kreditkarte als Zahlungsmittel akzeptieren. Mithin wird die Ermöglichung der Kartenzahlung durch ein Vertragsunternehmen zu einem Wettbewerbsfaktor im Absatzbereich des Händlers.

Diese Überlegungen zeigen, dass die Absatzmarktbezogenheit der Kreditkarte Auswirkungen auf die Sichtweise der Vertragsunternehmen hat. Zumal die Sicht dieser Vertragsunternehmen primär, die aus der Warte des Bedarfsmarktkonzeptes maßgebliche Sicht der Marktgegenseite des Akquisitionsbereiches darstellt, erscheint demnach eine einsatzbereichsspezifische Marktabgrenzung in Bezug auf das Acquiring denkbar. Der Bedarf eines Händlers hinsichtlich der Kartenakzeptanz variiert nicht von Produkt zu Produkt, also von Absatzmarkt zu Absatzmarkt, sondern vielmehr von Branche zu Branche. Eine absatz*markt*spezifische Abschichtung im Rahmen der Marktabgrenzung wäre dementsprechend zu eng.

Näherliegend erschiene vielmehr eine absatz*bereichs*spezifische Abgrenzung, wobei die bisherigen Ausführungen intendieren, dass als Absatzbereich eine Branche anzusehen sein könnte. Dem auf diese Art definierten Absatz*bereich* könnte ein Kartenakzeptanzmarkt entsprechen.

Unterkapitel 2. Abstrakte Betrachtung: Kartellrechtliche Zulässigkeit einer „Zusammenfassung“ verschiedener Produkte

Produkte, die in einem bestimmten Absatzbereich bzw. in einer bestimmten Branche angeboten werden, für die Zwecke der Marktabgrenzung als Einheit anzusehen, stehen grundsätzlich keine kartellrechtlichen Bedenken entgegen. Zwar werden in der Regel nicht sämtliche, seitens eines Händlers vertriebenen Produkte substituierbar sein und demnach auch nicht einem einheitlichen Produktmarkt angehören. Indes kann anhand der Kartellrechtspraxis ersehen werden, dass – unter bestimmten Voraussetzungen – auch untereinander nicht substituierbare Produkte als Einheit zu behandeln sind.

Verwiesen sei insofern auf den sog. Sortimentsgedanken: Insbesondere im Bereich des Lebensmitteleinzelhandels geht die Kartellrechtspraxis von einem Produkt*absatz*markt aus, der das Lebensmittelsortiment in seiner typischen

Zusammensetzung umfasst.[728] Der Angebotsmarkt im Bereich des Einzelhandels wird sortimentsbezogen bestimmt, zumal sich die Nachfrage der Verbraucher, also der insofern maßgeblichen Marktgegenseite, nicht auf ein einzelnes Produkt, sondern auf die Produktpalette bzw. ein „Güterbündel" richtet.[729] Diesem Markt sind grundsätzlich auch solche Anbieter zuzuordnen, welche nicht das gesamte Sortiment, sondern lediglich Teile hiervon anbieten.[730]

Zwar wurde der Sortimentsgedanke in Bezug auf Waren entwickelt. Er lässt sich allerdings auch auf Dienstleistungen transferieren. Unter anderem wird insofern diskutiert, ob sich der Sortimentsgedanke auf Telekommunikations(dienstleistungs)märkte übertragen lässt.[731] Im Februar 2001 hatte etwa die Regulierungsbehörde für Telekommunikation und Post (RegTP)[732] einen Entwurf von Eckpunkten zur sachlichen und räumlichen Abgrenzung von Märkten und der Feststellung einer marktbeherrschenden Stellung vorgestellt.[733] Unter Eckpunkt 9 dieses Entwurf

728 Vgl. KOM, Entscheidung v. 03.02.1999, COMP/M.1221 – Rewe/Meinl, Rn. 10 ff., online abrufbar unter: http://ec.europa.eu/competition/mergers/cases/decisions/m1221_19990203 _600_de.pdf; vgl. auch KOM, Entscheidung v. 27.08.1996, IV/M. 803 – Rewe/Billa, Rn. 10 ff., online abrufbar unter: http://ec.europa.eu/competition/mergers/cases/ decisions/m803_de.pdf; vgl. auch BGH, ZIP 1986, 939, 942; BKartA, Beschluss v. 16.06.1999, B 9 – 52613 – U – 61/99, Porta, WuW/E DE-V 162; vgl. zum Sortimentsgedanken auch: *Treis/Lademann*, Abgrenzung des sachlich relevanten Marktes im Lebensmitteleinzelhandel, GRUR 1987, 262 ff.; vgl. ferner *Wendland*, Abgrenzung der Angebotsmärkte des Lebensmittelhandels, WRP 1988, 147, 148 ff.; *Barth*, Bestimmung des relevanten Marktes, BB 1984, 1457 ff.

729 Vgl. BGH, ZIP 1986, 939, 942; KG, Beschluss v. 16.10.1984, Kart 14/83, Metro-Kaufhof, WuW/E OLG 3367, 3369; KG, Beschluss v. 22.05.1985, Kart 21/83, Coop SH-Deutscher Supermarkt, WuW/E OLG 3591, 3595; KG, Beschluss v. 05.11.1986, Coop-Wandmaker, WuW/E OLG 3917, 3919; BKartA, Beschluss v. 20.11.1989, B 9 – 712068 – U – 2056/89, Tengelmann-Gottlieb, WuW/E BKartA 2441, 2442; *Köhler*, Nachfragewettbewerb und Marktbeherrschung, 1986, S. 51 ff.

730 Vgl. BKartA, Beschluss v. 20.11.1989, B 9 – 712068 – U – 2056/89.

731 Vgl. RegTP, Eckpunkte zur sachlichen und räumlichen Abgrenzung von Märkten und der Feststellung einer marktbeherrschenden Stellung – Aufruf zur Kommentierung, Amtsblatt der Regulierungsbehörde für Telekommunikation und Post Nr. 4/2001 v. 28.02.2001 Mitteilung Nr. 90/2001 – MMR-Beil. 2002, 19, 23 (Eckpunkt 9); vgl. auch *Pape*, in: Beck'scher TKG-Kommentar, 3. Aufl., 2006, Vor § 9, Rn. 40; vgl. ferner zur Marktabgrenzung auf den Märkten der Telekommunikation: *Mayen*, Marktabgrenzung auf den Märkten der Telekommunikation, MMR 2001, 496 ff.

732 Mitte des Jahres 2005 wurde die Zuständigkeit der „Regulierungsbehörde für Telekommunikation und Post" um die Energieregulierung erweitert. In Folge dessen wurde sie am 13. Juli 2005 in „Bundesnetzagentur" umbenannt. Seit 2006 trägt sie die Bezeichnung „Bundesnetzagentur für Elektrizität, Gas, Telekommunikation, Post und Eisenbahnen".

733 Vgl. RegTP, Eckpunkte zur sachlichen und räumlichen Abgrenzung von Märkten und der Feststellung einer marktbeherrschenden Stellung – Aufruf zur Kommentierung, Amtsblatt der Regulierungsbehörde für Telekommunikation und Post

hatte sie u.a. darauf hingewiesen, dass „als Markt auch eine Gesamtheit von einzelnen Waren oder Leistungen in Betracht kommen [könne], die einzelne durchaus unterschiedliche Bedarfszwecke erfüllen", sofern sie gemeinsam angeboten werden und „die Gesamtheit [der Produkte] als solche von den Abnehmern tatsächlich nachgefragt wird".[734]

Obgleich die näheren Einzelheiten hinsichtlich des Sortimentsgedankens streitig sein mögen, kann doch ersehen werden, dass eine sortimentsbezogene Abgrenzung im Rahmen der sachlichen Marktabgrenzung Platz greifen kann, sofern dies der Sicht der Marktgegenseite entspricht. Dies gilt im vorliegenden Kontext umso mehr, als nicht etwa eine Zuordnung mehrerer, untereinander nicht substituierbarer Produkte zu einem einheitlichen Markt in Rede steht, sondern eine sortimentsbezogene Betrachtung der im Absatzbereich angebotenen Produkte lediglich einen Referenzwert bildet, um – gegebenenfalls nicht substituierbare – (Acquiring-)Dienstleistungen voneinander abzugrenzen und sachlich gesonderten Märkten zuzuordnen.

Unterkapitel 3. Konkrete Betrachtung: Absatzbereichsorientierte Abgrenzung in Bezug auf Acquiring-Dienstleistungen?

Auch wenn es aus kartellrechtlicher Sicht grundsätzlich möglich erscheint, die Marktabgrenzung absatzbereichsorientiert auszurichten, gilt es des Weiteren zu eruieren, ob konkret in Bezug auf Acquiring-Dienstleistungen davon auszugehen ist, dass diese sachlich gesonderten Märkten angehören. Mit anderen Worten ist der Frage nachzugehen, ob etwa die Acquiring-Dienstleistungen, die gegenüber einem Händler, der in einem bestimmten Absatzbereich tätig ist, aus Sicht der Vertragsunternehmen als Substitut derjenigen Acquiring-Dienstleistungen

---

Nr. 4/2001 v. 28.02.2001, Mitteilung Nr. 90/2001 – MMR-Beil. 2002, 19 ff.; vgl. auch RegTP, Entwurf von Eckpunkten zur sachlichen und räumlichen Abgrenzung von Märkten und der Feststellung einer marktbeherrschenden Stellung – Zusammenfassung der eingegangenen Stellungnahmen und Schlussfolgerungen, Amtsblatt der Regulierungsbehörde für Telekommunikation und Post Nr. 19/2001 v. 4.10.2001 Mitteilung Nr. 547/2001 – MMR-Beil. 2002, 27 ff.; RegTP, Jahresbericht 2001, S. 24; vgl. ferner *Mayen*, Marktabgrenzung auf den Märkten der Telekommunikation, MMR 2001, 496.

734 Vgl. RegTP, Eckpunkte zur sachlichen und räumlichen Abgrenzung von Märkten und der Feststellung einer marktbeherrschenden Stellung – Aufruf zur Kommentierung, Amtsblatt der Regulierungsbehörde für Telekommunikation und Post Nr. 4/2001 v. 28.02.2001 Mitteilung Nr. 90/2001 – MMR-Beil. 2002, 19, 23 (Eckpunkt 9); vgl. auch Pape, in: Beck'scher TKG-Kommentar, 3. Aufl., 2006, Vor § 9, Rn. 40; krit. *Mayen*, Marktabgrenzung auf den Märkten der Telekommunikation, MMR 2001, 496, 498.

erscheinen, die gegenüber einem anderen Händler erbracht werden, der in einem anderen Absatzbereich agiert.

§ 1. Nachfrageseitige Substituierbarkeit

Fraglich erscheint dementsprechend, ob die mit den unterschiedlichen Absatzbereichen korrespondierenden Akquisitionsmärkte seitens der Vertragsunternehmen als substituierbar angesehen werden.

Aus Sicht der Händler stehen vorliegend nicht etwa die Eigenschaften oder die Verwendungsmöglichkeiten der Kreditkarte im Fokus der Betrachtung. Die Kreditkarte als solche steht – genau genommen – nur aus Sicht der Karteinhaber im Mittelpunkt der Betrachtung. Wie bereits angesprochen, wirkt sich diese Sicht der Karteninhaber zwar in gewissem Ausmaß auf die Sicht der Vertragsunternehmen aus, zumal es sich bei den Karteninhabern um die Abnehmer der im Valutaverhältnis seitens der Vertragsunternehmen offerierten Produkte handelt.[735] Gleichwohl sehen die Händler nicht die Kreditkarte als das ihnen im Acquiring-Bereich angebotene „Produkt“[736] an. Für die Händler bzw. die Vertragsunternehmen mag zwar die Kreditkarte das Zahlungsmittel der Karteninhaber sein; die den Vertragsunternehmen seitens der Acquirer angebotene Leistung ist indes die Acquiring-Dienstleistung.

Soweit ersichtlich bieten sämtliche Acquirer ihren Kunden im Acquiring-Bereich, also den Vertragsunternehmen, sog. Branchenlösungen an: So wirbt etwa der Acquirer Concardis (unter anderem) mit Branchenlösungen für Touristik, den Versandhandel und die Hotellerie.[737] Ein weiterer Acquirer, die BS Payone GmbH, offeriert den Händlern Branchenlösungen für die Bereiche Handel, Fashion & Lifestyle, Hotel & Gastronomie, Mobilität (unter anderem Autovermietungen und Reiseunternehmen), Petrol (Tankstellen und Tankautomaten), Unterhaltung, Digitale Güter, Konsumgüter, Dienstleistungen sowie weitere Branchen.[738] SIX Payment Services bietet Acquiring-Dienstleistungen für die Bereiche Retail/Einzelhandel, Hospitality (Gastronomie und Hotels), Unattended (Travel, Parking und Transport), Travel und Finanzinstitute an.[739] Auch die Elavon Financial Services Limited

---

735 Dazu bereits oben unter Abschnitt 1, Titel 3, Untertitel 4, Kapitel 1.

736 Zur Frage, ob und inwiefern es sich bei einer Kreditkarte um ein einheitliches Produkt aus Sicht der Karteninhaber handelt, bereits oben unter Abschnitt 1, Titel 3, Untertitel 3, Kapitel 1.

737 Die entsprechenden Informationen sind online abrufbar unter: https://www.concardis.com/?gclid=EAIaIQobChMIvZeh6sTt3wIVgdGyCh1sDQxHEAAYASAAEgK2APD_BwE.

738 Vgl. die online unter https://www.bspayone.com/DE/de/channel/stationary abrufbaren Informationen. Weitere Unternehmensinformationen sind unter https://www.bspayone.com/DE/de/about-us abrufbar.

739 Die Informationen sind abrufbar unter: https://www.six-payment-services.com/de/home/industries.html.

„bietet individuelle, bedarfsgerechte Zahlungslösungen für Unternehmen aller Größen und Branchen", und zwar unter anderem für „Gastronomie, Hotellerie, Einzelhandel und Apotheken", Mode & Textil sowie Fluggesellschaften.[740]

Wenngleich die Angebote, die eine bestimmte Branche betreffen, jeweils in einer Schnittmenge Entsprechungen finden, lassen sich Unterschiede zwischen diesen Leistungspaketen (die – an sich – die gleiche Branche betreffen) ausmachen; dies gilt sowohl hinsichtlich der Bezeichnung wie auch der Strukturierung der Angebote. Diese Unterschiede lassen gleichsam erste Bedenken an einer, an den genannten Branchen orientierten, absatzbereichsspezifischen Marktabgrenzung aufkommen. Wenn nämlich alle Unternehmen einer Branche dieselben Bedürfnisse hätten, müsste an sich auch die für eine bestimmte Branche vorgesehene Branchenlösung eine homogene Zielgruppe ansprechen. Zumal jedoch unterschiedliche Acquirer unterschiedliche Leistungspakete für Händler der gleichen Branche anbieten, liegt es nahe, dass diese Händler – obwohl sie der gleichen Branche angehören – keine deckungsgleichen Bedürfnisse haben. Insbesondere werden etwa kleinere und größere Händler unterschiedliche Anforderungen haben. Im Übrigen erscheint es durchaus denkbar, dass beispielsweise ein Händler, der in einer bestimmten Branche tätig ist, diejenigen Acquiring-Dienstleistungen, die an sich seitens des Acquirers für einen, einer anderen Branche zugehörigen Händler vorgesehen sind, in Anspruch nehmen wird, sofern dieses „Angebots-Paket" seinen Bedürfnissen eher gerecht wird. Die Branchenlösungen stellen nur Modifikationen der Acquiring-Dienstleistungen für einen – potentiell häufig auftretenden – „Branchenbedarfs-Regelfall" dar. Es handelt sich bei den Branchenlösungen lediglich um Modifikationen der „Standard"-Acquiring-Dienstleistungen.

Sämtlichen Branchenlösungen ist gemein, dass sie letzten Endes dem Händler die Akzeptanz einer Kreditkarte ermöglichen, also den Händler an das Zahlungsverkehrsnetz einer Kreditkartenorganisation anschließen. Alle Acquiring-Dienstleistungen beinhalten demnach dem Wesen nach die gleiche Leistung.

Zwar wird teils auch die Höhe der MSC nach Branchen festgelegt. Indes erscheint auch dieser Aspekt nicht hinreichend geeignet, um von einer Existenz unterschiedlicher Acquiring-Märkte, die mit den Bereichen der verschiedenen Branchen (bzw. Absatzbereiche) korrespondieren, auszugehen. Die Höhe der MSC wird nicht bloß unterschiedlich nach Branchen gestaffelt, sondern auch nach der Größe, den zu erwartenden Transaktionsvolumina wie auch gegebenenfalls der Bedeutung des Händlers.[741] Die Branche stellt insofern nur einen Parameter unter vielen dar.

---

740 Vgl. die unter https://www.elavon.de/branchenloesungen.html abrufbaren Informationen.

741 In den EU-25-Mitgliedstaaten waren die Händlergebühren für „kleinere" Händler im Jahre 2004 in den Netzwerken von Visa und MasterCard ca. 70 % höher als die Gebühren, die von „größeren" Händlern erhoben wurden; bei AmEx konnte eine Differenz von etwa 50% und bei Diners Club von ca. 35 % beobachtet werden, vgl. KOM, Arbeitsdokument v. 31.01.2007, Untersuchung des Retail-Bankgeschäfts (Abschlussbericht), COM(2007) 33 final, SEC(2007) 106, S. 103

Dem Umstand, dass seitens der Acquirer sog. Branchenlösungen angeboten werden, kann demnach nicht entnommen werden, dass zwischen den Acquiring-Dienstleistungen derart gewichtige Unterschiede gegeben sind, um die Annahme unterschiedlicher Märkte zu rechtfertigen.

§ 2. Angebotsseitige Substituierbarkeit

Im Übrigen bieten sämtliche Acquirer ein umfassendes Spektrum an Branchenlösungen an. Es finden sich keine Acquirer, die sich auf Acquiring-Dienstleistungen für Händler einer bestimmten Branche spezialisiert haben. Dies spricht dafür, dass Acquirer die Händler jeglicher Branchen mit Acquiring-Dienstleistungen versorgen können und ihr Acquiring-Angebotsspektrum auf Händler unterschiedlichster Branchen erweitern bzw. umstellen können. Mithin ist auch von einer angebotsseitigen Substituierbarkeit auszugehen.

Unterkapitel 4. Zwischenergebnis

Eine – an den im Valutaverhältnis anzutreffenden Absatzmärkten oder Absatzbereichen bzw. Branchen ausgerichtete – einsatzbereichsspezifische Abgrenzung hinsichtlich des Acquiring-Bereiches ist abzulehnen.[742]

Kapitel 4. „Zahlungsmittel"

Nicht nur hinsichtlich des Issuing-Bereichs, sondern auch bezüglich des Acquiring-Bereiches gilt es zu eruieren, welche Kreditkartenarten und/oder andere „Zahlungsmittel" bzw. mit deren Akzeptanz in Zusammenhang stehende Leistungen dem sachlich relevanten Acquiring-Markt angehören.

Unterkapitel 1. Die verschiedenen „Kreditkartenarten"

Es fragt sich, ob und inwiefern die unterschiedlichen Arten von Kreditkarten einem einheitlichen Markt angehören.[743]

Aus Sicht von Vertragsunternehmen erscheinen jedenfalls diejenigen Dienstleistungen, die ihnen gegenüber im Zusammenhang mit der Annahme von Verbraucherkarten, Firmenkarten, charge cards, credit cards, Luxuskarten wie auch co-branded cards erbracht werden, einem einheitlichen Acquiringmarkt zugehörig.

(Abbildung 34), abrufbar unter: http:// ec.europa.eu/competition/sectors/financial_services/inquiries/sec_2007_106.pdf; vgl. auch KOM, Interim Report I (Payment cards) v. 12.04.2006, Untersuchung des Retail-Bankgeschäfts (Zwischenbericht), S. 35 ff.; WEKO, Verfügung v. 18.11.2002, RPW 2003/1, 106, 120, Rn. 78.

742 Dies steht freilich nicht einer Berücksichtigung der Absatzmarktbezogenheit im Rahmen der (weiteren) Marktabgrenzung entgegen.

743 Vgl. auch *Allemann*, Problematik der verschiedenen Formen von Kreditkarten, 1969, S. 3 ff.

Ein Vertragsunternehmen erwirbt durch den Abschluss des Akquisitionsvertrages nicht bloß die Möglichkeit die Karten des jeweiligen Systems anzunehmen, vielmehr ist es auch verpflichtet sämtliche Kreditkarten des Systems zu akzeptieren.[744] Diese im Wege der sog. Honour All Cards Rule (HACR) begründete Verpflichtung ist einerseits in den System- bzw. Betriebsregularien der Kartenorganisationen verankert;[745] zudem findet sie sich in den Akquisitionsverträgen. Die HACR ist sowohl in den geschlossenen Systemen (Diners Club, American Express) wie auch in den offenen Systemen (Visa, MasterCard) anzutreffen. Sie dient der Gewährleistung einer weitreichenden Akzeptanz der Kreditkarten der Systeme; mitunter auch aufgrund der HACR handelt es sich bei Kreditkarten um weltweit einsetzbare Universalzahlungsmittel.[746] Innerhalb der jeweiligen Systeme gilt diese Regel unterschiedslos für sämtliche Vertragsunternehmen des jeweiligen Systems, und zwar ungeachtet des Aspekts, mit welchem Acquirer der Händler konkret in akquisitionsvertraglicher Beziehung besteht. Mithin steht es den Händlern nicht frei, die Annahme einer der genannten Kreditkartenarten abzulehnen. Aus Sicht eines Vertragsunternehmens stellt sich daher von vornherein nur die Frage, ob er dem Kunden im Absatzbereich generell eine Zahlungsmöglichkeit via Kreditkarte einräumen möchte.

Folglich ergeben sich keine Anhaltspunkte, die die Annahme segregierter Märkte rechtfertigen würden. Aus Sicht der Vertragsunternehmen erscheint die Akzeptanz sämtlicher der genannten Kreditkartenarten substituierbar; die in Zusammenhang mit deren Akzeptanz stehenden Acquiring-Dienstleistungen sind marktgleichwertig.

Unterkapitel 2. „Card-not-present“-Transaktionen

Ferner mag man in Erwägung ziehen, dass sog. „card-not-present“-Transaktionen, also Transaktionen bei denen Händler und Kunde sich physisch nicht am gleichen Ort befinden (E-Commerce sowie Mail- und Telefonorder) respektive die im Kontext dieser Transaktionskategorien erbrachten Dienstleistungen, aus Sicht der Vertragsunternehmen einem gesonderten Acquiring-Markt angehören. Eine

---

744 Art. 10 der Verordnung über Interbankenentgelte (VO (EU) 2015/751) vom 29. April 2015 über Interbankenentgelte für kartengebundene Zahlungsvorgänge enthält nunmehr eine Regelung hinsichtlich dieser Pflicht zur Annahme aller Karten; vgl. auch VO (EU) 2015/751 des Europäischen Parlaments und des Rates vom 29. April 2015 über Interbankenentgelte für kartengebundene Zahlungsvorgänge, Abl. EU v. 19.05.2015, L 123/1, S. 13 sowie S. 6, Erw. 37. Vgl. ferner zur HACR: *Rochet/Tirole*, Tying in two-sided markets, Int. J. Ind. Organ., 2008, Vol. 26, 1333 ff.

745 Vgl. hierzu etwa auch Visa, Visa Core Rules and Visa Product and Service Rules (13 October 2018), S. 52 ff. (Section 1.5.4 – Card Acceptance), online abrufbar unter https://usa.visa.com/dam/VCOM/download/about-visa/visa-rules-public.pdf.

746 Vgl. auch *NECG*, Economic analysis of Visa's Honour All Cards rule, 2004, 8 ff.; *NECG*, Reform of the EFTPOS and Visa Debit Systems in Australia, 2005, 14 ff.

solche Abgrenzung des Marktes würde indes allenfalls überzeugen, sofern sich gewichtige Unterschiede zwischen diesen Transaktionen im Verhältnis zum Präsenzgeschäft ergeben.

Ein derartiger Unterschied könnte darin zu sehen sein, dass im Falle der „card-not-present"-Transaktionen keine Autorisierung des Karteninhabers durch Eingabe einer PIN oder im Wege einer Unterschrift erfolgt. Wegen der fehlenden gleichzeitigen Anwesenheit des Kunden und des Händlers ist es dem Karteninhaber nicht möglich, dem Händler seine Kreditkarte vorzuzeigen. Im Falle der Zahlung mittels Kreditkarte sind daher regelmäßig lediglich die Angabe bzw. Eingabe der Kartennummer, des Ablaufdatums der Karte sowie der Prüfziffer erforderlich.

Indes werden die Händler diesen Unterschied hinsichtlich des Verifizierungsverfahrens nur als erheblich erachten, sofern und soweit hiermit Auswirkungen auf die ihnen gewährte „Zahlungsgarantie"[747] verbunden sind. In der Rechtssache Visa International II hatten einige Händler den Umstand angesprochen, dass insbesondere bei „card-not-present"-Transaktionen keine „Zahlungsgarantie" gewährt werde.[748] Diese Sichtweise ist indes – jedenfalls in ihrer Pauschalität – nicht zutreffend.[749] Hinsichtlich der „card-not-present"-Transaktionen bedarf es vielmehr einer differenzierteren Betrachtung:

§ 1. Situation im Falle der Existenz einer akquisitionsvertraglichen Regelung

In jüngerer Zeit finden sich in den Akquisitionsverträgen vermehrt Regelungen, im Zuge derer den Vertragsunternehmen im Falle der „card-not-present"-Transaktionen seitens der Acquirer eine „Zahlungsgarantie" gewährt wird. Im Falle der Existenz einer akquisitionsvertraglichen Regelung gehören die Dienstleistungen, die im Zuge solcher Transaktionen gegenüber den Händlern erbracht werden, einem einheitlichen – sowohl „card-not-present"-Transaktionen als auch im Rahmen des Präsenzgeschäfts

---

747 Vgl. hierzu auch noch obige Ausführungen unter Abschnitt 1, Titel 1, Untertitel 1, Kapitel 2, Unterkapitel 3.

748 Vgl. KOM, Entscheidung v. 24.07.2002, COMP/29.373 – Multilateral Interchange Fee, ABl. EG v. 22.11.2002 L 318/17, S. 23, Rn. 38; vgl. auch noch WEKO, Verfügung v. 18.11.2002, RPW 2003/1, 106, 123, Rn. 96.

749 Insofern muss freilich auch beachtet werden, dass die genannten Entscheidungen der Kommission wie auch der WEKO bereits länger als ein Jahrzehnt zurückliegen. Seither hat die Anzahl der Online-Einkäufe deutlich zugenommen und die Zahlungsverfahren einschließlich der Sicherheitsmechanismen wurden (insbesondere im Internet) in beträchtlichem Maße weiterentwickelt. Im Laufe der Zeit erfolgten zudem Anpassungen der Akquisitionsverträge an diese Entwicklungen; auch die Sichtweise der Akteure der Kreditkartensysteme änderten sich. Vgl. auch noch BGH, NJW 2002, 2234, 2237; vgl. ferner *Zahrte*, in: Fandrich/Karper, MAH Bank- und Kapitalmarktrecht, 2. Aufl., 2018, § 5, Rn. 439.

getätigte Transaktionen umfassenden – relevanten Markt an, zumal insofern keine Unterschiede eines solchen Ausmaßes bestehen, die die Annahme eines gesonderten Marktes für „card-not-present“-Transaktionen rechtfertigen würden.

§ 2. Situation im Falle des Fehlens einer akquisitionsvertraglichen Regelung

Sofern sich hingegen keine solche Regelung in den Akquisitionsverträgen findet, muss näher eruiert werden, ob den Vertragsunternehmen seitens der Acquirer eine Zahlungsgarantie eingeräumt wird. Insofern bietet es sich an, zwischen den verschiedenen Kategorien der „card-not-present“-Transaktionen, also zwischen dem Einsatz der Kreditkarte im E-Commerce auf der einen und dem Einsatz im Mail- und Telefonorder-Verfahren auf der anderen Seite, zu unterscheiden:

I. E-Commerce

Insbesondere bei Internetzahlungen kommt den Händlern eine Zahlungsgarantie zugute, sofern seitens der Händler die sog. „3-D secure“-Sicherheitssoftware (z.B. „Mastercard SecureCode“[750] oder „Verified by Visa“[751]) genutzt wird.[752/753] Diese Sicherheitssoftware hat sich in der Praxis durchgesetzt und wird gegenwärtig üblicherweise seitens der Vertragsunternehmen verwendet.

Im Falle der Verwendung dieser Sicherheitssoftware wird davon ausgegangen, dass die Händler die ihnen im Wege des Akquisitionsvertrages auferlegten

---

750 Vgl. auch die unter https://www.mastercard.de/de-de/privatkunden/produkte-features/features/idcheck.html abrufbaren Informationen von MasterCard.

751 Vgl. hierzu auch die unter https://www.visa.de/bezahlen-mit-visa/genutzte-technologien/verified-by-visa.html sowie (etwas ausführlicher) unter https://www.visaeurope.com/making-payments/verified-by-visa/https://www.visa.de/sicher-mit-visa/zahlungssicherheit abrufbaren Informationen von Visa.

752 Einen solchen Standpunkt hatte Visa im Rahmen des Visa International II-Verfahrens eingenommen, vgl. KOM, Entscheidung v. 24.07.2002, COMP/29.373 – Visa International II – Multilateral Interchange Fee, ABl. EG v. 22.11.2002 L 318/17, S. 24, Rn. 39. Vgl. auch Stiftung Warentest, Meldung v. 06.05.2011, Kreditkarten mit „Mastercard SecureCode“ und „Verified by Visa“: Mehr Sicherheit, online abrufbar unter http://www.test.de/Kreditkarten-mit-Mastercard-SecureCode-und-Verified-by-Visa-Mehr-Sicherheit-4233850-0/.

753 Im Rahmen dieser Sicherheitsverfahren bedarf es bei der Angabe der Zahlungsdaten auch der Eingabe einer speziellen, *nicht mit der PIN identischen* Geheimnummer bzw. eines Passwortes. Teils kommt es auch zu Sicherheitsabfragen, bei denen der Karteninhaber etwa eine im Vorfeld vereinbarte Frage beantwortet, oder es werden bei jeder Transaktion neu generierte, via SMS zuvor an den Karteninhaber gesendete Geheimnummern verwendet. Die seitens des Karteninhabers eingegebenen Autorisierungsdaten werden freilich in verschlüsselter Form versandt.

Sorgfaltspflichten eingehalten haben.[754] In einem solchen Falle stünde eine Verlagerung der Risiken auf die Händler im Widerspruch zur Interessenlage im Kreditkartengeschäft. Sofern der Händler nicht gegen vertragliche Pflichten verstoßen hat sowie die in seiner Sphäre liegenden und daher seinerseits beherrschbaren Risiken so weit wie möglich reduziert hat, erschiene eine Haftungstragung durch den Händler unangemessen.

Mithin kann zunächst festgehalten werden, dass den Vertragsunternehmen jedenfalls im Falle von „Interneteinkäufen" regelmäßig eine Zahlungsgarantie gewährt wird.[755]

II. Mail und Telefonorder-Verfahren

Fraglich erscheint allerdings des Weiteren, ob und inwiefern einem Händler im Mail- und Telefonorder-Verfahren eine Zahlungsgarantie gewährt wird. Jedenfalls bis zum Zeitpunkt der Kommissionsentscheidung in der Rechtssache Visa International II-Entscheidung ging jedenfalls die Kartenorganisation Visa davon aus, dass im Mail- und Telefonorder-Verfahren – anders im Falle der Verwendung der „3-D secure"-Sicherheitssoftware bei Internet-Bezahlungen – keine Zahlungsgarantie gewährt wird.[756] Indes liegt diese Einschätzung bereits länger als ein Jahrzehnt zurück. Zudem kommt es nicht auf die diesbezügliche Auffassung von Visa, sondern vielmehr auf die (zivil-)rechtliche Bewertung dieser Fälle an:[757] Aus dem

754 Ähnlich KOM, Entscheidung v. 24.07.2002, COMP/29.373 – Visa International II – Multilateral Interchange Fee, ABl. EG v. 22.11.2002 L 318/17, S. 24, Rn. 39.

755 Sowohl Visa als auch MasterCard haben sich gegen eine Zahlungsverpflichtung des Karteninhabers ausgesprochen, soweit diesem kein Verschulden nachgewiesen werden kann. Im Falle des Einsatzes der seitens deutscher Banken und Sparkassen emittierten Kreditkarten im E-Commerce wird – soweit ersichtlich – auch seitens der Issuer nicht von einer Beweislastumkehr zu Lasten des Kunden ausgegangen. Zumal Kartendaten und Geheimzahlen insbesondere auch bei Verwendung der „3-D secure"-Sicherheitssoftware seitens Dritter abgefangen werden können, erscheint es zutreffend, dass – anders als im Falle einer missbräuchlichen Eingabe der PIN – nicht von einem (grob fahrlässigen) Verstoß des Karteninhabers gegen seine Geheimhaltungspflichten ausgegangen werden kann. Demnach ist davon auszugehen, dass der Karteninhaber im Falle des Kartenmissbrauchs im E-Commerce in Anschauung der Beweislast grundsätzlich nicht schlechter steht als im Falle des Einsatzes der Kreditkarte im Präsenzgeschäft. Vgl. diesbezüglich auch Stiftung Warentest, Meldung v. 06.05.2011, Kreditkarten mit „Mastercard SecureCode" und „Verified by Visa": Mehr Sicherheit, online abrufbar unter http://www.test.de/Kreditkarten-mit-Mastercard-SecureCode-und-Verified-by-Visa-Mehr-Sicherheit-4233850-0/.

756 Vgl. hierzu KOM, Entscheidung v. 24.07.2002, COMP/29.373 – Visa International II – Multilateral Interchange Fee, ABl. EG v. 22.11.2002 L 318/17, S. 24, Rn. 39.

757 Zumal eine umfassende materiell-rechtliche Prüfung der Rechtslage in der gesamten EU den Umfang der vorliegenden Untersuchung übersteigen würde, wird im Folgenden lediglich auf die Rechtslage in der Bundesrepublik Deutschland eingegangen.

bloßen Umstand, dass für diese Fällen teils explizit seitens der Acquirer in den Akquisitionsverträgen eine Zahlungsgarantie übernommen wird, kann nicht ohne Weiteres gefolgert werden, dass ohne eine solche vertragliche Regelung keine Zahlungsgarantie besteht, denn eine solche Vertragsklausel muss nicht zwingend konstitutiven Charakter haben, sondern kann auch bloß deklaratorischer Natur sein. Selbst wenn Gegenteiliges vertraglich vereinbart wäre und ausdrücklich die Übernahme einer Zahlungsgarantie ausgeschlossen wäre, müsste eine solche Regelung den Bestimmungen des AGB-Rechts standhalten.[758]

Im Ausgangspunkt sind vorliegend die bereits angesprochenen Wertungen wie auch die Interessenlage des Akquisitionsvertragsverhältnisses zugrunde zu legen. Grundsätzlich ist es insofern die Aufgabe der Acquirer die anfallenden Risiken der Kreditkartentransaktion zu tragen, sofern seitens des Händlers keine Möglichkeiten zur Einflussnahme bestehen. In Ermangelung einer Zahlungsgarantie ließe sich das Kreditkartenverfahren in der bisherigen Form nicht mehr aufrechterhalten. Zudem muss besehen werden, dass die Händlergebühren, die von den Händlern an die Acquirer entrichtet werden, unter anderem auch die Kostenbelastung der Acquirer abdecken, die im Falle von Forderungsausfällen und von Missbräuchen anfallen. Überdies sind in den Händlergebühren typischerweise auch die seitens der Acquirer an die Issuer abgeführten Interbankengebühren enthalten; diese Interbankenentgelte decken zugleich wiederum die Kosten der Bezahlgarantie, die von Seiten der Issuer zu tragen sind.[759] Mithin werden grundsätzlich die Kosten, die durch die Zahlungsgarantie auf Seiten der Acquirer anfallen, bereits durch die Händlergebühren kompensiert. Sofern einheitliche MSC-Raten sowohl für die Konstellationen, in denen eine Zahlungsgarantie übernommen wird und die hier in Rede stehenden Fälle gleich sind, würden die Händler mithin doppelt belastet, was zugleich als unangemessene Benachteiligung der Händler zu werten ist.

Ferner führt die transaktionsumsatzabhängige Berechnung der Höhe der MSC dazu, dass die Acquirer (wie auch die Issuer) zusätzliche Einnahmen erzielen, sofern die Karte im Telefon- bzw. Mailorder-Verfahren eingesetzt wird. Des Weiteren ist nicht den Händlern, sondern den Acquirern innerhalb des Systems die Aufgabe zugewiesen, eine möglichst hohe Gewähr an Sicherheit herbeizuführen. Würden die Händler bei Transaktionen im Telefon- bzw. Mailorder-Verfahren nicht in den Genuss einer Zahlungsgarantie gelangen, bestünde aus Sicht der Acquirer (aber auch der Issuer) keine (unmittelbare) Veranlassung die Sicherheitsstandards innerhalb des Systems durch die Entwicklung und Implementierung von Sicherheitsvorkehrungen zu verbessern. Sofern sich die Händler den seitens der Acquirer (und Issuer) zur Verfügung gestellten Mittel bedienen, spricht mithin die Interessenlage dafür, dass auch im Rahmen des Mail- und Telefonorder-Verfahrens grundsätzlich von der Übernahme einer Zahlungsgarantie auszugehen ist.

---

758 Eine solche Regelung wird grundsätzlich nicht individualvertraglich ausgehandelt.

759 Vgl. KOM, Entscheidung v. 24.07.2002, COMP/29.373 – Visa International II – Multilateral Interchange Fee, ABl. EG v. 22.11.2002 L 318/17, S. 21, Rn. 23.

§ 3. Zwischenergebnis

Acquiring-Dienstleistungen, die bei „card-not-present“-Transaktionen – sei es nun im Bereich des E-Commerce oder im Mail- und Telefonorderverfahren – seitens der Acquirer gegenüber den Händlern erbracht werden, gehören keinem gesonderten Markt an. Zwischen diesen Transaktionen und Transaktionen im Präsenzgeschäft bestehen aus Sicht der Händler keine Unterschiede, die auf die Existenz gesonderter Märkte schließen lassen würden.

Unterkapitel 3. Zwischenergebnis

Dienstleistungen, die gegenüber den Händlern im Zusammenhang mit der Annahme von Verbraucherkarten, Firmenkarten, charge cards, credit cards, Luxuskarten wie auch co-branded cards erbracht werden, gehören einem einheitlichen Kreditkarten-Acquiring-Markt an. Diesem Markt sind auch diejenigen Acquiring-Dienstleistungen zugehörig, die im Falle sog. „card-not-present“-Transaktionen – sei es nun im Bereich des E-Commerce oder im Mail- und Telefonorderverfahren – seitens der Acquirer gegenüber den Händlern übernommen werden.

Unterkapitel 4. Sonstige „Zahlungsmittel“

Ferner scheint es denkbar, dass Acquiring-Dienstleistungen und Dienstleistungen, die gegenüber den Händlern im Zusammenhang mit der Akzeptanz anderer Zahlungsmittel erbracht werden, einem einheitlichen Markt angehören. Insofern gilt es zu klären, welche Unterschiede und Gemeinsamkeiten sich bei der Annahme sonstiger Zahlungsmittel im Vergleich zur Kreditkartenakzeptanz ergeben sowie, ob die in Zusammenhang mit diesen Zahlungsmitteln erbrachten (Dienst-)Leistungen und die Kreditkarten-Acquiring-Dienstleistungen marktgleichwertig sind.

§ 1. Bargeld

Zunächst stellt sich die Frage, ob Dienstleistungen, die im Kontext mit der Akzeptanz von Bargeld zu Gunsten der Händler erbracht werden, durch eine Kreditkartenakzeptanz substituiert werden (können).

I. Nachfragesubstituierbarkeit

Eine nachfrageseitige Substituierbarkeit ist anzunehmen, sofern die Vertragsunternehmen die Dienstleistungen als marktgleichwertig ansehen.

1. Die Kostenstrukturen sowie Sicherheitsaspekte

Die Annahme von Bargeld ist aus Kostengesichtspunkten nicht mit der Annahme von Kreditkarten vergleichbar. Für die Akzeptanz einer Kreditkarte sind Gebühren an den Acquirer zu entrichten, die sich grundlegend von den mit der Bargeldannahme verbundenen Kosten (wie etwa Kassenverwaltung, Geldtransportkosten sowie Kosten, die für die Einzahlung von Hartgeld anfallen) unterscheiden.[760] Spezielle Sicherheitsmaßnahmen, wie etwa die Installation einer Alarmanlage und eines Safes im Falle der Annahme von Bargeld unerlässlich, um die Einnahmen zu sichern, aber auch um den Versicherungsschutz zu erhalten. Die Kartenakzeptanz erspart dem Vertragsunternehmen diverse Risiken, die mit der Akzeptanz von Bargeld verbunden sind.[761]

2. Die Höhe der getätigten Umsätze

Ferner sind die durchschnittlichen Rechnungsbeträge pro Bargeldtransaktion regelmäßig deutlich geringer als die Transaktionsbeträge im Falle einer Kreditkartenzahlung.[762]

3. Das Konzept der (Kreuz-)Preiselastizität

In Anbetracht der aufgezeigten Unterschiede von Bargeld- und Kreditkartenakzeptanzdienstleistungen – insbesondere auch aufgrund des Aspekts, dass die via Kreditkarte getätigten Umsätze deutlich über denjenigen bei Bargeldzahlungen liegen – erscheint es nur schwerlich denkbar, dass es im Falle einer geringen, aber spürbaren Preiserhöhung bei Kreditkarten zu einer signifikanten Verlagerung der Kreditkartenakzeptanz hin zur Akzeptanz von Bargeld kommen würde und vice versa.[763]

4. Ergebnis von Händlerbefragungen

Ferner deuten auch Befragungen der Händler darauf hin, dass Zahlungen via Bargeld und Kreditkartenzahlungen nicht als substituierbar angesehen werden. Die Auswertung der im Rahmen von DotEcon-Studien[764] vorgenommenen Befragungen hat ergeben, dass von den Händlern solche Zahlungsmittel bevorzugt werden, bei denen ihnen insbesondere eine Zahlungsgarantie gewährt wird, mit denen Kaufanreize einhergehen, die möglichst flächendeckend eingesetzt werden können und die nicht papier-, sondern kartenbasiert sind. Die Nennung dieser Aspekte,

---

760 Vgl. auch KOM, Entscheidung v. 09.08.2001, COMP/D1/29.373 – Visa International I – Surcharging, ABl. EG v. 10.11.2001, L 293/24, 31, Rn. 38.

761 Ebenfalls auf diesen Aspekt eingehend: WEKO, Verfügung v. 18.11.2002, RPW 2003/1, 106, 123, Rn. 97.

762 Vgl. KOM, Entscheidung v. 09.08.2001, COMP/D1/29.373 – Visa International I – Surcharging, ABl. EG v. 10.11.2001, L 293/24, 31, Rn. 38; vgl. auch KOM, Entscheidung v. 03.10.2007, COMP/37.860 – Morgan Stanley/Visa, Rn. 49 a.E.

763 Ähnlich KOM, Entscheidung v. 09.08.2001, COMP/D1/29.373 – Visa International I – Surcharging, ABl. EG v. 10.11.2001, L 293/24, 31, Rn. 38; vgl. auch KOM, Entscheidung v. 24.07.2002, COMP/29.373 – Visa International II – Multilateral Interchange Fee, ABl. EG v. 22.11.2002, L 318/17, 25, Rn. 48.

764 Vgl. *Koboldt/Maldoom/Salsas*, Merchant constraints on interchange fees, 2011, 24.

die allesamt für Kreditkarten charakteristisch sind, spricht dafür, dass seitens der Händler nicht davon ausgegangen wird, dass die Akzeptanz von Zahlungskarten durch eine Bargeldannahme substituiert werden kann.

Gegen die Aussagekraft der DotEcon-Studien lässt sich freilich einwenden, dass die Antworten der Befragten letzten Endes von einer Vielzahl komplexer Entscheidungsfaktoren determiniert werden. Die DotEcon-Studien beruhen auf einer sogenannten „Conjoint Analyse“. Eine solche Analyse dient der Ermittlung der Präferenzen der Nachfrager, wobei den Befragten mehrere Kombinationen von Merkmalen vorgelegt werden, aus welchen sie eine Auswahl treffen. Auch wurde im Rahmen der Analyse nicht berücksichtigt, ob eine Kartenakzeptanz bei konkurrierenden Händlern weit verbreitet ist, obgleich dies – wie bereits an obiger Stelle ausgeführt – aus Sicht der Händler ein besonders gewichtiges Motiv für die Akzeptanz von Zahlungskarten darstellt; bei letztgenanntem Aspekt handelt es sich für Händler um den zweitwichtigsten Grund, Zahlungskarten zu akzeptieren.[765]

Trotz dieser Bedenken erscheint es gleichwohl möglich, den Ergebnissen der DotEcon-Studien im vorliegenden Kontext zumindest Indizcharakter zuzusprechen. Befragungen sind letzten Endes stets mit einer gewissen Fehleranfälligkeit behaftet, werden aber dennoch grundsätzlich als probates Mittel im Rahmen der kartellrechtlichen Entscheidungsfindung angesehen. Die Ergebnisse der DotEcon-Studien stehen jedenfalls mit den bereits erörterten Aspekten in Einklang und bestätigen damit deren Aussagegehalt.

5. Zwischenergebnis

Die dargelegten Erwägungen sprechen demnach gegen das Vorliegen einer nachfrageseitigen Substituierbarkeit.

II. Angebotssubstituierbarkeit: Die Umstellungsflexibilität der Anbieter

Karten-Acquirer benötigen zur Ausübung ihrer Tätigkeit ein leistungsfähiges IT-System.[766] Auch bedarf es eines bestimmten Mindest-Transaktionsvolumens, um

765 64 % der Händler, die im Rahmen der Händler-Markstudie befragt wurden, gaben dies als Grund für die eigene Kartenakzeptanz an, vgl. *Koboldt/Maldoom/Salsas*, Merchant constraints on interchange fees, 2011, 24; vgl. ferner KOM, Entscheidung v. 19.12.2007 in den Sachen COMP/34.579 – MasterCard, COMP/36.518 – EuroCommerce u. COMP/38.580 – Commercial Cards, Rn. 295, Fn. 331.

766 Vgl. hierzu KOM, Entscheidung v. 19.12.2007 in den Sachen COMP/34.579 – MasterCard, COMP/36.518 – EuroCommerce u. COMP/38.580 – Commercial Cards, Rn. 285; KOM, Entscheidung v. 03.10.2007, COMP/37.860 – Morgan Stanley/Visa, Rn. 48.

mit Acquiring-Tätigkeiten hinreichende Erträge zu erzielen.[767] Karten-Acquirer sind überdies besonders gearteten Haftungsrisiken ausgesetzt.[768]

Dienstleister, die Leistungen für Händler erbringen, die im Zusammenhang mit der Annahme von Bargeld als Zahlungsmittel stehen, wie etwa Geldtransporteure, sehen sich anderen Herausforderungen ausgesetzt. So müssen zwingend Maßnahmen ergriffen werden, um den mit dem Bargeldtransport einhergehenden Sicherheitsrisiken entgegenzutreten.[769] Diese sind andersartig als jene Maßnahmen, die ergriffen werden, um den mit Kartenzahlungen einhergehenden Risiken zu begegnen. Bereits diese unterschiedlichen Anforderungen an die Anbieter beider Leistungen offenbaren, dass die jeweiligen Anbieter nicht in einem überschaubaren Zeitraum und ohne besondere Maßnahmen bzw. Risiken die Tätigkeiten der anderen Anbieter wahrnehmen können.[770] Daneben indiziert auch der Umstand, dass die Anbieter entweder die eine oder die andere Dienstleistung, nicht aber beide Leistungsarten erbringen, dass es insofern einer Angebotsumstellungsflexibilität und demnach einer angebotsseitigen Substituierbarkeit ermangelt.

III. Zwischenergebnis

Dienstleistungen, die im Kontext mit der Annahme von Bargeld als Zahlungsmittel gegenüber Händlern erbracht werden und Karten-Acquiring-Dienstleistungen können nicht als austauschbar angesehen werden; diese Leistungen gehören keinem einheitlichen Markt an.[771]

§ 2. Schecks

Ferner könnten Scheckzahlungen und Kreditkartenzahlungen bzw. die im Zusammenhang mit der Akzeptanz dieser Zahlungsmittel stehenden Leistungen als substituierbar anzusehen sein.

---

767 Ähnlich KOM, Entscheidung v. 03.10.2007, COMP/37.860 – Morgan Stanley/Visa, Rn. 48.

768 Vgl. auch KOM, Entscheidung v. 03.10.2007, COMP/37.860 – Morgan Stanley/Visa, Rn. 48 unter Hinweis auf „unwiederbringliche Rückbelastungsverluste bei Ausfall eines Händlers“.

769 Vgl. auch KOM, Entscheidung v. 19.12.2007 in den Sachen COMP/34.579 – MasterCard, COMP/36.518 – EuroCommerce u. COMP/38.580 – Commercial Cards, Rn. 285; KOM, Entscheidung v. 03.10.2007, COMP/37.860 – Morgan Stanley/Visa, Rn. 48.

770 Vgl. KOM, Entscheidung v. 19.12.2007 in den Sachen COMP/34.579 – MasterCard, COMP/36.518 – EuroCommerce u. COMP/38.580 – Commercial Cards, Rn. 285; KOM, Entscheidung v. 03.10.2007, COMP/37.860 – Morgan Stanley/Visa, Rn. 48.

771 Vgl. auch KOM, Entscheidung v. 03.10.2007, COMP/37.860 – Morgan Stanley/Visa, Rn. 48 ff.; KOM, Entscheidung v. 08.12.2010, COMP/39.398 – Visa MIF, Rn. 15 f.; KOM, Entscheidung v. 19.12.2007 in den Sachen COMP/34.579 – MasterCard, COMP/36.518 – EuroCommerce u. COMP/38.580 – Commercial Cards, Rn. 296.

Aus der Sicht der Händler werden Zahlungskarten in erster Linie akzeptiert, um den Wünschen der Kunden auf den Absatzmärkten entgegenzukommen.[772] Die Vertragsunternehmen sehen in der Akzeptanz von Zahlungskarten insbesondere einen Service gegenüber ihren Kunden im jeweiligen Absatzbereich[773] und erhoffen sich von der Akzeptanz sowohl Absatz- wie auch Umsatzsteigerungen.[774] Dass im Falle des Kreditkarteneinsatzes am PoS eine höhere Kaufbereitschaft als im Falle des Scheckeinsatzes zu Tage tritt, konnte im Wege von Untersuchungen bestätigt werden.[775] Diese empirisch belegte Erwartungshaltung der Vertragsunternehmen führt zugleich dazu, dass die Händler zur Entrichtung – teils beträchtlicher – transaktionsumsatzabhängiger Händlerentgelte gegenüber den Kreditkarten-Acquirern bereit sind.

Zwar übersteigt die aus den MSC resultierende Kostenbelastung deutlich jene Kosten der Händler, die mit der Annahme von Schecks verbunden sind; seitens der Händler sind (grundsätzlich) keine Gebühren für die Scheckeinlösung zu entrichten.[776] Diesem monetären Vorteil steht allerdings auch ein gewichtiger Nachteil gegenüber. Die Bereitstellung des Geldes im Falle einer Scheckzahlung erfolgt langsamer als im Falle einer Zahlung mittels Kreditkarte, sodass eine Akzeptanz von Schecks aus Sicht der Händler mit Zinsnachteilen verbunden ist.[777] Gegen eine Substituierbarkeit hinreichenden Ausmaßes spricht zudem, dass Schecks in der heutigen Zeit regelmäßig nur (noch) im geschäftlichen Verkehr als Zahlungsmittel Verwendung finden. Wie bereits an obiger Stelle erläutert, begünstigte insbesondere die Aufgabe der (Euro-)Scheckgarantie diese Entwicklung.[778] Aus Sicht der Vertragsunternehmen erscheint die Annahme eines Schecks in Ermangelung einer Zahlungsgarantie ungleich risikobehafteter als Kreditkartentransaktionen, bei denen das Vertragsunternehmen – freilich, sofern es seine Sorgfaltspflichten einhält – in den Genuss einer umfassenden „Zahlungsgarantie" gelangt. Der Umstand, dass Schecks grundsätzlich nicht (mehr) an Privatpersonen ausgegeben

---

772 Vgl. KOM, Entscheidung v. 03.10.2007, COMP/37.860 – Morgan Stanley/Visa, Rn. 51.

773 Vgl. auch KOM, Entscheidung v. 19.12.2007 in den Sachen COMP/34.579 – MasterCard, COMP/36.518 – EuroCommerce u. COMP/38.580 – Commercial Cards, Rn. 290.

774 Vgl. *Langenbucher*, Effiziente Risikoallokation bei Kreditkartensystemen, 2002, S. 43; *Weisensee*, Das Bankkreditkartengeschäft, 1978, S. 1; vgl. ferner *Wilcox/Block/Eisenstein*, Leave Home Without It?, J. Marketing Res., 2011, Vol. 48, Special Iss., S78, S79 ff.

775 Vgl. noch *Soman*, Effects of Payment Mechanism on Spending Behavior, Journal of Consumer Research, 2001, Vol. 27, 460 ff.

776 Vgl. KOM, Entscheidung v. 19.12.2007 in den Sachen COMP/34.579 – MasterCard, COMP/36.518 – EuroCommerce u. COMP/38.580 – Commercial Cards, Rn. 288.

777 Vgl. auch KOM, Entscheidung v. 17.10.2007, COMP/D1/38606 – Groupement des cartes bancaires (CB), Rn. 173.

778 Hierzu bereits oben unter Abschnitt 1, Titel 3, Untertitel 3, Kapitel 2, Unterkapitel 2, § 2, II.

werden, führt gleichsam dazu, dass die Scheckakzeptanz aus Sicht von Privatkunden nicht zur Verfügungstellung eines weiteren Zahlungsmittels führt; aus Sicht der Vertragsunternehmen bedeutetet dies wiederum, dass sich die Ermöglichung von Scheckzahlungen bezüglich dieser Kundengruppe nicht umsatzsteigernd auswirken kann.

In Anbetracht der aufgezeigten Unterschiede kann davon ausgegangen werden, dass Vertragsunternehmen eine dauerhafte spürbare, wenn auch kleine Erhöhung der Kreditkarten-Händlergebühren hinnehmen und insbesondere nicht von der Kartenakzeptanz absehen bzw. auf die Annahme von Schecks umsteigen würden, zumal die andernfalls zu befürchtenden Ertragseinbußen den Kostenanstieg regelmäßig deutlich übersteigen werden.[779] Letztgenannte Annahme wird durch die Untersuchungsergebnisse der bereits angesprochenen DotEcon-Studien bestätigt, wonach die Händler insbesondere jene Zahlungsmittel bevorzugen, die über die für Kreditkarten charakteristischen Merkmale verfügen.[780]

Die Akzeptanz von Scheckzahlungen bzw. die im Zusammenhang mit der Annahme von Schecks erbrachten Leistungen sind demnach nicht als Substitut von Kreditkarten-Acquiring-Dienstleistungen anzusehen.[781]

§ 3. Überweisungen

Gegen eine Substituierbarkeit der Dienstleistungen im Zusammenhang mit Kreditkartenzahlungen auf der einen Seite und denjenigen, die im Kontext einer Überweisung erbracht werden, spricht bereits der Umstand, dass es sich bei einer Überweisung primär um ein reines Fernzahlungsmittel handelt.[782] Auch die Erkenntnisse aus den DotEcon-Studien sprechen insofern gegen eine Substituierbarkeit.[783]

---

779 Dies ebenfalls annehmend KOM, Entscheidung v. 24.07.2002, COMP/29.373 – Visa International II – Multilateral Interchange Fee, ABl. EG v. 22.11.2002, L 318/17, 25, Rn. 48.

780 Vgl. oben unter Abschnitt 1, Titel 3, Untertitel 4, Kapitel 4, Unterkapitel 2, § 1, I., 4.

781 Vgl. KOM, Entscheidung v. 03.10.2007, COMP/37.860 – Morgan Stanley/Visa, Rn. 48 ff. (insbes. Rn. 52); KOM, Entscheidung v. 08.12.2010, COMP/39.398 – Visa MIF, Rn. 15 f.; vgl. auch KOM, Entscheidung v. 24.07.2002, COMP/29.373 – Visa International II – Multilateral Interchange Fee, ABl. EG v. 22.11.2002, L 318/17, 25, Rn. 48.

782 Vgl. auch KOM, Entscheidung v. 17.10.2007, COMP/D1/38606 – Groupement des cartes bancaires (CB), Rn. 173; KOM, Entscheidung v. 09.08.2001, COMP/D1/29.373 – Visa International I – Surcharging, ABl. EG v. 10.11.2001, L 293/24, 32, Rn. 40; KOM, Entscheidung v. 24.07.2002, COMP/29.373 – Visa International II – Multilateral Interchange Fee, ABl. EG v. 22.11.2002, L 318/17, 25, Rn. 47.

783 Vgl. hierzu oben unter Abschnitt 1, Titel 3, Untertitel 4, Kapitel 4, Unterkapitel 2, § 1, I., 4.

§ 4. (Reine) Bankkarten und Kundenkarten

(Reine) Bankkarten und (Händler-)Kundenkarten können ebenfalls nicht dem sachlich relevanten Kreditkarten-Acquiring-Markt zugerechnet werden, zumal diese Karten über keine (Universal-)Zahlungsfunktion verfügen und dementsprechend nicht marktgleichwertig sind.[784]

§ 5. Wertkarten

Die Wertkartenakzeptanz respektive die mit diesem Zahlungsmittel zusammenhängenden Leistungen, die gegenüber den Händlern erbracht werden, sehen die Händler nicht als (hinreichende) Substitute der Kreditkartenakzeptanz an.

Gegen das Vorliegen einer hinreichenden Substituierbarkeit spricht, dass via Wertkarten nur „Kleinstbetragszahlungen" (in der Regel bis zu 200 Euro) möglich sind.[785] Insbesondere für Händler, die ihren Kunden im Valutaverhältnis höherwertige Produkte offerieren, scheidet eine Akzeptanz von Wertkarten daher von vornherein aus. Aber auch Händler, deren Sortiment (nur) günstigere Produkte umfasst, bei denen aber in der Regel ein Gesamteinkaufswert von 200 Euro überschritten wird, sehen die Wertkartenakzeptanz nicht als marktgleichwertig mit der Kreditkartenakzeptanz an.

Weitere Schranken der Akzeptanz von Wertkarten offenbaren sich in Anschauung des Fernzahlungsverkehrs, da es bei diesen Karten stets eines Auslesens des Speicher-Chips bedarf und ein Wertkarteninhaber kaum ein entsprechendes Terminal zu Hause haben wird. In Anbetracht dieses Aspekts kommt ein Einsatz von Wertkarten bei Fernzahlungen bzw. sog. „card-not-present"-Zahlungen nicht in Betracht; insbesondere für Internethändler kommt die Akzeptanz von Wertkarten demnach nicht in Betracht.

§ 6. Kundenkreditkarten

Kundenkreditkarten und („normale") Kreditkarten[786] bzw. die in Zusammenhang mit deren Akzeptanz erbrachten Leistungen könnten einem einheitlichen sachlich relevanten Markt zugehörig sein.

---

784 Ebenso bezüglich Kundenkarten WEKO, Verfügung v. 18.11.2002, RPW 2003/1, 106, 130, Rn. 136.

785 Vgl. auch WEKO, Verfügung v. 18.11.2002, RPW 2003/1, 106, 128, Rn. 126.

786 In diesem Kontext sei abermals darauf hingewiesen, dass unter dem Begriff der „Kreditkarte" im Rahmen dieser Arbeit nur die an obiger Stelle unter Abschnitt 1, Titel 3, Untertitel 3, Kapitel 2, Unterkapitel 2, § 1 dargestellten Kartenarten zu verstehen sind.

I. Zur Anbieterstruktur

Soweit es um die Frage einer Substituierbarkeit zwischen der Akzeptanz von Bankkreditkarten und Kundenkreditkarten geht, muss zunächst besehen werden, dass die Händler in Bezug auf Bankkreditkarten die Marktgegenseite der Acquirer bilden. Hinsichtlich Kundenkreditkarten (des Typs I) nehmen die Händler hingegen gewissermaßen eine Zwitterstellung ein; sie emittieren diese Karten und nehmen sie gleichsam als Zahlungsmittel an. Aus Sicht der Händler bilden die Emission einer Kundenkreditkarte und die Akzeptanz einer solchen Karte daher eine Einheit; eine isolierte Betrachtung der Bereiche der Emission und der Akquisition vermag daher der Sicht der Händler nicht vollends gerecht zu werden.

Die Interessen der Acquirer und der Händler unterscheiden sich in vielerlei Hinsicht: Während die Acquirer von Universalkreditkarten ihre Tätigkeit in erster Linie auf die Erzielung von Einkünften aus dem Kartengeschäft ausrichten, wird die Tätigkeit der – einem Kundenkartensystem angeschlossenen – Händler dadurch geprägt, dass ihr Interesse in erster Linie auf Marktforschung, Kundenbindung wie auch Kaufanregung und damit insbesondere auf eine Umsatz- und Absatzsteigerung abzielt.[787] Mit der Akzeptanz von Kundenkreditkarten verfolgen die Händler – anders als dies regelmäßig bei Universalkreditkarten der Fall ist – nicht bloß das Ziel, dem Karteninhaber ein weiteres Zahlungsmittel zur Verfügung zu stellen. Die Ausgabe einer Kundenkreditkarte wie auch die Teilnehme an einem solchen Systems ermöglichen den Händlern den Aufbau eines Kundendateisystems wie auch eine Orientierung des Sortiments an den Wünschen des Kunden.[788] Ferner können die gewonnenen Kundendaten genutzt werden, um das unternehmenseigene Marketing zu verbessern. Sonderwerbeaktionen können gezielt an den karteninhabenden Kunden adressiert werden. Auch können die Zustände (etwa in den einzelnen Filialen) in regelmäßigen Abständen ausgewertet werden.[789] Insbesondere können Abwanderungsbewegungen der Stammkunden frühzeitig erkannt und gegebenenfalls rechtzeitige Gegenmaßnahmen ergriffen werden.

Bei Bankkreditkarten können zwar auch Daten zum Nutzungsverhalten und den Kundenvorstellungen gewonnen werden. Gleichwohl liegt die Transaktionsverarbeitung bei diesen Kreditkarten (einschließlich der co-branded cards) nicht im unmittelbaren Einflussbereich des Händlers. Der Händler hat regelmäßig weniger Mitentscheidungsbefugnisse bezüglich der Datenverwendung. Kreditkarten-Acquirer sind zu einer Datenübermittlung an die Händler nur im Rahmen der gesetzlichen Grenzen berechtigt. Des Weiteren bedarf es bei Kreditkarten einer Verhandlung mit dem Acquirer über den Umfang der zur Verfügung zu stellenden Informationen; die Notwendigkeit einer Einigung mit dem Acquirer erschwert

---

787 Vgl. *Hammann*, Die Universalkreditkarte, 1991, S. 22; *Pütthoff*, Die Kreditkarte, 1974, S. 4.

788 Vgl. auch WEKO, Verfügung v. 18.11.2002, RPW 2003/1, 106, 130, Rn. 139.

789 Vgl. WEKO, Verfügung v. 18.11.2002, RPW 2003/1, 106, 130, Rn. 140.

gleichsam die Informationserlangung.[790] Im Übrigen wird ein Händler, der selbst sowohl eine Ware vertreibt als auch dem Kunden das Zahlungsmittel zur Bezahlung dieser Waren an die Hand gibt, eine bessere Möglichkeit haben, die Daten hinsichtlich der gekauften Ware und des Zahlungsmittels in Relation zueinander zu setzen.

Unterschiede in den Interessen der Händler zwischen der Akzeptanz einer Kundenkreditkarte und der Akzeptanz einer Universalkreditkarte zeigen sich auch, soweit es die Kreditfunktion anbelangt: Die Vorfinanzierung kann solchen Kunden, denen das notwendige Kapital zum Erwerb einzelner Produkte (derzeit noch) nicht zur Verfügung steht, eine Möglichkeit einräumen, die begehrte Ware vor Zahlung zu erwerben. Hierbei darf nicht unbesehen bleiben, dass die in diesem Falle unter Umständen anfallenden Zinsen eine zusätzliche Einnahmequelle des emittierenden Unternehmens darstellen. Indes steht regelmäßig die Steigerung des Umsatzes auf den Absatzmärkten im Vordergrund, was sich mitunter auch daran zeigt, dass Kundenkreditkarten grundsätzlich nicht durch den Karteninhabern auferlegte Gebühren finanziert werden. Die zur Deckung der Händlerkosten benötigten Einkünfte werden im Wesentlichen durch Gewinnmargen auf den Absatzmärkten generiert.

II. Zahlungsfunktion, Einsatzbereich und Anzahl der Karteninhaber

Aus Sicht eines Händlers kann durch die Annahme von Bankkreditkarten einer ungleich größeren Anzahl potentieller Kunden eine Zahlungsmöglichkeit eingeräumt werden. Dies ergibt sich daraus, dass die Sicht der Karteninhaber –wie bereits ausgeführt wurde – die Akzeptanz von Kreditkarten durch die Vertragsunternehmen determiniert.

Bankkreditkarten sind weltweit bei einer Vielzahl von Vertragsunternehmen einsetzbar. Kundenkreditkarten des Typs I können hingegen nur bei einem einzigen Händler bzw. in den Niederlassungen eines Unternehmens als Zahlungsmittel genutzt werden. Auch wenn Kundenkreditkarten des Typs II bei mehreren Händlern eingesetzt werden können, so wird hinsichtlich dieser Karten nicht der Aufbau eines weltweiten Vertragsunternehmensnetzes in Betracht kommen.[791] Allerdings ist dies auch nicht notwendig: Die kritische Masse der für den Betrieb eines Kundenkreditkartensystems erforderlichen Händler liegt deutlich niedriger als bei Bankkreditkarten.

Der geringere Einsatzbereich von Kundenkreditkarten zieht es nach sich, dass ein Karteninhaber viele Kundenkreditkarten innehaben müsste, um eine flächendeckende Zahlungsmöglichkeit mittels Kundenkreditkarten zu erlangen. Die meisten Karteninhaber verfügen allenfalls über Kundenkreditkarten derjenigen Händler, bei denen sie häufiger Einkäufe tätigen. In diesem Kontext ist zu berücksichtigen,

790 Vgl. auch WEKO, Verfügung v. 18.11.2002, RPW 2003/1, 106, 130, Rn. 139.
791 Vgl. auch WEKO, Verfügung v. 18.11.2002, RPW 2003/1, 106, 130, Rn. 138.

dass die Kartenzahlung aus Sicht des Karteninhabers oftmals bequemer erscheint als der Einsatz von Bargeld.[792] Der Einsatz einer Karte am PoS macht insbesondere lästige Kleingeldzahlungen an der Kasse entbehrlich. Eine Zahlung mittels Kundenkreditkarte kann diesem Bequemlichkeitsaspekt nur bedingt gerecht werden, sofern der Kunde bei möglichst vielen Händlern eine Kundenkreditkarte einsetzen wollte. In diesem Falle müsste er eine Vielzahl an Kundenkreditkarten in der Geldbörse bei sich führen und an der Ladentheke, die im konkreten Fall einsetzbare Kundenkreditkarte suchen. Während eine einzelne Karte bequem mitgeführt werden kann, geht der Einsatz von einer Vielzahl von Kundenkreditkarten mit einem Minus an Bequemlichkeit in Relation zu Universalkreditkarten einher. Der Karteninhaber muss seine mittels sämtlicher Kundenkreditkarten getätigten Ausgaben im Blick behalten und sich seine Gesamtausgaben selbst errechnen. Bei einer Universalkreditkarte kann der Karteninhaber komfortabel durch Einsicht in seinen Referenzkontobestand ersehen, welche Ausgaben er bislang in der jeweiligen Rechnungsperiode getätigt hat.

III. Das Konzept der (Kreuz-)Preiselastizität

Das Konzept der (Kreuz-)Preiselastizität spricht ebenfalls gegen eine hinreichende Substituierbarkeit von Kreditkarten und Kundenkreditkarten.

Im Zuge einer seitens WEKO zur Prüfung der Substitutionsbeziehungen am SSNIP-Test orientierten Analyse wurden Händler befragt, ab welcher Höhe der Händlergebühren sie auf die (weitere) Akzeptanz von Kreditkarten verzichten würden.[793] Die Händlerbefragung der WEKO ergab, dass lediglich ein Viertel der Händler nicht bereit wäre, eine Erhöhung der MSC um mehr als 10 % hinzunehmen.[794] Die sonstigen Händler zeigten hingegen teils die Bereitschaft einen massiven Anstieg dieser Gebühren zu akzeptieren.[795] Für etwa 20 % der befragten Händler wäre ihren Angaben zufolge sogar eine Erhöhung um mehr als 60 % akzeptabel gewesen.[796] Zwar ließ sich – mangels entsprechender Informationen – nicht beurteilen, ob derartige Erhöhungen für die Acquirer längerfristig einträglich wären. Gleichwohl deutet die hohe Bereitschaft zur Hinnahme derart beträchtlicher Preiserhöhungen darauf hin, dass die Akzeptanz einer Kreditkarte

---

792 Vgl. zum Aspekt der Bequemlichkeit der Kreditkartenzahlung *Stauder/Weisensee*, Kreditkartengeschäft, 1970, S. 19; *Langenbucher*, Effiziente Risikoallokation bei Kreditkartensystemen, 2002, S. 35; vgl. auch *Combs/Schreft*, Do Consumers really want Credit Card Reform?, Econ. Rev., Third Quarter 1999, 31, 39.

793 Vgl. WEKO, Verfügung v. 05.12.2005, RPW 2006/1, 65, S. 89 a.E. f., Rn. 187.

794 Vgl. WEKO, Verfügung v. 05.12.2005, RPW 2006/1, 65, S. 90, Rn. 188.

795 Vgl. WEKO, Verfügung v. 05.12.2005, RPW 2006/1, 65, S. 90, Rn. 188.

796 Vgl. insofern WEKO, Verfügung v. 05.12.2005, RPW 2006/1, 65, S. 90, Rn. 187 (Abbildung 7).

nicht im Wege der Akzeptanz anderer Zahlungsmittel (auch nicht der Annahme von Kundenkreditkarten) hinreichend substituiert werden kann.[797]

Diese Ergebnisse der Befragung erscheinen vor dem Hintergrund der bereits an obiger Stelle angesprochenen Problematik der „cellophane fallacy" umso bemerkenswerter.[798] Hierunter ist eine Situation zu verstehen, in der bereits Marktmacht ausgeübt wurde bzw. ausgeübt worden sein kann. In diesen Fällen kann ein SSNIP-Test dazu führen, dass eine zu weite Abgrenzung hinsichtlich des sachlich relevanten Marktes vorgenommen wird und Produkte mit in den relevanten Markt einbezogen werden, welche im Falle des Bestehens eines höheren Grades an Wettbewerb nicht als Substitut erachtet werden würden. Die Acquiring-Branche zeichnet sich durch einen hohen Konzentrationsgrad aus; gerade im Falle hoher Marktkonzentration steigt die Wahrscheinlichkeit, dass die Preise seitens der wenigen am Markt anzutreffenden Unternehmen bereits über das Wettbewerbsniveau angehoben wurden.[799] In Anbetracht dessen wäre an sich zu erwarten gewesen, dass die Händler bereits im Falle sehr geringfügiger Preiserhöhungen auf die Akzeptanz von Kreditkarten verzichten würden. Ein solcher Verzicht würde insbesondere dann naheliegen, wenn aus Sicht der Händler weitere Zahlungsmittel eine Kreditkartenakzeptanz ersetzen können respektive durch die Akzeptanz eines anderen Zahlungsmittels etwaige ohne Kreditkartenakzeptanz zu befürchtende Umsatz- bzw. Absatzeinbußen kompensiert werden können. Eine solche Möglichkeit, auf weitere Produkte umzusteigen und demnach eine hinreichende Ausweichmöglichkeit wäre indes nur gegeben, sofern den Händlern ein Rückgriff auf die Akzeptanz weiterer Zahlungsmittel möglich ist, die sie als marktgleichwertig ansehen. Die Angaben der Händler, dass diese selbst beträchtliche Preisanstiege hinnehmen würden, aber nicht auf die Akzeptanz von Kreditkarten verzichten würden, deuten demnach darauf hin, dass die Kreditkartenakzeptanz aus Sicht der Händler nicht durch die Akzeptanz anderer Zahlungsmittel ersetzt werden kann, mithin also auch Kundenkreditkarten seitens der Händler nicht als Substitut eingestuft werden.

IV. Akzeptanz beider Kartenarten

Viele Händler akzeptieren neben ihren unternehmenseigenen Kundenkreditkarten oftmals auch Universalkreditkarten.[800] In Anbetracht dessen überlagern sich die

797 Vgl. WEKO, Verfügung v. 05.12.2005, RPW 2006/1, 65, S. 89, Rn. 186 sowie S. 90, Rn. 188.

798 Vgl. hierzu obige Ausführungen unter Abschnitt 1, Titel 3, Untertitel 3, Kapitel 1, Unterkapitel 3, § 3, II und Unterkapitel 4, § 3, I. 2.

799 Vgl. auch KOM, Entscheidung v. 19.12.2007 in den Sachen COMP/34.579 – MasterCard, COMP/36.518 – EuroCommerce u. COMP/38.580 – Commercial Cards, Rn. 286.

800 Vgl. auch KOM, Entscheidung v. 03.12.2008, COMP/M.5384 – BNP Paribas/Fortis, Rn. 28.

Einsatzbereiche von Kundenkredit- und Bankkreditkarten zu einem gewissen Teil. Eine entsprechende Annahme beider Kartenarten wäre nicht von Nöten, sofern die Akzeptanz eines der beiden Zahlungsmittel als Surrogat des anderen angesehen werden würde. In diesem Kontext zeigt sich freilich zugleich, dass die Händler sich bei der Entscheidung, ob sie Kreditkarten und/oder Kundenkreditkarten akzeptieren, an den Wünschen ihrer Kunden auf den Absatzmärkten orientieren. Da beide Kartenarten seitens ihrer Kunden nicht als substituierbar erachtet werden, ihre Kunden aber dennoch den Wunsch hegen, beide Kartenarten am PoS einsetzen zu können bzw. dies erwarten, kann der Händler dieser Kundenerwartung nur im Wege der Akzeptanz beider Zahlungsmittel nachkommen. Die Akzeptanz sowohl von Universalkreditkarten als auch Kundenkreditkarten indiziert, dass diese Karten auch seitens der Händler nicht als gleichwertig angesehen werden.

V. Zwischenergebnis

Die Akzeptanz von Kundenkreditkarten – unabhängig von der Frage, ob es sich um solche des Typs I oder des Typs II handelt – ist nicht als Bestandteil des sachlich relevanten Kreditkarten-Acquiring-Marktes anzusehen.

§ 7. Debitkarten

Des Weiteren stellt sich die Frage, ob Dienstleistungen, die in Zusammenhang mit der Annahme von Debitkarten gegenüber Händlern erbracht werden, dem sachlich relevanten Acquiring-Markt angehören.

I. Nachfragesubstituierbarkeit

Es könnte eine nachfrageseitige Substituierbarkeit gegeben sein.

1. Struktur der Zahlungskartensysteme

Die Organisationsstruktur der Debitkartensysteme ähnelt derjenigen von Kreditkartensystemen.[801] Eine nachfragseitige Substituierbarkeit erscheint in Anbetracht dessen nicht ausgeschlossen.

2. Einsatzbereich

Wie bereits an obiger Stelle eingehend erläutert,[802] ist der Einsatzbereich von Debitkarten oftmals in räumlicher Hinsicht auf das Land des Emittenten beschränkt;[803]

---

801 Zu den Einzelheiten bereits oben unter Abschnitt 1, Titel 3, Untertitel 3, Kapitel 2, Unterkapitel 2, § 2, IX. 1. b).

802 Vgl. oben unter Abschnitt 1, Titel 3, Untertitel 3, Kapitel 2, Unterkapitel 2, § 2, VIII., 1. g).

803 Vgl. auch BKartA, Beschluss v. 08.06.2006, B 4 – 29/06, Rn. 66; vgl. ferner WEKO, Verfügung v. 18.11.2002, RPW 2003/1, 106, 126, Rn. 118.

zumeist können Debitkarten jedenfalls nicht in Ländern außerhalb Europas zur Zahlung eingesetzt werden. Soweit ersichtlich eignen sich nur die mit Maestro-Logo oder mit Visa Electron-Logo versehenen Debitkarten zum weltweiten Einsatz am PoS.[804] Unter anderem auch wegen der Bindung der Debitkarte an ein Konto befinden sich Debitkarten zudem häufig nur im Besitz von Angehörigen des Staates, in dem der Emittent tätig wird. In Anbetracht dessen verwundert es nicht, dass Kreditkarten deutlich öfter als Debitkarten am PoS im Ausland genutzt werden.

Mit den Grenzen des Einsatzbereichs von Debitkarten geht gleichsam einher, dass ein Händler, zu dessen Zielgruppe auch oder gar vorwiegend ausländische Kunden gehören, diesen Kunden regelmäßig (neben Bargeld als gesetzlichem Zahlungsmittel) nur im Wege der Akzeptanz von Kreditkarten den Einsatz eines weiteren Zahlungsmittels ermöglichen kann bzw. auf die Akzeptanz von Kreditkarten deutlich eher als auf die Akzeptanz von Debitkarten angewiesen sein wird. Demnach ist davon auszugehen, dass jedenfalls solche Debitkarten, die lediglich im Inland einsetzbar sind bzw. nicht im Wege des Co-Branding an ein internationales System angeschlossen sind, aus Sicht der Händler nicht als vollwertiges Substitut von Kreditkarten erscheinen.[805]

Ferner lässt sich beobachten, dass Debitkarten nur selten bei Zahlungsvorgängen im Internet eingesetzt werden (können).[806] Demgegenüber ist eine Kreditkarteneinsatzmöglichkeit im E-Commerce bereits zum Usus geworden. Auch der Aspekt, dass in den letzten Jahren ein deutlicher Anstieg der Anzahl der Interneteinkäufe zu verzeichnen war, trug dazu bei, dass Online-Händler zumeist eine Zahlungsmöglichkeit via Kreditkarte eröffnen.[807] Überdies ist es in einigen Branchen üblich, dass Händler einer bestimmten Branche (typischerweise Hotels, Restaurants) Kreditkarten, nicht aber Debitkarten akzeptieren.[808]

Vorstehende Ausführungen offenbaren, dass Debitkarten und Kreditkarten sich zwar in ihrem Einsatzspektrum ergänzen mögen, dieser aber keineswegs identisch ist.[809] Dies spricht gegen eine hinreichende Substituierbarkeit beider Kartenarten.

---

804 Vgl. hierzu obige Ausführungen unter Abschnitt 1, Titel 3, Untertitel 3, Kapitel 3, Unterkapitel 2, § 2, VIII, 1. g).

805 Vgl. auch noch WEKO, Schlussbericht v. 27.04.2009, RPW 2009/2, 122, 133, Rn. 103 f. (zum Debitkarten-Acquiring).

806 Vgl. auch KOM, Entscheidung v. 03.12.2008, COMP/M.5384 – BNP Paribas/Fortis, Rn. 23; WEKO, Verfügung v. 18.11.2002, RPW 2003/1, 106, 127, Rn. 123.

807 Vgl. KOM, Entscheidung v. 03.10.2007, COMP/37.860 – Morgan Stanley/Visa, Rn. 53, Fn. 61.

808 Vgl. KOM, Entscheidung v. 03.12.2008, COMP/M.5384 – BNP Paribas/Fortis, Rn. 24.

809 Vgl. KOM, Entscheidung v. 03.12.2008, COMP/M.5384 – BNP Paribas/Fortis, Rn. 24.

3. Auswirkungen der Stundungsfunktion bei Kreditkarten

Dass die Karteninhaber der Stundungsfunktion einen besonderen Stellenwert beimessen, wurde bereits an obiger Stelle dargelegt.[810] Die Stundungsfunktion von Kreditkarten erscheint aber auch aus Sicht der Händler von Bedeutung. So versprechen sich Händler, die Kreditkarten akzeptieren, einen Wettbewerbsvorteil gegenüber nicht vorfinanzierenden Händlern.[811] Gemeinhin wird auch davon ausgegangen, dass Kreditkarteninhaber die Neigung aufweisen, einen Gegenstand bereits zu erwerben, obgleich sie (noch) nicht über das hierfür erforderliche Kapital verfügen.[812] Eine Bestätigung findet letztgenannte Annahme in den Aussagen einiger Händler, die davon berichten, dass insbesondere gegen Ende des Monats eine Zunahme der Kreditkartenverwendung zu beobachten sei.[813] Dies intendiert, dass Händler insbesondere in diesem Zeitraum beträchtliche Vorteile im Zuge der Kreditkartenakzeptanz erzielen. In Ermangelung einer Stundungsfunktion von Debitkarten ist deren Einsatz nicht mit der Akzeptanz von Kreditkarten vergleichbar.

4. Die „Zahlungsgarantie“

Im Falle des Einsatzes von Debitkarten im Wege des PoS-Verfahrens wird ebenfalls eine „Zahlungsgarantie“ zugunsten der diese Karten akzeptierenden Händler ausgelöst. Diese Situation ist aus Sicht eines Händlers mit derjenigen im Falle der Kreditkartenakzeptanz vergleichbar. Im Falle des Einsatzes einer Debitkarte im Elektronischen Lastschriftverfahren[814] kommt der Händler hingegen nicht in den Genuss einer solcher Sicherheit. Zumal es sich gerade bei der Zahlungsgarantie um eine aus Händlersicht besonders bedeutsame Sicherheit handelt,[815] wird man den Einsatz von Debitkarten und Kreditkarten aus Händlersicht nicht als substituierbar ansehen können, sofern der Einsatz der Debitkarte keine „Zahlungsgarantie“ mit sich bringt.

5. Höhe der getätigten Umsätze

Ferner zeigt sich, dass Kreditkarten häufiger als Debitkarten beim Kauf höherwertiger Waren zum Einsatz gelangen; Debitkarten werden hingegen öfter beim

---

810 Vgl. oben unter Abschnitt 1, Titel 3, Untertitel 3, Kapitel 2, Unterkapitel 2, § 2, 1. f).

811 Vgl. *Stauder/Weisensee*, Kreditkartengeschäft, 1970, S. 13; vgl. auch *Weisensee*, Das Bankkreditkartengeschäft, 1978, S. 1.

812 Vgl. *Groth/Gerhard*, Einfluß der Kreditkartennutzung auf das Kaufverhalten, Planung & Analyse 1991, S. 85 ff.

813 Vgl. WEKO, Verfügung v. 05.12.2005, RPW 2006/1, 65, S. 92, Rn. 208.

814 Hierzu bereits oben unter Abschnitt 1, Titel 3, Untertitel 3, Kapitel 2, Unterkapitel 2, § 2, IX., 1. a).

815 Vgl. hierzu auch *Koboldt/Maldoom/Salsas*, Merchant constraints on interchange fees, 2011, 24.

Einkauf von Gütern des täglichen Bedarfs eingesetzt.[816] In der Regel ist der durchschnittliche Transaktionsumsatz pro Zahlungsvorgang via Debitkarte erheblich niedriger als der Transaktionsbetrag im Falle des Kreditkarteneinsatzes.[817]

6. Die Kostenstrukturen

Ferner sind die Kosten, die für die Händler mit der Akzeptanz von Kreditkarten und Debitkarten einhergehen, miteinander zu vergleichen.

a) Die Höhe der Händlergebühren

Im Rahmen der Sektorenuntersuchung stellte die Kommission Ermittlungen bezüglich der Höhe der Händlergebühren für die Kreditkartenakzeptanz an; entsprechende Untersuchungen erfolgten auch hinsichtlich der Höhe der Debitkarten-Händlergebühren.

aa) Kreditkarten

Im Zeitraum von 2000 bis 2004 waren die gewichteten durchschnittlichen Händlergebühren bei Kreditkarten in der gesamten EU-25 im Visa-Netzwerk am niedrigsten angesiedelt; sie beliefen sich durchschnittlich auf 1,8 % des jeweils getätigten Transaktionsbetrages.[818] Die höchsten Händlergebühren wurden in diesem Zeitraum im System von American Express erhoben; sie betrugen durchschnittlich 3,14 %.[819]

Die länderspezifische Analyse der gewichteten durchschnittlichen MSC ergab, dass die Höhe zwischen den einzelnen Mitgliedstaaten erheblich variierte.[820] Im Rahmen des Visa-Netzwerks betrugen die Gebühren 0,77 % bis 3,10 %. Im Rahmen des MasterCard-Netzwerks beliefen sich die niedrigsten gewichteten durchschnittlichen MSC auf 0,95 % und die höchsten auf 2,98 %.[821]

---

816 Zu den idealtypischen Einsatzmöglichkeiten von Kreditkarten und Debitkarten: WEKO, Verfügung v. 05.12.2005, RPW 2006/1, 65, S. 92, Rn. 206. In den USA lässt sich ein entsprechendes Nutzungsverhalten hinsichtlich Debitkarten beobachten, vgl. etwa *Gerdes/Walton II/Liu/Parke*, Trends in the Use of Payment Instruments, Federal Reserve Bulletin, 2005, Vol. 91, Iss. 2, 180, 183; *Hunt*, Economics of Payment Card Networks, Rev. Netw. Econ., Vol. 2, Iss. 2, 2003, 80, 91.

817 Vgl. KOM, Entscheidung v. 03.12.2008, COMP/M.5384 – BNP Paribas/Fortis, Rn. 24.

818 Vgl. KOM, Arbeitsdokument v. 31.01.2007, Untersuchung des Retail-Bankgeschäfts (Abschlussbericht), COM(2007) 33 final, SEC(2007) 106, S. 103, abrufbar unter: http://ec.europa.eu/competition/sectors/financial_services/inquiries/sec_2007_106.pdf.

819 Vgl. KOM, Arbeitsdokument v. 31.01.2007, Untersuchung des Retail-Bankgeschäfts (Abschlussbericht), COM(2007) 33 final, SEC(2007) 106, S. 103.

820 Vgl. KOM, Arbeitsdokument v. 31.01.2007, Untersuchung des Retail-Bankgeschäfts (Abschlussbericht), COM(2007) 33 final, SEC(2007) 106, S. 103.

821 Vgl. KOM, Arbeitsdokument v. 31.01.2007, Untersuchung des Retail-Bankgeschäfts (Abschlussbericht), COM(2007) 33 final, SEC(2007) 106, S. 103.

bb) Debitkarten

Das niedrigste durchschnittliche Level der Debitkarten-Händlergebühren konnte in den nationalen Debit-Netzwerken festgestellt werden (1,17 %); die höchsten Werte waren im Maestro-Debitnetz zu verzeichnen (1,6 %).[822]

Auch in Bezug auf die gewichteten durchschnittlichen MSC bei Debitkarten ließen sich unter Zugrundelegung einer länderspezifischen Betrachtungsweise beträchtliche Unterschiede erkennen.[823] Den Datenerhebungen der Kommission zufolge variierte der gewichtete Durchschnitt der MSC im Visa-Netzwerk zwischen 0,32 % und etwa 1,9 %.[824] Im Rahmen des MasterCard-Netzwerkes, also bei den Maestro-Karten, lagen die niedrigsten gemeldeten und gewichteten durchschnittlichen MSC bei 0,36 %, während die höchsten Händlergebühren bei mehr als 2 % angesiedelt waren.[825]

cc) Zwischenergebnis

Die Betrachtung der europaweiten Gebührenhöhen offenbart mithin, dass die Akzeptanz von Kreditkarten mit deutlich höheren MSC-Raten als die Annahme von Debitkarten verbunden ist.

Freilich lässt sich gegen die Verwendung der seitens der Kommission erhobenen Daten einwenden, dass die beobachteten Werte aufgrund des (jedenfalls früher weit verbreiteten) sog. Blending verfälscht sein können. Unter Blending versteht man eine Vereinbarung, wonach der Vertragshändler, unabhängig von der Frage, ob verschiedene Kartenarten und/oder Karten verschiedener Netzwerke als Zahlungsmittel angenommen werden, stets die gleiche Händlergebühr an den Acquirer zu entrichten hat.[826] Indes erfolgte ein Blending in erster Linie bezüglich der

---

822 Vgl. KOM, Arbeitsdokument v. 31.01.2007, Untersuchung des Retail-Bankgeschäfts (Abschlussbericht), COM(2007) 33 final, SEC(2007) 106, S. 104.

823 Vgl. KOM, Arbeitsdokument v. 31.01.2007, Untersuchung des Retail-Bankgeschäfts (Abschlussbericht), COM(2007) 33 final, SEC(2007) 106, S. 104.

824 Vgl. KOM, Arbeitsdokument v. 31.01.2007, Untersuchung des Retail-Bankgeschäfts (Abschlussbericht), COM(2007) 33 final, SEC(2007) 106, S. 104.

825 Vgl. KOM, Arbeitsdokument v. 31.01.2007, Untersuchung des Retail-Bankgeschäfts (Abschlussbericht), COM(2007) 33 final, SEC(2007) 106, S. 104.

826 Vgl. KOM, Arbeitsdokument v. 31.01.2007, Untersuchung des Retail-Bankgeschäfts (Abschlussbericht), COM(2007) 33 final, SEC(2007) 106, S. 106; KOM, Interim Report I (Payment cards) v. 12.04.2006, Untersuchung des Retail-Bankgeschäfts (Zwischenbericht), S. 34; KOM, Mitteilung zur Untersuchung des Retail-Bankgeschäfts gemäß Art. 17 der Verordnung (EG) Nr. 1/2003 (Abschlussbericht) v. 31.01.2007, KOM(2007) 33 endg, SEC(2007) 106, S. 6, Fn. 13; KOM, Entscheidung v. 08.12.2010, COMP/39.398 – Visa MIF, Rn. 21, Fn. 7; *Bunte*, Sektorenuntersuchung (Bezahlkartensysteme), WM 2007, 2041, 2042; vgl. auch VO (EU) 2015/751 des Europäischen Parlaments und des Rates vom 29. April 2015 über Interbankenentgelte für kartengebundene Zahlungsvorgänge, Abl. EU v. 19.05.2015, L 123/1, S. 6, Erw. 34.

gleichen Kartenart (Kreditkarte bzw. Debitkarte) der verschiedenen Netzwerke; ein Blending hinsichtlich Gebühren bei der Debit- *und* der Kreditkartenakzeptanz konnte hingegen lediglich in seltenen Ausnahmefällen beobachtet werden.[827] Im vorliegenden Kontext, im Rahmen dessen gerade die Frage nach etwaigen Unterschieden in der Höhe der Händlergebühren bei Debitkarten auf der einen und Kreditkarten auf der anderen Seite beantwortet werden soll, hat ein – vereinzelt gegebenenfalls stattgefundenes Blending zwischen Debitkarten- und Kreditkartengebühren allenfalls marginale Auswirkungen auf die Höhe der gewichteten und durchschnittlichen MSC-Raten. Dementsprechend wird die Aussagekraft der Untersuchungsergebnisse nur geringfügig gemindert.

Im Übrigen stehen die dargelegten Ergebnisse der Sektorenuntersuchung mit neueren Erkenntnissen in Einklang, die seitens der Kommission in der Rechtssache Morgan Stanley/Visa[828] ermittelt wurden. So lag in Großbritannien die Höhe der MSC für Zahlungen mit Kreditkarten deutlich über den MSC bei Debitkartentransaktionen.[829] Großen britischen Händler wurden bei einer Transaktion im Wert von 36 GBP für eine Kreditkartentransaktion MSC berechnet, die durchschnittlich etwa 340 % bis 550 % höher waren als im Falle einer Zahlung mittels Debitkarte.[830] Bei einem höheren Transaktionswert von 55 GBP musste für die Kreditkartenakzeptanz sogar eine Händlergebühr entrichtet werden, die im Durchschnitt ca. 570 % bis 990 % teurer als im Falle einer Debitkartentransaktion war.[831]

Die Erkenntnisse aus der Sektorenuntersuchung bezüglich der Höhe der MSC erscheinen demnach als hinreichend aussagekräftig, um – jedenfalls im vorliegenden Kontext – Berücksichtigung zu finden. Sowohl die Sektorenuntersuchung wie auch die Untersuchungen in der Rechtssache Morgan Stanley/Visa offenbaren beträchtliche Unterschiede in der Höhe der Händlergebühren für die Kreditkartenakzeptanz und die Akzeptanz von Debitkarten.

---

827 So ausdrücklich auch KOM, Arbeitsdokument v. 31.01.2007, Untersuchung des Retail-Bankgeschäfts (Abschlussbericht), COM(2007) 33 final, SEC(2007) 106, S. 106: „According to respondents, blending is common between MasterCard and Visa card products. In other words, blending occurs between networks with similar levels of interchange fees, and therefore with similar cost components for the MSC. Due to substantial differences in interchange fees, blending between MSC rates charged on debit and credit cards is less frequent".

828 Vgl. KOM, Entscheidung v. 03.10.2007, COMP/37.860 – Morgan Stanley/Visa.

829 Vgl. im Einzelnen zur Höhe der Händlergebühren in Großbritannien: KOM, Entscheidung v. 03.10.2007, COMP/37.860 – Morgan Stanley/Visa, Rn. 53, Fn. 58.

830 Vgl. KOM, Entscheidung v. 03.10.2007, COMP/37.860 – Morgan Stanley/Visa, Rn. 53, Fn. 58.

831 Vgl. KOM, Entscheidung v. 03.10.2007, COMP/37.860 – Morgan Stanley/Visa, Rn. 53, Fn. 58.

b) Die Ausgestaltung der MSC

Im Rahmen der Sektorenuntersuchung wurden die gewichteten und durchschnittlichen MSC-Raten und insofern der prozentuale Anteil der Händlergebühren an den Transaktionsumsätzen ermittelt. Gleichwohl darf dies nicht dahingehend verstanden werden, dass die Händlergebühren bei Zahlungskarten in der Praxis stets transaktionsvolumenabhängig berechnet werden (müssten).[832] In Bezug auf die Kreditkarten-Händlergebühren entspricht dies zwar der Regel.

Hinsichtlich der MSC bei Debitkarten zeigt sich hingegen im Regelfall ein anderes Bild: Die Händler haben für die Akzeptanz von Debitkarten oftmals pro getätigter Transaktion einen fixen Gebührensatz zu entrichten; die Höhe der Händlergebühren bei Debitkarten orientiert sich demnach regelmäßig nicht (nur) an der Höhe der am Point of Sale getätigten Umsätze, sondern wird der Höhe nach losgelöst von diesen veranschlagt.[833] Insbesondere innerhalb der in Europa anzutreffenden nationalen Systeme ist seitens der Händler oftmals eine fixe Bearbeitungsgebühr pro Transaktion zu entrichten. Zwar werden den Händlern teils auch transaktionsabhängige Entgelte auferlegt; insofern ist allerdings häufig eine fixe Mindestgebühr zu entrichten, die sich insbesondere bei Kleinbetragszahlungen letzten Endes wie eine fixe Händlergebühr auswirkt. Wenngleich sich in Bezug auf Debitkarten eine gewisse Ambivalenz in den Berechnungsmethoden zeigt, kann jedenfalls davon ausgegangen werden, dass eine fixe Bearbeitungsgebühr die Regel ist.

Die Berechnung einer fixen Gebühr aber auch die Erhebung einer Mindestgebühr erscheint im vorliegenden Kontext mitunter auch in Anbetracht des Aspekts bedeutsam, dass Debitkarten insbesondere im Bereich relativ geringer Transaktionswerte (bis ca. 500 Euro) als Zahlungsmittel eingesetzt werden.[834] Oftmals werden Debitkarten – anders als Kreditkarten – im Bereich des Lebensmitteleinzelhandels von der überwiegenden Anzahl der Händler als Zahlungsmittel akzeptiert; gerade beim Einkauf von Gütern des täglichen Bedarfs werden häufig Debitkarten eingesetzt.

Bei diesen Gütern ist selbst ein Gesamteinkaufswert unter 10 Euro nicht unüblich. Insofern führen die fixen Händlergebühren dazu, dass gerade in diesem Bereich aus Sicht der Händler die eigene Gewinnmarge durch die Händlergebühren „aufgefressen" werden kann. Daher verwundert es nicht, dass die nicht transaktionsvolumenabhängige Festsetzung der Debitkarten-MSC eine Akzeptanz von Debitkarten im Bereich eines Umsatzwertes bis zu 10 Euro nicht lukrativ erscheinen lässt und

---

832 Vgl. in diesem Kontext auch die Art und Weise der Darstellung der Kommission in KOM, Entscheidung v. 03.10.2007, COMP/37.860 – Morgan Stanley/Visa, Rn. 53, Fn. 58.

833 Vgl. auch KOM, Entscheidung v. 03.10.2007, COMP/37.860 – Morgan Stanley/Visa, Rn. 53, Fn. 58; WEKO, Verfügung v. 18.11.2002, RPW 2003/1, 106, 127, Rn. 119.

834 Vgl. in diesem Kontext auch noch WEKO, Verfügung v. 05.12.2005, RPW 2006/1, 65, S. 92, Rn. 206.

dem Kunden seitens der Händler unterhalb eines Mindestumsatzes oftmals eine Debitkartenzahlung schlechthin verwehrt wird. Entsprechende Schwellenwerte, die erreicht sein müssen, um eine Zahlungskarte am PoS einsetzen zu können, finden sich bei Kreditkarten üblicherweise nicht. Dies offenbart zugleich, dass den Händlern die Unterschiede zwischen den verschiedenen Mechanismen der Gebührenberechnung bei Debitkarten und Kreditkarten wie auch deren Auswirkungen bewusst sind; dies rechtfertigt gleichsam eine Berücksichtigung dieser Divergenzen im Rahmen des Bedarfsmarktkonzeptes respektive der Marktabgrenzung und spricht für die Existenz gesonderter Märkte.

c) Zwischenergebnis

Debitkarten-Händlergebühren sind – sofern man ihren prozentualen Anteil an den Transaktionsumsätzen betrachtet – auf einem höheren Niveau als diejenigen MSC-Raten angesiedelt, die den Händler für die Akzeptanz von Kreditkarten auferlegt werden. Dies spricht dafür, dass die Akzeptanz von Debitkarten kein (vollwertiges) Substitut der Kreditkartenakzeptanz darstellt.

Des Weiteren kann ersehen werden, dass sich der Festsetzungsmechanismus der Händlergebühren bei Debitkarten – jedenfalls derjenige der nationalen Debitsysteme – von der Berechnungsmethode der MSC bei Kreditkarten unterscheidet. Bei Debitkarten der internationalen Systeme ist seitens der Händler, denen transaktionsabhängige Entgelte auferlegt werden, häufig eine fixe Mindestgebühr zu entrichten; diese Mindestgebühren wirken sich bei niedrigen Transaktionsbeträgen faktisch wie eine fixe Gebühr aus. Zumindest hinsichtlich der Akzeptanz der Debitkarten der nationalen Systeme und der Akzeptanz von Kreditkarten ergeben sich insofern weitere Unterschiede, die darauf hindeuten, dass die Kreditkartenakzeptanz und die Akzeptanz von Debitkarten aus Sicht der kartenakzeptierenden Händler nicht als substituierbar angesehen werden.

Die Kosten der Akzeptanz einer Kreditkarte und der Akzeptanz einer Debitkarte weichen demnach aus Sicht der Händler sowohl hinsichtlich des Berechnungsmechanismus als auch der Höhe nach voneinander ab. Diese Unterschiede in den Kostenstrukturen, denen sich die Händler im Falle der Akzeptanz der jeweiligen Kartenart ausgesetzt sehen, sprechen gegen eine nachfrageseitige Substituierbarkeit.

7. Das Konzept der (Kreuz-)Preiselastizität

Zudem ergeben sich auch im vorliegenden Kontext unter Berücksichtigung des Konzeptes der (Kreuz-)Preiselastizität Hinweise darauf, dass die Akzeptanz von Debitkarten auf der einen und die Kreditkartenakzeptanz auf der anderen Seite aus Sicht der Händler nicht marktgleichwertig sind.

Zum einen sei insofern auf die seitens der Schweizerischen Wettbewerbskommission durchgeführte Untersuchung verwiesen,[835] die sich nicht bloß auf das

---

835 Vgl. hierzu oben unter Abschnitt 1, Titel 3, Untertitel 4, Kapitel 4, Unterkapitel 2, § 6, III.

Verhältnis von Universalkreditkarten und Kundenkreditkarten, sondern gleichsam auf das Verhältnis von Universalkreditkarten und Debitkarten bezog. Bereits die Ergebnisse dieser Untersuchung legen es nahe, dass die Akzeptanz von Kreditkarten nicht im Wege der Akzeptanz von Debitkarten substituiert werden kann.

Zum anderen hatte sich auch im Rahmen einer seitens der Europäischen Kommission anlässlich der Rechtssache Morgan Stanley/Visa durchgeführten Befragung kein Händler dahingehend ausgesprochen, dass er auf die Akzeptanz von Kreditkarten verzichten würde, sofern bei den Kreditkarten-MSC (aller Kreditkartenorganisationen[836]) ein Anstieg um 5 % bis 10 % zu verzeichnen wäre.[837] Die Händler begründeten ihre Antworten mitunter damit, dass ihre Kunden auf dem Absatzmarkt die Akzeptanz von Kreditkarten erwarten (würden).[838] Ferner sei zu beachten, dass ein Händler, der bereits Kreditkarten akzeptiere, schwerlich auf die Annahme solcher Karten verzichten könne, ohne Umsatzeinbußen befürchten zu müssen.[839] Auch dieser Befragung zufolge kann demnach nicht davon ausgegangen werden, dass Vertragsunternehmen von der Akzeptanz von Kreditkarten absehen würden, sofern sich die Proportion der MSC-Höhe bei Debitkarten und Kreditkarten ändern würde.[840]

8. Akzeptanz beider Kartenarten

Bemerkenswert erscheint ferner, dass viele Debitkarten akzeptierende Händler auch Kreditkarten als Zahlungsmittel annehmen und umgekehrt.[841] Wie bereits in Bezug auf Kundenkreditkarten angesprochen, indiziert eine Akzeptanz von

---

836 Ein SSNIP-Test bezieht sich auf etwaige Preiserhöhungen auf dem Gesamtmarkt. Der Test ist darauf ausgerichtet, etwaige Abwanderungen der Marktgegenseite beurteilen, sofern entsprechende Preiserhöhungen seitens eines „hypothetischen Monopolisten" durchgeführt werden. Vgl. hierzu auch WEKO, Verfügung v. 05.12.2005, RPW 2006/1, 65, S. 93, Rn. 217 f.

837 Vgl. KOM, Entscheidung v. 03.10.2007, COMP/37.860 – Morgan Stanley/Visa, Rn. 53, Fn. 59.

838 Vgl. KOM, Entscheidung v. 03.10.2007, COMP/37.860 – Morgan Stanley/Visa, Rn. 53, Fn. 60.

839 Vgl. KOM, Entscheidung v. 03.10.2007, COMP/37.860 – Morgan Stanley/Visa, Rn. 53 (vgl. auch die in Fn. 61 dieser Entscheidung abgedruckte Stellungnahme eines befragten Händlers).

840 Vgl. KOM, Entscheidung v. 03.10.2007, COMP/37.860 – Morgan Stanley/Visa, Rn. 53.

841 Vgl. auch noch zur entsprechenden Situation in Großbritannien: KOM, Entscheidung v. 03.10.2007, COMP/37.860 – Morgan Stanley/Visa, Rn. 55, Fn. 63. Angemerkt sei in diesem Kontext auch, dass seitens Einzelhandelsunternehmen jüngst erste Schritte eingeleitet wurden, um innerhalb naher Zukunft nicht bloß Debitkarten, sondern auch Kreditkarten akzeptieren zu können. Dies spricht ebenfalls gegen das Vorliegen einer Substituierbarkeit zwischen Debit- und Kreditkarten aus Sicht der Händler.

Debitkarten und Kreditkarten durch die Händler, dass aus deren Sicht zwischen diesen Zahlungskarten kein hinreichender Substituierbarkeitsgrad gegeben ist.[842]

9. Zwischenergebnis

Es kann mithin nicht von einer nachfrageseitigen Substituierbarkeit ausgegangen werden.

II. Angebotssubstituierbarkeit: Die Umstellungsflexibilität der Anbieter

Es steht zu erwarten, dass gerade Händler, die in Bezug auf den Acquiring-Bereich als Marktgegenseite fungieren, insbesondere solche Acquirer bevorzugen werden, die bereits eine hinreichende Vielzahl anderer Händler im Bereich des Acquiring betreuen und insofern bereits über fundierte Erfahrungen verfügen. Die transaktionsabhängigen Händlergebühren bei Kreditkarten führen dazu, dass bereits im Zeitpunkt der Aufnahme der Tätigkeit im Acquiring-Bereich ein bestimmtes Gesamttransaktionsvolumen erreicht werden muss, um im Kreditkarten-Acquiring bestehen zu können.

In diesem Kontext darf insbesondere auch nicht unbesehen bleiben, dass die Händler mit der Kartenakzeptanz ihrerseits eigene geschäftliche Ziele verfolgen und etwaige Probleme im Rahmen der Transaktionsabwicklung dem eigenen Geschäftsimage wie auch dem eigenen Umsatz im Absatzbereich schädlich sein können. Jedenfalls besteht insofern ein beträchtliches Risiko des Händlers, sofern auf Seiten eines – nicht profilierten – Acquirers Probleme technischer Natur auftreten. Mitunter legt auch dies nahe, dass ein Debitkarten-Acquirer zunächst einen beträchtlichen Werbeaufwand betreiben müsste, um im Bereich des Kreditkarten-Acquiring tätig werden zu können. Ohne derartige Vorbereitungsmaßnahmen, die bereits nicht in überschaubaren Zeitraum möglich sein werden, würde sich ein Debitkarten-Acquirer jedenfalls beträchtlichen geschäftlichen Risiken aussetzen. Auch der Aufbau einer Vertrauensstellung im Kreise der Händler bedarf nicht bloß kurzfristiger Vorbereitungshandlungen.

Angemerkt sei auch, dass 91 % der seitens der Kommission in der Sache MasterCard befragten Händler angegeben haben, noch keinen einzigen Akquisitionsvertrag gekündigt haben.[843] Dies offenbart eine geringe Fluktuation der Vertragsunternehmen und lässt es als schwierig erscheinen, die Bestandskunden anderer Acquirer abzuwerben

Eine Tätigkeit im Bereich des Debitkarten-Acquiring erleichtert nicht bzw. jedenfalls nicht wesentlich einen Einstieg in das Kreditkarten-Acquiring, und vice

---

842 Ähnlich bezüglich der oftmals anzutreffenden gleichzeitigen Akzeptanz von Debit- und Kreditkarten: WEKO, Verfügung v. 18.11.2002, RPW 2003/1, 106, 128, Rn. 124.

843 Vgl. KOM, Entscheidung v. 19.12.2007 in den Sachen COMP/34.579 – MasterCard, COMP/36.518 – EuroCommerce u. COMP/38.580 – Commercial Cards, Rn. 289.

versa. Eine Etablierung im Debitkarten-Acquiring gewährleistet keineswegs den Erfolg einer Acquiringtätigkeit im Kreditkartenbereich. Die aufgezeigten unterschiedlichen Charakteristika von Kreditkarten und Debitkarten bedingen verschiedenartige Anforderungen (insbes. hinsichtlich der Transaktionsverarbeitung). So muss etwa im Bereich des Kreditkarten-Acquiring sichergestellt werden, dass die sog. „3-D secure" Sicherheitssoftware (etwa „Mastercard SecureCode" oder „Verified by Visa") von den Händlern verwendet werden kann.[844] Debitkartenzahlungen sind hingegen in den seltensten Fällen auch bei Interneteinkäufen möglich, sodass seitens eines Debitkarten-Acquirers auch insofern keine Vorkenntnisse sowie Erfahrungswerte existieren, die ihnen ohne nennenswerten Zeitaufwand bzw. ohne erheblichen Kostenaufwand eine Erweiterung des Tätigkeitsspektrums auf den Bereich des Kreditkarten-Acquiring ermöglichen würden.

Der Eintritt in den Kreditkarten-Acquiring-Markt wird durch weitere Umstände erschwert: Ein Acquirer muss zunächst einem Kreditkartennetz beitreten, die Zugangsanforderungen der jeweiligen Kreditkartenorganisation erfüllen und insbesondere teils beträchtliche Aufnahme- und Lizenzgebühren entrichten, um einen Zugang zum Acquiring eines Kreditkartensystem zu erlangen. Vor dem Hintergrund der geringen Abwanderungsbewegungen von Bestandskunden wäre eine Umstellung des Angebots von Debitkarten-Acquiring-Dienstleistungen auf Kreditkarten-Acquiring-Dienstleistungen ohne Inkaufnahme eines signifikanten Risikos und von Zusatzkosten kaum denkbar. Diese Umstände sprechen gegen das Vorliegen einer angebotsseitigen Substituierbarkeit.

III. Zwischenergebnis

Dienstleistungen, die gegenüber den Händlern im Zusammenhang mit der Akzeptanz von Debitkarten erbracht werden, gehören nicht dem sachlich relevanten Kreditkarten-Acquiring-Markt an.[845]

1. Der Einsatzbereich von Kreditkarten eröffnet den Händlern die Möglichkeit einen größeren Kundenkreis als im Falle der Akzeptanz von Debitkarten zu erreichen. Ferner steigert die Stundungsfunktion von Kreditkarten die Einsatzfreude der Kreditkarteninhaber, die zum Zeitpunkt der Transaktion nicht über hinreichende liquide Mittel verfügen.

---

844 Vgl. zu den „card-not-present"-Transaktionen bereits oben unter Abschnitt 1, Titel 3, Untertitel 4, Kapitel 4, Unterkapitel 1, § 2.

845 Vgl. KOM, Entscheidung v. 03.10.2007, COMP/37.860 – Morgan Stanley/Visa, Rn. 54; WEKO, Verfügung v. 18.11.2002, RPW 2003/1, 106, 128, Rn. 125; WEKO, Schlussbericht v. 27.04.2009, RPW 2009/2, 122, 132, Rn. 96; offengelassen hingegen: KOM, Entscheidung v. 19.12.2007 in den Sachen COMP/34.579 – MasterCard, COMP/36.518 – EuroCommerce u. COMP/38.580 – Commercial Cards, Rn. 307 u. Rn. 316; KOM, Entscheidung v. 08.12.2010, COMP/39.398 – Visa MIF, Rn. 15 f.

2. Insbesondere die Höhe der Händlergebühren unterscheidet sich in beträchtlichem Maße: Die seitens der Kommission durchgeführte Untersuchung der europaweiten Gebührenhöhen offenbarte, dass selbst die niedrigsten bei Kreditkarten zu beobachtenden MSC-Raten (1,8 %) bereits über den höchsten gewichteten durchschnittlichen MSC bei Debitkarten lagen (1,6 %). Auch die länderspezifische Analyse der Kommission offenbarte ähnliche Diskrepanzen zwischen den Kreditkarten- und den Debitkartengebühren. Für die Visa-Kreditkartenakzeptanz lagen die MSC zwischen 0,77 % bis 3,1 %, wohingegen für die Akzeptanz der Debitkarten von Visa nur Händlergebühren zwischen 0,32 % und etwa 1,9 % zu entrichten waren. Während für die Akzeptanz von MasterCard-Kreditkarten Händlergebühren zwischen 0,95 % bis 2,98 % zu entrichten waren, lag der Wert der Händlergebühren bei der Maestro-Akzeptanz im Bereich von lediglich 0,36 % bis über 2 % des Transaktionswertes.
3. Dass die Händler vielfach sowohl Debitkarten als auch Kreditkarten akzeptieren, obgleich die Akzeptanz von Kreditkarten aus Sicht der Vertragsunternehmen um ein Vielfaches kostenintensiver ist, belegt, dass sich die Akzeptanz von Debitkarten und Kreditkarten ergänzen, seitens der Händler aber keineswegs als substituierbar angesehen werden.

§ 8. Zwischenergebnis

Dienstleistungen, die gegenüber den Händlern im Zusammenhang mit der Annahme sonstiger Zahlungsmittel erbracht werden, gehören nicht dem Kreditkarten-Acquiring-Markt an.

Unterkapitel 5. Zwischenergebnis

1. Dienstleistungen, die gegenüber den Händlern im Zusammenhang mit der Annahme von Verbraucherkarten, Firmenkarten, charge cards, credit cards, Luxuskarten wie auch co-branded cards erbracht werden, gehören einem einheitlichen Acquiringmarkt an.
2. Diejenigen Acquiring-Dienstleistungen, die im Falle sog. „card-not-present"-Transaktionen – sei es nun im Bereich des E-Commerce oder im Mail- und Telefonorderverfahren – seitens der Acquirer gegenüber den Händlern übernommen werden, gehören ebenfalls diesem Acquiringmarkt an.
3. Dienstleistungen, die gegenüber den Händlern im Zusammenhang mit der Annahme sonstiger Zahlungsmittel erbracht werden, sind hingegen nicht als marktgleichwertig anzusehen. Diese Dienstleistungen sind nicht Bestandteil des sachlich relevanten Acquiring-Marktes.

Kapitel 5. Ergebnis hinsichtlich des Acquiring-Bereichs

Es besteht ein einheitlicher Kreditkarten-Acquiring-Markt, der sämtliche Dienstleistungen umfasst, die im Zusammenhang mit der Akzeptanz von Kreditkarten erbracht werden. Dienstleistungen, die anlässlich der Annahme sonstiger „Zahlungsmittel“ gegenüber Händlern erfolgen, sind nicht Bestandteil dieses Marktes.

1. Vertragsunternehmen als Marktgegenseite

Der Marktabgrenzung hinsichtlich des Acquiring-Bereiches ist zugrunde zu legen, dass es sich bei den Vertragsunternehmen in ihrer Funktion als Nachfrager der Akquisitionsdienstleistungen um die nach dem Bedarfsmarktkonzept maßgebliche Marktgegenseite handelt. Die Besonderheiten der Kreditkartenbranche und insbesondere die Verbindung der Karteninhaber und der Vertragsunternehmen im Valutaverhältnis sind gleichwohl insofern zu berücksichtigen, als die Sichtweise der Vertragsunternehmen durch die Sicht der Karteninhaber (mit-)geprägt wird.

2. Funktionsspezifische Marktabgrenzung

Eine funktionsspezifische Abgrenzung kommt bezüglich des Acquiring-Bereiches von vornherein nicht in Betracht. Die Vertragsunternehmen wie auch Acquirer werden ausschließlich im PoS-Bereich tätig.

3. Einsatzbereichsspezifische Marktabgrenzung

Eine – an den im Valutaverhältnis anzutreffenden Absatzmärkten oder Absatzbereichen bzw. Branchen ausgerichtete – einsatzbereichsspezifische Abgrenzung hinsichtlich des Acquiring-Bereiches kommt nicht in Betracht.

Soweit ersichtlich bieten zwar sämtliche Acquirer den Vertragsunternehmen sog. Branchenlösungen an. Bei den Branchenlösungen handelt es sich um Anpassungen der „Standard“-Acquiring-Dienstleistungen an branchentypische Besonderheiten. Sämtliche Branchenlösungen ermöglichen den Händlern die Akzeptanz einer Kreditkarte als Zahlungsmittel. Alle Branchenlösungen beinhalten demnach dem Wesen nach die gleiche Leistung.

Sämtliche Acquirer bieten überdies ein umfassendes Spektrum an Branchenlösungen an. Es finden sich keine Acquirer, die sich auf Acquiring-Dienstleistungen für Händler einer bestimmten Branche spezialisiert haben. Dies spricht dafür, dass Acquirer ihr Acquiring-Angebotsspektrum auf Händler unterschiedlichster Branchen erweitern bzw. umstellen können.

4. Die verschiedenen Kreditkartenarten

Dienstleistungen, die gegenüber den Händlern im Zusammenhang mit der Annahme von Verbraucherkarten, Firmenkarten, charge cards, credit cards, Luxuskarten wie auch co-branded cards erbracht werden, gehören einem einheitlichen Acquiringmarkt an.

5. „Card-not-present"-Transaktionen

Dem Kreditkarten-Acquiring-Markt sind sowohl diejenigen Acquiring-Dienstleistungen zugehörig, die im Falle sog. „card-not-present"-Transaktionen (sei es nun im Bereich des E-Commerce oder im Mail- und Telefonorderverfahren), als auch im Präsenzgeschäft seitens der Acquirer gegenüber den Händlern übernommen werden.

6. Sonstige „Zahlungsmittel"

Dienstleistungen, die gegenüber den Händlern im Zusammenhang mit der Annahme sonstiger „Zahlungsmittel" erbracht werden, sind nicht Bestandteil des sachlich relevanten (Acquiring-)Marktes.

Der Kreditkarten-Acquiring-Markt umfasst insofern nicht Dienstleistungen im Kontext mit der Akzeptanz von Bargeld, Scheckzahlungen, Überweisungen, (reinen) Bankkarten, (Händler-)Kundenkarten, Wertkarten, Kundenkreditkarten oder Debitkarten, bzw. die im Zusammenhang mit der Annahme dieser „Zahlungsmittel" erbrachten Dienstleistungen.

Untertitel 5. Ergebnis und Zusammenfassung hinsichtlich der nachgelagerten Ebene

1. Kein einheitlicher Markt in Bezug auf den nachgelagerten Bereich

Issuing- und Acquiring-Dienstleistungen gehören unterschiedlichen, voneinander getrennten sachlich relevanten Märkten an.

2. Processing-Dienstleistungen als Bestandteil des Emissions- und/oder Akquisitions-Bereichs

Die Processing-Dienstleistungen gehören weder dem Emissions- noch dem Akquisitionsbereich an; sie werden gegenüber den Issuern und den Acquirern erbracht und dienen der Effizienzsteigerung letztgenannter Akteure.

Es besteht ein sachlich relevanter Markt für Issuing-Processing-Dienstleistungen, der von dem sachlich relevanten Markt für Acquiring-Processing-Dienstleistungen zu unterscheiden ist.

3. Der Issuing-Bereich

a) Funktionsspezifische Marktabgrenzung

Hinsichtlich des Emissionsbereiches hat eine funktionsspezifische Marktabgrenzung entlang der Funktionen der Kreditkarte bzw. den mit diesen korrespondierenden Dienstleistungen zu erfolgen. Es besteht kein einheitlicher, alle Funktionen von Kreditkarten umfassender Emissionsmarkt.

aa) Es existiert einerseits ein Emissionsmarkt für die Geldabhebungsfunktion (Kreditkarten-Emissions-Geldabhebungsfunktions-Markt) und andererseits ein Markt für die Zahlungsfunktion von Kreditkarten (Kreditkarten-Emissions-Zahlungsfunktions-Markt).
bb) Die Stundungsfunktion ist jeweils Bestandteil des Kreditkarten-Emissions-Geldabhebungsfunktions-Marktes und des Kreditkarten-Emissions-Zahlungsfunktions-Marktes.
cc) Die Assistance-Leistungen und die Kreditfunktion bzw. –option gehören nicht diesen Märkten an.

b) Einsatz der Kreditkarte als Zahlungsmittel

Es existiert ein Verbraucher-Kreditkarten-Emissions-Zahlungsfunktions-Markt:

aa) Absatzmarktbezogenheit

Eine absatzbereichsspezifische Ausrichtung der Marktabgrenzung des Zahlungsfunktions-Marktes im Issuing-Bereich scheidet aus. Bei der Zahlungsmittelfunktion der Kreditkarte bzw. den mit dieser korrespondierenden Leistungen handelt es sich um eine einheitliche (Dienst-)Leistung.

bb) Die verschiedenen „Kreditkartenarten"

(1) Es ist von einem eigenständigen Markt für Verbraucher(kredit-)karten auszugehen; von diesem strikt zu trennen ist der Markt für Geschäftskarten.
(2) Der Verbraucher-Kreditkarten-Emissions-Zahlungsfunktions-Markt umfasst credit cards und charge cards, wie auch co-branded cards.
(3) Bezüglich Luxuskarten ist von der Existenz eines eigenständigen PoS-Marktes auszugehen; diesem Markt gehören nur die sog. „schwarzen Kreditkarten" (z.B. AmEx Centurion, VISA Infinite, MasterCard World Elite) an.
(4) Prepaid-Karten sind ebenfalls nicht Bestandteil des Verbraucher-Kreditkarten-Emissions-Zahlungsfunktions-Marktes.

cc) Sonstige „Zahlungsmittel"

Sonstige „Zahlungsmittel" gehören nicht dem Kreditkarten-Emissions-Zahlungsfunktions-Markt an.

c) Einsatz der Kreditkarte zur Geldabhebung

aa) Es existieren ein Kreditkartenemissionsmarkt für Geldabhebungen am Geldautomaten (Kreditkarten-Emissions-Automaten-Geldabhebungsfunktions-Markt) und ein Kreditkartenemissionsmarkt für Geldabhebungen am Bankschalter (Kreditkarten-Emissions-Schalter-Geldabhebungsfunktions-Markt).

bb) Der Kreditkarten-Emissions-Automaten-Geldabhebungsfunktions-Markt umfasst Geldabhebungen mittels Verbraucherkreditkarten an institutseigenen und institutsfremden Automaten im In- und im Ausland.

cc) Geldabhebungen mittels Verbraucherkreditkarten am Bankschalter sind Bestandteil des Kreditkarten-Emissions-Schalter-Geldabhebungsfunktions-Marktes; Abhebungen an institutsfremden Schaltern sind nicht Bestandteil dieses Marktes.

d) Kreditfunktion

Die Kreditfunktion von echten Kreditkarten (credit cards) und die mit dieser korrespondierenden Leistungen gehören weder einem Kreditkarten-Emissions-Geldabhebungsfunktions-Markt noch einem Kreditkarten-Emissions-Zahlungsfunktions-Markt an. Die Kreditfunktion gehört einem eigenständigen Markt für kartenbasierte Verbraucherkredite an.

e) Zusatzleistungen

Die den Karteninhabern offerierten Zusatzleistungen gehören nicht den Kreditkarten-Emissions-Märkten an.

4. Acquiring-Bereich

Es besteht ein einheitlicher Kreditkarten-Acquiring-Markt, der sämtliche Dienstleistungen umfasst, die im Zusammenhang mit der Akzeptanz von Kreditkarten erbracht werden.

a) Vertragsunternehmen als Marktgegenseite

Der Marktabgrenzung hinsichtlich des Acquiring-Bereiches ist zugrunde zu legen, dass es sich bei den Vertragsunternehmen in ihrer Funktion als Nachfrager der Acquiring-Dienstleistungen um die nach dem Bedarfsmarktkonzept maßgebliche Marktgegenseite handelt.

b) Funktionsspezifische Marktabgrenzung

Eine funktionsspezifische Abgrenzung kommt bezüglich des Acquiring-Bereiches von vornherein nicht in Betracht, zumal die Vertragsunternehmen wie auch Acquirer ausschließlich im PoS-Bereich tätig werden.

c) Einsatzbereichsspezifische Marktabgrenzung

Eine – an den im Valutaverhältnis anzutreffenden Absatzmärkten oder Absatzbereichen bzw. Branchen ausgerichtete – einsatzbereichsspezifische Abgrenzung hinsichtlich des Acquiring-Bereiches kommt nicht in Betracht.

d) Die verschiedenen Kreditkartenarten

Dienstleistungen, die gegenüber den Händlern im Zusammenhang mit der Annahme von Verbraucherkarten, Firmenkarten, charge cards, credit cards, Luxuskarten wie auch co-branded cards erbracht werden, gehören einem einheitlichen Acquiringmarkt an.

e) „Card-not-present"-Transaktionen

Diesem Markt sind sowohl diejenigen Acquiring-Dienstleistungen zugehörig, die im Falle sog. „card-not-present"-Transaktionen (sei es nun im Bereich des E-Commerce oder im Mail- und Telefonorderverfahren), als auch im Präsenzgeschäft seitens der Acquirer gegenüber den Händlern übernommen werden.

f) Sonstige „Zahlungsmittel"

Dienstleistungen, die gegenüber den Händlern im Zusammenhang mit der Annahme sonstiger Zahlungsmittel erbracht werden, sind nicht Bestandteil des sachlich relevanten (Acquiring-)Marktes.

Titel 4. Die vorgelagerte Ebene

Des Weiteren gilt es zu klären, welche Märkte auf der vorgelagerten Ebene angesiedelt sind.[846]

Untertitel 1. Tätigkeitsspektrum einer Kreditkartenorganisation

Issuer und Acquirer bedürfen einer Lizenzierung durch die jeweilige Kreditkartenorganisation, um die Karten des Kreditkartensystems zu emittieren (Issuing) bzw. den Händlern den Zugang zum Zahlungskartennetz einzuräumen (Acquiring).[847] Insbesondere obliegt der Kreditkartenorganisation die Festlegung der Systemregeln

---

846 Hinsichtlich der Abgrenzung zwischen vorgelagerter und nachgelagerter Ebene sei auf obige Ausführungen (Abschnitt 1, Titel 2) verwiesen.

847 In Drei-Parteien-Systemen werden grundsätzlich keine derartigen Lizenzen vergeben. Das Kreditkartenunternehmen übernimmt in einem geschlossenen System oftmals selbst das Issuing wie auch das Acquiring. Allerdings werden teils auch (Exklusiv-)Lizenzen an Lizenznehmer ausgegeben, die ihrerseits dann selbst *in einer bestimmten Region* Issuing- wie auch Acquiring-Dienstleistungen erbringen. In den Drei-Parteien-Systemen wird also allenfalls *einem* Lizenznehmer eine Lizenz zur Wahrnehmung von Emissions- und Acquiring-Tätigkeiten eingeräumt. In Vier-Parteien-Systemen werden Lizenzen an *mehrere* Unternehmen vergeben; zumeist agieren die Issuer in diesen offenen Systemen nicht zugleich im Bereich des Acquiring. Siehe noch WEKO, Verfügung v. 05.12.2005, RPW 2006/1, 65, S. 72, Rn. 29 (zu den Exklusivlizenzen im Rahmen des AmEx- und des Diners Club-Systems in der Schweiz); vgl. ferner WEKO, Schlussbericht v. 27.04.2009, RPW 2009/2, 122, 134, Rn. 107 (zur ähnlichen Situation in Debitkartensystemen).

wie auch die Koordinierung und Verwaltung des Zahlungssystems.[848] Die Kreditkartenorganisation definiert Standards, Regeln, Vorschriften und Zugangsrichtlinien und leitet das Kartensystem.[849]

Seitens der Issuer und der Acquirer wird als Gegenleistung eine (Lizenz-)Gebühr an die Kreditkartenorganisation entrichtet.[850]

Untertitel 2. Vergabe von Issuing-Lizenzen versus Vergabe von Acquiring-Lizenzen

Hinsichtlich der vorgelagerten Ebene gilt es zu eruieren, ob die Vergabe von Lizenzen an Issuer und die Vergabe von Lizenzen an die Acquirer unterschiedlichen Märkten angehören.

Für die Annahme gesonderter Märkte ließe sich zwar anführen, dass es sich bei Issuern und Acquirern um getrennte Nachfragegruppen handelt. Gleichwohl agieren im Bereich der Lizenzvergabe auf der Anbieterseite stets – also ungeachtet der Frage, ob Acquiring- oder Issuing-Lizenzen in Rede stehen – die Kreditkartenorganisationen.

Auch die weiteren Leistungen, die seitens der Kreditkartenorganisationen erbracht werden, stehen in unmittelbarem und untrennbarem Zusammenhang mit der Lizenzvergabe. Insbesondere stellen die Kreditkartenorganisationen Regularien auf, in denen die rechtlichen Verpflichtungen der Systemteilnehmer festgelegt werden.[851] Eine Festlegung solcher, das gesamte System betreffenden

---

848 Vgl. *Ahlborn/Chang/Evans*, Problem of Interchange Fee Analysis, Payment Card Econ. Rev., 2003, Vol. 1, 123, 127; vgl. auch hinsichtlich der Zahlungsorganisation MasterCard: EuG, Entscheidung v. 24.05.2012, Rs. T-111/08 – MasterCard, Rn. 2, abrufbar unter http://curia.europa.eu/juris/document/document.jsf?text=&docid=123081&pageIndex=0&doclang=en&mode=lst&dir=&occ=first&part=1&cid=612511; EuGH, Entscheidung v. 11.09.2014, Rs. C-382/12 P – MasterCard, abrufbar unter: http://curia.europa.eu/juris/ document/document.jsf?docid=157521&mode=req&pageIndex=1&dir=&occ=first&part=1&text=&doclang=DE&cid=64579. Vgl. ferner KOM, Grünbuch v. 11.01.2012, Ein integrierter europäischer Markt für Karten-, Internet- und mobile Zahlungen, COM(2011) 941 final, S. 28, abrufbar unter: http://eur-lex.europa.eu/legal-content/DE/TXT/PDF/?uri=CELEX:52011DC0941&from=EN.

849 KOM, Arbeitsdokument v. 31.01.2007, Untersuchung des Retail-Bankgeschäfts (Abschlussbericht), COM(2007) 33 final, SEC(2007) 106, S. 171, abrufbar unter: http://ec.europa.eu/competition/sectors/financial_services/inquiries/sec_2007_106.pdf.

850 Vgl. KOM, Entscheidung v. 08.12.2010, COMP/39.398 – Visa MIF, Rn. 13; WEKO, Verfügung v. 05.12.2005, RPW 2006/1, 65, S. 70, Rn. 19; *Tirole*, Payment Card Regulation, CPI, 2011, Vol. 7, No. 1, 137, 138.

851 Vgl. auch noch EuG, Entscheidung v. 24.05.2012, Rs. T-111/08 – MasterCard, Rn. 2, abrufbar unter: http://curia.europa.eu/juris/document/document.jsf?text=&docid=123081& pageIndex=0&doclang=en&mode=lst&dir=&occ=first&part=1&cid=612511.

Grundsatzregelungen nur für die Issuer oder nur für die Acquirer, ließe sich nicht oder allenfalls unter Inkaufnahme beträchtlicher Schwierigkeiten realisieren. Innerhalb eines Systems bedarf es – jedenfalls bezüglich der Grundlagen – einer Abstimmung bzw. Tarierung des Pflichten- wie auch Rechtsgefüges zwischen Issuing und Acquiring. Die Systemregeln stellen ein übergeordnetes Normengefüge innerhalb des Systems dar; seitens einiger Gerichte wird den Regularien der Kartensysteme sogar Rechtsnormqualität zugesprochen.[852] Die Issuer und Acquirer stehen innerhalb eines Vier-Parteien-Systems grundsätzlich nicht in einer (unmittelbaren) vertraglichen Beziehung zueinander.[853] Zwischen diesen beiden Akteursgruppen besteht bloß eine mittelbare vertragliche Verbindung, die im Wege des Anschlusses an das jeweilige System durch Abschluss der Lizenzverträge hergestellt wird. Die Kreditkartenorganisationen fungieren insofern als Bindeglied zwischen den Issuern und den Acquirern, also zwischen den beiden Seiten des Marktes.[854]

Die Kreditkartenorganisationen kontrollieren die Einhaltung der Regeln des Kartennetzwerkes durch die Lizenznehmer und sanktionieren etwaige Verstöße. Ferner sind sie für die Systempflege zuständig; sie sind die Inhaber der Markenrechte an der Systemmarke. Die Marketingbemühungen für ein Kreditkartensystem beziehen sich grundsätzlich sowohl auf das Acquiring wie auch auf das Issuing und wirken sich auf beide Bereiche aus. Zum einen wird das jeweilige Kreditkartensystem sowohl auf der Issuing- als auch auf der Acquiring-Seite unter derselben Marke bzw. demselben Logo betrieben, sodass Marketingmaßnahmen aus Sicht der Werbeadressaten das gesamte Zahlungssystem der Kreditkartenorganisation betreffen. Zum anderen ziehen etwaige Marketingmaßnahmen – selbst wenn entweder nur die Karteninhaber oder nur die Vertragsunternehmen im Fokus der Maßnahmen stehen – in Anbetracht der indirekten Netzeffekte zumindest mittelbare Auswirkungen auf die andere Seite des Marktes nach sich.

Untertitel 3. Zwischenergebnis

Die seitens der Kreditorganisationen wahrgenommenen Aufgaben bzw. die seitens der Kreditkartenorganisationen gegenüber den Issuern wie auch den Acquirern erbrachten (Dienst-)Leistungen gehören einem einheitlichen System-Markt bzw. Issuing- und Acquiring-Lizenz-Vergabe-Markt an.

852 Etwa das LG Heilbronn stufte die Regularien von Visa als „Satzungen mit Strafcharakter" und Rechtsnormqualität ein, siehe LG Heilbronn, Urteil v. 8.12.2009 – 21 O 135/08, Rn. 30 ff.

853 Zwischen den Acquirern und den Issuern besteht lediglich ein Abrechnungsverhältnis auf organisationsrechtlicher Grunlage, vgl. *Jungmann*, in: Langenbucher/Bliesener/Spindler, BankR, 2. Aufl., 2016, Kap. 6, Vorbem. vor §§ 675f ff., Rn. 6; *Martinek*, in: Schimansky/Bunte/Lwowski, BankRHandb., Bd. I, 4. Aufl., 2011, Rn. 2.

854 Siehe auch noch oben unter Abschnitt 1, Titel 3, Untertitel 1, Kapitel 5 (zum Vorliegen eines zweiseitigen Marktes).

Titel 5. Die intermediäre Ebene: Netzbetriebs- und Processing-Dienstleistungen

Sowohl bei Netzbetriebs- als auch bei Processing-Dienstleistungen handelt es sich um solche, die in Zusammenhang mit der Transaktionsverarbeitung stehen; diese Leistungen „flankieren" die Tätigkeiten der sonstigen Systemteilnehmer. Sie lassen sich weder eindeutig der nachgelagerten Ebene noch der vorgelagerten Ebene zuordnen.[855] Man mag hinsichtlich dieser Dienstleistungen daher davon sprechen, dass sie einer intermediären Ebene angehören.

Untertitel 1. Netzbetriebs- und Processing-Dienstleistungen als Bestandteile eines einheitlichen Marktes?

Zunächst gilt es hinsichtlich dieser intermediären Ebene zu eruieren, ob Netzbetriebs- und Processing-Dienstleistungen einem einheitlichen Markt angehören.

Kapitel 1. Nachfragesubstituierbarkeit

Fraglich erscheint, ob Netzbetriebs- und (Issuing- wie auch Acquiring-)Processing-Dienstleistungen seitens der Marktgegenseite bezüglich ihrer Eigenschaften, ihrer Preise wie auch ihres Verwendungszwecks als substituierbar erachtet werden; wie bereits an obiger Stelle dargelegt wurde, gehören Issuing-Processing- und Acquiring-Processing-Dienstleistungen gesonderten sachlich relevanten Processing-Märkten an.[856]

Bei den Netzbetriebsleistungen handelt es sich um Leistungen, die gegenüber den Händlern erbracht werden.[857] Der Netzbetreiber sammelt insbesondere die im Falle des Kreditkarteneinsatzes am PoS mittels eines Kartenlesegeräts eingelesenen Transaktionsdaten und leitet diese gebündelt an den Acquirer weiter.[858]

---

855 Sowohl Netzbetreiber als auch Processing-Unternehmen bedürfen einer Lizenzierung bzw. Zulassung durch die jeweilige Kreditkartenorganisation.

856 Vgl. hierzu oben unter Abschnitt 1, Titel 3, Untertitel 2, Kapitel 2.

857 Vgl. BKartA, Beschluss v. 08.06.2006, B 4 – 29/06, Rn. 55.

858 Vgl. BKartA, Beschluss v. 08.06.2006, B 4 – 29/06, Rn. 51 f. u. Rn. 55; vgl. insoweit auch *Werner*, in: Kümpel/Wittig, Bank- und Kapitalmarktrecht, 4. Aufl., 2011, Rn. 7.991 f.; *Custodis*, Das Kreditkartenverfahren, 1970, S. 14 ff.; vgl. ferner KOM, Interim Report I (Payment cards) v. 12.04.2006, Untersuchung des Retail-Bankgeschäfts (Zwischenbericht), S. 3. Sofern ein Terminal- oder Payment Service-Provider eingeschaltet wird, nimmt dieser die (Abwicklungs-)Daten der getätigten Transaktion vor Ort per Terminal respektive im Falle eines im Internet geschlossenen Vertrages und dort per Kreditkarte abgerechneten Geschäfts via virtuellem Terminal entgegen und leitet die Daten an den Acquirer weiter.

Issuing-Processing-Dienstleistungen sind Dienstleistungen, die im Auftrag der Issuer und in Zusammenhang mit der Ausgabe von Kreditkarten erbracht werden.[859] Im Wesentlichen hat das Issuing-Processing die Verarbeitung der Kartentransaktionen beim Issuer zum Gegenstand.[860] Unter anderem ist der Issuing-Prozessor für die Eröffnung und Verwaltung des Kreditkartenkontos des Karteninhabers zuständig.[861] Bei Acquiring-Processing-Dienstleistungen handelt es sich hingegen um Dienstleistungen, die den Acquirern offeriert werden und mit der Kreditkartenakzeptanz am PoS in Zusammenhang stehen.[862] Acquiring-Prozessoren agieren insbesondere im Kontaktbereich zwischen Kartenemittenten und Acquirern;[863] sie übertragen die Daten einer Kartentransaktion vom Point of Sale unter anderem an die Issuing-Processing-Unternehmen und verwalten die Händler-Konten.[864]

Die Geschäftstätigkeiten bzw. Dienstleistungen der Issuer, der Acquirer und der Händler weichen beträchtlich voneinander ab.[865] Netzbetreiber erbringen ihre Dienstleistungen gegenüber den Händlern und nicht wie die Processing-Unternehmen gegenüber den Issuern bzw. den Acquirern.[866] Hinsichtlich der

---

859 Hierzu bereits oben unter Abschnitt 1, Titel 3, Untertitel 2; vgl. auch BKartA, Beschluss v. 08.06.2006, B 4 – 29/06, Rn. 55.

860 Vgl. zum Aufgabenbereich der Issuing-Processing-Unternehmens auch KOM, Arbeitsdokument v. 31.01.2007, Untersuchung des Retail-Bankgeschäfts (Abschlussbericht), COM(2007) 33 final, SEC(2007) 106, S. 84, abrufbar unter: http://ec.europa.eu/competition/sectors/financial_services/inquiries/sec_2007_106.pdf; KOM, Interim Report I (Payment cards) v. 12.04.2006, Untersuchung des Retail-Bankgeschäfts (Zwischenbericht), S. 2 f.; BKartA, Beschluss v. 08.06.2006, B 4 – 29/06, Rn. 65; vgl. ferner *Einsele*, Bank- und Kapitalmarktrecht, 4. Aufl., 2018, § 6, Rn. 235; *Jungmann*, Verteilung des Missbrauchsrisikos beim Einsatz von Kreditkarten, WM 2005, 1351, 1352 f.; *Meder*, Kreditkartenzahlung im Internet und Mail-Order-Verfahren, WM 2002, 1993.

861 Vgl. KOM, Arbeitsdokument v. 31.01.2007, Untersuchung des Retail-Bankgeschäfts (Abschlussbericht), COM(2007) 33 final, SEC(2007) 106, S. 84; KOM, Interim Report I (Payment cards) v. 12.04.2006, Untersuchung des Retail-Bankgeschäfts (Zwischenbericht), S. 2; BKartA, Beschluss v. 08.06.2006, B 4 – 29/06, Rn. 65.

862 Vgl. BKartA, Beschluss v. 08.06.2006, B 4 – 29/06, Rn. 55; vgl. auch noch *Horn*, Kartellrechtliche Aspekte des Kreditkartengeschäfts, ZHR 157 (1993), 324, 328; *Blaurock*, in: Derleder/Knops/Bamberger, Hdb. BankR, 3. Aufl., 2017, § 49, Rn. 5; WEKO, Verfügung v. 05.12.2005, RPW 2006/1, 65, S. 70, Rn. 17.

863 Vgl. auch BKartA, Tätigkeitsbericht 2005/2006 (Kurzfassung), S. 36.

864 Vgl. KOM, Arbeitsdokument v. 31.01.2007, Untersuchung des Retail-Bankgeschäfts (Abschlussbericht), COM(2007) 33 final, SEC(2007) 106, S. 84; KOM, Interim Report I (Payment cards) v. 12.04.2006, Untersuchung des Retail-Bankgeschäfts (Zwischenbericht), S. 2; BKartA, Beschluss v. 08.06.2006, B 4 – 29/06, Rn. 55.

865 Zur (fehlenden) Substituierbarkeit von Issuing- und Acquiring-Tätigkeiten bereits ausführlich oben unter Abschnitt 1, Titel 3, Untertitel 1.

866 Vgl. auch BKartA, Beschluss v. 08.06.2006, B 4 – 29/06, WuW/E DE-V 1313, 1316 = WuW 2/2007, 185, 188, Rn. 70.

Processing-Dienstleistungen tritt augenscheinlich zu Tage, dass die Issuer wie auch die Acquirer die Wahrnehmung einiger – der an sich ihnen im Rahmen des Systems zugewiesenen – Funktionen auf die Processing-Unternehmen übertragen bzw. auslagern.[867] Die Vertragsunternehmen lagern hingegen keine Aufgaben auf Dritte aus, wenn sie Netzbetriebs-Dienstleistungen in Anspruch nehmen; vielmehr „fragen die Händler eine originäre Dienstleistung nach, die nicht Teil ihres eigenen Geschäftes ist"[868]. Die Issuing-Processing-Dienstleistungen, die Acquiring-Processing-Dienstleistungen und die Netzbetriebs-Dienstleistungen werden mithin gegenüber unterschiedlichen Nachfragern erbracht.

Die Annahme, dass die beiden Arten der Processing-Dienstleistungen einerseits und Netzbetriebs-Dienstleistungen andererseits unterschiedlichen sachlich relevanten Märkten angehören, wird weiterhin durch die Tatsache gestützt, dass Processing-Unternehmen und Netzbetreiber verschiedenartige Positionen innerhalb der Transaktionsverarbeitung einnehmen. Die Issuing-Processing-Dienstleistungen weisen eine Nähe zum Issuing-Bereich auf. Acquiring-Processing-Dienstleistungen wie auch Netzbetriebs-Dienstleistungen lassen sich hingegen tendenziell eher dem Acquiring-Bereich zuordnen. Dies intendiert, dass jedenfalls Issuing-Processing-Dienstleistungen und Netzbetriebs-Dienstleistungen keinem einheitlichen Markt angehören.

Zudem gilt es hinsichtlich der Acquiring-Processing-Dienstleistungen wie auch der Netzbetriebs-Dienstleistungen zu beachten, dass die Netzbetreiber die Transaktionsdaten nicht an den Acquirer, sondern an das Acquiring-Processing-Unternehmen weiterleiten, sofern ein solches seitens des Acquirers eingeschaltet wurde.[869] In letztgenanntem Falle werden also die Transaktionsdaten, die am PoS eingelesen werden, vom Netzbetreiber an das Acquiring-Processing-Unternehmen und von diesem wiederum an das Issuing-Processing-Unternehmen weitergeleitet.[870] Insofern zeigt sich, dass Netzbetreiber auf einer den Acquiring-Processing- (wie auch den Issuing-Processing-)Unternehmen vorgeschalteten Stufe agieren. Letztgenannter Umstand spricht gegen die Annahme eines einheitlichen – sowohl Netzbetriebs- als auch Acquiring-Processing-Dienstleistungen umfassenden – Marktes.

---

867 Vgl. BKartA, Beschluss v. 08.06.2006, B 4 – 29/06, WuW/E DE-V 1313, 1316 = WuW 2/2007, 185, 188, Rn. 70; vgl. in diesem Kontext auch noch KOM, Interim Report I (Payment cards) v. 12.04.2006, Untersuchung des Retail-Bankgeschäfts (Zwischenbericht), S. 3. Vgl. hierzu auch oben unter Abschnitt 1, Titel 3, Untertitel 2, Kapitel 2.

868 Vgl. BKartA, Beschluss v. 08.06.2006, B 4 – 29/06, WuW/E DE-V 1313, 1316 = WuW 2/2007, 185, 188, Rn. 70; vgl. in diesem Kontext auch noch KOM, KOM, Interim Report I (Payment cards) v. 12.04.2006, Untersuchung des Retail-Bankgeschäfts (Zwischenbericht), S. 3.

869 Vgl. auch BKartA, Beschluss v. 08.06.2006, B 4 – 29/06, WuW/E DE-V 1313, 1315 = WuW 2/2007, 185, 187, Rn. 51, Rn. 55 u. Rn. 70.

870 Vgl. auch BKartA, Beschluss v. 08.06.2006, B 4 – 29/06, Rn. 52.

Eine nachfrageseitige Substituierbarkeit von Netzbetriebs- und Processing-Dienstleistungen ist folglich nicht gegeben.

Kapitel 2. Angebotssubstituierbarkeit: Die Umstellungsflexibilität der Anbieter

In Ermangelung des Bestehens von Software- und Plattformsynergien ist es den Processing-Dienstleistungen erbringenden und den als Netzbetreiber tätigen Unternehmen nicht ohne Weiteres möglich, in den jeweils anderen Bereich einzusteigen bzw. ihr Angebot auf die mit dem jeweils anderen Bereich verbundenen Leistungen in einer überschaubaren Zeit und ohne beträchtliche Investitionen bzw. Kosten umzustellen.[871]

Sofern man strukturelle Verflechtungen zwischen den Unternehmen außer Acht lässt, sind Processing-Unternehmen und Netzbetreiber nicht personenidentisch.[872] In der Regel agieren weder Netzbetreiber als Processing-Unternehmen noch Processing-Unternehmen als Netzbetreiber.[873] Sofern Unternehmen – im Einzelfall – in beiden Bereichen aktiv sind, werden die mit den jeweiligen Bereichen in Zusammenhang stehenden Leistungen üblicherweise seitens verschiedener Abteilungen oder seitens Tochtergesellschaften erbracht.[874]

Im Übrigen konnte in der Vergangenheit beobachtet werden, dass Processing-Unternehmen, die ihr Tätigkeitsspektrum auf den Bereich des Netzbetriebs erweiterten, eine entsprechende Expansion nicht etwa im Wege interner Diversifikation realisierten; vielmehr erfolgte eine Ausweitung des Tätigkeitsbereiches in diesen Fällen im Wege der Übernahme spezialisierter Unternehmen.[875] Dies indiziert gleichsam, dass Netzbetriebs- und Processing-Dienstleistungen angebotsseitig nicht substituierbar sind.

Kapitel 3. Zwischenergebnis

Netzbetriebs-Dienstleistungen und Processing-Dienstleistungen sind weder nachfrageseitig noch angebotsseitig substituierbar und gehören unterschiedlichen sachlichen relevanten Markt an.[876]

---

871 Vgl. BKartA, Beschluss v. 08.06.2006, B 4 – 29/06, WuW/E DE-V 1313, 1316 = WuW 2/2007, 185, 188, Rn. 70.

872 Vgl. BKartA, Beschluss v. 08.06.2006, B 4 – 29/06, WuW/E DE-V 1313, 1315 = WuW 2/2007, 185, 187, Rn. 70.

873 Vgl. BKartA, Beschluss v. 08.06.2006, B 4 – 29/06, WuW/E DE-V 1313, 1315 = WuW 2/2007, 185, 187, Rn. 70.

874 Dazu (mit Beispiel): BKartA, Beschluss v. 08.06.2006, B 4 – 29/06, WuW/E DE-V 1313, 1315 = WuW 2/2007, 185, 187, Rn. 70.

875 Vgl. BKartA, Beschluss v. 08.06.2006, B 4 – 29/06, WuW/E DE-V 1313, 1316 = WuW 2/2007, 185, 188, Rn. 70.

876 Vgl. auch BKartA, Beschluss v. 08.06.2006, B 4 – 29/06, WuW/E DE-V 1313, 1315 = WuW 2/2007, 185, 187, Rn. 69 ff. Auch die im Rahmen dieses Verfahrens befragten

Untertitel 2. Netzbetriebs-Dienstleistungen

Einer näheren Erörterung bedarf allerdings noch die Frage, ob sämtliche Netzbetriebs-Dienstleistungen einem einheitlichen Markt zuzurechnen sind oder dieser Bereich in weitere Märkte unterteilt ist.

Kapitel 1. Zugehörigkeit der Terminalbereitstellung zum sachlich relevanten Netzbetriebs-Markt

Die Bereitstellung von Terminals bzw. der Aufbau der „Terminalinfrastruktur" am PoS gehört dem sachlich relevanten Netzbetriebs-Markt an.[877] Die seitens der Netzbetreiber mit den Vertragsunternehmen abgeschlossenen Verträge haben regelmäßig die Netzbetriebs-Dienstleistung und die Terminalbereitstellung wie auch die Wartung der Terminals zum Gegenstand.[878] Auch lässt sich beobachten, dass im Falle des Abschlusses eines neuen Netzbetriebsvertrages mit einem anderen Netzbetreiber in der Praxis üblicherweise die Terminalbereistellung ebenfalls durch den neuen Betreiber erfolgt.[879]

Kapitel 2. Netzbetriebs-Dienstleistungen bezüglich Debitkarten als Bestandteil des sachlich relevanten Netzbetriebs-Marktes

Für das Vorliegen getrennter sachlich relevanter Märkte für Netzbetriebs-Leistungen im Zusammenhang mit Debitkarten auf der einen und Kreditkarten auf der anderen Seite mag man anführen, dass die im Falle einer Zahlungskartentransaktion anfallenden Informationen, je nachdem, ob eine Debitkarte oder eine Kreditkarte am PoS zum Einsatz gelangt, regelmäßig an unterschiedliche Akteure weitergeleitet werden. Während die Netzbetreiber die Zahlungsinformationen im Falle einer Kreditkartenzahlung an einen Acquirer bzw. ein Acquiring-Processing-Unternehmen weiterleiten, ist der Adressat einer solchen Datenübermittlung bei einer Debitkartenzahlung ein Issuer bzw. ein Issuing-Processor.[880]

Wettbewerber wie auch Händler waren übrigens der Auffassung, dass Processing- und Netzbetriebs-Leistungen als verschiedenartig anzusehen seien und der Bereich des Netzbetriebs daher einem eigenständigen, vom Processing zu trennenden Markt zuzurechnen sei, vgl. BKartA, Beschluss v. 08.06.2006, B 4 – 29/06, WuW/E DE-V 1313, 1316 = WuW 2/2007, 185, 188, Rn. 71.

877 Vgl. BKartA, Beschluss v. 08.06.2006, B 4 – 29/06, WuW/E DE-V 1313, 1316 = WuW 2/2007, 185, 188, Rn. 74.

878 Vgl. BKartA, Beschluss v. 08.06.2006, B 4 – 29/06, WuW/E DE-V 1313, 1315 = WuW 2/2007, 185, 187, Rn. 70 und 188, Rn. 73.

879 Vgl. BKartA, Beschluss v. 08.06.2006, B 4 – 29/06, WuW/E DE-V 1313, 1316 = WuW 2/2007, 185, 188, Rn. 73.

880 Vgl. BKartA, Beschluss v. 08.06.2006, B 4 – 29/06, WuW/E DE-V 1313, 1315 = WuW 2/2007, 185, 187, Rn. 36 und 187, Rn. 70.

Indes wird die seitens des Netzbetreibers erbrachte Leistung in Art und Umfang nicht durch das Vorliegen eines anderen Adressaten beeinflusst, sodass die Verschiedenheit des Informationsempfängers nicht als hinreichendes Anzeichen für das Vorliegen unterschiedlicher Märkte eingestuft werden kann. Auch bietet die weit überwiegende Anzahl der Netzbetreiber die Netzbetriebsleistungen sowohl für Kredit- als auch für Debitkarten an.[881] Ferner handelt es sich bei den auf dem Markt befindlichen Händlerterminals regelmäßig sowohl um Single-Host-[882] wie auch Multifunktions-Terminals.[883] Die gegenwärtig am häufigsten in Nutzung befindlichen Multifunktions-Terminals ermöglichen die Akzeptanz und Verarbeitung von Debit- wie auch Kreditkartentransaktionen.[884] Gegen die Existenz gesonderter Märkte spricht überdies, dass sowohl die Angebote von als auch die Nachfragen nach Netzbetriebsleistungen regelmäßig unabhängig vom Kartentyp ausgerichtet sind.[885] Dies entspricht den Interessen der Nachfrager: Die Vertragsunternehmen wünschen regelmäßig einen Bezug der zur Kartenakzeptanz erforderlichen Leistungen für sämtliche akzeptierten Zahlungskarten (seien es Kreditkarten oder Debitkarten) wie auch Marken aus einer Hand.[886] Dementsprechend ist hinsichtlich des Marktes für Netzbetreiber-Leistungen nicht in Bezug auf Debitkarten und Kreditkarten zu differenzieren.[887]

Kapitel 3. (Zwischen-)Ergebnis

Die Bereitstellung von Terminals sowie der Aufbau der Terminalinfrastruktur am PoS gehört dem sachlich relevanten Netzbetriebs-Markt an. Sowohl Netzbetriebs-Dienstleistungen, die in Bezug auf Debitkarten, als auch solche, die hinsichtlich Kreditkarten erbracht werden, gehören diesem (sachlich relevanten) Netzbetriebsmarkt an.

---

881 Vgl. BKartA, Beschluss v. 08.06.2006, B 4 – 29/06, WuW/E DE-V 1313, 1316 = WuW 2/2007, 185, 188, Rn. 72.

882 Ein Single-Host-Terminal wird seitens *eines* Netzbetreibers betrieben.

883 Vgl. hierzu BKartA, Beschluss v. 08.06.2006, B 4 – 29/06, WuW/E DE-V 1313, 1316 = WuW 2/2007, 185, 188, Rn. 72.

884 Vgl. BKartA, Beschluss v. 08.06.2006, B 4 – 29/06, WuW/E DE-V 1313, 1316 = WuW 2/2007, 185, 188, Rn. 72.

885 Vgl. BKartA, Beschluss v. 08.06.2006, B 4 – 29/06, WuW/E DE-V 1313, 1316 = WuW 2/2007, 185, 188, Rn. 72.

886 Vgl. BKartA, Beschluss v. 08.06.2006, B 4 – 29/06, WuW/E DE-V 1313, 1316 = WuW 2/2007, 185, 188, Rn. 72.

887 Vgl. BKartA, Beschluss v. 08.06.2006, B 4 – 29/06, WuW/E DE-V 1313, 1316 = WuW 2/2007, 185, 188, Rn. 72.

Untertitel 3. Processing-Bereich

Entsprechend der bereits an obiger Stelle erfolgten Ausführungen ist einerseits von einem eigenständigen Markt für Issuing-Processing-Dienstleistungen und andererseits von der Existenz eines hiervon gesonderten Marktes für Acquiring-Processing-Dienstleistungen auszugehen.[888]

Sowohl hinsichtlich des Issuing- wie auch bezüglich des Acquiring-Processing könnte indes eine ausdifferenziertere Marktabgrenzung erforderlich sein. Auch im Hinblick auf Processing-Dienstleistungen stellt sich jedenfalls die Frage, ob die Processing-Dienstleistungen, die in Bezug auf Debitkarten angeboten werden, den Kreditkarten-Processing-Märkten angehören. (Nationale) Debitkarten-Systeme sind regelmäßig als dreiseitige Systeme ausgestaltet, an denen nur Karteninhaber, Vertragsunternehmen und Kartenemittenten teilnehmen.[889] Zumal innerhalb dieser Systeme – in Anbetracht dieser andersartigen Organisationsstruktur – keine (eigenständigen) Acquirer und daher auch keine Acquiring-Processing-Unternehmen agieren, scheidet eine Differenzierung nach Debitkarten- und Kreditkartentransaktionen hinsichtlich des Acquiring-Processing von vornherein aus.[890] Ferner unterscheiden sich die (nationalen) Debitkarten-Systeme und die im Wege eines Vier-Parteien-Modells organisierten Kreditkarten-Systeme hinsichtlich der Lizenzvergabe.[891] Die Zahlungskartennetze sind ausschließlich für die lizensierten Kartenemittenten und Acquirer, also die Mitglieder des jeweiligen Systems sowie die seitens dieser Mitglieder beauftragten Processing-Unternehmen zugänglich.[892] Im Gegensatz hierzu werden Debitkartentransaktionen etwa im Rahmen des deutschen girocard-Systems nach den Maßgaben der Deutschen Kreditwirtschaft abgewickelt.[893]

Freilich erlangen diese Aspekte nur Bedeutung hinsichtlich solcher Debitkarten-Systeme, die als geschlossene Systeme ausgestaltet sind. Hinsichtlich der internationalen Debitkarten-Systeme, die als offene Kartensysteme betrieben werden,[894]

---

888 Vgl. oben Abschnitt 1, Titel 3, Untertitel 2.

889 Vgl. BKartA, Beschluss v. 08.06.2006, B 4 – 29/06, Rn. 66, Fn. 5; vgl. ferner in Bezug auf das Girocard-System die online unter https://www.girocard.eu/media/04_was_ist_girocard_am_pos_1.pdf abrufbaren Informationen.

890 Vgl. BKartA, Beschluss v. 08.06.2006, B 4 – 29/06, Rn. 66, Fn. 5.

891 Vgl. hierzu auch BKartA, Beschluss v. 08.06.2006, B 4 – 29/06, Rn. 66.

892 Siehe hierzu bereits oben unter Abschnitt 1, Titel 1, Untertitel 2, Kapitel 3 sowie Abschnitt 1, Titel 3, Untertitel 2.

893 Vgl. diesbezüglich die unter https://www.girocard.eu/media/04_was_ist_girocard_am_pos_1.pdf sowie unter https://www.girocard.eu/standardisierung/ online abrufbaren Informationen. Vgl. auch noch BKartA, Beschluss v. 08.06.2006, B 4 – 29/06, Rn. 66.

894 Hierzu bereits oben unter Abschnitt 1, Titel 3, Untertitel 3, Kapitel 2, Unterkapitel 2, § 2, IX, 1., b).

vermögen diese Unterschiede jedenfalls nicht die Annahme unterschiedlicher Märkte zu rechtfertigen.[895]

Neben diesen strukturellen Unterschieden zwischen Debit- und Kreditkartensystemen finden sich aber noch weitere Besonderheiten, die unmittelbar mit den Eigenschaften der Debitkarten- bzw. Kreditkartentransaktionen in Zusammenhang stehen.[896] Insbesondere die in dieser Hinsicht anzutreffenden Unterschiede beider Kartenarten wirken sich sowohl im Bereich des Issuing- wie auch des Acquiring-Processing aus. Die Issuing-Processing-Unternehmen verarbeiten die Kartentransaktionen beim Issuer und kümmern sich um die Eröffnung wie auch Verwaltung des Kreditkartenkontos des Karteninhabers. In diesem Kontext müssen die Processing-Unternehmen insbesondere die Auswirkungen der bei Kreditkarten, nicht aber bei Debitkarten anzutreffenden Stundungsfunktion berücksichtigen. Sowohl die Issuing- als auch die Acquiring-Processing-Unternehmen erstellen die Rechnungen für die Karteninhaber bzw. die Vertragsunternehmen. Wie bereits oben dargelegt, unterscheiden sich die Kostenstrukturen zwischen Debitkarten und Kreditkarten sowohl im Issuing- wie auch im Acquiring-Bereich.[897] Zudem bearbeiten die Issuing-Processing-Unternehmen die Anträge der Karteninhaber und erbringen zumeist auch Leistungen eines Call-Centers. Im Rahmen dieser Tätigkeiten müssen stets die unterschiedlichen Funktionsspektren von Kreditkarten und Debitkarten im Blick behalten werden. Ähnliches gilt hinsichtlich des Acquiring-Processing-Bereiches.

Überdies können Kreditkarten regelmäßig im E-Commerce eingesetzt werden, wohingegen eine Zahlung via Debitkarte im Internet zumeist nicht möglich ist. Zumal der Issuing-Processor die Kartentransaktionen oftmals auch im Namen des Issuers autorisiert, bedarf es insofern insbesondere einer zuverlässigen Überprüfung der seitens des Karteninhabers im Zuge des „3-D secure"-Sicherheitsverfahrens eingegebenen Daten. Im Falle des Debitkarteneinsatzes im Internet existieren hingegen keine entsprechenden Verifizierungsverfahren.

---

895 Seitens des BKartA wurde im Rahmen der „Differenzierung nach dem Processing von Debit-und von Kreditkarten" nicht auf diesen Unterschied eingegangen; es stellte nur auf die Kreditkartensysteme von Visa und MasterCard wie auch auf die deutschen Debitkartensysteme (insbes. das electronic cash-System) ab. Das BKartA führte in diesem Zusammenhang unter anderem aus: „Bei Debitkartenzahlungen handelt es sich – im Gegensatz zum 4-seitigen System bei Kreditkartenzahlungen – um ein dreiseitiges System Kunde-Issuer-Händler. Insofern findet bei Debitkartenzahlungen ein Acquiring im o.g. Sinne nicht statt, und beim Acquiring Processing wäre eine Differenzierung nach Debit-und Kreditkartenzahlungen insofern nicht sachgerecht.", BKartA, Beschluss v. 08.06.2006, B 4 – 29/06, Rn. 66, Fn. 5.

896 Dies ist etwa auch angeklungen in BKartA, Beschluss v. 08.06.2006, B 4 – 29/06, Rn. 66.

897 Vgl. Abschnitt 1, Titel 3, Untertitel 3, Kapitel 2, Unterkapitel 2, § 2, IX. 1. i) (zum Issuing-Bereich) sowie Abschnitt 1, Titel 3, Untertitel 4, Kapitel 4, Unterkapitel 2, § 7, I. 6. (zum Acquiring-Bereich).

Weitere Unterschiede bezüglich der Anforderungen an das Processing gehen ferner damit einher, dass Kreditkarten sehr viel häufiger im internationalen Zahlungsverkehr eingesetzt werden; man denke in diesem Kontext etwa an die Umrechnung von Rechnungsbeträgen in eine Fremdwährung. Mithin zeigt sich, dass sich die oben genannten Unterschiede zwischen Debitkarten und Kreditkarten auf die Tätigkeiten des Processing auswirken bzw. auf diese „durchschlagen".[898]

Die Abwicklung von Debitkartentransaktionen einerseits und mittels Kreditkarten getätigter Transaktionen andererseits erfolgt im Übrigen regelmäßig durch verschiedene Processing-Unternehmen.[899] Auch dies deutet insofern auf eine Existenz unterschiedlicher Märkte hin.

Folglich sind Kreditkarten-Processing-Dienstleistungen und Debitkarten-Processing-Dienstleistungen nicht als hinreichend substituierbar anzusehen; die in Zusammenhang mit Debitkarten erbrachten Processing-Dienstleistungen lassen sich mithin weder dem Markt für Kreditkarten-Issuing-Processing-Dienstleistungen noch dem Markt für Kreditkarten-Acquiring-Processing-Dienstleistungen zurechnen.

Untertitel 4. Zwischenergebnis zu Netzbetriebs- und Processing-Dienstleistungen

Netzbetriebs-Dienstleistungen und Processing-Dienstleistungen sind Bestandteile gesonderter sachlich relevanter Märkte.

Es existiert ein Netzbetriebs-Markt, der die Bereitstellung von Terminals und den Aufbau der Terminalinfrastruktur am PoS umfasst, und zwar sowohl hinsichtlich Debitkarten als auch hinsichtlich Kreditkarten (Kreditkarten- und Debitkarten-Netzbetriebs-Markt).

In Bezug auf Processing-Dienstleistungen ist von einem eigenständigen Kreditkarten-Issuing-Processing-Markt sowie einem Kreditkarten-Acquiring-Processing-Markt auszugehen; Debitkarten-Processing-Dienstleistungen sind nicht Bestandteil dieser Märkte.

Titel 6. Ergebnis der sachlichen Marktabgrenzung

Es lässt sich unterscheiden zwischen einem Wettbewerbsverhältnis zwischen den Emittenten (der offenen Systeme) und den Drei-Parteien-Kreditkartenunternehmen im Issuing-Bereich, den Acquirern (der Vier-Parteien-Systeme) und den Drei-Parteien-Kreditkartenunternehmen im Acquiring-Bereich sowie zwischen den Kreditkartenorganisationen untereinander im vorgelagerten Bereich.

---

898 Vgl. Abschnitt 1, Titel 3, Untertitel 3, Kapitel 2, Unterkapitel 2, § 2, IX. (zum Issuing-Bereich) sowie Abschnitt 1, Titel 3, Untertitel 4, Kapitel 4, Unterkapitel 2, § 7 (zum Acquiring-Bereich).

899 Vgl. BKartA, Beschluss v. 08.06.2006, B 4 – 29/06, Rn. 66.

A. Die Grundlagen des Kreditkartengeschäfts

Eine Kreditkarte ist eine Zahlungskarte, bei welcher der Zeitpunkt des Bezugs der Leistung am PoS und der Deckungszahlung durch den Karteninhaber zeitlich auseinanderfallen und die es dem Karteninhaber ermöglichen, die ausstehenden Beträge erst am Ende der Rechnungsperiode oder in Gestalt von (verzinslichen) Raten zu entrichten.

I. Innerhalb von Kreditkartensystemen besteht ein Geflecht vertraglicher Beziehungen. Insofern erscheinen insbesondere der Akquisitionsvertrag zwischen Vertragsunternehmen und Kreditkartenunternehmen bzw. Acquirer (Vollzugsverhältnis) wie auch der Emissionsvertrag zwischen Karteninhaber und Issuer bzw. Kreditkartenunternehmen (Deckungsverhältnis) bedeutsam. Ferner stehen sich der Karteninhaber und das Vertragsunternehmen im Absatzbereich als Vertragsparteien gegenüber; in diesem Valutaverhältnis wird die Kreditkarte als Zahlungsmittel eingesetzt.
   1. Im Wege des Emissionsvertrages wird der Karteninhaber insbesondere zur Nutzung der Kreditkarte als bargeldloses Zahlungsmittel berechtigt; im Gegenzug verpflichtet er sich zur Entrichtung einer jährlichen Pauschalgebühr (Jahresgebühr).
   2. Der Akquisitionsvertrag berechtigt (und verpflichtet) das Vertragsunternehmen zur Annahme der Kreditkarte des jeweiligen Systems am PoS. Das Vertragsunternehmen ist verpflichtet, dem Kreditkartenunternehmen ein (regelmäßig transaktionsvolumenabhängiges) Entgelt (sog. Händlerentgelt, Disagio, Merchant Service Charge (MSC)) zu entrichten.

II. Es existieren sowohl Drei- als auch Vier-Parteien-Systeme: Im Falle eines Drei-Parteien-Systems agiert ein Kreditkartenunternehmen „multifunktional“ sowohl als Emittent als auch als Acquirer. In Vier-Parteien-Systemen werden die Emissions- und/oder Acquiring-Tätigkeiten auf (externe) Issuer und Acquirer übertragen; die Berechtigung der Issuer bzw. Acquirer zur Wahrnehmung dieser Aufgaben ergibt sich aus den mit den Kreditkartenorganisationen abgeschlossenen Lizenzverträgen.

   1. Die – nicht mit einem Kreditkartenunternehmen identische – emittierende Bank hat in einem offenen System sowohl eine Vertragsbeziehung zu einer Kreditkartenorganisation (Vergabe der Lizenz zur Kartenemission) als auch zu dem Karteninhaber (Emissionsvertrag).
   2. Der Acquirer unterhält also einerseits eine Vertragsbeziehung zu einer Kreditkartenorganisation (Vergabe der Lizenz zur Akquisition von Vertragsunternehmen) und andererseits zu einem bzw. mehreren Vertragsunternehmen (Acquiringvertrag).
   3. Wenngleich die rechtlichen Beziehungen zwischen den Acquirern und den Vertragsunternehmen wie auch den Emittenten und den Karteninhabern in Drei- und Vier-Parteien-Systemen grundsätzlich in ähnlicher Weise

ausgestaltet sind, ergeben sich insbesondere organisatorische und strukturelle Unterschiede. Die Übernahme des Issuing wie auch des Acquiring durch nicht mit dem Kreditkartenunternehmen bzw. der Kreditkartenorganisation identische Unternehmen führt unter anderem zu einer Abnahme des Grades der – in dem jeweiligen Kartensystem zu verzeichnenden – vertikalen Integration.

B. Kein einheitlicher Markt hinsichtlich sämtlicher, innerhalb eines Zahlungssystems erbrachter Leistungen

In Einklang mit der Entscheidungspraxis der Kommission lässt sich der „Bereich des Kreditkartengeschäfts" in eine vor- und eine nachgelagerte Marktebene aufteilen; die auf diesen Ebenen angebotenen Leistungen gehören keinem einheitlichen Markt an.

Die unterschiedlichen Zahlungssysteme stehen sich auf einer vorgelagerten System- respektive (Karten-)Netzebene als Wettbewerber gegenüber. Auf dieser Ebene erbringen die Kreditkartenorganisationen gegenüber den Finanzinstituten die Netzdienstleistungen. Man spricht insoweit auch vom sog. „Systemwettbewerb" (bzw. „inter-system competition", „upstream market competition").

Zudem sind die emittierenden bzw. akquirierenden Unternehmen als Wettbewerber hinsichtlich kartenbezogener Leistungen auf den nachgelagerten Märkten („downstream market competition") anzusehen. Auf dieser letztgenannten Stufe besteht Wettbewerb in Bezug auf die Emission von Karten bzw. hinsichtlich der Akquisition von Händlern als Vertragsunternehmen.

C. Die nachgelagerte Ebene

I. Kein einheitlicher Markt in Bezug auf den nachgelagerten Bereich

In Bezug auf die nachgelagerte Ebene kann festgehalten werden, dass Issuing- und Acquiring-Aktivitäten unterschiedlichen, voneinander getrennten sachlich relevanten Märkten angehören.

Kreditkartensysteme weisen eine zweiseitige Natur auf; sie sind durch positive, indirekte und wechselseitige Netzeffekte gekennzeichnet.

Bei der Theorie zweiseitiger Märkte handelt es sich um eine Theorie zu Wechselwirkungen innerhalb eines Systems bzw. einer Plattform. Sie stellt keine Marktabgrenzungstheorie dar, sondern hat ökonomische Wirkungszusammenhänge zum Gegenstand.

II. Processing-Dienstleistungen als Bestandteil des Emissions- und/oder Akquisitions-Bereichs

1. Processing-Unternehmen erbringen Dienstleistungen im Zusammenhang mit Kartenzahlungen. Es lässt sich zwischen Issuing-Processing- und Acquiring-Processing-Dienstleistungen differenzieren:
   a) Bei den Issuing-Processing-Dienstleistungen handelt es sich um Dienstleistungen, welche in Zusammenhang mit der Emission von Zahlungskarten stehen und gegenüber den bzw. im Auftrag der Issuer erbracht werden. Im Wesentlichen hat das Issuing-Processing die Verarbeitung der Kartentransaktionen beim Issuer zum Gegenstand.
   b) Acquiring-Processing-Dienstleistungen sind hingegen Dienstleistungen, die mit der Akzeptanz von Karten in Zusammenhang stehen und den Acquirern offeriert werden.
2. Issuing-Processing- und Acquiring-Processing-Dienstleistungen gehören keinem einheitlichen Markt an.
   a) Während Issuing-Processing-Dienstleistungen die Verarbeitung der Kartentransaktionen beim Issuer zum Gegenstand haben, handelt es sich bei den Acquiring-Processing-Dienstleistungen um Leistungen, die mit der Akzeptanz von Karten in Zusammenhang stehen und den Acquirern offeriert werden.
   b) Die Leistungsmerkmale von Issuing-Processing- und Acquiring-Processing-Dienstleistungen unterscheiden sich beträchtlich.
   c) Issuing-Processing- Dienstleistungen werden gegenüber den Issuern und Acquiring-Processing-Dienstleistungen gegenüber den Acquirern erbracht; es existieren unterschiedliche Nachfragegruppen.
   d) Die Mehrheit der Processing-Anbieter wird entweder ausschließlich im Bereich des Issuing-Processing oder im Bereich des Acquiring-Processing tätig; eine angebotsseitige Substituierbarkeit ist nicht gegeben.
   e) Auch die Theorie zweiseitiger Märkte vermag insofern nicht die Annahme eines einheitlichen – sowohl Issuing-Processing- als auch Acquiring-Processing-Dienstleistungen umfassenden – Marktes zu rechtfertigen.
3. Diese Processing-Dienstleistungen gehören zudem weder dem Emissions- noch dem Akquisitionsbereich an:
   a) Processing-Dienstleistungen werden gegenüber den Issuern und den Acquirern erbracht und dienen der Effizienzsteigerung letztgenannter Akteure.
   b) Im Wege der Processing-Dienstleitungen wird weder eine Kartenzahlungsmöglichkeit noch eine Kartenakzeptanzmöglichkeit eingeräumt.
   c) Die Existenz von Unternehmen, die auf Processing-Dienstleistungen spezialisiert sind, spricht insofern ebenfalls für das Vorliegen getrennter Produkte.

III. Der Issuing-Bereich

1. Funktionsspezifische Marktabgrenzung

a) Kreditkarten verfügen über ein umfangreiches Funktionsspektrum:
   aa) Bei einer Kreditkarte handelt es sich in Anbetracht ihres weltweiten Einsatzbereichs um ein Universalzahlungsmittel, welches über eine Bargeldersatzfunktion verfügt.
   bb) Im Laufe der Zeit wurden Kreditkarten des Weiteren mit einer Bargeldservice-Funktion ausgestattet.
   cc) Sofern der Karteninhaber die Karte am PoS als Zahlungsmittel einsetzt oder diese zur Bargeldbeschaffung nutzt, sind die getätigten Umsätze erst am Ende einer vertraglich festgelegten Rechnungsperiode zu begleichen (sog. Stundungsfunktion); von der Stundungsfunktion ist die Möglichkeit hinsichtlich des sich am Ende der Rechnungsperiode ergebenden Saldos einen Kredit bei dem Kartenemittenten in Anspruch zu nehmen und die Rückstände ratenweise zu tilgen, strikt zu trennen (sog. Kreditfunktion bzw. -option).
   dd) Wenn die Kreditkarte über eine (echte) Kreditfunktion verfügt, spricht man von einer sog. credit card bzw. echten Kreditkarte; im Falle der Inanspruchnahme dieser Kreditoption sind seitens des Karteninhabers regelmäßig Zinsen zu entrichten. Kreditkarten, die zwar mit einer Stundungs-, allerdings nicht mit einer Kreditoption ausgestattet sind, bezeichnet man hingegen als charge cards bzw. unechte Kreditkarten.
   ee) Überdies wird den Kreditkarteninhabern – je nach gewähltem Kartentyp – vielfach eine Reihe weiterer Zusatz- bzw. Sonderleistungen zur Verfügung gestellt. Üblicherweise kommen dem Karteninhaber diese Zusatzleistungen nur zugute, sofern er die Karte am PoS als Zahlungsmittel verwendet.
b) Hinsichtlich des Emissionsbereichs hat eine funktionsspezifische Marktabgrenzung entlang dieser Funktionen der Kreditkarte zu erfolgen; die Funktionen der Kreditkarte determinieren die Abgrenzung des sachlich relevanten Marktes.
   aa) Insbesondere die Betrachtung sog. „dual-use"-Produkte lässt erkennen, dass beim Vorliegen von Gegenständen, die hinsichtlich ihrer physischen Eigenschaften identisch sind, nicht notwendigerweise ein einheitliches Produkt bzw. ein einheitlicher Markt gegeben ist.
   bb) Zugleich zeigt sich anhand der kartellrechtlichen Beurteilung von Produktkoppelungen, dass zur Beurteilung des Vorliegens getrennter Produkte auf der einen und zur Abgrenzung des sachlich relevanten Marktes auf der anderen Seite im Wesentlichen gleiche Beurteilungskriterien zugrunde zu legen sind, zumal in beiden Fällen der Verbrauchernachfrage bedeutsames Gewicht zukommt. Ohne das Vorliegen getrennter Produkte, die gemeinsam vertrieben werden, stellt sich die Frage einer (unzulässigen) Produktkoppelung erst gar nicht; der Begriff der Koppelungsangebote setzt seinerseits gerade voraus, dass mehrere Produkte zusammen als Einheit

angeboten werden. Ob denn aber gesonderte Produkte vorliegen, richtet sich maßgeblich nach der Nachfrage der Verbraucher. Nach dem Bedarfsmarktkonzept ist ebenfalls auf die Sicht der Marktgegenseite und insofern bei Vorliegen eines Angebotsmarktes auf die Sicht dieser Nachfrager respektive Verbraucher abzustellen.

c) Hinsichtlich Kreditkarten lassen sich – unter Zugrundelegung einer funktionsspezifischen Abgrenzung – folgende (Zwischen-)Feststellungen treffen:

   aa) Die Assistance-Leistungen, die den Karteninhabern gewährt werden, stellen abtrennbare Leistungen dar, die nicht dem Kreditkarten-Emissionsmarkt angehören; gleiches gilt für die Kreditfunktion bzw. -option von Kreditkarten.

   bb) Bei der Zahlungsfunktion und der Geldabhebungsfunktion von Kreditkarten respektive den diesen entsprechenden Leistungen handelt es sich um getrennte Produkte, die nicht substituierbar sind. Innerhalb des Kreditkarten-Emissionsbereichs gehören sie unterschiedlichen Märkten an; es existieren einerseits ein Kreditkarten-Emissions-Geldabhebungsfunktions-Markt und andererseits ein Kreditkarten-Emissions-Zahlungsfunktions-Markt.

   cc) Die Stundungsfunktion bildet ein wesensprägendes Merkmal von Kreditkarten. Sie ist untrennbar mit der Geldabhebungs- und der Zahlungsfunktion von Kreditkarten verknüpft und sowohl Bestandteil des Marktes der Geldabhebungsfunktion als auch des Marktes der Zahlungsfunktion von Kreditkarten.

2. Der Kreditkarten-Emissions-Zahlungsfunktions-Markt

Es existiert ein Verbraucher-Kreditkarten-Emissions-Zahlungsfunktions-Markt.

a) Die Absatzbereichsbezogenheit

Kreditkarten sind insofern besondere Produkte, als sie aus Sicht der Abnehmer regelmäßig nicht ihrer selbst willen beantragt werden. Es handelt sich um Produkte, welche in erster Linie zum Erwerb anderer Produkte auf den Absatzmärkten eingesetzt werden sollen.

Obgleich dieser Absatzmarktbezogenheit ist eine absatzbereichsspezifische Ausrichtung der Marktabgrenzung des Zahlungsfunktions-Marktes im Issuing-Bereich abzulehnen.

Die Einsatzmöglichkeit einer Kreditkarte in verschiedenen Absatzbereichen bzw. Branchen mag zwar durchaus in einer irgendwie gearteten Weise einem jeden Karteieinsatz am PoS zugrunde liegen. Aus Sicht der maßgeblichen Marktgegenseite, der Karteninhaber, handelt es sich bei der Zahlungsmittelfunktion der Kreditkarte bzw. der mit dieser korrespondierenden, seitens der Issuer gegenüber den Karteninhabern erbrachten Leistungen – ungeachtet der Frage, in welcher Branche die Karte jeweils eingesetzt wird – um eine einheitliche (Dienst-)Leistung.

b) Die verschiedenen „Kreditkartenarten“

aa) Es ist von einem eigenständigen Markt für Verbraucher(kredit-)karten auszugehen; von diesem strikt zu trennen ist der Markt für Geschäfts(kredit-)karten.
bb) Credit cards und charge cards gehören einem einheitlichen Markt an. Die bei den echten Kreditkarten anzutreffende Kreditfunktion rechtfertigt nicht die Annahme gesonderter Markte.
cc) Sog. co-branded cards, die im Wege des Co-Branding mit Nichtbanken vertrieben werden, und „normale“ Kreditkarten gehören einem einheitlichen sachlich relevanten Markt an.
dd) Bezüglich Luxuskarten ist von der Existenz eines eigenständigen PoS-Marktes auszugehen; diesem Markt gehören nur die sog. „schwarzen Kreditkarten“ (AmEx Centurion, VISA Infinite, MasterCard World Elite) an.

c) Sonstige „Zahlungsmittel“

Sonstige „Zahlungsmittel“ sind nicht dem Verbraucher-Kreditkarten-Emissions-Zahlungsfunktions-Markt angehörig.

aa) Bargeldzahlungen wie auch Scheckzahlungen sind nicht in den sachlich relevanten Markt miteinzubeziehen.
bb) Bei Überweisungen handelt es sich nicht um ein vollwertiges Substitut einer Kreditkarte(nzahlung); sie sind demnach nicht als dem sachlich relevanten Markt zugehörig anzusehen.
cc) Zumal (reine) Bankkarten wie auch Kundenkarten nicht zur Zahlung am PoS eingesetzt werden können, sind sie nicht dem Kreditkarten-Emissions-Zahlungsfunktions-Markt zugehörig.
dd) Wertkarten stellen aus Sicht des Karteninhabers kein hinreichendes Substitut für die Zahlung mittels Kreditkarte am PoS dar; diese Karten gehören nicht dem sachlich relevanten Markt an.
ee) Eine Einbeziehung von sog. Prepaid-Kreditkarten in den Verbraucher-Kreditkarten-Emissions-Zahlungsfunktions-Markt kommt nicht in Betracht.
ff) „Normale“ (Universal-)Kreditkarten und Kundenkreditkarten – gleich, ob es sich bei Letzteren um solche des Typs I oder des Typs II handelt – werden seitens der Karteninhaber nicht als hinreichend substituierbar angesehen; sie gehören nicht dem sachlich relevanten Markt an.
gg) Debitkarten sind nicht als Teil des sachlich relevanten Kreditkarten-Emissions-Zahlungsfunktions-Marktes anzusehen.

3. Der Kreditkarten-Emissions-Geldabhebungsfunktions-Markt

Hinsichtlich des Geldabhebungs-Bereiches gehören Kreditkartenabhebungen am Schalter und Kreditkartenabhebungen am Geldautomaten keinem einheitlichen sachlich relevanten Markt an.

a) Abhebungen am Automaten

Es existiert ein Markt, der sowohl Abhebungen an institutseigenen und institutsfremden Automaten als auch Geldautomatenabhebungen im In- und im Ausland umfasst.

Es ist von der Existenz gesonderter Märkte für Geldabhebungen am Automaten via Verbraucherkreditkarten auf der einen und mittels Firmenkreditkarten auf der anderen Seite auszugehen.

Die Geldabhebungsfunktionen von charge cards, credit cards, co-branded cards und Luxuskarten sind einem einheitlichen Markt für Abhebungen mittels Verbraucherkreditkarten am Geldautomaten angehörig.

Etwaige sonstige Bargeldbezugsmöglichkeiten sind nicht dem Markt für Kreditkartenabhebungen am Geldautomaten zuzurechnen.

b) Abhebungen am Schalter

Aus Sicht eines Karteninhabers kann die Abhebung an einem institutsfremden Schalter nicht als Substitut einer Abhebung am Schalter des Kreditkarten-Issuers angesehen werden.

Es ist von der Existenz gesonderter Märkte für Geldabhebungen an institutseigenen Automaten via Verbraucherkreditkarten auf der einen und mittels Firmenkreditkarten auf der anderen Seite auszugehen.

Zwischen charge cards, credit cards, co-branded cards und Luxuskarten bestehen keine Unterschiede, die die Annahme gesonderter Märkte für Abhebungen am institutseigenen Schalter rechtfertigen würde. Die Geldabhebungsfunktionen dieser Kreditkartenarten sind einem einheitlichen Markt für Abhebungen am Schalter angehörig.

Abhebungen an Bankschaltern, die nicht mittels Kreditkarte erfolgen, gehören nicht dem sachlich relevanten Markt für Bargeldabhebungen an institutseigenen Schaltern mittels Kreditkarte an.

IV. Der Acquiring-Bereich

Es existiert ein einheitlicher Kreditkarten-Acquiring-Markt. Die Bereitstellung von Leistungen, die im Zusammenhang anderer Zahlungsmittel gegenüber den Händlern erbracht werden, sind nicht Gegenstand dieses Marktes.

1. Die Vertragsunternehmen als maßgebliche Marktgegenseite

Der Marktabgrenzung hinsichtlich des Acquiring-Bereiches ist zugrunde zu legen, dass es sich bei den Vertragsunternehmen in ihrer Funktion als Nachfrager der Acquiring-Dienstleistungen um die nach dem Bedarfsmarktkonzept maßgebliche Marktgegenseite handelt.

Die Besonderheiten der Kreditkartenbranche und insbesondere die Verbindung der Karteninhaber und der Vertragsunternehmen im Valutaverhältnis sind gleichwohl insofern zu berücksichtigen, als die Sichtweise der Vertragsunternehmen in gewissem Maße durch die Sicht der Karteninhaber (mit-)geprägt wird.

2. Funktionsspezifische Marktabgrenzung

Eine funktionsspezifische Abgrenzung kommt bezüglich des Acquiring-Bereiches nicht in Betracht. Die Vertragsunternehmen agieren – anders als die Karteninhaber – ausschließlich im PoS-Bereich; sie erhalten durch die Kartenakzeptanz weder eine Geldabhebungsmöglichkeit, eine Kreditoption, noch kommen sie in den Genuss sonstiger Zusatzleistungen.

3. Einsatzbereichsspezifische Marktabgrenzung

Der Bedarf eines Händlers hinsichtlich der Kartenakzeptanz variiert nicht von Produkt zu Produkt, also von Absatzmarkt zu Absatzmarkt, sondern vielmehr von Branche zu Branche.

Gleichwohl ist eine – an den im Valutaverhältnis anzutreffenden Absatzmärkten oder Absatzbereichen bzw. Branchen ausgerichtete – einsatzbereichsspezifische Abgrenzung hinsichtlich des Acquiring-Bereiches abzulehnen. Dem Umstand, dass seitens der Acquirer sog. Branchenlösungen angeboten werden, kann nicht entnommen werden, dass zwischen den Acquiring-Dienstleistungen derart gewichtige Unterschiede gegeben sind, welche die Annahme unterschiedlicher Märkte rechtfertigen. Es ist von einer angebotsseitigen Substituierbarkeit auszugehen, zumal sämtliche Acquirer ein umfassendes Spektrum an Branchenlösungen anbieten.

4. Die verschiedenen Kreditkartenarten

Dienstleistungen, die gegenüber den Händlern im Zusammenhang mit der Annahme von Verbraucherkarten, Firmenkarten, charge cards, credit cards, Luxuskarten wie auch co-branded cards erbracht werden, gehören einem einheitlichen Acquiringmarkt an.

5. „Card-not-present“-Transaktionen

Dem Kreditkarten-Acquiring-Markt sind auch diejenigen Acquiring-Dienstleistungen zugehörig, die im Falle sog. „card-not-present“-Transaktionen – sie es nun im Bereich des E-Commerce oder im Mail- und Telefonorderverfahren – und im Präsenzgeschäft seitens der Acquirer gegenüber den Händlern erbracht werden.

6. Sonstige „Zahlungsmittel“

Dienstleistungen, die gegenüber den Händlern im Zusammenhang mit der Annahme sonstiger Zahlungsmittel erbracht werden, sind nicht Bestandteil des sachlich relevanten (Acquiring-)Marktes. Bestandteil des Kreditkarten-Acquiring-Marktes sind insofern nicht Dienstleistungen im Kontext mit der Annahme von Bargeld, Schecks, Überweisungen, (reinen) Bankkarten, (Händler-)Kundenkarten, Wertkarten, Kundenkreditkarten oder Debitkarten.

D. Die vorgelagerte Ebene

Die seitens der Kreditorganisationen wahrgenommenen Aufgaben bzw. die seitens der Kreditkartenorganisationen gegenüber den Issuern wie auch den Acquirern erbrachten (Dienst-)Leistungen gehören einem einheitlichen (System-)Markt an, der auch als Issuing- und Acquiring-Lizenz-Vergabe-Markt bezeichnet werden kann.

Issuer und Acquirer bedürfen einer Lizenzierung durch die jeweilige Kartenorganisation, um die Karten des Kreditkartensystems zu emittieren (Issuing) bzw. den Händlern den Zugang zum Zahlungskartennetz einzuräumen (Acquiring). Seitens der Issuer und der Acquirer wird als Gegenleistung eine Gebühr an die Kreditkartenorganisation entrichtet.

Die Kreditkartenorganisation gewährleistet demnach (insbesondere) die Einhaltung von Mindeststandards und Rahmenvorgaben, die es ermöglichen bzw. zumindest erleichtern, dass innerhalb des Zahlungskartennetzes die Rollen der verschiedenen Systemteilnehmer verteilt werden.

E. Die Netzbetriebs- und Processing-Dienstleistungen

Sowohl bei Netzbetriebs- als auch bei Processing-Dienstleistungen handelt es sich um solche, die in Zusammenhang mit der Transaktionsverarbeitung stehen; diese Leistungen „flankieren“ die Tätigkeiten der sonstigen Systemteilnehmer. Sie lassen sich weder der nachgelagerten Ebene noch der vorgelagerten Ebene zuordnen. Diese Dienstleistungen gehören einer intermediären Ebene an.

Netzbetriebs-Dienstleistungen einerseits und Processing-Dienstleistungen andererseits sind weder nachfrageseitig noch angebotsseitig substituierbar; es ist insofern von der Existenz gesonderter sachlich relevanter Märkte auszugehen.

I. Die Netzbetriebs-Dienstleistungen

Die Bereitstellung von Terminals bzw. der Aufbau der „Terminalinfrastruktur“ am PoS sowie die in diesem Zusammenhang erbrachten Leistungen sind Bestandteil des Kreditkarten- und Debitkarten-Netzbetriebs-Marktes. Diesem

Netzbetriebs-Markt gehören sowohl in Bezug auf Debitkarten als auch hinsichtlich Kreditkarten erbrachte Netzbetriebs-Dienstleistungen an.

II. Der Processing-Bereich

In Bezug auf Processing-Dienstleistungen ist von einem eigenständigen Kreditkarten-Issuing-Processing-Markt sowie einem Kreditkarten-Acquiring-Processing Markt auszugehen.

Debitkarten-Processing-Dienstleistungen sind nicht Bestandteil dieser Märkte. Kreditkarten-Processing-Dienstleistungen und Debitkarten-Processing-Dienstleistungen sind nicht hinreichend substituierbar; die in Zusammenhang mit Debitkarten erbrachten Processing-Dienstleistungen lassen sich weder dem Markt für Kreditkarten-Issuing-Processing-Dienstleistungen noch dem Markt für Kreditkarten-Acquiring-Processing-Dienstleistungen zurechnen.

Abschnitt 2. Kartellrechtliche (Un-)Zulässigkeit von multilateralen Interbankenentgelten in Kreditkartensystemen

Die Diskussion hinsichtlich der kartellrechtlichen Zulässigkeit von (multilateralen) Interbankenentgelten für Zahlungen am Point of Sale[900] via Kreditkarte[901] erstreckt sich über den gesamten Globus. Nach Schätzungen der Europäischen Kommission belief sich das Gesamtaufkommen der Interbankenentgelte bei Zahlungskartentransaktionen in Europa im Jahre 2014 auf einen Betrag von mehr als neun Milliarden Euro.[902]

Es finden sich diesbezüglich mehrere kartellrechtliche Entscheidungen nationaler wie auch europäischer Behörden und Gerichte. Die Bedenken hinsichtlich der Interbankenentgelte gipfelten in der jüngst verabschiedeten Verordnung über Interbankenentgelte für kartengebundene Zahlungsvorgänge vom

---

900 Auf Entgelte, die im Falle des Einsatzes einer Kreditkarte zur Geldabhebung anfallen, wird im Folgenden – zur Begrenzung des Umfangs der vorliegenden Darstellung wie auch in Anerkennung der strukturellen Unterschiede dieses Bereichs und des Einsatzes der Kreditkarte als Zahlungsmittel am PoS – grundsätzlich nicht eingegangen.

901 Freilich lassen sich diverse Aspekte dieses Abschnitts sinngemäß auf die Debitkarten-Branche übertragen; die Unterschiede zwischen Debit- und Kreditkartentransaktionen, die Besonderheiten der Kreditkartenbranche und die zu verzeichnenden Eigenheiten der Marktstrukturen erfordern gleichwohl eine differenzierende Betrachtung. Auf multilaterale Interbankenentgelte, die anlässlich Debitkarten-Transaktionen erhoben werden, wird daher im Folgenden lediglich eingegangen, sofern und soweit hiermit ein Erkenntnisgewinn in Bezug auf die MIF bei Kreditkarten-Transaktionen verbunden ist.

902 Vgl. Rat der EU, Pressemitteilung v. 20.04.2015, 185/15 – Wirtschaft und Finanzen, abrufbar unter: http://www.consilium.europa.eu/de/press/press-releases/2015/04/20-capping-fees-card-based-payments/; *HDE*, Stellungnahme v. 12.02.2014, Position zum Verordnungsentwurf, online abrufbar unter: http://www.einzelhandel.de/index.php/zahlungssysteme/item/123669-position-zum-verordnungsentwurf-zur-regulierung-der-entgelte-im-kartenzahlungsverkehr. Vgl. ferner noch die Übersicht der Kommission zur durchschnittlichen Höhe der MIF in einzelnen EU-Staaten im Jahre 2014: KOM, Competion policy brief, 2015, Iss. 2015-3, S. 3, online abrufbar unter: http://ec.europa.eu/competition/publications/cpb/2015/003_en.pdf.

29. April 2015;[903] in Art. 3 und Art. 4 dieser Verordnung werden Höchstgrenzen für Interbankenentgelte festgelegt.[904] In Anbetracht der beträchtlichen wirtschaftlichen Relevanz dieser Entgelte findet sich eine beinahe grenzenlos erscheinende Anzahl an wirtschaftswissenschaftlichen Veröffentlichungen. Umso mehr verwundert es, dass die Thematik in der juristischen Literatur unter kartellrechtlicher Perspektive bislang nur unzureichend dargestellt, aufbereitet und gewürdigt wurde. Zwar finden sich Veröffentlichungen (geringeren Umfangs); diese enthalten indes regelmäßig bloße Aneinanderreihungen von Thesen. Vielfach wird mit einem bloßem Verweis auf die Situation in bestimmten Staaten oder die wirtschaftliche Bedeutung von Kreditkartensystemen eine Rechtfertigung des jeweiligen eigenen Standpunktes gesucht. Eine juristisch fundierte, argumentative Auseinandersetzung findet sich selten. Jenen Mangel an dezidierter Betrachtung soll dieser zweite Abschnitt der vorliegenden Arbeit beheben.

Die bisherigen unzureichenden Erörterungen der Thematik veranlassen dazu, in einen – auf sachlicher Basis geführten – umfassenden Diskurs einzutreten sowie das für und wider der jeweiligen Standpunkte herauszuarbeiten, zu analysieren und diese gegeneinander abzuwägen, unterdes Scheinargumente zu identifizieren und letztlich multilaterale Interbankenentgelte in der Kreditkartenbranche umfassend auf ihre kartellrechtliche Zulässigkeit hin zu untersuchen.

Zunächst erfolgt eine Begriffsklärung betreffend die Interbankenentgelte. Sodann wird ein Überblick über die diversen Arten von Interbankenentgelten für PoS-Transaktionen geliefert und deren Verhältnis zueinander dargestellt. Im Anschluss daran wird kursorisch die rechtliche Behandlung von Interbankenentgelten auf europäischer Ebene wie auch in einzelnen Staaten dargestellt, um den derzeitigen Stand der Diskussion zu illustrieren und insbesondere den aktuellen Stand der Regulierungspraxis aufzuzeigen. Sodann folgt jene Überprüfung der kartellrechtlichen Zulässigkeit von multilateralen Interbankenentgelten in Kreditkarten-Systemen, derer es bislang ermangelt; diese Ausführungen bilden freilich das eigentliche Herzstück des vorliegenden Abschnitts. Zum Abschluss dieses zweiten Abschnitts werden die gefundenen Ergebnisse zusammenfassend zur bisherigen Regulierungspraxis in Relation gesetzt, im konkreten wirtschaftlichen Kontext gewürdigt und die Defizite der bisherigen Regulierungspraxis aufgezeigt.

---

903 VO (EU) 2015/751 des Europäischen Parlaments und des Rates vom 29. April 2015 über Interbankenentgelte für kartengebundene Zahlungsvorgänge, Abl. EU v. 19.05.2015, L 123/1.

904 Art. 3 und Art. 4 der Verordnung gelten gemäß Art. 18 Abs. 2 der Verordnung ab dem 9. Dezember 2015.

Titel 1. Interbankenentgelte: Begriff und Arten

Es bietet sich an, zunächst zu erläutern, was unter Interbankenentgelten zu verstehen ist und welche Arten von Interbankenentgelte in Kreditkartensystemen anzutreffen sind.

Untertitel 1. Begriffsklärung

Bei den Interchange Fees (IC Fees), auch Interchangegebühren oder Interbankenentgelte genannt, handelt es sich um Entgelte, die innerhalb eines Vier-Parteien-Systems[905] – regelmäßig – seitens eines akquirierenden Unternehmens an einen Emittenten zu entrichten sind.[906] In der Regel wird die anfallende Interchange Fee

---

905 Vgl. auch WEKO, Verfügung v. 05.12.2005, RPW 2006/1, 65, S. 70, Rn. 20 a.E. mit dem zutreffenden Hinweis, dass Interbankenentgelte in einem Drei-Parteien-System „einem internen Transfer gleichkommen“ würde. Das in den offenen Systemen anzutreffende Interbankenentgelt wird auch als explizites bzw. explizit festgelegtes Interbankenentgelt bezeichnet, vgl. auch VO (EU) 2015/751 des Europäischen Parlaments und des Rates vom 29. April 2015 über Interbankenentgelte für kartengebundene Zahlungsvorgänge, Abl. EU v. 19.05.2015, L 123/1, S. 5, Erw. 28; KOM, Arbeitsdokument v. 31.01.2007, Untersuchung des Retail-Bankgeschäfts (Abschlussbericht), COM(2007) 33 final, SEC(2007) 106, S. 85.

906 Vgl. KOM, Entscheidung v. 24.07.2002, COMP/29.373 – Visa International II – Multilateral Interchange Fee, ABl. EG v. 22.11.2002, L 318/17, S. 19, Rn. 10; WEKO, Verfügung v. 05.12.2005, RPW 2006/1, 65, S. 67, Rn. 1 sowie S. 70, Rn. 19; KOM, Beschluss v. 08.12.2010, COMP/39.398 – Visa MIF, Rn. 20; EuGH, Entscheidung v. 11.09.2014, Rs. C-382/12 P – MasterCard, Rn. 11; KOM, Entscheidung v. 19.12.2007 in den Sachen COMP/34.579 – MasterCard, COMP/36.518 – EuroCommerce u. COMP/38.580 – Commercial Cards, S. 8 (engl. Fassung: Glossar unter der Begriffserklärung „Interchange fee“ (dies entspricht der Erklärung auf S. 10 der deutschen Fassung)); KOM, Arbeitsdokument v. 31.01.2007, Untersuchung des Retail-Bankgeschäfts (Abschlussbericht), COM(2007) 33 final, SEC(2007) 106, S. 85; KOM, Grünbuch v. 11.01.2012, Ein integrierter europäischer Markt für Karten-, Internet- und mobile Zahlungen, COM(2011) 941 final, S. 8, abrufbar unter: http://eur-lex.europa.eu/legal-content/DE/TXT/PDF/?uri=CELEX:52011 DC0941&from=EN; KOM, Jahresbericht über Wettbewerbspolitik 2015 v. 04.06.2016, COM(2016) 393 final, S. 12 f., online abrufbar unter: http://ec.europa.eu/competition/publications/annual_report/2014/part1_de.pdf; vgl. auch noch *Bunte*, Sektorenuntersuchung (Bezahlkartensysteme), WM 2007, 2041, 2044; *Abele/Berger/Schäfer*, Kartenzahlungen im Euro-Zahlungsraum, 2007, S. 49; *Carlton/Frankel*, Antitrust Economics of Credit Card Networks, Antitrust Law Journal 1995, Vol. 63, Iss. 3, 643, 647 f.; *Hofmann*, Wettbewerb bei VISA und MasterCard, WuW 2006, 17, 19. Nach Art. 2 Abs. 10 der Verordnung über Interbankenentgelte (VO (EU) 2015/751) handelt es sich bei einem „Interbankenentgelt“ um das Entgelt, das bei einem kartengebundenen Zahlungsvorgang für jede direkte oder indirekte (d.h. über einen Dritten vorgenommene) Transaktion zwischen dem Emittenten und dem Acquirer gezahlt wird; die Nettovergütung oder andere vereinbarte Vergütungen sind Bestandteil des Interbankenentgelts (Abl. EU

der Höhe nach – ebenso wie die Händlerentgelte – als prozentualer Anteil des seitens des Karteninhabers am Point of Sale umgesetzten Transaktionsbetrages (also transaktionsvolumenabhängig) bemessen.[907] Das Interbankenentgelt wird bei der Zahlungsabwicklung[908] üblicherweise seitens des Emittenten in Abzug gebracht und einbehalten.[909]

---

v. 19.05.2015, L 123/1, S. 8). Nach Art. 2 Abs. 11 der Verordnung über Interbankenentgelte (VO (EU) 2015/751) ist unter einer „Nettovergütung" die Gesamtnettosumme der Zahlungen, Rabatte und Anreize zu verstehen, die ein Emittent vom Kartenzahlverfahren, dem Acquirer oder einer zwischengeschalteten Stelle in Bezug auf einen kartengebundenen Zahlungsvorgang oder damit verbundene Tätigkeiten erhält (Abl. EU v. 19.05.2015, L 123/1, S. 8). Vgl. ferner *Evans/Schmalensee*, Economics of Interchange Fees and Their Regulation, 2005, 73, 82 ff.; *Verdier*, Interchange Fees, J. Econ. Surveys, 2011, Vol. 25, Iss. 2, 273 ff.; *Verdier*, Interchange Fees and Incentives, Int'l J. Ind. Organ., 2010, Vol. 28, Iss. 5, 539 ff.

907 Vgl. WEKO, Verfügung v. 05.12.2005, RPW 2006/1, 65, S. 70, Rn. 19; vgl. auch KOM, Entscheidung v. 24.07.2002, COMP/29.373 – Visa International II – Multilateral Interchange Fee, ABl. EG v. 22.11.2002, L 318/17, S. 19, Rn. 13 u. S. 28, Rn. 67. Die Interbankenentgelte lagen regelmäßig über 1 % des Transaktionswertes, vgl. auch noch *HDE*, Stellungnahme v. 12.02.2014, Position zum Verordnungsentwurf, online abrufbar unter: http://www.einzelhandel.de/index.php/zahlungssysteme/item/123669-position-zum-verordnungsentwurf-zur-regulierung-der-entgelte-im-kartenzahlungsverkehr; *Wittenberg/ Buermeyer*, 0,3 Prozent Interchange, cards 2014, Heft 1, 16, 16. Vgl. ferner KOM, Entscheidung v. 19.12.2007 in den Sachen COMP/34.579 – MasterCard, COMP/36.518 – EuroCommerce u. COMP/38.580 – Commercial Cards, Anhang 1. Ihr Anteil an den Händlerentgelten betrug in etwa 70 % oder mehr, vgl. KOM, Pressemitteilung v. 10.03.2015, IP/15/4585, abrufbar unter: http://europa.eu/rapid/press-release_IP-15-4585_de.htm. Die aktuellen Raten der MIF von Visa sind abrufbar unter: http://www.visaeurope.com/about-us/interchange/fees-and-interchange. Die Informationen hinsichtlich der aktuellen MIF-Raten von MasterCard finden sich unter https://www.mastercard.us/en-us/about-mastercard/what-we-do/interchange.html sowie unter https://www.mastercard.co.uk/en-gb/about-mastercard/what-we-do/interchange/european-interchange-rates.html. Vgl. ferner *Hayashi*, The Economics of Payment Card Fee Structures, 2009; *Górka*, Payment Behaviour in Poland, 2012, 8.

908 Vgl. auch noch obige Ausführungen zum Ablauf einer Kreditkartentransaktion in einem offenen Kreditkartensystem unter Abschnitt 1, Titel 1, Untertitel 1, Kapitel 4.

909 Sofern die Interbankenentgelte hingegen – wie etwa in dem australischen Debitkartensystem Eftpos – seitens des Emittenten an den Acquirer entrichtet werden, spricht man von negativen IC Fees; vgl. noch KOM, Entscheidung v. 19.12.2007 in den Sachen COMP/34.579 – MasterCard, COMP/36.518 – EuroCommerce u. COMP/38.580 – Commercial Cards, Rn. 28 u. Rn. 119; WEKO, Verfügung v. 05.12.2005, RPW 2006/1, 65, S. 108, Rn. 344, Fn. 61. Innerhalb der Kreditkartensysteme von Visa und MasterCard werden diese Entgelte – wie beschrieben – von den Acquirern an die Issuer entrichtet, vgl. etwa KOM, Beschluss v. 08.12.2010, COMP/39.398 – Visa MIF, Rn. 20; vgl. ferner *Bunte*, WM 2007, 2041, 2041. In Art. 2 Abs. 10 der Verordnung über Interbankenentgelte des Europäischen Parlaments

Untertitel 2. Die verschiedenen Arten von Interbankenentgelten

Es lässt sich zwischen verschiedenen Arten von Interbankenentgelten unterscheiden.

Kapitel 1. Unterscheidung nach der Art der Festsetzung der Interbankenentgelte

Die Differenzierung zwischen bilateralen und multilateralen Interbankenentgelten ist im vorliegenden Kontext von besonderer Relevanz.[910]

Unterkapitel 1. Multilaterale Festsetzung

In der Praxis finden sich überwiegend multilaterale Interchange Fees (MIF), die auch mehrseitige Abwicklungsgebühren genannt werden – diese Art der Interbankentengelte steht im Fokus des vorliegenden Abschnitts.

Die konkrete Anwendung und Ausgestaltung dieser Interbankenentgelte ist in den Regeln der Kreditkartenorganisationen festgelegt.[911] Es finden sich verschiedene Formen der multilateralen Interbankenentgelte. In räumlicher Hinsicht unterscheidet man im Wesentlichen zwischen inländischen multilateralen

---

und des Rates vom 29. April 2015 über Interbankenentgelte für kartengebundene Zahlungsvorgänge (Abl. EU v. 19.05.2015, L 123/1, S. 8) enthaltene Verordnung wird nicht zwischen den seitens der Acquirer entrichteten positiven und den seitens der Emittenten entrichteten negativen Interbankenentgelten unterschieden, zumal unter einem „Interbankenentgelt" das Entgelt verstanden wird, „das bei einem kartengebundenen Zahlungsvorgang für jede [...] Transaktion zwischen dem Emittenten und dem Acquirer gezahlt wird." In Art. 2 Abs. 9 des Verordnungsvorschlags der Kommission war ebenfalls keine Differenzierung vorgesehen, COM(2013) 550 final, S. 30.

910 Vgl. hierzu auch WEKO, Verfügung v. 05.12.2005, RPW 2006/1, 65, S. 82, Rn. 133.

911 Vgl. *Dulleck/Friederiszick*, Die Großen Zwei, JBNST 2004, 445, 449. Die intraregionalen MIF des MasterCard-Systems finden ihre Grundlage in der Satzung wie auch den Regeln von MasterCard Incorporated und von MasterCard International Incorporated, dem Handbuch über Interbankenentgelte und Servicegebühren (Interchange and Service Fees Manual) sowie in den „Maestro Global Rules". Vgl. auch KOM, Entscheidung v. 19.12.2007 in den Sachen COMP/34.579 – MasterCard, COMP/36.518 – EuroCommerce u. COMP/38.580 – Commercial Cards, Rn. 119; vgl. auch KOM, Entscheidung v. 24.07.2002, COMP/29.373 – Visa International II – Multilateral Interchange Fee, ABl. EG v. 22.11.2002, L 318/17, S. 19, Rn. 10; KOM, Arbeitsdokument v. 31.01.2007, Untersuchung des Retail-Bankgeschäfts (Abschlussbericht), COM(2007) 33 final, SEC(2007) 106, S. 85; vgl. ferner WEKO, Verfügung v. 05.12.2005, RPW 2006/1, 65, S. 68, Rn. 1 und S. 73, Rn. 37 (zu den „Swiss Domestic Rules").

Interbankenentgelten (DMIF), *intra*regionalen multilateralen Interchange Fees und *inter*regionalen multilateralen Interbankenentgelten.

Die *intra*regionalen multilateralen IC Fees und *inter*regionalen multilateralen Interchange Fees erlangen Bedeutung für grenzüberschreitende Zahlungsvorgänge. Gemäß Art. 2 Abs. 8 der Verordnung über Interbankenentgelte handelt es sich bei einem grenzüberschreitenden Zahlungsvorgang um einen kartengebundenen Zahlungsvorgang, bei dem der Emittent und der Acquirer in unterschiedlichen Mitgliedstaaten niedergelassen sind oder das kartengebundene Zahlungsinstrument von einem Emittenten ausgegeben wird, der in einem anderen Mitgliedstaat als die Verkaufsstelle niedergelassen ist.[912] Nach der in Art. 2 Abs. 9 dieser Verordnung enthaltenen negativen Definition bezeichnet der Ausdruck „inländischer Zahlungsvorgang" jeden kartengebundenen Zahlungsvorgang, der kein grenzüberschreitender Zahlungsvorgang ist.[913]

Bei den *intra*regionalen Fees handelt es sich um multilaterale Interbankenentgelte, die auf grenzüberschreitende Transaktionen innerhalb des EWR Anwendung finden. Diese MIF für grenzüberschreitende Transaktionen im EWR werden im Visa-System als „Intra Visa Europe interchange fees – European Economic Area (EEA)"[914] respektive im Rahmen des MasterCard-Systems als „MasterCard Intra-EEA Interchange Fees"[915] bezeichnet. Geläufig ist überdies die Bezeichnung

912 Vgl. Abl. EU v. 19.05.2015, L 123/1, S. 8.

913 Vgl. Abl. EU v. 19.05.2015, L 123/1, S. 8. Die Abgrenzung zwischen grenzüberschreitenden und inländischen Zahlungsvorgängen erfolgte bislang uneinheitlich: Gemäß der Definition, welche in dem der Entscheidung der Kommission in der Rechtssache MasterCard u.a. vorangestellten Glossar befindlich ist, liegt eine inländische Transaktion vor, wenn Issuer und Acquirer ihre Niederlassung im selben Land haben, sodass nach dieser Definition auf den Sitz der Issuer und Acquirer abzustellen ist, vgl. KOM, Entscheidung v. 19. 12. 2007 in den Sachen COMP/34.579 – MasterCard, COMP/36.518 – EuroCommerce u. COMP/38.580 – Commercial Cards, S. 7 (engl. Fassung; entspricht S. 10 der deutschen Fassung). Im Rahmen der Verfügung der WEKO vom 05.12.2005 wurde hingegen ausgeführt, dass es sich um eine inländische Transaktion handelt, sofern die Karte in der Schweiz (respektive dem Fürstentum Liechtenstein) emittiert wurde und der PoS ebenfalls in einem der genannten Länder liegt. Nach dieser Definition ist demgemäß auf das Land, in welchem die Karte herausgegeben wurde, und auf den Standort des PoS abzustellen, vgl. WEKO, Verfügung v. 05.12.2005, RPW 2006/1, 65, S. 72, Rn. 34. Die Definition der ersten Variante des Art. 2 Abs. 8 der Verordnung über Interbankenentgelte entspricht insofern der Definition der Kommission in der Rechtssache MasterCard u.a.; die zweite Varainte des Art. 2 Abs. 8 der Verordnung ähnelt hingegen der Definition der WEKO.

914 Vgl. hierzu die unter http://www.visaeurope.com/about-us/interchange/fees-and-interchange abrufbaren Informationen.

915 Die Informationen von MasterCard hinsichtlich dieser MIF sind abrufbar unter https://www.mastercard.us/en-us/about-mastercard/what-we-do/interchange.html sowie unter https://www.mastercard.co.uk/en-gb/about-mastercard/what-we-do/interchange/european-interchange-rates.html.

als EWR-Standard-Interbankenentgelt.[916] Diese intraregionalen multilateralen Interbankenentgelte kommen in der deutlich überwiegenden Anzahl der Kreditkartentransaktionen in Europa zur Anwendung.

Die hiervon zu unterscheidenden *inter*regionalen MIF finden auf sonstige grenzüberschreitende Transaktionen Anwendung; diese Interbankenentgelte gelten etwa im Falle des Einsatzes einer Kreditkarte, die in einem Staat außerhalb des EWR emittiert wurde, bei einem im EWR ansässigen Vertragsunternehmen.[917]

Die inländischen MIF finden auf Transaktionen innerhalb eines Landes Anwendung.[918] Sie werden auch als inländische MIF bzw. als „European intra-location interchange fees"[919] bezeichnet.[920]

Sowohl bei MasterCard als auch bei Visa sind spezielle Gremien für die Festsetzung der intraregionalen MIF für die Geschäftsregion Europa verantwortlich.[921] Die Festsetzung der DMIF erfolgt hingegen entweder durch die in den nationalen Kreditkartenforen von Visa sowie von MasterCard vertretenen lokalen Banken

---

916 So etwa die Bezeichnung in der deutschen Fassung der MasterCard-Entscheidung, KOM, Entscheidung v. 19.12.2007 in den Sachen COMP/34.579 – MasterCard, COMP/36.518 – EuroCommerce u. COMP/38.580 – Commercial Cards, S. 9, abrufbar unter: http://ec.europa.eu/competition/antitrust/cases/dec_docs/34579/34579_1888_2.pdf.

917 Vgl. KOM, Pressemitteilung v. 26.02.2014, IP/14/197, abrufbar unter: http://europa.eu/rapid/press-release_IP-14-197_en.htm; KOM, Pressemitteilung v. 09.04.2013, IP/13/314, abrufbar unter: http://europa.eu/rapid/press-release_IP-13-314_de.htm.

918 Vgl. *Schindler*, Eingriffe von Wettbewerbsbehörden in Vierparteien-Systeme, 2007, S. 25; vgl. ferner *Freigang/Grün*, Interbankenentgelte im Kreditkartengeschäft, WM 2005, 681.

919 Vgl. hierzu auch die online unter https://www.mastercard.co.uk/en-gb/about-mastercard/what-we-do/interchange/european-interchange-rates.html abrufbaren Informationen. Früher wurde diese MIF im MasterCard-System als „intra-country PoS (Point of Sale) interchange fees" bezeichnet.

920 In der Schweiz ist überdies die Bezeichnung „Domestic Interchange Fees" für diese Interbankenentgelte gebräuchlich, vgl. hierzu etwa die online unter https://www.mastercard.co.uk/content/dam/mccom/en-gb/interchange/documents/newdocuments/Switzerland.pdf abrufbaren Informationen; vgl. ferner WEKO, Verfügung v. 01.12.2014, Untersuchung 22-0389 gemäss Art. 27 KG betreffend Kreditkarten Domestische Interchange Fees II (KKDMIF II), abrufbar unter: https://www.weko.admin.ch/dam/weko/de/dokumente/2015/03/kreditkarten_domestischeinterchangefeeiikkdmifverfuegungvom1deze.pdf.

921 Vgl. KOM, Entscheidung v. 24.07.2002, COMP/29.373 – Visa International II – Multilateral Interchange Fee, ABl. EG v. 22.11.2002, L 318/17, S. 19, Rn. 10 ff.; KOM, Beschluss v. 08.12.2010, COMP/39.398 – Visa MIF, Rn. 1 u. Rn. 23, abrufbar unter: http://ec.europa.eu/competition/antitrust/cases/dec_docs/39398/39398_6931_6.pdf; KOM, Entscheidung v. 19.12.2007 in den Sachen COMP/34.579 – MasterCard, COMP/36.518 – EuroCommerce u. COMP/38.580 – Commercial Cards, Rn. 357 u. Rn. 362 ff.; vgl. auch EuGH, Entscheidung v. 11.09.2014, Rs. C-382/12 P – MasterCard, Rn. 56; vgl. ferner KOM, Pressemitteilung v. 26.02.2014, IP/14/197, abrufbar unter: http://europa.eu/rapid/press-release_IP-14-197_en.htm.

oder durch jene Gremien, die auch die intraregionalen IC Fees festlegen – dies ist in den Staaten des EWR nicht einheitlich geregelt.[922]

Unterkapitel 2. Bilaterale Festsetzung

Zwischen den Issuern und den Acquirern innerhalb eines Vier-Parteien-Systems bestehen grundsätzlich keinerlei unmittelbare vertragliche Beziehungen.[923] Den Emittenten und Acquirern innerhalb der Systeme, sei es nun das Kreditkartensystem von Visa oder dasjenige von MasterCard, steht es allerdings frei, untereinander bilaterale Interbankenentgelte auszuhandeln.[924]

Unterkapitel 3. Unilaterale Festsetzung

Unter einer unilateralen Festsetzung versteht man eine einseitige, seitens der Issuer oder der Acquirer erfolgende Bestimmung der Höhe der Interbankenentgelte.[925] Im vorliegend betrachteten Bereich des Einsatzes der Kreditkarten zur Zahlung am PoS ist eine derartige Festsetzungspraxis nicht anzutreffen; eine unilaterale Festsetzung erfolgt hingegen häufig im Falle des Einsatzes zur Geldabhebung.

Kapitel 2. Weitere Differenzierungen hinsichtlich (multilateraler) Interbankenentgelte

Zur Beantwortung der Frage, welche Art der Interchange Fees im konkreten Fall Anwendung findet, sind – neben den bereits beschriebenen geographischen Komponenten – diverse Faktoren ausschlaggebend, wie etwa die Art der im konkreten Fall genutzten Karte, die Transaktionsart und die Branche, in welcher die Karte als Zahlungsmittel eingesetzt wird.[926] Es finden sich unterschiedliche MIF-Sätze für bestimmte Branchen, etwa für Tankstellen, Supermärkte oder

---

922 So erfolgt etwa die Festlegung der DMIF in der Schweiz im Rahmen der Sitzungen der nationalen Kreditkartenforen von Visa (Issuer/Acquirer Forum Visa [IAFV]) sowie von MasterCard (Card Committee MasterCard [CC]), vgl. WEKO, Verfügung v. 05.12.2005, RPW 2006/1, 65, S. 72, Rn. 35 sowie S. 82, Rn. 134.

923 Vgl. hierzu obige Ausführungen unter Abschnitt 1, Titel 1, Untertitel 1, Kapitel 3.

924 Vgl. *Schindler*, Eingriffe von Wettbewerbsbehörden in Vierparteien-Systeme, 2007, S. 25.

925 Vgl. auch KOM, Entscheidung v. 19.12.2007 in den Sachen COMP/34.579 – MasterCard, COMP/36.518 – EuroCommerce u. COMP/38.580 – Commercial Cards, Rn. 554. KOM, Entscheidung v. 24.07.2002, COMP/29.373 – Visa International II – Multilateral Interchange Fee, ABl. EG v. 22.11.2002, L 318/17, S. 27, Rn. 59. Teils wird eine einseitige Festlegung auch als „ex post pricing“ bezeichnet, vgl. *Krüger/Strauch*, Die Kommission und die Interchange, cards 2008, Heft 3, 25, S. 28.

926 Vgl. KOM, Entscheidung v. 24.07.2002, COMP/29.373 – Visa International II – Multilateral Interchange Fee, ABl. EG v. 22.11.2002, L 318/17, S. 19, Rn. 10 u. S. 20, Rn. 19; *Schindler*, Eingriffe von Wettbewerbsbehörden in Vierparteien-Systeme,

Airlines.[927] Die Höhe der Interbankenentgelte ist insofern regelmäßig im Falle des Einsatzes der Karte als Zahlungsmittel in transaktionsvolumenstarken Branchen niedriger.[928] Die Höhe der MIF bei einer papierbasierten Transaktion ist der Höhe nach anders ausgestaltet als etwa bei einer Transaktion mit einer elektronischen Chipkarte.[929] Überdies ist die MIF im Falle des Einsatz von Verbraucherkarten und von Firmenkarten der Höhe nach auf unterschiedlichem Niveau angesiedelt.[930]

Kapitel 3. Das Verhältnis der unterschiedlichen IC Fee-Arten zueinander

Innerhalb der EU ist eine Vielzahl unterschiedlicher Arten von Interbankenentgelt-Sätzen anzutreffen, die sich verschiedenen Hierarchieebenen zuordnen lassen: Von maßgeblicher Bedeutung ist insofern die Unterscheidung zwischen bilateralen und multilateralen IC Fees.

In bilateralen Vereinbarungen enthaltene Interbankenentgeltsätze genießen Anwendungsvorrang; dies gilt insbesondere gegenüber etwaigen multilateralen Interbankenentgelten.[931] Üblicherweise existiert eine Standard-MIF, die als Fallback Fee fungiert und eingreift, sofern keine spezielleren Regelungen bzw. vorrangigen Vereinbarungen gegeben sind.[932]

2007, S. 25; *Bradford/Hayashi*, Developments in Interchange Fees in the United States and Abroad, 2008, S. 1.

927 Vgl. in diesem Kontext auch noch WEKO, Verfügung v. 05.12.2005, RPW 2006/1, 65, S. 72, Rn. 36.

928 Vgl. *Schindler*, Eingriffe von Wettbewerbsbehörden in Vierparteien-Systeme, 2007, S. 25, Fn. 34; WEKO, Verfügung v. 05.12.2005, RPW 2006/1, 65, S. 72, Rn. 36.

929 Vgl. die Angaben von Visa, online abrufbar unter: https://www.visaeurope.com/media/images/intra%20europe%20@%20october%202018-73-49090.pdf („Intra Visa Europe interchange fees – European Economic Area (EEA)“ bzw. „Intra Europe EEA“) sowie von MasterCard, online abrufbar unter: https://www.mastercard.co.uk/en-gb/about-mastercard/what-we-do/interchange/european-interchange-rates.html (unter „MasterCard Intra-EEA Interchange Fees“); vgl. ferner *Schindler*, Eingriffe von Wettbewerbsbehörden in Vierparteien-Systeme, 2007, S. 25, Fn. 34.

930 Vgl. KOM, Entscheidung v. 24.07.2002, COMP/29.373 – Visa International II – Multilateral Interchange Fee, ABl. EG v. 22.11.2002, L 318/17, S. 19, Rn. 10.

931 Vgl. KOM, Entscheidung v. 24.07.2002, COMP/29.373 – Visa International II – Multilateral Interchange Fee, ABl. EG v. 22.11.2002, L 318/17, S. 19, Rn. 10; KOM, Entscheidung v. 19.12.2007 in den Sachen COMP/34.579 – MasterCard, COMP/36.518 – EuroCommerce u. COMP/38.580 – Commercial Cards, Rn. 1. Es sei allerdings in diesem Kontext angemerkt, dass – rein tatsächlich besehen – in der weit überwiegenden Anzahl der Fälle keine solchen bilateralen Interbankenentgelte vereinbart wurden.

932 Vgl. KOM, Entscheidung v. 19.12.2007 in den Sachen COMP/34.579 – MasterCard, COMP/36.518 – EuroCommerce u. COMP/38.580 – Commercial Cards, Rn. 119 u. Rn. 124; KOM, Entscheidung v. 24.07.2002, COMP/29.373 – Visa International II – Multilateral Interchange Fee, ABl. EG v. 22.11.2002, L 318/17, S. 18 f.,

Ein entsprechendes Rangverhältnis gilt grundsätzlich sowohl hinsichtlich grenzüberschreitender als auch bezüglich inländischer Transaktionen. Auch im Falle des Vorliegens einer Inlandstransaktion genießen bilaterale Interbankenentgeltvereinbarungen grundsätzlich Vorrang.[933] Sofern keine solchen bilateralen Interbankenentgelte vorhanden sind, gelten in Bezug auf Inlandstransaktionen grundsätzlich die inländischen MIF.[934] Sollten allerdings auch keine inländischen MIF-Regelungen existieren, so greifen die intraregionalen multilateralen Standard-Interbankenentgelte für grenzüberschreitende Zahlungskartentransaktionen ein.[935]

In dieses Gefüge sind weitere Sonderformen von multilateralen intraregionalen Interbankenentgelten eingebettet.[936] So sind etwa branchenspezifische MIF

Rn. 9; WEKO, Verfügung v. 05.12.2005, RPW 2006/1, 65, S. 82, Rn. 133. Teils wird auch von einer „default fee“ gesprochen, vgl. etwa *Tosza*, Payment Card Systems, YARS 2009, Vol. 2, No. 2, 125, 131: „The existence of a default interchange fee means that some fee will always be applied.“ Vgl. auch die Angaben in den Mastercard Rules vom 18. Dezember 2018, S. 153 (Section 8.3) sowie S. 154 (Section 8.4.1), online abrufbar unter https://www.mastercard.us/content/dam/mccom/global/documents/mastercard-rules.pdf.

933 Vgl. WEKO, Verfügung v. 05.12.2005, RPW 2006/1, 65, S. 68, Rn. 1 u. S. 73, Rn. 37; KOM, Entscheidung v. 19.12.2007 in den Sachen COMP/34.579 – MasterCard, COMP/36.518 – EuroCommerce u. COMP/38.580 – Commercial Cards, Rn. 122.

934 Vgl. etwa KOM, Entscheidung v. 19.12.2007 in den Sachen COMP/34.579 – MasterCard, COMP/36.518 – EuroCommerce u. COMP/38.580 – Commercial Cards, Rn. 124. Teils erlangen die DMIF erst durch Registrierung ihre Verbindlichkeit in Bezug auf die mittels der Systemkarten getätigten PoS-Inlandstransaktionen, vgl. etwa WEKO, Verfügung v. 05.12.2005, RPW 2006/1, 65, S. 73, Rn. 37.

935 Vgl. KOM, Entscheidung v. 24.07.2002, COMP/29.373 – Visa International II – Multilateral Interchange Fee, ABl. EG v. 22.11.2002, L 318/17, S. 19, Rn. 11; KOM, Entscheidung v. 19.12.2007 in den Sachen COMP/34.579 – MasterCard, COMP/36.518 – EuroCommerce u. COMP/38.580 – Commercial Cards, Rn. 122; vgl. auch KOM, Beschluss v. 08.12.2010, COMP/39.398 – Visa MIF, Rn. 23; WEKO, Verfügung v. 05.12.2005, RPW 2006/1, 65, S. 83, Rn. 138, Fn. 18. Vgl. auch die Angaben in den Mastercard Rules vom 18. Dezember 2018, S. 153 (Section 8.3) sowie S. 154 (Section 8.4.1), online abrufbar unter https://www.mastercard.us/content/dam/mccom/global/documents/mastercard-rules.pdf.

936 Diese Unterscheidung hat allerdings seit Inkrafttreten der Verordnung über Interbankenentgelte (VO (EU) 2015/751 des Europäischen Parlaments und des Rates vom 29. April 2015 über Interbankenentgelte für kartengebundene Zahlungsvorgänge, Abl. EU v. 19.05.2015, L 123/1) deutlich an Bedeutung verloren. Vgl. in diesem Kontext etwa auch die online unter https://www.mastercard.co.uk/en-gb/about-mastercard/what-we-do/interchange/european-interchange-rates.html abrufbaren Informationen zu den unterschiedlichen Interchange Fee-Sätzen. Eine konkrete Aufschlüsselung der inländischen MasterCard-Interbankenentgelte für Deutschland ist auf dieser Internetseite online unter „Germany intra-location POS interchange fees“ abrufbar.

nachrangig gegenüber bilateralen Interbankenentgelten; im Verhältnis zu allgemeinen, nicht-branchenspezifischen Entgelten gebührt ihnen hingegen der Vorrang. Sofern branchenspezifische MIF nicht vorhanden sind bzw. die Transaktionen nicht im Rahmen der entsprechenden Branche erfolgen, greifen wiederum die Standard-Interbankenentgelte, also bei Transaktionen innerhalb der EU entweder inländische oder intraregionale Interbankenentgelte ein.

Letztlich führt diese Ausgestaltung dazu, dass im Falle von Zahlungskartentransaktionen am PoS mit Kreditkarten in Ermangelung einer speziellen Regelung stets ein Interbankenentgelt zu entrichten ist.[937] Die intraregionalen multilateralen Interbankenentgelte finden innerhalb des EWR also stets Anwendung, wenn keine vorrangigen Interbankenentgelte einschlägig sind.[938] Die intraregionalen MIF stellen insofern die letzte Stufe im Hierarchiegefüge der MIF innerhalb des EWR dar.

Kapitel 4. Zusammenfassung

Interbankenentgelte sind Entgelte, die im Falle des Einsatzes einer Kreditkarte als Zahlungsmittel zwischen dem Emittenten und dem Acquirer gezahlt werden. Grundsätzlich sind diese Entgelte seitens eines Acquirers an einen Emittenten zu entrichten und der Höhe nach transaktionsvolumenabhängig bemessen.

1. Die verschiedenen Arten von Interbankenentgelten

Es lässt sich zwischen unterschiedlichen Arten von Interbankenentgelten differenzieren, und zwar nach der Art ihrer Festsetzung, nach ihrem räumlichen Anwendungsbereich sowie anhand weiterer Kriterien (Art der Karte, der Branche und der jeweiligen Transaktionsart). Nach der Art ihrer Festsetzung kann zwischen multilateralen, bilateralen und unilateralen Interbankenentgelten differenziert werden. Nach ihrem räumlichen Anwendungsbereich unterscheidet man zwischen inländischen, intraregionalen und interregionalen (multilateralen) IC Fees.

2. Das Verhältnis der verschiedenen Arten der Interbankenentgelte

Das Verhältnis der unterschiedlichen Arten der Interbankenentgelte ist streng hierarchisch ausgestaltet: Üblicherweise finden subsidiär sog. Standard-Interbankenentgelte Anwendung, die als Fallback Fee fungieren. Diese greifen immer dann

---

937 Vgl. hierzu etwa KOM, Entscheidung v. 19.12.2007 in den Sachen COMP/34.579 – MasterCard, COMP/36.518 – EuroCommerce u. COMP/38.580 – Commercial Cards, Rn. 125; vgl. auch *Schindler*, Eingriffe von Wettbewerbsbehörden in Vierparteien-Systeme, 2007, S. 25.

938 Vgl. auch KOM, Entscheidung v. 19.12.2007 in den Sachen COMP/34.579 – MasterCard, COMP/36.518 – EuroCommerce u. COMP/38.580 – Commercial Cards, Rn. 122.

ein, wenn keine vorrangigen Regelungen existieren respektive anwendbar sind; insbesondere gebührt bilateral ausgehandelten Interbankenentgelten ein Vorrang gegenüber multilateralen Interbankenentgelten. Die inländische Standard-MIF stellt insofern die Ausfallvorkehrung im Falle von Inlandstransaktionen dar. In letzter Instanz greift – in Ermangelung vorrangiger Interbankenentgelte (einschließlich der inländischen Standard-MIF) – die intraregionale Standard-MIF bei Transaktionen innerhalb des EWR ein; diese findet also auch auf Inlandstransaktionen Anwendung, sofern keine inländische Standard-MIF existiert. Diese Konzeption hat zur Folge, dass im Falle einer jeden Transaktion via Kreditkarte am Point of Sale stets (irgend-)ein Interbankenentgelt zu entrichten ist.

Titel 2. Überblick: Die bisherige Regulierungspraxis sowie sonstige Maßnahmen bezüglich multilateraler Interbankenentgelte

Seit mehreren Jahren sehen sich multilaterale Interbankenentgelte in der Kreditkartenbranche kartellrechtlichen Bedenken ausgesetzt. In mehr als 20 Staaten der Welt erfolgten bereits regulatorische Eingriffe.[939] Auf europäischer Ebene sind insofern auch die Sektorenuntersuchung des Retail-Bankgeschäfts[940] sowie die Verordnung (EU) 2015/751 des Europäischen Parlaments und des Rates vom

939 Soweit ersichtlich wurde bislang in Argentinien, Australien, Belgien, Brasilien, Chile, China, Dänemark, Frankreich, Israel, Italien, Kanada, Kolumbien, Lettland, Mexiko, Neuseeland, Österreich, Panama, Polen, Portugal, Südkorea, Spanien, Schweiz, Türkei, Ungarn und Venezuela kartellrechtlich gegen Interbankenentgelte und/oder Händlergebühren in der Kreditkartenbranche eingeschritten. Auch seitens der EU wurden insofern Maßnahmen ergriffen. Überdies wurden Untersuchungen in Estland, Finnland, Deutschland, Norwegen, Rumänien, Südafrika und Großbritannien eingeleitet. Vgl. auch *Bradford/Hayashi*, Developments in Interchange Fees in the United States and Abroad, 2008; *ECN*, Information Paper on Competition Enforcement in Payments Sector, 2012, 7 ff.; *Hayashi*, Public Authority Involvement in Credit and Debit Card Markets, 2010; *Hayashi*, Public Authority Involvement in Credit and Debit Card Markets, 2013; *Hayashi/Maniff*, Public Authority Involvement in Payment Card Markets, 2015; *Jaeger/Höppli/Koller*, Schweizer Kreditkartenmarkt, 2011, S. 80 ff.; *Abele/Berger/Schäfer*, Kartenzahlungen im Euro-Zahlungsraum, 2007, S. 49 ff.; *Prager/Manuszak/Kiser/Borzekowski*, Interchange Fees and Payment Card Networks, 2009; *GAO*, Credit Cards – Rising Interchange Fees, 2009; *Evans/Schmalensee*, Economics of Interchange Fees and Their Regulation, 2005; *Seethaler/Steitz*, Praxishandbuch Treasury-Management, 2007, 87 ff.; *Weiner/Wright*, Interchange Fees in Various Countries, Rev. Netw. Econ., 2005, Vol. 4, Issuer 4, 290 ff.; *Carbó-Valverde/Chakravorti/Fernández*, Regulating Two-Sided Markets, 2009, 12 ff.; *Gans/King*, Regulating Interchange Fees, Rev. Netw. Econ., 2003, Vol. 2, Iss. 2, 1, 2 ff.

940 Vgl. KOM, Arbeitsdokument v. 31.01.2007, Untersuchung des Retail-Bankgeschäfts (Abschlussbericht), COM(2007) 33 final, SEC(2007) 106.

29. April 2015 über Interbankenentgelte für kartengebundene Zahlungsvorgänge[941] von besonderer Bedeutung.

Das vorliegende Kapitel enthält in Anbetracht der Fülle an Interventionen freilich keine abschließende Darstellung. Es dient vielmehr der Aufbereitung und Herausarbeitung der wesentlichen Grundzüge, der zu beobachtenden Gemeinsamkeiten wie auch der allfälligen Unterschiede bei der Regulierung respektive der Bewertung der MIF. Die nachfolgend aufgeführten Fälle zählen zu den bedeutsamsten Beispielsfällen und Referenzpunkten im vorliegenden Kontext.

Untertitel 1. Kartellrechtliche Verfahren auf europäischer Ebene

Multilaterale Interbankenentgelte waren auf europäischer Ebene bereits mehrfach Gegenstand kartellbehördlicher wie auch gerichtlicher Verfahren.[942]

Kapitel 1. Die Visa International II-Entscheidung

Die Visa International II-Entscheidung[943] aus dem Jahre 2002 führte zu einer Freistellung der intraregionalen multilateralen Interchange Fees von Visa für die

---

941 VO (EU) 2015/751 des Europäischen Parlaments und des Rates vom 29. April 2015 über Interbankenentgelte für kartengebundene Zahlungsvorgänge, Abl. EU v. 19.05.2015, L 123/1; vgl. auch KOM, Vorschlag für eine Verordnung des Europäischen Parlaments und des Rates über Interbankenentgelte für kartengebundene Zahlungsvorgänge v. 24.07.2013, COM(2013) 550 final, abrufbar unter: http://eur-lex.europa.eu/legal-content/DE/TXT/PDF/?uri=CELEX:52013PC0550&from=EN; Weitere Informationen sind unter http://ec.europa.eu/competition/sectors/financial_services/payments_en.html abrufbar. Vgl. auch noch *Wittenberg/Buermeyer*, 0,3 Prozent Interchange, cards 2014, Heft 1, S. 16 ff.; KOM, Grünbuch v. 11.01.2012, Ein integrierter europäischer Markt für Karten-, Internet- und mobile Zahlungen, COM(2011) 941 final, online abrufbar unter: http://eur-lex.europa.eu/legal-content/DE/TXT/PDF/?uri=CELEX:52011DC0941&from=EN. Vgl. ferner *Omlor*, Zahlungsentgelte, NJW 2014, 1703 ff.

942 Ein Überblick findet sich bei: *Bradford/Hayashi*, Developments in Interchange Fees in the United States and Abroad, 2008, S. 3; *Hayashi*, Public Authority Involvement in Credit and Debit Card Markets, 2010, S. 2; *Hayashi*, Public Authority Involvement in Credit and Debit Card Markets, 2013, S. 3 f.; *Hayashi/Maniff*, Public Authority Involvement in Payment Card Markets, 2015, S. 2 ff.; vgl. auch *Schneider*, in: Wiedemann, Hdb. KartellR, 3. Aufl., 2016, § 33, Rn. 268 ff.; ECN, Information Paper on Competition Enforcement in Payments Sector, 2012, 11 ff. Vgl. insofern ferner den unter http://ec.europa.eu/competition/ sectors/financial_services/enforcement_en.html online abrufbaren Überblick der Kommission über die Verfahren der letzten Jahre auf europäischer Ebene.

943 KOM, Entscheidung v. 24.07.2002, COMP/29.373 – Visa International II – Multilateral Interchange Fee, ABl. EG v. 22.11.2002, L 318/17, abrufbar unter: http://eur-lex.europa.eu/legal-content/DE/TXT/PDF/?uri=CELEX:32002D0914&from=EN;

Dauer von fünf Jahren. Die Visa International II-Entscheidung bezog sich auf eine (seitens Visa geplante und angemeldete) Änderung der MIF-Regelung in vier grundlegenden Gesichtspunkten[944] bei Verbraucherkartentransaktionen.[945] Diese Änderungen waren auf die seitens der Europäischen Kommission im Jahre 2000 erhobenen Bedenken zurückzuführen. Im Wege der Änderungen sollten unter anderem die Einnahmen der Issuer aus Interbankenentgelten im Falle intraregionaler, mittels Debit- und Kreditkarten getätigter Transaktionen innerhalb eines Zeitraums von fünf Jahren um mehr als 20 % gesenkt werden.[946]

Die Kommission billigte die Regeländerungen und erteilte eine Freistellungserklärung – inter alia – unter der Bedingung, dass die Höchstgrenze der MIF unter Zugrundelegung eines kostenbasierten Ansatzes ausschließlich auf der Basis der Kosten für Bearbeitungsvorgänge, der Kosten der gebührenfreien Finanzierungszeit für Karteninhaber sowie der Kosten der Zahlungsgarantie berechnet werden sollte.[947]

---

vgl. hierzu auch KOM, Pressemitteilung v. 24.07.2002, IP/02/1138, abrufbar unter: http://europa.eu/rapid/press-release_IP-02-1138_de.htm?locale=en; *Friess*, European Commission's Decision on Visa's Interchange Fees, abrufbar unter: http://www.kc.frb.org/publicat/pscp/2005/Friess.pdf. Die Visa International I-Entscheidung (KOM, Entscheidung v. 09.08.2001, COMP/D1/29.373 – Visa International I – Surcharging, ABl. EG v. 10.11.2001, L 293/24, abrufbar unter: http://eur-lex.europa.eu/legal-content/DE/TXT/PDF/?uri=CELEX:32001D0782&from=DE) hatte die sog. No-Surcharge Rule (NSR) zum Gegenstand.

944 Es handelte es sich insofern um die Senkung der MIF, die Berechnung anhand objektiver Kriterien, Transparenzverbesserungen sowie die Erwägung der Einführung separater regionaler MIF für Versand-/Telefonbezahlungsvorgänge.

945 Vgl. KOM, Entscheidung v. 24.07.2002, COMP/29.373 – Visa International II – Multilateral Interchange Fee, ABl. EG v. 22.11.2002, L 318/17, S. 20 ff., Rn. 16 ff.

946 Vgl. KOM, Entscheidung v. 24.07.2002, COMP/29.373 – Visa International II – Multilateral Interchange Fee, ABl. EG v. 22.11.2002, L 318/17, S. 20, Rn. 17 ff.

947 Siehe Art. 1 Abs. 2 der Entscheidung, KOM, Entscheidung v. 24.07.2002, COMP/29.373 – Visa International II – Multilateral Interchange Fee, ABl. EG v. 22.11.2002, L 318/17, S. 35. Dies entspricht dem Vorschlag von Visa, vgl. KOM, Entscheidung v. 24.07.2002, COMP/29.373 – Visa International II – Multilateral Interchange Fee, ABl. EG v. 22.11.2002, L 318/17, S. 31, Rn. 84. Vgl. ferner *Abele/Berger/Schäfer*, Kartenzahlungen im Euro-Zahlungsraum, 2007, S. 51 f. Die Kommission betonte insbesondere hinsichtlich der Einbeziehung der Kosten der gebührenfreien Finanzierungszeit, dass sich bezüglich inländischer Transaktionen eine andere Beurteilung ergeben könne, siehe KOM, Entscheidung v. 24.07.2002, COMP/29.373 – Visa International II – Multilateral Interchange Fee, ABl. EG v. 22.11.2002, L 318/17, S. 32, Rn. 89, Fn. 44. Die Europäische Kommission hat eine größere Anzahl an Kostengruppen als andere Regulierungsbehörden als berücksichtigungsfähig angesehen. Insbesondere eine Einbeziehung der Kosten für die zinsenfreie Periode und der Garantie gegen Kreditausfälle begründete sie unter Verweis darauf, dass diese grenzüberschreitende Transaktionen erleichtern können, vgl. KOM, Entscheidung

Die Kommission sah die MIF als eine Einschränkung des Preiswettbewerbs zwischen den Banken und als Verfälschung des Wettbewerbs auf den Issuing- und Acquiring-Märkten für Visa-Karten an.[948] Eine MIF sei insbesondere geeignet, Auswirkungen auf den Preiswettbewerb zwischen den Acquirern und den Issuern zu entfalten, zumal die multilateralen Interbankenentgelte einen beträchtlichen Anteil der Einnahmen und Kosten festlegen würden.[949] Überdies klassifizierte die Kommission die MIF im Visa Kreditkartensystem als Beschränkung des Wettbewerbs zwischen Bezahlkartensystemen.[950]

Die Kommission klassifizierte Interbankenentgelte als eine Gebühr, welche seitens der Acquirer für eine Dienstleistungserbringung der Issuer entrichtet wurde.[951] Die akquirierenden Unternehmen seien nicht in der Lage, gegenüber den Emittenten eine eigene Preispolitik zu entwickeln.[952] Zumal die MIF einen Anteil der Händlergebühren von etwa 70% bis 80 % ausmachte und ein Mindestniveau der MSC darstellte, sei sie – insbesondere – als eine Verfälschung des Wettbewerbs im Acquiring-Bereich anzusehen.[953]

Eine Wettbewerbsbeschränkung sei jedoch nicht bezweckt (gewesen), zumal eine MIF in einem offenen System eine Verbesserung der Stabilität und Betriebseffizienz des Systems bezwecke und mittelbar auch den Wettbewerb zwischen Bezahlsystemen (insbesondere den offenen und den geschlossenen Systemen) verbessere.[954]

---

v. 24.07.2002, COMP/29.373 – Visa International II – Multilateral Interchange Fee, ABl. EG v. 22.11.2002, L 318/17, S. 31 f., Rn. 85 ff.

948 Vgl. KOM, Entscheidung v. 24.07.2002, COMP/29.373 – Visa International II – Multilateral Interchange Fee, ABl. EG v. 22.11.2002, L 318/17, S. 28 f., Rn. 64 ff.; vgl. ferner KOM, Entscheidung v. 19.12.2007 in den Sachen COMP/34.579 – MasterCard, COMP/36.518 – EuroCommerce u. COMP/38.580 – Commercial Cards, Rn. 400.

949 Vgl. KOM, Entscheidung v. 24.07.2002, COMP/29.373 – Visa International II – Multilateral Interchange Fee, ABl. EG v. 22.11.2002, L 318/17, S. 28, Rn. 66.

950 Vgl. KOM, Entscheidung v. 24.07.2002, COMP/29.373 – Visa International II – Multilateral Interchange Fee, ABl. EG v. 22.11.2002, L 318/17, S. 28, Rn. 64. Eine genauere Begründung dieser Auffassung findet sich allerdings nicht in der Entscheidung der Kommission.

951 Vgl. KOM, Entscheidung v. 24.07.2002, COMP/29.373 – Visa International II – Multilateral Interchange Fee, ABl. EG v. 22.11.2002, L 318/17, S. 28, Rn. 67.

952 Vgl. KOM, Entscheidung v. 24.07.2002, COMP/29.373 – Visa International II – Multilateral Interchange Fee, ABl. EG v. 22.11.2002, L 318/17, S. 28, Rn. 67.

953 Vgl. KOM, Entscheidung v. 24.07.2002, COMP/29.373 – Visa International II – Multilateral Interchange Fee, ABl. EG v. 22.11.2002, L 318/17, S. 28, Rn. 68; vgl. auch KOM, Pressemitteilung v. 10.03.2015, IP/15/4585, abrufbar unter: http://europa.eu/rapid/press-release_IP-15-4585_de.htm.

954 Vgl. KOM, Entscheidung v. 24.07.2002, COMP/29.373 – Visa International II – Multilateral Interchange Fee, ABl. EG v. 22.11.2002, L 318/17, S. 29, Rn. 69.

Die Kommission sah die Freistellungsvoraussetzungen im konkreten Fall als erfüllt an.[955] Die abgeänderte MIF von Visa erfülle die erste Freistellungsvoraussetzung.[956] Die Kommission erkannte an, dass externe Netzeffekte für ein (offenes) Kreditkartensystem charakteristisch seien und Interdependenzen zwischen der Nachfrage der Vertragsunternehmen und der Karteninhaber bestünden.[957] Die „MIF in den Vorschriften von Visa International [leiste einen Beitrag] zum technischen und wirtschaftlichen Fortschritt im Sinne von Artikel 81 Absatz 3 EGV [a.F.] erste Bedingung in Form eines großen internationalen Bezahlsystems mit positiven externen Netzwirkungen [...].“[958]

Eine auf der Basis objektivierter Berechnungskriterien (Kosten) festgelegte geänderte MIF von Visa stelle ferner sicher, dass die Verbraucher, die die Kosten der MIF tragen, angemessen an den Effizienzvorteilen beteiligt würden und erfülle daher auch die zweite Freistellungsvoraussetzung.[959] Durch die Anwendung eines kostenbasierten Berechnungsansatzes würde insbesondere gewährleistet, dass „die Höhe der MIF nicht die Kosten der Dienstleistungen übersteigen, auf denen ihre Berechnung beruht [...].“[960]

In Ermangelung minder wettbewerbsbeschränkender, gleich geeigneter Alternativen sei die MIF ferner als unerlässlich im Sinne der dritten Freistellungsvoraussetzung anzusehen.[961] Es seien keine internationalen Zahlungskartensysteme ersichtlich, die ohne MIF betrieben würden.[962] Bilaterale Verhandlungen würden aufgrund der mit ihnen verbundene Kosten keine hinreichende Alternative darstellen.[963] Eine Abschaffung der MIF und eine Inrechnungstellung der entsprechenden Kosten gegenüber den Karteninhabern könne die Stabilität des

955 Vgl. KOM, Entscheidung v. 24.07.2002, COMP/29.373 – Visa International II – Multilateral Interchange Fee, ABl. EG v. 22.11.2002, L 318/17, S. 29 ff., Rn. 74 ff.

956 Vgl. KOM, Entscheidung v. 24.07.2002, COMP/29.373 – Visa International II – Multilateral Interchange Fee, ABl. EG v. 22.11.2002, L 318/17, S. 32, Rn. 91 u. S. 33, Rn. 95.

957 Vgl. KOM, Entscheidung v. 24.07.2002, COMP/29.373 – Visa International II – Multilateral Interchange Fee, ABl. EG v. 22.11.2002, L 318/17, S. 28, Rn. 65; vgl. hierzu auch *Abele/Berger/Schäfer*, Kartenzahlungen im Euro-Zahlungsraum, 2007, S. 53.

958 Vgl. KOM, Entscheidung v. 24.07.2002, COMP/29.373 – Visa International II – Multilateral Interchange Fee, ABl. EG v. 22.11.2002, L 318/17, S. 32, Rn. 91.

959 Vgl. KOM, Entscheidung v. 24.07.2002, COMP/29.373 – Visa International II – Multilateral Interchange Fee, ABl. EG v. 22.11.2002, L 318/17, S. 32, Rn. 92 u. S. 33, Rn. 95.

960 Vgl. KOM, Entscheidung v. 24.07.2002, COMP/29.373 – Visa International II – Multilateral Interchange Fee, ABl. EG v. 22.11.2002, L 318/17, S. 32, Rn. 92; vgl. ferner *Abele/Berger/Schäfer*, Kartenzahlungen im Euro-Zahlungsraum, 2007, S. 90 f.

961 Vgl. KOM, Entscheidung v. 24.07.2002, COMP/29.373 – Visa International II – Multilateral Interchange Fee, ABl. EG v. 22.11.2002, L 318/17, S. 34, Rn. 103.

962 Vgl. KOM, Entscheidung v. 24.07.2002, COMP/29.373 – Visa International II – Multilateral Interchange Fee, ABl. EG v. 22.11.2002, L 318/17, S. 33, Rn. 100.

963 Vgl. KOM, Entscheidung v. 24.07.2002, COMP/29.373 – Visa International II – Multilateral Interchange Fee, ABl. EG v. 22.11.2002, L 318/17, S. 34, Rn. 101.

Kreditkartensystems beeinträchtigen, die Partizipation von Karteninhabern und Händlern am System reduzieren und einen Rückgang der Systemverbreitung in Gang setzen.[964]

Überdies sei auch die vierte Freistellungsvoraussetzung erfüllt, da die multilateralen Interbankenentgelte weder den Wettbewerb zwischen den Emittenten, zwischen den Acquirern noch zwischen Visa und seinen Wettbewerbern ausschalte.[965]

Kapitel 2. Das MasterCard-Verfahren

Die Entscheidung der Kommission vom 19. Dezember 2007 betreffend die Interchange Fees von MasterCard erscheint von besonderer Bedeutung.[966]

---

964 Vgl. KOM, Entscheidung v. 24.07.2002, COMP/29.373 – Visa International II – Multilateral Interchange Fee, ABl. EG v. 22.11.2002, L 318/17, S. 34, Rn. 102.

965 Vgl. KOM, Entscheidung v. 24.07.2002, COMP/29.373 – Visa International II – Multilateral Interchange Fee, ABl. EG v. 22.11.2002, L 318/17, S. 34, Rn. 106.

966 Vgl. KOM, Entscheidung v. 19.12.2007 in den Sachen COMP/34.579 – MasterCard, COMP/36.518 – EuroCommerce u. COMP/38.580 – Commercial Cards, abrufbar unter: http://ec.europa.eu/competition/antitrust/cases/dec_docs/34579/34579_1889_2.pdf (nur dieser englische Text ist verbindlich; die deutsche Version ist unter http://ec.europa.eu/competition/antitrust/cases/dec_docs/34579/34579_1888_2.pdf abrufbar); die weitere Dokumentation ist online abrufbar unter http://ec.europa.eu/competition/elojade/isef/case_details.cfm?proc_code=1_34579. Die gegen diese (in englischer Fassung 241 Seiten umfassende) Entscheidung gerichtete Klage von MasterCard wurde seitens des EuG abgewiesen, vgl. EuG, Entscheidung v. 24.05.2012, Rs. T-111/08 – MasterCard, abrufbar unter: http://curia.europa.eu/juris/document/ document.jsf?text=&docid=123081&pageIndex=0&doclang=en&mode=lst&dir=&occ=first&part=1&cid=612511. Der Europäische Gerichtshof bestätigte diese seitens MasterCard angefochtene Entscheidung des EuG, vgl. EuGH, Entscheidung v. 11.09.2014, Rs. C-382/12 P – MasterCard, abrufbar unter: http://curia.europa.eu/juris/documents.jsf?num=C-382/12%C2%A0. Vgl. auch noch die Schlussanträge des Generalanwalts *Paulo Mengozzi* vom 30. Januar 2014 in der Rs. C-382/12, abrufbar unter: http://curia.europa.eu/ juris/document/document.jsf?text=&docid=147066&pageIndex=0&doclang=de&mode=req&dir=&occ=first&part=1&cid=64919. Vgl. ferner KOM, Pressemitteilung v. 30.06.2006, MEMO/06/260 (Übermittlung der Beschwerdepunkte), abrufbar unter: http://europa.eu/rapid/pressReleasesAction.do?reference=MEMO/06/260&type=HTML&aged=0&language=EN&guiLanguage=en; KOM, Pressemitteilung v. 19.12.2007, IP/07/1959, abrufbar unter: http://europa.eu/rapid/press-release_IP-07-1959_de.htm. Weitere Dokumente der Europäischen Kommission zu diesem Verfahren sind abrufbar unter: http://ec.europa.eu/competition/elojade/isef/case_details.cfm?proc_code=1_34579. Vgl. ferner *Willershausen*, Multilaterale Interbankenentgelte von MasterCard, jurisPR-BKR 2/2008, Anm. 1. Diese Entscheidung ist – ungeachtet der Frage, wie man die seitens der Kommission vertretene Auffassung bewertet – von beträchtlicher Bedeutung, da sie eine Fülle an Einblicken in das tatsächliche Geschäftsgebaren innerhalb eines Kreditkartensystems offenbart.

Die Entscheidung betrifft die multilateralen „EWR Standard-Interbankenentgelte[967] für Privatkunden-Kredit- und Privatkunden-Charge-Karten mit MasterCard-Logo sowie für die Debitkarten mit MasterCard- oder Maestro-Logo".[968] Bilateral vereinbarte Interchange Fees oder inländische Standard-Interbankenentgelte waren nicht Gegenstand der Entscheidung.[969]

Die Kommission untersagte MasterCard (zunächst) die Erhebung von Interbankenentgelten für grenzübergreifende Zahlungskartentransaktionen im EWR. Sie sah die seinerzeitigen MIF von MasterCard als Wettbewerbsverfälschung im Acquiring-Bereich an; diese wettbewerbsbeschränkenden Auswirkungen würden – so die Kommission – überdies aufgrund der Verhältnisse im Systembereich und im Issuing-Bereich verstärkt.[970]

Die MIF von MasterCard seien dem Anwendungsbereich des Art. 101 Abs. 1 AEUV unterworfen.[971] Insbesondere die Existenz der Zahlungskartensysteme von Dankort (Dänemark), Pankkikortti (Finnland), Bancomat (Luxemburg), PIN (Niederlande) sowie Bank-Axept (Norwegen), die ohne MIF betrieben würden, belege, dass MIF für den Betrieb eines Zahlungskartensystems nicht notwendig seien.[972]

Bezüglich der MIF von MasterCard sah die Kommission die Freistellungsvoraussetzungen nicht als gegeben an.[973] Eine Freistellung scheitere bereits an der ersten

---

967 Bei den EWR-Standard-Interbankenentgelten handelt es sich um *intra*regionale multilaterale Standard-Interbankenentgelte, vgl. hierzu obige Ausführungen unter Abschnitt 2, Titel 1, Untertitel 2, Kapitel 1, Unterkapitel 1; vgl. auch KOM, Entscheidung v. 19.12.2007 in den Sachen COMP/34.579 – MasterCard, COMP/36.518 – EuroCommerce u. COMP/38.580 – Commercial Cards, Rn. 130.

968 Vgl. auch KOM, Entscheidung v. 19.12.2007 in den Sachen COMP/34.579 – MasterCard, COMP/36.518 – EuroCommerce u. COMP/38.580 – Commercial Cards, Rn. 118 u. Art. 1 der Entscheidung. Ferner waren die SEPA-Standard-Interbankenentgelte und Eurozonen-Standard-Interbankenentgelte Gegenstand der Entscheidung, vgl. hierzu KOM, Entscheidung v. 19.12.2007 in den Sachen COMP/34.579 – MasterCard, COMP/36.518 – EuroCommerce u. COMP/38.580 – Commercial Cards, Rn. 118, Rn. 128 ff. sowie Art. 3 der Entscheidung. Die *inter*regionalen Interbankenentgelte sind Gegenstand eines gesonderten Verfahrens, vgl. auch KOM, Pressemitteilung v. 09.04.2013, IP/13/314 (zur Einleitung des Verfahrens), online abrufbar unter: http://europa.eu/rapid/press-release_IP-13-314_de.htm; KOM, Pressemitteilung v. 09.07.2015, IP/15/5323 (zur Übermittlung der Beschwerdepunkte), abrufbar unter: http://europa.eu/rapid/press-release_IP-15-5323_de.htm.

969 Vgl. KOM, Entscheidung v. 19.12.2007 in den Sachen COMP/34.579 – MasterCard, COMP/36.518 – EuroCommerce u. COMP/38.580 – Commercial Cards, Rn. 118.

970 Vgl. KOM, Entscheidung v. 19.12.2007 in den Sachen COMP/34.579 – MasterCard, COMP/36.518 – EuroCommerce u. COMP/38.580 – Commercial Cards, Rn. 400.

971 Vgl. KOM, Entscheidung v. 19.12.2007 in den Sachen COMP/34.579 – MasterCard, COMP/36.518 – EuroCommerce u. COMP/38.580 – Commercial Cards, Rn. 524 ff.

972 Vgl. KOM, Entscheidung v. 19.12.2007 in den Sachen COMP/34.579 – MasterCard, COMP/36.518 – EuroCommerce u. COMP/38.580 – Commercial Cards, Rn. 555 ff.

973 Vgl. KOM, Entscheidung v. 19.12.2007 in den Sachen COMP/34.579 – MasterCard, COMP/36.518 – EuroCommerce u. COMP/38.580 – Commercial Cards, Rn. 666 ff.

Freistellungsvoraussetzung.[974] Insbesondere kritisierte sie das seinerzeitige Modell zur Berechnung der Kreditkarten-MIF (sog. „MasterCard Standard Interchange Methodology").[975] MasterCard habe nicht nachgewiesen, dass die MIF-Regelungen tatsächlich mit Effizienzvorteilen einhergingen bzw. zur Herstellung eines Nachfragegleichgewichts beitragen würden.[976] Insofern existiere keine Vermutung, dass eine MIF die Effizienz eines Kartensystems verbessere.[977] Eine MIF könne auch ein Instrument sein, um Gewinne zu erwirtschaften.[978]

Ferner sei auch die zweite Freistellungsvoraussetzung nicht erfüllt.[979] MasterCard habe nicht nachweisen können, dass die angestrebte Maximierung des System-Outputs mit Effizienzgewinnen einherginge, die sämtlichen Kunden zum Vorteil gereiche, welche die Kosten der MIF tragen.[980] Die MIF-Regelungen würden eine angemessene Beteiligung der Verbraucher nicht gewährleisten.[981]

Des Weiteren seien die MIF auch nicht unerlässlich im Sinne der dritten Freistellungsvoraussetzung gewesen.[982] Es sei nachzuweisen, dass die beschränkenden Auswirkungen der MIF unerlässlich seien, um die (behaupteten) Effizienzgewinne zu realisieren.[983] Dieser Nachweis sei MasterCard nicht gelungen; es seien insofern keinerlei empirische Beweise vorgelegt worden.[984] Vielmehr belege die Betrachtung

974 Vgl. KOM, Entscheidung v. 19.12.2007 in den Sachen COMP/34.579 – MasterCard, COMP/36.518 – EuroCommerce u. COMP/38.580 – Commercial Cards, Rn. 670 ff.

975 Vgl. KOM, Entscheidung v. 19.12.2007 in den Sachen COMP/34.579 – MasterCard, COMP/36.518 – EuroCommerce u. COMP/38.580 – Commercial Cards, Rn. 709 ff. Die Berechnungsmethode der MIF bei *Debitkarten*transaktionen war seinerzeit die sog. „Global MasterCard Debit Interchange Fee Methodology"; diese wurde seitens der Kommission ebenfalls als unzureichend erachtet.

976 Vgl. KOM, Entscheidung v. 19.12.2007 in den Sachen COMP/34.579 – MasterCard, COMP/36.518 – EuroCommerce u. COMP/38.580 – Commercial Cards, Rn. 729 ff.

977 Vgl. KOM, Entscheidung v. 19.12.2007 in den Sachen COMP/34.579 – MasterCard, COMP/36.518 – EuroCommerce u. COMP/38.580 – Commercial Cards, Rn. 730.

978 Vgl. KOM, Entscheidung v. 19.12.2007 in den Sachen COMP/34.579 – MasterCard, COMP/36.518 – EuroCommerce u. COMP/38.580 – Commercial Cards, Rn. 730.

979 Vgl. KOM, Entscheidung v. 19.12.2007 in den Sachen COMP/34.579 – MasterCard, COMP/36.518 – EuroCommerce u. COMP/38.580 – Commercial Cards, Rn. 734 ff.

980 Vgl. KOM, Entscheidung v. 19.12.2007 in den Sachen COMP/34.579 – MasterCard, COMP/36.518 – EuroCommerce u. COMP/38.580 – Commercial Cards, Rn. 743.

981 Vgl. KOM, Entscheidung v. 19.12.2007 in den Sachen COMP/34.579 – MasterCard, COMP/36.518 – EuroCommerce u. COMP/38.580 – Commercial Cards, Rn. 747.

982 Vgl. KOM, Entscheidung v. 19.12.2007 in den Sachen COMP/34.579 – MasterCard, COMP/36.518 – EuroCommerce u. COMP/38.580 – Commercial Cards, Rn. 748 ff.

983 Vgl. KOM, Entscheidung v. 19.12.2007 in den Sachen COMP/34.579 – MasterCard, COMP/36.518 – EuroCommerce u. COMP/38.580 – Commercial Cards, Rn. 751.

984 Vgl. KOM, Entscheidung v. 19.12.2007 in den Sachen COMP/34.579 – MasterCard, COMP/36.518 – EuroCommerce u. COMP/38.580 – Commercial Cards, Rn. 751.

der Referenzsysteme, dass ein Zahlungskartensystem erfolgreich ohne MIF betrieben werden könne.[985]

Als Reaktion auf diese Entscheidung setzte MasterCard die betreffenden MIF am 12. Juni 2008 (zeitweise) aus.[986] Im April 2009 unterbreitete MasterCard mehrere Zusagen.[987] Unter anderem bot MasterCard eine Senkung der gewichteten durchschnittlichen multilateralen Interbankenentgelte pro Transaktion auf eine Höchstgrenze von 0,3 % für an Privatkunden ausgegebene Kreditkarten (respektive 0,2 % für Privatkunden-Debitkarten) an.[988] Des Weiteren sicherte MasterCard eine transparentere Ausgestaltung der Netzregeln zu.[989] Diese Verpflichtungszusagen wurden seitens der Kommission als ausreichend erachtet, um die kartellrechtlichen Bedenken auszuräumen.[990]

Die Verpflichtungszusage hinsichtlich der MIF basierte auf einem neu eingeführten Berechnungssystem.[991] Es handelte sich um ein auf dem sog. Grundsatz der Zahlungsmittelneutralität auf Händlerebene beruhendes Verfahren; dieses wird auch als Merchant Indifference Test (MIT) bezeichnet.[992] Im Wege dieser Methode wird untersucht, welche Entgelte ein Vertragsunternehmen zu entrichten bereit wäre, wenn die Kosten der Kartennutzung mit jenen kartenloser (Bar-)Zahlungen verglichen werden; hierbei wird auch der Anteil des Disagios berücksichtigt, der über das Interbankenentgelt hinausgeht.[993] Auf diese Weise soll derjenige MIF-Wert

---

985 Vgl. KOM, Entscheidung v. 19.12.2007 in den Sachen COMP/34.579 – MasterCard, COMP/36.518 – EuroCommerce u. COMP/38.580 – Commercial Cards, Rn. 751.

986 Vgl. hierzu KOM, Pressemitteilung v. 12.06.2008, MEMO/08/397, abrufbar unter: http://europa.eu/rapid/press-release_MEMO-08-397_en.htm; KOM, Pressemitteilung v. 01.04.2009, IP/09/515, abrufbar unter: http://europa.eu/rapid/press-release_IP-09-515_de.htm; KOM, Pressemitteilung v. 01.04.2009, MEMO/09/143, abrufbar unter: http://europa.eu/rapid/press-release_MEMO-09-143_en.htm.

987 Vgl. auch *Almunia*, MIF, CLEARIT 2010, 10, 10.

988 Vgl. KOM, Pressemitteilung v. 01.04.2009, IP/09/515, abrufbar unter: http://europa.eu/rapid/press-release_IP-09-515_de.htm; KOM, Pressemitteilung v. 01.04.2009, MEMO/09/143, abrufbar unter: http://europa.eu/rapid/press-release_MEMO-09-143_en.htm?locale=en.

989 Vgl. KOM, Pressemitteilung v. 12.06.2008, MEMO/08/397, abrufbar unter: http://europa.eu/rapid/press-release_MEMO-08-397_en.htm?locale=en.

990 Vgl. KOM, Pressemitteilung v. 01.04.2009, MEMO/09/143, abrufbar unter: http://europa.eu/rapid/press-release_MEMO-09-143_en.htm?locale=en; vgl. ferner Art. 9 der Verordnung (EG) Nr. 1/2003 des Rates vom 16. Dezember 2002 zur Durchführung der in den Artikeln 81 und 82 des Vertrags niedergelegten Wettbewerbsregeln, ABl. EG v. 04.01.2003, L 1/1, S. 9 f. (Kartellverfahrensverordnung).

991 Vgl. KOM, Pressemitteilung v. 01.04.2009, MEMO/09/143, abrufbar unter: http://europa.eu/rapid/press-release_MEMO-09-143_en.htm?locale=en.

992 Grundlegend zu diesem Konzept: *Rochet/Tirole*, Must-Take Cards, JEEA, 2011, Vol. 9, Iss. 3, 462 ff.; vgl. ferner *Bott*, Europäische Preisregulierung mittels Merchant Indifference Test, 2013.

993 Vgl. auch VO (EU) 2015/751 des Europäischen Parlaments und des Rates vom 29. April 2015 über Interbankenentgelte für kartengebundene Zahlungsvorgänge,

ermittelt werden, bei dem es für ein Vertragsunternehmen unerheblich ist, ob am PoS eine Kreditkarte oder ein kartenloses (Bar-)Zahlungsmittel eingesetzt wird.[994] Sofern die Kosten dieser Zahlungsarten für den Händler gleich sind, ist er indifferent. In diesem Fall kann der Händler Kartenzahlungen und Barzahlungen neutral gegenüberstehen, zumal für ihn kein Grund besteht, das eine oder das andere Zahlungsmittel eines Kunden zu bevorzugen. Hierbei wird auf einen einmaligen Kunden abgestellt, also eine Situation zugrunde gelegt, in der der Kunde dem Händler wie ein Tourist begegnet; aus diesem Grunde wird der Merchant Indifference Test auch als Tourist Test bezeichnet. Durch dieses Verfahren sollen letztlich die Vorteile des Vertragsunternehmens, die für es mit einer Kartenzahlung im Vergleich zu Barzahlungen einhergehen, relativ quantifiziert werden.[995] Durch Anwendung des MIT soll gewährleistet werden, dass die seitens der Vertragsunternehmen entrichteten Händlergebühren nicht die für die Händler aus der Akzeptanz resultierenden Vorteile in Relation zu Bargeldzahlungen übersteigen.[996]

Die Zugrundelegung des MIT kann als Abkehr von der zuvor noch seitens der Kommission präferierten Methode verstanden werden, im Zuge derer die Kosten der Emittenten als maßgebliche Bemessungsgrundlage der MIF dienten. Im Wege dieser beiden Methoden sollen jene Kosten der Issuer ermittelt werden, die für Dienstleistungen anfallen, die auch den Vertragsunternehmen zugutekommen. Während in der Visa International II-Entscheidung die Kosten der Issuer den Mittelpunkt der Berechnung der Höchstgrenze der MIF bildeten, wird im Zuge des MIT auf die Bereitschaft der Händler zur Entgeltentrichtung abgestellt.

Die Verpflichtungszusagen hatten trotz der eingelegten Rechtsbehelfe von MasterCard letztlich Bestand. Die gegen die Entscheidung der Kommission gerichtete Klage wurde seitens des Europäischen Gerichts Erster Instanz mit Urteil vom 24. Mai 2012 abgewiesen.[997] Der Europäische Gerichtshof bestätigte dieses Urteil des Gerichts.[998]

Abl. EU v. 19.05.2015, L 123/1, S. 3, Erw. 20; KOM, Vorschlag für eine Verordnung des Europäischen Parlaments und des Rates über Interbankenentgelte für kartengebundene Zahlungsvorgänge v. 24.07.2013, COM(2013) 550 final, Erw. 19.

994 Vgl. auch KOM, Grünbuch v. 11.01.2012, Ein integrierter europäischer Markt für Karten-, Internet- und mobile Zahlungen, COM(2011) 941 final, S. 27, abrufbar unter: http://eur-lex.europa.eu/legal-content/DE/TXT/PDF/?uri=CELEX:52011DC0941&from=EN; vgl. ferner *Almunia*, CLEARIT 45, 2010, 10.

995 Vgl. *Bott*, Europäische Preisregulierung mittels Merchant Indifference Test, 2013, S. 4.

996 Vgl. *Bott*, Europäische Preisregulierung mittels Merchant Indifference Test, 2013, S. 4.

997 Vgl. EuG, Urteil v. 24.05.2012, Rs. T-111/08 – MasterCard, online abrufbar unter: http://curia.europa.eu/juris/document/document.jsf?text=&docid=123081&pageIndex=0&doclang=en&mode=lst&dir=&occ=first&part=1&cid=612511; KOM, Pressemitteilung v. 24.05.2012, MEMO/12/377, abrufbar unter: http://europa.eu/rapid/press-release_MEMO-12-377_en.htm.

998 Vgl. EuGH, 11.09.2014, Rs. C-382/12 P – MasterCard, online abrufbar unter http://curia.europa.eu/juris/documents.jsf?num=C-382/12%C2%A0.

Kapitel 3. Die Einleitung des Visa-Verfahrens im Jahre 2008

Im Jahre 2008 hatte die Kommission gegen Visa ein wettbewerbsrechtliches Verfahren hinsichtlich der MIF – zunächst nur betreffend – grenzüberschreitende Visa-*Debitkarten*transaktionen am PoS innerhalb des EWR (sowie hinsichtlich der HACR) eingeleitet.[999]

In Anbetracht der seitens Visa Europe im Jahre 2010 angebotenen Verpflichtungszusagen,[1000] die seitens der Kommission als geeignet und ausreichend zur Ausräumung der wettbewerbsrechtlichen Bedenken angesehen wurden, hatte die Kommission die Verpflichtungen von Visa Europe im Dezember 2010 für rechtlich bindend erklärt[1001] und das Verfahren in Bezug auf die MIF für „grenzüberschreitende und bestimmte inländische[1002] Point-of-Sale-Transaktionen mit VISA-, VISA-Electron- und V-PAY-Privatkunden-Debitkarten innerhalb des EWR" eingestellt.[1003] Visa Europe hatte insofern angeboten, sich dahingehend zu verpflichten, die jährlich gewichteten durchschnittlichen MIF für inländische und grenzüberschreitende Debitkarten-Transaktionen auf maximal 20 Basispunkte, also 0,2 %, zu begrenzen.[1004] Diese Begrenzung bezog sich sowohl auf

---

999 Vgl. zur Einleitung des Verfahrens: KOM, Pressemitteilung v. 26.03.2008, MEMO/08/170, online abrufbar unter: http://europa.eu/rapid/pressReleasesAction.do?reference=MEMO/08/170&format=HTML&aged=0&language=EN&guiLanguage=en; die Kommissionsdokumente zu diesem Verfahren sind online abrufbar unter: http://ec.europa.eu/competition/elojade/isef/case_details.cfm?proc_code=1_39398.

1000 Die zunächst unterbreiteten Verpflichtungszusagen vom 26. Oktober 2010 sind online abrufbar unter: http://ec.europa.eu/competition/antitrust/cases/dec_docs/39398/39398_4768_7.pdf; vgl. hierzu auch KOM, Beschluss v. 08.12.2010, COMP/39.398 – Visa MIF, Rn. 24 ff., online abrufbar unter: http://ec.europa.eu/competition/antitrust/cases/dec_docs/39398/39398_6931_6.pdf. Die überarbeiteten Verpflichtungszusagen vom 10. September 2010 sind abrufbar unter: http://ec.europa.eu/competition/antitrust/cases/dec_docs/39398/39398_6186_3.pdf; vgl. hierzu auch KOM, Beschluss v. 08.12.2010, COMP/39.398 – Visa MIF, Rn. 53 ff.

1001 Vgl. auch KOM, Pressemitteilung v. 08.12.2010, IP/10/1684, abrufbar unter: http://europa.eu/rapid/press-release_IP-10-1684_en.htm?locale=en.

1002 Eine entsprechende Festsetzung erfolgte seitens Visa Europe für inländische PoS-Transaktionen in Griechenland, Irland, Island, Italien, Luxemburg, Malta, Niederlande (nur Prepaid-Karten), Schweden und Ungarn (nur Prepaid-Karten), vgl. KOM, Beschluss v. 08.12.2010, COMP/39.398 – Visa MIF, Rn. 1, Fn. 3.

1003 Vgl. KOM, Beschluss v. 08.12.2010, COMP/39.398 – Visa MIF, Rn. 9; vgl. ferner KOM, Bekanntmachung nach Art. 27 Abs. 4 VO (EG) 1/2003, COMP/39.398 – Visa MIF, ABl. EU v. 28.05.2010, C 138/34, S. 34 ff.; KOM, Zusammenfassung des Beschlusses v. 08.12.2010, COMP/39.398 – Visa MIF, ABl. EU v. 12.03.2011, C 79/8, S. 9, Rn. 11.

1004 Vgl. KOM, Beschluss v. 08.12.2010, COMP/39.398 – Visa MIF, Rn. 25.

grenzüberschreitende Transaktionen als auch auf solche inländischen Zahlungsvorgänge, in denen Visa Europe die MIF für Transaktionen im Inland unmittelbar festsetzte.[1005]

Im Juli 2012 hatte die Kommission der Kreditkartenorganisation Visa – in Ergänzung der im Jahre 2008 mitgeteilten Beschwerdepunkte[1006] – eine Mitteilung von Beschwerdepunkten hinsichtlich der MIF für *Kreditkarten*zahlungen zukommen lassen.[1007] Daraufhin hatte Visa unter anderem zugesagt, die seitens Visa Europe festgelegten multilateralen Interbankenentgelte für Kreditkartenzahlungen auf maximal 0,3 % des Transaktionswertes zu senken.[1008] Dies entsprach einer Senkung um 40 % bis 60 %.[1009] Diese Zusage betraf die seitens Visa Europe festgelegten intraregionalen multilateralen Interbankenentgelte.[1010] Ferner bezog sie sich auf die inländischen multilateralen IC Fees (DMIF) in zehn Mitgliedstaaten, in denen die DMIF für Kreditkarten seitens Visa Europe festgelegt wurden.[1011] Die Kommission

---

1005 Vgl. KOM, Beschluss v. 08.12.2010, COMP/39.398 – Visa MIF, Rn. 25; vgl. hierzu auch obige Ausführungen unter Abschnitt 2, Titel 1, Untertitel 2, Kapitel 3.

1006 Vgl. KOM, Pressemitteilung v. 06.04.2009, MEMO/09/151, abrufbar unter: http://europa.eu/rapid/press-release_MEMO-09-151_de.htm.

1007 Vgl. KOM, Pressemitteilung v. 31.07.2012, IP/12/871, abrufbar unter: http://europa.eu/rapid/press-release_IP-12-871_de.htm.

1008 Vgl. KOM, Pressemitteilung v. 26.02.2014, IP/14/197, abrufbar unter: http://europa.eu/rapid/press-release_IP-14-197_en.htm.

1009 Vgl. KOM, Pressemitteilung v. 26.02.2014, IP/14/197, abrufbar unter: http://europa.eu/rapid/press-release_IP-14-197_en.htm; KOM, Pressemitteilung v. 26.02.2014, MEMO/14/138, abrufbar unter: http://europa.eu/rapid/press-release_MEMO-14-138_en.htm.

1010 Vgl. KOM, Beschluss v. 26.02.2014, AT.39398 – Visa MIF, Rn. 1, abrufbar unter: http://ec.europa.eu/competition/antitrust/cases/dec_docs/39398/39398_9728_3.pdf. Die deutsche Fassung der Zusammenfassung dieses Beschlusses ist insofern fehlerhaft, zumal dort von einer „Festsetzung multilateral vereinbarter Interbankenentgelte [...] für *inter*regionale [...] Point-of-Sale-Transaktionen“ [Hervorh. d. Verf.] die Rede ist (KOM, Zusammenfassung des Beschlusses v. 26.02.2014, AT.39398 – Visa MIF, ABl. EU v. 16.05.2014, C 147/7, S. 7, Rn. 1, abrufbar unter: http://eur-lex.europa.eu/legal-content/DE/TXT/PDF/?uri=CELEX:52014XC0516%2801%29&from=de). Die insofern korrekte englische Version der Zusammenfassung ist online abrufbar unter: http://eur-lex.europa.eu/legal-content/EN/TXT/PDF/?uri=CELEX:52014XC0516%2801%29&from=EN.

1011 Es handelte sich insofern Belgien, Irland, Island, Italien, Lettland, Luxemburg, Malta, Niederlande, Schweden und Ungarn, vgl. KOM, Beschluss v. 26.02.2014, AT.39398 – Visa MIF, Rn. 1, Fn. 4, abrufbar unter: http://ec.europa.eu/competition/antitrust/cases/dec_docs/39398/39398_9728_3.pdf; vgl. auch KOM, Pressemitteilung v. 26.02.2014, IP/14/197, abrufbar unter: http://europa.eu/rapid/press-release_IP-14-197_de.htm.

erklärte diese seitens Visa unterbreiteten Verpflichtungszusagen im Jahre 2014 für rechtlich bindend.[1012]

Untertitel 2. Einzelstaatliche Verfahren

Auf einzelstaatlicher Ebene erfolgten diverse regulatorische Eingriffe hinsichtlich multilateraler Interbankenentgelte, wovon insbesondere den Verfahren aus Australien, Großbritannien und der Schweiz Beispielcharakter zukommt.

Kapitel 1. Australien

Gegen die MIF in der Kreditkartenbranche wurde seitens des Payment Systems Board der Reserve Bank of Australia (RBA) bereits im Jahre 2002 eingeschritten.[1013]

1012 Vgl. KOM, Beschluss v. 26.02.2014, AT.39398 – Visa MIF, abrufbar unter: http://ec.europa.eu/competition/antitrust/cases/dec_docs/39398/39398_9728_3.pdf; vgl. auch KOM, Zusammenfassung des Beschlusses v. 26.02.2014, AT.39398 – Visa MIF, ABl. EU v. 16.05.2014, C 147/7, S. 9, Rn. 10, abrufbar unter: http://eur-lex.europa.eu/legal-content/DE/TXT/PDF/?uri=CELEX:52014XC0516%2801%29&from=de; KOM, Pressemitteilung v. 26.02.2014, IP/14/197. Weitere Informationen zu diesem Verfahren sind unter http://ec.europa.eu/competition/elojade/isef/case_details.cfm?proc_code=1_39398 abrufbar. Gemäß Art. 9 der Verordnung (EG) Nr. 1/2003 des Rates vom 16. Dezember 2002 zur Durchführung der in den Artikeln 81 und 82 des Vertrags niedergelegten Wettbewerbsregeln, ABl. EG v. 04.01.2003, L 1/1, S. 9 f. (Kartellverfahrensverordnung) kann die Kommission Verpflichtungszusagen im Wege einer Entscheidung für bindend für die Unternehmen erklären. Die Untersuchung der Kommission hinsichtlich der seitens Visa Inc. (wie auch seitens Mastercard) festgelegten *inter*regionalen multilateralen Interchange Fees (für welche die Verordnung über Interbankenentgelte nicht gilt) wird fortgeführt, vgl. KOM, Pressemitteilung v. 26.02.2014, IP/14/197, abrufbar unter: http://europa.eu/rapid/press-release_IP-14-197_de.htm, KOM, Pressemitteilung v. 09.07.2015, IP/15/5323, abrufbar unter: http://europa.eu/rapid/press-release_IP-15-5323_de.htm sowie KOM, Pressemitteilung v. 04.12.2018, IP/18/6655, abrufbar unter: http://europa.eu/rapid/press-release_IP-18-6655_de.htm.

1013 Vgl. RBA, Reform of Credit Card Schemes in Australia IV – Final Reforms and Regulation Impact Statement, August 2002, abrufbar unter: https://www.rba.gov.au/payments-and-infrastructure/credit-cards/final-reforms/complete-stmt.pdf. Vgl. auch zu den nachfolgenden Entwicklungen in Australien: RBA, Common Benchmark for the Setting of Credit Card Interchange Fees, November 2005, abrufbar unter: https://www.rba.gov.au/payments-and-infrastructure/credit-cards/cc-fees-benchmark/pdf/cc-fees-benchmark.pdf; RBA, Pressmitteilung v. 27.04.2006, Nr. 2006-02, abrufbar unter: http://www.rba.gov.au/media-releases/2006/mr-06-02.html; RBA, Pressmitteilung v. 29.09.2006, Nr. 2006-08, abrufbar unter: http://www.rba.gov. au/media-releases/2006/mr-06-08.html; RBA, Reform of Australia's Payments System – Preliminary Conclusions of the 2007/08 Review, September 2008, abrufbar unter: https://www.rba.gov.au/payments-and-infrastructure/payments-system-regulation/past-regulatory-reviews/review-of-card-payment-systems-reforms/

In Anbetracht der zeitlichen Nähe zur Visa International II-Entscheidung der Europäischen Kommission ist diese Entscheidung trotz der geographischen Entfernung zur EU von besonderer Bedeutung; auf diese Entscheidung respektive deren Konsequenzen wird in einer beträchtlichen Anzahl an Publikationen verwiesen. Diverse Argumente der Reserve Bank of Australia wurden seitens der Wettbewerbsbehörden anderer Staaten aufgegriffen.[1014]

Die Reserve Bank of Australia setzte die Interbankenentgelte in Australien auf der Basis eines kostenbasierten Ansatzes fest.[1015] Dies hatte zur Folge, dass sich

---

pdf/review-0708-conclusions.pdf; RBA, Pressmitteilung v. 26.08.2009, Nr. 2009-18, abrufbar unter: http://www.rba.gov. au/media-releases/2009/mr-09-18.html; RBA, Payments System Board, Annual Report 2013, abrufbar unter: http://www.rba.gov.au/publications/annual-reports/psb/2013/pdf/2013-psb-ann-report.pdf; RBA, Payments System Board, Annual Report 2014, abrufbar unter: http://www.rba.gov.au/publications/annual-reports/psb/2014/pdf/2014-psb-ann-report.pdf; RBA, Pressemitteilung v. 19.12.2014, Nr. 2014-22, abrufbar unter: http://www.rba.gov.au/media-releases/2014/mr-14-22.html; RBA, Payment Systems (Regulation) Act 1998, Standard No. 1 of 2016 – The Setting of Interchange Fees in the Designated Credit Card Schemes and Net Payments to Issuers, May 2016, abrufbar unter: https://www.rba.gov.au/payments-and-infrastructure/review-of-card-payments-regulation/pdf/standard-no-1-of-2016-credit-card-interchange-2016-05-26.pdf; RBA, Review of Card Payments Regulation – Regulation Impact Statement, May 2016, abrufbar unter: https://www.rba.gov.au/payments-and-infrastructure/review-of-card-payments-regulation/pdf/regulation-impact-statement-review-of-card-payments-regulation-2016-05.pdf; RBA, Variation of Standard No. 1 of 2016: The Setting of Interchange Fees in the Designated Credit Card Schemes and Net Payments to Issuers, November 2017, abrufbar unter: https://www.rba.gov.au/payments-and-infrastructure/review-of-card-payments-regulation/pdf/variation-of-standard-no-1-2016-credit-card.pdf. Weitere Informationen und Dokumente sind unter https://www.rba.gov.au/payments-and-infrastructure/credit-cards/regulatory-decisions.html abrufbar. Vgl. ferner *Abele/Berger/Schäfer*, Kartenzahlungen im Euro-Zahlungsraum, 2007, S. 49 ff.; *Jaeger/Höppli/Koller*, Schweizer Kreditkartenmarkt, 2011, S. 81; *Katz*, Reform of Credit Card Schemes in Australia II, 2001; *Chang/Evans/Swartz*, Effect of Regulatory Intervention in Two-Sided Markets, Rev. Netw. Econ., 2005, Vol. 4, Iss. 4, 328; *Gans*, Evaluating the Impact of the Payment System Reforms, 2007; *Gans/King*, Credit Card Reform in Australia, Economic Record 2003, Vol. 79, Iss. 247, 462; *Prager/Manuszak/Kiser/Borzekowski*, Interchange Fees and Payment Card Networks, 2009; *Evans/Schmalensee*, Economics of Interchange Fees and Their Regulation, 2005; *Bradford/Hayashi*, Developments in Interchange Fees in the United States and Abroad, 2008, S. 2; *Hayashi*, Public Authority Involvement in Credit and Debit Card Markets, 2010, S. 1; *Hayashi*, Public Authority Involvement in Credit and Debit Card Markets, 2013, S. 2; *Hayashi/Maniff*, Public Authority Involvement in Payment Card Markets, 2015, S. 2.

1014 Vgl. *Abele/Berger/Schäfer*, Kartenzahlungen im Euro-Zahlungsraum, 2007, S. 59.

1015 Vgl. RBA, Reform of credit card schemes in Australia IV – Final Reforms and Regulation Impact Statement, August 2002, S. 60 ff. (Anh. 5). Vgl. ferner zu den

die Interbankenentgelte in etwa auf der Hälfte des vorherigen Wertes ansiedelten. Grundsätzlich wurde seitens der Reserve Bank of Australia anerkannt, dass Interbankenentgelte in einem zweiseitigen Markt mit einer unterschiedlichen Kosten- und Nutzenverteilung zwischen den Systemteilteilnehmern einer Rechtfertigung aus ökonomischen Gründen zugänglich seien; Interbankenentgelte könnten als Instrument zum Ausgleich der Kosten und Einnahmen der Issuer und Acquirer in Vier-Parteien-Kreditkartensystemen fungieren.[1016]

Indes war die Reserve Bank of Australia nicht davon überzeugt, dass die Gesamtwohlfahrt durch eine MIF maximiert würde, sofern die Festlegung der Interbankenentgelte weiterhin den Systemen und ihren Mitgliedern überlassen bliebe.[1017] Der Wettbewerbsdruck auf die Kartensysteme bei der multilateralen Festsetzung der Interbankenentgelte sei in Australien nur gering gewesen.[1018] Die insofern anderslautende Argumentation der Kreditkartenorganisationen sei aufgrund der marktbeherrschenden Stellung der Banken in den Kreditkartensystemen, der begrenzten Fähigkeit der Händler, auf die Kreditkartenakzeptanz zu verzichten, sowie der seit mehreren Jahren zu beobachtenden mangelnden Transparenz und einheitlichen Höhe der Interbankenentgelte nicht zutreffend.[1019]

Die RBA erachtete die bisherige Festlegungspraxis der multilateralen Interbankenentgelte in den offenen Systeme als unzureichend.[1020] Die seitens der Kartenorganisationen vorgeschlagenen Methoden zur Festlegung würden Transparenz vermissen lassen.[1021] Jene (kostenbasierte) Methoden, die zu viele Kostenaspekte in die Berechnung der Interbankenentgelte einbezögen, würden letztlich dazu führen, dass die entstehenden Mehrkosten (einschließlich jener Kosten, die aus

---

seitens der RBA erwogenen Maßnahmen: RBA, Reform of credit card schemes in Australia IV – Final Reforms and Regulation Impact Statement, August 2002, S. 9 ff.

1016 Vgl. RBA, Reform of credit card schemes in Australia IV – Final Reforms and Regulation Impact Statement, August 2002, S. 30; vgl. ferner *Abele/Berger/Schäfer*, Kartenzahlungen im Euro-Zahlungsraum, 2007, S. 57 a.E. f.

1017 Vgl. RBA, Reform of credit card schemes in Australia IV – Final Reforms and Regulation Impact Statement, August 2002, S. 30 a.E. f. u. S. 32.

1018 Vgl. RBA, Reform of credit card schemes in Australia IV – Final Reforms and Regulation Impact Statement, August 2002, S. 31; vgl. auch *Abele/Berger/Schäfer*, Kartenzahlungen im Euro-Zahlungsraum, 2007, S. 58.

1019 Vgl. RBA, Reform of credit card schemes in Australia IV – Final Reforms and Regulation Impact Statement, August 2002, S. 8 u. S. 31; vgl. auch noch *Jaeger/Höppli/Koller*, Schweizer Kreditkartenmarkt, 2011, S. 81.

1020 Sowohl MasterCard als auch Visa hatten darauf hingewiesen, dass sie ihre Methoden nur als Richtlinie zur Festlegung der Interbankenentgelte ansahen und unternehmerische Aspekte ebenfalls bei der Bestimmung der Höhe der Gebühren berücksichtigt wurden, vgl. RBA, Reform of credit card schemes in Australia IV – Final Reforms and Regulation Impact Statement, August 2002, S. 31.

1021 Vgl. RBA, Reform of credit card schemes in Australia IV – Final Reforms and Regulation Impact Statement, August 2002, S. 8 u. S. 31.

der Bereitstellung bestimmter Kreditkarten-Dienstleistungen für Karteninhaber resultieren) den Händlern und auch der Gemeinschaft als Ganzes auferlegt würden.[1022] Nach Auffassung der Reserve Bank of Australia waren etwa die Kosten für Kreditausfälle nicht in die Berechnung der Interbankenentgelte einzubeziehen.[1023] Als berücksichtigungsfähig erachtete die Reserve Bank of Australia hingegen die Bearbeitungskosten (einschließlich der Kosten für die Entgegennahme, die Überprüfung sowie den Abgleich von Informationen und die Kosten für das Settlement einer Transaktion), die Kosten für Betrugsausfälle und -vorbeugung und die Kosten für die zinsfreie Periode.[1024] Die auf der Basis des kostenbasierten Modells ermittelten Werte bilden – nach Auffassung der RBA – die Obergrenze für die Festlegung der MIF.[1025]

Kapitel 2. Großbritannien

Auch in Großbritannien gerieten die MIF in den Fokus der Wettbewerbshüter.

Unterkapitel 1. Die Entscheidung des Office of Fair Trading vom 06. September 2005

Am 06. September 2005 entschied das britische Office of Fair Trading (OFT), dass die Interchange Fees bei inländischen MasterCard-Kreditkartentransaktionen sowohl gegen das britische als auch das europäische Kartellrecht verstießen.[1026] Die Bedenken des Office of Fair Trading richteten sich insbesondere gegen die Höhe der MIF.[1027]

1022 Vgl. RBA, Reform of credit card schemes in Australia IV – Final Reforms and Regulation Impact Statement, August 2002, S. 31.
1023 Vgl. RBA, Reform of credit card schemes in Australia IV – Final Reforms and Regulation Impact Statement, August 2002, S. 31.
1024 Vgl. RBA, Reform of credit card schemes in Australia IV – Final Reforms and Regulation Impact Statement, August 2002, S. 37 u. S. 43; vgl. ferner *Abele/Berger/Schäfer*, Kartenzahlungen im Euro-Zahlungsraum, 2007, S. 59.
1025 Vgl. RBA, Reform of credit card schemes in Australia IV – Final Reforms and Regulation Impact Statement, August 2002, S. 38.
1026 Vgl. OFT, Entscheidung v. 06.09.2005, CA98/05/05 – MasterCard, abrufbar unter: http://webarchive.nationalarchives.gov.uk/20140402142426/http://www.oft.gov.uk/shared_oft/ca98_public_register/decisions/mastercard.pdf;jsessionid=6FF02D2689FA2A679783A2BA941602CF. Vgl. ferner *Jaeger/Höppli/Koller*, Schweizer Kreditkartenmarkt, 2011, S. 81; *Abele/Berger/Schäfer*, Kartenzahlungen im Euro-Zahlungsraum, 2007, S. 54 ff.; *Bradford/Hayashi*, Developments in Interchange Fees in the United States and Abroad, 2008, S. 4; *Hayashi*, Public Authority Involvement in Credit and Debit Card Markets, 2010, S. 5 f.; *Hayashi*, Public Authority Involvement in Credit and Debit Card Markets, 2013, S. 9; *Hayashi/Maniff*, Public Authority Involvement in Payment Card Markets, 2015, S. 11.
1027 Vgl. OFT, Entscheidung v. 06.09.2005, Rs. CA98/05/05 – MasterCard, Rn. 585 ff.

Das Office of Fair Trading sah eine spürbare Wettbewerbsbeschränkung als gegeben an und stufte die multilateralen Interbankenentgelte wegen deren einheitlicher Festlegung als Preiskartell ein.[1028] Die einheitliche Festsetzung der MIF statuiere eine Mindesthöhe der Händlergebühren und beschränke daher den Preiswettbewerb zwischen den akquirierenden Unternehmen bei der Festlegung der Händlergebühren.[1029] Überdies sei der Preiswettbewerb zwischen den Emittenten eingeschränkt; insbesondere würden die im Wege der MIF erzielten Mehreinnahmen dazu verwendet, Anreizsysteme für die Karteninhaber zu schaffen und die aus den MIF folgenden Einnahmen aus den MIF seien dem Wettbewerb entzogen.

Die multilaterale Festlegung sei allerdings einer Freistellung zugänglich; sie könne prinzipiell mit Effizienzgewinnen verbunden sein.[1030] Ein solches Festsetzungsprozedere könne den Zutritt von Newcomern begünstigen und die Transaktionskosten in beträchtlichem Maße senken; insbesondere bilaterale Verhandlungen zwischen den Issuern und den Acquirern könnten vermieden werden.[1031] Eine Freistellung komme allerdings nur in Betracht, sofern die MIF nicht auf einem überhöhten Niveau angesiedelt seien.[1032]

Eine multilaterale Festsetzung der Interbankenentgelte sei nur auf der Basis eines rein kostenbasierten Berechnungsmodells zulässig.[1033] Zwar erfolgte die Festlegung der MIF auch zuvor auf der Basis von Kostenmerkmalen., indes bildeten diese – so das Office of Fair Trading – keine zwingende Begrenzung der Höhe der MIF, sondern nur einen Richtwert: Es dürften nur diejenigen Kostenelemente der Issuer einbezogen werden, die den Vertragsunternehmen zugutekämen.[1034] Dies seien insbesondere die Transaktionsbearbeitungskosten, die Kosten der Kartenproduktion sowie die Kosten für die Zahlungsgarantie gegen Betrugsfälle.[1035]

Insofern differenzierte das Office of Fair Trading zwischen grenzüberschreitenden und inländischen Zahlungstransaktionen.[1036] Im Falle grenzüberschreitender

1028 Vgl. OFT, Entscheidung v. 06.09.2005, Rs. CA98/05/05 – MasterCard, Rn. 388 ff. u. Rn. 675 ff.

1029 Vgl. auch *Abele/Berger/Schäfer*, Kartenzahlungen im Euro-Zahlungsraum, 2007, S. 55.

1030 Vgl. OFT, Entscheidung v. 06.09.2005, Rs. CA98/05/05 – MasterCard, Rn. 520 ff. u. Rn. 732 ff.

1031 Vgl. auch *Abele/Berger/Schäfer*, Kartenzahlungen im Euro-Zahlungsraum, 2007, S. 55.

1032 Vgl. auch *Abele/Berger/Schäfer*, Kartenzahlungen im Euro-Zahlungsraum, 2007, S. 55.

1033 Vgl. OFT, Entscheidung v. 06.09.2005, Rs. CA98/05/05 – MasterCard, Rn. 558 ff. u. Rn. 626 ff.

1034 Vgl. hierzu OFT, Entscheidung v. 06.09.2005, Rs. CA98/05/05 – MasterCard, Rn. 585 ff.

1035 Vgl. auch *Abele/Berger/Schäfer*, Kartenzahlungen im Euro-Zahlungsraum, 2007, S. 55; *Jaeger/Höppli/Koller*, Schweizer Kreditkartenmarkt, 2011, S. 81.

1036 In der Visa International II-Entscheidung hatte die Kommission bereits ausdrücklich auf diese Unterschiede zwischen inländischen und grenzüberschreitenden

Zahlungsvorgänge seien die Garantie für Kreditausfälle wie auch die zinsfreie Finanzierungszeit von besonderer Bedeutung, da im grenzüberschreitenden Zahlungsverkehr keine gleich geeigneten bzw. günstigeren Varianten ersichtlich seien. Dies treffe allerdings bei inländischen Zahlungstransaktionen nicht zu, sodass diese Kostengesichtspunkte in unzulässiger Weise bei der Berechnung der MIF berücksichtigt und die MIF daher auf einem überhöhten Niveau angesiedelt gewesen worden seien. Die hierdurch verursachten Mehrkosten würden letztlich die Endverbraucher im Absatzbereich tragen.[1037] Dies ginge insbesondere zu Lasten der Nutzer sonstiger Zahlungsmittel, zumal auch ihnen die durch die MIF verursachten Mehrkosten im Wege höherer Produktpreise im Absatzbereich auferlegt würden.[1038]

Unterkapitel 2. Die Entscheidung des Competition Appeal Tribunal vom 10. Juli 2006

Gegen die Entscheidung des Office of Fair Trading aus dem Jahre 2005 legte MasterCard UK beim Competition Appeal Tribunal (CAT) Rechtsbehelf ein. Die daraufhin seitens des Office of Fair Trading im Rechtsbehelfsverfahren vorgebrachten Argumente wichen teils in beträchtlichem Maße von den Ausführungen der früheren Entscheidung ab.[1039] Die Zahlungsvorgänge könnten auch unter Geltung einer Null-MIF durchgeführt werden.[1040] Ferner erfolgte eine Abkehr von der früheren Auffassung, dass solche MIF, die nicht auf einem überhöhten Niveau angesiedelt seien, prinzipiell die erste Freistellungsvoraussetzung erfüllen.[1041]

In Anbetracht dieser Abweichungen von der früheren Argumentation forderte das Competition Appeal Tribunal die Erstellung eines Verzeichnisses der Unterschiede zwischen dem Vorbringen des Office of Fair Trading im Rechtsbehelfsverfahren und den Ausführungen in der früheren Entscheidung vom 06. September 2005.[1042] Das Office of Fair Trading schlug daraufhin vor, die frühere

Transaktionen hingewiesen, vgl. KOM, Entscheidung v. 24.07.2002, COMP/29.373 – Visa International II – Multilateral Interchange Fee, ABl. EG v. 22.11.2002, L 318/17, S. 31 f., Rn. 86 ff.

1037 Vgl. OFT, Entscheidung v. 06.09.2005, Rs. CA98/05/05 – MasterCard, Rn. 650 ff.

1038 Vgl. hierzu auch *Abele/Berger/Schäfer*, Kartenzahlungen im Euro-Zahlungsraum, 2007, S. 54.

1039 Vgl. CAT, Entscheidung v. 10.07.2006, in den Sachen 1054/1/1/05, 1055/1/1/05 und 1056/1/1/05, [2006] CAT 14 – MasterCard, Rn. 12 ff.

1040 Vgl. CAT, Entscheidung v. 10.07.2006, in den Sachen 1054/1/1/05, 1055/1/1/05 und 1056/1/1/05, [2006] CAT 14 – MasterCard, Rn. 12.

1041 Vgl. CAT, Entscheidung v. 10.07.2006, in den Sachen 1054/1/1/05, 1055/1/1/05 und 1056/1/1/05, [2006] CAT 14 – MasterCard, Rn. 12.

1042 Vgl. CAT, Entscheidung v. 10.07.2006, in den Sachen 1054/1/1/05, 1055/1/1/05 und 1056/1/1/05, [2006] CAT 14 – MasterCard, Rn. 15.

Entscheidung in Gänze zu widerrufen.[1043] Letztlich wurde das Verfahren formell seitens des Competition Appeal Tribunal abgeschlossen und die Entscheidung des Office of Fair Trading aufgehoben.[1044]

Kapitel 3. Schweiz

Seit mehreren Jahren befasst sich die Schweizerische Wettbewerbskommission (WEKO) mit der kartellrechtlichen Zulässigkeit der inländischen MIF in der Schweiz.[1045]

Unterkapitel 1. Die Verfügung der Schweizerischen Wettbewerbskommission vom 05. Dezember 2005 und die EVR I

Die Schweizerische Wettbewerbskommission leitete im Jahre 2002 ein kartellrechtliches Verfahren hinsichtlich der DMIF in der Schweiz ein.[1046] Das Verfahren wurde im Jahre 2005 durch eine einvernehmliche Regelung (EVR I) abgeschlossen.[1047]

1043 Vgl. CAT, Entscheidung v. 10.07.2006, in den Sachen 1054/1/1/05, 1055/1/1/05 und 1056/1/1/05, [2006] CAT 14 – MasterCard, Rn. 20.

1044 Vgl. CAT, Entscheidung v. 10.07.2006, in den Sachen 1054/1/1/05, 1055/1/1/05 und 1056/1/1/05, [2006] CAT 14 – MasterCard, Rn. 37 f. Gleichwohl verbleibt ein besonderer Stellenwert der 212 Seiten umfassenden Entscheidung des Office of Fair Trading. Die in dieser Entscheidung aufgeführten Argumente und Sichtweisen wurden im Rahmen der Diskussion um die MIF oftmals in Bezug genommen. Vgl. zum Stellenwert dieser Entscheidung des Office of Fair Trading auch noch CAT, Entscheidung vom 10.07.2006, in den Sachen 1054/1/1/05, 1055/1/1/05 und 1056/1/1/05, [2006] CAT 14 – MasterCard, Rn. 28: „It is in our view highly regrettable that, after over 6 years of administrative proceedings, the OFT has reached the view that it should withdraw the Decision, especially in such an important ‚flagship' case which has commanded widespread attention in Europe and elsewhere."

1045 Vgl. auch zur Regulierung der MIF in der Schweiz: *Bradford/Hayashi*, Developments in Interchange Fees in the United States and Abroad, 2008, S. 3; *Hayashi*, Public Authority Involvement in Credit and Debit Card Markets, 2010, S. 4; *Hayashi*, Public Authority Involvement in Credit and Debit Card Markets, 2013, S. 7; *Hayashi/Maniff*, Public Authority Involvement in Payment Card Markets, 2015, S. 9 f.; vgl. ferner allgemein zum Kreditkartengeschäft in der Schweiz *Emch/Gasser/Arpagaus*, Das schweizerische Bankgeschäft, 7. Aufl., 2011, S. 816 ff.

1046 Vgl. WEKO, Verfügung v. 05.12.2005, RPW 2006/1, 65. Die Ausgaben der RPW sind online unter https://www.weko.admin.ch/weko/de/home/dokumentation/recht-und-politik-des-wettbewerbs--rpw-.html abrufbar.

1047 Diese am 29.03.2005 seitens der Parteien unterzeichnete EVR I ist teilweise in WEKO, Verfügung v. 05.12.2005, RPW 2006/1, 65, S. 75, Rn. 64 bzw. im Volltext und mit vollständiger Darstellung des Berechnungsverfahrens zur Festlegung der DMIF in RPW 2006/1, 65, S. 119 ff. als Anhang 1 zum WEKO-Entscheid abgedruckt.

Im Rahmen dieser EVR I verständigten sich die Parteien unter anderem auf die Einführung eines kostenbasierten und objektivierten Verfahrens zur Festlegung der inländischen MIF für Visa- und MasterCard-Kreditkarten.[1048] Zusätzlich zur Genehmigung der EVR I ordnete die Schweizerische Wettbewerbskommission eine Senkung der DMIF in der Schweiz innerhalb eines Zeitraums von drei Jahren ab der Rechtskraft der Entscheidung von seinerzeit 1,65 % bis 1,70 % auf einen Wert von maximal 1,3 % bis 1,35 % an.[1049]

Die Schweizerische Wettbewerbskommission wandte sich nicht unmittelbar gegen den Bestand der Interbankenentgelte als solchen; die Bedenken richteten sich ausschließlich gegen deren multilaterale Festlegung.[1050] Sie klassifizierte die multilaterale Festlegung der DMIF als eine Wettbewerbsbeschränkung in Form einer (horizontalen) Preisabrede.[1051] Diese Festlegung beschränke sowohl den Preisfestsetzungsspielraum der Emittenten als auch der Acquirer.[1052] Die Höhe der DMIF wirke sich auf die Kosten und die Erträge letztgenannter Unternehmen aus.[1053] Die DMIF stelle einen beträchtlichen Anteil der Händlergebühren dar; ihr Anteil belief sich auf ca. 70 % der MSC.[1054] Insofern komme die DMIF der Festlegung eines Mindestpreises in Bezug auf die Händlergebühren gleich.[1055] Ferner werde die DMIF zur Marktabschottung des Acquiring-Bereiches genutzt.[1056] Die DMIF wirke sich zudem auf den Preisfestsetzungsspielraum der Issuer aus, zumal die DMIF für diese eine wesentliche Einnahmequelle sei.[1057] Die DMIF belaufe sich auf etwa 20 % der Gesamterträge der Emittenten.[1058] Die im Wege der DMIF entstehenden Mehrkosten würden seitens der Vertragsunternehmen an deren Kunden im Absatzbereich weitergeleitet.[1059]

Die durchschnittliche DMIF in der Schweiz belief sich im Jahre 2005 auf 1,67 % des Transaktionswertes.

1048 Vgl. WEKO, Verfügung v. 05.12.2005, RPW 2006/1, 65, S. 75, Rn. 64 bzw. S. 119, Anhang 1, EVR I, Ziff. A. a1. Vgl. auch WEKO, Verfügung v. 05.12.2005, RPW 2006/1, 65, S. 109 a.E. f., Rn. 360.

1049 Vgl. hierzu WEKO, Verfügung v. 05.12.2005, RPW 2006/1, 65, S. 112, Rn. 380 u. S. 115, Rn. 419 sowie S. 118 (unter D. 3.).

1050 So WEKO, Verfügung v. 05.12.2005, RPW 2006/1, 65, S. 105, Rn. 326.

1051 Vgl. WEKO, Verfügung v. 05.12.2005, RPW 2006/1, 65, S. 80, Rn. 115 u. S. 83 ff., Rn. 140 ff.

1052 Vgl. WEKO, Verfügung v. 05.12.2005, RPW 2006/1, 65, S. 83, Rn. 142.

1053 Vgl. WEKO, Verfügung v. 05.12.2005, RPW 2006/1, 65, S. 83, Rn. 142.

1054 Vgl. WEKO, Verfügung v. 05.12.2005, RPW 2006/1, 65, S. 83, Rn. 142 u. S. 93, Rn. 224; vgl. auch *Abele/Berger/Schäfer*, Kartenzahlungen im Euro-Zahlungsraum, 2007, S. 60.

1055 Vgl. WEKO, Verfügung v. 05.12.2005, RPW 2006/1, 65, S. 84, Rn. 152 u. S. 93, Rn. 224.

1056 Vgl. WEKO, Verfügung v. 05.12.2005, RPW 2006/1, 65, S. 83, Rn. 143.

1057 Vgl. WEKO, Verfügung v. 05.12.2005, RPW 2006/1, 65, S. 83, Rn. 142 u. S. 84, Rn. 153.

1058 Vgl. WEKO, Verfügung v. 05.12.2005, RPW 2006/1, 65, S. 84, Rn. 153.

1059 Vgl. WEKO, Verfügung v. 05.12.2005, RPW 2006/1, 65, S. 83, Rn. 142.

Die DMIF könne auch nicht als notwendig für den Betrieb eines offenen Kreditkartensystems angesehen werden.[1060] Zumal dies in den Regularien der Kreditkartenorganisationen explizit vorgesehen sei, würden Visa und MasterCard selbst davon ausgehen, dass die Durchführung bilateraler Verhandlungen möglich sei.[1061]

Die Schweizerische Wettbewerbskommission erkannte an, dass eine DMIF aus Effizienzgründen gerechtfertigt sein könne, wenn sie einer Optimierung des Gesamtsystems im ökonomischen Sinne diene.[1062] Bilaterale Interbankenentgelte würden grundsätzlich eine mögliche Alternative zu einer multilateralen Festsetzung darstellen.[1063] Insbesondere in Anbetracht der mit bilateralen Verhandlungen verbundenen Kosten sei davon auszugehen, dass eine multilaterale Festlegung der DMIF zu Effizienzvorteilen führe.[1064] Auch könne die Existenz einer DMIF den Markteintritt ausländischer Acquirer erleichtern.[1065] Eine Rechtfertigung der DMIF von Visa und von MasterCard aus Effizienzgründen komme wegen deren seinerzeitiger Ausgestaltung nicht in Betracht.[1066] Die Schweizerische Wettbewerbskommission war der Auffassung, dass die in der Vergangenheit erfolgte Steigerung der Höhe der DMIF der Erzielung von Mehreinnahmen der Emittenten diente und überdies als Instrument zur Abschottung des schweizerischen Marktes gegenüber ausländischen Acquirern eingesetzt wurde.[1067]

Eine kartellrechtliche Rechtfertigung setze voraus, dass die DMIF auf der Basis eines an objektiven Berechnungskriterien orientierten Modells bemessen werde.[1068] Eine DMIF sei nicht schlechterdings unbedenklich; es müsse insbesondere das Prinzip der Verhältnismäßigkeit gewahrt werden.[1069] In die Berechnung seien nur die reinen Netzwerkkosten einzubeziehen, die unmittelbar mit dem Betrieb eines Kreditkartennetzwerkes einhergingen und für dessen Funktionieren erforderlich seien.[1070] Insbesondere die Kosten der zinsenfreien Periode, die Kosten für Kreditverluste im Rahmen der Zahlungsgarantie sowie die Kosten für Merchant Marketing und Kartenanreizprogramme seien nicht systeminhärent und daher bei der Berechnung der DMIF nicht zu berücksichtigen.[1071] Im Wege

---

1060 Vgl. WEKO, Verfügung v. 05.12.2005, RPW 2006/1, 65, S. 83, Rn. 141.

1061 Vgl. WEKO, Verfügung v. 05.12.2005, RPW 2006/1, 65, S. 83, Rn. 141.

1062 Vgl. WEKO, Verfügung v. 05.12.2005, RPW 2006/1, 65, S. 106 f., Rn. 331 ff. u. S. 110 f., Rn. 369 ff.; vgl. auch *Abele/Berger/Schäfer*, Kartenzahlungen im Euro-Zahlungsraum, 2007, S. 60.

1063 Vgl. WEKO, Verfügung v. 05.12.2005, RPW 2006/1, 65, S. 107, Rn. 336.

1064 Vgl. WEKO, Verfügung v. 05.12.2005, RPW 2006/1, 65, S. 106, Rn. 333.

1065 Vgl. WEKO, Verfügung v. 05.12.2005, RPW 2006/1, 65, S. 106, Rn. 331; vgl. auch *Abele/Berger/Schäfer*, Kartenzahlungen im Euro-Zahlungsraum, 2007, S. 60.

1066 Vgl. WEKO, Verfügung v. 05.12.2005, RPW 2006/1, 65, S. 105, Rn. 324 ff.

1067 Vgl. WEKO, Verfügung v. 05.12.2005, RPW 2006/1, 65, S. 109, Rn. 356.

1068 Vgl. WEKO, Verfügung v. 05.12.2005, RPW 2006/1, 65, S. 110 f., Rn. 369 ff.

1069 Vgl. WEKO, Verfügung v. 05.12.2005, RPW 2006/1, 65, S. 108 f., Rn. 351.

1070 Vgl. Verfügung v. 05.12.2005, RPW 2006/1, 65, S. 110, Rn. 370.

1071 Vgl. WEKO, Verfügung v. 05.12.2005, RPW 2006/1, 65, S. 110 ff., Rn. 370 ff. Die in die Berechnung einbezogenen Kostengesichtspunkte sind ausführlich in

der EVR I[1072] wurde eine auf Kostengesichtspunkte basierende Höchstgrenze von 1,3 % bis 1,35 % für die DMIF implementiert.[1073] Dies sollte zum einen den Spielraum bei der Festlegung der DMIF begrenzen und zum anderen den Issuern einen Anreiz zur Senkung ihrer Kosten schaffen.[1074]

Unterkapitel 2. Die Verfügung der Schweizerischen Wettbewerbskommission vom 25. Januar 2010 und die EVR II

Zumal die Schweizerische Wettbewerbskommission die EVR I auf eine Zeitdauer von vier Jahren ab Rechtskraft der Entscheidung begrenzt hatte, die am 01. Februar 2010 auslief, hatte die Schweizerische Wettbewerbskommission am 15. Juli 2009 eine weitere Untersuchung eröffnet. Ein Zwischenergebnis dieser Untersuchung stellte die EVR II dar;[1075] bei dieser handelte es sich um eine bis zum Erlass eines Endentscheides in diesem Untersuchungsverfahren vorgesehene Übergangslösung.[1076]

Nach den Untersuchungen der Schweizerischen Wettbewerbskommission belief sich die DMIF (im Durchschnitt aller Acquirer) der Höhe nach auf etwa 74 % der MSC.[1077] Mit der EVR II wurde eine weitere Senkung der Obergrenze für die DMIF von 1,282 % auf 1,058 % beschlossen.[1078] Die Erträge der Emittenten an der DMIF beliefen sich seinerzeit auf etwa 20 % der Gesamterträge; die Absenkung der DMIF im Wege der EVR II sollte diese Erträge nach Einschätzung der Schweizerischen Wettbewerbskommission um ca. 17 % reduzieren.[1079]

Der EVR II lag – wie auch zuvor der EVR I – ein objektiviertes, an Kostengesichtspunkten orientiertes Berechnungsmodell zugrunde; das Kostenraster der EVR I wurde ohne Veränderungen beibehalten.[1080] Die Verfügung der

---

Anhang 2 (WEKO, Verfügung v. 05.12.2005, RPW 2006/1, 65, S. 123 ff.) und in Anhang 3 der Entscheidung (WEKO, Verfügung v. 05.12.2005, RPW 2006/1, 65, S. 126 ff.) niedergelegt. Nähere Einzelheiten zur Implementierung des Berechnungsverfahrens ergeben sich aus Anhang 4 der Entscheidung (WEKO, Verfügung v. 05.12.2005, RPW 2006/1, 65, S. 130). Diese Anhänge bilden einen integrierenden Bestandteil der EVR I.

1072 Vgl. WEKO, Verfügung v. 05.12.2005, RPW 2006/1, 65, S. 119 ff., Anhang 1.

1073 Vgl. WEKO, Verfügung v. 05.12.2005, RPW 2006/1, 65, S. 110, Rn. 369, S. 112, Rn. 380 u. S. 115, Rn. 419.

1074 Vgl. WEKO, Verfügung v. 05.12.2005, RPW 2006/1, 65, S. 110, Rn. 369.

1075 Die EVR II ist abgedruckt in WEKO, Verfügung v. 25.01.2010, RPW 2010/3, 473, 476 ff.

1076 Vgl. WEKO, Verfügung v. 25.01.2010, RPW 2010/3, 473, 479, EVR II, Ziff. E1.

1077 Vgl. WEKO, Verfügung v. 25.01.2010, RPW 2010/3, 473, 485, Rn. 60.

1078 Vgl. WEKO, Verfügung v. 25.01.2010, RPW 2010/3, 473, 489, Rn. 79 u. S. 493, Rn. 99 sowie S. 478, EVR II, Ziff. h1.

1079 Vgl. WEKO, Verfügung v. 25.01.2010, RPW 2010/3, 473, 493, Rn. 101.

1080 Vgl. WEKO, Verfügung v. 25.01.2010, RPW 2010/3, 473, 488, Rn. 71.

Schweizerischen Wettbewerbskommission vom 25. Januar 2010 zur EVR II stützte sich inhaltlich im Wesentlichen auf die früheren Ausführungen in ihrer Verfügung vom 05. Dezember 2005 sowie auf die Erkenntnisse der ab dem Jahre 2008 durchgeführten Wirkungsanalyse des Kreditkartenentscheids.[1081] Die Schweizerische Wettbewerbskommission behielt die Auffassung bei, dass die DMIF als Preisabrede zu klassifizieren sei, die jedoch unter Anwendung der EVR II aus Effizienzgründen gerechtfertigt werden könne.[1082]

Unterkapitel 3. Die Verfügung der Schweizerischen Wettbewerbskommission vom 01. Dezember 2014 und die EVR III

Im Wege eines Auskunftsbegehrens vom 14. Juni 2010 forderte die WEKO die Kreditkartenorganisationen Visa und MasterCard zur Einreichung der gesamten Regelwerke für ihre Kartennetzwerke auf.[1083] Nach mehreren Treffen stellte die Schweizerische Wettbewerbskommission den Emittenten und den Acquirern einen ersten Entwurf für eine EVR III zu.[1084] Ein Eingang der seitens sämtlicher Issuer und Acquirer unterschriebenen Fassung war bis zum 19. September 2014 zu verzeichnen.[1085]

Mit Verfügung vom 01. Dezember 2014 genehmigte die Schweizerische Wettbewerbskommission letztlich die EVR III.[1086] Die dieser Verfügung zugrundeliegenden rechtlichen Erwägungen stimmen im Wesentlichen mit den bereits geschilderten Ausführungen in den vorausgegangenen Verfügungen überein.[1087] Die Schweizerische Wettbewerbskommission sah in dieser Entscheidung – anders als früher – allerdings eine Anwendung des (früher präferierten) kostenbasierten Ansatzes als

1081 Vgl. WEKO, Verfügung v. 25.01.2010, RPW 2010/3, 473, 483 ff., Rn. 56 ff.

1082 Vgl. WEKO, Verfügung v. 25.01.2010, RPW 2010/3, 473, 492, Rn. 89.

1083 Vgl. WEKO, Verfügung v. 01.12.2014, Untersuchung 22-0389 gemäss Art. 27 KG betreffend Kreditkarten Domestische Interchange Fees II (KKDMIF II), Rn. 23, abrufbar unter: https://www.weko.admin.ch/dam/weko/de/dokumente/2015/03/kreditkarten_domestischeinterchangefeeiikkdmifverfuegungvom1deze.pdf; vgl. auch WEKO, Pressemitteilung v. 15.12.2014, abrufbar unter: https://www.news.admin.ch/message/index.html?lang=de&msg-id=55663.

1084 Vgl. WEKO, Verfügung v. 01.12.2014, Untersuchung 22-0389 gemäss Art. 27 KG betreffend Kreditkarten Domestische Interchange Fees II (KKDMIF II), Rn. 30.

1085 Vgl. WEKO, Verfügung v. 01.12.2014, Untersuchung 22-0389 gemäss Art. 27 KG betreffend Kreditkarten Domestische Interchange Fees II (KKDMIF II), Rn. 32.

1086 Vgl. WEKO, Verfügung v. 01.12.2014, Untersuchung 22-0389 gemäss Art. 27 KG betreffend Kreditkarten Domestische Interchange Fees II (KKDMIF II). Die EVR IIII ist unter Gliederungspunkt „E“ dieser Entscheidung (S. 48 ff.) abgedruckt.

1087 Vgl. WEKO, Verfügung v. 01.12.2014, Untersuchung 22-0389 gemäss Art. 27 KG betreffend Kreditkarten Domestische Interchange Fees II (KKDMIF II), Rn. 51 ff.

überholt an.[1088] Zur Berechnung der (durchschnittlichen) DMIF befürwortete sie eine Anwendung des (klassischen) Tourist Test (Merchant Indifference Test).[1089] Die EVR III führte ab dem 01. August 2015 zu einer Absenkung der durchschnittlichen Interbankenentgelte von 0,95 % auf 0.7 %; sie führt ab dem 01. August 2017 zu einer weiteren Absenkung auf 0,44 %.[1090]

Untertitel 3. Die Sektorenuntersuchung des Retail-Bankgeschäfts – Abschlussbericht der Europäischen Kommission vom 31. Januar 2007

Die Sektorenuntersuchung des Retail-Bankgeschäfts hatte (auch) eine Untersuchung der Wettbewerbsverhältnisse bezüglich Zahlungskarten und Zahlungssystemen zum Gegenstand.[1091] Teil B des Arbeitsdokuments der Kommission zur

---

1088 Vgl. WEKO, Verfügung v. 01.12.2014, Untersuchung 22-0389 gemäss Art. 27 KG betreffend Kreditkarten Domestische Interchange Fees II (KKDMIF II), Rn. 139.

1089 Vgl. WEKO, Verfügung v. 01.12.2014, Untersuchung 22-0389 gemäss Art. 27 KG betreffend Kreditkarten Domestische Interchange Fees II (KKDMIF II), Rn. 141 ff., Rn. 156 u. Rn. 158 ff. Eine Anwendung des sog. erweiterten Tourist Tests lehnte die WEKO ab, vgl. WEKO, Verfügung v. 01.12.2014, Untersuchung 22-0389 gemäss Art. 27 KG betreffend Kreditkarten Domestische Interchange Fees II (KKDMIF II), Rn. 145 ff. Dieser erweiterte Tourist Test lässt sich auf eine Arbeit von Rochet und Wright (*Rochet/Wright*, Credit Card Interchange Fees, JBF, 2010, Vol. 34, Iss. 8, 1788) zurückführen. Der Ansatz des erweiterten Tourist Tests entspricht im Wesentlichen jenem des klassichen Tourist Tests. Allerdings wird der Nutzen der Vertragsunternehmen nicht auf der Basis der Einsparung von Bargeldkosten bemessen. Vielmehr wird auf die Einsparungen von Kosten abgestellt, die mit einer Vergabe von Händlerkrediten einherginge. Vgl. ferner *Jaeger/Höppli/Koller*, Schweizer Kreditkartenmarkt, 2011.

1090 Vgl. WEKO, Pressemitteilung v. 15.12.2014, (abrufbar unter: https://www.news.admin.ch/message/index.html?lang=de&msg-id=55663): „Die Gebührensenkung wird in zwei Schritten erfolgen: eine erste per 01. August 2015 auf 0.7%, die zweite per 1. August 2017 auf 0.44%. Verglichen mit heute dürfte der Handel damit um rund CHF 50-60 Mio. pro Jahr entlastet werden."

1091 Vgl. hierzu KOM, Arbeitsdokument v. 31.01.2007, Untersuchung des Retail-Bankgeschäfts (Abschlussbericht), COM(2007) 33 final, SEC(2007) 106, S. 79 ff., abrufbar unter: http://ec.europa.eu/competition/sectors/financial_services/inquiries/sec_2007_106.pdf; vgl. auch KOM, Interim Report I (Payment cards) v. 12.04.2006, Untersuchung des Retail-Bankgeschäfts (Zwischenbericht), abrufbar unter: http://ec.europa.eu/competition/sectors/financial_services/inquiries/interim_report_1.pdf; vgl. zur Einleitung der Untersuchung: KOM, Entscheidung v. 13.06.2005, Einleitung einer Untersuchung im Bereich des Retail-Geschäfts von Banken, abrufbar unter: http://ec.europa.eu/competition/sectors/financial_services/inquiries/decision_retailbanking_de.pdf sowie KOM, Pressemitteilung v. 13.06.2005, IP/05/719, abrufbar unter: http://europa.eu/rapid/press-release_IP-05-719_en.htm?locale=en; vgl. ferner KOM, Pressemitteilung v. 12.04.2006, IP/06/496, abrufbar

Sektorenuntersuchung umfasst elf Kapitel und gliedert sich im Einzelnen wie folgt: Einleitung (Kap. B.1.),[1092] Marktkonzentration und -integration (Kap. B.2.),[1093] Karteninhabergebühren (Kap. B.3.),[1094] Händlergebühren (Kap. B.4.)[1095] Interbankenentgelte (Kap. B.5.),[1096] Profitabilität der Zahlungskartenbranche (Kap. B.6.),[1097] zinsfreie Finanzierungszeiten für Kreditkartentransaktionen (Kap. B.7.),[1098] Mitgliedschafts- und Governance-Regeln (Kap. B.8.),[1099] grenzüberschreitender Wettbewerb im Acquiring-Bereich (Kap. B.9.),[1100] Zahlungsverkehrsinfrastrukturen (Kap. B.10.)[1101] sowie multilateral vereinbarte Interbankenentgelte für Geldautomaten und für Nicht-Kartenzahlungen (Kap. B.11.).[1102]

Insbesondere Kapitel B.3. bis Kapitel B.6. sind im vorliegenden Kontext von besonderem Interesse. Das Kapitel B.3. enthält eine Analyse der den Karteninhabern in Rechnung gestellten Gebühren pro Kreditkarte und den in einigen

unter: http://europa.eu/rapid/press-release_IP-06-496_en.htm?locale=EN; KOM, Pressemitteilung v. 31.01.2007, IP/07/114, abrufbar unter: http://europa.eu/rapid/press-release_IP-07-114_de.htm?locale=en; KOM, Pressemitteilung v. 31.01.2007, MEMO/07/40, abrufbar unter: http://europa.eu/rapid/press-release_MEMO-07-40_en.htm?locale=en (Final report on retail banking inquiry – frequently asked questions). Weitere Informationen sind unter http://ec.europa.eu/competition/sectors/financial_services/inquiries/retail.html abrufbar. Vgl. ferner noch *Evans/Rochet*/Schmalensee, European Commission`s Interim Report on payment cards, 2006; *Rochet*, Comments on the Interim Report on Payment Cards, 2006; *Seeliger/Vasbender*, Sektorenuntersuchung im Retail-Bankgeschäft, WM 2006, 311 ff.; *Abele/Schäfer*, Interim Report I – Payment Cards, 2006.

1092 Vgl. KOM, Arbeitsdokument v. 31.01.2007, Untersuchung des Retail-Bankgeschäfts (Abschlussbericht), COM(2007) 33 final, SEC(2007) 106, S. 81 ff.

1093 Vgl. KOM, Arbeitsdokument v. 31.01.2007, Untersuchung des Retail-Bankgeschäfts (Abschlussbericht), COM(2007) 33 final, SEC(2007) 106, S. 87 ff.

1094 Vgl. KOM, Arbeitsdokument v. 31.01.2007, Untersuchung des Retail-Bankgeschäfts (Abschlussbericht), COM(2007) 33 final, SEC(2007) 106, S. 97 ff.

1095 Vgl. KOM, Arbeitsdokument v. 31.01.2007, Untersuchung des Retail-Bankgeschäfts (Abschlussbericht), COM(2007) 33 final, SEC(2007) 106, S. 102 ff.

1096 Vgl. KOM, Arbeitsdokument v. 31.01.2007, Untersuchung des Retail-Bankgeschäfts (Abschlussbericht), COM(2007) 33 final, SEC(2007) 106, S. 109 ff.

1097 Vgl. KOM, Arbeitsdokument v. 31.01.2007, Untersuchung des Retail-Bankgeschäfts (Abschlussbericht), COM(2007) 33 final, SEC(2007) 106, S. 118 ff.

1098 Vgl. KOM, Arbeitsdokument v. 31.01.2007, Untersuchung des Retail-Bankgeschäfts (Abschlussbericht), COM(2007) 33 final, SEC(2007) 106, S. 129 ff.

1099 Vgl. KOM, Arbeitsdokument v. 31.01.2007, Untersuchung des Retail-Bankgeschäfts (Abschlussbericht), COM(2007) 33 final, SEC(2007) 106, S. 135 ff.

1100 Vgl. KOM, Arbeitsdokument v. 31.01.2007, Untersuchung des Retail-Bankgeschäfts (Abschlussbericht), COM(2007) 33 final, SEC(2007) 106, S. 142 ff.

1101 Vgl. KOM, Arbeitsdokument v. 31.01.2007, Untersuchung des Retail-Bankgeschäfts (Abschlussbericht), COM(2007) 33 final, SEC(2007) 106, S. 145 ff.

1102 Vgl. KOM, Arbeitsdokument v. 31.01.2007, Untersuchung des Retail-Bankgeschäfts (Abschlussbericht), COM(2007) 33 final, SEC(2007) 106, S. 156 ff.

Ländern der EU erhoben transaktionsbezogenen Gebühren. In Kapitel B.4. wird insbesondere der gewichtete Durchschnitt der Händlergebühren in internationalen Kreditkartennetzwerken näher untersucht. Kapitel B.5. hat unter anderem die Interchange Fees in internationalen Netzwerken zum Gegenstand und enthält eine Darstellung der akademischen Ansichten sowie von Branchenansichten über die Rolle der Interbankenentgelte. In Kapitel B.6. wird die Rentabilität sowohl des Acquiring als auch des Issuing in der Kreditkartenbranche beleuchtet; ferner finden sich Ausführungen zur Beziehung zwischen der Rentabilität des Kreditkartenemissionsgeschäfts und den Interbankenentgelten.

Dem Abschlussbericht lässt sich entnehmen, dass sich die Gebührenstruktur und -höhe der Interbankenentgelte einerseits sowie der MSC andererseits beträchtlich unterscheiden. Ferner zeigte sich, dass die Gewinne der Emittenten regelmäßig auf höherem Niveau als jene der Acquirer angesiedelt waren und die Gebührenhöhe bei Kreditkartentransaktionen über den Gebühren bei Zahlungsvorgängen mittels Debitkarten lagen.[1103]

Die Sektorenuntersuchung der Kommission lieferte Anzeichen dafür, dass die Abwicklungsgebühren für den Betrieb von Kartenzahlungssystemen nicht notwendig sind.[1104] Mehrere nationale Systeme fungierten ohne Interbankenentgelte, was in der Regel in niedrigeren Händler-Gebühren resultierte.[1105] In den internationalen Netzwerken von Visa und MasterCard konnten signifikante Unterschiede im Hinblick auf den gewichteten Durchschnitt der nationalen Kreditkarten-Interbankenentgelte in den Mitgliedstaaten beobachtet werden.[1106] Im Jahre 2004 war das Niveau der höchsten Interbankenentgelte (über 1,5 % des Transaktionswertes) 2,5-Mal höher als die niedrigsten gewichteten durchschnittlichen Gebühren.[1107]

Zahlungskartennetze argumentierten, dass angesichts des typischen Aufbaus der Kartenzahlungsmechanismen, die Kartenherausgeber normalerweise die Hauptkosten des Zahlungssystems tragen, während die meisten der Einnahmen auf der akquirierenden Seite als Händler-Gebühren erhoben werden.[1108] Deshalb behaupteten sie, dass eine von den Acquirern an die Emittenten bezahlte Gebühr notwendig sei, um die Kosten-Ungleichgewichte durch einen

1103 Vgl. auch noch *Abele/Berger/Schäfer*, Kartenzahlungen im Euro-Zahlungsraum, 2007, S. 62.

1104 Vgl. KOM, Arbeitsdokument v. 31.01.2007, Untersuchung des Retail-Bankgeschäfts (Abschlussbericht), COM(2007) 33 final, SEC(2007) 106, S. 168.

1105 Vgl. KOM, Arbeitsdokument v. 31.01.2007, Untersuchung des Retail-Bankgeschäfts (Abschlussbericht), COM(2007) 33 final, SEC(2007) 106, S. 168.

1106 Vgl. KOM, Arbeitsdokument v. 31.01.2007, Untersuchung des Retail-Bankgeschäfts (Abschlussbericht), COM(2007) 33 final, SEC(2007) 106, S. 168.

1107 KOM, Arbeitsdokument v. 31.01.2007, Untersuchung des Retail-Bankgeschäfts (Abschlussbericht), COM(2007) 33 final, SEC(2007) 106, S. 168.

1108 KOM, Arbeitsdokument v. 31.01.2007, Untersuchung des Retail-Bankgeschäfts (Abschlussbericht), COM(2007) 33 final, SEC(2007) 106, S. 168.

Abwicklungsgebühren-Mechanismus auszugleichen.[1109] Andere Systeme argumentierten, dass Interbankenentgelte ein notwendiger Koordinierungsmechanismus seien, um die Vier-Parteien-Zahlungskartensysteme zu optimieren.[1110]

Nach der Schlussfolgerung der Kommission kann die Verwendung von Abwicklungsgebühren mehreren Zwecken dienen.[1111] Zwei konkurrierende Wertungen konnten aus der ökonomischen Literatur zu Abwicklungsgebühren in Zahlungs-Karten-Systemen entnommen werden: entweder, dass die Wirkung der Interbankenentgelte neutral ist und effiziente Anreize für Kartenherausgeber bietet, ihren Output zu erweitern, oder dass hohe Interbankenentgelte ein Mittel zur Übertragung von Erträgen von Acquirern an Issuer darstellen.[1112] Aus wettbewerbsrechtlicher Sicht sei es wichtig zu beurteilen, ob Interbankenentgelte verwendet würden, um zusätzliche Einnahmen der Issuer von den Händlern zu erzielen.[1113] Einige der Untersuchungserkenntnisse – insbesondere jene in Bezug auf große Unterschiede der Interbankenentgelte zwischen verschiedenen Ländern wie auch zwischen verschiedenen Absatzbereichen – lieferten Anzeichen dafür, dass die multilaterale Festlegung der Interbankenentgelte ein Instrument zur Ausübung von Marktmacht in einigen Staaten darstellen könne.[1114] Insbesondere die Gewinnzahlen der Emittenten seien ein Indiz dafür, dass die Interbankenentgelte im Untersuchungszeitraum auf einem überhöhten Niveau angesiedelt seien.[1115] Ferner lässt sich dem Bericht entnehmen, dass nur ein geringer Anteil der im Wege der Interbankenentgelte erzielten Einnahmen im Wege günstigerer Kartengebühren an die Karteninhaber weitergegeben wurden.[1116] Des Weiteren zeigte sich, dass beinahe ein Drittel der Emittenten (62 %) selbst im Falle einer Absenkung der Interbankengebühren auf Null weiterhin Gewinne erzielen würden.[1117] Dies spreche ebenfalls dafür, dass

1109 KOM, Arbeitsdokument v. 31.01.2007, Untersuchung des Retail-Bankgeschäfts (Abschlussbericht), COM(2007) 33 final, SEC(2007) 106, S. 168.
1110 Vgl. KOM, Arbeitsdokument v. 31.01.2007, Untersuchung des Retail-Bankgeschäfts (Abschlussbericht), COM(2007) 33 final, SEC(2007) 106, S. 168.
1111 KOM, Arbeitsdokument v. 31.01.2007, Untersuchung des Retail-Bankgeschäfts (Abschlussbericht), COM(2007) 33 final, SEC(2007) 106, S. 168.
1112 Vgl. KOM, Arbeitsdokument v. 31.01.2007, Untersuchung des Retail-Bankgeschäfts (Abschlussbericht), COM(2007) 33 final, SEC(2007) 106, S. 168.
1113 Vgl. KOM, Arbeitsdokument v. 31.01.2007, Untersuchung des Retail-Bankgeschäfts (Abschlussbericht), COM(2007) 33 final, SEC(2007) 106, S. 168.
1114 Vgl. KOM, Arbeitsdokument v. 31.01.2007, Untersuchung des Retail-Bankgeschäfts (Abschlussbericht), COM(2007) 33 final, SEC(2007) 106, S. 168.
1115 Vgl. *Abele/Berger/Schäfer*, Kartenzahlungen im Euro-Zahlungsraum, 2007, S. 62.
1116 Vgl. *Abele/Berger/Schäfer*, Kartenzahlungen im Euro-Zahlungsraum, 2007, S. 62.
1117 Kritisch hinsichtlich dieser „Nullsetzung“ als Methode zur Bewertung der Höhe der Interbankenentgelte etwa *Abele/Berger/Schäfer*, Kartenzahlungen im Euro-Zahlungsraum, 2007, S. 63: „[...] Zugang im Interim Report zu simpel [...]“.

ein Interbankenentgelt ein Instrument darstelle, um zu Gunsten der Issuer zusätzliche Gewinne zu generieren.[1118]

Der methodische Unterschied zu den Untersuchungen der Kommission anlässlich der Visa International II-Entscheidung lag insbesondere darin, dass die Interbankenentgelte im Rahmen der Sektorenuntersuchung nicht mehr als ein Leistungsentgelt verstanden wurden.[1119] Die Analyse der Sektorenuntersuchung fokussierte sich auf die Gewinne und die Marktstrukturen.[1120] Dieser methodische Unterschied lässt sich als eine Abkehr von dem früher seitens der Kommission präferierten kostenbasierten Modell werten, das zur Bestimmung der Höhe der Interbankenentgelte diente.[1121]

Untertitel 4. Die Verordnung (EU) 2015/751 vom 29. April 2015 über Interbankenentgelte für kartengebundene Zahlungsvorgänge

Die Verordnung (EU) 2015/751 des Europäischen Parlaments und des Rates vom 29. April 2015 über Interbankenentgelte für kartengebundene Zahlungsvorgänge[1122] enthält unter anderem Regelungen zu Obergrenzen der Interbankenentgelte für Debitkarten- und Kreditkartentransaktionen. In der EU existierten vor Inkrafttreten dieser Verordnung – mit Ausnahme von Dänemark – keine Rechtsvorschriften zur Regulierung von Interbankenentgelten bei Zahlungskartentransaktionen.[1123]

1118 Vgl. *Abele/Berger/Schäfer*, Kartenzahlungen im Euro-Zahlungsraum, 2007, S. 62 a.E. f.

1119 Vgl. *Abele/Berger/Schäfer*, Kartenzahlungen im Euro-Zahlungsraum, 2007, S. 64.

1120 Vgl. *Abele/Berger/Schäfer*, Kartenzahlungen im Euro-Zahlungsraum, 2007, S. 64.

1121 Vgl. *Abele/Berger/Schäfer*, Kartenzahlungen im Euro-Zahlungsraum, 2007, S. 64. Vgl. ferner *Rochet*, Interchange Fee Mysteries, 2005, 139, 141 ff.

1122 VO (EU) 2015/751 des Europäischen Parlaments und des Rates vom 29. April 2015 über Interbankenentgelte für kartengebundene Zahlungsvorgänge, Abl. EU v. 19.05.2015, L 123/1; vgl. auch KOM, Vorschlag für eine Verordnung des Europäischen Parlaments und des Rates über Interbankenentgelte für kartengebundene Zahlungsvorgänge v. 24.07.2013, COM(2013) 550 final, online abrufbar unter: http://eur-lex.europa.eu/legal-content/ DE/TXT/PDF/?uri=CELEX:52013PC0550&from=EN. Weitere Informationen sind online unter http://ec.europa.eu/competition/sectors/financial_services/payments_en.html abrufbar. Vgl. auch noch KOM, Grünbuch v. 11.01.2012, Ein integrierter europäischer Markt für Karten-, Internet- und mobile Zahlungen, COM(2011) 941 final, abrufbar unter: http://eur-lex.europa.eu/legal-content/DE/TXT/PDF/?uri=CELEX:52011DC0941&from=EN; VO (EG) 924/2009 des Europäischen Parlaments und des Rates vom 16. September 2009 über grenzüberschreitende Zahlungen in der Gemeinschaft und zur Aufhebung der Verordnung (EG) Nr. 2560/2001, ABl. EG 09.10.2009, L 266/11, S. 12, Erw. 11; *Wittenberg/Buermeyer*, 0,3 Prozent Interchange, cards 2014, Heft 1, S. 16 ff.; *Schmidt-Kessel/Herden*, Neues aus Brüssel, GPR 2014, 120.

1123 Art. 80 des dänischen Gesetzes über Zahlungsdienste und elektronisches Geld (Konsolidierungsgesetz Nr. 365 v. 26. April 2011) enthält eine indirekte Regelung

Die Verordnung über Interbankenentgelte zielt auf die Festlegung einer Höchstgrenze der MIF für alle (grenzüberschreitenden und inländischen) Zahlungskartentransaktionen am PoS ab.[1124] Dem Inhalt nach entsprechen die diesbezüglichen Regelungen der Verordnung weitestgehend der bisherigen Entscheidungspraxis der Kommission.[1125]

Gemäß Art. 4 S. 1 der Verordnung beträgt das Interbankenentgelt, das Zahlungsdienstleister bei *Kreditkarten*transaktionen pro Zahlungsvorgang bieten oder verlangen dürfen, höchstens 0,3 % des Transaktionswertes. Nach Art. 4 S. 2 der Verordnung können die Mitgliedstaaten für inländische Kreditkartentransaktionen eine unter diesem Wert liegende Obergrenze für das Interbankenentgelt pro Zahlungsvorgang festlegen.[1126] Artikel 3 der Verordnung enthält eine ähnliche Regelung hinsichtlich der Interbankenentgelte für *Debitkarten*transaktionen von Verbrauchern; nach dessen Abs. 1 beträgt das Interbankenentgelt, das Zahlungsdienstleister bei Debitkartentransaktionen pro Zahlungsvorgang bieten oder verlangen dürfen, höchstens 0,2 % des Transaktionswertes.

Art. 5 der Verordnung enthält ein Umgehungsverbot; für die Zwecke der Anwendung der in Art. 3 und Art. 4 genannten Obergrenzen wird jede vereinbarte

---

hinsichtlich multilateraler Interbankenentgelte für Präsenztransaktionen und sieht vor, dass von den Händlern Jahresgebühren zu entrichten sind, deren Höhe das Wirtschaftsministerium festlegt. In Polen, Ungarn, dem Vereinigten Königreich und Italien sind Rechtssetzungsverfahren eingeleitet. Überdies leiteten mehrere nationale Wettbewerbsbehörden (u.a. im Vereinigten Köngreich, in Deutschland sowie in Italien) wettbewerbsrechtliche Verfahren bzw. Schritte hinsichtlich der MIF ein. Vgl. auch KOM, Vorschlag für eine Verordnung des Europäischen Parlaments und des Rates über Interbankenentgelte für kartengebundene Zahlungsvorgänge v. 24.07.2013, COM(2013) 550 final, S. 3 u. S. 23, Erw. 7; VO (EU) 2015/751 des Europäischen Parlaments und des Rates vom 29. April 2015 über Interbankenentgelte für kartengebundene Zahlungsvorgänge, Abl. EU v. 19.05.2015, L 123/1, S. 2, Erw. 7. Vgl. in diesem Kontext ferner Art. 6 (Interbankenentgelt für grenzüberschreitende Lastschriften) und Art. 7 (Interbankenentgelt für Inlandslastschriften) der VO (EG) 924/2009 des Europäischen Parlaments und des Rates vom 16. September 2009 über grenzüberschreitende Zahlungen in der Gemeinschaft und zur Aufhebung der Verordnung (EG) Nr. 2560/2001, ABl. EG 09.10.2009, L 266/11, S. 16.

1124 Es wird davon ausgegangen, dass sich die Interbankenentgelte in Deutschland im Wege dieser Regulierung um etwa 80 % reduzieren werden; die Umsatzeinbuße beläuft sich einer Schätzung der PPI AG (Hamburg) zufolge auf etwa 250 Millionen Euro. Vgl. auch noch *Benkelberg*, cards 2015, Heft 1, 23, S. 23.

1125 Hierzu bereits oben unter Abschnitt 2,Titel 2, Untertitel 1.

1126 Die Mitgliedstaaten sollen durch die Verordnung nicht daran gehindert werden, niedrigere Obergrenzen oder Maßnahmen mit gleicher Zielsetzung oder Wirkung im nationalem Recht beizubehalten oder einzuführen, vgl. VO (EU) 2015/751 des Europäischen Parlaments und des Rates vom 29. April 2015 über Interbankenentgelte für kartengebundene Zahlungsvorgänge, Abl. EU v. 19.05.2015, L 123/1, S. 3, Erw. 14.

Vergütung, einschließlich Nettovergütungen, mit gleichem Zweck oder gleicher Wirkung wie ein Interbankenentgelt, die ein Emittent von dem Kartenzahlverfahren, dem Acquirer oder einer zwischengeschalteten Stelle in Bezug auf Zahlungsvorgänge oder damit verbundene Tätigkeiten erhält, als Teil des Interbankenentgelts behandelt.[1127] Gemäß Art. 1 Abs. 3 der Verordnung gelten diese Bestimmungen des Kapitels II (Art. 3 bis Art. 5 Verordnung) nicht für Firmenkartentransaktionen (Abs. 3, lit. a), Barabhebungen an Geldautomaten oder am Schalter eines Zahlungsdienstleisters (Abs. 3, lit. b) und Transaktionen mit Karten, die von Drei-Parteien-Kartenzahlungssystemen ausgegeben werden (Abs. 3, lit. c); sie beziehen sich mithin ausschließlich auf Transaktionen mit Verbraucherkreditkarten der Vier-Parteien-Kartenzahlungssysteme am Point of Sale.[1128] Die Höchstgrenzenregelungen der Art. 3 und Art. 4 der Verordnung gelten gemäß Art. 18 Abs. 2 der Verordnung ab dem 09. Dezember 2015;[1129] diese beiden Regelungen führen in der EU voraussichtlich zu einer Reduzierung der Interbankenentgelte für Privatkundenkarten in Höhe von etwa sechs Milliarden Euro pro Jahr.[1130]

Die Höchstgrenzen in Art. 3 und Art. 4 der Verordnung wurden auf der Basis des bereits angesprochenen Grundsatzes der Zahlungsmittelneutralität auf Händlerebene (Merchant Indifference Test) festgelegt.[1131] Die Kommission, das Europäische Parlament, der Rat wie auch eine beträchtliche wirtschaftswissenschaftliche Auffassung in der Literatur gehen davon aus, dass eine Ermittlung der Höchstgrenzen der MIF unter Zugrundelegung des MIT den Einsatz effizienter Zahlungsmittel

---

1127 Vgl. VO (EU) 2015/751 des Europäischen Parlaments und des Rates vom 29. April 2015 über Interbankenentgelte für kartengebundene Zahlungsvorgänge, Abl. EU v. 19.05.2015, L 123/1, S. 5, Erw. 31.

1128 Vergibt ein Drei-Parteien-Kartenzahlverfahren Lizenzen zur Ausgabe von kartengebundenen Zahlungsinstrumenten oder zur Annahme und Abrechnung von kartengebundenen Zahlungsvorgängen an andere Zahlungsdienstleister oder gibt es gemeinsam mit einem Co-Branding-Partner oder mittels eines Vertreters kartengebundene Zahlungsinstrumente heraus, wird es gemäß Art. 1 Abs. 5 der Verordnung über Interbankenentgelte (Abl. EU v. 19.05.2015, L 123/1, S. 8) als Vier-Parteien-Kartenzahlverfahren betrachtet.

1129 Vgl. VO (EU) 2015/751 des Europäischen Parlaments und des Rates vom 29. April 2015 über Interbankenentgelte für kartengebundene Zahlungsvorgänge, Abl. EU v. 19.05.2015, L 123/1, S. 15.

1130 Vgl. KOM, Pressemitteilung v. 10.03.2015, IP/15/4585, abrufbar unter: http://europa.eu/rapid/press-release_IP-15-4585_de.htm.

1131 Vgl. VO (EU) 2015/751 des Europäischen Parlaments und des Rates vom 29. April 2015 über Interbankenentgelte für kartengebundene Zahlungsvorgänge, Abl. EU v. 19.05.2015, L 123/1, S. 3, Erw. 20; vgl. ferner KOM, Grünbuch v. 11.01.2012, Ein integrierter europäischer Markt für Karten-, Internet- und mobile Zahlungen, COM(2011) 941 final, S. 27, abrufbar unter: http://eur-lex.europa.eu/legal-content/DE/TXT/PDF/?uri=CELEX:52011DC0941&from=EN. Im Einzelnen zum Merchant Indiffernce Test bereits oben unter Abschnitt 2, Titel 2, Untertitel 1, Kapitel 2.

und insofern von Zahlungskarten begünstigt.[1132] Im Hintergrund dieser Sichtweise steht das Argument, dass sich auf diesem Wege „unverhältnismäßig hohe Händlerentgelte" und mit diesen verbundene höhere Kosten für die Verbraucher vermeiden ließen.[1133] So könnten Vertragsunternehmen aus Furcht vor Umsatzeinbußen davon absehen, die Annahme von Zahlungsmitteln, die mit höheren Kosten verbunden sind, zu verweigern.[1134]

Untertitel 5. Zusammenfassung

Multilaterale Interbankenentgelte stehen seit längerer Zeit im Fokus der Wettbewerbshüter. Sowohl auf europäischer Ebene als auch seitens staatlicher Kartellbehörden wurde gegen MIF-Regelungen in den Systemen von MasterCard und Visa eingeschritten.

Obwohl sich Uneinigkeiten hinsichtlich bestimmter Detailfragen und sich Unterschiede in der Argumentation ausmachen lassen, ergeben sich doch gewisse Grundmuster, diverse Ähnlichkeiten und Berührungspunkte der Regulierungsbestrebungen bezüglich multilateraler Interbankenentgelte in der Kreditkartenbranche. Der aktuelle Stand der Regulierung lässt sich wie folgt zusammenfassen:

1. Verhaltensabstimmung

Die multilaterale Festlegung der Interbankenentgelte (in der Kreditkartenbranche) wird überwiegend als Verhaltensabstimmung im Sinne des Kartellrechts angesehen; teils wird der MIF-Abrede explizit ein horizontaler Charakter beigemessen.

1132 Vgl. KOM, Vorschlag für eine Verordnung des Europäischen Parlaments und des Rates über Interbankenentgelte für kartengebundene Zahlungsvorgänge v. 24.07.2013, COM(2013) 550 final, Erw. 19; vgl. ferner *Almunia*, CLEARIT, September 2010, Ausgabe 45, S. 10.

1133 Vgl. KOM, Vorschlag für eine Verordnung des Europäischen Parlaments und des Rates über Interbankenentgelte für kartengebundene Zahlungsvorgänge v. 24.07.2013, COM(2013) 550 final, Erw. 19; vgl. ferner *Almunia*, CLEARIT, September 2010, Ausgabe 45, S. 10.

1134 Vgl. KOM, Vorschlag für eine Verordnung des Europäischen Parlaments und des Rates über Interbankenentgelte für kartengebundene Zahlungsvorgänge v. 24.07.2013, COM(2013) 550 final, Erw. 19; vgl. in diesem Kontext auch noch KOM, Entscheidung v. 24.07.2002, COMP/29.373 – Visa International II – Multilateral Interchange Fee, ABl. EG v. 22.11.2002, L 318/17, S. 30, Rn. 80; EuG, Entscheidung v. 24.05.2012, Rs. T-111/08 – MasterCard, Rn. 158, online abrufbar unter: http://curia.europa.eu/juris/document/document.jsf?text=&docid=123081&pageIndex=0&doclang=en&mode=lst&dir=&occ=first&part=1&cid=612511.

2. Wettbewerbsbeschränkung

Es wird vom Vorliegen einer Wettbewerbsbeschränkung ausgegangen. Seitens der meisten Regulierungsbehörden wird eine Beschränkung im Acquiring-Bereich bejaht. Teils wird – wie etwa in der Schweiz – auch eine Beschränkung im Issuing-Bereich als gegeben angesehen.

3. Freistellung

Die multilaterale Festlegung der Interbankenentgelte wird einer kartellrechtlichen Rechtfertigung bzw. Freistellung grundsätzlich als zugänglich erachtet.

a) Die Existenz einer MIF kann – nach herrschender Auffassung – mit Effizienzgewinnen einhergehen. Ein solcher Vorteil wird teils in der Schaffung eines Ausgleichs zwischen den Kosten und Einnahmen der Issuer und der Acquirer des jeweiligen Systems gesehen. Teils werden Interbankenentgelte als Entgelte angesehen, die seitens Vertragsunternehmen bzw. Acquirern an die Issuer entrichtet werden; einige Dienstleistungen der Emittenten kämen nicht bloß den Karteninhabern, sondern auch den Teilnehmern des Acquiring-Bereichs zugute.
b) Überwiegend wurde eine Freistellung der MIF nur im Falle einer Absenkung der Höhe der MIF unter Implementierung einer Höchstgrenze befürwortet. Eine Rechtfertigung der MIF komme in Betracht, sofern die Festlegung der MIF auf einem objektivierten und transparenten Verfahren basiere. Ohne ein solches Verfahren würde die MIF (regelmäßig) auf einem unverhältnismäßigen und überhöhten Niveau angesiedelt. Hierdurch würden sowohl die Nutzer der Zahlungskartendienstleistungen als auch die Gesellschaft über Gebühr belastet. Eine überhöhte MIF diene insbesondere als Instrument zur Erwirtschaftung zusätzlicher Gewinne der Emittenten.
c) Die Einzelheiten der Bemessung der Höchstgrenze der MIF und der methodische Ansatz werden unterschiedlich beurteilt:

    aa) Einer – früher präferierten – Sichtweise zufolge stellt ein Interbankenentgelt ein Leistungsentgelt für jene Leistungen der Emittenten dar, die (zumindest mittelbar auch) den Acquirern bzw. Vertragsunternehmen zugutekommen. Die Berechnung der MIF ist dieser Ansicht zufolge auf der Basis bestimmter Kosten der Emittenten vorzunehmen. Soweit ersichtlich wurde nur eine Einbeziehung der zum Systembetrieb notwendigen und systeminhärenten Kosten als zulässig angesehen. Welche konkreten Kostenposten insofern einzubeziehen sind, ist im Einzelnen streitig. Zumeist werden nur Kostenposten berücksichtigt, die seitens der Emittenten (zumindest mittelbar) den Vertragsunternehmen zum Vorteil gereichen. Überwiegend wurden insofern die Bearbeitungskosten sowie die Kosten der Zahlungsgarantie, nicht jedoch die Kosten für die Gewährung einer zinsfreien Periode, für Kreditausfälle und für Zusatzleistungen als berücksichtigungsfähig angesehen. Dieser (kostenbasierte) Ansatz wurde der Visa International II-Entscheidung der Kommission sowie der Gebührenregulierung in Australien zugrunde gelegt.

bb) Bereits der methodische Unterschied der Analyse der Kommission im Rahmen der Sektorenuntersuchung offenbarte eine erste Abkehr von dem Ansatz, die Interbankenentgelte als Leistungsentgelt zu verstehen. Diese Entwicklung setzte sich in der MasterCard-Entscheidung fort. Gemäß der dort präferierten Sichtweise ist die Festlegung der MIF auf der Grundlage des Merchant Indifference Test (MIT) vorzunehmen. Dieses, auch als Tourist Test bezeichnete Verfahren fungiert seit der MasterCard-Entscheidung als Basis zur Bewertung der MIF durch die Kommission. Es handelt sich um die derzeit vorherrschend vertretene Auffassung. Der MIT wird in Erwägungsgrund 20 der Verordnung des Europäischen Parlaments und des Rates über Interbankenentgelte für kartengebundene Zahlungsvorgänge explizit als Bemessungsgrundlage genannt.[1135]

Die Kommission sieht – auf der Basis provisorischer Berechnungen unter Zugrundelegung des MIT – für Kreditkarten einen Wert von 0,3 % des Transaktionsbetrages als maximal zulässige Höchstgrenze für die durchschnittliche MIF an. Im Wege des MIT wird untersucht, welche Entgelte ein Vertragsunternehmen entrichten würde, wenn die Kosten der Kartennutzung mit den Kosten kartenloser (Bar-)Zahlungen verglichen werden; hierbei wird auch der Anteil des Händlerentgelts berücksichtigt, der über das Interbankenentgelt hinausgeht. Auf diese Weise soll derjenige MIF-Wert ermittelt werden, bei dem es für ein Vertragsunternehmen unerheblich ist, ob am PoS Kreditkarten oder kartenlose (Bar-)Zahlungsmittel eingesetzt werden.

Titel 3. Die Tatbestandsvoraussetzungen des Art. 101 Abs. 1 AEUV

Es gilt zu klären, ob die Erhebung und Festsetzung multilateraler Interbankenentgelte, die im Falle des Kreditkarteneinsatzes am Point of Sale als Zahlungsmittel seitens der Acquirer an die Emittenten abzuführen sind, in Einklang mit dem geltenden Kartellrecht stehen und zu eruieren, ob und inwiefern den vorbenannten Entscheidungen (insbesondere im Wege einer Regulierung der Höhe der MIF) zuzustimmen ist.

Gemäß Art. 101 Abs. 1 AEUV sind alle Vereinbarungen zwischen Unternehmen, Beschlüsse von Unternehmensvereinigungen und aufeinander abgestimmte Verhaltensweisen, die den Handel zwischen Mitgliedstaaten zu beeinträchtigen geeignet sind und eine Verhinderung, Einschränkung oder Verfälschung des

---

1135 Vgl. VO (EU) 2015/751 des Europäischen Parlaments und des Rates vom 29. April 2015 über Interbankenentgelte für kartengebundene Zahlungsvorgänge, Abl. EU v. 19.05.2015, L 123/1, S. 3, Erw. 20.

Wettbewerbs innerhalb des Binnenmarkts bezwecken oder bewirken, mit dem Binnenmarkt unvereinbar und verboten. Als Regelfälle einer solchen, Art. 101 Abs. 1 AEUV unterfallenden Absprache werden die unmittelbare oder mittelbare Festsetzung der An- oder Verkaufspreise oder sonstiger Geschäftsbedingungen (lit. a), die Einschränkung oder Kontrolle der Erzeugung, des Absatzes, der technischen Entwicklung oder der Investitionen (lit. b), die Aufteilung der Märkte oder Versorgungsquellen (lit. c), die Anwendung unterschiedlicher Bedingungen bei gleichwertigen Leistungen gegenüber Handelspartnern, wodurch diese im Wettbewerb benachteiligt werden (lit. d) sowie die an den Abschluss von Verträgen geknüpfte Bedingung, dass die Vertragspartner zusätzliche Leistungen annehmen, die weder sachlich noch nach Handelsbrauch in Beziehung zum Vertragsgegenstand stehen (lit e) aufgeführt.

Untertitel 1. Verhaltensabstimmung im Sinne von Art. 101 Abs. 1 AEUV

Zunächst müsste eine Verhaltensabstimmung im Sinne des Art. 101 Abs. 1 AEUV vorliegen. Die Begriffe der „Vereinbarungen zwischen Unternehmen", „Beschlüsse von Unternehmensvereinigungen" und „aufeinander abgestimmte Verhaltensweisen" sind unter Berücksichtigung der auf die Freiheit des Wettbewerbs gerichteten Zielsetzung des Kartellrechts auszulegen.[1136]

Die genannten Begriffe sollen nach dem Sinn und Zweck des Art. 101 AEUV jedwede Art der Kollusion erfassen; lediglich das Ausmaß und die Erscheinungsform sind unterschiedlich.[1137] In sämtlichen Fällen handelt es sich um eine Verhaltensabstimmung; das Vorliegen einer solchen setzt zumindest äquivalente Willensbekundungen voraus.[1138] Die Auflistung der Begriffe soll gewährleisten, dass sämtliche

---

1136 Vgl. auch noch *Emmerich*, in: Immenga/Mestmäcker, Wettbewerbsrecht, Bd. 1 EG/1, 5. Aufl., 2012, Art. 101 Abs. 1 AEUV, Rn. 105 ff.

1137 Vgl. EuGH, Urteil v. 08.07.1999, Rs. C-49/92 P – Anic Partecipazioni, Slg. 1999, I-4125, I-4205, Rn. 131; EuGH, Urteil v. 23.11.2006, Rs. C-238/05 – Asnef-Equifax, Slg. 2006 I-11125, I-11156, Rn. 32; EuGH, Urteil v. 04.06.2009, Rs. C-8/08 – T-Mobile Netherlands u.a., Slg. 2009, I-4529, Rn. 23. Die Begriffe sind mithin nicht mit dem Begriff des Vertrages i.S.d. Zivilrechts identisch; von Art. 101 AEUV werden mitunter auch rechtlich unverbindliche Absprachen erfasst, vgl. EuG, Urteil v. 26.10.2000, Rs. T-41/96 – Bayer, Slg. 2000, II-3383, II-3409, Rn. 68; KOM, Entscheidung v. 02.04.2003, COMP/C.38.279/F3 – Viandes bovines françaises, ABl. EU v. 19.08.2003, L 209/12, S. 32, Rn. 121; *Paschke*, in: MüKo, EU-WettbewR, 2. Aufl., 2015, Art. 101 AEUV, Rn. 6 ff.

1138 Vgl. EuGH, Urteil v. 06.01.2004, Rs. C-2/01 P u. C-3/01 P – Bundesverband der Arzneimittel-Importeure, Slg. 2004, I-23, I-104, Rn. 97 u. I-105, Rn. 102; KOM, Leitlinien zur Anwendung von Artikel 101 Absatz 3 AEUV, ABl. EU v. 27.04.2004, C 101/97, S. 98, Rn. 15; *Emmerich*, in: Immenga/Mestmäcker, Wettbewerbsrecht, Bd. 1 EG/1, 5. Aufl., 2012, Art. 101 Abs. 1 AEUV, Rn. 55.

Arten der Zusammenarbeit zwischen Unternehmen dem Kartellverbot unterliegen und Umgehungsgestaltungen unterbinden; die formale Ausgestaltung der Kooperation ist unerheblich.[1139]

Vorliegend kommt insbesondere das Vorliegen einer Vereinbarung zwischen Unternehmen bzw. eines Beschlusses einer Unternehmensvereinigung in Betracht. Unter einer Vereinbarung versteht man eine Willensübereinstimmung von Unternehmen mit zumindest faktischer Bindungswirkung.[1140] Die Begriffe „Beschlüsse von Unternehmensvereinigungen" sollen Verhaltensweisen abseits unmittelbarer Verhaltensabstimmungen erfassen und ein Verhalten von Unternehmen unterbinden, welches darauf ausgerichtet ist, sich den Kräften des Wettbewerbs zu entziehen.[1141] Unter dem Beschluss einer Unternehmensvereinigung versteht man jeden (körperschaftlichen) Rechtsakt, mit dem ein Verband seinen Willen bildet.[1142] Der Begriff der Unternehmensvereinigung umfasst sämtliche Zusammenschlüsse von Unternehmen zu einem Verband, der die Interessen und Belange seiner Mitglieder wahrnehmen soll.[1143] Insofern werden vom Kartellverbot auch institutionalisierte Formen der Zusammenarbeit erfasst, wie beispielsweise eine Kooperation unter Zuhilfenahme einer (ausgelagerten) Institution, einer gemeinsamen Struktur bzw. eines kollektiven Organs.[1144] Dies gilt freilich nur, sofern die kooperative Tätigkeit den Zielen des Art. 101 AEUV zuwiderläuft.[1145]

1139 Vgl. EuGH, Urteil v. 14.07.1972, Rs. C 48/69 – Imperial Chemical Industries, Slg. 1972, 619, 658, Rn. 64/67; EuGH, Urteil v. 08.07.1999, Rs. C-49/92 P – Anic Partecipazioni, Slg. 1999, I-4125, I-4201, Rn. 112, EuGH, Urteil v. 23.11.2006, Rs. C-238/05 – Asnef-Equifax, Slg. 2006 I-11125, I-11156, Rn. 32; vgl. auch *Berg/Mudrony*, in: Berg/Mäsch, 3. Aufl., 2018, Art. 101 AEUV, Rn. 59; *Emmerich*, in: Immenga/Mestmäcker, Wettbewerbsrecht, Bd. 1 EG/1, 5. Aufl., 2012, Art. 101 Abs. 1 AEUV, Rn. 55.

1140 Vgl. *Berg/Mudrony*, in: Berg/Mäsch, 3. Aufl., 2018, § 1 GWB, Rn. 49 ff.; *Emmerich*, in: Immenga/Mestmäcker, Wettbewerbsrecht, Bd. 1 EG/1, 5. Aufl., 2012, Art. 101 Abs. 1 AEUV, Rn. 60 f.

1141 Vgl. EuGH, Urteil vom 19.02.2002, Rs. C-309/99 – Wouters, Slg. 2002, I-1577, I-1582, Rn. 62; EuG, Urteil v. 24.05.2012, Rs. T-111/08 – MasterCard, Rn. 243; vgl. auch *Diederichsen/Faber*, Anmerkung zu EuG, T-111/08, GWR 2012, 443.

1142 Vgl. *Paschke*, in: MüKo, EU-WettbewR, 2. Aufl., 2015, Art. 101 AEUV, Rn. 51.

1143 Vgl. *Paschke*, in: MüKo, EU-WettbewR, 2. Aufl., 2015, Art. 101 AEUV, Rn. 48.

1144 Vgl. auch EuGH, Urteil v. 15.05.1975, Rs. C-71/74 – Nederlandse Vereniging voor de fruit- en groentenimporthandel, Slg. 1975, 563, 583 a.E. f., Rn. 30/31; EuGH, Urteil v. 29.10.1980, Rs. C-209/78 bis 215/78 u. 218/78 – van Landewyck, Slg. 1980, 3125, 3250, Rn. 88; EuGH, Urteil vom 19.02.2002, Rs. C-309/99 – Wouters, Slg. 2002, I-1577, I-1582, Rn. 62; EuGH, Urteil v. 02.10.2003, Rs. C-179/99 P – Eurofer, Slg. 2003, I-10725, I-10749, Rn. 23.

1145 Vgl. EuG, Urteil v. 26.01.2005, Rs. T-193/02 – Piau, Slg. 2005, II-209, II-239, Rn. 72; EuGH, Urteil v. 15.05.1975, Rs. C-71/74 – Nederlandse Vereniging voor de fruit- en groentenimporthandel, Slg. 1975, 563, 583 a.E. f., Rn. 30/31 *Emmerich*, in: Immenga/Mestmäcker, Wettbewerbsrecht, Bd. 1 EG/1, 5. Aufl., 2012, Art. 101 Abs. 1 AEUV, Rn. 77.

Kapitel 1. Die intraregionalen MIF in den Kreditkartensystemen von MasterCard und Visa

Es erscheint fraglich, ob in Bezug auf die intraregionalen MIF in den Kreditkartensystemen von MasterCard und Visa das Tatbestandsmerkmal der Verhaltensabstimmung gegeben ist.

Unterkapitel 1. Die intraregionalen MIF im Kreditkartensystem von MasterCard

Die Zahlungsorganisation MasterCard wird seitens MasterCard Incorporated, MasterCard International Incorporated und MasterCard Europe vertreten. Die multilateralen Interbankenentgelte des MasterCard-Systems finden ihre Grundlage in der Satzung wie auch den (Netz-)Regeln von MasterCard Incorporated und von MasterCard International Incorporated sowie dem Handbuch über Interbankenentgelte und Servicegebühren (Interchange and Service Fees Manual).[1146] MasterCard sowie deren Mitglieder üben eine wirtschaftliche Tätigkeit aus; es handelt sich um Unternehmen im Sinne des Art. 101 Abs. 1 AEUV.

Im Wege des Börsenganges von MasterCard Incorporated vom 25. Mai 2006 wurden die Unternehmensstruktur wie auch die Beteiligungsstruktur verändert. Seitens MasterCard wurde daher vertreten, dass MasterCard Incorporated nach dem Börsengang „nicht mehr als Unternehmensvereinigung, sondern als unabhängiges Unternehmen anzusehen sei, das seine eigenen Geschäftsinteressen zum Nutzen seiner Aktionäre verfolge, die von den Interessen seiner Kunden zu trennen seien."[1147]

Dies steht indes nicht per se dem Vorliegen des Beschlusses einer Unternehmensvereinigung entgegen. Wie bereits ausgeführt wurde, ist die Form der Zusammenarbeit für die Anwendbarkeit des Art. 101 AEUV nicht ausschlaggebend. Maßgeblich ist insofern insbesondere, dass der Beschluss des Gremiums der Koordination des Verhaltens der Mitglieder dient und die Entscheidungen des Gremiums für sämtliche Mitglieder verbindlich sind.[1148] Das Vorliegen eines

---

1146 Vgl. auch noch KOM, Entscheidung v. 19.12.2007 in den Sachen COMP/34.579 – MasterCard, COMP/36.518 – EuroCommerce u. COMP/38.580 – Commercial Cards, Rn. 1 u. Rn. 119; vgl. ferner WEKO, Verfügung v. 05.12.2005, RPW 2006/1, 65, S. 68, Rn. 1 und S. 73, Rn. 37 (zu den „Swiss Domestic Rules").

1147 Vgl. KOM, Entscheidung v. 19.12.2007 in den Sachen COMP/34.579 – MasterCard, COMP/36.518 – EuroCommerce u. COMP/38.580 – Commercial Cards, Rn. 332; vgl. auch EuG, Entscheidung v. 24.05.2012, Rs. T-111/08 – MasterCard, Rn. 238 f.; EuGH, Entscheidung v. 11.09.2014, Rs. C-382/12 P – MasterCard, Rn. 49 ff.

1148 Vgl. EuGH, Urteil v. 29.10.1980, Rs. C-209/78 bis 215/78 u. 218/78 – van Landewyck, Slg. 1980, 3125, 3250 f., Rn. 88 f.; KOM, Entscheidung v. 19.12.2007 in den Sachen COMP/34.579 – MasterCard, COMP/36.518 – EuroCommerce u. COMP/38.580 – Commercial Cards, Rn. 368. In einem solchen Falle erfüllt selbst eine Empfehlung ohne verbindlichen Charakter dieses Tatbestandsmerkmal des Art. 101 Abs. 1

Interessengleichlaufs bildet ebenfalls ein maßgebendes Merkmal einer Unternehmensvereinigung.[1149] Vor dem 25. Mai 2006 waren die Banken die Inhaber der Zahlungsorganisation MasterCard wie auch der zugehörigen (unter anderem auch die Festlegung der MIF betreffenden) Stimmrechte. Seitens MasterCard wurde nicht bestritten, dass es sich bis zu diesem Zeitpunkt um eine Unternehmensvereinigung handelte.[1150]

Die systemzugehörigen Kreditinstitute blieben nach dem Börsengang Mitglieder von MasterCard[1151] und es bestand auch weiterhin die Möglichkeit, die Mitgliedschaft zu erwerben, ohne zugleich Aktionär zu werden.[1152] Seit dem Börsengang obliegt die Festsetzung der intraregionalen Interbankenentgelte MasterCard Incorporated.[1153] Die Festlegung der MIF erfolgt seither durch das Global Board.[1154] Die Systemmitglieder von MasterCard sind nicht (mehr) unmittelbar an der Festlegung der intraregionalen MIF beteiligt.[1155] Die Beschlüsse des Global Boards sind allerdings für die Mitglieder verbindlich.[1156]

Die Festlegung der MIF nach dem Börsengang erfolgte – auch nach dem Börsengang – in Einklang mit den Interessen der systemangeschlossenen Issuer und

---

AEUV, vgl. EuGH, Urteil v. 27.01.1987, Rs. 45/85 – Verband der Sachversicherer, Slg. 1987, 405, 455, Rn. 32; *Emmerich*, in: Immenga/Mestmäcker, Wettbewerbsrecht, Bd. 1 EG/1, 5. Aufl., 2012, Art. 101 Abs. 1 AEUV, Rn. 75 u. Rn. 78 ff.

1149 Vgl. EuGH, Urteil v. 27.01.1987, Rs. 45/85 – Verband der Sachversicherer, Slg. 1987, 405, 454, Rn. 29; vgl. im vorliegenden Kontext auch noch EuG, Urteil v. 24.05.2012, Rs. T-111/08 – MasterCard, Rn. 252.

1150 Vgl. KOM, Entscheidung v. 19.12.2007 in den Sachen COMP/34.579 – MasterCard, COMP/36.518 – EuroCommerce u. COMP/38.580 – Commercial Cards, Rn. 349. Dies wurde auch nicht im späteren Verfahrensverlauf in Abrede gestellt; es wurde „lediglich" geltend gemacht, dass die Kommission „die durch den Börsengang eingeführten Änderungen in der Struktur und Leitung von MasterCard unberücksichtigt gelassen habe", vgl. EuG, Entscheidung v. 24.05.2012, Rs. T-111/08 – MasterCard, Rn. 238.

1151 Vgl. KOM, Entscheidung v. 19.12.2007 in den Sachen COMP/34.579 – MasterCard, COMP/36.518 – EuroCommerce u. COMP/38.580 – Commercial Cards, Rn. 345 u. Rn. 351.

1152 Vgl. KOM, Entscheidung v. 19.12.2007 in den Sachen COMP/34.579 – MasterCard, COMP/36.518 – EuroCommerce u. COMP/38.580 – Commercial Cards, Rn. 356.

1153 Vgl. nur KOM, Entscheidung v. 19.12.2007 in den Sachen COMP/34.579 – MasterCard, COMP/36.518 – EuroCommerce u. COMP/38.580 – Commercial Cards, Rn. 754.

1154 Vgl. KOM, Entscheidung v. 19.12.2007 in den Sachen COMP/34.579 – MasterCard, COMP/36.518 – EuroCommerce u. COMP/38.580 – Commercial Cards, Rn. 56 u. Rn. 352.

1155 Vgl. EuG, Urteil v. 24.05.2012, Rs. T-111/08 – MasterCard, Rn. 245.

1156 Vgl. KOM, Entscheidung v. 19.12.2007 in den Sachen COMP/34.579 – MasterCard, COMP/36.518 – EuroCommerce u. COMP/38.580 – Commercial Cards, Rn. 56 u. Rn. 352.

Acquirer. Für die Kartenorganisation und die Issuer führt die Festlegung der MIF auf hohem Niveau zu (Mehr-)Einnahmen. Für die Issuer stellt die MIF eine unmittelbare Einnahmequelle dar. Aber auch die Kreditkartenorganisationen profitieren von einer hohen MIF.[1157] Sie erheben ihrerseits transaktionsvolumenabhängige Mitgliedsbeiträge.[1158] Die Höhe der mittels der systemzugehörigen Karten generierten Umsätze hängt wiederum davon ab, dass die Issuer geneigt sind, die Karten des jeweiligen Systems auszugeben und hierdurch die notwendige Karteninfrastruktur als Basis hoher Transaktionszahlen schaffen.[1159] Die Emittenten forcieren und lancieren grundsätzlich die Ausgabe jener Karten, die ihnen die besten Einnahmemöglichkeiten liefern.[1160] In Anbetracht dessen ist davon auszugehen, dass die Interessen der Kartenorganisationen, die Interessen von deren Anteilseignern und die Interessen der systemzugehörigen Emittenten insofern gleichgerichtet sind.[1161] Selbst den Acquirern kommt eine multilaterale Festlegung der MIF zugute, zumal ein Mindestpreis geschaffen wird, der an die Vertragsunternehmen durchgereicht werden kann.[1162] Bei der Festlegung der Höhe der multilateralen Interbankenentgelte werden durchaus die „konkrete[n] Interessen der Banken berücksichtigt."[1163]

1157 Vgl. KOM, Entscheidung v. 19.12.2007 in den Sachen COMP/34.579 – MasterCard, COMP/36.518 – EuroCommerce u. COMP/38.580 – Commercial Cards, Rn. 461 bis Rn. 498; vgl. auch EuG, Urteil v. 24.05.2012, Rs. T-111/08 – MasterCard, Rn. 255; *Rochet/Tirole*, An Economic Analysis of the Determination of Interchange Fees, Rev. Netw. Econ., 2003, Vol. 2, Iss. 2, 69, 75.

1158 Vgl. EuG, Urteil v. 24.05.2012, Rs. T-111/08 – MasterCard, Rn. 255. KOM, Entscheidung v. 19.12.2007 in den Sachen COMP/34.579 – MasterCard, COMP/36.518 – EuroCommerce u. COMP/38.580 – Commercial Cards, Rn. 386; vgl. ferner KOM, Arbeitsdokument v. 31.01.2007, Untersuchung des Retail-Bankgeschäfts (Abschlussbericht), COM(2007) 33 final, SEC(2007) 106, S. 135 ff.

1159 Vgl. EuG, Urteil v. 24.05.2012, Rs. T-111/08 – MasterCard, Rn. 255.

1160 Vgl. EuG, Urteil v. 24.05.2012, Rs. T-111/08 – MasterCard, Rn. 255.

1161 Vgl. EuG, Urteil v. 24.05.2012, Rs. T-111/08 – MasterCard, Rn. 258.

1162 Vgl. KOM, Entscheidung v. 19.12.2007 in den Sachen COMP/34.579 – MasterCard, COMP/36.518 – EuroCommerce u. COMP/38.580 – Commercial Cards, Rn. 383; EuG, Urteil v. 24.05.2012, Rs. T-111/08 – MasterCard, Rn. 253.

1163 Die entsprechende, die Festsetzung der intraregionalen MIF im MasterCard-System betreffende Feststellung der Kommission in den Rechtssachen MasterCard et. al (KOM, Entscheidung v. 19.12.2007 in den Sachen COMP/34.579 – MasterCard, COMP/36.518 – EuroCommerce u. COMP/38.580 – Commercial Cards, Rn. 389) wurde weder seitens MasterCard Incorporated noch seitens MasterCard International Incorporated oder MasterCard Europe im Klageverfahren gegen diese Kommissionsentscheidung bestritten, siehe EuGH, Entscheidung v. 11.09.2014, Rs. C-382/12 P – MasterCard, Rn. 256; vgl. ferner EuGH, Entscheidung v. 11.09.2014, Rs. C-382/12 P – MasterCard, Rn. 71; *Rochet/Tirole*, An Economic Analysis of the Determination of Interchange Fees, Rev. Netw. Econ., 2003, Vol. 2, Iss. 2, 69, 75.

Zwischen der Zahlungsorganisation MasterCard und den Systemmitgliedern ist hinsichtlich der Festlegung der MIF also eine Interessengleichrichtung gegeben.[1164]

Die Änderung der Unternehmensstruktur erfolgte mit dem Einverständnis der Mitglieder; eine Zustimmung zum Börsengang erfolgte seitens der europäischen Mitglieder insbesondere erst nachdem sichergestellt war, dass das Europa-Board seine bedeutsamsten Befugnisse behielt.[1165] Die Banken behielten in der Zeit nach dem Börsengang Entscheidungsbefugnisse bezüglich wesentlicher Fragen; sie waren weiterhin für die Unternehmensführung in Europa zuständig.[1166] Lediglich einzelne Aspekte, insbesondere die Beschlussfassung hinsichtlich der MIF, wurden auf das Global Board von MasterCard Incorporated übertragen.[1167] Eine solche Aufspaltung der Entscheidungsbefugnisse wäre ohne eine Interessengleichrichtung schwerlich möglich gewesen. In Anbetracht der Interessengleichrichtung konnten die beteiligten Banken die Festsetzung der MIF auf das Global Board übertragen, aber sonstige bedeutsame Befugnisse behalten[1168] Den Banken war hierbei bewusst, dass eine Festlegung der MIF weiterhin in Einklang mit ihren Interessen erfolgen würde.[1169] Die Aufrechterhaltung bedeutsamer Befugnisse der Banken einerseits und das Vorliegen einer Interessengemeinschaft andererseits sprechen demnach ebenfalls für das Vorliegen einer Unternehmensvereinigung[1170]

1164 Vgl. KOM, Entscheidung v. 19.12.2007 in den Sachen COMP/34.579 – MasterCard, COMP/36.518 – EuroCommerce u. COMP/38.580 – Commercial Cards, Rn. 482; EuG, Urteil v. 24.05.2012, Rs. T-111/08 – MasterCard, Rn. 250, Rn. 252 u. Rn. 258; EuGH, Entscheidung v. 11.09.2014, Rs. C-382/12 P – MasterCard, Rn. 71.

1165 Vgl. KOM, Entscheidung v. 19.12.2007 in den Sachen COMP/34.579 – MasterCard, COMP/36.518 – EuroCommerce u. COMP/38.580 – Commercial Cards, Rn. 354; vgl. ferner EuG, Urteil v. 24.05.2012, Rs. T-111/08 – MasterCard, Rn. 247 f. Eine Übernahme der Aufgaben des Europa-Boards durch den Global Board bedarf auch nach dem Börsengang einer Zustimmung der europäischen Banken, vgl. KOM, Entscheidung v. 19.12.2007 in den Sachen COMP/34.579 – MasterCard, COMP/36.518 – EuroCommerce u. COMP/38.580 – Commercial Cards, Rn. 55.

1166 Vgl. KOM, Entscheidung v. 19.12.2007 in den Sachen COMP/34.579 – MasterCard, COMP/36.518 – EuroCommerce u. COMP/38.580 – Commercial Cards, Rn. 50 ff., Rn. 359 ff. sowie Rn. 482; vgl. ferner EuG, Urteil v. 24.05.2012, Rs. T-111/08 – MasterCard, Rn. 245 u. Rn. 249. Siehe hierzu auch KOM, Entscheidung v. 19.12.2007 in den Sachen COMP/34.579 – MasterCard, COMP/36.518 – EuroCommerce u. COMP/38.580 – Commercial Cards, Rn. 60: „Nach den Regeln von MasterCard sind [bestimmte] Mitglieder [...] befugt, Standard-Regeln zu vereinbaren, die für alle inländischen Transaktionen, einschließlich Transaktionen, bei denen ausländische Mitglieder das Acquiring durchführen, gelten."

1167 Vgl. KOM, Entscheidung v. 19.12.2007 in den Sachen COMP/34.579 – MasterCard, COMP/36.518 – EuroCommerce u. COMP/38.580 – Commercial Cards, Rn. 357 u. Rn. 362 ff.; vgl. auch EuGH, Entscheidung v. 11.09.2014, Rs. C-382/12 P – MasterCard, Rn. 56.

1168 Vgl. EuGH, Entscheidung v. 11.09.2014, Rs. C-382/12 P – MasterCard, Rn. 69.

1169 Vgl. auch EuGH, Entscheidung v. 11.09.2014, Rs. C-382/12 P – MasterCard, Rn. 76.

1170 Vgl. EuGH, Entscheidung v. 11.09.2014, Rs. C-382/12 P – MasterCard, Rn. 72.

Eine hinreichend „institutionalisierte Form der Verhaltensabstimmung" zwischen den Mitgliedern ist demnach gegeben.[1171] Entgegen der Auffassung von MasterCard[1172] steht der Börsengang vom 25. Mai 2006 von MasterCard Incorporated einer Anwendbarkeit des Kartellverbotstatbestandes nicht entgegen.[1173] Die bloß formale Ausgliederung der Festlegung der MIF an ein Gremium der Kartenorganisation vermochte nicht die Anwendbarkeit der kartellrechtlichen Regelungen auszuschließen.[1174] Die Bestimmungen des Mastercard-Systems in Bezug auf die MIF, die entsprechenden Netzregeln bzw. das Prozedere der Festlegung der Entgelte basieren (auch nach dem Börsengang) auf dem Beschluss einer Unternehmensvereinigung.[1175]

1171 Vgl. EuG, Urteil v. 24.05.2012, Rs. T-111/08 – MasterCard, Rn. 259.

1172 Vgl. MasterCard, Klage (eingereicht am 01.03.2008), Rs. T-111/08 – MasterCard u.a./ Kommission, ABl. EU v. 09.05.2008, C 116/2, abrufbar unter: http://eur-lex.europa.eu/legal-content/de/TXT/PDF/?uri=uriserv%3AOJ.C_.2008.116.01.0026.01.DEU (vgl. hierzu auch EuG, Urteil v. 24.05.2012, Rs. T-111/08 – MasterCard, Rn. 238 ff. (dritter Klagegrund: „Verstoß gegen Art. 81 Abs. 1 EG wegen fehlerhafter Einstufung der Zahlungsorganisation MasterCard als Unternehmensvereinigung")) sowie MasterCard, Rechtsmittel (eingelegt am 06.08.2012), Rs. C-382/12 P – Mastercard, Inc. u.a./Europäische Kommission, ABl. EU v. 20.10.2012, C 319/4, abrufbar unter: http://eur-lex.europa.eu/legal-content/de/TXT/PDF/?uri=uriserv%3AOJ.C_.2012.319.01.0004.01.DEU (vgl. hierzu auch EuGH, Entscheidung v. 11.09.2014, Rs. C-382/12 P – MasterCard, Rn. 48 ff. (zweiter Rechtsmittelgrund: „die Beurteilung der Frage, ob MasterCard eine Unternehmensvereinigung ist, [ist] rechtsfehlerhaft bzw. unzureichend begründet")).

1173 Vgl. auch KOM, Entscheidung v. 19.12.2007 in den Sachen COMP/34.579 – MasterCard, COMP/36.518 – EuroCommerce u. COMP/38.580 – Commercial Cards, Rn. 345 ff. sowie EuG, Urteil v. 24.05.2012, Rs. T-111/08 – MasterCard, Rn. 238 ff. (insbes. Rn. 259); vgl. auch noch *Mestmäcker/Schweitzer*, Europ. WettbewR, 3. Aufl., 2014, § 10, Rn. 30.

1174 Ähnlich KOM, Entscheidung v. 19.12.2007 in den Sachen COMP/34.579 – MasterCard, COMP/36.518 – EuroCommerce u. COMP/38.580 – Commercial Cards, Rn. 357 u. Rn. 482. Hinsichtlich Debitkarten warb MasterCard gegenüber Banken „mit seiner Fähigkeit, Interbankenentgelte ‚im Namen der' [‚on behalf of'] nationalen Banken festzusetzen", vgl. KOM, Entscheidung v. 19.12.2007 in den Sachen COMP/34.579 – MasterCard, COMP/36.518 – EuroCommerce u. COMP/38.580 – Commercial Cards, Rn. 482.

1175 Vgl. auch KOM, Entscheidung v. 19.12.2007 in den Sachen COMP/34.579 – MasterCard, COMP/36.518 – EuroCommerce u. COMP/38.580 – Commercial Cards, Rn. 754; EuG, Urteil v. 24.05.2012, Rs. T-111/08 – MasterCard, Rn. 259 f.; vgl. ferner *Olsen-Ring*, Wettbewerbsrechtliche Aspekte Kartengesteuerter Zahlungssysteme, 1996, S. 116.

Unterkapitel 2. Die intraregionalen MIF im Kreditkartensystem von Visa

Die intraregionalen MIF bei Visa werden seitens des Verwaltungsrats von Visa Europe[1176] festgelegt.[1177] Die Satzungen wie auch die Betriebsregeln betreffend das Visa-Zahlungskartensystem stellen Beschlüsse einer Unternehmensvereinigung dar.[1178]

Die vorstehenden Ausführungen hinsichtlich MasterCard gelten – mit Ausnahme der sich aus dem Börsengang ergebenden Besonderheiten – entsprechend bezüglich des Visa-Systems.[1179] Visa und deren Mitglieder sind ebenfalls Unternehmen im Sinne des Art. 101 Abs. 1 AEUV.[1180] Die Systemmitglieder von Visa Europe haben Mitspracherechte bei der Besetzung des entscheidungsbefugten Gremiums.[1181] Insofern nehmen die Systemmitglieder – zumindest mittelbar – Einfluss auf die Festsetzung der MIF. Die multilaterale Festlegung der intraregionalen MIF durch Visa Europe ist für die Systemmitglieder verbindlich. Die entsprechenden Beschlüsse dienen der Koordinierung des Verhaltens der Mitglieder, wobei auch hier eine Interessengleichrichtung zwischen den Systemmitgliedern und der Kreditkartenorganisation besteht.

1176 Der Verwaltungsrat von Visa Europe wird als Visa Europe Board (bzw. als Visa EU Regional Board of Directors) bezeichnet, vgl. auch die online unter https://www.visaeurope.com/about-us/governance/visa-europe-ltd-board abrufbaren Angaben. Das Gebiet von Visa-Europe umfasst den EWR, Andorra, die Färöer, Grönland, Israel, Monaco, San Marino, die Insel Svalbard, die Insel Jan Mayen, die Schweiz, die Türkei und den Vatikanstadt.

1177 Vgl. KOM, Entscheidung v. 24.07.2002, COMP/29.373 – Visa International II – Multilateral Interchange Fee, ABl. EG v. 22.11.2002, L 318/17, S. 18, Rn. 5 u. S. 19, Rn. 10 f.; KOM, Beschluss v. 08.12.2010, COMP/39.398 – Visa MIF, Rn. 1 u. Rn. 23, abrufbar unter: http://ec.europa.eu/competition/antitrust/cases/dec_docs/39398/39398_6931_6.pdf.

1178 Vgl. KOM, Entscheidung v. 24.07.2002, COMP/29.373 – Visa International II – Multilateral Interchange Fee, ABl. EG v. 22.11.2002, L 318/17, S. 26, Rn. 55; KOM, Entscheidung v. 09.08.2001, COMP/D1/29.373 – Visa International I – Surcharging, ABl. EG v. 10.11.2001, L 293/24, S. 34, Rn. 53.

1179 Auch der (Rück-)Erwerb von Visa Europe durch die Visa Inc. im Jahre 2016 steht dem nicht entgegen: So wurde ein Anteil des Kaufpreises (in Milliardenhöhe) durch die Ausgabe eigener Aktien an die früheren Gesellschafter der Visa Europe Limited beglichen. Vgl. hierzu auch noch die unter https://www.visaeurope.com/newsroom/news/european-commission-approves-visa-inc-acquisition-of-visa-europe, https://www.visaeurope.com/newsroom/news/ visa-inc-completes-acquisition-of-visa-europe, http://www.n-tv.de/ wirtschaft/Visa-packt-Milliarden-aus-article16264341.html sowie http://www.handelsblatt.com/unternehmen/ dienstleister/visa-kauft-visa-europe-der-21-milliarden-euro-deal-ist-besiegelt/12529888.html online abrufbaren Informationen.

1180 Vgl. KOM, Entscheidung v. 09.08.2001, COMP/D1/29.373 – Visa International I – Surcharging, ABl. EG v. 10.11.2001, L 293/24, S. 34, Rn. 53.

1181 Vgl. KOM, Entscheidung v. 09.08.2001, COMP/D1/29.373 – Visa International I – Surcharging, ABl. EG v. 10.11.2001, L 293/24, S. 25 f., Rn. 5 ff.

Kapitel 2. Die interregionalen MIF

Hinsichtlich der interregionalen MIF ergeben sich insofern keine Besonderheiten, die eine andere Beurteilung als jene bezüglich der intraregionalen MIF rechtfertigen würde. Nur in Bezug auf die Kreditkartentransaktionen mit Visa-Kreditkarten ergibt sich gegenüber der Festlegung der intraregionalen MIF insofern ein – geringfügiger – Unterschied als die Höhe der interregionalen MIF im Visa-System nicht von Visa Europe, sondern von Visa Incorporated festgelegt wird.[1182] Die Festlegung der interregionalen MIF im MasterCard-System erfolgt – ebenso wie die Festlegung der intraregionalen MIF – durch MasterCard Incorporated.[1183]

Kapitel 3. Die inländischen MIF

Die Festlegung der inländischen MIF erfolgt ebenfalls im Wege einer Verhaltensabstimmung im Sinne des Art. 101 Abs. 1 AEUV.[1184] Die Festsetzung der Höhe der nationalen MIF erfolgt grundsätzlich[1185] durch die nationalen Gremien der Kreditkartensysteme von Visa und MasterCard.[1186] Vielfach sind die Mitgliedsbanken in diesen Gremien vertreten oder entsenden Vertreter in diese Gremien.[1187] Hinsichtlich der DMIF in jenen Ländern, in denen Letzteres der Fall ist, mag man auch

1182 Vgl. auch KOM, Pressemitteilung v. 26.02.2014, IP/14/197, abrufbar unter: http://europa.eu/rapid/press-release_IP-14-197_de.htm.

1183 Vgl.auch noch KOM, Pressemitteilung v. 09.04.2013, IP/13/314, abrufbar unter: http://europa.eu/rapid/press-release_IP-13-314_de.htm; KOM, Pressemitteilung v. 09.07.2015, IP/15/5323, abrufbar unter: http://europa.eu/rapid/press-release_IP-15-5323_de.htm.

1184 Die aktuellen DMIF von MasterCard für Deutschland sind unter https://www.mastercard.co.uk/en-gb/about-mastercard/what-we-do/interchange/european-interchange-rates.html unter „Germany intra-location POS interchange fees" abrufbar.

1185 Die Festsetzung der Höhe der nationalen MIF erfolgt teils auch durch die europäischen Gremien; in einem solchen Fall ergeben sich keine Unterschiede zu obigen Ausführungen, vgl. auch noch KOM, Beschluss v. 08.12.2010, COMP/39.398 – Visa MIF, Rn. 1, Fn. 3, abrufbar unter: http://ec.europa.eu/competition/antitrust/cases/dec_docs/39398/39398_6931_6.pdf.

1186 Vgl. etwa KOM, Bekanntmachung, COMP/D1/29.373 – Visa International I – Surcharging, ABl. EG v. 14.10.2000, C 293/18, S. 18, Rn. 8 u. S. 20, Rn. 19; WEKO, Verfügung v. 05.12.2005, RPW 2006/1, 65, S. 82 f., Rn. 136 ff.; KOM, Entscheidung v. 19.12.2007 in den Sachen COMP/34.579 – MasterCard, COMP/36.518 – EuroCommerce u. COMP/38.580 – Commercial Cards, Rn. 359 u. Rn. 368; EuG, Urteil v. 24.05.2012, Rs. T-111/08 – MasterCard, Rn. 246.

1187 Vgl. WEKO, Verfügung v. 05.12.2005, RPW 2006/1, 65, S. 71, Rn. 23. Vgl. auch KOM, Entscheidung v. 19.12.2007 in den Sachen COMP/34.579 – MasterCard, COMP/36.518 – EuroCommerce u. COMP/38.580 – Commercial Cards, Rn. 60: „Nach den Regeln von MasterCard sind [bestimmte] Mitglieder [...]

das Vorliegen einer Vereinbarung zwischen Unternehmen als gegeben ansehen.[1188] Wenngleich dies freilich in formaler Hinsicht einen Unterschied darstellen mag, ist es nichtsdestotrotz letztlich ohne Belang, ob die Systemmitglieder unmittelbar miteinander in Kontakt treten oder die Willensübereinstimmung durch einen Beschluss des Gremiums der Kreditkartenorganisation erzielt wird. Einer näheren Abgrenzung zwischen den Begriffen „Vereinbarung" und „Beschlüsse von Unternehmensvereinigungen" bedarf es insofern nicht.[1189] Das Kartellverbot gilt ohnehin sowohl für Vereinbarungen zwischen Unternehmen als auch für Beschlüsse einer Unternehmensvereinigung.

Kapitel 4. Gemeinsame Festlegung der multilateralen Interbankenentgelte durch die Kreditkartenorganisationen Visa und MasterCard?

Ferner mag man erwägen, ob und inwiefern die intraregionalen, interregionalen und/oder inländischen multilateralen Interbankenentgelte durch die Kreditkartenorganisationen MasterCard und Visa in systemübergreifender und gemeinschaftlicher Weise festgelegt werden. Hierfür könnte sprechen, dass diverse Emittenten sowohl Karten von MasterCard als auch von Visa ausgeben.[1190] Indes bedürfte es

---

befugt, Standard-Regeln zu vereinbaren, die für alle inländischen Transaktionen, einschließlich Transaktionen, bei denen ausländische Mitglieder das Acquiring durchführen, gelten."

1188 Die WEKO spricht in Bezug auf die DMIF-Festlegung in der Schweiz von einer „Abrede zwischen Kreditkarteninstituten", siehe WEKO, Verfügung v. 05.12.2005, RPW 2006/1, 65, S. 68, Rn. 1 (vgl. ferner WEKO, Verfügung v. 05.12.2005, RPW 2006/1, 65, S. 68, Rn. 2 ff. [mit Auflistung sowie näheren Erläuterungen zu den Parteien]); die DMIF wurde in der Schweiz zwar in den nationalen Karten-Gremien verhandelt, in denen die Mitglieder Stimmrechte hatten; sie wurde aber auch von den Issuern und Acquirern des jeweiligen Systems unterzeichnet und musste bei Visa Europe respektive MasterCard Europe registriert werden, um allgemeine Verbindlichkeit in der Schweiz zu erlangen, vgl. hierzu WEKO, Verfügung v. 05.12.2005, RPW 2006/1, 65, S. 82 f., Rn. 136 ff. u. S. 83, Rn. 139, Fn. 18. Vor diesem Hintergrund hätte die Festlegung der DMIF in der Schweiz auch als Beschluss einer Unternehmensvereinigung klassifiziert werden können.

1189 Offen gelassen: KOM, Entscheidung v. 09.08.2001, COMP/D1/29.373 – Visa International I – Surcharging, ABl. EG v. 10.11.2001, L 293/24, S. 34, Rn. 53. Nichtsdestotrotz spricht die Kommission von einer „Vereinbarung zwischen Wettbewerbern", siehe KOM, Entscheidung v. 24.07.2002, COMP/29.373 – Visa International II – Multilateral Interchange Fee, ABl. EG v. 22.11.2002, L 318/17, S. 28, Rn. 66.

1190 Vgl. WEKO, Verfügung v. 05.12.2005, RPW 2006/1, 65, S. 104, Rn. 310 ff.; WEKO, Schlussbericht v. 27.04.2009, RPW 2009/2, 122, 137, Rn. 135; KOM, Entscheidung v. 24.07.2002, COMP/29.373 – Visa International II – Multilateral Interchange Fee, ABl. EG v. 22.11.2002, L 318/17, S. 30, Rn. 80. Vgl. ferner WEKO, Schlussbericht v. 27.04.2009, RPW 2009/2, 122, 137, Rn. 135: „[...] sind aufgrund des Dual

insofern einer Verhaltensabstimmung. Eine solche lässt sich – und gerade dies wäre im Rahmen Art. 101 Abs. 1 AEUV erforderlich – allerdings nicht nachweisen. Die Kommission stellte sich in ihrer Visa International II-Entscheidung insofern zutreffend auf den Standpunkt, dass „kein [...] Nachweis für eine Abstimmung zwischen Visa und Europay“[1191] existiert.[1192]

Kapitel 5. Zusammenfassung

Die (intraregionalen, interregionalen und inländischen) MIF innerhalb der Systeme von Visa wie auch von MasterCard werden im Wege von Verhaltensabstimmungen im Sinne des Kartellverbotstatbestandes festgelegt.

1. Die intraregionalen MIF

Die Festlegung der intraregionalen MIF erfolgt in beiden Systemen durch den Beschluss einer Unternehmensvereinigung im Sinne des Art. 101 Abs. 1 AEUV. Die Festlegung der intraregionalen multilateralen Interbankenentgelte des MasterCard-Systems basiert (auch nach dem Börsengang) auf einem Beschluss einer Unternehmensvereinigung. Entgegen der Auffassung von MasterCard steht der Börsengang von MasterCard Incorporated einer Anwendbarkeit des Kartellverbotstatbestandes nicht entgegen. Art. 101 Abs. 1 AEUV erfasst sämtliche Arten der Zusammenarbeit zwischen Unternehmen; die formale Ausgestaltung der Kooperation ist unerheblich. Insofern werden auch institutionalisierte Formen der Zusammenarbeit erfasst

b) Die intraregionalen MIF bei Visa werden seitens des Verwaltungsrats von Visa Europe festgelegt. Die Satzungen wie auch die Betriebsregeln betreffend das Visa-Zahlungskartensystem stellen Beschlüsse einer Unternehmensvereinigung dar. Visa und deren Mitgliedern sind Unternehmen im Sinne des Art. 101 Abs. 1 AEUV. Die Systemmitglieder von Visa Europe haben Mitspracherechte bei der Besetzung des entscheidungsbefugten Gremiums und nehmen – zumindest mittelbar – Einfluss auf die Festsetzung der MIF. Die multilaterale Festlegung der intraregionalen MIF durch Visa Europe ist für die Systemmitglieder verbindlich. Die entsprechenden Beschlüsse dienen der Koordinierung des Verhaltens der Mitglieder, wobei auch hier eine Interessengleichrichtung zwischen den Systemmitgliedern und der Kreditkartenorganisation besteht.

Brand-Issuing und -Acquiring in den Kreditkarten-Gremien (CC und IAFV), welche unter anderem für die Festsetzung der DMIF verantwortlich sind, dieselben Firmen vertreten. Die ‚Domestic Rules and Regulations‘ von Visa und MasterCard werden in der Schweiz somit von denselben Unternehmen und Personen geregelt.“

1191 MasterCard Europe S.p.r.l. ist Rechtsnachfolgerin von Europay.

1192 Vgl. KOM, Entscheidung v. 24.07.2002, COMP/29.373 – Visa International II – Multilateral Interchange Fee, ABl. EG v. 22.11.2002, L 318/17, S. 34, Rn. 106.

2. Die interregionalen MIF

Bezüglich der interregionalen MIF ist ebenfalls eine Verhaltensabstimmung im Sinne des Art. 101 Abs. 1 AEUV gegeben. Es ergeben sich – im Vergleich zur Festlegung der intraregionalen MIF – keine nennenswerten Unterschiede, die eine andere Einstufung rechtfertigen würden.

3. Die inländischen MIF

Die Festlegung der inländischen MIF erfüllt ebenfalls die Tatbestandsmerkmale einer Absprache im Sinne des Kartellverbotstatbestandes. Dies gilt sowohl in Bezug auf die inländischen MIF des Visa- als auch des MasterCard-Kreditkartensystems. Die Festsetzung der Höhe der nationalen MIF erfolgt in der Regel durch die nationalen System-Gremien. Ob die Systemmitglieder unmittelbar miteinander in Kontakt treten oder die Willensübereinstimmung durch einen Beschluss des Gremiums der Kreditkartenorganisation erzielt wird, ist letztlich – mit Blick auf den Sinn und Zweck des Art. 101 Abs. 1 AEUV – ohne Belang.

4. Keine systemübergreifende Verhaltensabstimmung

Von einer wie auch immer gearteten systemübergreifenden Verhaltensabstimmung von Visa und MasterCard kann in Ermangelung entsprechender Nachweise nicht ausgegangen werden.

Untertitel 2. Vorliegen einer Wettbewerbsbeschränkung

Es fragt sich, ob eine Wettbewerbsbeschränkung gegeben ist.[1193] Art. 101 Abs. 1 AEUV setzt voraus, dass durch die Verhaltensabstimmung eine (spürbare) Wettbewerbsbeschränkung, also eine Verhinderung, Einschränkung oder Verfälschung des Wettbewerbs bezweckt oder bewirkt wird. Das Kartellverbot des Art. 101 Abs. 1 AEUV erfasst gemeinhin jedwede Beschränkung der wirtschaftlichen sowie unternehmerischen Handlungsfreiheit.[1194] Der Grundgedanke der Wettbewerbsregeln

---

1193 Im Folgenden wird zwischen intraregionalen, interregionalen und inländischen MIF nur noch differenziert, soweit dies für die rechtliche Bewertung von Bedeutung erscheint. Im Übrigen gelten die Ausführungen hinsichtlich der intraregionalen MIF sinngemäß auch für die interregionalen MIF und die inländischen MIF.

1194 Vgl. EuGH, Urteil v. 16.12.1975, Rs. C-40/73 bis C-48/73, C-50/73, C-54/73 bis C-56/73, C-111/73, C-113/73 u. C-114/73 – Suiker Unie, Slg. 1975, 1663, 1965, Rn. 173/174; EuGH, Urteil v. 14.07.1981, Rs. C-172/80 – Züchner, Slg. 1981, 2021, 2031, Rn. 13 f.; EuGH, Urteil v. 31.03.1993, Rs. C-89/85, C-104/85, C-114/85, C-116/85, C-117/85 und C-125/85 bis C-129/85 – Ahlström, Slg. 1993, I-1307, I-1599, Rn. 63; EuGH, Urteil v. 28.05.1998, Rs. C-7/95 P – John Deere, Slg. 1998, I-3111, I-3162 f., Rn. 86; EuGH, Urteil v. 08.07.1999, Rs. C-49/92 P – Anic Partecipazioni, Slg. 1999, I-4125, I-4202, Rn. 116 f.; KOM, Leitlinien zur Anwendung von Artikel 101 Absatz 3 AEUV, ABl. EU v. 27.04.2004, C 101/97, S. 98, Rn. 14; *Bergmann*, 5. Aufl., S. 574; *Emmerich*,

des AEUV ist darin zu sehen, dass „jeder Unternehmer selbständig zu bestimmen hat, welche Politik er auf dem Gemeinsamen Markt betreiben und welche Bedingungen er seiner Kundschaft gewähren will" (sog. Selbständigkeitspostulat).[1195] Es sind die Wettbewerbsverhältnisse zu berücksichtigen, die ohne die Absprache gegeben wären.[1196] Es bedarf einer umfassenden Betrachtung der Marktverhältnisse, des aktuellen Wettbewerbs und des potentiellen Wettbewerbs.[1197]

Ein Bezwecken liegt vor, sofern „die Beschränkung ihrem Wesen nach geeignet ist, den Wettbewerb zu beschränken".[1198] Eine Wettbewerbsbeschränkung ist bezweckt, wenn die konkrete „Form der Kollusion zwischen Unternehmen schon ihrer Natur nach als schädlich für das Funktionieren des normalen Wettbewerbs" anzusehen ist.[1199] Dies ist der Fall, wenn die in Rede stehende Verhaltensweise erfahrungsgemäß mit einer nicht bloß unerheblichen Beschränkung des Wettbewerbs

---

in: Immenga/Mestmäcker, Wettbewerbsrecht, Bd. 1 EG/1, 5. Aufl., 2012, Art. 101 Abs. 1 AEUV, Rn. 107; *Bechtold/Bosch*, GWB, 9. Aufl., 2018, § 1, Rn. 33 ff.; *Bahr*, Verhinderung, Einschränkung oder Verfälschung des Wettbewerbs, WuW 2000, 954 ff.; vgl. ferner *Möschel*, Wettbewerbsbeschränkungen, 1983, S. 59 ff., Rn. 85 ff.; *Grave/Nyberg*, in: Loewenheim/Meessen/Riesenkampff, 3. Aufl., 2016, GWB, Art. 101 AEUV, Rn. 257.

1195 Vgl. EuGH, Urteil v. 14.07.1981, Rs. C-172/80 – Züchner, Slg. 1981, 2021, 2031, Rn. 13; EuGH, Urteil v. 28.05.1998, Rs. C-7/95 P – John Deere, Slg. 1998, I-3111, I-3162 f., Rn. 86 f.; EuGH, Urteil v. 02.10.2003, Rs. C-194/99 P – Thyssen Stahl, Slg. 2003, 1-10821, I-10914, Rn. 82. Vgl. ferner *Krauß*, in: Langen/Bunte, Bd. 1, 13. Aufl., 2018, § 1 GWB, Rn. 130.

1196 Vgl. EuGH, Urteil v. 30.06.1966, Rs. C-56/65 – Société Technique Minière, Slg. 1966, 337; EuGH, Urteil v. 10.12.1985, Rs. C-31/85 – ETA, Slg. 1985, 3933, 3943, Rn. 11; EuGH, Urteil v. 28.05.1998, Rs. C-7/95 P – John Deere, Slg. 1998, I-3111, I-3160, Rn. 76; EuGH, Urteil v. 11.12.1980, Rs. C-31/80 – L'Oréal, Slg. 1980, 3775, 3792, Rn. 19; KOM, Leitlinien zur Anwendung von Artikel 101 Absatz 3 AEUV, ABl. EU v. 27.04.2004, C 101/97, S. 99, Rn. 17.

1197 Vgl. EuGH, Urteil v. 28.05.1998, Rs. C-7/95 P – John Deere, Slg. 1998, I-3111, I-3160, Rn. 77; EuGH, Urteil v. 10.12.1985, Rs. C-31/85 – ETA, Slg. 1985, 3933, 3944, Rn. 12; EuGH, Urteil v. 17.11.1987, Rs. C-142/84 u. C-156/84 – BAT u. Reynolds, Slg. 1987, 4487, 4581, Rn. 54; EuGH, Urteil v. 28.05.1998, Rs. C-7/95 P – John Deere, Slg. 1998, I-3138, I-3160, Rn. 76.

1198 Siehe KOM, Leitlinien zur Anwendung von Artikel 101 Absatz 3 AEUV, ABl. EU v. 27.04.2004, C 101/97, S. 100, Rn. 21.

1199 Siehe EuGH, Urteil v. 14.03.2013, Rs. C-32/11 – Allianz Hungária, Slg. 2009, I-4529, Rn. 35; EuGH, Urteil v. 13.12.2012, Rs. C-226/11 – Expedia, Slg. 2009, I-4529, Rn. 36; EuGH, Urteil v. 04.06.2009, Rs. C-8/08 – T-Mobile Netherlands u.a., Slg. 2009, I-4529, Rn. 29; EuGH, Urteil v. 20.11.2008, Rs. C-209/07 – Beef Industry Development Society und Barry Brothers, Slg. 2008, I-8637, Rn. 17; EuGH, Urteil v. 12.04.2013, Rs. T-432/08 – AKM, Rn. 63, online abrufbar unter: http://curia.europa.eu/juris/document/document.jsf? text=&docid=136274&pageIndex=0&doclang=DE&mode=lst&dir=&occ=first&part=1&cid=32804; vgl. auch *Grave/Nyberg*, in: Loewenheim/Meessen/Riesenkampff, 3. Aufl., 2016, Art. 101 AEUV, Rn. 266.

einhergeht.[1200] Ein Bezwecken im Sinne des Art. 101 AEUV ist insofern objektiv zu beurteilen;[1201] es bedarf nicht des Nachweises negativer Marktwirkungen.[1202] Hinreichend ist, dass die in Rede stehende Absprache ihrem Wesen nach die Eignung aufweist, den Wettbewerb zu beschränken.[1203]

Von einem Bewirken ist auszugehen, sofern negative Marktwirkungen nennenswerten Ausmaßes ersichtlich oder zu erwarten sind.[1204] Anders als im Falle des

---

1200 Vgl. auch *Emmerich*, in: Immenga/Mestmäcker, Wettbewerbsrecht, Bd. 1 EG/1, 5. Aufl., 2012, Art. 101 Abs. 1 AEUV, Rn. 174 ff.

1201 Vgl. EuGH, Urteil v. 08.11.1983, Rs. C-96/82 bis C-102/82, C-104/82, C-105/82, C-108/82 u. C-110/82 – IAZ, Slg. 1983, 3369, 3411, Rn. 25; EuGH, Urteil v. 06.04.2006, Rs. C-551/03 P – General Motors, Slg. 2006, I-3173, I-3220, Rn. 64; EuGH, Urteil v. 20.11.2008, Rs. C-209/07 – BIDS, Slg. 2008, I-8637, Rn. 21; EuGH, Urteil v. 04.06.2009, Rs. C-8/08 – T-Mobile Netherlands u.a., Slg. 2009, I-4529, Rn. 29; EuGH, Urteil v. 06.10.2009, Rs. C-501/06 P, C-513/06 P, C-515/06 P u. C-519/06 P – Aseprofar/GlaxoSmithKline, Slg. 2009, I-9291, Rn. 58; KOM, Entscheidung v. 13.12.1989, IV/32.026 – Bayo-n-ox, ABl. EG v. 26.01.1990, L 21/71, S. 76, Rn. 45 f.; KOM, Entscheidung, v. 05.12.2001, COMP/37800/F3 – Luxemburgische Brauereien, ABl. EG v. 21.09.2002, L 253/21, S. 33, Rn. 61; KOM, Leitlinien zur Anwendung von Artikel 101 Absatz 3 AEUV, ABl. EU v. 27.04.2004, C 101/97, S. 100, Rn. 21; *Bahr*, Die Verhinderung, Einschränkung oder Verfälschung des Wettbewerbs in § 1 GWB, WuW 2000, 954, 961; *v. Dietze/Janssen*, KartellR, 5. Aufl., 2015, Rn. 165.

1202 Vgl. EuGH, Urteil v. 11.01.1990, Rs. C-277/87 – Sandoz Prodotti Farmaceutici, Slg. 1990, I-45; EuGH, Urteil v. 17.07.1997, Rs. C-219/95 P – Ferriere Nord, Slg. 1997 I-4411, I-4435, Rn. 14 f.; EuGH, Urteil v. 08.07.1999, Rs. C-235/92 P – Montecatini, Slg. 1999, I-4539, I-4615 f., Rn. 122 ff.; EuGH, Urteil v. 15.10.2002, Rs. C-238/99 P, C-244/99 P, C-245/99 P, C-247/99 P, C-250/99 P bis C-252/99 P und C-254/99 P – Limburgse Vinyl Maatschappij u.a., Slg. 2002, I-8375, I-8762, Rn. 491; EuGH, Urteil v. 20.11.2008, Rs. C-209/07 – BIDS, Slg. 2008, I-8637, Rn. 16; EuGH, Urteil v. 04.06.2009, Rs. C-8/08 – T-Mobile Netherlands u.a., Slg. 2009, I-4529, Rn. 29 f.; EuGH, Urteil v. 13.10.2011, Rs. C-439/09 – Pierre Fabre Dermo-Cosmétique, Slg. 2011, I-9419, Rn. 35; KOM, Leitlinien zur Anwendung von Artikel 101 Absatz 3 AEUV, ABl. EU v. 27.04.2004, C 101/97, S. 100, Rn. 21; vgl. auch KOM, Leitlinien zur Anwendbarkeit von Artikel 101 des Vertrags über die Arbeitsweise der Europäischen Union auf Vereinbarungen über horizontale Zusammenarbeit, ABl. EU v. 14.01.2011, C 11/1, S. 8, Rn. 24.

1203 Vgl. EuGH, Urteil v. 01.02.1978, Rs. C-19/77 – Miller International Schallplatten, Slg. 1978, 131, 148, Rn. 7; KOM, Leitlinien zur Anwendung von Artikel 101 Absatz 3 AEUV, ABl. EU v. 27.04.2004, C 101/97, S. 100, Rn. 21; vgl. auch KOM, Leitlinien zur Anwendbarkeit von Artikel 101 des Vertrags über die Arbeitsweise der Europäischen Union auf Vereinbarungen über horizontale Zusammenarbeit, ABl. EU v. 14.01.2011, C 11/1, S. 8, Rn. 24.

1204 Vgl. KOM, Leitlinien zur Anwendung von Artikel 101 Absatz 3 AEUV, ABl. EU v. 27.04.2004, C 101/97, S. 100, Rn. 24; vgl. auch KOM, Leitlinien zur Anwendbarkeit von Artikel 101 des Vertrags über die Arbeitsweise der Europäischen Union auf Vereinbarungen über horizontale Zusammenarbeit, ABl. EU v. 14.01.2011, C 11/1, S. 8, Rn. 24.

Bezweckens erfordert diese Tatbestandsmodalität den Nachweis negativer Marktwirkungen.[1205] Die Maßnahme muss geeignet sein, den aktuellen oder potenziellen Wettbewerb zu beschränken.[1206]

Den Ausgangspunkt jener Beurteilung im vorliegenden Fall bilden die Besonderheiten im Kreditkarten-Bereich.[1207] Bei Kreditkartensystemen muss zwischen unterschiedlichen Wettbewerbsebenen differenziert werden.[1208] Innerhalb von Vier-Parteien-Systemen ist zwischen einem vorgelagerten und einem nachgelagerten Bereich zu differenzieren. Zum einen sind die Wettbewerbseinflüsse zwischen den verschiedenen Kreditkartensystemen einzubeziehen (vorgelagerter Bereich). Zum anderen stehen einerseits die Emittenten im Issuing-Bereich und andererseits die Acquirer im Acquiring-Bereich untereinander in Wettbewerb (nachgelagerter Bereich). Insbesondere dieser nachgelagerte Bereich wird durch eine zweiseitige Marktstruktur geprägt; die Verhältnisse auf den Emissionsmärkten und den Akquisitionsmärkten determinieren sich wechselseitig. Gleichsam wird dieser Bereich maßgeblich durch den Einsatzbereich der Karten auf den Absatzmärkten geprägt.[1209]

Kapitel 1. Der Acquiring-Bereich

Es könnte eine Wettbewerbsbeschränkung in den Acquiring-Märkten vorliegen. Interbankenentgelte stellen einen bedeutsamen Kostenbestandteil der akquirierenden Unternehmen dar. Die akquirierenden Unternehmen erzielen – im Unterschied zu den Issuern, die regelmäßig auch Einnahmen aufgrund der den Karteninhabern auferlegten Jahresgebühren zu verzeichnen haben – neben den MSC keine weiteren Einkünfte aus dem Acquiringgeschäft.[1210]

1205 Vgl. KOM, Leitlinien zur Anwendung von Artikel 101 Absatz 3 AEUV, ABl. EU v. 27.04.2004, C 101/97, S. 100, Rn. 24.

1206 Vgl. KOM, Leitlinien zur Anwendung von Artikel 101 Absatz 3 AEUV, ABl. EU v. 27.04.2004, C 101/97, S. 100, Rn. 24.

1207 Die nachfolgenden Ausführungen beziehen sich sowohl auf die MIF im System von Visa als auch auf die MIF im MasterCard-System. Unterschiede werden nur angesprochen, sofern diese von konkreteer Bedeutung sind.

1208 Vgl. hierzu auch obige Ausführungen unter Abschnitt 1. Vgl. ferner KOM, Entscheidung v. 24.07.2002, COMP/29.373 – Visa International II – Multilateral Interchange Fee, ABl. EG v. 22.11.2002, L 318/17, S. 25 f., Rn. 43 ff.

1209 Vgl. hierzu oben unter Abschnitt 1, Titel 3, Untertitel 3, Kapitel 2 sowie Untertitel 4, Kapitel 3.

1210 Freilich können die Acquirer auch in anderen Geschäftsbereichen agieren; die hieraus resulierenden Einnahmen sind jedoch nicht solche, die (unmitelbar) aus dem Acquiringgeschäft stammen.

Unterkapitel 1. Bewirken einer Wettbewerbsbeschränkung

Es bietet sich an, zunächst zu untersuchen, ob die MIF eine Wettbewerbsbeschränkung bewirken.

§ 1. Die quantitativen Untersuchungen der Kommission

Wenngleich ein Zusammenhang zwischen der MSC und der MIF seitens der Kreditkartenorganisationen wie auch deren Mitgliedern oftmals geleugnet wird, belegen diverse Untersuchungen bzw. Studien einen solchen.[1211] Im Rahmen des MasterCard-Verfahrens führte die Europäische Kommission zwei quantitative Analysen zur Frage durch, ob und in welchem Umfang die Höhe der Händlergebühren durch eine MIF (im konkreten Fall: die intraregionale MIF von MasterCard) beeinflusst wird.[1212]

I. Die erste quantitative Analyse: Beeinflussung der MSC durch die MIF

Im Zuge der ersten Untersuchung wurde untersucht, ob und inwieweit sich eine MIF auf die Festlegung der Händlergebühren auswirkte.[1213] Insofern wurden Mitgliedstaaten in Augenschein genommen, in denen ein grenzüberschreitendes Interbankenentgelt – in Ermangelung einer vorrangigen inländischen MIF – unmittelbar (auch) auf Inlandstransaktionen Anwendung fand.[1214] Die Kalkulation fußte auf der Grundlage des gewichteten Durchschnitts sämtlicher Händlergebühren,

1211 Insofern sei abermals angemerkt, dass das System von MasterCard – anders als das Visa-System – vor dem Untersuchungszeitraum nicht Gegenstand behördlicher Maßnahmen war. Dem Aussagegehalt dieser Untersuchungen stehen weder die jüngeren Entwicklungen (insbesondere die im Wege der Verordnung über Interbankenentgelte (VO (EU) 2015/751) implementierten Höchstgrenzen) noch der Umstand entgegen, dass sie im Wesentlichen die Situation zu Beginn dieses Jahrtausends zum Gegenstand hatten. Zu dieser Zeit waren multilaterale Interbankenentgelte – sowohl in ihrer Ausgestaltung als auch der Höhe nach – nicht durch regulatorische Eingriffe verfälscht.

1212 Vgl. KOM, Entscheidung v. 19.12.2007 in den Sachen COMP/34.579 – MasterCard, COMP/36.518 – EuroCommerce u. COMP/38.580 – Commercial Cards, Rn. 425 f.; vgl. auch KOM, Interim Report I (Payment cards) v. 12.04.2006, Untersuchung des Retail-Bankgeschäfts (Zwischenbericht), Annex 5, S. 14, abrufbar unter: http://ec.europa.eu/competition/sectors/financial_services/inquiries/interim_report_1.pdf.

1213 Vgl. KOM, Entscheidung v. 19.12.2007 in den Sachen COMP/34.579 – MasterCard, COMP/36.518 – EuroCommerce u. COMP/38.580 – Commercial Cards, Rn. 426.

1214 Vgl. KOM, Entscheidung v. 19.12.2007 in den Sachen COMP/34.579 – MasterCard, COMP/36.518 – EuroCommerce u. COMP/38.580 – Commercial Cards, Rn. 426.

die seitens der akquirierenden Unternehmen für MasterCard-Zahlungskarten zu entrichten waren.[1215]

Die durchschnittliche Händlergebühr lag im Jahre 2000 bei 1,55 % und im Jahre 2002 bei 1,51 %.[1216] Die intraregionalen MIF-Sätze wurden im Jahr 2001 angehoben; sie lagen in diesem Jahr zwischen 0,8 % (niedrigster Satz) und 1,3 % (höchster Satz).[1217] Unter Zugrundelegung des gewichteten Durchschnitts sämtlicher intraregionaler multilateraler Interbankenentgelte für Transaktionen mittels MasterCard-Kreditkarten ergab die Untersuchung, dass die MIF im Jahre 2002 bei etwa 73 % der durchschnittlichen MSC lag.[1218]

Seitens MasterCard wurde diese (erste) Analyse zwar dahingehend ausgelegt, dass gerade kein Zusammenhang zwischen Interbankenentgelten und Händlergebühren bestehe, zumal aus ihr (auch) hervorging, dass ein Rückgang der MSC auch möglich war, sofern die Höhe der Interbankenentgelthöhe unverändert blieb.[1219] Gegen ein solches Verständnis spricht jedoch, dass sich die Kosten (und insbesondere die Grenzkosten) der akquirierenden Unternehmen nicht bloß aus der MIF, sondern auch aus weiteren Kostenbestandteilen zusammensetzen, die im Unterschied zur MIF variabel sind; insoweit erscheint die Folgerung von MasterCard nicht zwingend, zumal der Rückgang der Händlergebühren auch aus einem Rückgang der anderen Kostenfaktoren resultieren kann.[1220]

Es ist jedenfalls davon auszugehen, dass die (Gesamt-)Höhe der MSC innerhalb der untersuchten Mitgliedstaaten ohne multilateral festgesetzte Interbankenentgelte auf einem geringeren Niveau angesiedelt gewesen wäre.[1221] Die (beträchtlichen) Kosten, die den Acquirern durch MIF entstehen, können diese nicht auf anderem Wege als durch Überwälzung auf ihre Marktgegenseite kompensieren. Die MIF wird dementsprechend zu einem Bestandteil der – den Vertragsunternehmen in Rechnung gestellten – MSC. Ohne eine Weiterleitung würden die Acquirer letztlich ein Verlustgeschäft betreiben. Sie könnten sich ohne ein solches Vorgehen nicht über eine längere Zeit am Markt halten und hätten – wirtschaftliche

1215 Vgl. KOM, Entscheidung v. 19.12.2007 in den Sachen COMP/34.579 – MasterCard, COMP/36.518 – EuroCommerce u. COMP/38.580 – Commercial Cards, Rn. 426.
1216 Vgl. KOM, Entscheidung v. 19.12.2007 in den Sachen COMP/34.579 – MasterCard, COMP/36.518 – EuroCommerce u. COMP/38.580 – Commercial Cards, Rn. 428.
1217 Vgl. KOM, Entscheidung v. 19.12.2007 in den Sachen COMP/34.579 – MasterCard, COMP/36.518 – EuroCommerce u. COMP/38.580 – Commercial Cards, Rn. 428.
1218 Vgl. KOM, Entscheidung v. 19.12.2007 in den Sachen COMP/34.579 – MasterCard, COMP/36.518 – EuroCommerce u. COMP/38.580 – Commercial Cards, Rn. 431.
1219 Vgl. dazu KOM, Entscheidung v. 19.12.2007 in den Sachen COMP/34.579 – MasterCard, COMP/36.518 – EuroCommerce u. COMP/38.580 – Commercial Cards, Rn. 445.
1220 Vgl. KOM, Entscheidung v. 19.12.2007 in den Sachen COMP/34.579 – MasterCard, COMP/36.518 – EuroCommerce u. COMP/38.580 – Commercial Cards, Rn. 446.
1221 Vgl. KOM, Entscheidung v. 19.12.2007 in den Sachen COMP/34.579 – MasterCard, COMP/36.518 – EuroCommerce u. COMP/38.580 – Commercial Cards, Rn. 446.

Vernunftgesichtspunkte zugrunde gelegt – keine realistische Chance, sich auf dem Akquisitionsmarkt zu behaupten. Sofern die Acquirer die MIF nicht weiterreichen würden, stünde langfristig zu befürchten, dass allenfalls eine geringe Anzahl von Acquirern auf dem Markt verbleiben würde. Dies wäre gleichbedeutend mit einer Schwächung des – bereits zum jetzigen Zeitpunkt einen hohen Konzentrationsgrad aufweisenden – Akzeptanz-Bereiches. Ein geringer Konzentrationsgrad auf einem Markt gewährleistet regelmäßig einen effektiven Wettbewerbsdruck im Verhältnis der Konkurrenten untereinander; insofern unterscheiden sich Akzeptanzmärkte nicht von anderen Produktmärkten.

II. Die zweite quantitative Analyse: Vergleich der Höhe der Händlergebühren bei großen und kleinen Händlern

Während im Rahmen der ersten Analyse eruiert wurde, welchen Anteil die Interbankenentgelte an den Händlergebühren einnahmen, wurde im Zuge der zweiten Untersuchung der Frage nachgegangen, inwieweit die MIF diejenige MSC, die kleineren Händlern in Rechnung gestellt wurde, im Unterschied zu derjenigen, die seitens der größeren Händler zu entrichten war, beeinflusste.[1222] Es sollte geklärt werden, ob und in welchem Ausmaß die beiden Händlergruppen in der Lage waren, einen Gegendruck auf die akquirierenden Unternehmen zu entfalten und das Ausmaß der Weiterleitung der Interbankenentgelte auf die Acquirer zu reduzieren respektive gänzlich zu unterbinden.[1223]

Im Rahmen der zweiten Untersuchung wurden insofern die Händlergebühren des obersten Dezils des Kundenstamms der Acquirer („größere Händler") in Relation zu denjenigen des untersten Dezils des Kundenstamms („kleinere Händler") betrachtet.[1224] Die Einteilung in die jeweilige Gruppe erfolgte nicht anhand einer bestimmten Umsatzsumme (z.B. Umsatz größer/kleiner als eine Mio. Euro) des Händlers; vielmehr stellte man zum Zwecke der Gruppenbildung auf den Gesamtumsatz in prozentualer Hinsicht ab.[1225] Hierzu erfolgte ein Vergleich zwischen den gewichteten durchschnittlichen intraregionalen Interbankenentgelten und den gewichteten durchschnittlichen MSC, die seitens der Acquirer von dem obersten und dem untersten Dezil des Kundenstamms erhoben wurden.[1226]

1222 Vgl. KOM, Entscheidung v. 19.12.2007 in den Sachen COMP/34.579 – MasterCard, COMP/36.518 – EuroCommerce u. COMP/38.580 – Commercial Cards, Rn. 427.

1223 Vgl. KOM, Entscheidung v. 19.12.2007 in den Sachen COMP/34.579 – MasterCard, COMP/36.518 – EuroCommerce u. COMP/38.580 – Commercial Cards, Rn. 427.

1224 Vgl. KOM, Entscheidung v. 19.12.2007 in den Sachen COMP/34.579 – MasterCard, COMP/36.518 – EuroCommerce u. COMP/38.580 – Commercial Cards, Rn. 427.

1225 Vgl. KOM, Entscheidung v. 19.12.2007 in den Sachen COMP/34.579 – MasterCard, COMP/36.518 – EuroCommerce u. COMP/38.580 – Commercial Cards, Rn. 427, Fn. 493.

1226 Vgl. KOM, Entscheidung v. 19.12.2007 in den Sachen COMP/34.579 – MasterCard, COMP/36.518 – EuroCommerce u. COMP/38.580 – Commercial Cards, Rn. 432.

Die Studie offenbarte, dass beinahe sämtliche der betrachteten Acquirer den Händlern des untersten Dezils höhere Händlergebühren als den größeren Händlern in Rechnung stellten.[1227] Die Interbankenentgelte betrugen im Jahre 2002 durchschnittlich 84,27 % der seitens der größeren Händler entrichteten MSC, hingegen „lediglich" 45,97 % der MSC der von den kleineren Händlern gezahlten MSC.[1228] Die MIF wurde mithin – wenn auch in unterschiedlichem Ausmaß – sowohl an die größeren als auch an die kleineren Händler weitergeleitet.[1229] Es kann ersehen werden, dass bei den kleineren Händlern höhere Aufschläge auf die MIF vorgenommen wurden.[1230] In Anbetracht dessen war der prozentuale Anteil der MIF an den Händlergebühren bei den kleineren Händlern geringer als bei den größeren Händlern. Es zeigte sich, dass selbst die – über eine größere Verhandlungsmacht verfügenden[1231] – größeren Händler mit Ausnahme einiger Einzelfälle nicht umhin kamen, zumindest Händlergebühren in Höhe der MIF zu entrichten.[1232]

Gegen die zweite durchgeführte Analyse wurde seitens MasterCard eingewandt, dass „die Spanne eines" akquirierenden Unternehmens „womöglich bei großen und kleinen Händlern ähnlich sei, da die Stückkosten der Acquirer bei

---

Gewisse Ungenauigkeiten der im Rahmen dieser Untersuchung ermittelten Werte folgen aus dem Umstand, dass die intraregionalen Interbankenentgelte als Fallback Fee Anwendung finden und die inländischen Interbankenentgelte von den intraregionalen Entgeltsätzen abweichen können. Gleichwohl scheint auch die zweite Untersuchung der Kommission hinreichend aussagekräftig, zumal das Verhältnis der seitens kleinere Händler auf der einen und größere Händler auf der anderen Seite zu entrichtenden MSC im Zentrum dieser Untersuchung stand; auch fungiert die Höhe der intraregionalen Entgeltsätze regelmäßig als Ausgangspunkt zur Festlegung inländischer MIF-Sätze.

1227 Vgl. KOM, Entscheidung v. 19.12.2007 in den Sachen COMP/34.579 – MasterCard, COMP/36.518 – EuroCommerce u. COMP/38.580 – Commercial Cards, Rn. 434 u. Rn. 435 (Schaubild 12).

1228 Vgl. KOM, Entscheidung v. 19.12.2007 in den Sachen COMP/34.579 – MasterCard, COMP/36.518 – EuroCommerce u. COMP/38.580 – Commercial Cards, Rn. 434 u. Rn. 435 (Schaubild 12).

1229 Vgl. auch noch *Hofmann*, Wettbewerb bei VISA und MasterCard, WuW 2006, 17, 19.

1230 Vgl. KOM, Entscheidung v. 19.12.2007 in den Sachen COMP/34.579 – MasterCard, COMP/36.518 – EuroCommerce u. COMP/38.580 – Commercial Cards, Rn. 435.

1231 Eine größere Verhandlungsmacht der größeren Händler folgt üblicherweise aus dem Umstand, dass die Geschäftsbeziehung zwischen den Acquirern und den Händlern regelmäßig nicht auf den Bereich des Kreditkartengeschäfts beschränkt ist. Die unternehmerische Vernunft kann die Acquirer – je nach den Umständen des Einzelfalles – dazu veranlassen, größeren Händlern günstigere Konditionen bei der Kartenakzeptanz einzuräumen, weil weitere Bestandteile der Geschäftsbeziehung (insbesondere die Gewährung von Krediten) eine beträchtliche Einnahmequelle der Acquirer darstellen.

1232 Vgl. KOM, Entscheidung v. 19.12.2007 in den Sachen COMP/34.579 – MasterCard, COMP/36.518 – EuroCommerce u. COMP/38.580 – Commercial Cards, Rn. 435.

kleineren Händlern unter Umständen höher seien als bei größeren Händlern."[1233] Sofern die größeren Händler geringere Gebühren zu entrichten hätten, sei dies lediglich ein Hinweis darauf, dass es ihnen möglich gewesen sei, eine geringere Gewinnmarge zu erwirken.[1234] Dieser Einwand ändert indes nichts an dem grundlegenden Ergebnis dieser zweiten Untersuchung. Die zweite Analyse hat jedenfalls gezeigt, dass die Händlergebühren, die seitens eines Vertragsunternehmens für Acquiring-Dienstleistungen zu entrichten waren, niedriger gewesen wären, wenn die Acquirer keine multilateralen Interbankenentgelte hätten zahlen müssen.[1235] Selbst den größeren Händlern war es nämlich in der Regel nicht möglich, unterhalb der Interbankenentgeltsätze liegende Händlergebühren auszuhandeln.[1236]

III. Zwischenergebnis und Bewertung der Ergebnisse der Untersuchungen

Die multilateral festgelegte Höhe der MIF wirkt sich als Preisuntergrenze der Händlergebühren aus. Das Niveau der MIF entfaltet unmittelbare Auswirkungen auf die Freiheiten der Acquirer bei der Festlegung der MSC.[1237] Die MIF legt eine Untergrenze hinsichtlich der Höhe der Händlergebühren fest und entfaltet zumindest in diesem Umfang Auswirkungen auf den Preiswettbewerb zwischen den Acquirern.[1238] Die multilateralen Interbankenentgelte führen zu einer künstlichen

1233 Vgl. KOM, Entscheidung v. 19.12.2007 in den Sachen COMP/34.579 – MasterCard, COMP/36.518 – EuroCommerce u. COMP/38.580 – Commercial Cards, Rn. 447.

1234 Vgl. KOM, Entscheidung v. 19.12.2007 in den Sachen COMP/34.579 – MasterCard, COMP/36.518 – EuroCommerce u. COMP/38.580 – Commercial Cards, Rn. 447.

1235 Vgl. KOM, Entscheidung v. 19.12.2007 in den Sachen COMP/34.579 – MasterCard, COMP/36.518 – EuroCommerce u. COMP/38.580 – Commercial Cards, Rn. 448.

1236 Freilich ist es denkbar, dass die Händlergebühr in einigen Fällen unter der Höhe der MIF liegt. Diese Einzelfälle ändern jedoch nichts an dieser Schlussfolgerung. Zum einen werden die MIF in der überwiegenden Anzahl der Fälle im Wege höherer MSC an die Händler weitergegeben. Zum anderen liegt es nahe, dass selbst in jenen Ausnahmefällen, in denen die MSC geringer als die MIF sind, den Händlern ohne die Existenz einer MIF (noch) niedrigere MSC offerieren und in Rechnung stellen könnten, vgl. auch EuG, Entscheidung v. 24.05.2012, Rs. T-111/08 – MasterCard, Rn. 144 ff. (insbesondere Rn. 164).

1237 Vgl. WEKO, Verfügung v. 05.12.2005, RPW 2006/1, 65, S. 84, Rn. 152 u. S. 93, Rn. 224.

1238 Vgl. KOM, Entscheidung v. 24.07.2002, COMP/29.373 – Visa International II – Multilateral Interchange Fee, ABl. EG v. 22.11.2002, L 318/17, S. 28, Rn. 68; WEKO, Verfügung v. 05.12.2005, RPW 2006/1, 65, S. 93, Rn. 224; ähnlich *Evans/Schmalensee*, Paying with Plastic, 2. Aufl., 2005, S. 131 u. S. 160. Dies wurde auch nicht seitens MasterCard nicht bestritten, vgl. KOM, Entscheidung v. 19.12.2007 in den Sachen COMP/34.579 – MasterCard, COMP/36.518 – EuroCommerce u. COMP/38.580 – Commercial Cards, Rn. 404. In der Rechtssache MasterCard et al. äußerte sich ferner eine Mineralölgesellschaft während des Kommissionsverfahrens dahingehend, dass kaum Preisverhandlungsspielraum seitens der akquirierenden Unternehmen bestehe, zumal „die hohen Interbankenentgelte nur wenig Potential

Mindestpreisfestsetzung im Hinblick auf die Händlergebühren.[1239] Dies gilt sowohl in Bezug auf kleinere als auch größere Händler.[1240]

Es handelt sich um einen Kostenbestandteil, der geeignet erscheint, den Preiswettbewerb zwischen Acquirer in bedeutsamem Maße zu beeinträchtigen. Zumal die Acquirer ihre Einnahmen aus der, den Händler auferlegten MSC erzielen, werden die MIF über die Einnahmen aus den Händlergebühren kompensiert und dementsprechend an die Vertragsunternehmen weitergereicht.[1241] In Anbetracht dessen bewirken die MIF die Festlegung eines Mindestpreises.[1242] Selbst ein Acquirer, der keinerlei Gewinne erzielen wollte, müsste die Händlergebühren zumindest der Höhe nach auf dem Niveau der jeweiligen MIF ansiedeln, um auf Dauer „überlebensfähig" bleiben zu können.[1243] Ohne eine MIF wäre nicht bloß ein Teil der Händlergebühren, sondern die Händlergebühr in voller Höhe dem Wettbewerb zwischen den Acquirern ausgesetzt. Diesem Wettbewerb wird ein, der Höhe der MIF entsprechender Teil der MSC weitestgehend entzogen; ein wesentlicher Anteil der MSC wird insofern nicht im Wege eines freien Wettbewerbsprozesses festgelegt bzw. ausgehandelt.[1244]

§ 2. Die Ausgestaltung der MIF als Fallback Fee

In Anbetracht des Aspekts, dass es sich bei den intraregionalen MIF um – als Fallback Fee ausgestaltete – Standard-Interbankenentgelte handelt, finden diese MIF ebenfalls auf Inlandstransaktionen Anwendung, sofern keine vorrangigen inländischen MIF existieren oder sonstige speziellere Entgeltsätze eingreifen.[1245]

---

für Preisunterschiede zulassen" würden. Auch eine britische Supermarktkette monierte, dass zwischen den Acquirern nur eine eingeschränkte Konkurrenz anzutreffen sei, da die Interchange Fees einen bedeutsamen Anteil von deren Kosten darstellen und diese Kosten auf die Vertragsunternehmen abgewälzt würden, vgl. KOM, Entscheidung v. 19.12.2007 in den Sachen COMP/34.579 – MasterCard, COMP/36.518 – EuroCommerce u. COMP/38.580 – Commercial Cards, Rn. 438; vgl. ferner EuG, Entscheidung v. 24.05.2012, Rs. T-111/08 – MasterCard, Rn. 157 ff.

1239 Vgl. KOM, Entscheidung v. 19.12.2007 in den Sachen COMP/34.579 – MasterCard, COMP/36.518 – EuroCommerce u. COMP/38.580 – Commercial Cards, Rn. 408 u. Rn. 410.

1240 Vgl. KOM, Entscheidung v. 19.12.2007 in den Sachen COMP/34.579 – MasterCard, COMP/36.518 – EuroCommerce u. COMP/38.580 – Commercial Cards, Rn. 435.

1241 Vgl. WEKO, Verfügung v. 05.12.2005, RPW 2006/1, 65, S. 93, Rn. 224.

1242 Vgl. WEKO, Verfügung v. 05.12.2005, RPW 2006/1, 65, S. 93, Rn. 224; EuG, Entscheidung v. 24.05.2012, Rs. T-111/08 – MasterCard, Rn. 143.

1243 Vgl. zu diesem Aspekt auch WEKO, Verfügung v. 05.12.2005, RPW 2006/1, 65, S. 85, Rn. 154.

1244 Vgl. KOM, Entscheidung v. 19.12.2007 in den Sachen COMP/34.579 – MasterCard, COMP/36.518 – EuroCommerce u. COMP/38.580 – Commercial Cards, Rn. 448.

1245 Vgl. KOM, Entscheidung v. 19.12.2007 in den Sachen COMP/34.579 – MasterCard, COMP/36.518 – EuroCommerce u. COMP/38.580 – Commercial Cards, Rn. 417.

Die intraregionalen MIF gelten standardmäßig auch für Inlandstransaktionen in diversen Mitgliedstaaten des EWR.[1246] Den Mitgliedsbanken eines bestimmten Landes ist überdies möglich, die EWR-Standard-Interbankenentgelte ausdrücklich für inländische Zahlungskartentransaktionen anwendbar zu erklären.[1247] Mitunter auch aus diesem Grunde entfaltet die multilaterale Festsetzung dieser MIF mehr als nur geringfügige Auswirkungen und geht in seinem Anwendungsbereich weit über grenzüberschreitende Transaktionen hinaus.[1248]

Jedes der akquirierenden Unternehmen sieht sich einer Kostenbelastung durch die MIF ausgesetzt, sofern sie nicht in der Lage sind, günstigere bilaterale Interbankenentgelte mit den Issuern zu vereinbaren.[1249] Diese Kosten werden nicht nur seitens eines einzigen Acquirers als Bestandteil der Händlergebühren an die Vertragsunternehmen weitergeleitet. Vielmehr agieren sämtliche Acquirer entsprechend; es entsteht ein Kumulationseffekt aufgrund des entsprechend konformen Verhaltens der Acquirer.[1250]

Die multilaterale Festlegung der MIF schafft eine künstliche Basis der Kosten sämtlicher Acquirer.[1251] Die MIF generiert allen akquirierenden Unternehmen Kosten in gleicher Höhe und belastet sie damit auch in gleicher Weise.[1252] Die MIF

1246 Vgl. auch KOM, Entscheidung v. 19.12.2007 in den Sachen COMP/34.579 – MasterCard, COMP/36.518 – EuroCommerce u. COMP/38.580 – Commercial Cards, Rn. 416.

1247 Vgl. KOM, Entscheidung v. 19.12.2007 in den Sachen COMP/34.579 – MasterCard, COMP/36.518 – EuroCommerce u. COMP/38.580 – Commercial Cards, Rn. 419 f.

1248 Vgl. auch KOM, Entscheidung v. 19.12.2007 in den Sachen COMP/34.579 – MasterCard, COMP/36.518 – EuroCommerce u. COMP/38.580 – Commercial Cards, Rn. 416 (vgl. hierzu ferner den Abdruck der abweichenden Auffassung von *MasterCard* in Rn. 416, Fn. 484 dieser Entscheidung). Die seitens Visa Europe festgelegten multilateralen Interbankenentgelte für Kreditkartenzahlungengelten gelten für inländische Transaktionen in Belgien, Irland, Island, Italien, Lettland, Luxemburg, Malta, Niederlande, Schweden und Ungarn, vgl. KOM, Pressemitteilung v. 26.02.2014, IP/14/197, S. 2. Entsprechendes gilt hinsichtlich der intraregionalen MIF für Debitkarten; so gelten die intraregionalen multilateralen Interbankenentgelte von Visa Europe bei Transaktionen mittels jener Visa-Debitkarten, die in Griechenland, Irland, Island, Italien, Malta, Niederlande (nur Prepaid-Karten), Luxemburg und Ungarn (nur Prepaid-Karten) sowie Schweden emittiert wurden, KOM, Beschluss v. 08.12.2010, COMP/39.398 – Visa MIF, Rn. 1, Fn. 3.

1249 Vgl. auch *Tosza*, Payment Card Systems, YARS, 2009, Vol. 2, No. 2, 125, 131.

1250 Vgl. noch EuG, Entscheidung v. 24.05.2012, Rs. T-111/08 – MasterCard, Rn. 133 f.

1251 Vgl. KOM, Entscheidung v. 19.12.2007 in den Sachen COMP/34.579 – MasterCard, COMP/36.518 – EuroCommerce u. COMP/38.580 – Commercial Cards, Rn. 410; vgl. ferner VO (EU) 2015/751 des Europäischen Parlaments und des Rates vom 29. April 2015 über Interbankenentgelte für kartengebundene Zahlungsvorgänge, Abl. EU v. 19.05.2015, L 123/1, S. 2, Erw. 10.

1252 Ähnlich die Argumentation von MasterCard, vgl. KOM, Entscheidung v. 19.12.2007 in den Sachen COMP/34.579 – MasterCard, COMP/36.518 – EuroCommerce

wird nicht nur einem einzelnen akquirierenden Unternehmen oder Acquirer-Typ im Vergleich zu anderen akquirierenden Unternehmen auferlegt.

Bei Acquirer handelt es sich um wirtschaftlich auf Gewinnerzielung ausgerichtete Unternehmen. Kostenbestanteile werden daher grundsätzlich in den seitens der Acquirer erhobenen Entgelten eingepreist.[1253] Ohne Inkaufnahme von (dauerhaften) Verlusten können die Acquirer nämlich – jedenfalls auf längere Sicht – keine MSC-Raten unterhalb des Niveaus der MIF anbieten. Zumal sämtliche Acquirer gleichermaßen mit Kosten in Gestalt der MIF belastet werden und diese Kostenbelastung sodann seitens der Acquirer an die Vertragsunternehmen weitergereicht wird, bestehen für die Vertragsunternehmen keine Ausweichmöglichkeiten.

In Anbetracht dessen wirkt die multilaterale Festsetzung der IC Fees harmonisierend in Bezug auf ein bedeutsames Preiselement der Händlergebühren und bildet eine Untergrenze der Händlergebühren; eine eigenständige Gestaltung der MSC-Sätze durch die Acquirer unterbleibt in diesem Umfang.[1254]

Hieraus mag man folgern, dass die MIF bzw. deren Anwendung auf die jeweilige Transaktion nicht zu einer Begünstigung bestimmter Acquirer bzw. Acquirer-Typen führt und diese Entgelte aufgrund ihrer vereinheitlichenden Struktur den Preiswettbewerb unter den akquirierenden Unternehmen bezüglich der MSC nicht berührt, sich mithin in letzter Konsequenz neutral auswirkt.[1255] Indes würde eine solche Sichtweise den Wertungen des Art. 101 Abs. 1 AEUV nicht gerecht werden. Nach Art. 101 Abs. 1 lit. a AEUV unterfällt insbesondere die unmittelbare oder mittelbare Festsetzung der An- oder Verkaufspreise dem Tatbestandsmerkmal der Verhinderung, Einschränkung oder Verfälschung des Wettbewerbs. Multilaterale Interbankenentgelte bedingen einen künstlichen Kostenbestandteil für die akquirierenden Unternehmen und generieren ein Mindestniveau der Händlergebühren.[1256]

Visa Europe verpflichtete sich im Jahre 2010 „alle grenzüberschreitenden und inländischen MIF auf ihrer Website so zu veröffentlichen, dass die anwendbaren Interbankenentgeltsätze für alle Arten von Transaktionen erkennbar sind und zu verlangen, dass die Acquirer die Händler über diese Veröffentlichung informieren."[1257] Dies mag mit einer Steigerung der Transparenz einhergegangen sein und

---

u. COMP/38.580 – Commercial Cards, Rn. 455; vgl. in diesem Kontext auch EuGH, Entscheidung v. 11.09.2014, Rs. C-382/12 P – MasterCard, Rn. 139.

1253 Vgl. auch *Mundt/Buch*, Kollektive Interbankenentgelte, WM 2001, 2142, 2146.

1254 Vgl. WEKO, Verfügung v. 05.12.2005, RPW 2006/1, 65, S. 93, Rn. 224.

1255 In diesem Sinne etwa MasterCard, vgl. dazu KOM, Entscheidung v. 19.12.2007 in den Sachen COMP/34.579 – MasterCard, COMP/36.518 – EuroCommerce u. COMP/38.580 – Commercial Cards, Rn. 455.

1256 Vgl. KOM, Entscheidung v. 19.12.2007 in den Sachen COMP/34.579 – MasterCard, COMP/36.518 – EuroCommerce u. COMP/38.580 – Commercial Cards, Rn. 458; EuG, Entscheidung v. 24.05.2012, Rs. T-111/08 – MasterCard, Rn. 143.

1257 Vgl. KOM, Beschluss v. 08.12.2010, COMP/39.398 – Visa MIF, Rn. 26c, abrufbar unter: http://ec.europa.eu/competition/antitrust/cases/dec_docs/39398/39398_6931_6.pdf.

allgemein geeignet sein, die Acquirer davon abzuhalten unter bloßem Hinweis auf die MIF solche Händlergebühren einzufordern, die bei weitem ihre Kosten überschreiten und ihnen höhere Gewinne gewährleisten. Auf der anderen Seite legen die bisherigen Entwicklungen aber nahe, dass selbst dies auf längere Sicht nicht zu einer Stärkung der Verhandlungsposition der Vertragsunternehmen gegenüber den Acquirern führt. Auch weiterhin – und zwar auch unter Berücksichtigung der Implementierung von Höchstgrenzen im Zuge der Verordnung über Interbankenentgelte – bleibt die MIF ein Bestandteil der Kosten der Acquirer und damit ein Posten, der in die Kalkulation der MSC miteingestellt wird.

Die Kostenstrukturen von Wettbewerbern entziehen sich im Regelfall der Kenntnis der Konkurrenten.[1258] Durch die Verpflichtung der Acquirer zur Entrichtung der MIF und die Kenntnis eines jeden akquirierenden Unternehmens im Hinblick auf die Höhe der Interbankenentgelte werden diese Unsicherheiten der Acquirer (jedenfalls teilweise) beseitigt.[1259] Dies führt zu einem – jedenfalls über die Kreditkartenorganisationen vermittelten – Informationsaustausch zwischen den konkurrierenden Acquirern. Auch dies birgt Risiken für einen freien Wettbewerb. Ein Informationsaustausch eröffnet Möglichkeiten zur kollektiven Verhaltensabstimmung.[1260]

Seitens der Händler wurde insbesondere darauf verwiesen, dass sie in Ermangelung einer multilateralen Festsetzung von Interbankenentgelten Druck auf die akquirierenden Unternehmen ausüben könnten.[1261] Vielfach monierten die Händler auch, dass die Acquirer die MSC in Höhe der MIF als nicht verhandelbar darstellen. So seien die akquirierenden Unternehmen in diesem Fall in der Lage, ihre Preisfestsetzung unter Berufung auf den durch Interbankenentgelte umfassten Anteil der MSC festzusetzen.[1262]

Ohne eine Fallback Fee würden hingegen keine standardmäßig Interbankenentgelte Anwendung finden, so dass die Vertragsunternehmen sich diejenigen

---

1258 Vgl. hierzu KOM, Entscheidung v. 19.12.2007 in den Sachen COMP/34.579 – MasterCard, COMP/36.518 – EuroCommerce u. COMP/38.580 – Commercial Cards, Rn. 458.

1259 Vgl. KOM, Entscheidung v. 19.12.2007 in den Sachen COMP/34.579 – MasterCard, COMP/36.518 – EuroCommerce u. COMP/38.580 – Commercial Cards, Rn. 458.

1260 Vgl. hierzu etwa auch EuG, Urteil v. 27.10.1994, Rs. T-35/92 – John Deere, Slg. 1994, II-957; EuGH, Urteil v. 28.05.1998, Rs. C-7/95 P – John Deere, Slg. 1998, I-3111; vgl. ferner noch KOM, Leitlinien zur Anwendbarkeit von Artikel 101 des Vertrags über die Arbeitsweise der Europäischen Union auf Vereinbarungen über horizontale Zusammenarbeit, ABl. EU v. 14.01.2011, C 11/1, S. 13 ff., Rn. 55 ff.

1261 Vgl. hierzu KOM, Entscheidung v. 19.12.2007 in den Sachen COMP/34.579 – MasterCard, COMP/36.518 – EuroCommerce u. COMP/38.580 – Commercial Cards, Rn. 460.

1262 Vgl. auch KOM, Entscheidung v. 19.12.2007 in den Sachen COMP/34.579 – MasterCard, COMP/36.518 – EuroCommerce u. COMP/38.580 – Commercial Cards, Rn. 460; EuG, Entscheidung v. 24.05.2012, Rs. T-111/08 – MasterCard, Rn. 133 f.

akquirierendem Unternehmen als Vertragspartner des Akquisitionsvertrages aussuchen könnten, deren IC Fees am kleinsten bzw. deren Händlergebühren auf dem niedrigsten am Markt anzutreffenden Niveau angesiedelt sind.[1263] Das MSC unterläge in Ermangelung einer kollektiven Mindestkostenhöhe der Acquirer grundsätzlich in vollem Umfang den Verhandlungen der Vertragsparteien des Akquisitionsvertrages.[1264] Es stünde zu erwarten, dass akquirierende Unternehmen, die bilateral relativ hohe Interbankenentgeltverpflichtungen eingehen würden, auf längere Sicht nicht wettbewerbsfähig bleiben könnten, zumal ihre Konkurrenten im Akquisitionsbereich sich „bilateralen Vereinbarungen" von vornherein verschließen bzw. geringere IC Fees vereinbaren würden und den Vertragsunternehmen in Anbetracht dessen niedrigere MSC offerieren könnten.[1265]

Mangels Offenlegung der bilateral ausgehandelten Sätze würde ein Abwärtstrend der Interbankenentgeltsätze in Anbetracht des zu verzeichnenden, auf die Acquirer wirkenden Drucks in Gang gesetzt werden.[1266] Teils wird gar prognostiziert, dass ohne MIF bei langfristiger Betrachtung zu erwarten steht, dass dies eine Abwicklung zwischen Emittenten und Acquirern „zum Nennwert der Zahlung", also ohne Erhebung etwaiger Interbankenentgelte, zur Folge hätte.[1267]

§ 3. Die MIF als Referenzwert

Üblicherweise fungieren die intraregionalen Standard-Interbankenentgelte als Referenzwert sowohl hinsichtlich inländischer Interbankenentgelte wie auch bilateraler Interbankenentgelte.

I. Auswirkungen auf die Festlegungen sonstiger MIF-Sätze

Im Hinblick auf die Verhandlungen inländischer Interchange Fee-Sätze stellen die intraregionalen MIF einen Richtwert dar.[1268] Unter Berücksichtigung des Charakters des intraregionalen MIF als Fallback Fee kommt es zu einer Festlegung der inländischen MIF durch die für die Geschäftsregion zuständigen Gremien der

---

1263 Vgl. hierzu KOM, Entscheidung v. 19.12.2007 in den Sachen COMP/34.579 – MasterCard, COMP/36.518 – EuroCommerce u. COMP/38.580 – Commercial Cards, Rn. 460.

1264 Vgl. auch noch EuG, Entscheidung v. 24.05.2012, Rs. T-111/08 – MasterCard, Rn. 133 f.

1265 Vgl. KOM, Entscheidung v. 19.12.2007 in den Sachen COMP/34.579 – MasterCard, COMP/36.518 – EuroCommerce u. COMP/38.580 – Commercial Cards, Rn. 460.

1266 Vgl. KOM, Entscheidung v. 19.12.2007 in den Sachen COMP/34.579 – MasterCard, COMP/36.518 – EuroCommerce u. COMP/38.580 – Commercial Cards, Rn. 460.

1267 Vgl. etwa KOM, Entscheidung v. 19.12.2007 in den Sachen COMP/34.579 – MasterCard, COMP/36.518 – EuroCommerce u. COMP/38.580 – Commercial Cards, Rn. 460.

1268 Vgl. KOM, Entscheidung v. 19.12.2007 in den Sachen COMP/34.579 – MasterCard, COMP/36.518 – EuroCommerce u. COMP/38.580 – Commercial Cards, Rn. 421.

Kreditkartenorganisationen. Den Issuern und Acquirern wird die „Notwendigkeit" genommen, abweichende Gebühren zu vereinbaren respektive sich überhaupt um eine Verhandlung abweichender multilateraler und auf Inlandstransaktionen anwendbarer Interbankenentgelte zu bemühen.[1269]

Die Issuer verfügen als Mitglieder der Kartenorganisationen über (zumindest mittelbare) Mitbestimmungsrechte in jenen nationalen Gremien, die zur Festlegung der Höhe der DMIF berufen sind. Die Emittenten haben regelmäßig kein Interesse an einer Festsetzung inländischer MIF, deren Höhe unter dem Niveau des EWR-Standard-Interbankenentgelt-Satzes liegt.[1270] Gebräuchlich ist in diesem Zusammenhang, dass die intraregionalen MIF den Basissockel der seitens der akquirierenden Banken zu entrichteten Interbankenentgelte darstellen und diesem Betrag eine bestimmte Summe oder ein Prozentsatz hinzugerechnet wird.[1271] Mitunter auch dies belegt, dass die Standard-Interbankenentgelte den Ausgangspunkt der Verhandlungen bilden.

II. Auswirkungen hinsichtlich der Vereinbarung bilateraler Interbankenentgelte

Die Ausgestaltung der intraregionalen MIF als Fallback Fee steht oftmals der Vereinbarung abweichender bilateraler Interbankenentgelte entgegen.[1272]

Die MIF bilden auch hier einen Referenzwert für die bilaterale Vereinbarung von Interbankenentgelten. So hatte etwa der größte MasterCard-Acquirer in einem europäischen Mitgliedstaat mit den Emittenten vereinbart, und zwar im Rahmen einer bilateralen Verhandlung, dass an die Issuer über die MIF ein Zuschlag im Falle von Transaktionen mit Privatkundenkarten entrichtet wird.[1273]

Dies verhindert zugleich die Errichtung einer, auf einem autonomen Verhalten der akquirierenden und emittierenden Unternehmen basierenden Preisgestaltung. Gerade eine solche hätte aber das Potential, einzelfallorientierte Ergebnisse herbeizuführen. Jedenfalls wäre eine nicht an den intraregionalen MIF orientierte Ausgestaltung der Kosten- und Einkommensstrukturen innerhalb des Zahlungskarten-Systems dem freien Spiel der Wettbewerbskräfte überlassen und nicht im Wege eines kooperativen Verhaltens festgelegt.

1269 Vgl. KOM, Entscheidung v. 15.09.1999, IV/36.748 – REIMS II, ABl. EG v. 26.10.1999 L 275/17, S. 25, Rn. 69.

1270 Vgl. KOM, Entscheidung v. 19.12.2007 in den Sachen COMP/34.579 – MasterCard, COMP/36.518 – EuroCommerce u. COMP/38.580 – Commercial Cards, Rn. 421.

1271 Vgl. KOM, Entscheidung v. 19.12.2007 in den Sachen COMP/34.579 – MasterCard, COMP/36.518 – EuroCommerce u. COMP/38.580 – Commercial Cards, Rn. 424.

1272 In diese Richtung KOM, Entscheidung v. 15.09.1999, IV/36.748 – REIMS II, ABl. EG v. 26.10.1999 L 275/17, S. 25, Rn. 69.

1273 Vgl. KOM, Entscheidung v. 19.12.2007 in den Sachen COMP/34.579 – MasterCard, COMP/36.518 – EuroCommerce u. COMP/38.580 – Commercial Cards, Rn. 423.

III. Zwischenergebnis

Die Höhe der intraregionalen MIF wird sowohl für die Festlegung inländischer MIF als auch im Rahmen der Verhandlung bilateraler Interbankenentgelte als Referenzwert zu Grunde gelegt.[1274] In dieser Hinsicht unterscheiden sich die Auswirkungen dieses Entgelts nicht von denjenigen einer Empfehlung. Die Wirkungen der MIF gehen jedoch über die Wirkungen einer bloßen Empfehlung hinaus, zumal eine für alle Acquirer und Issuer des jeweiligen Systems verbindliche Fallback Fee festgesetzt wird. Ausweislich des Wortlauts von Art. 101 Abs. 1 lit. a AEUV unterfallen auch solche (mittelbaren) Preisfestsetzungen grundsätzlich dem Kartellverbot des Art. 101 AEUV.

§ 4. Die Auswirkungen der Hierarchieebenen der diversen Interbankenentgeltsätze auf das grenzüberschreitende Acquiring

Im Rahmen der bisherigen Ausführungen wurde zwar grundsätzlich der Charakter der MIF als Fallback Fee berücksichtigt. Die Ausgestaltung des Hierarchiegefüges zwischen den einzelnen Arten der Interbankenentgelte entfaltet jedoch weitaus umfangreichere Wechselwirkungen als bisher dargestellt:

Diese Wechselwirkungen offenbaren sich insbesondere, wenn man das grenzüberschreitende Akzeptanzgeschäft näher in Augenschein nimmt. Die Hierarchieebenen der unterschiedlichen Arten von Interbankenentgelten eröffnen diverse Möglichkeiten, dem Markteintritt neuer (und zwar insbesondere grenzüberschreitender) Acquirer entgegenzutreten. Jene Acquirer, die (auch) Acquiring-Dienstleistungen in Bezug auf Transaktionen außerhalb ihres Niederlassungsstaates bzw. desjenigen Staates, in dem sie sich etabliert haben, anbieten, werden als „grenzüberschreitende Acquirer" bzw. als „zentrale Acquirer" bezeichnet.[1275] Grenzüberschreitende Acquirer sind sowohl im MasterCard- als auch im Visa-System verpflichtet, im Falle einer grenzüberschreitenden Transaktion das standardmäßig im Zielland anwendbare MIF zu entrichten.[1276] Eine solche Verpflichtung besteht nur dann nicht, wenn entweder im Zielland keine DMIF existiert oder mit den – im Zielland ansässigen – Issuern bilaterale Entgelte ausgehandelt wurden. Zumal bilaterale Entgelte eigens mit jedem einzelnen Issuer ausgehandelt werden

1274 Vgl. KOM, Entscheidung v. 19.12.2007 in den Sachen COMP/34.579 – MasterCard, COMP/36.518 – EuroCommerce u. COMP/38.580 – Commercial Cards, Rn. 416.

1275 Vgl. etwa KOM, Entscheidung v. 19.12.2007 in den Sachen COMP/34.579 – MasterCard, COMP/36.518 – EuroCommerce u. COMP/38.580 – Commercial Cards, Rn. 413; KOM, Beschluss v. 08.12.2010, COMP/39.398 – Visa MIF, Rn. 21, Fn. 8.

1276 Vgl. zur Situation im MasterCard-System auch noch KOM, Entscheidung v. 19.12.2007 in den Sachen COMP/34.579 – MasterCard, COMP/36.518 – EuroCommerce u. COMP/38.580 – Commercial Cards, Rn. 413; vgl. ferner WEKO, Verfügung v. 05.12.2005, RPW 2006/1, 65, S. 84, Rn. 144.

müssen, unterliegen (zentrale) Acquirer daher in der Praxis üblicherweise einer Verpflichtung zur Entrichtung der im Zielland geltenden MIF.[1277]

I. Festlegung der DMIF unterhalb des Niveaus der intraregionalen MIF

Zunächst mag man insofern an den Fall denken, dass die DMIF unterhalb des Niveaus der intraregionalen MIF angesiedelt werden. Die Auswirkungen eines solchen Gebarens lassen sich anhand der Ausgestaltung des Visa-Systems vor dem Jahre 2010 illustrieren.[1278] Sofern im Visa-System ein grenzüberschreitender Acquirer einen Akzeptanzvertrag mit einem in einem anderen Land ansässigen Vertragsunternehmen abgeschlossen hatte und eine inländische Transaktion erfolgte, fanden seinerzeit die nationalen MIF auf die Transaktion nur Anwendung, wenn diese bei Visa Europe registriert waren.[1279] Ein grenzüberschreitender Acquirer war zu dieser Zeit in Fällen des grenzüberschreitenden Acquiring verpflichtet, die intraregionale MIF zu entrichten, sofern eine etwaige nationale MIF zwar festgelegt, aber nicht bei Visa Europe registriert war. Die Registrierung war freiwillig. Hierdurch wurde es den nationalen Systemteilnehmern ermöglicht, im Verhältnis zu den intraregionalen MIF niedrigere DMIF-Sätze festzulegen und deren Anwendung auf grenzüberschreitende Acquirer auszuschließen, indem sie diese nicht bei Visa Europe registrierten. Sie waren mithin in der Lage, die Geltung der niedrigeren DMIF auf inländische Acquirer zu begrenzen. Hierdurch konnten für die lokalen Acquirern günstigere (inländische) Marktbedingungen geschaffen und grenzüberschreitende Acquirer gezielt von Markteintritten abgehalten werden.[1280]

Im Zuge des seitens der Kommission im Jahre 2008 eingeleiteten Kartellverfahrens hinsichtlich der MIF im Visa-System[1281] änderte sich diese Situation. Visa Europe verpflichtete sich, durch die am 26. April 2010 unterbreiteten Verpflichtungszusagen unter anderem dazu, „von den Mitgliedern von Visa Europe zu verlangen, dass sie alle MIF-Sätze registrieren und diese auf Transaktionen mit grenzüberschreitend ausgegebenen Karten und auf Transaktionen, bei denen der Acquirer und der Händler in unterschiedlichen Staaten ansässig sind, an[zu]wenden".[1282] Die Kommission sah ihre Bedenken, „dass bestimmte grenzüberschreitende

---

1277 Vgl. auch KOM, Entscheidung v. 19.12.2007 in den Sachen COMP/34.579 – MasterCard, COMP/36.518 – EuroCommerce u. COMP/38.580 – Commercial Cards, Rn. 415.

1278 Vgl. KOM, Beschluss v. 08.12.2010, COMP/39.398 – Visa MIF, Rn. 21, Fn. 8, abrufbar unter: http://ec.europa.eu/competition/antitrust/cases/dec_docs/39398/39398_6931_6.pdf.

1279 Vgl. KOM, Beschluss v. 08.12.2010, COMP/39.398 – Visa MIF, Rn. 21, Fn. 8.

1280 Vgl. insofern auch KOM, Beschluss v. 08.12.2010, COMP/39.398 – Visa MIF, Rn. 21, Fn. 8.

1281 Vgl. KOM, Beschluss v. 08.12.2010, COMP/39.398 – Visa MIF.

1282 Vgl. KOM, Beschluss v. 08.12.2010, COMP/39.398 – Visa MIF, Rn. 26 (unter b)) sowie Art. 1 dieses Beschlusses in Verbindung mit Anhang I (überarbeitete

Acquirer aufgrund unterschiedlicher MIF-Sätze, die für sie und örtliche Acquirer gelten, vom Wettbewerb mit örtlichen Acquirern ausgeschlossen werden könnten [...] durch die Registrierungspflicht und die Anwendung der inländischen MIF-Sätze, die von den örtlichen Acquirern vereinbart werden, [als] ausgeräumt" an.[1283]

II. Festlegung der DMIF oberhalb des Niveaus der intraregionalen MIF

Nicht ganz so evident sind die Auswirkungen des Hierarchiegefüges der unterschiedlichen Arten von Interbankenentgelten, sofern die DMIF der Höhe nach oberhalb der intraregionalen MIF-Sätze angesiedelt werden. Dies ist der Regelfall.[1284]

Hier mag man prima facie annehmen, dass grenzüberschreitend agierende Acquirer gegenüber Inlandsacquirern nicht benachteiligt werden. Gerade hier spielt aber das Hierarchiegefüge der unterschiedlichen Arten der Interbankenentgelte sowie deren komplexes Zusammenspiel eine bedeutsame Rolle:

Die im Zielland bereits ansässigen Acquirer haben oftmals bilaterale Entgelte mit den national ansässigen Emissionsbanken vereinbaren können. Diese bilateral ausgehandelten Entgelte liegen der Höhe nach oftmals (wiederum) unter dem Niveau der inländischen und auch der intraregionalen MIF.[1285] Es liegt auf der Hand, dass den lokalen Acquirern hierdurch Wettbewerbsvorteile gegenüber grenzüberschreitenden Acquirern erwachsen, zumal sie den lokalen Händlern günstigere Händlergebühren anbieten können. Den grenzüberschreitenden Acquirern entsteht hierdurch im Zielland ein „künstlich verursachter Kostennachteil".[1286] Dieser Kostennachteil bzw. dieses Preisgefälle kann dazu führen, dass ausländische Acquirer von vornherein davon absehen, in anderen Ländern das Acquiring-Geschäft zu betreiben, und sie insoweit vom Markteintritt abhalten.[1287]

Die Bereitschaft der Issuer zur bilateralen Vereinbarung niedriger Entgelte für inländische Acquirer wird durch diverse, miteinander in Zusammenhang stehende Faktoren begünstigt: Die überwiegende Anzahl der Händler steht in akquisitionsvertraglicher Beziehung zu Inlandsacquirern. Die Transaktionsvolumina der inländischen Händler, die Verträge mit inländischen Acquirern abgeschlossen haben,

---

Verpflichtungszusagen). Die Situation im Visa-System entspricht daher heute insoweit im Wesentlichen derjenigen im MasterCard-System.

1283 Vgl. KOM, Beschluss v. 08.12.2010, COMP/39.398 – Visa MIF, Rn. 49.

1284 Vgl. KOM, Entscheidung v. 19.12.2007 in den Sachen COMP/34.579 – MasterCard, COMP/36.518 – EuroCommerce u. COMP/38.580 – Commercial Cards, Rn. 413

1285 Vgl. KOM, Entscheidung v. 19.12.2007 in den Sachen COMP/34.579 – MasterCard, COMP/36.518 – EuroCommerce u. COMP/38.580 – Commercial Cards, Rn. 415.

1286 Vgl. KOM, Entscheidung v. 19.12.2007 in den Sachen COMP/34.579 – MasterCard, COMP/36.518 – EuroCommerce u. COMP/38.580 – Commercial Cards, Rn. 415.

1287 Vgl. KOM, Entscheidung v. 19.12.2007 in den Sachen COMP/34.579 – MasterCard, COMP/36.518 – EuroCommerce u. COMP/38.580 – Commercial Cards, Rn. 415; vgl. ferner WEKO, Verfügung v. 05.12.2005, RPW 2006/1, 65, S. 83, Rn. 143.

übersteigen regelmäßig um ein Vielfaches die Transaktionsvolumina, die über grenzüberschreitend agierende Acquirer abgewickelt werden. Demnach erzielen die Issuer auch höhere Einnahmen über diese Acquirer.

Zugleich werden den Issuern umsatzstarker Karten oftmals von den Acquirern höhere bilaterale Interbankenentgelte als Anreiz in Aussicht gestellt, wenn die seitens des Issuers emittierten Karten Transaktionsvolumina oberhalb von bestimmten Schwellenwerten erreichen. Auch die Untersuchung der Kommission zeigte, dass es durchaus praxisüblich ist, einer emittierenden Bank ein erhöhtes Interbankenentgelt für den Fall zuzusagen, dass mittels der seitens dieses Emittenten ausgegebenen Karten bei den seitens des jeweiligen Acquirer angeworbenen Vertragsunternehmen ein Transaktionsvolumen generiert wird, das einen bestimmten Schwellenwert überschreitet.[1288] Dass sich die lokalen Acquirer in diesem Fall höheren Kosten durch die Entrichtung der Interbankenentgelte ausgesetzt sehen, wird für die Acquirer letztlich durch die Zunahme ihrer eigenen transaktionsvolumenabhängigen Einnahmen aus dem die Interbankenentgelte übersteigenden Anteil der Händlergebühren kompensiert.

Wenngleich auch (teilweise) die im Inland aktiven Acquirer bei Festlegung höherer MIF-Sätze – sofern sie bilateral keine niedrigeren Interbankenentgelte aushandeln konnten – selbst höhere IC Fees an die Issuer abführen, vermag die Abwehr neuer Markteintritte von weiteren Wettbewerbern diese „Verluste" zu kompensieren. Insbesondere kann einer „Tiefpreis"-Strategie von Newcomern begegnet werden. Jeder neue Marktteilnehmer könnte seine Händlergebühren allenfalls über einen kurzen Zeitraum unter die DMIF-Sätze absenken. Auf Dauer wäre auch ein Newcomer darauf angewiesen, die Händlergebühren der Höhe nach über dem Niveau der MIF anzusiedeln. Hierdurch wird gleichsam ein Markteintritt weniger lukrativ und damit in geringerem Maße aussichtsreich als der Eintritt in den Acquiring-Markt in einem Staat, in dem die DMIF in Relation niedriger sind und sich aufgrund dessen höhere Gewinne erzielen lassen (würden). Hinzu kommt der Aspekt, dass grenzüberschreitende Acquirer regelmäßig auch als Inlandsacquirer tätig sind und das Inlandsgeschäft einen nicht unerheblichen Anteil der Einnahmen dieser Acquirer ausmacht. Insofern gilt: Die Ausländer in einem Land sind die Inländer in einem anderen Land; ein grenzüberschreitend tätiger Acquirer, der sich gegen Benachteiligungen seiner grenzüberschreitenden Tätigkeit wehren würde, könnte sich letztlich selbst schädigen, sofern er in dem Land, in dem er sich selbst etabliert hat, im Falle des Erfolges seiner Gegenwehr ein Signal setzen und sich seine eigenen Vorteile auf seinem Inlandsmarkt zunichtemachen würde.

Dass die Festlegung verhältnismäßig hoher DMIF-Sätze bzw. jedenfalls auf einem Niveau über den intraregionalen MIF angesiedelter MIF tatsächlich zu Marktabschottungen führen kann, wird unter anderem anhand der Entwicklungen in der Schweiz deutlich. In der Schweiz konnte beobachtet werden, dass die

1288 Vgl. KOM, Entscheidung v. 19.12.2007 in den Sachen COMP/34.579 – MasterCard, COMP/36.518 – EuroCommerce u. COMP/38.580 – Commercial Cards, Rn. 423.

DMIF auf einem Niveau festgelegt wurde, welches die intraregionalen Sätze überstieg. Zwar waren in der Schweiz ausländische Acquirer aktiv. Gleichwohl konnten lediglich zwei von etwa zehn ausländischen Acquirern in der Schweiz Fuß fassen.[1289]

Die Existenz niedriger bilateraler Entgelte in Kombination mit einer DMIF über dem Niveau der intraregionalen MIF verstärkt also letztlich die auf Seiten der zentralen Acquirer entstehenden Nachteile; dies steigert gleichsam abschreckende Wirkungen gegenüber Newcomern und begünstigt einstweilen die zu verzeichnenden Marktabschottungseffekte.

III. Die strukturellen Verflechtungen

Diese wettbewerbsschädlichen Auswirkungen der multilateralen Interbankenentgelte werden durch weitere Gegebenheiten begünstigt, die üblicherweise und vor allem innerhalb eines Staates anzutreffen sind. Es handelt sich insbesondere um den Umstand, dass zwischen den Acquirern und den Issuern strukturelle Verflechtungen sowohl in personeller als auch finanzieller Art und Weise existieren, wobei die Acquirer in diesen Fällen regelmäßig unter der Kontrolle der Issuer stehen.[1290] Derart verbundene Issuer und Acquirer können untereinander bilateral ein inter partes geltendes, gegenüber den multilateralen Interbankenentgelten vorrangiges Interbankenentgelt vereinbaren.

Man spricht insofern von sog. „on us"-Transaktionen. Ein „on us"-Zahlungsvorgang (im engeren Sinne), welcher teils auch als interne Transaktion bezeichnet wird, liegt vor, sofern zwischen emittierendem und akquirierendem Unternehmen eine Personenidentität besteht.[1291] In einem weiteren Sinne wird der Begriff der „on us"-Transaktion auch gebraucht, sofern zwar keine Personenidentität zwischen Emittent und Acquirer gegeben ist, sie aber einer gemeinsamen Gruppe von Banken angehören.[1292]

Gerade in Anbetracht der früher anzutreffenden No-Acquiring-without-Issuing-Rule (NAWIR) bzw. Issue-before-Acquire-Rule ist in diesem Kontext zu

---

1289 Vgl. WEKO, Verfügung v. 05.12.2005, RPW 2006/1, 65, S. 83, Rn. 143.

1290 Vgl. zur Bedeutung dieses Aspekt auch die Stellungnahme des VEZ, wiedergegeben in: WEKO, Verfügung v. 05.12.2005, RPW 2006/1, 65, S. 77, Rn. 77.

1291 Vgl. KOM, Entscheidung v. 19.12.2007 in den Sachen COMP/34.579 – MasterCard, COMP/36.518 – EuroCommerce u. COMP/38.580 – Commercial Cards, Rn. 558; KOM, Arbeitsdokument v. 31.01.2007, Untersuchung des Retail-Bankgeschäfts (Abschlussbericht), COM(2007) 33 final, SEC(2007) 106, S. 172.

1292 Vgl. KOM, Arbeitsdokument v. 31.01.2007, Untersuchung des Retail-Bankgeschäfts (Abschlussbericht), COM(2007) 33 final, SEC(2007) 106, S. 172. Eine „on us"-Transaktion im weiteren Sinne liegt beispielsweise vor, wenn es sich bei einem Unternehmen um die Tochtergesellschaft des anderen Unternehmens handelt, ein Unternehmen über Beteiligungen an dem anderen Unternehmen verfügt oder beide Unternehmen Mitglieder derselben Bankengruppe sind.

berücksichtigen, dass die meisten akquirierenden Unternehmen in irgendeiner Art und Weise im Emissionsgeschäft tätig sein mussten und dies auch waren.[1293] Nach der NAWIR war ein direkter Einstieg in das Acquiring-Geschäft ohne eine (vorherige oder zumindest gleichzeitige) Tätigkeit im Emissionsgeschäft grundsätzlich ausgeschlossen.[1294]

Dieser historische Kontext wirkt – auch nach dem weitgehenden Wegfall dieser Systemregel – bis in die heutige Zeit fort. Oftmals wurden die Akquisitionstätigkeiten in der Vergangenheit auf juristisch verselbständigte Unternehmen (die unter anderer Firma betrieben werden) ausgelagert. Bei Acquirern handelt es sich regelmäßig um auf das Akquisitionsgeschäft ausgerichtete und spezialisierte Unternehmen; anders als die Issuer sind die meisten Acquiring-Unternehmen zumeist selbst keine Kreditinstitute. Vielfach handelt es sich bei den akquirierenden Unternehmen um solche, die Bestandteil einer Bankengruppe oder Tochtergesellschaften der Emittenten sind. Auch ist es nicht unüblich, dass mehrere Emittenten gemeinsame Anteilseigner eines akquirierenden Unternehmens sind.

Bilaterale Verhandlungen zwischen Unternehmen, die in gewissem Umfang die gleichen Interessen verfolgen, sehen sich wiederum beträchtlichen Bedenken ausgesetzt. Insbesondere lokale Issuingbanken vereinbaren mit den konzernzugehörigen und bereits etablierten Acquirern von der DMIF abweichende Interbankenentgelte.[1295] Dies eröffnet Issuern und Acquirern, die in einer – wie auch immer gearteten – Nähebeziehung zueinander stehen, die Möglichkeit, die aufgezeigten Marktabschottungseffekte zu intensivieren.[1296]

Eine hohe multilaterale IC Fee begünstigt augenscheinlich die Marktposition derjenigen Acquirer, die eine geringere IC Fee aufgrund bilateraler IC Fee-Vereinbarungen entrichten. Die Ausgestaltung der MIF als Fallback Fee und das Verhältnis zwischen MIF und bilateralen IC Fees eröffnet daher auch die Möglichkeit der Benachteiligung nicht „konzernzugehöriger" Acquirer.

Insoweit muss auch berücksichtigt werden, dass die Acquirer, denen im Wege bilateraler Vereinbarungen geringere IC Fees auferlegt werden, die Existenz einer entsprechenden Vereinbarung nicht offenlegen müssen.[1297] Die an diesen Vereinbarungen beteiligten „on us"-Acquirer können dementsprechend gegenüber den

---

1293 Vgl. auch KOM, Entscheidung v. 19.12.2007 in den Sachen COMP/34.579 – MasterCard, COMP/36.518 – EuroCommerce u. COMP/38.580 – Commercial Cards, Rn. 461; vgl. ferner EuG, Urteil v. 24.05.2012, Rs. T-111/08 – MasterCard, Rn. 254.

1294 Die Regel galt im MasterCard-System bis zum 31. Dezember 2004, vgl. auch EuG, Urteil v. 24.05.2012, Rs. T-111/08 – MasterCard, Rn. 252.

1295 Vgl. KOM, Arbeitsdokument v. 31.01.2007, Untersuchung des Retail-Bankgeschäfts (Abschlussbericht), COM(2007) 33 final, SEC(2007) 106, S. 93.

1296 Vgl. auch KOM, Arbeitsdokument v. 31.01.2007, Untersuchung des Retail-Bankgeschäfts (Abschlussbericht), COM(2007) 33 final, SEC(2007) 106, S. 93, S. 96 u. S. 143.

1297 Vgl. auch noch KOM, Entscheidung v. 19.12.2007 in den Sachen COMP/34.579 – MasterCard, COMP/36.518 – EuroCommerce u. COMP/38.580 – Commercial Cards, Rn. 460.

Vertragsunternehmen auf die Höhe der MIF verweisen und den Anteil der MIF an den MSC dem Verhandlungsgeschehen entziehen, was sie letzten Endes im Verhältnis zu anderen, der MIF unterliegenden Acquirern in die Lage versetzt, höhere Gewinnmargen zu erwirtschaften.

Hierbei handelt es sich abermals bloß um einen Aspekt unter vielen. Eine Offenlegungspflicht wäre hier nicht ohne Weiteres geeignet, etwaigen „on us"-Transaktionen entgegenzutreten, zumal die bilateralen Vereinbarungen nur eingreifen, sofern die Karten bestimmter, an der jeweiligen Vereinbarung beteiligter Emittenten zum Einsatz gelangen. Abschichtungen bezüglich der Höhe der Interbankenentgelte wären demgemäß für ein Vertragsunternehmen weder aussagekräftig noch nachvollziehbar, zumal sie in Anbetracht der HACR zur unterschiedslosen Annahme sämtlicher Karten verpflichtet sind[1298] und nicht im Vorfeld vorhersehbar ist, ob und inwieweit Karten eines, der an diesen „on us"-Vereinbarungen beteiligten Emittenten eingesetzt werden.

Zwar ließe sich prima facie erwarten, dass die nicht an „on us"-Vereinbarungen beteiligten Unternehmen, und zwar die dieser Gruppe nicht angehörigen Acquirer ein Interesse am Aufbau eines Gegendrucks gegen hohe MIF haben. Indes sind strukturelle Verflechtungen zwischen Issuern und Acquirern derart häufig anzutreffen, dass die nicht an diesen Vorteilen partizipierenden Acquirer lediglich einen geringen Anteil der systemangeschlossenen Acquirer bilden.

Auch ist es von nicht zu unterschätzender Relevanz, dass strukturelle Verflechtungen zwischen Issuern und Acquirern einen Gewinntransfer ermöglichen. So kann der Gewinn entweder auf dem Acquiring-Markt oder auf dem Emissions-Markt erzielt werden; auf welchem Markt die Gewinne realisiert werden, kann davon abhängig gemacht werden, wo letztlich die Wettbewerbsbedingungen – etwa wegen geringen Konkurrenzdrucks – eine Gewinnmaximierung erwarten lassen. Etwaige Kostensteigerungen, die sich für die inländischen Acquirer ergeben, können in gewissem Maße aufgrund des aus den DMIF resultierenden Anstieges der Einnahmen im Issuing-Bereich ausgeglichen werden.[1299]

Die Anzahl der in der Acquiring-Branche tätigen Unternehmen ist bereits zum heutigen Zeitpunkt verhältnismäßig gering. Die Verflechtungen mit dem Issuing-Bereich und der hohe Konzentrationsgrad im Acquiring-Bereich bergen daher nicht unerhebliche Kollusionsgefahren in sich.[1300]

1298 Vgl. WEKO, Verfügung v. 05.12.2005, RPW 2006/1, 65, S. 105, Rn. 329.

1299 Beispielsweise an dem schweizerischen Acquirer Telekurs Multipay waren mehrere Issuer beteiligt; dies ermöglichte es, die Kostenerhöhungen, die Telekurs Multipay wegen der DMIF zu gewärtigen hatte, jedenfalls zu einem Teil im Wege der mit einer Erhöhung der IC Fees verbundenen Steigerung der Einkünfte aus den DMIF aufzufangen, vgl. hierzu WEKO, Verfügung v. 05.12.2005, RPW 2006/1, 65, S. 84, Rn. 144.

1300 Vgl. auch noch WEKO, Verfügung v. 05.12.2005, RPW 2006/1, 65, S. 85, Rn. 156.

IV. Zwischenergebnis

Die Ausgestaltung des Hierarchiegefüges zwischen den einzelnen Arten der Interbankenentgelte und Charakter der MIF als Fallback Fee beschränken das grenzüberschreitende Acquiring. Dies gilt sowohl im Wege einer Festlegung der DMIF unterhalb des Niveaus der intraregionalen MIF als auch im Wege einer Festlegung der DMIF unterhalb des Niveaus der intraregionalen MIF.

Werden die DMIF unterhalb des Niveaus der intraregionalen MIF angesiedelt, werden (rein) inländische Acquirer begünstigt, da sie eine geringere MIF an die Vertragsunternehmen weiterreichen und grenzüberschreitend agierende Acquirer insofern unterbieten können.

Eine Festlegung der DMIF oberhalb des Niveaus der intraregionalen MIF kann ebenfalls grenzüberschreitend agierende Acquirer gegenüber Inlandsacquirern benachteiligen. Dies beruht in erster Linie auf dem Hierarchiegefüge der unterschiedlichen Arten der Interbankenentgelte. Die im Zielland bereits ansässigen Acquirer vereinbaren oftmals – vorrangig anwendbare – bilaterale Entgelte mit den national ansässigen Emissionsbanken. Diese bilateral ausgehandelten Entgelte liegen der Höhe nach oftmals unter dem Niveau der inländischen und auch der intraregionalen MIF. Die Existenz niedriger bilateraler Entgelte in Kombination mit einer DMIF über dem Niveau der intraregionalen MIF verstärkt die auf Seiten der zentralen Acquirer entstehenden Nachteile.

Überdies bestehen zwischen den Acquirern und den Issuern strukturelle Verflechtungen sowohl in personeller als auch finanzieller Art und Weise existieren, wobei die Acquirer in diesen Fällen regelmäßig unter der Kontrolle der Issuer stehen. Derart verbundene Issuer und Acquirer können untereinander bilateral ein inter partes geltendes, gegenüber den multilateralen Interbankenentgelten vorrangiges Interbankenentgelt vereinbaren. Man spricht insofern von sog. „on us"-Transaktionen.

Bilaterale Verhandlungen zwischen Unternehmen, die in gewissem Umfang die gleichen Interessen verfolgen, sehen sich wiederum beträchtlichen Bedenken ausgesetzt. Insbesondere lokale Issuingbanken vereinbaren mit den konzernzugehörigen und bereits etablierten Acquirern von der DMIF abweichende Interbankenentgelte. Dies eröffnet Issuern und Acquirern, die in einer – wie auch immer gearteten – Nähebeziehung zueinander stehen, die Möglichkeit, Gewinne in dem Bereich zu realisieren und zu maximieren, in dem der Wettbewerbsdruck gering ist. Etwaige Kostensteigerungen, die sich für die inländischen Acquirer ergeben, können in gewissem Maße aufgrund des aus den DMIF resultierenden Anstieges der Einnahmen im Issuing-Bereich ausgeglichen werden.

§ 5. Zwischenergebnis

Die multilateralen Interbankenentgelte bewirken Wettbewerbsbeschränkungen im Acquiring-Bereich. Es liegt eine mittelbare Mindestfestsetzung der Preise im Sinne des Art. 101 Abs. 1 lit. a AEUV vor. Die MIF statuieren ein Mindestniveau der Händlergebühren.

Unterkapitel 2. Bezwecken einer Wettbewerbsbeschränkung

Ferner mag man noch die Frage als klärungsbedürftig ansehen, ob die MIF eine Wettbewerbsbeschränkung bezwecken.[1301]

Im Rahmen der Visa International II-Entscheidung ging die Kommission nicht davon aus, dass die Vereinbarung über die MIF eine Wettbewerbsbeschränkung bezwecke.[1302] Zur Begründung verwies die Kommission darauf, dass „eine MIF Vereinbarung in einem vierseitigen Bezahlsystem wie dem von Visa eine Steigerung

---

1301 Freilich bedarf es im Falle des Vorliegens einer bezweckten Zuwiderhandlung – an sich – nicht der bereits erfolgten Überprüfung der Auswirkungen auf den Wettbewerb, vgl. EuGH, Urteil v. 11.01.1990, Rs. C-277/87 – Sandoz Prodotti Farmaceutici, Slg. 1990, I-45; EuGH, Urteil v. 17.07.1997, Rs. C-219/95 P – Ferriere Nord, Slg. 1997 I-4411, I-4435, Rn. 14 f.; EuGH, Urteil v. 08.07.1999, Rs. C-235/92 P – Montecatini, Slg. 1999, I-4539, I-4615 f., Rn. 122 ff.; EuGH, Urteil v. 15.10.2002, Rs. C-238/99 P, C-244/99 P, C-245/99 P, C-247/99 P, C-250/99 P bis C-252/99 P und C-254/99 P – Limburgse Vinyl Maatschappij u.a., Slg. 2002, I-8375, I-8762, Rn. 491; EuGH, Urteil v. 20.11.2008, Rs. C-209/07 – BIDS, Slg. 2008, I-8637, Rn. 16; EuGH, Urteil v. 04.06.2009, Rs. C-8/08 – T-Mobile Netherlands u.a., Slg. 2009, I-4529, Rn. 29 f.; EuGH, Urteil v. 13.10.2011, Rs. C-439/09 – Pierre Fabre Dermo-Cosmétique, Slg. 2011, I-9419, Rn. 35; *Emmerich*, in: Immenga/Mestmäcker, Wettbewerbsrecht, Bd. 1 EG/1, 5. Aufl., 2012, Art. 101 AEUV, Rn. 172. In Anbetracht der Komplexität der Vorgänge innerhalb eines Kreditkartensystems ist eine Beurteilung des (objektivierten) Zwecks der MIF letztlich jedoch ohne die (vorangegangene) Betrachtung der diversen Wirkungsmechanismen und Funktionsweisen dieser Entgelte innerhalb des Gesamtsystems kaum möglich, zumal sich der Zweck einer Absprache oftmals nicht isoliert, sondern – wie im vorliegenden Fall – nur im konkreten rechtlichen und wirtschaftlichen Zusammenhang ermitteln lässt, vgl. auch EuGH, Urteil v. 20.11.2008, Rs. C-209/07 – BIDS, Slg. 2008, I-8637, Rn. 15; EuGH, Urteil v. 04.06.2009, Rs. C-8/08 – T-Mobile Netherlands u.a., Slg. 2009, I-4529, Rn. 29; EuGH, Urteil v. 06.10.2009, Rs. C-501/06 P, C-513/06 P, C-515/06 P u. C-519/06 P – Aseprofar/GlaxoSmithKline, Slg. 2009, I-9291, Rn. 58; EuGH, Urteil v. 13.10.2011, Rs. C-439/09 – Pierre Fabre Dermo-Cosmétique, Slg. 2011, I-9419, Rn. 35; EuGH, Urteil v.11.09.2014, Rs. C 67/13 P – Groupement des cartes bancaires (CB), Rn. 53; KOM, Leitlinien zur Anwendung von Artikel 101 Absatz 3 AEUV, ABl. EU v. 27.04.2004, C 101/97, S. 100, Rn. 22; KOM, Leitlinien zur Anwendbarkeit von Artikel 101 des Vertrags über die Arbeitsweise der Europäischen Union auf Vereinbarungen über horizontale Zusammenarbeit, ABl. EU v. 14.01.2011, C 11/1, S. 8, Rn. 25; *Emmerich*, in: Immenga/Mestmäcker, Wettbewerbsrecht, Bd. 1 EG/1, 5. Aufl., 2012, Art. 101 Abs. 1 AEUV, Rn. 175. Die Alternativität von Zweck und Wirkung steht einer Prüfung beider Aspekte jedenfalls nicht entgegen.

1302 Vgl. KOM, Entscheidung v. 24.07.2002, COMP/29.373 – Visa International II – Multilateral Interchange Fee, ABl. EG v. 22.11.2002, L 318/17, S. 29, Rn. 69; auf diese Entscheidung hatte sich insoweit auch MasterCard gestützt, vgl. KOM, Entscheidung v. 19.12.2007 in den Sachen COMP/34.579 – MasterCard, COMP/36.518 – EuroCommerce u. COMP/38.580 – Commercial Cards, Rn. 401.

der Stabilität und Betriebseffizienz dieses Systems bezweckt [...], und indirekt auch eine Stärkung des Wettbewerbs [...].“[1303] Diese Sichtweise wurde sich von den Issuern, den Acquirern wie auch den Kartenorganisationen zu Eigen gemacht.[1304] Diese verweisen im Rahmen der kartellrechtlichen Diskussion üblicherweise ebenfalls darauf, dass die multilaterale Festlegung von Interbankenentgelten mit Effizienzsteigerungen einhergehe.[1305] Eine MIF gewährleiste die Existenz sowie die Funktionsfähigkeit der offenen Systeme und begünstige damit gleichsam den Wettbewerb sowohl innerhalb eines Vier-Parteien-Systems als auch zwischen den geschlossenen und offenen Systemen.[1306]

Im Rahmen der MasterCard-Entscheidung hatte die Kommission abermals die Gelegenheit auf das Vorliegen einer bezweckten Wettbewerbsbeschränkung einzugehen; sie wertete – was tendenziell auf eine Abkehr von ihrer früheren Auffassung schließen lässt – den Aspekt, dass die MIF „in der Regel eine Mindesthöhe für den Preis festsetzt, den Händler für die Annahme von Zahlungskarten zahlen müssen“ als Hinweis darauf, dass „das MIF von MasterCard seinem Wesen nach das Potenzial zur Preisfestsetzung hat“.[1307] Indes ließ die Kommission im Rahmen dieser Entscheidung letztlich – zumal sie bereits vom Vorliegen wettbewerbsbeschränkender Auswirkungen ausgegangen war – dahinstehen, ob die MIF als bezweckte Wettbewerbsbeschränkung anzusehen ist.[1308]

Die Auffassung, dass eine bezweckte Wettbewerbsbeschränkung nicht gegeben sei, begegnet erheblichen Bedenken. In diesem Kontext gilt es zunächst – unter Berücksichtigung der allgemeinen Entscheidungspraxis der Kartellbehörden aber auch der Rechtsprechung – zu berücksichtigen, dass im Falle des Vorliegens einer Kernbeschränkung grundsätzlich vom Vorliegen einer bezweckten Wettbewerbsbeschränkung auszugehen ist.[1309] Wie bereits oben ausführlich dargelegt wurde, führt eine MIF zu einer Mindestpreisfestsetzung im Hinblick auf die Merchant Service Charge.[1310] Die Höhe des Händlerentgelts wird durch die Höhe des IC Fee

1303 Vgl. KOM, Entscheidung v. 24.07.2002, COMP/29.373 – Visa International II – Multilateral Interchange Fee, ABl. EG v. 22.11.2002, L 318/17, S. 29, Rn. 69. Auf diese Entscheidung hatte sich insoweit auch MasterCard gestützt, vgl. KOM, Entscheidung v. 19.12.2007 in den Sachen COMP/34.579 – MasterCard, COMP/36.518 – EuroCommerce u. COMP/38.580 – Commercial Cards, Rn. 401.

1304 Vgl. WEKO, Verfügung v. 05.12.2005, RPW 2006/1, 65, S. 83, Rn. 140.

1305 Vgl. WEKO, Verfügung v. 05.12.2005, RPW 2006/1, 65, S. 83, Rn. 140.

1306 Vgl. WEKO, Verfügung v. 05.12.2005, RPW 2006/1, 65, S. 83, Rn. 140.

1307 Vgl. KOM, Entscheidung v. 19.12.2007 in den Sachen COMP/34.579 – MasterCard, COMP/36.518 – EuroCommerce u. COMP/38.580 – Commercial Cards, Rn. 405.

1308 Vgl. KOM, Entscheidung v. 19.12.2007 in den Sachen COMP/34.579 – MasterCard, COMP/36.518 – EuroCommerce u. COMP/38.580 – Commercial Cards, Rn. 406 f.

1309 Vgl. *Emmerich/Lange*, KartellR, 14. Aufl., 2018, S. 57 f., Rn. 66.

1310 Diese wurde seitens MasterCard nicht bestritten, vgl. KOM, Entscheidung v. 19.12.2007 in den Sachen COMP/34.579 – MasterCard, COMP/36.518 – EuroCommerce u. COMP/38.580 – Commercial Cards, Rn. 404.

determiniert.[1311] Eine (Mindest-)Preisvereinbarung (zwischen Wettbewerbern) stellt eine Kernbeschränkung im oben genannten Sinne dar, was bereits für das Vorliegen einer bezweckten Wettbewerbsbeschränkung spricht. Auch hatte sich MasterCard im Rahmen des Kommissionsverfahrens selbst dahingehend geäußert, dass eine „MIF ein Instrument zur Korrektur von Preisen sei, die ansonsten [...] durch unabhängige Wettbewerbsprozesse [...] festgesetzt würden."[1312] Wenn eine Absprache von den Beteiligten als „Instrument zur Korrektur von Preisen" bezeichnet wird, ist dies bloß eine andere Formulierung für eine Absprache, die wissentlich und willentlich zur Beeinflussung des Wettbewerbsparameters „Preis" genutzt wird. Die Beteiligten geben insofern selbst zu erkennen, dass die MIF – auch aus ihrer Sicht – ein Instrument darstellt, um die seitens der Acquirer in Rechnung gestellten Entgelte dem Wettbewerb zu entziehen.[1313]

Überdies lassen obige Ausführungen zu den Auswirkungen der MIF[1314] erkennen, dass die MIF (insbesondere unter Berücksichtigung ihrer Ausgestaltung als Fallback Fee) auch objektiv darauf ausgerichtet sind, als (Mindest-)Bestandteil der Händlergebühren an die Vertragsunternehmen weitergegeben zu werden.[1315]

Die MIF bezwecken mithin auch Wettbewerbsbeschränkungen.[1316]

Unterkapitel 3. Zwischenergebnis

MIF bewirken und bezwecken Wettbewerbsbeschränkungen auf den Acquiring-Märkten. Die Existenz einer MIF, die diversen unterschiedlichen MIF-Arten (intraregionale und inländische MIF), die Möglichkeit der bilateralen Verhandlung der IC Fees, die strukturellen Verflechtungen zwischen Issuern und Acquirer, aber auch die Festlegung standardmäßig anwendbarer Interbankenentgelte, beschränken – insbesondere auch aufgrund ihrer wechselseitigen Auswirkungen – den

1311 Ähnlich KOM, Entscheidung v. 19.12.2007 in den Sachen COMP/34.579 – MasterCard, COMP/36.518 – EuroCommerce u. COMP/38.580 – Commercial Cards, Rn. 404; vgl. auch KOM, Entscheidung v. 24.07.2002, COMP/29.373 – Visa International II – Multilateral Interchange Fee, ABl. EG v. 22.11.2002, L 318/17, S. 28, Rn. 68.

1312 Vgl. KOM, Entscheidung v. 19.12.2007 in den Sachen COMP/34.579 – MasterCard, COMP/36.518 – EuroCommerce u. COMP/38.580 – Commercial Cards, Rn. 406.

1313 Vgl. KOM, Entscheidung v. 19.12.2007 in den Sachen COMP/34.579 – MasterCard, COMP/36.518 – EuroCommerce u. COMP/38.580 – Commercial Cards, Rn. 406.

1314 Hierzu bereits ausführlich oben unter Abschnitt 2, Titel 3, Untertitel 2, Kapitel 1 (insbesondere § 1 und § 2).

1315 Vgl. auch *Mundt/Buch*, Kollektive Interbankenentgelte, WM 2001, 2142, 2146.

1316 Vgl. EuG, Entscheidung v. 24.05.2012, Rs. T-111/08 – MasterCard, Rn. 140. Vgl. auch noch KOM, Entscheidung v. 08.09.1999, in den Sachen IV/34.010 – Nederlandse Vereniging van Banken (GSA-Vereinbarung 1991), IV/33.793 – Nederlandse Postorderbond, IV/34.234 – Verenigde Nederlandse Uitgeversbedrijven u. IV/34.888 – Nederlandse Organisatie van Tijdschriften Uitgevers/Nederlandse Christelijke Radio Vereniging, ABl. EG v. 21.10.1999, L 271/28, S. 35, Rn. 48 u. S. 36, Rn. 56.

Wettbewerb im Acquiring-Bereich. Das gesamte Hierarchiegefüge der unterschiedlichen Arten von Interbankenentgelten trägt dazu bei, die beschränkenden Auswirkungen der MIF aufrechtzuerhalten und zu verstärken. Im Wege der MIF wird ein künstliches Mindestniveau der MSC geschaffen.

1. Dies lässt sich unter anderem anhand der im Rahmen der Sektorenuntersuchung seitens der Kommission durchgeführten quantitativen Untersuchungen zum Verhältnis zwischen MIF und MSC nachvollziehen. Selbst größeren Händlern war es nicht möglich, MSC-Raten unterhalb der MIF zu vereinbaren.
2. Die Ausgestaltung der MIF als Fallback Fee führt dazu, dass sich alle akquirierenden Unternehmen einer gleichgelagerten Kostenbelastung durch die MIF ausgesetzt sehen. Diese Kosten werden nicht nur seitens eines einzigen Acquirers, sondern seitens sämtlicher Acquirer als Bestandteil der Händlergebühren an die Vertragsunternehmen weitergeleitet. Die multilaterale Festsetzung der IC Fee wirkt harmonisierend in Bezug auf ein bedeutsames Preiselement der Händlergebühren und bildet eine Untergrenze der Händlergebühren.
3. Die intraregionalen MIF nehmen im EWR einen besonderen Stellenwert im Gefüge der unterschiedlichen Arten von Interbankenentgelten ein. Sie wirken als Richtwert sowohl im Falle der Aushandlung bilateraler Interbankenentgelte als auch bei der Festlegung inländischer MIF.
4. Die hierarchische Ausgestaltung der unterschiedlichen Arten der IC Fees begünstigt die wettbewerbsbeschränkenden Auswirkungen der MIF und beeinträchtigt grenzüberschreitende Acquiring-Tätigkeiten.
5. Es ist davon auszugehen, dass die MIF die Wettbewerbsbeschränkungen im Acquiring-Bereich nicht bloß bewirken, sondern auch bezwecken. Es handelt sich – bezogen auf die Händlergebühren – um eine Absprache von Mindestpreisen, mithin um eine Kernbeschränkung.

Kapitel 2. Der Issuing-Bereich

Ferner gilt es zu eruieren, ob die MIF (auch) den Wettbewerb im Issuing-Bereich beschränken. Aufgrund der zu verzeichnenden Netzwerkeffekte und in Anbetracht der daraus resultierenden Verknüpfung des Issuing- und des Acquiring-Bereichs bildet das Issuing die Kehrseite des Acquiring; dies gilt insbesondere auch soweit es die Auswirkungen der multilateralen Interbankenentgelte anbelangt.[1317]

Unterkapitel 1. Bewirken einer Wettbewerbsbeschränkung

Die MIF könnten Wettbewerbsbeschränkungen in den Issuing-Märkten bewirken.

1317 Vielfach betrachten die Wettbewerbsbehörden in erster Linie den Acquiring-Bereich, ohne näher auf die Auswirkungen im Issuing-Bereich einzugehen. Vgl. auch *Tosza*, Payment Card Systems, YARS, 2009, Vol. 2, No. 2, 125, 135.

§ 1. Die multilateralen Interbankenentgelte als Einnahmequelle der Issuer

Die Einnahmen der Issuer fußen zum einen auf den Kartengebühren, die seitens der Karteninhaber, also der unmittelbaren Marktgegenseite und Nachfrager der Emittenten, entrichtet werden, und zum anderen auf den (multilateralen) Interbankenentgelten. Die MIF stellen für die Issuer eine zusätzliche Einnahmequelle dar, die neben den via der Kartengebühren generierten Einnahmen steht.[1318] Bei den MIF handelt es sich um eine Einnahmequelle, die nicht in Abhängigkeit zur jeweiligen Kostenstruktur der Emittenten steht.[1319] Die Ausgestaltung der Funktionsweise der MIF als Fallback Fee hat zur Folge, dass die Issuer in jedem Fall ein irgendwie geartetes Interbankenentgelt erzielen, sofern eine von ihnen emittierte Kreditkarte am PoS zum Einsatz gelangt.

Es handelt sich um zudem eine Einnahmeart, die aufgrund ihrer transaktionsvolumenabhängigen Berechnung einen besonderen Stellenwert im Gefüge der Einnahmestrukturen der Issuer einnimmt. Die Höhe der MIF wird üblicherweise als prozentualer Wert des Transaktionsbetrages festgelegt. Diese Transaktionsvolumenabhängigkeit der MIF führt zwar zu einer gewissen Variabilität der Größenordnung der hierdurch generierten Einkünfte der Issuer durch die IC Fees. Gleichwohl bilden sie ein (Mindest-)Entgelt in Gestalt eines – von vornherein feststehenden – prozentualen Anteils des Transaktionswertes, die für jede mittels Kreditkarten getätigte Transaktion seitens des Acquirers an den emittierenden Issuer abzuführen ist.[1320] Zwar ist die absolute Einnahmesumme der Issuer aus den IC Fees wegen deren Transaktionsvolumenbezogenheit keineswegs gleich, jedoch ist ihr (Mindest-)Anteil am Transaktionsvolumen grundsätzlich beständig.[1321] Die MIF gewärtigen eine beträchtliche Fixierung der Höhe der finanziellen Kosten- und Einnahmestrukturen innerhalb des jeweiligen Kreditkartensystems. Im Bereich der Emission entsteht ein künstlicher – nämlich im Wege einer multilateralen Festlegung generierter – Einnahmeposten der Issuer.[1322]

1318 Vgl. auch *Chakravorti*, Theory of Credit Card Networks, Rev. Netw. Econ., 2003, Vol. 2, Iss. 2, 50, 53.

1319 Vgl. KOM, Entscheidung v. 19.12.2007 in den Sachen COMP/34.579 – MasterCard, COMP/36.518 – EuroCommerce u. COMP/38.580 – Commercial Cards, Rn. 461.

1320 Vgl. KOM, Entscheidung v. 24.07.2002, COMP/29.373 – Visa International II – Multilateral Interchange Fee, ABl. EG v. 22.11.2002, L 318/17, S. 28, Rn. 67; OFT, Entscheidung v. 06.09.2005, Rs. CA98/05/05 – MasterCard, Rn. 689.

1321 Vgl. auch KOM, Entscheidung v. 24.07.2002, COMP/29.373 – Visa International II – Multilateral Interchange Fee, ABl. EG v. 22.11.2002, L 318/17, S. 28, Rn. 67.

1322 Ähnlich WEKO, Verfügung v. 05.12.2005, RPW 2006/1, 65, S. 84, Rn. 153.

§ 2. Beeinflussung der Jahresgebühren durch die multilateralen Interbankenentgelte

Die Interbankenentgelte bilden nur eine Säule der Einnahmen der Issuer. Daneben verzeichnen die Issuer durch die Kartengebühren Einkünfte. Beide Einnahmearten stehen keineswegs unabhängig nebeneinander. Issuer sind strategisch agierende, auf Gewinnerzielung ausgerichtete Unternehmen.

Die MIF beeinflusst die Ertragsstruktur der Issuer, indem sie sich auf das Verhältnis der Einnahmen der Issuer aus den Interbankenentgelten zu den Kartengebühren der Karteninhaber auswirkt.[1323] Im Wege der MIF können die Emittenten auch jene Kosten, die ihnen wegen der Erbringung von Leistungen gegenüber den Karteninhabern entstehen, an die Acquirer (und damit grundsätzlich auch an die Händler sowie deren Kunden im Absatzbereich) weiterreichen.[1324] Die MIF decken einen beträchtlichen Kostenbestandteil ab bzw. generieren darüber hinausgehende Einnahmen.

Die Höhe der MIF sowie die Bedeutsamkeit der hieraus fließenden Einnahmen beeinflusst den Spielraum der Emittenten bei der Festsetzung der Entgelte, die seitens der Karteninhaber entrichtet werden.[1325] Die MIF und deren Ausgestaltung als Fallback Fee gestattet es den Issuern, die Kartengebühren der Höhe nach auf einem anderen Niveau anzusiedeln, als es ihnen ohne die zusätzlichen Einnahmen aus den MIF möglich wäre. Die Einnahmen aus den MIF sind daher aus Sicht der Issuer besehen – vorausgesetzt, das Transaktionsumsätze mittels der seitens

1323 Vgl. WEKO, Verfügung v. 05.12.2005, RPW 2006/1, 65, S. 84, Rn. 153. Vgl. ferner *Krüger/Strauch*, Die Kommission und die Interchange, cards 2008, Heft 3, 25, S. 27; *Frankel/Shampine*, Economic effects of Interchange Fees, Antitrust L.J., 2006, Vol. 73, No. 3, 627, 633 ff.; KOM, Entscheidung v. 24.07.2002, COMP/29.373 – Visa International II – Multilateral Interchange Fee, ABl. EG v. 22.11.2002, L 318/17, S. 28, Rn. 66. Die Kommission ist auf diesen Zusammenhang in der MasterCard-Entscheidung nicht näher eingegangen. MasterCard führte hingegen während dieses Verfahrens aus: „[…] if the interchange fee is viewed as a ‚de facto' floor for MSCs, then it is just as much a ‚de facto floor' for cardholder fees", siehe hierzu KOM, Entscheidung v. 19.12.2007 in den Sachen COMP/34.579 – MasterCard, COMP/36.518 – EuroCommerce u. COMP/38.580 – Commercial Cards, Rn. 453. Auch MasterCard hatte auf einen solchen Zusammenhang zwischen der Höhe der MIF und der Höhe der Kartengebühren hingewiesen, vgl. etwa EuG, Entscheidung v. 24.05.2012, Rs. T-111/08 – MasterCard, Rn. 104 u. Rn. 118. Vgl. ferner KOM, Interim Report I (Payment cards) v. 12.04.2006, Untersuchung des Retail-Bankgeschäfts (Zwischenbericht), Annex 5, S. 14, abrufbar unter: http://ec.europa.eu/competition/sectors/financial_services/inquiries/interim_ report_1.pdf.

1324 Vgl. OFT, Entscheidung v. 06.09.2005, Rs. CA98/05/05 – MasterCard, Rn. 689.

1325 Vgl. auch *Krüger/Strauch*, Die Kommission und die Interchange, cards 2008, Heft 3, 25, 29; vgl. ferner *Willershausen*, Multilaterale Interbankenentgelte von MasterCard, jurisPR-BKR 2/2008, Anm. 1; *Freigang/Grün*, Interbankenentgelte im Kreditkartengeschäft, WM 2005, 681,685.

des jeweiligen Issuers ausgegebenen Karten generiert werden – eine „sichere“ Art von Einnahmen. Dies ermöglicht den Issuern prospektive Kostenkalkulationen der Kartengebühren.

Es besteht eine negative Korrelation zwischen der Höhe der Kartengebühren und der Höhe der Interbankenentgelte. Die im Zuge der Sektorenuntersuchung erhobenen Daten indizieren einen Zusammenhang zwischen der Höhe der Interbankenentgelte und der Höhe der Karteninhabergebühren.[1326] Einer Analyse der Kommission zufolge wird eine Erhöhung der Interbankenentgelte um einen Euro in der Regel in Gestalt einer Reduzierung der Karteninhabergebühren in Höhe von 25 Cent pro Karte an die Karteninhaber weitergegeben.[1327]

Die MIF unterliegen – anders als die Kartengebühren – nicht dem Wettbewerbsdruck der eigenen Marktgegenseite der Issuer. Wenn die Emittenten den Karteninhabern diese Beträge in Rechnung stellen würden, dann unterlägen auch diese dem Wettbewerb im Issuing-Bereich.[1328] Dann würden die einzelnen Emittenten nämlich aller Voraussicht nach unterschiedliche Wege bestreiten, um diese Beträge den Karteninhabern aufzuerlegen.[1329] Ohne MIF wäre der Preiswettbewerb zwischen den Emittenten deutlich stärker ausgeprägt. Dies ist mitunter auch ein Grund dafür, dass die Preise vergleichbarer Karten von Visa und MasterCard einander entsprechen; auch das Funktionsspektrum der Kreditkarten beiden Systeme ist weitgehend gleich.[1330] Die zu beobachtende Angleichung der Preise und Produkteigenschaften ist nicht das Ergebnis eines intensiven Wettbewerbs; sie beruht – unter anderem – auf einer Abstimmung zwischen den Kreditkarten-Emittenten hinsichtlich der MIF.[1331] Es zeigt sich insofern, dass die (kollektiv festgesetzten) MIF einen beträchtlichen Anteil der Einnahmen der Emittenten dem Wettbewerb entziehen und insofern den Wettbewerb im Issuing-Bereich verzerren.[1332]

1326 Vgl. KOM, Arbeitsdokument v. 31.01.2007, Untersuchung des Retail-Bankgeschäfts (Abschlussbericht), COM(2007) 33 final, SEC(2007) 106, S. 100.

1327 Vgl. KOM, Arbeitsdokument v. 31.01.2007, Untersuchung des Retail-Bankgeschäfts (Abschlussbericht), COM(2007) 33 final, SEC(2007) 106, S. 100. Die öknomische Analyse findet sich in: KOM, Interim Report I (Payment cards) v. 12.04.2006, Untersuchung des Retail-Bankgeschäfts (Zwischenbericht), Annex 5, S. 12 f., abrufbar unter: http://ec.europa.eu/competition/sectors/financial_services/inquiries/interim_report_1.pdf.

1328 Vgl. auch OFT, Entscheidung v. 06.09.2005, Rs. CA98/05/05 – MasterCard, Rn. 693.

1329 Vgl. auch OFT, Entscheidung v. 06.09.2005, Rs. CA98/05/05 – MasterCard, Rn. 693.

1330 Vgl. WEKO, Verfügung v. 05.12.2005, RPW 2006/1, 65, S. 103, Rn. 310.

1331 Vgl. auch WEKO, Verfügung v. 05.12.2005, RPW 2006/1, 65, S. 103, Rn. 311; vgl. ferner EuGH, Entscheidung v. 11.09.2014, Rs. C-382/12 P – MasterCard, Rn. 139.

1332 Vgl. ferner OFT, Entscheidung v. 06.09.2005, Rs. CA98/05/05 – MasterCard, Rn. 693. Vgl. ferner KOM, Entscheidung v. 24.07.2002, COMP/29.373 – Visa International II – Multilateral Interchange Fee, ABl. EG v. 22.11.2002, L 318/17, S. 28, Rn. 68; KOM, Pressemitteilung v. 10.03.2015, IP/15/4585, abrufbar unter: http://europa.eu/rapid/press-release_IP-15-4585_de.htm.

§ 3. Beeinflussung der Ausgestaltung der Anreizsysteme sowie des Emissionsverhaltens durch die multilateralen Interbankenentgelte

Die MIF wirken sich auf die Gestaltung der Anreizsysteme aus. Die Issuer ergreifen Maßnahmen zur Steigerung des Karteneinsatzes am PoS, und zwar insbesondere um die Einnahmen aus den multilateralen Interbankenentgelten zu maximieren. Ein bedeutsames Instrument bilden hierbei Incentives in Gestalt von Zusatzleistungen – diese wiederum flankiert durch Werbemaßnahmen wie auch die zinslose Finanzierungszeit.[1333] Aufgrund der im Wege der MIF generierten Einnahmen werden oftmals Gratiskarten an Karteninhaber ausgegeben oder aber – ebenfalls häufig vorkommend – werden jenen Karteninhabern, die bestimmte Transaktionsschwellenwerte erreichen, die Kartengebühren erlassen.[1334] Solche Vorgehensweisen steigern die Emissionszahlen und damit die Aussichten auf höhere Transaktionsvolumina, die wiederum höhere Einnahmen aus Interbankenentgeltzahlungen zur Folge haben. Wenngleich sich der Sektorenuntersuchung entnehmen lässt, dass die meisten Issuer auch ohne die Interbankenentgelte im Emissionsbereich profitabel agieren könn(t)en,[1335] wären Gratis-Kreditkarten ohne diese Einnahmequelle voraussichtlich kaum noch existent.[1336] Aus der Emission von Kreditkarten ohne Erhebung von Jahresgebühren (abgesehen von jenen Einnahmen, die im Falle der Inanspruchnahme revolvierender Kredite erzielt werden) würden die Issuer keine Einnahmen erzielen.

Die Kosten, die mit der Schaffung von Anreizsystemen einhergehen, werden (auch) im Wege der Einnahmen aus den MIF finanziert. Die MIF verzerren insofern die Vorgehensweise der Emittenten.[1337] Die Anreizsysteme beeinflussen die Auswahl des Zahlungsmittels und lassen Kreditkarten aus Sicht der Karteninhaber attraktiver als andere Zahlungsmittel erscheinen.[1338] Die Issuer wirken – wie andere gewinnorientiert ausgerichtete Unternehmen – darauf hin, zuvörderst diejenigen Karten zu emittieren, die erfahrungs- und erwartungsgemäß die höchsten Einkünfte generieren.[1339] So förderten Emittenten in der Vergangenheit insbesondere

1333 Vgl. OFT, Entscheidung v. 06.09.2005, Rs. CA98/05/05 – MasterCard, Rn. 690.

1334 Vgl. hierzu auch noch *Oechsler*, Lauterkeitsrechtliche Aspekte umsatzabhängiger Entgeltgestaltung, WM 1993, 1945 ff.

1335 Vgl. KOM, Arbeitsdokument v. 31.01.2007, Untersuchung des Retail-Bankgeschäfts (Abschlussbericht), COM(2007) 33 final, SEC(2007) 106, S. 122.

1336 Vgl. auch noch KOM, Grünbuch v. 11.01.2012, Ein integrierter europäischer Markt für Karten-, Internet- und mobile Zahlungen, COM(2011) 941 final, S. 8, abrufbar unter: http://eur-lex.europa.eu/legal-content/DE/TXT/PDF/?uri=CELEX:52011DC0941&from=EN.

1337 Vgl. OFT, Entscheidung v. 06.09.2005, Rs. CA98/05/05 – MasterCard, Rn. 691.

1338 Vgl. OFT, Entscheidung v. 06.09.2005, Rs. CA98/05/05 – MasterCard, Rn. 691.

1339 Ähnlich KOM, Entscheidung v. 19.12.2007 in den Sachen COMP/34.579 – MasterCard, COMP/36.518 – EuroCommerce u. COMP/38.580 – Commercial Cards, Rn. 465.

solche Karten, deren Einsatz eine möglichst ergiebige Gewinnmarge aus den Interbankenentgelten erwarten ließ.[1340]

Darüber hinaus fokussieren sich die Issuer insbesondere auf jene Karteninhaber, die ihre Kreditkarten häufig als Zahlungsmittel einsetzen.[1341] Gerade diese Gruppe von Karteninhabern ist für die Emittenten deutlich attraktiver, als dies ohne MIF der Fall wäre.[1342] Gleichsam werden die nötigen finanziellen Mittel, um dieser Gruppe besondere Anreize zum Karteneinsatz zu setzen, durch die MIF gesteigert; diese Anreize wären ohne eine MIF auf anderem Wege zu finanzieren.[1343]

In dem Maße, in dem die Emittenten Einnahmen aus den (einheitlich festgesetzten) MIF generieren und darauf hinwirken, Anreize zur Nutzung von Kreditkarten zu schaffen, wird letztlich der Wettbewerb im Issuing-Bereich verzerrt, zumal auf diese Weise wiederum die Einnahmen aus den MIF erhöht werden.[1344] Incentives erhöhen die Transaktionsvolumina. Höhere Umsätze bedeuten – für die Issuer – höhere Einnahmen aus den MIF. Höhere MIF beeinflussen die Preisfestsetzung der Issuer in Bezug auf die Karteninhabergebühren und schaffen wiederum einen Anreiz für die Issuer, die Karteninhaber durch Schaffung und Erweiterung von Anreizsystemen zum Einsatz der Karten zu animieren.

Die Beeinflussung des Ausgabeverhaltens der Emittenten durch die MIF kann eine Überversorgung mit Kreditkarten zur Folge haben. Hinsichtlich des weit überwiegenden Teils des EWR ist ohnehin bereits von einer hinreichenden Sättigung mit Karten auszugehen.[1345] Gleichwohl sind die Emissionsbestrebungen der Emittenten in den letzten Jahren kaum rückläufig; die Anzahl der emittierten

---

1340 So ist etwa im MasterCard-System zu beobachten, dass Firmenkarten mit höheren IC Fee verbunden sind und aus diesem Grunde für die Emittenten aus wirtschaftsökonomischen Gesichtspunkten ein Anreiz besteht, solche Karten in höheren Maße zu fördern als jene für Privatkunden. Seitens der International Air Transport Association (Internationale Flugtransport Vereinigung) wurde diesbezüglich angemerkt, dass zu beobachten sei, dass realiter eine beständige Hinwendung von Privatkunden-Kreditkarten hin zu teureren Firmenkarten zu verzeichnen sei. So werde die Einsatzbereitschaft der Karteninhaber im Hinblick auf Firmenkarten seitens der emittierenden Banken dadurch angeregt, dass Kaufpreiserstattungen gewährt werden. Diese Einschätzung konnte anhand empirischer Daten verifiziert werden, vgl. KOM, Entscheidung v. 19.12.2007 in den Sachen COMP/34.579 – MasterCard, COMP/36.518 – EuroCommerce u. COMP/38.580 – Commercial Cards, Rn. 462 ff. sowie Rn. 494.

1341 Zu diesem Aspekt etwa auch OFT, Entscheidung v. 06.09.2005, Rs. CA98/05/05 – MasterCard, Rn. 694.

1342 Vgl. OFT, Entscheidung v. 06.09.2005, Rs. CA98/05/05 – MasterCard, Rn. 694.

1343 Vgl. OFT, Entscheidung v. 06.09.2005, Rs. CA98/05/05 – MasterCard, Rn. 694; vgl. ferner EuG, Entscheidung v. 24.05.2012, Rs. T-111/08 – MasterCard, Rn. 181.

1344 Vgl. OFT, Entscheidung v. 06.09.2005, Rs. CA98/05/05 – MasterCard, Rn. 692.

1345 Vgl. KOM, Entscheidung v. 24.07.2002, COMP/29.373 – Visa International II – Multilateral Interchange Fee, ABl. EG v. 22.11.2002, L 318/17, S. 29, Rn. 71, Fn. 37.

Kreditkarten steigt vielmehr weiterhin an. Ferner resultieren aus den MIF Wettbewerbsvorteile für die größeren Emittenten, zumal diese regelmäßig höhere Transaktionsvolumina als kleinere Emittenten verbuchen. Dieser Vorteil ist seinerseits nicht etwa auf Skalenerträge (im eigentlichen Sinne) zurückzuführen, sondern vielmehr auf die künstliche Festlegung der MIF.

In Anbetracht der Beeinflussung des Kartenausgabeverhaltens der Issuer sind durch die MIF ebenfalls Wettbewerbsverzerrungen im Issuing-Bereich zu verzeichnen.[1346]

Unterkapitel 2. Bezwecken einer Wettbewerbsbeschränkung

In Bezug auf den Issuing-Bereich ist nicht davon auszugehen, dass die MIF eine Wettbewerbsbeschränkung bezwecken. Die wettbewerbsbeschränkenden Auswirkungen im Issuing-Bereich sind durchaus von bedeutendem Gewicht. Der Schwerpunkt der Wettbewerbsbeschränkungen durch die MIF ist jedoch zuvörderst im Acquiring-Bereich angesiedelt. Die MIF ermöglichen einen Entgelttransfer aus dem Acquiring-Bereich in den Issuing-Bereich. In gewissem Maße handelt es sich bei den Beschränkungen im Issuing-Bereich „lediglich" um Reflexe, die auf der zweiseitigen Marktstruktur fußen. Die – aus objektiver Sicht – zu bewertende Zweckrichtung der MIF bezieht sich nicht auf den Issuing-Bereich.

Unterkapitel 3. Zwischenergebnis

Die MIF beschränken den Wettbewerb zwischen den Kreditkarten-Emittenten.[1347]

1. Bei den MIF handelt es sich um eine Einnahmequelle, die nicht in Abhängigkeit zur jeweiligen Kostenstruktur der Emittenten steht. Im Bereich der Emission entsteht ein künstlicher – im Wege einer multilateralen Festlegung

1346 Vgl. auch OFT, Entscheidung v. 06.09.2005, Rs. CA98/05/05 – MasterCard, Rn. 415.

1347 Vgl. WEKO, Verfügung v. 05.12.2005, RPW 2006/1, 65, S. 105, Rn. 323; OFT, Entscheidung v. 06.09.2005, Rs. CA98/05/05 – MasterCard, Rn. 689 ff.; KOM, Entscheidung v. 24.07.2002, COMP/29.373 – Visa International II – Multilateral Interchange Fee, ABl. EG v. 22.11.2002, L 318/17, S. 28, Rn. 66 f. KOM, Entscheidung v. 24.07.2002, COMP/29.373 – Visa International II – Multilateral Interchange Fee, ABl. EG v. 22.11.2002, L 318/17, S. 28, Rn. 67; vgl. auch KOM, Entscheidung v. 11.12.1986, IV/261-A – Belgische Vereniging der Banken/Association Belge des Banques, ABl. EG v. 09.01.1987, L 7/27, S. 32 f., Rn. 44 f.; KOM, Entscheidung v. 19.07.1989, IV/31.499 – Niederländische Banken, ABl. EG v. 30.08.1989, L 253/1, S. 10, Rn. 56; KOM, Entscheidung v. 08.09.1999 in den Sachen IV/34.010 – Nederlandse Vereniging van Banken (GSA-Vereinbarung 1991), IV/33.793 – Nederlandse Postorderbond, IV/34.234 – Verenigde Nederlandse Uitgeversbedrijven u. IV/34.888 – Nederlandse Organisatie van Tijdschriften Uitgevers/Nederlandse Christelijke Radio Vereniging, ABl. EG v. 21.10.1999, L 271/28, S. 35 f., Rn. 46 ff.; vgl. ferner KOM, Bekanntmachung über die Anwendung der EG-Wettbewerbsregeln auf grenzüberschreitende Überweisungssysteme, ABl. EG v. 27.09.1995, C 251/3, S. 8 f., Rn. 40 ff.

generierter – Einnahmeposten der Issuer. Die Ausgestaltung der Funktionsweise der MIF als Fallback Fee hat zur Folge, dass die Issuer in jedem Fall ein irgendwie geartetes Interbankenentgelt erzielen, sofern eine von ihnen emittierte Kreditkarte am PoS zum Einsatz gelangt. Die MIF unterliegen auch nicht dem Wettbewerbsdruck der eigenen Marktgegenseite der Issuer.

2. Die Höhe der MIF sowie die Bedeutsamkeit der hieraus fließenden Einnahmen beeinflusst den Spielraum der Issuer bei der Preisfestsetzung der Jahresgebühren gegenüber den Karteninhabern. Die MIF und deren Ausgestaltung als Fallback Fee gestattet es den Issuern, die Kartengebühren der Höhe nach auf einem anderen Niveau anzusiedeln, als es ihnen ohne die zusätzlichen Einnahmen aus den MIF möglich wäre.
3. Die MIF schaffen einen Anreiz für die Issuer, die Karteninhaber durch Schaffung und Erweiterung von Anreizen zum Einsatz der Karten zu animieren. Die Kosten zur (Re-)Finanzierung dieser können durch die Einnahmen aus den MIF gedeckt werden und müssen hierbei nicht der eigenen Marktgegenseite auferlegt werden.

Kapitel 3. Hinreichender Einfluss der Marktkräfte?

Ferner gilt es zu eruieren, ob und inwiefern die Marktkräfte im Kreditkarten-Bereich einen Gegendruck auf die MIF ausüben (können). Es fragt sich insofern, ob und – bejahendenfalls – durch welche Akteure eines Kreditkartensystems nennenswerter wie auch hinreichender Druck auf die MIF respektive deren Höhe ausgeübt wird.[1348]

Unterkapitel 1. Der nachgelagerte Bereich

Insbesondere erscheint klärungsbedürftig, ob und inwiefern die Akteure des nachgelagerten Bereichs auf die MIF bzw. deren Höhe Einfluss nehmen (können).

1348 Zum einen hatte etwa MasterCard in diesem Kontext vorgebracht, dass die Interbankenentgelte und der „von der Kommission festgestellte ‚Aufwärtsdruck' [‚upward pressure'] auf die Interbankenentgelte [...] ‚lediglich der Wettbewerb' [‚simply cempetition'] zwischen MasterCard und Visa" sei, siehe KOM, Entscheidung v. 19.12.2007 in den Sachen COMP/34.579 – MasterCard, COMP/36.518 – EuroCommerce u. COMP/38.580 – Commercial Cards, Rn. 492. Zum anderen lässt sich im Wege einer Überprüfung eines solchen Gegendrucks feststellen, welches Gewicht den aufgezeigten wettbewerbsbeschränkenden Auswirkungen beizumessen ist.

§ 1. Issuer und Acquirer

Im Wesentlichen sind es die systemzugehörigen Emittenten wie auch Acquirer, die das Geschäftsgebaren der Kreditkartenorganisationen bestimmen. Gerade diese Unternehmen wären in der Lage, auf die Höhe der MIF Einfluss zu nehmen.[1349]

I. Die MIF als Einnahmeposten der Emittenten

Insbesondere die größeren Emittenten, die oftmals zugleich Beteiligungen an Acquirern halten, verfügen über beträchtliche Mitsprache- bzw. Stimmrechte und Einflussnahmemöglichkeiten in den Kartenorganisationen.

Wenngleich die Emittenten in Anbetracht der zweiseitigen Marktstruktur[1350] auf die Teilnahme der Vertragsunternehmen am System angewiesen und im Falle eines Rückgangs der Einsatzmöglichkeiten gleichsam die Einnahmen aus den Interbankenentgelten rückläufig sind, besteht aus Sicht der Issuer grundsätzlich keine Veranlassung, sich für niedrige Interbankenentgelte respektive deren Abschaffung einzusetzen.[1351]

Die Erkenntnisse aus der früheren wie auch gegenwärtigen Vorgehensweise der Issuer lassen schlussfolgern, dass ein Issuer, der als wirtschaftlich ausgerichtetes Unternehmen eine Gewinnmaximierungsstrategie verfolgt, sein Vorgehen grundsätzlich nicht etwa wegen eines Rückgangs der Kartenakzeptanzbereitschaft der Händler und/oder nachteiliger Auswirkungen auf das Gesamtsystem ändern würde.[1352] Die anzutreffende Struktur eines zweiseitigen Marktes würde dies allenfalls erforderlich werden lassen, sobald eine kritische Schwelle in Bezug auf die Anzahl der für den Betrieb eines Kreditkartensystems erforderlichen Vertragsunternehmen unterschritten würde.[1353] Eine derart gravierender Rückgang an Vertragsunternehmen ist derzeit weder in einem der vorzufindenden Kreditkartensysteme zu verzeichnen noch steht ein solcher – in Anbetracht der beträchtlichen Größe – dieser Systeme zu erwarten. Weltweit etwa 43 Millionen MasterCard-Akzeptanzstellen.[1354] Im Visa-System werden entsprechende Werte erreicht; eine

---

1349 Vgl. in diesem Kontext auch KOM, Entscheidung v. 19.12.2007 in den Sachen COMP/34.579 – MasterCard, COMP/36.518 – EuroCommerce u. COMP/38.580 – Commercial Cards, Rn. 494.

1350 Hierzu bereits auch obige Ausführungen unter Abschnitt 1, Titel 3, Untertitel 1, Kapitel 5.

1351 Vgl. zu diesem seitens MasterCard vorgetragenen Argument auch KOM, Entscheidung v. 19.12.2007 in den Sachen COMP/34.579 – MasterCard, COMP/36.518 – EuroCommerce u. COMP/38.580 – Commercial Cards, Rn. 465.

1352 Vgl. zu diesem Gesichtspunkt noch KOM, Entscheidung v. 19.12.2007 in den Sachen COMP/34.579 – MasterCard, COMP/36.518 – EuroCommerce u. COMP/38.580 – Commercial Cards, Rn. 465.

1353 Vgl. in diesem Kontext auch *Luschnik*, Zahlungskartennetzwerke, 2008, S. 20 ff.

1354 Vgl. hierzu die online unter https://www.mastercard.ch/de-ch/privatkunden/produkte/kreditkarten/standard.html abrufbaren Informationen.

Visa-Kreditkarte kann weltweit in ungefähr 44 Millionen Akzeptanzstellen eingesetzt werden.[1355]

Die Emittenten agieren – obgleich ihrer Systemzugehörigkeit – zuvörderst als eigenständige Unternehmen auf dem Markt; sie rücken ihre eigenen Interessen in den Mittelpunkt ihres Geschäftsgebarens. Von ihrer eigenen Marktgegenseite, den Karteninhabern, haben sie hinsichtlich der Höhe der MIF keinen Druck zu fürchten.

Die teils seitens der Kreditkartenorganisationen vorgebrachte Argumentation, die Kreditkartenorganisation und auch die Emittenten seien Angehörige des gleichen Gesamtsystems und würden gemeinsam zum Wohle sämtlicher Systemteilnehmer agieren,[1356] vermag insofern nicht zu überzeugen. Im Rahmen dieser Argumentation wird vernachlässigt, dass die Emittenten durchaus eigene Interessen verfolgen und zu den anderen Emittenten desselben Systems im Intra-Brand-Wettbewerb stehen. Bei dieser Argumentation handelt es sich um eine – bei genauerer Betrachtung – ins Leere laufende Schutzbehauptung ohne Substanz, die in ihrer Pauschalität nicht zu überzeugen vermag.

II. Die Sicht der Acquirer

MIF stellen für die Acquirer zum einen eine Kostenbelastung dar. Diese gilt es aus Sicht der Acquirer möglichst zu minimieren oder jedenfalls zu kompensieren. Wie bereits dargelegt wurde, werden die MIF als Bestandteil der Händlergebühren an die Vertragsunternehmen weitergereicht. Auch ist es den Acquirern möglich, die MIF bei ihrer Marktgegenseite, den Vertragsunternehmen, als fixen Bestandteil ihrer Kosten auszuweisen. Auf diesem Wege wird die Möglichkeit einer Aushandlung einer MSC, die unter dem MIF-Satz liegt, vereitelt und in diesem Umfang die Wechselwirkungen zwischen Angebot und Nachfrage als Teil eines funktionierenden Wettbewerbs im Acquiring-Bereich ausgeschaltet. Aufgrund der Weiterleitung handelt es sich für den einzelnen Acquirer um einen (beinahe) „neutralen" Posten. Dies zugrunde gelegt, besteht für die Acquirer keine hinreichende oder gar zwingende Veranlassung, auf niedrige MIF-Sätze hinzuwirken.

Begünstigt wird diese mangelnde Einflussnahmebereitschaft überdies durch den Umstand, dass eine MIF gleichermaßen für sämtliche, am System beteiligten Acquirer gilt. Ein Acquirer wird insofern nicht gegenüber Wettbewerbern

---

1355 Vgl. hierzu etwa die Angaben von Barclaycard v. 27.02.2018, online abrufbar unter: https://www2.barclaycard.de/magazin/shopping-bezahlen/weltweit-akzeptiert-die-kreditkarte-gehoert-ins-reisegepaeck/; vgl. ferner Visa, Mitteilung v. 30.05.2017, online abrufbar unter: https://www.visa.de/uber-visa/presse-und-news/visa-setzt-wachstumskurs-in-deutschland-fort-1991302?returnUrl=/uber-visa/presse-und-news/listing?search=akzeptanzstellen.

1356 Vgl. auch noch KOM, Entscheidung v. 19.12.2007 in den Sachen COMP/34.579 – MasterCard, COMP/36.518 – EuroCommerce u. COMP/38.580 – Commercial Cards, Rn. 497.

benachteiligt oder begünstigt. Im Konkurrenzkampf zwischen den, auf dem Akzeptanzmarkt angesiedelten Unternehmen spielen die MIF nur eine untergeordnete Rolle. Anders als andere Kostenbestandteile kann die Höhe der MIF ohnehin nicht in sonstiger Weise – beispielsweise etwa durch Optimierung von Betriebsprozessen – verringert werden. Die multilaterale Festsetzung der Interbankenentgeltsätze bietet den Systemteilnehmern die Möglichkeit, die Grenzkosten der akquirierenden Unternehmen geschlossen in gleicher Höhe anzuheben. Die Höhe der MIF und damit der hieraus resultierende Kostenbestandteil auf der Seite der Acquirer wird zu einem nicht verhandelbaren Bestandteil der MSC, wodurch den Acquirern die Weitergabe dieser Kosten an die Vertragsunternehmen ermöglicht wird.[1357] Die Vertragsunternehmen sehen sich dem Kollektiv der Acquirer gegenübergestellt, wobei die MIF für jeden Acquirer das gleiche Ausmaß einnimmt und den Händler a priori eine Ausweichmöglichkeit auf andere Acquirer des jeweiligen Systems versperrt wird. Die Summe der hierdurch generierten zusätzlichen Einkünfte auf der Seite der Acquirer kann in der Folge ohne weitere Nachteile an die emittierenden Unternehmen als Interbankenentgelt abgeführt werden.[1358]

Zum anderen generieren MIF – obwohl es sich prima facie um einen Bestandteil der Kosten der Acquirer handelt – zusätzliche Einnahmen der Acquirer. Seitens der Systemmitglieder im nachgelagerten Bereich – einschließlich der Acquirer – existiert im Hinblick auf die multilaterale Festlegung einer MIF eine Interessengleichrichtung.[1359] Das Interesse an der Zahlung möglichst hoher Entgelte seitens der Vertragsunternehmen liegt gleichermaßen im Interesse aller teilnehmenden Banken.[1360] Das Interbankenentgelt stellt eine (unmittelbare) „Einnahmequelle“ der emittierenden Unternehmen dar, fungiert aber auch als mittelbare „Einnahmequelle“ der akquirierenden Unternehmen.[1361]

Dies zeigt sich freilich erst, wenn man sich die Geschehnisse innerhalb des gesamten Kreditkartensystems näher in Augenschein nimmt: Seitens der akquirierenden Unternehmen besteht zunächst einmal die Erwartungshaltung, dass seitens der Emittenten jedenfalls ein Teil der Interbankenentgelteinnahmen in die Verbesserung, Aufrechterhaltung und Weiterentwicklung des Systems investiert wird.[1362]

1357 Vgl. KOM, Entscheidung v. 19.12.2007 in den Sachen COMP/34.579 – MasterCard, COMP/36.518 EuroCommerce u. COMP/38.580 – Commercial Cards, Rn. 499.

1358 Vgl. KOM, Entscheidung v. 19.12.2007 in den Sachen COMP/34.579 – MasterCard, COMP/36.518 – EuroCommerce u. COMP/38.580 – Commercial Cards, Rn. 499.

1359 Ähnlich KOM, Entscheidung v. 19.12.2007 in den Sachen COMP/34.579 – MasterCard, COMP/36.518 – EuroCommerce u. COMP/38.580 – Commercial Cards, Rn. 499.

1360 Vgl. KOM, Entscheidung v. 19.12.2007 in den Sachen COMP/34.579 – MasterCard, COMP/36.518 – EuroCommerce u. COMP/38.580 – Commercial Cards, Rn. 499.

1361 Vgl. KOM, Entscheidung v. 19.12.2007 in den Sachen COMP/34.579 – MasterCard, COMP/36.518 – EuroCommerce u. COMP/38.580 – Commercial Cards, Rn. 499.

1362 Vgl. KOM, Entscheidung v. 19.12.2007 in den Sachen COMP/34.579 – MasterCard, COMP/36.518 – EuroCommerce u. COMP/38.580 – Commercial Cards, Rn. 499.

Es sind insofern Aufwendungen der Issuer zu erwarten, die sowohl den Acquirern als auch den Emittenten zum Vorteil gereichen. Die Acquirer ersparen eigene Aufwendungen, wenn bereits seitens der Issuer Investitionen getätigt werden, die ihnen selbst aufgrund der Marktstrukturen ebenfalls zugutekommen.

Dass seitens der Issuer Maßnahmen ergriffen werden, die Karteninhaber zu animieren, zeigt sich unter anderem daran, dass oftmals denjenigen Karteninhabern, die hohe Umsätze mittels der Kreditkarten generieren, die Kartengebühren ganz oder teilweise erlassen werden. Auch wenn die Issuer die im Wege der MIF generierten Einnahmen nicht vollumfänglich reinvestieren mögen, so nutzen sie zumindest einen Teil dieser Gelder, um den Karteninhabern Anreize zu setzen, die Karte möglichst häufig am Point of Sale als Zahlungsmittel einzusetzen;[1363] etwa Bonusprogramme kommen den Karteninhabern im Falle des Karteneinsatzes zugute, sofern sie die Karten am Point of Sale als Zahlungsmittel einsetzen. Hohe Transaktionsvolumina führen insofern nicht nur zu höheren Einnahmen der Issuer, sondern ebenfalls der Acquirer. Sowohl die MSC als auch die MIF sind transaktionsvolumenabhängig.

Ein häufiger Einsatz der Karten am Point of Sale und die Erzielung hoher Transaktionsumsätze sind freilich für die Acquirer von überragender Bedeutung, zumal die Händlergebühren ihre einzige Einnahmequelle bilden. Hinzu kommt, dass eine MIF auch noch auf anderem Wege dazu beitragen kann, die Einnahmen und damit zugleich die Gewinne der Acquirer zu steigern. Dies intendiert zunächst die frühere Praxis in Bezug auf die MIF, die MIF-Sätze nicht zu veröffentlichen. Diese Intransparenz ermöglichte es den Acquirern gegenüber den Vertragsunternehmen ein bestimmtes Niveau der MIF als nicht verhandelbar darzustellen; die konkrete Höhe der MIF konnten die Vertragsunternehmen nur schwer erkennen. Insofern war eine intransparente MIF-Festlegung ein Gesichtspunkt, der die Verhandlungsmacht der Acquirer stärkte und damit deren Überlegenheit schürte, festigte und stabilisierte. Das Argument der nicht verhandelbaren MIF bot ein gewichtiges Instrument, den Vertragsunternehmen eine Überprüfung der Berechtigung der diesen in Rechnung gestellten Händlergebühren zu erschweren, und dies auch dann, wenn die MSC der Höhe nach – selbst im Falle einer Einbeziehung der MIF-Sätze – nicht mehr gerechtfertigt waren.

Selbst nach der nunmehrigen Veröffentlichung der MIF-Sätze bilden MIF einen Entgeltbestandteil, den die Acquirer strategisch im Rahmen von Preisverhandlungen mit den Vertragsunternehmen nutzen (können). Ein hohes MIF, das einen beträchtlichen Anteil an den Händlergebühren einnimmt, lässt den verbleibenden Anteil der Händlergebühren als gering erscheinen. Die Vertragsunternehmen sehen sich einem Händlergebührenwert ausgesetzt, der jedenfalls zum Zeitpunkt der Untersuchungen der Kommission[1364] in einer Höhe von bis zu 80 % durch die

---

1363 Vgl. hierzu auch oben unter Abschnitt 2, Titel 3, Untertitel 2, Kapitel 2, Unterkapitel 1 (insbesondere § 3).

1364 Vgl. obige Ausführungen unter Abschnitt 2, Titel 3, Untertitel 2, Kapitel 1, Unterkapitel 1, § 1. Vgl. auch noch KOM, Entscheidung v. 24.07.2002, COMP/29.373 – Visa

MIF determiniert wurde.[1365] Die tatsächliche Einnahmehöhe der Acquirer trat insofern in den Schatten der Höhe der MIF. Im Zuge der Verhandlungen über die Höhe der Händlergebühren können die Acquirer ohne Weiteres hierauf hinweisen und vortragen, sie selbst hätten die MIF nicht festgelegt und der Restbetrag, den sie selbst verdienen, sei geradezu unbedeutend im Verhältnis zu den MIF-Sätzen.

Die Implementierung einer Höchstgrenze der MIF im Wege der Verordnung über Interbankenentgelte macht die vorstehenden Ausführungen keineswegs obsolet. Dass rein tatsächlich bereits Werte von 0,1 % des Transaktionsbetrages dem Wert nach ein beträchtliches Ausmaß einnehmen können, liegt auf der Hand. Gerade bei umsatzstarken Händlern kann ein solcher Prozentsatz ohne Weiteres Zahlungsbelastungen im sechs- bis siebenstelligen Bereich auslösen.

Rein tatsächlich war bislang auch nicht zu erkennen, dass innerhalb der Zahlungsorganisationen seitens der akquirierenden Unternehmen Widerstand geleistet wurden, und zwar auch dann nicht, wenn Erhöhungen der MIF-Sätze in Rede standen.[1366] Solange die Höhe der MIF nicht eine derart beträchtliche Dimension erreicht, die eine Weiterleitung an die Vertragsunternehmen schlechthin unmöglich machen würde, steht zu erwarten, dass die Acquirer keinen Druck auf die Höhe dieser Entgelte aufbauen werden.

International II – Multilateral Interchange Fee, ABl. EG v. 22.11.2002, L 318/17, S. 28, Rn. 68; KOM, Pressemitteilung v. 10.03.2015, IP/15/4585, abrufbar unter: http://europa.eu/rapid/press-release_IP-15-4585_de.htm.

1365 Vgl. KOM, Entscheidung v. 24.07.2002, COMP/29.373 – Visa International II – Multilateral Interchange Fee, ABl. EG v. 22.11.2002, L 318/17, S. 28, Rn. 68; vgl. ferner WEKO, Verfügung v. 05.12.2005, RPW 2006/1, 65, S. 83, Rn. 142. Nach Angabe des VEZ lag der Anteil bei 80 %, vgl. WEKO, Verfügung v. 05.12.2005, RPW 2006/1, 65, S. 76 a.E. f., Rn. 77. Die Interbankenentgelte lagen regelmäßig über 1 % des Transaktionswertes, vgl. auch noch HDE, Stellungnahme v. 12.02.2014, Position zum Verordnungsentwurf, abrufbar unter: http://www.einzelhandel.de/index.php/zahlungssysteme/item/123669-position-zum-verordnungsentwurf-zur-regulierung-der-entgelte-im-kartenzahlungsverkehr; *Wittenberg/Buermeyer*, 0,3 Prozent Interchange, cards 2014, Heft 1, 16, S. 16. Vgl. ferner KOM, Entscheidung v. 19.12.2007 in den Sachen COMP/34.579 – MasterCard, COMP/36.518 – EuroCommerce u. COMP/38.580 – Commercial Cards, Anhang 1. Ihr Anteil an den Händlerentgelten beträgt in etwa 70 % oder mehr, vgl. KOM, Pressemitteilung v. 10.03.2015, IP/15/4585, abrufbar unter: http://europa.eu/rapid/press-release_IP-15-4585_de.htm. Die aktuellen Raten der MIF von Visa sind abrufbar unter: https://www.visaeurope.com/about-us/interchange/fees-and-interchange. Informationen hinsichtlich der aktuellen MIF-Raten von MasterCard finden sich unter https://www.mastercard.co.uk/en-gb/about-mastercard/what-we-do/interchange/european-interchange-rates.html.

1366 Vgl. hinsichtlich des MasterCard-Systems etwa KOM, Entscheidung v. 19.12.2007 in den Sachen COMP/34.579 – MasterCard, COMP/36.518 – EuroCommerce u. COMP/38.580 – Commercial Cards, Rn. 500.

Im Übrigen muss besehen werden, dass die Issuer – in Anbetracht der bereits angesprochenen strukturellen Verflechtungen zwischen Issuing- und Acquiring-Bereich – vielfach die Kontrolle über bzw. Einfluss auf die Acquirer ausüben. Die fehlende Bereitschaft der Issuer, auf die Höhe der MIF Einfluss zu nehmen, schlägt insofern auch auf den Acquiring-Bereich durch.

§ 2. Gegendruck der Vertragsunternehmen?

Die durch die MIF bedingten Beschränkungen der Preisfestsetzungsfreiheit der Acquirer wirken sich zu Lasten dieser Vertragsunternehmen aus.[1367]

I. (Teilweise) Ausschaltung der Möglichkeit von Preisverhandlungen

Während die Festlegung der Disagiosätze, abzüglich des durch die MIF determinierten Wertes, der eigenverantwortlichen wie auch freien Entscheidung der akquirierenden Unternehmen entsprechend ihrer (übrigen) Kosten sowie (angestrebten) Gewinnmarge obliegt, werden die MIF zentral mit verbindlicher Wirkung für die Mitglieder des Zahlungssystems festgelegt. In Anbetracht dessen stellt sich die Frage, ob und inwiefern eine realistische Möglichkeit der Händler besteht, auf die Höhe der MSC im Rahmen der Preisverhandlungen mit den Acquirern einzuwirken.

Die bereits angesprochenen Untersuchungen der Kommission sprechen gegen eine solche Möglichkeit.[1368] So ergab sich aus diesen Untersuchungen, dass selbst marktstärkere Vertragsunternehmen nicht in der Lage waren, ein Disagio in einer Höhe auszuhandeln, welches unter der Höhe der Interbankenentgelte lag.[1369]

Die Kreditkartenorganisationen berücksichtigen bei der Festlegung der MIF auch die (potentielle) Reaktion der Vertragsunternehmen. So war etwa seitens MasterCard bei der Festsetzung der MIF im Wesentlichen berücksichtigt worden, ab welchem Zeitpunkt die Händler auf die Teilnahme am Kartenzahlungssystem verzichten würden.[1370] MasterCard orientierte sich insoweit unter anderem an der Frage, bei welcher Gebührenhöhe die Emission eigener Kundenkreditkarte durch die Händler zu erwarten wäre.[1371] Eine solche Vorgehensweise sieht sich mehreren Bedenken ausgesetzt. In diesem Kontext muss zunächst beachtet werden,

---

1367 Vgl. KOM, Entscheidung v. 19.12.2007 in den Sachen COMP/34.579 – MasterCard, COMP/36.518 – EuroCommerce u. COMP/38.580 – Commercial Cards, Rn. 410.

1368 Vgl. hierzu oben unter Abschnitt 2,Titel 3, Untertitel 2, Kapitel 1, Unterkapitel 1, § 1.

1369 Vgl. KOM, Entscheidung v. 19.12.2007 in den Sachen COMP/34.579 – MasterCard, COMP/36.518 – EuroCommerce u. COMP/38.580 – Commercial Cards, Rn. 503.

1370 Vgl. KOM, Entscheidung v. 19.12.2007 in den Sachen COMP/34.579 – MasterCard, COMP/36.518 – EuroCommerce u. COMP/38.580 – Commercial Cards, Rn. 502.

1371 Vgl. KOM, Entscheidung v. 19.12.2007 in den Sachen COMP/34.579 – MasterCard, COMP/36.518 – EuroCommerce u. COMP/38.580 – Commercial Cards, Rn. 502; vgl. in diesem Kontext auch noch *Fricke*, Kreditgewährung als absatzpolitisches Element, 1971.

dass ein Vertragsunternehmen eine gewisse Größe erreichen muss, um überhaupt Kundenkreditkarten emittieren zu können.[1372] Auch handelt es sich bei Kundenkreditkarten nicht um ein Universalzahlungsmittel, insbesondere besteht keine hinreichende Substituierbarkeit zwischen Zahlungen via Kreditkarten und solchen mittels Kundenkreditkarten.[1373] Der Vergleichsmaßstab von MasterCard kann daher – wenn überhaupt – allenfalls als äußerste Belastungsgrenze herangezogen werden.[1374] Dies wiederum intendiert aber auch zugleich, dass sich MasterCard bei der Festlegung der Höhe der MIF-Sätze keinen nennenswerten Grenzen von Seiten der Vertragsunternehmen ausgesetzt sah.

Die (potentiellen) Vertragsunternehmen sehen dies ähnlich. Sie erachten die Höhe des MSC, die durch die MIF ausgefüllt wird, nicht als einen Preisbestandteil, der verhandelbar gewesen wäre.[1375] Die MIF wurden und werden als ein Preisbestandteil der MSC eingestuft, der a priori nicht dem Wettbewerb unterliegt.[1376]

Damit aber nicht genug. In diesem Zusammenhang müssen auch die besonderen Marktmechanismen im Zahlungskartenbereich beachtet werden. So kann es durchaus sein, dass eine verstärkte Ablehnung der Akzeptanz von Kreditkarten durch die Händler dazu führt, dass die Karteninhaber nicht mehr geneigt sind, ihre Karten derart häufig einzusetzen wie zuvor; dies wiederum kann dazu führen, dass die emittierenden Unternehmen ihre Bestrebung den Kunden einen Anreiz zum Einsatz der Karte zu schaffen, verstärken.[1377] Regelmäßig bedarf es hierfür finanzieller Investitionen der emittierenden Banken, die insoweit ihrerseits geneigt sein könnten, die Interbankenentgelte weiter anzuheben respektive dahingehend auf die jeweilige Kreditkartenorganisation einzuwirken.[1378] Eine Erhöhung der MIF hätte voraussichtlich eine Erhöhung der MSC zu Folge. Diese Kostenanhebungen würden demgemäß auf die Händler zurückfallen und bereits die Furcht der Vertragsunternehmen vor solchen Erhöhungen kann deren Bestrebungen zur Auflehnung gegen die multilateralen Interbankenentgelte bzw. die hierdurch

---

1372 Vgl. hierzu auch obige Ausführungen unter Abschnitt 1, Titel 3, Untertitel 3, Kapitel 2, Unterkapitel 2, § 2, VII, 2., a).

1373 Vgl. auch noch obige Ausführungen unter Abschnitt 1, Titel 3, Untertitel 3, Kapitel 2, Unterkapitel 2, § 2, VII.

1374 Vgl. auch noch EuG, Entscheidung v. 24.05.2012, Rs. T-111/08 – MasterCard, Rn. 158 f., abrufbar unter: http://curia.europa.eu/juris/document/document.jsf?text=&docid=123081& pageIndex=0&doclang=en&mode=lst&dir=&occ=first&part=1&cid=612511.

1375 Vgl. KOM, Entscheidung v. 19.12.2007 in den Sachen COMP/34.579 – MasterCard, COMP/36.518 – EuroCommerce u. COMP/38.580 – Commercial Cards, Rn. 503.

1376 Vgl. KOM, Entscheidung v. 19.12.2007 in den Sachen COMP/34.579 – MasterCard, COMP/36.518 – EuroCommerce u. COMP/38.580 – Commercial Cards, Rn. 503.

1377 Vgl. KOM, Entscheidung v. 19.12.2007 in den Sachen COMP/34.579 – MasterCard, COMP/36.518 – EuroCommerce u. COMP/38.580 – Commercial Cards, Rn. 504.

1378 Vgl. KOM, Entscheidung v. 19.12.2007 in den Sachen COMP/34.579 – MasterCard, COMP/36.518 – EuroCommerce u. COMP/38.580 – Commercial Cards, Rn. 504.

determinierte Höhe der MSC von vornherein deutlich reduzieren, wenn nicht gar vollends zunichtemachen.[1379]

Überdies steht zu erwarten, dass die Vertragsunternehmen ihrerseits – ähnlich wie die Acquirer – die ihnen via der Interbankenentgelte entstehenden Kosten letzten Endes an ihre Kunden auf den jeweiligen Absatzmärkten weiterreichen und „abwälzen".[1380] Händler werden eher geneigt sein, die Preise ihrer auf den Absatzmärkten vertriebenen Produkte leicht anzuheben als vollkommen auf die Akzeptanz der Karten des jeweiligen Systems abzusehen.[1381] Hierdurch wirkt also die Angst des Verlustes von Umsätzen auf den Absatzmärkten auf das Verhalten der Händler ein und lässt deren Bereitschaft zur Auflehnung gegen Gebührenerhöhungen schwinden.[1382]

In Bezug auf die Frage, ob ein Vertragsunternehmen Zahlungskarten anzunehmen gedenkt, sind mitunter nicht ausschließlich transaktionsbezogene Vorteile (wie etwa die Sicherheit und die Schnelligkeit der Zahlungsvorgänge) maßgeblich. Vielmehr spielen für die Vertragsunternehmen im Rahmen einer „Kosten-/Nutzenanalyse" unter anderem erdenkliche Konsequenzen für die Umsatzzahlen eine bedeutsame Rolle.[1383] Ein Händler wird die zu prognostizierenden Gewinne im Falle der Kartenakzeptanz mit deren Kosten wie auch anderweit zu gewärtigenden Umsatz- und Absatzeinbußen gegenüberstellen.[1384]

Im Rahmen einer Umfrage der Kommission während des MasterCard-Verfahrens gaben circa 90 % der befragten Händler an, dass der Hauptgrund für die Kartenakzeptanz der entsprechende Einsatzwunsch ihrer Kunden sei; 67 % verwiesen darauf, dass sie ihr kundenfreundliches Image aufrechterhalten wollten.[1385] Ferner

---

1379 Vgl. KOM, Entscheidung v. 19.12.2007 in den Sachen COMP/34.579 – MasterCard, COMP/36.518 – EuroCommerce u. COMP/38.580 – Commercial Cards, Rn. 504.

1380 Vgl. KOM, Entscheidung v. 19.12.2007 in den Sachen COMP/34.579 – MasterCard, COMP/36.518 – EuroCommerce u. COMP/38.580 – Commercial Cards, Rn. 505; KOM, Entscheidung v. 24.07.2002, COMP/29.373 – Visa International II – Multilateral Interchange Fee, ABl. EG v. 22.11.2002, L 318/17, S. 30, Rn. 80. KOM, Jahresbericht über Wettbewerbspolitik 2015 v. 04.06.2016, COM(2016) 393 final, S. 13, online abrufbar unter: http://ec.europa.eu/competition/publications/annual_report/2014/part1_de.pdf; vgl. ferner *v. Hippel*, Abschied von der Kreditkarte?, ZRP 2000, 185, 185 a.E. f.

1381 Vgl. KOM, Entscheidung v. 19.12.2007 in den Sachen COMP/34.579 – MasterCard, COMP/36.518 – EuroCommerce u. COMP/38.580 – Commercial Cards, Rn. 505.

1382 Vgl. KOM, Entscheidung v. 19.12.2007 in den Sachen COMP/34.579 – MasterCard, COMP/36.518 – EuroCommerce u. COMP/38.580 – Commercial Cards, Rn. 505.

1383 Vgl. KOM, Entscheidung v. 19.12.2007 in den Sachen COMP/34.579 – MasterCard, COMP/36.518 – EuroCommerce u. COMP/38.580 – Commercial Cards, Rn. 506.

1384 Vgl. KOM, Entscheidung v. 19.12.2007 in den Sachen COMP/34.579 – MasterCard, COMP/36.518 – EuroCommerce u. COMP/38.580 – Commercial Cards, Rn. 506.

1385 Vgl. KOM, Entscheidung v. 19.12.2007 in den Sachen COMP/34.579 – MasterCard, COMP/36.518 – EuroCommerce u. COMP/38.580 – Commercial Cards, Rn. 506, Fn. 570.

verwiesen die Händler darauf, dass ihre Wettbewerber auf dem jeweiligen Absatzmarkt oftmals auch ein derartiges Zahlungsmittel annehmen würden.[1386] Insoweit äußert sich der Aspekt, dass seitens der Händler die Zahlungskartenakzeptanz als eine auf den jeweiligen Absatzmärkten umsatzsteigernde Dienstleistungsgewährung gegenüber ihren Kunden erachtet wird; so können Vertragsunternehmen schwerlich eine ihren Kunden eingeräumte Einsatzmöglichkeit wieder entziehen.[1387] In diesem Kontext spricht man auch von dem sog. „must-take cards"-Argument.[1388] Seitens der Kunden dieser Händler wird eine Ablehnung der Kartenakzeptanz auf dem jeweiligen Absatzmarkt als eine Einbuße an Service verstanden. Ein solches Defizit mag gegebenenfalls durch ein Abwandern zu (kartenakzeptierenden) Konkurrenzunternehmens des jeweiligen Händlers sanktioniert bzw. jedenfalls ein solches Verhalten ihrer Kunden seitens der Vertragsunternehmen sanktioniert werden. Auch lässt sich nicht von der Hand weisen, dass insbesondere solche Händler, die Karten sowohl des Visa- als auch des MasterCard-Systems angenommen haben, schwerlich die Akzeptanz einer der beiden Kartenarten einstellen können; zumal die Karteninhaber regelmäßig nicht die diversen Mechanismen eines MIF durchblicken, bestünde insoweit die Problematik, dass eine Aufklärung des Karteninhabers zu den Beweggründen gegen eine weitere Akzeptanz der Karten kaum bzw. allenfalls unter beträchtlichen Schwierigkeiten möglich wäre. Ein Kunde wird den Verlust der Möglichkeit der Zahlung mit seinem präferierten Zahlungsmittel schnell wahrnehmen, geringe Preissenkungen summieren sich hingegen erst über einen längeren Zeitraum und werden tendenziell nur seitens einer geringen Minderheit des Kundenstammes honoriert werden.

Die Verhandlungsspielräume der Vertragsunternehmen in Bezug auf die Ausgestaltung des Akquisitionsvertrages betreffen letztlich auch nicht den Anteil der MSC, welcher der MIF entspricht. Zwar können die Vertragsunternehmen auf die Acquirer einwirken, denn diese mögen sich hinsichtlich des verbleibenden Teils insbesondere bei umsatzstarken Händlern zur Erhebung geringerer Disagiosätze bereit erklären; die Umsatzstärke eines Händlers ist in Anbetracht der transaktionsvolumenabhängigen Berechnung der Händlerentgelte aus Sicht der Acquirer ein bedeutsamer Indikator zur Prognostizierung der zu erwirtschaftenden MSC-Höhe. Der Anteil der MSC in Höhe der MIF steht hingegen von vornherein nicht zur Disposition der Parteien des Akzeptanzvertrages.[1389] In Anbetracht der

---

1386 Vgl. KOM, Entscheidung v. 19.12.2007 in den Sachen COMP/34.579 – MasterCard, COMP/36.518 – EuroCommerce u. COMP/38.580 – Commercial Cards, Rn. 506; vgl. auch *Bolt*, Retail Payment Systems, 2012, 9.

1387 Vgl. *Wright*, payment card fees, RAND J. Econ. 2012, Vol. 43, Iss. 4, 761, 762; KOM, Entscheidung v. 19.12.2007 in den Sachen COMP/34.579 – MasterCard, COMP/36.518 – EuroCommerce u. COMP/38.580 – Commercial Cards, Rn. 506.

1388 Vgl. *Rochet/Tirole*, Must-Take Cards, JEEA, 2011, Vol. 9, Iss. 3, 462; *Wright*, payment card fees, RAND J. Econ. 2012, Vol. 43, Iss. 4, 761, 762.

1389 Hierzu bereits ausfürhlich oben unter Abschnitt 1, Titel 3, Untertitel 2, Kapitel 1, Unterkapitel 1.

Mindestvorgaben durch die MIF verdichten sich die Preisverhandlungen zwischen akquirierenden Unternehmen und Vertragsunternehmen auf den Anteil der MSC, der die Höhe der Interbankenentgelte übersteigt.[1390]

II. (Möglichkeit zur) Erhebung von Preisaufschlägen?

Fraglich erscheint, ob und inwiefern die Existenz einer Nichtdiskriminierungsklausel[1391] die wettbewerbsbeschränkenden Effekte der MIF begünstigt respektive, ob die Erhebung von Preisaufschlägen (sog. Surcharging) ein probates Mittel der Vertragsunternehmen darstellt, um einen Gegendruck auf die Höhe der MIF auszuüben.[1392] Etwa MasterCard äußerte sich dahingehend, dass „die Drohung

---

1390 Vgl. etwa die Aussage eines im Rahmen des MasterCard-Verfahrens befragten Vertragsunternehmen, vgl. KOM, Entscheidung v. 19.12.2007 in den Sachen COMP/34.579 – MasterCard, COMP/36.518 – EuroCommerce u. COMP/38.580 – Commercial Cards, Rn. 438. Früher konnten die Acquirer im Rahmen der Verhandlungen mit den Vertragsunternehmen ohne Offenlegung der konkret in Rede stehenden Höhe der MIF pauschal auf einen nicht vorhandenen Verhaltensspielraum verweisen. Zumal die MIF-Sätze nunmehr seitens der Kreditkartenorganisationen veröffentlicht werden und den Vertragsunternehmen damit die Höhe des MIF bekannt ist, ist den Acquirer – jedenfalls hinsichtlich des die MIF übersteigenden Anteils der MSC – ein derart pauschaler und unsubstantiierter Hinweis auf einen fehlenden Verhandlungsspielraum abgeschnitten.

1391 Vgl. noch *Schwartz/Vincent*, No Surcharge Rule, Rev. Netw. Econ., 2006, Vol. 5, Iss. 1, 72 ff.; *Salje*, Nichtdiskriminierungsklauseln im Kreditkartengeschäft, WM 1991, 262 ff.; *Schneider/Merkel*, Preisaufschläge, in: FS Pleyer, 1986, S. 115 ff.

1392 Der Gesetzentwurf der Bundesregierung zur Umsetzung der Richtlinie (EU) 2015/2366 des Europäischen Parlaments und des Rates vom 25. November 2015 über Zahlungsdienste im Binnenmarkt, zur Änderung der Richtlinien 2002/65/EG, 2009/110/EG und 2013/36/EU und der Verordnung (EU) Nr. 1093/2010 sowie zur Aufhebung der Richtlinie 2007/64/EG (ABl. EU v. 23.12.2015, L 337/35, ABl. EU v. 28.06.2016, L 169/18, sog. Zweite Zahlungsdiensterichtlinie) sieht die Einführung eines weitgehenden Preisaufschlagsverbots vor. Gemäß diesem Regierungsentwurf zur Umsetzung der Zweiten Zahlungsdiensterichtlinie soll ein neuer § 270a BGB in das BGB eingefügt werden; dieser soll folgenden Wortlaut erhalten: „Eine Vereinbarung, durch die der Schuldner verpflichtet wird, ein Entgelt für die Nutzung einer SEPA-Basislastschrift, einer SEPA-Firmenlastschrift, einer SEPA-Überweisung oder einer Zahlungskarte zu entrichten, ist unwirksam. Satz 1 gilt für die Nutzung von Zahlungskarten nur bei Zahlungsvorgängen mit Verbrauchern, wenn auf diese Kapitel II der Verordnung (EU) 2015/751 des Europäischen Parlaments und des Rates vom 29. April 2015 über Interbankenentgelte für kartengebundene Zahlungsvorgänge (ABl. L 123 vom 19.05.2015, S. 1) anwendbar ist.“, siehe RegE zur Umsetzung der Zweiten Zahlungsdiensterichtlinie v. 08.02.2017 (Internetfassung des BMJV), S. 66. Die derzeitige Fassung des § 312a Absatz 4 BGB enthält zwar bereits ein Surcharging-Verbot: Die dort enthaltene Regelung ist allerdings eingeschränkt und verbietet Preisaufschläge nur, wenn entweder keine gängige und zumutbare unentgeltliche Zahlungsmöglichkeit für den Verbraucher besteht oder das vereinbarte

mit Aufschlägen oder andere Formen der Abschreckung einen starken Wettbewerbsdruck auf die Händlergebühr und somit das MIF entfalten" würde;[1393] ferner bestünde eine beträchtliche Wahrscheinlichkeit, dass eine „Preisdifferenzierung je nach Zahlungsmittel" seitens der Vertragsunternehmen letzten Endes Auswirkungen in bedeutsamen Maße entfalten könnte und insoweit durchaus geeignet sei, einen Druck auf die entsprechende Zahlungskartenorganisation auszuüben.[1394]

Allein die Androhung der Erhebung von Aufschlägen kann indes nicht als ausreichende Abwehrmöglichkeit der Vertragsunternehmen angesehen werden. Es stünde zu erwarten, dass die jeweilige Kartenorganisation – in Anbetracht der Ermangelung der Erhebung von Aufschlägen in der Vergangenheit – zunächst abwartet, ob etwaige Ankündigungen tatsächlich umgesetzt werden und dies einen Rückgang des Karteneinsatzes der Karteninhaber in einem Ausmaß zur Folge hat, den die Kreditkartenorganisationen merklich spüren.

Allenfalls die tatsächliche Erhebung von Aufschlägen durch die Vertragsunternehmen könnte demgemäß ein wirksames Gegenmittel in Bezug auf die MIF darstellen. Eine zwischen den kartenzahlenden Kunden auf der einen und den Barzahlern auf der anderen Seite differenzierende Preisstrategie ist den Vertragsunternehmen im Visa-System wegen der dort Anwendung findenden Non Discrimination Rule (NDR) von vornherein untersagt. Aber selbst ohne eine NDR

Entgelt über die Kosten hinausgeht, die dem Unternehmer durch die Nutzung des Zahlungsmittels entstehen; (kostendeckende) Aufschläge sind derzeit also grundsätzlich (noch) zulässig, vgl. RegE zur Umsetzung der Zweiten Zahlungsdiensterichtlinie v. 08.02.2017 (Internetfassung des BMJV), S. 92. § 270a BGB-E „bezieht sich auf die Vereinbarung von Entgelten für bestimmte Zahlungsarten, kann aber auch berührt sein, wenn es durch die Einräumung von Ermäßigungen oder Anreizsystemen in diesem Verhältnis umgangen werden soll", siehe RegE zur Umsetzung der Zweiten Zahlungsdiensterichtlinie v. 08.02.2017 (Internetfassung des BMJV), S. 171. § 270a BGB-E soll einen eigenständigen Anwendungsbereich neben § 312a Absatz 4 BGB erhalten und auch die §§ 675c ff. BGB unberührt lassen, vgl. RegE zur Umsetzung der Zweiten Zahlungsdiensterichtlinie v. 08.02.2017 (Internetfassung des BMJV), S. 170. § 270a BGB-E betrifft das Verhältnis zwischen Gläubiger und Schuldner einer Geldschuld im Valutaverhältnis, und zwar unabhängig davon, ob der Zahler ein Verbraucher ist. Vgl. zu den wesentlichen Hintergründen und Zielen dieses neuen Preisaufschlagsverbots auch noch Zweite Zahlungsdiensterichtlinie, ABl. EU v. 23.12.2015, L 337/35, S. 45, Erw. 66; RegE zur Umsetzung der Zweiten Zahlungsdiensterichtlinie v. 08.02.2017 (Internetfassung des BMJV), S. 172. Vgl. auch *Terlau*, Die zweite Zahlungsdiensterichtlinie, ZBB 2016, 122, 130; vgl. ferner *Omlor*, Die zweite Zahlungsdiensterichtlinie, ZIP 2016, 558 ff.; *Hoffmann*, Neufassung der Zahlungsdiensterichtlinie, VuR 2016, 243 ff.; *Lösing/Hingst*, Fortentwicklung des europäischen Zahlungsdiensteaufsichtsrechts, BKR 2014, 315 ff.

1393 Vgl. KOM, Entscheidung v. 19.12.2007 in den Sachen COMP/34.579 – MasterCard, COMP/36.518 – EuroCommerce u. COMP/38.580 – Commercial Cards, Rn. 515.

1394 Vgl. KOM, Entscheidung v. 19.12.2007 in den Sachen COMP/34.579 – MasterCard, COMP/36.518 – EuroCommerce u. COMP/38.580 – Commercial Cards, Rn. 515.

ist eine differenzierende Preisstrategie der Vertragsunternehmen insofern unwahrscheinlich. Selbst nach Abschaffung der NDR im MasterCard-System sind Preisaufschläge zu Lasten von Kartenzahlern ausgeblieben; die Nichterhebung von Preisaufschlägen hat sich in der Praxis als Usus etabliert. Preisaufschläge werden in einigen Branchen zwar durchaus seitens einzelner Vertragsunternehmen erhoben. Dass rein tatsächlich allenfalls etwa 10 % der Vertragsunternehmen solche Aufschläge einfordern, vermag aber keine hinreichend abschreckende Wirkung auszuüben. Auch im Falle einer umfassenden Abschaffung der Nichtdiskriminierungsklauseln würde deren frühere Geltung in den meisten Fällen faktisch bis auf unbestimmte Zeit fortwirken. Es handelt sich insofern um eine Entwicklung, die letztlich ihren Ursprung darin findet, dass die Vertragsunternehmen aufgrund der Wettbewerbsverhältnisse geneigt sind, die Preise der auf den Absatzmärkten angebotenen Produkte leicht zu erhöhen und nicht die ihrerseits durch die MIF zusätzlich anfallenden Kosten zu internalisieren.[1395] In der tatsächlichen Wirklichkeit zeigt sich, dass die Vertragsunternehmen – selbst wenn es ihnen nicht untersagt ist – üblicherweise keine Preisaufschläge einfordern.

Dies hängt zum einen damit zusammen, dass die Händler die Akzeptanz von Kreditkarten – wie bereits dargelegt wurde – als Serviceleistung gegenüber ihren Kunden ansehen. Zum anderen ist zu besehen, dass jedenfalls die intraregionalen multilateral festgesetzten Standard-Interbankenentgelte auf eine Vielzahl grenzüberschreitender wie auch inländischer Transaktionen im gesamten EWR Anwendung finden. Ein Vertragsunternehmen könnte sich allenfalls behaupten bzw. einen Gegendruck von hinreichendem Gewicht aufbauen, sofern die Organisation dies „europaweit zu spüren bekäme".[1396] Aber selbst in Bezug auf die inländischen MIF bleibt der Aufbau eines spürbar gewichtigen Gegendrucks allenfalls wenigen Unternehmen vorbehalten. Ein einzelnes Vertragsunternehmen kann durch die Erhebung von Aufschlägen für Kartenzahlungen nur einen minimalen Einfluss auf die Höhe der multilateralen Interbankenentgelte ausüben. Auch in dieser Hinsicht spielen die abgestuften Subsidiaritätsverhältnisse und die entsprechenden Hierarchieebenen der verschiedenen Arten von Interbankenentgelten eine bedeutsame Rolle, die insbesondere die Ausgestaltung der Standard-Interbankenentgelte als Fallback Fee aus kartellrechtlicher Sicht als besonders problematisch erscheinen lässt.

1395 Vgl. KOM, Entscheidung v. 19.12.2007 in den Sachen COMP/34.579 – MasterCard, COMP/36.518 – EuroCommerce u. COMP/38.580 – Commercial Cards, Rn. 411; vgl. auch *Freigang/Grün*, Interbankenentgelte im Kreditkartengeschäft, WM 2005, 681, 688.

1396 Vgl. KOM, Entscheidung v. 19.12.2007 in den Sachen COMP/34.579 – MasterCard, COMP/36.518 – EuroCommerce u. COMP/38.580 – Commercial Cards, Rn. 520.

Es ist folglich nicht davon auszugehen, dass die Erhebung von Preisaufschlägen (bzw. bereits die Möglichkeit zu einem solchen Geschäftsgebaren) eine wirksame Abwehrmöglichkeit der Vertragsunternehmen darstellen würde.[1397]

III. Zwischenergebnis

Eine hinreichende Möglichkeit der Vertragsunternehmen zur Ausübung von Gegendruck auf die MIF ist nicht gegeben. Der Verhandlungsspielraum der Vertragsunternehmen hinsichtlich des Akzeptanzvertrages beschränkt sich von vornherein auf denjenigen Anteil der MSC, der nicht durch die MIF determiniert wird. Die (Möglichkeit zur) Erhebung von Preisaufschlägen vermag keinen hinreichenden Gegendruck auf die Höhe der MIF zu entfalten.

§ 3. Gegendruck der Karteninhaber?

Als letzte Gruppe von Systemteilnehmern des nachgelagerten Bereichs verbleiben die Karteninhaber. Diverse Gesichtspunkte sprechen dagegen, dass diese einen Gegendruck auf die MIF ausüben (könnten).

Die überwiegende Anzahl der Karteninhaber hat bereits keine Kenntnis von der Existenz, geschweige denn den Wirkungszusammenhängen der (multilateralen) Interbankenentgelte im Gesamtsystem. In erster Linie nehmen die Karteninhaber die Gebühren wahr, die ihnen unmittelbar seitens der Issuer in Rechnung gestellt werden. Dies sind die Kartengebühren, die sie an die Emittenten entrichten. Die Interbankenentgelte stehen außerhalb des Blickfelds der Karteninhaber. Es handelt sich bei den MIF nicht um Kosten, die die Karteninhaber als eigene Kostenbelastung empfinden.

Im Übrigen gilt zu bedenken, dass selbst wenn seitens der Karteninhaber ein Gegendruck auf die Vertragsunternehmen ausgeübt werden könnte, dies nicht gleichsam einen Gegendruck bezüglich der Festlegung der MIF schafft. Wie bereits dargelegt, ist es nämlich den Vertragsunternehmen nicht möglich, einen effektiven Gegendruck gegenüber den Acquirern aufzubauen. Letzteres wäre indes Voraussetzung dafür, dass eine Ausübung von Druck auf die Vertragsunternehmen durch die Karteninhaber wie auch diejenigen, die nicht mittels Karte zahlen, zu sinkenden MIF führt.

§ 4. Zwischenergebnis

Die Beteiligten des nachgelagerten Bereichs üben keinen, jedenfalls keinen hinreichenden (Wettbewerbs-)Druck auf die MIF aus. Innerhalb des nachgelagerten

---

1397 Vgl. KOM, Entscheidung v. 19.12.2007 in den Sachen COMP/34.579 – MasterCard, COMP/36.518 – EuroCommerce u. COMP/38.580 – Commercial Cards, Rn. 511; EuG, Entscheidung v. 24.05.2012, Rs. T-111/08 – MasterCard, Rn. 158 f., abrufbar unter: http://curia.europa.eu/juris/document/document.jsf?text=&docid=123081&pageIndex=0&doclang=en&mode=lst&dir=&occ=first&part=1&cid=612511.

Bereichs der Zahlungskartensysteme von Visa wie auch von MasterCard wird kein (hinreichender) Druck (auf die Festlegung der) MIF ausgeübt.

Unterkapitel 2. Der vorgelagerte Bereich

Während bislang lediglich die nachgelagerte Ebene in den Blick genommen wurde, soll im Folgenden näher auf den vorgelagerten Bereich eingegangen werden.[1398]

§ 1. Die Auswirkungen der MIF auf das Verhältnis zwischen den Kreditkartensystemen von Visa und MasterCard

Man könnte indes annehmen, dass jedenfalls anhand des Inter-System-Wettbewerbs ein gewisser Wettbewerbsdruck auf die Interbankenentgelte aufgebaut werden kann.

I. Die MIF als Wettbewerbsfaktor auf der vorgelagerten Ebene

Der Erfolg des Gesamtsystems ist ganz wesentlich von der Anzahl der Mitgliedsbanken auf der Emissionsseite abhängig.[1399] Insbesondere für die emittierenden Banken handelt es sich bei den erhobenen Interbankenentgelten um eine beträchtliche Einnahmequelle.[1400] Die Einkünfte der Issuer steigen mit dem Anstieg der Interbankenentgelte.[1401] Hohe Interbankenentgelte lassen ihrerseits den Beitritt zu einer Kartenorganisation für die Issuer rentabel erscheinen. Die Attraktivität, einem Kreditkarten-System beizutreten, steigt für die Issuer umso mehr, je höher das MIF angesetzt wird.[1402] Daraus erklärt sich der Anreiz für die Banken demjenigen System zu folgen bzw. sich anzuschließen, im Rahmen dessen sich die höchsten Einnahmen erzielen lassen.[1403] Mithin wirkt eine MIF respektive deren Höhe wie ein Anreizsystem für die Issuer und bildet gleichsam einen bedeutsamen Faktor im Rahmen der Kalkulationen der Kartenorganisationen. Bei der Festlegung der Höhe der multilateralen Interbankenentgelte werden durchaus die

---

1398 Zu den Unterschieden zwischen den einzelnen Ebenen und deren Wechselwirkungen sei auch auf obige Ausführungen unter Abschnitt 1, Titel 2 und Abschnitt 1, Titel 3, Untertitel 1, Kapitel 5.

1399 Vgl. KOM, Entscheidung v. 19.12.2007 in den Sachen COMP/34.579 – MasterCard, COMP/36.518 – EuroCommerce u. COMP/38.580 – Commercial Cards, Rn. 193.

1400 Vgl. KOM, Entscheidung v. 19.12.2007 in den Sachen COMP/34.579 – MasterCard, COMP/36.518 – EuroCommerce u. COMP/38.580 – Commercial Cards, Rn. 194.

1401 Vgl. KOM, Entscheidung v. 19.12.2007 in den Sachen COMP/34.579 – MasterCard, COMP/36.518 – EuroCommerce u. COMP/38.580 – Commercial Cards, Rn. 193.

1402 Vgl. KOM, Entscheidung v. 19.12.2007 in den Sachen COMP/34.579 – MasterCard, COMP/36.518 – EuroCommerce u. COMP/38.580 – Commercial Cards, Rn. 194.

1403 Vgl. KOM, Entscheidung v. 19.12.2007 in den Sachen COMP/34.579 – MasterCard, COMP/36.518 – EuroCommerce u. COMP/38.580 – Commercial Cards, Rn. 194.

„konkrete[n] Interessen der Banken berücksichtigt".[1404] Aus Sicht der jeweiligen Kartenorganisation besteht – bereits unter diesem Blickwinkel besehen – ein hervorgehobenes Interesse daran, den Emissionsbanken Interchange Fees von einem gewissen hohen Niveau zu bieten, um die Anzahl der teilnehmenden Issuer zu maximieren.[1405] Die MIF stellt mithin einen Wettbewerbsfaktor im Wettbewerb der Kartenorganisationen der Vier-Parteien-Systemen um die Gunst der Emittenten dar und führt zu einem Aufwärtsdruck hinsichtlich der Entgeltsätze.[1406]

Hierneben führt eine Zunahme der Anzahl der beteiligten Issuer zu einem Anstieg der seitens der Kreditkartenorganisationen zu erzielenden Einnahmen; eine hohe Einnahmequelle der Mitgliedsbanken aus dem Emissionsgeschäft resultiert in höheren Einnahmen der Kartenorganisation.[1407] Die Kreditkartenorganisationen erhalten ihrerseits sowohl pro Teilnehmer als auch pro getätigter Transaktion Gebühren von den emittierenden Banken.[1408] Insofern sind die Interessen des Systemeigentümers, damit mittelbar auch der Aktionäre aber auch dem Gesamtsystem sowie die Interessen der Banken aus wirtschaftlicher Sicht gleichgerichtet und voneinander abhängig.[1409]

1404 Die entsprechende, die Festsetzung der intraregionalen MIF im MasterCard-System betreffende Feststellung der Kommission in den Rechtssachen MasterCard et. al (KOM, Entscheidung v. 19.12.2007 in den Sachen COMP/34.579 – MasterCard, COMP/36.518 – EuroCommerce u. COMP/38.580 – Commercial Cards, Rn. 389) wurde weder seitens MasterCard Incorporated noch seitens MasterCard International Incorporated oder MasterCard Europe im Klageverfahren gegen diese Kommissionsentscheidung bestritten, siehe EuGH, Entscheidung v. 11.09.2014, Rs. C-382/12 P – MasterCard, Rn. 256.

1405 Vgl. KOM, Entscheidung v. 19.12.2007 in den Sachen COMP/34.579 – MasterCard, COMP/36.518 – EuroCommerce u. COMP/38.580 – Commercial Cards, Rn. 194.

1406 Vgl. KOM, Entscheidung v. 19.12.2007 in den Sachen COMP/34.579 – MasterCard, COMP/36.518 – EuroCommerce u. COMP/38.580 – Commercial Cards, Rn. 467; EuG, Urteil v. 24.05.2012, Rs. T-111/08 – MasterCard, Rn. 255; KOM, Entscheidung v. 24.07.2002, COMP/29.373 – Visa International II – Multilateral Interchange Fee, ABl. EG v. 22.11.2002, L 318/17, S. 30, Rn. 80; vgl. auch VO (EU) 2015/751 des Europäischen Parlaments und des Rates vom 29. April 2015 über Interbankenentgelte für kartengebundene Zahlungsvorgänge, Abl. EU v. 19.05.2015, L 123/1, S. 2, Erw. 10 sowie KOM, Vorschlag für eine Verordnung des Europäischen Parlaments und des Rates über Interbankenentgelte für kartengebundene Zahlungsvorgänge v. 24.07.2013, COM(2013) 550 final, S. 2 f.

1407 Vgl. KOM, Entscheidung v. 19.12.2007 in den Sachen COMP/34.579 – MasterCard, COMP/36.518 – EuroCommerce u. COMP/38.580 – Commercial Cards, Rn. 193.

1408 Vgl. KOM, Entscheidung v. 19.12.2007 in den Sachen COMP/34.579 – MasterCard, COMP/36.518 – EuroCommerce u. COMP/38.580 – Commercial Cards, Rn. 193; vgl. ferner KOM, Arbeitsdokument v. 31.01.2007, Untersuchung des Retail-Bankgeschäfts (Abschlussbericht), COM(2007) 33 final, SEC(2007) 106, S. 135 ff.

1409 Vgl. KOM, Entscheidung v. 19.12.2007 in den Sachen COMP/34.579 – MasterCard, COMP/36.518 – EuroCommerce u. COMP/38.580 – Commercial Cards, Rn. 193;

Überdies entfalten höhere Interbankenentgelte weitere Auswirkungen (die freilich im Vergleich zu vorgenannten Aspekten nicht allzu sehr ins Gewicht fallen, der Vollständigkeit halber aber dennoch angesprochen seien). In Relation zu einer verhältnismäßig hohen MIF wirkt der seitens der Kartenorganisation erhobene Mitgliedsbeitrag verhältnismäßig gering.[1410] Ein ähnlicher Effekt ist auch in Bezug auf die Acquirer gegeben. Auch die akquirierenden Unternehmen sind gegenüber den Kreditkartenorganisationen zur Entrichtung von Gebühren bzw. Beiträgen verpflichtet. Sofern das MIF auf einem hohen Niveau angesiedelt ist, erscheint die Mitgliedschafts- bzw. Lizenzgebühr in Relation hierzu umso geringer, desto höher die im Wege der MIF generierten Kosten sind.

In Anbetracht dessen spielt die „Gewährung" einer hohen MIF im Wettbewerb der Vier-Parteien-Systeme untereinander und insofern im Kampf um die Gunst der Issuer eine nicht zu unterschätzende Rolle. Die MIF bildet einen seitens der Systeme geschaffenen „künstlichen Parameter des Systemwettbewerbs, der das Niveau der Interbankenentgelte nach oben treibt."[1411]

II. Die Entwicklung der Höhe der intraregionalen MIF

Die Höhe der intraregionalen MIF von MasterCard wurde im Laufe der Jahre oftmals seitens MasterCard erhöht respektive zumindest an die Höhe der Interbankenentgelte von Visa angepasst.[1412]

Zwar war seitens MasterCard bestritten worden, dass die Interbankenentgelte angehoben worden seien.[1413] Dies mag zwar ab dem Jahre 2002 zutreffend sein. Die durchschnittliche Höhe der Interbankenentgelte hatte sich indes noch im Jahre 2001 deutlich gesteigert.[1414] Überdies sind in diesem Zusammenhang die Auswirkungen der im Jahre 2002 bezüglich der MIF von Visa ergangenen Entscheidung

vgl. ferner *Wittenberg/Buermeyer*, 0,3 Prozent Interchange, cards 2014, Heft 1, 16, S. 19 f.

1410 Vgl. zu diesem Gesichtspunkt auch KOM, Entscheidung v. 19.12.2007 in den Sachen COMP/34.579 – MasterCard, COMP/36.518 – EuroCommerce u. COMP/38.580 – Commercial Cards, Rn. 193.

1411 Vgl. etwa KOM, Entscheidung v. 19.12.2007 in den Sachen COMP/34.579 – MasterCard, COMP/36.518 – EuroCommerce u. COMP/38.580 – Commercial Cards, Rn. 494.

1412 Vgl. KOM, Entscheidung v. 19.12.2007 in den Sachen COMP/34.579 – MasterCard, COMP/36.518 – EuroCommerce u. COMP/38.580 – Commercial Cards, Rn. 467 u. Rn. 495.

1413 Vgl. KOM, Entscheidung v. 19.12.2007 in den Sachen COMP/34.579 – MasterCard, COMP/36.518 – EuroCommerce u. COMP/38.580 – Commercial Cards, Rn. 199.

1414 Vgl. KOM, Entscheidung v. 19.12.2007 in den Sachen COMP/34.579 – MasterCard, COMP/36.518 – EuroCommerce u. COMP/38.580 – Commercial Cards, Rn. 102.

zu berücksichtigen.[1415] Aufgrund dieser Entscheidung war Visa gezwungen, die Sätze der intraregionalen MIF ab dem Jahre 2002 abzusenken; ab diesem Zeitpunkt bestand aus Sicht von MasterCard – insbesondere unter Konkurrenzgesichtspunkten – keine Notwendigkeit mehr, die Höhe der multilateralen Entgelte für MasterCard-Kartenzahlungen abermals anzuheben. Dies erklärt sich insbesondere in Anbetracht des Anreizes für die emittierenden Banken, ab diesem Zeitpunkt in erster Linie MasterCard-Zahlungskarten an die Karteninhaber zu emittieren. Ab dem Zeitpunkt der Visa-Entscheidung bzw. jedenfalls nach Senkung der Visa Standard-Interbankenentgelte überstieg die Höhe der Gebühren im MasterCard-System nämlich diejenigen des größten Konkurrenten Visa.

Das Fehlen wirksamen Wettbewerbsdrucks auf die Höhe der MIF zeigte sich insofern auch daran, dass MasterCard – obgleich der Senkung der Visa-Interbankenentgeltsätze nach der Visa International II-Entscheidung – keine Veranlassung sah, ebenfalls die Entgelte zu senken; dies offenbarte, dass es MasterCard – ohne Marktanteilseinbußen oder sonstige Sanktionen hinnehmen zu müssen – möglich war, die seinerzeitigen MIF-Sätze unverändert beizubehalten.[1416] Hieraus resultierte vielmehr ein Wettbewerbsvorteil des MasterCard-Systems gegenüber Visa im Hinblick auf die Vergabe von Emissionslizenzen an Mitgliedsbanken, für die ein Beitritt zum MasterCard-System mit höheren Einnahmen gleichbedeutend war. Während also ein reaktionsfähiger Wettbewerber (wie vorliegend Visa vor dem Jahre 2002) bei der Festlegung frei von regulatorischen Beschränkungen war, stieg das Niveau der Höhe der MIF an, wohingegen die Regulierung der Höhe der MIF des Visa-Systems auch zur Folge hatte, dass MasterCard seinerseits die MIF nicht weiter steigerte. Ein funktionierender Wettbewerb zwischen MasterCard und Visa auf der vorgelagerten Ebenen führte demnach zu einem Anstieg der Interbankenentgelte.

Ähnliche Schlussfolgerungen lassen sich auch auf der Basis des Marktgeschehens in den USA treffen. In den USA wandelte sich American Express von einem geschlossenen zu einem „semi-offenen" Kartensystem. AmEx verfolgte auf diesem Wege eine Expansionsstrategie unter Inanspruchnahme externer Issuer; AmEx rückte insofern von einer ausschließlich eigenen Ausgabe der Karten bzw. einer Vergabe von Exklusivlizenzen ab und stellte den emittierenden Banken ebenfalls IC Fees als Einnahmequelle zur Verfügung.[1417] Es handelte sich hierbei freilich um eine Entwicklung, die nicht vollends mit dem Geschehen in Europa vergleichbar ist.

1415 KOM, Entscheidung v. 24.07.2002, COMP/29.373 – Visa International II – Multilateral Interchange Fee, ABl. EG v. 22.11.2002, L 318/17; vgl. hierzu auch obige Ausführungen unter Abschnitt 2, Titel 2, Untertitel 1, Kapitel 1.

1416 Vgl. KOM, Entscheidung v. 19.12.2007 in den Sachen COMP/34.579 – MasterCard, COMP/36.518 – EuroCommerce u. COMP/38.580 – Commercial Cards, Rn. 496.

1417 Vgl. KOM, Entscheidung v. 19.12.2007 in den Sachen COMP/34.579 – MasterCard, COMP/36.518 – EuroCommerce u. COMP/38.580 – Commercial Cards, Rn. 192, Fn. 238.

Der Übergang von AmEx hin zu einem offenen System, in dem ebenfalls im Wege von IC Fees um die Gunst der Issuer geworben wurde, ging mit Reaktionen von Visa und MasterCard im Kampf um die Gunst der emittierenden Banken einher. Visa und MasterCard steigerten stetig ihre MIF, um die Werte von American Express zu erreichen. Es ließ sich beobachten, dass vor allem die MIF als Instrument im Kampf um die Gunst der emittierenden Banken genutzt wurde. Eine Zunahme an Wettbewerb auf der Systemebene, und zwar im Bereich der Vergabe der Issuing-Lizenzen, führte mithin nicht etwa zu einem Abfall, sondern zu einer Zunahme der Gebührensätze.

III. Die strukturellen Verflechtungen zwischen Visa und MasterCard

Dieser Aufwärtstrend der Höhe der MIF wird unter anderem auch dadurch begünstigt, dass die Mitglieder des MasterCard-Systems in der weit überwiegenden Anzahl der Fälle zugleich Mitglieder des Visa-Systems sind, und umgekehrt.[1418] Die beträchtliche Anzahl von Emittenten in der Bundesrepublik Deutschland verfolgt eine solche Strategie,[1419] wie zum Beispiel die Baden-Württembergische Bank, die Barclaycard Barclays Bank PLC.,[1420] die Berliner Bank AG & Co. KG, die Commerzbank AG, die Degussa Bank AG, Deutsche Bank AG, die Deutsche Kreditbank AG, die Deutsche Postbank AG, die NetBank AG, die Norddeutsche Landesbank, die Santander Consumer Bank AG, die Targobank AG, die Wüstenrot Bank AG und diverse Sparkassen sowie mehrere Volks- und Raiffeisenbanken.[1421] Ein entsprechendes Bild zeigt sich in weiteren Ländern Europas.[1422] Vielfach begehrt ein Karteninhaber lediglich die Innehabung einer Kreditkarte; in den seltensten Fällen sind die Karteninhaber bestrebt, sowohl eine Kreditkarte von Visa als auch eine solche von MasterCard zu besitzen.[1423] Die Ausgabe von Karten unterschiedlicher

---

1418 Vgl. WEKO, Verfügung v. 05.12.2005, RPW 2006/1, 65, S. 104, Rn. 310 ff.; WEKO, Schlussbericht v. 27.04.2009, RPW 2009/2, 122, 137, Rn. 135; KOM, Entscheidung v. 24.07.2002, COMP/29.373 – Visa International II – Multilateral Interchange Fee, ABl. EG v. 22.11.2002, L 318/17, S. 30, Rn. 80.

1419 Man spricht insofern auch von einem Dual Brand-Angebot, vgl. WEKO, Verfügung v. 05.12.2005, RPW 2006/1, 65, S. 104, Rn. 312.

1420 Vgl. zur Kartenemission durch Barclaycard etwa die online unter https://www2.barclaycard.de/Platinum_Double/ verfügbaren Informationen.

1421 Vgl. ferner die online unter https://www.mastercard.de/de-de/privatkunden/produkte-features/produkte/mastercard-standard.html sowie https://www.visa.de/bezahlen-mit-visa/produkte.html abrufbaren Informationen von MasterCard und Visa.

1422 Beispielsweise in der Schweiz gaben alle Emittenten sowohl Visa- und MasterCard-Kreditkarten aus, vgl. WEKO, Verfügung v. 05.12.2005, RPW 2006/1, 65, S. 103 a.E. f., Rn. 312.

1423 Das Innehaben von (Kredit-)Karten unterschiedlicher Systeme durch einen Karteninhaber wird auch als Multi-Homing bezeichnet, vgl. etwa *Rysman*, Payment Card Usage, J. Ind. Econ., 2007, Vol. 55, Iss. 1, 1, 12 ff.

Systeme begünstigt das Bestreben der Issuer, die Karten desjenigen Systems zu emittieren, bei welchem die entsprechenden Sätze höher sind und sich höhere Einnahmen generieren lassen.[1424] Eine solche Strategie im Emissions-Bereich ermöglicht den Emittenten die Karten beider Systeme auszugeben und – je nach MIF-Höhe – den eigenen Kunden gezielt die Karten eines bestimmten Systems bevorzugt anzupreisen.

Ein ähnliches Bild zeigt sich hinsichtlich des Acquiring. In Deutschland sind etwa die die Adyen N.V. German Branch, die BS PAYONE GmbH, die CardProcess GmbH, die ConCardis GmbH, die Elavon Merchant Services DAC – Niederlassung Deutschland, die EVO Payments International GmbH, die First Data Europe Ltd., die Ingenico Payment Services GmbH, die InterCard AG, die net-m privatbank 1891 AG, die PaySquare SE, die SIX Payment Services (Europe) S.A., die Volksbank in der Ortenau eG (Offenburg) und die Wirecard Bank AG sowohl im Visa- als auch MasterCard-Kreditkarten-Acquiring tätig.[1425] Wie bereits an obiger Stelle ausgeführt wurde,[1426] vermag eine MIF nicht lediglich die Emittenten, sondern darüber

---

1424 Vgl. etwa KOM, Entscheidung v. 19.12.2007 in den Sachen COMP/34.579 – MasterCard, COMP/36.518 – EuroCommerce u. COMP/38.580 – Commercial Cards, Rn. 469 (vgl. auch Rn. 194); ähnlich zuvor bereits KOM, Entscheidung v. 24.07.2002, COMP/29.373 – Visa International II – Multilateral Interchange Fee, ABl. EG v. 22.11.2002, L 318/17, S. 30, Rn. 80.

1425 Vgl. hierzu die Angaben von MasterCard, die online unter https://www.mastercard.de/de-de/haendler/mastercard-akzeptanz/acquirer.html abrufbar sind, und betreffend die Akzeptanz von Visa-Kreditkarten die Angaben auf den Internetseiten der aufgeführten Acquirer, und zwar Adyen N.V. German Branch (vgl. https://www.adyen.com/payment-methods/visa), BS PAYONE GmbH (vgl. https://www.bspayone.com/DE/de/services/payments), CardProcess GmbH (vgl. https://www.cardprocess.de/index.php/online-abrechnungstool), Concardis GmbH (vgl. https://www.concardis.com/de-en/card-acceptance), Elavon Merchant Services DAC – Niederlassung Deutschland (vgl. https://www.elavon.de/produkte/kartenakzeptanz.html), EVO Payments International GmbH (vgl. https://www.evopayments.eu/unternehmen/), First Data Europe Ltd. (vgl. https://www.firstdata.com/en_de/products/acquirer/card-acceptance-solutions.html), Ingenico Payment Services GmbH (vgl. https://payment-services.ingenico.com/de/de/online-bezahlsysteme/financial/card-acceptance-credit-cards), Intercard AG (vgl. https://www.intercard.de/de/haendler/alle-loesungen/zahlverfahren), net-m privatbank 1891 AG (vgl. https://www.privatbank1891.com/ueber-uns/ueberblick/), Paysquare SE (vgl. https://epayment.de.worldline.com/de/home/produkte-entdecken/kartenakzeptanz/unsere-kreditkarten.html), Six Payment Services (Europe) S.A. (vgl. https://www.six-payment-services.com/de/home/products/acceptance.html#country=de), Volksbank in der Ortenau eG, Offenburg (vgl. https://www.volksbank-ortenau.de/firmenkunden/zahlungsverkehr/zahlungssysteme/kartenzahlung.html), sowie Wirecard Bank AG (vgl. https://www.wirecardbank.de/geschaeftskunden/acquiring/).

1426 Vgl. oben unter Abschnitt 2, Titel 3, Untertitel 2, Kapitel 3, Unterkapitel 1, § 1, II.

hinaus – zumindest mittelbar – auch die Acquirer zu begünstigen. Die Issuer streben möglichst hohe Einnahmen aus Interbankenentgelten an. Die Acquirer geben diese Entgelte über die Händlergebühren oftmals als „Null-Posten" an die Händler weiter; überdies profitieren sie von den Bestrebungen der Issuer, die Einsatzfreude der Karteninhaber zu steigern. Die Kartenorganisationen erzielen ihre Einnahmen anhand der Lizenzgebühren und Mitgliedschaftsbeiträge, ohne ihrerseits absatzfördernde Maßnahmen ergreifen zu müssen.

§ 2. Drei-Parteien-Systeme als disziplinierende Kraft?

Ferner stellt sich die Frage, inwiefern sich die Angebote bzw. die Anwesenheit der Kreditkartenunternehmen der Drei-Parteien-Systeme disziplinierend auf die Festlegung der MIF durch die Vier-Parteien-Systeme auswirken. Insofern fällt zunächst auf, dass die Marktanteile der Drei-Parteien-Systeme deutlich hinter denjenigen der Vier-Parteien-Systeme zurückbleiben. Eine Betrachtung der Emissionszahlen der Drei-Parteien-Kreditkartensysteme legt insofern nahe, dass seitens dieser Systeme kein Wettbewerbsdruck merklichen Ausmaßes auf die Vier-Parteien-System ausgeht.[1427] Die Drei-Parteien-Systeme verfügen indes nicht nur über geringere Emissionszahlen, sondern ihre Karten werden auch seitens einer geringeren Anzahl an Händlern als bargeldloses Zahlungsmittel akzeptiert.[1428] Bei weltweiter Betrachtung liegt die Akzeptanzstellenzahl im Vergleich zu den Vier-Parteien bei weniger als einem Drittel;[1429] in Europa liegt diese Zahl ebenfalls in etwa bei einem Drittel.[1430] Gerade ein möglichst weites Netz an Akzeptanzstellen, das – in Anbetracht der zu verzeichnenden Netzeffekte – den Nutzen der Karte für einen Karteninhaber interessant erscheinen lässt, ist für ein Kreditkartensystem von beträchtlicher Wichtigkeit.[1431]

Auch bei Zugrundelegung des Gesamtumsatzes zeigt sich ein deutlich höherer Marktanteil der Vier-Parteien-Systeme.[1432] In Bezug auf die einzelnen Transaktionsumsätze sind deutliche Unterschiede zwischen Drei- und Vier-Parteien-Systemen zu verzeichnen.[1433] Der durchschnittliche Umsatz pro Transaktion mit Visa und MasterCard-Kreditkarten lag nur bei der Hälfte der bei AmEx und Diners Club zu verzeichnenden Werte.[1434] Allenfalls mag die Konkurrenz durch AmEx und Diners Club bezüglich höherer Zahlungsbeträge für die Vier-Parteien-Systeme

1427 Ähnlich WEKO, Verfügung v. 05.12.2005, RPW 2006/1, 65, S. 102, Rn. 304 (auf der Basis einer Beobachtung der Emissionszahlen über einen Vier-Jahres-Zeitraum).
1428 Vgl. WEKO, Verfügung v. 05.12.2005, RPW 2006/1, 65, S. 103, Rn. 305.
1429 Vgl. WEKO, Verfügung v. 05.12.2005, RPW 2006/1, 65, S. 103, Rn. 305.
1430 In der Schweiz handelt es sich in etwa um ein Drittel, vgl. WEKO, Verfügung v. 05.12.2005, RPW 2006/1, 65, S. 103, Rn. 305.
1431 Vgl. WEKO, Verfügung v. 05.12.2005, RPW 2006/1, 65, S. 103, Rn. 306.
1432 Vgl. WEKO, Verfügung v. 05.12.2005, RPW 2006/1, 65, S. 103, Rn. 308.
1433 Vgl. WEKO, Verfügung v. 05.12.2005, RPW 2006/1, 65, S. 103, Rn. 307.
1434 Vgl. WEKO, Verfügung v. 05.12.2005, RPW 2006/1, 65, S. 103, Rn. 307.

merklich sein.[1435] Gleichwohl kann auch insofern kein hinreichender Wettbewerbsdruck konstatiert werden, weil die MSC-Raten der Drei-Parteien-Systeme regelmäßig deutlich über denjenigen der Vier-Parteien-Systeme liegen.[1436]

Zusammenfassend kann demnach festgehalten werden, dass von den Drei-Parteien-Systeme kein hinreichender Wettbewerbsdruck auf die Vier-Parteien-Systeme und deren Festlegung einer MIF zu verzeichnen ist.[1437]

§ 3. Die Auswirkungen der MIF auf das Verhältnis zwischen Vier-Parteien-Systemen und Drei-Parteien-Systeme

In Dreiparteiensystemen existieren „interne IC Fees",[1438] gegen die bislang keine Regulierungsbestrebungen seitens der Wettbewerbsbehörden ersichtlich sind.[1439] Eine Regulierung der MIF könnte insoweit – wie teils seitens der Systemteilnehmer von Vier-Parteien-Systemen behauptet wird[1440] – als Ungleichbehandlung beider Systemformen zu werten sein.[1441]

Die Kreditkartenunternehmen agieren in Drei-Parteien-Systemen zugleich als Issuer und Acquirer; in den offenen Systemen ist die Erfüllung beider Aufgabenbereiche hingegen unterschiedlichen Akteuren bzw. Gruppen von Marktteilnehmern zugewiesen. Offene Systeme weisen einen geringeren Grad an Konzentration auf und zeichnen sich durch das Vorhandensein eines Intra-System-Wettbewerbs aus. Aus diesen strukturellen Unterschieden mag man folgern, dass mit dem Betrieb eines offenen Systems besondere – aus wettbewerbsrechtlicher Sicht erstrebenswerte – Vorteile einhergehen. Zumal innerhalb offener Systeme

---

1435 So etwa die Auffassung von UBS, vgl. WEKO, Verfügung v. 05.12.2005, RPW 2006/1, 65, S. 103, Rn. 308.

1436 Vgl. WEKO, Verfügung v. 05.12.2005, RPW 2006/1, 65, S. 103, Rn. 308.

1437 Ähnlich bezüglich der Situation in der Schweiz: WEKO, Verfügung v. 05.12.2005, RPW 2006/1, 65, S. 103, Rn. 309.

1438 Vgl. KOM, Entscheidung v. 19.12.2007 in den Sachen COMP/34.579 – MasterCard, COMP/36.518 – EuroCommerce u. COMP/38.580 – Commercial Cards, Rn. 620; vgl. auch *Rochet/Tirole*, An Economic Analysis, Rev. Netw. Econ., 2003, Vol. 2, Iss. 2, 69, 70; *Tosza*, Payment Card Systems, YARS, 2009, Vol. 2, No. 2, 125, 130 f.; vgl. ferner *Pacheco/Sullivan*, Interchange Fees in Credit and Debit Card Markets, 2006, 87, 93.

1439 Vgl. in diesem Kontext auch noch Richtlinie (EU) 2015/2366 des Europäischen Parlaments und des Rates vom 25. November 2015 über Zahlungsdienste im Binnenmarkt, zur Änderung der Richtlinien 2002/65/EG, 2009/110/EG und 2013/36/EU und der Verordnung (EU) Nr. 1093/2010 sowie zur Aufhebung der Richtlinie 2007/64/EG, ABl. EU v. 23.12.2015, L 337/35, S. 45, Erw. 66; RegE zur Umsetzung der Zweiten Zahlungsdiensterichtlinie v. 08.02.2017 (Internetfassung des BMJV), S. 172.

1440 Vgl. KOM, Entscheidung v. 19.12.2007 in den Sachen COMP/34.579 – MasterCard, COMP/36.518 – EuroCommerce u. COMP/38.580 – Commercial Cards, Rn. 620 f.

1441 Vgl. auch noch *Lowe*, The evolution and regulation of the payments system, Reserve Bank of Australia Bulletin, 2006, 14, 19 ff.

mehrere – miteinander konkurrierende – Akteure tätig werden, ergibt sich freilich in solchen Netzwerken ein Bedürfnis nach der Abstimmung und Koordination interner Abläufe. Allein das Bestehen eines solchen Bedürfnisses für sich allein ist jedoch nicht gleichzusetzen mit einem kartellrechtlich zulässigen und gar zwingenden Bedarf.

Das Argument, das häufig seitens der Kreditkartenorganisationen gegen eine Regulierung der MIF angeführt wird, zielt darauf ab, dass ein kartellrechtliches Vorgehen gegen die in den Vier-Parteien-Systemen durch behördliches Einschreiten und nicht aufgrund des Verhaltens, der am Marktgeschehen beteiligten Unternehmen, einen wettbewerbswidrigen Eingriff in den freien Wettbewerb darstellen könnte. Insofern könnte eine Einstufung der MIF als wettbewerbsbeschränkend gerade dem Sinn und Zweck der Einräumung kartellbehördlicher Eingriffsbefugnisse zuwiderlaufen. Die Anwendung kartellrechtlicher Instrumentarien könnte die Balance des freien Wettbewerbs verzerren und eine Benachteiligung der Vier-Parteien-Systeme nach sich ziehen.

Diesen Erwägungen ist zuzugeben, dass innerhalb eines Drei-Parteien-Systems von vornherein keinerlei Abstimmung zwischen den auf beiden Seiten des Marktes agierenden Unternehmen möglich respektive von Nöten ist; in einem Drei-Parteien-System agiert das Kreditkartenunternehmen multifunktional. Sowohl im Emissions- wie auch im Akquisitionsbereich agiert lediglich ein einzelnes Unternehmen.[1442] Innerhalb eines Unternehmens können die Gebührenstrukturen des Emissions- und des Acquiring-Bereichs aufeinander abgestimmt werden. Die Kreditkartenunternehmen der Drei-Parteien-Systeme können den Händlern Gebühren in einer Höhe auferlegen, die ihnen letzten Endes die Einnahmen generieren, die innerhalb eines Vier-Parteien-Systems durch eine MIF erzielt werden. Auch können unternehmensintern diejenigen Einnahmen, die seitens der Vertragsunternehmen und der Karteninhaber erhoben werden, – je nach Bedarf – festgelegt werden, um die nach den Kalkulationen des Kreditkartenunternehmens gewünschten Verhältnisse zu schaffen, wie etwa die Gebühren der Karteninhaber zu mindern, um auf dieser Seite des Marktes, die Kartenemissionszahlen zu steigern. Insoweit bildet die Ertragssituation, die aus der Erhebung von Interbankenentgelten resultiert, nicht notwendigerweise einen Vorteil der Vier-Parteien-Systeme gegenüber den Drei-Parteien-Systemen. Auch kann eine Regulierung, die sich gegen die Vier-Parteien-Systeme richtet, die Drei-Parteien-Systeme begünstigen.

Jenen Erwägungen, mit denen eine Benachteiligung der Vier-Parteien-Systeme gegenüber den drei-Parteien-Systeme im Falle einer Regulierung angesprochen und kritisiert wird, wohnt indes ein Trugschluss inne. Sofern die MIF den Wettbewerb nicht beschränken, besteht – aus kartellrechtlicher Warte heraus besehen – auch kein Erfordernis, einzuschreiten. Es gilt zu bedenken, dass eine Kreditkartenorganisation innerhalb eines Vier-Parteien-Systems allein auf einer vorgelagerten Ebene agiert. Unmittelbar gegenüber den Karteninhabern und/oder

1442 Vgl. auch noch oben unter Abschnitt 1,Titel 1, Untertitel 1, Kapitel 2.

den Vertragsunternehmen werden die Kreditkartenorganisationen nicht tätig. Nur die Issuer und die Acquirer agieren innerhalb eines Vier-Parteien-Systems im Außenverhältnis gegenüber den Karteninhabern respektive Vertragsunternehmen. In Drei-Parteien-Systemen fungieren die Kreditkartenunternehmen hingegen unmittelbar gegenüber Karteninhabern und Vertragsunternehmen. Es existiert keine vorgelagerte Ebene, auf der Issuing- bzw. Acquiring-Lizenzen vergeben werden. Es geht vorliegend also nicht in erster Linie um das Verhältnis einer Kreditkartenorganisation und einem Kreditkartenunternehmen auf der vorgelagerten Ebene. Vielmehr ist es zum einen die Frage des Wettbewerbs eines Kreditkartenunternehmens in seiner Eigenschaft als Emittent im Verhältnis zu einem Issuer in einem Vier-Parteien-System und zum anderen diejenige des Wettbewerbs zwischen einem Kreditkartenunternehmen in seiner Eigenschaft als akquirierendem Unternehmen im Verhältnis zu einem Acquirer in einem Vier-Parteien-System, die hier zuvörderst in Rede stehen.

Zwar existiert ein Inter-System-Wettbewerb zwischen den unterschiedlichen Kreditkartensystemen. Dies ist aber nicht der Mittelpunkt der Problematik, die vorliegend einer Klärung bedarf. Die aufgezeigte Argumentation führt zu einer „Vermengung" unterschiedlich gearteter Fragestellungen: Einerseits ist zu klären, ob der Wettbewerb in irgendwie gearteter Weise durch die MIF beeinträchtigt werden; (erst) im Anschluss hieran ist zu klären, ob eine MIF respektive die diesbezügliche Absprache dem Sinn und Zweck nicht dem Anwendungsbereich des Art. 101 AEUV unterliegt ist, weil sie für den Betrieb eines offenen Systems notwendig ist.

Freilich wohnt einem jeden kartellbehördlichen Vorgehen – in wie auch immer gearteter Weise – ein Eingriff in die Wettbewerbs- und Marktverhältnisse inne; die Handlungsfreiheiten des Adressaten einer kartellbehördlichen Maßnahme werden beschränkt. Indes liefe die Weiterführung der aufgezeigten Argumentation der Kartenorganisationen in letzter Konsequenz darauf hinaus, dass von den Regelungen der Art. 101 AEUV und Art. 102 AEUV kein Gebrauch gemacht werden könnte. Beide Tatbestände würden bedeutungslos. Es kann nicht ausschlaggebend sein, ob durch kartellbehördliches Handeln Einfluss auf die Marktgeschehnisse genommen wird. Dass dies der Fall ist, steht nicht in Abrede.

Die Kartenorganisationen verkennen die kartellrechtliche Bedeutung des Umstands, dass innerhalb eines Vier-Parteien-Wettbewerbs und aufgrund der Diversifizierung innerhalb des Systems ein Intra-Brand-Wettbewerb existiert; die Issuer der Karten des gleichen Systems und auch die Acquirer der Karten des gleichen Systems stehen jeweils in Wettbewerb. Dies ist grundsätzlich ein „Mehr" an Wettbewerb im Vergleich zu einem geschlossenen System, im Rahmen dessen nur ein Unternehmen, nämlich das Kreditkartenunternehmen, die Karten dieses Systems ausgibt respektive Acquiring-Leistungen in Bezug auf diese Karten offeriert. Da keine weiteren Emittenten oder Acquirer dieser Kartenmarke des geschlossenen Systems existieren, ist auch kein Wettbewerb in Bezug diese Leistungen zwischen mehreren Unternehmen gegeben.

Dies bedeutet freilich nicht, dass sich der Intra-Brand-Wettbewerb innerhalb eines Vier-Parteien-Systems kartellrechtlichen Schutzmechanismen entzieht.

Sofern eine MIF mit einer Beschränkung unternehmerischer Handlungsfreiheiten einhergeht, ist dies nicht bereits schlechthin als kartellrechtskonform anzusehen, weil in einem offenen System Intra-Brand-Wettbewerb existiert:

Im Falle eines Drei-Parteien-Systems agiert ein Unternehmen; eine Verhaltensabstimmung zwischen mehreren Unternehmen kommt von vornherein nicht in Betracht. Innerhalb eines Vier-Parteien-Systems agieren hingegen mehrere Unternehmen als Emittenten bzw. als Acquirer. Hierdurch wird zugleich die Ausgangslage dafür geschaffen, dass Art. 101 AEUV Anwendung finden kann. Wie bereits dargelegt, ist in Bezug auf die MIF eine Verhaltensabstimmung im Sinne des Art. 101 AEUV gegeben. Demnach ist der Anwendungsbereich des Art. 101 AEUV in Bezug auf die MIF eröffnet; der interne Transfer von Gebühren innerhalb eines Drei-Parteien-Systems, der unternehmensintern erfolgt, liefert hingegen keinen Anknüpfungspunkt für die Anwendung des Art. 101 AEUV. Wegen der geringen Marktanteile der Kreditkartenunternehmen der Drei-Parteien-Systeme von AmEx und Diners Club kommt hinsichtlich dieser geschlossenen Systeme auch keine Anwendung des Art. 102 AEUV in Betracht.

Wenn demnach aber Art. 101 AEUV in Bezug auf offene Systeme grundsätzlich anwendbar ist, so kann allein aus dem Umstand, dass durch das Ergreifen von Regulierungsmaßnahmen in Bezug auf das MIF gewisse Veränderungen im Inter-Brand-Wettbewerb zwischen verschiedenen Systemen ausgelöst werden, nicht zwangsläufig davon ausgegangen werden, dass vorliegende Diskussion hinsichtlich der MIF innerhalb der Vier-Parteien-Systeme obsolet werden würde.

Allein der Aspekt, dass in Drei-Parteien-Systeme eine interne Abstimmung der Entgeltströme existiert, ändert nichts an der kartellrechtlichen Beurteilung einer MIF in einem offenen System; hierdurch wird insbesondere weder die Beschränkung des Preiswettbewerbs zwischen den Acquirern wie auch den Issuern hinfällig noch vermag dies der Annahme des Vorliegens einer Wettbewerbsbeschränkung entgegenzustehen.

§ 4. Zwischenergebnis

Der Wettbewerb im vorgelagerten Bereich entfaltet demnach keinen hinreichenden Druck auf die Kartenorganisationen zur Senkung der Interbankenentgeltsätze.

Unterkapitel 3. Zwischenergebnis

Es existiert kein hinreichender Wettbewerbsdruck auf die MIF; der Grad der Wettbewerbsbeschränkung erscheint vor diesem Hintergrund beträchtlich.[1443]

1443 Die Kommission sah gerade den fehlenden Wettbewerbsdruck hinsichtlich der Höhe der Interbankenentgeltsätze als bedeutsamen Antrieb zum regulatorischen Einschreiten an, vgl. KOM, Entscheidung v. 19.12.2007 in den Sachen COMP/34.579 – MasterCard, COMP/36.518 – EuroCommerce u. COMP/38.580 – Commercial Cards, Rn. 495.

1. Der nachgelagerte Bereich

Innerhalb des nachgelagerten Bereichs der Zahlungskartensysteme von Visa wie auch von MasterCard wird kein (hinreichender) Druck (auf die Festlegung der) MIF ausgeübt.[1444]

a) Es besteht keine Veranlassung für die Issuer, auf eine Absenkung der Höhe der MIF hinzuwirken. Aufgrund der Ausgestaltung der MIF als Fallback Fee generieren die Emittenten sichere Einnahmen aus den MIF. Von ihrer eigenen Marktgegenseite, den Karteninhabern, haben sie hinsichtlich der Höhe der MIF keinen Druck zu fürchten.
b) Für die Acquirer besteht ebenfalls keine Veranlassung, auf niedrige MIF-Sätze hinzuwirken. Die MIF stellen für die Acquirer zwar einen Kostenbestandteil dar. Die MIF werden jedoch im Wege der Händlergebühren an die Vertragsunternehmen weitergegeben.
c) Seitens der Vertragsunternehmen ist keine wirksame Einflussnahme auf die Höhe der MIF zu erwarten. Den seitens der Kommission vorgenommenen Untersuchungen lässt sich entnehmen, dass es selbst größeren Vertragsunternehmen nicht möglich war, ein Disagio unterhalb der Höhe der Interbankenentgelte auszuhandeln. Überdies ist davon auszugehen, dass die Vertragsunternehmen ihrerseits – ähnlich wie die Acquirer – die ihnen via der Interbankenentgelte entstehenden Kosten letzten Endes an ihre Kunden auf den jeweiligen Absatzmärkten weiterreichen.
d) Ein (wirksamer) Gegendruck der Karteninhaber ist auch nicht zu erwarten. Die Karteninhaber tragen nicht – unmittelbar – die mit den MIF einhergehenden Kosten. Die überwiegende Anzahl der Karteninhaber ist sich bereits nicht der Existenz der MIF bewusst.

2. Der vorgelagerte Bereich

Der Wettbewerb im vorgelagerten Bereich entfaltet keinen hinreichenden Druck auf die Kartenorganisationen zur Senkung der Interbankenentgeltsätze.[1445] Vielmehr bringt eine Zunahme an Systemwettbewerb einen Anstieg der Preise mit sich. Seitens der Kreditkartenorganisationen wird es als vorteilhaft erachtet, die MIF-Raten zu erhöhen, um insbesondere den Emittenten einen Anreiz zum Systembeitritt zu setzen. Die Drei-Parteien-Systemen üben keinen wirksamen (Abwärts-) Druck auf die Höhe der MIF aus.

1444 Vgl. KOM, Entscheidung v. 19.12.2007 in den Sachen COMP/34.579 – MasterCard, COMP/36.518 – EuroCommerce u. COMP/38.580 – Commercial Cards, Rn. 494 ff.

1445 Vgl. KOM, Entscheidung v. 19.12.2007 in den Sachen COMP/34.579 – MasterCard, COMP/36.518 – EuroCommerce u. COMP/38.580 – Commercial Cards, Rn. 203 u. Rn. 467; WEKO, Verfügung v. 05.12.2005, RPW 2006/1, 65, S. 105, Rn. 322.

Kapitel 4. Zwischenergebnis

Die MIF beschränken den Wettbewerb im Acquiring-Bereich und im Issuing-Bereich.

Untertitel 3. Teleologische Reduktion des Tatbestandes

Äußerst kontrovers wird diskutiert, ob die mit den MIF verbundenen Wettbewerbsbeschränkungen vom Anwendungsbereich des Art. 101 Abs. 1 AEUV erfasst werden.[1446] Eine teleologische Reduktion des Tatbestandes des Art. 101 Abs. 1 AEUV kommt im Falle sog. systemnotwendiger Nebenabreden in Betracht. Eine unmittelbar mit einer nicht dem Anwendungsbereich des Kartellverbotstatbestandes unterfallenden Hauptmaßnahme verbundene und für diese notwendige Nebenabrede unterfällt (grundsätzlich) nicht dem Tatbestand des Art. 101 Abs. 1 AEUV.[1447]

Etwa seitens MasterCard wurde angemerkt, dass die Prüfung der „objektiven Notwendigkeit des MIF“ im Wege einer zweistufigen Prüfung vorzunehmen sei.[1448] So solle in einem ersten Schritt untersucht werden, ob eine praktikable Alternative zu multilateralen IC Fees existiere.[1449] In einem weiteren Schritt sei zu prüfen, „ob das Alternativverfahren, zu einem besseren Ergebnis (was die Höhe des MIF, den System-Output usw. betrifft) führen würde als das Standard-MIF´ [...].“[1450] MasterCard vertrat insofern die Auffassung, dass im Rahmen des Art. 101 Abs. 1 AEUV zu eruieren sei, „ob das System ohne die Wettbewerbsbeschränkung, weniger tauglich´ [...] wäre, die Ziele zum Nutzen der Mitglieder zu erreichen.“[1451] Insoweit

1446 Im Folgenden wird zwischen intraregionalen, interregionalen und inländischen MIF nur differenziert, soweit dies für die rechtliche Bewertung von Bedeutung ist.

1447 Vgl. EuG, Urteil v. 18.09.2001, Rs. T-112/99 – Métropole télévision (M6), Slg. 2001, II-2459, II-2497, Rn. 104 ff.; EuGH, Urteil v. 11.07.1985, Rs C-42/84 – Remia, Slg. 1985, 2545, 2571, Rn. 19 f.; EuGH, Urteil v. 28.01.1986, Rs. C-161/84 – Pronuptia de Paris, Slg. 1986, 353, 381 f., Rn. 15 ff.; EuGH, Urteil v. 15.12.1994, Rs. C-250/92 – Gøttrup-Klim, Slg. 1994, I-5641, I-5687, Rn. 35; EuGH, Urteil v. 12.12.1995, Rs. C-399/93 – Oude Luttikhuis, Slg. 1995, I-4515, I-4525, Rn. 12 ff.; vgl. auch KOM, Entscheidung v. 24.07.2002, COMP/29.373 – Visa International II – Multilateral Interchange Fee, ABl. EG v. 22.11.2002, L 318/17, S. 27, Rn. 59; KOM, Entscheidung v. 19.12.2007 in den Sachen COMP/34.579 – MasterCard, COMP/36.518 – EuroCommerce u. COMP/38.580 – Commercial Cards, Rn. 524; EuGH, Entscheidung v. 11.09.2014, Rs. C-382/12 P – MasterCard, Rn. 90 f.; vgl. ferner *Säcker/Molle*, in: MüKo, EU-WettbewR, 2. Aufl., 2015, Art. 101 AEUV, Rn. 108 ff.

1448 Vgl. KOM, Entscheidung v. 19.12.2007 in den Sachen COMP/34.579 – MasterCard, COMP/36.518 – EuroCommerce u. COMP/38.580 – Commercial Cards, Rn. 534.

1449 Vgl. KOM, Entscheidung v. 19.12.2007 in den Sachen COMP/34.579 – MasterCard, COMP/36.518 – EuroCommerce u. COMP/38.580 – Commercial Cards, Rn. 534.

1450 Vgl. KOM, Entscheidung v. 19.12.2007 in den Sachen COMP/34.579 – MasterCard, COMP/36.518 – EuroCommerce u. COMP/38.580 – Commercial Cards, Rn. 534.

1451 Vgl. KOM, Entscheidung v. 19.12.2007 in den Sachen COMP/34.579 – MasterCard, COMP/36.518 – EuroCommerce u. COMP/38.580 – Commercial Cards, Rn. 535.

„müssten die Schwierigkeiten gegeneinander abgewogen werden, die beim Betrieb des Systems mit der angeblichen Beschränkung und ohne sie entstehen würden."[1452] In Anbetracht dessen sei die korrekte Vorgehensweise eine Prüfung dahingehend, „ob das MasterCard-System mit einer, Verpflichtung zur Annahme aller Karten´ ohne ein Standard-Entgelt, mit nicht weniger Schwierigkeiten´ [...] funktionieren würde".[1453]

Kapitel 1. Prüfungsmaßstab: Systemnotwendige Nebenabreden in der bisherigen Regulierungspraxis

Diese Argumentation von MasterCard lässt es geboten erscheinen, sich zunächst die Behandlung sog. systemnotwendiger Nebenabreden in der bisherigen Entscheidungspraxis vor Augen zu führen. Insbesondere sind insofern folgende Entscheidungen von Bedeutung:

Das Urteil des EuGH in der Rechtssache Pronuptia de Paris[1454] bezog sich auf Regelungen eines Franchisevertrages.[1455] Der EuGH führte aus, dass eine Bestimmung auch dann eine Einschränkung des Wettbewerbs darstellen kann, sofern „ein Franchisebewerber nicht das Risiko auf sich nehmen würde, der Kette beizutreten und dazu eigene Investitionen vorzunehmen, eine verhältnismäßig hohe Aufnahmegebühr zu zahlen sowie sich zur Entrichtung einer bedeutenden Jahresgebühr zu verpflichten, wenn er nicht dank eines gewissen Schutzes gegen die Konkurrenz des Franchisegebers und anderer Franchisenehmer erwarten könnte, daß sein Geschäft Gewinn abwirft."[1456] Solche Erwägungen seien jedoch ausschließlich im Rahmen der Freistellungsvoraussetzungen zu berücksichtigen.[1457] Diese Ausführungen machen deutlich, dass der Begriff der Nebenabreden restriktiv auszulegen ist.[1458] Ob eine Bestimmung die zur Profitabilität der Hauptmaßnahme beiträgt und aus unternehmerischer Sicht wünschenswert ist, ist im Rahmen des Art. 101 Abs. 1 AEUV ohne Bedeutung. Insoweit zeigen sich durchaus Parallelen zur vorliegenden Thematik. Auch die Mitglieder der Kreditkartensysteme sind zur Entrichtung

1452 Vgl. KOM, Entscheidung v. 19.12.2007 in den Sachen COMP/34.579 – MasterCard, COMP/36.518 – EuroCommerce u. COMP/38.580 – Commercial Cards, Rn. 535.

1453 Vgl. KOM, Entscheidung v. 19.12.2007 in den Sachen COMP/34.579 – MasterCard, COMP/36.518 – EuroCommerce u. COMP/38.580 – Commercial Cards, Rn. 535.

1454 Vgl. EuGH, Urteil v. 28.01.1986, Rs. C-161/84 – Pronuptia de Paris, Slg. 1986, 353.

1455 Die einzelnen Bestimmungen sind in EuGH, Urteil v. 28.01.1986, Rs. C-161/84 – Pronuptia de Paris, Slg. 1986, 353, 376, Rn. 5 f. aufgeführt.

1456 Vgl. EuGH, Urteil v. 28.01.1986, Rs. C-161/84 – Pronuptia de Paris, Slg. 1986, 353, 384, Rn. 24.

1457 Vgl. EuGH, Urteil v. 28.01.1986, Rs. C-161/84 – Pronuptia de Paris, Slg. 1986, 353, 384, Rn. 24.

1458 Vgl. auch KOM, Entscheidung v. 19.12.2007 in den Sachen COMP/34.579 – MasterCard, COMP/36.518 – EuroCommerce u. COMP/38.580 – Commercial Cards, Rn. 525.

beträchtlicher Aufnahmegebühren wie auch Mitgliedschafts- bzw. Lizenzgebühren verpflichtet,[1459] müssen demnach auch Investitionen tätigen, um an einem Kreditkartensystem teilzunehmen.

In der Rechtssache Métropole télévision (M6) führte das Gericht erster Instanz aus, dass „eine Abwägung der wettbewerbsfördernden und der wettbewerbsbeschränkenden Gesichtspunkte einer Beschränkung" ausschließlich im Rahmen des Art. 101 Abs. 3 AEUV erfolgen könne.[1460] Zwar ist es zutreffend, dass sich das Gericht in dieser Rechtsache – wie MasterCard anführte – dahingehend äußerte, dass im Falle einer ohne die Nebenabrede nur schwer zu realisierenden Hauptmaßnahme, eine objektive Notwendigkeit der Beschränkungen durch die Nebenmaßnahme angenommen werden könne.[1461] Indes seien geschäftliche Vorteile respektive Erfolge nur dann im Rahmen der Notwendigkeit zu berücksichtigen, sofern ansonsten das System bzw. die Hauptmaßnahme als solche in ihrer Existenz gefährdet seien.[1462] Insoweit ist im Rahmen der Prüfung der Notwendigkeit irrelevant, „ob angesichts der Wettbewerbssituation auf dem relevanten Markt die Beschränkung für den geschäftlichen Erfolg der Hauptmaßnahme unerlässlich ist".[1463] Andernfalls würde der Sinn und Zweck des Art. 101 Abs. 1 AEUV konterkariert und seiner praktischen Wirksamkeit weitestgehend verlustig gehen.[1464] Das Gericht führte überdies aus, dass eine Beschränkung, deren „Dauer oder [...] Anwendungsbereich [...] über das für die Verwirklichung der Maßnahme Notwendige hinaus[gehen]", erst im Rahmen der Freistellungsvoraussetzungen zu prüfen ist.[1465] Nur wenn „eine Beschränkung in unmittelbarem Zusammenhang mit einer Hauptmaßnahme steht und zu ihrer Verwirklichung notwendig ist, [...] ist die Vereinbarkeit dieser Beschränkung mit dem Wettbewerbsrecht zusammen mit der Vereinbarkeit der Hauptmaßnahme zu prüfen."[1466] In dieser Rechtssache sah

1459 Vgl. KOM, Arbeitsdokument v. 31.01.2007, Untersuchung des Retail-Bankgeschäfts (Abschlussbericht), COM(2007) 33 final, SEC(2007) 106, S. 135; vgl. auch noch KOM, Interim Report I (Payment cards) v. 12.04.2006, Untersuchung des Retail-Bankgeschäfts (Zwischenbericht), Annex 3, abrufbar unter: http://ec.europa.eu/competition/sectors/ financial_services/inquiries/interim_report_1.pdf.

1460 Vgl. EuG, Urteil v. 18.09.2001, Rs. T-112/99 – Métropole télévision (M6), Slg. 2001, II-2459, II-2488, Rn. 74.

1461 Vgl. EuG, Urteil v. 18.09.2001, Rs. T-112/99 – Métropole télévision (M6), Slg. 2001, II-2459, II-2499, Rn. 109 a.E.

1462 Vgl. EuG, Urteil v. 18.09.2001, Rs. T-112/99 – Métropole télévision (M6), Slg. 2001, II-2459, II-2499, Rn. 110 f.

1463 Vgl. EuG, Urteil v. 18.09.2001, Rs. T-112/99 – Métropole télévision (M6), Slg. 2001, II-2459, II-2498, Rn. 109.

1464 Vgl. EuG, Urteil v. 18.09.2001, Rs. T-112/99 – Métropole télévision (M6), Slg. 2001, II-2459, II-2487, Rn. 72 ff.

1465 Vgl. EuG, Urteil v. 18.09.2001, Rs. T-112/99 – Métropole télévision (M6), Slg. 2001, II-2459, II-2500, Rn. 113.

1466 Vgl. EuG, Urteil v. 18.09.2001, Rs. T-112/99 – Métropole télévision (M6), Slg. 2001, II-2459, II-2501, Rn. 115.

das Gericht die Gründung des Gemeinschaftsunternehmens TPS als die Hauptmaßnahme an.[1467] Auf den vorliegenden Fall übertragen, bedeutet dies, dass im vorliegenden Kontext der Betrieb eines offenen Kreditkartensystems die Hauptmaßnahme darstellt.

Diese Rechtsprechung steht mit den Ausführungen des EuGH in den Rechtsachen Gøttrup-Klim[1468] und Wouters[1469] in Einklang. Nur eine Regelung, die sich auf das notwendige Mindestmaß zur Sicherstellung einer ordnungsgemäßen Funktionsweise des Systems beschränkt, unterfällt nicht dem Verbot des Art. 101 Abs. 1 AEUV.[1470] Im Rahmen dieser beiden Verfahren waren die entsprechenden Bestimmungen als notwendig für die Hauptmaßnahme angesehen worden.[1471]

Folgerichtig und in Übereinstimmung mit ihren Ausführungen in der Visa-Entscheidung aus dem Jahre 2002[1472] verwies die Kommission im Zuge der MasterCard-Entscheidung darauf, dass im Rahmen der Notwendigkeit zu prüfen sei, „ob das MIF für die Durchführung der Hauptmaßnahme – die Zusammenarbeit der Banken in einem offenen Zahlungskartensystem – objektiv notwendig ist."[1473]

Zu Recht hat die Kommission jedoch dem zweiten seitens MasterCard vorgeschlagenen Prüfungsschritt (ob ein etwaiges Alternativverfahren zu einem besseren Ergebnis führen würde) widersprochen.[1474] Zutreffend verwies sie in dieser

1467 Vgl. EuG, Urteil v. 18.09.2001, Rs. T-112/99 – Métropole télévision (M6), Slg. 2001, II-2459, II-2502, Rn. 122.

1468 Vgl. EuGH, Urteil v. 15.12.1994, Rs. C-250/92 – Gøttrup-Klim, Slg. 1994, I-5641.

1469 Vgl. EuGH, Urteil vom 19.02.2002, Rs. C-309/99 – Wouters, Slg. 2002, I-1577.

1470 Vgl. EuGH, Urteil v. 15.12.1994, Rs. C-250/92 – Gøttrup-Klim, Slg. 1994, I-5641, I-5688, Rn. 36 u. I-5689, Rn. 40 f.; EuGH, Urteil vom 19.02.2002, Rs. C-309/99 – Wouters, Slg. 2002, I-1577, I-1691, Rn. 109; vgl. auch noch KOM, Leitlinien zur Anwendung von Artikel 101 Absatz 3 AEUV, ABl. EU v. 27.04.2004, C 101/97, S. 102 f., Rn. 31; *Säcker/Molle*, in: MüKo, EU-WettbewR, 2. Aufl., 2015, Art. 101 AEUV, Rn. 112 f.

1471 Vgl. EuGH, Urteil vom 19.02.2002, Rs. C-309/99 – Wouters, Slg. 2002, I-1577, I-1691, Rn. 110; EuGH, Urteil v. 15.12.1994, Rs. C-250/92 – Gøttrup-Klim, Slg. 1994, I-5641, I-5689 f., Rn. 45.

1472 Vgl. KOM, Entscheidung v. 24.07.2002, COMP/29.373 – Visa International II – Multilateral Interchange Fee, ABl. EG v. 22.11.2002, L 318/17, S. 27, Rn. 58 ff.

1473 Vgl. KOM, Entscheidung v. 19.12.2007 in den Sachen COMP/34.579 – MasterCard, COMP/36.518 – EuroCommerce u. COMP/38.580 – Commercial Cards, Rn. 541 u. Rn. 547; vgl. auch EuGH, Entscheidung v. 11.09.2014, Rs. C-382/12 P – MasterCard, Rn. 94.

1474 Vgl. KOM, Entscheidung v. 19.12.2007 in den Sachen COMP/34.579 – MasterCard, COMP/36.518 – EuroCommerce u. COMP/38.580 – Commercial Cards, Rn. 542; vgl. auch EuGH, Entscheidung v. 11.09.2014, Rs. C-382/12 P – MasterCard, Rn. 91; vgl. hierzu ferner *Krauß*, in: Langen/Bunte, Bd. 1, 13. Aufl., 2018, § 1 GWB, Rn. 149.

Hinsicht darauf, dass ansonsten die Grenzlinie zwischen Art. 101 Abs. 1 AEUV auf der einen und Art. 101 Abs. 3 AEUV auf der anderen Seite beseitigt würde.[1475] Sofern eine solche Prüfung bereits im Rahmen des Art. 101 Abs. 1 AEUV erfolgen würde, wäre Art. 101 Abs. 3 AEUV weitestgehend seiner praktischen Bedeutsamkeit und Wirksamkeit beraubt.[1476] In diesem Kontext ist freilich auch zu besehen, dass gemäß Art. 2 der Kartellverfahrensverordnung die Beweislast für eine Zuwiderhandlung gegen Art. 101 Abs. 1 AEUV der Behörde obliegt; die Beweislast dafür, dass die Voraussetzungen des Artikels 101 Abs. 3 AEUV vorliegen, obliegt hingegen den Unternehmen oder Unternehmensvereinigungen, die sich auf diese Bestimmung berufen.[1477] Die Frage, ob im Wege eines Alternativverfahrens dieselbe oder gar eine bessere Effizienz erzielt werden kann, bereits im Rahmen des Art. 101 Abs. 1 AEUV einer Klärung zuzuführen, würde eine Beweislastumkehr herbeiführen; dies entspräche – wie obige Ausführungen verdeutlichen – nicht der derzeitigen Rechtslage.[1478]

Eine Abwägung der wettbewerbsbeschränkenden gegen die wettbewerbsfördernden Gesichtspunkte einer Wettbewerbsbeschränkung hat ausschließlich im Rahmen der Prüfung der Freistellungsvoraussetzungen des Art. 101 Abs. 3 AEUV zu erfolgen.[1479] Insoweit bedarf es einer strikten Differenzierung: Im Rahmen der Frage nach der Notwendigkeit einer Nebenabrede haben Profitabilitätserwägungen keinen Platz und können als solche nicht dazu führen, dass es sich bei der

---

1475 Vgl. KOM, Entscheidung v. 19.12.2007 in den Sachen COMP/34.579 – MasterCard, COMP/36.518 – EuroCommerce u. COMP/38.580 – Commercial Cards, Rn. 542; vgl. auch *Säcker/Molle*, in: MüKo, EU-WettbewR, 2. Aufl., 2015, Art. 101 AEUV, Rn. 85.

1476 Vgl. EuG, Urteil v. 18.09.2001, Rs. T-112/99 – Métropole télévision (M6), Slg. 2001, II-2459, II-2488, Rn. 74; EuG, Urteil v. 23.10.2003, Rs. T-65/98 – Van den Bergh Foods, Slg. 2003, II-4653, II-4701, Rn. 107.

1477 Siehe VO (EG) Nr. 1/2003 des Rates vom 16. Dezember 2002 zur Durchführung der in Artikel 101 und 102 AEUV niedergelegten Wettbewerbsregeln, ABl. EG v. 04.01.2003, L 1/1, S. 8; vgl. auch KOM, Leitlinien zur Anwendung von Artikel 101 Absatz 3 AEUV, ABl. EU v. 27.04.2004, C 101/97, S. 98, Rn. 11.

1478 Vgl. KOM, Entscheidung v. 19.12.2007 in den Sachen COMP/34.579 – MasterCard, COMP/36.518 – EuroCommerce u. COMP/38.580 – Commercial Cards, Rn. 542; vgl. auch EuGH, Entscheidung v. 11.09.2014, Rs. C-382/12 P – MasterCard, Rn. 181.

1479 Vgl. EuGH, Urteil v. 28.01.1986, Rs. C-161/84 – Pronuptia de Paris, Slg. 1986, 353, 383, Rn. 24; EuG, Urteil v. 18.09.2001, Rs. T-112/99 – Métropole télévision (M6), Slg. 2001, II-2459, II-2488, Rn. 74; EuG, Urteil v. 23.10.2003, Rs. T-65/98 – Van den Bergh Foods, Slg. 2003, II-4653, II-4701, Rn. 107; EuG, Urteil v. 15.07.1994, Rs. T-17/93 – Matra Hachette, Slg. 1994, II-595, II-614, Rn. 48 a.E.; EuG, Urteil v. 15.09.1998, Rs. T-374/94, T-375/94, T-384/94 u. T-388/94 – European Night Services, Slg. 1998, II-3141, II-3196 f., Rn. 136; KOM, Leitlinien zur Anwendung von Artikel 101 Absatz 3 AEUV, ABl. EU v. 27.04.2004, C 101/97, S. 98, Rn. 11; vgl. auch *v. Dietze/Janssen*, KartellR, 5. Aufl., 2015, Rn. 164.

jeweiligen Absprache um eine nicht dem Anwendungsbereich des Art. 101 Abs. 1 AEUV unterfallende Nebenabrede handelt.[1480] Getreu der bisherigen Kommissionspraxis wie auch in Einklang mit der Rechtsprechung der europäischen Gerichte sind etwaige Effizienzvorteile erst im Rahmen der Prüfung des Art. 101 Abs. 3 AEUV zu prüfen.[1481] Im Rahmen des Art. 101 Abs. 1 AEUV ist allein der Frage nachzugehen, ob die Nebenabrede (hier: eine Verhaltensabstimmung über die MIF) für die Durchführung der Hauptmaßnahme (hier: den Betrieb eines offenen Zahlungskarten-Systems) notwendig ist; erst im Rahmen des Art. 101 Abs. 3 AEUV ist zu prüfen, ob die Nebenabrede unerlässlich zur Erzielung von etwaigen Effizienzgewinnen ist. Demnach bedarf es des Weiteren – unter Zugrundelegung der bisherigen Entscheidungspraxis – eines zweistufigen Vorgehens:

Im Mittelpunkt der Erörterung steht die – vorliegend zu erörternde – Frage, ob der Betrieb eines Vier-Parteien-Kreditkartensystems ohne multilaterale Interbankenentgelte möglich ist (Stufe 1).[1482] Sofern dies der Fall sein sollte, ist in einem weiteren Schritt – und zwar im Rahmen der Prüfung der Unerlässlichkeit im Sinne des Art. 101 Absatz 3 AEUV – zu klären, ob der Betrieb des Systems respektive die Kooperation innerhalb eines offenen Zahlungskarten-Systems im Wege der MIF mit weniger wettbewerbsbeschränkenden, mithin milderen Mitteln als den MIF möglich ist (Stufe 2).[1483]

Kapitel 2. Die seitens der Kommission betrachteten „Referenz"-Systeme

Insbesondere ein Vergleich der Systeme von Visa bzw. MasterCard mit anderen Vier-Parteien-Systemen könnte aufschlussreiche Erkenntnisse liefern. Im Rahmen der Visa International II-Entscheidung hatte die Kommission noch darauf verwiesen, dass es keine Beispiele für funktionierende, ohne MIF auskommende Vier-Parteien-Zahlungskartensysteme gebe.[1484] Im Rahmen der zeitlich nachfolgenden MasterCard-Entscheidung stellte sich die Kommission hingegen auf den

---

1480 Vgl. KOM, Entscheidung v. 19.12.2007 in den Sachen COMP/34.579 – MasterCard, COMP/36.518 – EuroCommerce u. COMP/38.580 – Commercial Cards, Rn. 525.

1481 Vgl. KOM, Entscheidung v. 19.12.2007 in den Sachen COMP/34.579 – MasterCard, COMP/36.518 – EuroCommerce u. COMP/38.580 – Commercial Cards, Rn. 526.

1482 Vgl. KOM, Entscheidung v. 19.12.2007 in den Sachen COMP/34.579 – MasterCard, COMP/36.518 – EuroCommerce u. COMP/38.580 – Commercial Cards, Rn. 532; EuGH, Entscheidung v. 11.09.2014, Rs. C-382/12 P – MasterCard, Rn. 91.

1483 Vgl. KOM, Entscheidung v. 19.12.2007 in den Sachen COMP/34.579 – MasterCard, COMP/36.518 – EuroCommerce u. COMP/38.580 – Commercial Cards, Rn. 532; EuGH, Entscheidung v. 11.09.2014, Rs. C-382/12 P – MasterCard, Rn. 91; vgl. ferner KOM, Leitlinien zur Anwendung von Artikel 101 Absatz 3 AEUV, ABl. EU v. 27.04.2004, C 101/97, S. 102 f., Rn. 31.

1484 Vgl. KOM, Entscheidung v. 24.07.2002, COMP/29.373 – Visa International II – Multilateral Interchange Fee, ABl. EG v. 22.11.2002, L 318/17, S. 33, Rn. 100.

Standpunkt, dass Vier-Parteien-Kartensysteme ohne MIF existent und diese auch hinreichend vergleichbar seien.[1485]

Unterkapitel 1. Die Referenzsysteme

Im Folgenden soll die Darstellung der Referenzsysteme und ihrer Besonderheiten durch die Kommission zunächst „vorgestellt" werden, um im Anschluss die Schlussfolgerungen der Kommission zu überprüfen und insbesondere die Vergleichbarkeit dieser Referenzsysteme mit denjenigen von MasterCard und Visa einer näheren Prüfung zu unterziehen. Die Kommission verwies auf fünf in Europa anzutreffende Systeme, und zwar auf das dänische System Dankort, das finnische Pankkikortti-System, das luxemburgische Bancomat-System, das niederländische PIN-System sowie das norwegische System BankAxept (BAX).[1486]

§ 1. Das Dankort-System (Dänemark)

Im Staate Dänemark[1487] erfolgte die Emission von Dankort-Debitkarten zum Zeitpunkt der Untersuchung durch 148 emittierende Unternehmen.[1488] Mit Ausnahme des Zeitraum von 1999 bis 2005 oblag das Akquisitionsgeschäft in Dänemark dem zentralen – im Besitz der dänischen Issuer stehenden – Gemeinschaftsunternehmen PBS.[1489] Bei PBS handelte es sich zugleich um das einzige akquirierende Unternehmen hinsichtlich MasterCard- bzw. Visa-Zahlungskarten in Dänemark.[1490] Seit Inbetriebnahme dieses Systems bis zum Zeitpunkt der Untersuchung der Kommission waren – den Angaben der Kommission zufolge – keinerlei Interbankenentgelte, weder bi- noch multilaterale, zu entrichten.[1491] Vielmehr wurden die Händler

---

1485 Vgl. KOM, Entscheidung v. 19.12.2007 in den Sachen COMP/34.579 – MasterCard, COMP/36.518 – EuroCommerce u. COMP/38.580 – Commercial Cards, Rn. 532; EuGH, Entscheidung v. 11.09.2014, Rs. C-382/12 P – MasterCard, Rn. 556.

1486 Vgl. KOM, Entscheidung v. 19.12.2007 in den Sachen COMP/34.579 – MasterCard, COMP/36.518 – EuroCommerce u. COMP/38.580 – Commercial Cards, Rn. 555 ff.

1487 Ein Überblick über staatliche Interventionen betreffend die Interbankenentgelte und MSC in Dänemark findet sich bei: *Bradford/Hayashi*, Developments in Interchange Fees in the United States and Abroad, 2008, S. 2; *Hayashi*, Public Authority Involvement in Credit and Debit Card Markets, 2010, S. 1 f.; *Hayashi*, Public Authority Involvement in Credit and Debit Card Markets, 2013, S. 3; *Hayashi/Maniff*, Public Authority Involvement in Payment Card Markets, 2015, S. 3 f.

1488 Vgl. KOM, Entscheidung v. 19.12.2007 in den Sachen COMP/34.579 – MasterCard, COMP/36.518 – EuroCommerce u. COMP/38.580 – Commercial Cards, Rn. 563.

1489 Vgl. KOM, Entscheidung v. 19.12.2007 in den Sachen COMP/34.579 – MasterCard, COMP/36.518 – EuroCommerce u. COMP/38.580 – Commercial Cards, Rn. 563.

1490 Vgl. KOM, Entscheidung v. 19.12.2007 in den Sachen COMP/34.579 – MasterCard, COMP/36.518 – EuroCommerce u. COMP/38.580 – Commercial Cards, Rn. 563.

1491 Vgl. KOM, Entscheidung v. 19.12.2007 in den Sachen COMP/34.579 – MasterCard, COMP/36.518 – EuroCommerce u. COMP/38.580 – Commercial Cards, Rn. 564.

sogar für die Annahme der Karten am PoS bezahlt.[1492] Angemerkt sei jedoch, dass es den Banken in Dänemark im Zeitraum von 1984 bis 2004 verboten war, von den Vertragsunternehmen für die Akzeptanz der Dankort-Karte Gebühren zu fordern.[1493] Dies änderte sich ab dem Jahre 1999 für Distanzgeschäfte und ab dem Jahre 2005 in Bezug auf den Karteneinsatz am PoS.[1494]

§ 2. Das Pankkikortti-System (Finnland)

Im nationalen Debitkartensystem Pankkikortti in Finnland[1495] wurden – den Angaben der Kommission zufolge – keine (weder bilaterale noch multilaterale) Interchange Fees gezahlt.[1496] Im Zeitraum zwischen 1999 und 2003 war eine stete Zunahme der PoS-Transaktionen in Finnland zu verzeichnen.[1497] Obgleich es den Banken freistand, auch nur in einem dieser Bereiche zu agieren, wurde seitens sämtlicher Issuer im Pankkikortti-System zugleich auch eine Akquisitionstätigkeit wahrgenommen.[1498] In Finnland war durchaus auch die Implementierung eines multilateralen Interbankenentgelts als mögliche Option erachtet und ernstlich angedacht worden.[1499] Indes war zur Beschlussfassung im Rahmen des Pankkikortti-Systems die Einstimmigkeit der mit Stimmkraft versehenden Unternehmen erforderlich.[1500] Eine einvernehmliche

1492 Vgl. KOM, Entscheidung v. 19.12.2007 in den Sachen COMP/34.579 – MasterCard, COMP/36.518 – EuroCommerce u. COMP/38.580 – Commercial Cards, Rn. 564.

1493 Vgl. KOM, Entscheidung v. 19.12.2007 in den Sachen COMP/34.579 – MasterCard, COMP/36.518 – EuroCommerce u. COMP/38.580 – Commercial Cards, Rn. 567. Seitens der Acquirer durften den Vertragsunternehmen hingegen bis zu 0,75 % pro Transaktion berechnet werden, sofern es sich um eine Transaktion mit Karten des Visa- bzw. MasterCard-Systems handelte, vgl. KOM, Entscheidung v. 19.12.2007 in den Sachen COMP/34.579 – MasterCard, COMP/36.518 – EuroCommerce u. COMP/38.580 – Commercial Cards, Rn. 568.

1494 Vgl. KOM, Entscheidung v. 19.12.2007 in den Sachen COMP/34.579 – MasterCard, COMP/36.518 – EuroCommerce u. COMP/38.580 – Commercial Cards, Rn. 567.

1495 Ein Überblick über staatliche Interventionen betreffend die Interbankenentgelte und MSC in Finnland findet sich bei: *Hayashi*, Public Authority Involvement in Credit and Debit Card Markets, 2010, S. 6; *Hayashi*, Public Authority Involvement in Credit and Debit Card Markets, 2013, S. 8; *Hayashi/Maniff*, Public Authority Involvement in Payment Card Markets, 2015, S. 10.

1496 Vgl. KOM, Entscheidung v. 19.12.2007 in den Sachen COMP/34.579 – MasterCard, COMP/36.518 – EuroCommerce u. COMP/38.580 – Commercial Cards, Rn. 570.

1497 Vgl. KOM, Entscheidung v. 19.12.2007 in den Sachen COMP/34.579 – MasterCard, COMP/36.518 – EuroCommerce u. COMP/38.580 – Commercial Cards, Rn. 570.

1498 Vgl. KOM, Entscheidung v. 19.12.2007 in den Sachen COMP/34.579 – MasterCard, COMP/36.518 – EuroCommerce u. COMP/38.580 – Commercial Cards, Rn. 578.

1499 Vgl. KOM, Entscheidung v. 19.12.2007 in den Sachen COMP/34.579 – MasterCard, COMP/36.518 – EuroCommerce u. COMP/38.580 – Commercial Cards, Rn. 579.

1500 Vgl. KOM, Entscheidung v. 19.12.2007 in den Sachen COMP/34.579 – MasterCard, COMP/36.518 – EuroCommerce u. COMP/38.580 – Commercial Cards, Rn. 579.

Einigung in diesem Sinne wurde zwischen den Mitgliedsbanken des Pankkikortti-Systems nicht erzielt.[1501]

Sowohl das MasterCard- als auch das Visa-System operierten in Finnland mit einem multilateralen Interbankenentgelt.[1502]

§ 3. Das Bancomat-System (Luxemburg)

Im luxemburgischen nationalen Debitkarten-System Bancomat erfolgten – nach der Schilderung der Kommission – weder Zahlungen von bilateralen noch von multilateralen Interbankenentgelten.[1503] Die Nichterhebung von IC Fees ging auf eine bewusste Entscheidung der Banken zurück; die Annahme bargeldloser Zahlungsmittel sollte auf diese Weise gesteigert werden.[1504] Die Kosten des Bancomat-Systems trugen die Banken, die Vertragsunternehmen und durch Zahlung der Jahresgebühren die Karteninhaber. Die Kosten der Banken trugen die Emittenten zu einem Drittel und die Acquirer zu zwei Dritteln. Das Acquiring hinsichtlich Bancomat- wie auch MasterCard-Karten lag in der Hand eines zentralen Acquirers (Cetrel).[1505] Ein ähnliches Bild zeigte sich in Bezug auf das Visa-System.

§ 4. Das PIN-System (Niederlande)

Im niederländischen PIN-System wurden – gemäß den Angaben der Kommission – keine Interbankenentgelte entrichtet.[1506] Das PIN-System konnte im Zeitraum der Kommissions-Untersuchung deutliche Zuwächse verzeichnen.[1507] Bei Interpay

---

1501 Vgl. KOM, Entscheidung v. 19.12.2007 in den Sachen COMP/34.579 – MasterCard, COMP/36.518 – EuroCommerce u. COMP/38.580 – Commercial Cards, Rn. 579.

1502 Vgl. KOM, Entscheidung v. 19.12.2007 in den Sachen COMP/34.579 – MasterCard, COMP/36.518 – EuroCommerce u. COMP/38.580 – Commercial Cards, Rn. 578.

1503 Vgl. KOM, Entscheidung v. 19.12.2007 in den Sachen COMP/34.579 – MasterCard, COMP/36.518 – EuroCommerce u. COMP/38.580 – Commercial Cards, Rn. 587.

1504 Vgl. KOM, Entscheidung v. 19.12.2007 in den Sachen COMP/34.579 – MasterCard, COMP/36.518 – EuroCommerce u. COMP/38.580 – Commercial Cards, Rn. 587.

1505 Vgl. KOM, Entscheidung v. 19.12.2007 in den Sachen COMP/34.579 – MasterCard, COMP/36.518 – EuroCommerce u. COMP/38.580 – Commercial Cards, Rn. 588.

1506 Vgl. KOM, Entscheidung v. 19.12.2007 in den Sachen COMP/34.579 – MasterCard, COMP/36.518 – EuroCommerce u. COMP/38.580 – Commercial Cards, Rn. 589. Ein Überblick über staatliche Interventionen betreffend die Interbankenentgelte und MSC in den Niederlanden findet sich bei: *Hayashi*, Public Authority Involvement in Credit and Debit Card Markets, 2013, S. 5; *Hayashi/Maniff*, Public Authority Involvement in Payment Card Markets, 2015, S. 7.

1507 Vgl. KOM, Entscheidung v. 19.12.2007 in den Sachen COMP/34.579 – MasterCard, COMP/36.518 – EuroCommerce u. COMP/38.580 – Commercial Cards, Rn. 590; vgl. ferner *Jonker*, Payment Instruments as Perceived by Consumers, 2005, 17 f.

handelte es sich bis zum Jahre 2004 um den einzigen, in den Niederlanden tätigen Acquirer; das Acquiring-Geschäft wurde erst im Jahre 2004 dezentralisiert.[1508]

§ 5. Das BankAxept-System (Norwegen)

Im norwegischen Zahlungskartensystem BankAxept (BAX) bestand eine rechtliche Trennung zwischen der Emission der Zahlungskarten und der Akquisition der Vertragsunternehmen, wobei die Mehrzahl der Banken im Emissions- und/oder Akquisitionsgeschäft agierten.[1509] Im BankAxept-System wurden – der Kommission zufolge – keine Interchange Fees gezahlt.[1510] Eine Implementierung einer IC Fee stand – nach den vorliegenden Informationen – zu keiner Zeit in Rede.[1511] Insofern handelte es sich um eine geschäftliche Entscheidung, die nicht durch die Furcht vor kartellbehördlichen Maßnahmen motiviert war.[1512] In Norwegen zahlten die Karteninhaber im Falle des Einsatzes der BankAxept-Karte am PoS für jeden getätigten Zahlungsvorgang eine Gebühr.[1513] Die Karteninhaber trugen mithin die Kosten des Zahlungskarteneinsatzes selbst; im Falle des Einsatzes von MasterCard- und Visa-Zahlungskarten am PoS wurden hingegen Interbankenentgelte fällig.[1514]

1508 Vgl. KOM, Entscheidung v. 19.12.2007 in den Sachen COMP/34.579 – MasterCard, COMP/36.518 – EuroCommerce u. COMP/38.580 – Commercial Cards, Rn. 589.

1509 Vgl. KOM, Entscheidung v. 19.12.2007 in den *Sachen* COMP/34.579 – MasterCard, COMP/36.518 – EuroCommerce u. COMP/38.580 – Commercial Cards, Rn. 604. Ein Überblick über staatliche Interventionen betreffend die Interbankenentgelte und MSC in Norwegen findet sich bei: *Bradford/Hayashi*, Developments in Interchange Fees in the United States and Abroad, 2008, S. 3; *Hayashi*, Public Authority Involvement in Credit and Debit Card Markets, 2010, S. 3; *Hayashi*, Public Authority Involvement in Credit and Debit Card Markets, 2013, S. 8; *Hayashi/Maniff*, Public Authority Involvement in Payment Card Markets, 2015, S. 7 f. Vgl. zum BankAxept-System auch: *Enge/Øwre*, Norwegian payment system, 162 Economic Bulletin 4/06 (Vol. 77), 162, 168; *Gresvik/Øwre*, Costs and Income in the Norwegian Payment System, 2003, 49; vgl. ferner *Bolt/Humphrey/Uittenbogaard*, The Effect of Transaction Pricing, Int'l J. Cent. Bank, 2008, Vol. 4, No. 1, 89, 90 ff.

1510 Vgl. KOM, Entscheidung v. 19.12.2007 in den Sachen COMP/34.579 – MasterCard, COMP/36.518 – EuroCommerce u. COMP/38.580 – Commercial Cards, Rn. 604.

1511 Vgl. KOM, Entscheidung v. 19.12.2007 in den Sachen COMP/34.579 – MasterCard, COMP/36.518 – EuroCommerce u. COMP/38.580 – Commercial Cards, Rn. 604.

1512 Vgl. KOM, Entscheidung v. 19.12.2007 in den Sachen COMP/34.579 – MasterCard, COMP/36.518 – EuroCommerce u. COMP/38.580 – Commercial Cards, Rn. 606.

1513 Vgl. KOM, Entscheidung v. 19.12.2007 in den Sachen COMP/34.579 – MasterCard, COMP/36.518 – EuroCommerce u. COMP/38.580 – Commercial Cards, Rn. 604.

1514 Vgl. KOM, Entscheidung v. 19.12.2007 in den Sachen COMP/34.579 – MasterCard, COMP/36.518 – EuroCommerce u. COMP/38.580 – Commercial Cards, Rn. 606.

Unterkapitel 2. Die Schlussfolgerungen der Kommission

Nach der Darstellung der Kommission wurden in sämtlichen aufgeführten Systemen keinerlei Interbankenentgelte erhoben. Sämtliche dieser Systeme wurden seitens der Kommission im vorliegenden Kontext auch als hinreichend vergleichbar erachtet.[1515]

Zumal die angeführten offenen Zahlungskartensysteme ohne eine MIF eine Kooperation von emittierenden wie auch akquirierenden Unternehmen innerhalb eines offenen Zahlungskarten-Systems ermöglichten, gleichsam seit geraumer Zeit existierten wie auch aus wirtschaftlicher Sicht erfolgreich betrieben wurden, sei eine MIF nicht als objektiv notwendig für die Funktionsfähigkeit eines Vier-Parteien-Systems anzusehen.[1516] Im Wege eines Erst-Recht-Schlusses verwies die Kommission ferner darauf, dass die dargestellten Referenzsysteme kleiner als dasjenige von MasterCard seien und dennoch ohne MIF betrieben werden könnten, sodass es nicht nachvollziehbar sei, weshalb ein System mit einer weitaus umfassenderen Karteninhaber- wie auch Vertragsunternehmensstruktur nicht ohne multilaterale Interbankenentgelte betrieben werden könne.[1517]

Unterkapitel 3. Überprüfung der Schlussfolgerungen der Kommission: Vergleichbarkeit der Referenzsysteme?

Indes erscheint fragwürdig, ob die seitens der Kommission proklamierte Vergleichbarkeit[1518] dieser Systeme tatsächlich angenommen werden kann. Nur in diesem Falle wäre die Schlussfolgerung der Kommission zutreffend. Es erscheint

1515 Vgl. KOM, Entscheidung v. 19.12.2007 in den Sachen COMP/34.579 – MasterCard, COMP/36.518 – EuroCommerce u. COMP/38.580 – Commercial Cards, Rn. 555. Das EuG bestätigte diese Sichtweise der Kommission, ist jedoch nicht auf die Einwände von MasterCard betreffend den Vergleich mit den Referenzsystemen eingegangen, vgl. EuG, Entscheidung v. 24.05.2012, Rs. T-111/08 – MasterCard, Rn. 121.

1516 Vgl. KOM, Entscheidung v. 19.12.2007 in den Sachen COMP/34.579 – MasterCard, COMP/36.518 – EuroCommerce u. COMP/38.580 – Commercial Cards, Rn. 557 u. Rn. 608.

1517 Vgl. KOM, Entscheidung v. 19.12.2007 in den Sachen COMP/34.579 – MasterCard, COMP/36.518 – EuroCommerce u. COMP/38.580 – Commercial Cards, Rn. 557; vgl. auch noch *Frankel/Shampine*, Economic effects of Interchange Fees, Antitrust L.J., 2006, Vol. 73, No. 3, 627, 655: „By its nature, a network extemality is likely to become less important (and a less persuasive justification) as a network matures“; siehe ferner *Rochet*, Theory of Interchange Fees, Rev. Netw. Econ., 2003, Vol. 2, Iss. 2, 97, 98: “Payment card networks are also characterized by a more classical network extemality. [...] This network extemality becomes less and less important as the network matures, when virtually all potential users have joined”.

1518 Vgl. KOM, Entscheidung v. 19.12.2007 in den Sachen COMP/34.579 – MasterCard, COMP/36.518 – EuroCommerce u. COMP/38.580 – Commercial Cards, Rn. 558.

klärungsbedürftig, ob das jeweilige System strukturell mit den Systemen von Visa und MasterCard vergleichbar ist. Ferner gilt es zu klären, ob die Systeme tatsächlich ohne Interbankenentgelte betrieben wurden bzw. gegebenenfalls eine andersartige Kostenstruktur anzutreffen ist, die den MIF entspricht. Sofern dies der Fall sein sollte, so ließe sich jedenfalls nicht davon sprechen, dass diese Systeme ohne MIF respektive systeminterne Zahlungen zwischen Systemteilnehmern bzw. einen – wie auch immer gearteten – „Ausgleichsmechanismus" auskommen können. Insofern würde es freilich einer daran anschließenden Prüfung bedürfen, ob eine andere Kostenstruktur nicht gerade eine weniger wettbewerbsbeschränkende Nebenabrede darstellt, die als Alternative zu multilateralen Interbankenentgelten zu qualifizieren wäre und eine MIF jedenfalls aus diesem Grunde als nicht systemnotwendig angesehen werden könnte.

§ 1. Die spezifischen Besonderheiten der einzelnen Referenzsysteme

Es bietet sich zunächst an, die Besonderheiten der jeweiligen seitens der Kommission als Vergleichsmaßstab herangezogenen Systeme zu beleuchten, um spezifische Gemeinsamkeiten und Unterschiede zwischen dem jeweiligen System und den Systemen von MasterCard sowie Visa näher zu eruieren.

I. Zur Vergleichbarkeit des Dankort-Systems

Seitens MasterCard war vorgebracht worden, dass Dankort unrentabel betrieben worden sei.[1519] Dagegen spricht allerdings, dass die Issuer in Dänemark bereits über mehrere Jahre hinweg Dankort-Karten emittiert haben und dies kaum nachvollziehbar wäre, sofern sie hierdurch keinerlei nennenswerte und hinreichende Einnahmen erzielt hätten.[1520] Die dänischen Kreditinstitute waren auch nicht etwa auf Grund der Rechtslage in Dänemark verpflichtet, im Issuing-Bereich tätig zu werden.[1521]

Gleichwohl unterschied sich die Rechtslage – insbesondere zum Zeitpunkt der Implementierung des Dankort-Systems – von derjenigen in den restlichen Staaten Europas. Die Kommission mag dies nicht hinreichend gewichtig im Rahmen der Vergleichsbetrachtung dieses Systems berücksichtigt haben.[1522] Durch die dänische Gesetzeslage war es untersagt, von den Vertragsunternehmen für die Akzeptanz der Dankort-Karte Gebühren einzufordern.[1523] In Anbetracht dessen war es von

---

1519 Vgl. KOM, Entscheidung v. 19.12.2007 in den Sachen COMP/34.579 – MasterCard, COMP/36.518 – EuroCommerce u. COMP/38.580 – Commercial Cards, Rn. 569.

1520 Vgl. KOM, Entscheidung v. 19.12.2007 in den Sachen COMP/34.579 – MasterCard, COMP/36.518 – EuroCommerce u. COMP/38.580 – Commercial Cards, Rn. 569.

1521 Vgl. KOM, Entscheidung v. 19.12.2007 in den Sachen COMP/34.579 – MasterCard, COMP/36.518 – EuroCommerce u. COMP/38.580 – Commercial Cards, Rn. 569.

1522 Vgl. KOM, Entscheidung v. 19.12.2007 in den Sachen COMP/34.579 – MasterCard, COMP/36.518 – EuroCommerce u. COMP/38.580 – Commercial Cards, Rn. 569.

1523 Art. 80 des dänischen Gesetzes über Zahlungsdienste und elektronisches Geld (Konsolidierungsgesetz Nr. 365 v. 26. April 2011) enthält eine indirekte Regelung

vornherein ausgeschlossen, einen Teil der MSC als MIF an die Issuer weiterzuleiten.

Gleichwohl konnte aber das Dankort-System ohne MIF errichtet und betrieben werden. Dies spricht jedenfalls dafür, dass eine MIF nicht zwingend für den Betrieb des Systems notwendig war. Auf die Frage, ob das System mit Interbankenentgelten erfolgreicher hätte betrieben werden können, kommt es – wie bereits dargelegt wurde – im Rahmen der Prüfung des Art. 101 Abs. 1 AEUV nicht an.

II. Zur Vergleichbarkeit des Pankkikortti Systems

Gegen eine Vergleichbarkeit finnischen Pankkikortti Systems waren seitens MasterCard ebenfalls Bedenken geäußert worden.[1524] In erster Linie machte MasterCard geltend, dass auch im Rahmen des Pankkikortti-Systems ein Ausgleichsmechanismus existierte, welcher in drei Ausgestaltungsvarianten in Erscheinung getreten sei.[1525]

Eine „Subventionierung" des Pankkikortti-Systems sei – so MasterCard – zum einen dadurch gegeben, dass das einzige Kreditkarten akquirierende Unternehmen (Luottokonta) den Emittenten im Falle einer Visa-Transaktion eine „Provision" zahle.[1526] MasterCard meinte, dass das Visa-MIF zur Erzielung eines Gleichgewichts der Nachfrage innerhalb des Pankkikortti-Systems genutzt werde und dies einen „Ausgleichsmechanismus" darstelle.[1527] Diese Argumentation erscheint indes nicht plausibel; eine derartige Vorgehensweise würde nämlich bedeuten, dass die Einnahmen aus der MIF des Visa-.Systems zur Subventionierung eines anderen Systems genutzt worden wäre.[1528]

Überdies stellte sich MasterCard auf den Standpunkt, dass im Rahmen des Pankkikortti-Systems für die Karten des Systems auffallend hohe Jahresgebühren erhoben worden seien.[1529] Es handle sich insoweit um die „höchsten" Jahresgebühren

---

hinsichtlich multilateraler Interbankenentgelte für Präsenztransaktionen und sieht vor, dass von den Händlern Jahresgebühren zu entrichten sind, deren Höhe das Wirtschaftsministerium festlegt.

1524 Vgl. KOM, Entscheidung v. 19.12.2007 in den Sachen COMP/34.579 – MasterCard, COMP/36.518 – EuroCommerce u. COMP/38.580 – Commercial Cards, Rn. 572.

1525 Vgl. KOM, Entscheidung v. 19.12.2007 in den Sachen COMP/34.579 – MasterCard, COMP/36.518 – EuroCommerce u. COMP/38.580 – Commercial Cards, Rn. 573.

1526 Vgl. KOM, Entscheidung v. 19.12.2007 in den Sachen COMP/34.579 – MasterCard, COMP/36.518 – EuroCommerce u. COMP/38.580 – Commercial Cards, Rn. 573.

1527 Vgl. KOM, Entscheidung v. 19.12.2007 in den Sachen COMP/34.579 – MasterCard, COMP/36.518 – EuroCommerce u. COMP/38.580 – Commercial Cards, Rn. 581.

1528 Vgl. KOM, Entscheidung v. 19.12.2007 in den Sachen COMP/34.579 – MasterCard, COMP/36.518 – EuroCommerce u. COMP/38.580 – Commercial Cards, Rn. 581.

1529 Vgl. KOM, Entscheidung v. 19.12.2007 in den Sachen COMP/34.579 – MasterCard, COMP/36.518 – EuroCommerce u. COMP/38.580 – Commercial Cards, Rn. 573.

innerhalb der Europäischen Union.[1530] Gerade diese Höhe der Jahresgebühr wertete MasterCard als Indiz dafür, dass es sich bei dem Pankkikortti-Systems um ein unausgewogenes System handele.[1531] Indes kann die Gebührenerhebung von den Karteninhabern nicht als ein – mit einer MIF vergleichbarer – Ausgleichsmechanismus eingestuft werden, zumal es sich insoweit um das Entgelt handelt, welches seitens der emittierenden Unternehmen von ihrer Marktgegenseite, sprich den Karteninhabern eingenommen wird.[1532] Auch die Auffassung von MasterCard, dass eine hohe Jahresgebühr innerhalb des Pankkikortti-Systems ein Indiz für ein unausgewogenes System sei, erscheint nicht nachvollziehbar, zumal in Finnland „im Jahr 2004 die zweithöchste und 2005 die höchste Nutzung von Zahlungskarten je Einwohner“ innerhalb der EU zu verzeichnen waren.[1533]

Des Weiteren wies MasterCard darauf hin, dass die Karten des Debitkartensystems Pankkikortti nicht mit EMV-Chip versehen gewesen seien und insoweit auf einer veralteten Technik basieren würden.[1534] Zumal MasterCard und Visa die eigenen Karten ebenfalls erst seit wenigen Jahren mit EMV-Chip ausstatteten und sich auch weiterhin am Markt einige MasterCard-Zahlungskarten ohne einen solchen Chip finden lassen, steht dies allerdings ebenfalls nicht zwingend einer Vergleichbarkeit entgegen.[1535]

Ferner mag man gegen eine Vergleichbarkeit des Pankkikortti-Systems einwenden, dass in diesem System eine Genehmigungsgrenze von 50 Euro galt, Identitätsprüfungen längere Zeit als im Falle des Einsatzes anderer Karten in Anspruch nahmen und die Genehmigungsgrenze nicht hinreichend effektiv gewesen sei.[1536] Dagegen spricht indes, dass im MasterCard-System zum Zeitpunkt der Implementierung der multilateralen Interbankenentgelte (1992) Genehmigungsgrenzen entsprechenden Ausmaßes Anwendung fanden.[1537]

1530 Vgl. KOM, Entscheidung v. 19.12.2007 in den Sachen COMP/34.579 – MasterCard, COMP/36.518 – EuroCommerce u. COMP/38.580 – Commercial Cards, Rn. 573.

1531 Vgl. KOM, Entscheidung v. 19.12.2007 in den Sachen COMP/34.579 – MasterCard, COMP/36.518 – EuroCommerce u. COMP/38.580 – Commercial Cards, Rn. 573.

1532 Vgl. KOM, Entscheidung v. 19.12.2007 in den Sachen COMP/34.579 – MasterCard, COMP/36.518 – EuroCommerce u. COMP/38.580 – Commercial Cards, Rn. 583.

1533 Vgl. KOM, Entscheidung v. 19.12.2007 in den Sachen COMP/34.579 – MasterCard, COMP/36.518 – EuroCommerce u. COMP/38.580 – Commercial Cards, Rn. 583.

1534 Vgl. KOM, Entscheidung v. 19.12.2007 in den Sachen COMP/34.579 – MasterCard, COMP/36.518 – EuroCommerce u. COMP/38.580 – Commercial Cards, Rn. 574.

1535 Vgl. KOM, Entscheidung v. 19.12.2007 in den Sachen COMP/34.579 – MasterCard, COMP/36.518 – EuroCommerce u. COMP/38.580 – Commercial Cards, Rn. 584.

1536 So die Auffassung von MasterCard, vgl. KOM, Entscheidung v. 19.12.2007 in den Sachen COMP/34.579 – MasterCard, COMP/36.518 – EuroCommerce u. COMP/38.580 – Commercial Cards, Rn. 575.

1537 Vgl. KOM, Entscheidung v. 19.12.2007 in den Sachen COMP/34.579 – MasterCard, COMP/36.518 – EuroCommerce u. COMP/38.580 – Commercial Cards, Rn. 585.

Des Weiteren hatten die finnischen Kreditinstitute ernsthaft erwogen, das Pankkikortti-System abzuschaffen, zumal die Assimilation des Systems an den SEPA-Prozess und die hiermit einhergehenden Veränderungen eine großen Änderungsbedarf erwarten ließ.[1538] Angesichts dessen vertrat MasterCard die Auffassung, dass das Pankkikortti-System nicht mit einem internationalen und SEPA-konformen System – wie etwa dem MasterCard-System – vergleichbar sei.[1539] Dem lässt sich jedoch zum einen entgegenhalten, dass dieses System – selbst im Falle seiner Einstellung – jedenfalls ein Vierteljahrhundert lang mit Erfolg ohne eine MIF existiert hätte.[1540] Zum anderen wurde der Betrieb des Pankkikortti-Systems letztlich fortgesetzt; dass eine Einstellung des Systembetriebs erwogen worden sein mag, spricht für sich besehen nicht gegen eine Vergleichbarkeit des Systems. Allein der Aspekt, dass sich im Wege eines MIF gegebenenfalls technische Innovationen sowie Anpassungen an veränderte gesetzliche Anforderungen finanzieren lassen, kann nicht als maßgeblich angesehen werden. Die Frage, welche Systemausgestaltung, also eine solche mit oder ohne Interbankenentgelte effektiver ist, spielt im Rahmen des Art. 101 Abs. 1 AEUV allenfalls dann eine Rolle, wenn die Ineffektivität keine Aufrechterhaltung des gesamten Systems mehr ermöglicht. Dass ein solches Ausmaß erreicht wurde, ist vorliegend jedoch nicht ersichtlich.

III. Zur Vergleichbarkeit des Bancomat-Systems

Hinsichtlich des luxemburgischen Bancomat-Systems ergeben sich keine spezifischen Besonderheiten. Allein der Umstand, dass die lokalen Banken Anteile an dem Systemeigentümer und Acquirer Cetrel hielten spricht jedenfalls nicht gegen eine Vergleichbarkeit dieses Systems.[1541]

IV. Zur Vergleichbarkeit des PIN-Systems

Aus der Sicht von MasterCard kann das niederländische PIN-System nicht als Vergleichsmaßstab in Bezug auf MasterCard herangezogen werden.[1542] Es fragt sich auch insofern, ob die insofern seitens MasterCard vorgebrachten Einwände zutreffen.

1538 Vgl. KOM, Entscheidung v. 19.12.2007 in den Sachen COMP/34.579 – MasterCard, COMP/36.518 – EuroCommerce u. COMP/38.580 – Commercial Cards, Rn. 576.

1539 Vgl. KOM, Entscheidung v. 19.12.2007 in den Sachen COMP/34.579 – MasterCard, COMP/36.518 – EuroCommerce u. COMP/38.580 – Commercial Cards, Rn. 576.

1540 Vgl. KOM, Entscheidung v. 19.12.2007 in den Sachen COMP/34.579 – MasterCard, COMP/36.518 – EuroCommerce u. COMP/38.580 – Commercial Cards, Rn. 586.

1541 Vgl. KOM, Entscheidung v. 19.12.2007 in den Sachen COMP/34.579 – MasterCard, COMP/36.518 – EuroCommerce u. COMP/38.580 – Commercial Cards, Rn. 588.

1542 Vgl. KOM, Entscheidung v. 19.12.2007 in den Sachen COMP/34.579 – MasterCard, COMP/36.518 – EuroCommerce u. COMP/38.580 – Commercial Cards, Rn. 591 ff.

Erstens wurde von MasterCard gegen eine Vergleichbarkeit eingewandt, dass im Zeitraum von 1991 bis 2004 seitens Interpay eine Jahresdividende an die Aktionäre ausgeschüttet worden war; dies sei als „MIF-ähnlicher Mechanismus" zu klassifizieren und stelle ein „implizites Interbankenentgelt" dar.[1543] Zwar würden diese Dividenden seit dem Jahre 2004 nicht mehr ausgezahlt, indes diskutierten bzw. verhandelten die Systemmitglieder über die Implementierung von Interchange Fees multi- bzw. bilateraler Gestalt im PIN-System.[1544] Nach der Aussage von MasterCard sollte dieses Interbankenentgelt nach seiner Einführung „rückwirkend ab März 2004 in Kraft treten".[1545] Demgemäß sei das PIN-System „tatsächlich nie ohne einen Interbankenentgeltmechanismus ausgekommen".[1546]

Diese Dividendenausschüttung unterscheidet sich indes von der Festsetzung multilateraler Interbankenentgelte dadurch, dass im Hinblick auf die Dividenden nicht im Vorhinein eine gewisse Mindesthöhe („Mindestdividende") festgelegt wurde.[1547] Den akquirierenden Unternehmen ist es bei einem solchen Dividendenausschüttungsmechanismus nicht möglich, die Disagiosätze a priori – in unverhältnismäßiger Weise – zu steigern.[1548]

Die wettbeschränkenden Auswirkungen der MIF sind vor allem in der künstlich geschaffenen Errichtung einer nicht verhandelbaren Mindesthöhe des MSC zu sehen. Anspruchsberechtigt im Hinblick auf das MIF sind alle emittierenden Unternehmen des jeweiligen Systems. Ein Anspruch auf eine Dividende erwächst hingegen (nur) den Aktionären des Acquirers, so dass die anspruchsberechtigten Personen im Falle von Dividendenausschüttungen nicht notwendigerweise mit den Emittenten des Systems identisch sind – auch wenn dies durchaus der Fall sein kann. Eine auf der gesellschaftsrechtlichen Struktur des Acquirers beruhende Gewinnverteilung ist nicht mit einer MIF vergleichbar. Im Übrigen sind – wie bereits ausgeführt wurde – auch diverse, in den Systemen von Visa und MasterCard agierende Emittenten zugleich Anteilseigner von Acquirern. Dass hier keine

1543 Vgl. KOM, Entscheidung v. 19.12.2007 in den Sachen COMP/34.579 – MasterCard, COMP/36.518 – EuroCommerce u. COMP/38.580 – Commercial Cards, Rn. 592; vgl. auch KOM, Grünbuch v. 11.01.2012, Ein integrierter europäischer Markt für Karten-, Internet- und mobile Zahlungen, COM(2011) 941 final, S. 9 u. S. 28, abrufbar unter: http://eur-lex.europa.eu/legal-content/DE/TXT/PDF/?uri=CELEX:52011DC0941&from=EN.

1544 Vgl. KOM, Entscheidung v. 19.12.2007 in den Sachen COMP/34.579 – MasterCard, COMP/36.518 – EuroCommerce u. COMP/38.580 – Commercial Cards, Rn. 592.

1545 Vgl. KOM, Entscheidung v. 19.12.2007 in den Sachen COMP/34.579 – MasterCard, COMP/36.518 – EuroCommerce u. COMP/38.580 – Commercial Cards, Rn. 592.

1546 Vgl. KOM, Entscheidung v. 19.12.2007 in den Sachen COMP/34.579 – MasterCard, COMP/36.518 – EuroCommerce u. COMP/38.580 – Commercial Cards, Rn. 592.

1547 Vgl. KOM, Entscheidung v. 19.12.2007 in den Sachen COMP/34.579 – MasterCard, COMP/36.518 – EuroCommerce u. COMP/38.580 – Commercial Cards, Rn. 595.

1548 Vgl. KOM, Entscheidung v. 19.12.2007 in den Sachen COMP/34.579 – MasterCard, COMP/36.518 – EuroCommerce u. COMP/38.580 – Commercial Cards, Rn. 595.

Ergebnisbeteiligung erfolgt, erscheint realitätsfern. Diese Beteiligung am Erfolg des Acquirers tritt im Übrigen neben die Einnahmen aus den MIF und nicht an deren Stelle; daher wäre diese – wollte man der Sichtweise von MasterCard folgen – trotz Beibehaltung der MIF zulässig, eine Ergebnisbeteiligung in einem System ohne MIF hingegen unzulässig. Die Höhe der ausgezahlten Dividende ist nicht von der Höhe der Transaktionsvolumina abhängig, sondern vielmehr von der Beteiligungsquote an dem ausschüttenden Unternehmen.

Ein Dividendenausschüttungsanspruch entsteht im Übrigen nur, sofern das ausschüttende Unternehmen Gewinne erwirtschaften konnte. So wurden etwa seitens Interpay im Zeitraum zwischen 1991 bis 1997 keine Dividenden an die (emittierenden) Aktionäre ausgeschüttet.[1549] Eine garantierte Ausschüttung bzw. eine Beteiligungserwartung in einer gewissen Höhe ist nicht mit einer MIF vergleichbar. Die Festsetzung multilateraler Interbankenentgelte bedingt eine Verteilung der Einkünfte zwischen den Systemmitgliedern und statuiert die Basis für beständige Einkünfte der Issuer.[1550] Eine MIF ist gerade auf einen solchen Transfer der Einkünfte von den Acquirern an die Emittenten ausgerichtet, wohingegen eine Dividende eine Beteiligung (von Gesellschaftern) am Gewinn des Unternehmens darstellt. Die MIF und ein Dividendenausschüttungsmechanismus sind demgemäß grundlegend verschieden.

Im Hinblick auf die Bestrebungen im Rahmen des PIN-Systems Interbankenentgelte einzuführen, ergab die Untersuchung der Kommission, dass solche Verhandlungen zwar geführt wurden, sich diese jedoch allein auf bilaterale Interbankenentgelte bezogen.[1551] Die Implementierung solcher bilateraler Interbankenentgelte entspricht nicht der Festsetzung einer MIF.[1552] Durch bilaterale Entgelte wird weder eine Mindesthöhe des MSC festgelegt noch unterliegen alle Acquirer denselben Interbankenentgeltsätzen. Auch das Argument der Acquirer, dass der Betrag der Händlergebühren, welcher der Höhe nach der MIF entspricht, nicht verhandelbar sei, entfällt. Letztlich bedarf dies im vorliegenden Kontext jedoch (noch) keiner näheren Erörterung. Rückwirkend festgesetzte Interbankenentgelte entfalten keinerlei Einfluss auf die Höhe der Händlergebühren und stellen demnach auch keine Wettbewerbsbeschränkung für die Zeitspanne der Rückwirkung dar.[1553]

1549 Vgl. KOM, Entscheidung v. 19.12.2007 in den Sachen COMP/34.579 – MasterCard, COMP/36.518 – EuroCommerce u. COMP/38.580 – Commercial Cards, Rn. 595.

1550 Vgl. KOM, Entscheidung v. 19.12.2007 in den Sachen COMP/34.579 – MasterCard, COMP/36.518 – EuroCommerce u. COMP/38.580 – Commercial Cards, Rn. 595.

1551 Vgl. KOM, Entscheidung v. 19.12.2007 in den Sachen COMP/34.579 – MasterCard, COMP/36.518 – EuroCommerce u. COMP/38.580 – Commercial Cards, Rn. 596.

1552 Vgl. KOM, Entscheidung v. 19.12.2007 in den Sachen COMP/34.579 – MasterCard, COMP/36.518 – EuroCommerce u. COMP/38.580 – Commercial Cards, Rn. 597.

1553 Vgl. KOM, Entscheidung v. 19.12.2007 in den Sachen COMP/34.579 – MasterCard, COMP/36.518 – EuroCommerce u. COMP/38.580 – Commercial Cards, Rn. 597.

Sowohl eine Ausschüttung von Dividenden als auch – ohne Existenz eines MIF – frei aushandelbare und rückwirkend zur Anwendung gelangende bilaterale Interbankenentgelte stellen Möglichkeiten dar, die an Stelle eines MIF Platz greifen können und weitaus weniger wettbewerbsbeschränkende Auswirkungen als eine MIF entfalten.[1554]

Nach der Auffassung von MasterCard spricht gegen eine Vergleichbarkeit des PIN-Systems, dass Interpay „traditionell Verluste erwirtschafte(t)".[1555] Diese Aussage von MasterCard wurde auf eine Studie von McKinsey gestützt.[1556] Diese Studie bezog sich indes allein auf das Jahr 2005. Der Behauptung einer steten Verlusterwirtschaftung des PIN-Systems steht jedenfalls in Widerspruch zu dem Aspekt, dass seitens Interpay im Zeitraum zwischen 1999 und 2004 Dividendenausschüttungen erfolgten.[1557] Die Verluste in den vorangegangenen Jahren mögen sich daraus ergeben, dass ein Kartensystem während der Implementierungsphase noch nicht über eine hinreichende Karteninhaber- und/oder Vertragsunternehmensinfrastruktur verfügte.[1558] Auch wenn Interpay über mehrere Jahre insoweit ein Minus generiert haben mag, so folgt daraus jedenfalls nicht, dass das System ohne multilaterale Interbankenentgelte nicht funktionstüchtig gewesen ist.[1559] Im Übrigen muss besehen werden, dass dauerhafte Verluste zwar im Niedergang eines Systems gipfeln können; gerade dies lässt sich in Bezug auf das PIN-System aber gerade nicht erkennen.

V. Zur Vergleichbarkeit des BAX-Systems

Im Rahmen des norwegischen BAX-Systems tragen die Karteninhaber die Kosten des Karteneinsatzes. Insofern ist jedoch zu berücksichtigen, dass eine solche (gegebenenfalls transaktionsabhängig ausgestaltete) „Zusatzgebühr" nicht multilateral im Wege einer Absprache festgelegt wird. Solche Karteninhabergebühren werden den Karteninhabern neben der (pauschalen) Jahresgebühr berechnet und bilden eine Gegenleistung für die konkrete Nutzung der Zahlungskarte am Point of Sale. Die Karteninhaber können insofern ihre Kostentragungslast selbst erkennen bzw.

1554 Vgl. KOM, Entscheidung v. 19.12.2007 in den Sachen COMP/34.579 – MasterCard, COMP/36.518 – EuroCommerce u. COMP/38.580 – Commercial Cards, Rn. 598.

1555 Vgl. KOM, Entscheidung v. 19.12.2007 in den Sachen COMP/34.579 – MasterCard, COMP/36.518 – EuroCommerce u. COMP/38.580 – Commercial Cards, Rn. 593.

1556 Vgl. KOM, Entscheidung v. 19.12.2007 in den Sachen COMP/34.579 – MasterCard, COMP/36.518 – EuroCommerce u. COMP/38.580 – Commercial Cards, vgl. Rn. 593.

1557 Vgl. KOM, Entscheidung v. 19.12.2007 in den Sachen COMP/34.579 – MasterCard, COMP/36.518 – EuroCommerce u. COMP/38.580 – Commercial Cards, Rn. 603.

1558 Ähnlich KOM, Entscheidung v. 19.12.2007 in den Sachen COMP/34.579 – MasterCard, COMP/36.518 – EuroCommerce u. COMP/38.580 – Commercial Cards, Rn. 603.

1559 Vgl. KOM, Entscheidung v. 19.12.2007 in den Sachen COMP/34.579 – MasterCard, COMP/36.518 – EuroCommerce u. COMP/38.580 – Commercial Cards, Rn. 603.

sind sich dieser bewusst. Die Festlegung der Höhe dieser Gebühren und die Kostentragungspflicht ergibt sich aus den jeweiligen Emissionsverträgen. Überdies ist keine multilaterale Festsetzung zwischen Issuern und Acquirern zu verzeichnen, so dass zwischen den unterschiedlichen Emittenten des Systems auch in Bezug auf die Höhe dieser „Zusatzgebühren" Wettbewerb zu verzeichnen ist. Zudem werden durch eine solche Gebührenstruktur keine Entgelte aus dem Akquisitionsbereich in den Bereich der Emission und vice versa transferiert. Es wird weder ein künstliches Mindestniveau in Bezug auf die MSC manifestiert noch eine Kostenerhöhung zulasten der Vertragsunternehmen initiiert.

VI. Zwischenergebnis

Die spezifischen Besonderheiten *eines* bestimmten seitens der Kommission genannten Referenzsystems stehen mithin einer Vergleichbarkeit dieser Systeme mit jenen von MasterCard und Visa nicht entgegen.

§ 2. Der Betrieb der Referenzsysteme unter Geltung einer Zero-MIF

Die Kommission suggeriert im Zuge ihrer Ausführungen in der MasterCard-Entscheidung, dass der Betrieb der genannten Referenzsysteme ohne MIF erfolgte und spricht explizit von „offene[n] Zahlungskartensysteme[n] ohne MIF".[1560]

Dies ist allerdings bei genauerer Betrachtung nicht zutreffend. Tatsächlich wurden die Debitkartensysteme von Dankort (Dänemark), Pankkikortti (Finnland), Bancomat (Luxemburg), PIN (Niederlande) sowie Bank-Axept (Norwegen) im Untersuchungszeitraum jedoch mit einer MIF von Null (sog. Zero-MIF) betrieben.[1561] Die Kommission setzte insofern den Betrieb eines Zahlungskartensystems ohne MIF mit einem solchen mit einer Zero-MIF gleich bzw. erachtete diesen (jedenfalls stillschweigend) als vergleichbar.

Freilich wird in einem solchen Fall kein Interbankenentgelt gezahlt; dies ist aber nicht gleichbedeutend mit einem System ohne Existenz einer MIF. Für eine

---

1560 Vgl. KOM, Entscheidung v. 19.12.2007 in den Sachen COMP/34.579 – MasterCard, COMP/36.518 – EuroCommerce u. COMP/38.580 – Commercial Cards, Rn. 555 und insofern auch die Überschrift von Gliederungsebene 7.3.4.3. der Entscheidung. Die Sektorenuntersuchung der Kommission erfasste lediglich den Zeitraum bis einschließlich 2005 (vgl. auch KOM, Entscheidung v. 19.12.2007 in den Sachen COMP/34.579 – MasterCard, COMP/36.518 – EuroCommerce u. COMP/38.580 – Commercial Cards, Rn. 555).

1561 Vgl. *Hayashi/Maniff*, Public Authority Involvement in Payment Card Markets, 2015, S. 11 f.; *Hayashi*, Public Authority Involvement in Credit and Debit Card Markets, 2013, S. 9 a.E.; *Hayashi*, Public Authority Involvement in Credit and Debit Card Markets, 2010, S. 6 a.E. Vgl. ferner noch die Übersicht der Kommission zur durchschnittlichen Höhe der MIF in einzelnen Staaten im Jahre 2014: KOM, Competion policy brief, 2015, Iss. 2015-3, S. 3, online abrufbar unter: http://ec.europa.eu/competition/publications/cpb/2015/003_en.pdf.

Vergleichbarkeit spricht zwar prima facie, dass weder in einem System ohne MIF noch in einem System mit einer Zero-MIF multilaterale Interbankenentgelte zu entrichten sind und insofern kein Entgelttransfer vom Acquiring- in den Issuing-Bereich erfolgt. Indes handelt es sich insofern um einen Trugschluss. Die Frage, ob grundsätzlich eine MIF – sei auch eine solche mit dem Wert Null – existiert, und die Frage, ob eine Zahlung unter dem Buchungsposten „MIF" erfolgt, sind keineswegs identisch.[1562]

Eine MIF von Null unterfällt ebenfalls Art. 101 Abs. 1 lit. a AEUV, da es sich um eine „unmittelbare oder mittelbare Festsetzung der An- oder Verkaufspreise oder sonstiger Geschäftsbedingungen" handelt. Eine Wettbewerbsbeschränkung ist auch in diesem Falle gegeben.[1563] Ein System, in welchem eine Zero-MIF zur Anwendung gelangt, wird nämlich letztlich nicht ohne, sondern mit einer MIF betrieben. Sofern eine MIF von Null existiert, fungiert diese als Ausfallvorkehrung. In diesem Fall ist es den Issuern und Acquirern zwar formal gestattet, dass sie bilateral anderweitige Vereinbarungen treffen. Indes werden diese in Anbetracht des Richtwertcharakters einer MIF wenig erfolgversprechend verlaufen. Allein die Existenz einer MIF errichtet ein künstliches Kostenniveau, dass es den Ausgangspunkt für Entgeltverhandlungen darstellt; hierbei spielt die konkrete Höhe der MIF keine Rolle. Durch eine MIF von Null wird nicht der mit einer MIF einhergehenden Beschränkung des grenzüberschreitenden Acquiring[1564] entgegengewirkt. Die Möglichkeit einer abweichenden und die inländischen Acquirer begünstigenden bilateralen Aushandlung von Interbankenentgelten bleibt auch in diesem Falle bestehen.

Mithin kann festgehalten werden, dass die Referenzsysteme, die mit einer Zero-MIF betrieben werden, nicht – jedenfalls nicht derart zwangsläufig, wie seitens der Kommission postuliert – gegen eine Erforderlichkeit einer MIF für den Betrieb eines Vier-Parteien-Systems sprechen. Wenngleich aber der Betrieb eines Zahlungskartensystems ohne MIF nicht mit dem Betrieb eines offenen Systems mit

---

1562 Ebenfalls kritisch hinsichtlich der Auffassung der Kommission in der MasterCard-Entscheidung: *Krüger/Strauch*, Die Kommission und die Interchange, cards 2008, Heft 3, 25, S. 27 ff. In der Visa II-Entscheidung sah die Kommission im Rahmen der Prüfung der Unerlässlichkeit (im Sinne des Art. 81 Abs. 3 EGV a.F.) ein inländisches System mit einer MIF von Null nicht als hinreichend vergleichbar an, vgl. KOM, Entscheidung v. 24.07.2002, COMP/29.373 – Visa International II – Multilateral Interchange Fee, ABl. EG v. 22.11.2002, L 318/17, S. 33 a.E. f., Rn. 100. EuroCommerce hatte seinerzeit unter anderem auf das kanadische System Interac hingewiesen, dass mit einer Zero-MIF betrieben wurde, vgl. KOM, Entscheidung v. 24.07.2002, COMP/29.373 – Visa International II – Multilateral Interchange Fee, ABl. EG v. 22.11.2002, L 318/17, S. 21 a.E. f., Rn. 28.

1563 Ebenso die Auffassung von MasterCard, vgl. hierzu KOM, Entscheidung v. 19.12.2007 in den Sachen COMP/34.579 – MasterCard, COMP/36.518 – EuroCommerce u. COMP/38.580 – Commercial Cards, Rn. 539.

1564 Hierzu bereits ausführlich oben unter Abschnitt 2, Titel 3, Untertitel 2, Kapitel 1.

einer Zero-MIF identisch ist, verbleibt dem Vergleich mit den Referenzsystemen auch trotz dieser Unterschiede der Referenzsysteme und der offenen Systeme von Visa und MasterCard ein Aussagegehalt. Der Vergleich mit den Referenzsystemen illustriert und indiziert, dass der Transfer von Einnahmen aus dem Acquiring-Geschäft in den Issuing-Bereich für den Betrieb eines offenen Systems nicht erforderlich ist.

§ 3. Die Systemstruktur der Referenzsysteme: Offene oder geschlossene Systeme?

Im Hinblick auf die Systemstruktur der Referenzsysteme lässt sich jedenfalls zunächst festhalten, dass innerhalb dieser Systeme eine rechtliche Trennung zwischen dem Bereich der Emission und des Acquiring gegeben ist.[1565] Seitens MasterCard wurde dennoch kritisiert, dass es sich bei den betrachteten Systemen nicht tatsächlich um offene Systeme handele, zumal die Emittenten in einigen dieser Systeme über ein Gemeinschaftsunternehmen auch im Akquisitionsgeschäft tätig seien.[1566]

Indes muss beachtet werden, dass auch im Rahmen des MasterCard-Systems (wie auch im Visa-System) durchaus die Möglichkeit besteht, dass Emittenten auch im Bereich des Acquiring tätig werden.[1567] Solche Fälle werden als sogenannte „interne (on-us) Zahlungen" bezeichnet; in diesen sind „Issuing-Bank und Acquiring-Bank identisch".[1568] Innerhalb vieler Vier-Parteien-Systeme agieren emittierende Unternehmen selbst oder über mit weiteren Emittenten errichtete Gemeinschaftsunternehmen auch im Bereich des Acquiring.[1569] Ausweislich der eigenen Angaben von MasterCard agiert im Rahmen des MasterCard-Zahlungskartensystems ein Großteil der Systemmitglieder sowohl im Emissions- und im Acquiring-Bereich.[1570] Dementsprechend spricht dieses Argument jedenfalls nicht gegen eine Vergleichbarkeit im vorliegenden Kontext.

1565 Vgl. KOM, Entscheidung v. 19.12.2007 in den Sachen COMP/34.579 – MasterCard, COMP/36.518 – EuroCommerce u. COMP/38.580 – Commercial Cards, Rn. 558.

1566 Vgl. KOM, Entscheidung v. 19.12.2007 in den Sachen COMP/34.579 – MasterCard, COMP/36.518 – EuroCommerce u. COMP/38.580 – Commercial Cards, Rn. 558.

1567 Vgl. KOM, Entscheidung v. 19.12.2007 in den Sachen COMP/34.579 – MasterCard, COMP/36.518 – EuroCommerce u. COMP/38.580 – Commercial Cards, Rn. 558.

1568 Vgl. KOM, Entscheidung v. 19.12.2007 in den Sachen COMP/34.579 – MasterCard, COMP/36.518 – EuroCommerce u. COMP/38.580 – Commercial Cards, Rn. 558.

1569 Vgl. KOM, Entscheidung v. 19.12.2007 in den Sachen COMP/34.579 – MasterCard, COMP/36.518 – EuroCommerce u. COMP/38.580 – Commercial Cards, Rn. 558.

1570 Vgl. KOM, Entscheidung v. 19.12.2007 in den Sachen COMP/34.579 – MasterCard, COMP/36.518 – EuroCommerce u. COMP/38.580 – Commercial Cards, Rn. 558.

§ 4. Die Referenzsysteme als nationale Systeme

Bei den aufgeführten Referenzsystemen handelt es sich um nationale Debitkarten-Systeme. Die MasterCard-Entscheidung hatte sowohl die intraregionalen MIF für Kreditkarten wie auch Debitkarten zum Gegenstand; bei der Betrachtung der Referenzsysteme fasste die Kommission die aufgeführten Referenzsysteme unter dem Begriff Zahlungskartensysteme zusammen[1571] und stellte diese den „Zahlungskarten mit MasterCard bzw. Maestro-Logo" gegenüber.[1572] Gegenstand der vorliegenden Untersuchung sind hingegen die Kreditkartensysteme von MasterCard und Visa, bei denen sich im Gegensatz zu den Referenzsystemen gleichsam um internationale Systeme handelt. Dies könnte letztlich einer Vergleichbarkeit entgegenstehen.

Die Referenz-Systeme sind ausschließlich auf Inlandstransaktionen ausgerichtet; der Abwicklung grenzüberschreitender Zahlungsvorgänge bedurfte es in diesen Systemen daher nicht.[1573] Freilich ist es gerade im Falle grenzüberschreitender Transaktionen mit besonderen Schwierigkeiten verbunden, dass sämtliche Issuer und alle systemangeschlossenen Acquirer bilaterale Verhandlungen führen. Während im Inland üblicherweise eine verhältnismäßig überschaubare Anzahl an Issuern und Acquirern anzutreffen ist, ergibt sich im internationalen Zahlungsverkehr eine beinahe grenzenlose Anzahl an Systemteilnehmern. Dieser Umstand wird allzu oft seitens der Kartenorganisationen und deren Mitgliedern bemüht, um die Notwendigkeit eines MIF innerhalb eines offenen Systems zu belegen, zu rechtfertigen und schlechterdings als naturgegeben auszuweisen.

Letztlich geht diese Argumentation jedoch – jedenfalls im vorliegenden Kontext – fehl. In den Regularien sowohl von Visa als auch von MasterCard wird den Beteiligten die Möglichkeit einer bilateralen Verhandlung von Interbankenentgelten eingeräumt, die den als Fallback Fee ausgestalteten MIF vorgehen. Dies intendiert gleichsam, dass die genannten Organisationen durchaus davon ausgehen, dass bilateral ausgehandelten IC Fees eine Bedeutung zukommen kann. Dies spricht gleichsam dafür, dass eine multilaterale Festsetzung von Interbankenentgelten nicht zwingend für den Betrieb eines internationalen offenen Kartensystems erforderlich ist.[1574]

Freilich mag man einwenden, dass bilaterale Interbankenentgelte in der Praxis nicht flächendeckend zu verzeichnen sind. Auch ist es zutreffend, dass bilaterale

---

1571 Vgl. KOM, Entscheidung v. 19.12.2007 in den Sachen COMP/34.579 – MasterCard, COMP/36.518 – EuroCommerce u. COMP/38.580 – Commercial Cards, Rn. 555 ff.

1572 Vgl. etwa KOM, Entscheidung v. 19.12.2007 in den Sachen COMP/34.579 – MasterCard, COMP/36.518 – EuroCommerce u. COMP/38.580 – Commercial Cards, Rn. 560.

1573 So auch die Kritik von MasterCard, vgl. KOM, Entscheidung v. 19.12.2007 in den Sachen COMP/34.579 – MasterCard, COMP/36.518 – EuroCommerce u. COMP/38.580 – Commercial Cards, Rn. 565.

1574 Ähnlich WEKO, Verfügung v. 05.12.2005, RPW 2006/1, 65, S. 83, Rn. 141.

Verhandlungen im Vergleich zu einer MIF einen erhöhten Aufwand erfordern, zumal die einzelnen am Markt agierenden Issuern mit den anzutreffenden Acquirern jeweils einen Konsens in Bezug auf die Höhe des Interbankenentgeltes finden müssten. Gleichwohl muss besehen werden, dass – wie bereits ausführlich erläutert wurde – gerade die Ausgestaltung der MIF als Fallback Fee eine privatautonome Verhandlung der einzelnen Akteure in vielerlei Hinsicht beeinträchtigt, wenn nicht gar unmöglich macht. Von daher vermag auch der Verweis auf die Rechtswirklichkeit nicht vollends zu überzeugen. Nicht stichhaltig ist die Schlussfolgerung, dass bilaterale Verhandlungen nicht zwischen sämtlichen Akteuren erfolgt seien und aus diesem Grunde bilaterale Verhandlungen keine echte Alternative zu einer MIF darstellen würden. Derartige Verhandlungen respektive die Bereitschaft zum Führen solcher Verhandlungen wird nämlich von vornherein durch die Existenz eines MIF konterkariert.

Im vorliegenden Kontext geht es nicht um die Frage der geringeren Effizienz solcher bilateraler Verhandlungen in Märkten, in denen der Konzentrationsgrad gering ist, sich also relativ wenig potentielle Verhandlungspartner gegenüberstehen. Dies ist eine Fragestellung, die im Rahmen des Art. 101 Abs. 3 AEUV Bedeutung erlangen kann. Vorliegend geht es nicht um Abwägungen unterschiedlicher Effizienzniveaus, sondern allein darum, ob eine MIF zwingend erforderlich für den Betrieb eines offenen Kreditkartensystems ist: Ebenfalls zwei Fragen, die vielfach gleichgesetzt werden und allzu häufig bereits im vorliegenden Kontext die Grundlage der Argumentation von den Kartenorganisationen und deren Mitgliedern bilden.

Betrachtet man nicht nur Kreditkartensysteme, sondern das Wirtschaftsleben in seiner Gänze, so fällt auf, dass bilaterale Verhandlungen den Regelfall darstellen; multilaterale Festsetzungen bilden die Ausnahme.

Nichts anderes gilt in Bezug auf Kreditkartensysteme: Verhandlungen und Verträge zwischen zwei Parteien bilden die Basis von Kreditkartensystemen. Sowohl Emissionsverträge als auch Akquisitionsverträge stellen zwischen zwei Parteien abgeschlossene Verträge dar. Gleiches gilt in Bezug auf die Systemebene und insofern diejenigen Verträge, derer es bedarf um Emittenten und Acquirer in das System aufzunehmen. Eine multilaterale Festsetzung ist auch hier nicht die Regel. Dem lässt sich allenfalls entgegenhalten, dass zwischen den Issuern und Acquirern keine unmittelbare vertragliche Beziehung besteht und aus diesem Grunde in diesem Verhältnis Systemvorgaben zur Regelung erforderlich seien. Dies mag hinsichtlich bestimmter Gesichtspunkte zutreffend sein. Hieraus zwingend zu folgern, dass daher eine MIF – für den Betrieb des Systems – zwingend erforderlich ist, vermag jedoch nicht zu überzeugen. Es offenbart sich mithin, dass insbesondere bezüglich der Frage, ob bilaterale Interbankenentgelte eine Alternative zu einer MIF darstellen, Scheinargumente ohne substantiellen Gehalt, vorgebracht werden, die zwar Anspruch auf logische Folgerichtigkeit erheben; eine solche wohnt ihnen jedoch nicht inne.

Dass innerhalb eines Staates bilaterale Verhandlungen einfacher möglich sind, steht außer Frage. Dass diese deshalb aber im Falle eines internationalen Systems nicht möglich wären, geht hieraus nicht hervor. Das Argument, dass bilaterale Verhandlungen keine hinreichende Alternative darstellen, mag gegebenenfalls für die Effizienz einer multilateralen Festlegung sprechen. Dies belegt indes nicht, dass es sich bei einer MIF um eine systemnotwendige Nebenabrede handelt, die für den Betrieb und die Existenz eines offenen Systems erforderlich ist. Gerade dies letzteres ist aber im vorliegenden Kontext der maßgebliche Aspekt.

Auch scheint die Argumentation nicht nachvollziehbar, dass es zum Betrieb eines nationalen Zahlungskartensystems keiner MIF bedarf, jedoch eine MIF zur Durchführung internationaler Zahlung von Nöten sein sollte.[1575] Die MIF von Visa wie auch von MasterCard findet nicht bloß im Falle des Vorliegens grenzüberschreitender Transaktionen Anwendung; sowohl im Kreditkarten-System von Visa als auch von MasterCard gelten die MIF auch für inländische Transaktionen.[1576] Wenn aber eine MIF nur für internationale Systeme erforderlich sein sollte, so wäre zu erwarten, dass das MIF ausschließlich grenzüberschreitende Kreditkarten-Transaktionen betreffen würde.[1577] Dies ist indes gerade nicht der Fall. In Anbetracht der elektronischen Verrechnung im Interbankenverhältnis besteht im Übrigen zwischen Inlandstransaktionen und grenzüberschreitenden Transaktionen kein nennenswerter Unterschied.[1578]

§ 5. Die Referenzsysteme als Debitkartensysteme

Bei den in Blick genommenen Karten der Referenzsysteme handelt es sich nicht um Kreditkarten-, sondern um Debitkartensysteme. Wenn die Untersuchung der Kommission ergeben hätte, dass in sämtlichen offenen Debitkartensystemen (einschließlich der Referenzsysteme) eine MIF erhoben würde, so hätte dies nicht die Notwendigkeit eines MIF in offenen Kreditkartensystemen bewiesen. Vorliegend konnte dies gerade nicht ersehen werden, zumal die Referenzsysteme insofern eine Ausnahme darstellen. Dies intendiert – und insofern ist die Auffassung der Kommission als zutreffend anzusehen –, dass es nicht zwingend eines wie auch immer gearteten monetären Transfers im Wege von MIF bedarf, um den Betrieb eines Debitkarten-Systems aufrechtzuerhalten und dessen Existenz zu gewährleisten. Indes konnte seitens der Kommission kein offenes Kreditkartensystem ohne MIF in die Betrachtung eingestellt werden. Soweit ersichtlich existieren keine offenen

1575 Vgl. KOM, Entscheidung v. 19.12.2007 in den Sachen COMP/34.579 – MasterCard, COMP/36.518 – EuroCommerce u. COMP/38.580 – Commercial Cards, Rn. 561.

1576 Vgl. KOM, Entscheidung v. 19.12.2007 in den Sachen COMP/34.579 – MasterCard, COMP/36.518 – EuroCommerce u. COMP/38.580 – Commercial Cards, Rn. 561.

1577 Vgl. KOM, Entscheidung v. 19.12.2007 in den Sachen COMP/34.579 – MasterCard, COMP/36.518 – EuroCommerce u. COMP/38.580 – Commercial Cards, Rn. 561.

1578 Vgl. KOM, Entscheidung v. 19.12.2007 in den Sachen COMP/34.579 – MasterCard, COMP/36.518 – EuroCommerce u. COMP/38.580 – Commercial Cards, Rn. 141 u. Rn. 561.

Kreditkartensysteme ohne MIF; selbst im AmEx-System wurden nach dessen Öffnung für Finanzinstitute eine MIF implementiert.

Wenngleich die Kommission den Unterscheid zwischen nationalen und internationalen Systemen nicht als hinreichendes Argument gegen eine Vergleichbarkeit angesehen hat, so geht sie nicht darauf ein, ob Kreditkarten- und Debitkartensysteme hinreichend vergleichbar sind. Zwar handelt es sich bei Debitkarten- wie auch bei Kreditkarten-Systemen um Systeme, bei denen zwischen beiden Seiten „des Marktes" Netzwerkeffekte zu verzeichnen sind. Debitkartenzahlungen stellen – wie bereits ausgeführt wurde – jedoch kein vollwertiges Substitut für die Zahlung via Kreditkarte dar; insofern sei auf obige Ausführungen verwiesen.[1579]

Der Vertrieb von Kreditkarten unterliegt anderen Bedingungen und folgt anderen Regeln als jener von Debitkarten. Die Entgeltstrukturen innerhalb von Kreditkarten- und Debitkarten-Systemen entsprechen einander ebenfalls nicht vollends. Bei Debitkarten werden regelmäßig Gebühren für die Kontoführung erhoben, wobei die Ausgabe einer Karte als Annex hierzu verstanden wird; regelmäßig setzt das Innehaben einer Debitkarte nicht die Zahlung einer (zusätzlichen) Gebühr voraus. Kreditkarten werden hingegen grundsätzlich – abgesehen von Gratis-Kreditkarten – nur im Falle der Entrichtung einer pauschalen Jahresgebühr an den Karteninhaber ausgegeben. Kreditkarten können, müssen aber nicht an ein seitens des Emittenten verwaltetes Konto geknüpft sein. Bei Kreditkarten steht die Karte als solche mit den daran angeknüpften Leistungen und nicht etwa die Kontoführung im Vordergrund. Die Kostenstrukturen von Emittenten in Debit- und Kreditkartensystemen unterscheiden sich.

Vorliegend steht allerdings gerade in Rede inwieweit der propagierte Geldtransfer aus dem Akquisitionsbereich hin zu den Emittenten als systemnotwendig erscheint. Die unterschiedlichen strategischen Ausrichtungen von Debitkartenemittenten auf der einen und Kreditkartenemittenten lassen jedenfalls nicht den – seitens der Kommission – zwingenden Schluss auf eine Vergleichbarkeit der Systeme zu. Die Funktionsunterschiede zwischen beiden Kartenarten gehen mit einer Verschiedenartigkeit in Bezug auf die Kosten- wie auch Einnahmestrukturen von Debit- und Kreditkartensystemen einher.

Der Rückschluss der Kommission, dass eine MIF für den Betrieb eines *Debitkarten*systems nicht notwendig ist, mag insofern zwar konsequent sein; soweit es ein *Kreditkarten*system anbelangt ist er dies jedenfalls nicht.[1580] Dies schließt

---

1579 Vgl. oben unter Abschnitt 1, Titel 3, Untertitel 3, Kapitel 2, Unterkapitel 2, § 2, VIII. sowie Kapitel 3, Unterkapitel 2, § 5, VII.

1580 Auch im Rahmen desjenigen Verfahrens gegen Visa, das im Jahre 2002 seinen Abschluss fand, äußerte sich Visa gegen eine Vergleichbarkeit des (früheren) deutschen die EC-Debitkartensystems, vgl. KOM, Entscheidung v. 24.07.2002, COMP/29.373 – Visa International II – Multilateral Interchange Fee, ABl. EG v. 22.11.2002, L 318/17, S. 33, Rn. 96: „Die verschiedenen in den zusätzlichen Beschwerdepunkten erwähnten Beispiele für mit anderen Finanzierungsmethoden als einer MIF funktionierenden Kartensysteme seien kein Beweis dafür, dass

es zwar nicht aus, den Entwicklungen in den Referenz-Systemen zumindest in gewissen Teilen einen Indizcharakter im vorliegenden Kontext zu attestieren. Eine umfassende Vergleichbarkeit, die seitens der Kommission im Rahmen der MasterCard-Entscheidung suggeriert und angenommen wird, existiert indes nicht.

Unterkapitel 4. Zwischenergebnis

Die seitens der Kommission angeführten Referenzsysteme sind nicht mit den Systemen von Visa und MasterCard vollends vergleichbar.

Die Referenzsysteme wurden nicht ohne MIF, sondern mit einer MIF von Null betrieben. Die Frage, ob grundsätzlich eine MIF – sei auch eine solche mit dem Wert Null – existiert, und die Frage, ob eine Zahlung unter dem Buchungsposten „MIF" erfolgt, sind keineswegs identisch. In einem System, in dem eine Zero-MIF gilt, fungiert auch diese als Ausfallvorkehrung. Allein die Existenz einer MIF errichtet – ungeachtet ihrer konkreten Höhe – ein künstliches Kostenniveau, dass es den Ausgangspunkt für (bilaterale) Entgeltverhandlungen darstellt.

Bei sämtlichen aufgeführten Referenzsystemen handelt es sich zudem um nationale Debitkartensysteme. Der Rückschluss der Kommission, dass eine MIF für den Betrieb eines Debitkartensystems nicht notwendig ist, mag konsequent sein; soweit es ein Kreditkartensystem anbelangt, ist er dies nicht, jedenfalls nicht vollumfänglich.

Allein anhand der seitens der Kommission angeführten Referenzsysteme kann nicht zwingend auf eine fehlende Notwendigkeit einer MIF für den Betrieb eines offenen Kreditkartensystems geschlossen werden. Der Existenz der Referenzsysteme ist hinsichtlich der Frage, ob der Betrieb eines offenen Kreditkartensystems ohne MIF möglich ist, jedoch Indizwirkung beizumessen. Der erfolgreiche Betrieb der Referenzsysteme legt prima facie nahe, dass ein Transfer von Einnahmen aus dem Acquiring-Geschäft in den Issuing-Bereich für den Betrieb eines offenen Systems nicht erforderlich ist.

Kapitel 3. Die HACR und die Möglichkeit einer einseitigen Kostenauferlegung

Die bisherige Betrachtung lässt indes außer Acht, ob es den Emittenten eines Kreditkartensystems – mit einer Honour All Cards Rule (HACR) – ohne eine MIF möglich wäre, von den Acquirern (nachträglich) ein (Interbanken-)Entgelt zu fordern und, ob dessen Höhe seitens der Issuer (unilateral) festgelegt werden könnte.

---

die MIF für das Visa-System nicht objektiv erforderlich ist. Diese Kartensysteme seien mit dem Visa-System nicht vergleichbar, da es sich um andersartige Systeme handele. So ist z.B. die deutsche EC-Karte ein inländisches Debetkartensystem und hat eine Infrastruktur, die Sofortbezahlungen zwischen Einzelhändlern und Kartenausstellern ermöglichen."

In Anbetracht der Existenz der HACR erachtete etwa MasterCard das MIF als erforderlich.[1581] So sei es in Anbetracht der HACR sowohl den Vertragsunternehmen wie auch den akquirierenden Unternehmen nicht möglich, die etwaige Akzeptanz der Karte eines bestimmten Kartenemittenten abzulehnen (und zwar ohne Rücksicht auf die Höhe des für die jeweilige Transaktion anfallenden Interbankenentgelts, welches seitens des emittierenden Unternehmens erhoben wird).[1582] Aus diesem Grunde setze die HACR eine wie auch immer ausgestaltete Regelung voraus, mittels derer die Bedingungen determiniert würden, nach welchen emittierende Unternehmen wie auch akquirierende Unternehmen ihre Dienstleistungen innerhalb des Systems erbrächten.[1583] In Ermangelung der Existenz einer MIF stünden – so etwa MasterCard – die akquirierenden Unternehmen den emittierenden Unternehmen schutzlos gegenüber, zumal die Issuer dann in der Lage wären, unangemessen hohe IC Fees von den ihrerseits an die akquirierenden Unternehmen weiterzuleitenden Gebühren einzubehalten.[1584] Die akquirierenden Unternehmen hätten insoweit keinerlei Möglichkeiten, die Emittenten davon abzuhalten, überteuerte IC Fees abzuziehen, zumal die HACR sie zur Bearbeitung aller ordnungsgemäß eingehenden Transaktionen verpflichte.[1585] In einem solchen Falle könne an der HACR nicht festgehalten werden.[1586]

Im Zentrum dieser Argumentation von MasterCard steht die These, dass es den Issuern ohne die Existenz einer MIF möglich wäre, von den Acquirern ein Teil der Händlergebühren zu fordern. Dies vermag indes nicht zu überzeugen. Zwar ist es zutreffend, dass die Issuer derzeit die MIF als (prozentualen) Anteil des Rechnungsbetrages einbehalten und die Acquirer ihrerseits den Rechnungsbetrag an die Händler abzüglich des Disagios abführen.[1587]

1581 Vgl. KOM, Entscheidung v. 19.12.2007 in den Sachen COMP/34.579 – MasterCard, COMP/36.518 – EuroCommerce u. COMP/38.580 – Commercial Cards, Rn. 536; EuG, Entscheidung v. 24.05.2012, Rs. T-111/08 – MasterCard, Rn. 94; EuGH, Entscheidung v. 11.09.2014, Rs. C-382/12 P – MasterCard, Rn. 83; vgl. auch noch *Godschalk/Brien*, Interchange Fee, cards 2002, Heft 1, 16, 18 f.; *Krüger/Strauch*, Die Kommission und die Interchange, cards 2008, Heft 3, 25, 28 f.

1582 Vgl. KOM, Entscheidung v. 19.12.2007 in den Sachen COMP/34.579 – MasterCard, COMP/36.518 – EuroCommerce u. COMP/38.580 – Commercial Cards, Rn. 536.

1583 Vgl. KOM, Entscheidung v. 19.12.2007 in den Sachen COMP/34.579 – MasterCard, COMP/36.518 – EuroCommerce u. COMP/38.580 – Commercial Cards, Rn. 536 u. Rn. 553.

1584 Vgl. KOM, Entscheidung v. 19.12.2007 in den Sachen COMP/34.579 – MasterCard, COMP/36.518 – EuroCommerce u. COMP/38.580 – Commercial Cards, Rn. 536 u. Rn. 553.

1585 Vgl. KOM, Entscheidung v. 19.12.2007 in den Sachen COMP/34.579 – MasterCard, COMP/36.518 – EuroCommerce u. COMP/38.580 – Commercial Cards, Rn. 553.

1586 Vgl. KOM, Entscheidung v. 19.12.2007 in den Sachen COMP/34.579 – MasterCard, COMP/36.518 – EuroCommerce u. COMP/38.580 – Commercial Cards, Rn. 536 u. Rn. 553.

1587 Vgl. hierzu auch obige Ausführungen unter Abschnitt 1, Titel 1, Kapitel 4.

Die Möglichkeit einer Einbehaltung von Geldern würde aber voraussetzen, dass die Issuer im Verhältnis zu den Acquirern hierzu auch berechtigt wären. Es müsste eine Entgeltzahlungsverpflichtung der Acquirer bzw. eine Einbehaltungsberechtigung der Issuer im Hinblick auf Interbankenentgelte im Falle des Fehlens einer multilateralen Interchange Fee bestehen. Teils wird wohl eine solche Berechtigung der Issuer allein aufgrund der Existenz der HACR angenommen. Es bestehen – abgesehen von den Fällen, in denen bilaterale Vereinbarungen über Interbankenentgelte getroffen wurden – keine unmittelbaren vertraglichen Beziehungen zwischen den Acquirern und den Issuern. Auch war es aufgrund der Existenz der MIF bislang nicht notwendig, eine solche Berechtigung der Issuer bzw. Verpflichtung der Acquirer zur Duldung eines solchen Verhaltens in den Bestimmungen der Kartenorganisationen niederzulegen. Die HACR als solche enthält hierzu keine explizite Aussage.

Im Falle der Abschaffung der multilateralen Interbankenentgelte könnte sich eine solche Berechtigung allenfalls im Wege (ergänzender) Vertragsauslegung der Systemregeln in Gesamtschau mit der HACR ergeben. Im Wege einer ergänzenden Vertragsauslegung kann indes nur eine Regelung zugrunde gelegt werden, die die Parteien, hätten sie den seinerzeit nicht berücksichtigten Umstand (hier: die Kartellrechtswidrigkeit bzw. Nichtigkeit der MIF) bedacht, sinnvollerweise getroffen hätten. Davon dass die Acquirer ohne MIF bereit (gewesen) wären, den Issuern ein nachträgliches und unilaterales Festsetzungs- und Einbehaltungsrecht einzuräumen, kann indes nicht ausgegangen werden. Es ist mithin keine Anspruchsgrundlage ersichtlich, aus der sich ein Recht der Issuer zu einer nachträglichen Preisfestsetzung ergibt.

Selbst wenn man gleichwohl davon ausgehen wollte, dass die Issuer den Acquirern ohne eine MIF nachträglich Gebühren auferlegen bzw. diese während der Zahlungsabwicklung einbehalten könnten, spräche dies noch nicht zwangsläufig gegen eine Anwendbarkeit des Art. 101 Abs. 1 AEUV. Sämtliche Issuer und Acquirer unterliegen den Regelwerken der Kreditkartenorganisationen. Wenn die Issuer eine entsprechende Berechtigung hätten, könnten die Kreditkartenorganisationen dies ändern, respektive wären sie – sofern es das Wettbewerbsrecht gebietet – auch dazu verpflichtet, auf entsprechende Änderungen des Regelwerkes hinzuwirken.

Für die Existenz einer solchen Verpflichtung sprechen jedenfalls die Erwägungen bezüglich systemnotwendiger Nebenabreden. Eine teleologische Reduktion kommt – wie bereits ausgeführt wurde – nur in Betracht, sofern die Maßnahme für die Durchführung der Hauptmaßnahme objektiv notwendig ist und sich auf das notwendige Mindestmaß beschränkt, also zu den Zielen der Hauptmaßnahme in einem angemessenen Verhältnis steht.[1588] In diese Betrachtung sind nicht bloß Situationen einzubeziehen, die in Ermangelung der beschränkenden Maßnahme

1588 Vgl. EuGH, Urteil v. 11.07.1985, Rs C-42/84 – Remia, Slg. 1985, 2545, 2571, Rn. 19 f.; EuGH, Urteil v. 15.12.1994, Rs. C-250/92 – Gøttrup-Klim, Slg. 1994, I-5641, I-5688, Rn. 36 u. I-5689, Rn. 40 f.; EuGH, Urteil v. 12.12.1995, Rs. C-399/93 – Oude Luttikhuis, Slg. 1995, I-4515, I-4525, Rn. 4; EuGH, Urteil vom 19.02.2002, Rs. C-309/99 – Wouters, Slg. 2002, I-1577, I-1691, Rn. 109; EuGH, Entscheidung v. 11.09.2014, Rs. C-382/12 P – MasterCard, Rn. 109; vgl. auch noch KOM, Leitlinien zur

gegeben wären, sondern darüber hinaus auch solche realistischen Situationen, die ohne die beschränkenden Maßnahme eintreten könnten.[1589] Den Kartenorganisationen wäre es vorliegend ohne Weiteres möglich, eine Netzregel einzuführen, im Wege derer den Issuern eine nachträgliche Preisfestsetzung verboten werden würde (sog. Verbot des „ex post pricings").[1590] Eine solche Netzregel könnte ferner auf die Fälle beschränkt werden, in denen keine bilateralen Interbankenentgelte vereinbart wurden. Die Implementierung eines solchen Verbots erscheint sowohl möglich als auch realistisch, sofern die Kreditkartenorganisationen tatsächlich davon ausgehen, dass die Issuer aufgrund der HACR und ohne eine MIF in der Lage wären, den Acquirern nachträglich Gebühren in Rechnung zu stellen.[1591] Die Nachteile der Acquirer (wie auch der Vertragsunternehmen), die mit einer nachträglichen Preisfestsetzung einhergehen würden, ließen sich durch die Einführung des Verbots eines „ex post pricings" vermeiden. Es ist auch nicht gänzlich unwahrscheinlich, dass Acquirer im Falle nachträglicher Preisfestsetzungen von einer Teilnahme an dem Zahlungssystem absehen würden und die Vertragsunternehmensinfrastruktur des Systems hierunter leiden würde. Zumal die Festlegung der Regeln, die zur Aufrechterhaltung der Funktion des Kartensystems erforderlich oder zumindest aus wirtschaftlichen Vernunftgesichtspunkten geboten erscheinen, eine wesentliche Aufgabe der Kreditkartenorganisationen in einem offenen Kreditkartensystem darstellt, wäre das Verbot einer nachträglichen Preisfestsetzung ein probates Mittel um den Betrieb des Kreditkartensystems aufrechtzuerhalten.

Nun mag man einwenden, dass das Verbot nachträglicher Preisfestsetzungen der Festlegung einer Zero-MIF gleichkomme und sich diese von den derzeitigen MIF nur in der Höhe unterscheide.[1592] Zwar ist es zutreffend, dass bilaterale Verhandlungen in diesem Falle vermutlich eine seltene Ausnahme darstellen würden.

Anwendung von Artikel 101 Absatz 3 AEUV, ABl. EU v. 27.04.2004, C 101/97, S. 102 f., Rn. 31.

1589 Vgl. EuGH, Entscheidung v. 11.09.2014, Rs. C-382/12 P – MasterCard, Rn. 111.

1590 Vgl. KOM, Entscheidung v. 24.07.2002, COMP/29.373 – Visa International II – Multilateral Interchange Fee, ABl. EG v. 22.11.2002, L 318/17, S. 27, Rn. 59; KOM, Entscheidung v. 19.12.2007 in den Sachen COMP/34.579 – MasterCard, COMP/36.518 – EuroCommerce u. COMP/38.580 – Commercial Cards, Rn. 554; EuG, Entscheidung v. 24.05.2012, Rs. T-111/08 – MasterCard, Rn. 96; vgl. auch KOM, Entscheidung v. 08.09.1999 in den Sachen IV/34.010 – Nederlandse Vereniging van Banken (GSA-Vereinbarung 1991), IV/33.793 – Nederlandse Postorderbond, IV/34.234 – Verenigde Nederlandse Uitgeversbedrijven u. IV/34.888 – Nederlandse Organisatie van Tijdschriften Uitgevers/Nederlandse Christelijke Radio Vereniging, ABl. EG v. 21.10.1999, L 271/28, S. 35, Rn. 46; vgl. ferner *Krüger/Strauch*, Die Kommission und die Interchange, cards 2008, Heft 3, 25, S. 28 f.

1591 Vgl. auch EuGH, Entscheidung v. 11.09.2014, Rs. C-382/12 P – MasterCard, Rn. 111 u. Rn. 173.

1592 In diesem Sinne *Krüger/Strauch*, Die Kommission und die Interchange, cards 2008, Heft 3, 25, S. 28 f.; vgl. auch EuG, Entscheidung v. 24.05.2012, Rs. T 111/08 – MasterCard, Rn. 131 u. Rn. 142.

Indes wäre es den Vertragsunternehmen möglich, die gesamte MSC zum Gegenstand der (Preis-)Verhandlungen mit den Acquirern zu machen, da keine durch die Höhe der MIF bedingte Mindestgrenze der Händlergebühren existieren würde.[1593] Ein solches Verbot wäre mithin weniger wettbewerbsbeschränkend, da es kein künstliches Preisniveau etablieren würde.[1594]

Zumal die Kartenorganisationen demnach bereits selbst im Stande sind, weniger wettbewerbsbeschränkende Maßnahme zu ergreifen, würde selbst eine tatsächlich gegebene Möglichkeit zu nachträglichen Preisfestsetzungen nicht zur Nichtanwendbarkeit des Art. 101 Abs. 1 AEUV führen.[1595]

Kapitel 4. Das Todesspiralenargument

Seitens der Kreditkartenorganisationen wird im Rahmen kartellrechtlicher Regulierungsbestrebungen in Bezug auf das MIF zumeist darauf verwiesen, dass bei einem vollständigen Verzicht auf eine MIF respektive eine nicht optimale Festsetzung der Höhe der MIF eine „Negativspirale" in Gang gesetzt werden würde, welche letzten Endes den Niedergang des Systems zur Folge hätte.[1596] Dieses sog. Todesspiralenargument stellt eines der bedeutsamsten Argumente der Kreditkartenorganisationen wie auch der System-Mitglieder zur Rechtfertigung der MIF dar.

Unterkapitel 1. Die Äußerungen der Kreditkartenorganisationen

Seitens MasterCard war geltend gemacht worden, dass der Verzicht auf eine MIF bzw. die Festlegung der MIF auf Null eine beträchtliche Steigerung der den Karteninhabern auferlegten Kartengebühren nach sich ziehen würde.[1597] Die Nachfrage im Emissionsbereich würde in Ermangelung eines Entgelttransfers aus dem Acquiring-Bereich in den Issuing-Bereich und durch eine Anhebung der Kartengebühren auf ein unzureichendes Niveau abfallen.[1598] Im Falle der Regulierung der MIF

1593 Vgl. hierzu obige Ausführungen unter Abschnitt 2, Titel 3, Untertitel 2, Kapitel 1, Unterkapitel 1; vgl. auch noch EuG, Entscheidung v. 24.05.2012, Rs. T 111/08 – MasterCard, Rn. 143.

1594 Vgl. KOM, Entscheidung v. 19.12.2007 in den Sachen COMP/34.579 – MasterCard, COMP/36.518 – EuroCommerce u. COMP/38.580 – Commercial Cards, Rn. 554.

1595 Vgl. hierzu auch obige Ausführungen unter Abschnitt 2, Titel 3, Untertitel 3, Kapitel 3.

1596 Vgl. auch KOM, Entscheidung v. 19.12.2007 in den Sachen COMP/34.579 – MasterCard, COMP/36.518 – EuroCommerce u. COMP/38.580 – Commercial Cards, Rn. 609 u. Rn. 634.

1597 Vgl. KOM, Entscheidung v. 19.12.2007 in den Sachen COMP/34.579 – MasterCard, COMP/36.518 – EuroCommerce u. COMP/38.580 – Commercial Cards, Rn. 609.

1598 Vgl. KOM, Entscheidung v. 19.12.2007 in den Sachen COMP/34.579 – MasterCard, COMP/36.518 – EuroCommerce u. COMP/38.580 – Commercial Cards, Rn. 609. Seitens MasterCard wurden allerdings keine konkreten Zahlen zur die Frage vorgelegt,

und einer überhöhten Senkung der Gebührensätze könne eine „Todesspirale" bzw. Abwärtsspirale ausgelöst werden, zumal sich die Systemmitglieder den geschlossenen Systemen zuwenden würden.[1599]

Visa hat sich dahingehend geäußert, dass ein Spiraleffekt zu einem Rückgang oder gar zu einem Niedergang des Systems führen könne.[1600] Eine übermäßig hohe MIF setze eine „Negativspirale" dadurch in Gang, dass die Vertragsunternehmen, die nicht zur Entrichtung erhöhter MIF gewillt bzw. in der Lage seien, aus dem System aussteigen würden, was zugleich einen Rückgang der Attraktivität des Innehabens der Karte auf Seiten der Karteninhaber zur Folge hätte, sodass auch diese von einer Systemteilnahme Abstand nehmen würden.[1601] Die Festlegung einer zu geringen Höhe der MIF würde zwar gegenteilige Effekte zeitigen, allerdings im gleichen Resultat münden.[1602]

Unterkapitel 2. Nähere Überprüfung des Todesspiralenarguments

Das Todesspiralenargument fußt auf mehreren Argumentationssträngen bzw. Thesen; diesen ist gemein, dass sie letztlich Handlungsabläufe beschreiben, die – im schlimmsten Fall – einen Niedergang des gesamten Systems nach sich ziehen. Es bietet sich an, zwischen den diversen – sich thematisch freilich teils überschneidenden – in diesem Kontext vorgebrachten Thesen zu differenzieren und sie einzeln zu untersuchen.

Diese Thesen lauten: Im Falle einer Reduzierung oder einer Abschaffung der multilateralen Interbankenentgelte

- erzielen die Issuer aus der Emissionstätigkeit keine hinreichenden Einnahmen und/oder

auf welche Höhe die Karteninhabergebühren ansteigen würden und hinsichtlich der These, dass in Ermangelung der multilateralen Interbankenentgelte und bei Festsetzung neuer erhöhter Kartengebühren das Ende des System zu erwarten sei.

1599 Vgl. auch KOM, Entscheidung v. 19.12.2007 in den Sachen COMP/34.579 – MasterCard, COMP/36.518 – EuroCommerce u. COMP/38.580 – Commercial Cards, Rn. 634; siehe auch KOM, Entscheidung v. 19.12.2007 in den Sachen COMP/34.579 – MasterCard, COMP/36.518 – EuroCommerce u. COMP/38.580 – Commercial Cards, Rn. 634, Fn. 773, dort wird auszugsweise folgende Passage aus einem Schreiben von MasterCard wiedergegeben: „If issuers presented cardholders with the issuers` costs and acquirers presented merchants with acquirers` costs, the outcome would be many fewer completed transactions and, ultimately, the demise of the MasterCard payment system."

1600 Vgl. KOM, Entscheidung v. 24.07.2002, COMP/29.373 – Visa International II – Multilateral Interchange Fee, ABl. EG v. 22.11.2002, L 318/17, S. 30, Rn. 76.

1601 Vgl. KOM, Entscheidung v. 24.07.2002, COMP/29.373 – Visa International II – Multilateral Interchange Fee, ABl. EG v. 22.11.2002, L 318/17, S. 30, Rn. 76.

1602 Vgl. KOM, Entscheidung v. 24.07.2002, COMP/29.373 – Visa International II – Multilateral Interchange Fee, ABl. EG v. 22.11.2002, L 318/17, S. 30, Rn. 76.

- sinkt die Nachfrage im Emissionsbereich auf ein unzureichendes Niveau und/oder
- ist zu befürchten, dass Issuer das System verlassen.

§ 1. These 1: Keine hinreichenden Einnahmen der Issuer

Hinsichtlich der ersten These gilt es zu bedenken, dass die Interbankenentgelte nicht die einzige Einnahmequelle der Issuer bilden.

Die Emittenten erzielen abseits ihrer aus den MIF folgenden Einnahmen weitere Einkünfte, derer sie im Falle der Anhebung der Kartengebühren verlustig gehen könnten.[1603] In Anbetracht dieser Einkünfte, die nicht aus Interbankenentgelten folgen, kann jedenfalls nicht zwingend darauf geschlossen werden, dass die emittierenden Unternehmen die Kartengebühren in besonderem Maße anheben würden.[1604] Die Sektorenuntersuchung der Kommission offenbarte, dass die weit überwiegende Mehrheit der Issuer auch ohne Interbankenentgelte schwarze Zahlen schreiben würde. Die Kommission hat in ihrer Sektorenuntersuchung die Einnahmen und Ausgaben der Issuer gegenübergestellt und kam zu dem Ergebnis, dass die Issuer in 20 der 25 betrachteten Länder auch ohne die durch IC Fees generierten Einnahmen Gewinne verbuchen können.[1605] Jedenfalls 62 der 100 emittierenden Unternehmen, die ein positives Gewinnverhältnis meldeten, hätten auch ohne die Einnahmen aus den Interbankenentgelten profitabel agieren können.[1606] Die Auswertung der Untersuchung offenbarte, dass in Abwesenheit von Interchangegebühren im Wege der Kreditkartenemission positive Gewinne hätten erzielt werden könnten.

Freilich sieht sich eine derart statische Analyse gewissen Bedenken ausgesetzt. Grundsätzlich kann davon ausgegangen werden, dass die Issuer in Anbetracht der im Wege der MIF erzielten zusätzlichen Einnahmen bereit sind, höhere Kosten zu tragen und Investitionen zu tätigen, um die Karteneinsatzfreude der Karteninhaber zu steigern.[1607] Diesem Aspekt könnte lediglich ein dynamisches Modell Rechnung tragen; im Rahmen dieses Modells müssten allerdings „bestimmte Annahmen über die Kostenelemente“ zugrunde gelegt werden.[1608] Diese Annahmen müssten sich

---

1603 Vgl. KOM, Entscheidung v. 19.12.2007 in den Sachen COMP/34.579 – MasterCard, COMP/36.518 – EuroCommerce u. COMP/38.580 – Commercial Cards, Rn. 612.

1604 Vgl. KOM, Entscheidung v. 19.12.2007 in den Sachen COMP/34.579 – MasterCard, COMP/36.518 – EuroCommerce u. COMP/38.580 – Commercial Cards, Rn. 612.

1605 Vgl. KOM, Arbeitsdokument v. 31.01.2007, Untersuchung des Retail-Bankgeschäfts (Abschlussbericht), COM(2007) 33 final, SEC(2007) 106, S. 119 ff. u. S. 122 (Abbildung 45).

1606 Vgl. KOM, Arbeitsdokument v. 31.01.2007, Untersuchung des Retail-Bankgeschäfts (Abschlussbericht), COM(2007) 33 final, SEC(2007) 106, S. 122.

1607 Vgl. KOM, Entscheidung v. 19.12.2007 in den Sachen COMP/34.579 – MasterCard, COMP/36.518 – EuroCommerce u. COMP/38.580 – Commercial Cards, Rn. 629.

1608 Vgl. KOM, Entscheidung v. 19.12.2007 in den Sachen COMP/34.579 – MasterCard, COMP/36.518 – EuroCommerce u. COMP/38.580 – Commercial Cards, Rn. 629.

darauf beziehen, inwieweit die Emittenten im Falle der Vorab-Kenntnis in Bezug auf das Fehlen der Einkünfte aus den multilateralen Interbankenentgelten davon absehen, bestimmte Kosten zu tragen.[1609] Freilich wäre auch eine solche dynamische Analyse von einer großen Anzahl von Unwägbarkeiten begleitet.[1610]

Eine statische Analyse scheint zwar nicht geeignet, die Notwendigkeit der multilateralen Interbankenentgelte für die Funktionsfähigkeit des Systems zu begründen, sofern die Emittenten ohne eine MIF keine Einnahmen aus der Emissionstätigkeit zu verzeichnen hätten.[1611] Wenn die statische Untersuchung jedoch – wie vorliegend – belegt, dass die Issuer selbst ohne MIF im Stande sind, Einkünfte zu erzielen, intendiert eine solche Untersuchung zumindest, dass die Issuer ohne MIF am Markt verbleiben könnten. Selbst wenn sie in Anbetracht der zusätzlichen Einnahmen aus der MIF höhere Investitionen als ohne MIF tätigen, gleichwohl aber dennoch Einkünfte zu verbuchen haben, spricht dies dafür, dass die Emissionstätigkeit selbst ohne MIF eine wirtschaftlich sinnvolle Geschäftstätigkeit darstellt.[1612]

§ 2. These 2: Die Nachfrage im Emissionsbereich würde auf ein unzureichendes Niveau absinken

Die These, dass die Nachfrage der Karteninhaber wie auch deren Karteneinsatzfreude ohne MIF zurückgehen würde, fußt auf der Annahme, dass die Issuer wegen sinkender bzw. unzureichender Einnahmen die Kartengebühren anheben und in Anbetracht dessen das Interesse der Karteninhaber an Kreditkarten wegen der erhöhten Kostenbelastung zurückgeht. Hierdurch wäre die Akzeptanz der Karten des jeweiligen Systems für die Händler gemindert und die Anzahl der Vertragsunternehmen würde zurückgehen. Zumal gerade der Einsatzbereich die Attraktivität von Kreditkarten steigert, würde gleichsam wiederum eine Senkung des Nutzens der Kreditkarten (trotz erhöhter Gebühren) nach sich ziehen. Es entstünde daher eine Abwärtsspirale.

Selbst wenn man indes davon ausgehen wollte, dass die Kartengebühren ohne die Existenz einer MIF angehoben werden würden, sprechen diverse Erwägungen gegen die dritte These. Zum einen erscheint bereits fraglich, ob die Karteninhaber tatsächlich im Falle einer Erhöhung der Kartengebühren auf den Einsatz der

1609 Vgl. KOM, Entscheidung v. 19.12.2007 in den Sachen COMP/34.579 – MasterCard, COMP/36.518 – EuroCommerce u. COMP/38.580 – Commercial Cards, Rn. 629.

1610 Vgl. KOM, Entscheidung v. 19.12.2007 in den Sachen COMP/34.579 – MasterCard, COMP/36.518 – EuroCommerce u. COMP/38.580 – Commercial Cards, Rn. 629, Fn. 770.

1611 Vgl. auch KOM, Entscheidung v. 19.12.2007 in den Sachen COMP/34.579 – MasterCard, COMP/36.518 – EuroCommerce u. COMP/38.580 – Commercial Cards, Rn. 629.

1612 Vgl. auch noch EuG, Entscheidung v. 24.05.2012, Rs. T-111/08 – MasterCard, Rn. 109.

Kreditkarten am Point of Sale verzichten würden. Insofern wären wohl beträchtliche Kostenerhöhungen erforderlich.

Sofern einige Karteninhaber kein Interesse mehr an Kreditkarten haben sollten, muss ferner besehen werden, dass die Karteninhaberinfrastruktur der Kartennetze sowohl von Visa als auch von MasterCard ein beträchtliches Ausmaß einnimmt. Insofern bedürfte es eines beträchtlichen Rückgangs der Nachfrage im Emissionsbereich um spürbare Auswirkungen auf die Attraktivität der Kartenannahme der Händler zu bewirken.

Selbst wenn die Anzahl der Karteninhaber wie auch der Vertragsunternehmen in bedeutsamem Maße zurückgehen würde, schiene es kaum realistisch, dass eines dieser Systeme nicht mehr funktionstüchtig wäre. Auch seitens Visa wurde eingeräumt, dass das Bezahlkartensystem selbst in Ermangelung der MIF weiter existieren würde. Ohne die MIF sei allenfalls ein Rückgang des Umfangs der Visa-Geschäfte zu erwarten.[1613] Ferner bestünde ohne eine MIF die Möglichkeit, dass der Wert der Issuing- und Acquiring-Dienstleistungen aufgrund eines Rückgangs der Karten- und Vertragsunternehmensinfrastruktur gemindert wird.[1614] Diese ökonomischen Aspekte sind indes allenfalls im Rahmen des Art. 101 Abs. 3 AEUV, nicht jedoch im Rahmen der Frage, ob eine Wettbewerbsbeschränkung vorliegt, berücksichtigungsfähig.

Ferner sprechen die jüngeren Entwicklungen in Australien gegen die Richtigkeit der zweiten These. In Australien waren die Wettbewerbshüter Anfang des neuen Jahrtausends gegen Interbankenentgelte eingeschritten. Auch in jenem Verfahren hatte sich MasterCard auf das Todesspiralenargument berufen. Die RBA (Reserve Bank of Australia) verpflichtete die Systeme MasterCard wie auch Visa dazu „das Interbankenentgelt für Kreditkarten nicht über einen bestimmten Höchstwert festzusetzen".[1615] Die Senkung der Interchange Fee im Hinblick auf Kreditkarten zog eine Reduzierung der Disagiosätze in nennenswertem Umfang nach sich.[1616] Ferner war zu verzeichnen, dass auch die Disagiosätze der Drei-Parteien-Systeme gesenkt wurden, auch wenn im Hinblick auf diese Systeme keinerlei Regulierungsmaßnahmen ergriffen wurden.[1617] In Anbetracht des Rückgangs der Händlergebühren im Rahmen der geschlossenen Systeme zeigte sich daher, dass weder American Express noch Diners Club bedeutsame Marktanteilszuwächse

---

1613 Vgl. KOM, Entscheidung v. 24.07.2002, COMP/29.373 – Visa International II – Multilateral Interchange Fee, ABl. EG v. 22.11.2002, L 318/17, S. 27, Rn. 59.

1614 Vgl. KOM, Entscheidung v. 24.07.2002, COMP/29.373 – Visa International II – Multilateral Interchange Fee, ABl. EG v. 22.11.2002, L 318/17, S. 27, Rn. 59.

1615 Vgl. KOM, Entscheidung v. 19.12.2007 in den Sachen COMP/34.579 – MasterCard, COMP/36.518 – EuroCommerce u. COMP/38.580 – Commercial Cards, Rn. 635.

1616 Vgl. KOM, Entscheidung v. 19.12.2007 in den Sachen COMP/34.579 – MasterCard, COMP/36.518 – EuroCommerce u. COMP/38.580 – Commercial Cards, Rn. 636.

1617 Vgl. KOM, Entscheidung v. 19.12.2007 in den Sachen COMP/34.579 – MasterCard, COMP/36.518 – EuroCommerce u. COMP/38.580 – Commercial Cards, Rn. 636.

nach der Regulierung der offenen Systeme erzielen konnten.[1618] Im Gegensatz hierzu waren in Bezug auf die offenen Systeme hingegen Marktanteilsgewinne im Zeitraum nach der Regulierung zu verzeichnen.[1619] Insoweit wurde also nicht etwa die Situation der Vier-Parteien-Systeme im Verhältnis zu den Drei-Parteien-Systemen geschwächt, sondern vielmehr kam es zu Marktanteilssteigerungen von MasterCard und Visa. Insofern muss allerdings besehen werden, dass die Marktanteilssteigerungen von MasterCard mitunter auch das Resultat eines Marktaustritts eines Wettbewerbers in Australien (Bankcard) bedingt sein könnte.[1620] Jedenfalls konnte ein deutlicher Einbruch der „Marktanteile" wie auch „Umsätze von MasterCard in Australien" nach der Regulierung nicht beobachtet werden.[1621] Mithin war nicht ersichtlich, dass sich das Todesspiralen-Argument bewahrheitete.[1622]

MasterCard wandte gegen einen Vergleich mit der Situation in Australien ein, dass die Marktsituationen insofern nicht vergleichbar seien.[1623] Indes kann den Entwicklungen in Australien zumindest ein Indizcharakter beigemessen werden. Die Transaktionsanzahl im MasterCard-System verdoppelte sich nach der Regulierung.[1624] Diese Entwicklungen stützen jedenfalls nicht die These, dass ohne eine MIF der Niedergang eines offenen Systems zu gewärtigen wäre.[1625]

§ 3. These 3: Die Issuer würden das System verlassen

Die dargestellten Untersuchungen, insbesondere jene betreffend die Einnahmen der Issuer, wie auch die Entwicklungen in Australien sprechen gleichsam gegen die These, dass Issuer das System ohne MIF verlassen würden. Allenfalls mag man einwenden, dass ohne Interbankenentgelte nicht alle bislang im Emissionsbereich anzutreffenden Issuer am Markt verbleiben würden. Grundsätzlich wäre ein Rückgang der Anzahl von Emittenten aus wettbewerbsrechtlicher Sicht nicht wünschenswert. Indes hat kein Emittent ein Anrecht darauf, am Markt verbleiben

1618 Vgl. KOM, Entscheidung v. 19.12.2007 in den Sachen COMP/34.579 – MasterCard, COMP/36.518 – EuroCommerce u. COMP/38.580 – Commercial Cards, Rn. 636.
1619 Vgl. KOM, Entscheidung v. 19.12.2007 in den Sachen COMP/34.579 – MasterCard, COMP/36.518 – EuroCommerce u. COMP/38.580 – Commercial Cards, Rn. 637.
1620 Vgl. KOM, Entscheidung v. 19.12.2007 in den Sachen COMP/34.579 – MasterCard, COMP/36.518 – EuroCommerce u. COMP/38.580 – Commercial Cards, Rn. 638.
1621 Vgl. KOM, Entscheidung v. 19.12.2007 in den Sachen COMP/34.579 – MasterCard, COMP/36.518 – EuroCommerce u. COMP/38.580 – Commercial Cards, Rn. 639.
1622 Vgl. KOM, Entscheidung v. 19.12.2007 in den Sachen COMP/34.579 – MasterCard, COMP/36.518 – EuroCommerce u. COMP/38.580 – Commercial Cards, Rn. 634.
1623 Vgl. KOM, Entscheidung v. 19.12.2007 in den Sachen COMP/34.579 – MasterCard, COMP/36.518 – EuroCommerce u. COMP/38.580 – Commercial Cards, Rn. 640.
1624 Vgl. KOM, Entscheidung v. 19.12.2007 in den Sachen COMP/34.579 – MasterCard, COMP/36.518 – EuroCommerce u. COMP/38.580 – Commercial Cards, Rn. 641.
1625 Vgl. KOM, Entscheidung v. 19.12.2007 in den Sachen COMP/34.579 – MasterCard, COMP/36.518 – EuroCommerce u. COMP/38.580 – Commercial Cards, Rn. 641.

zu können. Dies gilt umso mehr, wenn er nicht hinreichend wettbewerbsfähig ist, zumal seitens eines solchen Issuer kein hinreichender Wettbewerbsdruck zu erwarten ist. Ferner würde ein Schwinden der Anzahl der Issuer das System als solches nicht in seiner Existenz gefährden.

Auch die These, dass die Issuer im Falle einer beträchtlichen Senkung der MIF oder deren Abschaffung zu den Drei-Parteien-Systemen abwandern und hierdurch eine Abwärtsspirale in Gang gesetzt werden würde, vermag nicht zu überzeugen. Dies war weder in Australien zu erkennen noch wird dies den Marktgegebenheiten gerecht. Bei Drei-Parteien-Systemen handelt es sich um geschlossene Systeme; ein Zutritt kommt allenfalls in Bezug auf bestimmte Regionen in Betracht, für die Exklusivlizenzen vereinbart werden. Insofern bestünde allenfalls, wenn überhaupt eine verschwindend geringe Möglichkeit für die derzeitigen Mitglieder der offenen Systeme, einem solchen Drei-Parteien-System beizutreten. Eine umfassende Abwanderung – wie sie propagiert wird – wäre dementsprechend von vornherein nicht denkbar.

Unterkapitel 3. Zwischenergebnis

Das Todesspiralenargument überzeugt nicht. Es ist nicht davon auszugehen, dass der Niedergang der offenen Systeme ohne die Existenz einer MIF droht.[1626]

Kapitel 5. Möglichkeit einer isolierten Aufhebung der MIF

Die MIF ist nicht untrennbar mit anderen Systemregeln verknüpft. Im Falle der Abschaffung der MIF bedarf es weder der Änderung der Regularien bzw. Systemregeln noch der Durchführung sonstiger kollektiver Maßnahmen.[1627]

MasterCard hatte im Zuge des Kartellverfahrens geäußert, dass es im Falle der Regulierung der Interbankenentgelte erforderlich wäre, die Systemregeln zu assimilieren und auf diese Weise das System in einer Weise auszutarieren, dass die Situation weitestgehend derjenigen unter Geltung der MIF entspricht.[1628] Eine Aufhebung der MIF bzw. eine Festsetzung einer Zero-MIF würden insofern nicht notwendigerweise einen Abfall der Kosten im Acquiring-Bereich nach sich ziehen.[1629]

Gegen das Erfordernis entsprechender Anpassungen spricht, dass über den gesamten Globus identische Ausgestaltungen im Hinblick auf Rückbelastungen

1626 Vgl. KOM, Entscheidung v. 19.12.2007 in den Sachen COMP/34.579 – MasterCard, COMP/36.518 – EuroCommerce u. COMP/38.580 – Commercial Cards, Rn. 614.

1627 In diesem Sinne auch KOM, Entscheidung v. 19.12.2007 in den Sachen COMP/34.579 – MasterCard, COMP/36.518 – EuroCommerce u. COMP/38.580 – Commercial Cards, Rn. 619.

1628 Vgl. KOM, Entscheidung v. 19.12.2007 in den Sachen COMP/34.579 – MasterCard, COMP/36.518 – EuroCommerce u. COMP/38.580 – Commercial Cards, Rn. 615.

1629 Vgl. KOM, Entscheidung v. 19.12.2007 in den Sachen COMP/34.579 – MasterCard, COMP/36.518 – EuroCommerce u. COMP/38.580 – Commercial Cards, Rn. 615.

wie auch die Abwicklung im Rahmen der Kreditkartensysteme zu beobachten sind, obgleich die Höhe der Interbankenentgelte weltweit deutlich unterschiedlich ausgestaltet ist.[1630] Auch in Australien waren im Zeitraum nach der Regulierung der Interbankenentgelte keine Änderungen sonstiger Regelungen ersichtlich.[1631] Im Übrigen stehen die weitere Verteilung der Missbrauchsrisiken wie auch die Regelungen bezüglich der Abwicklungsfristen nicht in unmittelbarem Zusammenhang mit den die MIF betreffenden Regelungen.[1632] Zudem intendiert auch die Existenz von Vier-Parteien-Systemen, die ohne multilaterale Interbankenentgelte betrieben werden, dass eine etwaige Änderung der Netzregeln – selbst wenn sie tatsächlich erforderlich wäre – die Stabilität des Gesamtsystems nicht in nennenswertem Umfang beeinträchtigen würde.[1633]

Kapitel 6. Zwischenergebnis

Die MIF stellt keine notwendige Nebenabrede für den Betrieb eines offenen Zahlungskartensystems dar und unterfällt daher dem Anwendungsbereich des Art. 101 Abs. 1 AEUV.[1634] Der Betrieb eines offenen Kreditkartensystems setzt nicht die Existenz von MIF voraus.

1. Die Existenz der Referenzsysteme

Der Existenz der seitens der Kommission angeführten Referenzsysteme und deren Funktionsfähigkeit ist hinsichtlich der Frage, ob der Betrieb eines offenen Kreditkartensystems ohne MIF möglich ist, Indizwirkung beizumessen. Der erfolgreiche Betrieb der Referenzsysteme legt prima facie nahe, dass ein Transfer von Einnahmen aus dem Acquiring-Geschäft in den Issuing-Bereich für den Betrieb eines offenen Systems nicht erforderlich ist.

1630 Vgl. KOM, Entscheidung v. 19.12.2007 in den Sachen COMP/34.579 – MasterCard, COMP/36.518 – EuroCommerce u. COMP/38.580 – Commercial Cards, Rn. 617.

1631 Vgl. KOM, Entscheidung v. 19.12.2007 in den Sachen COMP/34.579 – MasterCard, COMP/36.518 – EuroCommerce u. COMP/38.580 – Commercial Cards, Rn. 617.

1632 Vgl. KOM, Entscheidung v. 19.12.2007 in den Sachen COMP/34.579 – MasterCard, COMP/36.518 – EuroCommerce u. COMP/38.580 – Commercial Cards, Rn. 616.

1633 Ähnlich KOM, Entscheidung v. 19.12.2007 in den Sachen COMP/34.579 – MasterCard, COMP/36.518 – EuroCommerce u. COMP/38.580 – Commercial Cards, Rn. 619.

1634 Vgl. KOM, Entscheidung v. 19.12.2007 in den Sachen COMP/34.579 – MasterCard, COMP/36.518 – EuroCommerce u. COMP/38.580 – Commercial Cards, Rn. 552 u. Rn. 648; EuG, Entscheidung v. 24.05.2012, Rs. T-111/08 – MasterCard, Rn. 74 ff.; KOM, Entscheidung v. 24.07.2002, COMP/29.373 – Visa International II – Multilateral Interchange Fee, ABl. EG v. 22.11.2002, L 318/17, S. 27, Rn. 60. Von einer fehlenden Notwendigkeit in diesem Sinne ging auch *Visa* aus, vgl. KOM, Entscheidung v. 24.07.2002, COMP/29.373 – Visa International II – Multilateral Interchange Fee, ABl. EG v. 22.11.2002, L 318/17, S. 29, Rn. 74.

2. Kein Erfordernis einer MIF aufgrund der HACR

Ferner erfordert auch nicht die Existenz der HACR, dass ein offenes Kreditkartensystem mit einer MIF betrieben wird. Es ist bereits nicht davon auszugehen, dass die Issuer – wie teils postuliert wird – ohne eine MIF frei wären, einseitig ein (Interbanken-)Entgelt festzulegen und von den Acquirern zu fordern.

3. Das Todesspiralenargument

Das Todesspiralenargument vermag nicht zu überzeugen. Eine MIF ist nicht etwa deswegen für den Betrieb eines offenen Kreditkartensystems notwendig, weil das System ohne MIF eine „Negativspirale“ in Gang gesetzt werden würde, die zum Niedergang des Systems führen würde. Im Falle einer Reduzierung oder einer Abschaffung der multilateralen Interbankenentgelte würden Issuer aus der Emissionstätigkeit weiterhin hinreichenden Einnahmen erzielen, die Nachfrage im Emissionsbereich würde nicht auf ein unzureichendes Niveau absinken und es ist auch nicht davon auszugehen, dass die Issuer das System ohne eine MIF verlassen würden.

4. (Tatsächliche) Möglichkeit einer isolierten Aufhebung der MIF-Bestimmungen

Eine isolierte Abschaffung der MIF ist im Übrigen auch in tatsächlicher Hinsicht möglich. Insbesondere bedarf es insofern keiner Anpassung weiterer Systemregelungen.

Untertitel 4. Spürbarkeit der Wettbewerbsbeschränkung

Die Beschränkung des Wettbewerbs müsste spürbar sein.[1635] Im Wege des ungeschriebenen Tatbestandsmerkmals der „Spürbarkeit“ findet eine Erheblichkeitsschwelle Einzug in den Tatbestand des Art. 101 Abs. 1 AEUV.[1636]

1635 EuGH, Urteil v. 30.06.1966, Rs. C-56/65 – LTM/MBU, Slg. 1966, 282, 303 f.; EuGH, Urteil v. 09.07.1969, Rs. C-5/69 – Völk, Slg. 1969, 295, 302, Rn. 7; EuGH, Urteil v. 25.11.1971, Rs. C-22/71 – Béguelin, Slg. 1971, 949, 960, Rn. 16/18; EuGH U. v. 10.07.1980, Rs. C-30/78 – Destillers, Slg. 1980, 2229, 2265, Rn. 28; EuGH, Urteil v. 28.05.1998, Rs. C-7/95 P – John Deere, Slg. 1998, I-3138, I-3160, Rn. 77; EuGH, Urteil v. 21.01.1999, Rs. C-215/96 und C-216/96 – Bagnasco, Slg. 1999, I-161, I-175, Rn. 34; EuGH, Urteil v. 23.11.2006, Rs. C-238/05 – Asnef-Equifax, Slg. 2006, I-11145, I-11160, Rn. 50; EuGH, Urteil v. 13.12.2012, Rs. C-226/111 – Expedia, Rn. 16 f., online abrufbar unter: http://curia.europa.eu/ juris/document/document.jsf?text=&docid=131804&pageIndex=0&doclang=de&mode=lst&dir=&occ=first&part=1&cid=37378.

1636 EuGH, Urteil v. 09.07.1969, Rs.C-5/69 – Völk, Slg. 1969, 295, 302, Rn. 7; EuGH, Urteil v. 28.05.1998, Rs. C-7/95 P – John Deere, Slg. 1998, I-3138, I-3160, Rn. 77; 21.01.1999, Rs. C-215/96 und C-216/96 – Bagnasco, Slg. 1999, I-161, I-175, Rn. 34; EuGH, Urteil v. EuGH, Urteil v. 23.11.2006, Rs. C-238/05 –

Insofern „ist auf den Wettbewerb abzustellen, wie er ohne die streitige Vereinbarung bestehen würde".[1637] In diesem Kontext sind der Inhalt wie auch das Ziel der Vereinbarung, die Natur der betroffenen Waren und Dienstleistungen, der rechtliche und wirtschaftliche Zusammenhang wie auch die Struktur und die tatsächlichen Wettbewerbsbedingungen des betroffenen Marktes zu berücksichtigen.[1638]

Gemäß der Negativdefinition der (im Jahre 2014 überarbeiteten) de minimis-Bekanntmachung ist bei Vereinbarungen zwischen Wettbewerbern, deren gemeinsamer Marktanteil 10 % nicht übersteigt und bei Vereinbarungen zwischen Nichtwettbewerbern, deren Marktanteil 15 % nicht übersteigt, keine spürbare Wettbewerbsbeschränkung gegeben.[1639]

Sowohl hinsichtlich der intraregionalen MIF, der interregionalen MIF als auch der inländischen MIF ist von einer Spürbarkeit der Wettbewerbsbeschränkung auszugehen – ohne dass es insofern einer näheren Unterscheidung zwischen den einzelnen Arten der MIF bedarf.

Für das Vorliegen der Spürbarkeit spricht zunächst der hohe Marktanteil der Akteure der offenen Systeme. Die Schwellenwerte der de minimis-Bekanntmachung werden deutlich überschritten. In der EU liegen die Marktanteile von Visa und MasterCard jeweils bei etwa 45 %. Ähnliche Marktanteilswerte werden sowohl in den einzelnen Mitgliedstaaten erreicht; selbst in Bezug auf die interregionalen Interbankenentgelte sind diese Marktanteilsschwellen überschritten. Insofern ergeben sich keine Unterschiede zwischen MIF, die auf Inlandstransaktionen und auf grenzüberschreitende Transaktionen Anwendung finden.

Des Weiteren sind die wirtschaftlichen Auswirkungen der multilateralen Interbankenentgelte beträchtlich. Die angeführten Untersuchungen belegen, dass es sich bei den MIF nicht um ein derart geringes Preiselement handelt, welches – mit Blick auf die ungeschriebene Voraussetzung der Spürbarkeit – von zu vernachlässigender Bedeutung wäre. Die MIF stellen keinen verhältnismäßig geringen, sondern vielmehr einen äußerst beträchtlichen Anteil der Händlergebühr dar; gleichsam

---

Asnef-Equifax, Slg. 2006, I-11145, I-11160, Rn. 50; EuGH, Urteil v. 13.12.2012, Rs.C-226/111 – Expedia, Rn. 16 f., online abrufbar unter: http://curia.europa.eu/juris/document/document.jsf?text=&docid=131804&pageIndex =0&doclang=de&mode=lst&dir=&occ=first&part=1&cid=37378

1637 Siehe EuGH, Urteil v. 30.06.1966, Rs. C-56/65 – LTM/MBU, Slg. 1966, 282, 304; vgl. auch EuGH, Urteil v. 25.11.1971, Rs.C-22/71 – Béguelin, Slg. 1971, 949, 960, Rn. 16/18; EuGH, Urteil v. 28.05.1998, Rs. C-7/95 P – John Deere, Slg. 1998, I-3138, I-3160, Rn. 76.

1638 Vgl. EuGH, Urteil v. 13.12.2012, Rs. C-226/111 – Expedia, Rn. 21.

1639 Vgl. KOM, Bekanntmachung über Vereinbarungen von geringer Bedeutung, die den Wettbewerb gemäß Artikel 101 Absatz 1 AEUV nicht spürbar beschränken (de minimis), ABl. EU v. 30.08.2014, C 291/1, S. 2, Rn. 8.

bilden die MIF einen bedeutsamen Bestandteil der Ertragsstruktur der Issuer.[1640] Zeitweise betrug der Anteil der MIF bis zu 80 % des Disagios und beeinflusste in diesem Maße die Höhe der MSC.[1641] Selbst nach der Absenkung der MIF infolge der Regulierungsmaßnahmen der Kommission gilt es insofern zu berücksichtigen, dass die Ausgestaltung als Fallback Fee dazu führt, dass die Standard-MIF für die Mehrzahl der Kreditkarten-Transaktionen innerhalb des Kartensystems von Visa einerseits und von MasterCard andererseits gilt. Auch ein geringer Prozentsatz bedingt aufgrund der Ausgestaltung der MIF als Fallback Fee wie auch des – in Anbetracht der beträchtlichen Anzahl an Kreditkartentransaktionen zu verzeichnenden – Summierungseffektes in gesamtwirtschaftlicher Hinsicht beträchtliche Auswirkungen.

Nach dem Sinn und Zweck des ungeschriebenen Tatbestandsmerkmals der Spürbarkeit der Wettbewerbsbeschränkung sollen lediglich solche Fälle nicht dem Kartellverbot unterfallen, die in Ermangelung fehlender Schutzwürdigkeit als Bagatellfälle zu klassifizieren sind.[1642] Ein solcher Bagatellfall ist vorliegend allerdings gerade nicht gegeben: Die MIF statuieren ein künstliches Mindestniveau hinsichtlich des seitens der Vertragsunternehmen zu entrichtenden Disagios. Der Qualität der Wettbewerbsbeschränkung nach handelt es sich insofern um eine Kernbeschränkung in Form einer Preisabsprache, die – jedenfalls soweit es den Acquiring-Bereich betrifft – als bezweckte Wettbewerbsbeschränkung zu klassifizieren ist.[1643]

Untertitel 5. Zwischenstaatlichkeitsklausel

Die Verhaltensabstimmung muss gemäß Art. 101 Abs. 1 AEUV geeignet sein, den Handel zwischen den Mitgliedstaaten zu beeinträchtigen (sog. Zwischenstaatlichkeitsklausel).[1644] Dies ist der Fall, wenn sich anhand objektiver rechtlicher oder

---

1640 Vgl. KOM, Entscheidung v. 24.07.2002, COMP/29.373 – Visa International II – Multilateral Interchange Fee, ABl. EG v. 22.11.2002, L 318/17, S. 29, Rn. 71; WEKO, Verfügung v. 05.12.2005, RPW 2006/1, 65, S. 83, Rn. 142 und S. 85, Rn. 154.

1641 Vgl. dazu KOM, Entscheidung v. 24.07.2002, COMP/29.373 – Visa International II – Multilateral Interchange Fee, ABl. EG v. 22.11.2002, L 318/17, S. 28, Rn. 68; vgl. ferner WEKO, Verfügung v. 05.12.2005, RPW 2006/1, 65, S. 83, Rn. 142. Nach Angabe des VEZ lag der Anteil bei 80 %, vgl. WEKO, Verfügung v. 05.12.2005, RPW 2006/1, 65, S. 76 a.E. f., Rn. 77.

1642 Vgl. auch KOM, Bekanntmachung über Vereinbarungen von geringer Bedeutung, die den Wettbewerb gemäß Artikel 101 Absatz 1 AEUV nicht spürbar beschränken (de minimis), ABl. EU v. 30.08.2014, C 291/1, S. 3, Rn. 13; vgl. hierzu ferner *Hübener*, Vertikale Mindestpreisbindungen, 2016, S. 198 ff.

1643 Vgl. oben unter Abschnitt 1, Titel 3, Untertitel 2, Kapitel 1, Unterkapitel 2.

1644 Vgl. KOM, Leitlinien über den Begriff der Beeinträchtigung des zwischenstaatlichen Handels, ABl. EU v. 27.04.2004, C 101/81, S. 83, Rn. 19 ff.; vgl. auch KOM, Leitlinien zur Anwendung von Artikel 101 Absatz 3 AEUV, ABl. EU v. 27.04.2004, C 101/97,

tatsächlicher Umstände mit hinreichender Wahrscheinlichkeit voraussehen lässt, dass die Absprache den Wirtschaftsverkehr zwischen den Mitgliedstaaten unmittelbar oder mittelbar, tatsächlich oder potentiell beeinträchtigen kann.[1645] Sowohl wettbewerbsschädigende als auch wettbewerbsfördernde Auswirkungen können eine Beeinträchtigung des zwischenstaatlichen Handels i. S. d. Art. 101 Abs. 1 AEUV darstellen;[1646] das Tatbestandsmerkmal dient der Abgrenzung zwischen EU-Kartellrecht und nationalem Kartellrecht.[1647]

Es bietet sich insofern an, zwischen intraregionalen, interregionalen und inländischen MIF zu differenzieren:

Kapitel 1. Die intraregionalen MIF

Bei den intraregionalen Fees handelt es sich um multilaterale Interbankenentgelte, die auf grenzüberschreitende Transaktionen innerhalb Europas Anwendung finden. Sie gelten für den gesamten EWR. In Anbetracht ihres jährlichen Umfangs sind diese Interbankenentgelte geeignet, Auswirkungen auf den Handel zwischen Mitgliedstaaten zu haben.[1648]

S. 100, Rn. 24; vgl. auch *Grave/Nyberg*, in: Loewenheim/Meessen/Riesenkampff, 3. Aufl., 2016, Art. 101 AEUV, Rn. 324 ff.

1645 Vgl. EuGH, Urteil v. 30.06.1966, Rs. C-56/65 – Société Technique Minière, Slg. 1966, 337; EuGH, Urteil v. 11.12.1980, Rs. C-31/80 – L'Oréal, Slg. 1980, 3775, 3791, Rn. 18; EuGH, Urteil v. 14.07.1981, Rs. C-172/80 – Züchner, Slg. 1981, 2021, 2032, Rn. 18; EuGH, Urteil v. 14.12.1983, Rs. C-319/82 – Société de vente de ciments, Slg. 1983, 4173; EuGH, Urteil v. 11.07.1985, Rs. C-42/84 – Remia, Slg. 1985, 2545, 2572, Rn. 22; EuGH, Urteil v. 10.12.1985, Rs. C-240/82, C-241/82, C-242/82, C-261/82, C-262/82, C-268/82 u. C-269/82 – Stichting Sigarettenindustrie, Slg. 1985, 3831, 3873 f., Rn. 48; EuGH, Urteil v. 21.01.1999, Rs. C-215/96 u. C-216/96 – Bagnasco, Slg. 1999, I-135, I-178, Rn. 47; EuG, Urteil v. 15.03.2000, Rs. T-25/95, T-26/95, T-30/95 bis T-39/95, T-42/95 bis T-48/95, T-50/95 bis T-65/95, T-68/95 bis T-71/95, T-87/95, T-88/95, T-103/95 u. T-104/95 – Cimenteries CBR, Slg. 2000, II-491, II-1387, Rn. 3930; EuG, Urteil v. 06.07.2000, Rs. T-62/98 – Volkswagen, Slg. 2000, II-2707, II-2783, Rn. 179; KOM, Leitlinien über den Begriff der Beeinträchtigung des zwischenstaatlichen Handels, ABl. EU v. 27.04.2004, C 101/81, S. 83, Rn. 23; KOM, Leitlinien zur Anwendung von Artikel 101 Absatz 3 AEUV, ABl. EU v. 27.04.2004, C 101/97, S. 100, Rn. 24; *Grave/Nyberg*, in: Loewenheim/Meessen/Riesenkampff, 3. Aufl., 2016, Art. 101 AEUV, Rn. 326.

1646 Vgl. KOM, Leitlinien über den Begriff der Beeinträchtigung des zwischenstaatlichen Handels, ABl. EU v. 27.04.2004, C 101/81, S. 84, Rn. 34.

1647 Vgl. hierzu auch *Grave/Nyberg*, in: Loewenheim/Meessen/Riesenkampff, 3. Aufl., 2016, Art. 101 AEUV, Rn. 328.

1648 Vgl. auch KOM, Entscheidung v. 24.07.2002, COMP/29.373 – Visa International II – Multilateral Interchange Fee, ABl. EG v. 22.11.2002, L 318/17, S. 29, Rn. 72; vgl. ferner EuGH, Urteil v. 14.07.1981, Rs. C-172/80 – Züchner, Slg. 1981, 2021, 2032, Rn. 18.

Kapitel 2. Die interregionalen MIF

Die Höhe der interregionalen MIF beeinflusst die Höhe der Entgelte, die den Händlern für die Annahme von außerhalb Europas ausgegebenen Karten in Rechnung gestellt werden. Der Höhe nach belaufen sich diese Entgelte jährlich auf mehrere Hundert Millionen Euro.[1649] In Anbetracht dessen ist auch diese MIF-Art geeignet, Auswirkungen auf den Handel zwischen den Mitgliedstaaten zu haben.[1650]

Kapitel 3. Die inländischen MIF

Die inländischen MIF gelten bei Inlandstransaktionen. Dies mag prima facie zwar nahelegen, dass diese MIF nicht geeignet sind, den Wirtschaftsverkehr zwischen den Mitgliedstaaten zu beeinträchtigen.

Indes greift eine solche isolierte Betrachtung zu kurz: Zwischenstaatlichkeit kann insbesondere auch dann vorliegen, sofern die beteiligten Unternehmen in dem gleichen Mitgliedstaat ansässig sind[1651] und sich auf mehrere Mitgliedsaaten auswirken.[1652] Wie obige Ausführungen belegen, sind die DMIF in das Geflecht der unterschiedlichen MIF-Arten eingebunden. In Anbetracht des existenten Hierachiegefüges vermögen auch die DMIF im Zusammenspiel mit jenen MIF-Arten, die im Falle grenzüberschreitender Transaktionen zur Anwendung gelangen, Auswirkungen zu entfalten, die über rein innerstaatliche Belange hinausgehen. Die Festlegung eines Niveaus der DMIF, das von der Höhe der intraregionalen und/oder interregionalen MIF abweicht, stellt insbesondere eine Möglichkeit dar, grenzüberschreitende Tätigkeiten im Acquiring- wie auch im Issuing-Bereich zu unterbinden bzw. zu reduzieren.[1653] Auf diesem Wege ist es möglich, die Erbringung grenzüberschreitender Zahlungsdienstleistungen zu beeinträchtigen. Ferner beeinflusst die Höhe der DMIF im gegenseitigen Wechselspiel mit den intraregionalen und interregionalen MIF-Sätzen die Höhe der letztgenannten MIF-Arten. Die DMIF wirken sich mithin auf mehrere Mitgliedstaaten aus. Eine Eignung der inländischen MIF zur Beeinträchtigung des Handels zwischen den Mitgliedstaaten ist mithin gegeben.[1654]

1649 Vgl. hierzu auch KOM, Pressemitteilung v. 26.07.2015, IP/15/5323, abrufbar unter: http://europa.eu/rapid/press-release_IP-15-5323_de.htm.

1650 Vgl. KOM, Pressemitteilung v. 26.07.2015, IP/15/5323, abrufbar unter: http://europa.eu/rapid/press-release_IP-15-5323_de.htm.

1651 Vgl. *Grave/Nyberg*, in: Loewenheim/Meessen/Riesenkampff, 3. Aufl., 2016, Art. 101 AEUV, Rn. 328.

1652 Vgl. KOM, Leitlinien über den Begriff der Beeinträchtigung des zwischenstaatlichen Handels, ABl. EU v. 27.04.2004, C 101/81, S. 88, Rn. 61.

1653 Vgl. hierzu auch oben unter Abschnitt 2, Titel 3, Untertitel 2, Kapitel 1 und Kapitel 2.

1654 Vgl. auch *Freigang/Grün*, Interbankenentgelte im Kreditkartengeschäft, WM 2005, 681, 684 f.

Kapitel 4. Zwischenergebnis

Die Verhaltensabstimmung hinsichtlich der MIF ist gemäß Art. 101 Abs. 1 AEUV geeignet, den Handel zwischen den Mitgliedstaaten zu beeinträchtigen (sog. Zwischenstaatlichkeitsklausel). Dies gilt sowohl hinsichtlich der intraregionalen, der interregionalen als auch der inländischen MIF.

Untertitel 6. Ergebnis zu Art. 101 Abs. 1 AEUV

Die MIF erfüllen die Tatbestandsvoraussetzungen des Art. 101 Abs. 1 AEUV. Die MIF basieren auf einer Verhaltensabstimmung in Form von Beschlüssen, die den Handel zwischen Mitgliedstaaten zu beeinträchtigen geeignet sind und eine spürbar Beschränkung des Binnenmarkts jedenfalls bewirken und – soweit es den Acquiring-Bereich betrifft – auch bezwecken.

I. Vorliegen einer Verhaltensabstimmung

Die (intraregionalen, interregionalen und inländischen) MIF innerhalb der Systeme von Visa wie auch von MasterCard werden im Wege von Verhaltensabstimmungen im Sinne des Kartellverbotstatbestandes festgelegt.

1. Die Festlegung der *intra*regionalen MIF erfolgt in beiden Systemen durch den Beschluss einer Unternehmensvereinigung im Sinne des Art. 101 Abs. 1 AEUV.
   a) Die Festlegung der intraregionalen multilateralen Interbankenentgelte des MasterCard-Systems basiert (auch nach dem Börsengang) auf einem Beschluss einer Unternehmensvereinigung. Entgegen der Auffassung von MasterCard steht der Börsengang von MasterCard Incorporated einer Anwendbarkeit des Kartellverbotstatbestandes nicht entgegen. Art. 101 Abs. 1 AEUV erfasst sämtliche Arten der Zusammenarbeit zwischen Unternehmen; die formale Ausgestaltung der Kooperation ist unerheblich. Insbesondere werden auch institutionalisierte Formen der Zusammenarbeit erfasst, wie beispielsweise eine Kooperation unter Zuhilfenahme einer (ausgelagerten) Institution, einer gemeinsamen Struktur bzw. eines kollektiven Organs.
   Eine hinreichend „institutionalisierte Form der Verhaltensabstimmung" zwischen den Mitgliedern ist gegeben. Seit dem Börsengang obliegt die Festsetzung der intraregionalen Interbankenentgelte MasterCard Incorporated; die Festlegung der intraregionalen MIF erfolgt seither durch das Global Board. Die Beschlüsse des Global Boards sind für die Mitglieder verbindlich. Die Interessen der Kartenorganisationen, die Interessen von deren Anteilseignern, die Interessen der systemzugehörigen Emittenten und Acquirer sind – soweit es die Festlegung der MIF anbelangt – gleichgerichtet. Die Änderung der Unternehmensstruktur erfolgte mit dem Einverständnis der Mitglieder. Den Banken war hierbei bewusst, dass eine Festlegung der MIF weiterhin in Einklang mit ihren Interessen erfolgen würde.

b) Die intraregionalen MIF bei Visa werden seitens des Verwaltungsrats von Visa Europe festgelegt. Die Satzungen und Betriebsregeln des Visa-Zahlungskartensystems stellen Beschlüsse einer Unternehmensvereinigung dar. Visa und deren Mitgliedern sind Unternehmen im Sinne des Art. 101 Abs. 1 AEUV. Die Systemmitglieder von Visa Europe haben Mitspracherechte bei der Besetzung des entscheidungsbefugten Gremiums und nehmen – zumindest mittelbar – Einfluss auf die Festsetzung der MIF. Die multilaterale Festlegung der intraregionalen MIF durch Visa Europe ist für die Systemmitglieder verbindlich. Die entsprechenden Beschlüsse dienen der Koordinierung des Verhaltens der Mitglieder, wobei auch hier eine Interessengleichrichtung zwischen den Systemmitgliedern und der Kreditkartenorganisation besteht.

2. Bezüglich der interregionalen MIF ist ebenfalls eine Verhaltensabstimmung im Sinne des Art. 101 Abs. 1 AEUV gegeben. Es ergeben sich – im Vergleich zur Festlegung der intraregionalen MIF – keine nennenswerten Unterschiede, die eine andere Einstufung rechtfertigen würden.
3. Die Festlegung der inländischen MIF erfüllt ebenfalls die Tatbestandsmerkmale einer Absprache im Sinne des Kartellverbotstatbestandes. Dies gilt sowohl in Bezug auf die inländischen MIF des Visa- als auch des MasterCard-Kreditkartensystems. Die Festsetzung der Höhe der nationalen MIF erfolgt in der Regel durch die nationalen System-Gremien. Vielfach sind die Mitgliedsbanken in diesen Gremien vertreten oder entsenden Vertreter in die Gremien. Ob die Systemmitglieder unmittelbar miteinander in Kontakt treten oder die Willensübereinstimmung durch einen Beschluss des Gremiums der Kreditkartenorganisation erzielt wird, ist letztlich – mit Blick auf den Sinn und Zweck des Art. 101 Abs. 1 AEUV – ohne Belang. Das Kartellverbot gilt ohnehin sowohl für Vereinbarungen zwischen Unternehmen als auch für Beschlüsse einer Unternehmensvereinigung.
4. Von einer wie auch immer gearteten systemübergreifenden Verhaltensabstimmung von Visa und MasterCard kann in Ermangelung entsprechender Nachweise nicht ausgegangen werden.

II. Vorliegen einer Wettbewerbsbeschränkung

Die MIF bewirken und bezwecken Beschränkungen des Wettbewerbs im Acquiring-Bereich und bewirken Wettbewerbsbeschränkungen im Issuing-Bereich.

Bei Kreditkartensystemen muss zwischen unterschiedlichen Wettbewerbsebenen differenziert werden. Innerhalb von Vier-Parteien-Systemen ist zwischen einem vorgelagerten und einem nachgelagerten Bereich zu differenzieren. Zum einen sind die Wettbewerbseinflüsse zwischen den verschiedenen Kreditkartensystemen einzubeziehen (vorgelagerter Bereich). Zum anderen stehen die Issuer bzw. Acquirer untereinander in einem Wettbewerb (nachgelagerter Bereich).

1. Der Acquiring-Bereich

Interbankenentgelte stellen in Anbetracht ihres Anteils am Disagio einen bedeutsamen Kostenbestandteil der akquirierenden Unternehmen dar. Das Niveau der MIF entfaltet unmittelbare Auswirkungen auf die Freiheiten der Acquirer bei der Festlegung der MSC. Sie statuieren ein künstliches Mindestniveau hinsichtlich der MSC. Nach Art. 101 Abs. 1 lit. a AEUV unterfällt auch eine solche mittelbare Mindestfestsetzung der Preise dem Tatbestandsmerkmal der Wettbewerbsbeschränkung. Selbst ein Acquirer, der keinerlei Gewinne erzielen wollte, müsste die Händlergebühren zumindest der Höhe nach auf dem Niveau der jeweiligen MIF ansiedeln, um auf Dauer „überlebensfähig" zu bleiben.

a) Diverse Untersuchungen und Studien belegen einen unmittelbaren Zusammenhang zwischen MSC und MIF. Die, den Acquirern durch das MIF entstehenden Kosten können sie nicht auf anderem Wege als durch Überwälzung auf ihre Marktgegenseite kompensieren. Die MIF wird zu einem Bestandteil der den Vertragsunternehmen in Rechnung gestellten MSC. Unter Zugrundelegung des gewichteten Durchschnitts sämtlicher intraregionaler multilateraler Interbankenentgelte für Transaktionen mittels MasterCard-Kreditkarten ergab eine Untersuchung der Kommission, dass das MIF im Jahre 2002 bei etwa 73 % der durchschnittlichen MSC lag, die bei Transaktionen mittels MasterCard-Kreditkarten in Rechnung gestellt wurden. Eine weitere Studie offenbarte, dass beinahe sämtliche der betrachteten Acquirer den Händlern des untersten Dezils höhere Händlergebühren als den großen Händlern in Rechnung stellten. Die Interbankenentgelte betrugen im Jahre 2002 durchschnittlich 84,27 % der seitens der großen Händler entrichteten MSC, hingegen „lediglich" 45,97 % der von den kleineren Händlern gezahlten MSC.
b) Zugleich wirkt es sich aus, dass die multilateralen Interbankenentgelte als – standardmäßig zur Anwendung gelangende – Fallback Fee konzipiert sind. Jedes der akquirierenden Unternehmen sieht sich einer Kostenbelastung durch die MIF ausgesetzt. Sämtliche Acquirer leiten daher die MIF als Bestandteil der Händlergebühren an die Vertragsunternehmen weiter; insofern entsteht ein Kumulationseffekt. Die multilaterale Festlegung der MIF schafft eine künstliche Basis der Kosten sämtlicher Acquirer.
c) Die Ausgestaltung der MIF als Fallback Fee steht zudem vielmals der Vereinbarung abweichender bilateraler Interbankenentgelte entgegen. Den Issuern und Acquirern wird die „Notwendigkeit" genommen, abweichende Gebühren zu vereinbaren respektive sich überhaupt um eine Verhandlung abweichender multilateraler und auf Inlandstransaktionen anwendbarer Interbankenentgelte zu bemühen.
d) Das intraregionale multilaterale Interbankenentgelt findet im Regelfall ebenfalls auf Inlandstransaktionen mit Kreditkarten Anwendung, sofern keine vorrangigen inländischen MIF existieren oder sonstige speziellere Entgeltsätze eingreifen.

e) Üblicherweise orientieren sich überdies die inländischen Interbankenentgelte an der Höhe der intraregionalen Standard-Interbankenentgelte, sofern nicht bereits die intraregionale MIF zur Anwendung gelangt. Zumeist wird die Höhe der intraregionalen Entgelte als Referenzwert sowohl für die Festlegung inländischer MIF als auch im Rahmen der Verhandlung bilateraler Interbankenentgelte zu Grunde gelegt werden. Im Hinblick auf die Verhandlungen inländischer Interchange Fee-Sätze stellen die EWR-Standard-Interbankenentgelte einen Richtwert dar, an welchem sich die „Verhandlungspartner" orientieren.
f) Den grenzüberschreitenden Acquirern entsteht oftmals im Zielland ein künstlich verursachter Kostennachteil gegenüber den inländisch ortsansässigen Acquirern. Die künstliche Kostensteigerung hat zur Folge, dass Newcomer vom Markteintritt in den Acquiring-Bereich abgehalten werden, da sie die wegen der MIF zu erwartenden höheren Kosten scheuen. Grenzüberschreitende Acquirer sind sowohl im MasterCard- als auch im Visa-System verpflichtet, im Falle einer grenzüberschreitenden Transaktion das standardmäßig im Zielland anwendbare MIF zu entrichten. Im Falle des Fehlens sowohl bilateraler Vereinbarung als auch inländischer multilateraler Entgelte finden die EWR-Standard-Interbankenentgelte „automatisch" auf das grenzüberschreitende Acquiring Anwendung. Dies führt letztlich dazu, dass zentrale Acquirer mit den im Zielland ansässigen Händlern nur solche MSC-Raten vereinbaren, die zumindest der Höhe des jeweils geltenden multilateralen Interbankenentgeltes entsprechen. Die im Zielland bereits ansässigen Acquirer haben hingegen oftmals bilaterale Entgelte mit den national ansässigen Emissionsbanken vereinbaren können. Diese bilateral ausgehandelten Entgelte liegen der Höhe nach oftmals unter dem Niveau der standardmäßig anwendbaren MIF. Die DMIF liegt zudem in der Regel über den intraregionalen MIF-Sätzen. Die Existenz niedrigerer bilateraler Entgelte in Kombination mit einer höheren DMIF verstärkt insofern die auf Seiten der zentralen Acquirer entstehenden Nachteile.
g) Zwischen den Acquirern und den Issuern innerhalb eines Staates bestehen strukturelle Verflechtungen. Dies ermöglicht sog. „on-us"-Transaktionen (im weiteren Sinne). Von einem „on us"-Zahlungsvorgang (im engeren Sinne), welcher teils auch als interne Transaktion bezeichnet wird, spricht man, sofern zwischen emittierendem und akquirierendem Unternehmen Personenidentität besteht. In einem weiteren Sinne wird der Begriff der „on us"-Transaktion auch gebraucht, sofern zwar keine Personenidentität zwischen Emittent und Acquirer gegeben ist, es sich indes bei einem der beiden Unternehmen um eine Tochtergesellschaft des anderen Unternehmens handelt oder ein Unternehmen über Beteiligungen an dem anderen Unternehmen verfügt.
h) Die Existenz einer MIF, die diversen unterschiedlichen MIF-Arten (intraregionale und inländische MIF), die Möglichkeit der bilateralen Verhandlung der IC Fee, die strukturellen Verflechtungen zwischen Issuern und Acquirer, aber auch die Festlegung standardmäßig anwendbarer Interbankenentgelte, bewirken gerade aufgrund ihrer wechselseitigen Auswirkungen nicht bloß Wettbewerbsbeschränkungen im Acquiring-Bereich; sie verstärken auch diese

beschränkenden Wirkungen. Dies resultiert in einer Situation, die dadurch gekennzeichnet ist, dass die Wettbewerbskräfte und die Wettbewerbsverhältnisse derart geschwächt werden, dass eine „Selbstregulation" des Acquiringmarktes durch freies Wirken der Wettbewerbskräfte nahezu ausgeschlossen erscheint.

i) Eine MIF bewirkt nicht bloß eine Wettbewerbsbeschränkung, sondern bezweckt auch eine solche. Die im Wege der MIF realisierte (Mindest-)Preisvereinbarung stellt eine Kernbeschränkung dar. Bei der MIF handelt es sich um ein Instrument, welches dem Zweck dient, die seitens der Acquirer in Rechnung gestellten Entgelte dem Wettbewerb zu entziehen.

2. Der Issuing-Bereich

Die MIF beschränkt auch den Preiswettbewerb zwischen den Kreditkarten-Emittenten. Die MIF wird seitens der Issuer zur Erzielung zusätzlicher Gewinne genutzt. Für die Issuer handelt es sich bei den MIF um zusätzliche Einnahmen, die neben den via der Kartengebühren generierten Einnahmen steht. Der Anteil der MIF am Wert der Transaktionen ist beständig. Die MIF gewärtigen damit zugleich eine beträchtliche Fixierung der Höhe der finanziellen Kosten- und Einnahmestrukturen innerhalb des jeweiligen Kreditkartensystems. Diese Struktur der Entgelte garantiert den Emittenten einen bestimmten Anteil der Transaktionsvolumina als Einnahmen.

Im Bereich der Emission entsteht ein künstlicher Einnahmeposten der Issuer. Die MIF beeinflusst die Ertragsstruktur der Issuer, indem sie sich auf das Verhältnis der Einnahmen der Issuer aus den Interbankenentgelten zu den Kartengebühren der Karteninhaber auswirkt. Die Höhe der MIF sowie die Bedeutsamkeit der hieraus fließenden Einnahmen beschränken den Spielraum der Issuer bei der Preisfestsetzung gegenüber den Karteninhabern. Die MIF und dessen Ausgestaltung als Fallback Fee gestattet es den Issuern, die Kartengebühren der Höhe nach auf einem anderen Niveau anzusiedeln, als es ihnen ohne die zusätzlichen Einnahmen aus der MIF möglich wäre. Die MIF unterliegt nicht dem Wettbewerbsdruck der eigenen Marktgegenseite der Issuer. Es erfolgt ein Transfer der Entgelte aus dem Acquiring- in den Issuing-Bereich. Viele Issuer agieren zudem sowohl als Emittenten von MasterCard als auch von Visa. Der Gleichlauf der Preise und Produkteigenschaften ist nicht als das Ergebnis eines intensiven Wettbewerbs anzusehen; vielmehr beruht dies auf einer Abstimmung zwischen den Kreditkarten-Emittenten.

3. Kein hinreichender Wettbewerbsdruck

Die Marktkräfte im Kreditkarten-System sind nicht in der Lage einen Gegendruck auf die MIF auszuüben:

a) Aus Sicht der Issuer besteht grundsätzlich keine Veranlassung, sich für eine niedrige MIF oder deren Abschaffung einzusetzen. Die Erkenntnisse aus der früheren wie auch gegenwärtigen Vorgehensweise der Issuer lassen schlussfolgern, dass die Issuer als wirtschaftlich ausgerichtete Unternehmen eine Gewinnmaximierungsstrategie verfolgen.

Die MIF sind eine Einnahmequelle, die nicht in Abhängigkeit zur jeweiligen Kostenstruktur der Emittenten stehen. Die Ausgestaltung des Funktionsweise der MIF als Fallback Fee führt dazu, dass die Issuer in jedem Falle ein Interbankenentgelt erhalten, sofern eine Kreditkarte am PoS zum Einsatz gelangt. Es handelt sich auch um eine Einnahmeart, die einen besonderen Stellenwert im Gefüge der Einnahmestrukturen der Issuer einnimmt.

Auch wenn die Emittenten in Anbetracht der zweiseitigen Marktstruktur auf die Teilnahme der Vertragsunternehmen am System angewiesen sind und im Falle eines Rückgangs der Anzahl der Vertragsunternehmen gleichsam die Einnahmen aus den Interbankenentgelten rückläufig wären, ist nicht davon auszugehen, dass die Emittenten eine Abschaffung oder Senkung herbeiführen wollten. Die anzutreffende Struktur eines zweiseitigen Marktes würde dies allenfalls erforderlich werden lassen, sobald eine kritische Masse in Bezug auf die Anzahl der für den Betrieb eines Kreditkartensystems erforderlichen Vertragsunternehmen unterschritten würde. Ein derart gravierender Rückgang an Vertragsunternehmen ist derzeit weder zu verzeichnen noch steht ein solcher zu erwarten.

Die Emittenten agieren – obgleich ihrer Systemzugehörigkeit – zuvörderst als eigenständige Unternehmen auf dem Markt; sie rücken ihre eigenen Interessen in den Mittelpunkt ihres Geschäftsgebarens. Von ihrer eigenen Marktgegenseite, den Karteninhabern, haben sie hinsichtlich der Höhe der MIF keinen Druck zu fürchten.

b) Eine MIF stellt für die Acquirer zum einen eine Kostenbelastung dar. Diese gilt es aus Sicht der Acquirer möglichst zu minimieren oder jedenfalls zu kompensieren. Die MIF wird allerdings als Bestandteil der Händlergebühren den Vertragsunternehmen „überbürdet".

Auch ist es den Acquirern möglich, die MIF bei ihrer Marktgegenseite, den Vertragsunternehmen, als fixen Bestandteil ihrer Kosten auszuweisen. Auf diesem Wege wird die Möglichkeit einer Aushandlung einer MSC, die unter dem MIF-Satz liegt, vereitelt und in diesem Umfang die Wechselwirkungen zwischen Angebot und Nachfrage als Teil eines funktionierenden Wettbewerbs ausgeschaltet. Aufgrund der Weiterleitung handelt es sich für den einzelnen Acquirer um einen beinahe „neutralen" Posten. Solange die Höhe der MIF nicht eine derart beträchtliche Dimension erreicht, die eine Weiterleitung an die Vertragsunternehmen schlechthin unmöglich machen würde, werden die Acquirer keinen Druck auf die Höhe dieser Entgelte aufbauen.

Begünstigt wird diese mangelnde Bereitschaft zur Einflussnahme überdies durch den Umstand, dass eine MIF gleichermaßen für sämtliche, am System beteiligten Acquirer gilt. Ein Acquirer wird insofern nicht gegenüber dem anderen benachteiligt oder begünstigt.

Überdies generiert eine MIF – obwohl es sich prima facie um einen Bestandteil der Kosten der Acquirer handelt – zusätzliche Einnahmen der Acquirer.

Das Interesse an der Zahlung möglichst hoher Entgelte seitens der Vertragsunternehmen liegt gleichermaßen im Interesse aller teilnehmenden Banken. Das Interbankenentgelt stellt eine (unmittelbare) „Einnahmequelle" der emittierenden Unternehmen dar, fungiert aber auch als mittelbare „Einnahmequelle" der akquirierenden Unternehmen. Die Emittenten investieren in der Regel zumindest einen Teil der Interbankenentgelteinnahmen in die Verbesserung, Aufrechterhaltung und Weiterentwicklung des Systems. Die Issuer schaffen diverse Incentives (etwa Bonusprogramme), um den Karteninhabern Anreize zu setzen, die Karte möglichst häufig am Point of Sale als Zahlungsmittel einzusetzen. Die Issuer erlassen vielfach denjenigen Karteninhabern, die hohe Umsätze mittels der Kreditkarten generieren, die Kartengebühren. Hohe Transaktionsvolumina führen insofern nicht nur zu höheren Einnahmen der Issuer, sondern ebenfalls der Acquirer. Sowohl das MSC als auch die MIF werden transaktionsbezogen berechnet.

c) Es ist nicht davon auszugehen, dass die Vertragsunternehmen einen nennenswerten Wettbewerbsdruck auf die Höhe der MIF ausüben können.

Den Vertragsunternehmen sind regelmäßig in der Lage, die im Wege der MIF generierten zusätzlichen Kosten an ihre Abnehmer auf den Absatzmärkten durchzureichen. Die durch die MIF bedingten Beschränkungen der Preisfestsetzungsfreiheit der Acquirer wirken sich auf einer ersten Stufe zu Lasten dieser Vertragsunternehmen aus. Aber auch Letztere tragen diesen Kostenbestandteil üblicherweise nicht, jedenfalls nicht in Gänze selbst. Die Beschränkungen des Preiswettbewerbs zwischen den Acquirern gehen nicht nur zu Lasten der Vertragsunternehmen, sondern auf einer zweiten Stufe auch zu Lasten von deren Kunden auf den Absatzmärkten. Die Vertragsunternehmen geben das Disagio im Wege erhöhter Produktpreise auf den Absatzmärkten an ihre dortigen Kunden weiter, sofern ihnen dies aufgrund ihrer Position im Absatzbereich möglich ist. Händler werden eher geneigt sein, die Preise ihrer auf den Absatzmärkten vertriebenen Produkte leicht anzuheben als vollkommen auf die Akzeptanz der Karten des jeweiligen Systems abzusehen.

Die Existenz der MIF bedingt eine (teilweise) Ausschaltung der Möglichkeit von Preisverhandlungen im Acquiring-Bereich. In Anbetracht der Mindestvorgaben durch das MIF verdichten sich die Preisverhandlungen zwischen akquirierenden Unternehmen und Vertragsunternehmen auf den Anteil der MSC, welcher die Höhe der Interbankenentgelte übersteigt. Die MSC stellt die einzige Einnahmequelle der Acquirer dar. Die Verhandlungsmöglichkeiten der Vertragsunternehmen in Bezug auf die Ausgestaltung des Akquisitionsvertrages betreffen aus diesem Grunde nicht den Anteil der MSC, welcher der MIF entspricht.

Aus den Untersuchungen der Kommission ergab sich, dass selbst marktstärkere Vertragsunternehmen nicht in der Lage waren, ein Disagio in einer Höhe auszuhandeln, welches unter der Höhe der Interbankenentgelte lag.

Nach Auffassung der (potentiellen) Vertragsunternehmen wurde die Höhe des MSC, welche durch die MIF ausgefüllt wird, nicht als ein Preisbestandteil erachtet, welcher „verhandelbar" gewesen wäre. Das MIF wird als ein Preisbestandteil

der MSC eingestuft, der a priori nicht den Marktkräften des Wettbewerbs unterliegt.
Die Verhandlungsposition der Vertragsunternehmen ist aufgrund des Aspekts, dass sie die Kartenakzeptanz in erster Linie als Serviceleistung gegenüber ihren Kunden im Absatzbereich ansehen stark eingeschränkt. Eine Umfrage der Kommission ergab, dass die Mehrheit der Vertragsunternehmen nicht etwa Zahlungskarten wegen deren Eigenschaft angenommen hatte. 90 % der befragten Händler gaben an, dass der Hauptgrund für die Kartenakzeptanz der entsprechende Einsatzwunsch ihrer Kunden sei und 67 % verwiesen darauf, dass sie ihr kundenfreundliches Image aufrechterhalten wollten. Ferner verwiesen die Händler darauf, dass ihre Wettbewerber auf dem jeweiligen Absatzmarkt oftmals auch ein derartiges Zahlungsmittel annehmen würden. Insbesondere Unternehmen, die in der Vergangenheit bereits Kreditkarten als Zahlungsmittel akzeptierten können schwerlich wieder davon absehen, ihren Kunden diese Einsatzmöglichkeit zu entziehen, ohne Umsatzeinbußen zu riskieren.
Die (Möglichkeit der) Erhebung von Preisaufschlägen ermöglicht den Vertragsunternehmen nicht die Ausübung eines hinreichenden Gegendrucks. Die Nichterhebung von Preisaufschlägen hat sich in der Praxis als Usus etabliert. Preisaufschläge werden in einigen Branchen zwar durchaus seitens einiger Vertragsunternehmen erhoben. Dass rein tatsächlich allenfalls etwa 10 % der Vertragsunternehmen solche Aufschläge einfordern, vermag keine hinreichend abschreckende Wirkung auszuüben. Die Vertragsunternehmen sind aufgrund der Wettbewerbsverhältnisse regelmäßig geneigt, die Preise auf den Absatzmärkten zu erhöhen, ohne zwischen Kartenzahlern und den Nutzern sonstiger Zahlungsmittel zu differenzieren. Insofern wirken sich auch die abgestuften Subsidiaritätsverhältnisse und die entsprechenden Hierarchieebenen zwischen den verschiedenen Arten von Interbankenentgelten aus. Die intraregionalen, multilateral festgesetzten Standard-Interbankenentgelte finden auf eine Vielzahl grenzüberschreitender wie auch inländischer Transaktionen im gesamten EWR Anwendung. Ein Vertragsunternehmen könnte sich gegen diese MIF allenfalls behaupten bzw. einen Gegendruck von hinreichendem Gewicht aufbauen, sofern die Kreditkartenorganisation eine bestimmte Gegenmaßnahme europaweit zu spüren bekäme. Ein einzelnes Vertragsunternehmen kann jedoch durch die Erhebung von Aufschlägen für Kartenzahlungen allenfalls einen minimalen Einfluss in Bezug auf die Höhe der multilateralen Standard-Interbankenentgelte ausüben.

d) Diverse Gesichtspunkte sprechen dagegen, dass die Karteninhaber einen Gegendruck auf die MIF ausüben (könnten).

Die überwiegende Anzahl der Karteninhaber hat keine Kenntnis von der Existenz dieser Entgelte, geschweige denn von den Wirkungszusammenhängen der (multilateralen) Interbankenentgelte im Gesamtsystem. In erster Linie nehmen die Karteninhaber die Gebühren wahr, die ihnen unmittelbar seitens der Issuer in Rechnung gestellt werden. Dies sind die Kartengebühren, die sie an die

Emittenten entrichten. Die Interbankenentgelte stehen außerhalb des Blickfelds der Karteninhaber.
Diejenigen Kunden, die keine Karte besitzen, jedenfalls aber nicht via Karte zahlen, sind ihrerseits nicht in das Kartensystem eingebunden. Sie verfügen über keine Einflussnahmemöglichkeiten gegenüber den Acquirern und Issuern. Selbst wenn seitens der Kunden der Händler auf den Absatzmärkten ein Gegendruck auf die Vertragsunternehmen ausgeübt werden könnte, zöge dieser keinen Gegendruck bezüglich der Festlegung der MIF nach sich. Den Vertragsunternehmen ist es ihrerseits jedenfalls nicht möglich, einen solchen Druck ihrer Kunden gegenüber den Acquirern geltend zu machen.

e) Betrachtung des vorgelagerten Bereichs
Der Systemwettbewerb entfaltet keinen hinreichenden Druck auf die Kartenorganisationen zur Senkung der Interbankenentgeltsätze.

aa) Der Erfolg des Gesamtsystems ist in beträchtlichem Maße von der Anzahl der Mitgliedsbanken auf der Emissionsseite abhängig. Aus Sicht der jeweiligen Kartenorganisation besteht ein hervorgehobenes Interesse daran, den Emissionsbanken Interchange Fees von einem gewissen „hohen Niveau" zu bieten, um die Anzahl der teilnehmenden Issuer zu maximieren. Die MIF stellt einen Wettbewerbsfaktor im Wettbewerb der Kartenorganisationen um die Gunst der Issuer dar. Hohe Interbankenentgelte lassen den Beitritt zu einer Kartenorganisation für die Issuer rentabel erscheinen. Die Attraktivität, einem Kreditkarten-System beizutreten, steigt für die Issuer umso mehr, je höher das MIF angesetzt wird. Eine Zunahme der Anzahl der beteiligten Issuer bedingt einen Anstieg der seitens der Kreditkartenorganisationen zu erzielenden Einnahmen. Insofern sind die Interessen des Systemeigentümers, damit mittelbar auch der Aktionäre aber auch dem Gesamtsystem sowie die Interessen der emittierenden Banken aus wirtschaftlicher Sicht gleichgerichtet und voneinander abhängig.

bb) Das Argument, wonach ein kartellrechtliches Einschreiten (lediglich) gegen die offenen Systeme als Ungleichbehandlung offener und geschlossener Systeme zu werten sei, vermag nicht zu überzeugen.
Drei- und Vier-Parteien-System sind nicht hinreichend vergleichbar. Die Kreditkartenunternehmen in Drei-Parteien-Systemen agieren zugleich als Issuer und Acquirer; in den offenen Systemen ist die Erfüllung beider Aufgabenbereiche hingegen unterschiedlichen Akteuren bzw. Gruppen von Marktteilnehmern zugewiesen. Offene Systeme weisen sich durch das Vorhandensein eines Intra-System-Wettbewerbs aus. Zumal innerhalb offener Systeme mehrere – miteinander konkurrierende – Akteure tätig werden, ergibt sich in solchen Netzwerken ein Bedürfnis nach der Abstimmung und Koordination interner Abläufe. Allein das Bestehen eines solchen Bedürfnisses für sich allein ist jedoch nicht gleichzusetzen mit einem zwingenden Bedarf hinsichtlich eines MIF.
Zwar ist es zutreffend, dass innerhalb eines Drei-Parteien-Systems von vornherein keinerlei Abstimmung zwischen den auf beiden Seiten des

Marktes agierenden Unternehmen von Nöten ist; in einem Drei-Parteien-System agiert das Kreditkartenunternehmen multifunktional. Sowohl im Emissions- wie auch im Akquisitionsbereich agiert lediglich ein einzelnes Unternehmen. Innerhalb eines Unternehmens können die Gebührenstrukturen des Emissions- und des Acquiring-Bereichs aufeinander abgestimmt werden. Die Kreditkartenunternehmen der Drei-Parteien-Systeme können den Händlern Gebühren in einer Höhe auferlegen, die ihnen letzten Endes die Einnahmen bescheren, die innerhalb eines Vier-Parteien-Systems durch eine MIF generiert werden.

Jenen Erwägungen, mit denen eine Benachteiligung der Vier-Parteien-Systeme gegenüber den Drei-Parteien-Systeme im Falle einer Regulierung angesprochen und kritisiert wird, wohnt indes ein Trugschluss inne. Sofern eine MIF den Wettbewerb nicht beschränkt, besteht – aus kartellrechtlicher Warte heraus besehen – auch kein Erfordernis einzuschreiten.

Der Umstand, dass innerhalb eines Vier-Parteien-Wettbewerbs und aufgrund der Diversifizierung innerhalb des Systems ein Intra-Brand-Wettbewerb existiert, bedeutet nicht, dass sich der Intra-Brand-Wettbewerb innerhalb eines Vier-Parteien-Systems kartellrechtlichen Schutzmechanismen entzieht.

Im Falle eines Drei-Parteien-Systems agiert ein Unternehmen; eine Verhaltensabstimmung zwischen mehreren Unternehmen kommt von vornherein nicht in Betracht. Der interne Transfer von Gebühren innerhalb eines Drei-Parteien-Systems, der unternehmensintern erfolgt, liefert keinen Anknüpfungspunkt für die Anwendung des Art. 101 AEUV. Innerhalb eines Vier-Parteien-Systems agieren hingegen Unternehmen als Emittenten bzw. als Acquirer. Hierdurch wird zugleich die Ausgangslage dafür geschaffen, dass Art. 101 AEUV Anwendung finden kann. Wie bereits dargelegt, ist in Bezug auf das MIF eine Verhaltensabstimmung im Sinne des Art. 101 AEUV gegeben. Demnach ist der Anwendungsbereich des Art. 101 AEUV in Bezug auf das MIF eröffnet. Allein der Aspekt, dass in Drei-Parteien-Systeme eine interne Abstimmung der Entgeltströme existiert, ändert nichts an der kartellrechtlichen Beurteilung einer MIF in einem offenen System.

cc) Die Angebote bzw. die Anwesenheit der Kreditkartenunternehmen der Drei-Parteien-Systeme wirkt sich nicht disziplinierend auf die Festlegung der MIF in den Vier-Parteien-Systemen aus. Es kann kein hinreichender Wettbewerbsdruck konstatiert werden, weil die MSC-Raten der Drei-Parteien-Systeme deutlich über denjenigen der Vier-Parteien-Systeme liegen.

Eine Betrachtung der Emissionszahlen der Drei-Parteien-Kreditkartensysteme legt ebenfalls nahe, dass seitens dieser Systeme kein Wettbewerbsdruck merklichen Ausmaßes auf die Vier-Parteien-System ausgeht. Die Karten der Drei-Parteien-Systeme werden zudem seitens einer geringeren Anzahl an Händlern als bargeldloses Zahlungsmittel akzeptiert. Auch bei Zugrundelegung des Gesamtumsatzes zeigt sich ein deutlich höherer Marktanteil der Vier-Parteien-Systeme.

dd) Aus dem Inter-System-Wettbewerb der Vier-Parteien-Systeme ergibt sich ebenfalls kein Wettbewerbsdruck auf die Interbankenentgelte. Das MIF bildet einen seitens der Systeme geschaffenen künstlichen Wettbewerbsparameter. Eine Zunahme an Systemwettbewerb bringt einen Anstieg der MIF mit sich. Der Wettbewerb zwischen den einzelnen Vier-Parteien-Systemen um die Gunst der Emittenten bedingt einen Aufwärtsdruck.

- Der Aufwärtstrend hinsichtlich der Höhe der MIF wird dadurch geschürt, dass die Mitglieder des MasterCard-Systems in der weit überwiegenden Anzahl der Fälle zugleich Mitglieder des Visa-Systems sind, und umgekehrt. Vielfach begehrt ein Karteninhaber lediglich die Innehabung einer Kreditkarte; in den seltensten Fällen sind die Karteninhaber bestrebt, sowohl eine Kreditkarte von Visa als auch eine solche von MasterCard zu besitzen. Eine Ausgabe von Kreditkarten mehrerer Systeme schürt die Neigung der Issuer, die Karten desjenigen Systems zu emittieren, bei welchem die entsprechenden Sätze höher sind und sich höhere Einnahmen generieren lassen.
- Dies lässt sich anhand empirischer Erkenntnisse belegen. Die Höhe der intraregionalen MIF von MasterCard wurde im Laufe der Jahre oftmals seitens des Europa-Boards von MasterCard erhöht respektive zumindest an die Höhe der Interbankenentgelte von Visa angepasst; es war insoweit ein Trend zu verzeichnen, dass seitens MasterCard die Höhe der Interbankenentgelte an diejenigen Sätze von Visa angeglichen wurde. Ab dem Zeitpunkt der Visa International II-Entscheidung bzw. jedenfalls nach Senkung der Visa Standard-Interbankenentgelte überstieg die Höhe der Gebühren im MasterCard-System diejenigen des größten Konkurrenten Visa. Das Fehlen wirksamen Wettbewerbsdrucks auf die Höhe der MIF von MasterCard durch den bedeutsamen Gegenspieler am Markt zeigte sich insofern auch daran, dass MasterCard – obgleich der Senkung der Visa-Interbankenentgeltsätze nach der Visa International II-Entscheidung – keine Veranlassung sah, ebenfalls die Entgelte zu senken; dies offenbarte, dass es MasterCard – ohne Marktanteilseinbußen oder sonstige Sanktionen hinnehmen zu müssen – möglich war, die seinerzeitigen MIF-Sätze unverändert beizubehalten. Hieraus resultierte vielmehr ein Wettbewerbsvorteil des MasterCard-Systems gegenüber Visa im Hinblick auf die Vergabe von Emissionslizenzen an Mitgliedsbanken, für die ein Beitritt zum MasterCard-System mit höheren Einnahmen gleichbedeutend war.

III. Keine teleologische Reduktion des Tatbestandes

Die MIF stellt keine notwendige Nebenabrede für den Betrieb eines offenen Zahlungskartensystems dar und unterfällt daher dem Anwendungsbereich des

Art. 101 Abs. 1 AEUV. Der Betrieb eines offenen Kreditkartensystems setzt nicht die Existenz von MIF voraus.

Die seitens der Kommission angeführten Referenzsysteme sind nicht mit den Systemen von Visa und MasterCard identisch. Bei sämtlichen aufgeführten Referenzsystemen handelt es sich um nationale Debitkartensysteme. Diese Systeme wurden auch nicht ohne MIF, sondern mit einer MIF von Null betrieben.

Allein anhand der seitens der Kommission angeführten Referenzsysteme kann nicht zwingend auf eine fehlende Notwendigkeit einer MIF für den Betrieb eines offenen Kreditkartensystems geschlossen werden. Der Existenz der Referenzsysteme und deren Betrieb ohne MIF ist hinsichtlich der Frage, ob der Betrieb eines offenen Kreditkartensystems ohne MIF möglich ist, jedoch Indizwirkung beizumessen. Der erfolgreiche Betrieb der Referenzsysteme legt prima facie nahe, dass ein Transfer von Einnahmen aus dem Acquiring-Geschäft in den Issuing-Bereich für den Betrieb eines offenen Systems nicht erforderlich ist.

Ferner erfordert auch nicht die Existenz der HACR, dass ein offenes Kreditkartensystem mit einer MIF betrieben wird. Es ist bereits nicht davon auszugehen, dass die Issuer – wie teils postuliert wird – ohne eine MIF frei wären, einseitig ein (Interbanken-)Entgelt festzulegen und von den Acquirern zu fordern. Es besteht keine Anspruchsgrundlage, die die Issuer zu einer unilateralen Festsetzung und Erhebung solcher Entgelte berechtigen würde. Selbst wenn dies anders wäre, so wären die Kreditkartenorganisationen jedenfalls verpflichtet, eine Netzregel einzuführen, im Wege derer den Issuern eine nachträgliche Preisfestsetzung verboten werden würde (sog. Verbot des „ex post pricings“). Die Nachteile der Acquirer (wie auch der Vertragsunternehmen), die mit einer nachträglichen Preisfestsetzung einhergehen und – nach Aussage der Kreditkartenorganisationen – zu einem Niedergang des Systems führen würden, ließen sich durch die Einführung des Verbots eines „ex post pricings“ vermeiden.

Das Todesspiralenargument vermag nicht zu überzeugen. Eine MIF ist auch nicht etwa deswegen für den Betrieb eines offenen Kreditkartensystems notwendig, weil das System ohne MIF eine „Negativspirale“ in Gang gesetzt werden würde, die zum Niedergang des Systems führen würde. Die Thesen, auf denen dieses Argument beruht, sind nicht zutreffend. Im Falle einer Reduzierung oder einer Abschaffung der multilateralen Interbankenentgelte würden Issuer aus der Emissionstätigkeit weiterhin hinreichenden Einnahmen erzielen, die Nachfrage im Emissionsbereich würde nicht auf ein unzureichendes Niveau absinken und es ist auch nicht davon auszugehen, dass die Issuer das System ohne eine MIF verlassen würden.

Eine isolierte Abschaffung der MIF ist auch in tatsächlicher Hinsicht möglich. Insbesondere bedarf es insofern auch keiner Anpassung weiterer Systemregelungen, zumal die Bestimmungen zu den MIF nicht untrennbar mit anderen Systemregeln verknüpft sind. Auch in Australien waren nach der Regulierung der Interbankenentgelte keine Änderungen sonstiger Regelungen erfolgt.

IV. Spürbarkeit der Wettbewerbsbeschränkung

Sowohl hinsichtlich der intraregionalen MIF, der interregionalen MIF als auch der inländischen MIF ist von einer Spürbarkeit der Wettbewerbsbeschränkung auszugehen – ohne dass es insofern einer näheren Unterscheidung zwischen den einzelnen Arten der MIF bedarf. Für das Vorliegen der Spürbarkeit spricht zunächst der hohe Marktanteil der Akteure der offenen Systeme. Im Übrigen sind die wirtschaftlichen Auswirkungen der multilateralen Interbankenentgelte beträchtlich. Die MIF stellen keinen verhältnismäßig geringen, sondern vielmehr einen äußerst beträchtlichen Anteil der Händlergebühr dar; gleichsam bilden die MIF einen bedeutsamen Bestandteil der Ertragsstruktur der Issuer. Der Qualität der Wettbewerbsbeschränkung nach handelt es sich um eine Kernbeschränkung in Form einer Preisabsprache, die – jedenfalls soweit es den Acquiring-Bereich betrifft – als bezweckte Wettbewerbsbeschränkung zu klassifizieren ist.

V. Zwischenstaatlichkeitsklausel

Die intraregionalen MIF, die interregionalen MIF und die inländischen MIF sind geeignet, Auswirkungen auf den Handel zwischen Mitgliedstaaten zu haben. Dies gilt hinsichtlich der intraregionalen MIF und der interregionalen MIF bereits in Anbetracht ihres jährlichen Umfangs. Die inländischen MIF finden zwar nur auf Inlandstransaktionen Anwendung. Ihre Eignung den Wirtschaftsverkehr zwischen den Mitgliedstaaten zu beeinträchtigen, ergibt sich aus dem Zusammenspiel der unterschiedlichen Arten der MIF. Die DMIF sind in das Geflecht der unterschiedlichen MIF-Arten eingebunden. Die Festlegung eines Niveaus der DMIF, das von der Höhe der intraregionalen und/oder interregionalen MIF abweicht, stellt insbesondere eine Möglichkeit dar, grenzüberschreitende Tätigkeiten im Acquiring- wie auch im Issuing-Bereich zu unterbinden bzw. zu reduzieren. Ferner bestehen wechselseitige Auswirkungen zwischen der Höhe der intraregionalen MIF, der interregionalen MIF und der inländischen MIF; auch diese führen dazu, dass sich die DMIF letztlich auf mehrere Mitgliedstaaten auswirken.

Titel 4. Die Freistellungsvoraussetzungen (Art. 101 Abs. 3 AEUV)

Es stellt sich die Frage, ob hinsichtlich der MIF eine Freistellung in Betracht kommt.[1655] Die Bestimmungen des Art. 101 Abs. 1 AEUV können nach Art. 101 Abs. 3 für nicht anwendbar erklärt werden auf Vereinbarungen oder Gruppen von Vereinbarungen zwischen Unternehmen, Beschlüsse oder Gruppen von Beschlüssen von Unternehmensvereinigungen, bzw. aufeinander abgestimmte

1655 Im Folgenden wird zwischen intraregionalen, interregionalen und inländischen MIF nur differenziert, soweit dies für die rechtliche Bewertung von Bedeutung erscheint.

Verhaltensweisen oder Gruppen von solchen, die unter angemessener Beteiligung der Verbraucher an dem entstehenden Gewinn zur Verbesserung der Warenerzeugung oder -verteilung oder zur Förderung des technischen oder wirtschaftlichen Fortschritts beitragen, ohne dass den beteiligten Unternehmen Beschränkungen auferlegt werden, die für die Verwirklichung dieser Ziele nicht unerlässlich sind, oder Möglichkeiten eröffnet werden, für einen wesentlichen Teil der betreffenden Waren den Wettbewerb auszuschalten. Eine Freistellung setzt das kumulative Vorliegen dieser vier Voraussetzungen des Absatzes 3 voraus.[1656]

Untertitel 1. Effizienzgewinne

Die Absprache muss zunächst gemäß Art. 101 Abs. 3 AEUV zur Verbesserung der Warenerzeugung oder -verteilung oder zur Förderung des technischen oder wirtschaftlichen Fortschritts beitragen. Diese Regelung gilt – über ihren Wortlaut hinaus – für Dienstleistungen entsprechend.[1657]

Die erste Voraussetzung des Art. 101 Abs. 3 dient dem Zweck jene Vorteile zu ermitteln, die im Rahmen der Prüfung der zweiten und der dritten Voraussetzung einer weitergehenden Betrachtung unterliegen.[1658] Es sind nur objektive Vorteile zu berücksichtigen, die zu einer gesamtwohlfahrtlichen Wertschöpfung führen.[1659] Allein eine Betrachtung aus der subjektiven Sicht der Parteien genügt nicht zur Einstufung eines Vorteils als Effizienzgewinn im Sinne des Art. 101 Abs. 3 AEUV.[1660] Eine bloße Begünstigung der beteiligten Unternehmen ist nicht hinreichend.[1661]

1656 Vgl. EuGH, Urteil v. 17.01.1984, Rs. C-43/82 u. C-63/82 – VBVB u. VBBB, Slg. 1984, 19, 70, Rn. 61; EuG, Urteil v. 15.07.1994, Rs. T-17/93 – Matra Hachette, Slg. 1994, II-595, II-625 f., Rn. 85 u. II-631, Rn. 104; EuG, Urteil v. 08.06.1995, Rs. T-9/93 – Schöller, Slg. 1995, II-1611, II-1662 a.E. f., Rn. 139; EuG, Urteil v. 08.10.2002, Rs. T-185/00, T-216/00, T-299/00 u. T-300/00 – Métropole Télévision (M6), Slg. 2002, II-3805, II-3840, Rn. 86; *Wolf*, in: MüKo, EU-WettbewR, 2. Aufl., 2015, Art. 101 AEUV, Rn. 887.

1657 Vgl. KOM, Leitlinien zur Anwendung von Artikel 101 Absatz 3 AEUV, ABl. EU v. 27.04.2004, C 101/97, 104, Rn. 48; KOM, Entscheidung v. 16.07.2003, COMP/38.369 – T-Mobile Deutschland/O2 Germany, ABl. EG v. 12.03.2004, L 75/32, S. 53 f., Rn. 121 ff.; *Ellger*, in: Immenga/Mestmäcker, Wettbewerbsrecht, Bd. 1 EG/1, 5. Aufl., 2012, Art. 101 Abs. 3 AEUV, Rn. 133.

1658 Vgl. KOM, Leitlinien zur Anwendung von Artikel 101 Absatz 3 AEUV, ABl. EU v. 27.04.2004, C 101/97, S. 104, Rn. 50.

1659 Vgl. KOM, Leitlinien zur Anwendung von Artikel 101 Absatz 3 AEUV, ABl. EU v. 27.04.2004, C 101/97, S. 104, Rn. 49; EuGH, Urteil v. 13.07.1966, Rs. C-56/64 u. C-58/64 – Consten und Grundig/Kommission, Slg. 1966, 321, 396 a.E.; vgl. auch *Ellger*, in: Immenga/Mestmäcker, Wettbewerbsrecht, Bd. 1 EG/1, 5. Aufl., 2012, Art. 101 Abs. 3 AEUV, Rn. 150.

1660 Vgl. KOM, Entscheidung v. 19.12.2007 in den Sachen COMP/34.579 – MasterCard, COMP/36.518 – EuroCommerce u. COMP/38.580 – Commercial Cards, Rn. 670.

1661 Vgl. *Ellger*, in: Immenga/Mestmäcker, Wettbewerbsrecht, Bd. 1 EG/1, 5. Aufl., 2012, Art. 101 Abs. 3 AEUV, Rn. 137; vgl.auch KOM, Leitlinien zur Anwendung von Artikel 101 Absatz 3 AEUV, ABl. EU v. 27.04.2004, C 101/97, S. 104, Rn. 48 f.

Insbesondere Kostenersparnisse, die keine wettbewerbsfördernden Wirkungen entfalten und nur den an der Einigung beteiligten Unternehmen eine Gewinnsteigerung bzw. -maximierung ermöglichen, sind nicht zu berücksichtigen.[1662]

Im Rahmen der Prüfung der ersten Voraussetzung sind insbesondere die Art, das Ausmaß, die Bedeutung wie auch die Wahrscheinlichkeit eines jeden Effizienzgewinnes wie auch die kausale Beziehung zwischen dem jeweiligen Effizienzgewinn und der Absprache zu ermitteln.[1663] Regelmäßig bedarf es eines direkten Kausalzusammenhangs, zumal indirekte Wirkungen üblicherweise zu ungewiss sind.[1664] Ferner ist erforderlich, dass die mit der wettbewerbsbeschränkenden Absprache einhergehenden Vorteile geeignet sind, die mit ihr verbundenen Nachteile zumindest auszugleichen.[1665]

Im vorliegenden Kontext ist nicht darauf abzustellen, ob der Betrieb eines Zahlungskartensystems als solcher Effizienzgewinne mit sich bringt.[1666] Es ist vielmehr

---

1662 Vgl. KOM, Leitlinien zur Anwendung von Artikel 101 Absatz 3 AEUV, ABl. EU v. 27.04.2004, C 101/97, 104, Rn. 49; vgl. ferner KOM, Entscheidung v. 19.12.2007 in den Sachen COMP/34.579 – MasterCard, COMP/36.518 – EuroCommerce u. COMP/38.580 – Commercial Cards, Rn. 670; EuG, Entscheidung v. 24.05.2012, Rs. T-111/08 – MasterCard, Rn. 221.

1663 Vgl. KOM, Leitlinien zur Anwendung von Artikel 101 Absatz 3 AEUV, ABl. EU v. 27.04.2004, C 101/97, 105, Rn. 51 u. Rn. 53 vgl. ferner *Ellger*, in: Immenga/Mestmäcker, Wettbewerbsrecht, Bd. 1 EG/1, 5. Aufl., 2012, Art. 101 Abs. 3 AEUV, Rn. 132 ff.

1664 Vgl. KOM, Leitlinien zur Anwendung von Artikel 101 Absatz 3 AEUV, ABl. EU v. 27.04.2004, C 101/97, 105, Rn. 54; KOM, Entscheidung v. 08.05.2001 in den Sachen IV/36.957/F3 – Glaxo Wellcome, IV/36.997/F3 – Aseprofar and Fedifar, IV/37.121/F3 – Spain Pharma, IV/37.138/F3 – BAI u. IV/37.380/F3 – EAEPC, ABl. EG v. 17.11.2001, L 302/1, S. 33 ff., Rn. 154 ff.

1665 Vgl. EuG, Urteil v. 27.02.1992, Rs. T-19/91 – Vichy, Slg. 1992, II-415, II-452 ff., Rn. 90 ff.; EuG, Urteil v. 08.06.1995, Rs. T-7/93 – Langnese-Iglo, Slg. 1995 II-1533, II-1597 f., Rn. 180; EuG, Urteil v. 08.06.1995, Rs. T-9/93 – Schöller, Slg. 1995, II-1611, II-1664, Rn. 142; EuG, Urteil v. 23.10.2003, Rs. T-65/98 – Van den Bergh Foods, Slg. 2003, II-4653, II-4712, Rn. 139; EuG, Urteil v. 27.09.2006, Rs. T-168/01 – GlaxoSmithKline Services, Slg. 2006, II-2969, II-3050, Rn. 247; EuGH, Entscheidung v. 11.09.2014, Rs. C-382/12 P – MasterCard, Rn. 234 u. Rn. 242; KOM, Entscheidung v. 15.12.1975, IV/27.073 – Bayer/Gist-Brocades, ABl. EG v. 05.02.1976, L 30/13, S. 19; *Ellger*, in: Immenga/Mestmäcker, Wettbewerbsrecht, Bd. 1 EG/1, 5. Aufl., 2012, Art. 101 Abs. 3 AEUV, Rn. 142 u. Rn. 253; *Mestmäcker/Schweitzer*, Europ. WettbewR, 3. Aufl., 2014, § 14, Rn. 48 ff.; *v. Dietze/Janssen*, KartellR, 5. Aufl., 2015, Rn. 182; *Wolf*, in: MüKo, EU-WettbewR, 2. Aufl., 2015, Art. 101 AEUV, Rn. 901 ff.

1666 Anderer Ansicht *MasterCard*, vgl. insofern KOM, Entscheidung v. 19.12.2007 in den Sachen COMP/34.579 – MasterCard, COMP/36.518 – EuroCommerce u. COMP/38.580 – Commercial Cards, Rn. 673. Eine entsprechende Rüge hatte MasterCard im Zuge der Klage gegen vorgenannte Entscheidung der Kommission angebracht, vgl. EuG, Entscheidung v. 24.05.2012, Rs. T-111/08 – MasterCard,

erforderlich, dass die in Rede stehende Absprache zur Erzielung von Effizienzgewinnen beiträgt und demgemäß ein hinreichender Kausalzusammenhang zwischen der multilateralen Festsetzung der multilateralen Interbankenentgelten und etwaigen Effizienzgewinnen gegeben ist.[1667]

Zumeist wird unter Verweis auf die Netzstrukturen des Systems, den Charakter eines zweiseitigen Marktes und die damit einhergehenden Besonderheiten postuliert, dass die MIF die Effizienz des Zahlungskartensystems begünstigen und/oder zum technischen und wirtschaftlichen Fortschritt des Kreditkarten-Systems beitragen (können). Die diversen Argumente, die in diesem Kontext vorgetragen und bemüht werden, lassen sich im Großen und Ganzen drei Theorien bzw. Erklärungsmodellen zuordnen.[1668] Diese drei Theorien dienen der Beschreibung des Zwecks wie auch der Funktionen von (multilateralen) Interbankenentgelten. Sie bilden die Basis der Argumentation jener, die sich für die Kartellrechtskonformität der MIF aussprechen.[1669] Insbesondere wurden sie seitens der Kartenorganisationen bemüht, um das Vorliegen der Voraussetzungen des Art. 101 Abs. 3 AEUV und insofern insbesondere das Vorliegen von Effizienzgewinnen zu begründen.[1670]

Rn. 203 ff. Vgl. auch EuGH, Entscheidung v. 11.09.2014, Rs. C-382/12 P – MasterCard, Rn. 209 (erster Teil des zweiten Anschlussrechtsmittelgrundes von Lloyds TSB Bank plc).

1667 Vgl. auch KOM, Entscheidung v. 19.12.2007 in den Sachen COMP/34.579 – MasterCard, COMP/36.518 – EuroCommerce u. COMP/38.580 – Commercial Cards, Rn. 673; EuG, Entscheidung v. 24.05.2012, Rs. T-111/08 – MasterCard, Rn. 207; EuGH, Entscheidung v. 11.09.2014, Rs. C-382/12 P – MasterCard, Rn. 230 f.

1668 Vgl. WEKO, Verfügung v. 05.12.2005, RPW 2006/1, 65, S. 107 f., Rn. 335 u. Rn. 340 ff.; KOM, Entscheidung v. 19.12.2007 in den Sachen COMP/34.579 – MasterCard, COMP/36.518 – EuroCommerce u. COMP/38.580 – Commercial Cards, Rn. 146 ff.; vgl. im Übrigen noch den Übersichtsartikel von *Rochet*, The Theory of Interchange Fees, Rev. Netw. Econ., Vol. 2, Iss. 2, 2003, S. 97; vgl. ferner *Hayashi/Weiner*, Interchange Fees in Australia, the UK, and the United States, 2006, 75, 80 ff.; *Dulleck/Friederiszick*, Die Großen Zwei, JBNST 2004, 445, 459; *Abele/Berger/Schäfer*, Kartenzahlungen im Euro-Zahlungsraum, 2007, S. 72 ff.; *Börestam/Schmiedel*, Interchange Fees, 2011, S. 17 ff.; *Huch*, Transformation des europäischen Kartengeschäfts, 2013, S. 12 ff.

1669 Vgl. auch WEKO, Verfügung v. 05.12.2005, RPW 2006/1, 65, S. 109, Rn. 355.

1670 Die drei Theorien respektive die zugrundeliegenden Argumentationsstränge und Thesen weisen gewisse Berührungspunkte auf und stehen in engem Zusammenhang zueinander; sie werden seitens der Kreditkartenorganisationen teils auch ohne konkrete Differenzierung und in gebündelter bzw. kombinierter Form zur Rechtfertigung der multilateralen Interbankenentgelte herangezogen. Vgl. ferner *Tosza*, Payment Card Systems, YARS, 2009, Vol. 2, No. 2, 125, 129 a.E.: „However, it is not entirely clear how should the interchange fee be treated or what it actually is. Is it a fee for services or a price based on specific costs? Is it a transfer of benefits between the participants of a four-party payment system or a balancing

Kapitel 1. Theorie 1: Die Joint Production-Sichtweise

Eine jener Theorien lässt sich als Joint Production-Sichtweise bzw. als Gemeinschaftsunternehmensgedanke bezeichnen.[1671]

Einen Ansatzpunkt der von MasterCard wie auch von Visa vertretenen Auffassung, wonach die MIF mit Effizienzgewinnen einhergehen, bildet die Erwägung, die innerhalb eines (Vier-Parteien-)Zahlungskartensystems erbrachten Dienstleistungen seien als eine kooperative, seitens der Issuer und Acquirer gemeinschaftlich erbrachte Dienstleitung anzusehen.[1672] Das offene Zahlungskartensystem wird als eine „Vereinbarung nach Art von Vereinbarungen zwischen Gemeinschaftsunternehmen" erachtet.[1673] Die Vertreter der Joint Production-Sichtweise gehen davon aus, dass die akquirierenden und emittierenden Unternehmen kooperativ Zahlungsverkehrsdienstleistungen sowohl für Händler als auch für die Konsumenten erbringen.[1674] Die Kooperation wird insoweit in der gemeinsamen Erbringung einer Netz-Dienstleistung gesehen.[1675]

Bei den akquirierenden und emittierenden Unternehmen handele es sich um zusammenarbeitende Partner eines Gemeinschaftsunternehmens, die ein gemeinsames Produkt, die Zahlungsdienstleistung, am Markt anbieten und vertreiben.[1676] MasterCard bezeichnete diese Dienstleistung als „die MasterCard-Zahlungsdienstleistung".[1677] Auch wurde sie als eine „Zusammenarbeit ermöglichende Dienstleistung" bzw. „Nachfrage-Abstimmungsdienstleistung" bezeichnet.[1678] Auch seitens

---

mechanism inevitable in two-sided market to balance the demand of card holders and merchants? It seems that the nature of interchange fees remains unclear."

1671 Vgl. auch noch obige Ausführungen unter Abschnitt 1, Titel 2.

1672 Vgl. hierzu KOM, Entscheidung v. 24.07.2002, COMP/29.373 – Visa International II – Multilateral Interchange Fee, ABl. EG v. 22.11.2002, L 318/17, S. 19, Rn. 14 u. S. 27, Rn. 61; KOM, Entscheidung v. 19.12.2007 in den Sachen COMP/34.579 – MasterCard, COMP/36.518 – EuroCommerce u. COMP/38.580 – Commercial Cards, Rn. 676 u. Rn. 680; vgl. ferner EuG, Entscheidung v. 24.05.2012, Rs. T-111/08 – MasterCard, Rn. 209.

1673 Vgl. KOM, Entscheidung v. 19.12.2007 in den Sachen COMP/34.579 – MasterCard, COMP/36.518 – EuroCommerce u. COMP/38.580 – Commercial Cards, Rn. 680.

1674 Vgl. WEKO, Verfügung v. 05.12.2005, RPW 2006/1, 65, S. 107, Rn. 342.

1675 Vgl. KOM, Entscheidung v. 24.07.2002, COMP/29.373 – Visa International II – Multilateral Interchange Fee, ABl. EG v. 22.11.2002, L 318/17, S. 19, Rn. 14.

1676 Vgl. dazu die Darstellung der Auffassung von *MasterCard* in KOM, Entscheidung v. 19.12.2007 in den Sachen COMP/34.579 – MasterCard, COMP/36.518 – EuroCommerce u. COMP/38.580 – Commercial Cards, Rn. 149.

1677 *MasterCard* spricht insofern von der „MasterCard-Zahlungsdienstleistung", vgl. KOM, Entscheidung v. 19.12.2007 in den Sachen COMP/34.579 – MasterCard, COMP/36.518 – EuroCommerce u. COMP/38.580 – Commercial Cards, vgl. Rn. 149.

1678 In diesem Sinne *MasterCard*, vgl. KOM, Entscheidung v. 19.12.2007 in den Sachen COMP/34.579 – MasterCard, COMP/36.518 – EuroCommerce u. COMP/38.580 – Commercial Cards, Rn. 149.

Visa wurden die MIF als eine Transferzahlung zwischen innerhalb eines Kartenzahlungssystems kooperierender Unternehmen erachtet.[1679] Im Rahmen eines viergliedrigen Systems werde seitens der Kartenemittenten und der akquirierenden Unternehmen gegenüber deren jeweiliger Marktgegenseite eine gemeinsame wie auch integrierte Dienstleistung erbracht.[1680] Bei Zugrundelegung einer ökonomischen Betrachtung handele es sich ungeachtet der Frage, welche Kostenposten aufseiten der Emittenten und welche Posten aufseiten der Acquirer anfallen, „um gemeinsame Kosten für eine gemeinsame Dienstleistung", welche beiden Seiten des Systems zuzuteilen seien.[1681] Die Acquirer würden sich einer „gemeinsamen Nachfrage" gegenübergestellt sehen.[1682] Vor diesem Hintergrund seien (multilaterale) Interbankenentgelte ein Mittel, um den unterschiedlichen Akteuren innerhalb des Systems einen angemessenen und gerechten Anteil an den Kosten wie auch den Einnahmen des Gesamtsystems zuzuerkennen.[1683] Dieser Auffassung zufolge handelt sich bei einer MIF mithin um einen Kostentransfer unter kooperierenden Unternehmen, um die Bereitstellung einer gemeinschaftlichen Dienstleistung innerhalb eines durch Externalitäten sowie gemeinsame Nachfragestrukturen charakterisierten Netzwerkes zu ermöglichen.[1684]

Dieser (theoretische) Ansatz vermag indes nicht zu überzeugen. Es ist weder ein gemeinschaftliches Produkt gegeben noch liegen gemeinsame Kosten vor. Eine Kreditkarte stellt kein gemeinschaftliches Produkt von Issuern, Acquirern und einer Kreditkartenorganisation dar; dies wird bereits anhand der Ausführungen im Rahmen der Marktabgrenzung deutlich, auf die an dieser Stelle verwiesen sei.[1685] Zu Recht erachtete die Kommission dementsprechend das Zahlungssystem nicht als ein „gemeinschaftliches Produktionsunternehmen".[1686]

Auch handelt es sich bei näherer Betrachtung keineswegs um gemeinsame Kosten. Die Begriffe „gemeinschaftliche" bzw. „gemeinsame" Kosten betreffen – sofern man den wirtschaftlichen Sprachgebrauchs zugrunde legt – Konstellationen, in

1679 Vgl. KOM, Entscheidung v. 24.07.2002, COMP/29.373 – Visa International II – Multilateral Interchange Fee, ABl. EG v. 22.11.2002, L 318/17, S. 19, Rn. 14.

1680 Vgl. hierzu WEKO, Verfügung v. 05.12.2005, RPW 2006/1, 65, S. 107, Rn. 337.

1681 Vgl. KOM, Entscheidung v. 19.12.2007 in den Sachen COMP/34.579 – MasterCard, COMP/36.518 – EuroCommerce u. COMP/38.580 – Commercial Cards, Rn. 676 u. Rn. 680. Vgl. zum ähnlichen Standpunkt von *Visa*: KOM, Entscheidung v. 24.07.2002, COMP/29.373 – Visa International II – Multilateral Interchange Fee, ABl. EG v. 22.11.2002, L 318/17, S. 30, Rn. 76.

1682 Vgl. KOM, Entscheidung v. 19.12.2007 in den Sachen COMP/34.579 – MasterCard, COMP/36.518 – EuroCommerce u. COMP/38.580 – Commercial Cards, Rn. 676.

1683 Vgl. WEKO, Verfügung v. 05.12.2005, RPW 2006/1, 65, S. 107, Rn. 342.

1684 Vgl. KOM, Entscheidung v. 24.07.2002, COMP/29.373 – Visa International II – Multilateral Interchange Fee, ABl. EG v. 22.11.2002, L 318/17, S. 19, Rn. 14 u. S. 27, Rn. 61.

1685 Vgl. hierzu oben unter Abschnitt 1, Titel 2.

1686 Vgl. KOM, Entscheidung v. 19.12.2007 in den Sachen COMP/34.579 – MasterCard, COMP/36.518 – EuroCommerce u. COMP/38.580 – Commercial Cards, Rn. 681.

denen zwei Produkte auf der Basis eines Vorgangs produziert, angefertigt oder bearbeitet werden und keine (genaue) Unterscheidung hinsichtlich der Kosten getroffen werden kann.[1687] Aus dieser Situation erwächst das Problem, dass es einer Entscheidung des Unternehmens dahingehend bedarf, auf welche Weise die entstandenen (gemeinsamen) Kosten den einzelnen Produkten zugeordnet werden.[1688] Dies entspricht nicht dem vorliegenden Fall. Innerhalb eines Vier-Parteien-Systems agieren Issuer und Acquirer in verschiedenen Bereichen und – wie bereits dargelegt wurde – auf gesonderten Märkten. Die Emittenten erbringen Leistungen gegenüber den Karteninhabern; hierfür fallen auf Seiten der Issuer Kosten an.[1689] Entsprechendes gilt hinsichtlich der Leistungen, welche die Acquirer gegenüber den Vertragsunternehmen erbringen.[1690] Es handelt sich nicht um Kosten, die gemeinsam bei den Emittenten und den Acquirern entstehen und ihnen zugleich als Kollektiv zuteilwerden, sondern von vornherein um individuelle Kosten, und zwar entweder um jene der Issuer oder der Acquirer. Demnach können die anfallenden Kosten auch nicht als gemeinsame Kosten eingestuft werden.[1691]

Gegen die Joint Production-Sichtweise spricht überdies, dass sowohl Issuer als auch Acquirer eigenständig auf ihren jeweiligen Märkten agieren.[1692] Wie auch in sonstigen Wirtschaftsbereichen obliegt es den Unternehmen jeweils für sich ein – unter Zugrundelegung unternehmerischer Vernunft besehen – optimales Verhältnis zwischen Kosten und Nutzen zu generieren. Die Vertreter dieser Theorie verkennen insofern, dass es sich bei den Mitgliedern eines Systems um autonome und strategisch agierende Unternehmen handelt. Wenngleich eine Interessengleichrichtung zwischen den Systemmitgliedern besteht, sind die Ziele dieser Unternehmen keineswegs zwangsläufig mit jenen der anderen Systemteilnehmer oder der Kreditkartenorganisation vollends kongruent.[1693]

Ferner muss besehen werden, dass eine MIF die Höhe der Interbankenentgelte für alle Marktteilnehmer auf einem einheitlichen Level ansiedelt.[1694] Dies gilt für

1687 Vgl. hierzu auch KOM, Entscheidung v. 19.12.2007 in den Sachen COMP/34.579 – MasterCard, COMP/36.518 – EuroCommerce u. COMP/38.580 – Commercial Cards, Rn. 681.

1688 Vgl. KOM, Entscheidung v. 19.12.2007 in den Sachen COMP/34.579 – MasterCard, COMP/36.518 – EuroCommerce u. COMP/38.580 – Commercial Cards, Rn. 681.

1689 Vgl. KOM, Entscheidung v. 19.12.2007 in den Sachen COMP/34.579 – MasterCard, COMP/36.518 – EuroCommerce u. COMP/38.580 – Commercial Cards, Rn. 681.

1690 Vgl. KOM, Entscheidung v. 19.12.2007 in den Sachen COMP/34.579 – MasterCard, COMP/36.518 – EuroCommerce u. COMP/38.580 – Commercial Cards, Rn. 681.

1691 Ähnlich KOM, Entscheidung v. 19.12.2007 in den Sachen COMP/34.579 – MasterCard, COMP/36.518 – EuroCommerce u. COMP/38.580 – Commercial Cards, Rn. 681.

1692 Vgl. auch noch oben unter Abschnitt 1, Titel 3, Untertitel 1.

1693 Im Einzelnen auch noch obige Ausführungen unter Abschnitt 1, Titel 2.

1694 Vgl. hierzu auch obige Ausführungen unter Abschnitt 2, Titel 3, Untertitel 2 (insbesondere Kapitel 1, Unterkapitel, § 2 und § 3.

sämtliche systemangeschlossenen Issuer und Acquirer. Bei der Festlegung und der Zuweisung der MIF finden individuelle Beiträge der einzelnen Issuer zum Nutzen des Gesamtsystems keine Berücksichtigung; sie erhalten stets eine MIF-Rate, die ein anderer Issuer ebenfalls vereinnahmt. Dies gilt selbst, wenn ein Issuer umfassende Investitionen tätigt und sich ein anderer Issuer insofern auf ein Minimum beschränkt, mithin beide unterschiedliche Beiträge zum Erfolg des Gesamtsystems leisten. Sofern die Transaktionsumsätze beider Unternehmen gleich sind, erhalten sie den Ertrag aus den MIF. Der anwendbare MIF-Satz wird nicht anhand des individuellen Beitrags des einzelnen Issuers zum Nutzen des Systems bemessen. Entsprechendes gilt vice versa für die Acquirer. Die Kostenbelastung der Acquirer durch die MIF sinkt nicht, wenn ein bestimmter Acquirer in Relation zu den anderen Acquirern des Systems einen höheren Beitrag zum Erfolg des Systems leistet. Dies lässt sich schwerlich mit der Behauptung in Einklang bringen, dass es sich um ein gemeinsames Produkt eines einheitlichen Unternehmens handelt. Wenn dem so wäre, dann wäre zu erwarten, dass entsprechende Betätigungen von Issuern, deren Tätigkeiten stärker auf das Wohl eines Gesamtunternehmens ausgerichtet wären, im Wege höherer MIF-Sätze honoriert werden. Dies ist aber gerade nicht der Fall. Bei einem Kreditkartensystem handelt es sich um kein Gemeinschaftsunternehmen der Akteure der vor- und der nachgelagerten Ebene. Es liegen weder gemeinsame Kosten noch ein gemeinsames Produkt vor.

Kapitel 2. Theorie 2: Die MIF als (transaktionsvolumenabhängige) Entgelte

Einer weiteren Betrachtungsweise – teils als dienstleistungsorientierte Sichtweise[1695] oder „Fee for Service“-Ansatz[1696] bezeichnet – zufolge handelt es sich bei einer (multilateralen) IC Fee um ein Entgelt, also um eine „Gegenleistung“ im Verhältnis zwischen emittierenden und akquirierenden Unternehmen.[1697] Hiernach dienen Interbankenentgelte als Ausgleich bzw. Kompensation für solche

1695 Vgl. WEKO, Verfügung v. 05.12.2005, RPW 2006/1, 65, S. 107, Rn. 340 f.

1696 Vgl. KOM, Entscheidung v. 19.12.2007 in den Sachen COMP/34.579 – MasterCard, COMP/36.518 – EuroCommerce u. COMP/38.580 – Commercial Cards, Rn. 147; *Godschalk/Brien*, Interchange Fee, cards 2002, Heft 1, 16, 17; *Krüger/Strauch*, Die Kommission und die Interchange, cards 2008, Heft 3, 25, 26; *Rochet/Tirole*, An Economic Analysis of the Determination of Interchange Fees, Rev. Netw. Econ., 2003, Vol. 2, Iss. 2, 69, 77.

1697 Vgl. KOM, Entscheidung v. 19.12.2007 in den Sachen COMP/34.579 – MasterCard, COMP/36.518 – EuroCommerce u. COMP/38.580 – Commercial Cards, Rn. 147 sowie Rn. 668 f. Die Theorie basiert auf einem vertikalen Verständnis der vertraglichen Beziehungen, vgl. *Rochet/Tirole*, An Economic Analysis of the Determination of Interchange Fees, Rev. Netw. Econ., 2003, Vol. 2, Iss. 2, S. 69. Vgl. ferner *Krüger/Strauch*, Die Kommission und die Interchange, cards 2008, Heft 3, 25, S. 26 ff.

Dienstleistungen, die seitens der Kartenemittenten zugunsten der akquirierenden Unternehmen erbracht werden und die letzten Endes den Vertragsunternehmen, also der Marktgegenseite der Acquirer zugutekommen (z.B. die Kosten für die Verarbeitung der Zahlungstransaktion). Die Interbankenentgelte sind nach dieser Auffassung als eine Gegenleistung für Leistungen der Emittenten bzw. als Kompensation zusätzlicher Ausgaben der Emittenten anzusehen, die mit Zahlungskartentransaktionen einhergehen.[1698] Diese seitens der Issuer getragenen Kostenposten werden in Relation zur Höhe der Interbankenentgelte gesetzt.[1699] Auch seitens MasterCard wurde zu Beginn des MasterCard-Verfahrens argumentiert, es handele sich bei den Interbankenentgelten um eine Vergütung bzw. einen Preis, den die Acquirer an die Emittenten für seitens der Emittenten erbrachte Leistungen zahlen würden.[1700]

Inwiefern insofern konkret eine Leistungsgewährung anzunehmen ist, lässt Spielraum für mannigfaltige Varianten dieser Sichtweise: So mag man eine IC Fee als transaktionsvolumenabhängige Provision ansehen, durch welche unter anderem etwaige durch den Zahlungsaufschub entstehende Zinsverluste der Issuer kompensiert werden. Auch könnte man einige Leistungen der Issuer als solche ansehen, die letztlich – ähnlich wie im Falle einer Lieferkette – gegenüber den Acquirern erbracht werden.[1701]

Der Begriff „Entgelt" respektive „Vergütung" und damit diese Sichtweise als solche wären nur zutreffend, wenn es sich bei einem Interbankenentgelt tatsächlich um eine Gegenleistung handeln würde. Dies ist jedoch nicht der Fall. Es erscheint bereits fraglich, worin die Leistung des Issuers zu erblicken wäre, welche eigenständig seitens der Acquirer nachgefragt werden könnte. Aufgrund der Existenz der HACR haben die akquirierenden Unternehmen ohnehin nicht die Freiheit, selbst zu entscheiden, ob und welche Transaktionen sie abwickeln und an die Issuer weiterleiten. In Anbetracht der HACR besteht die Verpflichtung der Vertragsunternehmen zur Annahme aller Karten (bzw. aller einer bestimmten

1698 In diesem Sinne MasterCard, vgl. KOM, Entscheidung v. 19.12.2007 in den Sachen COMP/34.579 – MasterCard, COMP/36.518 – EuroCommerce u. COMP/38.580 – Commercial Cards, Rn. 147.

1699 Vgl. dazu auch WEKO, Verfügung v. 05.12.2005, RPW 2006/1, 65, S. 107, Rn. 340.

1700 Vgl. dazu KOM, Entscheidung v. 19.12.2007 in den Sachen COMP/34.579 – MasterCard, COMP/36.518 – EuroCommerce u. COMP/38.580 – Commercial Cards, Rn. 147, Rn. 668 f. u. Rn. 725. Diese Haltung von MasterCard wurde im Jahre 2004 revidiert, vgl. insoweit KOM, Entscheidung v. 19.12.2007 in den Sachen COMP/34.579 – MasterCard, COMP/36.518 – EuroCommerce u. COMP/38.580 – Commercial Cards, Rn. 148. Seitens Visa wurden die MIF hingegen nicht als Preis für bestimmte seitens der Emittenten gegenüber den Acquirern bzw. Vertragsunternehmen erbrachten Dienstleistungen eingestuft, vgl. KOM, Entscheidung v. 24.07.2002, COMP/29.373 – Visa International II – Multilateral Interchange Fee, ABl. EG v. 22.11.2002, L 318/17, S. 27, Rn. 61.

1701 Vgl. auch *Tosza*, Payment Card Systems, YARS, 2009, Vol. 2, No. 2, 125, 135.

Kategorie angehörenden Karten) des jeweiligen Zahlungskartensystems; mithin haben auch die Acquirer keinen Einfluss auf die Auswahl der ihnen gegenübertretenden Issuer.[1702] Die Acquirer trifft in jedem Falle die Pflicht, mit einem jeden systemangehörigen Issuer zu kooperieren, sofern die seitens des Issuers ausgegebene Karte am Point of Sale zum Einsatz gelangt.[1703] Im Interbankenbereich existiert gerade keine gesonderte Leistung, die seitens der Acquirer nachgefragt werden könnten. Vice versa bieten die Issuer den Acquirern auch keine Leistungen an.

Issuer und Acquirer stehen des Weiteren grundsätzlich in keiner vertraglichen Beziehung zueinander. Vielmehr entsteht eine Beziehung zwischen ihnen erst vermittels des Abschlusses von Lizenzverträgen und über die jeweilige Vertragsbeziehung zur Kreditkartenorganisation.

Daran ändert sich auch nichts durch die Möglichkeit der Vereinbarung bilateraler Interbankenentgelte. Sollten bilaterale Interbankenentgelte zwischen Acquirern und Issuern ausgehandelt sein, so wurde sich im Rahmen dieser Verhandlungen zwar auf die Entrichtung eines bestimmten Betrages geeinigt. Diese Einigung wird indes lediglich erzielt, um von der im Wege der MIF festgesetzten Höhe abzuweichen. Die Erbringung einer – wie auch immer gearteten – Leistung der Issuer ist nicht Gegenstand einer solchen Vereinbarung.

Auch wird der Issuer die Erfüllung der sich aus dem Emissionsvertrag ergebenden, ihm gegenüber dem Karteninhaber obliegenden Verpflichtungen im Blick haben und keine Leistungsgewährung gegenüber einem Acquirer anstreben. Dass in Anbetracht der zweiseitigen Marktstruktur einige Handlungen rein tatsächlich auch den Vertragsunternehmen zugutekommen mögen, ist nicht gleichbedeutend mit einer Leistungserbringung der Issuer gegenüber den Acquirern oder den Vertragsunternehmen. Entsprechendes wird etwa auch in der Fällen der bereicherungsrechtlichen Rückabwicklung in Mehr-Personen-Verhältnissen nicht angenommen; insofern ist grundsätzlich davon auszugehen, dass eine Leistungsgewährung im jeweiligen Vertragsverhältnis erfolgt und daher grundsätzlich in diesem Verhältnis der Rückabwicklung unterliegt.[1704] Der bloße Reflex der Begünstigung (irgend) eines Dritten entspricht nicht zwangsläufig dem Willen des Leistenden und wird weder aus Sicht eines objektiven Erklärungsempfängers in der Person des Zuwendungsempfängers als Leistung an den Dritten verstanden. Aber auch der konkret in Rede stehende Acquirer ist – aus der Warte des Issuers besehen – irgendein Dritter; wird die Karte am Point of Sale als Zahlungsmittel eingesetzt, besteht auch für den Issuer nicht die Möglichkeit die Bearbeitung einer Transaktion abzulehnen, weil ein bestimmter Acquirer den Acquiringvertrag mit dem Vertragsunternehmen abgeschlossen hat. In Ermangelung eines Vertragsverhältnisses zwischen

---

1702 Vgl. WEKO, Verfügung v. 05.12.2005, RPW 2006/1, 65, S. 86, Rn. 165.

1703 Vgl. WEKO, Verfügung v. 05.12.2005, RPW 2006/1, 65, S. 86, Rn. 165.

1704 Vgl. *Martinek*, in: jurisPK-BGB, Bd. 3, 8. Aufl., 2016, § 812 BGB, Rn. 109; *Sprau*, in: Palandt, 78. Aufl., 2019, § 812, Rn. 14 und Rn. 54; *Lorenz*, in: Staudinger, BGB, 2007, § 812, Rn. 36; *Schwab*, in: MüKo-BGB, Bd. 6, 7. Aufl., 2017, § 812, Rn. 65 f.

Issuern und Acquirern erscheint es lebensfremd davon auszugehen, dass die Issuer bei Erbringung ihrer Leistungen im Rahmen des Kreditkarten-Systems eine zweite Zweck- und Tilgungsbestimmung im Verhältnis zu den Vertragsunternehmen oder den Acquirern abgeben.

Im Übrigen gilt es zwar zu besehen, dass auch die Acquirer Dienstleistungen erbringen, die den Issuern zugutekommen. Insofern vermag diese Sichtweise nicht zu begründen, weshalb die Interbankenentgelte in den Systemen von Visa und MasterCard seitens der Acquirer und nicht seitens der Issuer zu entrichten sind. Es wird von vornherein zugrunde gelegt, dass die Issuer Leistungen gegenüber den Acquirern erbringen. Selbst wenn man insofern an den entstehenden Nutzen der Tätigkeiten der Issuer für die Acquirer (bzw. die Vertragsunternehmen) aufgrund der zweiseitigen Marktstruktur anknüpfen wollte, so gilt es zu besehen, dass es sich um wechselseitige Interdependenzen handelt.[1705] Der „Fee for Service"-Ansatz liefert keine Antwort auf die Frage, wieso wechselseitige positive indirekte externe Netzeffekte[1706] zu einer einseitigen Entgeltverpflichtung der Issuer führen.

Mitunter auch dies spricht dafür, dass dieses Begründungsmodell im Zuge der kartellrechtlichen Untersuchung nachträglich entwickelt wurde, um die Existenz eines MIF zu rechtfertigen.

Die dienstleistungsorientierte Sichtweise ist demnach abzulehnen. Bei einem Interbankenentgelt handelt es sich nicht um eine Gegenleistung. Es existiert kein eigenständiger Markt zwischen den Issuern und den Acquirern, auf dem die Acquirer eine Leistung der Issuer nachfragen. Weder aus Sicht der Issuer noch aus Sicht der Acquirer erbringen die Issuer spezifische Leistungen gegenüber den Acquirern.

Kapitel 3. Theorie 3: Die netzwerkorientierte Sichtweise

Nach einer die Netzstruktur des Zahlungskartensystems in den Vordergrund rückenden – und derzeit wohl auch vorherrschenden – Auffassung stellt eine (multilaterale) Interchange Fee ein Ausgleichsinstrument zwischen Emissions- und Akquisitionstätigkeit respektive den beiden Seiten des Marktes dar.[1707] Diese Auffassung wird auch als netzwerkorientierte Sichtweise bezeichnet.[1708]

Den Ausgangspunkt dieser Auffassung bildet das Grundverständnis, dass es sich bei einem offenen Kreditkartensystem um ein Netzwerk mit einer zweiseitigen

---

1705 Vgl. auch *Rochet/Tirole*, An Economic Analysis of the Determination of Interchange Fees, Rev. Netw. Econ., 2003, Vol. 2, Iss. 2, 69, 77.

1706 Vgl. auch noch obige Ausführungen unter Abschnitt 1, Titel 3, Untertitel 1, Kapitel 5.

1707 Vgl. KOM, Arbeitsdokument v. 31.01.2007, Untersuchung des Retail-Bankgeschäfts (Abschlussbericht), COM(2007) 33 final, SEC(2007) 106, S. 168; *Tosza*, Payment Card Systems, YARS, 2009, Vol. 2, No. 2, 125, 130.

1708 Vgl. WEKO, Verfügung v. 05.12.2005, RPW 2006/1, 65, S. 86, Rn. 165.

Marktstruktur handelt, das durch Interdependenzen zwischen den Bereichen der Emission auf der einen und des Acquiring auf der anderen Seite gekennzeichnet ist.[1709] Diese strukturellen Besonderheiten erforderten eine hinreichende Karteninhaberstruktur und eine ausreichende Anzahl an Akzeptanzstellen; dies sei erforderlich, um das Interesse der jeweils anderen Nachfragegruppe an dem Zahlungssystem zu gewährleisten.[1710] Die (multilateralen) Interbankenentgelte seien ein Instrument, um insofern ein optimales Gleichgewicht im jeweiligen System sicherzustellen.[1711] Teils wird auch von einer „systeminterne(n) Transferzahlung" gesprochen.[1712] Es handele sich um ein Mittel zur Internalisierung von Netzwerkexternalitäten und zur Verbesserung der Koordinierung des Geschehens auf beiden Seiten des Marktes.[1713]

Visa geht insofern davon aus, dass es sich bei den MIF um einen Kostentransfer zwischen kooperierenden Unternehmen zur Bereitstellung einer kooperativen Dienstleistung innerhalb eines durch Externalitäten und gemeinsame Nachfragestrukturen charakterisierten Netzwerkes handelt.[1714] Nach Auffassung Visa ist ein solcher finanzieller Transfer erforderlich, um ein Ungleichgewicht zwischen den Issuing- und den Acquiring-Kosten sowie den erzielten Einkünften zu beseitigen.[1715] Dieser These liegt die Annahme von Visa zugrunde, dass die von den Issuern erzielten Einkünfte geringer als deren Kosten sind.[1716] Zudem lägen die Einkünfte der Acquirer über den Kosten, die bei diesen anfielen.[1717] Die Stärke des Kreditkartensystems beruhe gerade auf der hohen Zahl der angeschlossenen Vertragsunternehmen und Karteninhaber; dies könnte bei Wegfall bzw. bei Festlegung einer suboptimalen Höhe der Interbankenentgelte beeinträchtigt werden.[1718] Visa

1709 Vgl. hierzu zunächst obige Ausführungen unter Abschnitt 1, Titel 3, Untertitel 1, Kapitel 5; vgl. auch WEKO, Verfügung v. 05.12.2005, RPW 2006/1, 65, S. 107 f., Rn. 344.

1710 Vgl. WEKO, Verfügung v. 05.12.2005, RPW 2006/1, 65, S. 107, Rn. 344.

1711 Vgl. WEKO, Verfügung v. 05.12.2005, RPW 2006/1, 65, S. 107 a.E. f., Rn. 344.

1712 Vgl. hierzu *Schindler*, Eingriffe von Wettbewerbsbehörden in Vierparteien-Systeme, 2007, S. 1.

1713 Vgl. WEKO, Verfügung v. 05.12.2005, RPW 2006/1, 65, S. 108, Rn. 345.

1714 Vgl. KOM, Entscheidung v. 24.07.2002, COMP/29.373 – Visa International II – Multilateral Interchange Fee, ABl. EG v. 22.11.2002, L 318/17, S. 19, Rn. 14 u. S. 27, Rn. 61. Insofern zeigt sich augenscheinlich der enge Zusammenhang zwischen den unterschiedlichen Theorien bzw. Erklärungsmodellen.

1715 Vgl. die Darstellung der Ansicht von Visa in: KOM, Entscheidung v. 24.07.2002, COMP/29.373 – Visa International II – Multilateral Interchange Fee, ABl. EG v. 22.11.2002, L 318/17, S. 19, Rn. 14. Vgl. ferner die unter http://www.visaeurope.com/about-us/interchange/ abrufbaren Informationen von Visa.

1716 Vgl. hierzu KOM, Entscheidung v. 24.07.2002, COMP/29.373 – Visa International II – Multilateral Interchange Fee, ABl. EG v. 22.11.2002, L 318/17, S. 19, Rn. 14.

1717 Vgl. KOM, Entscheidung v. 24.07.2002, COMP/29.373 – Visa International II – Multilateral Interchange Fee, ABl. EG v. 22.11.2002, L 318/17, S. 19, Rn. 14.

1718 Vgl. hierzu KOM, Entscheidung v. 24.07.2002, COMP/29.373 – Visa International II – Multilateral Interchange Fee, ABl. EG v. 22.11.2002, L 318/17, S. 19, Rn. 14.

steht insoweit auf dem Standpunkt, dass eine optimale MIF zum optimalen Betrieb des Zahlungssystems erforderlich sei.[1719] Die MIF führt nach der Sichtweise von Visa „einen Ausgleich zwischen den widerstreitenden Interessen der Einzelhändler und Karteninhaber [herbei], indem ihre Höhe die Nutzung des Systems steigert, und seine Kosten auf die beiden Arten von Anwendern auf eine Weise aufgeteilt werden, die dem Grenznutzen entspricht, den jeder Anwender aus dem System zieht."[1720]

MasterCard vertrat in seiner Erwiderung auf die Mitteilung der Beschwerdepunkte der Kommission ebenfalls den Standpunkt,[1721] dass das MIF „eine Methode zur Schaffung eines Gleichgewichts zwischen der Nachfrage der Karteninhaber und der Nachfrage der Händler auf einem Markt mit zweiseitiger Nachfrage" sei.[1722] Die Interbankenentgelte seien ein Ausgleichsinstrument, welches dazu diene, die Einkünfte zwischen emittierenden und akquirierenden Banken zu verteilen.[1723] Interchange Fees sollen dieser Ansicht zufolge die Gesamtkosten und -einnahmen innerhalb des Systems in einer Weise auf alle Beteiligten verteilen, im Wege derer das Kartentransaktionsvolumen gesteigert wird.[1724] Es sei insofern das Ziel, die Nachfrage nach Kartenprodukten des jeweiligen Systems

1719 Vgl. KOM, Entscheidung v. 24.07.2002, COMP/29.373 – Visa International II – Multilateral Interchange Fee, ABl. EG v. 22.11.2002, L 318/17, S. 19, Rn. 14.

1720 Vgl. KOM, Entscheidung v. 24.07.2002, COMP/29.373 – Visa International II – Multilateral Interchange Fee, ABl. EG v. 22.11.2002, L 318/17, S. 30, Rn. 76.

1721 Im Zeitraum der Untersuchung der Kommission änderte MasterCard insoweit den eigenen Standpunkt. Zunächst klassifizierte bzw. bezeichnete MasterCard die multilateralen Interbankenentgelte „als ein[en] Preis oder ein Entgelt für Dienstleistungen", welche die emittierenden Unternehmen gegenüber den akquirierenden Unternehmen sowie den Vertragsunternehmen erbringen würden. Im Verlauf der Verfahrens modifizierte MasterCard insoweit seine Ausführungen dahingehend, dass es sich um „ein Instrument zur Schaffung eines Gleichgewichts zwischen der Nachfrage der Karteninhaber und der Nachfrage der Händler" handele; vgl. KOM, Entscheidung v. 19.12.2007 in den Sachen COMP/34.579 – MasterCard, COMP/36.518 – EuroCommerce u. COMP/38.580 – Commercial Cards, Rn. 147 ff. sowie Rn. 668 f. Vgl. ferner *Tosza*, Payment Card Systems, YARS, 2009, Vol. 2, No. 2, 125, 130: „Indeed, even VISA and MasterCard presented diverging views in their respective proceedings before the Commission [...]."

1722 Vgl. KOM, Entscheidung v. 19.12.2007 in den Sachen COMP/34.579 – MasterCard, COMP/36.518 – EuroCommerce u. COMP/38.580 – Commercial Cards, Rn. 675; WEKO, Verfügung v. 05.12.2005, RPW 2006/1, 65, S. 107, Rn. 344; vgl. auch *Rochet/Tirole*, An Economic Analysis of the Determination of Interchange Fees, Rev. Netw. Econ., 2003, Vol. 2, Iss. 2, 69, 70.

1723 In diesem Sinne MasterCard, vgl. KOM, Entscheidung v. 19.12.2007 in den Sachen COMP/34.579 – MasterCard, COMP/36.518 – EuroCommerce u. COMP/38.580 – Commercial Cards, Rn. 148.

1724 Vgl. KOM, Entscheidung v. 19.12.2007 in den Sachen COMP/34.579 – MasterCard, COMP/36.518 – EuroCommerce u. COMP/38.580 – Commercial Cards, Rn. 148.

seitens der Karteninhaber einerseits wie auch der Vertragsunternehmen andererseits in angemessener Weise auszugleichen.[1725] In dem einschlägigen Handbuch von MasterCard, welches den Systemmitgliedern zur Verfügung gestellt wird, heißt es insoweit: „Das Interbankenentgelt ist ein Entgelt, das der Acquirer an den Issuer zahlt, um das Ungleichgewicht zwischen den Kosten und Erlösen zu korrigieren, die ihnen im Zusammenhang mit der Bereitstellung eines Zahlungssystems für Karteninhaber bzw. Händler entstehen".[1726] Insoweit seien Interbankenentgelte als Optimierungsinstrument bzw. Ausgleichsmechanismus innerhalb eines offenen Systems zu verstehen.[1727] Es gehe um die Optimierung des System-Outputs.[1728] „Eine‚optimale' [...] Interbankenentgelthöhe berücksichtige die [...] beiderseitige Nachfrageelastizität, die jeweiligen Kosten der Issuer und Acquirer und das relative Ausmaß der Netzeffekte".[1729] Ferner sei „das MIF von MasterCard (...) dazu bestimmt, den Netzeffekten des Systems Rechnung zu tragen und den gesamten‚Output' des Systems zu maximieren".[1730] Dieses Wachstum sei seinerseits mit weiteren Effizienzvorteilen verknüpft.[1731] Als derart verknüpfte Effizienzvorteile seien ein Umsatzzuwachs bei den Händlern und eine Verbesserung von deren Cashflow anzusehen.[1732] Ferner komme ein Vertragsunternehmen auch

1725 Ähnlich MasterCard, vgl. KOM, Entscheidung v. 19.12.2007 in den Sachen COMP/34.579 – MasterCard, COMP/36.518 – EuroCommerce u. COMP/38.580 – Commercial Cards, Rn. 148.

1726 Vgl. den Abdruck dieses Auszugs aus dem Handbuch in der seinerzeitigen Fassung von MasterCard in KOM, Entscheidung v. 19.12.2007 in den Sachen COMP/34.579 – MasterCard, COMP/36.518 – EuroCommerce u. COMP/38.580 – Commercial Cards, Rn. 147.

1727 Vgl. die Darstellung der Auffassung von *MasterCard* in KOM, Entscheidung v. 19.12.2007 in den Sachen COMP/34.579 – MasterCard, COMP/36.518 – EuroCommerce u. COMP/38.580 – Commercial Cards, Rn. 151 u. Rn. 153; vgl. auch WEKO, Verfügung v. 05.12.2005, RPW 2006/1, 65, S. 107 a.E. f., Rn. 344. Dieses Verständnis (Interchange Fees als Instrument zur Herbeiführung eines Nachfrage-Gleichgewichts) hatte die Kommission ihrer rechtlichen Würdigung im Verfahren gegen MasterCard letztlich zugrunde gelegt, vgl. KOM, Entscheidung v. 19.12.2007 in den Sachen COMP/34.579 – MasterCard, COMP/36.518 – EuroCommerce u. COMP/38.580 – Commercial Cards, Rn. 155.

1728 Vgl. KOM, Entscheidung v. 19.12.2007 in den Sachen COMP/34.579 – MasterCard, COMP/36.518 – EuroCommerce u. COMP/38.580 – Commercial Cards, Rn. 152.

1729 Vgl. KOM, Entscheidung v. 19.12.2007 in den Sachen COMP/34.579 – MasterCard, COMP/36.518 – EuroCommerce u. COMP/38.580 – Commercial Cards, Rn. 152.

1730 Vgl. KOM, Entscheidung v. 19.12.2007 in den Sachen COMP/34.579 – MasterCard, COMP/36.518 – EuroCommerce u. COMP/38.580 – Commercial Cards, Rn. 152.

1731 Vgl. KOM, Entscheidung v. 19.12.2007 in den Sachen COMP/34.579 – MasterCard, COMP/36.518 – EuroCommerce u. COMP/38.580 – Commercial Cards, Rn. 688.

1732 Vgl. KOM, Entscheidung v. 19.12.2007 in den Sachen COMP/34.579 – MasterCard, COMP/36.518 – EuroCommerce u. COMP/38.580 – Commercial Cards, Rn. 688.

in Betrugsfällen in den Genuss der Zahlungsgarantie und die Sicherheit für die Händler würde auch bei Zahlungsausfällen verbessert.[1733] Auch die Karteninhaber erhielten einen Zuwachs an Sicherheit sowie die Möglichkeit, die auf den Absatzmärkten erworbenen Produkte erst nach Ablauf der zinsfreien Finanzierungszeit zu zahlen.[1734] Überdies seien eine Verbesserung des Wettbewerbs im Issuing- und im Acquiring-Bereich, sinkende Kosten aufgrund von Skalenerträgen sowie eine Zunahme an Innovationen zu verzeichnen.[1735]

Die netzwerkorientierte Sichtweise besteht aus einer Fülle von Argumenten und Thesen. Diese bedürfen einer näheren Überprüfung:

Unterkapitel 1. Ungleichgewicht der Nachfrage der Karteninhaber und der Nachfrage der Händler

Den ersten zentralen Gesichtspunkt der netzwerkorientierten Sichtweise bildet die (Kern-)These, dass die MIF ein Mittel zur Schaffung eines Gleichgewichts zwischen der Nachfrage nach Kartenprodukten des jeweiligen Systems sei.[1736] Diese Behauptung lässt sich indes nur verifizieren, sofern ohne eine MIF tatsächlich ein Ungleichgewicht zwischen den beiden Seiten des Marktes gegeben ist bzw. wäre oder eine MIF zumindest zur Optimierung des Systemoutputs beiträgt.

§ 1. Das sog. „Henne-und-Ei-Problem"

Mit den Netzwerkeffekten in Kreditkartensystemen und der zweiseitigen Marktstruktur geht das sog. „Henne-und-Ei-Problem" („Chicken-and-egg"-Problem) einher: Der Aufbau einer Karteninfrastruktur auf der einen und einer Vertragsunternehmensinfrastruktur auf der anderen Seite stehen in wechselbezüglicher Beziehung.[1737] Emittenten und Karteninhaber werden nicht bereit sein, im

---

1733 Vgl. KOM, Entscheidung v. 19.12.2007 in den Sachen COMP/34.579 – MasterCard, COMP/36.518 – EuroCommerce u. COMP/38.580 – Commercial Cards, Rn. 688.

1734 Vgl. KOM, Entscheidung v. 19.12.2007 in den Sachen COMP/34.579 – MasterCard, COMP/36.518 – EuroCommerce u. COMP/38.580 – Commercial Cards, Rn. 688.

1735 Vgl. KOM, Entscheidung v. 19.12.2007 in den Sachen COMP/34.579 – MasterCard, COMP/36.518 – EuroCommerce u. COMP/38.580 – Commercial Cards, Rn. 688.

1736 Vgl. KOM, Entscheidung v. 19.12.2007 in den Sachen COMP/34.579 – MasterCard, COMP/36.518 – EuroCommerce u. COMP/38.580 – Commercial Cards, Rn. 148 u. Rn. 675; WEKO, Verfügung v. 05.12.2005, RPW 2006/1, 65, S. 107, Rn. 344; vgl. auch *Rochet/Tirole*, An Economic Analysis of the Determination of Interchange Fees, Rev. Netw. Econ., 2003, Vol. 2, Iss. 2, 69, 70.

1737 Vgl. *Evans*, Antitrust Economics of Two-Sided Markets, 2002, S. 11 ff.; *Evans*, Empirical Aspects of Multi-sided Platform Industries, Rev. Netw. Econ., 2003, Vol. 2, Iss. 3, 191, 195 f.; *Caillaud/Jullien*, Chicken & Egg, RAND J. Econ, 2003, Vol 34, 309 ff.; vgl. auch WEKO, Verfügung v. 05.12.2005, RPW 2006/1, 65, S. 107, Rn. 337; vgl. ferner *Stremersch/Tellis/Franses/Binken*, Indirect Network Effects in New Product Growth, J. Marketing, 2007, Vol. 71, 52, 60 ff.

Emissionsbereich eines Systems zu agieren, sofern keine hinreichenden Einsatzmöglichkeiten der Karten des jeweiligen Systems bestehen. Acquirer wie auch Vertragsunternehmen werden hingegen keine Veranlassung sehen, an einem Kreditkartensystem teilzunehmen, wenn keine hinreichende Anzahl an Karteninhabern vorhanden ist, welche die Karten des Systems am Point of Sale einsetzen.

Hiermit sind wiederum in der Phase der Errichtung eines (neuen) Kreditkartensystems Schwierigkeiten für die Kreditkartenorganisationen verbunden. In dieser Implementierungsphase gilt es die kritische Masse an Karteninhabern und Vertragsunternehmen zu erreichen, also eine Anzahl an Teilnehmern sowohl im Issuing- als auch im Acquiring-Bereich zu erreichen, die eine Systemteilnahme für die im nachgelagerten Bereich notwendigen Akteure – seien es Anbieter oder Nachfrager – interessant und aussichtsreich erscheinen lässt.[1738]

Gerade in dieser Phase mag es – je nach den konkreten Umständen des Einzelfalles[1739] – aus wettbewerblicher Sicht zielführend sein, eine der beiden Nachfragegruppen über eine MIF zu subventionieren. Keineswegs erscheint es ausgeschlossen, dass Interbankenentgelte in dieser Phase eine Preisfestsetzung gestatten, die der Errichtung, Aufrechterhaltung und/oder Erhöhung der Anziehungskraft des Gesamtsystems zuträglich ist.[1740] Man denke etwa an den Fall, dass eine hinreichende Anzahl an Vertragsunternehmen bereit ist, sich dem System anzuschließen, sofern die realistische Aussicht besteht, dass in einem überschaubaren Zeitraum eine ausreichende Zahl an Karteninhabern die neue Kreditkarte in Besitz und Gebrauch nimmt. In einem solchen Falle könnte der Entwicklung auf der Emissionsseite durch niedrige Kartengebühren, die Gewährung von Zusatzleistungen etc. Vorschub geleistet werden. Um trotz dieser Einbußen, die allesamt primär zu Lasten der Emittenten gehen, potentielle Issuer zum Systembeitritt zu bewegen und deren (zu prognostizierende) (Anfangs-)Kosten zu kompensieren, könnte eine MIF von den Acquirern an die Issuer geleistet werden. Freilich ist ein entsprechendes Szenario auch mit geänderten Vorzeichen denkbar, in dem zwar von Seiten der Karteninhaber ein Interesse an einer neuen Karte bestehen mag, aber zunächst das Interesse von Händlern zur Kartenakzeptanz geweckt werden muss; in letzterem Falle kommt ein negatives, von den Issuer an die Acquirer zu entrichtendes Interbankenentgelt in Betracht. In diesen Konstellationen ist grundsätzlich davon auszugehen, dass eine MIF dazu beitragen kann, ein neues System zu implementieren und zu etablieren. Dies wiederum würde einem neuen Wettbewerber den Zutritt zum Markt erleichtern, die Anfangsschwierigkeiten minimieren und in gewissem

1738 Vgl. auch noch BKartA, Beschluss v. 29.08.2008 – B 6-52/08, WuW 2009, 75 = BeckRS 2009, 04952 (unter 6.2).

1739 Dies bedürfte freilich im jeweiligen Fall einer dezidierten Untersuchung der Marktverhältnisse, der einwirkenden Wettbewerbskräfte sowie der Erfolgsaussichten des neuen Systems ohne MIF.

1740 Vgl. zu diesem Argument ferner WEKO, Verfügung v. 05.12.2005, RPW 2006/1, 65, S. 107, Rn. 337.

Umfang auch einem etwaigen Verdrängungswettbewerb der bereits etablierten Kreditkartenorganisationen entgegenwirken.

Diese Ausführungen betreffen indes den Zeitraum der Implementierung eines neuen Kreditkartensystems.[1741] Diese Situation kann nicht schlechterdings mit jener Situation gleichgesetzt werden, in der sich die bereits etablierten Kreditkartenorganisationen befinden. Die Bedeutung der Netzwerkexternalitäten schwindet mit der Reife des Systems; dies gilt insbesondere, wenn die Phase des „Henne-oder-Ei"-Problems überwunden wurde.[1742] Bei den Systemen von Visa und MasterCard handelt es sich um etablierte Kreditkartensysteme, deren Implementierungsphase bereits abgeschlossen ist. Allein der Verweis auf das „Chicken-and-egg"-Problem vermag die Existenz eines Ungleichgewichts bzw. die Existenz von Effizienzvorteilen aufgrund der MIF innerhalb dieser Kreditkartensysteme nicht zu begründen. Die bereits an obiger Stelle angesprochenen Ergebnisse von empirischen Untersuchungen legen nahe, dass multilaterale Interbankenentgelte ein Vehikel darstellen, um wirtschaftliche Erträge zu erzielen.[1743] Auch ein (ehemaliger) Newcomer müsste seine MIF nach Abschluss der Implementierungsphase abschaffen, sofern hinsichtlich des Systems keine Effizienzvorteile einer MIF auszumachen sind. Das Chicken-and-egg-Problem vermag insofern – für sich allein besehen – das Vorliegen von Effizienzgewinnen nicht zu begründen.

§ 2. Das Todesspiralen-Argument

Wie bereits an obiger Stelle ausführlich erläutert wurde, vermag das sog. Todesspiralen-Argument letztlich nicht zu überzeugen.[1744] Gegen dieses Argument spricht im vorliegenden Kontext auch, dass ein Rückgang der Anzahl der Karteninhaber, sofern man das MIF seiner Höhe nach absenken würde, nicht zwangsläufig mit einem Rückgang an Effizienz gleichzusetzen wäre. So ist keineswegs ausgeschlossen, dass ein Abfall der Anzahl der Karteninhaber aus gesamtwohlfahrtlicher Sicht vorteilhaft wäre, wenngleich dies aus Sicht der Kreditkartenorganisationen und insbesondere der systemangehörigen Issuer subjektiv als nachteilig angesehen wird. Dem allgemeinen wirtschaftlichen Wohlstand entsprechen nicht

---

1741 Vgl. auch noch BKartA, Beschluss v. 29.08.2008 – B 6-52/08, WuW 2009, 75 = BeckRS 2009, 04952 (unter 6.2).

1742 Vgl. *Frankel/Shampine*, Economic effects of Interchange Fees, Antitrust L.J., 2006, Vol. 73, No. 3, 627, 655: „By its nature, a network extemality is likely to become less important (and a less persuasive justification) as a network matures"; *Rochet*, Theory of Interchange Fees, Rev. Netw. Econ., 2003, Vol. 2, Iss. 2, 97: "Payment card networks are also characterized by a more classical network extemality [...] this extemality becomes less and less important as the network matures, when virtually all potential users have joined".

1743 Vgl. KOM, Entscheidung v. 19.12.2007 in den Sachen COMP/34.579 – MasterCard, COMP/36.518 – EuroCommerce u. COMP/38.580 – Commercial Cards, Rn. 730.

1744 Vgl. oben unter Abschnitt 2, Titel 3, Untertitel 3, Kapitel 4.

zwangsläufig die Vorteile der Unternehmen, die an der Absprache partizipieren. Insbesondere Kostenersparnisse wie auch generierte Gewinne, die ausschließlich den an der Absprache beteiligten Unternehmen zugutekommen, können nicht als im Rahmen des Abs. 3 berücksichtigungsfähige Effizienzgewinne klassifiziert werden.[1745]

§ 3. Optimierung des System-Outputs

Ferner wird darauf verwiesen, dass die Stärke eines Kreditkartensystems gerade auf der hohen Zahl der angeschlossenen Vertragsunternehmen und Karteninhabern beruhe und diese bei Wegfall bzw. bei Festlegung einer suboptimalen Höhe der Interbankenentgelte beeinträchtigt werden könne.[1746] Eine optimale MIF sei zum optimalen Betrieb des Zahlungssystems erforderlich.[1747]

Bei näherer Betrachtung wird jedoch deutlich, dass jene, die auf eine Optimierung in diesem Sinne verweisen, letztlich eine Optimierung mit einer Maximierung des Outputs des Systems gleichsetzen.[1748] Ein Anstieg der Transaktions-, Umsatz- und Emissionszahlen wie auch der Anzahl der Vertragsunternehmen führt nach den Vertretern dieser Auffassung zu einer Verbesserung der Wettbewerbsverhältnisse.[1749] Freilich kann eine Erhöhung der Anzahl der systemzugehörigen Karten mit einer Erhöhung des Umsatzes der Händler einhergehen. Im Falle steigender Emissionszahlen und/oder Transaktionsvolumina wächst jedoch auch der Druck auf die Händler.[1750] Je größer ein System ist, desto größer sind auch die Nachteile, denen sich ein Händler ausgesetzt sieht, sofern er auf die Annahme dieser Karten verzichtet. Eine Maximierung des System-Outputs stärkt in erster Linie die Position der Issuer, der Acquirer und auch der Kreditkartenorganisationen.

Dass ein (Intra-System-)Wettbewerb im nachgelagerten Bereich erst durch die Ausgestaltung eines Kreditkartensystems in Form eines offenen Systems entsteht, steht außer Frage. In Drei-Parteien-Systemen gibt es lediglich einen Emittenten, der gleichsam mit dem einzigen vorzufindenden Acquirer identisch ist. Dass diese

---

1745 Vgl. KOM, Leitlinien zur Anwendung von Artikel 101 Absatz 3 AEUV, ABl. EU v. 27.04.2004, C 101/97, 104, Rn. 49; EuGH, Urteil v. 13.07.1966, Rs. C-56/64 u. C-58/64 – Consten und Grundig, Slg. 1966, 321.

1746 Vgl. hierzu KOM, Entscheidung v. 24.07.2002, COMP/29.373 – Visa International II – Multilateral Interchange Fee, ABl. EG v. 22.11.2002, L 318/17, S. 19, Rn. 14.

1747 In diesem Sinne etwa Visa, vgl. KOM, Entscheidung v. 24.07.2002, COMP/29.373 – Visa International II – Multilateral Interchange Fee, ABl. EG v. 22.11.2002, L 318/17, S. 19, Rn. 14.

1748 Einen entsprechenden Standpunkt legte MasterCard an den Tag, vgl. KOM, Entscheidung v. 19.12.2007 in den Sachen COMP/34.579 – MasterCard, COMP/36.518 – EuroCommerce u. COMP/38.580 – Commercial Cards, Rn. 152.

1749 Vgl. KOM, Entscheidung v. 19.12.2007 in den Sachen COMP/34.579 – MasterCard, COMP/36.518 – EuroCommerce u. COMP/38.580 – Commercial Cards, Rn. 688.

1750 Vgl. ferner EuG, Entscheidung v. 24.05.2012, Rs. T 111/08 – MasterCard, Rn. 222.

Wettbewerbsverhältnisse nur innerhalb eines offenen Systems gegeben sind, bedeutet jedoch nicht zugleich, dass dies eine Auswirkung der MIF ist.[1751]

Des Weiteren wird teilweise postuliert, dass der systeminterne Wettbewerb durch die Existenz eines MIF verstärkt bzw. verbessert wird. Indes ist zu besehen, dass eine MIF die bereits an obiger Stelle dargelegten wettbewerbsbeschränkenden Auswirkungen entfaltet. Eine MIF verstärkt nicht den – innerhalb eines offenen Systems auch ohne MIF anzutreffenden – systeminternen Wettbewerb unter den Issuern und den Acquirern, sondern schwächt diesen. Eine Zunahme der Emissionszahlen wie auch der Einsatzfreude der Karteninhaber steigert nicht zwangsläufig die Wettbewerbskräfte im Emissions- und/oder im Acquiring-Bereich; eine Absatzsteigerung ist nicht gleichbedeutend mit einer Wettbewerbssteigerung.[1752]

Allenfalls mag man im vorliegenden Kontext postulieren, dass eine MIF den Markteintritt von Anbietern erleichtern kann und der Wettbewerb im Wege der hiermit einhergehenden Abnahme des Konzentrationsgrades verbessert wird. Eine Zunahme der Anzahl an Emittenten aufgrund der MIF führt allerdings nicht in jedem Falle zu einer Verbesserung des (Intra-System-)Wettbewerbs. Eine MIF kann dazu beitragen, dass auch solchen Anbietern den Zugang zum Emissionsgeschäft eröffnet wird, die ohne MIF nicht kostendeckend respektive effizient agieren könnten.[1753] Die Abnahme des Konzentrationsgrades führt durch weitere Markteintritte von solchen nicht konkurrenzfähigen Issuer nicht dazu, dass der Wettbewerbsdruck auf die vorhandenen Emittenten ansteigt.[1754]

Auch Marktzutritte neuer Unternehmen im Acquiring-Bereich erscheinen in Anbetracht der „zu erwartenden höheren Kosten“ weitaus „weniger attraktiv“.[1755] Zumal die Belastung mit den multilateralen Interbankenentgelten (zunächst) bei den akquirierenden Unternehmen liegt, sind diese Entgelte geeignet, einige akquirierende Unternehmen vom Markteintritt abzuhalten oder gar zum Marktaustritt zu veranlassen.[1756]

1751 Vgl. zur Sichtweise von MasterCard: KOM, Entscheidung v. 19.12.2007 in den Sachen COMP/34.579 – MasterCard, COMP/36.518 – EuroCommerce u. COMP/38.580 – Commercial Cards, Rn. 673.

1752 Vgl. KOM, Entscheidung v. 19.12.2007 in den Sachen COMP/34.579 – MasterCard, COMP/36.518 – EuroCommerce u. COMP/38.580 – Commercial Cards, Rn. 692.

1753 Vgl. KOM, Entscheidung v. 19.12.2007 in den Sachen COMP/34.579 – MasterCard, COMP/36.518 – EuroCommerce u. COMP/38.580 – Commercial Cards, Rn. 739.

1754 Vgl. KOM, Entscheidung v. 19.12.2007 in den Sachen COMP/34.579 – MasterCard, COMP/36.518 – EuroCommerce u. COMP/38.580 – Commercial Cards, Rn. 739.

1755 Vgl. KOM, Entscheidung v. 19.12.2007 in den Sachen COMP/34.579 – MasterCard, COMP/36.518 – EuroCommerce u. COMP/38.580 – Commercial Cards, Rn. 692.

1756 Vgl. KOM, Entscheidung v. 19.12.2007 in den Sachen COMP/34.579 – MasterCard, COMP/36.518 – EuroCommerce u. COMP/38.580 – Commercial Cards, Rn. 692.

Hinsichtlich des vorgelagerten Bereichs ist das Argument nicht stichhaltig, dass eine MIF die Existenz einer weiteren Kreditkartenorganisation sicherstellt.[1757] Entsprechend obiger Ausführungen ist eine MIF nämlich für den Betrieb eines (bestehenden) Kreditkartensystems nicht notwendig.[1758]

Es zeigt sich, dass eine Leistungssteigerung des Kreditkartensystems keineswegs mit einem verbesserten Wettbewerb zum Vorteil sämtlicher Nutzer gleichzusetzen ist. Eine Maximierung des System-Outputs, die nur der Kreditkartenorganisation wie auch den Mitgliedern des Systems zugutekommt, stellt keinen Vorteil dar, der im Rahmen der ersten Freistellungsvoraussetzung zu berücksichtigen wäre. Eine bloße Begünstigung der beteiligten Unternehmen ist nicht hinreichend.

§ 4. Zwischenergebnis

Ein Ungleichgewicht der Nachfrage der Karteninhaber und der Nachfrage der Händler lässt sich nicht erkennen.

Das sog. „Chicken-and-egg-Problem" mag zwar auf ein Kreditkartensystem in dessen Implementierungsphase zutreffen. Hinsichtlich der etablierten Kreditkartensysteme von Visa und MasterCard ist dieser Aspekt jedoch unergiebig.

Das Todesspiralen-Argument überzeugt auch im vorliegenden Kontext nicht. Ein (etwaiger) Rückgang der Anzahl an Karteninhabern ist nicht zwangsläufig mit einem Rückgang an Effizienz gleichzusetzen. Es ist keineswegs ausgeschlossen, dass ein Abfall der Anzahl der Karteninhaber aus gesamtwohlfahrtlicher Sicht vorteilhaft wäre, wenngleich dies aus Sicht der Kreditkartenorganisationen und insbesondere der systemangehörigen Issuer subjektiv als nachteilig angesehen wird. Auch eine Maximierung des System-Outputs vermag nicht das Vorliegen von Effizienzgewinnen zu begründen, da eine solche (ebenfalls) zuvörderst der Kreditkartenorganisation wie auch den Mitgliedern des Systems, nicht aber sämtlichen Nutzern zugutekommt. Dem allgemeinen wirtschaftlichen Wohlstand entsprechen nicht zwangsläufig die Vorteile der Unternehmen, die an der Absprache teilnehmen.

Unterkapitel 2. Ungleichgewicht der Kosten

Die netzwerkorientierte Sichtweise basiert ferner auf der These, dass zwischen den Issuern und der Acquirern ein Kostenungleichgewicht existiere.[1759] Es wird

---

1757 Vgl. hierzu auch noch KOM, Entscheidung v. 19.12.2007 in den Sachen COMP/34.579 – MasterCard, COMP/36.518 – EuroCommerce u. COMP/38.580 – Commercial Cards, Rn. 674 u. Rn. 692.

1758 Vgl. KOM, Entscheidung v. 19.12.2007 in den Sachen COMP/34.579 – MasterCard, COMP/36.518 – EuroCommerce u. COMP/38.580 – Commercial Cards, Rn. 739.

1759 Vgl. die Darstellung der Ansicht von Visa in: KOM, Entscheidung v. 24.07.2002, COMP/29.373 – Visa International II – Multilateral Interchange Fee, ABl. EG v. 22.11.2002, L 318/17, S. 19, Rn. 14.

postuliert, dass die seitens der Emittenten erzielten Einkünfte geringer als deren Kosten seien.[1760] Die Einkünfte der Acquirer lägen hingegen über den Kosten, die bei diesen anfielen.[1761] Die Interbankenentgelte seien ein Mittel um dieses Kostenungleichgewicht zu beseitigen.[1762] Im Wege des mit den Interchange Fees verbundenen Entgelttransfers würden die Gesamtkosten und -einnahmen innerhalb des Systems in einer Weise auf alle Beteiligten verteilt, sodass sich das Kartentransaktionsvolumen steigern lasse.[1763]

§ 1. Die Issuer als Träger der höchsten Kostenbelastung

Teils wird zur Begründung des Vorliegens eines solchen Ungleichgewichts (pauschal) darauf verwiesen, dass die Issuer (üblicherweise) die höchsten Kosten innerhalb des Systems tragen.[1764]

Dem steht jedoch zunächst entgegen, dass einige Kostenpositionen lediglich von den Emittenten wegen der Existenz der MIF getragen werden.[1765] So bilden die im Wege der MIF generierten Einnahmen einen Ansporn für die Emittenten, eine größere Anzahl an Kreditkarten zu emittieren und im Wege von kostenträchtigen Marketing-Maßnahmen einen Anreiz für die Karteninhaber zum Karteneinsatz zu schaffen; dass die hierdurch entstehenden Kosten sodann im Wege der MIF kompensiert werden sollen, vermag insofern nicht zu überzeugen.[1766] Die in Anbetracht der Existenz der MIF übernommenen Kosten im Wege der MIF auszugleichen, stellt insofern ein Zirkelschluss dar; bereits hieraus eine Rechtfertigung der MIF ableiten zu wollen, trägt insofern nicht.

Überdies stellt eine reine Kostenanalyse keine substanzielle Grundlage für die Annahme eines entsprechenden Ungleichgewichts zwischen beiden Seiten des

1760 Vgl. hierzu KOM, Entscheidung v. 24.07.2002, COMP/29.373 – Visa International II – Multilateral Interchange Fee, ABl. EG v. 22.11.2002, L 318/17, S. 19, Rn. 14.

1761 Vgl. KOM, Entscheidung v. 24.07.2002, COMP/29.373 – Visa International II – Multilateral Interchange Fee, ABl. EG v. 22.11.2002, L 318/17, S. 19, Rn. 14.

1762 In diesem Sinne MasterCard, vgl. KOM, Entscheidung v. 19.12.2007 in den Sachen COMP/34.579 – MasterCard, COMP/36.518 – EuroCommerce u. COMP/38.580 – Commercial Cards, Rn. 148.

1763 Vgl. KOM, Entscheidung v. 19.12.2007 in den Sachen COMP/34.579 – MasterCard, COMP/36.518 – EuroCommerce u. COMP/38.580 – Commercial Cards, Rn. 148.

1764 Vgl. hierzu etwa KOM, Entscheidung v. 19.12.2007 in den Sachen COMP/34.579 – MasterCard, COMP/36.518 – EuroCommerce u. COMP/38.580 – Commercial Cards, Rn. 684; KOM, Entscheidung v. 24.07.2002, COMP/29.373 – Visa International II – Multilateral Interchange Fee, ABl. EG v. 22.11.2002, L 318/17, S. 19, Rn. 14; KOM, Arbeitsdokument v. 31.01.2007, Untersuchung des Retail-Bankgeschäfts (Abschlussbericht), COM(2007) 33 final, SEC(2007) 106, S. 168.

1765 Vgl. KOM, Entscheidung v. 19.12.2007 in den Sachen COMP/34.579 – MasterCard, COMP/36.518 – EuroCommerce u. COMP/38.580 – Commercial Cards, Rn. 685.

1766 Vgl. KOM, Entscheidung v. 19.12.2007 in den Sachen COMP/34.579 – MasterCard, COMP/36.518 – EuroCommerce u. COMP/38.580 – Commercial Cards, Rn. 685.

Marktes.[1767] Dies bedürfte vielmehr auch einer Einbeziehung der Einnahmen.[1768] Die Existenz eines Ungleichgewichts im Hinblick auf die Kosten kann nicht als hinreichend erachtet werden, um die Existenz eines multilateralen Interbankenentgeltes zu rechtfertigen.[1769] Sofern die im Wege des Issuing generierten Vorteile (einschließlich der Einnahmen) – unter wirtschaftlichen Vernunftgesichtspunkten besehen – hinreichende Anreize liefern, die Emittenten zu Investitionen in ihre Tätigkeiten zu veranlassen, wäre ein Entgelttransfer aus dem Acquiring-Bereich gegebenenfalls überflüssig und sogar kontraproduktiv.[1770] Ein bloßer Transfer von Einnahmen kann nämlich aufgrund der mit einer MIF verbundenen Steigerung der Kosten der Vertragsunternehmen die Akzeptanz von Karten und damit die Vertragsunternehmensinfrastruktur reduzieren.[1771]

Im Rahmen der Sektorenuntersuchung der Kommission wurde unter anderem die Rentabilität des Kreditkartengeschäfts näher beleuchtet.[1772] Auch wurde untersucht, inwieweit die Rentabilität des Issuing-Geschäft von den Einnahmen abhängt, die durch Interbankenentgelte generiert werden.[1773] Um die Bedeutung der Interbankenentgelte für das Gesamteinkommen der Emittenten zu quantifizieren, wurden im Rahmen der Untersuchung deren Gesamteinkommen einschließlich der Einnahmen aus den IC Fees mit ihrem Gesamteinkommen ohne diese Entgelte verglichen.[1774] Es zeigte sich, dass 62 der 100 emittierenden Unternehmen, die ein positives Gewinnverhältnis meldeten, auch ohne die Einnahmen aus den Interbankenentgelten hätten profitabel agieren können.[1775] Die Auswertung der Untersuchung offenbarte, dass in Abwesenheit von Interchangegebühren in 20 der

---

1767 Vgl. KOM, Entscheidung v. 19.12.2007 in den Sachen COMP/34.579 – MasterCard, COMP/36.518 – EuroCommerce u. COMP/38.580 – Commercial Cards, Rn. 686.

1768 Vgl. KOM, Entscheidung v. 19.12.2007 in den Sachen COMP/34.579 – MasterCard, COMP/36.518 – EuroCommerce u. COMP/38.580 – Commercial Cards, Rn. 686; EuG, Entscheidung v. 24.05.2012, Rs. T111/08 – MasterCard, Rn. 211. Vgl. ferner zu den maßgeblichen Determinanten der Einnahmen und der Kosten der Issuer: KOM, Arbeitsdokument v. 31.01.2007, Untersuchung des Retail-Bankgeschäfts (Abschlussbericht), COM(2007) 33 final, SEC(2007) 106, S. 118.

1769 Vgl. KOM, Entscheidung v. 19.12.2007 in den Sachen COMP/34.579 – MasterCard, COMP/36.518 – EuroCommerce u. COMP/38.580 – Commercial Cards, Rn. 686.

1770 Vgl. KOM, Entscheidung v. 19.12.2007 in den Sachen COMP/34.579 – MasterCard, COMP/36.518 – EuroCommerce u. COMP/38.580 – Commercial Cards, Rn. 686.

1771 Vgl. KOM, Entscheidung v. 19.12.2007 in den Sachen COMP/34.579 – MasterCard, COMP/36.518 – EuroCommerce u. COMP/38.580 – Commercial Cards, Rn. 686.

1772 Vgl. KOM, Arbeitsdokument v. 31.01.2007, Untersuchung des Retail-Bankgeschäfts (Abschlussbericht), COM(2007) 33 final, SEC(2007) 106, S. 119 ff.

1773 Vgl. KOM, Arbeitsdokument v. 31.01.2007, Untersuchung des Retail-Bankgeschäfts (Abschlussbericht), COM(2007) 33 final, SEC(2007) 106, S. 121 ff.

1774 Vgl. KOM, Arbeitsdokument v. 31.01.2007, Untersuchung des Retail-Bankgeschäfts (Abschlussbericht), COM(2007) 33 final, SEC(2007) 106, S. 121 a.E. f.

1775 Vgl. KOM, Arbeitsdokument v. 31.01.2007, Untersuchung des Retail-Bankgeschäfts (Abschlussbericht), COM(2007) 33 final, SEC(2007) 106, S. 122.

25 betrachteten Länder im Wege der Kreditkartenemission positive Gewinne hätten erzielt werden könnten.[1776] Dies belegt gleichsam, dass die Gewinne der Emittenten durch Interbankenentgelte gesteigert werden konnten.[1777]

§ 2. Issuing-Dienstleistungen als Leistungen zu Gunsten der Vertragsunternehmen?

Ferner wird argumentiert, die Emittenten erbrächten Leistungen, die letzten Endes nicht (nur) ihrer eigenen Marktgegenseite (den Karteninhabern), sondern über die akquirierenden Unternehmen auch den Vertragsunternehmen zum Vorteil gereichen würden.[1778] Dies könne Dysbalancen innerhalb des Systems in Bezug auf die Ertrags- und Kostenstruktur der Emittenten und Acquirer zeitigen.[1779] Das MIF gleiche dieses Ungleichgewicht aus, indem diese Leistungserbringung der Issuer abgegolten würde.[1780] Zudem sei das MIF statthaft, weil die akquirierenden Unternehmen ohne ausgegebene Kreditkarten keinerlei Einnahmen erzielen würden, mithin die Kartenemission eine Grundvoraussetzung für die Tätigkeit der Acquirer sei.[1781] Indes wird eine solche Sichtweise schon aufgrund ihrer Pauschalität nicht der Komplexität des Zahlungskartengeschäfts gerecht. So mag es zwar zutreffen, dass ohne Kartenemission keine Transaktionen via Kreditkarten zu verzeichnen wären und infolgedessen auch kein Disagio an die Acquirer entrichtet werden würde, welches als transaktionsvolumenabhängiges Entgelt die Einnahmequelle der Acquirer bildet. Allerdings wären Zahlungskarten ohne Vertragsunternehmensinfrastruktur auch nicht am PoS einsetzbar, so dass die Leistungen der Acquirer letztlich auch den Issuern bzw. Karteninhabern zugutekommen. Die IC Fee fließen in der weit überwiegenden Anzahl der Fälle von den Acquirern an die Issuer. Weshalb insofern eine Ausgleichszahlung an die Issuer und nicht etwa umgekehrt an die Acquirer erfolgt, vermag diese Argumentation nicht zu erklären. Es handelt sich letztlich um ein Scheinargument.

§ 3. Vorteil einer Kostenzuteilung?

Ferner sei festzustellen, dass kartenemittierende wie auch -akquirierende Unternehmen die Wirkungen der von ihnen festgesetzten Entgelte auf den jeweils anderen Bereich nicht in ihre Preisfestsetzungsüberlegungen miteinbeziehen

1776 Vgl. KOM, Arbeitsdokument v. 31.01.2007, Untersuchung des Retail-Bankgeschäfts (Abschlussbericht), COM(2007) 33 final, SEC(2007) 106, S. 122 (Abbildung 45).

1777 Vgl. KOM, Arbeitsdokument v. 31.01.2007, Untersuchung des Retail-Bankgeschäfts (Abschlussbericht), COM(2007) 33 final, SEC(2007) 106, S. 122.

1778 Vgl. WEKO, Verfügung v. 05.12.2005, RPW 2006/1, 65, S. 107, Rn. 337. In diesem Kontext zeigen sich freilich Parallelen zum „Fee for Service"-Ansatz.

1779 Vgl. WEKO, Verfügung v. 05.12.2005, RPW 2006/1, 65, S. 107, Rn. 337.

1780 Vgl. WEKO, Verfügung v. 05.12.2005, RPW 2006/1, 65, S. 107, Rn. 337.

1781 Vgl. auch *Judt*, Bedeutung der Interchange Fee, cards 2000, Heft 1, S. 20 ff.

würden.[1782] Den Kartenorganisationen sei es im Wege der MIF möglich hierauf zu reagieren und den „Gesamtwert des Produkts auf beiden Seiten“ zu steigern.[1783] Wenngleich dem zuzugeben ist, dass die MIF eine solche Möglichkeit theoretisch eröffnen mag, weist dies indes nicht die tatsächliche Existenz des proklamierten Ungleichgewichts nach. Es ist keineswegs zwingend, dass derartige Kostenumverteilungen für die Akteure mit Vorteilen verbunden sind.[1784] So besteht durchaus die Möglichkeit, dass die Kostenverteilung zur Umschichtung bzw. Verstärkung von Marktmacht von Unternehmen verwendet wird, „indem der Wettbewerb auf einer Seite beschränkt wird, auf der andernfalls Druck auf die Gewinne bewirken würde“.[1785] Die bisherigen Ausführungen legen ein solches Gebaren jedenfalls nahe. In Anbetracht dessen ist der Nachweis zu führen, dass die Kostenverteilung bzw. die Beschränkung des Wettbewerbs tatsächlich positive Auswirkungen entfaltet.[1786]

§ 4. Die MIF beeinflussen die Preisstruktur, nicht hingegen das Preisniveau

Die Vertreter der netzwerkorientierten Sichtweise gehen davon aus, dass sich die Interbankenentgelte lediglich auf die Preisstruktur, nicht hingegen auf die Gesamtsumme der Preise, also das Preisniveau, auswirken.[1787]

Eine Reduktion der Interbankenentgelt-Sätze zeitige einen Zuwachs der Anzahl der Akzeptanzstellen und begünstige den Ausbau des Vertragsunternehmensnetzes. Im Falle der Erhöhung der Interbankenentgelte werde jedenfalls ein Anteil der zusätzlichen, via der Interchange Fees generierten Gewinne der Kartenemittenten in Gestalt einer Senkung der Jahresgebühren an die Karteninhaber weitergereicht. Eine Zunahme der MIF bedinge höhere Emissionszahlen und begünstige den Ausbau der Karteninfrastruktur (des jeweiligen Systems). Auf Seiten der Acquirer führe ein Anstieg der IC Fee-Sätze zu einem Kostenanstieg, welcher für diese mit abfallenden Gewinnen verbunden sei und tendenziell einen Anstieg der Händlergebühren zum Ergebnis habe. Eine Erhöhung der MSC zeitige wiederum einen Rückgang der Nachfrage im Acquiring-Bereich. Eine Reduzierung der Interbankenentgelte habe hingegen den umgekehrten Effekt in diesem Bereich zur Folge.

1782 Vgl. KOM, Entscheidung v. 19.12.2007 in den Sachen COMP/34.579 – MasterCard, COMP/36.518 – EuroCommerce u. COMP/38.580 – Commercial Cards, Rn. 676.
1783 Vgl. KOM, Entscheidung v. 19.12.2007 in den Sachen COMP/34.579 – MasterCard, COMP/36.518 – EuroCommerce u. COMP/38.580 – Commercial Cards, Rn. 676.
1784 Vgl. KOM, Entscheidung v. 19.12.2007 in den Sachen COMP/34.579 – MasterCard, COMP/36.518 – EuroCommerce u. COMP/38.580 – Commercial Cards, Rn. 682.
1785 Vgl. KOM, Entscheidung v. 19.12.2007 in den Sachen COMP/34.579 – MasterCard, COMP/36.518 – EuroCommerce u. COMP/38.580 – Commercial Cards, Rn. 682.
1786 Vgl. KOM, Entscheidung v. 19.12.2007 in den Sachen COMP/34.579 – MasterCard, COMP/36.518 – EuroCommerce u. COMP/38.580 – Commercial Cards, Rn. 682.
1787 Vgl. WEKO, Verfügung v. 05.12.2005, RPW 2006/1, 65, S. 108, Rn. 346.

Diesem Argument liegt gleichsam die Annahme zugrunde, dass infolge der MIF lediglich eine (Um-)Verteilung von finanziellen Mitteln erfolgt, nicht jedoch die Preise gesteigert werden. Eine Eignung zur angemessenen Beseitigung eines Ungleichgewichts kommt der MIF nur in diesem Falle zu. Sofern die MIF das Niveau der Gesamtpreise beeinflussen, wirken sie sich nicht neutral im postulierten Sinne aus. Vorliegend kann sich die MIF auf die Händlerentgelte und/oder die Karteninhabergebühren auswirken.

Zur Beurteilung der Frage, ob dieses theoretische Modell den realen Gegebenheiten gerecht wird, bedarf es mithin einer Einnahmen- und Kostenanalyse sowohl in Bezug auf den Emissionsbereich auf der einen wie auch den Akquisitionsbereich auf der anderen Seite. Daran anschließend sind diese Posten zueinander in Relation zu setzen. Die netzwerkorientierte Sichtweise wäre nur zutreffend, sofern Gewinnrückgänge bei den Acquirern und/oder Gewinnsteigerungen bei den Issuern zur Folge hätten, dass die MIF-Sätze (in einem entsprechenden Umfang) abgesenkt, bzw. im umgekehrten Falle angehoben werden würden oder im Falle steigender MIF jedenfalls die Kartengebühren (in einem entsprechenden Umfang) sinken würden. Nur dann wäre die „Balance“ beider Tätigkeitsfelder im Sinne der netzwerkorientierten Sichtweise gewährleistet und eine Neutralität der MIF gegeben. In der Realität zeichnet sich jedoch ein anderes Bild ab:

I. Verhältnis MIF – MSC

Entsprechend obiger Ausführungen besteht insofern eine Korrelation zwischen den MSC und den MIF, als die MIF eine Mindestgrenze der Händlergebühren statuieren. Ein Anstieg der MIF bewirkt letztlich eine Erhöhung dieser Untergrenze der MSC.

Indes ist es im umgekehrten Falle einer Senkung der MIF nicht die zwangsläufige Konsequenz, dass die MSC ebenfalls sinken. Die MIF stellen einen Bestandteil der Kosten der Acquirer dar. Wenn dieser Kostenbestandteil reduziert wird, ist es keineswegs ein Automatismus, dass die MSC sinken. Dies hängt vielmehr von den Wettbewerbsverhältnissen im jeweiligen Acquiring-Markt ab. Dies wird unter anderem durch einige Erkenntnisse aus der Schweiz belegt. So waren einerseits die Kartenemittenten in der Schweiz in der Lage, ihre Gewinne wegen niedrigerer Kosten und angewachsener Einnahmen zu steigern.[1788] Andererseits hatten die akquirierenden Unternehmen trotz eines Anstieges ihrer Kosten Senkungen der MSC und demgemäß einen Abfall der Gewinnmargen zu gewärtigen.[1789] Nach der netzwerkorientierten Sichtweise wäre ceteris paribus in einem solchen Fall zu prognostizieren gewesen, dass eine Senkung der Interbankenentgeltsätze erfolgen würde.[1790] Dies war jedoch nicht der Fall. Vielmehr war innerhalb von zwei Jahren

1788 Vgl. WEKO, Verfügung v. 05.12.2005, RPW 2006/1, 65, S. 107, Rn. 343.
1789 Vgl. WEKO, Verfügung v. 05.12.2005, RPW 2006/1, 65, S. 107, Rn. 343.
1790 Vgl. WEKO, Verfügung v. 05.12.2005, RPW 2006/1, 65, S. 107, Rn. 343.

eine Erhöhung der Standard-Rate der MasterCard-Interbankenentgelte von etwa 20 % zu verzeichnen.[1791]

II. Verhältnis MIF – Karteninhabergebühren

Die MIF bilden neben den Jahresgebühren eine weitere Säule der Einnahmen der Emittenten. Aufgrund der Einnahmen, die für die Issuer aus den MIF folgen, ist es ihnen grundsätzlich möglich, die Entgelte im Issuing-Bereich zu senken und die Kostenlast der Karteninhaber zu reduzieren.[1792] Die insofern ausbleibenden Einnahmen können durch die MIF kompensiert werden. Im Falle einer (beträchtlichen) Senkung oder gar Abschaffung der MIF wäre davon auszugehen, dass die Emittenten versuchen würden, die ihnen hieraus resultierenden Einnahmeeinbußen, im Wege einer Erhöhung der Preise im Emissionsbereich auszugleichen. Es ist wahrscheinlich, dass die Jahresgebühren ohne die MIF zumindest auf einem höheren Niveau angesiedelt wären. Hinzu kommt, dass ohne die transaktionsvolumenabhängigen MIF keine Bereitstellung von Gratis-Karten erfolgen würde. Entsprechendes gilt hinsichtlich jener Fälle, in denen den Karteninhabern die Jahresgebühren ganz oder teilweise erlassen werden, sofern sie eine bestimmte Transaktionsschwelle erreichen. Demnach kann grundsätzlich von Preisvorteilen der Karteninhaber ausgegangen werden, die auf die MIF zurückzuführen sind.

Es ist allerdings erforderlich, dass die mit der wettbewerbsbeschränkenden Absprache einhergehenden Vorteile geeignet sind, die mit ihr verbundenen Nachteile zumindest auszugleichen.[1793] Insofern ist im Rahmen der ersten Freistellungsvoraussetzung eine Abwägung zwischen den vorteilhaften Effekten einerseits und den nachteiligen Wirkungen der Vereinbarung auf den Wettbewerb andererseits vorzunehmen.

Insofern ist zu berücksichtigen, dass Gratiskarten und ein „Erlass" der Jahresgebühren nicht für alle Karteninhaber mit Vorteilen verbunden sind, sondern nur für jene, in deren Emissionsverträgen entsprechende Bestimmungen vorhanden sind. Diese Vorteile betreffen daher nur einen bestimmten Anteil der Karteninhaber. Ferner ist davon auszugehen, dass die Emittenten die Kartengebühren nicht

---

1791 Vgl. WEKO, Verfügung v. 05.12.2005, RPW 2006/1, 65, S. 107, Rn. 338.

1792 Vgl. hierzu obige Ausführungen unter Abschnitt 2, Titel 3, Untertitel 2, Kapitel 2, Unterkapitel 1, § 2.

1793 Vgl. EuG, Urteil v. 27.02.1992, Rs. T-19/91 – Vichy, Slg. 1992, II-415, II-452 ff., Rn. 90 ff.; EuG, Urteil v. 08.06.1995, Rs. T-7/93 – Langnese-Iglo, Slg. 1995 II-1533, II-1597 f., Rn. 180; EuG, Urteil v. 08.06.1995, Rs. T-9/93 – Schöller, Slg. 1995, II-1611, II-1664, Rn. 142; EuG, Urteil v. 23.10.2003, Rs. T-65/98 – Van den Bergh Foods, Slg. 2003, II-4653, II-4712, Rn. 139; EuGH, Entscheidung v. 11.09.2014, Rs. C-382/12 P – MasterCard, Rn. 234 u. Rn. 242; KOM, Entscheidung v. 15.12.1975, IV/27.073 – Bayer/Gist-Brocades, ABl. EG v. 05.02.1976, L 30/13, S. 19; *Ellger*, in: Immenga/Mestmäcker, Wettbewerbsrecht, Bd. 1 EG/1, 5. Aufl., 2012, Art. 101 Abs. 3 AEUV, Rn. 142 u. Rn. 253.

nach freiem Belieben anheben könnten. In Anbetracht des geringen Konzentrationsgrades im Issuing-Bereich und des hiermit verbundenen Wettbewerbsdrucks steht nicht zu erwarten, dass die den Karteninhabern auferlegten Gebühren der Höhe nach über Gebühr ansteigen würden, sofern keine MIF vorhanden wären.[1794] Sofern die Emittenten den Karteninhabern überhöhte Kosten auferlegen würden, stünde zu erwarten, dass die Karteninhaber zu anderen Emittenten abwandern oder gar gänzlich auf das Innehaben einer Kreditkarte verzichten würden. Dies wäre wiederum mit Einbußen der Einnahmen für den Emittenten verbunden.[1795] Die infolge der Auswirkungen der MIF auf die Höhe der Jahresgebühren zu verzeichnenden Vorteile sind folglich als gering einzustufen.

Zudem sind die beträchtlichen wettbewerbsbeschränkenden Auswirkungen der MIF zu berücksichtigen. Die MIF bedingen beträchtliche Wettbewerbsbeschränkungen im Acquiring- wie auch im Issuing-Bereich. Insbesondere basieren die Preisersparnisse der Karteninhaber auf einem Transfer von Entgelten aus dem Acquiring-Bereich in den Issuing-Bereich. Dass die Kartengebühren ohne MIF auf einem höheren Niveau angesiedelt wären, basiert insofern nicht auf einem effizienteren Vorgehen der Emittenten oder der Acquirer. Die MIF werden vielmehr einheitlich für die Issuer und die Acquirer festgelegt. Die Issuer erhalten zusätzliche Einnahmen und für die Acquirer besteht in Anbetracht der Aspekte, dass sämtliche Wettbewerber im Acquiring-Bereich der Verpflichtung zur Entrichtung der MIF unterliegen und sie die mit den MIF verbundenen Kosten regelmäßig an die Vertragsunternehmen weiterleiten können, keinerlei Veranlassung sich der MIF zu erwehren. Die an obiger Stelle bereits en détail dargelegten Beschränkungen des Wettbewerbs und Nachteile überwiegen die Preisvorteile der Karteninhaber, die mit den MIF verbunden sind.

Die Hypothese, wonach eine Erhöhung des Levels der MIF zu geringeren Karteninhabergebühren führt, würde im Übrigen nur bestätigt werden, sofern sich eine starke negative Korrelation zwischen den durchschnittlichen Kartengebühren und der Höhe der Interbankenentgelte feststellen ließe.[1796] Um diese Hypothese

---

1794 Vgl. KOM, Entscheidung v. 19.12.2007 in den Sachen COMP/34.579 – MasterCard, COMP/36.518 – EuroCommerce u. COMP/38.580 – Commercial Cards, Rn. 613.

1795 Vgl. KOM, Entscheidung v. 19.12.2007 in den Sachen COMP/34.579 – MasterCard, COMP/36.518 – EuroCommerce u. COMP/38.580 – Commercial Cards, Rn. 612.

1796 Vgl. KOM, Arbeitsdokument v. 31.01.2007, Untersuchung des Retail-Bankgeschäfts (Abschlussbericht), COM(2007) 33 final, SEC(2007) 106, S. 100. Freilich handelt es sich insofern um einen Aspekt, der an sich im Rahmen der zweiten Freistellungsvoraussetzung von Relevanz wäre. Die Besonderheiten der netzwerkorientierten Sichtweise und insbesondere der in ihrem Kontext vorgebrachten Argumentation führen allerdings dazu, dass dieser Gesichtspunkt bereits im Rahmen der Prüfung, ob Effizienzvorteile im Sinne der ersten Freistellungsvoraussetzung gegeben sind, von nicht zu unterschätzender Bedeutung ist. So wird insofern gerade geltend gemacht, dass die im Wege der MIF zusätzlich generierten Einnahmen „lediglich“ aus dem Acquiring-Bereich in den Issuing-Bereich umverteilt werden und sich hinsichtlich des Preisniveaus neutral auswirken. Dies ist jedoch nur dann der Fall,

zu testen, untersuchte die Kommission im Zuge der Sektorenuntersuchung einfache Korrelationskoeffizienten für den Zeitraum von 2000 bis 2004 zwischen dem Landesdurchschnitt der Kartengebühren und der Höhe der Interbankenentgelte der Netzwerke von MasterCard und Visa.[1797] Der Korrelationskoeffizient war lediglich in drei der zehn Beobachtungen negativ und über die Zeit relativ konsistent.[1798] Dies war sowohl hinsichtlich des Visa- als auch des MasterCard-Systems zu beobachten. Die Beständigkeit der Werte kann bedeuten, dass sich eine mögliche Zunahme (Abnahme) der Interchange Fees in dieser Zeit nicht in geringeren (höheren) Karteninhabergebühren niedergeschlagen hat. Die insofern gewählten Korrelationskoeffizienten ließen andere Faktoren unberücksichtigt, die sich ebenfalls auf die Höhe der Kartengebühren auswirken können. Gleichwohl zeigten weitere ökonometrischen Kontrollschätzungen bezüglich dieser Variablen, dass eine Erhöhung der Interbankenentgelte um einen Euro in der Regel in Gestalt einer Reduzierung der Karteninhabergebühren in Höhe von 25 Cent pro Karte an diese weitergegeben wird.[1799] Dies spricht ebenfalls dafür, dass keine starke negative Beziehung zwischen der Höhe der Interbankenentgelte und der Höhe der Karteninhabergebühren gegeben ist.[1800] Diese Ergebnisse bestätigen zum einen die Erkenntnisse der Rentabilitätsbetrachtung.[1801] Zum anderen deuten sie darauf hin,

---

wenn die Einnahmen aus den MIF in hinreichender Weise in Form niedrigerer Gebühren an die Karteninhaber weitergegeben werden; dies gilt insbesondere auch vor dem Hintergrund, dass – wie bereits dargelegt wurde – diverse Anhaltspunkte dafür bestehen, dass die MIF die Gewinne der Kartenemittenten erhöhen.

1797 Vgl. KOM, Arbeitsdokument v. 31.01.2007, Untersuchung des Retail-Bankgeschäfts (Abschlussbericht), COM(2007) 33 final, SEC(2007) 106, S. 100; KOM, Interim Report I (Payment cards) v. 12.04.2006, Untersuchung des Retail-Bankgeschäfts (Zwischenbericht), Annex 5, S. 12 f., abrufbar unter: http://ec.europa.eu/competition/sectors/financial_services/ inquiries/interim_report_1.pdf.

1798 Vgl. KOM, Arbeitsdokument v. 31.01.2007, Untersuchung des Retail-Bankgeschäfts (Abschlussbericht), COM(2007) 33 final, SEC(2007) 106, S. 100; KOM, Interim Report I (Payment cards) v. 12.04.2006, Untersuchung des Retail-Bankgeschäfts (Zwischenbericht), Annex 5, S. 12 f., abrufbar unter: http://ec.europa.eu/competition/sectors/financial_services/ inquiries/interim_report_1.pdf.

1799 Vgl. KOM, Arbeitsdokument v. 31.01.2007, Untersuchung des Retail-Bankgeschäfts (Abschlussbericht), COM(2007) 33 final, SEC(2007) 106, S. 100. Die öknomische Analyse findet sich in: KOM, Interim Report I (Payment cards) v. 12.04.2006, Untersuchung des Retail-Bankgeschäfts (Zwischenbericht), Annex 5, S. 12 f., abrufbar unter: http://ec.europa.eu/competition/sectors/financial_services/inquiries/interim_report_1.pdf.

1800 Vgl. KOM, Arbeitsdokument v. 31.01.2007, Untersuchung des Retail-Bankgeschäfts (Abschlussbericht), COM(2007) 33 final, SEC(2007) 106, S. 100

1801 Vgl. KOM, Arbeitsdokument v. 31.01.2007, Untersuchung des Retail-Bankgeschäfts (Abschlussbericht), COM(2007) 33 final, SEC(2007) 106, S. 100.

dass die zusätzlichen Einnahmen aus den MIF nicht in angemessenem Ausmaß an die Karteninhaber weitergegeben werden.[1802]

Wie bereits an obiger Stelle dargelegt wurde, war auch in der Schweiz zu einer Zeit, zu der die Issuer Einnahmezuwächse und die Acquirer Gewinnrückgänge zu verbuchen hatten, eine Erhöhung der Standard-Rate der MasterCard-Interbankenentgelte von etwa 20 % zu verzeichnen.[1803] Insbesondere nach der netzwerkorientierten Sichtweise müsste eine solche Steigerung der Höhe der MIF grundsätzlich dazu führen, dass die Kartengebühren gesenkt würden.[1804] Dies war indes nicht zu beobachten.[1805] Die effektiv entrichteten Gebühren der Karteninhaber stiegen sogar an.[1806]

Hieraus kann gefolgert werden, dass sich die MIF nicht lediglich auf die Preisstruktur auswirken. Es ist vielmehr davon auszugehen, dass es sich bei den MIF um ein Mittel zur Steigerung der Gewinnmargen der Kartenemittenten handelt.[1807] Hiervon ist nicht lediglich die Preisstruktur, sondern auch das Preisniveau betroffen.

§ 5. Zwischenergebnis

Ein Ungleichgewicht zwischen den Kosten der Issuer und den Kosten der Acquirer rechtfertigt nicht das Vorliegen von Effizienzvorteilen.

Eine reine Kostenanalyse (ohne Einbeziehung der Einnahmen) stellt keine substanzielle Grundlage für die Annahme eines solchen Ungleichgewichts dar.

Im Übrigen ergab die Sektorenuntersuchung der Kommission, dass Issuer in 20 der 25 betrachteten Länder auch ohne Interchangegebühren positive Gewinne erzielt hätten.

Die Interbankenentgelte wirken sich auf das Preisniveau und nicht lediglich auf die Preisstruktur aus. Es handelt sich bei einer MIF nicht um eine – preisneutrale – Umverteilung von Entgelten. Ein Anstieg der MIF bewirkt eine Erhöhung der Untergrenze der MSC. Im umgekehrten Falle einer Senkung der MIF konnte bislang nicht ersehen werden, dass in diesem Falle die MSC ebenfalls gesenkt werden. Eine solche Senkung wäre jedoch nach der netzwerkorientierten Sichtweise

1802 Vgl. KOM, Interim Report I (Payment cards) v. 12.04.2006, Untersuchung des Retail-Bankgeschäfts (Zwischenbericht), Annex 5, S. 15, abrufbar unter: http://ec.europa.eu/competition/sectors/financial_services/inquiries/interim_report_1.pdf.

1803 Vgl. WEKO, Verfügung v. 05.12.2005, RPW 2006/1, 65, S. 107, Rn. 338.

1804 Vgl. WEKO, Verfügung v. 05.12.2005, RPW 2006/1, 65, S. 108, Rn. 346, Fn. 62 u. Rn. 347.

1805 Vgl. WEKO, Verfügung v. 05.12.2005, RPW 2006/1, 65, S. 105, Rn. 322 u. S. 108, Rn. 348. Vgl. hierzu auch obige Ausführungen unter Abschnitt 2, Titel 3, Untertitel 2, Kapitel 2, Unterkapitel 1.

1806 Vgl. WEKO, Verfügung v. 05.12.2005, RPW 2006/1, 65, S. 108, Rn. 348.

1807 Vgl. WEKO, Verfügung v. 05.12.2005, RPW 2006/1, 65, S. 104, Rn. 320 u. S. 109, Rn. 356.

erforderlich um die Neutralität hinsichtlich des Preisniveaus zu wahren. Die Höhe der MIF wirkt sich auch nicht neutral hinsichtlich der Höhe der Kartengebühren aus. Nach der netzwerkorientierten Sichtweise wäre im Falle eines Anstiegs der MIF eine entsprechende Absenkung der Karteninhabergebühren zu erwarten. Nach den Untersuchungen der Kommission war indes lediglich eine geringe negative Korrelation zwischen diesen beiden Entgelten erkennbar. Eine solche erscheint jedoch nicht geeignet, die mit der MIF einhergehenden Nachteile (zumindest) auszugleichen. Die Untersuchung der Kommission liefert Anzeichen dafür, dass die zusätzlichen Einnahmen aus einer Erhöhung der MIF nicht in angemessenem Ausmaß zu einer Absenkung der Kareninhabergebühren führten.

Unterkapitel 3. Die (weiteren) behaupteten (Folge-)Vorteile der Optimierung des System-Outputs

Von den Vertretern der netzwerkorientierten Sichtweise wird auf weitere Vorteile der MIF verwiesen, und zwar insbesondere darauf, dass die Optimierung des System-Outputs und/oder die Herstellung eines Ausgleichs der Nachfrage im Issuing-Bereich und der Nachfrage im Acquiring-Bereich und/oder der Ausgleich des Kostenungleichgewichts mit weiteren Effizienzvorteilen verbunden seien. Als derart verknüpfte Effizienzvorteile seien ein Umsatzzuwachs bei den Händlern und eine Verbesserung von deren Cashflow anzusehen.[1808] Ferner komme ein Vertragsunternehmen auch in Betrugsfällen in den Genuss der Zahlungsgarantie und die Sicherheit für die Händler würde auch bei Zahlungsausfällen verbessert.[1809] Mit einer MIF gehe ein gesteigertes Maß an Sicherheit für die Karteninhaber einher und sie würden in die Lage versetzt, eine zinsfreie Finanzierungszeit in Anspruch zu nehmen.[1810] Überdies seien sinkende Kosten aufgrund von Skalenerträgen sowie einer Zunahme an Innovationen zu verzeichnen.[1811]

§ 1. Zahlungsgarantie, zinsfreie Finanzierungszeit und Verbesserung der Sicherheit

Es wird behauptet, dass die Händler aufgrund der MIF in den Genuss einer Zahlungsgarantie kämen und die Sicherheit für die Händler auch bei Zahlungsausfällen verbessere.[1812] Auch die Karteninhaber erhielten einen Zuwachs an Sicherheit

---

1808 Vgl. KOM, Entscheidung v. 19.12.2007 in den Sachen COMP/34.579 – MasterCard, COMP/36.518 – EuroCommerce u. COMP/38.580 – Commercial Cards, Rn. 688.

1809 Vgl. KOM, Entscheidung v. 19.12.2007 in den Sachen COMP/34.579 – MasterCard, COMP/36.518 – EuroCommerce u. COMP/38.580 – Commercial Cards, Rn. 688.

1810 Vgl. KOM, Entscheidung v. 19.12.2007 in den Sachen COMP/34.579 – MasterCard, COMP/36.518 – EuroCommerce u. COMP/38.580 – Commercial Cards, Rn. 688.

1811 Vgl. KOM, Entscheidung v. 19.12.2007 in den Sachen COMP/34.579 – MasterCard, COMP/36.518 – EuroCommerce u. COMP/38.580 – Commercial Cards, Rn. 688.

1812 Vgl. KOM, Entscheidung v. 19.12.2007 in den Sachen COMP/34.579 – MasterCard, COMP/36.518 – EuroCommerce u. COMP/38.580 – Commercial Cards, Rn. 688.

sowie die Möglichkeit, die auf den Absatzmärkten erworbenen Produkte erst nach Ablauf der zinsfreien Finanzierungszeit zu zahlen.[1813]

Letztlich handelt es sich jedoch bei der zinsfreien Finanzierungszeit um ein Wesensmerkmal der Kreditkarte. Auch die Zahlungsgarantie resultiert letztlich aus der Ausgestaltung eines Kreditkartensystems. Die (Verbesserung der) Sicherheit des Systems ist eine Grundvoraussetzung zum Betrieb eines solchen Systems; ohne ein Vertrauen in die Sicherheit würden die Karteninhaber ihre Kreditkarten nicht zur Zahlung einsetzen und die Vertragsunternehmen die Karten nicht als Zahlungsmittel akzeptieren. Diese angeblichen Effizienzvorteile stehen nicht in unmittelbarem Zusammenhang mit einer MIF. Eine MIF bildet lediglich eine Möglichkeit die Bereitstellung dieser Leistungen zu finanzieren, ist aber nicht zwingende Voraussetzung, um diese Leistungen zu erbringen. Dies zeigt sich unter anderem auch daran, dass diese Vorteile auch in einem geschlossenen System (ohne MIF) gegeben sind.

§ 2. Umsatzzuwachs bei den Händlern und Verbesserung von deren Cashflow

Ferner wurde vorgetragen, dass ein Umsatzzuwachs bei den Händlern und eine Verbesserung von deren Cashflow als mit einer MIF verbundene Effizienzvorteile anzusehen seien.[1814] Dieses Argument fußt im Wesentlichen auf der Größe des Systems. Freilich steigert eine hohe Anzahl an Karteninhabern die Anzahl potentieller Kartenzahler. Allerdings ist zu besehen, dass die zinsfreie Finanzierungszeit und die Kreditfunktion einer Kreditkarte lediglich einen zeitlich vorverlagerten Abschluss eines Vertrages fördern. Letztlich bedürfen diese Arten der Vorfinanzierung eines späteren Ausgleichs im Wege einer Rückzahlung. Überdies ist zu berücksichtigen, dass gerade die Wettbewerbsbeschränkungen im Acquiring-Bereich ein beträchtliches Ausmaß einnehmen. Der (mögliche) Vorteil eines Umsatzzuwachses der Händler erscheint nicht geeignet, die nachteiligen Wirkungen einer MIF auf den Wettbewerb auszugleichen. Im Übrigen ermangelt es auch insofern an einer hinreichend kausalen Beziehung zwischen einer MIF und diesen Vorteilen.

§ 4. Die Zuverlässigkeit des Systems

Überdies wird teilweise als Effizienzgewinn angeführt, dass eine multilaterale Festsetzung der IC Fees (in einem Kreditkartensystem mit einer HACR) die Zuverlässigkeit der Systems steigere, da sich mehr Vertragsunternehmen dem jeweiligen System anschließen und hierdurch die Akzeptanzerwartung der Karteninhaber gestärkt würden.[1815] Dem steht jedoch entgegen, dass kein (unmittelbarer)

1813 Vgl. KOM, Entscheidung v. 19.12.2007 in den Sachen COMP/34.579 – MasterCard, COMP/36.518 – EuroCommerce u. COMP/38.580 – Commercial Cards, Rn. 688.

1814 Vgl. KOM, Entscheidung v. 19.12.2007 in den Sachen COMP/34.579 – MasterCard, COMP/36.518 – EuroCommerce u. COMP/38.580 – Commercial Cards, Rn. 688.

1815 Vgl. WEKO, Verfügung v. 05.12.2005, RPW 2006/1, 65, S. 106, Rn. 332.

Zusammenhang zwischen einer MIF und der Annahme von Kreditkarten durch Händler besteht. Vielmehr wäre gerade zu erwarten, dass Kreditkarten vermehrt als Zahlungsmittel akzeptiert werden würden, sofern die MSC-Raten geringer wären. Wie bereits dargelegt, begünstigt die Erhebung einer MIF aber gerade eine Steigerung des Niveaus der Händlergebühren.

§ 5. Zunahme von Innovationen

Ferner sei eine Zunahme an Innovationen zu verzeichnen.[1816] Dass eine MIF dazu beiträgt, dass mehr Issuer einem Kartensystem beitreten, ist anzunehmen – auch wenn dies mit wettbewerbsbeschränkenden Auswirkungen verbunden ist. Dies führt dazu, dass zugleich die Einnahmen der Kartenorganisationen aus den Lizenzgebühren, etc. steigen. In der Kreditkartenbranche finden sich derzeit in der EU auch diverse Vorhaben bzw. bereits umgesetzte Neuerungen, denen ein innovativer Charakter innewohnt; man denke etwa an Sicherheit im Internet, mobiles Bezahlen via Handy oder Bezahlen mittels Fingerabdruck oder kontaktloses Bezahlen.[1817] Mithin sind durchaus Innovationen zu beobachten.

Ob diese allerdings auf die Existenz eines MIF zurückzuführen sind, erscheint mehr als fraglich. Letztlich kann es sich insofern auch um Entwicklungen handeln, die durch den Wettbewerb zwischen den einzelnen Kreditkartensystemen angestoßen wurden oder auf die Vorgaben im Zuge des SEPA-Projekts oder sonstige Marktbedingungen zurückzuführen sind. Ein unmittelbarer Zusammenhang zwischen den behaupteten Innovationen und den MIF ist nicht ersichtlich. Ein solcher Zusammenhang lässt sich ohnehin nicht allein daraus entnehmen, dass eine MIF zu Mehreinnahmen auf Seiten der Issuer, sowie mittelbar der Kartenorganisationen und letztlich auch der Acquirer führt.[1818] Ein lediglich indirekter kausaler Zusammenhang erscheint im Rahmen der ersten Freistellungsvoraussetzung grundsätzlich nicht als hinreichend.[1819] Zwar besteht (im Einzelfall) die Möglichkeit, dass zusätzliche Gewinne seitens eines Unternehmens genutzt werden,

---

1816 Vgl. *Grover*, Brüsseler Pläne zur Regulierung von Kartengebühren, 2013; KOM, Entscheidung v. 19.12.2007 in den Sachen COMP/34.579 – MasterCard, COMP/36.518 – EuroCommerce u. COMP/38.580 – Commercial Cards, Rn. 688. Vgl. auch die unter http://www.visaeurope.com/about-us/interchange/ abrufbaren Informationen von Visa.

1817 Die im Jahre 2015 in Deutschland eingeführte Möglichkeit des kontaktlosen Bezahlens mittels Kreditkarten und Debitkarten ist bereits seit mehreren Jahren im Gespräch, vgl. etwa *Borzekowski/Kiser*, The Choice at the Checkout, 2006, 4. Vgl. zu mobilen Zahlungen: *Hayashi*, Mobile Payments, 2012, 35, 37 ff.

1818 Vgl. auch noch obige Ausführungen unter Abschnitt 2, Titel 3, Untertitel 2, Kapitel 3.

1819 Vgl. KOM, Leitlinien zur Anwendung von Artikel 101 Absatz 3 AEUV, ABl. EU v. 27.04.2004, C 101/97, 105, Rn. 54.

um Investitionen in den Bereichen der Forschung und Entwicklung zu tätigen.[1820] Eine solche Verwendung der Mehreinnahmen erfolgt indes nicht zwangsläufig;[1821] dies hängt vielmehr von den konkreten Wettbewerbsverhältnissen ab. Die aufgeführten Innovationen werden vielfach einheitlich (seitens der Kartenorganisationen) innerhalb eines Systems eingeführt;[1822] es handelt sich nicht um Neuerungen, die seitens einzelner Issuer entwickelt respektive implementiert wurden.[1823] (Re-) Investitionen der MIF müssten zudem in einem solchem Ausmaß erfolgen, dass die mit der wettbewerbsbeschränkenden Absprache einhergehenden Vorteile die mit ihr verbundenen Nachteile zumindest auszugleichen (können).[1824] Entsprechend obiger Ausführungen ergeben sich hierfür allerdings keine hinreichenden Anhaltspunkte.

§ 6. Kostenersparnisse aufgrund von Skalenerträgen

Ferner wird behauptet, dass sinkende Kosten aufgrund von Skalenerträgen zu verzeichnen seien.[1825] Indes handelt es sich hierbei um einen Aspekt, der in engem Bezug zu der Maximierung der Größe des Systems steht. Obige Ausführungen in diesem Kontext sprechen weder dafür, dass die MIF zu einer Verbesserung der Warenerzeugung oder -verteilung oder zur Förderung des technischen oder wirtschaftlichen Fortschritts beitragen bzw. zu einer gesamtwohlfahrtlichen Wertschöpfung führen noch dass ein hinreichender kausaler Zusammenhang gegeben ist.

1820 Vgl. auch noch KOM, Leitlinien zur Anwendung von Artikel 101 Absatz 3 AEUV, ABl. EU v. 27.04.2004, C 101/97, 105, Rn. 54.

1821 Vgl. auch noch KOM, Leitlinien zur Anwendung von Artikel 101 Absatz 3 AEUV, ABl. EU v. 27.04.2004, C 101/97, 105, Rn. 54.

1822 Vgl. auch *Milne*, Network effects and bank payment innovation, 2005, 13.

1823 Beispielsweise die jüngst eingeführte Möglichkeit der kontaktlosen Bezahlung wurde flächendeckend für die jeweiligen Kreditkartensysteme (und nicht etwa nur seitens einzelner Emittenten) eingeführt.

1824 Vgl. EuG, Urteil v. 27.02.1992, Rs. T-19/91 – Vichy, Slg. 1992, II-415, II-452 ff., Rn. 90 ff.; EuG, Urteil v. 08.06.1995, Rs. T-7/93 – Langnese-Iglo, Slg. 1995 II-1533, II-1597 f., Rn. 180; EuG, Urteil v. 08.06.1995, Rs. T-9/93 – Schöller, Slg. 1995, II-1611, II-1664, Rn. 142; EuG, Urteil v. 23.10.2003, Rs. T-65/98 – Van den Bergh Foods, Slg. 2003, II-4653, II-4712, Rn. 139; EuGH, Entscheidung v. 11.09.2014, Rs. C-382/12 P – MasterCard, Rn. 234 u. Rn. 242; KOM, Entscheidung v. 15.12.1975, IV/27.073 – Bayer/Gist-Brocades, ABl. EG v. 05.02.1976, L 30/13, S. 19; *Ellger*, in: Immenga/Mestmäcker, Wettbewerbsrecht, Bd. 1 EG/1, 5. Aufl., 2012, Art. 101 Abs. 3 AEUV, Rn. 142 u. Rn. 253.

1825 Vgl. KOM, Entscheidung v. 19.12.2007 in den Sachen COMP/34.579 – MasterCard, COMP/36.518 – EuroCommerce u. COMP/38.580 – Commercial Cards, Rn. 688.

§ 7. Zwischenergebnis

Auf den ersten Blick mögen zwar sämtliche der genannten Gesichtspunkte als Effizienzvorteile im Sinne des Art. 101 Abs. 3 AEUV berücksichtigungsfähig erscheinen. Bei genauerer Betrachtung dieser Auflistung wird indes erkennbar, dass es sich nicht um Vorteile handelt, die erst aufgrund der MIF entstehen. Es handelt sich um Vorteile, die bereits mit dem Betrieb eines Kreditkartensystems einhergehen.[1826]

Unterkapitel 4. Zwischenergebnis

Die derzeit vorherrschende netzwerkorientierte Sichtweise überzeugt nicht. Diesem Erklärungsmodell zufolge handelt es sich bei einer (multilateralen) Interchange Fee um ein Ausgleichsinstrument innerhalb eines Kreditkartensystems.

Indes bedarf es bereits in Ermangelung eines Ungleichgewichts keines solchen Ausgleichs. Es besteht weder ein Ungleichgewicht zwischen der Nachfrage der Karteninhaber und der Nachfrage der Händler noch ein Ungleichgewicht zwischen den Issuing- und den Acquiringkosten.

Kapitel 4. Vorliegen sonstiger Effizienzgewinne

Im Übrigen werden weitere Effizienzgewinne angeführt, um das Vorliegen der ersten Freistellungsvoraussetzung zu begründen; diese Arten lassen sich nicht konkret einem der genannten Erklärungsmodelle zuordnen.

Unterkapitel 1. Vorteile gegenüber einer bilateralen Festsetzung

Ein bedeutsames Argument jener, die eine Freistellungsfähigkeit der MIF proklamieren, geht dahin, dass mit der multilateralen Aushandlung und Festsetzung der MIF eine wirtschaftliche Effizienz einhergehe, zumal ohne eine MIF lediglich die Vereinbarung bilaterale Interbankenentgelte in Betracht komme.[1827] Die multilaterale Festsetzung der IC Fees sei insofern einfacher, schneller und mit geringeren Kosten verbunden.[1828] Der mit bilateralen Verhandlungen einhergehende Zeit- wie auch Kostenaufwand werde obsolet.[1829] Bilaterale Verhandlungen über

1826 Letztlich spiegelt sich in diesen Darlegungen die Auffassung von MasterCard wider, dass im Rahmen des Art. 101 Abs. 3 AEUV darauf abzustellen sei, dass der Betrieb eines Zahlungskartensystems mit Effizienzgewinnen einhergehe, vgl. vgl. KOM, Entscheidung v. 19.12.2007 in den Sachen COMP/34.579 – MasterCard, COMP/36.518 – EuroCommerce u. COMP/38.580 – Commercial Cards, Rn. 673. Dass diese ausufernde Betrachtungsweise nicht im Einklang mit den Vorgaben des Art. 101 AEUV steht, wurde bereits dargelegt.

1827 Vgl. WEKO, Verfügung v. 05.12.2005, RPW 2006/1, 65, S. 105, Rn. 327.

1828 Vgl. WEKO, Verfügung v. 05.12.2005, RPW 2006/1, 65, S. 106, Rn. 331.

1829 Vgl. WEKO, Verfügung v. 05.12.2005, RPW 2006/1, 65, S. 106, Rn. 331.

Interbankenentgelte seien mit Kosten verbunden, die in Anbetracht der notwendigen Vielzahl abzuschließender Verträge ein beträchtliches Ausmaß einnehmen könnten.[1830] Die Systeme sowohl von MasterCard als auch von Visa erstreckten sich insbesondere auf eine Vielzahl von beteiligten Issuern und Acquirern.[1831] In diesem Kontext seien vor allem die Komplexität des Verhandlungsgegenstandes sowie die Systemanpassungs- und Kommunikationskosten wie auch der Zeitaufwand miteinzubeziehen.[1832] Diese Nachteile bilateraler Verhandlungen seien durch eine multilaterale Festsetzung zu vermeiden.[1833] Gerade der mit bilateralen Verhandlungen einhergehende erhöhte Aufwand im Vergleich zu einer multilateralen Festsetzung könne auch (grenzüberschreitende) Markteintritte behindern.[1834] Die Existenz einer MIF komme insoweit insbesondere auch ausländischen Acquirern zugute.[1835] Newcomer könnten auf diese Weise von Beginn ihres Markteintritts an von den gleichen Marktbedingungen wie die bereits am Markt befindlichen Marktteilnehmer profitieren.[1836] Bei Vorliegen eines ausschließlich bilateralen Systems wäre es für die ausländischen Acquirer notwendig, vor dem Markteintritt mit den im Zielland ansässigen Emittenten Verträge abzuschließen.[1837]

Auch nach Auffassung der (schweizerischen) WEKO gehen mit der multilateralen Festlegung der MIF Effizienzvorteile einher, welche im Wege bilateraler Verhandlungen nicht generiert werden könnten.[1838] So stelle die Festlegung von MIF im Wege bilateraler Vereinbarungen keine „effiziente Alternative zum multilateralen

1830 Vgl. WEKO, Verfügung v. 05.12.2005, RPW 2006/1, 65, S. 106, Rn. 331; vgl. auch *Ahlborn/Chang/Evans*, Problem of Interchange Fee Analysis, Payment Card Econ. Rev., 2003, Vol. 1, 123, 133: „In a small system with 100 member banks, 4,950 agreements would have to be negotiated. With over 21,000 member financial institutions, Visa would require more than 220 million agreements."

1831 Vgl. WEKO, Verfügung v. 05.12.2005, RPW 2006/1, 65, S. 106, Rn. 331.

1832 Vgl. WEKO, Verfügung v. 05.12.2005, RPW 2006/1, 65, S. 106, Rn. 331.

1833 Vgl. WEKO, Verfügung v. 05.12.2005, RPW 2006/1, 65, S. 106, Rn. 331.

1834 Vgl. auch noch WEKO, Verfügung v. 05.12.2005, RPW 2006/1, 65, S. 106, Rn. 331, welche – obschon der geringen Anzahl der *in der Schweiz* im Kreditkartengeschäft agierenden schweizerischen Issuer und Acquirer – die mit bilateralen Verhandlungen einhergehenden Kosten an sich nicht als allzu hoch einschätzt. Indes wies die schweizerische Wettbewerbsbehörde darauf hin, dass (etwa) *ausländische* Acquirer, die Acquiring-Dienstleistungen in der Schweiz erbringen wollen, im Rahmen eines rein bilateralen System gezwungen wären mit sämtlichen schweizerischen Issuern vertragliche Einigungen über die IC Fee-Sätze zu erzielen und dies selbst in der Schweiz zu Kosten einer beträchtlichen Dimension führen könnte.

1835 Vgl. WEKO, Verfügung v. 05.12.2005, RPW 2006/1, 65, S. 106, Rn. 331.

1836 Vgl. WEKO, Verfügung v. 05.12.2005, RPW 2006/1, 65, S. 106, Rn. 331.

1837 Vgl. WEKO, Verfügung v. 05.12.2005, RPW 2006/1, 65, S. 106, Rn. 331.

1838 Vgl. WEKO, Verfügung v. 05.12.2005, RPW 2006/1, 65, S. 110, Rn. 365.

Verhandeln“ dar.[1839] Einer MIF könne attestiert werden, dass mit ihrer Festsetzungsweise Effizienzgewinne einhergehen, welche mit bilateralen Festsetzungsvarianten der IC Fees nicht zu realisieren seien.[1840] Zudem gehe mit einer hohen Anzahl von Verhandlungen unterschiedlicher IC Fee-Sätze eine beträchtliche Komplexität der Gebührenlandschaft respektive des Preissystemes einher.[1841]

Indes vermag auch diese Argumentation letztlich nicht zu überzeugen. Weiter gedacht, läuft diese Argumentation darauf hinaus, dass Entgelt- und Preisabreden desto eher der ersten Voraussetzung des Art. 101 Abs. 3 AEUV unterfallen, desto weitreichender sie sind. Eine umfassende Vereinheitlichung der Preise eines bestimmten Marktes würde den Preis als einen der wichtigsten Wettbewerbsfaktoren ausschließen. Dies liefe dem klaren Wortlaut wie auch den Wertungen des Art. 101 Abs. 1 Satz 2 lit. a) zuwider; Preisabsprachen stellen Kernbeschränkungen dar und sind regelmäßig als Wettbewerbsbeschränkung zu klassifizieren.

Die grundlegende These dieser Argumentation, die auf die Komplexität der Gebührenlandschaft verweist sowie darauf, dass ohne eine multilaterale Festlegung der Interbankenentgelte bilaterale Verhandlungen erforderlich würden, geht fehl. Ihr liegt ein Zirkelschluss zugrunde: Genau besehen ergibt sich das „Erfordernis“ einer bilateralen Verhandlung erst aufgrund der Ausgestaltung der MIF als Fallback Fee. Ohne die Ausgestaltung der MIF als Fallback Fee (und ohne die Möglichkeit einer nachträglichen Gebührenfestlegung durch die Issuer), besteht – wie an obiger Stelle bereits ausführlich dargelegt wurde[1842] – gerade jenes Erfordernis einer bilateralen Aushandlung nicht. Die Vereinbarung bilateraler Interbankenentgelte dient dem Zweck von einer MIF abzuweichen. Ohne eine als Fallback Fee ausgestaltete MIF besteht dieses Bedürfnis nicht. Die Aussage ohne MIF „müssten“ bilaterale Verhandlungen erfolgen und diese seien weniger effektiv als eine multilaterale Festlegung ist insofern nicht schlüssig. Diese Argumentation wird erst schlüssig, sofern eine MIF existiert.

Unterkapitel 2. Der sog. „Krieg gegen Bargeld“ („War on Cash“)

Gegen kartellrechtliche Bedenken in Bezug auf Zahlungskartensysteme wird oftmals das Argument eines gegen Bargeld geführten „Krieges“ angeführt.[1843] Hierbei

---

1839 Vgl. WEKO, Verfügung v. 05.12.2005, RPW 2006/1, 65, S. 110, Rn. 365.

1840 Vgl. WEKO, Verfügung v. 05.12.2005, RPW 2006/1, 65, S. 107, Rn. 336.

1841 Vgl. WEKO, Verfügung v. 05.12.2005, RPW 2006/1, 65, S. 106, Rn. 331.

1842 Vgl. hierzu auch obige Ausführungen unter Abschnitt 2, Titel 3, Untertitel 3, Kapitel 3.

1843 Vgl. etwa KOM, Entscheidung v. 19.12.2007 in den Sachen COMP/34.579 – MasterCard, COMP/36.518 – EuroCommerce u. COMP/38.580 – Commercial Cards, Rn. 726 ff. Vgl. in diesem Kontext auch: *Bolt/Humphrey/Uittenbogaard*, Transaction Pricing, Int'l J. Cent. Bank, 2008, Vol. 4, No. 1, 89; *Garcia-Swartz/Hahn/Layne-Farrar*, Move Toward a Cashless Society: A Closer Look at Payment Instrument Economics, Rev. Netw. Econ., 2006, Vol. 5, Iss. 2, 175; *Garcia-Swartz/Hahn/Layne-Farrar*, Move Toward a Cashless Society: Calculating the Costs and Benefits, Rev. Netw. Econ.,

handelt es sich jedoch um keinen Effizienzvorteil im Sinne des Art. 101 Abs. 3 AEUV. Es finden sich keinerlei Nachweise, dass gerade die MIF zu einer Ablösung respektive Ersetzung des Bargeldeinsatzes durch Zahlungskarten führt.[1844] Insoweit existieren auch keine tatsächlichen Anhaltspunkte, die das Argument in empirischer Hinsicht belegen, dass die Verwendung multilateraler Interbankenentgelte in den offenen Systeme (und insofern gegenüber den geschlossenen Systemen) überlegen ist.[1845] Allenfalls wurde bzw. konnte darauf verwiesen werden, dass die offenen Zahlungskartensysteme, welche mit Interbankenentgelten betrieben werden, höhere Transaktionsvolumina aufweisen.[1846] Dies allein ist im vorliegenden Kontext jedoch – wie bereits an obiger Stelle ausgeführt wurde – nicht hinreichend.

Unterkapitel 3. Zwischenergebnis

Sonstige Arten von Effizienzgewinnen, die sich keinem der genannten Erklärungsmodelle zuordnen lassen, sind nicht gegeben.

1. Die multilaterale Festsetzung der MIF trägt nicht dadurch zur Verbesserung der Warenerzeugung oder -verteilung oder zur Förderung des technischen oder wirtschaftlichen Fortschritts bei, dass sie bilaterale Verhandlungen entbehrlich macht. Ohne eine als Fallback Fee ausgestaltete MIF bedarf es bereits keiner bilateralen Verhandlungen.
2. Das Argument eines (angeblich) gegen Bargeld geführten „Krieges" begründet nicht das Vorliegen eines Effizienzvorteils im Sinne des Art. 101 Abs. 3 AEUV. Es finden sich keinerlei Nachweise, dass gerade die MIF zu einer Ablösung respektive Ersetzung des Bargeldeinsatzes durch Zahlungskarten beitragen.

Kapitel 5. Zwischenergebnis

Die erste Voraussetzung des Art. 101 Abs. 3 AEUV ist nicht erfüllt.[1847]. Es ist vielmehr davon auszugehen, dass multilaterale Interbankenentgelte ein Vehikel darstellen, um (insbesondere auf Seiten der Issuer) Gewinne zu generieren.

2006, Vol. 5, Iss. 2, 199. Vgl. ferner zu den durch Barzahlungen entstehenden Vor- und Nachteilen: *Kleine/Krautbauer/Weller*, Cost of Cash, 2013, 68 ff.

1844 Auch MasterCard blieb eines solchen Nachweises schuldig, vgl. KOM, Entscheidung v. 19.12.2007 in den Sachen COMP/34.579 – MasterCard, COMP/36.518 – EuroCommerce u. COMP/38.580 – Commercial Cards, Rn. 726.

1845 Vgl. KOM, Entscheidung v. 19.12.2007 in den Sachen COMP/34.579 – MasterCard, COMP/36.518 – EuroCommerce u. COMP/38.580 – Commercial Cards, Rn. 727.

1846 Vgl. KOM, Entscheidung v. 19.12.2007 in den Sachen COMP/34.579 – MasterCard, COMP/36.518 – EuroCommerce u. COMP/38.580 – Commercial Cards, Rn. 726, Fn. 873.

1847 Ebenso bezüglich des MIF von MasterCard: KOM, Entscheidung v. 19.12.2007 in den Sachen COMP/34.579 – MasterCard, COMP/36.518 – EuroCommerce u. COMP/38.580 – Commercial Cards, Rn. 729 ff.; vgl. auch WEKO, Verfügung

Anhand der tatsächlichen Entwicklungen kann insbesondere nicht ersehen werden, dass die ökonomischen Modelle zutreffen. Zumeist wird unter Verweis auf die Netzstrukturen des Systems, den Charakter eines zweiseitigen Marktes und/oder die damit einhergehenden Besonderheiten postuliert, dass MIF die Effizienz des Zahlungskartensystems begünstigen und/oder zum technischen und wirtschaftlichen Fortschritt des Kreditkarten-Systems beitragen (können). Die diversen Argumente, die in diesem Kontext vorgetragen und bemüht werden, lassen sich im Großen und Ganzen drei Theorien bzw. Erklärungsmodellen zuordnen, und zwar der Joint Production-Sichtweise (Gemeinschaftsunternehmensgedanke), der dienstleistungsorientierten Sichtweise („Fee for Service"-Ansatz) und/oder der netzwerkorientierten Sichtweise (MIF als Ausgleichsmechanismus).

1. Die Joint Production-Sichtweise

Die Joint Production-Sichtweise, die auch als Gemeinschaftsunternehmensgedanke bezeichnet wird, vermag im vorliegenden Kontext nicht zu überzeugen.

Dieser Auffassung zufolge handelt sich bei einer MIF um einen Kostentransfer unter kooperierenden Unternehmen, um die Bereitstellung einer gemeinschaftlichen Dienstleistung innerhalb eines durch Externalitäten sowie gemeinsame Nachfragestrukturen charakterisierten Netzwerkes zu ermöglichen.

Es ist allerdings weder ein gemeinschaftliches Produkt gegeben noch liegen gemeinsame Kosten vor. Eine Kreditkarte stellt kein gemeinschaftliches Produkt von Issuern, Acquirern und der Kreditkartenorganisation dar. Auch handelt es sich bei näherer Betrachtung keineswegs um gemeinsame Kosten. Es handelt sich um individuelle Kosten, und zwar entweder um jene der Issuer oder der Acquirer. Demnach können die anfallenden Kosten auch nicht als gemeinsame Kosten eingestuft werden. Die Vertreter dieser Theorie verkennen insofern, dass es sich bei den Mitgliedern eines Systems um autonome und strategisch agierende Unternehmen handelt.

2. Die dienstleistungsorientierte Sichtweise

Auf der Basis der dienstleistungsorientierten Sichtweise, die teils als „Fee for Service Ansatz" bezeichnet wird, lässt sich das Vorliegen von Effizienzvorteilen im Sinne der ersten Freistellungsvoraussetzung ebenfalls nicht begründen.

Nach dieser Ansicht handelt es sich bei einer (multilateralen) IC Fee um ein Entgelt, also um eine „Gegenleistung" im Verhältnis zwischen emittierendem und akquirierendem Unternehmen. Dieser Sichtweise zufolge dienen Interbankenentgelte als Ausgleich bzw. Kompensation für solche Dienstleistungen, die seitens der

---

v. 05.12.2005, RPW 2006/1, 65, S. 109, Rn. 355 u. Rn. 357 (Unzulässigkeit der DMIF im Visa- und MasterCard-Kreditkartensysteme); im Ergebnis a.A. hinsichtlich der MIF von Visa: KOM, Entscheidung v. 24.07.2002, COMP/29.373 – Visa International II – Multilateral Interchange Fee, ABl. EG v. 22.11.2002, L 318/17, S. 33, Rn. 95.

Kartenemittenten zugunsten der akquirierenden Unternehmen erbracht werden und die letzten Endes den Vertragsunternehmen, zugutekommen.

Der Begriff „Entgelt“ respektive „Vergütung“ und damit diese Sichtweise als solche wären nur zutreffend, wenn es sich bei einem Interbankenentgelt tatsächlich um eine Gegenleistung handeln würde. Dies ist jedoch nicht der Fall.

a) Es erscheint bereits fraglich, worin die Leistung des Issuers zu erblicken wäre, welche eigenständig seitens der Acquirer nachgefragt werden könnte. Aufgrund der Existenz der HACR haben die akquirierenden Unternehmen ohnehin nicht die Freiheit, selbst zu entscheiden, ob und welche Transaktionen sie abwickeln. Im Interbankenbereich existiert gerade keine gesonderte Leistung, die seitens der Acquirer nachgefragt wird. Vice versa bieten die Issuer den Acquirern auch keine Leistungen an.
b) Issuer und Acquirer stehen des Weiteren grundsätzlich in keiner vertraglichen Beziehung zueinander. Eine etwaige Vereinbarung bezüglich bilateraler Interbankenentgelte dient lediglich dem Zweck, von der im Wege der MIF festgesetzten Höhe abzuweichen.
c) Im Übrigen gilt es zu besehen, dass auch die Acquirer Dienstleistungen erbringen, die den Issuern zugutekommen. Der „Fee for Service“-Ansatz liefert keine Antwort auf die Frage, wieso wechselseitige Auswirkungen zu einer einseitigen Entgeltverpflichtung der Acquirer führen.

3. Die netzwerkorientierte Sichtweise

Nach der netzwerkorientierten Sichtweise handelt es sich bei einer (multilateralen) Interchange Fee um ein Ausgleichsinstrument innerhalb eines Kreditkartensystems. Diese Sichtweise überzeugt ebenfalls nicht.

Den Ausgangspunkt dieser Auffassung bildet das Grundverständnis, dass es sich bei einem offenen Kreditkartensystem um ein Netzwerk und gleichsam um einen zweiseitigen Markt handelt, welcher durch Interdependenzen gekennzeichnet ist.

Es bestehe ein Ungleichgewicht zwischen der Nachfrage der Karteninhaber und der Nachfrage der Händler auf einem Markt mit zweiseitiger Nachfrage und/oder ein Ungleichgewicht zwischen den Issuing- und den Acquiringkosten. Bei der MIF handele es sich um ein Instrument dieses Ungleichgewicht zu beseitigen und den Output des Systems zu maximieren.

a) Ohne eine MIF ist jedoch weder ein Ungleichgewicht zwischen der Nachfrage nach Kartenprodukten des jeweiligen Systems seitens der Karteninhaber und der Vertragsunternehmen gegeben noch trägt die MIF zu einer Optimierung des Systemoutputs bei.
   aa) Das sog. „Chicken-and-egg“-Problem betrifft lediglich die Anfangsphase eines Kreditkartensystems, nicht jedoch die etablierten Kreditkartensysteme von Visa und MasterCard.
   bb) Auch das Todesspiralen-Argument vermag im vorliegenden Kontext nicht zu überzeugen. Gegen dieses Argument spricht vorliegend insbesondere,

dass ein (etwaiger) Rückgang der Anzahl an Karteninhabern nicht zwangsläufig mit einem Rückgang an Effizienz gleichzusetzen wäre. So ist keineswegs ausgeschlossen, dass ein Abfall der Anzahl der Karteninhaber aus gesamtwohlfahrtlicher Sicht vorteilhaft wäre.

cc) Es zeigt sich überdies, dass Maximierung des Outputs des Systems bzw. eine Leistungssteigerung des Kreditkartensystems keineswegs mit einem verbesserten Wettbewerb zum Vorteil sämtlicher Nutzer gleichzusetzen ist. Eine Maximierung des System-Outputs kommt in erster Linie der Kreditkartenorganisation wie auch den Systemmitgliedern des Systems zugute. Eine bloße Begünstigung der beteiligten Unternehmen ist im Rahmen der ersten Freistellungsvoraussetzung nicht hinreichend.

b) Die Aussage, dass zwischen den Issuern und der Acquirern ein Kostenungleichgewicht existiert, lässt sich nicht bestätigen.

aa) Der Verweis darauf, dass die Issuer (üblicherweise) die höchsten Kosten innerhalb des Systems tragen, geht fehl. Zum einen werden einige Kostenpositionen lediglich wegen der Existenz der MIF seitens Emittenten getragen. Zum anderen stellt eine reine Kostenanalyse keine substanzielle Grundlage für die Annahme eines entsprechenden Ungleichgewichts zwischen beiden Seiten des Marktes. Dies bedürfte vielmehr auch einer Einbeziehung der Einnahmen.

bb) Es ist auch nicht zutreffend, dass die Kosten der Issuer deren Einnahmen übersteigen. Die Sektorenuntersuchung der Kommission ergab, dass in der Mehrzahl der betrachteten Länder in Abwesenheit von Interchangegebühren im Wege der Kreditkartenemission positive Gewinne hätten erzielt werden könnten.

cc) Die Interbankenentgelte wirken sich nicht lediglich auf die Preisstruktur, sondern auch auf das Preisniveau aus. Sie sind nicht als – preisneutrale – Entgeltumverteilung anzusehen. Entsprechend obiger Ausführungen besteht insofern eine Korrelation zwischen den MSC und den MIF als die MIF eine Mindestgrenze der Händlergebühren statuieren. Ein Anstieg der MIF bewirkt letztlich Erhöhung dieser Untergrenze der MSC. Im umgekehrten Falle einer Senkung der MIF konnte bislang nicht ersehen werden, dass in diesem Falle die MSC ebenfalls gesenkt werden. Eine solche Senkung wäre jedoch nach der netzwerkorientierten Sichtweise erforderlich um die Neutralität hinsichtlich des Preisniveaus zu wahren. Die Höhe der MIF wirkt sich auch nicht neutral hinsichtlich der Höhe der Kartengebühren aus. Nach der netzwerkorientierten Sichtweise wäre im Falle eines Anstiegs der MIF eine entsprechende Absenkung der Karteninhabergebühren zu erwarten. Die Untersuchungen der Kommission belegen indes, dass lediglich eine geringe negative Korrelation zwischen diesen beiden Entgelten gegeben war. Eine solche erscheint jedoch nicht geeignet, die mit der MIF einhergehenden Nachteile (zumindest) auszugleichen. Die Untersuchung der Kommission deutet darauf hin, dass die zusätzlichen Einnahmen aus einer Erhöhung der MIF nicht in angemessenem Ausmaß zu einer Absenkung der Kareninhabergebühren führten.

c) Die weiteren behaupteten Folgevorteile sind ebenfalls nicht als Effizienzvorteile im Sinne der ersten Freistellungsvoraussetzung berücksichtigungsfähig. Bei genauerer Betrachtung wird erkennbar, dass es sich nicht um Vorteile handelt, die erst aufgrund der MIF entstehen. Es handelt sich vielmehr um Vorteile, die bereits mit dem Betrieb eines Kreditkartensystems einhergehen. Diese angeblichen Effizienzvorteile stehen nicht in einem unmittelbaren Zusammenhang mit einer MIF.

4. Sonstige Effizienzgewinne

Sonstige Arten von Effizienzgewinnen sind ebenfalls nicht gegeben:

a) Die Aussage ohne MIF „müssten" bilaterale Verhandlungen erfolgen und diese seien weniger effektiv als eine multilaterale Festlegung ist nicht schlüssig. Diese Argumentation wird erst schlüssig, sofern eine MIF existiert.
b) Das Argument eines gegen Bargeld geführten „Krieges" vermag ebenfalls nicht zu überzeugen.

Untertitel 2. Angemessene Beteiligung der Verbraucher

Unterstellt man das Vorliegen der ersten Freistellungsvoraussetzung, erscheint des Weiteren fraglich, ob eine angemessene Beteiligung der Verbraucher an den Effizienzgewinnen gegeben ist. Zum Zwecke der weiteren Betrachtung wird insofern unterstellt, dass die MIF mit Effizienzgewinnen im Sinne der – vorherrschenden – netzwerkorientierten Sichtweise einhergehen.

Diese zweite Voraussetzung des Art. 101 Absatz 3 AEUV soll unter anderem sicherstellen, dass die Produzentenrente nicht auf Kosten der Konsumentenrente gesteigert wird und die Interessen der Konsumenten schützen.[1848] Ferner sollen die aus Wettbewerbsbeschränkungen folgenden, langfristigen Nachteile nicht bereits wegen kurzfristiger Effizienzgewinne als gerechtfertigt angesehen werden.[1849]

Verbraucher im Sinne von Art. 101 Abs. 3 AEUV sind grundsätzlich die unmittelbaren und mittelbaren Abnehmer, also die jeweilige Marktgegenseite, sodass zur Verwirklichung der zweiten Freistellungsvoraussetzung auch eine angemessene Beteiligung von – nicht an der wettbewerbsbeschränkenden Kooperation

---

1848 Vgl. *Ellger*, in: Immenga/Mestmäcker, Wettbewerbsrecht, Bd. 1 EG/1, 5. Aufl., 2012, Art. 101 Abs. 3 AEUV, Rn. 222; *Wolf*, in: MüKo, EU-WettbewR, 2. Aufl., 2015, Art. 101 AEUV, Rn. 947.

1849 Vgl. auch KOM, Leitlinien zur Anwendung von Artikel 101 Absatz 3 AEUV, ABl. EU v. 27.04.2004, C 101/97, 113, Rn. 105.

teilnehmenden – Unternehmen ausreichen kann.[1850] Bei den Effizienzgewinnen handelt sich um jene Vorteile, die sich aus einer Verbesserung der Warenerzeugung oder -verteilung oder zur Förderung des technischen oder wirtschaftlichen Fortschritts resultieren.[1851] Es sind sämtliche Vorteile zu berücksichtigen, die sich für die Verbraucher wegen der wettbewerbsbeschränkenden Absprache ergeben.[1852]

Eine angemessene Beteiligung der Verbraucher setzt voraus, dass die aus der wettbewerbsbeschränkenden Absprache folgenden Nachteile durch die an die Verbraucher weitergegebenen Vorteile zumindest aufgewogen werden.[1853] Es ist als hinreichend anzusehen, wenn die Verbraucher in ihrer Gänze bei einer Gegenüberstellung der gesamten Vorteile und der gesamten Nachteile einen Ausgleich erhalten.[1854] Es ist nicht erforderlich, dass jeder einzelne Verbraucher von den Vorteilen profitiert.[1855]

1850 Vgl. KOM, Leitlinien zur Anwendung von Artikel 101 Absatz 3 AEUV, ABl. EU v. 27.04.2004, C 101/97, 109, Rn. 84; *Bechtold/Bosch/Brinker*, EU-Kartellrecht, 3. Aufl., 2014, Art. 101 AEUV, Rn. 159; *Ellger*, in: Immenga/Mestmäcker, Wettbewerbsrecht, Bd. 1 EG/1, 5. Aufl., 2012, Art. 101 Abs. 3 AEUV, Rn. 224 f.; *Mestmäcker/Schweitzer*, Europ. WettbewR, 3. Aufl., 2014, § 13, Rn. 64; *Wolf*, in: MüKo, EU-WettbewR, 2. Aufl., 2015, Art. 101 AEUV, Rn. 948.

1851 Vgl. *Ellger*, in: Immenga/Mestmäcker, Wettbewerbsrecht, Bd. 1 EG/1, 5. Aufl., 2012, Art. 101 Abs. 3 AEUV, Rn. 227; *Wolf*, in: MüKo, EU-WettbewR, 2. Aufl., 2015, Art. 101 AEUV, Rn. 954; v. *Dietze/Janssen*, KartellR, 5. Aufl., 2015, Rn. 188.

1852 Vgl. *Ellger*, in: Immenga/Mestmäcker, Wettbewerbsrecht, Bd. 1 EG/1, 5. Aufl., 2012, Art. 101 Abs. 3 AEUV, Rn. 227.

1853 Vgl. KOM, Leitlinien zur Anwendung von Artikel 101 Absatz 3 AEUV, ABl. EU v. 27.04.2004, C 101/97, S. 110, Rn. 85; *Bechtold/Bosch/Brinker*, EU-Kartellrecht, 3. Aufl., 2014, Art. 101 AEUV, Rn. 160; *Mestmäcker/Schweitzer*, Europ. WettbewR, 3. Aufl., 2014, § 13, Rn. 65; *Lange*, in: Lange/Pries, Kartellrecht, 2. Aufl., 2011, S. 63, Rn. 156; *Kling/Thomas*, Kartellrecht, 2. Aufl., 2016, Rn. 288; *v. Dietze/Janssen*, KartellR, 5. Aufl., 2015, Rn. 188; *Wolf*, in: MüKo, EU-WettbewR, 2. Aufl., 2015, Art. 101 AEUV, Rn. 969 u. Rn. 972 ff.; vgl. ferner KOM, Leitlinien für vertikale Beschränkungen, ABl. EU v. 19.05.2010, C 130/1, S. 27, Rn. 126; KOM, Leitlinien zur Anwendbarkeit von Artikel 101 des Vertrags über die Arbeitsweise der Europäischen Union auf Vereinbarungen über horizontale Zusammenarbeit, ABl. EU v. 14.01.2011, C 11/1, S. 22, Rn. 103 (Informationsaustausch), S. 31, Rn. 143 (Vereinbarungen über Forschung und Entwicklung), S. 40, Rn. 185 (Vereinbarungen über die gemeinsame Produktion), S. 47, Rn. 219 (Einkaufsvereinbarungen) u. S. 52, Rn. 250 (Vermarktungsvereinbarungen); vgl. auch EuGH, Urteil v. 23.11.2006, Rs. C-238/05 – Asnef-Equifax, Slg. 2006 I-11125, I-11166, Rn. 70.

1854 Vgl. KOM, Leitlinien zur Anwendung von Artikel 101 Absatz 3 AEUV, ABl. EU v. 27.04.2004, C 101/97, S. 110, Rn. 86; *Bechtold/Bosch/Brinker*, EU-Kartellrecht, 3. Aufl., 2014, Art. 101 AEUV, Rn. 160; *Ellger*, in: Immenga/Mestmäcker, Wettbewerbsrecht, Bd. 1 EG/1, 5. Aufl., 2012, Art. 101 Abs. 3 AEUV, Rn. 229.

1855 Vgl. EuGH, Urteil v. 23.11.2006, Rs. C-238/05 – Asnef-Equifax, Slg. 2006 I-11125, I-11166, Rn. 70.

Die Frage, ob die (attestierten, zum Zwecke der vorliegenden Untersuchung als gegeben unterstellten) Effizienzgewinne an die Verbraucher weitergeleitet werden, ist unter anderem von den Machtverhältnissen auf dem in Rede stehenden Markt abhängig.[1856] Insbesondere ein existenter Konkurrenzdruck zwischen Wettbewerbern wird diese in der Regel zur Weiterleitung der Vorteile oder zur Entwicklung neuer Produkte bewegen.[1857] Handelt es sich bei den an der Absprache beteiligten Unternehmen hingegen um die größten Marktteilnehmer, wird man eine Durchbrechung des Preisgefüges in naher Zukunft durch Newcomer als unwahrscheinlich ansehen müssen, zumal die Existenz der großen Unternehmen in diesem Markt einen Marktzutritt erschweren wird. Solche Aspekte können freilich nur anhand einer konkreten Analyse der Verhältnisse auf dem betroffenen Markt hinreichend gewürdigt werden.

Es fragt sich demnach vorliegend, ob die Verbraucher angemessen an den Vorteilen beteiligt werden, die – gemäß der netzwerkorientierten Sichtweise – im Wege der Herstellung eines Nachfragegleichgewichts und der Optimierung des System-Outputs generiert werden (sollen). MasterCard berief sich in diesem Kontext im Wesentlichen darauf, dass „der wichtigste direkte Vorteil seines MIF für die Verbraucher bestehe darin, ‚die Nutzung einer Dienstleistung zu optimieren, die durch die gemeinsame Erbringung der Dienstleistung und eine gemeinsame Nachfrage sowie indirekte Netzeffekte gekennzeichnet ist'."[1858] Die multilateralen

---

1856 Vgl. *Wolf*, in: MüKo, EU-WettbewR, 2. Aufl., 2015, Art. 101 AEUV, Rn. 967; vgl. auch *Mundt/Buch*, Kollektive Interbankenentgelte, WM 2001, 2142, 2146.

1857 Vgl. EuGH, Urteil v. 25.10.1977, Rs. C-26/76 – Metro SB-Großmärkte, Slg. 1977, 1875, 1916, Rn. 47 f.; KOM, Entscheidung v. 17.12.1986, IV/31.340 – Mitchell Cotts/Sofiltra, Abl. EG v. 11.02.1987, L 41/31, S. 36, Rn. 26; KOM, Leitlinien zur Anwendung von Artikel 101 Absatz 3 AEUV, ABl. EU v. 27.04.2004, C 101/97, S. 110, Rn. 89 u. S. 111, Rn. 97; KOM, Leitlinien zur Anwendbarkeit von Artikel 101 des Vertrags über die Arbeitsweise der Europäischen Union auf Vereinbarungen über horizontale Zusammenarbeit, ABl. EU v. 14.01.2011, C 11/1, S. 22, Rn. 103 (Informationsaustausch), S. 31, Rn. 143 (Vereinbarungen über Forschung und Entwicklung), S. 40, Rn. 185 (Vereinbarungen über die gemeinsame Produktion), S. 47, Rn. 219 (Einkaufsvereinbarungen) u. S. 52, Rn. 250 (Vermarktungsvereinbarungen); *Mestmäcker/Schweitzer*, Europ. WettbewR, 3. Aufl., 2014, § 13, Rn. 66; *Kling/Thomas*, Kartellrecht, 2. Aufl., 2016, Rn. 288.

1858 Vgl. KOM, Entscheidung v. 19.12.2007 in den Sachen COMP/34.579 – MasterCard, COMP/36.518 – EuroCommerce u. COMP/38.580 – Commercial Cards, Rn. 735. Zutreffend erkannte die Kommission, dass die Erwägungen, die seitens MasterCard im Zusammenhang mit dieser (zweiten) Freistellungsvoraussetzung angeführt wurden, gleichsam angebracht worden waren, um das Vorliegen einer Wettbewerbsbeschränkung zu verneinen, vgl. KOM, Entscheidung v. 19.12.2007 in den Sachen COMP/34.579 – MasterCard, COMP/36.518 – EuroCommerce u. COMP/38.580 – Commercial Cards, Rn. 739.

Interbankenentgelte seien der Optimierung des gesamten Systems dienlich; dies gereiche letzten Endes den Verbrauchern zum Vorteil.[1859]

Kapitel 1. Die Karteninhaber und die Vertragsunternehmen

Im Falle (vierseitiger) Zahlungskartensysteme stehen sich einerseits Issuer und Karteninhaber sowie andererseits Acquirer und Vertragsunternehmen gegenüber.[1860] Dementsprechend bilden die Vertragsunternehmen die Verbraucher im Hinblick auf Acquiring-Dienstleistungen und die Karteninhaber die Verbrauchergruppe im Issuing-Bereich.[1861] Es existieren zwei unterschiedliche Gruppen von Verbrauchern.[1862]

Bei den Angehörigen dieser beiden Gruppen sind – ungeachtet der fehlenden Personenidentität – durchaus auch gleiche Interessen im Hinblick auf die Kartenzahlungen gegeben. Es existieren Netzeffekte bzw. Wechselwirkungen zwischen den Bereichen der Emission und der Akquisition. Allerdings bestehen zugleich Interessengegensätze zwischen diesen beiden Gruppen. Jede dieser Verbrauchergruppen hat ein Interesse daran, dass die Kosten des Systems der anderen Seite auferlegt werden.[1863] Die Vertragsunternehmen werden an möglichst geringen Händlergebühren (und demnach auch an niedrigen Interbankenentgelten) interessiert sein, wohingegen die Karteninhaber tendenziell ein Interesse daran haben, dass ein Großteil des Einnahmebedarfs der Issuer durch die Interbankenentgelte bedient wird.[1864]

In diesem Kontext ist zu beachten: Die zweiseitige Marktstruktur ändert nichts an dem Grundsatz, dass jene Verbraucher an den Effizienzgewinnen angemessen beteiligt werden müssen, welche die Nachteile der Wettbewerbsbeschränkung tragen.[1865]

Es ist demnach von zentraler Bedeutung, wer die aus den MIF folgende Kostenbelastung trägt. Primär werden die Vertragsunternehmen durch die zusätzlichen

1859 Vgl. KOM, Entscheidung v. 19.12.2007 in den Sachen COMP/34.579 – MasterCard, COMP/36.518 – EuroCommerce u. COMP/38.580 – Commercial Cards, Rn. 735.
1860 Vgl. KOM, Entscheidung v. 24.07.2002, COMP/29.373 – Visa International II – Multilateral Interchange Fee, ABl. EG v. 22.11.2002, L 318/17, S. 31, Rn. 82.
1861 Vgl. KOM, Entscheidung v. 24.07.2002, COMP/29.373 – Visa International II – Multilateral Interchange Fee, ABl. EG v. 22.11.2002, L 318/17, S. 31, Rn. 82.
1862 Vgl. KOM, Entscheidung v. 24.07.2002, COMP/29.373 – Visa International II – Multilateral Interchange Fee, ABl. EG v. 22.11.2002, L 318/17, S. 31, Rn. 82.
1863 KOM, Entscheidung v. 24.07.2002, COMP/29.373 – Visa International II – Multilateral Interchange Fee, ABl. EG v. 22.11.2002, L 318/17, S. 31, Rn. 82.
1864 Vgl. auch noch KOM, Entscheidung v. 24.07.2002, COMP/29.373 – Visa International II – Multilateral Interchange Fee, ABl. EG v. 22.11.2002, L 318/17, S. 31, Rn. 82.
1865 Vgl. hierzu etwa EuGH, Entscheidung v. 11.09.2014, Rs. C-382/12 P – MasterCard, Rn. 225.

Kosten aus der MIF benachteiligt.[1866] Die MIF führen zu Kosten eines beträchtlichen Ausmaßes und etablieren ein künstliches Mindestpreisniveau der Händlergebühren.[1867] In unmittelbarem Kontext zur Frage, ob eine angemessene Beteiligung der Vertragsunternehmen (und der Karteninhaber) erfolgt, steht die Frage, ob und inwiefern diese durch die MIF generierten zusätzlichen Kosten seitens der Vertragsunternehmen an die Karteninhaber weitergeleitet werden. Dies ist letztlich von der Wettbewerbssituation auf den jeweiligen Absatzmärkten abhängig.

Sofern es den Vertragsunternehmen aufgrund der Marktverhältnisse im jeweiligen Absatzbereich möglich ist, die durch die MIF bedingte Zunahme der MSC an ihre Kunden im Absatzbereich weiterzuleiten,[1868] tragen letztlich ihre Abnehmer auf den Absatzmärkten die Kosten.[1869] Eine entsprechende Weiterleitung (jedenfalls eines Teils der MSC) erscheint wahrscheinlicher als eine Kostentragung durch die Vertragsunternehmen.[1870] Hierfür spricht insbesondere, dass die Kartenakzeptanz seitens eines Vertragsunternehmens üblicherweise dann erfolgt, wenn dies dem Usus in der entsprechenden Branche entspricht und ihre Kunden auf den Absatzmärkten eine entsprechende Erwartung hegen. Wenn sämtliche respektive die überwiegende Anzahl der in diesem Bereich agierenden Unternehmen eine Kreditkarte als Zahlungsmittel akzeptiert, ist davon auszugehen, dass die überwiegende Anzahl der kartenakzeptierenden Unternehmen diese Kosten an ihre Abnehmer weiterleitet, sofern dies aufgrund der Wettbewerbssituation im jeweiligen Absatzbereich des Vertragsunternehmens möglich ist. In diesem Falle erwächst dem einzelnen Unternehmen nämlich kein Wettbewerbsnachteil, sofern es diese Kosten an seine Abnehmer weiterreicht. Eine MIF mag sich dann – formal betrachtet – als ein neutraler Kostenbestandteil der Vertragsunternehmen darstellen. Diese Kompensation resultiert indes lediglich aus ihrer Verhandlungsposition im Absatzbereich. Es handelt sich also nicht um eine Entlastung, die unmittelbar aus der Existenz der MIF folgt. Dies genügt indes nicht. Im Rahmen der zweiten

1866 Vgl. auch KOM, Entscheidung v. 19.12.2007 in den Sachen COMP/34.579 – MasterCard, COMP/36.518 – EuroCommerce u. COMP/38.580 – Commercial Cards, Rn. 740 f.; vgl. ferner KOM, Leitlinien zur Anwendung von Artikel 101 Absatz 3 AEUV, ABl. EU v. 27.04.2004, C 101/97, 110, Rn. 85 f.

1867 Vgl. oben unter Abschnitt 2, Titel 3, Untertitel 2, Kapitel 1; vgl. ferner *GAO*, Credit Cards – Rising Interchange Fees, 2009.

1868 Dies ist der Regelfall, vgl. hierzu bereits obige Ausführungen unter Abschnitt 2,Titel 3, Untertitel 2, Kapitel 1, Unterkapitel 1.

1869 In diesem Sinne EuroCommerce, vgl. KOM, Entscheidung v. 24.07.2002, COMP/29.373 – Visa International II – Multilateral Interchange Fee, ABl. EG v. 22.11.2002, L 318/17, S. 33, Rn. 97; vgl. ferner KOM, Entscheidung v. 03.02.1999, COMP IV/M.1221 – Rewe/Meinl, ABl. EG v. 23.10.1999, L 274/1, S. 8, Rn. 71. Vgl. ferner *Mundt/Buch*, Kollektive Interbankenentgelte, WM 2001, 2142, 2143.

1870 Vgl. *Frankel/Shampine*, Economic effects of Interchange Fees, Antitrust L.J., 2006, Vol. 73, No. 3, 627, 635 f.; vgl. ferner EuG, Entscheidung v. 24.05.2012, Rs. T-111/08 – MasterCard, Rn. 166.

Freistellungsvoraussetzung sind ausschließlich jene Vorteile zu berücksichtigen, die in direktem Kausalzusammenhang zu der Vereinbarung stehen.[1871]

Wenn ein Vertragsunternehmen hingegen auf einem besonders kompetitiven Absatzmarkt agiert, liegt es nahe, dass die im Wege der MIF generierten (Mehr-) Kosten nicht bzw. jedenfalls nicht in vollem Umfang an die Abnehmer auf den Absatzmärkten weitergereicht werden (können). In diesem Falle tragen die Vertragsunternehmen letztlich selbst diese Kosten. Dem kann auch nicht entgegengehalten werden, dass die Vertragsunternehmen auch auf eine Kartenakzeptanz verzichten könnten, um dieser Kostenbelastung zu entgehen. Wie bereits dargelegt, akzeptieren die Vertragsunternehmen nicht bloß Kreditkarten, weil sie sich infolge des Karteneinsatzes höhere Umsätze versprechen. Vielmehr handelt es sich um eine Serviceleistung gegenüber ihren Kunden im Absatzbereich. Die Kartenakzeptanz dient aus Sicht der Händler dem Zweck, Abwanderungen ihrer Kunden zu verhindern und positive Umsatzentwicklungen zu begünstigen. Hinzu kommt, dass ein Anstieg der Emissionszahlen und der Transaktionsvolumina eines Systems die Verhandlungsposition der Vertragsunternehmen gegenüber den Acquirern schwächt und zugleich den Druck auf die Händler erhöht, ihren Kunden im Absatzbereich eine Zahlung mit den Karten des Systems zu ermöglichen.

Nun mag man argumentieren, dass ein Vertragsunternehmen im Falle einer Kreditkartentransaktion den mit einer Bargeldzahlung einhergehenden Aufwand erspart. Indes ermangelt es insofern bereits des hinreichenden Zusammenhanges zwischen der MIF und den auf Seiten der Händler entstehenden Ersparnissen. Die allgemeinen Vorteile, die für das Vertragsunternehmen mit einer Kartentransaktion verbunden sind, sind nicht mit jenen Vorteilen identisch, die mit einer MIF einhergehen. Im vorliegenden Kontext ist gerade nicht darauf abzustellen, ob der Betrieb eines Zahlungskartensystems als solcher Effizienzgewinne mit sich bringt. Wie bereits dargelegt wurde, ist der Betrieb eines Kreditkartensystems und demnach auch die Vornahme einer Kreditkartenzahlung auch ohne die Erhebung von MIF möglich.

Ferner fragt sich, ob die Karteninhaber angemessen an den sich aus einer MIF ergebenden Vorteilen beteiligt werden. Zwar mag man einwenden, dass die Karteninhabergebühren (tendenziell) aufgrund der MIF sinken und daher keine Nachteile gegeben seien, die eines Ausgleichs bedürften. Ein solcher Einwand greift allerdings zu kurz. Wie bereits dargelegt wurde, beschränken die MIF (auch) den Wettbewerb im Issuing-Bereich. Es besteht nur eine geringe negative Korrelation zwischen der Höhe der MIF und der Höhe der Karteninhabergebühren.[1872] In diesem Kontext gilt es zu beachten, dass keinerlei systeminterne Vorschriften existieren, die den emittierenden Unternehmen vorgeben, wie diese ihre Einkünfte

---

1871 Vgl. KOM, Leitlinien zur Anwendung von Artikel 101 Absatz 3 AEUV, ABl. EU v. 27.04.2004, C 101/97, 105, Rn. 54 f.

1872 Vgl. hierzu oben unter Abschnitt 2, Titel 4, Untertitel 1, Kapitel 3, Unterkapitel 2, § 4, II.

und insofern auch jene aus den Interbankenentgelten einzusetzen bzw. zu verwenden haben.[1873] Die Verwendung der im Wege der MIF generierten Einnahmen wird nicht seitens der Kreditkartenorganisationen überprüft. Wie bereits dargelegt wurde, ist eine Issuing-Tätigkeit auch ohne die Einnahmen aus den MIF in der weit überwiegenden Anzahl lukrativ.[1874] Es bestehen demnach diverse Anzeichen dafür, dass die Interbankenentgelte als Gewinngenerator der Issuer dienen, ohne dass die Karteninhaber angemessen an den im Wege dieser Entgelte generierten Einkünfte beteiligt werden.[1875]

Kapitel 2. Die Abnehmer der Vertragsunternehmen im Absatzbereich

Die Beschränkungen des Preiswettbewerbs zwischen den Acquirern gehen nicht nur zu Lasten der Vertragsunternehmen, sondern auch zu Lasten von deren Kunden auf den Absatzmärkten.

Sofern es den Vertragsunternehmen aufgrund der Marktverhältnisse im jeweiligen Absatzbereich möglich ist, die durch die MIF bedingte Zunahme der MSC an ihre Kunden im Absatzbereich weiterzuleiten, tragen letztlich ihre Abnehmer auf den Absatzmärkten – einschließlich der Barzahler – die Kosten.[1876] Die Kunden der Vertragsunternehmen auf den Absatzmärkten tragen dann – ungeachtet des von ihnen eingesetzten Zahlungsmittels – einen Teil der Händlergebühren, deren Höhe in beträchtlichem Maße durch die Höhe der MIF beeinflusst wird, und

---

1873 Vgl. KOM, Entscheidung v. 19.12.2007 in den Sachen COMP/34.579 – MasterCard, COMP/36.518 – EuroCommerce u. COMP/38.580 – Commercial Cards, Rn. 138.

1874 Vgl. hierzu oben unter Abschnitt 2, Titel 4, Untertitel 1, Kapitel 3, Unterkapitel 2, § 4, II.

1875 Vgl. WEKO, Verfügung v. 05.12.2005, RPW 2006/1, 65, S. 105, Rn. 322 u. S. 108, Rn. 348; vgl. auch *Frankel/Shampine*, Economic effects of Interchange Fees, Antitrust L.J., 2006, Vol. 73, No. 3, 627, 636.

1876 In diesem Sinne EuroCommerce, vgl. KOM, Entscheidung v. 24.07.2002, COMP/29.373 – Visa International II – Multilateral Interchange Fee, ABl. EG v. 22.11.2002, L 318/17, S. 33, Rn. 97; WEKO, Verfügung v. 05.12.2005, RPW 2006/1, 65, S. 83, Rn. 142; vgl. auch KOM, Pressemitteilung v. 26.02.2014, IP/14/197, S. 1; vgl. ferner KOM, Entscheidung v. 3. 2. 1999, COMP IV/M.1221 – Rewe/Meinl, ABl. EG v. 23.10.1999, L 274/1, S. 8, Rn. 71; KOM, Vorschlag für eine Verordnung des Europäischen Parlaments und des Rates über Interbankenentgelte für kartengebundene Zahlungsvorgänge v. 24.07.2013, COM(2013) 550 final, S. 2 f.; KOM, Jahresbericht über Wettbewerbspolitik 2015 v. 04.06.2016, COM(2016) 393 final, S. 13, online abrufbar unter: http://ec.europa.eu/competition/ publications/annual_report/2014/part1_de.pdf; vgl. auch noch *HDE*, Stellungnahme v. 12.02.2014, Position zum Verordnungsentwurf, abrufbar unter: http://www.einzelhandel.de/index.php/zahlungssysteme/item/123669-position-zum-verordnungsentwurf-zur-regulierung-der-entgelte-im-kartenzahlungsverkehr.

damit wiederum einen Teil des Kartenzahlungssystems (sog. Quersubventionierung durch Barzahler).[1877]

Bereits in Bezug auf die Karteninhaber – allein in ihrer Position als Karteninhaber betrachtet – konnte keine hinreichende Beteiligung an etwaigen Effizienzgewinnen festgestellt werden. Die Karteninhaber, die ihre Kreditkarte am PoS als Zahlungsmittel einsetzen, weisen – über diese Position hinausgehend auch noch – in gewisser Hinsicht eine doppelte Verbrauchereigenschaft (als Abnehmer der Issuer und als Abnehmer der Vertragsunternehmen) auf; letztlich zeigt sich auch insofern wiederum, dass es sich – wie bereits ausgeführt wurde – bei Kreditkarten um absatzbereichsbezogene Produkte handelt.[1878] Insofern ist unerheblich, ob sich die Karteninhaber dieser Auswirkungen bewusst sind und den Karteneinsatz subjektiv als unentgeltlich ansehen. Für die Karteninhaber ist regelmäßig nicht erkennbar, ob und wann die MIF die Produktpreise im Absatzbereich erhöhen. Die Kostenkalkulation der Vertragsunternehmen ist nicht öffentlich zugänglich.

Die Vertragsunternehmen differenzieren bei der Weiterleitung der MIF ohnehin nicht zwischen Kartenzahlern und den Nutzern sonstiger Zahlungsmittel; insbesondere erheben sie von Kartenzahlern üblicherweise keine Preisaufschläge. Vielmehr werden die erhöhten Kosten auf die Produktpreise des jeweiligen Absatzbereichs umgelegt. Letztlich tragen demnach auch die Barzahler die Kosten des Kreditkartensystems.

Die Kunden der Vertragsunternehmen, die nicht mittels Kreditkarte zahlen, sind zwar nicht an den vertraglichen Beziehungen des Kreditkartensystems beteiligt. Dies bedeutet jedoch nicht, dass die Nutzer anderer Zahlungsmittel vorliegend belanglos wären. Im Rahmen des Art. 101 Abs. 3 AEUV ist grundsätzlich erforderlich, dass die Verbraucher einen vollwertigen, zumindest gleichwertigen Ausgleich erhalten, sofern die wettbewerbsbeschränkende Absprache mit einer Erhöhung der Preise einhergeht.[1879] Die Gesamtauswirkungen der Absprache sind zu berücksichtigen.[1880]

Insbesondere im Falle einer Verknüpfung zweier Märkte, sind die Effizienzvorteile berücksichtigungsfähig, die durch die wettbewerbsbeschränkende Maßnahme

---

1877 Vgl. auch KOM, Entscheidung v. 19.12.2007 in den Sachen COMP/34.579 – MasterCard, COMP/36.518 – EuroCommerce u. COMP/38.580 – Commercial Cards, Rn. 411. Vgl. ferner *Wittenberg*, Werden Barzahler durch Kreditkartensysteme diskriminiert?, cards 1993, Heft 4, 25; *Mundt/Buch*, Kollektive Interbankenentgelte, WM 2001, 2142, 2143.

1878 Hierzu bereits ausführlich oben unter Abschnitt 1, Titel 3, Untertitel 3, Kapitel 2, Unterkapitel 1 sowie Untertitel 4, Kapitel 3.

1879 Vgl. KOM, Leitlinien zur Anwendung von Artikel 101 Absatz 3 AEUV, ABl. EU v. 27.04.2004, C 101/97, 110, Rn. 86.

1880 Vgl. KOM, Leitlinien zur Anwendung von Artikel 101 Absatz 3 AEUV, ABl. EU v. 27.04.2004, C 101/97, 112, Rn. 103.

auf diesen Märkten herbeigeführt werden.[1881] Auch bei der Prüfung der dritten Freistellungsvoraussetzung sind nämlich die Effizienzvorteile zu berücksichtigen, die auf anderen – nicht von der wettbewerbsbeschränkenden Maßnahme betroffenen – Märkten eintreten können.[1882] Teils wird gar vertreten, dass auch unbeteiligte Dritte, die mittelbar von den wettbewerbsbeschränkenden Absprache betroffen werden, als Verbraucher im Sinne des Art. 101 Abs. 3 AEUV anzusehen seien.[1883] Letztere Streitfrage bedarf vorliegend indes keiner näheren Erörterung und kann dahinstehen. Bei den Kunden der Vertragsunternehmen, die nicht mittels Kreditkarte zahlen, handelt es sich nicht um Unbeteiligte. Sie sind von den Nachteilen der MIF betroffen. Die besondere Marktstruktur innerhalb eines Kreditkartensystems wie auch die Absatzbereichsbezogenheit der Kreditkarte wirken sich insofern in besonderer Weise aus.

Im Unterschied zu – vertikal strukturierten – Produktmärkten sind durch die Preiserhöhungen nicht lediglich die Abnehmer desselben Produktes auf den nachfolgenden Vertriebsstufen von den Preiserhöhungen betroffen. Eine Preiserhöhung im Verhältnis zwischen Produzenten und Großhändlern auf der nächsten Stufe an die Einzelhändler sowie auf der weiteren, ebenfalls vertikal nachfolgenden Vertriebsstufe wird üblicherweise an die Endverbraucher des jeweiligen Produktes weitergegeben. Auch in diesen Fällen sind nicht bloß die Vorteile der unmittelbaren Abnehmer, sondern auch jene der mittelbaren Abnehmer bei der Prüfung der zweiten Freistellungsvoraussetzung zu berücksichtigen.[1884]

Im Falle der Kunden der Vertragsunternehmen auf den Absatzmärkten zeigt sich insofern zwar ein etwas anderes Bild. So handelt es sich bei den Vertragsunternehmen nicht um Zwischenhändler hinsichtlich der Acquiring-Dienstleistungen. Diese Leistungen werden nicht an die Barzahler weitergegeben. Die Barzahler agieren als Nachfrager eines anderen Produktes, nämlich eines Produktes, dass sie auf dem jeweiligen Absatzmarkt von den Vertragsunternehmen erwerben; die Kreditkarte fungiert in diesem Kontext lediglich als Zahlungsmittel. Unter Zugrundelegung des Telos des Art. 101 Abs. 3 AEUV vermag dies aber wertungsmäßig keinen Unterschied zu begründen. Die nicht mit einer Kreditkarte zahlenden Kunden erwerben ein Produkt im Absatzbereich und werden mit der

1881 Vgl. KOM, Leitlinien zur Anwendung von Artikel 101 Absatz 3 AEUV, ABl. EU v. 27.04.2004, C 101/97, 103, Rn. 43; vgl. ferner *Ellger*, in: Immenga/Mestmäcker, Wettbewerbsrecht, Bd. 1 EG/1, 5. Aufl., 2012, Art. 101 Abs. 3 AEUV, Rn. 225.

1882 Vgl. EuG, Urteil v. 28.02.2002, Rs. T-86/95 – Compagnie générale maritime, Slg. 2002, II-1011, II-1077 f., Rn. 343; EuG, Urteil v. 19.03.2003, Rs. T-213/00 – CMA CGM, Slg. 2003, II-913, Rn. 227; *Wolf*, in: MüKo, EU-WettbewR, 2. Aufl., 2015, Art. 101 AEUV, Rn. 975; *Ellger*, in: Immenga/Mestmäcker, Wettbewerbsrecht, Bd. 1 EG/1, 5. Aufl., 2012, Art. 101 Abs. 3 AEUV, Rn. 225.

1883 Vgl. zum Streitstand: *Ellger*, in: Immenga/Mestmäcker, Wettbewerbsrecht, Bd. 1 EG/1, 5. Aufl., 2012, Art. 101 Abs. 3 AEUV, Rn. 225.

1884 Vgl. *Ellger*, in: Immenga/Mestmäcker, Wettbewerbsrecht, Bd. 1 EG/1, 5. Aufl., 2012, Art. 101 Abs. 3 AEUV, Rn. 225 f.

Preiserhöhung einer „vorherigen Stufe", und zwar jener im Acquiring-Bereich, belastet. Die Absatzbereichsbezogenheit der Kreditkarte ähnelt insofern den vertikalen Beziehungen einer Lieferkette.

Die Acquirer eröffnen den Vertragsunternehmen die Möglichkeit der Kartenakzeptanz. Seitens der Vertragsunternehmen wird die Annahme der Kreditkarte als Zahlungsmittel als Serviceleistung gegenüber ihren Kunden auf den Absatzmärkten verstanden. Für diese Serviceleistungen entrichten die Kunden auf den Absatzmärkten kein gesondert ausgewiesenes Entgelt. Gleichwohl profitieren die Kartenzahler an der Kartenakzeptanzmöglichkeit der Vertragsunternehmen, wenngleich dies noch nicht als angemessene Beteiligung im Rahmen der zweiten Freistellungsvoraussetzung anzusehen ist. Dies ist bei den Kunden der Vertragsunternehmen auf den Absatzmärkten, die nicht mittels Kreditkarte zahlen, indes nicht der Fall. Sie nehmen keine zusätzliche Serviceleistung in Anspruch. Gleichwohl kommen auch sie wegen der Weiterleitung der MSC für die Kosten der Kartenakzeptanz auf.

Mithin sind auch die Barzahler von der Erhöhung der MSC-Raten infolge der MIF betroffen. Auch bei ihnen handelt es sich um von der Vereinbarung betroffene Verbraucher. Insofern schiene es widersprüchlich, die Kartenzahler als zu berücksichtigende Verbrauchergruppe anzusehen, weil sie hinsichtlich des Emissionsmarktes die Nachfrager der Issuer darstellen. Auch die Karteninhaber sind nicht die Verbraucher hinsichtlich der Acquiring-Dienstleistungen; dies sind nur die Vertragsunternehmen. Gleichwohl entspricht es der weit überwiegenden Auffassung im vorliegenden Kontext, dass sowohl eine Weitergabe von Effizienzvorteilen an die Karteninhaber als auch an die Vertragsunternehmen im Rahmen der zweiten Freistellungsvoraussetzung des Art. 101 Abs. 3 AEUV berücksichtigt werden kann. Wenn dem aber so ist und die nicht via Kreditkarte zahlenden Kunden auf den Absatzmärkten nachteilig von den Auswirkungen der MIF betroffen sind, ist es nicht zu rechtfertigen, wenn nicht auch diese im vorliegenden Kontext als Verbraucher im Sinne des Absatzes 3 berücksichtigt werden.[1885] Eine Einbeziehung der

---

1885 In diesem Sinne auch *Mundt/Buch*, Kollektive Interbankenentgelte, WM 2001, 2142, 2148. Im Zuge des MasterCard-Verfahrens führte die Kommission unter anderem aus: „[...] Prüfung der Frage, ob die Vorteile in ausreichendem Maße an die Karteninhaber sowie die Händler (und *deren Kunden*) weitergegeben werden." [Hervorh. d. Verf.], siehe KOM, Entscheidung v. 19.12.2007 in den Sachen COMP/34.579 – MasterCard, COMP/36.518 – EuroCommerce u. COMP/38.580 – Commercial Cards, Rn. 693. Vgl. auch KOM, Entscheidung v. 19.12.2007 in den Sachen COMP/34.579 – MasterCard, COMP/36.518 – EuroCommerce u. COMP/38.580 – Commercial Cards, Rn. 740: „[...] müssen die Effizienzgewinne insbesondere die zulasten der Händler (*und deren Kunden*) gehenden wettbewerbsbeschränkenden Wirkungen ausgleichen." [Hervorh. d. Verf.]. Vgl. KOM, Entscheidung v. 19.12.2007 in den Sachen COMP/34.579 – MasterCard, COMP/36.518 – EuroCommerce u. COMP/38.580 – Commercial Cards, Rn. 743: „[...] objektive Effizienzgewinne ermöglicht, die allen Kunden zugutekommen, einschließlich denjenigen, die die Kosten seines MIF

sonstigen Abnehmer der Vertragsunternehmen auf den Absatzmärkten erscheint jedenfalls im vorliegenden Kontext geboten.[1886]

Diese Kundengruppe, die keine Kreditkarten zur Zahlung nutzt, partizipiert nicht an den (behaupteten) Vorteilen einer MIF. Die Barzahler und die Nutzer sonstiger Zahlungsmittel profitieren nicht einmal von den Vorteilen eines Kreditkartensystems. Sie werden demnach von vornherein nicht an etwaigen Effizienzvorteilen beteiligt, sondern tragen lediglich die im Wege der MIF generierten Mehrkosten im Absatzbereich. Eine angemessene Beteiligung jedenfalls dieser Verbraucher ist mithin nicht gegeben.[1887]

Kapitel 3. Zwischenergebnis

Die zweite Freistellungsvoraussetzung ist nicht gegeben.[1888] Eine angemessene Beteiligung der Verbraucher an den Effizienzgewinnen ist nicht gegeben.

1. Die Vertragsunternehmen

Es ist nicht davon auszugehen, dass eine angemessene Beteiligung der Vertragsunternehmen an den (behaupteten) Effizienzvorteilen gegeben ist. Primär werden die Vertragsunternehmen durch die zusätzlichen Kosten aus der MIF benachteiligt.

Sofern es den Vertragsunternehmen aufgrund der Marktverhältnisse im jeweiligen Absatzbereich möglich ist, die durch die MIF bedingte Zunahme der MSC an

---

tragen (Händler und *spätere Käufer*)." [Hervorh. d. Verf.]. Vgl. auch noch EuG, Entscheidung v. 24.05.2012, Rs. T-111/08 – MasterCard, Rn. 228.

1886 In diesem Sinne auch *Freigang/Grün*, Interbankenentgelte im Kreditkartengeschäft, WM 2005, 681, 688 f. (allerdings ohne nähere Begründung); vgl. ferner EuGH, Urteil v. 13.07.1966, Rs. C-56/64 u. C-58/64 – Consten und Grundig, Slg. 1966, 321, 397.

1887 Vgl. auch *Freigang/Grün*, Interbankenentgelte im Kreditkartengeschäft, WM 2005, 681, 688 f.

1888 In der Visa International II-Entscheidung bejahte die Kommission die zweite Voraussetzung des Art. 101 Abs. 3 AEUV (ex-Artikel Art. 81 Abs. 1 EGV), vgl. KOM, Entscheidung v. 24.07.2002, COMP/29.373 – Visa International II – Multilateral Interchange Fee, ABl. EG v. 22.11.2002, L 318/17, S. 33, Rn. 95. Hinsichtlich der MIF von MasterCard sah die Kommission die zweite Voraussetzung nicht als gegeben, vgl. KOM, Entscheidung v. 19.12.2007 in den Sachen COMP/34.579 – MasterCard, COMP/36.518 – EuroCommerce u. COMP/38.580 – Commercial Cards, Rn. 747. In Ermangelung weiterer Beweise „könne nicht berechtigterweise davon ausgegangen werden, dass MasterCard mit der Verfolgung seines Ziels, den System-Output zu maximieren, objektive Effizienzgewinne ermöglicht, die allen Kunden zugutekommen, einschließlich denjenigen, die die Kosten seines MIF tragen (Händler und spätere Käufer)", siehe KOM, Entscheidung v. 19.12.2007 in den Sachen COMP/34.579 – MasterCard, COMP/36.518 – EuroCommerce u. COMP/38.580 – Commercial Cards, Rn. 743.

ihre Kunden im Absatzbereich weiterzuleiten, tragen letztlich ihre Abnehmer auf den Absatzmärkten die Kosten.

Eine entsprechende Weiterleitung (jedenfalls eines Teils der MSC) erscheint wahrscheinlicher als eine Kostentragung durch die Vertragsunternehmen. Diese „Kompensation" resultiert indes lediglich aus ihrer Verhandlungsposition im Absatzbereich. Es handelt sich also nicht um eine Entlastung, die unmittelbar aus der Existenz der MIF folgt. Dies genügt vorliegend jedoch nicht. Im Rahmen der zweiten Freistellungsvoraussetzung sind ausschließlich jene Vorteile zu berücksichtigen, die in direktem Kausalzusammenhang zu der Vereinbarung stehen.

Wenn ein Vertragsunternehmen hingegen auf einem besonders kompetitiven Absatzmarkt agiert, liegt es nahe, dass diese Kosten nicht bzw. jedenfalls nicht in vollem Umfang an die Abnehmer auf dem Absatzmarkt weitergereicht werden (können). In diesem Falle tragen die Vertragsunternehmen letztlich selbst diese Kosten.

2. Die Karteninhaber

Die Interbankenentgelte dienen als Gewinngenerator der Issuer, ohne dass die Karteninhaber angemessen an den im Wege dieser Entgelte generierten Einkünften beteiligt werden. Wie gezeigt werden konnte, vermag der Aspekt, dass die Karteninhabergebühren (tendenziell) aufgrund der MIF sinken, ein Vorliegen der zweiten Freistellungsvoraussetzung – soweit es die Karteninhaber anbelangt – nicht zu begründen.

3. Die Abnehmer der Vertragsunternehmen im Absatzbereich

Die Abnehmer der Vertragsunternehmen im Absatzbereich sind sowohl in Bezug auf die, auf den jeweiligen Absatzmärkten angebotenen Leistungen als auch im vorliegenden Kontext als Verbraucher anzusehen.

Die Kunden der Vertragsunternehmen, die nicht mittels Kreditkarte zahlen, tragen ebenfalls die Kostenbelastung durch die MIF. Diese Kundengruppe, die keine Kreditkarten zur Zahlung nutzt, partizipiert nicht an den (behaupteten) Vorteilen einer MIF. Die Barzahler und die Nutzer sonstiger Zahlungsmittel profitieren nicht einmal von den Vorteilen eines Kreditkartensystems. Sie werden demnach von vornherein nicht an etwaigen Effizienzvorteilen beteiligt, sondern tragen lediglich die im Wege der MIF generierten Mehrkosten im Absatzbereich.

Untertitel 3. Unerlässlichkeit der Wettbewerbsbeschränkung

Überdies muss die Wettbewerbsbeschränkung gemäß Art. 101 Abs. 3 AEUV unerlässlich sein. Dies setzt voraus, dass die Absprache insgesamt zur Erzielung der Effizienzgewinne vernünftigerweise notwendig ist und die einzelnen sich aus der Absprache ergebenden Beschränkungen des Wettbewerbs hierfür auch vernünftigerweise notwendig sind.[1889]

1889 Vgl. KOM, Leitlinien zur Anwendung von Artikel 101 Absatz 3 AEUV, ABl. EU v. 27.04.2004, C 101/97, S. 107, Rn. 73; vgl. ferner *Ellger*, in: Immenga/

Die dritte Freistellungsvoraussetzung dient der Gewährleistung der Verhältnismäßigkeit der Mittel; die an der Absprache beteiligten Unternehmen sollen sich bei der Erzielung von Effizienzvorteilen des mildesten Mittels bedienen.[1890] Dementsprechend müssen die aus der Einigung resultierenden Wettbewerbsbeschränkungen grundsätzlich auf das im Einzelfall unabdingbare Maß beschränkt sein.[1891] Die Effizienzgewinne dürfen nicht durch weniger wettbewerbsbeschränkende Alternativen erzielt werden können.[1892] Die Wettbewerbsbeschränkung ist als unerlässlich anzusehen, sofern „ohne sie die sich aus der Vereinbarung ergebenden Effizienzgewinne beseitigt oder erheblich geschmälert würden oder die Wahrscheinlichkeit zurückgehen würde, dass sich diese Effizienzgewinne realisieren."[1893]

Es steht nicht etwa in Rede, ob die Vereinbarung im Falle des Fehlens einer Wettbewerbsbeschränkung nicht getroffen worden wäre, sondern es geht vielmehr um die Frage, ob mit der Vereinbarung respektive den sich daraus ergebenden Beschränkungen des Wettbewerbs mehr Effizienzvorteile erzielt werden als ohne

---

Mestmäcker, Wettbewerbsrecht, Bd. 1 EG/1, 5. Aufl., 2012, Art. 101 Abs. 3 AEUV, Rn. 257 ff.

1890 Vgl. *Bechtold/Bosch/Brinker*, EU-Kartellrecht, 3. Aufl., 2014, Art. 101 AEUV, Rn. 162; *Lange*, in: Lange/Pries, Kartellrecht, 2. Aufl., 2011, S. 63, Rn. 158; *Braun*, in: Langen/Bunte, Bd. 2, 13. Aufl., 2018, Art. 101, Rn. 203; *Mestmäcker/Schweitzer*, Europ. WettbewR, 3. Aufl., 2014, § 13, Rn. 68; *Ellger*, in: Immenga/Mestmäcker, Wettbewerbsrecht, Bd. 1 EG/1, 5. Aufl., 2012, Art. 101 Abs. 3 AEUV, Rn. 253 f.; *Lettl*, Kartellrecht, 4. Aufl., 2017, § 2, Rn. 186; vgl. ferner EuGH, Entscheidung v. 24.10.1973, Rs. C-5/73 – Balkan, Slg. 1973, 1091, 1111 f.; EuGH, Entscheidung v. 15.12.1976, Rs. C-35/76 – Simmenthal, Slg. 1976, 1871, 1884; EuGH, Urteil v. 20.02.1979, Rs. C-120/78 – Rewe (Cassis de Dijon), Slg. 1979, 649,664.

1891 Vgl. KOM, Leitlinien zur Anwendung von Artikel 101 Absatz 3 AEUV, ABl. EU v. 27.04.2004, C 101/97, S. 108, Rn. 75 f.; vgl. auch KOM, Leitlinien zur Anwendbarkeit von Artikel 101 des Vertrags über die Arbeitsweise der Europäischen Union auf Vereinbarungen über horizontale Zusammenarbeit, ABl. EU v. 14.01.2011, C 11/1, S. 22, Rn. 101; KOM, Leitlinien für vertikale Beschränkungen, ABl. EU v. 19.05.2010, C 130/1, S. 27, Rn. 125. Vgl. ferner KOM, Entscheidung v. 24.07.2002, COMP/29.373 – Visa International II – Multilateral Interchange Fee, ABl. EG v. 22.11.2002, L 318/17, S. 33, Rn. 99.

1892 Vgl. EuGH, Entscheidung v. 25.03.1981, Rs. C-61/80 – Coöperatieve Stremselen Kleurselfabriek, Slg. 1981, 851, 868, Rn. 18; EuG, Entscheidung v. 23.02.1994, Rs. T-39/92 u. T-40/92 – Groupement des cartes bancaires (CB) und Europay, Slg. 1994, II-49, II-91, Rn. 113 f.; vgl. auch KOM, Entscheidung v. 02.08.1989, IV/31.553 – Betonstahlmatten, Abl. EG v. 06.09.1989, L 260/1, S. 38, Rn. 187; vgl. ferner *Braun*, in: Langen/Bunte, Bd. 2, 13. Aufl., 2018, Art. 101, Rn. 203; *Dreher/Kulka*, Wettbewerbs- und Kartellrecht, 10. Aufl., 2018, S. 391, Rn. 985; *Kling/Thomas*, Kartellrecht, 2. Aufl., 2016, Rn. 290.

1893 Vgl. KOM, Leitlinien zur Anwendung von Artikel 101 Absatz 3 AEUV, ABl. EU v. 27.04.2004, C 101/97, S. 108, S. 79; *Bechtold/Bosch/Brinker*, EU-Kartellrecht, 3. Aufl., 2014, Art. 101 AEUV, Rn. 163; *v. Dietze/Janssen*, KartellR, 5. Aufl., 2015, Rn. 188.

sie.[1894] Während im Rahmen der Prüfung der objektiven Notwendigkeit an obiger Stelle auf die Frage eingegangen wurde, ob das MIF für den Betrieb eines Kreditkartensystems objektiv erforderlich ist,[1895] ist im vorliegenden Kontext zu klären, ob das System mittels weniger wettbewerbsbeschränkenden Weise ebenso effektiv betrieben werden könnte. Sofern ein Missverhältnis zwischen den generierten Effizienzvorteilen und den Beschränkungen des Wettbewerbs gegeben ist, ist die dritte Freistellungsvoraussetzung des Art. 101 Abs. 3 AEUV nicht erfüllt.[1896] Die Voraussetzung der Unerlässlichkeit bezieht sich im vorliegenden Kontext nicht etwa auf die Existenz des jeweiligen offenen Systems, sondern auf die Realisierung der Effizienzgewinne, die unter Zugrundelegung der netzwerkorientierten Sichtweise in der Schaffung eines Ausgleichs und einer Maximierung des System-Outputs zu sehen sind.[1897]

Kapitel 1. Einführung einer MIF von Null

Denkbar scheine es zunächst, eine MIF von Null (sog. Zero-MIF) einzuführen.[1898] In diesem Fall würde eine MIF in Höhe von Null gelten.

Wie bereits an obiger Stelle näher ausgeführt wurde, handelt es sich bei einer Zero-MIF ebenfalls um eine kollektive Entgeltfestsetzung.[1899] Allerdings sind diese Auswirkungen als minder schwerwiegend als jene der derzeitigen, von Seiten der Acquirer an die Issuer zu entrichtenden MIF anzusehen.[1900] Bereits dies mag man als Indiz dafür werten, dass die derzeitige MIF nicht als unerlässlich im Sinne der dritten Freistellungsvoraussetzung zu qualifizieren ist.

1894 Vgl. KOM, Leitlinien zur Anwendung von Artikel 101 Absatz 3 AEUV, ABl. EU v. 27.04.2004, C 101/97, S. 107 a.E., Rn. 74; *Ellger*, in: Immenga/Mestmäcker, Wettbewerbsrecht, Bd. 1 EG/1, 5. Aufl., 2012, Art. 101 Abs. 3 AEUV, Rn. 254; *Bunte*, in: Langen/Bunte, Bd. 2, 13. Aufl., 2018, Art. 101, Rn. 203.

1895 Vgl. hierzu obige Ausführungen unter Abschnitt 2, Titel 3, Untertitel 3.

1896 Vgl. *Bechtold/Bosch/Brinker*, EU-Kartellrecht, 3. Aufl., 2014, Art. 101 AEUV, Rn. 165.

1897 Vgl. KOM, Entscheidung v. 24.07.2002, COMP/29.373 – Visa International II – Multilateral Interchange Fee, ABl. EG v. 22.11.2002, L 318/17, S. 33, Rn. 98.

1898 Die Frage, ob die Existenz von Systemen mit einer Zero-MIF Aussagekraft bezüglich der Notwendigkeit einer MIF für den Bestand eines offenen Systems zukommt und die vorliegend zu beurteilende Frage, inwiefern die Einführung einer MIF von Null eine hinreichende Alternative zu den derzeitigen MIF in den Systemen von Visa und MasterCard darstellen, sind keineswegs deckungsgleich, vgl. hierzu auch obige Ausführungen unter Abschnitt 2, Titel 3, Untertitel 3, Kapitel 2, Unterkapitel 3, § 2.

1899 Vgl. *Ahlborn/Chang/Evans*, Problem of Interchange Fee Analysis, Payment Card Econ. Rev., 2003, Vol. 1, 123, 134.

1900 Vgl. auch noch obige Ausführungen unter Abschnitt 2, Titel 3, Untertitel 3, Kapitel 3.

Freilich wird indes eine MIF von Null keinem der oben näher erörterten Erklärungsmuster gerecht. Eine Zero-MIF schiene von vornherein nicht geeignet, ein Gleichgewicht im Sinne der netzwerkorientierten Sichtweise herbeizuführen. Die Einführung einer Zero-MIF wäre bereits aufgrund ihrer Unabänderlichkeit und ihres Fixcharakters nicht geeignet, die – proklamierten – Effizienzgewinne zu erzielen. Unter Zugrundelegung der netzwerkorientierten Sichtweise bedürfte es vielmehr einer MIF, die es ermöglicht, auf Veränderungen im Gefüge des zweiseitigen Marktes durch Veränderungen der MIF zu reagieren; nur eine solche variable MIF wäre geeignet, den System-Output im Wege der Herbeiführung eines Gleichgewichts zwischen beiden Seiten des Marktes herbeizuführen. Entsprechendes gilt im Übrigen auch, sofern man den Standpunkt der Joint Production-Sichtweise oder des „Fee for Service"-Ansatzes einnehmen wollte. Auch letztgenannten Erklärungsmodellen liegt zugrunde, dass sich die Geschehnisse innerhalb eines Kreditkartensystems in Bewegung befinden und die MIF an diese angepasst werden müssen.

Vor diesem Hintergrund erscheint eine MIF von Null letztlich nicht als geeignete Alternative zur derzeitigen MIF-Regelung, sofern man unterstellt, dass mit einer MIF Effizienzvorteile einhergehen.

Kapitel 2. Aufrechterhaltung der MIF unter Abschaffung der Ausgestaltung als Fallback Fee

Als geringsten Einschnitt in die derzeitige Systemausgestaltung mag man erwägen, die MIF unter Abschaffung ihrer momentanen Ausgestaltung als Fallback Fee beizubehalten. Indes würde eine solche Änderung der MIF-Regelungen weithin ihrer Abschaffung entsprechen. Zwar bliebe der Richtwertcharakter dieser MIF erhalten. Ohne Ausgestaltung als Fallback Fee wäre allerdings keine Ausfallregelung für den Fall gegeben, dass keine vorrangigen Interbankenentgelte existieren. Es wäre weitestgehend ungewiss, wann und inwiefern im Falle einer solcher Änderung die intraregionalen MIF bzw. die sonstigen MIF-Arten zur Anwendung gelangen würden. Die Existenz der MIF, das abgestufte Konzept mit verschiedenen Hierarchieebenen und die Ausgestaltung der intraregionalen MIF als eine, in letzter Instanz eingreifende Fallback Fee stehen – unter Berücksichtigung der Besonderheiten der Branche – in einem untrennbaren Zusammenhang.

Kapitel 3. Abschaffung der MIF und Durchführung bilateraler Verhandlungen

Die aufgezeigten Bedenken gegen eine MIF und deren beschränkende Wirkungen ergeben sich im Wesentlichen aus der multilateralen Festlegungsmethode. In Anbetracht dessen stellt sich die Frage, ob nicht etwa bereits eine Abschaffung der MIF unter Aufrechterhaltung der Möglichkeit einer Vereinbarung bilateraler Interbankenentgelte (und gegebenenfalls zuzüglich der Implementierung eines Verbots des „ex post pricings“[1901]) als eine hinreichende Alternative im vorliegenden Kontext erachtet werden kann.[1902]

Prima facie mag eine individuelle bilaterale Verhandlung einem durch freien Wettbewerb geprägten System entsprechen.[1903] Indes stehen sich Kartenemittenten und akquirierende Unternehmen innerhalb eines Vier-Parteien-Systems nicht auf einem Markt gegenüber.[1904]

In den Systemen von Visa und MasterCard existiert derzeit eine beträchtliche Anzahl von Acquirern und Issuern. Der mit dem Abschluss bilateraler Verträge einhergehende Aufwand wie auch die hiermit verbundenen Kosten wären in Anbetracht dessen besonders beträchtlich.[1905] Insbesondere für Newcomer würde der Markteintritt hierdurch erschwert werden.[1906] Auch würden bilaterale Verhandlungen aufgrund der zu erwartenden unterschiedlichen Höhen der Gebühren zu einer geringeren Transparenz in der Gebührenlandschaft führen.[1907]

Überdies bestünde ohne Existenz einer MIF auch keine Notwendigkeit für die Acquirer, einen Vertrag abzuschließen, der für sie zu zusätzlichen Kosten führt, aber keinen unmittelbaren zusätzlichen Nutzen mit sich bringt. Bilaterale Vereinbarungen dienen gerade dem Zweck, von den MIF abzuweichen. Ohne MIF bestünde keinerlei Veranlassung für die Acquirer, eine eigene Verpflichtung zur Entrichtung von (Interbanken-)Entgelten einzugehen. Aus der HACR ergibt sich jedenfalls kein Anspruch der Emittenten eines offenen Kreditkartensystems gegen die Acquirer auf Zahlung eines – (nachträglich) einseitig seitens der Issuer festgelegten – Entgelts.[1908]

1901 Hierzu ausführlich oben unter Abschnitt 2, Titel 3, Untertitel 3, Kapitel 3.

1902 Etwa im PIN-System war eine Einführung (rein) bilateraler Interbankenentgelte erwogen worden, vgl. auch oben unter Abschnitt 2, Titel 3, Untertitel 3, Kapitel 2, Unterkapitel 1, § 4. Vgl. ferner WEKO, Verfügung v. 05.12.2005, RPW 2006/1, 65, S. 106, Rn. 331; vgl. auch *Small/Wright*, Bilateral Negotiation of Interchange Fees, 2002.

1903 Vgl. hierzu etwa auch WEKO, Verfügung v. 05.12.2005, RPW 2006/1, 65, S. 105, Rn. 328.

1904 Vgl. WEKO, Verfügung v. 05.12.2005, RPW 2006/1, 65, S. 105, Rn. 328.

1905 Vgl. auch KOM, Entscheidung v. 24.07.2002, COMP/29.373 – Visa International II – Multilateral Interchange Fee, ABl. EG v. 22.11.2002, L 318/17, S. 33, Rn. 96 u. S. 34, Rn. 101; *Prager/Manuszak/Kiser/Borzekowski*, Interchange Fees and Payment Card Networks, 2009, 46; vgl. auch *Ahlborn/Chang/Evans*, Problem of Interchange Fee Analysis, Payment Card Econ. Rev., 2003, Vol. 1, 123, 133: „In a small system with 100 member banks, 4,950 agreements would have to be negotiated. With over 21,000 member financial institutions, Visa would require more than 220 million agreements.“

1906 Vgl. *Godschalk/Brien*, Interchange Fee, cards 2002, Heft 1, 16, 19.

1907 Ähnlich KOM, Entscheidung v. 24.07.2002, COMP/29.373 – Visa International II – Multilateral Interchange Fee, ABl. EG v. 22.11.2002, L 318/17, S. 34, Rn. 101.

1908 Vgl. in diesem Kontext obige Ausführungen unter Abschnitt 2, Titel 3, Untertitel 3, Kapitel 3.

Freilich könnte man eine Regelung einführen, wonach eine Transaktion nur zulässig wäre, sofern ein bilateraler Konsens zwischen dem jeweiligen Issuer und Acquirer zustande gekommen ist. Eine solche Regelung würde jedoch die HACR konterkarieren. Der Karteninhaber wüsste kaum, wo er seine Kreditkarte einsetzen kann und die Vertragsunternehmen wären oftmals im Unklaren darüber, welche Kreditkarten sie akzeptieren können. Mit einer derartigen Regelung würden mannigfaltige Probleme einhergehen, die das jeweilige System auf längere Sicht destabilisieren könnten. Ein solches Vorgehen stellt mithin keine adäquate Alternative zu einer MIF dar.

Die mit bilateralen Interbankenentgelt-Verhandlungen einhergehenden Effizienzeinbußen können unter Zugrundelegung obiger Ausführungen zwar nicht zur generellen Rechtfertigung der Kartellrechtskonformität einer multilateralen Festsetzung der IC Fee-Sätze herangezogen werden.[1909] Resümierend erweisen sich umfassende bilaterale Verhandlungen jedoch nicht als praktikabel; bei bilateralen Interbankenentgelt-Verhandlungen handelt es sich um keine tatsächlich in Betracht kommende Alternative im vorliegenden Sinne.[1910]

Kapitel 4. Einseitige Festlegung der Gebühren durch die Issuer

Ferner mag man erwägen, die MIF abzuschaffen und den Issuern[1911] das Recht zu einer einseitigen Festlegung von Gebühren einzuräumen.[1912]

1909 Vgl. auch WEKO, Verfügung v. 05.12.2005, RPW 2006/1, 65, S. 108, Rn. 351.

1910 Vgl. KOM, Entscheidung v. 24.07.2002, COMP/29.373 – Visa International II – Multilateral Interchange Fee, ABl. EG v. 22.11.2002, L 318/17, S. 34, Rn. 101 u. Rn. 103; WEKO, Verfügung v. 05.12.2005, RPW 2006/1, 65, S. 107, Rn. 336. Ähnlich auch die Sichtweise von Visa, vgl. hierzu KOM, Entscheidung v. 24.07.2002, COMP/29.373 – Visa International II – Multilateral Interchange Fee, ABl. EG v. 22.11.2002, L 318/17, S. 33, Rn. 96.

1911 Eine einseitige Gebührenfestlegung durch die Acquirer wird in diesem Kontext nicht ernsthaft diskutiert und erschiene auch nicht als hinreichende Alternative zur derzeitigen MIF, zumal weder im System von Visa noch in jenem von MasterCard eine negative MIF, also eine des Emittenten an den Acquirer zu entrichtende MIF, existiert.

1912 Vgl. hierzu auch obige Ausführungen unter Abschnitt 2, Titel 3, Untertitel 3, Kapitel 3. *Krüger/Strauch* (Die Kommission und die Interchange, cards 2008, Heft 3, 25, 28 a.E. f.) gehen wohl davon aus, dass das Verbot des „ex post pricings", also das Verbot der einseitigen Festlegung von Gebühren (durch die Issuer), letztlich auf eine Zero-MIF hinausliefe. Diese Sichtweise erklärt sich vor dem Hintergrund, dass *Krüger/Strauch* die MIF im Sinne der dienstleistungsorientierten Sichtweise als Entgelt ansehen (Die Kommission und die Interchange, cards 2008, Heft 3, 25, S. 26 ff.) bzw. noch vor der Veröffentlichung der Begründung der MasterCard-Entscheidung davon ausgingen, dass die Kommission ihrer Entscheidung diese Sichtweise zugrunde legen würde (vgl. *Krüger/Strauch*, Interchange: durch 5-Parteien-System zu retten?, cards 2008, Heft 1, 29,29).

Eine solche Regelung würde zwar kein künstliches Mindestniveau der Gebühren statuieren. Indes liefe dies darauf hinaus, dass die Issuer die an die HACR gebundenen Acquirer unter Druck setzen könnten.[1913] Die Acquirer wären in diesem Falle dem freien Belieben der Issuer unterworfen. Eine Befugnis zur einseitigen Festlegung läuft zum einen der Vertragsautonomie zuwider, zum anderen wäre dies auch aus wettbewerblicher Sicht nicht als positiv zu werten. Eine einseitige Festlegungsbefugnis (ohne Preisobergrenze) würde allgemeiner Erfahrung nach zu steigenden Preisen führen und wäre in beträchtlichem Maße missbrauchsanfällig.[1914] Die Möglichkeit eines Einschreitens auf der Basis des Art. 102 AEUV, ändert hieran nichts. Eine einseitige Festlegung der Gebühren durch die Issuer ist demnach nicht als zureichende Alternative zu klassifizieren.

Kapitel 5. Veränderung der Gebührenstruktur im vorgelagerten Bereich

Zumal eine Kreditkartenorganisation die sonstigen Gebühren – mehr oder minder – „nach freiem Belieben" festlegen kann, könnte prinzipiell auch ohne MIF im Wege der Änderung der Höhe derjenigen Gebühren, die den Issuern und den Acquirern seitens der Kreditkartenorganisationen auferlegt werden, ein Ausgleichsmechanismus geschaffen werden.[1915]

Man mag etwa daran denken, dass die seitens der Acquirer an die Kreditkartenorganisationen zu zahlenden Gebühren erhöht und die Gebühren der Issuer gesenkt werden. Auf diese Weise würden die Issuer begünstigt werden. Indes erhielten die Issuer hierdurch keine zusätzlichen Einnahmen. Sie würden lediglich Kosten einsparen.

1913 Vgl. KOM, Entscheidung v. 19.12.2007 in den Sachen COMP/34.579 – MasterCard, COMP/36.518 – EuroCommerce u. COMP/38.580 – Commercial Cards, Rn. 554.

1914 Vgl. auch KOM, Entscheidung v. 19.12.2007 in den Sachen COMP/34.579 – MasterCard, COMP/36.518 – EuroCommerce u. COMP/38.580 – Commercial Cards, Rn. 537 u. Rn. 554.

1915 Als Reaktion auf die Entscheidung der Kommission hinsichtlich der intraregionalen MIF setzte MasterCard zwar die betreffenden MIF am 12. Juni 2008 (zeitweise) aus, vgl. KOM, Pressemitteilung v. 12.06.2008, MEMO/08/397, abrufbar unter: http://europa.eu/rapid/press-release_MEMO-08-397_en.htm. Am 01. Oktober 2008 änderte MasterCard allerdings die Preisstrukturen; dies führte unter anderem zu einer Erhöhung einiger Acquirergebühren (Gebühren, die seitens der Acquirer an das Zahlungskartennetz zu entrichten sind), zur Einführung einer neuen Gebühr für Acquirer und zur Aufhebung einiger Gebührenbefreiungen im Acquiring-Bereich, vgl. KOM, Pressemitteilung v. 01.04.2009, MEMO/09/143, abrufbar unter: http://europa.eu/rapid/press-release_MEMO-09-143_en.htm; KOM, Pressemitteilung v. 01.04.2009, IP/09/515, abrufbar unter: http://europa.eu/rapid/press-release_IP-09-515_de.htm. Nach der Wiedereinführung der MIF infolge der seitens MasterCard unterbreiteten Verpflichtungszusagen wurden diese Änderungen wieder rückgängig gemacht.

Des Weiteren schiene es denkbar, dass die Kreditkartenorganisationen den Acquirern höhere Entgelte in Rechnung stellen und den Issuern nicht bloß Gebührensenkungen gewähren, sondern die von den Acquirern gezahlten Entgelte weiterleiten.[1916] Um die gleichen Wirkungen wie eine MIF herbeizuführen, müssten die Zahlungen der Kreditkartenorganisationen an die Issuer und der entsprechende Regress bei den Acquirern jedoch an die einzelnen Transaktionen anknüpfen.

Dies gilt selbst dann, wenn diese Zahlungen nicht transaktionsvolumenabhängig berechnet werden würden. Nur eine solche Berechnungsweise steht in Einklang mit der netzwerkorientierten Sichtweise, nach der es eines Ausgleichs zwischen beiden Seiten des Marktes bedarf. Die Zahlung des gleichen Betrages an jeden Emittenten ohne jedwede Berücksichtigung des Anteils der Tätigkeit am Gesamttransaktionsvolumen des jeweiligen Systems ist hiermit unvereinbar. Eine solche Zuordnung einer bestimmten Transaktion zu einem bestimmten Issuer wäre mit beträchtlichen Schwierigkeiten behaftet; gleiches gilt für die Zuordnung zu einem Acquirer. Es bedürfte eines umfassenden Informationsaustauschs zwischen den Kreditkartenorganisationen, den Issuern und den Acquirern. Insofern müsste jede einzelne Transaktion dezidiert erfasst, én detail aufgelistet und vollumfänglich ausgewertet werden. Diese Daten der Issuer müssten ferner mit den Daten der Acquirer abgeglichen werden. In Anbetracht der Anzahl der emittierenden und akquirierenden Unternehmen, die in die Kreditkartensysteme von Visa und MasterCard eingebunden sind, erscheint dies – unter Einbeziehung wirtschaftlicher Vernunfterwägungen – kaum realisierbar. Zudem ist es kaum wahrscheinlich, dass die Issuer bereit wären, die mit den von ihnen ausgegebenen Karten getätigten Umsätze im vorliegend erforderlichen Detaillierungsgrad offenzulegen. Die Acquirer werden ebenfalls nicht gewillt sein, diese Daten zu melden. Ein derartiger Austausch an Informationen beträfe nämlich zum einen Daten, die für den eigenen Geschäftserfolg essentiell sind. Zum anderen wäre dies mit signifikanten Sicherheitsrisiken verbunden. Selbst wenn die zusätzlichen Zahlungen an die Issuer ausreichend hoch wären, würde die Errichtung und Durchführung des Datenaustauschs sowie des Datenmanagements Kosten in einer Größenordnung verursachen, die außer Verhältnis zum Nutzen stünden.[1917]

1916 Vgl. *Emch/Thompson*, Market Definition and Market, Review of Network Economics, 2006, Vol. 5, Iss. 1, S. 45, 50; vgl. auch *Wittenberg/Buermeyer*, 0,3 Prozent Interchange, cards 2014, Heft 1, 16, 19 f.

1917 Ein solche Vorgehensweise wäre im Übrigen auch mit Blick auf die Vorgaben der neuen Verordnung über Interbankenentgelte (VO (EU) 2015/751, Abl. EU v. 19.05.2015, Abl. EU v. 19.05.2015, L 123/1) allenfalls in begrenztem Umfang möglich. Nach deren Art. 2 Abs. 10 sind Nettovergütungen oder andere vereinbarte Vergütungen als Bestandteil des Interbankenentgelts anzusehen. Unter einer „Nettovergütung" ist gemäß Art. 2 Abs. 11 der VO die Gesamtnettosumme der Zahlungen, Rabatte und Anreize zu verstehen, die ein Emittent vom Kartenzahlverfahren, dem Acquirer oder einer zwischengeschalteten Stelle in Bezug auf einen kartengebundenen Zahlungsvorgang oder damit verbundene Tätigkeiten erhält.

Mithin stellt eine Veränderung der Gebühren im vorgelagerten Bereich keine geeignete Alternative zu einer MIF dar.

Kapitel 6. Einschaltung eines „Interchange-Händlers"

Denkbar schiene ferner die Ersetzung der derzeitigen expliziten MIF durch eine implizite Interchange-Gebühr unter Einschaltung eines oder mehrerer „Interchange-Händlers".[1918] Dieser könnte ein bestimmtes Interbankenentgelt einerseits mit den einzelnen Issuern und andererseits mit den systemzugehörigen Acquirern des Systems aushandeln.[1919] Jeder einzelne Acquirer bzw. Issuer könnte in Verhandlungen mit einem „Interchange-Händler" eintreten und individuell auf der Basis seiner Transaktionsumsätze den eigenen Interchange-Satz verhandeln. Es würden insofern keine unmittelbaren Zahlungen zwischen Issuern und Acquirern erfolgen; vielmehr stünde der „Interchange-Händler" zwischen diesen Systemteilnehmern als Intermediär.[1920] Die Differenz zwischen den (von den Acquirern) erhaltenen und (an die Issuer) weitergereichten Gebühren würde als Provision des „Interchange-Händlers" fungieren und diesem eine Einkommensquelle verschaffen.[1921] Die Zwischenschaltung eines solchen Mittlers ist in diversen Wirtschaftsbereichen anzutreffen und keineswegs ein Novum. Man denke etwa an Mediaagenturen in der Werbebranche, die als Intermediäre eine vermittelnde Position zwischen Werbungtreibenden und Werbungdurchführenden einnehmen.[1922]

Die Einschaltung eines „Interchange-Händlers" in einem Kreditkartensystem würde einer Vereinheitlichung der Interbankenentgelte entgegenwirken. Es würden keine multilateralen Interbankenentgelte und insofern auch kein einheitliches, künstlich geschaffenes Mindestniveau der MSC existieren. Im Falle

---

Diese Regelungen sollen Umgehungsgestaltungen in Gestalt von alternativen Entgeltzahlungen an Emittenten vorbeugen. Derartige Zahlungen bilden einen Bestandteil der Interbankenentgelte und sind gemäß Art. 5 der Verordnung bei der Berechnung der Obergrenzen gemäß Art. 3 und Art. 4 der Verordnung zu berücksichtigen (vgl. auch VO (EU) 2015/751 des Europäischen Parlaments und des Rates vom 29. April 2015 über Interbankenentgelte für kartengebundene Zahlungsvorgänge, Abl. EU v. 19.05.2015, Abl. EU v. 19.05.2015, L 123/1, S. 5, Erw. 31; *Wittenberg/Buermeyer*, 0,3 Prozent Interchange, cards 2014, Heft 1, 16, 20).

1918 Vgl. hierzu etwa *Krüger/Strauch*, Interchange: durch 5-Parteien-System zu retten?, cards 2008, Heft 1, 29, 29 a.E. ff. (mit graphischer Darstellung auf Seite 32).

1919 Vgl. *Krüger/Strauch*, Interchange: durch 5-Parteien-System zu retten?, cards 2008, Heft 1, 29, 30.

1920 Vgl. *Krüger/Strauch*, Interchange: durch 5-Parteien-System zu retten?, cards 2008, Heft 1, 29, 31.

1921 Vgl. *Krüger/Strauch*, Interchange: durch 5-Parteien-System zu retten?, cards 2008, Heft 1, 29, 30.

1922 *Wegner*, Handbuch Medienmanagement, 2007, S. 21; *Gläser*, Medienmanagement, 3. Aufl., 2014, S. 73.

der Einschaltung eines solchen neuen Systemteilnehmers ist zu erwarten, dass umsatzstarke Issuer höhere IC-Fee-Sätze und größere Acquirer geringere Sätze als ihre jeweiligen Konkurrenten aushandeln können.[1923] Dies erscheint naheliegend, da die „Interchange-Händler" ihrerseits als selbständige Systemteilnehmer bestrebt sein werden, möglichst hohe Gewinne zu erzielen.[1924] Anders als im Falle bilateraler Interbankenentgelte müsste nicht jeder Acquirer mit jedem Issuer in Verhandlungen eintreten. Die gegen bilaterale Interbankenentgelte vorgebrachten Praktikabilitätserwägungen stehen der Einführung einer impliziten IC Fee nicht entgegen.

Der Einführung einer solchen impliziten IC Fee stünde auch nicht die derzeitige Struktur von offenen Systemen entgegen. Wie bereits ausführlich dargelegt wurde, agieren in solchen Systemen – anders als die Bezeichnung „Vier-Parteien-System" es nahelegt – mehr als bloß vier Teilnehmer.[1925] Ferner würde eine entsprechende Strukturänderung des Interchange-Bereichs die Entstehung eines neuen systeminternen Marktes ermöglichen; auf diese Weise könnte tatsächlich ein Interchange-Markt entstehen.[1926]

Allenfalls bleibt fraglich, wer die Rolle des „Interchange-Händlers" wahrnehmen soll. Ob es aus wettbewerbsrechtlicher Sicht positiv zu beurteilen wäre, wenn die Kreditkartenorganisationen die Aufgaben eines „Interchange-Händlers" wahrnehmen würden, erscheint unter Berücksichtigung der bisherigen Ausführungen mehr als fragwürdig.[1927] Die strukturellen Verflechtungen zwischen den Kartensystemen von Visa und MasterCard wie auch die Einflussnahmemöglichkeiten der jeweiligen Systemteilnehmer innerhalb der Gremien der Kreditkartenorganisationen lassen dies jedenfalls bedenklich erscheinen. Im Übrigen gilt es zu beachten, dass anhand der Existenz der Processing-Unternehmen mehr als deutlich erkennbar ist, dass es einem offenen Kreditkartensystem jederzeit möglich ist, weitere Systemteilnehmer in Gestalt neuer, noch spezialisierterer Unternehmen in das System zu integrieren. In Anbetracht der zu erzielenden Skalenerträge erschiene die Tätigkeit als „Interchange-Händler" auch hinreichend lukrativ.

Letztlich bedarf es insofern im vorliegenden Kontext keiner abschließenden Stellungnahme. Im Rahmen der dritten Freistellungsvoraussetzung geht es ausschließlich um die Frage, ob die (unterstellten) Effizienzvorteile einer MIF auch mit

1923 Ebenso *Krüger/Strauch*, Interchange: durch 5-Parteien-System zu retten?, cards 2008, Heft 1, 29, 32.

1924 Vgl. *Krüger/Strauch*, Interchange: durch 5-Parteien-System zu retten?, cards 2008, Heft 1, 29, 32.

1925 Vgl. hierzu auch oben unter Abschnitt 1, Titel 1, Untertitel 1, Kapitel 3.

1926 Zum jetzigen Zeitpunkt ist nicht von der Existenz eines solchen Marktes auszugehen.

1927 A.A. wohl *Krüger/Strauch*, Interchange: durch 5-Parteien-System zu retten?, cards 2008, Heft 1, 29, 31, welche die Übernahme der Aufgaben durch die Kreditkartenorganisationen scheinbar als vorzugswürdige Lösung ansehen.

weniger wettbewerbsbeschränkenden Maßnahmen realisiert werden könnten. Die Einschaltung eines „Interchange-Händlers“ stellt eine solche Alternative dar.

Kapitel 7. Erhebung (zusätzlicher) Gebühren von den Karteninhabern

Denkbar schiene ferner, dass die Issuer, die ihnen im Falle der Abschaffung der MIF entstehenden Einnahmereduzierungen dadurch kompensieren, dass sie den Karteninhabern höhere Gebühren berechnen.[1928]

So könnte man den Karteninhabern (gegebenenfalls neben den Jahresgebühren) eine transaktionsabhängige oder eine fixe Gebühr pro getätigter Transaktion in Rechnung stellen.[1929] Möglich wäre es auch, den Karteninhabern zunächst transaktionsbezogene Entgelte sowie Jahresgebühren zu berechnen und ihnen ab einem bestimmten Gesamtbetrag die Jahresgebühren zu erlassen. Ferner bestünde die Möglichkeit, die Jahresgebühren anzuheben und auf Transaktionsentgelte zu verzichten. Für Karteninhaber, die ihre Karten oftmals zur Zahlung einsetzen, schiene gegebenenfalls auch eine erhöhte (fixe) Jahresgebühr ohne Verpflichtung zur Entrichtung transaktionsbezogener Entgelte von Interesse. Die Gebühren könnten insofern auf den jeweiligen Karteninhaber und dessen Präferenzen zugeschnitten werden; gleichsam ist die Erhebung transaktionsbezogener Entgelte geeignet, den Issuern auch weiterhin Anreize zu liefern, ihrerseits die Karteneinsatzfreude der Karteninhaber zu stimulieren.

Auch wäre denkbar, den Karteninhabern für die Verwendung unterschiedlicher Funktionen einer Kreditkarte unterschiedliche Gebühren bzw. für eine Erhöhung des Leistungsumfangs der Karte einen höheren „Paket“-Preis in Rechnung zu stellen. Das Funktionsspektrum, mit welchem eine Karte versehen ist, variiert von Emittent zu Emittent.[1930] Die emittierenden Unternehmen können insoweit frei wählen, ob und mit welchen Zusatzleistungen die ihrerseits emittierten Karten versehen werden.[1931] Diese Zusatzleistungen stehen – wie bereits an obiger Stelle dargelegt wurde – nicht auf demselben Markt wie die Zahlungsfunktion der Kreditkarte.[1932] Gleichwohl handelt es sich um Invcentives, die geeignet sind,

1928 Einige Händler befürworteten eine solche Kostentragung durch die Karteninhaber, vgl. etwa KOM, Entscheidung v. 09.08.2001, COMP/D1/29.373 – Visa International I – Surcharging, ABl. EG v. 10.11.2001, L 293/24, S. 29, Rn. 25.

1929 Vgl. in diesem Kontext auch noch *Miao*, Benefit From the Use of Proportional Fees?, Rev. Netw. Econ., 2014, Vol. 12, Iss. 3, 323 ff.

1930 Vgl. KOM, Entscheidung v. 19.12.2007 in den Sachen COMP/34.579 – MasterCard, COMP/36.518 – EuroCommerce u. COMP/38.580 – Commercial Cards, Rn. 745. Vgl. auch obige Ausführungn unter Abschnitt 1, Titel 3, Untertitel 3, Kapitel 1.

1931 Vgl. KOM, Entscheidung v. 19.12.2007 in den Sachen COMP/34.579 – MasterCard, COMP/36.518 – EuroCommerce u. COMP/38.580 – Commercial Cards, Rn. 745.

1932 Vgl. hierzu oben unter Abschnitt 1, Titel 3, Untertitel 3, Kapitel 1, Unterkapitel 3, § 1 und Unterkapitel 4, § 2.

die Einsatzfreude der Karteninhaber zu steigern und auch zum jetzigen Zeitpunkt in die Einnahmekalkulationen der Emittenten einbezogen werden. Bereits diese einfachen Beispiele zeigen, dass diverse Möglichkeiten bestehen, den Karteninhabern weitere Gebühren zu berechnen. Mit sämtlichen dieser Möglichkeiten korrespondieren unterschiedliche Modelle, die ohne Weiteres kombiniert werden könn(t)en.[1933]

Gegen eine Heranziehung der Karteninhaber wurde – etwa seitens Visa – eingewandt, dass einige Karteninhaber nicht bereit seien, derartige zusätzliche Kosten zu tragen und von einem Einsatz der Kreditkarte am Point of Sale absehen würden.[1934] Dies wiederum könne wegen der zweiseitigen Marktstruktur dazu führen, dass die Akzeptanz der jeweiligen Karte von geringerem Interesse für die Händler wäre.[1935] Ein Abfall des Gebrauchs der Karten durch die Karteninhaber würde die Kartenakzeptanz aus Sicht der Händler weniger interessant bzw. lukrativ erscheinen lassen, was wiederum die an obiger Stelle bereits erwähnte Abwärtsspirale auslösen könnte.[1936] In ähnlicher Weise machte MasterCard geltend, dass die Anzahl der mittels MasterCard-Zahlungskarten getätigten Transaktionen abnehmen würde, sofern sowohl die Emittenten als auch die akquirierenden Unternehmen jeweils die auf ihrer Seite anfallenden Kosten ihrer eigenen Marktgegenseite auferlegen würden.[1937] Eine Abschaffung der MIF und eine Inrechnungstellung der entsprechenden Kosten gegenüber den Karteninhabern könne die Stabilität des Systems beeinträchtigen, die Partizipation von Karteninhabern und Händlern reduzieren und einen Rückgang der Systemverbreitung in Gang setzen.[1938]

MasterCard verweist insofern nicht bloß auf die Marktgegenseite der Issuer, sondern auch auf jene der Acquirer. Die Vertragsunternehmen sind es jedoch, die

---

1933 Zu weiteren Möglichkeiten die Kartenangebote stärker zu individualisieren etwa *Benkelberg*, cards 2015, Heft 1, 23, 23 f.

1934 Vgl. KOM, Entscheidung v. 09.08.2001, COMP/D1/29.373 – Visa International I – Surcharging, ABl. EG v. 10.11.2001, L 293/24, S. 34, Rn. 102. Im Rahmen der Sektorenuntersuchung wurde seitens eines internationalen Zahlungsnetzwerkes ebenfalls vorgebracht, dass in Abwesenheit der von Acquirern an Emittenten gezahlten Interbankenentgelte, die Emittenten alle ihre Kosten bei den Karteninhabern einnehmen müssten und dies zu einem Level der Kartenausgabe führen würde, die für das System als Ganzes „nicht optimal" wäre, vgl. KOM, Arbeitsdokument v. 31.01.2007, Untersuchung des Retail-Bankgeschäfts (Abschlussbericht), COM(2007) 33 final, SEC(2007) 106, S. 122 f.

1935 Vgl. KOM, Entscheidung v. 09.08.2001, COMP/D1/29.373 – Visa International I – Surcharging, ABl. EG v. 10.11.2001, L 293/24, S. 34, Rn. 102.

1936 Vgl. KOM, Entscheidung v. 24.07.2002, COMP/29.373 – Visa International II – Multilateral Interchange Fee, ABl. EG v. 22.11.2002, L 318/17, S. 34, Rn. 102.

1937 Vgl. KOM, Entscheidung v. 19.12.2007 in den Sachen COMP/34.579 – MasterCard, COMP/36.518 – EuroCommerce u. COMP/38.580 – Commercial Cards, Rn. 736.

1938 Vgl. KOM, Entscheidung v. 24.07.2002, COMP/29.373 – Visa International II – Multilateral Interchange Fee, ABl. EG v. 22.11.2002, L 318/17, S. 34, Rn. 102.

in erster Instanz die Kosten der MIF tragen. In der Regel ist davon auszugehen, dass die Vertragsunternehmen diese (Mehr-)Kosten (in zweiter Instanz) an ihre Abnehmer im Absatzbereich durchreichen können.[1939] Üblicherweise tragen insofern die Karteninhaber somit einen Teil dieser Kosten, wenngleich dieser Teil verdeckt im Wege der Produktpreise der Waren bzw. Dienstleistungen auf den Absatzmärkten an sie weitergegeben wird und ein weiterer Teil dieser Kosten seitens derjenigen Abnehmer entrichtet wird, die keine Kreditkarten als Zahlungsmittel einsetzen.

Allein der Umstand, dass den Karteninhabern weder Preisaufschläge seitens der Händler in Rechnung gestellt noch transaktionsbezogene Gebühren von den Emittenten erhoben wurden und sich der Kreditkarteneinsatz aus Sicht der Karteninhaber als kostenlos bzw. neutral darstellte, lässt nicht darauf schließen, dass die Karteninhaber nicht bereit wären, Gebührensteigerungen eines gewissen Ausmaßes hinzunehmen. So ist es etwa in Norwegen üblich, dass die Karteninhaber (einer BankAxept-Karte) für jede Transaktion eine Gebühr an den Emittenten entrichten.[1940] Gleichwohl stieg die Anzahl der Kartentransaktionen in Norwegen innerhalb von sechs Jahren um mehr als das Dreifache (von 129 Mio. [1996] auf 463 Mio. [2002]); im Jahre 2005 wurden etwa „87 % des Volumens und 77 % des Wertes" sämtlicher Transaktionen in Norwegen mittels BankAxept-Karten getätigt.[1941] Im Übrigen werden den Karteninhabern auch für Bargeldabhebungen (jedenfalls an institutsfremden Geldautomaten) üblicherweise Gebühren in Rechnung gestellt.[1942] Dass dies im Bereich des Einsatzes am Point of Sale nicht möglich wäre, erscheint nicht nachvollziehbar. Im Übrigen konnte MasterCard auch nicht hinreichend substantiiert nachweisen, weshalb die Karteninhaber „nicht bereit" sein sollen, bei Verwendung der Karte als Zahlungsmittel ein Entgelt zu entrichten.[1943]

Obige Erwägungen lassen diese Bedenken gegen eine Heranziehung der Karteninhaber fraglich erscheinen.[1944] Ein (kompletter) Niedergang des Systems wäre nicht zu erwarten. Gegen die Argumentation der Kreditkartenorganisationen

---

1939 Hierzu bereits oben unter Abschnitt 2, Titel 4, Untertitel 2.

1940 Vgl. KOM, Entscheidung v. 19.12.2007 in den Sachen COMP/34.579 – MasterCard, COMP/36.518 – EuroCommerce u. COMP/38.580 – Commercial Cards, Rn. 604.

1941 Vgl. KOM, Entscheidung v. 19.12.2007 in den Sachen COMP/34.579 – MasterCard, COMP/36.518 – EuroCommerce u. COMP/38.580 – Commercial Cards, Rn. 604.

1942 Vgl. hierzu auch oben unter Abschnitt 1, Titel 3, Untertitel 3, Kapitel 1, Unterkapitel 3, § 3, IV. und Abschnitt 1, Titel 3, Untertitel 3, Kapitel 3.

1943 Vgl. KOM, Entscheidung v. 19.12.2007 in den Sachen COMP/34.579 – MasterCard, COMP/36.518 – EuroCommerce u. COMP/38.580 – Commercial Cards, Rn. 715. Vgl. ferner *Leinonen*, Evolving payment habits, 2009, S. 210 ff., der zwar davonausgeht, das eine transparente Preispolitik zu einer Abnahme kartenbasierter Zahlungsinstrumente nach sich ziehen kann, aber zugleich – infolge eines gesteigerten Wettbewerbs – zu einer Abnahme der Preise für Zahlungskarten führen würden.

1944 Vgl. oben unter Abschnitt 2, Titel 3, Untertitel 3 (insbesondere Kapitel 4).

spricht, dass in den genannten offenen Systemen, die ohne eine MIF betrieben werden, mehr als bloß hinreichende Emissionszahlen auszumachen sind.[1945] Die Anzahl der systemangeschlossenen Emittenten – sowohl im System von Visa als auch in jenem von MasterCard – spricht ferner gegen die Befürchtung, dass ein umfassender Austritt von Issuern aus dem jeweiligen System erfolgen würde.[1946] Der Aufbau eines eigenen Alternativsystems durch die Issuer ist bereits aufgrund des hiermit verbundenen zeitlichen wie auch finanziellen Aufwandes nicht zu erwarten.[1947]

Auch gilt es zu berücksichtigen, dass Vorteile alleine auf Seiten der an der Vereinbarung beteiligten Unternehmen nicht ohne Weiteres Wettbewerbsbeschränkungen zu rechtfertigen vermögen. Aufgrund der Besonderheiten von Kreditkarten, die unter anderem auf deren Einsatzbereichsbezogenheit basieren und aufgrund des Umstands, dass auch die Nutzer anderer Zahlungsmittel letztlich einen Teil der Kosten des Einsatzes einer Kreditkarte am Point of Sale tragen, ist vorliegend ein strenger Maßstab anzulegen, um den Wertungen des Art. 101 AEUV gerecht zu werden. Es bedarf nicht bloß irgendwelcher Effizienzvorteile, sondern vielmehr solcher, die hinreichend gewichtig sind, die mit der Wettbewerbsbeschränkung verbundenen Nachteile zumindest aufzuwiegen.

Zudem ist davon auszugehen, dass der – in Anbetracht des geringen Konzentrationsgrades im Issuing-Bereich anzutreffende – Wettbewerbsdruck die den Karteninhabern auferlegten Gebühren der Höhe nach voraussichtlich nicht über Gebühr ansteigen lassen würde.[1948] Sofern die Emittenten den Karteninhabern weitere Kosten auferlegen würden, könnten sie diese Kosten nicht nach freiem Belieben anheben, da sie andernfalls Einbußen ihrer Einnahmen aus den Jahresgebühren zu gewärtigen hätten.[1949] Eine hohe Zahl von ausstellenden Institutionen wäre auch ohne die Einnahmen aus den Interbankenentgelten profitabel. Die Auswertung der Sektorenuntersuchung zeigte, dass sich in 20 der 25 Länder in Abwesenheit von Interchangegebühren im Kreditkarten-Issuing positive Gewinne erzielen ließen, und die Einnahmen aus den Interbankenentgelten diese Gewinne (deutlich) erhöhten.[1950] Dieses Resultat spricht gleichsam gegen die These, wonach ein „optimales“

1945 Vgl. KOM, Entscheidung v. 19.12.2007 in den Sachen COMP/34.579 – MasterCard, COMP/36.518 – EuroCommerce u. COMP/38.580 – Commercial Cards, Rn. 611

1946 Vgl. KOM, Entscheidung v. 19.12.2007 in den Sachen COMP/34.579 – MasterCard, COMP/36.518 – EuroCommerce u. COMP/38.580 – Commercial Cards, Rn. 613.

1947 Vgl. in diesem Kontext auch obige Ausführungen unter Abschnitt 1, Titel 3, Untertitel 3, Kapitel 2, Unterkapitel 2, § 2, VII.

1948 Vgl. KOM, Entscheidung v. 19.12.2007 in den Sachen COMP/34.579 – MasterCard, COMP/36.518 – EuroCommerce u. COMP/38.580 – Commercial Cards, Rn. 460 u. Rn. 613.

1949 Vgl. KOM, Entscheidung v. 19.12.2007 in den Sachen COMP/34.579 – MasterCard, COMP/36.518 – EuroCommerce u. COMP/38.580 – Commercial Cards, Rn. 612.

1950 Vgl. KOM, Arbeitsdokument v. 31.01.2007, Untersuchung des Retail-Bankgeschäfts (Abschlussbericht), COM(2007) 33 final, SEC(2007) 106, S. 122.

Niveau der MIF notwendig sei, weil die Preismarktmechanismen nicht in der Lage seien, die bestehenden externen Effekte zu internalisieren und der gesamte System-Output leiden würde, wenn die Kartenemission nicht durch einen Einnahmetransfer aus dem Acquiring-Bereich subventioniert werden würde.[1951]

Eine Berechnung zusätzlicher Gebühren zu Lasten der Karteninhaber geht nicht mit den aufgezeigten wettbewerbsbeschränkenden Auswirkungen einer MIF einher. Eine Abschaffung der MIF würde eine grundlegende Änderung der Kostenstrukturen in der Kreditkartenbranche nach sich ziehen. Würden die Kosten den Karteninhabern auferlegt werden – sei es nun in Gestalt einer Jahresgebührenerhöhung oder im Wege transaktionsbezogener Gebühren –, würden die Banken auch hinsichtlich dieses Einnahmebestandteils in (Preis-)Wettbewerb zueinander (ein)treten.[1952] In einem solchen Falle erfolgt nämlich keine Festsetzung der IC Fee „von oben", sondern die Gebühren werden durch die einzelnen Banken festgelegt.[1953] Die mit einer Kreditkartentransaktion verbundenen Kosten wären nicht bloß für die Karteninhaber hinreichend transparent.[1954] Da es sich um Kosten handelt, die die Karteninhaber selbst zu tragen haben, wären sich die Karteninhaber dieses Kostenanteils deutlich stärker bewusst.[1955]

Eine – insbesondere im Bewusstsein der Karteninhaber reflektierte – Kostenbelastung der unmittelbaren Marktgegenseite ermöglicht den Aufbau eines hinreichenden Wettbewerbsdrucks auf die Gebührenhöhe. Sofern die via Kreditkarte getätigten Transaktionen wegen einer zusätzlichen Gebührenauferlegung rückläufig sein sollten, so wäre dies die Folge der üblichen Wechselwirkungen zwischen Angebot und Nachfrage. Die Issuer könnten ihre bisherigen, aus der MIF generierten Einnahmen auch nicht mehr aus dem Acquiring-Bereich generieren. Der derzeit aus den MIF erwirtschaftete Einnahmebestandteil wäre in vollem Umfang dem Druck der Wettbewerbskräfte ausgesetzt.[1956]

Ferner würden die Barzahler nicht die Kosten des Kreditkartensystems tragen; dass diese Einnahmeausfälle zu Lasten derjenigen gehen, die an den Vorteilen des Karteneinsatzes partizipieren, stünde auch in Einklang mit den Wertungen der zweiten Freistellungsvoraussetzung. Freilich mag man einwenden, dass die weniger einsatzfreudigen Karteninhaber weiterhin einen Anteil der Kosten derjenigen tragen, die ihre Karte verhältnismäßig häufig am Point of Sale einsetzen. Indes

---

1951 Vgl. KOM, Arbeitsdokument v. 31.01.2007, Untersuchung des Retail-Bankgeschäfts (Abschlussbericht), COM(2007) 33 final, SEC(2007) 106, S. 122.

1952 Vgl. KOM, Entscheidung v. 24.07.2002, COMP/29.373 – Visa International II – Multilateral Interchange Fee, ABl. EG v. 22.11.2002, L 318/17, S. 34, Rn. 102.

1953 Vgl. KOM, Entscheidung v. 24.07.2002, COMP/29.373 – Visa International II – Multilateral Interchange Fee, ABl. EG v. 22.11.2002, L 318/17, S. 34, Rn. 102.

1954 Vgl. KOM, Entscheidung v. 19.12.2007 in den Sachen COMP/34.579 – MasterCard, COMP/36.518 – EuroCommerce u. COMP/38.580 – Commercial Cards, Rn. 745.

1955 Vgl. auch *Leinonen*, Evolving payment habits, 2009, S. 210.

1956 Vgl. KOM, Entscheidung v. 19.12.2007 in den Sachen COMP/34.579 – MasterCard, COMP/36.518 – EuroCommerce u. COMP/38.580 – Commercial Cards, Rn. 745.

partizipieren diese Karteninhaber – anders als die Nutzer sonstiger Zahlungsmittel – jedenfalls teilweise an den Dienstleistungen, die mit dem Innehaben einer Kreditkarte verbunden sind. Es ist zwischen der mit dem Besitz einer Kreditkarte verbundenen abstrakten Möglichkeit des Karteneinsatzes einerseits und dem konkreten Einsatz der Karte als Zahlungsmittel andererseits zu differenzieren. Die Entrichtung der Jahresgebühr eröffnet dem Karteninhaber zunächst die erstgenannte abstrakte Verwendungsmöglichkeit. Bereits das Innehaben der Karte und deren Einsatzpotential stellen sich aus Sicht des Karteninhabers als Vorteil dar, für den im Wege der Jahresgebühr ein pauschales Entgelt berechnet wird.

Mithin stellt eine Kostentragung durch die Karteninhaber eine akkurate Alternative zur bisherigen MIF dar.[1957]

Kapitel 8. Zwischenergebnis

Die dritte Voraussetzung des Art. 101 Abs. 3 AEUV ist nicht erfüllt.[1958] Es existieren hinreichende Alternativen zur derzeitigen MIF, die mit weniger wettbewerbsbeschränkenden Auswirkungen verbunden sind.[1959]

1. Die Ersetzung der derzeitigen expliziten MIF durch eine implizite Interchange-Gebühr unter Einschaltung eines „Interchange-Händlers" ist als weniger wettbewerbsbeschränkende Alternative einer MIF anzuerkennen. Jeder einzelne Acquirer bzw. Issuer würde in diesem Falle in Verhandlungen mit – als Intermediären agierenden – „Interchange-Händlern" eintreten und individuell auf der Basis seiner Transaktionsumsätze Interchange-Sätze aushandeln. Dies würde einer Vereinheitlichung der Interbankenentgelte entgegenwirken.

1957 A.A. hingegen noch KOM, Entscheidung v. 24.07.2002, COMP/29.373 – Visa International II – Multilateral Interchange Fee, ABl. EG v. 22.11.2002, L 318/17, S. 34, Rn. 102; vgl. auch zur Sichtweise von Visa: KOM, Entscheidung v. 24.07.2002, COMP/29.373 – Visa International II – Multilateral Interchange Fee, ABl. EG v. 22.11.2002, L 318/17, S. 33, Rn. 96.

1958 Im Rahmen der Visa II-Entscheidung stufte die Kommission die MIF von Visa als unerlässlich ein, vgl. KOM, Entscheidung v. 24.07.2002, COMP/29.373 – Visa International II – Multilateral Interchange Fee, ABl. EG v. 22.11.2002, L 318/17, S. 33, Rn. 99 u. S. 34, Rn. 103. In den Rechtssachen MasterCard et al. sah die Kommission die dritte Freistellungsvoraussetzung hingegen nicht als gegeben an, vgl. KOM, Entscheidung v. 19.12.2007 in den Sachen COMP/34.579 – MasterCard, COMP/36.518 – EuroCommerce u. COMP/38.580 – Commercial Cards, Rn. 751 f.

1959 Die Kommission führte in der Entscheidung in den Rechtssaachen MasterCard et al. aus, dass es grundsätzlich möglich sei, dass auch andere System- bzw. Netzregeln denkbar seien, welche mit geringeren Wettbewerbsbeschränkungen als als eine Fallback Fee ausgestaltete MIF einhergehen würden, vgl. KOM, Entscheidung v. 19.12.2007 in den Sachen COMP/34.579 – MasterCard, COMP/36.518 – EuroCommerce u. COMP/38.580 – Commercial Cards, Rn. 554.

Eine entsprechende Strukturänderung des Interchange-Bereichs würde die Entstehung eines neuen systeminternen Marktes ermöglichen; auf diese Weise könnte tatsächlich ein Interchange-Markt entstehen.

2. Eine Erhebung zusätzlicher Gebühren von den Karteninhabern stellt eine (weitere) gangbare Alternative zu den derzeitigen MIF-Regelungen dar.
   Die These, wonach die Karteninhaber nicht bereit wären, Gebührensteigerungen eines gewissen Ausmaßes hinzunehmen, erscheint bereits nicht schlüssig. So werden den Karteninhabern oftmals auch für Bargeldabhebungen (jedenfalls an institutsfremden Geldautomaten) Gebühren in Rechnung gestellt. Dass dies im Bereich des Einsatzes am Point of Sale nicht möglich wäre, erscheint nicht nachvollziehbar.
   Eine Inrechnungstellung zusätzlicher Gebühren zu Lasten der Karteninhaber wäre nicht mit den aufgezeigten wettbewerbsbeschränkenden Auswirkungen einer MIF verbunden. Würden die Kosten den Karteninhabern auferlegt werden – sei es nun in Gestalt einer Jahresgebührenerhöhung oder im Wege transaktionsbezogener Gebühren –, würden die Banken auch hinsichtlich dieses Einnahmebestandteils in (Preis-)Wettbewerb zueinander (ein)treten.
3. Wenn – wie vorliegend – hinreichend geeignete Alternativen bestehen, ein Kreditkartensystem ohne MIF in entsprechend effektiver, aber weniger wettbewerbsbeschränkender Weise zu betreiben, dann stellt eine Regulierung der Höhe der MIF keinen geeigneten Weg dar, um die Vorgaben der dritten Freistellungsvoraussetzungen zu erfüllen. Auch eine MIF, deren Höhe reguliert wird, beschränkt den Wettbewerb und ist ihrerseits nur freistellungsfähig, wenn die mit ihr verbundenen Wettbewerbsbeschränkungen auf das im Einzelfall unabdingbare Maß begrenzt sind.

Untertitel 4. Keine Eröffnung einer Möglichkeit zur Ausschaltung des Wettbewerbs für einen wesentlichen Teil der betreffenden Waren

Des Weiteren darf den beteiligten Unternehmen nicht die Möglichkeit eröffnet werden, den Wettbewerb für einen wesentlichen Teil der betreffenden Waren auszuschalten. Es gilt zu klären, ob die vorliegende Wettbewerbsbeschränkung ein Ausmaß einnimmt, dass der noch verbleibende Wettbewerb keine disziplinierenden Wirkungen mehr auf die Unternehmen auszuüben vermag.[1960] Der Wettbewerb in einer Marktwirtschaft stellt einen maßgeblichen Aspekt dar, um langfristig Effizienzvorteile auf dem Markt zu erreichen.[1961] Die Steuerungs-, Anreiz- und

1960 Vgl. EuGH, Urteil v. 13.02.1979, Rs. C-85/76 – Hoffmann-La Roche, Slg. 1979, 461, 520, Rn. 38 f.; *Mestmäcker/Schweitzer*, Europ. WettbewR, 3. Aufl., 2014, § 14, Rn. 73 f.; vgl. auch *Haberkamm*, Art. 102 AEUV im Lichte eines ökonomisch geprägten Prüfungsansatzes, 2015, S. 141.

1961 Vgl. auch *Kling/Thomas*, Kartellrecht, 2. Aufl., 2016, Rn. 294.

Koordinierungsfunktion des Wettbewerbs muss noch erfüllt werden können.[1962] Die vierte Freistellungsvoraussetzung steht umso eher einer Freistellung entgegen, desto stärker der Wettbewerb bereits geschwächt ist.[1963] Sofern der Wettbewerb umfassend ausgeschaltet oder in beträchtlichem Maße eingeschränkt wird, steht zu befürchten, dass kurzfristige Effizienzgewinne durch die langfristigen Nachteile überlagert oder gar neutralisiert werden.[1964]

Die vierte Freistellungsvoraussetzung erfordert eine umfassende Analyse der Wettbewerbsstrukturen.[1965] Es bedarf einer Berücksichtigung sämtlicher Umstände des Einzelfalles; insbesondere die Marktanteile, das Ausmaß des Wettbewerbsdrucks auf die an der Absprache beteiligten Unternehmen, die Beeinflussung des Konkurrenzdrucks durch die Absprache und die Strukturen der betroffenen Märkte sind in diese Beurteilung miteinzubeziehen.[1966]

Kapitel 1. Der nachgelagerte Bereich

Zunächst erscheint fraglich, ob die MIF es ermöglicht, den Wettbewerb für einen wesentlichen Teil der betreffenden Waren im nachgelagerten Bereich auszuschalten.

Unterkapitel 1. Der Acquiring-Bereich

Im Acquiring-Bereich führt die MIF nicht zu einer Ausschaltung des Wettbewerbs für einen wesentlichen Teil der Produkte.[1967] Wenngleich die MIF üblicherweise einen wesentlichen Bestandteil der MSC darstellt, verbleibt den Acquirern ein Spielraum bei der Festlegung der Händlergebühren.[1968] Dies zeigt sich unter

1962 Vgl. *Ellger*, in: Immenga/Mestmäcker, Wettbewerbsrecht, Bd. 1 EG/1, 5. Aufl., 2012, Art. 101 Abs. 3 AEUV, Rn. 280 a.E.; *Kling/Thomas*, Kartellrecht, 2. Aufl., 2016, Rn. 294.

1963 Vgl. KOM, Leitlinien zur Anwendung von Artikel 101 Absatz 3 AEUV, ABl. EU v. 27.04.2004, C 101/97, S. 113, Rn. 107; vgl. auch *Wolf*, in: MüKo, EU-WettbewR, 2. Aufl., 2015, Art. 101 AEUV, Rn. 1001; *v. Dietze/Janssen*, KartellR, 5. Aufl., 2015, Rn. 191; *Lettl*, Kartellrecht, 4. Aufl., 2017, § 2, Rn. 188.

1964 Vgl. KOM, Leitlinien zur Anwendung von Artikel 101 Absatz 3 AEUV, ABl. EU v. 27.04.2004, C 101/97, S. 113, Rn. 105; *Wolf*, in: MüKo, EU-WettbewR, 2. Aufl., 2015, Art. 101 AEUV, Rn. 999 f.

1965 Vgl. *Wolf*, in: MüKo, EU-WettbewR, 2. Aufl., 2015, Art. 101 AEUV, Rn. 1002 ff.

1966 Vgl. KOM, Leitlinien zur Anwendung von Artikel 101 Absatz 3 AEUV, ABl. EU v. 27.04.2004, C 101/97, S. 113, Rn. 108; *Lange*, in: Lange/Pries, Kartellrecht, 2. Aufl., 2011, S. 64, Rn. 160; *Wolf*, in: MüKo, EU-WettbewR, 2. Aufl., 2015, Art. 101 AEUV, Rn. 1002; *Mestmäcker/Schweitzer*, Europ. WettbewR, 3. Aufl., 2014, § 14, Rn. 77 ff.

1967 Vgl. KOM, Entscheidung v. 24.07.2002, COMP/29.373 – Visa International II – Multilateral Interchange Fee, ABl. EG v. 22.11.2002, L 318/17, S. 34, Rn. 106; OFT, Entscheidung v. 06.09.2005, Rs. CA98/05/05 – MasterCard, Rn. 673.

1968 Vgl. KOM, Entscheidung v. 24.07.2002, COMP/29.373 – Visa International II – Multilateral Interchange Fee, ABl. EG v. 22.11.2002, L 318/17, S. 34, Rn. 106; OFT,

anderem auch daran, dass kleineren und größeren Händlern unterschiedliche Gebühren in Rechnung gestellt wurden und werden.[1969]

Unterkapitel 2. Der Issuing-Bereich

Die MIF schaltet auch nicht den Wettbewerb zwischen den Emittenten aus; den Issuern wird durch die MIF nicht die Möglichkeit genommen, im Wege der Karteninhabergebühren und insofern über den Wettbewerbsfaktor Preis in Konkurrenz zu treten.[1970] Insbesondere ist die Beeinflussung der Preise im Issuing-Bereich in deutlich geringerem Ausmaße im Wege der MIF geprägt, als dies im Acquiring-Bereich der Fall ist. Es existieren unterschiedliche Kartenmodelle, für deren Innehabung unterschiedliche Gebührenhöhen zu entrichten sind. Den Emittenten steht es frei, untereinander in verschiedenerlei Hinsicht in Wettbewerb zu treten, wie etwa bei der Bereitstellung und Festlegung zinsfreier Perioden.[1971]

Unterkapitel 3. Zwischenergebnis

Hinsichtlich des nachgelagerten Bereichs lässt sich im vorliegenden Kontext weitestgehend auf die Ausführungen zum Vorliegen einer Wettbewerbsbeschränkung verweisen. Wenngleich die MIF einen beträchtlichen Anteil der Händlergebühren ausmacht und ein Mindestpreisniveau der MSC statuiert, schaltet ihre multilaterale Festlegung den Wettbewerb weder zwischen den Acquirern noch zwischen den Issuern vollumfänglich aus.

Kapitel 2. Der Interchange-Bereich

Selbst wenn man entgegen obiger Ausführungen[1972] von der Existenz eines Interchange-Marktes zwischen den Issuern auf der einen und den Acquirern auf der anderen Seite ausgehen wollte, so würde jedenfalls auch in einem solchen Markt der Wettbewerb nicht wegen der MIF beseitigt werden.[1973] Bilaterale Verhandlungen sind nämlich auch unter Geltung der derzeitigen MIF-Regelungen möglich.[1974] Wenngleich die Existenz der MIF hinsichtlich bilateraler Verhandlungen eine

---

Entscheidung v. 06.09.2005, Rs. CA98/05/05 – MasterCard, Rn. 673. Anderer Ansicht hingegen *Freigang/Grün*, Interbankenentgelte im Kreditkartengeschäft, WM 2005, 681, 689.

1969 Vgl. oben unter Abschnitt 2, Titel 3, Untertitel 2, Kapitel 1, Unterkapitel 1, § 1, II.

1970 Vgl. KOM, Entscheidung v. 24.07.2002, COMP/29.373 – Visa International II – Multilateral Interchange Fee, ABl. EG v. 22.11.2002, L 318/17, S. 34, Rn. 106.

1971 Vgl. auch OFT, Entscheidung v. 06.09.2005, Rs. CA98/05/05 – MasterCard, Rn. 672.

1972 Vgl. oben unter Abschnitt 2, Titel 4, Untertitel 2.

1973 Vgl. OFT, Entscheidung v. 06.09.2005, Rs. CA98/05/05 – MasterCard, Rn. 670.

1974 Vgl. auch noch OFT, Entscheidung v. 06.09.2005, Rs. CA98/05/05 – MasterCard, Rn. 671.

(beträchtlich) abschreckende Wirkung entfaltet,[1975] schaltet sie diese nicht vollständig aus.[1976]

Kapitel 3. Der vorgelagerte Bereich

Des Weiteren bedarf der vorgelagerte Bereich im vorliegenden Kontext einer näheren Betrachtung. Wie bereits im Rahmen der Marktabgrenzung ausführlich erörtert wurde, stehen Visa und MasterCard auf der Systemebene vor allem im Bereich der Vergabe der Issuing- sowie der Acquiring-Lizenzen in Wettbewerb. Soweit es den Bereich der Issuing- und Acquiring-Lizenz-Vergabe und insofern die Konkurrenz zwischen Visa und MasterCard anbelangt, spricht gegen eine Ausschaltung des Wettbewerbs zunächst, dass die MIF nur einen von mehreren Wettbewerbsparametern in diesem Bereich darstellt. Insbesondere die Issuer, für die die MIF eine bedeutsame Einnahmequelle darstellt, werden sich zwar in gewissem Maße an der Höhe der MIF orientieren. Allerdings bestehen diverse weitere Unterschiede zwischen Visa und MasterCard. Die Mitgliedsgebühren und auch die weiteren Gebühren, die mit der Systemteilnahme verbunden sind, unterscheiden sich zwischen den Systemen teils beträchtlich. Im Übrigen lässt sich aufgrund der ausgeglichenen Marktanteile von Visa und MasterCard weder eine beherrschende Stellung von Visa noch von MasterCard annehmen.

Kapitel 4. Zwischenergebnis

Die vierte Freistellungsvoraussetzung ist erfüllt.[1977] Hinsichtlich des nachgelagerten Bereichs verbleiben hinreichende wettbewerbliche Handlungsfreiheiten der Issuer wie auch der Acquirer. In Bezug auf den System-Markt, auf dem sich Visa und MasterCard als Wettbewerber gegenüberstehen, kann ebenfalls nicht von einer Ausschaltung des Wettbewerbs im Sinne der vierten Freistellungsvoraussetzung ausgegangen werden.

Untertitel 5. Ergebnis zu Art. 101 Abs. 3 AEUV

Multilaterale Interbankenentgelte erfüllen nicht die Freistellungsvoraussetzungen des Art. 101 Abs. 3 AEUV.

1975 Hierzu auch obige Ausführungen unter Abschnitt 2, Titel 3, Untertitel 2, § 3, II.

1976 Vgl. OFT, Entscheidung v. 06.09.2005, Rs. CA98/05/05 – MasterCard, Rn. 671.

1977 Vgl. auch KOM, Entscheidung v. 24.07.2002, COMP/29.373 – Visa International II – Multilateral Interchange Fee, ABl. EG v. 22.11.2002, L 318/17, S. 34, Rn. 106; OFT, Entscheidung v. 06.09.2005, Rs. CA98/05/05 – – MasterCard, Rn. 669 ff.

I. Effizienzgewinne

Die erste Voraussetzung des Art. 101 Abs. 3 AEUV ist nicht erfüllt. Die MIF tragen nicht zur Verbesserung der Warenerzeugung oder -verteilung oder zur Förderung des technischen oder wirtschaftlichen Fortschritts bei. Es ist vielmehr davon auszugehen, dass multilaterale Interbankenentgelte ein Vehikel darstellen, um (insbesondere auf Seiten der Issuer) Gewinne zu generieren.

Anhand der tatsächlichen Entwicklungen kann insbesondere nicht ersehen werden, dass die ökonomischen Modelle zutreffen. Zumeist wird unter Verweis auf die Netzstrukturen des Systems, den Charakter eines zweiseitigen Marktes und/oder die damit einhergehenden Besonderheiten postuliert, dass MIF die Effizienz des Zahlungskartensystems begünstigen und/oder zum technischen und wirtschaftlichen Fortschritt des Kreditkarten-Systems beitragen (können). Die diversen Argumente, die in diesem Kontext vorgetragen und bemüht werden, lassen sich im Großen und Ganzen drei Theorien bzw. Erklärungsmodellen zuordnen, und zwar der Joint Production-Sichtweise (Gemeinschaftsunternehmensgedanke), der dienstleistungsorientierten Sichtweise („Fee for Service"-Ansatz) und/oder der netzwerkorientierten Sichtweise (MIF als Ausgleichsmechanismus). Diese drei Theorien dienen der Beschreibung des Zwecks wie auch der Funktionen von (multilateralen) Interbankenentgelten.

1. Theorie 1: Die Joint Production-Sichtweise

Die Joint Production-Sichtweise, die auch als Gemeinschaftsunternehmensgedanke bezeichnet wird, vermag im vorliegenden Kontext nicht zu überzeugen.

Dieser Auffassung zufolge handelt sich bei einer MIF um einen Kostentransfer unter kooperierenden Unternehmen, um die Bereitstellung einer gemeinschaftlichen Dienstleistung innerhalb eines durch Externalitäten sowie gemeinsame Nachfragestrukturen charakterisierten Netzwerkes zu ermöglichen. Das offene Zahlungskartensystem wird als eine „Vereinbarung nach Art von Vereinbarungen zwischen Gemeinschaftsunternehmen" erachtet.

Es ist allerdings weder ein gemeinschaftliches Produkt gegeben noch liegen gemeinsame Kosten vor. Eine Kreditkarte stellt kein gemeinschaftliches Produkt von Issuern, Acquirern und der Kreditkartenorganisation dar. Auch handelt es sich bei näherer Betrachtung keineswegs um gemeinsame Kosten. Es handelt sich nicht um Kosten, die gemeinsam bei den Emittenten und den Acquirern entstehen und ihnen zugleich als Kollektiv zuteilwerden, sondern vielmehr und von vornherein um individuelle Kosten, und zwar entweder um jene der Issuer oder der Acquirer. Demnach können die anfallenden Kosten auch nicht als gemeinsame Kosten eingestuft werden. Die Vertreter dieser Theorie verkennen insofern, dass es sich bei den Mitgliedern eines Systems um autonome und strategisch agierende Unternehmen handelt. Die Ziele dieser Unternehmen sind keineswegs zwangsläufig mit jenen der anderen Systemteilnehmer oder der Kreditkartenorganisation kongruent. Ein MIF siedelt die Höhe der Interbankenentgelte für alle Marktteilnehmer auf einem einheitlichen Level an. Dies gilt auch, wenn die Issuer und/oder Acquirer unterschiedliche Beiträge zum Erfolg des Gesamtsystems leisten. Dies lässt sich schwerlich mit der Behauptung in Einklang bringen, dass es sich um ein gemeinsames Produkt eines einheitlichen Unternehmens handelt. Wenn dem so wäre, dann wäre im Übrigen auch zu erwarten, dass entsprechende Betätigungen von Issuern, deren Tätigkeiten stärker auf das Wohl eines Gesamtunternehmens ausgerichtet wären, im Wege höherer MIF-Sätze honoriert werden. Dies gilt vice versa hinsichtlich der Acquirer.

2. Theorie 2: Die MIF als (transaktionsvolumenabhängige) Entgelte

Auf der Basis der dienstleistungsorientierten Sichtweise, die teils als „Fee for Service Ansatz" bezeichnet wird, lässt sich das Vorliegen von Effizienzvorteilen im Sinne der ersten Freistellungsvoraussetzung ebenfalls nicht begründen.

Nach dieser Ansicht handelt es sich bei einer (multilateralen) IC Fee um ein Entgelt, also um eine „Gegenleistung" im Verhältnis zwischen emittierendem und akquirierendem Unternehmen. Dieser Sichtweise zufolge dienen Interbankenentgelte als Ausgleich bzw. Kompensation für solche Dienstleistungen, die seitens der Kartenemittenten zugunsten der akquirierenden Unternehmen erbracht werden und die letzten Endes den Vertragsunternehmen, also der Marktgegenseite der Acquirer zugutekommen (z.B. die Kosten für die Verarbeitung der Zahlungstransaktion). Diese seitens der Issuer getragenen Kostenposten werden in Relation zur Höhe der Interbankenentgelte gesetzt. Die Interbankenentgelte sind nach dieser Auffassung als eine Gegenleistung für Leistungen der Emittenten bzw. als Kompensation zusätzlicher Ausgaben der Emittenten anzusehen, die mit Interbankentransaktionen einhergehen.

Der Begriff „Entgelt" respektive „Vergütung" und damit diese Sichtweise als solche wären nur zutreffend, wenn es sich bei einem Interbankenentgelt tatsächlich um eine Gegenleistung handeln würde. Dies ist jedoch nicht der Fall.

Es erscheint bereits fraglich, worin die Leistung des Issuers zu erblicken wäre, welche eigenständig seitens der Acquirer nachgefragt werden könnte. Aufgrund der Existenz der HACR haben die akquirierenden Unternehmen ohnehin nicht die Freiheit, selbst zu entscheiden, ob und welche Transaktionen sie abwickeln und an die Issuer weiterleiten. In Anbetracht der HACR besteht die Verpflichtung der Vertragsunternehmen zur Annahme aller Karten (bzw. aller einer bestimmten Kategorie angehörenden Karten) des jeweiligen Zahlungskartensystems. Im Interbankenbereich existiert gerade keine gesonderte Leistung, die seitens der Acquirer nachgefragt wird. Vice versa bieten die Issuer den Acquirern auch keine Leistungen an.

Issuer und Acquirer stehen des Weiteren grundsätzlich in keiner vertraglichen Beziehung zueinander. Auch wird der Issuer insoweit die Erfüllung der sich aus dem Emissionsvertrag ergebenden, ihm gegenüber dem Karteninhaber obliegenden Verpflichtungen im Blick haben und keine Leistungsgewährung gegenüber einem Acquirer anstreben. Dass in Anbetracht der zweiseitigen Marktstruktur einige Handlungen rein tatsächlich auch dem Vertragsunternehmen zugutekommen mögen, ist nicht gleichbedeutend mit einer Leistungserbringung der Issuer gegenüber den Acquirern oder den Vertragsunternehmen. Im Übrigen gilt es zwar zu besehen, dass auch die Dienstleistungen erbringen, die den Issuern zugutekommen. Insofern vermag diese Sichtweise nicht zu begründen, weshalb die Interbankenentgelte in den Systemen von Visa und MasterCard seitens der Acquirer und nicht seitens der Issuer zu entrichten sind. Es wird von vornherein davon ausgegangen, dass die Issuer Leistungen gegenüber den Acquirern erbringen. Selbst wenn man insofern an den entstehenden Nutzen der Tätigkeiten der Issuer für die Acquirer bzw. die Vertragsunternehmen aufgrund der zweiseitigen Marktstruktur anknüpfen wollte, so gilt es zu besehen, dass es sich um wechselseitige Interdependenzen handelt. Der „Fee for Service"-Ansatz liefert keine Antwort auf die Frage, wieso wechselseitige Auswirkungen zu einer einseitigen Entgeltverpflichtung einer Seite führen.

3. Theorie 3: Die netzwerkorientierte Sichtweise

Nach der derzeit vorherrschenden netzwerkorientierten Sichtweise handelt es sich bei einer (multilateralen) Interchange Fee um ein Ausgleichsinstrument innerhalb eines Kreditkartensystems. Diese Sichtweise überzeugt ebenfalls nicht.

Den Ausgangspunkt dieser Auffassung bildet das Grundverständnis, dass es sich bei einem offenen Kreditkartensystem um ein Netzwerk und gleichsam um einen zweiseitigen Markt handelt, welcher durch Interdependenzen gekennzeichnet ist. Dieses Erklärungsmodell knüpft in erster Linie an die zweiseitige Marktstruktur, die Interdependenzen zwischen den Bereichen der Emission und des Acquiring und die Netzeffekte an. Diese strukturellen Besonderheiten erforderten, eine hinreichende Karteninhaberstruktur und zum anderen eine ausreichende Anzahl an Akzeptanzstellen, um dem Interesse der jeweils anderen Nachfragegruppe gerecht zu werden.

Im Wege dieser Sichtweise wird implizit unterstellt, dass innerhalb eines Kreditkartensystems ein Ungleichgewicht zwischen dem Issuing- und dem Acquiring-Bereich besteht. Es bestehe ein Ungleichgewicht zwischen der Nachfrage der Karteninhaber und der Nachfrage der Händler auf einem Markt mit zweiseitiger Nachfrage und/oder ein Ungleichgewicht zwischen den Issuing- und den Acquiringkosten. Bei der MIF handele es sich um ein Instrument dieses Ungleichgewicht zu beseitigen und den Output des Systems zu maximieren. Dieses Wachstum des Systems gehe seinerseits wiederum mit weiteren Effizienzvorteilen einher.

a) Ohne eine MIF ist weder ein Ungleichgewicht zwischen der Nachfrage nach Kartenprodukten des jeweiligen Systems seitens der Karteninhaber und der Vertragsunternehmen gegeben noch trägt die MIF zu einer Optimierung des Systemoutputs bei.

   Der Verweis auf das sog. „Chicken-and-egg"-Problem vermag die Existenz eines Ungleichgewichts bzw. die Existenz von Effizienzvorteilen aufgrund der MIF innerhalb der etablierten Kreditkartensysteme von Visa und MasterCard nicht zu begründen. Das „Chicken-and-egg"-Problem beschreibt die Problematik, dass es in Anbetracht der zweiseitigen Marktstruktur eines Kreditkartensystems und der zu verzeichnenden Netzwerkeffekten sowohl des Aufbaus einer Karteninfrastruktur als auch einer Vertragsunternehmensinfrastruktur bedarf. Sofern keine hinreichenden Einsatzmöglichkeiten der Karten des jeweiligen Systems bestehen, werden Emittenten und Karteninhaber nicht bereit sein, im Emissionsbereich eines Systems zu agieren. Wenn hingegen keine hinreichende Anzahl an Karteninhabern vorhanden ist, welche die Karten des Systems zum Einsatz am Point of Sale einsetzen, besteht für Vertragsunternehmen keinerlei Veranlassung zur Akzeptanz der Karten des jeweiligen Systems.

In der Implementierungsphase eines (neuen) Kreditkartensystems gilt es die kritische Masse an Karteninhabern und Vertragsunternehmen zu erreichen, um eine hinreichende Attraktivität des Systems zu erzeugen. Diese Situation kann nicht ohne Weiteres mit jener Situation gleichgesetzt werden, in der sich die bereits etablierten Kreditkartenorganisationen befinden. Diese Bedeutung der Netzwerkexternalitäten schwindet mit der Reife des Systems. Die bereits etablierten Kreditkartensystems von MasterCard und Visa haben dieses Stadium bereits unlängst verlassen. Selbst ein Newcomer im vorgelagerten Bereich müsste seine MIF nach Abschluss der Implementierungsphase abschaffen, sofern in einem etablierten System keine Effizienzvorteile mit einer MIF auszumachen sind.

Auch das Todesspiralen-Argument – das bereits im Kontext der Prüfung einer teleologischen Reduktion vorgebracht wurde, jedoch zurückzuweisen war – vermag im vorliegenden Kontext nicht zu überzeugen. Gegen dieses Argument spricht vorliegend insbesondere auch, dass ein (etwaiger) Rückgang der Anzahl an Karteninhabern nicht zwangsläufig mit einem Rückgang an Effizienz gleichzusetzen wäre. So ist keineswegs ausgeschlossen, dass ein Abfall der Anzahl der Karteninhaber aus gesamtwohlfahrtlicher Sicht vorteilhaft wäre. Dem allgemeinen wirtschaftlichen Wohlstand entsprechen nicht zwangsläufig die Vorteile der Unternehmen, die an der Absprache partizipieren.

Es zeigt sich überdies, dass Maximierung des Outputs des Systems bzw. eine Leistungssteigerung des Kreditkartensystems keineswegs mit einem verbesserten Wettbewerb zum Vorteil sämtlicher Nutzer gleichzusetzen ist. Eine Maximierung des System-Outputs, die in erster Linie der Kreditkartenorganisation wie auch den Mitgliedern des Systems zugutekommt, stellt keinen (objektiven) Vorteil dar, der im Rahmen der ersten Freistellungsvoraussetzung zu berücksichtigen wäre. Eine bloße Begünstigung der beteiligten Unternehmen ist nicht hinreichend. Freilich mag eine Erhöhung der Anzahl der systemzugehörigen Karten geeignet sein, die Attraktivität des Systems für Händler zu erhöhen. Im Falle steigender Emissionszahlen und/oder Transaktionsvolumina wächst jedoch auch der Druck auf die Händler. Je größer ein System ist, desto größer sind die Nachteile, denen sich ein Händler ausgesetzt sieht, sofern er auf die Annahme dieser Karten verzichtet.

Dass ein (Intra-System-)Wettbewerb im nachgelagerten Bereich erst durch die Ausgestaltung eines Kreditkartensystems in Form eines offenen Systems entsteht, steht außer Frage. In Drei-Parteien-Systemen gibt es lediglich einen Emittenten, der gleichsam mit dem einzigen vorzufindenden Acquirer identisch ist. Dass diese Wettbewerbsverhältnisse nur innerhalb eines offenen Systems gegeben sind, bedeutet jedoch nicht zugleich, dass dies eine Auswirkung der MIF ist. Eine MIF entfaltet die bereits an obiger Stelle dargelegten wettbewerbsbeschränkenden Auswirkungen. Es verstärkt nicht den – innerhalb eines offenen Systems auch ohne MIF anzutreffenden – systeminternen Wettbewerb unter den Issuern und den Acquirern, sondern schwächt diesen. Eine Zunahme der Emissionszahlen wie auch der Einsatzfreude der Karteninhaber steigert nicht zwangsläufig die Wettbewerbskräfte im Emissions- und/oder im Acquiring-Bereich; eine Absatzsteigerung ist nicht gleichbedeutend mit einer Wettbewerbssteigerung.

Der Wettbewerb wird auch nicht durch eine Zunahme der Anzahl der Systemteilnehmer verbessert. Zwar kann eine MIF den Markteintritt von Anbietern erleichtern. Eine Zunahme der Anzahl von Emittenten aufgrund der MIF führt aber nicht zwangsläufig zu einer Verbesserung des (Intra-System-)Wettbewerbs. Ein MIF kann auch solchen Anbietern den Zugang zum Emissionsgeschäft ermöglichen, die ohne MIF nicht kostendeckend respektive effizient agieren könnten. Die Abnahme des Konzentrationsgrades durch Markteintritte von solchen nicht konkurrenzfähigen Issuer führt nicht dazu, dass der Wettbewerbsdruck auf die vorhandenen Emittenten ansteigt. Auch Marktzutritte im Acquiring-Bereich erscheinen in Anbetracht der „zu erwartenden höheren Kosten" weitaus „weniger attraktiv", zumal die Belastung mit den multilateralen Interbankenentgelten (zunächst) bei den akquirierenden Unternehmen liegt.

Hinsichtlich des vorgelagerten Bereichs ist das Argument nicht stichhaltig, dass eine MIF die Existenz einer weiteren Kreditkartenorganisation sicherstelle. Entsprechend obiger Ausführungen ist eine MIF nämlich für den Betrieb eines (bestehenden) Kreditkartensystems nicht notwendig.

b) Auch die These, dass zwischen den Issuern und der Acquirern ein Kostenungleichgewicht existiere, lässt sich nicht bestätigen.

Der Verweis darauf, dass die Issuer (üblicherweise) die höchsten Kosten innerhalb des Systems tragen, geht fehl. Zum einen werden einige Kostenpositionen lediglich wegen der Existenz der MIF seitens Emittenten getragen. Die wegen der Existenz der MIF übernommenen Kosten im Wege eines MIF auszugleichen, stellt insofern ein Zirkelschluss dar. Zum anderen stellt eine reine Kostenanalyse keine substanzielle Grundlage für die Annahme eines entsprechenden Ungleichgewichts zwischen beiden Seiten des Marktes. Dies bedürfte vielmehr auch einer Einbeziehung der Einnahmen. Sofern die im Wege des Issuing generierten Vorteile (einschließlich der Einnahmen) – für sich besehen – hinreichende Anreize liefern, die Emittenten zu Investitionen in ihre Tätigkeiten zu veranlassen, wäre ein Entgelttransfer aus dem Acquiring-Bereich gegebenenfalls sogar kontraproduktiv.

Die Sektorenuntersuchung der Kommission ergab zudem, dass in 20 der 25 betrachteten Länder in Abwesenheit von Interchangegebühren im Wege der Kreditkartenemission positive Gewinne hätten erzielt werden könnten. Dies widerspricht der Behauptung, dass die Kosten der Issuer deren Einnahmen übersteigen und daher ein Entgelttransfer erforderlich sei.
Die Vertreter der netzwerkorientierten Sichtweise gehen davon aus, dass sich die Interbankenentgelte lediglich auf die Preisstruktur, nicht hingegen auf die Gesamtsumme der Preise, also das Preisniveau, auswirken. Dem ist nicht beizupflichten. Es ist davon auszugehen, dass die MIF die Gewinne der Issuer erhöhen. Insofern beeinflussen die MIF das Niveau der Gesamtpreise und nicht bloß die Kostenstrukturen.
Entsprechend obiger Ausführungen besteht insofern eine Korrelation zwischen den MSC und den MIF als die MIF eine Mindestgrenze der Händlergebühren statuieren. Ein Anstieg der MIF bewirkt letztlich Erhöhung dieser Untergrenze der MSC. Im umgekehrten Falle einer Senkung der MIF konnte bislang nicht ersehen werden, dass in diesem Falle die MSC ebenfalls gesenkt werden. Eine solche Senkung wäre jedoch nach der netzwerkorientierten Sichtweise erforderlich um die Neutralität hinsichtlich des Preisniveaus zu wahren.
Die Höhe der MIF wirkt sich auch nicht neutral hinsichtlich der Höhe der Kartengebühren aus. Nach der netzwerkorientierten Sichtweise wäre im Falle eines Anstiegs der MIF eine entsprechende Absenkung der Karteninhabergebühren zu erwarten. Die Untersuchungen der Kommission belegen indes, dass lediglich eine geringe negative Korrelation zwischen diesen beiden Entgelten gegeben war. Im Rahmen der ersten Freistellungsvoraussetzung wäre erforderlich, dass die mit der wettbewerbsbeschränkenden Absprache einhergehenden Vorteile geeignet sind, die mit ihr verbundenen Nachteile zumindest auszugleichen. Dies ist jedoch nicht der Fall. Insbesondere die Untersuchung der Kommission deutet darauf hin, dass die zusätzlichen Einnahmen aus einer Erhöhung der MIF nicht in angemessenem Ausmaß zu einer Absenkung der Kareninhabergebühren führten. Die MIF tarierten also nicht lediglich ein Kostenungleichgewicht aus.

c) Die weiteren behaupteten Folgevorteile sind ebenfalls nicht als Effizienzvorteile im Sinne der ersten Freistellungsvoraussetzung berücksichtigungsfähig. So wurde vorgetragen, dass die Optimierung des System-Outputs und/oder die Herstellung eines Ausgleichs der Nachfrage im Issuing-Bereich und der Nachfrage im Acquiring-Bereich und/oder der Ausgleich des Kostenungleichgewichts mit weiteren Effizienzvorteilen verbunden seien. Als derart verknüpfte Effizienzvorteile seien ein Umsatzzuwachs bei den Händlern und eine Verbesserung von deren Cashflow anzusehen. Ferner komme ein Vertragsunternehmen auch in Betrugsfällen in den Genuss der Zahlungsgarantie und die Sicherheit für die Händler würde auch bei Zahlungsausfällen verbessert. Auch die Karteninhaber erhielten einen Zuwachs an Sicherheit sowie die Möglichkeit, die auf den Absatzmärkten erworbenen Produkte erst nach Ablauf der zinsfreien Finanzierungszeit zu zahlen. Überdies seien sinkende Kosten aufgrund von Skalenerträgen sowie einer Zunahme an Innovationen zu verzeichnen. Bei genauerer Betrachtung dieser Auflistung wird erkennbar, dass es sich nicht um Vorteile handelt, die erst aufgrund der MIF entstehen. Es handelt sich um Vorteile, die bereits mit dem Betrieb eines Kreditkartensystems einhergehen. Diese angeblichen Effizienzvorteile stehen nicht in einem unmittelbaren Zusammenhang mit einer MIF.

4. Vorliegen sonstiger Effizienzgewinne

Sonstige Arten von Effizienzgewinnen, die sich nicht konkret einem der genannten Erklärungsmodelle zuordnen lassen, sind ebenfalls nicht gegeben.

a) Ein bedeutsames Argument jener, die eine Freistellungsfähigkeit der MIF proklamieren, geht dahin, dass mit der multilateralen Aushandlung und Festsetzung der MIF eine wirtschaftliche Effizienz einhergehe, zumal als Alternative hierzu lediglich eine bilaterale Verhandlung von Interchange Fees zwischen Issuern und Acquirern in Betracht komme. Die multilaterale Festsetzung der Interbankenentgelte ermögliche rasche und kostengünstige Verhandlungen. Diese Nachteile bilateraler Verhandlungen seien durch eine multilaterale Festsetzung zu vermeiden. Indes vermag auch diese Argumentation letztlich nicht zu überzeugen. Ad absurdum geführt, würde diese Argumentation darauf hinauslaufen, dass Entgelt- und Preisabreden desto eher der ersten Voraussetzung des Art. 101 Absatz 3 AEUV unterfallen, desto weitreichender sie sind. Im Übrigen ist die grundlegende These dieser Argumentation, die auf die Komplexität der Gebührenlandschaft verweist, dass ohne eine multilaterale Festlegung der Interbankenentgelte bilaterale Verhandlungen erforderlich würden. In Anbetracht des Aspekts, dass die oben erwähnten drei Theorien allesamt nicht das Vorliegen von Effizienzvorteilen begründen, ist jedoch davon auszugehen, dass Interbankenentgelte, und zwar sowohl bilaterale als auch multilaterale, nicht mit Effizienzvorteilen im Sinne des Art. 101 Abs. 3 AEUV einhergehen. Genau besehen ergibt sich das „Erfordernis" einer bilateralen Verhandlung auch erst aufgrund der Ausgestaltung der MIF als Fallback Fee. Die Vereinbarung bilateraler Interbankenentgelte dient dem Zweck von der MIF abzuweichen. Ohne eine als Fallback Fee ausgestaltete MIF besteht indes kein solches Bedürfnis. Die Aussage ohne MIF „müssten" bilaterale Verhandlungen erfolgen und diese seien weniger effektiv als eine multilaterale Festlegung ist insofern nicht schlüssig. Diese Argumentation wird erst schlüssig, sofern eine MIF existiert.

b) Gegen kartellrechtliche Bedenken in Bezug auf Zahlungskartensysteme wird oftmals das Argument eines gegen Bargeld geführten „Krieges" angeführt. Hierbei handelt es sich jedoch um keinen Effizienzvorteil im Sinne des Art. 101 Abs. 3 AEUV. Es finden sich keinerlei Nachweise, dass gerade die MIF zu einer Ablösung respektive Ersetzung des Bargeldeinsatzes durch Zahlungskarten beitragen.

II. Angemessene Beteiligung der Verbraucher

Die zweite Freistellungsvoraussetzung ist nicht gegeben. Eine angemessene Beteiligung der Verbraucher an den Effizienzgewinnen ist nicht gegeben.

1. Bei den Vertragsunternehmen handelt es sich um die Verbraucher im Hinblick auf Acquiring-Dienstleistungen; die Karteninhaber bilden die Verbrauchergruppe im Issuing-Bereich. Es existieren zwei unterschiedliche, allerdings in Anbetracht der Netzwerkeffekte verbundene Typen von Verbrauchern. Die zweiseitige Marktstruktur ändert nichts an dem Grundsatz, dass jene Verbraucher an den Effizienzgewinnen angemessen beteiligt werden müssen, welche die Nachteile der Wettbewerbsbeschränkung tragen.
   a) Es ist nicht davon auszugehen, dass eine angemessene Beteiligung der Vertragsunternehmen an den (behaupteten) Effizienzvorteilen gegeben ist. Primär werden die Vertragsunternehmen durch die zusätzlichen Kosten aus der MIF benachteiligt. In unmittelbarem Kontext zur Frage, ob eine angemessene Beteiligung der Vertragsunternehmen (und der Karteninhaber) erfolgt, steht die Frage, ob und inwiefern die durch die MIF generierten zusätzlichen Kosten seitens der Vertragsunternehmen an die Karteninhaber weitergeleitet werden.
   Sofern es den Vertragsunternehmen aufgrund der Marktverhältnisse im jeweiligen Absatzbereich hingegen möglich ist, die durch die MIF bedingte Zunahme der MSC an ihre Kunden im Absatzbereich weiterzuleiten, tragen letztlich ihre Abnehmer auf den Absatzmärkten die Kosten. Eine entsprechende Weiterleitung (jedenfalls eines Teils der MSC) erscheint wahrscheinlicher als eine Kostentragung durch die Vertragsunternehmen. Hierfür spricht insbesondere, dass die Kartenakzeptanz seitens eines Vertragsunternehmens üblicherweise dann erfolgt, wenn dies dem Usus in der entsprechenden Branche entspricht und ihre Kunden auf den Absatzmärkten eine entsprechende Erwartung hegen. Wenn mithin jedoch sämtliche respektive die überwiegende Anzahl der in diesem Bereich agierenden Unternehmen eine Kreditkarte als Zahlungsmittel akzeptieren, ist davon auszugehen, dass die überwiegende Anzahl der kartenakzeptierenden Unternehmen die Kosten an ihre Abnehmer weiterleitet. In diesem Falle erwächst dem einzelnen Unternehmen im Absatzbereich kein Wettbewerbsnachteil gegenüber anderen Händler, sofern es diese Kosten ebenfalls an seine Abnehmer weiterreicht. Diese Kompensation resultiert indes lediglich aus ihrer Verhandlungsposition im Absatzbereich. Es handelt sich also nicht um eine Entlastung, die unmittelbar aus der Existenz der MIF folgt. Dies genügt indes nicht. Im Rahmen der zweiten Freistellungsvoraussetzung sind ausschließlich jene Vorteile zu berücksichtigen, die in direktem Kausalzusammenhang zu der Vereinbarung stehen.
   Wenn ein Vertragsunternehmen hingegen auf einem besonders kompetitiven Absatzmarkt agiert, liegt es nahe, dass diese Kosten nicht bzw. jedenfalls nicht

in vollem Umfang an die Abnehmer auf dem Absatzmarkt weitergereicht werden (können). In diesem Falle tragen die Vertragsunternehmen letztlich selbst diese Kosten. Dass das Vertragsunternehmen im Falle einer Kreditkartentransaktion den mit einer Bargeldzahlung einhergehenden Aufwand erspart, gleicht diese Nachteile nicht aus. Insofern ermangelt es bereits des hinreichenden Zusammenhanges zwischen der MIF und den auf Seiten der Händler entstehenden Ersparnissen. Die allgemeinen Vorteile, die für das Vertragsunternehmen mit einer Kartentransaktion verbunden sind, sind nicht mit jenen Vorteilen identisch, die mit einer MIF einhergehen. Eine Zunahme der Anzahl der Karteninhaber kann den Vertragsunternehmen zwar zum Vorteil gereichen. Indes kann nicht notwendigerweise davon ausgegangen werden, dass hierdurch die ihnen in Anbetracht der erhöhten MSC generierten Kosten kompensiert werden. Insofern ist auch zu berücksichtigen, dass ein Anstieg der Emissionszahlen und der Transaktionsvolumina eines Systems die Verhandlungsposition der Vertragsunternehmen gegenüber den Acquirern schwächt und zugleich den Druck auf die Händler erhöht, ihren Kunden im Absatzbereich eine Zahlung mit den Karten des Systems zu ermöglichen.

b) Die Interbankenentgelte dienen als Gewinngenerator der Issuer, ohne dass die Karteninhaber angemessen an den im Wege dieser Entgelte generierten Einkünfte beteiligt werden. Der Aspekt, dass die Karteninhabergebühren (tendenziell) aufgrund der MIF sinken, vermag ein Vorliegen der zweiten Freistellungsvoraussetzung – soweit es die Karteninhaber anbelangt – nicht zu begründen. Die MIF beschränken den Wettbewerb im Issuing-Bereich. Es besteht nur eine geringe negative Korrelation zwischen der Höhe der MIF und der Höhe der Karteninhabergebühren. Es existieren keinerlei systeminterne Vorschriften, die den emittierenden Mitgliedsbanken vorgeben, wie diese ihre Einkünfte und insofern auch jene aus den Interbankenentgelten einzusetzen bzw. zu verwenden haben. Im Falle einer Weiterleitung der MIF durch die Vertragsunternehmen im Absatzbereich tragen die Karteninhaber überdies letztlich auch einen Anteil der Kosten, die im Wege der MIF verursacht werden. Zudem ist eine Issuing-Tätigkeit auch ohne die Einnahmen aus den MIF in der weit überwiegenden Anzahl lukrativ.

2. Die Abnehmer der Vertragsunternehmen im Absatzbereich sind sowohl in Bezug auf die, auf den jeweiligen Absatzmärkten angebotenen Leistungen als auch im vorliegenden Kontext als Verbraucher anzusehen.

   Die Kunden der Vertragsunternehmen, die nicht mittels Kreditkarte zahlen, tragen ebenfalls die Kostenbelastung durch die MIF. Sie sind zwar nicht an den vertraglichen Beziehungen des Kreditkartensystems beteiligt. Die Vertragsunternehmen differenzieren bei der Weiterleitung der MIF jedoch nicht zwischen Kartenzahlern und den Nutzern sonstiger Zahlungsmittel. Die aufgrund der MIF erhöhten Kosten werden auf die Produktpreise des jeweiligen Absatzbereichs umgelegt.

   Im Falle einer Verknüpfung zweier Märkte, sind auch die Effizienzvorteile berücksichtigungsfähig, die durch die wettbewerbsbeschränkende

Maßnahme auf diesen Märkten herbeigeführt werden. Darüber hinaus können grundsätzlich auch Vorteile berücksichtigt werden, die auf Märkten eintreten, die nicht von der wettbewerbsbeschränkenden Vereinbarung betroffen sind.

Bei den Kunden der Vertragsunternehmen, die nicht mittels Kreditkarte zahlen, handelt es sich nicht um Unbeteiligte. Sie sind von den Nachteilen der MIF betroffen. Die besondere Marktstruktur innerhalb eines Kreditkartensystems wie auch die Absatzbereichsbezogenheit der Kreditkarte wirken sich insofern in besonderer Weise aus. Im Falle einer Lieferkette im Vertikalverhältnis sind nicht bloß die Vorteile der unmittelbaren Abnehmer, sondern auch jene der mittelbaren Abnehmer bei der Prüfung der zweiten Freistellungsvoraussetzung zu berücksichtigen. Zwar handelt es sich bei den Vertragsunternehmen nicht um Zwischenhändler hinsichtlich der Acquiring-Dienstleistungen. Diese Leistungen werden nicht an die Barzahler weitergegeben. Die Barzahler agieren als Nachfrager eines anderen Produktes, nämlich eines Produktes, dass sie auf dem jeweiligen Absatzmarkt von den Vertragsunternehmen erwerben; die Kreditkarte fungiert in diesem Kontext lediglich als Zahlungsmittel. Unter Zugrundelegung des Telos des Art. 101 Abs. 3 AEUV vermag dies aber wertungsmäßig keinen Unterschied zu begründen. Die nicht mit einer Kreditkarte zahlenden Kunden erwerben ein Produkt im Absatzbereich und werden mit der Preiserhöhung einer vorherigen Stufe, und zwar jener im Acquiring-Bereich, belastet.

Diese Kundengruppe, die keine Kreditkarten zur Zahlung nutzt, partizipiert nicht an den (behaupteten) Vorteilen einer MIF. Die Barzahler und die Nutzer sonstiger Zahlungsmittel profitieren nicht einmal von den Vorteilen eines Kreditkartensystems. Sie werden demnach von vornherein nicht an etwaigen Effizienzvorteilen beteiligt, sondern tragen lediglich die im Wege der MIF generierten Mehrkosten im Absatzbereich.

III. Unerlässlichkeit der Wettbewerbsbeschränkung

Die dritte Voraussetzung des Art. 101 Abs. 3 AEUV ist nicht erfüllt. Es existieren hinreichende Alternativen zur derzeitigen MIF, die mit weniger wettbewerbsbeschränkenden Auswirkungen verbunden sind.

Die denkbare Möglichkeit der Umstellung der derzeitigen MIF-Regelung auf eine MIF von Null (sog. Zero-MIF) offenbart insofern erste Bedenken, die gegen die Annahme der Unerlässlichkeit sprechen. Letztlich kann eine MIF von Null jedoch nicht als geeignete Alternative zur derzeitigen MIF-Regelung angesehen werden, da sie keine Reaktionen auf Veränderungen in der Struktur des Marktes zulässt. Eine Aufrechterhaltung der MIF unter Abschaffung der Ausgestaltung als Fallback Fee bzw. ein Übergang zu ausschließlich bilateralen Verhandlungen erscheinen ebenfalls nicht als hinreichende Alternativen.

Ohne Ausgestaltung als Fallback Fee wäre unklar, in welchen Fällen, welche Interbankenentgelte eingreifen würden. Es besteht ein untrennbarer

Zusammenhang zwischen der Existenz einer MIF und deren Ausgestaltung als Fallback Fee. Die ausschließliche Durchführung bilateraler Verhandlungen ist in Anbetracht der Anzahl der Mitglieder der Systeme von Visa und von MasterCard nicht hinreichend praktikabel. Bilaterale Verhandlungen gehen mit einem beträchtlichen Aufwand einher; überdies bestünde für die gebührentragende Partei ohne Existenz einer als Fallback Fee zur Anwendung gelangenden MIF auch kein Bedürfnis solche Verhandlungen zu fokussieren.

Eine einseitige Festlegung der Gebühren durch die Emittenten des jeweiligen Systems würde höchstwahrscheinlich mit einem Anstieg der Gebühren einhergehen; an einer solchen Regelung besteht weder aus wettbewerbsrechtlicher Sicht noch aus der Perspektive der Verbraucher ein Interesse. Die Befugnis der Issuer zu einer unilateralen Festlegung der Höhe der Interbankenentgelte stellt keine hinreichende Alternative dar.

Die Ersetzung der derzeitigen expliziten MIF durch eine implizite Interchange-Gebühr unter Einschaltung eines „Interchange-Händlers" ist als weniger wettbewerbsbeschränkende Alternative einer MIF anzuerkennen. Jeder einzelne Acquirer bzw. Issuer würde in diesem Falle in Verhandlungen mit einem von mehreren als Intermediär agierenden „Interchange-Händlern" eintreten und individuell auf der Basis seiner Transaktionsumsätze Interchange-Sätze aushandeln. Die Differenz zwischen den (von den Acquirern) erhaltenen und (an die Issuer) weitergereichten Gebühren würde die Provision des „Interchange-Händlers" darstellen.

Dies würde einer Vereinheitlichung der Interbankenentgelte entgegenwirken. Es bedürfte weder multilateraler Interbankenentgelte noch würde ein einheitliches, künstlich geschaffenes Mindestniveau der MSC existieren. Eine entsprechende Strukturänderung des Interchange-Bereichs würde die Entstehung eines neuen systeminternen Marktes ermöglichen; auf diese Weise könnte tatsächlich ein Interchange-Markt entstehen. Anders als im Falle bilateraler Interbankenentgelte müsste nicht jeder Acquirer mit jedem Issuer in Verhandlungen eintreten. Die Einführung einer impliziten Interchange Fee würde die derzeitigen MIF-Regelungen obsolet machen. Die seitens der netzwerkorientierten Sichtweise geltend gemachten Effizienzvorteile einer MIF könnten auch mit weniger wettbewerbsbeschränkenden Maßnahmen realisiert werden.

Eine Erhebung zusätzlicher Gebühren von den Karteninhabern stellt eine weitere gangbare Alternative zu den derzeitigen MIF-Regelungen dar. Allein der Umstand, dass den Karteninhabern weder Preisaufschläge seitens der Händler in Rechnung gestellt noch transaktionsbezogene Gebühren von den Emittenten erhoben wurden und sich der Kreditkarteneinsatz aus Sicht der Karteninhaber als kostenlos bzw. neutral darstellte, lässt nicht darauf schließen, dass die Karteninhaber nicht bereit wären, Gebührensteigerungen eines gewissen Ausmaßes hinzunehmen. In anderen Ländern (wie etwa Norwegen) ist es gegenwärtig durchaus üblich, dass die Karteninhaber für jede Transaktion eine Gebühr an den Emittenten entrichten. Im Übrigen werden den Karteninhabern auch für

Bargeldabhebungen (jedenfalls an institutsfremden Geldautomaten) üblicherweise Gebühren in Rechnung gestellt. Dass dies im Bereich des Einsatzes am Point of Sale nicht möglich wäre, erscheint nicht nachvollziehbar. Eine Berechnung zusätzlicher Gebühren zu Lasten der Karteninhaber geht nicht mit den aufgezeigten wettbewerbsbeschränkenden Auswirkungen einer MIF einher. Eine Abschaffung der MIF würde eine grundlegende Änderung der Kostenstrukturen in der Kreditkartenbranche nach sich ziehen. Würden die Kosten den Karteninhabern auferlegt werden – sei es nun in Gestalt einer Jahresgebührenerhöhung oder im Wege transaktionsbezogener Gebühren –, würden die Banken auch hinsichtlich dieses Einnahmebestandteils in (Preis-)Wettbewerb zueinander (ein)treten.

Zumal hinreichende Alternativen zu einer MIF bestehen, bedarf es keiner Klärung der Frage, ob und inwiefern sich die wettbewerbsbeschränkenden Auswirkungen der MIF mindern lassen, ohne zugleich deren Effizienz negativ zu beeinflussen. Freilich scheint es denkbar, die Höhe der MIF zu regulieren, um deren wettbewerbsbeschränkenden Auswirkungen zu minimieren. Wenn aber – wie vorliegend – sonstige Möglichkeiten bestehen, ein Kreditkartensystem ohne MIF in entsprechend effektiver, aber weniger wettbewerbsbeschränkender Weise zu betreiben, dann bildet eine Regulierung der Höhe keinen geeigneten Weg, um die MIF in Einklang mit den Vorgaben der dritten Freistellungsvoraussetzungen zu bringen. Auch eine MIF, deren Höhe reguliert wird, beschränkt den Wettbewerb und ist ihrerseits nur freistellungsfähig, wenn die mit ihr verbundenen Wettbewerbsbeschränkungen auf das im Einzelfall unabdingbare Maß begrenzt sind. Gerade die multilaterale Festlegungsmethode schafft ein künstliches Preisniveau. Selbst sofern man unterstellt, dass eine MIF mit Effizienzvorteilen einhergeht, existieren hinreichend geeignete Alternativen zu einer MIF, die mit einer geringeren Wettbewerbsbeschränkung verbunden sind. In Anbetracht dessen ist die MIF – ungeachtet der Frage, auf welche Höhe sie sich beläuft – nicht als unerlässlich im Sinne der dritten Freistellungsvoraussetzung anzusehen.

IV. Keine Eröffnung einer Möglichkeit zur Ausschaltung des Wettbewerbs für einen wesentlichen Teil der betreffenden Waren

Die vierte Freistellungsvoraussetzung ist erfüllt. Es verbleiben hinreichende wettbewerbliche Handlungsfreiheiten der Issuer wie auch der Acquirer im nachgelagerten Bereich. Im Interchange-Bereich zwischen Issuern und Acquirern existiert bereits kein eigenständiger Markt; selbst wenn man von der Existenz eines solchen ausgehen wollte, wird den Issuern und Acquirern jedenfalls durch die MIF nicht die Möglichkeit genommen, bilaterale Interbankenentgelte zu vereinbaren. In Bezug auf den System-Markt, auf dem sich Visa und MasterCard als Wettbewerber gegenüberstehen, kann ebenfalls nicht von einer Ausschaltung des Wettbewerbs im Sinne der vierten Freistellungsvoraussetzung ausgegangen werden.

Titel 5. Ergebnis: Die kartellrechtliche Unzulässigkeit von multilateralen Interbankenentgelten

Die MIF in den Kreditkartensystemen von Visa und MasterCard beschränken den Wettbewerb in erheblichem Maße. Eine Freistellung nach Art. 101 Abs. 3 AEUV kommt nicht in Betracht. Dies gilt sowohl für die intraregionalen, die interregionalen und die inländischen MIF.

A. Interbankenentgelte: Begriff und Arten

Bei der sog. Interchange Fee, auch Interchangegebühr oder Interbankenentgelt genannt, handelt es sich um ein Entgelt, welches innerhalb eines Vier-Parteien-Systems seitens eines akquirierenden Unternehmens an einen Emittenten zu entrichten ist. Diese Interbankenentgelte sind der Höhe nach transaktionsvolumenabhängig bemessen.

Es lässt sich zwischen unterschiedlichen Arten von Interbankenentgelten differenzieren, und zwar nach der Art ihrer Festsetzung, nach ihrem räumlichen Anwendungsbereich sowie anhand weiterer Kriterien (Art der Karte, der Branche und der jeweiligen Transaktionsart). Nach der Art ihrer Festsetzung kann zwischen multilateralen, bilateralen und unilateralen Interbankenentgelten differenziert werden. Nach ihrem räumlichen Anwendungsbereich unterscheidet man zwischen inländischen, intraregionalen und interregionalen (multilateralen) IC Fees.

Das Verhältnis der unterschiedlichen Arten der Interbankenentgelte ist streng hierarchisch ausgestaltet: Üblicherweise finden subsidiär sog. Standard-Interbankenentgelte Anwendung, die als Fallback Fee fungieren. Diese greifen immer dann ein, wenn keine vorrangigen Regelungen existieren respektive anwendbar sind; insbesondere gebührt bilateral ausgehandelten Interbankenentgelten ein Vorrang gegenüber multilateralen Interbankenentgelten. Die inländische Standard-MIF stellt insofern die Ausfallvorkehrung im Falle von Inlandstransaktionen dar. In letzter Instanz greift – in Ermangelung vorrangiger Interbankenentgelte (einschließlich der inländischen Standard-MIF) – die intraregionale Standard-MIF bei Transaktionen innerhalb des EWR ein; diese findet also auch auf Inlandstransaktionen Anwendung, sofern keine inländische Standard-MIF existiert. Diese Konzeption hat zur Folge, dass im Falle einer jeden Transaktion via Kreditkarte am Point of Sale stets (irgend-)ein Interbankenentgelt zu entrichten ist.

B. Die bisherige Regulierungspraxis sowie sonstige Maßnahmen bezüglich multilateraler Interbankenentgelte

Multilaterale Interbankenentgelte stehen seit längerer Zeit im Fokus der Wettbewerbshüter. Sowohl auf europäischer Ebene als auch seitens staatlicher Kartellbehörden wurde gegen MIF-Regelungen in den Systemen von MasterCard und Visa eingeschritten.

Obwohl sich Uneinigkeiten hinsichtlich bestimmter Detailfragen und sich Unterschiede in der Argumentation ausmachen lassen, ergeben sich doch gewisse Grundmuster, diverse Ähnlichkeiten und Berührungspunkte der Regulierungsbestrebungen bezüglich multilateraler Interbankenentgelte in der Kreditkartenbranche. Der aktuelle Stand der Regulierung lässt sich wie folgt zusammenfassen:

1. Die multilaterale Festlegung der Interbankenentgelte (in der Kreditkartenbranche) wird überwiegend als Verhaltensabstimmung im Sinne des Kartellrechts angesehen; teils wird der MIF-Abrede explizit ein horizontaler Charakter beigemessen.
2. Es liegt eine Wettbewerbsbeschränkung vor. Seitens der meisten Regulierungsbehörden wird eine Beschränkung im Acquiring-Bereich bejaht. Teils wird – wie etwa in der Schweiz – auch eine Beschränkung im Issuing-Bereich als gegeben angesehen.
3. Die multilaterale Festlegung der Interbankenentgelte wird einer kartellrechtlichen Rechtfertigung bzw. Freistellung grundsätzlich als zugänglich erachtet.
   a) Die Existenz einer MIF kann – nach herrschender Auffassung – mit Effizienzgewinnen einhergehen. Ein solcher Vorteil wird teils in der Schaffung eines Ausgleichs zwischen den Kosten und Einnahmen der Issuer und der Acquirer des jeweiligen Systems gesehen. Teils werden Interbankenentgelte als Entgelte angesehen, die seitens Vertragsunternehmen bzw. Acquirern an die Issuer entrichtet werden; einige Dienstleistungen der Emittenten kämen nicht bloß den Karteninhabern, sondern auch den Teilnehmern des Acquiring-Bereichs zugute.
   b) Überwiegend wurde eine Freistellung der MIF nur im Falle einer Absenkung der Höhe der MIF unter Implementierung einer Höchstgrenze befürwortet. Eine Rechtfertigung der MIF komme in Betracht, sofern die Festlegung der MIF auf einem objektivierten und transparenten Verfahren basiere. Ohne ein solches Verfahren würde die MIF (regelmäßig) auf einem unverhältnismäßigen und überhöhten Niveau angesiedelt. Hierdurch würden sowohl die Nutzer der Zahlungskartendienstleistungen als auch die Gesellschaft über Gebühr belastet. Eine überhöhte MIF diene insbesondere als Instrument zur Erwirtschaftung zusätzlicher Gewinne der Emittenten.
   c) Die Einzelheiten der Bemessung der Höchstgrenze der MIF und der methodische Ansatz werden unterschiedlich beurteilt:
      aa) Einer – früher präferierten – Sichtweise zufolge stellt ein Interbankenentgelt ein Leistungsentgelt für jene Leistungen der Emittenten dar, die (zumindest mittelbar auch) den Acquirern bzw. Vertragsunternehmen zugutekommen. Die Berechnung der MIF ist dieser Ansicht zufolge auf der Basis bestimmter Kosten der Emittenten vorzunehmen. Soweit ersichtlich wird überwiegend nur eine Einbeziehung der zum Systembetrieb notwendigen und systeminhärenten Kosten als zulässig angesehen. Welche konkreten Kostenposten insofern einzubeziehen sind, ist im Einzelnen streitig. Zumeist werden nur Kostenposten berücksichtigt,

die seitens der Emittenten (zumindest mittelbar) den Vertragsunternehmen zugutekommen. Überwiegend wurden insofern die Bearbeitungskosten sowie die Kosten der Zahlungsgarantie, nicht jedoch die Kosten für die Gewährung einer zinsfreien Periode, für Kreditausfälle und für Zusatzleistungen als berücksichtigungsfähig angesehen. Dieser (kostenbasierte) Ansatz wurde der Visa International II-Entscheidung der Kommission sowie der Gebührenregulierung in Australien zugrunde gelegt.

bb) Bereits der methodische Unterschied der Analyse der Kommission im Rahmen der Sektorenuntersuchung offenbarte eine erste Abkehr von dem Ansatz, die Interbankenentgelte als Leistungsentgelt zu verstehen. Diese Entwicklung setzte sich in der MasterCard-Entscheidung fort. Gemäß der dort präferierten Sichtweise ist die Festlegung der MIF auf der Grundlage des Merchant Indifference Test (MIT) vorzunehmen. Dieses, auch als Tourist Test bezeichnete Verfahren fungiert seit der MasterCard-Entscheidung als Basis zur Bewertung der MIF durch die Kommission. Es handelt sich um die derzeit vorherrschend vertretene Auffassung. Der MIT wird in Erwägungsgrund 20 der Verordnung des Europäischen Parlaments und des Rates über Interbankenentgelte für kartengebundene Zahlungsvorgänge explizit als Bemessungsgrundlage genannt. Auf der Basis provisorischer Berechnungen unter Zugrundelegung des MIT sieht die Kommission für Kreditkarten einen Wert von 0,3 % des Transaktionsbetrages als maximal zulässige Höchstgrenze für die durchschnittliche MIF an. Im Wege des MIT wird untersucht, welche Entgelte ein Vertragsunternehmen entrichten würde, wenn die Kosten der Kartennutzung mit jenen kartenloser (Bar-)Zahlungen verglichen werden; hierbei wird auch der Anteil des Händlerentgelts berücksichtigt, der über das Interbankenentgelt hinausgeht. Auf diese Weise soll derjenige MIF-Wert ermittelt werden, bei dem es für ein Vertragsunternehmen unerheblich ist, ob am PoS eine Kreditkarte oder kartenlose (Bar-)Zahlungsmittel eingesetzt werden.

C. Die Tatbestandsvoraussetzungen des Art. 101 Abs. 1 AEUV

Die MIF erfüllen die Tatbestandsvoraussetzungen des Art. 101 Abs. 1 AEUV. Die MIF basieren auf einer Verhaltensabstimmung in Form von Beschlüssen, die den Handel zwischen Mitgliedstaaten zu beeinträchtigen geeignet sind und eine spürbar Beschränkung des Binnenmarkts jedenfalls bewirken und – soweit es den Acquiring-Bereich betrifft – auch bezwecken.

I. Vorliegen einer Verhaltensabstimmung

Die (intraregionalen, interregionalen und inländischen) MIF innerhalb der Systeme von Visa wie auch von MasterCard werden im Wege von Verhaltensabstimmungen im Sinne des Kartellverbotstatbestandes festgelegt.

1. Die Festlegung der *intra*regionalen MIF erfolgt in beiden Systemen durch den Beschluss einer Unternehmensvereinigung im Sinne des Art. 101 Abs. 1 AEUV.
   a) Die Festlegung der intraregionalen multilateralen Interbankenentgelte des MasterCard-Systems basiert (auch nach dem Börsengang) auf einem Beschluss einer Unternehmensvereinigung. Entgegen der Auffassung von MasterCard steht der Börsengang von MasterCard Incorporated einer Anwendbarkeit des Kartellverbotstatbestandes nicht entgegen. Art. 101 Abs. 1 AEUV erfasst sämtliche Arten der Zusammenarbeit zwischen Unternehmen; die formale Ausgestaltung der Kooperation ist unerheblich. Insbesondere werden auch institutionalisierte Formen der Zusammenarbeit erfasst, wie beispielsweise eine Kooperation unter Zuhilfenahme einer (ausgelagerten) Institution, einer gemeinsamen Struktur bzw. eines kollektiven Organs.
      Eine hinreichend „institutionalisierte Form der Verhaltensabstimmung" zwischen den Mitgliedern ist gegeben. Seit dem Börsengang obliegt die Festsetzung der intraregionalen Interbankenentgelte MasterCard Incorporated; die Festlegung der intraregionalen MIF erfolgt seither durch das Global Board. Die Beschlüsse des Global Boards sind für die Mitglieder verbindlich. Die Interessen der Kartenorganisationen, die Interessen von deren Anteilseignern, die Interessen der systemzugehörigen Emittenten und Acquirer sind – soweit es die Festlegung der MIF anbelangt – gleichgerichtet. Die Änderung der Unternehmensstruktur erfolgte mit dem Einverständnis der Mitglieder. Den Banken war hierbei bewusst, dass eine Festlegung der MIF weiterhin in Einklang mit ihren Interessen erfolgen würde.
   b) Die intraregionalen MIF bei Visa werden seitens des Verwaltungsrats von Visa Europe festgelegt. Die Satzungen wie auch die Betriebsregeln betreffend das Visa-Zahlungskartensystem stellen Beschlüsse einer Unternehmensvereinigung dar. Visa und deren Mitgliedern sind Unternehmen im Sinne des Art. 101 Abs. 1 AEUV. Die Systemmitglieder von Visa Europe haben Mitspracherechte bei der Besetzung des entscheidungsbefugten Gremiums und nehmen – zumindest mittelbar – Einfluss auf die Festsetzung der MIF. Die multilaterale Festlegung der intraregionalen MIF durch Visa Europe ist für die Systemmitglieder verbindlich. Die entsprechenden Beschlüsse dienen der Koordinierung des Verhaltens der Mitglieder, wobei auch hier eine Interessengleichrichtung zwischen den Systemmitglieder und der Kreditkartenorganisation besteht.
2. Bezüglich der interregionalen MIF ist ebenfalls eine Verhaltensabstimmung im Sinne des Art. 101 Abs. 1 AEUV gegeben. Es ergeben sich – im Vergleich zur Festlegung der intraregionalen MIF – keine nennenswerten Unterschiede, die eine andere Einstufung rechtfertigen würden.
3. Die Festlegung der inländischen MIF erfüllt ebenfalls die Tatbestandsmerkmale einer Absprache im Sinne des Kartellverbotstatbestandes. Dies gilt sowohl in Bezug auf die inländischen MIF des Visa- als auch des MasterCard-Kreditkartensystems. Die Festsetzung der Höhe der nationalen MIF erfolgt in der Regel

durch die nationalen System-Gremien. Vielfach sind die Mitgliedsbanken in diesen Gremien vertreten oder entsenden Vertreter in die Gremien. Ob die Systemmitglieder unmittelbar miteinander in Kontakt treten oder die Willensübereinstimmung durch einen Beschluss des Gremiums der Kreditkartenorganisation erzielt wird, ist letztlich – mit Blick auf den Sinn und Zweck des Art. 101 Abs. 1 AEUV ohne Belang. Das Kartellverbot gilt ohnehin sowohl für Vereinbarungen zwischen Unternehmen als auch für Beschlüsse einer Unternehmensvereinigung.
4. Von einer wie auch immer gearteten systemübergreifenden Verhaltensabstimmung von Visa und MasterCard kann in Ermangelung entsprechender Nachweise nicht ausgegangen werden.

II. Vorliegen einer Wettbewerbsbeschränkung

Die MIF bewirken und bezwecken Wettbewerbsbeschränkungen im Acquiring-Bereich; überdies bewirken sie Beschränkungen des Wettbewerbs im Issuing-Bereich. Es existiert im Übrigen auch kein (hinreichender) Wettbewerbsdruck auf die (Höhe der) MIF.

1. Der Acquiring-Bereich

Die Existenz einer MIF, die diversen unterschiedlichen MIF-Arten (intraregionale und inländische MIF), die Möglichkeit der bilateralen Verhandlung der IC Fee, die strukturellen Verflechtungen zwischen Issuern und Acquirer, aber auch die Festlegung standardmäßig anwendbarer Interbankenentgelte, bewirken – insbesondere auch aufgrund ihrer wechselseitigen Auswirkungen – Wettbewerbsbeschränkungen im Acquiring-Bereich. Das gesamte Hierarchiegefüge der unterschiedlichen Arten von Interbankenentgelten trägt dazu bei, die beschränkenden Auswirkungen der MIF aufrechtzuerhalten und zu verstärken. MIF bewirken und bezwecken Wettbewerbsbeschränkungen auf den Acquiring-Märkten.

Im Wege der MIF wird ein künstliches Mindestniveau der MSC geschaffen. Dies lässt sich unter anderem anhand der im Rahmen der Sektorenuntersuchung seitens der Kommission durchgeführten quantitativen Untersuchungen zum Verhältnis zwischen MIF und MSC nachvollziehen. Selbst größeren Händlern war es nicht möglich, MSC-Raten unterhalb der MIF zu vereinbaren.

Die Ausgestaltung der MIF als Fallback Fee führt dazu, dass sich jedes akquirierende Unternehmen einer gleichgelagerten Kostenbelastung durch die MIF ausgesetzt sieht, sofern sie nicht in der Lage sind, günstigere bilaterale Interbankenentgelte mit den Issuern zu vereinbaren. Diese Kosten werden nicht nur seitens eines einzigen Acquirers als Bestandteil der Händlergebühren an die Vertragsunternehmen weitergeleitet. Vielmehr agieren sämtliche Acquirer in dieser Hinsicht gleichgerichtet, mithin entsteht ein Kumulationseffekt aufgrund des entsprechend konformen Verhaltens der Acquirer. Die multilaterale Festsetzung der IC Fee wirkt harmonisierend in Bezug auf ein bedeutsames Preiselement der Händlergebühren und bildet eine Untergrenze der Händlergebühren. Hierdurch wird den Händler gleichsam die Möglichkeit genommen, Druck auf die akquirierenden Unternehmen auszuüben, zumal die MSC in Höhe der MIF von vornherein bei sämtlichen Acquirern der Möglichkeit einer individuellen Verhandlung entzogen wird. Es existieren hierbei schlechterdings keinerlei Ausweichmöglichkeiten der Vertragsunternehmen, zumal kein Acquirer auf längere Sicht MSC-Raten unterhalb des Niveaus der MIF anbieten kann und den Vertragsunternehmen letztlich nichts anderes üblich bleibt, als dies hinzunehmen.

Aufgrund der Ausgestaltung der MIF als Fallback Fee wird den Issuern und den Acquirern gleichsam die „Notwendigkeit" genommen, bilateral abweichende Gebühren zu vereinbaren respektive sich überhaupt um eine Verhandlung abweichender Interbankenentgelte zu bemühen. Dies verhindert zugleich die Errichtung einer, auf einem autonomen Verhalten der akquirierenden und emittierenden Unternehmen basierenden Preisgestaltung.

Die intraregionalen MIF nehmen im EWR einen besonderen Stellenwert im Gefüge der unterschiedlichen Arten von Interbankenentgelten ein. Sie wirken als Richtwert sowohl im Falle der Aushandlung bilateraler Interbankenentgelte als auch bei der Festlegung inländischer MIF. Die intraregionalen MIF-Sätze stellen üblicherweise den Basissockel der seitens der akquirierenden Banken zu entrichteten Interbankenentgelte dar; unter Hinzurechnung eines bestimmten Festbetrages oder eines Prozentsatz ergibt sich die Höhe der MSC.

Die hierarchische Ausgestaltung der unterschiedlichen Arten der IC Fee begünstigen die wettbewerbsbeschränkende Auswirkungen der MIF und beeinträchtigen grenzüberschreitende Acquiring-Tätigkeiten. Die DMIF werden üblicherweise der Höhe nach auf einem Niveau oberhalb demjenigen der intraregionalen MIF angesiedelt, wobei die DMIF sowohl im Falle des grenzüberschreitenden als auch des rein inländischen Acquiring Anwendung finden. Prima facie mag man meinen, dass den grenzüberschreitenden Acquirer in diesem Falle keine Nachteile gegenüber den im Zielland ansässigen Acquirern erwachsen. Letztlich ist dies jedoch aufgrund der spezifischen Marktverhältnisse in der Kreditkartenbranche und aufgrund des Vorrangs von bilateral ausgehandelten Interbankenentgelten nicht der Fall. Inländische Emittenten und Acquirer vereinbaren Interbankenentgeltsätze, die unterhalb des Niveaus der MIF-Sätze angesiedelt werden. Eine solche Privilegierung kann auch anhand der Vereinbarung unterschiedlicher Interbankenentgeltsätze für den Fall des Überschreitens eines bestimmten Schwellenwertes erfolgen. Der Schwellenwert wird hierbei auf einem Niveau angesiedelt, der üblicherweise nur seitens eines verstärkt im Zielland agierenden Acquirers erreicht werden kann und dessen Überschreiten für einen in mehreren Ländern agierenden Acquirer ohne Tätigkeitsschwerpunkt im Zielland – rein tatsächlich – nicht erreicht werden kann.

In kumulativer Betrachtung mit den multilateralen Interbankenentgelten offenbaren sich die wettbewerbsbeschränkende Wirkung eines derartigen Geschäftsgebaren. Es entsteht letztendlich eine Privilegierung der Inlandsacquirer. So unterliegen bei einem solchen Vorgehen die anderen, und zwar insbesondere die ausländischen Acquirer der Verpflichtung zur Entrichtung höherer multilateraler

Interbankenentgelte. Auf diese Weise wird ein Wettbewerbsnachteil der ausländischen Acquirer erzeugt, zumal diese ihrerseits entweder den Vertragsunternehmen nur höhere MSC anbieten können oder aber Einbußen ihrer Gewinnmargen hinnehmen müssen. Dieses Gebaren – in Gesamtschau mit der Ausgestaltung der MIF als Fallback Fee besehen – beschränkt den potentiellen Wettbewerb im Acquiring-Bereich.

Ferner ist davon auszugehen, dass die MIF die Wettbewerbsbeschränkungen nicht bloß bewirken, sondern auch bezwecken. Es handelt sich – bezogen auf die Händlergebühren – um eine Absprache von Mindestpreisen. Diese (Mindest-) Preisvereinbarung ist als Kernbeschränkung zu klassifizieren. Die MIF stellen ein Instrument zur Korrektur von Preisen dar, im Wege dessen die Preise – zumindest teilweise – einer Steuerung durch unabhängige Wettbewerbsprozesse entzogen werden.

2. Der Issuing-Bereich

Die MIF beschränken den Wettbewerb zwischen den Kreditkarten-Emittenten. Dies betrifft insbesondere den Endpreis gegenüber den Karteninhabern in Gestalt der Jahresgebühren. Die Höhe der MIF sowie die Bedeutsamkeit der hieraus fließenden Einnahmen beeinflusst den Spielraum der Issuer bei der Preisfestsetzung gegenüber den Karteninhabern.

Bei den MIF handelt es sich um eine Einnahmequelle, die nicht in Abhängigkeit zur jeweiligen Kostenstruktur der Emittenten steht. Die Ausgestaltung des Funktionsweise der MIF als Fallback Fee hat zur Folge, dass die Issuer in jedem Fall ein irgendwie geartetes Interbankenentgelt erzielen, sofern eine von ihnen emittierte Kreditkarte am PoS zum Einsatz gelangt.

Die Transaktionsvolumenabhängigkeit der MIF führt zwar zu einer gewissen Variabilität der Größenordnung der hierdurch generierten Einkünfte der Issuer durch die IC Fees. Zwar ist die absolute Einnahmesumme der Issuer aus den IC Fees wegen deren Transaktionsvolumenbezogenheit keineswegs gleich, jedoch ist ihr quotaler Anteil am Wert der Transaktionen beständig. Die MIF gewärtigen eine beträchtliche Fixierung der Höhe der finanziellen Kosten- und Einnahmestrukturen innerhalb des jeweiligen Kreditkartensystems. Im Bereich der Emission entsteht ein künstlicher – nämlich im Wege einer multilateralen Festlegung generierter – Einnahmeposten der Issuer.

Die MIF beeinflussen die Ertragsstruktur der Issuer, indem sie sich auf das Verhältnis der Einnahmen der Issuer aus den Interbankenentgelten zu den Kartengebühren der Karteninhaber auswirken. Die MIF decken insofern einen beträchtlichen Kostenbestandteil ab bzw. generieren darüber hinausgehende Einnahmen. Die MIF und deren Ausgestaltung als Fallback Fee gestattet es den Issuern, die Kartengebühren der Höhe nach auf einem anderen Niveau anzusiedeln, als es ihnen ohne die zusätzlichen Einnahmen aus den MIF möglich wäre. Es handelt sich hierbei um eine „sichere" Art von Einnahmen. Dies ermöglicht prospektive Kostenkalkulationen der Issuer in Bezug auf die Kartengebühren. Es besteht eine negative Korrelation zwischen der Höhe der Kartengebühren und der Höhe der Interbankenentgelte. Eine Untersuchung im Zuge der Sektorenuntersuchung hat gezeigt, dass eine Erhöhung der Interbankenentgelte um einen Euro in der Regel in Gestalt einer Reduzierung der Karteninhabergebühren in Höhe von 25 Cent pro Karte an die Karteninhaber weitergegeben wird.

Die MIF unterliegen nicht dem Wettbewerbsdruck der eigenen Marktgegenseite der Issuer. Ohne eine MIF wäre der Preiswettbewerb zwischen den Emittenten deutlich stärker ausgeprägt. Die Preise und das Funktionsspektrum der Kreditkarten vergleichbarer Karten von Visa und MasterCard entsprechen sich weitestgehend. Dieser Gleichlauf der Preise und Produkteigenschaften ist nicht das Ergebnis eines intensiven Wettbewerbs. Die (kollektiv festgesetzten) MIF entziehen einen beträchtlichen Anteil der Einnahmen der Emittenten dem Wettbewerb und verzerren insofern den Wettbewerb im Issuing-Bereich.

In dem Maße, in dem die Emittenten Einnahmen aus den (einheitlich festgesetzten) MIF erzielen und darauf hinwirken, Anreize zur Nutzung von Kreditkarten zu schaffen, wird letztlich der Wettbewerb im Issuing-Bereich verzerrt, zumal auf diese Weise letztlich auch wieder die Einnahmen aus den MIF erhöht werden. Incentives erhöhen die Transaktionsvolumina. Höhere Umsätze bedeuten – für die Issuer – höhere Einnahmen aus den MIF. Höhere MIF beeinflussen die Preisfestsetzung der Issuer in Bezug auf die Karteninhabergebühren und schaffen wiederum einen Anreiz für die Issuer, die Karteninhaber durch Schaffung und Erweiterung von Anreizen zum Einsatz der Karten zu animieren. Die Kosten zur Finanzierung dieser Anreizsysteme müssen hierbei nicht der eigenen Marktgegenseite auferlegt werden.

In Bezug auf den Issuing-Bereich ist allerdings nicht davon auszugehen, dass die MIF eine Wettbewerbsbeschränkung bezwecken. Der Schwerpunkt der Wettbewerbsbeschränkungen durch die MIF ist zuvörderst im Acquiring-Bereich angesiedelt. Die MIF ermöglichen einen Entgelttransfer aus dem Acquiring-Bereich in den Issuing-Bereich. In gewissem Maße handelt es sich bei den Beschränkungen im Issuing-Bereich „lediglich" um reflexartige Auswirkungen, die auf der zweiseitigen Marktstruktur fußen.

3. Kein hinreichender Gegendruck

Innerhalb des nachgelagerten Bereichs der Zahlungskartensysteme von Visa wie auch von MasterCard wird kein (hinreichender) Druck (auf die Festlegung der) MIF ausgeübt.

Aus Sicht der Issuer handelt es sich bei den Interbankenentgelten um eine Einnahmequelle. Aufgrund der Ausgestaltung der MIF als Fallback Fee generieren die Emittenten sichere Einnahmen aus den MIF. Von ihrer eigenen Marktgegenseite, den Karteninhabern, haben sie hinsichtlich der Höhe der MIF keinen Druck zu fürchten. Es besteht daher keine Veranlassung für die Issuer, auf eine Absenkung der Höhe der MIF hinzuwirken. Die teils seitens der Kreditkartenorganisationen vorgebrachte Argumentation, die Kreditkartenorganisation und auch die

Emittenten seien Angehörige des gleichen Gesamtsystems und würden gemeinsam zum Wohle sämtlicher Systemteilnehmer agieren, vermag insofern nicht zu überzeugen. Im Rahmen dieser Argumentation wird vernachlässigt, dass die Emittenten durchaus eigene Interessen verfolgen und zu den anderen Emittenten desselben Systems im Intra-Brand-Wettbewerb stehen.

Für die Acquirer besteht keine hinreichende oder gar zwingende Veranlassung, auf niedrige MIF-Sätze hinzuwirken. MIF stellen für die Acquirer zwar einen Kostenbestandteil dar. Die MIF werden jedoch häufig im Wege der Händlergebühren an die Vertragsunternehmen weitergegeben. Zudem ist es den Acquirern möglich, die MIF bei ihrer Marktgegenseite, den Vertragsunternehmen, als fixen Bestandteil ihrer Kosten auszuweisen. Auf diesem Wege wird die Möglichkeit einer Aushandlung einer MSC, die unter dem MIF-Satz liegt, vereitelt. Aufgrund der Weiterleitung handelt es sich für den einzelnen Acquirer um einen (beinahe) „neutralen" Posten. Überdies gelten die MIF gleichermaßen für sämtliche, am System beteiligten Acquirer. Ein Acquirer wird insofern nicht gegenüber Wettbewerbern benachteiligt oder begünstigt. Die Höhe der MIF und damit der hieraus resultierende Kostenbestandteil auf der Seite der Acquirer wird zu einem nicht verhandelbaren Bestandteil der MSC. Rein tatsächlich war bislang auch nicht zu erkennen, dass innerhalb der Zahlungsorganisationen seitens der akquirierenden Unternehmen Widerstand geleistet wurden, und zwar auch dann nicht, wenn Erhöhungen der MIF-Sätze in Rede standen.

Seitens der Vertragsunternehmen ist keine wirksame Einflussnahme auf die Höhe der MIF zu erwarten. Den seitens der Kommission vorgenommenen Untersuchungen lässt sich entnehmen, dass es selbst größeren Vertragsunternehmen nicht möglich war, ein Disagio unterhalb der Höhe der Interbankenentgelte auszuhandeln. Die Vertragsunternehmen sehen die Höhe des MSC, die durch die MIF ausgefüllt wird, nicht als einen Preisbestandteil an, der verhandelbar gewesen wäre. Die MIF wurden und werden als ein Preisbestandteil der MSC eingestuft, der a priori nicht dem Wettbewerb unterliegt. Überdies steht zu erwarten, dass die Vertragsunternehmen ihrerseits – ähnlich wie die Acquirer – die ihnen via der Interbankenentgelte entstehenden Kosten letzten Endes an ihre Kunden auf den jeweiligen Absatzmärkten weiterreichen und „abwälzen". Händler werden eher geneigt sein, die Preise ihrer auf den Absatzmärkten vertriebenen Produkte leicht anzuheben als vollkommen auf die Akzeptanz der Karten des jeweiligen Systems abzusehen. Im Übrigen wird die Zahlungskartenakzeptanz von den Vertragsunternehmen als eine umsatzsteigernde Dienstleistungsgewährung gegenüber ihren Kunden erachtet. So können Vertragsunternehmen schwerlich eine ihren Kunden eingeräumte Einsatzmöglichkeit wieder entziehen. Seitens der Kunden der Händler wird eine Ablehnung der Kartenakzeptanz auf dem jeweiligen Absatzmarkt als eine Einbuße an Service verstanden, was dazu führen kann, dass diese Kunden zu (kartenakzeptierenden) Konkurrenzunternehmen abwandern.

Die (Möglichkeit der) Erhebung von Preisaufschlägen ermöglicht den Vertragsunternehmen nicht die Ausübung eines hinreichenden Gegendrucks. Die Nichterhebung von Preisaufschlägen hat sich in der Praxis als Usus etabliert. Dass rein tatsächlich allenfalls etwa 10 % der Vertragsunternehmen solche Aufschläge einfordern, vermag keine hinreichend abschreckende Wirkung auszuüben. Ein einzelnes Vertragsunternehmen kann durch die Erhebung von Aufschlägen für Kartenzahlungen allenfalls einen minimalen Einfluss in Bezug auf die Höhe der multilateralen Standard-Interbankenentgelte ausüben.

Auch seitens der Karteninhaber ist kein (wirksamer) Gegendruck zu erwarten. Die Karteninhaber tragen nicht – unmittelbar – die mit den MIF einhergehenden Kosten. Die überwiegende Anzahl der Karteninhaber hat auch keine Kenntnis von der Existenz, geschweige denn den Wirkungszusammenhängen der (multilateralen) Interbankenentgelte im Gesamtsystem. Der Motivationsdruck, gegen die (Höhe der) MIF vorzugehen, ist daher für die Karteninhaber gering. Im Übrigen gilt zu bedenken, dass selbst wenn seitens der Karteninhaber ein Gegendruck auf die Vertragsunternehmen ausgeübt werden könnte, dies nicht gleichsam einen Gegendruck bezüglich der Festlegung der MIF schafft. Zumal die Vertragsunternehmen keinen effektiven Gegendruck gegenüber den Acquirern aufbauen können, würde der Gegendruck der Karteninhaber bei den Vertragsunternehmen enden, ohne dass hiermit Auswirkungen auf die Höhe der MIF einhergehen würden.

Der Wettbewerb im vorgelagerten Bereich entfaltet keinen hinreichenden Druck auf die Kartenorganisationen zur Senkung der Interbankenentgeltsätze. Vielmehr bringt eine Zunahme an Systemwettbewerb einen Anstieg der Preise mit sich. Seitens der Kreditkartenorganisationen wird es als vorteilhaft erachtet, die MIF-Raten zu erhöhen, um insbesondere den Emittenten einen Anreiz zum Systembeitritt zu setzen. Zugleich zeigt sich, dass eine Absenkung der MIF nicht mit den Zielen der Kreditkartenorganisationen, der Emittenten sowie der Acquirer in Einklang steht. Eine Zunahme der MIF-Sätze führt zu einer größeren Anzahl an Issuern, die dem System beitreten. Dies wiederum zeitigt eine bessere Verbreitung des Systems und der Einsatzmöglichkeiten der Karten. Einem sich andeutenden Marktanteilsanstieg konkurrierender Kartenorganisationen wird üblicherweise durch zumindest gleichwertige Anhebungen der MIF-Sätze begegnet. Dies dient dem Zweck die eigene Wettbewerbsfähigkeit auf dem Markt der Vergabe der Issuing-und Acquiring-Lizenzen zu erhalten und Abwanderungen der Issuer vorzubeugen.

III. Keine teleologische Reduktion des Tatbestandes

Eine teleologische Reduktion des Tatbestands des Art. 101 Abs. 1 AEUV kommt nicht in Betracht. Die MIF stellt keine notwendige Nebenabrede für den Betrieb eines offenen Zahlungskartensystems dar und unterfällt daher dem Anwendungsbereich des Art. 101 Abs. 1 AEUV. Der Betrieb eines offenen Kreditkartensystems setzt nicht die Existenz von MIF voraus.

Die seitens der Kommission angeführten Referenzsysteme sind nicht mit den Systemen von Visa und MasterCard identisch. Bei sämtlichen aufgeführten Referenzsystemen handelt es sich um nationale Debitkartensysteme. Der Rückschluss der Kommission, dass eine MIF für den Betrieb eines Debitkartensystems nicht notwendig ist, mag zwar konsequent sein; soweit es ein Kreditkartensystem anbelangt, ist er dies nicht, jedenfalls nicht vollumfänglich.

Allein anhand der seitens der Kommission angeführten Referenzsysteme kann nicht zwingend auf eine fehlende Notwendigkeit einer MIF für den Betrieb eines offenen Kreditkartensystems geschlossen werden. Der Existenz der Referenzsysteme und deren Betrieb ohne MIF ist hinsichtlich der Frage, ob der Betrieb eines offenen Kreditkartensystems ohne MIF möglich ist, jedoch Indizwirkung beizumessen. Der erfolgreiche Betrieb der Referenzsysteme legt prima facie nahe, dass ein Transfer von Einnahmen aus dem Acquiring-Geschäft in den Issuing-Bereich für den Betrieb eines offenen Systems nicht erforderlich ist.

Ferner erfordert auch nicht die Existenz der HACR, dass ein offenes Kreditkartensystem mit einer MIF betrieben wird. Es ist bereits nicht davon auszugehen, dass die Issuer – wie teils postuliert wird – ohne eine MIF frei wären, einseitig ein (Interbanken-)Entgelt festzulegen und von den Acquirern zu fordern. Es besteht keine Anspruchsgrundlage, die die Issuer zu einer unilateralen Festsetzung und Erhebung solcher Entgelte berechtigen würde. Selbst wenn dies anders wäre, so wären die Kreditkartenorganisationen jedenfalls verpflichtet, eine Netzregel einzuführen, im Wege derer den Issuern eine nachträgliche Preisfestsetzung verboten werden würde (sog. Verbot des „ex post pricings"). Die Nachteile der Acquirer (wie auch der Vertragsunternehmen), die mit einer nachträglichen Preisfestsetzung einhergehen und – nach Aussage der Kreditkartenorganisationen – zu einem Niedergang des Systems führen würden, ließen sich durch die Einführung des Verbots eines „ex post pricings" vermeiden.

Das Todesspiralenargument vermag nicht zu überzeugen. Eine MIF ist auch nicht etwa deswegen für den Betrieb eines offenen Kreditkartensystems notwendig, weil das System ohne MIF eine „Negativspirale" in Gang gesetzt werden würde, die zum Niedergang des Systems führen würde. Die Thesen, auf denen dieses Argument beruht, sind nicht zutreffend. Im Falle einer Reduzierung oder einer Abschaffung der multilateralen Interbankenentgelte würden Issuer aus der Emissionstätigkeit weiterhin hinreichenden Einnahmen erzielen, die Nachfrage im Emissionsbereich würde nicht auf ein unzureichendes Niveau absinken und es ist auch nicht davon auszugehen, dass die Issuer das System ohne eine MIF verlassen würden.

Eine isolierte Abschaffung der MIF ist auch in tatsächlicher Hinsicht möglich. Insbesondere bedarf es insofern auch keiner Anpassung weiterer Systemregelungen, zumal die Bestimmungen zu den MIF nicht untrennbar mit anderen Systemregeln verknüpft sind. Auch in Australien waren nach der Regulierung der Interbankenentgelte keine Änderungen sonstiger Regelungen erfolgt.

IV. Spürbarkeit der Wettbewerbsbeschränkung

Sowohl hinsichtlich der intraregionalen MIF, der interregionalen MIF als auch der inländischen MIF ist von einer Spürbarkeit der Wettbewerbsbeschränkung auszugehen – ohne dass es insofern einer näheren Unterscheidung zwischen den einzelnen Arten der MIF bedarf.

Für das Vorliegen der Spürbarkeit spricht zunächst der hohe Marktanteil der Akteure der offenen Systeme. Im Übrigen sind die wirtschaftlichen Auswirkungen der multilateralen Interbankenentgelte beträchtlich. Die MIF stellen keinen verhältnismäßig geringen, sondern vielmehr einen äußerst beträchtlichen Anteil der Händlergebühr dar; gleichsam bilden die MIF einen bedeutsamen Bestandteil der Ertragsstruktur der Issuer. Der Qualität der Wettbewerbsbeschränkung nach handelt es sich um eine Kernbeschränkung in Form einer Preisabsprache, die – jedenfalls soweit es den Acquiring-Bereich betrifft – als bezweckte Wettbewerbsbeschränkung zu klassifizieren ist.

V. Zwischenstaatlichkeitsklausel

Die intraregionalen MIF, die interregionalen MIF und die inländischen MIF sind geeignet, Auswirkungen auf den Handel zwischen Mitgliedstaaten zu haben. Dies gilt hinsichtlich der intraregionalen MIF und der interregionalen MIF bereits in Anbetracht ihres jährlichen Umfangs. Die inländischen MIF finden zwar nur auf Inlandstransaktionen Anwendung. Ihre Eignung den Wirtschaftsverkehr zwischen den Mitgliedstaaten zu beeinträchtigen, ergibt sich aus dem Zusammenspiel der unterschiedlichen Arten der MIF. Die DMIF sind in das Geflecht der unterschiedlichen MIF-Arten eingebunden. Die Festlegung eines Niveaus der DMIF, das von der Höhe der intraregionalen und/oder interregionalen MIF abweicht, stellt insbesondere eine Möglichkeit dar, grenzüberschreitende Tätigkeiten im Acquiring- wie auch im Issuing-Bereich zu unterbinden bzw. zu reduzieren. Ferner bestehen wechselseitige Auswirkungen zwischen der Höhe der intraregionalen MIF, der interregionalen MIF und der inländischen MIF; auch diese führen dazu, dass sich die DMIF letztlich auf mehrere Mitgliedstaaten auswirken.

D. Die Freistellungsvoraussetzungen des Art. 101 Abs. 3 AEUV

Eine Freistellung nach Art. 101 Abs. 3 AEUV kommt für multilaterale Interbankenentgelte nicht in Betracht. Lediglich die vierte, nicht hingegen die ersten drei Freistellungsvoraussetzungen des Art. 101 Abs. 3 AEUV sind erfüllt.

I. Effizienzgewinne

Die erste Voraussetzung des Art. 101 Abs. 3 AEUV ist nicht gegeben. Die MIF tragen nicht zur Verbesserung der Warenerzeugung oder -verteilung oder zur Förderung des technischen oder wirtschaftlichen Fortschritts bei. Es ist vielmehr davon auszugehen, dass multilaterale Interbankenentgelte ein Vehikel darstellen, um (insbesondere auf Seiten der Issuer) Gewinne zu generieren.

Anhand der tatsächlichen Entwicklungen kann insbesondere nicht ersehen werden, dass eines der führend vertretenen ökonomischen Modelle zur Erklärung der Funktionsweise zutreffen. Zumeist wird unter Verweis auf die Netzstrukturen des Systems, den Charakter eines zweiseitigen Marktes und/oder die damit einhergehenden Besonderheiten postuliert, dass MIF die Effizienz des Zahlungskartensystems begünstigen und/oder zum technischen und wirtschaftlichen Fortschritt des Kreditkarten-Systems beitragen (können). Die diversen Argumente, die in diesem Kontext vorgetragen und bemüht werden, lassen sich im Großen und Ganzen drei Theorien bzw. Erklärungsmodellen zuordnen, und zwar der Joint Production-Sichtweise (Gemeinschaftsunternehmensgedanke), der dienstleistungsorientierten Sichtweise („Fee for Service"-Ansatz) und/oder der netzwerkorientierten Sichtweise (MIF als Ausgleichsmechanismus). Diese drei Theorien dienen der Beschreibung des Zwecks wie auch der Funktionen von (multilateralen) Interbankenentgelten.

1. Theorie 1: Die Joint Production-Sichtweise

Die Joint Production-Sichtweise, die auch als Gemeinschaftsunternehmensgedanke bezeichnet wird, vermag im vorliegenden Kontext nicht zu überzeugen.

Dieser Auffassung zufolge handelt sich bei einer MIF um ein Instrument zum Kostentransfer unter kooperierenden Unternehmen, um die Bereitstellung einer gemeinschaftlichen Dienstleistung innerhalb eines durch Externalitäten sowie gemeinsame Nachfragestrukturen charakterisierten Netzwerkes zu ermöglichen. Das offene Zahlungskartensystem wird als eine „Vereinbarung nach Art von Vereinbarungen zwischen Gemeinschaftsunternehmen" erachtet.

Es ist allerdings weder ein gemeinschaftliches Produkt gegeben noch liegen gemeinsame Kosten vor. Eine Kreditkarte stellt kein gemeinschaftliches Produkt von Issuern, Acquirern und Kreditkartenorganisation dar. Auch handelt es sich bei näherer Betrachtung keineswegs um gemeinsame Kosten. Es handelt sich nicht um Kosten, die gemeinsam bei den Emittenten und den Acquirern entstehen und ihnen zugleich als Kollektiv zuteilwerden, sondern vielmehr und von vornherein um individuelle Kosten, und zwar entweder um jene der Issuer oder der Acquirer. Demnach können die anfallenden Kosten auch nicht als gemeinsame Kosten eingestuft werden. Die Vertreter dieser Theorie verkennen insofern, dass es sich bei den Mitgliedern eines Systems um autonome und strategisch agierende Unternehmen handelt. Die Ziele dieser Unternehmen sind keineswegs zwangsläufig mit jenen der anderen Systemteilnehmer oder der Kreditkartenorganisation kongruent.

Im Wege einer MIF wird die Höhe der Interbankenentgelte für alle Marktteilnehmer auf einem einheitlichen (Grund-)Level angesiedelt, und zwar auch, wenn die Issuer und/oder Acquirer unterschiedliche Beiträge zum Erfolg des Gesamtsystems leisten. Das Niveau der MIF ist – ungeachtet des Beitrags des einzelnen Issuers bzw. Acquirers zum Erfolg des Gesamtsystems – beständig. Dies lässt sich schwerlich mit der Behauptung in Einklang bringen, dass es sich um ein gemeinsames Produkt eines einheitlichen Unternehmens handelt. Wenn dem so wäre, dann wäre nämlich im Übrigen auch zu erwarten, dass Betätigungen von jenen Issuern, deren Tätigkeiten stärker auf das Wohl eines Gesamtunternehmens ausgerichtet sind, im Wege höherer MIF-Sätze honoriert werden. Dies gilt vice versa hinsichtlich der Acquirer.

2. Theorie 2: Die MIF als (transaktionsvolumenabhängige) Entgelte

Auf der Basis der dienstleistungsorientierten Sichtweise, die auch als „Fee for Service Ansatz" bezeichnet wird, lässt sich das Vorliegen von Effizienzvorteilen im Sinne der ersten Freistellungsvoraussetzung ebenfalls nicht begründen.

Nach dieser Ansicht handelt es sich bei einer (multilateralen) IC Fee um ein Entgelt, also um eine „Gegenleistung" im Verhältnis zwischen emittierenden und akquirierenden Unternehmen. Dieser Sichtweise zufolge dienen Interbankenentgelte als Ausgleich bzw. Kompensation für solche Dienstleistungen, die seitens der Kartenemittenten zugunsten der akquirierenden Unternehmen erbracht werden und die letzten Endes (auch) den Vertragsunternehmen, also der Marktgegenseite der Acquirer zugutekommen.

Der Begriff „Entgelt" respektive „Vergütung" und damit diese Sichtweise als solche wären nur zutreffend, wenn es sich bei einem Interbankenentgelt tatsächlich um eine Gegenleistung handelt. Dies ist jedoch nicht der Fall.

Es erscheint bereits fraglich, worin die Leistung des Issuers zu erblicken wäre, die eigenständig seitens der Acquirer nachgefragt werden könnte. Aufgrund der Existenz der HACR haben die akquirierenden Unternehmen ohnehin nicht die Freiheit, selbst zu entscheiden, ob und welche Transaktionen sie abwickeln (und an die Issuer weiterleiten). Überdies besteht eine Verpflichtung der Vertragsunternehmen zur Annahme aller Karten (bzw. aller einer bestimmten Kategorie angehörenden Karten) des jeweiligen Zahlungskartensystems. Im Interbankenbereich existiert gerade keine gesonderte Leistung, die seitens der Acquirer nachgefragt wird. Vice versa bieten die Issuer den Acquirern auch keine Leistungen an.

Issuer und Acquirer stehen des Weiteren grundsätzlich in keiner vertraglichen Beziehung zueinander. Bilaterale Interbankenentgelte ändern daran nichts; sie dienen lediglich dem Zweck, von der im Wege der MIF festgesetzten Höhe abweichen zu können. Weitere Vertragsinhalte (insbesondere Leistungen der Issuer) werden hier nicht zwischen den Issuern und den Acquirern vereinbart. Issuer streben keine Leistungsgewährung gegenüber Acquirern an. Sie haben insoweit lediglich die Erfüllung der sich aus dem Emissionsvertrag ergebenden, gegenüber den Karteninhabern obliegenden Verpflichtungen im Blick. Dass Tätigkeiten der Issuer in Anbetracht der zweiseitigen Marktstruktur rein tatsächlich auch den Vertragsunternehmen zugutekommen mögen, ist nicht gleichbedeutend mit einer Leistungserbringung der Issuer gegenüber den Acquirern oder den Vertragsunternehmen.

Im Übrigen gilt es zu besehen, dass auch die Acquirer Dienstleistungen erbringen, die – in Anbetracht der zweiseitigen Marktstruktur und den wechselseitigen Interdependenzen – den Issuern zugutekommen. Der „Fee for Service"-Ansatz liefert keine Antwort auf die Frage, wieso wechselseitige Auswirkungen zu einer einseitigen Entgeltverpflichtung einer Seite (der Emittenten) führen.

Dass die dienstleistungsorientierte Sichtweise fehlgeht, zeigt sich letztlich auch anhand der tatsächlichen Verhältnisse. In den vergangenen Jahren war es den Emittenten möglich, die Stückkosten (pro emittierter Karte) zu senken. Indes war nicht zu ersehen, dass eine wie auch immer geartete Verbesserung etwaiger, angeblich seitens der Issuer gegenüber den Acquirern erbrachte Leistungen stattgefunden hätte, obgleich die MIF angestiegen sind. Dass gleichbleibende Leistungen im Laufe der Zeit höher vergütet werden, erscheint kaum plausibel.

3. Theorie 3: Die netzwerkorientierte Sichtweise

Nach der derzeit vorherrschenden netzwerkorientierten Sichtweise handelt es sich bei einer (multilateralen) Interchange Fee um ein Ausgleichsinstrument innerhalb eines Kreditkartensystems. Diese Sichtweise überzeugt ebenfalls nicht.

Den Ausgangspunkt dieser Auffassung bildet das Grundverständnis, dass es sich bei einem offenen Kreditkartensystem um ein Netzwerk mit einer zweiseitigen Marktstruktur handelt, das durch wechselseitige Interdependenzen gekennzeichnet ist. Die strukturellen Besonderheiten eines Kreditkartensystems erforderten zum einen eine hinreichende Karteninhaberstruktur und zum anderen eine ausreichende Anzahl an Akzeptanzstellen, um dem Interesse der jeweils anderen Nachfragegruppe gerecht zu werden.

Im Wege dieser Sichtweise wird implizit unterstellt, dass innerhalb eines Kreditkartensystems ein Ungleichgewicht zwischen dem Issuing- und dem Acquiring-Bereich besteht. So bestehe ein Ungleichgewicht zwischen der Nachfrage der Karteninhaber und der Nachfrage der Händler auf einem Markt mit zweiseitiger Nachfrage und/oder ein Ungleichgewicht zwischen den Issuing- und den Acquiringkosten. Bei der MIF handele es sich um ein Instrument dieses Ungleichgewicht zu beseitigen und den Output des Systems zu maximieren. Dieses Wachstum des Systems gehe seinerseits wiederum mit weiteren Effizienzvorteilen einher. Dem ist nicht zu folgen.

a) Ohne eine MIF ist weder ein Ungleichgewicht zwischen der Nachfrage nach Kartenprodukten des jeweiligen Systems seitens der Karteninhaber und der Vertragsunternehmen gegeben noch trägt die MIF zu einer Optimierung des Systemoutputs bei.

   Der Verweis auf das sog. „Chicken-and-egg"-Problem vermag die Existenz eines Ungleichgewichts bzw. die Existenz von Effizienzvorteilen aufgrund der MIF innerhalb der etablierten Kreditkartensysteme von Visa und MasterCard nicht zu begründen. Das „Chicken-and-egg"-Problem dient als Bezeichnung dafür, dass es in Anbetracht der zweiseitigen Marktstruktur eines Kreditkartensystems und der zu verzeichnenden Netzwerkeffekte sowohl des Aufbaus einer Karteninfrastruktur als auch einer Vertragsunternehmensinfrastruktur bedarf. Sofern keine hinreichenden Einsatzmöglichkeiten der Karten des jeweiligen Systems bestehen, werden Emittenten und Karteninhaber nicht bereit sein, im Emissionsbereich eines Systems zu agieren. Wenn hingegen keine hinreichende Anzahl an Karteninhabern vorhanden ist, welche die Karten des Systems zum Einsatz am Point of Sale einsetzen, besteht für Vertragsunternehmen keinerlei Veranlassung zur Akzeptanz der Karten des jeweiligen Systems. Dies ist zwar im Grundsatz zutreffend, jedoch nicht hinsichtlich der vorliegend in Rede stehenden Systeme von Visa und MasterCard.

In der Implementierungsphase eines (neuen) Kreditkartensystems gilt es die kritische Masse an Karteninhabern und Vertragsunternehmen zu erreichen, um eine hinreichende Attraktivität des Systems zu erzeugen. Diese Situation kann nicht schlechterdings mit jener Situation gleichgesetzt werden, in der sich die bereits etablierten Kreditkartenorganisationen befinden. Die Bedeutung der Netzwerkexternalitäten schwindet mit der Reife des jeweiligen Systems. Die bereits etablierten Kreditkartensystems von MasterCard und Visa haben dieses Stadium bereits unlängst verlassen. Selbst ein Newcomer im vorgelagerten Bereich müsste seine MIF nach Abschluss der Implementierungsphase abschaffen, sofern die MIF nicht (mehr) mit Effizienzvorteilen verbunden sind.

Auch das Todesspiralen-Argument – das bereits im Kontext der Prüfung einer teleologischen Reduktion vorgebracht wurde, jedoch zurückzuweisen war – vermag im vorliegenden Kontext nicht zu überzeugen. Gegen dieses Argument spricht vorliegend insbesondere auch, dass ein (etwaiger) Rückgang der Anzahl an Karteninhabern nicht zwangsläufig mit einem Rückgang an Effizienz gleichzusetzen wäre. So ist keineswegs ausgeschlossen, dass ein Abfall der Anzahl der Karteninhaber aus gesamtwohlfahrtlicher Sicht vorteilhaft ist. Dem allgemeinen wirtschaftlichen Wohlstand entsprechen nicht zwangsläufig die Vorteile der Unternehmen, die an der Absprache partizipieren.

Eine Maximierung des Outputs des Systems bzw. eine Leistungssteigerung des Kreditkartensystems ist keineswegs mit einem verbesserten Wettbewerb zum Vorteil sämtlicher Nutzer gleichbedeutend. Eine Maximierung des System-Outputs, die in erster Linie der Kreditkartenorganisation wie auch den Mitgliedern des Systems zugutekommt, stellt keinen (objektiven) Vorteil dar, der im Rahmen der ersten Freistellungsvoraussetzung zu berücksichtigen wäre. Eine bloße Begünstigung der beteiligten Unternehmen ist nicht hinreichend. Freilich mag eine Erhöhung der Anzahl der systemzugehörigen Karten geeignet sein, die Attraktivität des Systems für Händler zu erhöhen. Im Falle steigender Emissionszahlen und/oder Transaktionsvolumina wächst jedoch auch der Druck auf die Händler. Je größer ein System ist, desto größer sind die Nachteile, denen sich ein Händler ausgesetzt sieht, sofern er auf die Annahme dieser Karten verzichtet.

Dass ein (Intra-System-)Wettbewerb im nachgelagerten Bereich erst durch die Ausgestaltung eines Kreditkartensystems in Form eines offenen Systems entsteht, steht außer Frage. In Drei-Parteien-Systemen gibt es lediglich einen Emittenten, der gleichsam mit dem einzigen vorzufindenden Acquirer identisch ist. Dass diese Wettbewerbsverhältnisse nur innerhalb eines offenen Systems gegeben sind, bedeutet jedoch nicht zugleich, dass dies eine Auswirkung

der MIF ist. Eine MIF entfaltet die bereits an obiger Stelle dargelegten wettbewerbsbeschränkenden Auswirkungen. Es verstärkt nicht den – innerhalb eines offenen Systems auch ohne MIF anzutreffenden – systeminternen Wettbewerb unter den Issuern und den Acquirern, sondern schwächt diesen.
Der Wettbewerb wird auch nicht durch eine Zunahme der Anzahl der Systemteilnehmer verbessert. Zwar kann eine MIF den Markteintritt von Anbietern erleichtern. Eine Zunahme der Anzahl von Emittenten aufgrund der MIF führt aber nicht zwangsläufig zu einer Verbesserung des (Intra-System-)Wettbewerbs. Ein MIF kann auch solchen Anbietern den Zugang zum Emissionsgeschäft ermöglichen, die ohne MIF nicht kostendeckend respektive effizient agieren könnten. Die Abnahme des Konzentrationsgrades durch Markteintritte von solchen nicht konkurrenzfähigen Issuer führt nicht dazu, dass der Wettbewerbsdruck auf die vorhandenen Emittenten ansteigt. Auch Marktzutritte im Acquiring-Bereich erscheinen in Anbetracht der aufgrund der MIF „zu erwartenden höheren Kosten“ weitaus „weniger attraktiv“.

b) Auch die These, dass zwischen den Issuern und den Acquirern ein Kostenungleichgewicht existiert, lässt sich nicht bestätigen.
Der Verweis darauf, dass die Issuer (üblicherweise) die höchsten Kosten innerhalb des Systems tragen, geht fehl. Zum einen werden einige Kostenpositionen lediglich wegen der Existenz der MIF seitens Emittenten getragen. Die wegen der Existenz der MIF übernommenen Kosten im Wege eines MIF auszugleichen, stellt insofern ein Zirkelschluss dar. Zum anderen ist eine reine Kostenanalyse keine substanzielle Grundlage für die Annahme eines entsprechenden Ungleichgewichts zwischen beiden Seiten des Marktes. Insofern bedürfte es vielmehr auch einer Einbeziehung der Einnahmen. Sofern die im Wege des Issuing generierten Vorteile (einschließlich der Einnahmen) – für sich besehen – hinreichende Anreize liefern, die Emittenten zu Investitionen in ihre Tätigkeiten zu veranlassen, kann ein Entgelttransfer aus dem Acquiring-Bereich durchaus auch kontraproduktiv sein. Die Sektorenuntersuchung der Kommission ergab, dass in 20 der 25 betrachteten Länder in Abwesenheit von Interchangegebühren im Wege der Kreditkartenemission positive Gewinne erzielt worden wären. Dies spricht auch gegen die These, dass die Kosten der Issuer im Wege eines Entgelttransfers kompensiert werden müssen.
Die Vertreter der netzwerkorientierten Sichtweise gehen davon aus, dass sich die Interbankenentgelte lediglich auf die Preisstruktur, nicht hingegen auf die Gesamtsumme der Preise, also das Preisniveau, auswirken. Dem ist nicht beizupflichten. Es ist davon auszugehen, dass die MIF die Gewinne der Issuer erhöhen. Insofern beeinflussen die MIF das Niveau der Gesamtpreise und nicht bloß die Kostenstrukturen.
Entsprechend obiger Ausführungen besteht insofern eine Korrelation zwischen den MSC und den MIF als die MIF eine Mindestgrenze der Händlergebühren statuieren. Ein Anstieg der MIF bewirkt letztlich Erhöhung dieser Untergrenze der MSC. Im umgekehrten Falle einer Senkung der MIF konnte bislang nicht ersehen werden, dass in diesem Falle die MSC ebenfalls gesenkt werden. Eine

solche Senkung wäre jedoch nach der netzwerkorientierten Sichtweise erforderlich um die Neutralität hinsichtlich des Preisniveaus zu wahren.
Die Höhe der MIF wirkt sich auch nicht neutral hinsichtlich der Höhe der Kartengebühren aus. Nach der netzwerkorientierten Sichtweise wäre im Falle eines Anstiegs der MIF eine entsprechende Absenkung der Karteninhabergebühren zu erwarten. Die Untersuchungen der Kommission belegen indes, dass lediglich eine geringe negative Korrelation zwischen diesen beiden Entgelten existiert. Bereits die erste Freistellungsvoraussetzung des Art. 101 Abs. 3 AEUV setzt voraus, dass die mit der wettbewerbsbeschränkenden Absprache einhergehenden Vorteile geeignet sind, die mit ihr verbundenen Nachteile zumindest auszugleichen. Dies ist jedoch nicht der Fall. Insbesondere die Erkenntnisse der Kommission aus der Sektorenuntersuchung deuten darauf hin, dass die zusätzlichen Einnahmen, die aus Erhöhungen der MIF folgten, nicht zu einer Absenkung der Kareninhabergebühren eines entsprechenden Ausmaßes führten. Die MIF tarieren also nicht lediglich ein Kostenungleichgewicht aus.

c) Die weiteren – seitens der Vertreter dieser Sichtweise – behaupteten Folgevorteile der Beseitigung des (angeblichen) Ungleichgewichts sind ebenfalls nicht als Effizienzvorteile im Sinne der ersten Freistellungsvoraussetzung berücksichtigungsfähig. So wurde vorgetragen, dass die Optimierung des System-Outputs und/oder die Herstellung eines Ausgleichs der Nachfrage im Issuing-Bereich und der Nachfrage im Acquiring-Bereich und/oder der Ausgleich des Kostenungleichgewichts zwischen diesen beiden Bereichen mit weiteren (Folge-)Effizienzvorteilen verbunden seien. Als derart verknüpfte Effizienzvorteile seien ein Umsatzzuwachs bei den Händlern und eine Verbesserung von deren Cashflow anzusehen. Ferner komme ein Vertragsunternehmen auch in Betrugsfällen in den Genuss der Zahlungsgarantie und die Sicherheit für die Händler würde auch bei Zahlungsausfällen verbessert. Auch die Karteninhaber erhielten einen Zuwachs an Sicherheit sowie die Möglichkeit, die auf den Absatzmärkten erworbenen Produkte erst nach Ablauf der zinsfreien Finanzierungszeit zu zahlen.
Bei genauerer Betrachtung dieser Auflistung wird indes erkennbar, dass es sich nicht um Vorteile handelt, die erst aufgrund der MIF entstehen. Es handelt sich um Vorteile, die bereits mit dem Betrieb eines Kreditkartensystems einhergehen. Diese angeblichen Effizienzvorteile stehen nicht in einem unmittelbaren Zusammenhang mit einer MIF.

4. Vorliegen sonstiger Effizienzgewinne

Sonstige Arten von Effizienzgewinnen, die sich nicht konkret einem der genannten Erklärungsmodelle zuordnen lassen, sind ebenfalls nicht gegeben.

a) Ein bedeutsames Argument jener, die eine Freistellungsfähigkeit der MIF proklamieren, geht dahin, dass mit der multilateralen Aushandlung und Festsetzung der MIF eine wirtschaftliche Effizienz einhergehe, zumal als Alternative hierzu lediglich eine bilaterale Verhandlung von Interchange Fees zwischen Issuern und Acquirern in Betracht komme. Die multilaterale Festsetzung der IC Fees ermögliche rasche und kostengünstige Verhandlungen. Diese Nachteile bilateraler Verhandlungen seien durch eine multilaterale Festsetzung zu vermeiden. Indes vermag auch diese Argumentation letztlich nicht zu überzeugen. Ad absurdum geführt, würde diese Argumentation darauf hinauslaufen, dass Entgelt- und Preisabreden desto eher der ersten Voraussetzung des Art. 101 Absatz 3 AEUV unterfallen, desto weitreichender sie sind.

In Anbetracht des Aspekts, dass die oben erwähnten drei Theorien allesamt nicht das Vorliegen von Effizienzvorteilen begründen, ist jedoch davon auszugehen, dass Interbankenentgelte – und zwar sowohl bilaterale als auch multilaterale – gerade nicht zu einer Effizienzsteigerung in den Systemen von Visa und MasterCard führen. Genau besehen ergibt sich das „Erfordernis" einer bilateralen Verhandlung auch erst aufgrund der Ausgestaltung der MIF als Fallback Fee. Die Vereinbarung bilateraler Interbankenentgelte dient dem Zweck von der MIF abzuweichen. Ohne eine als Fallback Fee ausgestaltete MIF besteht indes kein solches Bedürfnis. Die Aussage, dass ohne MIF bilaterale Verhandlungen erfolgen und diese seien weniger effektiv als eine multilaterale Festlegung „müssten", ist insofern nicht schlüssig. Diese Argumentation wird erst schlüssig, sofern eine MIF existiert.

b) Gegen kartellrechtliche Bedenken in Bezug auf Zahlungskartensysteme wird oftmals das Argument eines gegen Bargeld geführten „Krieges" angeführt. Hierbei handelt es sich jedoch um keinen Effizienzvorteil im Sinne des Art. 101 Abs. 3 AEUV. Es finden sich keinerlei Nachweise, dass gerade die MIF zu einer Ablösung respektive Ersetzung des Bargeldeinsatzes durch Zahlungskarten führt.

II. Angemessene Beteiligung der Verbraucher

Die zweite Freistellungsvoraussetzung ist ebenfalls nicht gegeben. Eine angemessene Beteiligung der Verbraucher an den Effizienzgewinnen ist – selbst wenn man deren Vorliegen unterstellt – nicht gegeben.

1. Die Karteninhaber und die Vertragsunternehmen

Es existieren zwei unterschiedliche, allerdings in Anbetracht der Netzwerkeffekte verbundene Typen von Verbrauchern. Bei den Vertragsunternehmen handelt es sich um die Verbraucher im Hinblick auf Acquiring-Dienstleistungen; die Karteninhaber bilden die Verbrauchergruppe im Issuing-Bereich.

a) Es ist nicht davon auszugehen, dass eine angemessene Beteiligung der Vertragsunternehmen an den (behaupteten) Effizienzvorteilen gegeben ist. Primär werden die Vertragsunternehmen durch die zusätzlichen Kosten aus der MIF benachteiligt. In unmittelbarem Kontext zur Frage, ob eine angemessene

Beteiligung der Vertragsunternehmen (und der Karteninhaber) erfolgt, steht die Frage, ob und inwiefern die durch die MIF generierten zusätzlichen Kosten seitens der Vertragsunternehmen an die Karteninhaber weitergeleitet werden.

Sofern es den Vertragsunternehmen aufgrund der Marktverhältnisse im jeweiligen Absatzbereich möglich ist, die durch die MIF bedingte Zunahme der MSC an ihre Kunden im Absatzbereich weiterzuleiten, tragen letztlich ihre Abnehmer auf den Absatzmärkten die Kosten. Eine entsprechende Weiterleitung (jedenfalls eines Teils der MSC) erscheint wahrscheinlicher als eine Kostentragung durch die Vertragsunternehmen. Hierfür spricht insbesondere, dass die Kartenakzeptanz seitens eines Vertragsunternehmens üblicherweise dann erfolgt, wenn dies dem Usus in der entsprechenden Branche entspricht und die Kunden auf den Absatzmärkten eine entsprechende Erwartung hegen. Wenn mithin sämtliche respektive die überwiegende Anzahl der in diesem Bereich agierenden Unternehmen eine Kreditkarte als Zahlungsmittel akzeptieren, ist davon auszugehen, dass die überwiegende Anzahl der kartenakzeptierenden Unternehmen die Kosten an ihre Abnehmer weiterleitet. In diesem Falle erwächst dem einzelnen Unternehmen im Absatzbereich kein Wettbewerbsnachteil gegenüber anderen Händlern, sofern es diese Kosten ebenfalls an seine Abnehmer weiterreicht. Die mit einer Weiterleitung der Kosten verbundene Reduzierung der effektiven Kostentragung resultiert indes lediglich aus ihrer Verhandlungsposition im Absatzbereich. Es handelt sich also nicht um eine Entlastung, die unmittelbar aus der Existenz der MIF folgt. Dies genügt nicht. Im Rahmen der zweiten Freistellungsvoraussetzung sind ausschließlich jene Vorteile zu berücksichtigen, die in direktem Kausalzusammenhang zu der Vereinbarung stehen.

Wenn ein Vertragsunternehmen hingegen auf einem besonders kompetitiven Absatzmarkt agiert, liegt es nahe, dass die aus den MIF folgenden (Mehr-) Kosten nicht bzw. jedenfalls nicht in vollem Umfang an die Abnehmer im Absatzbereich weitergeleitet werden (können). In diesem Falle tragen die Vertragsunternehmen letztlich selbst diese Kosten. Dass das Vertragsunternehmen im Falle einer Kreditkartentransaktion den mit einer Bargeldzahlung einhergehenden Aufwand erspart, gleicht diese Nachteile nicht aus. Insofern ermangelt es bereits des hinreichenden Zusammenhanges zwischen der MIF und den auf Seiten der Händler entstehenden Ersparnissen. Die allgemeinen Vorteile, die für das Vertragsunternehmen mit einer Kartentransaktion verbunden sind, sind nicht mit jenen Vorteilen identisch, die mit einer MIF einhergehen. Eine Zunahme der Anzahl der Karteninhaber kann den Vertragsunternehmen zwar zum Vorteil gereichen. Indes kann nicht notwendigerweise davon ausgegangen werden, dass hierdurch die ihnen in Anbetracht der erhöhten MSC generierten Kosten kompensiert werden.

b) Die Karteninhaber werden ebenfalls nicht angemessen an den im Wege der MIF generierten Einkünften beteiligt. Die MIF dienen als Gewinngenerator der

Issuer. Der Aspekt, dass die Karteninhabergebühren (tendenziell) aufgrund der MIF sinken, vermag ein Vorliegen der zweiten Freistellungsvoraussetzung – soweit es die Karteninhaber anbelangt – nicht zu begründen. Es besteht nur eine geringe negative Korrelation zwischen der Höhe der MIF und der Höhe der Karteninhabergebühren. Im Falle einer Weiterleitung der MIF durch die Vertragsunternehmen im Absatzbereich tragen die Karteninhaber letztlich einen Anteil der Kosten, die im Wege der MIF verursacht werden. Im Übrigen existieren auch keinerlei systeminterne Vorschriften, die den emittierenden Mitgliedsbanken vorgeben, wie diese ihre Einkünfte und insofern auch jene aus den Interbankenentgelten einzusetzen bzw. zu verwenden haben.

2. Die Abnehmer der Vertragsunternehmen im Absatzbereich

Die Abnehmer der Vertragsunternehmen im Absatzbereich sind sowohl in Bezug auf die, auf den jeweiligen Absatzmärkten angebotenen Leistungen als auch im vorliegenden Kontext als Verbraucher anzusehen.

Die Kunden der Vertragsunternehmen, die nicht mittels Kreditkarte zahlen, tragen ebenfalls die Kostenbelastung durch die MIF. Sie sind zwar nicht an den vertraglichen Beziehungen des Kreditkartensystems beteiligt. Die Vertragsunternehmen differenzieren bei der Weiterleitung der MIF jedoch nicht zwischen Kartenzahlern und den Nutzern sonstiger Zahlungsmittel. Die aufgrund der MIF erhöhten Kosten werden auf die Produktpreise des jeweiligen Absatzbereichs umgelegt.

Diese Auswirkungen im Absatzbereich sind im vorliegenden Kontext keineswegs belanglos. Im Falle einer Verknüpfung zweier Märkte, sind nämlich auch die Effizienzvorteile berücksichtigungsfähig, die durch die wettbewerbsbeschränkende Maßnahme auf diesen Märkten herbeigeführt werden. Darüber hinaus können grundsätzlich auch Vorteile berücksichtigt werden, die auf Märkten eintreten, die nicht von der wettbewerbsbeschränkenden Vereinbarung betroffen sind.

Bei den Kunden der Vertragsunternehmen, die nicht mittels Kreditkarte zahlen, handelt es sich nicht um Unbeteiligte. Sie sind von den Nachteilen der MIF betroffen. Die Absatzbereichsbezogenheit von Kreditkarten schafft ähnliche Verhältnisse, wie sie in einer vertikalen Lieferbeziehung zu beobachten sind. Im Falle einer Lieferkette im Vertikalverhältnis sind nicht bloß die Vorteile der unmittelbaren Abnehmer, sondern auch jene der mittelbaren Abnehmer bei der Prüfung der zweiten Freistellungsvoraussetzung zu berücksichtigen. Zwar handelt es sich bei den Vertragsunternehmen nicht um Zwischenhändler hinsichtlich der Acquiring-Dienstleistungen. Diese Leistungen werden nicht an die Barzahler weitergegeben. Die Barzahler agieren als Nachfrager eines anderen Produktes, nämlich eines Produktes, dass sie auf dem jeweiligen Absatzmarkt von den Vertragsunternehmen erwerben; die Kreditkarte fungiert in diesem Kontext lediglich als Zahlungsmittel. Unter Zugrundelegung des Telos des Art. 101 Abs. 3 AEUV vermag dies aber wertungsmäßig keinen Unterschied zu begründen. Die nicht mit einer Kreditkarte zahlenden Kunden erwerben ein Produkt im Absatzbereich und werden mit der

Preiserhöhung einer „vorgeschalteten" Stufe, und zwar jener im Acquiring-Bereich, belastet.

Diese Kundengruppe, die keine Kreditkarten zur Zahlung nutzt, partizipiert nicht an den (behaupteten) Vorteilen einer MIF. Sie profitieren nicht einmal von den Vorteilen eines Kreditkartensystems und werden demnach von vornherein nicht an etwaigen Effizienzvorteilen beteiligt, sondern tragen lediglich die im Wege der MIF generierten Mehrkosten im Absatzbereich.

III. Unerlässlichkeit der Wettbewerbsbeschränkung

Die dritte Voraussetzung des Art. 101 Abs. 3 AEUV ist nicht erfüllt. Es existieren hinreichende Alternativen zur derzeitigen MIF, die mit weniger wettbewerbsbeschränkenden Auswirkungen verbunden sind.

1. Einführung einer MIF von Null

Die denkbare Möglichkeit der Umstellung der derzeitigen MIF-Regelung auf eine MIF von Null (sog. Zero-MIF) indiziert, dass die MIF in ihrer derzeitigen Ausgestaltung nicht unerlässlich sind. Letztlich kann eine MIF von Null jedoch nicht als geeignete Alternative zur derzeitigen MIF-Regelung angesehen werden, da sie keine Reaktionen auf Veränderungen in der Struktur des Marktes zulässt.

2. Aufrechterhaltung der MIF unter Abschaffung der Ausgestaltung als Fallback Fee

Eine Aufrechterhaltung der MIF unter Abschaffung ihrer Ausgestaltung als Fallback Fee erscheint ebenfalls nicht als hinreichende Alternativen. Ohne eine Ausgestaltung der MIF als Fallback Fee bliebe unklar, in welchen Fällen, welche Interbankenentgelte eingreifen würden. Es besteht ein untrennbarer Zusammenhang zwischen der Existenz einer MIF und deren Ausgestaltung als Fallback Fee.

3. Abschaffung der MIF und Durchführung bilateraler Verhandlungen

Die ausschließliche Durchführung bilateraler Verhandlungen ist in Anbetracht der Anzahl der Mitglieder der Systeme von Visa und von MasterCard in diesen Systemen nicht praktikabel. Bilaterale Verhandlungen gehen mit einem beträchtlichen Aufwand einher; überdies bestünde für die gebührentragende Partei ohne Existenz einer als Fallback Fee zur Anwendung gelangenden MIF auch kein Bedürfnis solche Verhandlungen zu fokussieren.

4. Einseitige Festlegung der Gebühren durch die Issuer

Die Einräumung einer Befugnis zu Gunsten der Issuer zu einer unilateralen Festlegung der Höhe der Interbankenentgelte stellt keine hinreichende Alternative dar. Eine einseitige Festlegung der Gebühren durch die Emittenten des jeweiligen

Systems würde mit einem Anstieg der Gebühren einhergehen; an einer solchen Regelung besteht weder aus wettbewerbsrechtlicher Sicht noch aus der Perspektive der Verbraucher ein Interesse.

5. Veränderung der Gebührenstruktur im vorgelagerten Bereich

Eine Veränderung der Gebührenstruktur im vorgelagerten Bereich stellt keine geeignete Alternative zu einer MIF dar. Insbesondere der insofern erforderliche Datenaustausch zwischen den verschiedenen Beteiligten des jeweiligen Kreditkartensystems würde mit einem beträchtlichen Aufwand einhergehen, der außer Verhältnis zu dem damit verbundenen Nutzen stünde.

6. Einschaltung eines „Interchange-Händlers"

Die Ersetzung der derzeitigen expliziten MIF durch eine implizite Interchange-Gebühr unter Einschaltung eines „Interchange-Händlers" ist als weniger wettbewerbsbeschränkende Alternative einer MIF anzuerkennen. Jeder einzelne Acquirer bzw. Issuer würde in diesem Falle in Verhandlungen mit einem als Intermediär agierenden „Interchange-Händler" (ein)treten und individuell auf der Basis seiner Transaktionsumsätze Interchange-Sätze aushandeln. Die Differenz zwischen den (von den Acquirern) erhaltenen und den (an die Issuer) weitergereichten Gebühren würde die Provision des jeweiligen „Interchange-Händlers" darstellen.

Dies würde einer Vereinheitlichung der Interbankenentgelte entgegenwirken. Es bedürfte weder multilateraler Interbankenentgelte noch würde ein einheitliches, künstlich geschaffenes Mindestniveau der MSC existieren. Eine entsprechende Strukturänderung des Interchange-Bereichs würde die Entstehung eines neuen systeminternen Marktes, und zwar eines echten Interchange-Marktes, führen. Anders als im Falle bilateraler Interbankenentgelte müsste hierbei nicht jeder Acquirer mit jedem Issuer in Verhandlungen eintreten. Die Einführung einer impliziten Interchange Fee würde die derzeitigen MIF-Regelungen obsolet machen.

7. Erhebung (zusätzlicher) Gebühren von den Karteninhabern

Eine Erhebung zusätzlicher Gebühren von den Karteninhabern stellt eine weitere gangbare Alternative zu den derzeitigen MIF-Regelungen dar. Allein der Umstand, dass den Karteninhabern weder Preisaufschläge seitens der Händler in Rechnung gestellt noch transaktionsbezogene Gebühren von den Emittenten erhoben wurden und sich der Kreditkarteneinsatz aus Sicht der Karteninhaber als kostenlos bzw. neutral darstellte, lässt nicht darauf schließen, dass die Karteninhaber nicht bereit wären, Gebührensteigerungen eines gewissen Ausmaßes hinzunehmen. In anderen Ländern (wie etwa Norwegen) ist es gegenwärtig durchaus üblich, dass die Karteninhaber für jede Transaktion eine Gebühr an den Emittenten entrichten. Eine Berechnung zusätzlicher Gebühren zu Lasten der Karteninhaber geht nicht mit den aufgezeigten wettbewerbsbeschränkenden Auswirkungen einer MIF einher. Eine

Abschaffung der MIF würde eine grundlegende Änderung der Kostenstrukturen in der Kreditkartenbranche nach sich ziehen. Würden die Kosten den Karteninhabern auferlegt werden – sei es nun in Gestalt einer Jahresgebührenerhöhung oder im Wege transaktionsbezogener Gebühren –, würden die Banken auch hinsichtlich dieses Einnahmebestandteils in (Preis-)Wettbewerb zueinander (ein)treten.

8. Rückschlüsse betreffend die derzeitige Methodik zur Regulierung der Höhe der MIF

Gerade die multilaterale Festlegungsmethode schafft ein künstliches Preisniveau. Die MIF ist schlechterdings nicht unerlässlich. Dieses Verdikt fehlender Freistellungsfähigkeit kann auch nicht durch eine andere Berechnung der Höhe der MIF ausgeräumt werden. Selbst sofern man unterstellt, dass eine MIF mit Effizienzvorteilen einhergeht, existieren hinreichend geeignete Alternativen zu einer MIF, die mit einer geringeren Wettbewerbsbeschränkung verbunden sind. In Anbetracht dessen ist die MIF – ungeachtet der Frage, auf welche Höhe sie sich beläuft – nicht als unerlässlich im Sinne der dritten Freistellungsvoraussetzung anzusehen. Freilich scheint es denkbar, die Höhe der MIF zu regulieren, um deren wettbewerbsbeschränkenden Auswirkungen zu minimieren. Wenn aber – wie vorliegend – sonstige Möglichkeiten bestehen, ein Kreditkartensystem ohne MIF in entsprechend effektiver, aber weniger wettbewerbsbeschränkender Weise zu betreiben, dann bildet eine Regulierung der Höhe keinen geeigneten Weg, um die MIF in Einklang mit den Vorgaben der dritten Freistellungsvoraussetzungen zu bringen. Auch eine MIF, deren Höhe reguliert wird, beschränkt den Wettbewerb und ist ihrerseits nur freistellungsfähig, wenn die mit ihr verbundenen Wettbewerbsbeschränkungen auf das im Einzelfall unabdingbare Maß begrenzt sind.

IV. Keine Eröffnung einer Möglichkeit zur Ausschaltung des Wettbewerbs für einen wesentlichen Teil der betreffenden Waren

Die vierte Freistellungsvoraussetzung ist erfüllt. Hinsichtlich des nachgelagerten Bereichs verbleiben hinreichende wettbewerbliche Handlungsfreiheiten der Issuer wie auch der Acquirer. Im Interchange-Bereich zwischen Issuern und Acquirern existiert bereits kein eigenständiger Markt; selbst wenn man von der Existenz eines solchen ausgehen wollte, wird den Issuern und Acquirern jedenfalls durch die MIF nicht die Möglichkeit genommen, bilaterale Interbankenentgelte zu vereinbaren. In Bezug auf den System-Markt, auf dem sich Visa und MasterCard als Wettbewerber gegenüberstehen, kann ebenfalls nicht von einer Ausschaltung des Wettbewerbs im Sinne der vierten Freistellungsvoraussetzung ausgegangen werden.

Abschnitt 3. Gesamtergebnis und Fazit

Ziele der vorliegenden Arbeit waren, eine umfassende, in sich stimmige Abgrenzung des sachlich relevanten Marktes in Bezug auf Kreditkarten zu erarbeiten (Abschnitt 1) und die (multilateralen) Interbankenentgelte auf ihre kartellrechtliche Zulässigkeit zu untersuchen (Abschnitt 2). Beide Ziele konnten erreicht werden:

Fazit zu Abschnitt 1: Die sachliche Marktabgrenzung

Innerhalb eines Kreditkartensystems existieren diverse Märkte. Durch eine umfassende Betrachtung der Aktivitäten der einzelnen Systemteilnehmer, der Wechselwirkungen zwischen den einzelnen Tätigkeitsebenen und den Besonderheiten des Kreditkartengeschäfts wird deutlich, dass die Marktstrukturen sowohl in ihrer Breite als auch in ihrer Tiefe von Komplexität geprägt sind. Sowohl den einzelnen Funktionen von Kreditkarten als auch der Absatzbereichsbezogenheit von Kreditkarten sind in diesem Kontext eine besondere Bedeutung beizumessen.

A. Die einzelnen Märkte

Die vorliegende Arbeit hat gezeigt, dass hinsichtlich der Kreditkartenbranche von der Existenz folgender (übergeordneter) Märkte auszugehen ist:

- ein Verbraucher-Kreditkarten-Emissions-Zahlungsfunktions-Markt,
- ein Verbraucher-Kreditkarten-Emissions-Geldabhebungsfunktions-Markt,
- ein Kreditkarten-Acquiring-Markt,
- ein Kreditkarten-System-Markt,
- ein Kreditkarten- und Debitkarten-Netzbetriebs-Markt,
- ein Kreditkarten-Issuing-Processing-Markt sowie
- ein Kreditkarten-Acquiring-Processing-Markt.

B. Ergebnisse und Konkretisierung der Märkte

I. Kein einheitlicher Markt hinsichtlich sämtlicher, innerhalb eines Zahlungssystems erbrachter Leistungen

Es existiert kein einheitlicher Markt hinsichtlich sämtlicher, innerhalb eines Zahlungssystems erbrachter (Dienst-)Leistungen. Es existiert insbesondere kein einheitliches „Gesamt-Systemprodukt".

Die in der Kreditkartenbranche erbrachten Leistungen lassen sich drei Ebenen zuordnen: der nachgelagerten Ebene („downstream market competition"), der vorgelagerten Ebene („inter-system competition", „upstream market competition") sowie der intermediären Ebene. Diese Unterscheidung bildet jedoch erst den Ausgangspunkt für eine weitere Ausdifferenzierung hinsichtlich einer jeder dieser Ebenen (und zwar, insbesondere in Bezug auf den nachgelagerten Bereich):

II. Die nachgelagerte Ebene

In der Kreditkartenbranche ist bereits seit längerer Zeit eine zunehmende Spezialisierung zu erkennen. Im Zuge dieser Entwicklung separierten sich die Bereiche des Issuing und des Acquiring als gesonderte Seiten eines zweiseitigen Marktes. Zwischen beiden Bereichen besteht ein enger wechselseitiger Zusammenhang; es existieren positive indirekte externe Netzwerkeffekte. s

1. Kein einheitlicher Markt in Bezug auf den nachgelagerten Bereich

Die Leistungen der Kartenemittenten und der Acquirer sind nicht Bestandteil eines einheitlichen Marktes. Dass Kreditkartensysteme eine zweiseitige Natur aufweisen und durch positive, indirekte und wechselseitige Netzeffekte gekennzeichnet sind, ändert an dieser Beurteilung nichts. Die Theorie zweiseitiger Märkte dient der Erläuterung ökonomischer Wirkungszusammenhänge innerhalb eines (offenen) Kreditkartensystems, stellt jedoch keine Marktabgrenzungstheorie dar.

2. Processing-Dienstleistungen als Bestandteil des Emissions- und/oder Acquiring-Bereichs

Die Processing-Dienstleistungen gehören weder dem Emissions- noch dem Akquisitionsbereich an; sie sind Bestandteil gesonderter Processing-Märkte, die auf der intermediären Ebene angesiedelt sind.

3. Der Issuing-Bereich

Es existieren ein Verbraucher-Kreditkarten-Emissions-Zahlungsfunktions-Markt und ein Verbraucher-Kreditkarten-Emissions-Geldabhebungsfunktions-Markt.

a) Funktionsspezifische Marktabgrenzung

Es besteht kein einheitlicher, sämtliche Funktionen von Kreditkarten umfassender Emissionsmarkt. Entlang der Funktionen der Kreditkarte greift eine funktionsspezifische Marktabgrenzung. Es existiert einerseits ein Emissionsmarkt für die Geldabhebungsfunktion (Kreditkarten-Emissions-Geldabhebungsfunktions-Markt) und andererseits ein Markt für die Zahlungsfunktion von Kreditkarten (Kreditkarten-Emissions-Zahlungsfunktions-Markt). Die Stundungsfunktion (als wesensprägendes Charakteristikum einer Kreditkarte) ist jeweils ein untrennbarer Bestandteil dieser beiden Märkte. Die (echte) Kreditfunktion bzw. -option von Kreditkarten sowie die einzelnen Assistance-Leistungen, gehören nicht diesen beiden Kreditkarten-Emissionsmärkten an.

b) Der Verbraucher-Kreditkarten-Emissions-Zahlungsfunktions-Markt

aa) Die Absatzbereichsbezogenheit

Die Absatzbereichsbezogenheit beeinflusst aus der Sicht der Karteninhaber die Charakteristik der Kreditkarte. Aus Sicht der maßgeblichen Marktgegenseite, der Karteninhaber, handelt es sich bei der Zahlungsmittelfunktion der Kreditkarte bzw. den mit dieser korrespondierenden, seitens der Issuer gegenüber den Karteninhabern erbrachten Leistungen um eine einheitliche (Dienst-)Leistung.

bb) Einsatzbereichsspezifische Marktabgrenzung

Eine einsatz- bzw. absatzbereichsspezifische Marktabgrenzung bezüglich Kreditkarten kommt – ungeachtet der Absatzbereichsbezogenheit von Kreditkarten – nicht in Betracht. Die Summe jener Absatzmärkte, bezüglich derer die Nachfrager ein eigenes Zahlungsmittel nachfragen, zu einer Einheit zusammenzufassen und insofern (innerhalb des Emissionsbereichs) für den entsprechenden Bereich als einen gesonderten (Emissions-)Markt anzuerkennen, scheidet aus. In diesem Fall würde man dem Aspekt der Absatzmarktbezogenheit absoluten Vorrang gegenüber allen sonstigen Charakteristika der Zahlungsmittel einräumen. Würde man den jeweiligen Emissionsmarkt (nur) an dem Einsatzbereich anderer Zahlungsmittel ausrichten, liefe dies auf eine (künstliche) Atomisierung des Emissionsbereichs hinaus, die bereits in Anbetracht ihrer uferlosen Komplexität nicht mit der Sicht der Karteninhaber in Einklang stünde. In letzter Konsequenz liefe dies darauf hinaus, denjenigen Bereich, in welchem alle Zahlungsmittel eingesetzt werden können, als „kleinsten gemeinsamen Nenner" der Marktabgrenzung zugrunde zu legen und insofern einen einheitlichen Markt anzunehmen. Der Kreditkartenemissionsmarkt wäre demnach nach Maßgabe der Einsatzbereiche anderer Zahlungsmittel zu definieren. Letzten Endes würde damit der Umfang des Einsatzbereichs von Zahlungsmitteln, bei denen es sich nicht um Kreditkarten handelt, darüber bestimmen, welche Grenzen der „Kreditkarten-Emissions-Zahlungsfunktions-Markt" aufweist.

cc) Die verschiedenen „Kreditkartenarten"

Es ist von einem eigenständigen Markt für Verbraucherkreditkarten auszugehen; von diesem strikt zu trennen ist der Markt für Geschäftskarten (der im Übrigen in dieser Arbeit nicht näher beleuchtet wurde). Dieser Verbraucher-Kreditkarten-Emissions-Zahlungsfunktions-Markt umfasst credit cards und charge cards sowie co-branded cards, nicht hingegen Prepaid-Kreditkarten (die einer Vorfinanzierung seitens des Karteninhabers bedürfen). Bezüglich Luxuskarten ist hingegen von der Existenz eines eigenständigen Luxuskreditkarten-Marktes auszugehen; diesem Markt gehören die sog. „schwarzen Kreditkarten" (z.B. AmEx Centurion, VISA Infinite, MasterCard World Elite) an.

dd) Sonstige „Zahlungsmittel“

Sonstige „Zahlungsmittel“ (wie Bargeld, Schecks, Überweisungen, Guthabenkarten, (reine) Bankkarten, (Händler-)Kundenkarten, Kundenkreditkarten (gleich welchen Typs), sowie Debitkarten) sind aus Sicht der Karteninhaber nicht von dem Markt für Verbraucher-Kreditkarten-Emissions-Zahlungsfunktions-Markt umfasst.

c) Der Verbraucher-Kreditkarten-Emissions-Geldabhebungsfunktions-Markt

Es existieren ein Kreditkarten-Emissions-Markt für Geldabhebungen am Geldautomaten (Kreditkarten-Emissions-Automaten-Geldabhebungsfunktions-Markt) und ein Kreditkartenemissionsmarkt für Geldabhebungen am Bankschalter (Kreditkarten-Emissions-Schalter-Geldabhebungsfunktions-Markt).

aa) Abhebungen am Automaten

Dem Kreditkarten-Emissions-Automaten-Geldabhebungsfunktions-Markt gehören Abhebungen an institutseigenen und institutsfremden Automaten an, gleich ob es sich um Inlands- oder Auslands-Abhebungen handelt. Es lassen sich gesonderte Märkte für Geldabhebungen am Automaten via Verbraucherkreditkarten auf der einen und mittels Firmenkreditkarten auf der anderen Seite ausmachen. Die Geldabhebungsfunktion der verschiedenen Verbraucherkreditkartenarten (charge cards, credit cards, co-branded cards und Luxuskarten) sind Bestandteil eines einheitlichen Marktes für Abhebungen am Automaten.

bb) Abhebungen am Schalter

Im Hinblick auf Abhebungen am Schalter ist davon auszugehen, dass Abhebungen an institutsfremden Schaltern kein hinreichendes Substitut einer Abhebung am Schalter des Emittenten der jeweiligen Karte, also an institutseigenen Schaltern darstellen. Abhebungen an institutseigenen Automaten unter Nutzung von Verbraucherkreditkarten und Firmenkreditkarten sind gesonderten Märkten angehörig. Die Geldabhebungsfunktionen der unterschiedlichen Verbraucher-Kreditkartenarten (charge cards, credit cards, co-branded cards und Luxuskarten) sind einem einheitlichen Markt für Abhebungen am institutseigenen Schalter angehörig. Abhebungen mittels Prepaid-Kreditkarten oder sonstige Bargeldbezugsmöglichkeiten gehören diesem Markt nicht an.

4. Der Acquiring-Bereich

Es besteht ein einheitlicher Kreditkarten-Acquiring-Markt, der sämtliche Dienstleistungen umfasst, die im Zusammenhang mit der Akzeptanz von Kreditkarten erbracht werden.

a) Die Vertragsunternehmen als maßgebliche Marktgegenseite

Bei den Vertragsunternehmen in ihrer Funktion als Nachfrager der Acquiring-Dienstleistungen handelt es um die nach dem Bedarfsmarktkonzept maßgebliche Marktgegenseite der Acquirer (wenngleich die Sichtweise der Vertragsunternehmen aufgrund der Verbindung der Karteninhaber und der Vertragsunternehmen im Valutaverhältnis durch die Sicht der Karteninhaber (mit-)geprägt wird).

b) Funktionsspezifische Marktabgrenzung

Eine funktionsspezifische Abgrenzung kommt bezüglich des Acquiring-Bereiches von vornherein nicht in Betracht, weil die Vertragsunternehmen wie auch Acquirer ausschließlich im PoS-Bereich tätig werden.

c) Einsatzbereichsspezifische Marktabgrenzung

Eine an den im Valutaverhältnis anzutreffenden Absatzbereichen ausgerichtete einsatzbereichsspezifische Abgrenzung hinsichtlich des Acquiring-Bereiches ist abzulehnen. Die seitens der Acquirer angebotenen Branchenlösungen ermöglichen sämtlichen Händlern die Akzeptanz einer Kreditkarte als Zahlungsmittel und beinhalten dem Wesen nach die gleiche Leistung.

d) Die verschiedenen Kreditkartenarten

Dienstleistungen, die gegenüber den Händlern im Zusammenhang mit der Annahme von Verbraucherkarten, Firmenkarten, charge cards, credit cards, Luxuskarten wie auch co-branded cards erbracht werden, gehören einem einheitlichen Kreditkarten-Acquiring-Markt an.

Diesem Kreditkarten-Acquiring-Markt sind sowohl diejenigen Acquiring-Dienstleistungen zugehörig, die im Falle sog. „card-not-present“-Transaktionen (sei es nun im Bereich des E-Commerce oder im Mail- und Telefonorderverfahren), und im Präsenzgeschäft seitens der Acquirer gegenüber den Händlern übernommen werden.

e) Sonstige „Zahlungsmittel“

Dienstleistungen, die gegenüber den Händlern im Zusammenhang mit der Annahme sonstiger Zahlungsmittel (Bargeld, Schecks, Überweisungen, (reine) Bankkarten, (Händler-)Kundenkarten, Wertkarten, Kundenkreditkarten (gleich welchen Typs), sowie Debitkarten) erbracht werden, sind nicht Bestandteil des sachlich relevanten (Acquiring-)Marktes.

III. Die vorgelagerte Ebene

Die gegenüber den Emittenten wie auch gegenüber den Acquirern seitens der Kreditkartenorganisationen erbrachten Leistungen gehören einem einheitlichen

Kreditkarten-System-Markt, dem Issuing- und Acquiring-Lizenz-Vergabe-Markt, an.

IV. Die intermediäre Ebene

Sowohl bei Netzbetriebs- als auch bei Processing-Dienstleistungen handelt es sich um solche, die in Zusammenhang mit der Transaktionsverarbeitung stehen; diese Leistungen „flankieren" die Tätigkeiten der sonstigen Systemteilnehmer. Sie gehören weder der nachgelagerten Ebene noch der vorgelagerten Ebene, sondern einer intermediären Ebene an.

Netzbetriebs-Dienstleistungen und Processing-Dienstleistungen sind weder nachfrageseitig noch angebotsseitig substituierbar; es existieren insofern gesonderte sachlich relevante Märkte.

1. Die Netzbetriebs-Dienstleistungen

Die Bereitstellung von Terminals bzw. der Aufbau der „Terminalinfrastruktur" am PoS sowie die in diesem Zusammenhang erbrachten Leistungen gehören einem einheitlichen Kreditkarten- und Debitkarten-Netzbetriebs-Markt an.

Sowohl in Bezug auf Debitkarten als auch hinsichtlich Kreditkarten erbrachte Netzbetriebs-Dienstleistungen sind Bestandteil dieses Marktes.

2. Der Processing-Bereich

a) Issuing-Processing- und Acquiring-Processing-Dienstleistungen, die in Zusammenhang mit Kreditkarten erbracht werden, gehören keinem einheitlichen Kreditkarten-Processing-Markt an. Es besteht ein sachlich relevanter Markt für Issuing-Processing-Dienstleistungen (Kreditkarten-Issuing-Processing-Markt), der von dem sachlich relevanten Markt für Acquiring-Processing-Dienstleistungen (Kreditkarten-Acquiring-Processing-Mark) zu unterscheiden ist.
b) Debitkarten-Processing-Dienstleistungen, und zwar sowohl Issuing-Processing- als auch Acquiring-Processing-Dienstleistungen hinsichtlich Debitkarten, sind nicht Bestandteil dieser Märkte.

Fazit zu Abschnitt 2: Die kartellrechtliche Unzulässigkeit von multilateralen Interbankenentgelten

Die vorliegende Untersuchung hat gezeigt, dass die MIF gegen Art. 101 AEUV verstoßen. Die MIF in den Kreditkartensystemen von Visa und MasterCard beschränken den Wettbewerb in erheblichem Maße. Eine Freistellung nach Art. 101 Abs. 3 AEUV kommt nicht in Betracht.

In den offenen Kreditkartensystemen erfolgt im Wege der Interbankenentgelte ein Entgelttransfer vom Acquiring-Bereich in den Issuing-Bereich. Bei der sog. Interchange Fee, auch Interchangegebühr oder Interbankenentgelt genannt, handelt es sich um ein Entgelt, welches innerhalb eines Vier-Parteien-Systems seitens eines akquirierenden Unternehmens an einen Emittenten zu entrichten ist. Es existieren diverse Arten von Interbankenentgelten. Die weitaus bedeutsamste Art stellen die multilateralen Interbankenentgelte dar, deren Höhe multilateral festgelegt wird und die – als Fallback Fee – stets dann zur Anwendung gelangen, wenn keine vorrangigen Regelungen existieren.

In mehreren Entscheidungen sah die Kommission die MIF als überhöht an. Diese Auffassung führte letztlich zur Festlegung einer Höchstgrenze für die MIF – sowohl in dem Kreditkartensystem von Visa als auch von MasterCard. Die neue Verordnung über Interbankenentgelte lässt sich als Perpetuierung der bisherigen Entscheidungspraxis der Kommission verstehen. Im Wege dieser Verordnung wurde für die MIF bei Kreditkartentransaktionen pro Zahlungsvorgang eine Höchstgrenze von 0,3 % des Transaktionswertes implementiert.

Wie gezeigt werden konnte, überzeugt diese Regulierung letztlich nicht. Die Preisregulierung durch die Interbankenentgelte-Verordnung vermag die mit den multilateralen Interbankenentgelten einhergehenden Beschränkungen des Wettbewerbs weder auszuräumen noch auszugleichen. Die Festlegung einer Obergrenze kann diese Wettbewerbsbeschränkungen allenfalls reduzieren.

Die MIF als solche und deren Festlegungsmechanismus sind bereits gemäß Art. 101 AEUV als kartellrechtswidrig anzusehen. Eine Höhenregulierung vermag diesen Verstoß nicht zu beseitigen und stellt kein geeignetes Instrument dar, um kartellrechtskonforme Zustände herzustellen. Der regulatorische Ansatz bleibt insofern weit hinter dem zurück, was gemäß Art. 101 AEUV erforderlich ist, und zwar ein Verbot der MIF in den etablierten Systemen von Visa und MasterCard.

Die MIF zeitigt Wettbewerbsbeschränkungen im Acquiring- als auch im Issuing-Bereich.

- Es wird eine Untergrenze der Händlergebühren etabliert, indem ein wesentlicher Preisbestandteil der Merchant Service Charge (MSC) durch die Höhe der MIF festgelegt wird. Ferner konnte festgestellt werden, dass im Issuing-Bereich ebenfalls wettbewerbsbeschränkende Auswirkungen zu verzeichnen sind. Die MIF stellen eine beträchtliche Einnahmequelle der Issuer dar. Die auf diesem Wege generierten Einkünfte beeinflussen das Marktverhalten der Issuer gegenüber ihrer eigenen Marktgegenseite.
- Diese Wettbewerbsbeschränkungen werden nicht etwa – wie teils vertreten wird – durch die bestehenden Interdependenzen zwischen dem Issuing-Bereich und dem Acquiring-Bereich reduziert. Es konnte vielmehr gezeigt werden, dass sowohl die Verhältnisse auf der vorgelagerten Ebene als auch die Wechselwirkungen der beiden Bereiche auf der nachgelagerten Ebene die Wettbewerbsbeschränkungen protegieren. Diese Wettbeschränkungen sind für den Betrieb eines offenen Kreditkartensystems nicht notwendig. Die Systeme verfügen über eine hinreichende Stabilität, um auch ohne eine MIF betrieben werden zu können.

Die dargestellten Wettbewerbsbeschränkungen lassen sich nicht gemäß Art. 101 Abs. 3 AEUV rechtfertigen.

- Die Erklärungsmodelle betreffend Sinn und Funktion von Interbankenentgelten vermögen das Vorliegen der ersten Freistellungsvoraussetzung nicht zu begründen.
- Insbesondere aufgrund der Belastung der Nutzer anderer Zahlungsmittel mit den Kosten, die mit der Erhebung der MIF verbunden sind, ist auch die zweite Freistellungsvoraussetzung nicht gegeben.
- Die multilateralen Interbankenentgelte in ihrer derzeitigen Ausgestaltung sind im Übrigen nicht unerlässlich im Sinne der dritten Variante des Freistellungstatbestandes des Art. 101 Abs. 3 AEUV. Es bestehen hinreichende Alternativen, die mit weniger wettbewerbsbeschränkenden Auswirkungen einhergehen (würden).

Die bisherige Kartellrechtspraxis hinsichtlich der MIF wie auch die neue Verordnung über Interbankenentgelte entspricht nicht den Vorgaben des Art. 101 AEUV, mithin des Europäischen Primärrechts. Insofern steht zu hoffen, dass sich die Organe der EU (und in erster Linie die Kommission) von ihrem derzeitigen Standpunkt verabschieden und sich konsequenter gegen multilaterale Interbankenentgelte positionieren.

Dieses Ergebnis beruht im Einzelnen auf den folgenden Erwägungen:

A. Interbankenentgelte: Begriff und Arten

Nach der Art ihrer Festsetzung kann zwischen multilateralen, bilateralen und unilateralen Interbankenentgelten differenziert werden. Nach ihrem räumlichen Anwendungsbereich unterscheidet man zwischen inländischen, intraregionalen und interregionalen (multilateralen) IC Fees. Das Verhältnis der unterschiedlichen Arten der Interbankenentgelte ist streng hierarchisch ausgestaltet: Üblicherweise finden subsidiär (multilaterale) Standard-Interbankenentgelte Anwendung, die als Fallback Fee fungieren. Diese greifen immer dann ein, wenn keine vorrangigen Regelungen existieren respektive anwendbar sind; insbesondere gebührt bilateral ausgehandelten Interbankenentgelten ein Vorrang gegenüber multilateralen Interbankenentgelten. Die inländische Standard-MIF stellt insofern die Ausfallvorkehrung im Falle von Inlandstransaktionen dar. In letzter Instanz greift – in Ermangelung vorrangiger Interbankenentgelte (einschließlich der inländischen Standard-MIF) – die intraregionale Standard-MIF bei Transaktionen innerhalb des EWR ein; diese findet also auch auf Inlandstransaktionen Anwendung, sofern keine inländische Standard-MIF existiert.

B. Die Tatbestandsvoraussetzungen des Art. 101 Abs. 1 AEUV

Die MIF erfüllen die Tatbestandsvoraussetzungen des Art. 101 Abs. 1 AEUV. Die MIF basieren auf einer Verhaltensabstimmung in Form von Beschlüssen, die den Handel zwischen Mitgliedstaaten zu beeinträchtigen geeignet sind und eine spürbare Beschränkung des Binnenmarkts bewirken und – soweit es den Acquiring-Bereich betrifft – auch bezwecken.

I. Vorliegen einer Verhaltensabstimmung

Die (intraregionalen, interregionalen und inländischen) MIF innerhalb der Systeme von Visa wie auch von MasterCard werden im Wege von Verhaltensabstimmungen im Sinne des Kartellverbotstatbestandes festgelegt.

1. Die Festlegung der intraregionalen MIF erfolgt in beiden Systemen durch den Beschluss einer Unternehmensvereinigung im Sinne des Art. 101 Abs. 1 AEUV. Eine hinreichend „institutionalisierte Form der Verhaltensabstimmung" zwischen den Mitgliedern ist gegeben. Die multilaterale Festlegung der intraregionalen MIF durch Visa Europe bzw. MasterCard Incorporated ist für die Systemmitglieder der jeweiligen Kreditkartenorganisationen verbindlich. Die Interessen der Kartenorganisationen, die Interessen von deren Anteilseignern und die Interessen der systemzugehörigen Emittenten und Acquirer sind – soweit es die Festlegung der MIF anbelangt – gleichgerichtet. Die entsprechenden Beschlüsse dienen der Koordinierung des Verhaltens der Mitglieder der Kreditkartenorganisation.
2. Bezüglich der interregionalen MIF ist ebenfalls eine Verhaltensabstimmung im Sinne des Art. 101 Abs. 1 AEUV gegeben. Es ergeben sich – im Vergleich zur Festlegung der intraregionalen MIF – keine nennenswerten Unterschiede, die eine andere Beurteilung rechtfertigen würden.
3. Die Festlegung der inländischen MIF erfüllt ebenfalls die Tatbestandsmerkmale einer Absprache im Sinne des Kartellverbotstatbestandes. Die Festsetzung der Höhe der nationalen MIF des Visa- als auch des MasterCard-Kreditkartensystems erfolgt (in der Regel) durch die nationalen System-Gremien. Vielfach sind die Mitgliedsbanken in diesen Gremien vertreten oder entsenden Vertreter in diese Gremien. Ob die Systemmitglieder unmittelbar miteinander in Kontakt treten oder die Willensübereinstimmung durch einen Beschluss des Gremiums der Kreditkartenorganisation erzielt wird, ist insofern letztlich ohne Belang. Das Kartellverbot gilt sowohl für Vereinbarungen zwischen Unternehmen als auch für Beschlüsse einer Unternehmensvereinigung.
4. Von einer wie auch immer gearteten systemübergreifenden Verhaltensabstimmung zwischen Visa und MasterCard kann hingegen in Ermangelung entsprechender Nachweise nicht ausgegangen werden.

II. Vorliegen einer Wettbewerbsbeschränkung

Die MIF zeitigen Wettbewerbsbeschränkungen im Acquiring- als auch im Issuing-Bereich.

1. Der Acquiring-Bereich

Die Existenz der MIF, die diversen unterschiedlichen MIF-Arten (intraregionale und inländische MIF), die Möglichkeit der bilateralen Verhandlung der IC Fees, die strukturellen Verflechtungen zwischen Issuern und Acquirer, aber auch die

Festlegung standardmäßig anwendbarer Interbankenentgelte, bewirken – insbesondere auch aufgrund ihrer wechselseitigen Auswirkungen – Wettbewerbsbeschränkungen im Acquiring-Bereich. Das gesamte Hierarchiegefüge der unterschiedlichen Arten von Interbankenentgelten trägt dazu bei, die beschränkenden Auswirkungen der MIF aufrechtzuerhalten und zu verstärken. Die MIF bewirken und bezwecken Wettbewerbsbeschränkungen auf den Acquiring-Märkten.

Es wird eine künstliche Untergrenze der Händlergebühren etabliert, indem ein wesentlicher Preisbestandteil der Merchant Service Charge (MSC) durch die Höhe der MIF festgelegt wird.

a) Dies lässt sich unter anderem anhand der im Rahmen der Sektorenuntersuchung seitens der Kommission durchgeführten quantitativen Untersuchungen zum Verhältnis zwischen MIF und MSC nachvollziehen. Selbst größeren Händlern war es nicht möglich, MSC-Raten unterhalb der Händlergebühren zu vereinbaren.
b) Die Ausgestaltung der MIF als Fallback Fee führt dazu, dass sich jedes akquirierende Unternehmen einer gleichgelagerten Kostenbelastung durch die MIF ausgesetzt sieht, sofern mit den Issuern keine (vorrangigen) bilateralen Interbankenentgelte vereinbart wurden. Diese Kosten werden seitens der Acquirer als Bestandteil der Händlergebühren an die Vertragsunternehmen weitergeleitet.
c) Aufgrund der Ausgestaltung der MIF als Fallback Fee wird den Issuern und den Acquirern gleichsam die „Notwendigkeit" genommen, bilateral abweichende Gebühren zu vereinbaren respektive sich überhaupt um eine Verhandlung abweichender Interbankenentgelte zu bemühen. Dies verhindert zugleich die Errichtung einer, auf einem autonomen Verhalten der akquirierenden und emittierenden Unternehmen basierenden Preisgestaltung.
d) Die intraregionalen MIF nehmen im EWR einen besonderen Stellenwert im Gefüge der unterschiedlichen Arten von Interbankenentgelten ein. Sie wirken als Richtwert sowohl im Falle der Aushandlung bilateraler Interbankenentgelte als auch bei der Festlegung inländischer MIF.
e) Die hierarchische Ausgestaltung der unterschiedlichen Arten der IC Fee begünstigt die wettbewerbsbeschränkende Auswirkungen der MIF und beeinträchtigen grenzüberschreitende Acquiring-Tätigkeiten. Die DMIF werden üblicherweise der Höhe nach auf einem Niveau oberhalb demjenigen der intraregionalen MIF angesiedelt, wobei die DMIF sowohl im Falle des grenzüberschreitenden als auch des rein inländischen Acquiring Anwendung finden. Prima facie mag man meinen, dass den grenzüberschreitenden Acquirer in diesem Falle keine Nachteile gegenüber den im Zielland ansässigen Acquirern erwachsen. Letztlich ist dies jedoch aufgrund der spezifischen Marktverhältnisse in der Kreditkartenbranche und aufgrund des Vorrangs von bilateral ausgehandelten Interbankenentgelten nicht zutreffend. Inländische Emittenten und Acquirer vereinbaren Interbankenentgeltsätze, die unterhalb des Niveaus der MIF-Sätze angesiedelt

werden. Eine solche Privilegierung kann auch anhand der Vereinbarung unterschiedlicher Interbankenentgeltsätze für den Fall des Überschreitens eines bestimmten Schwellenwertes erfolgen. Der Schwellenwert wird hierbei auf einem Niveau angesiedelt, der üblicherweise nur seitens eines verstärkt im Zielland agierenden Acquirers erreicht werden kann und dessen Überschreiten für einen in mehreren Ländern agierenden Acquirer ohne Tätigkeitsschwerpunkt im Zielland – rein tatsächlich – nicht erreicht werden kann. In kumulativer Betrachtung mit den multilateralen Interbankenentgelten offenbaren sich die wettbewerbsbeschränkenden Wirkungen eines derartigen Geschäftsgebarens. Es entsteht letztendlich eine Privilegierung der Inlandsacquirer. So unterliegen bei einem solchen Vorgehen die anderen, und zwar insbesondere die ausländischen Acquirer der Verpflichtung zur Entrichtung höherer multilateraler Interbankenentgelte. Auf diese Weise wird ein Wettbewerbsnachteil der ausländischen Acquirer erzeugt, zumal diese ihrerseits entweder den Vertragsunternehmen nur höhere MSC anbieten können oder aber Einbußen ihrer Gewinnmargen hinnehmen müssen. Dieses Gebaren – in Gesamtschau mit der Ausgestaltung der MIF als Fallback Fee besehen – beschränkt den potentiellen Wettbewerb im Acquiring-Bereich.

f) Ferner ist davon auszugehen, dass die MIF die Wettbewerbsbeschränkungen nicht bloß bewirken, sondern auch bezwecken. Es handelt sich – bezogen auf die Händlergebühren – um eine Absprache von Mindestpreisen. Diese (Mindest-)Preisvereinbarung ist als Kernbeschränkung zu klassifizieren. Die MIF stellen ein Instrument zur Korrektur von Preisen dar, im Wege dessen die Preise – zumindest teilweise – einer Steuerung durch unabhängige Wettbewerbsprozesse entzogen werden.

2. Der Issuing-Bereich

Ferner konnte festgestellt werden, dass im Issuing-Bereich ebenfalls wettbewerbsbeschränkende Auswirkungen zu verzeichnen sind. Die Auswirkungen im Issuing-Bereich lassen sich als Kehrseite der Auswirkungen im Acquiring-Bereich ansehen.

Die im Wege der MIF generierten Einkünfte beeinflussen das Marktverhalten der Issuer gegenüber ihrer eigenen Marktgegenseite. Es handelt sich um eine Einnahmequelle, die nicht in Abhängigkeit zur jeweiligen beträchtliche Kostenstruktur der Emittenten steht. Die Ausgestaltung der Funktionsweise der MIF als Fallback Fee hat zur Folge, dass die Issuer in jedem Fall ein irgendwie geartetes Interbankenentgelt erzielen, sofern eine von ihnen emittierte Kreditkarte am PoS zum Einsatz gelangt.

a) Die Transaktionsvolumenabhängigkeit der MIF führt zwar zu einer gewissen Variabilität der Größenordnung der hierdurch generierten Einkünfte der Issuer durch die IC Fees. Zwar ist die absolute Einnahmesumme der Issuer aus den IC Fees wegen deren Transaktionsvolumenbezogenheit keineswegs gleich, jedoch ist ihr quotaler Anteil am Wert der Transaktionen beständig. Die MIF gewärtigen eine beträchtliche Fixierung der Höhe der finanziellen Kosten- und Einnahmestrukturen innerhalb des jeweiligen Kreditkartensystems. Im Bereich der Emission entsteht ein künstlicher – nämlich im Wege einer multilateralen Festlegung generierter – Einnahmeposten der Issuer.

b) Die MIF und deren Ausgestaltung als Fallback Fee gestattet es den Issuern, die Kartengebühren der Höhe nach auf einem anderen Niveau anzusiedeln, als es ihnen ohne die zusätzlichen Einnahmen aus den MIF möglich wäre. Es handelt sich hierbei um eine „sichere" Art von Einnahmen. Dies ermöglicht prospektive Kostenkalkulationen der Issuer in Bezug auf die Kartengebühren. Es besteht eine – wenn auch geringe – negative Korrelation zwischen der Höhe der Kartengebühren und der Höhe der Interbankenentgelte. Eine Untersuchung im Zuge der Sektorenuntersuchung zum Retail-Bankgeschäft hat gezeigt, dass eine Erhöhung der Interbankenentgelte in Gestalt einer Reduzierung der Karteninhabergebühren nicht angemessen an die Karteninhaber weitergegeben wird.

c) Die MIF unterliegen nicht dem Wettbewerbsdruck der eigenen Marktgegenseite der Issuer. Ohne eine MIF wäre der Preiswettbewerb zwischen den Emittenten deutlich stärker ausgeprägt. Die (kollektiv festgesetzten) MIF entziehen einen beträchtlichen Anteil der Einnahmen der Emittenten dem Wettbewerb und verzerren insofern den Wettbewerb im Issuing-Bereich. In dem Maße, in dem die Emittenten Einnahmen aus den (einheitlich festgesetzten) MIF erzielen und darauf hinwirken, Anreize zur Nutzung von Kreditkarten zu schaffen, wird letztlich der Wettbewerb im Issuing-Bereich beeinträchtigt, zumal auf diese Weise letztlich auch wieder die Einnahmen aus den MIF erhöht werden: Incentives erhöhen die Transaktionsvolumina. Höhere Umsätze bedeuten – für die Issuer – höhere Einnahmen aus den MIF. Höhere MIF beeinflussen die Preisfestsetzung der Issuer in Bezug auf die Karteninhabergebühren und schaffen wiederum einen Anreiz für die Issuer, die Karteninhaber durch Schaffung und Erweiterung von (weiteren) Anreizen zum Einsatz der Karten zu animieren, wobei die Kosten zur Finanzierung dieser Anreizsysteme im Wege der MIF (re-)finanziert werden und nicht der eigenen Marktgegenseite auferlegt werden müssen.

d) Anders als hinsichtlich des Acquiring-Bereichs ist in Bezug auf den Issuing-Bereich nicht davon auszugehen, dass die MIF eine Wettbewerbsbeschränkung bezwecken. Der Schwerpunkt der Wettbewerbsbeschränkungen durch die MIF ist zuvörderst im Acquiring-Bereich angesiedelt.

3. Kein hinreichender Gegendruck

Die festgestellten Wettbewerbsbeschränkungen werden nicht etwa – wie teils vertreten wird – durch die bestehenden Interdependenzen zwischen dem Issuing-Bereich und dem Acquiring-Bereich reduziert. Es konnte vielmehr gezeigt werden, dass sowohl die Verhältnisse auf der vorgelagerten Ebene als auch die Wechselwirkungen auf der nachgelagerten Ebene die mit den MIF einhergehenden Wettbewerbsbeschränkungen verstärken und protegieren.

a) Aus Sicht der Issuer handelt es sich bei den Interbankenentgelten um eine Einnahmequelle. Aufgrund der Ausgestaltung der MIF als Fallback Fee generieren die Emittenten sichere Einnahmen aus den MIF. Von ihrer eigenen Marktgegenseite, den Karteninhabern, haben sie hinsichtlich der Höhe der MIF keinen Druck zu fürchten. Es besteht daher kein Anreiz (und auch keine Veranlassung) für die Issuer, auf eine Absenkung der Höhe der MIF hinzuwirken.
b) Für die Acquirer besteht keine hinreichende oder gar zwingende Veranlassung, auf niedrige MIF-Sätze hinzuwirken. MIF stellen für die Acquirer zwar einen Kostenbestandteil dar. Die MIF werden jedoch häufig im Wege der Händlergebühren an die Vertragsunternehmen weitergegeben. Zudem ist es den Acquirern möglich, die MIF bei ihrer Marktgegenseite, den Vertragsunternehmen, als fixen Bestandteil ihrer Kosten auszuweisen. Auf diesem Wege wird die Möglichkeit einer Aushandlung einer MSC, die unter den MIF liegt, vereitelt. Aufgrund der Weiterleitung handelt es sich für den einzelnen Acquirer um einen (beinahe) „neutralen" Posten.
c) Seitens der Vertragsunternehmen ist keine wirksame Einflussnahme auf die Höhe der MIF zu erwarten. Den seitens der Kommission vorgenommenen Untersuchungen lässt sich entnehmen, dass es selbst größeren Vertragsunternehmen nicht möglich war, ein Disagio unterhalb der Höhe der Interbankenentgelte auszuhandeln. Die MIF wurden und werden von den Vertragsunternehmen als Preisbestandteil der MSC eingestuft, der a priori nicht dem Wettbewerb unterliegt. Überdies werden Händler eher geneigt sein, die Preise ihrer auf den Absatzmärkten vertriebenen Produkte leicht anzuheben als vollkommen von der Akzeptanz der Karten des jeweiligen Systems abzusehen. Die Zahlungskartenakzeptanz wird von den Vertragsunternehmen als eine umsatzsteigernde Dienstleistungsgewährung gegenüber ihren Kunden erachtet. So können Vertragsunternehmen schwerlich eine ihren Kunden eingeräumte Möglichkeit zur Zahlung via Kreditkarte wieder entziehen.
d) Auch seitens der Karteninhaber ist kein (wirksamer) Gegendruck zu erwarten. Die Karteninhaber tragen nicht – unmittelbar – die mit den MIF einhergehenden Kosten. Die überwiegende Anzahl der Karteninhaber hat auch keine Kenntnis von der Existenz, geschweige denn den Wirkungszusammenhängen der (multilateralen) Interbankenentgelte im Gesamtsystem. Der Motivationsdruck, gegen die (Höhe der) MIF vorzugehen, ist daher für Karteninhaber gering. Im Übrigen gilt es zu bedenken, dass selbst wenn seitens der Karteninhaber ein Gegendruck auf die Vertragsunternehmen ausgeübt werden könnte, dies nicht gleichsam einen Gegendruck bezüglich der Festlegung der MIF schafft. Zumal die Vertragsunternehmen ihrerseits keinen effektiven Gegendruck gegenüber den Acquirern aufbauen können, würde der Gegendruck der Karteninhaber bei den Vertragsunternehmen enden (ohne dass sich dies auf die Höhe der MIF auswirken würde).
e) Eine Zunahme an Systemwettbewerb bringt einen Anstieg der MIF-Sätze mit sich. Seitens der Kreditkartenorganisationen wird es als vorteilhaft erachtet, die MIF-Raten zu erhöhen, um insbesondere den Emittenten einen Anreiz zum

Systembeitritt zu setzen. Dies zeitigt eine bessere Verbreitung des Systems und der Einsatzmöglichkeiten der Karten.

III. Keine teleologische Reduktion des Tatbestandes

Die MIF unterfällt dem Anwendungsbereich des Art. 101 Abs. 1 AEUV. Es konnte gezeigt werden, dass die mit den MIF einhergehenden Wettbeschränkungen nicht notwendig für den Betrieb eines offenen Kreditkartensystems sind.

1. Dies wird zunächst durch die Existenz von Vier-Parteien-Systemen indiziert, in denen keine MIF erhoben werden bzw. eine MIF von Null festgelegt ist.
2. MIF sind auch nicht aufgrund der Existenz der HACR systemnotwendig. Es ist bereits nicht davon auszugehen, dass die Issuer ohne eine MIF nach freiem Belieben, einseitig ein (Interbanken-)Entgelt festlegen und von den Acquirern fordern könnten.
3. Darüber hinaus vermag das Todesspiralen-Argument nicht zu überzeugen. Die Abschaffung der MIF hätte nicht den Niedergang der etablierten Kreditkartensysteme von Visa und/oder MasterCard zur Folge. Die Systeme verfügen über eine hinreichende Stabilität, um ohne MIF betrieben werden zu können.
4. Eine isolierte Abschaffung der MIF ist auch in tatsächlicher Hinsicht möglich. Insbesondere bedarf es keiner Anpassung weiterer Systemregelungen. Die Bestimmungen hinsichtlich der MIF sind nicht untrennbar mit anderen Systemregeln verknüpft.

IV. Spürbarkeit der Wettbewerbsbeschränkung

Sowohl hinsichtlich der intraregionalen MIF, der interregionalen MIF als auch der inländischen MIF ist von einer Spürbarkeit der Wettbewerbsbeschränkung auszugehen (ohne dass es insofern einer näheren Unterscheidung zwischen den einzelnen Arten der MIF bedarf).

Für das Vorliegen der Spürbarkeit spricht zunächst der hohe Marktanteil der Akteure der offenen Systeme. Im Übrigen sind die wirtschaftlichen Auswirkungen der multilateralen Interbankenentgelte beträchtlich. Der Qualität der Wettbewerbsbeschränkung nach handelt es sich zudem um eine Kernbeschränkung in Form einer Preisabsprache, die – jedenfalls soweit es den Acquiring-Bereich betrifft – als bezweckte Wettbewerbsbeschränkung zu klassifizieren ist.

V. Zwischenstaatlichkeitsklausel

Die intraregionalen MIF, die interregionalen MIF und die inländischen MIF sind geeignet, Auswirkungen auf den Handel zwischen Mitgliedstaaten zu haben.

1. Dies gilt hinsichtlich der intraregionalen MIF und der interregionalen MIF bereits in Anbetracht ihres grenzüberschreitenden Anwendungsbereichs und jährlichen Umfangs.

2. Die inländischen MIF finden zwar in erster Linie auf Inlandstransaktionen Anwendung. Es bestehen allerdings wechselseitige Auswirkungen zwischen der Höhe der intraregionalen MIF, der interregionalen MIF und der inländischen MIF; diese begründen die Eignung der DMIF Auswirkungen auf mehrere Mitgliedstaaten zu entfalten. Insbesondere die Festlegung eines Niveaus der DMIF, das von der Höhe der intraregionalen und/oder interregionalen MIF abweicht, stellt eine Möglichkeit dar, grenzüberschreitende Tätigkeiten im Acquiring- wie auch im Issuing-Bereich zu unterbinden bzw. zu reduzieren.

C. Die Freistellungsvoraussetzungen des Art. 101 Abs. 3 AEUV

Multilaterale Interbankenentgelte erfüllen nicht die Freistellungsvoraussetzungen des Art. 101 Abs. 3 AEUV.

I. Effizienzgewinne

Die erste Voraussetzung des Art. 101 Abs. 3 AEUV ist nicht erfüllt. Die MIF tragen nicht zur Verbesserung der Warenerzeugung oder -verteilung oder zur Förderung des technischen oder wirtschaftlichen Fortschritts bei. Es ist vielmehr davon auszugehen, dass multilaterale Interbankenentgelte ein Vehikel darstellen, um (insbesondere zu Gunsten der Issuer) Gewinne zu generieren.

Es lassen sich drei Erklärungsmodelle bzw. Theorien ausmachen, die der Beschreibung des Zwecks wie auch der Funktionen von (multilateralen) Interbankenentgelten dienen. Hierbei handelt es sich um die Joint Production-Sichtweise (Gemeinschaftsunternehmensgedanke), die dienstleistungsorientierte Sichtweise (sog. „Fee for Service"-Ansatz) und die netzwerkorientierte Sichtweise (MIF als Ausgleichsmechanismus). Im Wege dieser (ökonomischen) Erklärungsmodelle lässt sich das Vorliegen der ersten Freistellungsvoraussetzung des Art. 101 Abs. 3 AEUV nicht begründen.

1. Theorie 1: Die Joint Production-Sichtweise

Die Joint Production-Sichtweise, die auch als Gemeinschaftsunternehmensgedanke bezeichnet wird, vermag nicht zu überzeugen.

a) Dieser Auffassung zufolge handelt sich bei einer MIF um Instrument zum Transfer gemeinsamer Kosten zwischen kooperierenden Unternehmen. Unter diesem Blickwinkel sollen die MIF die Bereitstellung einer gemeinschaftlichen Dienstleistung innerhalb eines durch Externalitäten sowie gemeinsame Nachfragestrukturen charakterisierten Netzwerkes ermöglichen.
b) Eine Kreditkarte stellt kein gemeinschaftliches Produkt von Issuern, Acquirern und Kreditkartenorganisation dar. Auch handelt es sich bei näherer Betrachtung keineswegs um gemeinsame Kosten, die gemeinsam bei den Emittenten und den Acquirern entstehen und ihnen zugleich als Kollektiv zuteilwerden,

sondern von vornherein um individuelle Kosten, und zwar entweder um jene der Issuer oder der Acquirer.

c) MIF siedeln die Höhe der Interbankenentgelte für alle Marktteilnehmer auf einem einheitlichen Level an. Dies gilt auch, wenn die Issuer und/oder Acquirer unterschiedliche Beiträge zum Erfolg des Gesamtsystems leisten. Dies lässt sich schwerlich mit der Behauptung in Einklang bringen, dass es sich um ein gemeinsames Produkt eines einheitlichen Unternehmens handelt.

2. Theorie 2: Die MIF als (transaktionsvolumenabhängige) Entgelte

Auf der Basis der dienstleistungsorientierten Sichtweise, die teils als „Fee for Service Ansatz" bezeichnet wird, lässt sich das Vorliegen von Effizienzvorteilen im Sinne der ersten Freistellungsvoraussetzung ebenfalls nicht begründen.

a) Nach dieser Ansicht handelt es sich bei einer (multilateralen) IC Fee um ein Entgelt, also um eine „Gegenleistung" im Verhältnis zwischen emittierendem und akquirierendem Unternehmen. Dieser Sichtweise zufolge dienen Interbankenentgelte als Ausgleich bzw. Kompensation für solche Dienstleistungen, die seitens der Kartenemittenten zugunsten der akquirierenden Unternehmen erbracht werden und die letzten Endes den Vertragsunternehmen, also der Marktgegenseite der Acquirer zugutekommen.

b) Der Begriff „Entgelt" respektive „Vergütung" und damit diese Sichtweise als solche wären nur zutreffend, wenn es sich bei einem Interbankenentgelt tatsächlich um eine Gegenleistung handeln würde. Dies ist jedoch nicht der Fall. Im Interbankenverhältnis zwischen den Issuern und den Acquirern existiert keine (gesonderte) Leistung der Issuer, die seitens der Acquirer nachgefragt wird bzw. werden könnte. Aufgrund der Existenz der HACR haben die akquirierenden Unternehmen auch nicht die Freiheit, selbst zu entscheiden, ob und welche Transaktionen sie abwickeln.

c) Diese Sichtweise liefert auch keine Antwort auf die Frage, weshalb die Interbankenentgelte in den Systemen von Visa und MasterCard seitens der Acquirer und nicht seitens der Issuer zu entrichten sind.

3. Theorie 3: Die netzwerkorientierte Sichtweise

Die netzwerkorientierte Sichtweise, die gegenwärtig vorherrschend zur Rechtfertigung bzw. Darlegung der Existenzberechtigung der multilateralen Interbankenentgelte ins Feld geführt wird, vermag ebenfalls nicht zu überzeugen.

a) Nach dieser Auffassung handelt es sich bei (multilateralen) Interchange Fees um ein Ausgleichsinstrument innerhalb eines Kreditkartensystems. Dieses Erklärungsmodell knüpft in erster Linie an die zweiseitige Marktstruktur, die Interdependenzen zwischen den Bereichen der Emission und des Acquiring und die Netzeffekte an.

Im Wege dieser Sichtweise wird implizit unterstellt, dass innerhalb eines Kreditkartensystems ein Ungleichgewicht zwischen dem Issuing- und dem Acquiring-Bereich besteht. Es bestehe ein Ungleichgewicht zwischen der Nachfrage der Karteninhaber und der Nachfrage der Händler auf einem Markt mit zweiseitiger Nachfrage und/oder ein Ungleichgewicht zwischen den Issuing- und den Acquiring-Kosten. Bei der MIF handele es sich um ein Instrument dieses Ungleichgewicht zu beseitigen und den Output des Systems zu maximieren.

b) Ohne eine MIF besteht indes kein Ungleichgewicht zwischen der Nachfrage nach Kartenprodukten des jeweiligen Systems seitens der Karteninhaber und der Vertragsunternehmen.
   aa) Der Verweis auf das sog. „Chicken-and-egg"-Problem vermag die Existenz eines Ungleichgewichts bzw. die Existenz von Effizienzvorteilen aufgrund der MIF innerhalb der etablierten Kreditkartensysteme von Visa und MasterCard nicht zu begründen. Die bereits etablierten Kreditkartensysteme von MasterCard und Visa haben das Stadium dieser Problematik bereits unlängst verlassen.
   bb) Das Todesspiralen-Argument vermag im vorliegenden Kontext nicht zu überzeugen. Gegen dieses Argument spricht vorliegend insbesondere auch, dass ein (etwaiger) Rückgang der Anzahl an Karteninhabern nicht zwangsläufig mit einem Rückgang an Effizienz gleichzusetzen wäre.
   cc) Eine Maximierung des System-Outputs, die in erster Linie der Kreditkartenorganisation wie auch den Mitgliedern des Systems zugutekommt, stellt keinen (objektiven) Vorteil dar, der im Rahmen der ersten Freistellungsvoraussetzung zu berücksichtigen wäre.
   dd) Dass ein (Intra-System-)Wettbewerb im nachgelagerten Bereich erst durch die Ausgestaltung eines Kreditkartensystems in Form eines offenen Systems entsteht, steht außer Frage. Dies bedeutet jedoch nicht zugleich, dass dies eine Auswirkung der MIF ist.
   ee) Der Wettbewerb wird auch nicht – wie teils (pauschal) behauptet wird – durch eine Zunahme der Anzahl der Systemteilnehmer verbessert. Zwar kann eine MIF den Markteintritt von Anbietern erleichtern. Eine Zunahme der Anzahl von Emittenten aufgrund der MIF führt aber nicht zwangsläufig zu einer Verbesserung des (Intra-System-)Wettbewerbs. Eine MIF kann auch solchen Anbietern den Zugang zum Emissionsgeschäft ermöglichen, die ohne MIF nicht kostendeckend respektive effizient agieren können. Die Abnahme des Konzentrationsgrades durch Markteintritte von solchen nicht konkurrenzfähigen Issuer führt nicht dazu, dass der Wettbewerbsdruck auf die vorhandenen Emittenten ansteigt. Auch Marktzutritte im Acquiring-Bereich erscheinen in Anbetracht der zu erwartenden höheren Kostenbelastung für die Acquirer weitaus weniger attraktiv.

c) Auch die These, dass zwischen den Issuern und den Acquirern ein Kostenungleichgewicht existiere, lässt sich nicht bestätigen.

aa) Der Verweis darauf, dass die Issuer (üblicherweise) die höchsten Kosten innerhalb des Systems tragen, geht fehl. Zum einen werden einige Kostenpositionen lediglich wegen der Existenz der MIF seitens der Emittenten getragen. Die wegen der Existenz der MIF übernommenen Kosten im Wege eines MIF auszugleichen, stellt insofern ein Zirkelschluss dar. Zum anderen stellt eine reine Kostenanalyse keine substanzielle Grundlage für die Annahme eines entsprechenden Ungleichgewichts zwischen beiden Seiten des Marktes. Dies bedürfte vielmehr auch einer Einbeziehung der Einnahmen.

bb) Die Sektorenuntersuchung der Kommission ergab, dass in 20 der 25 betrachteten Länder in Abwesenheit von Interchangegebühren im Wege der Kreditkartenemission positive Gewinne hätten erzielt werden könnten. Dies widerspricht der Behauptung, dass die Kosten der Issuer deren Einnahmen übersteigen und daher ein Entgelttransfer erforderlich sei.

cc) Die Vertreter der netzwerkorientierten Sichtweise gehen davon aus, dass sich die Interbankenentgelte lediglich auf die Preisstruktur, nicht hingegen auf die Gesamtsumme der Preise, also das Preisniveau, auswirken. Dem ist nicht beizupflichten:

  (1) Die MIF beeinflussen das Niveau der Gesamtpreise und nicht bloß die Kostenstrukturen. Es besteht insofern eine Korrelation zwischen den MSC und den MIF, als die MIF eine Mindestgrenze der Händlergebühren statuieren. Ein Anstieg der MIF bewirkt eine Erhöhung dieser Untergrenze der MSC. Im umgekehrten Falle einer Senkung der MIF konnte bislang nicht ersehen werden, dass die MSC ebenfalls gesenkt wurden. Eine solche Senkung wäre jedoch nach der netzwerkorientierten Sichtweise erforderlich, um die angebliche Neutralität hinsichtlich des Preisniveaus zu wahren.

  (2) Die Höhe der MIF wirkt sich auch nicht neutral hinsichtlich der Höhe der Kartengebühren aus. Nach der netzwerkorientierten Sichtweise wäre im Falle eines Anstiegs der MIF eine entsprechende Absenkung der Karteninhabergebühren zu erwarten. Die Untersuchungen der Kommission belegen indes, dass lediglich eine geringe negative Korrelation zwischen diesen beiden Entgelten gegeben war. Im Rahmen der ersten Freistellungsvoraussetzung wäre erforderlich, dass die mit der wettbewerbsbeschränkenden Absprache einhergehenden Vorteile geeignet sind, die mit ihr verbundenen Nachteile zumindest auszugleichen. Dies ist jedoch nicht der Fall. Die Untersuchung der Kommission deutet darauf hin, dass die zusätzlichen Einnahmen aus einer Erhöhung der MIF nicht in angemessenem Ausmaß zu einer Absenkung der Karteninhabergebühren führten. Die MIF tarieren also (auch insofern) kein Kostenungleichgewicht aus.

dd) Von den Vertretern der netzwerkorientierten Sichtweise wird auf weitere Vorteile der Optimierung des System-Outputs durch die MIF und/oder die Herstellung eines Ausgleichs der Nachfrage im Issuing-Bereich und der

Nachfrage im Acquiring-Bereich verwiesen und/oder darauf, dass der Ausgleich des Kostenungleichgewichts mit weiteren Effizienzvorteilen verbunden sei. Als derart verknüpfte weitere Effizienzvorteile seien etwa ein Umsatzzuwachs bei den Händlern, die Zahlungsgarantie im Falle des Einsatzes der Kreditkarte als Zahlungsmittel, die Bereitstellung der zinsfreien Finanzierungszeit wie auch eine Verbesserung der Sicherheit anzusehen. Es handelt sich bei diesen Aspekten indes nicht um Vorteile, die erst aufgrund der MIF entstehen, sondern die bereits mit dem Betrieb eines Kreditkartensystems einhergehen. Diese angeblichen Effizienzvorteile stehen nicht in hinreichend unmittelbarem Zusammenhang mit den MIF.

4. Vorliegen sonstiger Effizienzgewinne

Sonstige Arten von Effizienzgewinnen, die teils zur Rechtfertigung der Existenzberechtigung der MIF vorgetragen werden, sich jedoch nicht konkret einem der genannten Erklärungsmodelle zuordnen lassen, sind ebenfalls nicht gegeben.

a) Ein Argument jener, die eine Freistellungsfähigkeit der MIF proklamieren, geht dahin, dass mit der multilateralen Aushandlung und Festsetzung der MIF eine wirtschaftliche Effizienz einhergehe, zumal als Alternative hierzu lediglich eine bilaterale Verhandlung von Interchange Fees zwischen Issuern und Acquirern in Betracht komme. Die multilaterale Festsetzung der IC Fees ermögliche rasche und kostengünstige Verhandlungen. Diese Nachteile bilateraler Verhandlungen seien durch eine multilaterale Festsetzung zu vermeiden.
Indes vermag diese Argumentation nicht zu überzeugen. Ad absurdum geführt, würde diese Argumentation darauf hinauslaufen, dass Entgelt- und Preisabreden desto eher der ersten Voraussetzung des Art. 101 Absatz 3 AEUV unterfallen, desto weitreichender sie sind. Im Übrigen ergibt sich das „Erfordernis" einer bilateralen Verhandlung auch erst aufgrund der Ausgestaltung der MIF als Fallback Fee. Die Vereinbarung bilateraler Interbankenentgelte dient dem Zweck von den MIF abzuweichen. Ohne eine als Fallback Fee ausgestaltete MIF besteht indes kein solches Bedürfnis. Die Aussage ohne MIF „müssten" bilaterale Verhandlungen erfolgen und diese seien weniger effektiv als eine multilaterale Festlegung ist insofern nicht schlüssig. Diese Argumentation wird erst schlüssig, sofern eine MIF existiert.
b) Das (weitere) Argument eines gegen Bargeld geführten „Krieges" überzeugt ebenfalls nicht. Es finden sich keinerlei Nachweise, dass gerade die MIF zu einer Ablösung respektive Ersetzung des Bargeldeinsatzes durch Zahlungskarten beiträgt.

II. Angemessene Beteiligung der Verbraucher

Sofern man gleichwohl gewillt ist, vom Vorliegen von Effizienzvorteilen auszugehen, kommt eine Rechtfertigung der MIF auch in Ermangelung des Vorliegens der zweiten Freistellungsvoraussetzung nicht in Betracht. Eine angemessene Beteiligung der Verbraucher an den Effizienzgewinnen ist nicht gegeben. Selbst unter Zugrundlegung einer Preisregulierung, wie sie in der neuen Interbankenentgelte-Verordnung vorgesehen ist, werden durch multilaterale Interbankenentgelte jedenfalls keine Vorteile für Nutzer anderer Zahlungsmittel generiert.

1. Die Vertragsunternehmen und die Karteninhaber

Bei den Vertragsunternehmen handelt es sich um die Verbraucher im Hinblick auf die Acquiring-Dienstleistungen; die Karteninhaber bilden die Verbrauchergruppe im Issuing-Bereich. Es existieren insofern zwei unterschiedliche, allerdings in Anbetracht der Netzwerkeffekte verbundene Typen von Verbrauchern. Die zweiseitige Marktstruktur ändert nichts an dem Grundsatz, dass jene Verbraucher an den Effizienzgewinnen angemessen beteiligt werden müssen, welche die Nachteile der Wettbewerbsbeschränkung tragen.

a) Eine angemessene Beteiligung der Vertragsunternehmen an den (behaupteten) Effizienzvorteilen ist nicht gegeben.
   aa) Zunächst werden die Vertragsunternehmen durch die zusätzlichen Kosten aus der MIF benachteiligt.
   bb) Sofern es den Vertragsunternehmen aufgrund der Marktverhältnisse im jeweiligen Absatzbereich möglich ist, die durch die MIF bedingte Zunahme der MSC an ihre Kunden im Absatzbereich weiterzuleiten, tragen letztlich ihre Abnehmer auf den Absatzmärkten die Kosten. Eine entsprechende Weiterleitung (jedenfalls eines Teils der MSC) erscheint wahrscheinlicher als eine Kostentragung durch die Vertragsunternehmen. Wenn sämtliche respektive die überwiegende Anzahl der in diesem Bereich agierenden Unternehmen eine Kreditkarte als Zahlungsmittel akzeptieren, ist davon auszugehen, dass die überwiegende Anzahl der kartenakzeptierenden Unternehmen die Kosten an ihre Abnehmer weiterleitet. In diesem Falle erwächst dem einzelnen Unternehmen im Absatzbereich kein Wettbewerbsnachteil gegenüber anderen Händlern. Diese Kompensation resultiert indes lediglich aus der Verhandlungsposition der Vertragsunternehmen im Absatzbereich. Es handelt sich also nicht um eine Entlastung, die unmittelbar aus der Existenz der MIF folgt. Dies genügt indes nicht. Im Rahmen der zweiten Freistellungsvoraussetzung sind ausschließlich jene Vorteile zu berücksichtigen, die in direktem Kausalzusammenhang zu der Vereinbarung stehen.
   cc) Wenn ein Vertragsunternehmen hingegen auf einem besonders kompetitiven Absatzmarkt agiert, liegt es nahe, dass diese Kosten nicht bzw. jedenfalls nicht in vollem Umfang an die Abnehmer auf dem Absatzmarkt weitergereicht werden (können). In diesem Falle tragen die Vertragsunternehmen letztlich selbst diese Kosten. Dass das Vertragsunternehmen im Falle einer Kreditkartentransaktion den mit einer Bargeldzahlung einhergehenden Aufwand erspart, gleicht diese Nachteile nicht aus. Insofern

ermangelt es bereits des hinreichenden Zusammenhanges zwischen der MIF und den auf Seiten der Händler entstehenden Ersparnissen. Die allgemeinen Vorteile, die für das Vertragsunternehmen mit einer Kartentransaktion verbunden sind, sind nicht mit jenen Vorteilen identisch, die mit einer MIF einhergehen.

b) Die Interbankenentgelte dienen als Gewinngenerator der Issuer, ohne dass die Karteninhaber angemessen an den im Wege dieser Entgelte generierten Einkünften beteiligt werden. Der Aspekt, dass die Karteninhabergebühren (tendenziell) aufgrund der MIF sinken, vermag ein Vorliegen der zweiten Freistellungsvoraussetzung – soweit es die Karteninhaber anbelangt – nicht zu begründen. Die MIF beschränken den Wettbewerb im Issuing-Bereich. Es besteht nur eine geringe negative Korrelation zwischen der Höhe der MIF und der Höhe der Karteninhabergebühren. Im Falle einer Weiterleitung der MIF durch die Vertragsunternehmen im Absatzbereich tragen die Karteninhaber überdies letztlich auch einen Anteil der Kosten, die im Wege der MIF verursacht werden.

2. Die Abnehmer der Vertragsunternehmen im Absatzbereich

Die Abnehmer der Vertragsunternehmen im Absatzbereich sind sowohl in Bezug auf die, auf den jeweiligen Absatzmärkten angebotenen Leistungen als auch im vorliegenden Kontext als Verbraucher anzusehen.

a) Im Falle einer Verknüpfung zweier Märkte, sind auch die Effizienzvorteile berücksichtigungsfähig, die durch die wettbewerbsbeschränkende Maßnahme auf diesen Märkten herbeigeführt werden. Darüber hinaus können grundsätzlich auch Vorteile berücksichtigt werden, die auf Märkten eintreten, die nicht von der wettbewerbsbeschränkenden Vereinbarung betroffen sind. Bei den Kunden der Vertragsunternehmen, die nicht mittels Kreditkarte zahlen, handelt es sich nicht um Unbeteiligte. Sie sind von den Nachteilen der MIF betroffen.

b) Die Kunden der Vertragsunternehmen, die nicht mittels Kreditkarte zahlen, tragen ebenfalls die Kosten durch die MIF. Die Vertragsunternehmen differenzieren bei der Weiterleitung der MIF nicht zwischen Kartenzahlern und den Nutzern sonstiger Zahlungsmittel. Die aufgrund der MIF erhöhten Kosten werden auf die Produktpreise des jeweiligen Absatzbereichs umgelegt. Diese Kundengruppe, die keine Kreditkarten zur Zahlung nutzt, partizipiert nicht an den (behaupteten) Vorteilen einer MIF. Die Barzahler und die Nutzer sonstiger Zahlungsmittel profitieren nicht einmal von den Vorteilen eines Kreditkartensystems. Sie werden demnach von vornherein nicht an etwaigen Effizienzvorteilen beteiligt, sondern tragen lediglich die im Wege der MIF generierten Mehrkosten im Absatzbereich.

c) Selbst unter Zugrundlegung einer Preisregulierung, wie sie im Wege der neuen Interbankenentgelte-Verordnung eingeführt wurde, werden durch multilaterale Interbankenentgelte keine (angemessenen) Vorteile für diese Nutzer anderer Zahlungsmittel generiert.

III. Unerlässlichkeit der Wettbewerbsbeschränkung

Selbst wenn man davon ausgehen wollte, dass eine MIF mit Effizienzvorteilen verbunden ist. Die multilateralen Interbankenentgelte in ihrer derzeitigen Ausgestaltung sind nicht unerlässlich im Sinne der dritten Variante des Freistellungstatbestandes des Art. 101 Abs. 3 AEUV.

Die multilaterale Festsetzung der Interbankenentgelte kann im Wege einer Regulierung der Höhe der MIF und der Festlegung von Höchstgrenzen nicht ausgeschaltet werden. Gerade die multilaterale Festlegungsmethode schafft ein künstliches Preisniveau. Die MIF ist bereits als solche nicht unerlässlich. Auch eine MIF, deren Höhe reguliert wird, beschränkt den Wettbewerb und ist ihrerseits nur freistellungsfähig, wenn die mit ihr verbundenen Wettbewerbsbeschränkungen auf das im Einzelfall unabdingbare Maß begrenzt sind. Selbst sofern man unterstellt, dass eine MIF mit Effizienzvorteilen einhergeht, existieren hinreichend geeignete Alternativen zu einer MIF, die mit geringeren Wettbewerbsbeschränkungen verbunden sind.

a) Die denkbare Möglichkeit der Umstellung der derzeitigen MIF-Regelung auf eine MIF von Null (sog. Zero-MIF) offenbart insofern erste Bedenken, die gegen die Annahme der Unerlässlichkeit sprechen. Letztlich kann eine MIF von Null jedoch nicht als geeignete Alternative zur derzeitigen MIF-Regelung angesehen werden, da sie keine Reaktionen auf Veränderungen in der Struktur des Marktes zulässt. Eine Aufrechterhaltung der MIF unter Abschaffung der Ausgestaltung als Fallback Fee bzw. ein Übergang zu ausschließlich bilateralen Verhandlungen erscheinen ebenfalls nicht als hinreichende Alternativen.
b) Die Ersetzung der derzeitigen expliziten MIF durch eine implizite Interchange-Gebühr unter Einschaltung von „Interchange-Händlern" ist als weniger wettbewerbsbeschränkende Alternative einer MIF anzuerkennen. Jeder einzelne Acquirer bzw. Issuer würde in diesem Falle in Verhandlungen mit einem als Intermediär agierenden „Interchange-Händler" eintreten und individuell auf der Basis seiner Transaktionsumsätze Interchange-Sätze aushandeln. Die Differenz zwischen den (von den Acquirern) erhaltenen und (an die Issuer) weitergereichten Gebühren würde die Provision des „Interchange-Händlers" darstellen. Es bedürfte weder multilateraler Interbankenentgelte noch würde ein einheitliches, künstlich geschaffenes Mindestniveau der MSC existieren. Eine entsprechende Strukturänderung des Interchange-Bereichs würde die Entstehung eines neuen systeminternen Marktes ermöglichen.
c) Eine Erhebung zusätzlicher Gebühren von den Karteninhabern stellt eine weitere gangbare Alternative zu den derzeitigen MIF-Regelungen dar. Allein der Umstand, dass den Karteninhabern weder Preisaufschläge seitens der Händler in Rechnung gestellt noch transaktionsbezogene Gebühren von den Emittenten erhoben wurden und sich der Kreditkarteneinsatz aus Sicht der Karteninhaber als kostenlos bzw. neutral darstellte, lässt nicht darauf schließen, dass die Karteninhaber nicht bereit wären, Gebührensteigerungen eines gewissen

Ausmaßes hinzunehmen. In anderen Ländern ist es gegenwärtig durchaus üblich, dass die Karteninhaber für jede Transaktion eine Gebühr an den Emittenten entrichten. Im Übrigen werden den Karteninhabern auch für Bargeldabhebungen (jedenfalls an institutsfremden Geldautomaten) üblicherweise Gebühren in Rechnung gestellt. Dass dies im Bereich des Einsatzes am Point of Sale nicht möglich wäre, erscheint nicht nachvollziehbar. Eine Berechnung zusätzlicher Gebühren zu Lasten der Karteninhaber geht nicht mit den aufgezeigten wettbewerbsbeschränkenden Auswirkungen einer MIF einher. Würden die Kosten den Karteninhabern auferlegt werden, würden die Banken auch hinsichtlich des derzeit durch die MIF determinierten Einnahmebestandteils in (Preis-)Wettbewerb zueinander (ein)treten.

IV. Keine Eröffnung einer Möglichkeit zur Ausschaltung des Wettbewerbs für einen wesentlichen Teil der betreffenden Waren

Die vierte Freistellungsvoraussetzung ist hingegen – wenngleich dies hinsichtlich des Ergebnisses letztlich irrelevant sein mag – erfüllt. Hinsichtlich des nachgelagerten Bereichs verbleiben hinreichende wettbewerbliche Handlungsfreiheiten der Issuer wie auch der Acquirer. Im Interchange-Bereich zwischen Issuern und Acquirern existiert bereits kein eigenständiger Markt; selbst wenn man von der Existenz eines solchen ausgehen wollte, wird den Issuern und Acquirern jedenfalls durch die MIF nicht die Möglichkeit genommen, bilaterale Interbankenentgelte zu vereinbaren. In Bezug auf den System-Markt, auf dem sich Visa und MasterCard als Wettbewerber gegenüberstehen, kann ebenfalls nicht von einer Ausschaltung des Wettbewerbs im Sinne der vierten Freistellungsvoraussetzung ausgegangen werden.

Literaturverzeichnis

Abele, Hanns/Schäfer, Guido, Public consultation of the European Commission on the Interim Report I – Payment Cards, 2006, abrufbar unter: http://ec.europa.eu/competition/sectors/financial_services/inquiries/replies_report_1/54.pdf (zitiert: Abele/Schäfer, Interim Report I – Payment Cards, 2006).

Abele, Hanns/Berger, Ulrich/Schäfer, Guido, Kartenzahlungen im Euro-Zahlungsraum, Heidelberg, 2007 (zitiert: Abele/Berger/Schäfer, Kartenzahlungen im Euro-Zahlungsraum, 2007).

Adams, Michael, Zur Nichtigkeit von Preisaufschlagsverboten in Kreditkartenverträgen nach § 15 GWB, ZIP 1990, 632 ff. (zitiert: Adams, Nichtigkeit von Preisaufschlagsverboten, ZIP 1990, 632).

Ahlborn, Cristian/Chang, Howard H./Evans, David S., The Problem of Interchange Fee Analysis: Case without a Cause?, The Payment Card Econ. Rev. 2003, Vol. 1, 123 ff. (zitiert: Ahlborn/Chang/Evans, The Problem of Interchange Fee Analysis, The Payment Card Econ. Rev. 2003, Vol. 1, 123).

Allemann, Richard, Die Problematik der verschiedenen Formen von Kreditkarten aus der Sicht des Einzelhändlers, in: Allemann, Richard/Boreham, Jonathan/Sandom, Z. J. (Hrsg.), Die Kreditkarte im Einzelhandel, gdi-topics Nr. 45, Zürich, 1969, 3 ff. (zitiert: Allemann, Problematik der verschiedenen Formen von Kreditkarten, 1969, 3).

Almunia, Joaquin, MIF – die Sicht der EU-Kommission, CLEARIT, Ausgabe 45, 2010, 10, abrufbar unter: http://www.six-interbank-clearing.com/dam/downloads/de/clearit/clearit45.pdf (zitiert: Almunia, MIF, CLEARIT 2010, 10).

Avancini, Peter, Rechtsfragen des Kreditkartengeschäfts, ZfRV 1969, 121 ff. (zitiert: Avancini, Kreditkartengeschäft, ZfRV 1969, 121).

Bahr, Christian, Die Verhinderung, Einschränkung oder Verfälschung des Wettbewerbs in § 1 GWB, WuW 2000, 954 ff. (zitiert: Bahr, Verhinderung, Einschränkung oder Verfälschung des Wettbewerbs, WuW 2000, 954).

Bamberger, Heinz Georg/Roth, Herbert/Hau, Wolfgang/Roman Poseck, Beck'scher Online-Kommentar BGB, 48. Edition, München, Stand: 01.11.2018 (zitiert: BeckOK-BGB, 48. Ed., 2018).

Baumbach, Adolf/Hopt, Klaus J., Handelsgesetzbuch mit GmbH & Co., Handelsklauseln, Bank- und Kapitalmarktrecht, Transportrecht (ohne Seerecht), 38. Aufl., München, 2018 (zitiert: Baumbach/Hopt, HGB, 38. Aufl., 2018).

Baxter, William F., Bank Interchange of Transactional Paper: Legal and Economic Perspectives, The Journal of Law & Economics, Vol. 26, No. 3 (October 1983),

541–588 (zitiert: Baxter, Legal Interchange of Transactional Paper, J. Law Econ. 1983, Vol. 26, No. 3, 541).

BIS, Retail Payments in selected countries – A comparative study, CPSS, January 1999, Basel, abrufbar unter: http://www.bis.org/cpmi/publ/d33.pdf (zitiert: BIS, Retail Payments in selected countries, 1999).

BIS, Survey of developments in electronic money and internet and mobile payments, CPSS, March 2004, abrufbar unter: https://www.bis.org/cpmi/publ/d62.pdf (zitiert: BIS, Survey of developments in electronic money, 2004).

Barnert, Thomas, Kreditkartengeschäft und AGB-Kontrolle – Anmerkungen zum Urteil des BGH vom 16. April 2002 = WM 2002, 1120, WM 2003, 1153 ff. (zitiert: Barnert, Kreditkartengeschäft und AGB-Kontrolle, WM 2003, 1153).

Barth, Klaus, Zur Problematik der Bestimmung des relevanten Marktes von Handelsunternehmungen, BB 1984, 1457–1461 (zitiert: Barth, Bestimmung des relevanten Marktes, BB 1984, 1457).

Baumgarth, Carsten, Wirkungen des Co-Brandings – Erkenntnisse durch Mastertechnikpluralismus, Wiesbaden, 2003 (zitiert: Baumgarth, Wirkungen des Co-Brandings, 2003).

Baxter, William F., Bank Interchange of Transactional Paper: Legal and Economic Perspectives, J. Law Econ. Vol. 26, No. 3, 1983, 541 ff. (zitiert: Baxter, Legal Interchange of Transactional Paper, J. Law Econ. 1983, Vol. 26, No. 3, 541).

Bechtold, Rainer/Bosch, Wolfgang, Kartellgesetz – Gesetz gegen Wettbewerbsbeschränkungen (§§ 1–96, 185, 186), 9. Aufl., München, 2018 (zitiert: Bechtold/Bosch, GWB, 9. Aufl., 2018).

Bechtold, Rainer/Bosch, Wolfgang/Brinker, Ingo, EU-Kartellrecht – Artikel 101–106 AEUV, EU-Kartell-VO 1/2003, Gruppenfreistellungsverordnungen, 3. Aufl., München, 2014 (zitiert: Bechtold/Bosch/Brinker, EU-Kartellrecht, 3. Aufl., 2014).

Beck, Peter, Einwendungen bei eurocheque und Kreditkarte, Köln, 1966 (zitiert: Beck, Einwendungen bei eurocheque und Kreditkarte, 1966).

Benkelberg, Swantje, Interchange-Regulierung: Rezepte für Emittenten, cards 2015, Heft 1, 23–24 (zitiert: Benkelberg, Interchange-Regulierung, cards 2015, Heft 1, 23).

Berg, Werner/Mäsch, Gerald (Hrsg.), Kommentar zum deutschen und europäischen Kartellrecht, 3. Aufl., Münster, 2018 (zitiert: Berg/Mäsch, 3. Aufl., 2018).

Bergmann, Jan (Hrsg.), Handlexikon der Europäischen Union, 5. Aufl., Baden-Baden, 2015 (zitiert: Bergmann, EU, 5. Aufl. 2015).

Berry, Henry V., The Debit Card versus The Credit Card, American Institute of Banking, American Bankers Association, Washington, 1979 (zitiert: Berry, Debit Card versus Credit Card, 1979).

Bieber, Klaus Dietrich, Rechtsprobleme des ec-Geldautomatensystems, WM 1987, Beil. 6, 1 ff. (zitiert: Bieber, ec-Geldautomatensystem, WM 1987, Beil. 6, 1).

Bitter, Georg, Rechtsverhältnis zwischen Kreditkartenunternehmen und Vertragsunternehmen; Verteilung des Missbrauchsrisikos im Telefon- und Mailorderverfahren – Entscheidungsbesprechung von Bitter zum Urteil v. 16.04.2002 – XI ZR 375/00, WuB I D 5 a. – 2.02 (zitiert: Bitter, Verteilung des Missbrauchsrisikos im Telefon- und Mailorderverfahren, WuB I D 5 a. – 2.02).

Bitter, Georg, Rechtsverhältnis zwischen Kreditkartenunternehmen und Vertragsunternehmen; Verteilung des Missbrauchsrisikos im Telefon- und Mailorderverfahren – Entscheidungsbesprechung von Bitter zu BGH, Urteil v. 13.01.2004 – XI ZR 479/02, WuB I D 5 a. – 1.04 (zitiert: Bitter, Verteilung des Missbrauchsrisikos im Telefon- und Mailorderverfahren, WuB I D 5 a. – 1.04).

Blaschczok, Martin, Kartellrecht in zweiseitigen Wirtschaftszweigen. Eine Untersuchung vor dem Hintergrund der ökonomischen Forschung zu ‚two-sided markets', Reihe Wirtschaftsrecht und Wirtschaftspolitik Band 276 (Hrsg. Mestmäcker, Ernst-Joachim/Möschel, Wernhard/Hellwig, Martin), 1. Aufl., Baden-Baden, 2015, zugl. Bonn, Univ., Diss., 2014 (zitiert: Blaschczok, Kartellrecht in zweiseitigen Wirtschaftszweigen, 2015).

Blaurock, Uwe, Zahlungsverkehr im Internet, in: Leipold, Dieter (Hrsg.), Rechtsfragen des Internet und der Informationsgesellschaft, Heidelberg, 2002, S. 155 ff. (zitiert: Blaurock, Zahlungsverkehr im Internet, 2002, S. 155).

Blaurock, Uwe/Münch, Fred, Elektronisches Geld und Stored Value Cards – im Blickpunkt: Bankrechtsfragen softwaregestützter Barzahlungsvorgänge im Internet, K&R 2000, 91 ff. (zitiert: Blaurock/Münch, Elektronisches Geld und Stored Value Cards, K&R 2000, 91).

Böttger, Günter, Zur rechtlichen Beurteilung des Kreditkartenverfahrens, in: Rünz, Hans Wilhelm/Böttger, Günter, Praxis und Recht des Kreditkartenverfahrens, Mainz, 1979 (zitiert als: Böttger, Kreditkartenverfahren, 1979).

Boetzkes, Christian, Rechtsprobleme von Geldautomatengebühren und Wertpapierprovisionen – Eine zivil- und kartellrechtliche Untersuchung, Berlin, 2001 (zitiert: Boetzkes, Rechtsprobleme von Geldautomatengebühren, 2001).

Bolt, Wilko/Humphrey, David B./Uittenbogaard, Roland, Transaction Pricing on the Adoption of Electronic Payments: A Cross-Country Comparison, Int'l J. Cent. Bank, 2008, Vol. 4, No. 1, 89–123 (zitiert: Bolt/Humphrey/Uittenbogaard, Transaction Pricing, Int'l J. Cent. Bank, 2008, Vol. 4, No. 1, 89).

Bolt, Wilko/Chakravorti, Sujit, Digitization of Retail Payments, De Nederlandsche Bank, DNB Working Paper No. 270, December 2010, abrufbar unter: http://www.dnb.nl/en/binaries/Working%20paper%20270_tcm47-243674.pdf (zitiert: Bolt/Chakravorti, Digitization of Retail Payments, 2010).

Bolt, Wilko, Retail Payment Systems: Competition, Innovation, and Implications, De Nederlandsche Bank, DNB Working Paper No. 362, December 2012, abrufbar unter: https://www.dnb.nl/binaries/Working%20Paper%20362_tcm46-283048.pdf (zitiert: Bolt, Retail Payment Systems, 2012).

Boos, Karl-Heinz/Fischer, Reinfrid/Schulte-Mattler, Hermann, KWG, CRR-VO – Kommentar zu Kreditwesengesetz, VO (EU) Nr. 575/2013 (CRR) und Ausführungsvorschriften, Band 1, 5. Aufl., München, 2016 (zitiert: Boos/Fischer/Schulte-Mattler, KWG, Bd. 1, 5. Aufl., 2016).

Börestam, Ann/Schmiedel, Heiko, INTERCHANGE FEES IN CARD PAYMENTS, Occasional Paper Series, No. 131, European Central Bank, September 2011, abrufbar unter: https://www.ecb.europa.eu/pub/pdf/scpops/ecbocp131.pdf (zitiert: Börestam/Schmiedel, Interchange Fees, 2011).

Borowicz, Frank/Scherm, Ewald, Standardisierungsstrategien: Eine erweiterte Betrachtung des Wettbewerbs auf Netzeffektmärkten, zfbf 2001, 391–416 (zitiert: Borowicz/Scherm, Standardisierungsstrategien, zfbf 2001, 391).

Borzekowski, Ron/Kiser, Elizabeth K./Ahmed, Shaista, Consumers' Use of Debit Cards: Patterns, Preferences, and Price Response, Finance and Economics Discussion Series, Federal Reserve Board, Washington, D.C., Staff Working Paper 2006–16, April 2006, abrufbar unter: http://www.federalreserve.gov/pubs/feds/2006/200616/200616pap.pdf (zitiert: Borzekowski/Kiser/Ahmed, Consumers' use of debit cards, 2006).

Borzekowski, Ron/Kiser, Elizabeth K., The Choice at the Checkout: Quantifying Demand Across Payment Instruments, Finance and Economics Discussion Series, Federal Reserve Board, Washington, D.C., Staff Working Paper 2006–17, April 2006, abrufbar unter: http://www.federalreserve.gov/pubs/feds/2006/200617/200617pap.pdf (zitiert: Borzekowski/Kiser, The Choice at the Checkout, 2006).

Bott, Jürgen, Europäische Preisregulierung mittels Merchant Indifference Test scheitert an praktischer Umsetzbarkeit – Vorteile von Kartenzahlungen im Vergleich zu Barzahlungen sind kaum quantifizierbar, August 2013, abrufbar unter: www.docplayer.org/4139094-Europaeische-preisregulierung-mittels-merchant-indifference-test-scheitert-an-praktischer-umsetzbarkeit-vorteile-von-kartenzahlungen-im-vergleich-zu.html (zitiert: Bott, Europäische Preisregulierung mittels Merchant Indifference Test, 2013).

Braatz, Frank/Brinker, Ulrich/Friedrich, Hans-Jürgen, Alles über Zahlungsverkehr mit Karten – Kreditkarten, Scheckkarten, Kundenkarten, Geldkarten, Anbieter, Marktdaten, Technik, Sicherheit, Neuwied, 1999 (zitiert: Braatz/Brinker/Friedrich, Zahlungsverkehr mit Karten, 1999).

Bradford, Terri/Hayashi, Fumiko, Developments in Interchange Fees in the United States and Abroad, Payments System Research Briefing, Federal Reserve Bank of Kansas City, April 2008, abrufbar unter: http://www.kc.frb.org/Publicat/PSR/Briefings/PSR-BriefingApr08.pdf (zitiert: Bradford/Hayashi, Developments in Interchange Fees in the United States and Abroad, 2008).

Bradford, Terri, The Puzzle of Payments Security: Fitting the Pieces Together to Protect the Retail Payments System – Highlights from the 2015 International Payments Policy Conference, Federal Reserve Bank of Kansas City, 2015, abrufbar unter: https://www.kansascityfed.org/~/media/files/publicat/psr/briefings/psr-briefingoct2015.pdf (zitiert: Bradford, Puzzle of Payments Security, 2015).

Bröcker, Norbert, Funktion und Begründung des abstrakten Schuldversprechens bei Giroüberweisung, Kreditkartengeschäft und POS-System, WM 1995, 468 (zitiert: Bröcker, Funktion und Begründung des abstrakten Schuldversprechens, WM 1995, 468).

Bunte, AGB-Banken, AGB-Sparkassen und Sonderbedingungen – Kommentar, 4. Aufl., München, 2015 (zitiert: Bunte, AGB-Banken, 4. Aufl., 2015).

Bunte, Hermann-Josef, Die Ergebnisse der Sektorenuntersuchung im Retail-Bankgeschäft für Bezahlkartensysteme, WM 2007, 2041 ff. (zitiert: Bunte, Sektorenuntersuchung (Bezahlkartensysteme), WM 2007, 2041).

Burkard, Julia/Lambrecht, Martin, Haftung von Arbeitnehmern bei Firmenkreditkarten, NZI 2011, 96 (zitiert: Burkard/Lambrecht, Haftung bei Firmenkreditkarten, NZI 2011, 96).

Caillaud, Bernard/Jullien, Bruno, Chicken & egg: competition among intermediation service providers, RAND J. Econ. 2003, Vol. 34, No. 2, 309 ff. (zitiert: Caillaud/Jullien, Chicken & Egg, RAND J. Econ. 2003, Vol 34, 309).

Carbó-Valverde, Santiago/Chakravorti, Sujit/Fernández, Francisco R., Regulating Two-Sided Markets - An Empirical Investigation, Working Paper Series No. 1137, December 2009, European Central Bank, abrufbar unter: http://www.ecb.europa.eu/pub/pdf/scpwps/ecbwp1137.pdf (zitiert: Carbó-Valverde/Chakravorti/Fernández, Regulating Two-Sided Markets, 2009).

Carlton, Dennis W./Frankel, Alan S., The Antitrust Economics of Credit Card Networks, Antitrust Law Journal 1995, Vol. 63, Iss. 3, 643–668 (zitiert: Carlton/Frankel, Antitrust Economics of Credit Card Networks, Antitrust Law Journal 1995, Vol. 63, Iss. 3, 643).

Chakravorti, Sujit, Theory of Credit Card Networks: A Survey of the Literature, Rev. Netw. Econ. 2003, Vol. 2, Iss. 2, 50 ff. (zitiert: Chakravorti, Theory of Credit Card Networks, Rev. Netw. Econ. 2003, Vol. 2, Iss. 2, 50).

Chakravorti, Sujit, Externalities in Payment Card Networks: Theory and Evidence, Rev. Netw. Econ. 2010, Vol. 9, Iss. 2, 99–124 (zitiert: Chakravorti, Externalities in Payment Card Networks, Rev. Netw. Econ. 2010, Vol. 9, Iss. 2, 99).

Chang, Howard H./Evans, David S./Swartz, Daniel G., The Effect of Regulatory Intervention in Two-Sided Markets – An Assessment of Interchange-Fee Capping in Australia, Rev. Netw. Econ. 2005, Vol. 4, Iss. 4, 328–358 (zitiert: Chang/Evans/Swartz, Effect of Regulatory Intervention in Two-Sided Markets, Rev. Netw. Econ. 2005, Vol. 4, Iss. 4, 328).

Claussen, Peter/Erne, Roland, Bank- und Börsenrecht, 5. Aufl., München, 2014 (zitiert: Claussen/Erne, Bankrecht, 5. Aufl., 2014)

Combs, Kathryn L./Schreft, Stacey L., Do Consumers really want Credit Card Reform?, Federal Reserve Bank of Kansas City, Econ. Rev., Third Quarter 1999, 31 ff., abrufbar unter: https://www.kansascityfed.org/publicat/econrev/pdf/3q99schr.pdf (zitiert: Combs/Schreft, Do Consumers really want Credit Card Reform?, Econ. Rev., Third Quarter 1999, 31).

Custodis, Hans, Das Kreditkartenverfahren, 1970, Köln (zitiert: Custodis, Das Kreditkartenverfahren, 1970).

Derleder, Peter/Knops, Kai-Oliver/Bamberger, Heinz Georg, Handbuch zum deutschen und europäischen Bankrecht, 3. Aufl., Berlin, 2017 (zitiert: Derleder/Knops/Bamberger, Hdb. BankR, 3. Aufl., 2017).

Deutsche Bundesbank, Der Weg zum einheitlichen Euro–Zahlungsverkehrsraum, Monatsbericht Dezember 2005, 29–42, abrufbar unter: https://www.bundesbank.de/resource/blob/692410/faf9ac5bf7eb61b4fe805a4367126ab4/mL/2005-12-monatsbericht-data.pdf (zitiert: BBk, Monatsbericht Dezember 2005, 29).

Deutsche Bundesbank, Zahlungsverkehrs- und Wertpapierabwicklungsstatistiken in Deutschland 2007 bis 2013 (Stand: Januar 2016), abrufbar unter: https://www.bundesbank.de/resource/blob/615858/59b0cb5ddcbe68a5c5942835ce1b6f35/mL/zahlungsverkehrs-und-wertpapierabwicklungsstatistiken-2007-13-data.pdf (zitiert: BBk, Zahlungsverkehrsstatistiken 2007 bis 2013).

Deutsche Bundesbank, Zahlungsverkehrs- und Wertpapierabwicklungsstatistiken in Deutschland 2013 bis 2017 (Stand: September 2018), abrufbar unter: https://www.bundesbank.de/resource/blob/603736/44ae219267e7017db28c36aa7c8296db/mL/zvs-daten-data.pdf (zitiert: BBk, Zahlungsverkehrsstatistiken 2013 bis 2017).

Deutsche Bundesbank, Zahlungsverhalten in Deutschland – Eine empirische Studie über die Auswahl und Verwendung von Zahlungsinstrumenten in der Bundesrepublik Deutschland, 2009, Frankfurt am Main, abrufbar unter: https://www.bundesbank.de/resource/blob/599956/4d15527da87c104926f9ad8c5a53707a/mL/zahlungsverhalten-in-deutschland-2009-data.pdf (zitiert: BBk, Zahlungsverhalten in Deutschland, 2009).

Deutsche Bundesbank, Zahlungsverhalten in Deutschland 2011 – Eine empirische Studie über die Verwendung von Bargeld und unbaren Zahlungsinstrumenten, 2012, Frankfurt am Main, abrufbar unter: https://www.bundesbank.de/resource/blob/663302/8b1c7f5a6407b21aac71dd41cef8bbd2/mL/zahlungsverhalten-in-deutschland-2011-data.pdf (zitiert: BBk, Zahlungsverhalten in Deutschland, 2011).

Deutsche Bundesbank, Zahlungsverhalten in Deutschland 2014 – Dritte Studie über die Verwendung von Bargeld und unbaren Zahlungsinstrumenten, 2015, Frankfurt am Main, abrufbar unter: https://www.bundesbank.de/resource/blob/599406/8deaa2563cb837cb33d2d38edef6c4d6/mL/zahlungsverhalten-in-deutschland-2014-data.pdf (zitiert: BBk, Zahlungsverhalten in Deutschland, 2014).

Deutsche Bundesbank, Zahlungsverhalten in Deutschland 2017 – Vierte Studie über die Verwendung von Bargeld und unbaren Zahlungsinstrumenten, 2018, Frankfurt am Main, abrufbar unter: https://www.bundesbank.de/resource/blob/634056/8e22ddcd69de76ff40078b31119704db/mL/zahlungsverhalten-in-deutschland-2017-data.pdf (zitiert: BBk, Zahlungsverhalten in Deutschland, 2017).

Deutsche Bundesbank, Wie kommt das Bargeld ins Portmonee? – Eine empirische Studie über das Abhebeverhalten der Bevölkerung an Geldausgabeautomaten bzw. Bankschaltern in der Bundesrepublik Deutschland, 2010, abrufbar unter: https://www.bundesbank.de/resource/blob/599954/9ffea3fe09501c92e1ae1a9284a8a5a0/mL/wie-kommt-das-bargeld-ins-portmonee-data.pdf (zitiert: BBk, Wie kommt das Bargeld ins Portmonee?, 2010).

Dewenter, Ralf, Das Konzept der zweiseitigen Märkte am Beispiel von Zeitungsmonopolen, Helmut-Schmidt-Universität Hamburg, Diskussionspapier Nr. 53, 2006, abrufbar unter: http://www.econstor.eu/bitstream/10419/23640/1/paper_53.pdf (zitiert: Dewenter, Konzept der zweiseitigen Märkte, 2006).

Dewenter, Ralf/Haucap, Justus, Wettbewerb als Aufgabe und Problem auf Medienmärkten: Fallstudien aus Sicht der „Theorie zweiseitiger Märkte“, Helmut-Schmidt-Universität Hamburg, Diskussionspapier Nr. 78, 2008, abrufbar unter: http://www.econstor.eu/dspace/bitstream/10419/38737/1/586157727.pdf (zitiert: Dewenter/Haucap, Wettbewerb auf Medienmärkten, 2008).

Dewenter, Ralf/Kaiser, Ulrich, Horizontale Fusionen auf zweiseitigen Märkten am Beispiel von Printmedien, Perspektiven der Wirtschaftspolitik, 2006, Vol. 7, Iss. 3, 335 ff. (zitiert: Dewenter/Kaiser, Horizontale Fusionen auf zweiseitigen Märkten, PWP 2006, Vol. 7, Iss. 3, 335).

Diederichsen, Almut/Faber, Christian, Anmerkung zur Entscheidung des EuG vom 24.05.2012, T-111/08, GWR 2012, 443 (zitiert: Diederichsen/Faber, Anmerkung zu EuG, T-111/08, GWR 2012, 443).

Dietze, Philipp v./Janssen, Helmut, Kartellrecht in der anwaltlichen Praxis, 5. Auflage, München, 2015 (zitiert: v. Dietze/Janssen, KartellR, 5. Aufl., 2015).

Dorner, Herbert, Das Kreditkartengeschäft, Frankfurt am Main, 1991 (zitiert: Dorner, Kreditkartengeschäft, 1991).

Dreher, Meinrad/Kulka, Michael, Wettbewerbs- und Kartellrecht – Eine systematische Darstellung des deutschen und europäischen Rechts, 10. Aufl., Heidelberg, 2018 (zitiert: Dreher/Kulka, Wettbewerbs- und Kartellrecht, 10. Aufl., 2018).

Dulleck, Uwe/Friederiszick, Hans W., Die Großen Zwei – Wettbewerb im Kreditkartenmarkt?, JBNST 2004, Bd. 224/4, 445 ff. (zitiert: Dulleck/Friederiszick, Die Großen Zwei, JBNST 2004, 445).

Eckert, Jörn, Zivilrechtliche Fragen des Kreditkartengeschäfts, WM 1987, 161–168 (zitiert: Eckert, Zivilrechtliche Fragen des Kreditkartengeschäfts, WM 1987, 161).

Economides, Nicholas, The Economics of Networks, Int'l J. Ind. Organ. 1996, Vol. 14, 673 ff. (zitiert: Economides, Economics of Networks, Int'l J. Ind. Organ. 1996, Vol. 14, 673).

Einsele, Dorothee, Bank- und Kapitalmarktrecht: nationale und internationale Bankgeschäfte, 8. Aufl., Tübingen, 2018 (zitiert: Einsele, Bank- und Kapitalmarktrecht, 8. Aufl., 2018).

Eisenmann, Thomas/Parker, Geoffrey/Van Alstyne, Marshall W., Die Kunst, Märkte zu verbinden, Harvard Business Manager, 2007, Vol. 29, No. 5, 54 ff. (zitiert: Eisenmann/Parker/Van Alstyne, Die Kunst, Märkte zu verbinden, HBM 2007, Vol. 29, No. 5, 54).

Emch, Urs/Gasser, Andreas/Arpagaus, Reto, Das schweizerische Bankgeschäft: das praktische Lehrbuch und Nachschlagewerk, 7. Aufl., Zürich, 2011 (zitiert: Emch/Gasser/Arpagaus, Das schweizerische Bankgeschäft, 7. Aufl., 2011).

Emch, Eric/Thompson, Scott, Market Definition and Market Power in Payment Card Networks, Rev. Netw. Econ. 2006, Vol. 5, Iss. 1, 45 ff. (zitiert: Emch/Thompson, Market Definition and Market Power, Rev. Netw. Econ. 2006, Vol. 5, Iss. 1, 45).

Emmerich, Volker/Lange, Knut Werner, Kartellrecht, 14. Aufl., München, 2018 (zitiert: Emmerich/Lange, KartellR, 14. Aufl., 2018).

Enge, Asbjørn/Øwre, Grete, A retrospective on the introduction of prices in the Norwegian payment system, 162 Economic Bulletin 4/06, Vol. 77, 162–172, abrufbar unter: http://www.norges-bank.no/Upload/English/Publications/Economic%20Bulletin/2006-04/01-Payments%20history.pdf (zitiert: Enge/Øwre, Norwegian payment system, 162 Economic Bulletin 4/06, Vol. 77, 162).

Erman, Bürgerliches Gesetzbuch: Handkommentar mit AGG, EGBGB (Auszug), ErbbauRG, LPartG, ProdHaftG, VBVG, VersAusglG und WEG, Band I (§§ 1–761, AGG), 15. Aufl., Köln, 2017 (zitiert: Erman, BGB, Bd. I, 15. Aufl., 2017).

Erman, Bürgerliches Gesetzbuch: Handkommentar mit AGG, EGBGB (Auszug), ErbbauRG, LPartG, ProdHaftG, VBVG, VersAusglG und WEG, Band II (§§ 762–2385 ProdHaftG, ErbbauRG, VersAusglG, VBVG, LPartG, WEG, EGBGB), 15. Aufl., Köln, 2017 (zitiert: Erman, BGB, Bd. II, 15. Aufl., 2017).

Escher, Markus, Bankrechtsfragen des elektronischen Geldes im Internet, WM 1997, 1173–1185 (zitiert: Escher, Bankrechtsfragen des elektronischen Geldes, WM 1997, 1173).

Etzkorn, Jörg, Allgemeine Geschäftsbedingungen für Inhaber von Kreditkarten, WM 1991, 1901–1907 (zitiert: Etzkorn, Allgemeine Geschäftsbedingungen Kreditkarten, WM 1991, 1901).

Etzkorn, Jörg/Hadding, Walther/Schneider, Uwe H., Der grenzüberschreitende Zahlungsverkehr, 1993 (zitiert: Etzkorn/Hadding/Schneider, Zahlungsverkehr, 1993).

European Competition Network, Information Paper on Competition Enforcement in Payments Sector, ECN Subgroup Banking and Payments, March 2012, abrufbar unter: http://ec.europa.eu/competition/sectors/financial_services/information_paper_payments_en.pdf (zitiert: ECN, Information Paper on Competition Enforcement in Payments Sector, 2012).

Evans, David S., The Antitrust Economics of Two-Sided Markets, Working Paper, University of Chicago Law School, Chicago, November 2002, abrufbar unter: http://papers.ssrn.com/sol3/papers.cfm?abstract_id=332022 (zitiert: Evans, Antitrust Economics of Two-Sided Markets, 2002).

Evans, David S., The Antitrust Economics of Multi-Sided Platform Markets, Yale J. on Reg. 2003, Vol. 20, 325–381 (zitiert: Evans, Antitrust Economics of Multi-Sided Platform Markets, Yale J. on Reg. 2003, Vol. 20, 325).

Evans, David S., Some Empirical Aspects of Multi-sided Platform Industries, Rev. Netw. Econ. 2003, Vol. 2, Iss. 3, 191 ff. (zitiert: Evans, Empirical Aspects of Multi-sided Platform Industries, Rev. Netw. Econ. 2003, Vol. 2, Iss. 3, 191).

Evans, David S./Mateus, Abel, How Changes in Payment Card Interchange Fees Affect Consumers Fees and Merchant Prices: An Economic Analysis with Applications to the European Union, Working Paper; University of Chicago Law School, Chicago, June 2011, abrufbar unter: https://papers.ssrn.com/sol3/papers.cfm?abstract_id=1878735 (zitiert: Evans/Mateus, How Changes in Payment Card Interchange Fees Affect Consumers Fees and Merchant Prices, 2011).

Evans, David S./Schmalensee, Richard, Paying with Plastic – The Digital Revolution in Buying and Borrowing, 2. Aufl., Cambridge, Massachusetts, 2005 (zitiert: Evans/Schmalensee, Paying with Plastic, 2. Aufl., 2005).

Evans, David S./Rochet, Jean-Charles/Schmalensee, Richard, The European Commission`s Interim Report on payment cards: Some comments and suggestions, June 2006, 1–38, abrufbar unter: http://ec.europa.eu/competition/sectors/financial_services/inquiries/replies_report_1/19.pdf (Evans/Rochet/Schmalensee, European Commission`s Interim Report on payment cards: 2006).

Evans, David S./Schmalensee, Richard, The Economics of Interchange Fees and Their Regulation: An Overview, MIT Sloan Working Paper 4548-05, May 2005, 73–120, abrufbar unter: https://www.kansascityfed.org/publicat/pscp/2005/Evans-Schmalensee.pdf (zitiert: Evans/Schmalensee, Economics of Interchange Fees and Their Regulation, 2005).

Evans, David S./Schmalensee, Richard, The Industrial Organization of Markets with Two-Sided Platforms, NBER Working Paper No. 11603, National Bureau of Economic Research, Cambridge, 2005, abrufbar unter: http://www.nber.org/papers/w11603 (zitiert: Evans/Schmalensee, Industrial Organization of Markets with Two-Sided Platforms, 2005).

Evans, David S./Schmalensee, Richard, The Antitrust Analysis of Multi-Sided Platform Businesses, December 2012, abrufbar unter: https://chicagounbound.

uchicago.edu/cgi/viewcontent.cgi?article=1482&context=law_and_economics (zitiert: Evans/Schmalensee, Antitrust Analysis of Multi-Sided Platform Businesses, 2012).

Ewald, Christian, Paradigmenwechsel bei der Abgrenzung relevanter Märkte? – Ansatzpunkte und Grenzen eines „more economic approach" der Marktabgrenzung am Beispiel des „trans-o-flex"-Beschlusses des OLG Düsseldorf, ZWeR 2004, 512–544 (zitiert: Ewald, Paradigmenwechsel bei der Abgrenzung relevanter Märkte?, ZWeR 2004, 512).

Fandrich, Andreas/Karper, Ines, Münchener Anwaltshandbuch Bank- und Kapitalmarktrecht, 2. Aufl., München, 2018 (Fandrich/Karper, MAH Bank- und Kapitalmarktrecht, 2. Aufl., 2018).

Feldbausch, Friedrich K., Handbuch der Bankpraxis: Katalog der Bankgeschäfte, 3. Aufl., Frankfurt am Main, 1982 (zitiert: Feldbausch, Hdb. Bankpraxis, 3. Aufl., 1982).

Fest, Simon, Examensrelevante Grundlagen des Bankrechts im Besonderen Teil des StGB, JuS 2009, 798 (zitiert: Fest, Bankrecht im Besonderen Teil des StGB, JuS 2009, 798).

Fischer, Reinfrid/Klanten, Thomas, Bankrecht: Grundlagen der Rechtspraxis, 4. Aufl., Köln, 2010 (zitiert: Fischer/Klanten, Bankrecht, 4. Aufl., 2010).

Fischer, Reinfried, Preisvereinbarungen bei institutsübergreifenden Geldautomatenverfügungen in: Horn, Norbert (Hrsg.), Bankrecht – Schwerpunkte und Perspektiven, Festschrift für Herbert Schimansky, 1999, Köln, S. 111 ff. (zitiert: Fischer, Preisvereinbarungen, in: FS Schimansky, 1999, S. 111).

Fischer, Thomas, Kopplungsgeschäfte im Europäischen und deutschen Wettbewerbsrecht, Jena, 2008, zugl. Konstanz, Univ., Diss., 2004 (zitiert: Fischer, Kopplungsgeschäfte, 2008).

Föhlisch, Carsten/Stariradeff, Tanya, Zahlungsmittel und Vertragsschluss im Internet, NJW 2016, 353 (zitiert: Föhlisch/Stariradeff, Zahlungsmittel im Internet, NJW 2016, 353).

Frankel, Alan S./Shampine, Allan L., The Economic Effects of Interchange Fees, Antitrust Law Journal 2006, Vol. 73, No. 3, 627–673 (zitiert: Frankel/Shampine, Economic effects of Interchange Fees, Antitrust Law Journal 2006, Vol. 73, No. 3, 627).

Franzen, Martin, Neue Regeln zum Time-Sharing – Das „Gesetz zur Modernisierung der Regelungen über Teilzeit-Wohnrechteverträge, Verträge über langfristige Urlaubsprodukte sowie Vermittlungsverträge und Tauschsystemverträge", NZM 2011, 217 ff. (zitiert: Franzen, Neue Regeln zum Time-Sharing, NZM 2011, 217).

Franzen, Ruben, Die Ersatzwagentarife – ein funktionaler Ansatz, NZV 2015, 57 (zitiert: Franzen, Ersatzwagentarife, NZV 2015, 57).

Freigang, Jan/Grün, Anselm, Die kartellrechtliche Bewertung nationaler Interbankenentgelte im Kreditkartengeschäft, WM 2005, 681–690 (zitiert: Freigang/Grün, Interbankenentgelte im Kreditkartengeschäft, WM 2005, 681).

Freitag, Robert, Rechtsprobleme bei der Rückabwicklung von Kreditkartengeschäften, WM 2000, 2185–2189 (zitiert: Freitag, Rückabwicklung von Kreditkartengeschäften, WM 2000, 2185).

Fricke, Klaus, Die Kreditgewährung als absatzpolitisches Element im Einzelhandel – unter besonderer Berücksichtigung der Kreditkarte, München, 1971 (zitiert: Fricke, Kreditgewährung als absatzpolitisches Element, 1971).

Friess, Bernard, The European Commission's Decision on Visa's interchange fees, in: Proceedings – Payments System Research Conferences, Federal Reserve Bank of Kansas City, 2005, 227–230, abrufbar unter: https://www.kansascityfed.org/publicat/pscp/2005/Friess.pdf (zitiert: Friess, European Commission's Decision on Visa's Interchange Fees, 227).

Gale, Stephen/Gerritsen, Ben, Competition Policy and Credit Card Interchange Fees in New Zealand, NZAE CONFERENCE 2010, 2011, abrufbar unter: http://nzae.org.nz/wp-content/uploads/2011/08/Gale_and_Gerritsen__Competition_Policy_and_Credit_Card_Interchange.pdf (zitiert: Gale/Gerritsen, Credit Card Interchange Fees, 2011).

Gans, Joshua S./King, Stephen P., A Theoretical Analysis of Credit Card Reform in Australia, Economic Record 2003, Vol. 79, Iss. 247, 462–472 (zitiert: Gans/King, Credit Card Reform in Australia, Economic Record 2003, Vol. 79, Iss. 247, 462).

Gans, Joshua S./King, Stephen P., Approaches to Regulating Interchange Fees in Payment Systems, Rev. Netw. Econ. 2003, Vol. 2, Iss. 2, 125–145 (zitiert: Gans/King, Regulating Interchange Fees, Rev. Netw. Econ. 2003, Vol. 2, Iss. 2, 125).

Gans, Joshua S., Evaluating the Impact of the Payment System Reforms – Submission to the Reserve Bank of Australia's Payment System Board's 2007–08 Review of Payment System Reforms, January 2007, abrufbar unter: http://www.rba.gov.au/payments-and-infrastructure/credit-cards/submissions-cc-competition/joshua-19012007.pdf (zitiert: Gans, Evaluating the Impact of the Payment System Reforms, 2007).

GAO, Credit Cards – Rising Interchange Fees Have Increased Costs for Merchants, but Options for Reducing Fees Pose Challenges, United States Government Accountability Office, Report to Congressional Addressees, GAO-10-45, November 2009, abrufbar unter: http://www.gao.gov/new.items/d1045.pdf (zitiert: GAO, Credit Cards – Rising Interchange Fees, 2009).

Garcia-Swartz, Daniel D./Hahn, Robert W./Layne-Farrar, Anne, The Move Toward a Cashless Society: A Closer Look at Payment Instrument Economics, Rev. Netw. Econ. 2006, Vol. 5, Iss. 2, 175–198 (zitiert: Garcia-Swartz/Hahn/Layne-Farrar,

Move Toward a Cashless Society: A Closer Look at Payment Instrument Economics, Rev. Netw. Econ. 2006, Vol. 5, Iss. 2, 175).

Garcia-Swartz, Daniel D./Hahn, Robert W./Layne-Farrar, Anne, The Move Toward a Cashless Society: Calculating the Costs and Benefits, Rev. Netw. Econ. 2006, Vol. 5, Iss. 2, 199–228 (zitiert: Garcia-Swartz/Hahn/Layne-Farrar, Move Toward a Cashless Society: Calculating the Costs and Benefits, Rev. Netw. Econ. 2006, Vol. 5, Iss. 2, 199).

Gerdes, Geoffrey R./Walton II, Jack K./Liu, May X./Parke, Darrel W., Trends in the Use of Payment Instruments in the United States, Federal Reserve Bulletin, 2005, Vol. 91, Iss. 2, 180–201, abrufbar unter: http://www.federalreserve.gov/pubs/bulletin/2005/spring05_payment.pdf (zitiert: Gerdes/Walton II/Liu/Parke, Trends in the Use of Payment Instruments, Federal Reserve Bulletin, 2005, Vol. 91, Iss. 2, 180).

Gericke, Marc, Marktbeherrschende Sparkasse muss auch institutsfremden Kunden Geldabhebung mit VISA-Karte ermöglichen, Anmerkung zu OLG München, Urteil vom 17.06.2010 – U (K) 1607/10, GWR 2010, 483 (zitiert: Gericke, Geldabhebung mit VISA-Karte, GWR 2010, 483).

Giger, Hans, Kreditkartensysteme: Eine ökonomische Studie, Zürich, 1985 (zitiert: Giger, Kreditkartensysteme, 1985).

Gläser, Martin, Medienmanagement, 3. Aufl., München, 2014 (zitiert: Gläser, Medienmanagement, 3. Aufl., 2014).

Godschalk, Hugo/Brien, Pascale-Marie, Interchange Fee: Es gibt keine Alternative, cards 2002, Heft 1, 16–20 (zitiert: Godschalk/Brien, Interchange Fee, cards 2002, Heft 1, 16).

Göbel, Karin, Anmerkung zu AG Frankfurt am Main, Urteil v. 18.4.1996 – 30 C 1934/95-25, WM 1996, 1177, WuB I D 5 a Kreditkarte 1.97, 21–22 (zitiert: Göbel, WuB I D 5 a Kreditkarte 1.97).

Górka, Jakub, Payment Behaviour in Poland – The Benefits and Costs of Cash, Cards and Other Non-Cash Payment Instruments, February 2012, abrufbar unter: https://www.bundesbank.de/resource/blob/635066/b8afafb1655f5d7d89332d836367454a/mL/2012-02-27-eltville-09-gorka-paper-data.pdf (zitiert als: Górka, Payment Behaviour in Poland, 2012).

Gößmann, Wolfgang, Aspekte der ec-Karten-Nutzung, WM 1998, 1264 ff. (zitiert: Gößmann, ec-Karten-Nutzung, WM 1998, 1264).

Gottwald, Dietrich, Kreditkarten – Implementierung durch Nichtbanken, Trier, 1995 (zitiert: Gottwald, Kreditkarten – Implementierung durch Nichtbanken, 1995).

Gresvik, Olaf/Øwre, Grete, Costs and Income in the Norwegian Payment System 2001 – An application of the Activity Based Costing framework, Financial Infrastructure and Payment Systems Department, Norges Bank, Working Paper, September 2003, abrufbar unter: http://www.norges-bank.no/Upload/import/

publikasjoner/arbeidsnotater/pdf/arb-2003-08.pdf (zitiert: Gresvik/Øwre, Costs and Income in the Norwegian Payment System, 2003).

Groth, Tatjana/Reiter, Gerhard, Einfluß der Kreditkartennutzung auf das Kaufverhalten: Verführung zum Kaufrausch?, Planung & Analyse: Zeitschrift für Marktforschung und Marketing, 1991, Band 18, Nr. 3, 85–88 (zitiert: Groth/Gerhard, Einfluß der Kreditkartennutzung auf das Kaufverhalten, Planung & Analyse 1991, 85).

Grover, Eric, Brüsseler Pläne zur Regulierung von Kartengebühren gehören in den Papierkorb, 2013, abrufbar unter: http://www.euractiv.de/section/finanzen-und-wirtschaft/opinion/brusseler-plane-zur-regulierung-von-kartengebuhren-gehoren-in-den-papierkorb/ (zitiert: Grover, Brüsseler Pläne zur Regulierung von Kartengebühren, 2013).

Haberkamm, Niklas, Art. 102 AEUV im Lichte eines ökonomisch geprägten Prüfungsansatzes, Beiträge zum nationalen und internationalen öffentlichen Recht, Schöbener, Burghard (Hrsg.), Band 23, Frankfurt am Main, 2015, zugl. Köln, Univ., Diss., 2014 (zitiert: Haberkamm, Art. 102 AEUV im Lichte eines ökonomisch geprägten Prüfungsansatzes, 2015).

Hadding, Walther, Zahlung mittels Universalkreditkarte, in: Hofmann, Paul (Hrsg.), Festschrift für Klemens Pleyer zum 65. Geburtstag, Köln, 1986, S. 17–40 (zitiert: Hadding, Zahlung mittels Universalkreditkarte, in: FS Pleyer, 1986, S. 17).

Hadding, Walther, Welche Maßnahmen empfehlen sich zum Schutz des Verbrauchers auf dem Gebiet des Konsumentenkredits?, Gutachten zum 53. Deutschen Juristentag, München, 1980 (zitiert: Hadding, Schutz des Verbrauchers auf dem Gebiet des Konsumentenkredits, 1980).

Häde, Ulrich, Die Zahlung mittels Kredit- und Scheckkarten, ZBB 1994, 33–44 (zitiert: Häde, Zahlung mittels Kredit- und Scheckkarten, ZBB 1993, 33).

Hahne, Andreas, Das Erfordernis der Marktabgrenzung aus rechtlicher und ökonomischer Sicht, Hrsg. Mestmäcker, Ernst-Joachim/Möschel, Wernhard/Hellwig, Martin, Reihe Wirtschaftsrecht und Wirtschaftspolitik Band 280, 1. Aufl., Baden-Baden, 2016, zugl. München, Univ., Diss., 2015 (zitiert: Hahne, Das Erfordernis der Marktabgrenzung, 2016).

Hammann, Harald, Die Universalkreditkarte – Ein Mittel des bargeldlosen Zahlungsverkehrs, Berlin, 1991 (zitiert: Hammann, Die Universalkreditkarte, 1991).

Hayashi, Fumiko, The Economics of Payment Card Fee Structures: What Drives Payment Card Rewards?, Federal Reserve Bank of Kansas City, Research Working Paper No. 08–07, March 2009, abrufbar unter: https://www.kansascityfed.org/PUBLICAT/RESWKPAP/PDF/rwp08-07.pdf (zitiert: Hayashi, The Economics of Payment Card Fee Structures, 2009).

Hayashi, Fumiko, Public Authority Involvement in Credit and Debit Card Markets: Various Countries, Federal Reserve Bank of Kansas City, April 2010, abrufbar unter: https://www.justice.gov/sites/default/files/atr/legacy/2014/05/15/269181.pdf (zitiert: Hayashi, Public Authority Involvement in Credit and Debit Card Markets, 2010).

Hayashi, Fumiko, Mobile Payments: What's in It for Consumers?, Federal Reserve Bank of Kansas City, Economic Review, First Quarter 2012, 35–66, abrufbar unter: https://www.kansascityfed.org/publicat/econrev/pdf/12q1Hayashi.pdf (zitiert: Hayashi, Mobile Payments, 2012, 35).

Hayashi, Fumiko, Public Authority Involvement in Payment Card Markets: Various Countries, Payments System Research Department, Federal Reserve Bank of Kansas City, August 2013, abrufbar unter: https://www.kansascityfed.org/publicat/psr/dataset/pub-auth_payments_var_countries_august2013.pdf (zitiert: Hayashi, Public Authority Involvement in Credit and Debit Card Markets, 2013).

Hayashi, Fumiko/Maniff, Jesse, Public Authority Involvement in Payment Card Markets: Various Countries, Federal Reserve Bank of Kansas City, August 2015, abrufbar unter: https://www.kansascityfed.org/~/media/files/publicat/psr/dataset/pub-auth_payments_var_countries_august2015.pdf (zitiert: Hayashi/Maniff, Public Authority Involvement in Payment Card Markets, 2015).

Hayashi, Fumiko/Weiner, Stuart E., Interchange Fees in Australia, the UK, and the United States: Matching Theory and Practice, Federal Reserve Bank of Kansas City, Economic Review, Third Quarter 2006, 75–112, abrufbar unter: https://www.kansascityfed.org/PUBLICAT/ECONREV/PDF/3Q06haya.pdf (zitiert: Hayashi/Weiner, Interchange Fees in Australia, the UK, and the United States, 2006, 75).

HDE, Stellungnahme v. 12.02.2014, Position zum Verordnungsentwurf zur Regulierung der Entgelte im Kartenzahlungsverkehr, abrufbar unter: http://www.einzelhandel.de/index.php/zahlungssysteme/item/123669-position-zum-verordnungsentwurf-zur-regulierung-der-entgelte-im-kartenzahlungsverkehr (zitiert: HDE, Stellungnahme v. 12.02.2014, Position zum Verordnungsentwurf).

Helm, Roland/Ludl, Michaela, Kundenbindung im Handel durch Kundenkarten – Determinanten, Wirkungen und Implikationen, in: Bauer, Hans H./Huber, Frank (Hrsg.), Strategien und Trends im Handelsmanagement – Disziplinenübergreifende Herausforderungen und Lösungsansätze, Festschrift für Erich Greipl, München, 2004, S. 61–82 (zitiert: Helm/Ludl, Kundenbindung im Handel durch Kundenkarten, in: FS Greipl, 2004, S. 61).

Herberger, Maximilian/Martinek, Michael/Rüßmann, Helmut/Weth, Stephan/Würdinger, Markus (Hrsg.), juris PraxisKommentar BGB, Band 2, 8. Aufl., Saarbrücken, 2016 (zitiert: jurisPK-BGB, Bd. 2, 8. Aufl., 2016).

Herberger, Maximilian/Martinek, Michael/Rüßmann, Helmut/Weth, Stephan/Würdinger, Markus (Hrsg.), juris PraxisKommentar BGB, Band 3, 8. Aufl., Saarbrücken, 2016 (zitiert: jurisPK-BGB, Bd. 3, 8. Aufl., 2016).

Heermann, Peter W., Zur Rechtsnatur des Vertragsverhältnisses zwischen Kreditkartenunternehmen und Vertragsunternehmen, JZ 2002, 1170–1172 (zitiert: Heermann, Vertragsverhältnis zwischen Kreditkartenunternehmen und Vertragsunternehmen, JZ 2002, 1170).

Hess, Berndt, Kontrahierungszwang und Preiskontrolle bei der Geldautomatennutzung? – zugleich Besprechung des Urteils des OLG München vom 17.06.2010 = WM 2010, 1598, WM 2010, 1971–1975 (zitiert: Hess, Kontrahierungszwang und Preiskontrolle bei der Geldautomatennutzung?, WM 2010, 1971).

Hippel, Eike v., Abschied von der Kreditkarte?, ZRP 2000, 185 (zitiert: v. Hippel, Abschied von der Kreditkarte?, ZRP 2000, 185).

Hoch, Gerhard, Kundenkreditkarte im deutschen Einzelhandel, Bayreuth, 1989 (zitiert: Hoch, Kundenkreditkarte, 1989).

Hönn, Günther, Kartellrechtliche Probleme moderner Zahlungssysteme, ZBB 1991, 6–23 (zitiert: Hönn, Kartellrechtliche Probleme moderner Zahlungssysteme, ZBB 1991, 6).

Hofauer, Sebastian, Bankentgelte – Was dürfen Banken berechnen und was nicht?, BKR 2015, 397 (zitiert: Hofauer, Bankentgelte, BKR 2015, 397).

Hofmann, Christian, Wettbewerb bei VISA und MasterCard: Kartellrechtliche Beurteilung der Vereinheitlichung in den Kreditkarten-Systemen, WuW 2006, 17–30 (zitiert: Hofmann, Wettbewerb bei VISA und MasterCard, WuW 2006, 17).

Hofmann, Christian, Die Zahlungsverpflichtung des Kartenemittenten gegenüber dem Unternehmer – ec-Karte, GeldKarte und Kreditkarte im Vergleich, BKR 2003, 321 (zitiert: Hofmann, Zahlungsverpflichtung des Kartenemittenten, BKR 2003, 321).

Hofmann, Christian, Die Geldkarte – die elektronische Geldbörse der deutschen Kreditwirtschaft, Köln, 2001 (zitiert: Hofmann, Die Geldkarte, 2001).

Hoffmann, Jochen, Kundenhaftung unter der Neufassung der Zahlungsdiensterichtlinie, VuR 2016, 243–254 (zitiert: Hoffmann, Neufassung der Zahlungsdiensterichtlinie, VuR 2016, 243).

Horn, Norbert, Kartellrechtliche Aspekte des Kreditkartengeschäfts, ZHR 157 (1993), 324–348 (zitiert: Horn, Kartellrechtliche Aspekte des Kreditkartengeschäfts, ZHR 157 (1993), 324).

Horn, Norbert, Die Kreditkarte im europäischen Gemeinschaftsrecht und in der deutschen Rechtsprechung, ZBB 1995, 273–281 (zitiert: Horn, Kreditkarte im europäischen Gemeinschaftsrecht, ZBB 1995, 273).

Huber, Jan-Alexander, Co-Branding als Strategieoption der Markenpolitik: Kaufverhalten bei Co-Brand-Produkten und negative Rückwirkungseffekte auf die Muttermarken, Wiesbaden, 2005 (zitiert: Huber, Co-Branding, 2005).

Hübener, Fabian, Vertikale Mindestpreisbindungen im US- und EU-Recht. Die Auswirkungen des Leegin-Urteils des U.S. Supreme Court, Reihe Wirtschaftsrecht und Wirtschaftspolitik Band 281 (Hrsg. Mestmäcker, Ernst-Joachim/Möschel, Wernhard/Hellwig, Martin), 1. Aufl., Baden-Baden, 2016, zugl. Göttingen, Univ., Diss., 2015 (zitiert: Hübener, Vertikale Mindestpreisbindungen, 2016).

Huch, Stefan, Die Transformation des europäischen Kartengeschäfts, Auswirkungen der Liberalisierung und Harmonisierung des EU-Zahlungsverkehrs, 1. Aufl., Wiesbaden, 2013, zugl. Leipzig, Univ., Diss., 2013 (zitiert: Huch, Transformation des europäischen Kartengeschäfts, 2013).

Huch, Stefan, Grundlagen des EU-Kartengeschäfts, essentials, Charakteristik und Ökonomie von Zahlungskarten auf den Punkt gebracht, 1. Aufl., Wiesbaden, 2015 (zitiert: Huch, Grundlagen des EU-Kartengeschäfts, 2015).

Hüschelrath, Kai/Kehder, Christiane, Wettbewerbspolitik in zweiseitigen Märkten, Wirtschaftswissenschaftliche Studien, 2010, Band 39, Heft 8, 384–389 (zitiert: Hüschelrath/Kehder, Wettbewerbspolitik in zweiseitigen Märkten, WiSt 39 (2010), 384).

Hüttermann, Markus U., Chancen und Risiken des Co-Branding: Co-Branding – Marketing-Strategie für Kreditinstitute dargestellt am Beispiel der Kreditkarte, 2. Aufl., Hamburg, 1992 (zitiert: Hüttermann, Co-Branding, 1992).

Hunt, Robert M., An Introduction to the Economics of Payment Card Networks, Rev. Netw. Econ. 2003, Vol. 2, Iss. 2, 80–96 (zitiert: Hunt, Economics of Payment Card Networks, Rev. Netw. Econ. 2003 Vol. 2, Iss. 2, 80).

Immenga, Ulrich/Körber, Torsten, Marktabgrenzung und Marktbeherrschung bei der Geldautomatennutzung, BB 1999, Beil. 12, Heft 40, 3–19 (zitiert: Immenga/Körber, Geldautomatennutzung, BB 1999, Beil. 12, 3).

Immenga, Ulrich/Mestmäcker, Ernst-Joachim, Wettbewerbsrecht, Band 1 EG/Teil 1, Kommentar zum Europäischen Kartellrecht, 5. Aufl., München, 2012 (zitiert: Immenga/Mestmäcker, Wettbewerbsrecht, Bd. 1 EG/1, 5. Aufl., 2012).

Immenga, Ulrich/Mestmäcker, Ernst-Joachim, Wettbewerbsrecht, Band 1 EG/Teil 2, Kommentar zum Europäischen Kartellrecht, 5. Aufl., München, 2014 (zitiert: Immenga/Mestmäcker, Wettbewerbsrecht, Bd. 1 EG/2, 5. Aufl., 2014).

Immenga, Ulrich/Mestmäcker, Ernst-Joachim, Wettbewerbsrecht, Band 2/GWB, Kommentar zum Deutschen Kartellrecht, 5. Aufl., München, 2014 (zitiert: Immenga/Mestmäcker, Wettbewerbsrecht, Bd. 2 GWB, 5. Aufl., 2014).

Jaeger, Franz/Höppli, Thomas/Koller, Jan, Studie: Schweizer Kreditkartenmarkt, Universität St. Gallen, Executive School of Management, Technology and Law (ES-HSG), Endversion, August 2011, abrufbar unter: https://www.alexandria.unisg.ch/250004/1/Kreditkartenmarkt_Endversion_def.pdf (zitiert: Jaeger/Höppli/Koller, Schweizer Kreditkartenmarkt, 2011).

Jonker, Nicole, Payment Instruments as Perceived by Consumers – a Public Survey, De Nederlandsche Bank, DNB Working Papers No. 53, 2005, abrufbar unter: http://www.dnb.nl/binaries/Working%20Paper%2053_tcm46-146710.pdf (zitiert: Jonker, Payment Instruments as Perceived by Consumers, 2005).

Judt, Ewald, Zur strategischen Bedeutung der Interchange Fee, cards 2000, Heft 1, 20–24 (zitiert: Judt, Bedeutung der Interchange Fee, cards 2000, Heft 1, 20).

Jungmann, Carsten, Die Verteilung des Missbrauchsrisikos beim Einsatz von Kreditkarten im E-Commerce, WM 2005, 1351 ff. (zitiert: Jungmann, Verteilung des Missbrauchsrisikos beim Einsatz von Kreditkarten, WM 2005, 1351).

Junker, Carolin, Rechtsbeziehungen im Kreditkartengeschäft, DStR 1994, 1461–1466 (zitiert: Junker, Rechtsbeziehungen im Kreditkartengeschäft, DStR 1994, 1461).

Kapp, Thomas/Rauhut, Andreas, Sperrung von Geldautomaten für Kreditkarten: Ein wettbewerbsrechtliches Problem? – Zugleich eine Besprechung des Urteils des LG München I vom 8.12.2009 = WM 2010, 1123 -, WM 2010, 1111–1119 (zitiert: Kapp/Rauhut, Sperrung von Geldautomaten für Kreditkarten, WM 2010, 1111).

Katz, Michael L., Reform of Credit Card Schemes in Australia II: Commissioned Report, RBA Public Document, 2001, abrufbar unter: http://www.rba.gov.au/payments-and-infrastructure/credit-cards/ii-commissioned-report/pdf/ii-commissioned-report.pdf (zitiert: Katz, Reform of Credit Card Schemes in Australia II, 2001).

Keller, Alfred, Kreditkarten: ein praxisbezogener Leitfaden für Herausgeber und deren Vertragspartner, Juristen und Bankfachleute, Diessenhofen (Schweiz), 1981 (zitiert: Keller, Kreditkarten, 1981).

Kienholz, Gerfried, Die Zahlung mit Kreditkarte im Nah- und Fernabsatz, München, 2000 (zitiert: Kienholz, Die Zahlung mit Kreditkarte, 2000).

Klanten, Thomas, Zahlung mit Euro, NJW 1998, 3152 (zitiert: Klanten, Zahlung mit Euro, NJW 1998, 3152).

Klee, Elizabeth, How people pay: Evidence from grocery store data, Journal of Monetary Economics 55, 2008, 526–541 (zitiert: Klee, How people pay, Journal of Monetary Economics, 2008, 526).

Klein, Janina, Co-Branding als Strategieoption der Markenpolitik, Konstanz, 2005, abrufbar unter: http://kops.uni-konstanz.de/handle/123456789/11988 (zitiert: Klein, Co-Branding als Strategieoption, 2005).

Kleine, Jens/Krautbauer, Matthias/Weller, Tim, Cost of Cash: Status Quo und Entwicklungsperspektiven in Deutschland – Analysebericht, München, 2013 abrufbar unter: http://www.steinbeis-research.de/images/pdf-documents/CFP_Cost_Of_Cash_Studie_Steinbeis_Deutsch.pdf (zitiert: Kleine/Krautbauer/Weller, Cost of Cash, 2013).

Kling, Michael/Thomas, Stefan, Grundkurs Wettbewerbs- und Kartellrecht, 2. Aufl., München, 2016 (zitiert: Kling/Thomas, Kartellrecht, 2. Aufl., 2016).

Koboldt, Christian/Maldoom, Dan/Salsas, Roger, How strong are merchant constraints on interchange fees?, DotEcon Discussion Paper, April 2011, Iss. 11/01, abrufbar unter: http://www.dotecon.com/assets/images/dp1101.pdf (zitiert: Koboldt/Maldoom/Salsas, Merchant constraints on interchange fees, 2011).

Koch, Christian, Der Zahlungsverkehr in der Bankpraxis – Zahlungsdienste (Scheck, Wechsel, SEPA, Preis und Leistungsmerkmale), BVR-Bankenreihe Band 40, 2. Aufl., Wiesbaden, 2012 (zitiert: Koch, Der Zahlungsverkehr in der Bankpraxis, 2012).

Köhler, Helmut, Nachfragewettbewerb und Marktbeherrschung, Tübingen, 1986 (zitiert: Köhler, Nachfragewettbewerb und Marktbeherrschung, 1986).

Körber, Torsten, Die Risikoverteilung bei der Kreditkartenzahlung in Mailorder und E-Commerce (Stand und Entwicklung nach der Grundsatzentscheidung des BGH vom 16.4.2002, XI ZR 375/00 = WM 2002, 1120), WM 2004, 563–570 (zitiert: Körber, Risikoverteilung bei der Kreditkartenzahlung, WM 2004, 563).

Kokkoris, Ioannis, The Concept of Market Definition and the SSNIP test in the Merger Appraisal, European Competition Law Review 2005, Vol. 26, Iss. 4, 209–214 (zitiert: Kokkoris, Concept of Market Definition, ECLR 2005, Vol. 26, Iss. 4, 209).

Krüger, Thomas/Bütter, Michael, Recht der Bankentgelte: Nebenentgelte im Kreditgeschäft, WM 2005, 673–681 (zitiert: Krüger/Bütter, Bankentgelte, WM 2005, 673).

Krüger, Malte/Strauch, Christoph, Interchange: durch 5-Parteien-System zu retten?, cards, Heft 1, Februar 2008, 29–32 (zitiert: Krüger/Strauch, Interchange: durch 5-Parteien-System zu retten?, cards 2008, Heft 1, 29).

Krüger, Malte/Strauch, Christoph, Die Kommission und die Interchange: Falsche Prämissen?, cards, Heft 3, August 2008, 25 ff. (zitiert: Krüger/Strauch, Die Kommission und die Interchange, cards 2008, Heft 3, 25).

Krüger, Malte, Interbankentgelte – Ökonomisch notwendig oder wettbewerbsverzerrend?, ZfgK 9/2009, 24–27 (zitiert: Krüger, Interbankentgelte – Ökonomisch notwendig oder wettbewerbsverzerrend?, ZfgK 9/2009, 24).

Krüger, Thomas, Sittenwidrigkeit von Bankentgelten? – Massemehrung durch Rückforderung unberechtigter „Gebühren", NZI 2010, 1 (zitiert: Krüger, Sittenwidrigkeit von Bankentgelten, NZI 2010, 1).

Kümpel, Siegfried/Wittig, Arne, Bank- und Kapitalmarktrecht, 4. Aufl., Köln, 2011 (zitiert: Kümpel/Wittig, Bank- und Kapitalmarktrecht, 4. Aufl., 2011).

Kümpel, Siegfried, Rechtliche Aspekte der neuen GeldKarte als elektronische Geldbörse, WM 1997, 1037–1042 (zitiert: Kümpel, Rechtliche Aspekte der neuen GeldKarte, WM 1997, 1037).

Lange, Knut Werner, Handbuch zum deutschen und europäischen Kartellrecht, 2. Aufl., Frankfurt am Main, 2006, (zitiert: Lange, Hdb. KartellR, 2. Aufl., 2006).

Lange, Knut Werner/Pries, Thorsten, Einführung in das europäische und deutsche Kartellrecht, 2. Aufl., Frankfurt am Main, 2011 (zitiert: Lange/Pries, Kartellrecht, 2. Aufl., 2011).

Langen, Eugen/Bunte, Hermann-Josef, Kommentar zum deutschen und europäischen Kartellrecht, Band 1, Deutsches Kartellrecht, 13. Aufl., Köln, 2018 (zitiert: Langen/Bunte, Bd. 1, 13. Aufl., 2018).

Langen, Eugen/Bunte, Hermann-Josef, Kommentar zum deutschen und europäischen Kartellrecht, Band 2, Europäisches Kartellrecht, 13. Aufl., Köln, 2018 (zitiert: Langen/Bunte, Bd. 2, 13. Aufl., 2018).

Langenbucher, Anja, Effiziente Risikoallokation bei Kreditkartensystemen – Eine Untersuchung anhand der ökonomischen Analyse des Rechts, Heidelberg, 2002 (zitiert: Langenbucher, Effiziente Risikoallokation bei Kreditkartensystemen, 2002).

Langenbucher, Katja/Bliesener, Dirk H./Spindler, Gerald, Bankrechts-Kommentar, 2. Aufl., München, 2016 (zitiert: Langenbucher/Bliesener/Spindler, BankR, 2. Aufl., 2016).

Langenbucher, Katja, Zusatzkreditkarten – Haftungsrisiko ohne Ende? – Zur dogmatischen Einordnung von „Partnerkarten", NJW 2004, 3522 (zitiert: Langenbucher, Zusatzkreditkarten, NJW 2004, 3522).

Leinonen, Harry, Evolving payment habits – Proceedings of the Bank of Finland, Payment Habits Seminar 2008, Expository studies A: 113 2009, abrufbar unter: https://pdfs.semanticscholar.org/b4bb/adbaaf2cfd4cc67d78f27e7854041316d395.pdf (zitiert: Leinonen, Evolving payment habits, 2009).

Leinonen, Harry, Transparent price competition or two-sided subsidation in card payments? Is there a need for a more efficient business model for the card industry?, Journal of Payments Strategy & Systems, 2010, Vol. 4, No. 2, 102–115 (zitiert: Leinonen, Transparent price competition, J. Paym Strat & Syst 2010, Vol. 4, No. 2, 102).

Leinonen, Harry, Debit card interchange fees generally lead to cash-promoting cross-subsidisation, Bank of Finland Research Discussion Papers 3/2011, abrufbar unter: https://papers.ssrn.com/sol3/papers.cfm?abstract_id=1803404 (zitiert: Leinonen, Debit card interchange fees, 2011).

Lepschies, Gunter, E-Commerce und Hackerschutz, Leitfaden für die Sicherheit elektronischer Zahlungssysteme, Braunschweig, Wiesbaden, 1999 (zitiert: Lepschies, E-Commerce und Hackerschutz, 1999).

Lettl, Tobias, Kartellrecht, 4. Aufl., München, 2017 (zitiert: Lettl, Kartellrecht, 4. Aufl., 2017).

Lettl, Tobias, Anm. zu OLG München, Urt. v. 17.6.2010 – U [K] 1607/10 = WM 2010, 1598, WuB V A. § 20 GWB 2.10 (zitiert: Lettl, WuB V A. § 20 GWB 2.10).

Lettl, Tobias, Anm. zu LG Halle, Urt. v. 20.11.2008 – 8 O 1485/08 = WM 2009, 656, WuB V B. § 4 UWG 1.09 (zitiert: Lettl, WuB V B. § 4 UWG 1.09).

Liebscher, Christoph/Flohr, Eckhard/Petsche, Alexander, Handbuch der EU-Gruppenfreistellungsverordnungen, 2. Aufl., München, 2012 (zitiert: Liebscher/Flohr/Petsche, Hdb. EU-Gruppenfreistellungs-verordnungen, 2. Aufl. 2012).

Lochter, Manfred/Schindler, Werner, Missbrauch von PIN-gestützten Transaktionen mit ec- und Kreditkarten aus Gutachtersicht, MMR 2006, 292 (zitiert: Lochter/Schindler, Missbrauch von PIN-gestützten Transaktionen, MMR 2006, 292).

Lösing, Carsten/Hingst, Kai-Michael, Die geplante Fortentwicklung des europäischen Zahlungsdiensteaufsichtsrechts durch die Zweite Zahlungsdienste-Richtlinie, BKR 2014, 315–324 (zitiert: Lösing/Hingst, Fortentwicklung des europäischen Zahlungsdiensteaufsichtsrechts, BKR 2014, 315).

Loewenheim, Ulrich/Meessen, Karl/Riesenkampff, Alexander/Kersting, Christian/Meyer-Lindemann, Hans Jürgen, Kartellrecht, Europäisches und Deutsches Recht, Kommentar, 3. Aufl., München, 2016 (zitiert: Loewenheim/Meessen/Riesenkampff, 3. Aufl., 2016).

Lowe, Philip, The evolution and regulation of the payments system, Reserve Bank of Australia Bulletin, April 2006, 14–25, abrufbar unter: http://www.rba.gov.au/publications/bulletin/2006/apr/pdf/bu-0406-3.pdf (zitiert: Lowe, The evolution and regulation of the payments system, Reserve Bank of Australia Bulletin, 2006, 14).

Luschnik, Katharina, Europäische Zahlungskartennetzwerke, Oktober 2008, Wien, Diplomarbeit, abrufbar unter: http://othes.univie.ac.at/2036/1/2008-10-02_9700950.pdf (zitiert: Luschnik, Zahlungskartennetzwerke, 2008).

Markhoff, Heinrich, Der Einsatz von Kundenkarten durch Großbetriebe des Einzelhandels, Göttingen, 1991 (zitiert: Markhoff, Einsatz von Kundenkarten, 1991).

Martinek, Michael, Moderne Vertragstypen, Band III: Computerverträge, Kreditkartenverträge sowie sonstige moderne Vertragstypen, München, 1993 (zitiert: Martinek, Moderne Vertragstypen, Bd. III, 1993).

Martinek, Michael, Vom Forderungskauf zum abstrakten Schuldversprechen – Die Bekehrung der BGH-Rechtsprechung zu Walther Haddings Kreditkartentheorie, in: Häuser, Franz (Hrsg.), Festschrift für Walther Hadding zum 70. Geburtstag, 2004, Berlin, S. 967–990 (zitiert: Martinek, Vom Forderungskauf zum abstrakten Schuldversprechen, in: FS Hadding, 2004, S. 967).

Maurer, David, Einblicke in die Ökonomie der Zahlungskartensysteme, 2009, Bern (zitiert: Maurer, Ökonomie der Zahlungskartensysteme, 2009).

Mayen, Thomas, Marktabgrenzung auf den Märkten der Telekommunikation, MMR 2001, 496–497 (zitiert: Mayen, Marktabgrenzung auf den Märkten der Telekommunikation, MMR 2001, 496).

McAndrews, James/Wang, Zhu, The Economics of Two-Sided Payment Card Markets: Pricing, Adoption and Usage, Federal Reserve Bank of Kansas City, Research Working Paper No. 08–12, 2008, abrufbar unter: https://www.kansascityfed.org/PUBLICAT/reswkpap/pdf/RWP08-12.pdf (zitiert: McAndrews/Wang, Economics of Two-Sided Payment Card Markets, 2008).

Meder, Stephan, Zur Unwiderruflichkeit der Zahlungsanweisung des Kreditkarteninhabers gem § 790 BGB, NJW 1993, 3245–3247 (zitiert: Meder, Unwiderruflichkeit der Zahlungsanweisung des Kreditkarteninhabers, NJW 1993, 3245).

Meder, Stephan, Kreditkartenmißbrauch: Die Verteilung des Haftungsrisikos im Telephone-Order-, Mail-Order- und Internet-Verfahren, ZBB 2000, 89–100 (zitiert: Meder, Kreditkartenmißbrauch, ZBB 2000, 89).

Meder, Stephan, Die Kreditkartenzahlung im Internet und Mail-Order-Verfahren, WM 2002, 1993–1998 (zitiert: Meder, Kreditkartenzahlung im Internet und Mail-Order-Verfahren, WM 2002, 1993).

Meder, Stephan, Kritische Präjudizientreue im Anschluss an die neue BGH-Rechtsprechung zum Kreditkartenmissbrauch im Fernabsatz, ZIP 2002, 2112–2117 (zitiert: Meder, Kreditkartenmissbrauch im Fernabsatz, ZIP 2002, 2112).

Merkel, Helmut, Die gesetzliche Regelung des Kreditkartengeschäfts in den USA, WM 1990, 253–259 (zitiert: Merkel, Regelung des Kreditkartengeschäfts in den USA, WM 1990, 253).

Merkel, Helmut, Das Recht der Kreditkarte in den USA, 1. Aufl., Berlin, 1990 (zitiert: Merkel, Recht der Kreditkarte, 1. Aufl., 1990).

Mestmäcker, Ernst-Joachim/Schweitzer, Heike, Europäisches Wettbewerbsrecht, 3. Auflage, München, 2014 (zitiert: Mestmäcker/Schweitzer, Europ. WettbewR, 3. Aufl., 2014).

Metz, Aktuelle Rechtsfragen der Kreditkartenpraxis, NJW 1991, 2804 ff. (zitiert: Metz, Rechtsfragen der Kreditkartenpraxis, NJW 1991, 2804).

Miao, Chun-Hui, Do Card Users Benefit From the Use of Proportional Fees?, Rev. Netw. Econ. 2014, Vol. 12, Iss. 3, 323–341 (zitiert: Miao, Benefit From the Use of Proportional Fees?, Rev. Netw. Econ. 2014, Vol. 12, Iss. 3, 323).

Milne, Alistair, What's in it for us? Network effects and bank payment innovation, Bank of Finland Research Discussion Paper No. 16, 2005, abrufbar unter: https://papers.ssrn.com/sol3/papers2.cfm?abstract_id=1018590 (zitiert: Milne, Network effects and bank payment innovation, 2005).

Möschel, Wernhard, Recht der Wettbewerbsbeschränkungen, Köln, 1983 (zitiert: Möschel, Wettbewerbsbeschränkungen, 1983).

Mohme, Joachim, Einsatz von Kundenkarten im Einzelhandel: konzeptionelle und praktische Probleme kartengestützter Kundeninformationssysteme und Kundenbindungsstrategien im stationären Einzelhandel, Frankfurt am Main, 1993 (zitiert: Mohme, Kundenkarten im Einzelhandel, 1993).

Müller, Marion, Digitalisierung in der Finanzbranche, AG 2015, R365–R366 (zitiert: Müller, Digitalisierung, AG 2015, R365).

Müller, Marion, Nutzung von Online-Bezahldiensten, AG 2017, R72 (zitiert: Müller, Online-Bezahldienste, AG 2017, R72).

Münchener Kommentar zum Bürgerlichen Gesetzbuch, Band 2, Schuldrecht – Allgemeiner Teil (§§ 241–432 BGB), 7. Aufl., München, 2016 (zitiert: MüKo-BGB, Bd. 2, 7. Aufl., 2016).

Münchener Kommentar zum Bürgerlichen Gesetzbuch, Band 3a, Schuldrecht – Besonderer Teil (§§ 491–515 BGB n.F.), 7. Aufl., München, 2017 (zitiert: MüKo-BGB, Bd. 3a, 7. Aufl., 2017).

Münchener Kommentar zum Bürgerlichen Gesetzbuch, Band 5/2, Schuldrecht – Besonderer Teil III/2 (§§ 651a–704 BGB), 7. Aufl., München, 2017 (zitiert: MüKo-BGB, Bd. 5/2, 7. Aufl., 2017).

Münchener Kommentar zum Bürgerlichen Gesetzbuch, Band 6, Schuldrecht – Besonderer Teil IV (§§ 705–853 BGB, PartGG, ProdHaftG), 7. Aufl., München, 2017 (zitiert: MüKo-BGB, Bd. 6, 7. Aufl., 2017).

Münchener Kommentar zum Handelsgesetzbuch, Band 6, Bankvertragsrecht – Recht des Zahlungsverkehrs, Emissionsgeschäft, Anlageberatung, Effektengeschäft, Depotgeschäft, Ottawa Übereinkommen über Internationales Factoring, 3. Aufl., München, 2014 (zitiert: MüKo-HGB, Bd. 6, 3. Aufl., 2014).

Münchener Kommentar zum Europäischen und Deutschen Wettbewerbsrecht (Kartellrecht), Band 1 – Europäisches Wettbewerbsrecht, 2. Aufl., München, 2015 (zitiert: MüKo, EU-WettbewR, 2. Aufl., 2015).

Münchener Kommentar zum Europäischen und Deutschen Wettbewerbsrecht (Kartellrecht), Band 2 – Gesetz gegen Wettbewerbsbeschränkungen (GWB), 2. Aufl., München, 2015 (zitiert: MüKo, GWB, 2015).

Mundt, Andreas/Buch, Michael, Die Vereinbarkeit von kollektiven Interbankenentgelten in bargeldlosen Zahlungssystemen mit dem Kartellverbot des Art. 101 AEUV und § 1 GWG, WM 2001, 2142–2154 (zitiert: Mundt/Buch, Kollektive Interbankenentgelte, WM 2001, 2142).

Murach, Jens-Olrik, Sparkasse muss Konkurrenten freien Zugang zu Geldautomaten gewähren, Anmerkung zu OLG München, Urteil vom 17.06.2010 – U (K) 1607/10, GRUR-Prax 2010, 403 (zitiert: Murach, Zugang zu Geldautomaten, GRUR-Prax 2010, 403).

Muris, Timothy J., Payment Card Regulation and the (Mis)Application of the Economics of Two-Sided Markets, Columbia Business Law Review 2005, No. 3, 515–550 (zitiert: Muris, Payment Card Regulation, Colum. Bus. L. Rev. 2005, No. 3, 515).

NECG, Appendix B: Economic analysis of Visa's Honour All Cards rule, März 2004, abrufbar unter: http://www.rba.gov.au/payments-and-infrastructure/debit-cards/responses-debit-scheme/visa-appendix-b.pdf (zitiert: NECG, Economic analysis of Visa's Honour All Cards rule, 2004).

NECG, Reform of the EFTPOS and Visa Debit Systems in Australia: Economic Analysis, April 2005, abrufbar unter: http://www.rba.gov.au/payments-and-infrastructure/debit-cards/submissions-reform-draft/visa-29042005-3. pdf (zitiert: NECG, Reform of the EFTPOS and Visa Debit Systems in Australia, 2005).

Neidhardt, Claus/Kremer, Jürgen, Ein betriebswirtschaftlicher Kalkulationsansatz für Mietpreise im Unfallersatztarif, NZV 2005, 171 (zitiert: Neidhardt/Kremer: Kalkulationsansatz für Mietpreise, NZV 2005, 171).

Neveling, Kirsten, Die sachliche Marktabgrenzung bei der Fusionskontrolle im deutschen und europäischen Recht, Tübingen, 2003 (zitiert: Neveling, Die sachliche Marktabgrenzung, 2003).

Oechsler, Jürgen, Wettbewerb, Reziprozität und externe Effekte im Kreditkartengeschäft – Kartellrechtliche Grundprobleme des bargeldlosen Zahlungsverkehrs, Heidelberg, 1992 (zitiert: Oechsler, Wettbewerb im Kreditkartengeschäft, 1992).

Oechsler, Jürgen, Der Missbrauch abgeleiteter Nachfragemacht im Kreditkartengeschäft, ZHR 156 (1992), 330–355 (zitiert: Oechsler, Missbrauch abgeleiteter Nachfragemacht, ZHR 156 (1992), 330).

Oechsler, Jürgen, Lauterkeitsrechtliche Aspekte umsatzabhängiger Entgeltgestaltung im Kreditkartengeschäft, WM 1993, 1945–1949 (zitiert: Oechsler, Lauterkeitsrechtliche Aspekte umsatzabhängiger Entgeltgestaltung, WM 1993, 1945).

Olsen-Ring, Line, Wettbewerbsrechtliche Aspekte Kartengesteuerter Zahlungssysteme – Eine Untersuchung nach deutschem, dänischem und europäischem Recht, Sinzheim, 1996 (zitiert: Olsen-Ring, Wettbewerbsrechtliche Aspekte Kartengesteuerter Zahlungssysteme, 1996).

Omlor, Sebastian, Zahlungsentgelte unter dem Einfluss von Verbraucherrechte- und Zahlungsdienste-Richtlinie, NJW 2014, 1703–1707 (zitiert: Omlor, Zahlungsentgelte, NJW 2014, 1703).

Omlor, Sebastian, Die zweite Zahlungsdiensterichtlinie: Revolution oder Evolution im Bankvertragsrecht?, ZIP 2016, 558–564 (zitiert: Omlor, Die zweite Zahlungsdiensterichtlinie, ZIP 2016, 558).

Otting, Joachim, Der Mietwagen, die Kreditkarte und das Internet, SVR 2009, 290 (zitiert: Otting, Mietwagen, Kreditkarte und Internet, SVR 2009, 290).

Pacheco, Barbara/Sullivan, Richard, Interchange Fees in Credit and Debit Card Markets: What Role for Public Authorities?, A Summary of a Federal Reserve Bank of Kansas City Conference, Federal Reserve Bank of Kansas City, Economic Review, First Quarter 2006, 87–113, abrufbar unter: https://www.kansascityfed.org/publicat/econrev/PDF/1q06pach.pdf (zitiert: Pacheco/Sullivan, Interchange Fees in Credit and Debit Card Markets, 2006, 87).

Palandt, Otto, Bürgerliches Gesetzbuch: BGB mit Nebengesetzen insbesondere mit Einführungsgesetz (Auszug) einschließlich Rom I-, Rom II- und Rom III-Verordnungen sowie EU-Güterrechtsverordnungen, Haager Unterhaltsprotokoll und EU-Erbrechtsverordnung, Allgemeines Gleichbehandlungsgesetz (Auszug), Wohn- und Betreuungsvertragsgesetz, Unterlassungsklagengesetz, Produkthaftungsgesetz, Erbbaurechtsgesetz, Wohnungseigentumsgesetz, Versorgungsausgleichsgesetz, Lebenspartnerschaftsgesetz, Gewaltschutzgesetz – Kommentar, München, 78. Aufl., 2019 (zitiert: Palandt, 78. Aufl., 2019).

Peitz, Martin, Marktplätze und indirekte Netzeffekte, PWP 2006, Vol. 7, Iss. 3, 317–333 (zitiert: Peitz, Marktplätze und indirekte Netzeffekte, PWP 2006, Vol. 7, Iss. 3, 317).

Pfeiffer, Thomas, Die Geldkarte – Ein Problemaufriß, NJW 1997, 1036–1039 (zitiert: Pfeiffer, Geldkarte, NJW 1997, 1036).

Prager, Robin A./Manuszak, Mark D./Kiser, Elizabeth K./Borzekowski, Ron, Interchange Fees and Payment Card Networks: Economics, Industry Developments, and Policy Issues, Finance and Economics Discussion Series Divisions of Research & Statistics and Monetary Affairs Federal Reserve Board, Washington, D.C., Mai 2009, 1–85, abrufbar unter: http://www.federalreserve.gov/pubs/feds/2009/200923/200923pap.pdf (zitiert: Prager/Manuszak/Kiser/Borzekowski, Interchange Fees and Payment Card Networks, 2009).

Pütthoff, Heinz-Helmer, Die Kreditkarte in rechtsvergleichender Sicht Deutschland – USA, Münster, 1974 (zitiert: Pütthoff, Die Kreditkarte, 1974).

Ranft, Otfried, Der Kreditkartenmißbrauch (§ 266b Alt 2 StGB), JuS 1988, 673–681 (zitiert: Ranft, Kreditkartenmißbrauch, JuS 1988, 673).

Reifner, Udo, Die Deregulierung der Kreditkartenkredite in Deutschland, VuR 2009, 170–176 (zitiert: Reifner, Deregulierung der Kreditkartenkredite, VuR 2009, 170).

Reinfeld, Richard, Rechtsfragen des Interchange-Kreditkartensystems am Beispiel von VISA und EUROCARD, WM 1994, 1505–1514 (zitiert: Reinfeld, Rechtsfragen des Interchange-Kreditkartensystems, WM 1994, 1505).

Reymann, Christoph, Das Recht der Zahlungsdienste – Eine Zwischenbilanz auf dem Weg zur SEPA, DStR 2011, 1959 (zitiert: Reymann, Recht der Zahlungsdienste, DStR 2011, 1959).

Rochet, Jean-Charles/Tirole, Jean, Cooperation among Competitors: Some Economics of Payment Card Associations, RAND J. Econ. 2002, Vol. 33, No. 4, 549 ff. (zitiert: Rochet/Tirole, Cooperation among competitors, RAND J. Econ. 2002, Vol. 33, No. 4, 549).

Rochet, Jean-Charles, The Theory of Interchange Fees: A Synthesis of Recent Contributions, Rev. Netw. Econ. 2003, Vol. 2, Iss. 2, 97–124 (zitiert: Rochet, Theory of Interchange Fees, Rev. Netw. Econ. 2003, Vol. 2, Iss. 2, 97).

Rochet, Jean-Charles, The Interchange Fee Mysteries: Commentary on Evans and Schmalensee, Proceedings – Payments System Research Conferences, Federal Reserve Bank of Kansas City, May 2005, 139–144, abrufbar unter: https://www.kansascityfed.org/publicat/pscp/2005/Rochet.pdf (zitiert: Rochet, Interchange Fee Mysteries, 2005, 139).

Rochet, Jean-Charles, Comments on the Interim Report on Payment Cards and Payment Systems produced by the European Commission on April 12, 2006, abrufbar unter: http://ec.europa.eu/competition/sectors/financial_services/inquiries/replies_report_1/55.pdf (zitiert: Rochet, Comments on the Interim Report on Payment Cards, 2006).

Rochet, Jean-Charles, Competing Payment Systems – Key Insights from the Academic Literature, 2007, abrufbar unter http://www.rba.gov.au/payments-and-infrastructure/resources/publications/payments-au/paymts-sys-rev-conf/2007/3-com-pay-sys.pdf (zitiert: Rochet, Competing Payment Systems, 2007).

Rochet, Jean-Charles/Tirole, Jean, An Economic Analysis of the Determination of Interchange Fees in Payment Card Systems, Rev. Netw. Econ. 2003, Vol. 2, Iss. 2, 69–79 (zitiert: Rochet/Tirole, An Economic Analysis of the Determination of Interchange Fees, Rev. Netw. Econ. 2003, Vol. 2, Iss. 2, 69).

Rochet, Jean-Charles/Tirole, Jean, Platform Competition in Two-Sided Markets, JEEA 2003, Vol. 1, Iss. 4, 990–1029 (zitiert: Rochet/Tirole, Platform Competition in Two-Sided Markets, JEEA 2003, Vol. 1, Iss. 4, 990).

Rochet, Jean-Charles/Tirole, Jean, Two-Sided Markets: An Overview, 2004, abrufbar unter: http://web.mit.edu/14.271/www/rochet_tirole.pdf (zitiert: Rochet/Tirole, Two-Sided Markets: An Overview, 2004).

Rochet, Jean-Charles/Tirole, Jean, Two-Sided Markets: A Progress Report, RAND J. Econ. 2006, Vol. 37, No. 3, 645–667 (zitiert: Rochet/Tirole, Two-Sided Markets, RAND J. Econ. 2006, Vol. 37, No. 3, 645).

Rochet, Jean-Charles/Tirole, Jean, Tying in two-sided markets and the honor all cards rule, International Journal of Industrial Organization, Vol. 26, 2008,

1333–1347 (zitiert: Rochet/Tirole, Tying in two-sided markets, Int. J. Ind. Organ. 2008, Vol. 26, 1333).

Rochet, Jean-Charles/Tirole, Jean, Must-Take Cards: Merchant Discounts and Avoided Costs, Journal of the European Economic Association, 2011, Vol. 9, Iss. 3, 462 ff. (zitiert: Rochet/Tirole, Must-Take Cards, JEEA 2011, Vol. 9, Iss. 3, 462).

Rochet, Jean-Charles/Wright, Julian, Credit Card Interchange Fees, JBF 2010, Vol. 34, Issue 8, 1788 ff. (zitiert: Rochet/Wright, Credit Card Interchange Fees, JBF 2010, Vol. 34, Iss. 8, 1788).

Roson, Roberto, Two-Sided Markets: A Tentative Survey, Rev. Netw. Econ. 2005, Vol. 4, Iss. 2, 142–160 (zitiert: Roson, Two-sided markets, Rev. Netw. Econ. 2005, Vol. 4, Iss.2, 142).

Rotter, Klaus/Placzek, Thomas, Beck`sches Mandatshandbuch Bankrecht: Ansprüche, Verfahren, Strategie, München, 2009 (zitiert: Rotter/Placzek, BankR, 2009).

Ruddigkeit, Dana, Die kartellrechtliche Beurteilung der Kopplungsgeschäfte von eBay und PayPal, in: Tietje, Christian/Kraft, Gerhard/Lehmann, Matthias (Hrsg.), Beiträge zum Transnationalen Wirtschaftsrecht, 2011, Heft 103 abrufbar unter: http://www.wirtschaftsrecht.uni-halle.de/sites/default/files/altbestand/Heft103.pdf (zitiert: Ruddigkeit, Die kartellrechtliche Beurteilung der Kopplungsgeschäfte, 2011).

Rünz, Hans Wilhelm/Böttger, Günter, Praxis und Recht des Kreditkartenverfahrens, Mainz, 1979 (zitiert: Rünz/Böttger, Kreditkartenverfahren, 1979).

Rysman, Marc, An Empirical Analysis of Payment Card Usage, J. Ind. Econ. 2007, Vol. 55, Iss. 1, 1–36 (zitiert: Rysman, Payment Card Usage, J. Ind. Econ. 2007, Vol. 55, Iss. 1, 1).

Rysman, Marc, The Economics of Two-Sided Markets, Journal of Economic Perspectives, 2009, Vol. 23, Number 3, 125–143 (zitiert: Rysman, The Economics of Two-Sided Markets, J. Econ. Perspect., 2009, Vol. 23, Number 3, 125).

Säcker, Franz Jürgen, Abschied vom Bedarfsmarktkonzept – Zur Erfassung wettbewerbsrelevanter Produktmärkte mit Hilfe des Wirtschaftsplankonzepts, ZWeR 2004, 1–27 (zitiert: Säcker, Abschied vom Bedarfsmarktkonzept, ZWeR 2004, 1).

Salje, Peter, Wettbewerbsprobleme im Kreditkartengeschäft, WRP 1990, 807–811 (zitiert: Salje, Wettbewerbsprobleme im Kreditkartengeschäft, WRP 1990, 807).

Salje, Peter, Zur Zulässigkeit von Nichtdiskriminierungsklauseln im Kreditkartengeschäft, WM 1991, 262–271 (zitiert: Salje, Nichtdiskriminierungsklauseln im Kreditkartengeschäft, WM 1991, 262).

Sandom, Z. J., Die Kreditkarte im Einzelhandel aus der Sicht der American Express Co., Allemann, Richard/Boreham, Jonathan/Sandom, Z. J. (Hrsg.), Die

Kreditkarte im Einzelhandel, gdi-topics Nr. 45, Rüschlikon-Zürich, 1969, 17 ff. (zitiert: Sandom, Die Kreditkarte im Einzelhandel, 1969, 17).

Schimansky, Herbert/Bunte, Hermann-Josef/Lwowski, Hans Jürgen, Bankrechts-Handbuch, Band I, 4. Aufl., München, 2011 (zitiert: Schimansky/Bunte/Lwowski, BankRHandb., Bd. I, 4. Aufl., 2011).

Schimansky, Herbert/Bunte, Hermann-Josef/Lwowski, Hans Jürgen, Bankrechts-Handbuch, Band II, 4. Aufl., München, 2011 (zitiert: Schimansky/Bunte/Lwowski, BankRHandb., Bd. II, 4. Aufl., 2011).

Schindler, Andreas, Eingriffe von Wettbewerbsbehörden in Vierparteien-Systeme am Beispiel des Kreditkartenmarktes – Interventionen der Wettbewerbskommission im schweizerischen Kreditkartenmarkt, Bern, 2007 (zitiert: Schindler, Eingriffe von Wettbewerbsbehörden in Vierparteien-Systeme, 2007).

Schmidt, Horst, Das Kartengeschäft – eine Bewertung aus Sicht der Banken, Trier, 1995 (zitiert: Schmidt, Kartengeschäft, 1995).

Schmidt-Kessel, Martin/Herden, Hannah Kathrin, Neues aus Brüssel, GPR 2014, 120 (zitiert: Schmidt-Kessel/Herden, Neues aus Brüssel, GPR 2014, 120).

Schnauder, Franz, Risikozuordnung bei unbefugter Kreditkartenzahlung, NJW 2003, 849–852 (zitiert: Schnauder, Risikozuordnung bei unbefugter Kreditkartenzahlung, NJW 2003, 849).

Schneider, Uwe H., Recht des elektronischen Zahlungsverkehrs – eine Darstellung des amerikanischen Rechts mit rechtsvergleichenden Bezügen zum deutschen Recht sowie dem Text und der Übersetzung des Electronic Fund Transfer Act 1978, Frankfurt am Main, 1982 (zitiert: Schneider, Recht des elektronischen Zahlungsverkehrs, 1982).

Schneider, Uwe H./Merkel, Helmut, Preisaufschläge bei Zahlung mit Scheck, Kreditkarte oder an automatischen Kassen?, in: Hofmann, Paul (Hrsg.), Festschrift für Klemens Pleyer zum 65. Geburtstag, Köln, 1986, S. 115–132 (zitiert: Schneider/Merkel, Preisaufschläge, in: FS Pleyer, 1986, S. 115).

Schöchle, Sabine, Kartengebundene Zahlungssysteme in Deutschland, 5. Aufl., Hamburg, 1995 (zitiert: Schöchle, Kartengebundene Zahlungssysteme, 1995).

Schönle, Herbert, Bank- und Börsenrecht, 2. Aufl., München, 1976 (zitiert: Schönle, Bankrecht, 2. Aufl., 1976).

Schur, Raimund/Schur, Fabian, Kreditkartenzahlungen – eine zivil- und strafrechtliche Betrachtung, JA 2017, 739–745 (zitiert: Schur/Schur, Kreditkartenzahlungen, JA 2017, 739).

Schwartz, Marius/Vincent, Daniel R., The No Surcharge Rule and Card User Rebates: Vertical Control by a Payment Network, Rev. Netw. Econ. 2006, Vol. 5, Iss. 1, 72–102 (zitiert: Schwartz/Vincent, No Surcharge Rule, Rev. Netw. Econ. 2006, Vol. 5, Iss. 1, 72).

Seeliger, Daniela/Vasbender, Iris, Die Sektorenuntersuchung der Europäischen Kommission im Retail-Bankgeschäft und bei Unternehmensversicherungen – Ihre praktische Bedeutung, WM 2006, 311–315 (zitiert: Seeliger/Vasbender, Sektorenuntersuchung im Retail-Bankgeschäft, WM 2006, 311).

Seethaler, Peter/Steitz, Markus (Hrsg.), Praxishandbuch Treasury-Management – Leitfaden für die Praxis des Finanzmanagements, Wiesbaden, 2007 (zitiert: Seethaler/Steitz, Praxishandbuch Treasury-Management, 2007).

Small, John/Wright, Julian, The Bilateral Negotiation of Interchange Fees in Payment Schemes, University of Auckland, Working paper, 2002, abrufbar unter: http://profile.nus.edu.sg/fass/ecsjkdw/setting_interchange_2002. pdf (zitiert: Small/Wright, Bilateral Negotiation of Interchange Fees, 2002).

Socher, Oliver/Hanke, Kerstin, Fachbegriffe aus M & A und Corporate Finance – Die Finanzkrise, NJW 2010, 495 (zitiert: Socher/Hanke, Finanzkrise, NJW 2010, 495).

Soman, Dilip, Effects of Payment Mechanism on Spending Behavior: The Role of Rehearsal and Immediacy of Payments, Journal of Consumer Research, 2001, Vol. 27, 460–474 (zitiert: Soman, Effects of Payment Mechanism on Spending Behavior, Journal of Consumer Research, 2001, Vol. 27, 460).

Statistisches Bundesamt, Wirtschaftsrechnungen – Leben in Europa (EU-SILC) – Einkommen und Lebensbedingungen in Deutschland und der Europäischen Union, Fachserie 15, Reihe 3 (erschienen am 01. Juli 2016 und angepasst am 23. März 2017), online abrufbar unter: https://www.destatis.de/DE/Publikationen/Thematisch/EinkommenKonsumLebensbedingungen/LebeninEuropa/EinkommenLebensbedingungen2150300147004.pdf?__blob=publicationFile (zitiert: Destatis, Einkommen und Lebensbedingungen 2014, Fachserie 15, Reihe 3 (2016/2017)).

Statistisches Bundesamt, Wirtschaftsrechnungen – Leben in Europa (EU-SILC) – Einkommen und Lebensbedingungen in Deutschland und der Europäischen Union – 2016, Fachserie 15, Reihe 3 (erschienen am 05. Juli 2018), online abrufbar unter: https://www.destatis.de/DE/Publikationen/Thematisch/EinkommenKonsumLebensbedingungen/LebeninEuropa/EinkommenLebensbedingungen2150300167004.pdf?__blob=publicationFile (zitiert: Destatis, Einkommen und Lebensbedingungen 2016, Fachserie 15, Reihe 3 (2018)).

Stauder, Bernd/Weisensee, Gerd J., Das Kreditkartengeschäft, Frankfurt am Main, 1970 (zitiert: Stauder/Weisensee, Kreditkartengeschäft, 1970).

Staudinger, Julius v., Kommentar zum Bürgerlichen Gesetzbuch mit Einführungsgesetz und Nebengesetzen, Buch 2, Recht der Schuldverhältnisse, §§ 362–396 (Erfüllung, Hinterlegung, Aufrechnung), 2006, Berlin (zitiert: Staudinger, BGB, 2016).

Staudinger, Julius v., Kommentar zum Bürgerlichen Gesetzbuch mit Einführungsgesetz und Nebengesetzen, Buch 2, Recht der Schuldverhältnisse, §§ 657–704 BGB (Geschäftsbesorgung), 2006, Berlin (zitiert: Staudinger, BGB, 2006).

Staudinger, Julius v., Kommentar zum Bürgerlichen Gesetzbuch mit Einführungsgesetz und Nebengesetzen, Buch 2, Recht der Schuldverhältnisse, §§ 675c–676c BGB (Zahlungsdiensterecht), 2012, Berlin (zitiert: Staudinger, BGB, 2012).

Staudinger, Julius v., Kommentar zum Bürgerlichen Gesetzbuch mit Einführungsgesetz und Nebengesetzen, Buch 2, Recht der Schuldverhältnisse, §§ 812–822 (Ungerechtfertigte Bereicherung), 2007, Berlin (zitiert: Staudinger, BGB, 2007).

Steinhaus, Bernhard, Auf dem Weg zum Online-Verbund: das ec-Geldausgabeautomaten-System in Deutschland, Hamburg, 1993 (zitiert: Steinhaus, ec-Geldausgabeautomaten-System, 1993).

Stiftung Warentest, Meldung v. 06.05.2011, Kreditkarten mit „Mastercard SecureCode“ und „Verified by Visa“: Mehr Sicherheit, abrufbar unter: http://www.test.de/Kreditkarten-mit-Mastercard-SecureCode-und-Verified-by-Visa-Mehr-Sicherheit-4233850-0/.

Stremersch, Stefan/Tellis, Gerard, J./Franses, Philip Hans/Binken, Jeroen L. G., Indirect Network Effects in New Product Growth, Journal of Marketing, 2007, Vol. 71, 52–74 (zitiert: Stremersch/Tellis/Franses/Binken, Indirect Network Effects in New Product Growth, J. Marketing, 2007, Vol. 71, 52).

Taradantchik, Viktor, Wettbewerbsrechtliche Aspekte kartengesteuerter Zahlungssysteme: Eine Untersuchung nach deutschem und russischem Recht, Diss. 2005, Halle (Saale), abrufbar unter: http://sundoc.bibliothek.uni-halle.de/diss-online/06/06H061/prom.pdf (zitiert: Taradantchik, Wettbewerbsrechtliche Aspekte kartengesteuerter Zahlungssysteme, 2005).

Taupitz, Jochen, Zivilrechtliche Haftung bei Kreditkartenmißbrauch, Frankfurt am Main, 1995 (zitiert: Taupitz, Haftung bei Kreditkartenmißbrauch, 1995).

Taupitz, Jochen, Kreditkartenmißbrauch: Thesen zur zulässigen Verteilung des Haftungsrisikos in AGB, NJW 1996, 217–224 (zitiert: Taupitz, Kreditkartenmißbrauch, NJW 1996, 217).

Terlau, Matthias, Die zweite Zahlungsdiensterichtlinie – zwischen technischer Innovation und Ausdehnung des Aufsichtsrechts, ZBB 2016, 122–137 (zitiert: Terlau, Die zweite Zahlungsdiensterichtlinie, ZBB 2016, 122).

Theege, Frank Andreas, Zur Frage der sachlichen und räumlichen Marktabgrenzung für den Lebensmitteleinzelhandel bei der Zusammenschlusskontrolle Hamburg, 1992 (zitiert: Theege, Marktabgrenzung, 1992).

Tirole, Jean, Payment Card Regulation and the Use of Economic Analysis in Antitrust, Competition Policy International, 2011, Vol. 7, No. 1, 137–158 (zitiert: Tirole, Payment Card Regulation, CPI 2011, Vol. 7, No. 1, 137).

Tosza, Katarzyna, Payment Card Systems as an Example of Two-Sided Markets – A Challenge for Antitrust Authorities, Yearbook of Antitrust and Regulatory

Studies 2009, Vol. 2, No. 2, 125 ff., abrufbar unter: http://www.yars.wz.uw.edu.pl/yars2009_2_2/7-Payment.pdf (zitiert: Tosza, Payment Card Systems, YARS 2009, Vol. 2, No. 2, 125).

Treis, Bartho/Lademann, Rainer, Die Abgrenzung des sachlich relevanten Marktes im Lebensmitteleinzelhandel, GRUR 1987, 262 ff. (zitiert: Treis/Lademann, Abgrenzung des sachlich relevanten Marktes im Lebensmitteleinzelhandel, GRUR 1987, 262).

Troyer, Markus, Die sachliche und räumliche Marktabgrenzung im Rahmen der Europäischen Fusionskontrolle, Norderstedt, 2007 (zitiert: Troyer, Die sachliche und räumliche Marktabgrenzung, 2007).

Ulmer, Peter/Brandner, Hans Erich/Hensen, Horst-Diether, AGB-Recht: Kommentar zu den §§ 305–310 BGB und zum UKlaG, 12. Aufl., Köln, 2016 (zitiert: Ulmer/Brandner/Hensen, AGB-Recht, 12. Aufl., 2016).

Ussler, Levin v./Morgen, Robert D. v., Aktuelle Rechtsfragen der Kreditkarten-Praxis, 1989, Hamburg (zitiert: v. Ussler/v. Morgen, Kreditkarten-Praxis, 1989).

Verdier, Marianne, Interchange Fees in Payment Card Systems: A Survey of The Literature, Journal of Economic Surveys, 2011, Vol. 25, Iss. 2, 273–297 (zitiert: Verdier, Interchange Fees, J. Econ. Surveys 2011, Vol. 25, Iss. 2, 273).

Verdier, Marianne, Interchange Fees and Incentives to Invest in Payment Card Systems, International Journal of Industrial Organization, 2010, Vol. 28, Iss. 5, 539–554 (zitiert: Verdier, Interchange Fees and Incentives, Int'l J. Ind. Organ. 2010, Vol. 28, Iss. 5, 539).

Wagner, Saskia/Ruess, Peter, Neues zur wettbewerbsrechtlichen Beurteilung von sogenannter Koppelungsangebote – Abkopplung vom Sittenwidrigkeitsbegriff?, WRP 2005, 24–31 (zitiert: Wagner/Ruess, Koppelungsangebote, WRP 2005, 24).

Weber, Beatrix, Recht des Zahlungsverkehrs – Überweisung, Lastschrift, Scheck, ec- und Kreditkarte, Internet, Insolvenz, 4. Aufl., Berlin, 2004 (zitiert: Weber, Recht des Zahlungsverkehrs, 4. Aufl., 2004).

Weber, Beatrix, Zahlungsverfahren im Internet – Zahlung mittels Kreditkarte, Lastschrift und Geldkarte, Köln, 2002 (zitiert: Weber, Zahlungsverfahren im Internet, 2002).

Wegner, Christian, Handbuch Medienmanagement – Geschäftsmodelle in TV, Hörfunk, Print und Internet, 2007 (Wegner, Handbuch Medienmanagement, 2007).

Weiner, Stuart E./Wright, Julian, Interchange Fees in Various Countries: Developments and Determinants, Rev. Netw. Econ. 2005, Vol. 4, Iss. 4, 290 ff.

(zitiert: Weiner/Wright, Interchange Fees in Various Countries, Rev. Netw. Econ. 2005, Vol. 4, Iss. 4, 290).

Weisensee, Gerd J., Das Bankkreditkartengeschäft, Bern, 1978 (zitiert: Weisensee, Das Bankkreditkartengeschäft, 1978).

Weisensee, Gerd J., Die Kreditkarte – ein amerikanisches Phänomen: mit einer Darlegung der deutschen, schweizerischen und österreichischen Verhältnisse, 1970, Bern (zitiert: Weisensee, Die Kreditkarte, 1970).

Weller, Michael, Das Kreditkartenverfahren – Konstruktion und Sicherung, Köln, 1986 (zitiert: Weller, Kreditkartenverfahren, 1986).

Wendland, Hanfried, Zur sachlichen und räumlichen Abgrenzung der Angebotsmärkte des Lebensmittelhandels durch die Rechtsprechung, WRP 1988, 147–154 (zitiert: Wendland, Abgrenzung der Angebotsmärkte des Lebensmittelhandels, WRP 1988, 147).

Westphalen, Friedrich v./Thüsing, Gregor, Vertragsrecht und AGB-Klauselwerke, 41. EL, München, 2018 (zitiert: v. Westphalen, Vertragsrecht und AGB-Klauselwerke, 41. EL, 2018).

Whish, Richard/Bailey, David, Competition Law, 9. Aufl., London, 2018 (zitiert: Whish/Bailey, Competition Law, 9. Aufl., 2018).

Wiedemann, Gerhard, Handbuch des Kartellrechts, 3. Aufl., München, 2016 (zitiert: Wiedemann, Hdb. KartellR, 3. Aufl., 2016).

Wiegand, Wolfgang, Rechtliche Probleme des Zahlungsverkehrs, Beiträge zum Berner Bankrechtstag, Bd. 7, Bern, 2000 (zitiert: Wiegand, Probleme des Zahlungsverkehrs, 2000).

Wilcox, Keith/Block, Lauren G./Eisenstein, Eric M., Leave Home Without It? The Effects of Credit Card Debt and Available Credit on Spending, Journal of Marketing Research, 2011, Vol. 48, Special Iss. 2011, S78–S90 https://www0.gsb.columbia.edu/mygsb/faculty/research/pubfiles/5688/wilcox_leave_home.pdf (zitiert: Wilcox/Block/Eisenstein, Leave Home Without It?, J. Marketing Res., 2011, Vol. 48, Special Iss., S78).

Willershausen, Claudia, Multilaterale Interbankenentgelte von MasterCard untersagt Anmerkung zu EG-Kommission, Entscheidung vom 19.12.2007, COMP/34.579, jurisPR-BKR 2/2008, Anm. 1 (zitiert: Willershausen, Multilaterale Interbankenentgelte von MasterCard, jurisPR-BKR 2/2008, Anm. 1).

Wingerter, Eugen, Abgrenzung des relevanten Marktes: notwendig, nützlich, überflüssig? Eine interdisziplinäre Untersuchung der Bedeutung der Marktabgrenzung und des ökonomischen Konzepts der Marktmacht für die Bestimmung der beherrschenden Stellung eines Unternehmens gemäß § 102 AEUV, Reihe Wirtschaftsrecht und Wirtschaftspolitik Band 282, 1. Aufl., Baden-Baden, 2016, zugl. Münster, Univ., Diss., 2014 (zitiert: Wingerter, Abgrenzung des relevanten Marktes, 2016).

Witt, Frank-Jürgen, Käuferschichtbezogene Abgrenzung des relevanten Marktes und Marktanteilsbetrachtung nach §§ 22 GWB ff bei Handelsunternehmen, WRP 1990, 149–153 (zitiert: Witt, Käuferschichtbezogene Abgrenzung des relevanten Marktes, WRP 1990, 149).

Wittbrodt, Eckhard J., Kunden binden mit Kundenkarten – Kundenbindungssysteme entwickeln, einführen, steuern, 1995, Neuwied (zitiert: Wittbrodt, Kunden binden mit Kundenkarten, 1995).

Wittenberg, Jörg/Buermeyer, Marc, 0,3 Prozent Interchange – und dann?, cards, Heft 1, Februar 2014, 16 ff. (zitiert: Wittenberg/Buermeyer, 0,3 Prozent Interchange, cards 2014, Heft 1, 16).

Wittenberg, Jörg, Werden Barzahler durch Kreditkartensysteme diskriminiert?, cards, 1993, Heft 4, 25–29 (zitiert: Wittenberg, Werden Barzahler durch Kreditkartensysteme diskriminiert?, cards 1993, Heft 4, 25).

Wright, Julian, One-Sided Logic in Two-Sided Markets, Rev. Netw. Econ. 2004, Vol. 3, Iss. 1, 44–64 (zitiert: Wright, One-Sided Logic in Two-Sided Markets, Rev. Netw. Econ. 2004, Vol. 3, Iss. 1).

Wright, Julian, Why payment card fees are biased against retailers, RAND J. Econ. 12/2012, Vol. 43, Iss. 4, 761–780 (zitiert: Wright, payment card fees, RAND J. Econ. 2012, Vol. 43, Iss. 4, 761).

Zachariae, Stephanie, V.me by Visa: mit Bank- und Kreditkarte sicher und bequem auch über mobile Endgeräte einkaufen, Juli 2014, abrufbar unter: https://www.visa.de/uber-visa/presse-und-news/v-me-by-visa-mit-bank-und-kreditkarte-sicher-und-bequem-auch-uber-mobile-endgeraete-einkaufen-von-stephanie-zachariae-37628?returnUrl=/uber-visa/presse-und-news/listing?tag=zukunft+des+bezahlens (zitiert: Zachariae, Bank- und Kreditkarte sicher und bequem, 2014).

Zahrnt, Christoph, Die Kreditkarte unter privatrechtlichen Gesichtspunkten, NJW 1972, 1077 ff. (zitiert: Zahrnt, Die Kreditkarte, NJW 1972, 1077).

Zimmer, Daniel/Werner, Jens, Zur Frage der Marktabgrenzung im Rahmen des Art. 82 EGV nach dem Beschluss des Kartellsenats des BGH vom 04.03.2008, JZ 2008, 901–904 (zitiert: Zimmer/Werner, Marktabgrenzung, JZ 2008, 901).

Zywicki, Todd J., The Economics of Payment Card Interchange Fees and the Limits of Regulation, ICLE Financial Regulatory Program White Paper Series, June 2010, abrufbar unter: http://mercatus.org/sites/default/files/zywicki_interchange.pdf (zitiert: Zywicki, Economics of Payment Card Interchange Fees, 2010).

www.ingramcontent.com/pod-product-compliance
Ingram Content Group UK Ltd.
Pitfield, Milton Keynes, MK11 3LW, UK
UKHW021824290926
8980IPUK00004B/257

9 783631 793206